Mon père Joachim von Ribbentrop
Secrets d'Etat
Souvenirs et témoignages

HEIMDAL

Ouvrage écrit par : Rudolf von Ribbentrop

Suivi de réalisation : Georges Bernage

Rédaction graphique : Christel Lebret

Couverture : Harald Mourreau

Photogravure : Nicolas Bucourt

Editions Heimdal
BP 61350 - 14406 BAYEUX Cedex
Tél. : 02.31.51.68.68 - Fax : 02.31.51.68.60 - E-mail : Editions.Heimdal@wanadoo.fr
site internet : www.editions-heimdal.fr

ISBN 978-2-84048-4325

Avant-propos de l'éditeur

Cet ouvrage est doublement exceptionnel car il nous propose une biographie d'un des plus grands diplomates de la Seconde Guerre mondiale présentée par un témoin exceptionnel, son propre fils, qui eut le privilège d'être initié aux coulisses secrètes de l'Histoire dès son adolescence. C'est l'un des rares témoins survivants de cette « histoire secrète » de la Seconde Guerre mondiale, d'où l'intérêt de cette « double » biographie.

J'ai eu moi-même en tant qu'historien, et spécialiste de la Bataille de Normandie, la chance et le privilège de rencontrer des centaines de témoins de cette bataille, quasiment tous disparus depuis. C'est en effectuant une enquête, en 1991, concernant les combats dans le secteur de Bretteville-l'Orgueilleuse, que je suis entré en contact avec Rudolf von Ribbentrop et des vétérans de sa 3e compagnie ; je l'ai alors rencontré à plusieurs reprises et j'ai publié ces combats (1). L'an dernier, Rudolf von Ribbentrop me faisait parvenir un manuscrit en français de son ouvrage publié, en version plus courte en Autriche (2). Cette version en langue allemande a connu un certain succès. Et son ouvrage vient d'être publié en russe et l'auteur a été chaleureusement accueilli à Moscou lors du lancement de son livre en Russie ; là-bas, on a été très sensible à l'amitié que son père a toujours témoigné à l'égard de la Russie et à ses efforts pour éviter le conflit avec l'URSS en 1941. (3)

Quand j'ai pris connaissance de cet ouvrage, j'ai été stupéfait par son contenu. C'est tout d'abord une double biographie, celle de son père, et la sienne en tant que témoin particulièrement privilégié et officier du front. Le balancement constant entre ses deux biographies en rend la lecture encore plus facile et captivante.

Mais c'est aussi, à partir du vécu personnel, un formidable travail de reconstitution de l'histoire diplomatique de l'Allemagne de 1933 à 1945 où nous entrons dans les coulisses inconnues de la grande Histoire, appuyés dans cette découverte par de très nombreuses sources qui nous permettent de la reconstituer avec une terrible précision. Terrible, car on s'aperçoit du piège affreux qui s'est refermé sur la pauvre Europe anéantie dans une apocalypse destructrice. Déjà, quand je commençais à travailler sur l'histoire de la Bataille de Normandie, en 1976, des pans entiers de cette histoire restaient inconnus ou inexacts. Pour ne prendre que le sort des victimes civiles - plus de 20 000 morts - on ne savait rien et il fallut attendre le 60e anniversaire du débarquement pour avoir enfin des chiffres, précis. Un exemple parmi d'autres. Cet ouvrage nous fait pénétrer dans les coulisses diplomatiques et nous montre un enchaînement tragique menant à une guerre voulue évitable et qui devient inévitable, parce que la paix n'avait pas été réellement obtenue le 11 novembre 1918, et que l'Allemagne restait dans un piège infernal qui la conduira à l'anéantissement quasiment programmé, d'où sortira un monde différent. Faut-il alors réellement parler de « Première » et « Seconde » Guerre mondiale mais plutôt d'une période de trente et un ans de guerre avec une pause d'une vingtaine d'années ? Cette « pause » n'est qu'une période de déséquilibre et de dramatique instabilité. On connaît maintenant le rôle du président Roosevelt menant méthodiquement son pays isolationniste à l'affrontement avec le Japon. On découvre ici aussi son rôle dans la politique mondiale. C'est d'ailleurs ce qui incitera le général De Gaulle à toujours se méfier de la puissance américaine et motivera encore son attitude après 1958. Le lecteur semble bien petit face à ces dirigeants qui décident tragiquement de notre sort.

(1) *Trois jours en enfer*, Heimdal, troisième édition en 2016

(2) Ares Verlag, 2008.

(3) Le livre en russe a été publié le 10 septembre 2015 par les Editions Yauza à Moscou.

Enfin, cet ouvrage a aussi l'immense mérite de démonter les mécanismes du personnage Hitler. L'auteur le rencontra à de nombreuses reprises et aussi en février 1945 où il fut témoin de sa totale déchéance. Rudolf von Ribbentrop nous montre que présenter seulement Hitler comme un diabolique calculateur aboutit à en faire une figure mythique, ce qui est le malheureux résultat de l'historiographie d'après-guerre. Il nous montre qu'après des débuts inspirés, Hitler ne fit que subir les événements, en improvisant, sans plan d'action, au coup par coup, ce qui mena l'Allemagne au désastre. Alors qu'on ressort *Mein Kampf* en affirmant qu'il avait tout prédit et prévu, la réalité nous montre un improvisateur sans réelle ligne préétablie. Les débuts de *Barbarossa* le démontrent, dont les notes de Hewel après les entretiens avec Hitler dès avant l'opération : *« ... Barbarossa représente un risque, comme tout le reste. Si cela échouait, ce serait la fin »* (29 et 30 mai 1941) et *« si cela tourne mal, tout est perdu... »* (le 8 juin 1941). L'armée allemande n'était pas prête à cette guerre, comme elle ne l'était pas en septembre 1939 quand elle agresse la Pologne, ainsi que le démontre l'historiographie la plus récente (4). Les stocks de munitions étaient presqu'épuisés à l'issue de cette campagne, ce qui aurait permis aux Français et Britanniques d'arriver à Berlin en quelques semaines s'ils avaient attaqué en septembre 1939. On est sidéré par l'amateurisme de Hitler menant l'Allemagne et l'Europe au désastre. Il apparaît plus comme un manipulé inconséquent et meurtrier qu'un manipulateur génial, mais aussi comme un criminel amateur. A ce sujet, Rudolf von Ribbentrop approuve l'action des comploteurs du 20 juillet 1944 mais met en évidence l'action contre-productive des comploteurs dans la période précédant 1939, faits très peu connus, leurs informations communiquées aux Anglais incitèrent les Britanniques à entrer dans une guerre, trop confiants, et qu'ensuite ils subirent jusqu'à l'entrée en guerre des USA. Le bilan de toutes ces recherches est encore plus dramatique et catastrophique, un document pour l'Histoire.

Georges Bernage

Hiver 1942, Joachim von Ribbentrop avec son plus jeune fils, Barthold né en 1940

(4) Karl-Heinz Frieser, *Le mythe de la guerre éclair*, Editions Belin, 2003 - éd. allemande originale en 1995.

Prologue

A la suite de l'offensive des Ardennes, en janvier 1945, j'ai été chargé de « rafraîchir » -comme on le disait à l'époque, lorsque après une intervention il fallait remplacer des hommes, des armes et du matériel- mon bataillon de chars sur le terrain de manœuvres de Fallingbostel. Je le connaissais déjà puisque j'en avais pris le commandement durant la bataille au moment de la perte de son chef. Le bataillon avait subi de grosses pertes. La division avait déjà été envoyée en Hongrie pour prendre part à l'offensive du lac Balaton. C'est pour cette raison que je dépendais directement d'un bureau qui se trouvait dans une zone de repli à l'est de Berlin. De là, je devais être informé du remplacement des hommes, armes et matériel.

C'est lors d'un trajet vers ce bureau que, le 3 février 1945, j'arrivais un soir à bord d'un VW Kübelwagen chez mes parents à Berlin. J'y fus hébergé tant bien que mal puisque le bâtiment du ministère des Affaires étrangères, dans lequel se trouvait le logement officiel du ministre des Affaires Etrangères du Reich, avait déjà été détruit. Je projetais de repartir dès le lendemain matin, lorsque de lourds bombardements visant la capitale du Reich furent annoncés. N'ayant aucune contrainte, je décidais de rester à Berlin pour me faire, le cas échéant, une idée de ces attaques que les troupes ne subissaient quasiment jamais mais qui étaient terrifiantes et tant redoutées, puisqu'elles signifiaient des bombardements de la population civile. Je ne pouvais pas alors deviner ce qui allait m'arriver, mais dans un tout autre registre !

Le grondement des frappes me permit de me rendre compte que l'attaque visait le quartier gouvernemental. Ma Volkswagen était garée devant le bâtiment de la Wilhelmstrasse. Comment pourrais-je rejoindre ma troupe si elle venait à être détruite, comme les détonations continues des bombes de plus en plus proches le laissaient présager. Cela faisait longtemps que les trains ne circulaient plus. Je ne nierais pas le fait que cette contrariété fut ma préoccupation majeure durant l'attaque. D'ailleurs, lorsque les bombardements cessèrent enfin, ma première sortie fut pour aller voir mon véhicule. Comme par miracle, il n'avait pas été touché tandis que les rares autres qui stationnaient là avaient tous été rendus inutilisables.

Ce n'est qu'à ce moment-là que mon regard se porta sur la Wilhelmstrasse -que je connaissais si bien- en direction de la Chancellerie du Reich, juste à quelque cent mètres de la Wilhelmplatz. Tout brûlait, la chaussée était jonchée de gravats, de part et d'autre on essayait de mettre des documents à l'abri ou d'éteindre des feux. Mais aucune sensation de panique n'était perceptible, comme si les attaques et leurs conséquences étaient devenues une habitude. Père traversa la cour –en uniforme et casquette-, me rejoignit devant le bâtiment et me demanda d'aller avec lui à la Chancellerie du Reich. Compte tenu des incendies et ruines, il lui importait sans doute de donner un exemple de calme aux personnes qui commençaient à sortir des caves pour remonter à la lumière du jour.

Soudain, après quelques pas, se trouvait devant nous le général Oshima, diplomate japonais (ambassadeur), qui était lui aussi en uniforme. Il me salua chaleureusement, nous nous connaissions depuis ma jeunesse. Dans mon vieil uniforme râpé de Panzer, lequel venait de subir l'offensive des Ardennes, je ne donnais pas spécialement une impression de vainqueur, surtout à côté de ces deux Messieurs impeccables, cela me rassurait compte tenu du nombre croissant de personnes regagnant l'air libre autour de nous.

Les deux hommes s'entretinrent de façon formelle : *« nous traversons une crise dont nous sortirons bien entendu »*. Une scène fantomatique qui changea brutalement lorsqu'une femme, apparemment très dérangée, se précipita entre les deux hommes avec sa poussette et les bouscula, les laissant cependant tous deux stoïques. Le général prit gentiment congé, en souriant, comme le voulaient les coutumes de son pays, même en cas de catastrophes.

En tant que soldat, les villes détruites ou en flammes m'étaient familières, surtout après cinq années de guerre, mais ici, je le ressentais intensément, l'histoire allemande sombrait dans les décombres. Déjà en tant que jeunes, nous avions été avisés que le bâtiment devant lequel se trouvait

Père abritait le président du Reich, à l'époque le vieux Hindenburg. La « Wilhelmstrasse », où Bismarck avait également régné, était devenue une expression consacrée comme « n° 10 Downingstreet » à Londres, le « Quai d'Orsay » à Paris, le « Ballhausplatz » à Vienne ou encore la « Maison Blanche » à Washington. Ici avait été faite la politique et donc l'histoire. Je ne pouvais deviner à quel point son histoire serait effacée de la conscience des Allemands au cours des prochaines décennies, et pas seulement du fait de la destruction des bâtiments historiques.

Tout en poursuivant notre route, Père me demanda soudainement : *« Goebbels a proposé au Führer de renoncer à la Convention de Genève sous prétexte que les troupes à l'Ouest se battraient davantage si elles savaient que la protection de la Croix Rouge n'était plus accordée aux prisonniers et aux blessés. Qu'en penses-tu ? »*

Je crus ne pas bien entendre. Hors de moi, je suppliais Père « d'éviter cette folie ! ». Malgré son infériorité désespérante, la troupe s'était toujours vaillamment battue, jamais les soldats du front n'avaient montré un signe de découragement et, dans ces conditions, il serait criminel de supprimer la protection de la Convention de Genève. Je pouvais prédire avec certitude que l'effet produit serait exactement le contraire de celui voulu par Goebbels. La troupe le ressentirait comme un dernier acte de désespoir, telle la folie du meurtre, ce qu'il serait d'ailleurs ; l'adversaire combattrait alors de façon encore plus agressive puisqu'il ne pourrait pas savoir quel serait son sort au cas où il serait fait prisonnier. Les expériences négatives avec lesdits « ordres du commissaire » devaient les mettre en garde. (Je dois à ce titre constater que je n'ai connu avec ma troupe à l'Est aucun cas où un commissaire politique prisonnier aurait été abattu). Père approuva totalement et son intervention ultérieure auprès de Hitler évita la suppression de la protection de la Convention de Genève à l'Ouest (1). Les soviets n'avaient d'ailleurs jamais adhéré à la Convention de Genève.

Père écrit à ce sujet :

> « Il est nécessaire d'évoquer ici une scène qui s'est produite la semaine dernière. Un jour, peu après les lourds bombardements aériens sur Dresde, l'Ambassadeur, Monsieur Hewel, me téléphona : suite à une proposition qui lui aurait été faite, le Führer souhaiterait en guise de représailles, abattre un prisonnier de guerre pour chaque civil tué à Dresde. La Wehrmacht ainsi que la direction du parti s'y seraient opposées, mais le Führer semblerait insister en raison de l'abomination de Dresde où des dizaines de milliers de femmes et d'enfants ont été tués. Mais le Führer souhaiterait discuter avec moi de la Convention de Genève. Je lui ai donc demandé un rendez-vous immédiat. Hitler m'attendait dans le jardin de la Chancellerie. Je lui dis que la proposition qui lui avait été faite ne pouvait en aucun cas être mise à exécution, j'attirais son attention sur les lourdes conséquences que cela pourrait avoir et lui fit clairement comprendre que je ne le suivrais pas dans un non respect de la Convention de Genève. Le Führer fut très contrarié, m'interrompit, puis déclara que l'ordre ne devait pas être donné. L'entrevue ne dura que très peu de temps et bien que Hitler ne me dit rien de définitif, je savais qu'il ne donnerait pas l'ordre. Monsieur Hewel, vint peu après me voir et me dit que le Führer avait eu l'intention de transmettre l'ordre, malgré l'avis contraire de la Wehrmacht et du parti, et que ce n'est qu'après avoir entendu ma position qu'il en avait décidé autrement ».

Pendant que nous menions cette conversation, de façon très vive pour ma part, nous étions arrivés devant la Chancellerie qui avait été encore davantage détruite ; nous faisions face à l'*Adjutant* de Hitler, Otto Günsche (le même Günsche qui brûlera quelques semaines plus tard les corps de Hitler et d'Eva Braun). Günsche assura Père que « rien ne s'était passé et que le Führer était bien portant » puis il demanda si « le ministre du Reich voulait bien entrer dans le bunker ? ». Père donna son assentiment et me demanda de l'accompagner, ce que je refusais à son grand étonnement. Père se retourna avec un geste résigné et suivit Günsche.

(1) Communication du ministre plénipotentiaire Dr. Paul Schmidt (Carell) à l'auteur. Cf. aussi Irving *Führer et Chancelier du Reich*, Herbig p. 755.

Je ne peux pas encore discerner ce qui spontanément me motiva à l'époque pour refuser la proposition de Père de le suivre auprès de Hitler. Sans doute était-ce la rage de savoir que Hitler jouait avec l'idée de résilier la Convention de Genève, ou était-ce l'impression instinctive de devoir me soumettre à un anéantissement. Au lieu d'accompagner Père, je flânais sur la Wilhelmplatz en direction de l'hôtel « Kaiserhof », situé juste en face ou plus exactement vers la ruine qui en restait. Je me replongeais, avec une distance étrange, dans mon passé. Mes pensées me ramenèrent douze ans en arrière. Quasiment douze ans jour pour jour, le 30 janvier 1933, j'avais 11 ans, et tenant la main de Père je pénétrais le soir sur le grand balcon au-dessus de l'entrée de l'hôtel pour être témoin de la célèbre marche aux flambeaux qui menait la SA devant Hitler et Hindenburg. Mère avait demandé à Père de m'emmener, elle était d'avis qu'il serait bien que son fils puisse un jour dire « j'y étais » ! Il ne pouvait y avoir aucun doute là-dessus « j'y étais ! ». Ce qui était étonnant en ce 4 février 1945 c'est que finalement, la seule chose qui importait, c'est de constater que « j'y étais » encore vivant.

A l'époque du 30 janvier 1933, l'on pouvait apercevoir, de Wilhelmplatz, Hitler et Hindenburg aux fenêtres de la Chancellerie du Reich, éclairées par des projecteurs, là où aujourd'hui même ne restaient plus que des trous béants et carbonisés. Des chants retentirent, auxquels s'ajoutaient ceux des foules admiratives. Père, tout comme les autres spectateurs sur le balcon, ôta son chapeau lorsque les drapeaux défilèrent en dessous de nous –cette déférence était encore courante à l'époque. Parmi les personnes présentes, je me souviens encore du prince « Auwi » (August-Wilhelm), c'est ainsi qu'il était surnommé, un frère du prince héritier qui avait un haut rang dans la SA. Schacht et Keppler félicitèrent Père pour sa participation aux négociations qui avaient menées à la création du gouvernement de Hitler.

Partout autour il n'y avait plus que des feux en lieu et place des effets de lumière du 30 janvier 1933 ; au-dessus un ciel gris, une odeur de brûlé, des ruines et des destructions partout. Etait-ce un mauvais rêve ? A l'époque, de nombreuses personnes espéraient que tout soit différent et aille enfin mieux. Aujourd'hui, seule une citation tirée de « Faust » me venait à l'esprit : *« et nous l'avions mené si merveilleusement loin ! »*. C'est étrange comment la mémoire réagit dans des situations hors du commun. Un petit livre de Faust relié de cuir bleu, des éditions « Insel », m'a accompagné durant toute la guerre. J'ai pu par chance le sauver durant mon emprisonnement. Il est aujourd'hui encore en ma possession.

Un claquement de talons me tira de mes pensées. Un garde de la Chancellerie du Reich en tenue impeccable me pria « de venir dans le bunker ! ». Je le suivis dans les ruines de la chancellerie et passé une porte anti-feu, je me trouvais directement nez à nez avec Hitler. Je n'étais pas même parvenu à me présenter en bonne et due forme qu'il m'avait déjà saisi ma main droite entre ses deux mains –ce geste était typique de Hitler– et fit l'éloge de notre division.

Je restais comme pétrifié, dans l'impossibilité de répondre quoi que ce soit, tant l'impression du délabrement physique de Hitler était absolument foudroyant. Qu'était-il advenu de cet homme que j'avais intimement côtoyé dans le cercle familial aux anniversaires de Père, le 30 avril des années 1939 et 1940. J'étais alors assis à la même table, autorisé à l'écouter et à l'observer. Il n'était pas possible d'imaginer une pire épave. Son visage était gris et bouffi, son maintien était tel qu'on avait l'impression qu'il était bossu, il tenait une main avec l'autre -celle-ci tremblant de façon incontrôlée- et son pas était traînant. Seuls ses yeux d'un bleu marquant avaient conservé une certaine étincelle sans pouvoir cependant effacer cette impression de grande décrépitude. On sait que les changements corporels frappent beaucoup moins ceux qui côtoient quotidiennement une personne que ceux qui la retrouvent longtemps après. Cela faisait presque cinq ans que je n'avais pas revu Hitler. Père –habitué à cette vision- ne m'avait pas préparé à ce qui m'attendait.

Ce qu'il expliqua par la suite à Père et moi-même –nous étions seuls avec lui- ne contribuait pas à dissiper cette impression de délabrement que produisait sa vision, bien au contraire ! En 1939, il avait présenté une stratégie pour de grandes formations opérationnelles de panzer qui, si nécessaire, devaient permettre d'affronter la guerre de position qui existait depuis la Première Guerre mondiale. Sa diction était alors claire et convaincante. En 1940, alors que l'on combattait encore vaillamment à Narvik, il rêvait encore de ponts puissants qui, après la guerre, relieraient la Scandinavie au continent européen. Il s'exprimait de façon très positive à propos des questions de circulation ferroviaire en Russie, qu'il avait opté d'entrée de jeu à cause de la taille des rails –beaucoup plus larges- tandis que l'Europe avait adopté la mesure britannique. Il disait qu'il se mettrait en conformité avec la taille russe après la guerre. Rien ne laissait ressentir un antagonisme idéologique (2).

C'est la fantaisie du visionnaire –particulièrement impressionnante– qui parlait à cette époque. La campagne de l'Ouest était encore à venir et l'on se battait en Norvège. La décision était incertaine à Narvik ! Dans ce petit cercle, Hitler ne fit pas de cachotteries quant à la prochaine offensive de l'Ouest et déclarait même que l'on s'était trompé de deux divisions à la charge des Anglais. Il semblait optimiste.

Ici, dans le bunker, en ce 4 février 1945, il expliqua à Père et à moi-même : *« c'est maintenant l'heure du changement, puisque désormais, chaque jour un nouveau régiment arrive sur le front »*. Cette déclaration très peu professionnelle n'avait plus aucun lien avec la réalité. Hitler poursuivait : « les jeunes maréchaux », il prononça les noms de Redulic et Schörner, « vont désormais immobiliser les fronts avec la puissance nécessaire ». Puis il divagua et parla de Manstein dont il attestait qu'il était *« le meilleur opérateur pour les grands corps de troupes »*, mais il ne disposait pas de la faculté *« d'arrêter un front mis en mouvement »* ! Cette scène était une fois de plus ahurissante, surtout pour moi qui avais par hasard atterri dans le bunker du Führer et qui venais du front, lequel continuait de résister à une puissance supérieure écrasante.

Mon impression de l'époque était que son déclin psychique égalait son déclin physique. Je tournais mon regard vers Père qui avait écouté sans ciller. Je savais qu'il sondait le consul Möllhausen, en Espagne, pour essayer de savoir si des discussions avec l'Ouest étaient encore possibles depuis le changement de situation et malgré la demande de capitulation inconditionnelle de Roosevelt. A cet instant, le président de la banque du Reich, Monsieur Funck, entra très agité et expliqua à Hitler de façon lapidaire que la banque du Reich avait été fortement touchée et que « nous n'avons plus d'argent ! ». Une fois de plus Hitler prouva ses talents de comédien en calmant Funck de façon convaincante et presque amusée en lui disant que l'argent n'était plus si déterminant à l'heure actuelle.

Père et moi prirent congé. Je n'avais pas été capable de formuler un mot, tant était accablante l'impression ressentie durant ce quart d'heure où je m'étais trouvé face à l'homme qui, pour nous soldats, représentait notre pays et en qui, malgré des combats de plus en plus difficiles, nous croyions toujours devoir faire confiance. Depuis cinq années, nous combattions pour notre pays, l'Allemagne, et non pour Hitler, en subissant toujours de nouvelles lourdes pertes. Hitler était cependant la personnification de notre pays, nous devions croire en lui, croire qu'il maîtriserait les nouvelles crises. Cela dit, il était temps à nos yeux que les armes secrètes miracles entrent enfin en jeu. Il ne pouvait tout de même s'agir des fusées V1 (nommées par la troupe les « les terreurs de la Eifel » (la Eifel étant une région d'Allemagne *NdT*) compte tenu du fait que, de temps à autre, une fusée ou des V2 s'écrasaient prématurément et explosaient sur notre territoire. Cela faisait longtemps que nous ne pensions même plus à la victoire au sens habituel, ce que nous espérions était une paix faite de conciliations. Au lieu de cela, je réalisais avec une certitude absolue, au cours de ces quelques minutes de ce matin du 4 février 1945, que ce qui nous guettait c'était l'arrivée certaine et imminente d'une catastrophe. Mes pensées tournaient autour de la question de savoir ce que j'allais dire à mes hommes de retour à Fallingbostel. Après cette horrible prise de conscience où pourrais-je puiser, moi, jeune homme de 23 ans, la force de les motiver pour qu'ils continuent à s'impliquer ? Si toutefois la moindre chance de négociation s'avérait possible, un certain potentiel militaire serait sans doute un avantage. Sur le front de l'Est, la volonté de protéger la population civile face aux horreurs russes constituait la motivation absolue des troupes pour combattre. Je devais pouvoir transmettre cette motivation à mes soldats. En ce domaine, ils m'ont suivi jusqu'à la fin de la guerre. Hitler ne changerait plus la situation, même un miracle ne

(2) Ces déclarations furent faites en ma présence à l'occasion d'une visite de Hitler à mes parents lors des anniversaires de Père les 30.04.1939 et 1940.

pouvait lui garantir la Providence –c'est ainsi qu'il aimait appeler le destin. Le « miracle » de la maison Brandebourg, tel que Frédéric le Grand désignait la mort de son ennemie la tsarine Elisabeth, qui le sauva de la guerre de sept ans, n'allait pas se reproduire pour Hitler, même si son grand adversaire, Roosevelt, allait mourir cinq semaines plus tard, le 12 avril.

En quittant la Chancellerie du Reich, mon regard se porta de nouveau sur la ruine de l'hôtel Kaiserhof qui lui faisait face. Une fois de plus je me vis en tant que petit garçon sur le balcon. Le souvenir des grandes espérances ressurgit, celles qui germaient en Allemagne à l'époque, à propos de victoires inhabituelles lesquelles s'avéraient désormais être avec certitude les signes du déclin. Une question me taraudait désespérément *« comment avons-nous pu en arriver là ? »*. Un destin impitoyable était sur le point de se réaliser. J'avais une fois de plus regardé la fatalité droit dans les yeux. Ce désastre portait le nom de Hitler !

Introduction

La volonté de répondre à la question désespérée de savoir **« comment a-t-on pu en arriver là »** m'a finalement poussé à coucher sur papier mes souvenirs, connaissances et expériences des années 1933 à 1945. Mais quelles circonstances particulières font que je puisse légitimement me lancer dans le récit d'une période que -je peux l'affirmer- j'ai vécue de très près, une période où j'étais enfant puis jeune homme, entre 11 et 24 ans ? Cette période de l'histoire allemande est devenue un traumatisme pour les Allemands sous le nom de « Troisième Reich », « le Reich de mille ans » ou « l'Allemagne de Hitler » et qui fait l'objet d'un tabou à l'heure actuelle –au sens d'une analyse objective- en tout cas pour ce qui est de la politique étrangère. Considérant que depuis plus de 70 ans -depuis l'effondrement allemand en 1945- les événements de l'époque ont été fouillés et établis par la rédaction officielle de l'histoire allemande, m'est-il encore possible d'apporter un « plus » pour comprendre cette politique étrangère de Hitler :

Hitler est pour ainsi dire tombé d'un ciel pur (au sens de l'expression souvent citée des « Golden Twenties ») sur le peuple allemand pour l'amener à attaquer ses paisibles pays voisins –à l'instar d'autres figures de l'histoire allemande avant lui, avec l'objectif de régner sur le monde. Les Allemands l'ont suivi avec fascination et sans hésitation, oui, ils se sont même tenus à sa disposition tels des « bourreaux volontaires » (1) pour accomplir des crimes.

Il s'agit du cliché habituel qui constitue le fondement de toutes les déclarations concernant l'histoire récente de l'Allemagne. Tolstoï a eu une formule amusante en 1908: « l'Histoire serait une chose remarquable si seulement elle était vraie ». Un historien contemporain allemand a expliqué « l'Histoire doit être réécrite tous les vingt ans! » (2). Pour l'« instrumentaliser » ? « L'Histoire ne doit être comprise et jugée qu'à travers l'esprit et les données de ladite époque et de ses cohésions historiques. Barbara Tuchman l'a formulé de façon pertinente et amusante : « On doit toujours voir l'Histoire dans les vêtements de son époque! » (3) Cette faculté est indispensable pour un historien, quelle que soit la période de l'Histoire qu'il veut décrire « objectivement », même la période nationale socialiste de l'Histoire mondiale!

Pour que nous ne nous méprenions pas d'entrée de jeu, mon objectif n'est pas de « réhabiliter » Hitler. Un homme politique qui disposait d'un pouvoir d'une telle ampleur, sans limites ni contrôle, tel que Hitler se l'était arrogé, **ne peut être excusé au regard de la catastrophe qu'il a fait subir au peuple allemand et aux peuples de l'Europe de l'Est durant son régime**. Tant qu'il existera une histoire allemande, Hitler portera l'entière responsabilité de tout ce qui est arrivé pendant son règne et sera coupable d'avoir réduit notre Allemagne en cendres.

Les évènements ayant eu lieu durant le gouvernement de Hitler, point de départ des plus lourds reproches qui lui sont faits, ne changent cependant rien à la politique étrangère catastrophique qu'il a trouvée au début de son mandat et à laquelle sa politique étrangère doit rendre des comptes. Il faut faire cette distinction si l'on veut l'analyser objectivement.

C'est pourquoi, dans un premier temps, le personnage Hitler ne m'importera pas dans mon récit ; ce qui me semble important en revanche, c'est d'expliquer la situation et les intérêts allemands auxquels Hitler a dû faire face et accepter au moment de sa prise de pouvoir, tout comme ont dû le faire tous les gouvernements avant et après lui. Hitler n'est en effet pas tombé du ciel, il a été porté aux nues par un *« faisceau d'évènements concordants »* (4) qui lui ont accordé un plein pouvoir absolument unique dans l'histoire allemande. Ces « évènements concordants » qui ont « fait » Hitler ne lui sont cependant pas imputables.

(1) Goldhagen, *Hitlers Willige Vollstrecker*, Berlin, 1996 (« Les bourreaux volontaires de Hitler »).

(2) Johannes Fried, dans une interview au magazine *« Welt »* du 7.9.98.

(3) Claus Jacobi dans *« Bild »* du 27.3.99.

(4) Dostojiewski, *Les Possédés*.

Toute la difficulté est de savoir faire la distinction suivante : jusqu'à quel point la politique étrangère de Hitler a-t-elle été « conditionnée » par la situation politique qu'il a trouvée et à partir de quand ses décisions ont-elles conduit à la catastrophe? Il faut, pour répondre à cela, procéder à une analyse objective de la politique mondiale, en tous cas à partir de 1871. Bien que la formule « Hitler est responsable de crimes et pour cette raison il est le seul responsable de la guerre » soit impressionnante et qu'elle réponde au besoin humain de faire porter la culpabilité à une fatalité personnifiée, elle n'a rien à voir avec les faits historiques. L'histoire du monde ne se déroule pas aussi simplement! Les aversions et les ressentiments à l'égard de Hitler et de son régime sont compréhensibles au regard de la dévastation qu'il a laissée derrière lui et que l'Histoire ne pourra « pardonner ». Il faut condamner Hitler et même le bannir si on le souhaite, mais que ceci soit fait avec de bons arguments. En réalité, les sentiments et idéologies désorientent et empêchent de voir les cohésions objectives. Le seul moyen de comprendre la politique étrangère allemande de 1933 à 1945 est de prendre la situation géopolitique de l'Allemagne comme point de départ et de considérer le « personnage Hitler » dans l'ensemble des rouages politiques, économiques, sociaux sans oublier intellectuels des XIXe et XXe siècles. C'est le seul moyen d'éviter que son ombre pèse encore 60 années de plus sur notre communauté. Il ne faut pas décharger Hitler, mais le peuple allemand auquel on prête depuis près de cent ans des pulsions agressives, quand il ne s'agit pas de projets de règne sur le monde, mériterait de connaître peu à peu un jugement plus juste. C'est dans ce sens que cet écrit doit éclaircir certains points de vue.

La « question allemande » telle qu'elle se pose encore aujourd'hui (5) trouve son origine dans la création du Reich de 1871 laquelle a, d'un seul coup, fondamentalement changé les rapports de force en Europe. Au lieu de deux états allemands, la Prusse et l'Autriche, se neutralisant en quelque sorte, s'est mise en place une configuration qui, grâce à son efficacité, a su gagner du poids dans tous les domaines.

Ce furent désormais cinq puissances qui décidaient du devenir de l'Europe : la Grande Bretagne, la France, la Russie, l'Autriche-Hongrie et donc aussi le peuple allemand. Bismarck avait trouvé la formule clé : quand on est cinq, il faut toujours veiller à être trois! Lui-même avait eu l'adresse d'entretenir des relations contractuelles avec l'Autriche et la Russie malgré les oppositions entre ces deux états à propos des Balkans. Avec l'Autriche, il avait scellé une alliance en bonne et due forme et avec la Russie le fameux Traité secret de Réassurance qui devait assurer le Reich à l'Est face à une guerre sur deux fronts, au cas où la France nourrirait des idées de revanche. Mais, avec l'Angleterre, il n'existait dans le fond aucun désaccord même si *« ils ne veulent pas que nous les aimions »* comme se serait exprimé Bismarck.

La politique de l'empereur Guillaume II avait abandonné ce concept. Le « Traité de Réassurance » avec la Russie n'avait pas été prolongé. La Russie, qui se voyait isolée –il existait de grandes tensions avec l'Angleterre à propos de l'expansion russe en direction du golfe persique et de l'Inde-montra sa volonté de s'allier à la France. L'Angleterre, qui, entre-temps, considérait l'Allemagne comme la plus grande puissance continentale, était irritée par la construction d'une flotte impériale pour laquelle il n'existait aucune stratégie navale convaincante. La flotte n'était même pas construite de façon conséquente et équivalente à celle des Britanniques. Le développement de l'économie allemande en direction du Proche Orient (le chemin de fer de Bagdad) touchait certains intérêts britanniques dans une zone sensible puisqu'il s'agissait de la route de l'Inde (canal de Suez). Même la Russie était concernée par les activités allemandes en raison de son intérêt pour les détroits turcs.

Le point de départ de la politique du Kaiser et de son Chancelier von Bülow fut une opposition insurmontable entre l'Angleterre et la Russie. Bülow bâtit là-dessus la « politique de la main libre » qui, pensait-il, lui permettrait d'opter à tout moment pour l'Angleterre ou pour la Russie, jusqu'à ce que finalement le rapprochement entre l'Angleterre et la Russie (1907) place le Reich entre deux chaises, c'est-à-dire dans une situation d'encerclement.

(5) Je me réfère à un article du Secrétaire permanent de l'« Académie française », Maurice Druon, dans *Le Figaro* du 30 août 1999.

En 1905, l'Allemagne eut l'opportunité de briser l'enfermement qui menaçait d'encercler le Reich en frappant préventivement la France. La Russie avait perdu la guerre contre le Japon et se trouvait dans l'impossibilité d'agir à l'étranger en raison de soulèvements révolutionnaires. L'état de l'armement de l'Allemagne aurait pu permettre au Reich de s'imposer militairement face à la France. De telles réflexions sont légitimes durant cette phase historique de puissance politique nationale en Europe puisqu'il faut alors être en mesure de contrer rapidement les menaces futures. Cette « chance » n'ayant pas été saisie, ce n'est qu'en 1914 que le Reich se trouvera impliqué dans un conflit militaire dans des circonstances qui lui seront beaucoup moins favorables.

La puissance décisive fut l'Angleterre. La jalousie vis-à-vis de la concurrence allemande sur les marchés mondiaux joua un rôle croissant. Il suffit de penser à l'introduction du tampon « made in Germany » pour les articles allemands dans l'empire britannique. Ce n'était cependant qu'un symptôme de plus du poids croissant de l'Allemagne. Le vieux principe centenaire de l'Angleterre selon lequel il faut toujours constituer une coalition vis-à-vis de la plus importante puissance continentale fut le fil conducteur de la politique britannique vis-à-vis du Reich allemand à partir du début du siècle (6). L'Angleterre a mené cette politique de façon habile et couronnée de succès, mais le lecteur jugera si elle a été la « bonne » au sens du maintien de l'Empire. L'erreur d'appréciation du développement de la politique mondiale ainsi que les mauvaises conclusions tirées par le gouvernement allemand ont sans aucun doute favorisé la politique d'encerclement menée par les Britanniques. La politique étrangère impériale n'avait pas d'idée précise et déterminée à propos de la dangereuse position du Reich au centre de l'Europe. La seule chose qu'elle ne voulait pas c'est d'être impliquée dans une guerre. Mais l'histoire prouve à chaque fois que, quiconque souhaite à tout prix éviter un désaccord, finit par y être forcé par les évènements ou par l'adversaire à un moment peu propice.

La Première Guerre mondiale a révélé une surprenante force du Reich. Presque toutes les ressources du monde entier ont été nécessaires pour finalement réussir à lutter contre le Reich. Le « Traité de Versailles » devait servir à mettre un terme à ce potentiel de la puissance en Europe Centrale une fois pour toutes. C'est pourquoi les dispositions de ce traité ont laissé un pouvoir vide en Europe centrale. Il était prévisible que, de telle manière ou d'une autre, cet état ne pouvait avoir aucune existence. Par sa consolidation et sa croissance militaire continue, l'Etat soviétique devenait une menace latente pour l'Europe. La crainte des Etats limitrophes persistait face à la force potentielle que représentait l'Allemagne en tant que puissance d'Europe centrale, et pourtant, en 1933, on ne pouvait à proprement parler d'une « puissance » du Reich, même de façon suggestive. Je vais devoir expliquer quelles solutions la politique étrangère allemande proposa – hélas en vain- à ce problème fondamental européen. On pourra par ailleurs constater de quelle façon ces « querelles européennes » ont déplacé les forces centrales de ce monde en direction des USA et de l'Union soviétique et comment se fait-il que, finalement, les USA aient pu gagner leur position de puissance mondiale. Il n'est pas possible de comprendre les bouleversements de l'histoire du XXe siècle sans connaître l'histoire du XIXe siècle.

(6) Cf. entre autre, Niall Fergusson, *Der falsche Krieg* (« La fausse guerre »), DVA, Stuttgart, 1999.

1 - Témoin d'une époque

« J'ai été nommé Secrétaire d'état mais j'ai choisi Londres ! » (1)

C'est avec ces mots que Père vint à notre rencontre –Mère et moi- dans une petite rue paisible en lisière de Bayreuth, en août 1936. J'avais 15 ans. Ce matin-là, Père avait été prié de se rendre une seconde fois dans la Villa Wahnfried auprès de Hitler. Mère avait profité de l'occasion pour visiter avec moi le célèbre « Ermitage ». Père embrassa Mère. Il était visiblement sous le coup de sa décision. Son visage rayonnant le prouvait ; Mère cependant porta la main à sa bouche –ce geste la caractérisait lorsqu'elle apprenait quelque chose d'inattendu, de surprenant ou de difficile, dont elle n'était pas immédiatement en état d'en mesurer toutes les conséquences. C'est avec ce même geste qu'elle entra dans le salon de notre maison à Berlin-Dahlem il y a trois ans et demi, le 30 janvier 1933, pour nous annoncer tout doucement *« Hitler a été élu Chancelier du Reich ! »* ; alors que notre professeur de piano, Mademoiselle Munding, essayait une fois de plus de me faire comprendre que, lorsque un dièse précédait une note, il fallait jouer fa dièse au lieu de fa. Cette attitude était sans doute sa façon d'exprimer la question qu'elle se posait : *« que va-t-il se passer ? »*. Elle ne pouvait avoir la moindre idée à quel point ce jour influerait de façon dramatique et finalement tragique le destin de son mari et donc le sien, voire celui de toute la famille.

Père avait établi, en janvier 1933, les contacts entre Hitler, Hindenburg et Papen (Franz v. Papen chancelier sous Hitler en 1932, *NdT*) et avait été impliqué dans les phases décisives des négociations qui devaient décider de la composition de gouvernement de Hitler. Pour mes parents, comme pour beaucoup d'Allemands, il existait, fin 1932, uniquement l'alternative suivante: Hitler prend le pouvoir, ou les communistes ; mais leur prise de pouvoir aurait sans aucun doute signifié pour l'Allemagne le règne du bolchevisme russe empreint de stalinisme (2). Ce risque réel à l'époque est de nos jours présenté comme infime, voire totalement nié. Même Père ne pensait pas à cette époque quitter un emploi lucratif pour entrer activement dans la politique, bien qu'il se soit toujours particulièrement intéressé à la politique extérieure, comme nous le verrons par la suite.

Mais la réaction spontanée de Mère fut, ici à Bayreuth, dans cette paisible rue baignée de soleil, l'expression de ses préoccupations. Père comprit ses réserves. Sur le chemin de notre domicile privé (à l'époque, même les « invités du Führer » vivaient dans des quartiers privés par manque de chambres d'hôtel), Père expliqua à Mère les raisons qui l'avaient poussé à proposer à Hitler – lors d'une vive discussion sur la politique étrangère dont le point de départ fut la demande de Franco concernant des avions pour transporter ses troupes du Maroc sur le continent espagnol- de l'envoyer comme ambassadeur à Londres en tant que successeur du défunt Leopold von Hoesch et ainsi de revenir sur sa nomination de Secrétaire d'Etat. (Le poste de Secrétaire d'Etat aux Affaires étrangères était également à pourvoir compte tenu du fait que le Secrétaire d'Etat en poste, Bernhard Wilhelm von Bülow, était également décédé).

Père expliqua de façon très insistante que la direction du Reich se devait de percer clairement la politique suivie par les Britanniques vis-à-vis de l'Allemagne. Les Anglais étaient des maîtres de la tactique qui consiste à laisser leurs adversaires potentiels chercher dans une direction pour cacher leurs buts véritables (3). Il ne fallait pas qu'il se reproduise la même complète surprise que celle que les Britanniques avaient réservée au gouvernement impérial de 1914, lorsqu'ils avaient

(1) Père exprimera à Hitler dans un rapport personnel en 1937/38 : « ...lorsque je priais le Führer de m'envoyer à Londres... ». Il aurait été peu probable qu'il écrive ceci à Hitler s'il avait voulu être ou devenir Secrétaire d'état et que Hitler l'avait envoyé contre sa volonté à Londres ainsi que l'affirment Spitzy et l'interprète Schmidt ! Spitzy écrit cf ci-dessus p. 95 « ...(Ribbentrop) alla directement après les jeux olympiques voir Hitler, après l'organisation de grandes réceptions diplomatiques, pour lui réclamer le poste de Secrétaire d'Etat. Mais Hitler voulait maintenir Neurath. Du coup on trouva le poste de diplomate à Londres pour Ribbentrop. Voilà ce qu'il en est de l'amour de la vérité de Spitzy ! D'ailleurs la nomination de Père fut déjà officiellement annoncée durant les jeux olympiques. Lorsqu'on se permet, tel que Spitzy, la diffamation d'inverser la vérité, tout au moins faudrait-il par prudence se tenir informé des faits connus.

(2) Christian Striefler : *Kampf um die Madrt*, Propyläen, Frankfurt/Main, 1993.

déclaré la guerre au Reich et qu'à Berlin on tomba des nues. Le chancelier du Reich de l'époque, Bethmann-Hollweg, avoua, en août 1914, à l'ambassadeur britannique sortant, Sir Edward Goschen lorsque, celui-ci fit ses adieux, qu'avec la déclaration de guerre britannique « toute sa politique s'effondrait tel un château de cartes » (4). Nous nous promenions tranquillement le long de cette route du faubourg, personne ne nous accompagnait. Même en ma présence, Père parlait toujours ouvertement à propos des objectifs de la politique étrangère du gouvernement allemand à Mère. Il expliqua une fois de plus et de façon tout à fait claire –dans le but de convaincre Mère de la justesse, ou de la nécessité de sa décision- la conception fondamentale de la politique étrangère que Hitler suivait de façon conséquente depuis son accession au pouvoir il y a trois ans et demi : la création en Europe centrale d'un bloc relativement fort avec la couverture de la Grande-Bretagne et de la France grâce à l'intervention de Père auprès de Hitler, dans le but de faire face à la menace russo-soviétique qui pesait sur l'Allemagne et même sur l'Europe de l'Est sinon toute l'Europe.

Ce même jour encore, Mère me fit part de ses objections à la décision de Père de se rendre à Londres, sans doute était-ce pour se permettre à elle-même de peser les chances et les risques de ce changement. Sa préoccupation principale s'articulait autour de trois axes :

Selon un procédé propre à Hitler, qui consistait à créer des rivalités, les activités politiques de Père s'étaient jusqu'alors toujours développées parallèlement au ministère des Affaires Etrangères. Père et le « bureau von Ribbentrop » étaient organisés de manière à être rattachés au dénommé « détachement de liaison » présidé par Hess. (Ce « détachement de liaison » avait pour fonction de maintenir la liaison entre la direction de la NSDAP à Munich, donc le « parti » et les ministères du Reich, à Berlin). Il s'était naturellement développé une rivalité entre le ministère des Affaires Etrangères et le « bureau von Ribbentrop », mais comment aurait-il pu en être autrement ?

Mère partit du principe –et il ne fallait pas beaucoup d'imagination pour comprendre cela- que Père ne trouverait pas dans le « Ministère » -ainsi nommait-on le Ministère des Affaires Etrangères- le soutien nécessaire à l'accomplissement de sa tâche ni la réserve indispensable. En effet, en tant que chef de mission à Londres, Père avait régulièrement dû se plaindre auprès du ministre des Affaires Etrangères M. von Neurath pour obtenir de façon continue les informations nécessaires à l'exercice de ses fonctions (5). Après la guerre, Erich Kordt dira ouvertement à quel point Mère avait vu juste. Kordt avait été mis à l'écart du ministère des Affaires étrangères afin de devenir l'homme de liaison avec le « bureau von Ribbentrop ». Il avait reçu comme consigne de la part du Secrétaire d'Etat encore vivant à l'époque, M. von Bülow, de ne pas corriger les éventuelles « fautes » de von Ribbentrop, mais de tranquillement le laisser les commettre (6). Cependant les « fautes » d'un Ambassadeur –quel qu'il soit- ont toujours des conséquences négatives pour le pays représenté, en l'occurrence l'Allemagne.

Mère avait également pensé qu'il aurait été avantageux pour la carrière de Père s'il avait intégré le ministère des Affaires étrangères à ce moment-là. S'il tenait effectivement à participer à la construction durable de la politique étrangère de Hitler, il aurait été préférable qu'il connaisse son instrument de l'intérieur, soit le ministère des Affaires Etrangères. La fonction de Secrétaire d'état aurait été pour Père le meilleur moyen d'apprendre à connaître tant l'organisation du ministère que la qualification et la mentalité des diplomates allemands.

Mais c'est à propos du succès de sa mission que Mère se faisait à l'époque le plus de soucis. Elle était sceptique quant à la chance d'accorder durablement les politiques de la Grande-Bretagne et

(3) A. Eden, *Facing Dictators,* 1962, p. 509. Et, également intéressant dans ce contexte : Niall Fergusson, *Der Falschekrieg*, à propos de la politique britannique avant la Première Guerre mondiale.

(4) Comte Ernst zu Reventlow *Deutschlands auswärtige Politik 1888-1914*, Berlin 1916 (1918) Mittler & fils 1918, p. XVIII. Cf. aussi dans ce sens Niall Fergusson *Der falsche Kireg*, Deutsche Verlagsanstalt, Stuttgart

(5) Kley, *Hitler, Ribbentrop und die Entfesselung des Zweiten Weltkrieges*, Schöningh, p. 33 (Hitler, Ribbentrop et le déchaînement de la Seconde Guerre mondiale, NdT).

(6) Erich Kordt, *Nicht aus den Akten* (« Ne provient pas des dossiers », NdT), p.70, Stuttgart, 1950.

de l'Allemagne, compte tenu de la réserve politique du gouvernement britannique durant les trois dernières années et demie, c'est-à-dire depuis 1933, vis-à-vis des propositions allemandes. A ses yeux Père avait accepté une mission qui couvait en elle le risque de l'échec au cas où les Britanniques « ne souhaiteraient pas se faire aimer de nous ». Père se risquait ainsi à se voir imputer l'échec de l'amitié germano-britannique à laquelle l'Angleterre devait également se préparer. Mère avait eu une prémonition concernant ce risque. Père continuait cependant à défendre l'opinion selon laquelle percer à jour la politique britannique avait une importance fondamentale pour la politique du Reich et que les considérations personnelles devaient rester en arrière-plan.

L'alliance germano-anglaise n'était pas une idée de Hitler, au sens d'un caprice « germanique ». Une étroite collaboration germano-anglaise à l'échelle mondiale était la clef de la politique de Hitler. Lorsque Hitler dit à Père, au moment où celui-ci prit congé pour prendre ses fonctions à son poste londonien : *« Ribbentrop, ramenez-moi l'alliance anglaise ! »* il était persuadé que ce rapprochement des deux pays était tout autant dans l'intérêt britannique, c'est-à-dire dans le sens du maintien de l'empire mondial britannique, que de la nécessité pour le Reich de s'assurer ses arrières face à la menace de la révolution mondiale programmée par l'Union soviétique. Pour Hitler, l'existence de l'empire mondial britannique était fortement souhaitable pour la « race blanche » et aussi pour l'Allemagne comme puissance globale d'équilibre (7). Le point de vue décisif était néanmoins la couverture réciproque comme défense vis-à-vis des risques provenant de l'Est, ainsi l'Angleterre aurait aussi le champ libre par rapport à son empire mondial et son maintien.

Il faut qu'il soit clair et, que l'on garde toujours à l'esprit, que le point de départ de la politique étrangère de Hitler était « l'Alliance de l'Ouest » du Reich, pour utiliser une expression moderne. Durant les années qui suivirent l'accession au pouvoir de Hitler, j'entendais toujours Père prononcer l'expression suivante lors de ses discussions avec Grand-Père von Ribbentrop *« nous devons opter ! »* (je me souviens très bien de ces discussions puisque étant petit les expressions « opter » et « option » ne m'étaient pas familières »). Père et Grand-Père étaient toujours tout à fait d'accord sur le fait que pour l'Allemagne la meilleure option était celle de l'Ouest, compte tenu de la situation avec l'Union soviétique. Il n'était même pas question d'envisager une politique de girouette entre l'Est et l'Ouest pour Hitler et Père. L'expérience de la politique impériale avant la Première Guerre mondiale, dénommée par le chancelier de l'époque von Bülow de façon euphémiste « la politique de la main libre » *(Politik der freien Hand)*, les dissuada de succomber à la tentation de se montrer ambivalent quant à la politique étrangère allemande en manipulant l'Est contre l'Ouest. Le célèbre *« sitting on the fence »* britannique (« être assis sur la clôture », c'est-à-dire choisir un camp ou l'autre en fonction des opportunités) pouvait, selon Père, fonctionner pour une île ayant une grande puissance maritime, mais pas pour un pays avec une situation géopolitique telle que le Reich allemand au centre de l'Europe, lui faisant courir le risque de se retrouver, comme en 1914, coincé entre toutes les chaises, ou formulé de façon plus concrète, « dans l'étau » d'une coalition surpuissante.

Malgré les quelques déceptions de ces trois dernières années et demie, la mutation de Père à Londres permettait à Hitler une nouvelle tentative pour mettre en œuvre la politique étrangère qui lui avait permis d'accéder au pouvoir en 1933: un arrangement politique mondial avec l'Angleterre, si possible sous forme d'alliance. A cette époque Hitler menait de façon conséquente sa « politique de l'Ouest » !

(7) Cf. discours de Hitler du 29.4.39 face au Reichstag « …Ce souhait d'une amitié et d'une collaboration germano-anglaise ne se mélange pas uniquement avec mes propres sentiments qui découlent de l'origine de nos deux peuples, mais également avec ma conception de l'importance de l'existence de l'empire mondial britannique dans l'intérêt de l'humanité entière. Je n'ai jamais laissé planer de doute sur le fait que je voyais en l'existence de cet empire une valeur inestimable pour toute l'humanité, culturelle et économique… Le peuple anglo-saxon a sans aucun doute accompli une performance colonisatrice incommensurable sur cette terre. Ce travail mérite toute ma considération. L'idée d'une destruction de ce travail me semblait et me semble d'un point de vue humain plus élevé seulement le résultat d'un héroisme humain criminel (Max Domarus) : *Hitler-Reden*, und Proklamationen 1932-1945, volume II, page 1158.

J'ai vécu à partir de 1933, soit à partir de ma douzième année, avec une proximité extrême, ces évènements de grande importance. La mutation de Père au poste londonien, en 1936, avait pour la politique étrangère de l'époque une haute importance, quasi « documentaire ». J'ai été informé des motivations des deux acteurs principaux du côté allemand –Hitler et Père- de la façon la plus directe (Père). Il s'agissait de la stratégie confidentielle de la politique étrangère allemande. J'étais une fois de plus devenu un **« témoin de l'époque »** ! Je le dis en toute modestie, je participais silencieusement car mes parents pensaient –à juste titre- pouvoir s'y fier. Je me dois d'ailleurs de raconter comment cette relation de confiance s'est instaurée, pour justifier ce statut de « témoin d'époque » qui s'est fait continuellement et de façon croissante dès 1932.

Cela débuta durant l'été 1932, j'avais alors 11 ans. Cette année fut pour moi le début d'une nouvelle période de ma vie. Si l'on se penche sur le passé, on peut distinguer le passage de l'enfance à l'adolescence. Cette année 1932 fut profondément marquante pour moi et pour toute la famille, puisque ce fut l'année où la politique, qui avait toujours été la passion de Père, parallèlement à sa réussite dans son activité commerciale, vint pour la première fois directement à lui.

Au printemps de cette année, notre éducatrice française nous quitta. Elle n'avait plus obtenu d'autorisation de travail en raison du fait que les autorités allemandes ne les délivraient plus qu'avec restriction aux étrangers à cause du nombre exorbitant de chômeurs. Une charmante jeune fille –fille d'un ophtalmologue de Meiningen- lui succéda, mais elle dut également nous quitter rapidement en raison des problèmes financiers de ses parents qui les contraignirent à vendre leur maison et rendait donc son retour indispensable. Nous, les enfants, avions été très impressionnés lorsqu'elle nous en parla en sanglotant. Malgré notre jeune âge, nous commencions à pressentir ce que signifiait une déroute économique de l'ampleur de la crise de l'époque. Celle-ci se révélait de façon extrême en Allemagne suite aux réparations et à la politique de déflation de Brüning. Etant donné que Mère attendait un bébé, nous n'avions plus engagé de successeur à cette jeune fille ; l'infirmière engagée pour cet heureux évènement assurerait également la surveillance de ma sœur et la mienne.

L'été 1932, ma sœur et moi furent victimes d'une infection particulièrement violente et inhabituelle qui dura des mois. Le médecin de famille pensa à des streptocoques comme agent pathogène, mais sans aucune constatation précise. Les inflammations de la gorge, les otites et les pneumonies se succédèrent sans cesse. Comme l'infirmière n'était attendue qu'en décembre, mois présumé de l'accouchement, Mère prit elle-même soin de nous. « Gouvernante », ce métier n'existe plus aujourd'hui, mais à l'époque elles étaient pour les enfants en bas âge la « personne de référence » ainsi qu'on la définit aujourd'hui en allemand pédagogique. C'est ainsi que Mère entra vite dans cette relation de confiance.

C'est durant cet été berlinois chaud et beau de 1932 –c'est ainsi qu'il reste dans mon souvenir– que vint le moment où Père fut, pour la première fois, impliqué activement dans la politique par le biais d'amis. Mère prenait pleinement part à ses affaires et avait –ce qui est tout à fait compréhensible– le besoin de participer. Père avait été convié de façon confidentielle auprès de Hitler à Berchtesgaden et Mère lui avait défendu d'en parler à qui que ce soit. Ainsi me faisait-elle part de ses pensées et réflexions, *« an mich hin »* comme l'on dit en Bavière, sans néanmoins omettre de me contraindre à un silence absolu. Elle me raconta que Père avait, par l'intermédiaire du Comte Wolf-Heinrich von Helldorff, le chef de la SA berlinoise, obtenu de rencontrer Hitler, à Berchtesgaden, et de lui proposer de remporter la Chancellerie grâce à des négociations avec von Hindenburg et von Papen. Von Helldorff avait servi dans le même régiment (les « Hussards de Torgan ») que Père durant la Première Guerre mondiale. Je me souviens encore très bien du Comte von Helldorff: un grand homme large d'épaules en uniforme brun, avec le charme d'un lansquenet. Sans doute a-t-il par la suite été jaloux de la carrière de Père puisqu'il ne se fit plus voir dans la maison familiale.

C'était ma première conversation avec Mère à propos de la politique et je m'en souviens très bien puisque, entre autre, elle me conta que Père avait été pris en charge à la gare de Munich dans une « Mercedes-Kompressor » pour être conduit à Berchtesgaden. C'est le genre de détails qui marquent beaucoup un garçon de onze ans qui, à cet âge, connaissait tous les types de voiture.

Nous, mes amis et moi-même, étions à l'époque –sans considérer notre jeune âge- beaucoup plus intéressés par la politique que les jeunes du même âge à l'heure actuelle. En effet, grâce au contenu des cours de l'époque nous avons bénéficié de connaissances en Histoire. L'histoire et la situation allemande, décidée par Versailles, était pour nous présente, que ce soit à l'école, dans les organisations de jeunes (même avant leur uniformisation) et bien entendu à la maison. Nous nous sentions particulièrement impliqués dans la vie publique. Pour le petit garçon que j'étais, la politique intérieure avait pris pour thème la question du drapeau allemand, à savoir si celui-ci serait « noir-blanc-rouge » ou « noir-rouge-or ». J'avais à peu près neuf ans lorsque deux de mes oncles eurent une controverse, en présence de ma Grand-Mère Henkell (une démocrate convaincue). L'on me demanda en plaisantant pour quelles couleurs j'opterais, et spontanément je me décidais pour « noir-rouge-or ». Bien sûr, les oncles voulurent tout de suite connaître les raisons de cette décision. *« Si l'empereur était destitué et que nous n'avions qu'une république, il nous faudrait aussi avoir un nouveau drapeau »*, telle fut la réponse qui bluffa mes oncles. Le point de vue de ce petit garçon était-il une fois de plus empreint de la curieuse habitude allemande de changer – sinon de les abandonner au tas de poussière de l'Histoire- le drapeau, l'hymne national, les uniformes, les noms des villes et des rues, sans oublier les livres d'histoire et ce qui peut encore exister comme symboles et repères d'une identité nationale à chaque changement de pouvoir dans la politique intérieure.

Durant cet été 1932, les communistes et nationaux socialistes déclenchèrent ensemble une grève des services de transports berlinois. Mère s'exprima devant moi dans les termes suivants : *« si les nazis marchent avec les communistes on ne veut plus d'eux »*. Cette expression de Mère eut une signification particulière à la suite d'une autre conversation entre Père et Grand-Père von Ribbentrop à laquelle je pus assister. Elle avait pour objet de savoir si Hitler, au cas où il viendrait au pouvoir, conserverait le principe du système économique capitaliste. A l'époque, je ne comprenais pas grand-chose à tout ceci, ni de quoi il s'agissait, mais je revois encore nettement la scène. Il faut rappeler que, même au sein de la NSDAP, il existait un fort mouvement socialiste. Lors de cette conversation avec Grand-Père, Père défendit la position selon laquelle Hitler maintiendrait un système économique capitaliste. Pour lui, cela voulait dire que les moyens de production demeureraient privés, mais que l'Etat pourrait faire des intrusions dans l'économie lorsque cela lui semblerait nécessaire (8). Il avait eu raison, même si en 1932 rien ne pouvait l'affirmer avec certitude.

C'est étrange comme lorsqu'on est enfant on est capable de retenir des évènements ou des termes dont on est témoin, comme dans le cas présent, alors que, sur le moment, on n'est pas en mesure de les classer, et encore moins de les comprendre. C'est ainsi que me revient un souvenir qui date de cette même époque, je devais avoir à peu près treize ans. C'était à propos de Mademoiselle Munding, notre professeur de piano : lors d'une visite qui précédait une représentation du « Ring » de Richard Wagner à l'opéra national de Berlin. Elle expliqua qu'elle pensait que Wagner s'était soustrait à l'influence de Nietzsche pour se soumettre à la vision pessimiste du monde selon Schopenhauer. A l'époque, je n'étais bien entendu pas en mesure de classer Nietzsche ou Schopenhauer, mais cette expression est restée gravée dans ma mémoire pour le jour où je serais en mesure de la comprendre. Le rêve de Père était de pouvoir faire un jour de la musique avec ses enfants. C'est pour cette raison qu'il nous laissa nous initier aux grandes œuvres musicales dès notre plus jeune âge avec Mademoiselle Munding. Son rêve ne se réalisa pas, notre mère n'était absolument pas musicienne. Je n'aurais de toutes façons pas pu continuer à pratiquer la musique en raison d'une blessure, mais l'ouverture à ce monde magique des œuvres musicales a considérablement enrichi ma vie.

Après le retour de Père de Berchtesgaden, Mère me raconta qu'il n'avait pas cédé aux suggestions de Hitler. Père et Hitler avaient des conceptions différentes à propos du chemin à suivre pour obtenir l'élection de Hitler en tant que Chancelier du Reich. Père défendait de façon décidée l'opinion selon laquelle les partenaires à prendre en considération étaient von Papen et, le cas échéant,

(8) Manfred E. Streit, *Frankfurter Allgemeine Zeitung* du 20.6.98. n°140.

le fils de von Hindenburg, tandis que Hitler pensait pouvoir gagner son élection par une alliance avec Schleicher.

L'entrevue entre Père et Hitler avait duré deux heures ; plus tard Hitler racontera: « von Ribbentrop est têtu, durant deux heures j'ai essayé de lui faire comprendre que la formation de mon gouvernement ne peut se faire qu'avec Schleicher, pour finalement l'entendre dire de nouveau à la fin que cela ne pourrait marcher qu'avec von Papen et von Hindenburg ». Voilà un début marquant pour le soi-disant béni-oui-oui von Ribbentrop vis-à-vis de Hitler.

Je développerais à un autre moment le rôle de Père dans les négociations qui aboutirent à la formation du gouvernement de Hitler. Je précise seulement que, durant les derniers mois de l'année 1932, Mère ne m'a pas fait d'autres communications politiques étant donné qu'après la discussion infructueuse de Berchtesgaden Père et Hitler n'ont plus eu de contact étroit.

En **janvier 1933**, jour d'hiver berlinois beau et sec, il y avait encore un peu de neige, deux hommes apparurent pour le déjeuner. Les parents les menèrent rapidement dans le jardin avant de passer à table. Nous les avons salués comme il se doit. Nous n'avions pas l'impression qu'il se passait quoi que ce soit d'inhabituel, car même si notre rythme de mondanités d'autrefois avait diminué, il nous arrivait encore souvent de recevoir du monde pour les repas, et notamment, tel qu'il était de coutume à l'époque, beaucoup plus que maintenant, aussi pour le déjeuner -pour le « petit-déjeuner » comme on l'appelait à Berlin-.

Cependant nous remarquions que le ton et l'atmosphère, entre les parents et les visiteurs, étaient complètement différents de celui qu'ils avaient avec leurs amis et invités. Il ne régnait pas cette habituelle légèreté dans les conversations à laquelle nous étions accoutumés. Nous ne pouvions pas savoir ce que cette visite allait signifier pour toute notre vie. Le destin avait pénétré la maison de notre enfance, discrètement, quasiment sans bruit.

Ces deux hommes étaient des envoyés de Hitler : Himmler et Keppler (9). Ils avaient pour mission de prier Père de mener les négociations avec von Papen et le fils von Hindenburg à propos des possibilités de constitution d'un gouvernement, conformément au point de vue que Père avait vainement présenté à Hitler durant l'entrevue de deux heures quelques mois auparavant.

Les négociations aboutirent. Elles eurent lieu par l'entremise de notre père et la phase décisive se déroula en partie dans notre maison de Dahlem. Ces négociations devaient être tenues absolument secrètes, et Hitler a été introduit dans notre maison dans l'obscurité par la porte du jardin. Je comprends que Mère ne m'ait rien dit tout d'abord de ce qui se passait. Elle n'avait encore jamais testé ma discrétion, mais elle allait bientôt en avoir l'occasion.

Hitler avait prié Père de commencer à commenter des sondages privés, en Angleterre et en France, de la relation germano-anglaise et germano-française. Les rapports de Père s'adressaient directement à Hitler car, dans un premier temps, ses fonctions n'avaient rien d'officielles, il n'exerçait que sur ordre personnel de Hitler. Il ne pouvait en aucun cas dicter ses rapports aux secrétaires de sa société. Il aurait violé toutes les règles du secret. Ainsi Mère me demanda un jour si je me sentais capable de taper une lettre hautement confidentielle adressée au « Chancelier du Reich ». Avec leur vision moderne, mes parents m'avaient offert pour Noël, à l'âge de huit ou neuf ans, une petite machine à écrire de voyage du type « Underwood ». Ils étaient d'avis qu'il n'était jamais trop tôt pour apprendre à s'en servir. De nos jours, les enfants maîtrisent souvent mieux l'ordinateur que les adultes. Elle attira très sérieusement mon attention sur le fait que jamais je ne devrai souffler le moindre mot concernant le contenu de la lettre, qu'il s'agissait de secrets d'Etat. C'est ainsi qu'à diverses reprises, je tapais des rapports au contenu des plus confidentiels.

(9) Wilhelm Keppler (1882-1960) est entré à la NSDAP en 1927 et fonda en 1931 le *Keppler Kreis* (« Cercle Keppler ») qui devint plus tard le *Freundeskreis des Reichsführer SS* (« Cercle des amis du Reichsführer SS »). En 1933, il fut membre du Reichstag et Commissaire pour les questions économiques au sein de la Chancellerie du Reich. A partir de 1938, il devint Secrétaire d'Etat pour des missions spéciales au sein du Service des Affaires Etrangères.

Mais, la plupart du temps, Père n'avait pas d'autre choix que de rédiger ses rapports à la main ! (10)

Un jour, je dus rédiger une lettre qui, dans mon souvenir, avait pour contenu un désaccord entre Père et Rosenberg. Celui-ci était le dirigeant dudit « bureau des Affaires étrangères de la NSDAP ». Il n'aurait visiblement pas fait très bonne impression lors d'une visite, à Londres, très peu de temps après l'arrivée au pouvoir de Hitler. Mère m'informa du contexte de la lettre que je dus taper: elle avait pour fondement la jalousie de Rosenberg à propos de la nouvelle responsabilité de Père, en tant qu'interlocuteur de Hitler, pour ce qui concerne les affaires étrangères. Ce fut mon premier regard derrière les coulisses du pouvoir ! Plus tard, Père me raconta –à ce moment-là encore de façon amusée– que Rosenberg et lui avaient finalement délimité leurs compétences l'un contre l'autre. Lorsque Père fit part de sa satisfaction à Hitler, celui-ci n'en prit quasiment pas note, si bien que Père eut plutôt l'impression qu'Hitler n'approuvait pas cette entente. Très vite, Père comprit le système de Hitler consistant à jouer sur plusieurs tableaux. Il fallait cependant qu'il s'y fasse s'il voulait gagner de l'influence sur les décisions concernant les affaires étrangères. Dans ce contexte, il est utile de mentionner que, le 3 avril 1935, Père proposa à Hitler de rebaptiser le « bureau des affaires étrangères » de la NSDAP présidé par Rosenberg en « bureau de politique culturelle » (Kulturpolitik) dans la mesure où –comme l'écrit Père– il est clairement établi que « le programme de Rosenberg à propos de l'Est n'appartient pas à la politique étrangère officielle du Reich ». Il s'agit d'un exemple intéressant illustrant les difficultés de politique intérieure et de philosophie dont devait s'accommoder la politique étrangère allemande dans le système Hitler. Inutile de dire qu'une telle proposition n'a pas fait de la personne concernée –ici Rosenberg- un ami de Père, mais que restait-il à faire à Père pour mener une politique étrangère raisonnable que de mettre de côté les facteurs potentiellement dérangeants (11).

Mère commençait la plupart du temps ses communications confidentielles par les mots suivants « Tu dois te faire couper en quatre plutôt que de raconter à quelqu'un quoi que ce soit de ce que je vais te dire »! Je n'avais pas d'idée précise de ce qu'elle pouvait entendre par « te faire couper en quatre », mais je compris dans toute son envergure la confiance exceptionnelle que Mère m'accordait lorsque, début 1935, elle me fit savoir que Père et Hitler parlaient de recréer eux-mêmes la force militaire allemande, puisque, depuis des jours et des années, rien n'avançait dans les négociations avec l'Angleterre et la France à propos de la réalisation de l'égalité militaire allemande (laquelle avait été accordée *de jure* dans l'accord de Genève du 12 décembre 1932).

Cela faisait longtemps que j'avais cessé de discuter politique avec mes amis et l'on cherchait enfin moins à savoir si c'était mon manque d'intérêt pour la politique qui faisait que je n'émettais plus aucun avis. Tout d'abord, je m'opposais aux ressentiments de mes camarades de classe vis-à-vis de l'Angleterre et de la France, lesquels se fondaient toujours sur le Traité de Versailles ; ces ressentiments allaient aussi à l'encontre de l'Italie (ce « traître » de la Première Guerre mondiale), lorsque celle-ci attaqua l'Ethiopie. J'étais au courant de la conception de la politique étrangère allemande à propos de l'« arrangement de l'Ouest ». Mais le risque de faire voir, sous quelque forme que ce soit, même juste de manière indirecte, que j'étais informé de beaucoup de choses secrètes devint peu à peu trop élevé. Un auditeur un peu plus futé aurait pu tirer de mes réponses une conclusion ou une autre.

Il est évident que Mère, par principe, ne pouvait pas répondre de la confiance qu'elle avait mise en moi. Sans doute m'a-t-elle, de temps à autre, mise à l'épreuve, sans que je m'en rende compte. Sa responsabilité fut particulièrement lourde lorsque, l'année suivante, elle me fit part des premières réflexions à propos de l'idée de reconstruire en cavalier seul la force armée dans la zone démilitarisée du pays rhénan. Mère finit également par m'apprendre quel serait le moment où Hitler mettrait effectivement sa décision à exécution. Elle me promit d'obtenir auprès de Père, comme une sorte de récompense pour mon silence, qu'il m'emmènerait à l'audience du Reichstag, dans l'Opéra berlinois Kroll, où Hitler dévoilerait cette démarche décisive.

(10) Pour les rapports manuscrits de Père à Hitler, voir les archives Hoover.

(11) Note au Führer, Berlin, le 3 avril 1935, dans *Louis Lochner Papers, Hoover Library*, accession # XXO31.

Elle m'expliqua pourquoi on estimait inévitable de faire ce pas et me fit comprendre la nécessité de rétablir l'absolue souveraineté du gouvernement du Reich sur l'intégralité du territoire du Reich. Aux yeux de Hitler et de Père, il s'agissait de la condition *sine qua non* pour retrouver en politique étrangère une liberté d'action illimitée, sans laquelle la capacité d'union du Reich ne pouvait être garantie, et celle-ci était indispensable pour mettre fin à l'isolement de la politique étrangère dans lequel le Reich se trouvait toujours depuis la fin de la Première Guerre mondiale. Père avait approuvé cette démarche, car il ne pensait pas que cela entraînerait des mesures militaires préventives de la part de la France ou de la Pologne à l'encontre de l'Allemagne puisque la Grande-Bretagne ne soutiendrait pas ce processus. L'opinion publique britannique ne considérait pas le retour de la souveraineté allemande dans le pays rhénan comme un motif pour intervenir militairement contre le Reich. Sans le soutien britannique, la France ne bougerait pas et la Pologne n'oserait certainement pas entreprendre seule une désicion. Mais Mère ne me cacha pas le grand risque que comportait cette action, compte tenu du fait que le réarmement, qui venait juste de débuter, seules quelques rares forces allemandes avaient été déplacées dans le pays rhénan.

On pourra très bien s'imaginer avec quelles tensions j'ai pénétré la tribune des spectateurs dans la salle de l'assemblée dudit « opéra Kroll » où se tenaient les cessions du Reichstag, situé en face du vieux bâtiment incendié du Reichstag. Presque aucune des personnes présentes –députés, diplomates étrangers, hauts dignitaires de l'Etat et du parti- ne savaient pour quelle raison elles étaient rassemblées ici. Lorsque Hitler proclama que le gouvernement du Reich avait décidé de rétablir la pleine souveraineté dans la zone démilitarisée du pays rhénan, il provoqua bien sûr un long et tumultueux applaudissement, mais ce n'est qu'au moment où Hitler poursuivit avec les mots suivants, que l'assemblée sembla radicalement exploser de jubilation : *« A cet instant, où des troupes allemandes intègrent leurs garnisons de paix en pays rhénan... ! ».* L'honneur à cette époque jouait encore un rôle non négligeable en Allemagne. Les dispositions diffamantes du Traité de Versailles brûlaient dans l'âme de nombreux Allemands ! Le collégien que j'étais vécut avec la plus grande tension les jours qui suivirent. Allait-on prochainement subir des actions militaires de la part des pays signataires du Traité de Versailles ?

C'est ainsi que, depuis 1933, je vivais dans « deux mondes ». L'une était perçue comme « idyllique » par les autres. Cette description de ma « vie normale » dans une si jolie et stimulante maison de famille contrastait amèrement avec le monde de la « grande politique » que Mère me laissait entrevoir de façon croissante ; sur les « hauteurs » où se prenaient les grandes décisions de politique étrangère, mais aussi dans les « bas fonds » des intrigues et motivations humaines douteuses. Peu à peu, j'appris à mettre en relation, évaluer puis classer les personnes et évènements en fonction de leur conception de l'objectif de la politique étrangère allemande! Lors des conversations entre mes parents, souvent avec la participation de Grand Père Ribbentrop, et moi comme auditeur muet mais passionné, furent discutés les aspects les plus confidentiels de la politique étrangère allemande. Les discussions tournaient toujours autour du même noyau qu'était « l'arrangement de l'Ouest » comme fondement de la politique étrangère allemande. Cependant, durant les années suivantes, vint peu à peu la question de savoir quelle alternative nous avions à notre disposition s'il s'avérait que cet objectif ne serait jamais atteint.

Cette passion pour l'histoire en général et l'histoire militaire en particulier, inhabituelle pour un garçon de mon âge me permettait de comprendre le concept de la politique étrangère, donc de cet « arrangement de l'Ouest », grâce au passé et d'en suivre avec le plus grand intérêt son évolution durant les années 1933 à 1941. Qui donc peut avoir la chance de vivre, dès son plus jeune âge et de façon aussi directe, la politique mondiale dans l'une de ses phases particulièrement dramatiques ? N'ai-je donc pas le droit de me qualifier de « témoin de l'époque » et n'en résulte-t-il pas l'obligation de coucher sur papier mon savoir à propos de cette époque ?

La première phase de la politique étrangère 1933-1940 Versailles et la zone vide de pouvoir au centre de l'Europe

Durant la Première Guerre mondiale, le Reich allemand et ses alliés, l'Autriche-Hongrie, la Bulgarie et la Turquie, furent désignés comme les « puissances d'Europe centrale ». C'était une désignation claire pour les quatre états qui, de tous côtés, étaient entourés par l'alliance surpuissante des « alliés », donc cernés. La situation du Reich en tant que « puissance centre-européenne », ce qui doit être entendu au sens géographique c'est-à-dire située au centre de l'Europe, était encore bien plus mauvaise en 1933 qu'en 1914.

La puissance centre-européenne, le Reich allemand, se trouvait depuis sa création en 1871 de façon croissante face à un dilemme : personne ne voulait d'une Allemagne forte, donc d'une Allemagne potentiellement « menaçante » ! C'est une expérience que les Allemands ont pu faire une fois de plus à la suite de la réunification de la République fédérale allemande avec la RDA. Il ne faut pas occulter le fait que le gouvernement anglais, comme le gouvernement français, ont essayé, par une intervention auprès du gouvernement russe, d'éviter la réunification des deux états allemands. La problématique d'une Allemagne trop puissante fait aujourd'hui encore, aux yeux de l'Angleterre et de la France, l'objet d'une question sous-jacente non négligeable pour la politique européenne (1). Même en tant qu'Allemand on peut encore avoir la plus grande compréhension pour ce genre de préoccupation ; toute politique doit reconnaître ses dangers potentiels pour pouvoir leur donner crédit. Finalement, l'idée selon laquelle l'Histoire se répète reste présente. Jusqu'en 1871, il y avait deux états allemands antagonistes: la Prusse et l'Autriche, qui se neutralisaient jusqu'à un certain degré. La même chose s'est renouvelée après la Seconde Guerre mondiale: la République fédérale d'Allemagne et la RDA. Personne n'a regretté cette situation en Europe ! Le ministre français, M. François Mauriac, l'a illustré de façon amusante mais terriblement amère avec son bon mot : *« j'aime tellement l'Allemagne que je préfère en avoir deux qu'une seule ! »* (2).

Ce « dilemme » fondamental, auquel tout gouvernement allemand s'est vu confronté depuis Bismarck, avait pour fondement la nécessité d'entretenir une force militaire importante pour pouvoir s'affirmer en Europe centrale (une nouvelle « guerre de trente ans » des puissances européennes sur le sol allemand devait être évitée dans l'intérêt de la substance du peuple allemand) -un point de vue qui, dans les années trente, obtint un poids particulier du fait du déploiement du pouvoir soviétique. Cela dit, le souhait des gouvernements anglais et français et de leurs alliés, ancré dans leur tradition de politique étrangère, de voir une Allemagne faible, en raison des risques d'hégémonie, est compréhensible. Après tout, c'est ce problème qui avait déclenché la Première Guerre mondiale, entraîné la rédaction du Traité de Ver- sailles et qui amena de nouveau Hitler et la politique allemande à partir de 1933. Le général de la Bundeswehr F. Uhle-Wettler le formule de façon pertinente : *« Le Reich avait un aspect menaçant et était de ce fait menacé »*. La République fédérale doit, à un certain degré, se défaire également de cette idée vis-à-vis de la question économique, la question militaire ne se posant heureusement plus. En 1966, Couve de Murville s'est exprimé de la façon suivante avec le Polonais Rapacki : *« l'Allemagne est redevenue un problème... Si l'Allemagne n'existait pas nous n'aurions pas de problèmes en Europe, c'est ça notre problème et aussi le leur* (3) *»*. Henry Kissinger amena la question de la façon suivante :

(1) Cf. par exemple l'article de Maurice Druon, Secrétaire permanent de l'« Académie française » dans « Le Figaro » du 30.08.1999. Propos du ministre français, M. Chevènement, à la télévision française sur France 2 *« dans le fond, elle* (l'Allemagne NdA) *rêve toujours du Saint Empire Romain Germanique et ne s'est pas encore remis du déraillement "que le national-socialisme a été dans son histoire"»*. Citation du « Welt » du 23.05.2000.

(2) Henri Froment-Meurice (diplomate français à Bonn 1982-1983) *« Vu du Quai »*, Fayard, 1998, p. 636. Froment-Meurice ne partage pas ce point de vue dans ses souvenirs, mais le qualifie de « idiot ».

« …l'idée du Président Clinton à propos des USA et de l'Allemagne comme partenaires dirigeants n'était pas très avisée… En effet, cette idée amène tout le monde sur les barricades, puisqu'en fin de compte deux guerres mondiales ont été menées pour éviter que l'Allemagne ne joue un rôle dominant… » (4)

Ce cercle vicieux ne pouvait être rompu que par une étroite collaboration entre la Grande-Bretagne, la France et le Reich. C'est cette volonté qui a défini les activités de Père entre 1933 et 1937. La politique étrangère allemande n'a pas atteint son objectif. Ne pourrait-on pas avoir de l'indulgence pour le fait que Hitler ait tiré les conclusions de la guerre de 14, et ait voulu faire une nouvelle grande coalition, en raison des difficultés qui étaient prévisibles.

Depuis toujours, la formule concernant la politique britannique en Europe avait été le maintien de la *« balance of power »* (balance des pouvoirs) entre les états européens, ou exprimé de façon plus concrète : la Grande-Bretagne doit s'associer à la deuxième puissance continentale contre la plus forte. Pendant des siècles, la politique britannique a suivi cette maxime. C'est ainsi qu'elle a gagné sa liberté d'action pour instaurer l'empire britannique et s'établir comme première puissance mondiale. Que la politique britannique se soit dirigée contre l'Espagne ou contre Louis XIV, contre l'Autriche ou contre les deux Napoléons et finalement contre l'Allemagne de Guillaume, cette maxime a toujours pu être vérifiée : elle a bloqué ou combattu la plus forte puissance continentale grâce à l'aide de la deuxième puissance et de ses alliés. Churchill le présenta officiellement de façon brutale lors de la commission de politique étrangère de son parti conservateur (5). En mars 1936, il expliqua devant la Chambre des Communes :

> « …peu importe qu'il s'agisse de l'Espagne, de la Monarchie française, du Reich allemand ou du régime hitlérien, cela n'a rien à voir avec le règne ou la nation : le principe concerne uniquement la question de savoir dans la mesure du possible quelle est l'hégémonie dominante… D'où la question de savoir quelle est de nos jours la plus grande puissance… » (6)

Pourrait-on parvenir à faire adopter aux décisionnaires en Grande-Bretagne le point de vue allemand, c'est-à-dire comment Hitler et Père perçoivent les rapports de puissance en Europe ? Les deux voyaient l'équilibre européen garanti même si le Reich retrouvait sa place de forte puissance d'Europe centrale, oui, ils étaient justement d'avis que l'équilibre militaire du Reich était nécessaire pour neutraliser le développement de la puissance russe. L'existence et le poids de l'Union soviétique empêcheraient toute hégémonie incontrôlée du Reich. Du côté allemand, on continuait à espérer en 1936 que ces visions de politique mondiale finiraient par s'imposer également en Grande-Bretagne.

Quelques semaines après sa nomination en tant que Chancelier du Reich, Hitler s'annonça à Dahlem chez mes parents. Ils lui offrirent un dîner dans le plus petit cercle. Après le dîner Hitler orienta la discussion sur le domaine de la politique étrangère et expliqua « que son but principal serait d'arriver à créer une relation permanente et durable avec l'Angleterre », ainsi que l'écrit Père :

> « De cette discussion ressortit avec précision l'admiration que Hitler pouvait porter à ce petit peuple insulaire, le fait qu'il ait réussi, par sa dureté, sa ténacité et par des méthodes de gouvernement particulièrement géniales de sa couche dirigeante, de dominer une partie de la terre… ».

Voici ce que Père écrivit a posteriori à propos de cette première discussion sur la politique étrangère :

(3) Froment-Meurice, cité p.289.

(4) « Welt am Sonntag » du 13 novembre 1994.

(5) *Churchill The second World War,* I, p. 208 (Edition Boston 1948).

(6) Cf. Vansittart le 6.9.40 à propos des instructions à l'envoyé britannique à Stockholm : *« …mais le Reich allemand et l'idée du Reich sont depuis 75 ans la malédiction du monde… L'ennemi est le Reich allemand et pas seulement le nazisme, et ceux qui ne l'ont pas encore compris n'ont rien compris… »* « cité d'après Magenheimer *« Entscheidungskampf 1941 »*, Edition Osning, Bielefeld 2000.

> « C'est cette conception intérieure commune vis-à-vis de l'Angleterre qui, ce soir-là, sema le germe de notre première complicité entre Adolf Hitler et moi-même. Je ne pouvais deviner qu'il en découlerait un jour une étroite collaboration dans le domaine de la politique étrangère, comme ce fut le cas durant les années qui suivirent ».

Ainsi Père avait-il, en tant qu'ambassadeur « à la Cour de Saint James », le devoir de mener à bien l'objectif de Hitler, qui était également le sien, malgré quelques déceptions durant les trois années et demi désormais écoulées. Père avait par ailleurs écrit la chose suivante à propos de la conversation de Dahlem :

> « Hitler n'en entendait jamais assez à propos de l'Angleterre... Adolf Hitler portait un intérêt particulier à la perception du national-socialisme par les cercles anglais dominants. Ce que je pouvais référer n'était pas particulièrement opportun. Cela dit, durant mes derniers voyages dans les années 1931 et 32, j'ai pu ressentir l'intérêt toujours croissant d'en savoir davantage sur le contenu et les objectifs du national socialisme ».

Afin de pouvoir analyser et juger la politique de Hitler de façon objective, il est important de garder à l'esprit la situation du Reich au début de 1933, c'est-à-dire au début du gouvernement de Hitler. Il peut être d'une grande aide et très instructif de se procurer un atlas historique de l'époque et de regarder la carte de l'Europe de cette époque-là. Je n'ai malheureusement plus à ma disposition cette autre carte de l'Europe, celle qui était connue partout en Allemagne et bien avant la prise de pouvoir de Hitler, dans tous les formats –de la carte postale au poster–. Sur cette carte figuraient de façon très ludique et schématique, sous forme de petits et grands soldats, de canons, panzers, navires de guerre et avions, les rapports de force militaires en Europe. Toute la partie droite du tableau était rougie pour désigner l'Armée rouge, et reflétait ainsi la force surdimensionnée de l'Union Soviétique. Un soldat avec un petit canon, qui semblait minuscule par rapport aux autres symboles, représentait la « Reichswehr » allemande, telle qu'elle a été laissée après le Traité de Versailles. En d'autres termes, le centre de l'Europe, le Reich allemand divisé en deux, avait été désarmé dans son intégralité et par là même destitué de tout pouvoir si on l'opposait à la force militaire de ses voisins. L'armée, la « Reichswehr », avait une force de 100000 hommes. Elle ne disposait d'aucune artillerie lourde, d'aucun panzer ; toutes les « armes lourdes » connues à l'époque lui avaient été interdites. Les forces aériennes lui avaient été interdites par principe. Les forces navales n'avaient pas le droit de dépasser les 15000 hommes, elles s'étaient même vues imposer des limites. Elles n'avaient pas le droit d'avoir une flotte lourde, pas de sous-marins, pas de force aérienne de la marine, etc...

La frontière ouest du Reich avait été totalement démilitarisée par le Traité de Versailles. Dans une zone délimitée qui longeait le Rhin sur 50 km vers l'est, il fut interdit d'entretenir une garnison de la Reichswehr ou une autre installation militaire, sans parler des fortifications. Il faut rappeler que la Ruhr avait déjà été occupée en 1923 sans véritables raisons. Mais même en Prusse orientale, que l'on avait délimitée par rapport au Reich par ledit « corridor polonais », les fortifications militaires ne furent pas autorisées, ce qui rendait cette province sans défense face à une attaque polonaise.

En d'autres termes, il existait dans le centre de l'Europe une zone « de non pouvoir » qui constituait une menace latente pour la stabilité de l'Europe compte tenu des circonstances de l'époque. La France était de nouveau en mesure d'exercer à tout moment des pressions militaires à l'encontre du Reich. Chaque gouvernement de Weimar devait prendre en considération le risque de nouvelles aspirations polonaises sur le territoire du Reich (7). L'Histoire l'a toujours montré, les « zones de non pouvoir », ou même que des territoires de faible pouvoir, ont toujours été le point de départ de lourdes turbulences politiques. On est tenté de faire la comparaison avec la carte météorologique : les « dépressions » déclenchent des tempêtes dévastatrices !

(7) Voir déclaration du Chef de la direction de l'armée, M. v. Hammerstein, du 27.2.32 cité d'après Meinck, *« Hitler et le réarmement 1933-1937 »*, p. 195, annotation 88, comprend d'autres sources sur le même thème.

Il faut regarder avec précision la carte politique de l'Europe de 1933 et mettre au présent les rapports de puissance tels qu'ils étaient au début des années 30. La conclusion ne peut être que la suivante: la situation de défense politique du Reich était désespérée. Non seulement les deux plus importantes zones industrielles de l'Allemagne, la Ruhr à l'Ouest et la haute Silésie à l'Est, se trouvaient à courte distance dans la ligne de mire de la France, mais aussi de la Pologne, de la Tchécoslovaquie, et ne pouvaient être défendues. Même le Reich n'avait aucune chance de pouvoir se défendre contre une attaque militaire de ces Etats.

La chose la plus particulièrement marquante durant cette situation, pour ainsi dire « d'évanouissement », fut l'isolement du Reich, ou pour l'exprimer de façon plus exacte, l'isolement du Reich fut la conséquence obligatoire de son « évanouissement » militaire. Père cite Hitler à la suite de sa première entrevue à propos de la politique étrangère : *« l'Allemagne doit redevenir un facteur de puissance, sinon elle n'aura jamais d'amis... »*

Ce propos de Hitler cache le traditionnel dilemme de la politique étrangère allemande. Celui-ci n'est pas une création de Hitler, mais découle de la situation géopolitique de l'Allemagne et est justifié par son poids annoncé : un certain potentiel de pouvoir est d'une part la condition pour pouvoir constituer une alliance et se dire au centre de l'Europe, d'autre part ce potentiel inquiète les partenaires envisagés. Mais alors le problème de l'Union soviétique représentant dès le début des années 30 une puissance mondiale dominée par une idéologie particulièrement agressive pour la stabilité politique et la sécurité de l'Europe, n'avait pas encore été mis en évidence.

En 1931, la politique française a mis le Reich de façon insistante et impressionnante face à sa situation de faiblesse et d'isolement en intervenant massivement contre les plans du Chancelier allemand Brüning et du gouvernement autrichien, lesquels souhaitaient créer une union douanière entre les deux pays face à la crise économique mondiale croissante. L'Allemagne n'avait-elle pas déposé les armes en 1918 en se fiant aux 14 points du président américain Wilson dans lequel il proclamait le droit des peuples à l'autodétermination ? N'est ce pas dans ce sens qu'en 1920 la constitution autrichienne a inclus dans sa constitution sa volonté de devenir part entière du Reich allemand ? Et maintenant il suffit du plan d'une simple union douanière pour susciter des réactions massives de la France !

J'avais dix ans lorsqu'en été 1931 un diplomate allemand passa quelques semaines chez nous à Dahlem. Il avait été muté d'un poste extérieur au Ministère des Affaires étrangères. Il s'agit d'un parent par alliance de la sœur de Père (8). Entre-temps eurent lieu les négociations germano-autrichiennes que mes parents suivirent avec intérêt et dont ils furent tenus informés par ce parent. Lorsque l'échec du plan fut connu, je demandais au diplomate allemand et à mes parents pourquoi nous n'avions pas conclu le contrat avec l'Autriche malgré l'opposition de la France, ce à quoi ils me répondirent que cela pouvait entraîner des représailles, telle une nouvelle occupation du pays rhénan ou de la Ruhr. Celle-ci n'aurait pas pu être évitée !

Encore un coup d'œil à la carte des frontières politiques de 1933 : le Reich complètement désarmé était entouré d'états hautement armés, liés entre eux par des contrats qui, sous la direction de la France, étaient en mesure de limiter de façon considérable la liberté d'action du gouvernement du Reich ou de le forcer à prendre certaines décisions sous la pression militaire. Ce système de pacte établi par la France comprenait les pays suivants : la Belgique, la Pologne, la Tchécoslovaquie et la Yougoslavie. Ces états avaient des vues sur certains territoires du Reich, ou s'opposaient à celui-ci notamment à propos de la question des minorités.

Tandis que ces états cités ci-dessus, membres de la « petite entente » –cette définition devait les différencier de la « grande entente » constituée de l'alliance entre la France et la Grande-Bretagne– étaient hautement armés, la Grande-Bretagne avait réduit en nombre ses forces armées, mais les avait amélioré qualitativement pour les maintenir à un niveau moderne.

Mais au-delà de cette menace séculaire constituée par la petite entente pour l'Allemagne, Hitler voyait celle que représentait pour toute l'Europe et non pas seulement pour l'Allemagne, le dé-

(8) Dieckhoff, il sera plus tard diplomate allemand aux USA.

ploiement du pouvoir de l'Union soviétique. On ne pourra dire qu'il a fabulé. L'indépendance de l'Europe de l'Ouest après la Seconde Guerre mondiale n'a pu être maintenue que grâce à la participation des USA au sein de l'OTAN, ou en d'autres termes, grâce au potentiel nucléaire américain vis-à-vis d'une hégémonie soviétique dont les conséquences sont connues (9).

Considérant l'Union Soviétique, les rapports de force en Europe se présentaient ainsi :

Au centre de l'Europe se trouvait une zone absolument dénuée de pouvoir. Retranchée derrière sa ligne Maginot la France contemplait cet espace dénué de pouvoir appelé le « Reich allemand ». Les états d'Europe de l'Est qui avaient du poids, comme la Pologne et la Tchécoslovaquie, lançaient des regards hostiles, sinon convoités, sur ce vide au centre de l'Europe. Les USA s'étaient décidés à se retirer dans l'isolement de la politique étrangère. La propagande élective de Roosevelt en 1932 prônait la non-immixion en Europe. (Cela dit, en 1933 il consacra la reconnaissance de l'Union Soviétique en droit international. Tous les gouvernements précédents s'y étaient strictement opposés).

Hitler se posait la question de savoir qui retiendrait le « rouleau compresseur russe » le jour où Staline se déciderait à le mettre en route. Lesdits « états tampons », la Pologne, la Tchécoslovaquie et la Roumanie, n'entraient pas en considération. L'expression « rouleau compresseur russe » vient d'ailleurs du début de la guerre 1914-1918, et servait à illustrer de façon impressionnante le potentiel militaire russe, quantitativement grandiose, de l'immense royaume russe (10).

Un chef de gouvernement allemand responsable, quel qu'il soit, devait prendre en considération le fait que dans la situation donnée, la Russie ne craindrait pas d'étendre son pouvoir en Europe, sous quelque forme que ce soit, même par la force. Cette « zone sans pouvoir » au centre de l'Europe, créée du fait de la démilitarisation totale du seul état qui aurait été en mesure de tenir tête à l'Union soviétique, suscitait une véritable politique expansionniste à un moment tout à fait propice. Il faut se souvenir que les demandes de Molotov faites auprès de Hitler et de son ministre des Affaires étrangères lors d'une visite à Berlin en novembre 1940 –alors que le Reich était au sommet de son pouvoir– comprenaient les Dardanelles, les Balkans, et –il ne faut pas l'oublier– les passages vers la Mer Baltique, donc ses détroits et ceintures.

Il ne faut pas oublier de mentionner dans ce contexte que, dans les deux plus importants états d'Europe, la France et l'Allemagne, s'étaient constitués de puissants partis communistes militants, lesquels étaient dirigés par les « Komintern » de Moscou. L'Union Soviétique avait pour projet militaire la « révolution mondiale » ce qui, au niveau de la politique réaliste, signifiait le « règne mondial » pour Moscou. Une célèbre phrase de Lénine était *« Celui qui tient Berlin, tient l'Europe »* !

Le fait de savoir si Staline avait décidé que la priorité de la politique étrangère russe serait la « révolution mondiale » ou l'impérialisme russe est une question presque « académique ». Le politicien réaliste Staline est sans aucun doute toujours parti du principe qu'une révolution mondiale ne pouvait avoir lieu dans un territoire vide, sa condition serait toujours une réelle puissance de l'Union soviétique. Le développement de la puissance soviétique sous Staline et ses successeurs a prouvé l'exactitude de cette thèse. Je me souviens bien des discussions qui eurent lieu à Berlin après la conclusion du pacte germano-russe en 1939, à propos de la question de savoir quelles seraient les priorités pour la politique étrangère russe de Staline. Père était d'avis que la Russie mènerait une politique « russe nationale ». Je compris tout de suite à l'époque pourquoi il défendait cette opinion ; il voulait éliminer le côté idéologique -ou philosophique comme l'on disait à l'époque- de la politique étrangère allemande, de la politique étrangère de Hitler.

(9) Le général de la Bundeswehr v. Ondarza, Commandant en Chef de l'« OTAN centre » a obtenu la réponse suivante de la part d'un Général de l'« armée nationale du peuple » qui, après la réunification, devait lui exposer les dispositions du « Pacte de Varsovie » pour l'attaque à l'Ouest qui les auraient très impressionnés – à sa question : *« pourquoi n'êtes-vous pas intervenus à la suite de ces perspectives de succès ? »*, la réponse fut *« par souci du potentiel atomique américain »*. Rapport dans la Maison Behr à Düsseldorf le 8.2.94.

(10) Büchman p. 646 désigne le Colonel Repington – collaborateur militaire au *Times* –comme auteur de cette expression. *« Times »* du 13.08.1914.

Hitler avait mené un combat anticommuniste en politique intérieure. En 1933, il avait vaincu les communistes et brisé leur parti militant. En politique étrangère, le risque que le bolchevisme emprunt d'influence russe faisait peser sur le Reich devenait chaque année de plus en plus menaçant, plus le régime de Staline se consolidait et que la puissance de l'immense Reich à l'Est croissait. Hitler a vite su reconnaître cette menace qui pesait sur l'Europe et qui est indéniable. Cette acceptation constitue la clef de sa politique étrangère : *« ...ce sera le devoir de l'Allemagne de défendre l'Europe contre le bolchevisme »* et *« ...l'Allemagne sera au centre de l'attaque bolchevique par rapport au monde de l'Ouest »* (11). Un vieil homme –il avait dû être député national-allemand au Reichstag– m'avait dit dans le camp de prisonniers de Dachau : *« On ne peut comprendre Hitler et son système que sous l'angle de la lutte contre le bolchevisme et avec l'aide de moyens adéquats »* ! Je n'ai pas l'intention de me mêler au soi disant « débat des historiens ». Il prouve seulement qu'il est impossible dans ce pays de juger le passé sans a priori. J'ai fini par demander à un diplomate italien qui m'avait mis dans l'embarras à ce sujet, comment son pays réussissait à surmonter le passé. Il me donna la réponse convaincante suivante : *« nous en parlons ouvertement »* !

Père écrit dans ce contexte, à propos de sa première conversation avec Hitler concernant sa politique étrangère, peu de temps après son accession au pouvoir :

> « Sa conception vis-à-vis de la Russie soviétique était pleine de contradictions. On pouvait alors y ressentir les quatorze années de lutte incessante contre les directives de Moscou. Lorsqu'on abordait ce sujet, l'expression de son visage devenait dur et sans pitié ».

Si l'on se place du côté de ces relations de puissances politiques et de leurs risques, alors la question du réarmement s'imposait au gouvernement de Hitler, même si les gouvernements précédents ont tous vainement essayé d'imposer l'égalité militaire pour le Reich. Soit l'on obtenait un désarmement général par le biais de la Convention de Genève sur le désarmement, ou bien le réarmement allemand devenait une absolue nécessité, à propos de laquelle Hitler devait s'entendre avec la Grande-Bretagne et la France.

Il est important d'attirer l'attention sur le fait que, d'après le texte du Traité de Versailles, le désarmement de l'Allemagne était la condition d'un désarmement général. La partie V du Traité dispose :

> « Afin de rendre possible le début d'une limitation générale de l'armement, l'Allemagne s'oblige à... respecter les dispositions du Traité de paix à propos de l'Armée de terre, la marine et l'aviation ».

Cependant, les puissances signataires du Traité de Versailles n'ont pas respecté le fond de ce Traité, notamment cette obligation du désarmement. Il s'agit par la suite, entre autres :

> « Ces dispositions constituent... en même temps le premier pas vers la limitation générale de l'armement, laquelle est considérée par les Etats signataires comme l'un des meilleurs moyens pour éviter les guerres et y parvenir, doit faire partie des premières obligations de la Société des Nations ».

Le 18 mai 1926 se réunit pour la première fois la Commission pour la Conférence sur le désarmement. Le Comte Bernstorff, représentant allemand, avait expliqué aux délégués:

> « Les alliés ont imposé au Reich une armée de 100 000 hommes. Le Traité de paix, la charte de la Société des Nations et l'acte final de Locarno reconnaissent unanimement que le désarmement allemand constitue le chemin à suivre pour arriver à un désarmement général. Seuls trois moyens permettent d'y arriver: ou bien les états réduisent leur armement au niveau allemand, ou ils tolèrent que l'Allemagne se mette à leur niveau, ou encore ils combinent les deux et réduisent leur propre armement... (12) ».

(11) Cité d'après Burton S. Klein p. 183 et note de bas de page 33--**02.

Le ministre des Affaires étrangères du cabinet de Hitler à l'époque, von Neurath, qui avait déjà fait partie des gouvernements précédents en tant que ministre des Affaires étrangères du gouvernement du Reich allemand, s'était exprimé de façon très pertinente:

« ...le Reich est créancier en ce qui concerne la question du désarmement! » (13).

Il est important de répéter que l'« alliance de l'Ouest » était le but exprimé de LA politique étrangère de Hitler. Ainsi la crainte des états européens face au « dilemme » précédemment cité aurait pu être balayée, notamment la crainte des états européens face à un rôle hégémonique du Reich d'une part et le souci d'être encerclé par le Reich d'autre part. On pourrait parler d'une conception « européenne »!

La tragédie de l'Europe est de se dire que la méfiance des deux puissances de l'Ouest, convaincues que le Reich allemand avait pour ambition une position hégémonique en Europe, les a empêché de mener une discussion sérieuse et donc d'aboutir à un rapprochement. Cela a eu pour conséquence que l'Allemagne s'est également méfiée de son côté, craignant que les puissances de l'Ouest ne reprennent leur politique de l'« encerclement » pour mettre sur pied une coalition surpuissante à l'encontre du Reich. Cependant, les deux vrais hommes politiques hégémonistes de l'époque –Roosevelt et Staline- n'avaient de leur côté aucun intérêt à favoriser un rapprochement des états européens, bien au contraire, ils ont tout fait pour l'éviter, et ce de façon conséquente dans leur esprit. Les « Global Player », comme on les appelle de nos jours, dans ce jeu à couper le souffle, n'étaient ni Hitler, ni Chamberlain ou encore Churchill, se furent Roosevelt et Staline!

Celui qui entreprend d'analyser de façon objective l'histoire antérieure à la Seconde Guerre mondiale, devra tout d'abord se consacrer de façon approfondie au « Traité de Versailles » afin de se rendre réellement compte de ce que ce « Traité de Paix » pouvait représenter en cette époque nationale-socialiste pour le peuple concerné. Etant donné que les alliés s'étaient opposés à toute négociation quant à son contenu, la formule du « dictat versaillais », souvent utilisée par les Allemands, n'est pas sans fondement.

Les trois premières années de la politique étrangère de Hitler ont été occupées à tenter d'atteindre la révision des dispositions sur le réarmement contenues dans le Traité, en accord avec les gouvernements britanniques et français. La circonstance déjà évoquée de l'accord fondamental sur l'égalité d'armement du gouvernement allemand de 1932, donc déjà sous Papen, prouve que les tentatives de l'Allemagne étaient justifiées.

Le « Traité de Versailles » fait depuis longtemps parti de l'histoire. Sa critique la plus concrète et la plus amère provient –déjà dès le départ- d'historiens anglo-saxons. Dès la conclusion du Traité de Versailles, par exemple, le célèbre économiste nationaliste anglais Keynes, dont la pensée sur la politique économique et financière fait aujourd'hui encore l'objet de débats, s'était exprimée de la façon suivante :

> « Il y a peu d'épisodes de l'Histoire que le monde peut condamner avec autant de bien-fondé: une guerre menée pour la défense de contrats internationaux a pris fin par la rupture ouverte de la plus sacrée des promesses par le fait du vainqueur (14). »

Keynes ne pense pas seulement à la rupture des promesses qui ont été faites au peuple allemand pour une « paix équitable » dans les « 14 points » de Wilson en 1918 et auxquels appartiennent par exemple le « droit à l'autodétermination » des peuples. C'est après tout par confiance aux « 14 points » de Wilson que le Reich allemand avait déposé les armes pour se remettre aux mains des alliés. Père écrivit que le Reich allemand avait été « affreusement déçu ».

Keynes poursuit :

(12) Cité d'après Benoist-Méchin, *« les années de la discorde 1919-1925 »,* Stalling, 1965, p. 354.

(13) Meinck, cf. p.36, Schwendemann rec. II p. 452-454.

(14) Baron v. Lersner, *« Versailles, Volkskommentar des Friedensdiktates »*, Verlag f. Pund Wirtschaft GmbH, Berlin (Jahreszahl) i. Vorwort.

> « La politique qui consiste à mener l'Allemagne au servage pour une génération, de voler le bonheur de toute une nation, d'anéantir la vie de millions d'êtres humains, devrait être exécrable et abominable ; et ce même si cette politique était possible, même si elle pouvait nous enrichir, même si elle n'entraînait pas la chute de l'ensemble de la vie civilisée en Europe (15). »

Cette constatation du célèbre économiste nationaliste anglais a été confirmée par le ministre des Finances de l'époque, Rathenau, qui expliqua en 1920 (16) :

> « Le budget du Reich pour l'exécution du Traité de paix évalue pour 1920 le montant des frais pour les troupes armées dans le pays rhénan à 15,5 milliards de marks –somme qui devra certainement être dépassée– ; ensuite 25,5 milliards de marks pour les autres dépenses nécessaires à l'exécution du Traité de paix ; soit 41 milliards de marks au total. Le peuple allemand ne peut se permettre de telles sommes astronomiques sans entraîner avec certitude la misère, même en menant une vie strictement limitée à l'indispensable, ».

Il est important de savoir que, par rapport aux déclarations de Rathenau de l'époque, les réparations définitives incombant au Reich étaient vraisemblablement bien au-delà de ladite somme et qu'elles n'ont été fixées que dans le Plan Young. Le dernier cours date de 1988 (!).

Le social démocrate, Philipp Scheidemann, qui à la vue de la défaite de l'Allemagne s'était exclamé à la foule, en novembre 1918, du haut de l'escalier du Reichstag : *« Le peuple a gagné sur toute la ligne »*, puis ajouta après prise de connaissance des « conditions de paix » *« la main qui a signé ce Traité desséchera* (17) *»*.

Depuis longtemps, avant même d'être gagné par la fascination pour l'Histoire à douze ans, grâce à un bon professeur d'Histoire, notre professeur principal M. Reppich, mes amis, mes camarades de classe et moi-même, connaissions déjà les principales dispositions du Traité de Versailles. On peut difficilement se l'imaginer de nos jours. La politique culturelle des *Länder* allemands abandonne les élèves à une ignorance historique qui sera un jour un grave handicap pour les jeunes, outre le fait que les personnes « historiquement incultes » sont facilement manipulables.

Le Traité de Versailles a profondément touché l'Allemagne d'un point de vue matériel, et particulièrement sous quatre angles :

1. Comme précédemment exposé, le désarmement total et unilatéral, tout comme la scission en deux du territoire allemand à l'époque de l'état national constituait un risque exceptionnel pour le Reich.

2. Lesdites « réparations » incombant à l'Allemagne allèrent à l'encontre de toute raison économique et devaient inévitablement mener à l'appauvrissement du peuple allemand, sans parler des réprobations qu'elles déclenchèrent par rapport à l'économie mondiale.

3. Les cessions de territoires atteignirent à peu près 13% du territoire du Reich, entraînant des pertes de population, d'investissements, de ressources, etc…

4. A tout cela s'ajoutait la perte de la totalité des biens étrangers, la remise d'un nombre incalculable de biens économiques allant jusqu'aux brevets d'invention, locomotives, bétail, etc.. L'internationalisation des fleuves, etc..

Mais la conséquence la plus lourde du « Traité de Versailles » était sans aucun doute ce territoire politiquement vide de pouvoir au centre de l'Europe. Même si au moment de la conception et de

(15) Baron v. Lersner cité ci-dessus, p.100.

(16) Rathenau a été assassiné pour avoir été un « politicien exécuteur », c'est-à-dire un politicien qui voulait remplir les demandes des alliés de façon inconditionnelle, il n'a donc pu être poursuivi pour ses tendances nationales socialistes !

(17) Cf. célèbre discours devant l'Assemblée nationale le 12 mai 1919.

la rédaction du Traité en 1919, la Russie soviétique était une « quantité négligeable » en raison du chaos qui y régnait et des guerres intestines qui s'y déroulaient entre « blancs » et « rouges ». Entre-temps, ce territoire immense s'était consolidé et était devenu un facteur de puissance de premier ordre.

Il était prévisible, après tout ce qui vient d'être dit, que la politique européenne soit durant des décennies guidée par l'effort du gouvernement allemand de réviser les dispositions financières et militaires du Traité de Versailles. Le fait que, dès 1932 -donc déjà avant Hitler- un trait final ait dû être tiré sous la somme des réparations, prouve à quel point ces demandes de révision étaient justifiées. Le problème des réparations allemandes n'a peut-être pas déclenché la crise économique mondiale, mais a certainement participé à son escalade dramatique.

Ceci n'est certainement pas l'endroit pour exposer une à une les répercussions économiques des réparations. La seule chose à retenir est, pour l'époque, le montant exorbitant des sommes transférées que l'on imposait au Reich comme paiement annuel, celui-ci ne pouvant être atteint que par une augmentation des exportations (d'où pouvaient-elles provenir autrement ?), en d'autres termes, par une renonciation allemande à la consommation, entraînant donc un abaissement drastique du niveau de vie et une disposition des pays créanciers à importer des produits allemands. Pour y arriver il fallait à tout prix que le Reich mène une politique banquière restrictive, ce qui en raison du cours de l'or, auquel il n'était pas possible de se soustraire, imposait de lourds taux d'intérêts. Ce taux d'intérêt extrêmement élevé attirait des capitaux étrangers à courts termes ce qui permettait aux banques allemandes une marge de liberté pour élargir leurs volumes de crédits, cependant pas toujours pour le financement des placements productifs. Ce flot de devises étrangères s'accumulait seulement en partie auprès de la banque du Reich comme réserve de devises. En même temps, la condition préalable était une politique financière expansive de la part du créancier des réparations, pour rendre possible les exportations de l'Allemagne, elles-mêmes nécessaires pour obtenir des devises, nécessaires pour le transfert des traites de réparations. Les principaux pays créanciers –la Grande-Bretagne, la France et indirectement aussi les USA– eurent pourtant le comportement inverse afin de protéger leurs propres industries. Par des dévaluations, des droits douanes, etc. ils essayaient justement de favoriser leurs propres exportations et de limiter les importations. La France plaça les siennes à court terme en Grande-Bretagne ; l'Allemagne et l'Autriche placèrent en plus de l'argent comme moyen de pression politique afin de faire passer le « Plan Young » et éviter l'accord douanier austro-allemand. L'aide solidaire apportée par les plus importantes devises au système bancaire allemand ébranlé, empêcha le gouvernement français de présenter davantage de requêtes politiques qui auraient été inacceptables pour le gouvernement de Brüning et l'auraient conduit à sa perte (18).

Cette courte schématisation de la représentation du problème des réparations doit ici suffire à décrire la position désespérée du gouvernement allemand et à démontrer dans quelle mesure le « Traité de Versailles » n'avait pas agi seulement sur le secteur de l'armement, mais également sur le secteur économique et financier de façon à exclure le Reich comme facteur actif de la politique européenne. Cette schématisation doit également servir à montrer à quel point il était devenu nécessaire de le réformer.

Il serait également utile d'attirer l'attention sur l'incapacité du gouvernement Brüning et du président de la banque du Reich Luther à venir à bout des problèmes. Par une politique de déflation radicale, Brüning souhaitait prouver aux créanciers des réparations, en premier lieu la France, la Grande-Bretagne et les USA, l'impossibilité d'honorer les paiements pour les réparations requis par le « Plan Young ». La conséquence inévitable de cette politique a été une baisse drastique du niveau de vie en Allemagne. Cela évoque l'idée du propriétaire désespéré d'une maison qui la laisserait consciemment tomber en ruine afin de prouver aux créanciers hypothécaires qu'il ne peut payer les annuités, ou qui l'incendierait même pour rester dans l'optique de la rapidité de la

(18) Comparer avec la représentation du problème des réparations dans Lüke, *« Von der Stabilisierung zur Krise »*, Polygraphischer Verlag AG, Zürich 1958.

radicalisation! Le président du Reich Luther y est aussi allé du sien dans la mesure où il refusa de garantir les liquidités de la banque du Reich aux banques lorsque celles-ci se trouvèrent en difficulté au moment du retrait rapide des devises étrangères. Ceci provoqua la « ruée » vers les banques et, par là même, la perte définitive de la confiance qui leur était nécessaire aussi bien sur le terrain de la politique intérieure que vis-à-vis de l'étranger, pour surmonter les problèmes. Il n'avait apparemment pas compris qu'avec son aide en liquidités il n'aurait dû compenser que les pertes dues au retrait des devises étrangères (19).

Le traitement des devises a été introduit par le gouvernement Brüning en 1931. (Ce n'était de ce fait pas une « invention » du gouvernement national socialiste). Elle faisait écran sur la monnaie allemande par rapport à l'« extérieur ». De ce fait, Brüning avait en main toutes les cartes pour renverser la situation, pour créer des programmes d'aide au travail lesquels auraient été soutenus par une politique monétaire expansive de la banque du Reich ; il aurait pu remettre en route le processus économique et surtout aborder le problème des chômeurs et ainsi agir contre la radicalisation de la vie politique. Il n'a pas saisi cette chance ! Le nombre des chômeurs était passé de 3,9 millions à 5,5 millions entre juillet 1931 et mai 1932 (20). L'on ne peut plus s'imaginer de nos jours la dramatique situation économique du Reich, ou alors son souvenir est volontairement évacué. Les parents réfléchissaient à l'époque à un moyen pour distribuer des repas gratuits à des chômeurs. La politique de Brüning n'a pas échoué uniquement à la fin, elle a préparé le terrain aux deux groupements radicaux de la République de Weimar –les nationaux-socialistes et les communistes– en provoquant une déflation massive (21). Cette politique devait mener soit à Hitler, soit au communisme. Ce qui devenait indispensable, c'était un gouvernement fort porté par l'opinion publique, quelle que soit sa forme constitutionnelle. C'était le seul moyen pour qu'il puisse prendre les mesures nécessaires et les imposer aussi bien vis-à-vis de l'étranger que de l'intérieur. Si Brüning a finalement aussi adhéré personnellement au vote des pleins pouvoirs, c'est qu'il reconnaissait sa nécessité, cela faisait après tout un bon moment qu'il gouvernait par le biais de « mesures d'urgences » (§ 42 de la Constitution de Weimar), en contournant donc le parlement. Dès le début du développement de la situation de crise, Père disait à ses amis étrangers : *« donnez à Brüning une chance sinon nous auront le droit à Hitler ou au communisme ! »*. Est-il si difficile de comprendre que le peuple allemand –en tenant compte bien sûr de la situation de l'époque– ait préféré tenter de relancer l'économie avec Hitler plutôt qu'avec les bolcheviques ?

A peine avait-on fini en 1932 de payer les réparations –par un versement final de 3,5 milliards de marks (pour lesquels il n'y avait plus de possibilité de transfert)– que l'on accordait déjà au Reich l'égalité des droits dans la déclaration de Genève « en cinq points » du 12 décembre 1932, à propos de la question du réarmement (22). Il incombait cependant encore à la conférence de Genève sur le désarmement d'en peaufiner les détails. Cela montre que, même d'un point de vue militaire, et bien avant la prise de pouvoir par Hitler, que le « Traité de Versailles » nécessitait une réforme fondamentale.

A propos des cessions de territoires auxquelles l'Allemagne avait été contrainte, l'on peut citer Hitler qui, dans *« Mein Kampf »* condamne une politique du Reich qui viserait à regagner ces territoires perdus et la qualifie de « criminelle » (23). Il serait bon de s'en souvenir au moment où sera abordé la question de sa proposition faite à la Pologne en automne 1938, garantissant les frontières polonaises et donc aussi le « corridor » à travers l'Allemagne.

Ce qui frappe particulièrement c'est de constater que la mention du « Traité de Versailles » a été totalement omise lors du procès de Nuremberg en 1946, c'est-à-dire au procès des « principaux

(19) Cf. Lüke cité ci-dessus.

(20) Lüke, cité ci-dessus, p. 347.

(21) Comparer « FAZ » du 4.3.2000, n° 54 III.

(22) La déclaration expose que *« ...l'un des fondements qui doit guider la conférence sur le désarmement doit être de garantir l'égalité des droits à l'Allemagne et aux autres états désarmés par le biais d'un traité... »*. Vertrags-Ploetz, IIe. Partie, rec. 4, p. 119.

(23) Hitler *« Mein Kampf »*, p. 736.

criminels de guerre », donc également du ministre des Affaires étrangères ! (24) Un historien contemporain allemand clame régulièrement haut et fort l'affirmation suivante : s'il n'a pas été pas été possible de négocier les conditions du « Traité de Versailles » avec les alliés c'est en raison de l'arrogance personnelle du ministre des Affaires étrangères le Comte Brockdorf-Rantzau. Ceci est mentionné à cet endroit comme une arabesque amusante de l'esprit de l'époque au sens du « politiquement correct » (25).

Il est très instructif de suivre les différentes phases de la négociation sur le désarmement du gouvernement allemand, que ce soit dans le cadre de la Conférence sur le désarmement de Genève ou de façon bilatérale entre le Reich d'une part et la Grande-Bretagne et la France d'autre part.

Le ministre de la Reichswehr, von Blomberg, fit rédiger un mémorandum sur la situation militaire du Reich en mars 1933 (26). Le chef du bureau des troupes de l'armée, le *Generalleutnant* Wilhelm Adam devait s'en charger et devait également prendre les dispositions de défense pour faire face à la possibilité d'une attaque du Reich par la France et la Pologne, voire même de la Tchécoslovaquie (27).

Dans son mémorandum, Adam aboutit aux conclusions suivantes, cité d'après Meinck, *cf. p.15* :

> Les opérations françaises sur le territoire du Reich sont inévitables et peuvent être menées à discrétion.
>
> Une défense de la ligne de l'Oder, donc après abandon de la Poméranie orientale, de la Marche et des régions orientales de la Silésie, n'est envisageable que tant que les réserves en munitions suffisent. Adam les évalue à quatorze jours.
>
> Une défense de la ligne de l'Oder serait remise en question dans le cas où la Tchécoslovaquie entrerait également en guerre.

Il est intéressant de voir dans ce contexte les soucis auxquels le chancelier du Reich allemand était confronté en 1931, notamment le fait que la Pologne agisse contre la Silésie, la Poméranie, la Prusse orientale (28). Le ministre de la Reichswehr de l'époque, M. Groener, s'était déjà exprimé en 1928 devant le Reichstag quant au risque d'une intervention de la Pologne contre ces provinces (29).

Déjà en 1923, au moment de l'occupation franco-belge de la Ruhr –cinq ans après la fin de la guerre– le maréchal français Foch s'est rendu à Varsovie et avait discuté avec Pilsudski d'un « Plan Foch » qui comprenait une opération simultanée des forces polonaises contre la Prusse orientale, la Poméranie et la haute Silésie (30) - (31)

En 1933, au moment de la prise du pouvoir par Hitler, Pilsudski a sondé Paris pour savoir s'il y avait un projet d'agir militairement contre le Reich (32). Ce n'était apparemment pas le cas, sans doute en raison de la frilosité de la Grande-Bretagne face à un éventuel engagement. Le fait que Pilsudski ait entrepris de sonder le terrain dans ce sens prouve clairement la menace que constituait le Reich dans les actions intérieures, ce qui laissait entrevoir une certaine consolidation des relations en Allemagne. Il est d'ailleurs important de rappeler à ce stade l'intervention du gouvernement français contre l'accord douanier autrichien.

(24) Kranzbühler : *« Rückblick auf Nürnberg »*, Zeit-Verlag E. Co., GmbH, Hamburg 1. 1949. Kranzbühler était défenseur du Grand Amiral Dönitz dans le premier procès à Nuremberg.

(25) Conférence du Professeur Mommsen tenue au Rotary Club de Düsseldorf-Pempelfort le 28.1.1988.

(26) Meinck cf. p. 19 et p. 196 note 6, Procès Krupp, Vert. Dok. Buch 2b p. 25s, Krupp 105.

(27) Meinck, cf. p. 19 et p. 196 note 7, Procès Krupp, Vert. Dok. Buch 2b p. 25s, Krupp 105.

(28) Meinck cf. p. 15 et p. 195, note 88.

(29) Meinck cf. p. 194 et p. 195, note 84.

(30) Meinck cf. p. 14 et p. 194, note 78-90.

(31) Meinck cf. p. 194 et p. 195, note 78 *« polnisches Generalstabswerk »* p. 112s.

(32) Meinck cf. p. 18 Vertrags-Ploetz, IIe partie, Rec. 4 : Neueste Zeit 1914-1959, p. 125.

Si les Allemands entretenaient à l'époque encore quelques espoirs quant à leur adhésion à la Société des Nations et que, pour ce faire, avaient orienté leurs projets militaires vers une « résistance dilatoire » pour tenir jusqu'au moment où la machinerie de la Société des Nations entrerait en action, tout ceci s'avéra bien vite illusoire. Lorsque les Japonais entrèrent en Mandchourie en 1932 l'activité de la Société des Nations se limita à créer une commission (Commission Lytton) qui devait analyser le conflit.

Il est facile d'imaginer les préoccupations de Brüning, Chancelier du Reich à l'époque. Que pouvait faire la Société des Nations contre une possible agression de la France, de la Pologne et de la Tchécoslovaquie ? Qui devait veiller à l'application des sanctions contre les agresseurs, si toutefois elles étaient prises ? On a peine à imaginer la Grande-Bretagne ou même l'Italie prendre immédiatement des sanctions économiques ou militaires contre la « petite entente ». Le sort de l'Abyssinie est un exemple de plus pour la « protection » accordée par les états membres de la Société des Nations au titre de la « sécurité collective ». Les Etats-Unis n'étaient de toute façon pas membre de la Société des Nations et demeuraient à cette époque dans une position d'isolement avoué.

Dans cette description de la situation allemande, l'éventualité d'une agression de l'Union Soviétique n'a même pas été envisagée. Il ressortait de nos conversations et des discussions entre mes parents et grand-père Ribbentrop, auxquelles je pouvais assister, que cette zone dénuée de pouvoir était source de nuits blanches pour Père. La fameuse phrase de Père utilisée dans diverses circonstances en ma présence « nous devons opter » était l'expression du désespoir.

Quiconque ne peut ou ne veut comprendre que la politique de Hitler était menée dans une situation d'extrême faiblesse n'a aucun espoir de découvrir les vraies raisons qui ont guidé ses actions en politique étrangère, tout du moins jusqu'en 1940.

Mais revenons à l'appréciation de la situation politico-militaire du Reich lors de l'accession au pouvoir de Hitler. Adam dit clairement dans son mémorandum :

> « Nous ne pouvons actuellement mener aucune guerre. Nous devons tout faire pour l'éviter, même au prix de défaites diplomatiques…
>
> Il nous faut fortifier notre armée et préparer le peuple à faire face à l'avenir, par un travail long, patient et prudent.
>
> Mais même si nous faisons tout pour éviter la guerre ou pour offrir à notre ennemi un prétexte à la guerre il ne nous est pas possible de l'éviter si les autres veulent la mener préventivement. Il serait absurde de planifier des opérations et des interventions dans cette situation » (33).

Adam utilise le mot « dilemme » pour exprimer la situation allemande dans ce contexte. Quoi qu'il en soit, le réarmement est indispensable. D'une part, un état ne peut sur le long terme accepter une situation qui le met à tout moment à la merci de son voisin ; d'autre part, il court le risque de déclencher une attaque préventive de la part de ses voisins hautement armés si ceux-ci s'aperçoivent d'un renforcement substantiel de son armée. On ne peut contredire le point de vue éclairé du *Generalleutnant* Adam lorsqu'il dit que « régler ce dilemme est compliqué ».

Le mémorandum du général Adam, qui était tout sauf un ami de Hitler, confirme clairement ce qui vient d'être exposé :

L'Allemagne était désarmée dans son ensemble. Il n'y avait aucun moyen de défense à l'encontre d'actions menées même par les plus petits états frontaliers.

Un réarmement semble incontournable, mais aucun commentaire du général quant à sa mise en œuvre. L'allusion au « moment à venir », signifie que, le cas échéant, il envisage une situation ultime.

(33) Cité d'après Meinck cf. p. 19.

Dans cette « situation désespérée » -permettez-moi la répétition- tout semble coïncider: Hitler voulait réinstaurer la capacité de défense du Reich par un accord politico-diplomatique avec les deux puissances de l'Ouest.

Pour ce faire, il avait le choix entre deux options: d'une part le réarmement allemand jusqu'à un certain niveau qui lui permette de se défendre contre ses voisins, de l'autre, la réduction du niveau d'armement des pays voisins pour rejoindre celui du Reich. Le « dilemme » dont parle Adam définit la situation classique dans laquelle peut se trouver un état face à des ennemis hautement armés et qu'il n'a que le choix entre s'armer ou se livrer à eux à la grâce de Dieu.

Analysons à partir de **1932** –année de la Conférence sur le désarmement- les efforts déployés par les gouvernements allemands successifs pour obtenir l'égalité de droit en matière d'armement. Celle-ci se réunit enfin, le 2 février 1932 à Genève, soit 12 ans après Versailles. Après son propre désarmement, l'Allemagne réclamait un désarmement général. Le gouvernement français bloqua la conférence en s'appuyant sur des raisons de sécurité, avant même qu'un désarmement ne soit possible. L'on se sépara sans résultat (34).

En **août 1932**, le gouvernement du Reich, avec à sa tête le Chancelier von Papen, renouvela dans une note sa demande d'égalité militaire totale. La note fut radicalement refusée par le gouvernement français. Finalement, le gouvernement de von Papen déposa une note exprimant son désir de prendre de la distance. Cela signifiait qu'il ne voulait plus prendre part aux négociations de la Conférence de Genève sur le désarmement tant qu'aucun progrès n'était fait dans les négociations directes.

Le Premier ministre britannique Macdonald s'efforça de sauver la conférence et obtint, comme déjà évoqué précédemment, que soit conclu le **12 décembre 1932** un « accord des cinq puissances » entre l'Allemagne, la France, l'Italie, la Grande-Bretagne et les USA, qui accorde au Reich l'égalité militaire (35). Son entrée en vigueur restait cependant du domaine de la Conférence sur le désarmement, ce en quoi le serpent se mordait la queue, puisque le gouvernement français bloqua les négociations. D'un point de vue juridique, la position de la négociation allemande s'était améliorée, mais de facto l'égalité de droits n'était pas plus avancée.

Le 16 mars 1933, Macdonald établit un plan connu ultérieurement sous le nom de « plan Macdonald ». Ce plan représentait une certaine amélioration par rapport à l'état actuel des choses, mais ne mentionnait rien quant à l'égalité des droits du Reich, pas même une capacité de défense suffisante comme le prouvent les principaux paragraphes du plan exposés ci-après :

Le plan accordait à l'Allemagne 200 000 hommes, la France 400 000, la Pologne 200 000, la Tchécoslovaquie 100 000 et la Russie soviétique 500 000, la Belgique 75 000, l'Italie 250 000. La Grande-Bretagne n'était pas mentionnée dans le plan et conservait ainsi toute liberté en matière d'armement.

Les forces armées devaient être formellement interdites aux états désarmés, en revanche la France pouvait avoir 500 avions, la Pologne 200, la Tchécoslovaquie 200, la Russie soviétique 500, la Belgique 150, l'Italie 500 et les USA 500. Même en ce qui concernait les forces aériennes, la Grande-Bretagne n'était soumise à aucune limitation.

Voici ce que prévoyait le plan en ce qui concerne l'artillerie : l'Allemagne n'avait le droit qu'à des canons de calibre 11,5 cm, alors que les états qui disposaient déjà de plus gros calibres étaient en droit de les garder. Ceci plaçait l'Allemagne dans une vraie situation d'infériorité en ce qui concernait les canons.

La durée du service militaire devait être limitée à huit mois et l'armée de métier devait être dissoute après un certain délai. Même cette disposition était en première ligne dirigée contre l'Allemagne. Elle avait pour but de transformer l'armée du Reich hautement qualifiée en une armée

(34) *Vertrags-Ploetz,* T. 4, p. 119.

(35) *Vertrags-Ploetz*, T. 4, p. 119.

temporaire qui ne pourrait disposer de réservistes de plus de 15 ans contrairement à tous ses voisins.

Rien que ces quelques chiffres prouvent clairement que les deux états vainqueurs n'étaient pas prêts à conférer à l'Allemagne une force de défense suffisante, et encore moins une égalité militaire totale. Du côté allemand, on laissait cependant le « plan Macdonald » comme base d'action et Hitler tint le 17 mai au Reichstag un discours conciliant qui lui valut néanmoins le jugement suivant de la part de Wheeler-Bennets, lequel n'était vraisemblablement pas un partisan de Hitler :

> « Ce discours provoqua un relâchement de la situation tendue. Cette déclaration correspondait exactement aux propositions britanniques faites à Genève... (36) »

La disposition de Hitler d'accepter le « plan Macdonald » comme base de négociation malgré l'évidente discrimination de l'Allemagne fut férocement « honorée » le 11 juin dans un discours du ministre de la guerre britannique, Lord Hailsham, à la Chambre Haute des Lords. Il exigeait en effet l'adoption du « Plan Macdonald » ou alors déclarait que l'Allemagne resterait liée aux dispositions du Traité de Versailles. En cas de violation du contrat, donc en cas de réarmement unilatéral de l'Allemagne, les sanctions prévues par le contrat entreraient en action. Ce discours ultimatif fut tenu le 12.12.1932 lors de la « Convention des Cinq Puissances » de Genève, six mois après que la Grande-Bretagne ait reconnu l'égalité des droits militaires au Reich. Cela donne un aperçu impressionnant sur la situation fatale du Reich.

En **septembre 1933**, la France et la Grande-Bretagne « aggravèrent » eux-mêmes leur propre plan, le « Plan Macdonald ». Deux étapes étaient prévues dans leur proposition. Durant les quatre premières années, les régiments devaient être transformés en milices et ce n'est qu'au cours de la deuxième étape que les états armés devaient commencer à se désarmer conformément au plan britannique. Dorénavant, du côté allemand, le plan n'était plus acceptable en tant que base de discussion. Il faisait dépendre la concrétisation allemande de l'égalité de droit, et donc la reconstitution de la capacité de défense du Reich, des conclusions d'une conférence qui devait se réunir dans quatre ans, celle-ci décalant la décision finale de huit ans. De toute façon, la proposition se dirigeait une fois de plus à l'encontre de l'armée professionnelle allemande hautement qualifiée, la Reichswehr, et ne prenait pas en considération l'absence de réservistes à sa disposition alors que les états armés en disposaient depuis quinze ans. Et il n'était par ailleurs pas possible d'en faire des miliciens peu entraînés.

Une composante de politique intérieure a également joué son jeu. C'est le moment de rappeler que, depuis le début de sa collaboration avec Hitler, Père s'est toujours efforcé de changer l'a priori négatif de celui-ci de façon positive. A ce propos, Père écrit de Nuremberg *« Je dois mentionner ici que lechef de la SA, Röhm..., a largement contribué au fait que Adolf Hitler revoie son opinion négative à propos de la France ».*

Les efforts de Röhm pour transformer la « Reichswehr » en une milice proche de la SA sont connus. Je me souviens très bien de la façon dont Père s'exprima après les évènements du 30 juin : *« Röhm a dû être en contact avec une puissance extérieure ».* Cette association entre Röhm et la France est intéressante dans le contexte de la requête des puissances de l'Ouest de transformer la « Reichswehr » en milice.

Le ministre des finances du Reich de l'époque, Schwerin-Krosigk rapporte que *« Barthou* (ministre des Affaires étrangères français, *NdA*) *avait été informé au printemps 1934 qu'un changement de système était prévu en Allemagne. L'on ne sait pas d'où il tenait cette information, ni quel était son contenu en détail* (37). *Churchill rapporte dans ses mémoires que Schleicher avait commis l'imprudence de faire une allusion au diplomate français à Berlin, M. François-Poncet, quant au fait que la chute de Hitler était proche. Il voulait de nouveau agir comme à l'époque dans le cas Brüning... »* (38).

(36) Wheeler-Bennett, *« The disarmement... »* p. 120, Meinck cf. p. 189, note 41.

(37) Schwerin-Krosigk, *« Es geschah in Deutschland »*, p. 121/122.

Mère se souvint après la guerre : *« Mon mari était à l'époque si loin des évènements de politique intérieure que, la veille du 30 juin, il ne savait encore rien de la montée de la crise. Il avait juste constaté que Röhm, qui autrefois nous rendait visite à Dahlem, évitait toute discussion. A la question de mon mari à savoir pourquoi Röhm s'était retiré, Himmler avait répondu « Röhm est un homme mort ».*

Père était au courant de la rivalité entre Röhm et Himmler. Röhm était formellement le supérieur de Himmler puisque la SS était soumise à la direction de la SA. Père ne pouvait comprendre la réflexion de Himmler que dans le sens où Röhm serait politiquement un homme mort. Ceci fut confirmé par le fait que Hitler nomma peu de temps avant le 30 juin 1934 Röhm et Hess à des postes de ministres du Reich, pour comme il l'exprima à Père, « mieux les surveiller » (39). Après le 30 juin, la SS devint une organisation indépendante et ne fut plus soumise à la direction de la SA. Hitler appliquait de façon conséquente le principe *« divide et impera »* !

La destitution de Röhm peut, du point de vue de Hitler, avoir été utile à la consolidation des rapports de politique intérieure, peut être aussi dans le sens cité ci-dessus. L'art et la manière par laquelle Hitler amena la discorde avec Röhm pour finalement y mettre un terme avec une brutalité inutile et non couverte par le droit et qui produisit sans aucun doute des effets à long terme en raison de la brutalité inutile et non protégée par le droit. Ce furent les premiers signes des actes aléatoires du monarque qui, selon son bon vouloir, pouvait décider de fusillades, en partie parmi ses plus anciens combattants, sans donner à la personne concernée la possibilité de se justifier. Celles-ci étaient bonnes à tout, sauf à ramener le large consensus en politique intérieure, dont justement le pays menacé avait besoin. Cette impossibilité de prévoir la réaction du monarque s'avéra également un lourd handicap sur le terrain de la politique étrangère, notamment dans le sens où Père essayait de gagner la confiance de ses partenaires étrangers à propos de la conception de la politique étrangère allemande.

Les gouvernements de Grande-Bretagne et de France auraient-ils eu des espoirs quant à un changement de gouvernement en Allemagne? La perspective d'une « défaite diplomatique du Reich », aurait-elle joué ? Nous ne pouvons nous fier qu'à des suppositions dans ce cas de figure, quoiqu'il en soit, celles-ci ne sont pas à éliminer totalement.

Hitler était néanmoins décidé à ne pas se retrouver minoritaire à Genève afin de ne pas se laisser incomber la faute de l'échec du Plan Macdonald, c'est-à-dire de la Conférence sur le désarmement. L'Allemagne quitta la Société des Nations le **14 octobre 1933**.

Père écrit à propos de la réaction de Hitler par rapport à l'aggravation du Plan Macdonald :

> « Adolf Hitler était indigné par cette exigence. Le ministre des Armées à l'époque, von Blomberg, qui me soutint dès le début le plus chaleureusement possible dans ma politique à propos des Français, essaya de m'aider à la calmer. Le Führer nous expliqua cependant brièvement que les négociations n'avanceraient pas de la sorte et qu'il quittait la Conférence sur le désarmement et la Société des Nations ».

Mes souvenirs me permettent de confirmer la bonne collaboration entre von Blomberg et Père. Von Blomberg venait régulièrement à la maison, même avant que Père n'ait une fonction officielle. Il y avait visiblement un bon rapport personnel entre les deux. L'*Adjutant* de von Blomberg, ou son officier d'ordonnance –si je me souviens bien–, à l'époque un capitaine von der Decken, cherchait à me convaincre de devenir officier.

D'une certaine manière, le départ de von Blomberg touchera Père jusqu'à un certain degré. La bonne relation qu'il entretenait avec l'homme ne se reportera pas sur ses successeurs. Les relations avec la Wehrmacht devinrent très distancées à la suite du départ de von Blomberg, ce qui allait très certainement dans le sens de ce que voulait Hitler, tout spécialement lorsqu'il s'autoproclama

(38) Churchill, *« Mémoires »* Rec. 1 p. 127.

(39) C'est dans mon souvenir de l'époque que Père s'est exprimé ainsi.

commandant en chef de l'armée. Les rapports entre la Direction des Affaires de politique étrangère et la Direction des Forces armées est souvent problématique. Blücher appelait les diplomates des « gratte-papiers » et les tensions entre Bismarck et Moltke aux portes de Paris en 1870/71 sont connues. D'ailleurs Père était totalement dépendant de Hitler pour obtenir les informations militaires nécessaires à la direction de sa politique étrangère.

Le **14 octobre 1933**, Hitler accorda une interview à chacun des deux journalistes vedettes internationalement connus, l'anglais Ward Price pour la Rothemere-Presse *(« Daily Mail »)* et le Français de Brinon pour le journal parisien *« Matin »*. Il y exprimait une fois de plus son souhait de s'entendre avec les deux pays à propos de l'égalité de droits. Ces deux interviews suscitèrent beaucoup d'intérêt à l'époque. Les deux sont intervenues à l'initiative de Père et ont beaucoup contribué à calmer l'excitation provoquée par la réaction de l'Allemagne lors de sa démission de la Société des Nations et de la Conférence sur le désarmement.

A partir de 1933, les deux journalistes nous visitèrent souvent à Dahlem, Brinon encore plus souvent que Ward Price. Ce dernier était un homme flexible, allant vers ses interlocuteurs, hormis son costume à rayures bleu marine qu'il portait le plus souvent, il ne faisant pas très anglais en réalité ; Brinon était plus proche, même vis-à-vis de nous enfants, il nous félicitait pour nos connaissances en français, ce qui, par rapport aux critiques permanentes de Père –il le parlait lui-même couramment– nous faisait beaucoup de bien. Brinon m'avait mentionné comme « garçon de la jeunesse hitlérienne » dans l'un de ses ouvrages de l'époque.

Les deux journalistes approuvaient un grand arrangement entre leurs pays et l'Allemagne. L'atmosphère de leurs visites à la maison était en corrélation avec cette idée, donc très ouverte et même chaleureuse. L'interview accordée par Hitler à Brinon était particulièrement intéressante en ce que Hitler y exprimait de façon explicite son désintéressement pour l'Alsace-Lorraine. La « politique française » de Père mérite une explication. Pour ce faire, je m'appuie sur les activités que Père mena dans un premier temps de façon officieuse, dans un second temps, de façon officielle à partir de 1934, en tant que « chargé d'affaire spécial pour les questions de désarmement ».

Durant la première conversation déjà évoquée, qui eut lieu à Dahlem en février 1933 entre Hitler et Père à propos de la politique étrangère, Père avait exprimé à Hitler son sentiment selon lequel *« une entente germano-anglaise doit avoir pour condition son équivalent entre la France et l'Allemagne »*. Père écrivit que Hitler n'était pas de cet avis.

Père appuya son argumentation sur le principe britannique de l'équilibre européen « balance of power », ce principe si souvent cité. La Grande-Bretagne ne se séparerait jamais de son alliée français pour se retrouver isolée face à l'Allemagne. La Grande-Bretagne considérait le Reich comme étant la puissance continentale la plus forte –potentiellement forte aurait été plus juste– bien qu'à ce moment-là il n'était encore question de rien.

Hitler avait mit fin à cette rencontre avec Père à Dahlem en le priant de profiter d'un voyage d'affaires à Paris et Londres pour l'informer de l'atmosphère et de l'opinion des gens dans les cercles politiques dans ces deux capitales. Père écrit à ce sujet:

> « Après un long séjour à Paris et Londres je lui (Hitler *NdA*) fit de nouveau part que, selon moi, un simple geste d'apaisement vis-à-vis de la France pouvait détendre la situation internationale, de manière favorable pour nous ». Dans tout Paris l'on m'avait demandé ce que Adolf Hitler pensait de la France. Les pensées couchées dans son livre « Mein Kampf » à propos de la haine franco-germanique étaient sans cesse citées et mettaient fin à toute conversation politique ».

Afin de pouvoir bien évaluer les passages « anti-français » présents dans le livre de Hitler *« Mein Kampf »* il faut se demander à quelle période et dans quelles conditions il a écrit son livre. Le jeune homme de trente-quatre ans venait d'échouer dans un putsch qu'il avait organisé avec le général von Ludendorff contre le gouvernement du Reich et se trouvait donc alors en détention à Landsberg. Il n'avait bien sûr qu'une seule idée en tête, son « comeback » (son retour, *NdT*) en politique dès qu'il serait libéré. Il était donc dans l'obligation de se comporter de la façon qu'on attendait de lui. Au moment de la rédaction de son livre, les Français et les Belges occupaient la Ruhr et y firent régner une certaine terreur afin de briser la résistance passive allemande (40). Hitler n'avait pas d'autre choix que de se montrer anti-français s'il ne voulait pas nager à contre-courant du consensus national. Hitler avait de toute façon déjà pris beaucoup de risques avec son livre en ce qu'il s'opposait à une politique étrangère qui visait à récupérer les territoires allemands perdus.

Il faut bien se rendre compte que von Ribbentrop, souvent calomnié en tant que « béni oui-oui » de Hitler, a –avec une docilité qui lui était propre– en réalité sans cesse travaillé à une révision de l'image de la France qu'avait Hitler pour obtenir finalement le renoncement formel de Hitler sur tous les changements de frontières à l'Ouest du Reich, à l'exception du référendum dans la Sarre –établi par le Traité de Versailles.

Mère me raconta à l'époque un épisode qui s'était déroulé lors d'un dîner à la Chancellerie auquel assistaient entre autres le couple von Neurath et mes parents. Pendant le dîner, Hitler se serait exprimé de façon négative à propos du moral des combattants français en comparaison à celui des soldats anglais. Mère était bien entendu au courant des efforts fournis par Père afin de changer positivement le point de vue de Hitler à propos des Français. Ainsi rétorqua-t-elle pleine d'esprit à Hitler : *« Mais il semblerait que les Français du Nord ait bien combattu »*, ce que Hitler concéda immédiatement et totalement. Mère me dit alors, de façon assez malicieuse *« il (Hitler) est influençable ! »* Mère n'avait sans aucun doute pas la moindre idée de la façon dont combattaient les Français du Nord et ceux du Sud, si une différenciation était toutefois possible, elle avait juste senti de façon intuitive ce qui ferait impression sur Hitler dans le sens des efforts fournis par Père, et elle avait eu le courage de l'exprimer. Mais Mère était aussi suffisamment intelligente pour reconnaître que ces possibilités d'influencer Hitler étaient aussi à la portée d'autres. Père devait bientôt le ressentir, notamment en hiver 1940/41 lorsqu'il se disputa avec Hitler à propos de sa politique sur la Russie et que Hitler lui parla de façon ostentatoire des « courageux Finnois » (41).

Père raconta en riant à propos de sa « politique des Français » qu'il s'efforçait de « vendre » à Hitler, que Papen, si « adroit », lui aurait dit en présence de Hitler : *« Mais Ribbentrop, vous faites ma politique ! »*. Il s'agit du vieux truc qui consiste à rapidement sauter sur le train du succès. Père ne s'est pas offusqué non plus lorsque Papen avait tenté de s'approprier la première victoire d'une entente avec la France. Père pouvait rester détendu, n'avait-il pas toujours fait part à Hitler, dès le début de leur collaboration, de sa conviction selon laquelle « le chemin vers Londres passe par Paris ». En tout cas dans le sens où il ne fallait pas essayer de séparer la France et la Grande-Bretagne. Une telle politique serait certainement vouée à l'échec.

Père écrit dans les ébauches pour ses mémoires, de quelle façon il avait mit toutes les cartes dans son jeu pour convaincre Hitler à propos de la France :

> « .... à de nombreuses occasions, j'ai parlé à Adolf Hitler de la France, de la beauté de Paris, de l'art français, du Louvre et de nombreux évènements personnels ; il existait encore un grand nombre de Français qui étaient également pour une entente, tel que je l'aurais fait depuis la fin de la guerre.
>
> C'est ainsi que j'essayais encore et toujours de rendre la France plus proche de Hitler, et je pense que j'y suis parvenu, grâce à des présentations qui faisaient appel à sa nature d'artiste. Il commença à voir la question française sous un autre jour et donna à un ami parisien, le célèbre journaliste de Brinon, la sensationnelle interview sur l'entente avec la France, laquelle parut dans *« le Matin »* et qui d'un seul coup améliora les relations franco-allemandes… ».

Comme déjà évoqué précédemment, dans cette interview, Hitler dit qu'il se désintéressait de l'Alsace-Lorraine. Il ne subsistait donc aucun problème territorial à la frontière Ouest du Reich, le

(40) Cf. le livre du « Times » Vertreters Gedye *« The Revolver Republic »,* Londres, 1930.

(41) Idem.

référendum dans la Sarre ayant été inscrit dans le Traité de Versailles. Il pouvait tout au plus entraîner des perturbations temporaires.

Le chef des délégations des combattants français sur le front que Père avait dépeints comme des « groupements servant à instaurer la confiance » à Hitler, Scapini l'aveugle de guerre, aborda Hitler à propos du chapitre anti-français dans son livre *« Mein Kampf »* et demanda au Führer s'il allait écrire un nouveau livre. Hitler lui répondit promptement et clairement : *« je vais réfuter mon livre par ma politique !* (42) *»*. Père le raconta à Mère, en ma présence, très satisfait.

Cette déclaration de Hitler était totalement en accord avec la conception de la politique étrangère, elle était surtout très conséquente étant donné que l'objectif de la politique allemande était l'arrangement avec les deux puissances de l'Ouest. Hitler avait entre-temps compris qu'il devait inclure la France dans sa politique, en raison de la dépendance que la France avait volontairement choisie vis-à-vis de Londres, même s'il voyait le point fort dans Londres.

En janvier 1934, Hitler conclut avec la Pologne un Pacte de non-agression. Le vieux Maréchal Pilsukski était au courant de la situation de son pays qui, dans un certain sens, était comparable à celle du Reich. La Pologne coincée entre deux puissants voisins était même davantage menacée. La base de la politique polonaise était l'alliance avec la France, laquelle se tournait tout d'abord en première ligne contre son voisin à l'Ouest le Reich allemand. Cette alliance avec la France devait, le cas échéant, neutraliser le Reich au cœur de la « petite entente ». Le deuxième pilier de la politique polonaise était en 1934 l'hypothèse tout à fait envisageable selon laquelle l'opposition entre l'Allemagne nationale-socialiste et la Russie bolchevique ne demeure pas infranchissable. Ainsi se créa aux yeux du gouvernement politique un état d'équilibre en Europe de l'Est qui garantissait une certaine sécurité à la Pologne. Un pacte de non-agression avec le Reich ne pouvait que renforcer cette sécurité. Hitler de son côté avait dû espérer que cet arrangement rende les choses plus faciles au gouvernement français pour faire des concessions raisonnables sur la question de l'égalité de droits.

Il ne faut cependant pas oublier de mentionner que certains cercles conservateurs autour du Secrétaire d'état aux Affaires étrangères, M. von Bülow, étaient des opposants au traité avec la Pologne (43). Il faudra s'en souvenir lorsque nous jugerons les activités de la conspiration « conservative » contre la politique pro-polonaise du gouvernement allemand dans les années 1938/39.

Ma sœur Bettina et moi-même –sans oublier désormais notre petite sœur Ursula– avions passé **l'été 1933** sous la coupe de sa nurse Helene à Büsum dans la lagune. En raison des temps difficiles, nous vivions dans un petit lotissement derrière la digue, une location « chez l'habitant » qui avait libéré deux de ses minuscules chambres afin de gagner un petit pécule par la prise en charge d'hôtes payants. L'homme gérait un petit cercle de lecture. Les conditions très limitées de nos hôtes furent pour nous un aperçu très précieux d'un autre monde. Il était impossible de ne pas se rendre compte à quel point notre hôte était sceptique par rapport au nouveau régime. Son doute s'appuyait sur la question de savoir si ce régime parviendrait à améliorer les conditions économiques, et ce ne serait qu'à cette condition qu'il l'approuverait –c'est ce qu'il fit comprendre à la nurse Helene. Elle était apparemment du même avis.

A part cela, nous trouvions Büsum très ennuyeux puisque sur la lagune il n'y avait pas de plage de sable contrairement à ce que nos jeunes années à Westerland nous avaient habituées. Les luttes émancipatrices que je menais contre sœur Helene, à qui on avait bien entendu confié notre garde, n'étaient pas non plus propres à nous rendre le séjour plus agréable à mes yeux. Sœur Helene était

(42) Cf. Hartkopf dans le magazine *« L'Allemagne dans l'histoire et le présent »*, Edition Grabert, 45e année, cahier n°3, septembre 1997. Ribbentrop n'est pas mentionné dans ce travail, bien que Abetz, lequel est cité à plusieurs reprises, avait été recruté par Père pour le département français dans son « bureau Ribbentrop ». Père était cependant l'instigateur des mesures à l'origine de la confiance. Père avait mené les combattants du front à Hitler non sans l'agacement du diplomate français François-Poncet.

(43) Dr Paul Schmidt (Presse) *« Ribbentrop's Reise nach Warschau Anfang Januar 1939 »*, p.6. Ausarbeitung für das AA, Hamburg 19.

une thuringienne maigre, très responsable mais quelque peu avide de pouvoir. A la suite de l'annexion de l'Autriche, elle se rendit dans un bourg de montagne en tant que sœur. D'après la rumeur, elle fut bien vite qualifiée de diablesse du Reich. Il s'agit juste d'une petite parenthèse concernant la problématique de la psychologie d'une « annexion » ou d'un « rattachement » laquelle est aujourd'hui encore d'actualité. Ainsi Bettina et moi furent heureux lorsque Mère s'annonça pour venir passer quelques jours avec nous à Büsum. Cela nous ouvrait l'agréable perspective de rendre la vie spartiate que nous menions sous l'égide de sœur Helene un peu plus douce, de sillonner le joli paysage de la Marche en voiture et changerait un peu la routine de nos vacances.

Le séjour de Mère s'avérera particulièrement intéressant pour moi. Elle apprit que Père allait revenir de Londres en avion et qu'il allait atterrir à Hambourg où il souhaitait que Mère vienne le chercher pour se joindre quelques jours à nous à Büsum. Mère m'emmena en voiture à Hambourg où nous devions retrouver Père à l'hôtel « Atlantic ». En route, elle me fit savoir que le voyage de Père en France et en Angleterre avait principalement un but politique. Père devait sonder de façon officieuse s'il existait des possibilités pour qu'un arrangement sur le terrain de l'égalité de droits se fasse entre l'Allemagne d'un côté, la Grande-Bretagne et la France de l'autre.

Père s'était entretenu avec Hitler à Dahlem sur les résultats de ce voyage. Sur le trajet de Hambourg à Büsum –qui durait encore quelques heures à l'époque– Père s'exprima de façon optimiste concernant les entretiens qu'il avait menés dans les deux pays, concernant l'égalité de droits sur le terrain des négociations avec la Grande-Bretagne, et peut-être aussi avec la France. Je commençais à comprendre la problématique sous-jacente au souhait allemand d'une égalité de droits. La vraie réconciliation sur la base d'une égalité de droit était le but politique. Cela signifiait pour un garçon de 12 ans comme moi un certain changement dans la façon de penser, puisque dans mes livres traitant de la Première Guerre mondiale et du Traité de Versailles, la France et l'Angleterre avaient toujours été les « ennemis ».

Mais cette volonté d'entente vis-à-vis de l'Angleterre et de la France n'était pas nouvelle dans notre vie d'enfant. Pendant trois ans, nous avions eu une éducatrice française. Par sa mère, Allemande des Sudètes, elle se sentait liée aux deux peuples et était dans le fond pacifiste et était pour l'entente des peuples. Dans les années vingt, beaucoup d'étrangers et de diplomates circulaient dans la maison des parents. Ceux-ci avaient tous les deux une affinité particulière aussi bien vis-à-vis de la France que de l'Angleterre. Père parlait les deux langues sans fautes, et l'anglais même sans accent. Avant la Première Guerre mondiale, il avait vécu quelque temps en Suisse, avait étudié à Grenoble et avait travaillé pendant des années en Angleterre et au Canada avec un passage aux USA. Les arts de vivre français et anglais leur convenaient tous les deux aussi bien. Mère avait eu à Wiesbaden pendant des années une gouvernante anglaise très aimée, celle-ci nous resta d'une fidélité sans faille jusqu'à sa mort dans les années cinquante.

Les relations professionnelles, que Père s'était construites après la Première Guerre mondiale dans les deux pays, appartenaient aux cercles qui faisaient également la politique. Par la force des choses, l'homme passionné de politique devint un véritable connaisseur de la scène politique à Paris et Londres. Les expériences de plus de dix ans, résultat des dix années d'étroites relations commerciales, étaient la condition préalable à sa mission de sondage.

Un petit souvenir personnel peut être introduit ici comme symptôme de l'atmosphère politique qui régnait dans notre maison de Dahlem. C'était en 1930, des amis français sympathisants, venaient d'offrir aux parents un jeu qui, par des dés, devait faire comprendre aux enfants les contresens des frontières douanières. Cela se jouait avec beaucoup de fausse monnaie, et le vainqueur était celui qui supprimait le mieux les postes de douane, donc celui qui, à la fin du jeu, avait encore le plus d'argent. Les frais de douane à payer étaient déposés dans un grand pot. Nous jouions souvent à ce jeu avec « Mademoiselle », c'est ainsi que nous appelions notre gouvernante. Environ 70 ans plus tard, ce « jeu » devint réalité !

En résumé : l'atmosphère politique dans notre maison parentale était imprégnée de la nécessité qu'il y avait à s'entendre avec les deux puissances d'Europe de l'Ouest. L'intelligence le dictait, les sentiments le souhaitaient ! Et c'est justement pour que cette entente puisse avoir une existence qu'il fallait l'égalité de droits.

Les fréquentations de nos parents changèrent peu à peu, et donc aussi un peu l'atmosphère de la maison de Dahlem, de façon d'abord imperceptible pour nous enfants. Jusqu'alors, les parents avaient une maison ouverte sur le monde, dont nous ressentions le charme, la culture, le goût et l'humour, tandis que, maintenant, c'étaient surtout des personnes de la sphère politique qui venaient et j'appris bien vite à les cataloguer en fonction de l'intérêt qu'ils me portaient. L'exception fut de Brinon, pour qui nous, les enfants, avions un faible.

En raison du caractère officieux de l'activité de Père, les visiteurs avaient également un caractère officieux. Deux Anglais sont encore présents dans ma mémoire, comme si je les avais encore vus la veille pour la dernière fois. Ils étaient souvent invités chez nous, un Monsieur Tennant et un Professeur Conwell-Evans.

Nous portions une admiration secrète pour Tennant, cet Ecossais grand et costaud avait raconté à Père qu'il était une des rares personnes à avoir été couchée sous un lion et à avoir été sauvé. Des chiens auraient distrait le félin, si bien qu'il avait pu être écarté. Mais il était encore loin d'avoir échappé à la mort. Ce qu'il y a de dangereux dans les griffures de félins –les griffes lui avaient ouvert le torse- était le virus cadavérique qui se développait sur les griffes dans les restes de viande de la dernière victime. Il aurait échappé à ce risque mortel grâce à des cristaux ou des sels qu'un médecin natif de la région lui aurait incrusté dans les plaies. Tennant était écossais, et Père s'amusait un peu de son avarice –dans la mesure du possible, il laissait Père payer- ce qui semblait confirmer le cliché.

Tennant faisait le tour du monde pour collectionner des papillons. Il était aisé, donc indépendant et, comme beaucoup de Britanniques avec des relations étrangères, il se mit à la disposition du service secret, en l'espèce comme homme de contact avec Père. Les parents m'expliquèrent que de nombreux Anglais à l'étranger coopéraient avec le service secret, comme un devoir évident vis-à-vis de leur pays, une conception que l'on ne rencontrait que rarement en Allemagne. Les parents le regrettèrent mais reconnurent que les diplomates professionnels allemands ne motivaient pas leurs compatriotes ayant des relations internationales à tenir leurs connaissances, observations et relations à la disposition du « service ». Père était d'avis que justement les marchands, journalistes, scientifiques, etc. disposaient souvent d'une meilleure connaissance du pays d'accueil et de ses relations qu'un diplomate de carrière qui ne passait qu'un temps limité dans le pays où ils étaient mutés. Déjà à l'époque, les représentants de l'économie se plaignaient du manque de soutien de la part des représentations diplomatiques à l'étranger pour leurs exportations.

Lors d'un dîner de chasse en Angleterre, je me trouvais une fois à côté d'une Anglaise qui avait beaucoup voyagé. Elle me parla d'un voyage dans le sud de l'Union soviétique. En tant que ressortissante d'un groupe anglais, elle se serait retrouvée dans un vieil omnibus à proximité de la frontière afghane où elle se serait heurtée à des mouvements de troupes qui auraient largement entravé la route du véhicule. A la prochaine occasion, elle aurait téléphoné à l'attaché militaire pour le tenir informé. Ces mouvements de troupes qu'elle avait pu observer, correspondaient en effet à la marche d'invasion soviétique en Afghanistan. Elle me raconta l'incident comme étant quelque chose de tout à fait évident. Quiconque est conscient qu'un réseau d'information est composé de petites pierres de mosaïques constituées de multiples annonces et informations – ayant souvent un caractère futile- peu féliciter l'action de cette dame anglaise faite dans l'intérêt de son pays.

L'autre Anglais, Conwell-Evans, s'appelait « Professeur » car il avait une chaire de professeur invité à l'université de Königsberg en Prusse orientale. C'était un homme jovial, souple et gentil, qui parlait couramment allemand. Son domaine d'enseignement était d'après mon souvenir, la littérature anglaise. Cette « couverture », comme on désignait une profession de camouflage dans les renseignements, rendait possible les contacts les plus divers partout dans le monde et les actions dans l'intérêt de son pays. Père plaçait Conwell-Evans à un rang assez élevé dans le service secret (44). Nous, les enfants, avions un meilleur contact avec Conwell-Evans qu'avec l'Ecossais qui était un peu réservé. A Londres, il faisait souvent des apparitions à l'ambassade.

C'est avec Brinon que nous, les enfants, nous entendions le mieux, car il venait à nous et s'occupait de nous. Après 1940, il devint ambassadeur du gouvernement de Vichy en Allemagne. Ce fut pour la France un bon choix, puisque les années de contact étroit avec Père lui procuraient les meilleures conditions pour défendre les intérêts de son pays auprès du gouvernement allemand. Père écrit à ce sujet:

> « Ce qui était caractéristique, ce fut une réflexion que le diplomate de Brinon me fit le jour de Montoire (45) : « nous n'avons pas perdu la guerre. Nous ne voulons juste pas nous battre ».

Après la guerre, Brinon termina sa vie dans sa patrie, face à un peloton d'exécution ; cette brutalité était affreuse pour un homme qui voulait plus que tout l'entente franco-allemande.

Avec la nomination de Père comme « Chargé aux questions du désarmement », les visiteurs devinrent de plus en plus nombreux. J'ai déjà mentionné le chroniqueur fétiche de la Rothemere-Presse, Ward Price. Or maintenant c'est Lord Rothemere en personne qui faisait son apparition. Son apparence extérieure contrastait on ne peut plus avec son correspondant. Ward Price personnifiait sa profession. Il allait allègrement vers les gens, les poussait à la confidence et se montrait à cette occasion de leur côté. Son chef en revanche donnait l'apparence d'un représentant de l'empire, posé et digne.

Lord Lothemere et Lord Lothian, je me souviens très bien des deux, étaient entre autres les deux interlocuteurs de Père dans sa tentative de construction d'une relation germano-anglaise de confiance. La Rothemere-Press s'engageait dans ce sens. Je me souviens en revanche d'un homme d'un genre complètement différent, Lord Typ, qui dans mon souvenir était filiforme, et à cette époque pas encore le militant opposant de l'Allemagne tel qu'il se révéla par la suite.

Les nombreux visiteurs étrangers à Dahlem cherchèrent le contact avec Père, ce nouveau venu sur la scène diplomatique, à propos de qui le bruit avait rapidement couru qu'il était dans une certaine mesure l'oreille de Hitler. L'on voulait tirer au clair ce qu'il avait à offrir et sonder la politique de Hitler. Père comprit son rôle et ne se lassait pas de proposer le grand arrangement avec Hitler. Les nombreuses conversations à Dahlem confirmaient le souhait allemand de s'entendre au sens le plus large, avec l'Angleterre et la France.

Je me suis souvent demandé ce que Lord Lothian avait dû penser, en tant que diplomate britannique à Washington pendant la guerre, lorsqu'il avait dû démarrer la vente de l'empire britannique sur demande de Churchill. Quels ont pu être les sentiments du Britannique Lord Lloyd, le « hardliner », qui avait prodigué la séparation d'avec l'Allemagne, lorsque durant la guerre aux côtés de Churchill, il protesta contre le manque de considération avec lequel l'administration Roosevelt força les Britanniques à se séparer de leurs investissements étrangers afin de payer les livraisons américaines (46).

Mais pour nous, le visiteur le plus impressionnant de tous les temps chez nous à Dahlem fut l'aveugle de guerre, le français Scapini, Président de l'association française des combattants du front. Il était charmant avec nous les enfants. Je n'oublierai jamais la dignité avec laquelle cet homme portait son destin, ni ses efforts sincères pour éviter la répétition de ces évènements qui lui avaient enlevés la lumière du jour. Tout comme l'histoire de ma sœur Bettina qui essayait de lui expliquer le cri de la parade du coq de bruyère. Son français ne lui suffisait pas, si bien que finalement elle dit à Scapini : « c'est un oiseau qui crie toujours je t'aime, je t'aime ». Scapini s'amusa royalement, il avait bien sûr tout de suite compris de quel oiseau cette jouvencelle de 13 ans voulait parler. Sur demande de Père, Scapini obtint après la campagne de l'Ouest, un poste en Allemagne, avec un statut diplomatique et une organisation, pour assurer un encadrement central des prisonniers de guerre français. Même après la victoire sur la France, Père continua à mener la politique de l'entente, il se confronta néanmoins à une grande résistance, due en partie

(44) Cf. aussi Colvin cité ci-dessus p. 184.f

(45) Rencontre entre Hitler et Pétain en 1940 à Montoire.

(46) Charmley, *« Churchill »* p. 444.

aux bousculades de compétences présentes dans le 3e Reich à ce moment-là, et qui avaient bien sûr une répercussion négative sur la France occupée. Du côté allemand, Scapini fut introduit dans le service de Père par un porteur de l'ordre « Pour-le-mérite » reçu après la Première Guerre mondiale, M. von Arnim. Durant la campagne de l'Ouest, ce Commandant et Commandeur de Bataillon dans un régiment d'infanterie tomba sur le sol du pays avec lequel il avait toujours espéré arriver à une entente, et à laquelle il avait espéré apporter sa contribution.

La position de Père, en tant que « chargé des questions de désarmement » était une construction typique pour le « troisième Reich », ou plus exactement pour Hitler. Comme précédemment mentionné, Père n'était pas soumis au « ministère des Affaires étrangères ». De ce fait, il avait d'un côté une plus grande liberté d'action, mais d'un autre il ne disposait pas des facilités du ministère. Père était ainsi forcé de créer sa propre organisation, ledit « service von Ribbentrop ». Celui-ci comprenait ses collaborateurs ainsi que les appareils techniques à sa disposition, comme le secrétariat, les archives, la poste, la gestion des affaires secrètes, etc... Au moment de sa nomination, Père avait fait établir un état du budget du Reich, sur recommandation du chef du gouvernement, pour assurer le financement du « service » (47).

Comme je l'ai déjà mentionné, Père développa avec sa petite organisation une activité intense pour créer des « mesures visant à instaurer la confiance ». Il créa avec des amis anglais et français un cercle « germano-anglais » et un cercle « germano-français », auxquels appartenaient des personnalités importantes des trois pays. Ainsi Sir Robert Vansittart fut aussi membre du cercle « franco-anglais ». Avec du recul, on peut se demander si Sir Vansittart avait eu de bonnes intentions au sens de l'objectif du cercle au moment où il y adhéra, mais à ce moment-là il n'y avait pas moyen de le savoir. Un travail très important fut fait par le « service Ribbentrop » sous la forme d'un rassemblement des combattants du front des trois pays !

Le travail de Père ne se limitait pas seulement aux questions de « l'atmosphère », ce qui comptait au contraire c'était d'obtenir des résultats concrets. Le problème de l'armement, sous le couvert de la formulation de « l'égalité de droits allemand » devait absolument aboutir à une solution, au regard de la menace qui pesait sur le Reich, fut-ce par un désarmement total, par l'acceptation de la reconstruction des moyens de défense du Reich.

Père avait représenté ses contacts décisifs en Angleterre et en France dans un schéma, ainsi que son intense activité « derrière les coulisses ». Il est suffisamment intéressant pour être restitué ici : (je rappelle encore une fois que ces notes ont été rédigées par Père à Nuremberg après le procès, donc pour d'éventuelles mémoires et non pour sa défense).

> « Afin de profiter de l'atmosphère favorable des deux côtés *(suite à la célèbre interview Hitler –de Brinon avec la renonciation à l'Alsace-Lorraine NdA)*, je demandais peu après à Hitler s'il était prêt à rencontrer le premier ministre français Daladier. Des amis parisiens m'avaient fait savoir que Monsieur Daladier n'était pas opposé à une telle rencontre. Le Führer donna son accord pour une rencontre confiante et informelle. Une maison de chasse dans la forêt de l'Oden devait servir de lieu de rencontre. Je me rendis à Paris avec le ferme espoir de mettre au point cette rencontre et de réaliser ainsi un pas de plus vers une meilleure compréhension et un rapprochement des deux pays –un but que je poursuivais depuis 1919 dans la mesure de mes possibilités.
>
> Un petit-déjeuner *(déjeuner NdA)* dans l'appartement d'un ami fut l'occasion de rencontrer Monsieur Daladier. Il arriva avec l'un de ses hommes du Ministère de la guerre, un peu en retard et assez énervé. Il avait apparemment eu une discussion politique avec son ami à propos de la rencontre avec Adolf Hitler. Le résultat de cette discussion avait malheureusement été négatif. Le président du Conseil des

(47) Les représentations aventureuses de Spitzy, *« C'est ainsi que nous avons joué le Reich »* à propos du financement du « service Ribbentrop », sont aussi peu crédibles que les récits de faits politiques qui se seraient produits durant la courte période où il était employé chez Père.

ministres me dit d'emblée en me saluant: « je ne peux pas venir, je me trouve dans un système qui ne me permet pas de me déplacer aussi librement que Monsieur Hitler ! »

J'étais très déçu de cette nouvelle, car j'attendais beaucoup de ce contact personnel entre Adolf Hitler et ce Français intelligent, posé, qui venait également du peuple pour les relations germano-françaises. Aucun point de discussion ni de programme n'avait été fixé pour cette rencontre ; je voulais simplement obtenir une détente des relations diplomatiques entre l'Allemagne et la France. Le petit-déjeuner à quatre se déroula par la suite dans une ambiance assez tendue…

Lorsqu'en 1938 je vins chercher Monsieur Daladier à l'aéroport de Munich *(« pour la conférence de Munich, NdA »),* je lui dis à quel point j'avais regretté ces dernières années que cette rencontre entre Adolf Hitler et lui n'ait pas pu avoir lieu en 1933. Certaines choses auraient peut-être été différentes si l'on avait réussi à établir une base de confiance franco-allemande. Monsieur Daladier me répondit : « A qui le dites-vous ? »

Ce refus fut pour Père une grosse déception. Il avait misé beaucoup d'espoir sur Daladier, dont il attendait une intervention dans la politique française, autre que le maintien à tout prix du statut de Versailles. La bonne humeur que j'avais vu animer les parents lorsque Daladier devint premier ministre s'était envolée. (Pour nous enfants cela s'était concrétisé de la façon suivante : le soir, les règles strictes du coucher ponctuel, auxquelles Père veillait spécialement –sans doute en raison de ses propres troubles du sommeil- avaient été levées. Je voudrais constater avec insistance que la rencontre des deux hommes d'état avait été proposée –hélas en vain- du côté allemand, ceci constitue une preuve supplémentaire du désir d'entente de Hitler, mais aussi pour l'inaccessibilité du côté français ! Mais écoutons une fois de plus Père à propos de cette période où les Allemands firent des tentatives pour régler le problème de l'armement par des négociations :

> « Au cours de l'été et de l'automne 1933, j'ai été en liaison constante avec mes amis français et j'entrepris plusieurs voyages en France. Mais avant tout, je voulais trouver un chemin diplomatique pour arriver à un accord à propos de l'égalité d'armement de l'Allemagne avec les autres pays européens. Hitler y était disposé, que ce soit par le biais du désarmement des autres ou de son propre réarmement. Ces efforts qui n'avaient pourtant pas l'air mal partis, échouèrent par les accords de Genève en octobre 1933 ».

Il s'agissait dans ces « accords » dont parle Père de l'aggravation du plan Macdonald pour l'Allemagne, ce qui avait poussé Hitler à quitter la conférence sur le désarmement et la Société des nations.

Cependant, du côté du gouvernement allemand, l'on n'abandonna pas l'idée d'obtenir l'égalité d'armement grâce à des négociations directes avec les gouvernements anglais et français. Voici ce qu'en dit Père :

« Après ces évènements je me rendis tout d'abord à Londres pour faire connaître aux hommes d'Etat et aux politiciens que je connaissais, la disposition d'Adolf Hitler pour continuer à mener des négociations de façon officieuse à propos de l'armement… »

A Londres je rencontrais pour la première fois Baldwin. Je fus invité par Lord Davidson, un ami de Baldwin, à prendre le petit-déjeuner *(déjeuner NdA)* dans une de ces maisons du quartier de Westminster d'apparence extérieure si quelconque. Je pus alors pour la première fois faire connaître au Lord Chancelor anglais les pensées d'Adolf Hitler à propos de l'égalité de droit et son exécution pratique et lui présenter le souhait de Hitler d'établir une relation amicale permanente avec l'Angleterre. J'avais l'impression que mes explications intéressaient beaucoup Baldwin…

Baldwin s'exprima bientôt de façon positive à propos de mes actions ; l'on me pria de rester à disposition pour d'autres explications.

Le jour même encore l'on m'appela pour une visite au 10/11 Downing Street où Baldwin m'accueillit de la façon la plus aimable. Il s'entretint tout d'abord avec moi à propos d'un livre allemand qui lui venait apparemment de sa mère et que lui-même lisait à l'occasion. Il aborda ensuite les considérations politiques et fit quelques remarques à propos de l'heureuse combinaison du moment au sein du gouvernement entre ministres conservateurs et travaillistes. Peu après apparut également le Premier ministre anglais Macdonald et son imposant savoir. J'ai encore longuement exposé au Premier ministre les idées politiques de Hitler. Même M. Macdonald semblait accorder du crédit à ces pensées.

En raison de l'état des choses, aucun engagement ne pouvait et ne devait être conclu en raison du caractère officieux de ma mission. La seule chose qui m'importait était d'établir une base de confiance dans le but de préparer un arrangement germano-anglais. Toutes les autres questions, telles que l'égalité des droits et le désarmement trouveraient leur solution, j'en étais convaincu. L'on me convoqua de nouveau auprès du ministre des Affaires étrangères. Au moment du départ M. Macdonald me demanda depuis quand je m'occupais des questions diplomatiques. Je lui racontais quand et comment j'étais entré en relation avec Hitler. M. Macdonald, aimable comme peuvent l'être les Anglais, me dit en plaisantant qu'il m'élirait certainement si je me présentais comme candidat dans sa circonscription électorale.

Après la deuxième conversation agréablement menée avec les principaux hommes d'états anglais, même Sir John Simon, ministre des affaires étrangères était présent, j'avais l'impression de pouvoir être satisfait de ce premier contact. Je me rendis donc à Paris par la suite pour agir dans le même sens.

Le lendemain, je lus dans le « Times » que Baldwin avait entre-temps tenu un discours devant la Chambre des Communes à propos de la promesse faite aux Allemands au sujet de l'égalité de droits. Il expliquait que celle-ci pouvait être atteinte si l'Allemagne se réarmait au niveau des autres pays, ou si les autres pays se désarmaient pour se mettre au même niveau que l'Allemagne. Personne n'accepterait l'une ou l'autre des solutions. C'est pourquoi il n'en restait qu'une, celle à mi-chemin entre les deux : le réarmement partiel de l'Allemagne, et le désarmement partiel des autres états. Cela lui semblait être le bon chemin à suivre.

Ce discours de Baldwin représentait davantage que ce à quoi je m'attendais, et j'étais satisfait des perspectives qu'il pouvait offrir à l'Allemagne. Même le Führer se montra particulièrement satisfait de la prise de position de Baldwin, car il y voyait une façon concrète d'atteindre cette égalité de droits.

Je pus en revanche me rendre compte qu'à Paris l'on était moins satisfait du discours de Baldwin… !

A ce moment-là, ce fut Paris qui bloquait toute avancée concernant la question vitale pour l'Allemagne de son égalité de droits. Cette politique était celle du ministre des Affaires étrangères Barthou. En 1913, il avait imposé en France le service militaire obligatoire sur trois ans. En 1931, il avait préparé l'alliance militaire franco-polonaise et finalement avait voté en tant que ministre de la Justice pour l'entrée dans la Ruhr en 1923 (48).

Père décrit ses discussions avec Barthou de la façon suivante :

« Dans la capitale française je négociais avec le ministre des Affaires étrangères de l'époque, Louis Barthou, lequel me parla tout d'abord davantage de sa mer-

(48) Meinck, cf. p. 70 et Loosli-Usteri p. 643.

veilleuse collection de livres et de Richard Wagner que de politique. Barthou, qui savait raconter de savoureuses anecdotes sur sa vie mouvementée, était un homme particulièrement instruit avec lequel il faisait bon discuter. Mais il était un irréversible ennemi de l'Allemagne, et lorsque la conversation touchait à la politique, ses réflexions pouvaient être d'une férocité cruelle, même si elles étaient gentiment exprimées. On ne pouvait méconnaître l'école spirituelle de Poincaré et son époque. Apparemment, Barthou aurait constaté mon insatisfaction concernant sa manière incessante d'éviter les questions car, le soir même, il m'envoya un beau livre sur la vie sentimentale de Richard Wagner avec la dédicace suivante : « en mémoire d'une conversation, dans laquelle Richard Wagner a joué le rôle de rapprochement ». C'était typique de Barthou, ainsi avait-il éludé toute prise de décision concernant l'égalité d'armement avec l'Allemagne en évoquant la vie amoureuse de personnages célèbres, un thème sur lequel il était particulièrement bien informé !

Quelque temps plus tard, je rencontrais de nouveau Barthou dans le joli château d'Orsay du vieux Monsieur Buneau-Varilla, le propriétaire du « Matin », à l'occasion d'un dîner en présence des épouses. Même ma femme était venue cette fois-ci. Barthou pétillait d'esprit et de gaîté et ce fut une soirée particulièrement intéressante et charmante. Au moment où je craignais qu'une fois de plus Barthou éviterait les discussions politiques –ce qui était pourtant le but de ma venue- il me pria de le suivre dans le jardin. C'est alors que nous y avons mené une longue, et cette fois-ci très instructive discussion. Le ministre des Affaires étrangères était sur le point d'effectuer un voyage en Europe de l'Est et il voulait sceller un nouveau cercle d'alliances autour de l'Allemagne. Je l'ai à plusieurs reprises supplié de se rendre d'abord à Berlin plutôt qu'à Varsovie, Prague, Bucarest et Belgrade, mais en vain. Il n'était pas possible de négocier avec l'Allemagne d'Adolf Hitler si l'on tendait une main vers l'amitié en tenant un revolver de l'autre. Il n'y avait pas moyen de faire changer d'idée le ministre des Affaires étrangères. Son inlassable réponse demeurait : avant qu'il ne puisse négocier avec nous les questions d'armement, il fallait qu'il ait mis en ordre ses alliances à l'Est.

Lorsque après cette conversation peu satisfaisante, je fis part à Monsieur Buneau-Varilla de ma déception quant à ma conversation avec Monsieur Barthou, j'obtins de ce vieil homme expérimenté une réponse pleine d'enseignement : « vous voulez des révisions, je comprends cela, mais vous avez tort de vous adresser à M. Barthou. Il n'y a qu'une chose à faire : adressez-vous à Londres. C'est triste, mais c'est vrai, et c'est au Foreign Office que la politique française est dirigée (49) *(en français dans le texte NdT)*».

Tandis que le gouvernement français s'opposait invariablement à toute concession à propos de la question de l'armement, le gouvernement britannique se montra plus conciliant, même si Baldwin avait expliqué que « La frontière de la Grande-Bretagne se situe au Rhin! ». Il est probable que les routiniers à Londres avaient abandonné l'obsessionnelle position anti-allemande à la France dans le but de se garder une liberté d'action. Il y avait en 1935 en France des voix qui parlaient de la « perfide Albion » lorsque l'Angleterre sanctionna la grandeur militaire du Reich par le traité naval germano-anglais, lequel était exclusivement dans l'intérêt anglais mais pas dans l'intérêt français.

Quelques semaines après avoir quitté la conférence sur le désarmement, le gouvernement du Reich fit part de ses souhaits dans une note du **8 décembre 1933**. Cette note prévoyait à juste titre le désarmement en Europe dans le cadre d'un désarmement mondial, qui n'était pas réaliste pour l'instant. C'est pourquoi les Etats hautement armés devaient geler leur niveau d'armement. La note exigeait pour l'Allemagne l'« égalité de droits », ce qui comprenait les « armes défensives », lesquelles comprenaient « l'armement normal d'une armée de défense moderne ».

(49) Toute cette phrase est en français, avec sa traduction allemande dans le texte originel.

Le gouvernement allemand accepta dans une note un contrôle international, périodique, automatique et général, qui pouvait s'étendre sur les « formations militaires » (cela comprenait la SA, SS, Service du travail, etc.). Le gouvernement allemand présentait la modification de l'armée allemande en une armée dont le service militaire serait court, conformément aux demandes françaises à l'origine. Comme force totale, elle demandait 300 000 hommes. Pour finir, des pactes de non-agression devaient sceller les accords (50).

Une fois de plus, le gouvernement français repoussa violemment la note allemande. Le gouvernement britannique déposa une proposition de médiation, laquelle cela dit reportait à deux ans le début du réarmement aérien allemand si un désarmement aérien général n'avait pas lieu tout de suite. Mais cela n'était qu'illusion, car le président américain Roosevelt avait justement déposé durant ces jours un projet de loi au Congrès qui devait servir de base à un renforcement massif des forces de combat aériennes américaines. Que l'on se souvienne de la date : nous parlons de **janvier 1934** (51).

Eden, qui arriva à Berlin le **19 février 1934** afin de discuter avec la partie allemande du projet britannique, rencontra un Hitler disposé à discuter, qui n'avait qu'une contre-proposition par rapport à la question de l'armement aérien. Hitler était prêt à fixer la force de l'aviation allemande à 30% des forces aériennes de ses voisins réunis, mais sans dépasser 50% de l'aviation française. Hitler était disposé à renoncer totalement aux bombardiers. En revanche l'Allemagne devait être autorisée à commencer immédiatement ses préparatifs, ce qui était plausible en raison du temps nécessaire au développement des avions (52).

Le **17 mars 1934**, la France rejeta également les demandes de compromis britanniques. La politique du gouvernement français demeurait de façon incompréhensible toujours butée et décidée à éviter toute concession raisonnable avec le Reich. Elle restait fixée sur la dogmatique du Traité de Versailles et laissait passer la chance de cantonner Hitler à un certain niveau d'armement. Si Hitler ne s'était pas tenu aux conventions, les partenaires contractuels auraient toujours eu la possibilité de réagir en conséquence, compte tenu du fait que leur niveau d'armement était largement en avance et qu'à tout moment elle aurait eu les moyens de forcer l'Allemagne au respect des accords. Comme Hitler s'était même déclaré prêt à autoriser les contrôles au sein de la SA, SS et du service du travail, un réarmement secret n'aurait pas été possible. Autoriser ces contrôles n'était pas difficile pour Hitler puisque aucune instruction militaire n'était dispensée au sein de ces organisations, appelées « formations militaires » par les Français. On ne peut pas nier le fait que Hitler ait été largement disposé à trouver un compromis au regard de la situation géopolitique du Reich. Les refus à ses propositions ne devaient-ils pas peu à peu semer le doute dans l'esprit de Hitler quant à l'obtention de l'égalité de droit allemande sur le terrain de la négociation par un traité avec la France et la Grande-Bretagne ?

Le gouvernement du Reich avait couché sur papier ses propositions orales, dans un mémorandum remis à Eden lors de sa visite à Berlin le **16 avril 1934**, et il le fit parvenir au gouvernement britannique. Il est suffisamment important pour le citer mot à mot (53) :

> Le gouvernement du Reich ne peut pas patienter deux ans avant d'obtenir la sécurité du ciel par les moyens qui lui semblent nécessaires à l'obtention de ce but. Dès l'entrée en vigueur de la convention, le gouvernement du Reich souhaite être en possession d'une flotte aérienne, composée d'avions au rayon d'action limité et aucun bombardier. La force de cette flotte ne doit pas excéder 50% de la flotte aérienne française métropolitaine et coloniale, ou 33% de la totalité de la flotte aé-

(50) Meinck, cf. p. 60.

(51) Looli-Usteri, p. 679.

(52) Meinck, cf., p. 71/72.

(53) *« Dokumente der deutschen Politik und Geschichte »*, Editeur Dr Johannes Hohlfeld, Dokumentenverlag Dr Herbert Webdler & Co. Berlin, Dok. 57 p. 145, Benoist-Méchin *„Auf dem Wege zur Macht"* (Histoire de l'armée allemande), Stalling Verlag p. 156.

rienne des puissances rattachées à l'Allemagne, sachant que, parmi ces deux chiffres, le plus bas l'emporte.

Le gouvernement du Reich est prêt à prendre des mesures qui garantissent le caractère non militaire de la SA et de la SS. Il est également prêt à faire contrôler ces mesures par une commission de contrôle. Les mesures sont les suivantes:

1. « La SA ne doit pas posséder d'armes.

2. Elle ne doit pas être initiée à l'usage des armes.

3. Elle ne doit pas être rassemblée ou formée sur les terrains militaires.

4. Elle ne doit être formée ni directement, ni indirectement par des officiers de l'armée.

5. Les entraînements sur le terrain, ou même la simple participation de quelques-uns à ceux-ci, doivent être interdits.

Le gouvernement du Reich se dit volontairement d'accord pour que le désarmement des autres puissances ne débute que cinq ans après la conclusion de l'accord. Le gouvernement du Reich accepte également toutes les autres dispositions du mémorandum britannique, y compris l'installation de contrôles ».

Le refus de cette base de négociation par la France fut appelé par Lord Lothian « un non de portée historique lourd de conséquences » !

L'Ambassadeur français à Berlin, M. François-Poncet, prétend avoir fait comprendre à son gouvernement le **9 avril** –ainsi qu'il l'écrit dans ses mémoires– comment faire accepter ses propositions par Hitler :

> « ... c'était limpide : si l'on n'arrivait pas à la conclusion d'un accord qui autoriserait au Reich un réarmement limité et internationalement contrôlé, alors Hitler se considérerait affranchi de toute obligation vis-à-vis du Traité de Versailles et se réarmerait selon son bon vouloir, sans aucune limitation et sans contrôle, porté par l'approbation fascinée de son peuple. » (54)

Ce qu'il est important de retenir de cette constatation c'est que François-Poncet confirme ainsi de façon indirecte l'obligation de désarmement des états signataires du Traité de Versailles. Il aurait trouvé un appui auprès de Barthou, mais une forte désapprobation de la part de Tardieu et du Premier ministre Doumergue.

Père exprima une fois en ma présence que François-Poncet était selon lui l'homme politique français le plus intelligent qui soit, mais qu'il n'était pas un ami de l'Allemagne, même si Hitler l'appréciait et que tous deux s'adonnaient de temps à autre à de sympathiques jeux de mots. Mère m'apprit après la Campagne de l'Ouest, que Hitler avait pensé à François-Poncet comme Ambassadeur du gouvernement de Vichy à Berlin ; mais Père avait eu des réticences en raison de l'opinion fondamentale de François-Poncet à l'égard de l'Allemagne. Qui sait, peut-être cela aura-t-il évité quelques déboires après la guerre. Mère me raconta également que Père avait proposé à Hitler de rendre la liberté au fils de François-Poncet qui se trouvait prisonnier de guerre allemand.

Le ministre des Affaires étrangères Vandervelde s'était déjà exprimé de la façon suivante lors de l'assemblée de la Société des Nations en 1931 :

> « Ou bien les autres puissances doivent réduire leurs armées par rapport à l'armée du Reich, ou bien le Traité de paix devient caduc et l'Allemagne s'arroge le droit de posséder des forces de combat capables de défendre l'inviolabilité de son territoire. »

(54) François-Poncet, p. 178.

Le **7 mars 1934**, le chef du gouvernement belge, le Comte de Broqueville, tint un discours mémorable devant le Sénat belge, dans lequel il restituait de façon claire l'atmosphère de l'époque et la situation européenne avec précision. Après que Broqueville se soit exprimé à propos du § 213 du Traité de Versailles lequel obligeait l'Allemagne « à accepter tout contrôle que le Conseil de la Société des nations ait considéré comme nécessaire à la majorité », il poursuivit :

> « Il ne reste plus que la deuxième possibilité, celle que l'on n'ose pas nommer par son véritable nom : cette possibilité est la guerre préventive. S'il s'agit ici de la proposition, alors je la tiens pour un remède plus mauvais que le mal en lui-même et qui ne doit pas être pris en considération, à moins que l'on soit atteint de folie ou que l'on ait succombé à une mentalité criminelle. Tant qu'il y a l'espoir d'une entente il n'est pas permis de provoquer un malheur immédiat et certain dans le but d'en éviter un plus éloigné, et moins probable que le premier…
>
> Je ressens comme vous tous l'amertume de la situation. Elle est la conséquence de la grande illusion des hommes qui dans le Traité de Versailles ont omis de voir les leçons de l'Histoire et ses vérités et qui ont cru qu'il serait possible de maintenir une grande nation dans l'état de désarmement pendant une période indéterminée. Il faut mettre fin à cette désillusion. Il est une loi immuable de l'Histoire qui est que tôt ou tard un vaincu se relèvera toujours. Il ne s'agit pas de savoir si et dans quelle mesure l'on veut accepter le réarmement de l'Allemagne, mais plutôt d'éviter une course au réarmement, laquelle mènerait fatalement à la guerre…
>
> Il n'existe pas d'autre moyen que de mener des négociations sur un terrain d'entente entre les principaux intéressés, dans le but d'arriver à une convention sur la limitation de l'armement. » (55)

Cela faisait maintenant bientôt un an et demi que l'on avait négocié sans aucun succès depuis l'accord formel sur l'égalité de droits allemande du 12.12.1932 signé par la Grande-Bretagne, la France, l'Italie et les USA. Aucun résultat concret n'était en vue, et même au contraire, la position du gouvernement français de ne pas faire de concessions au Reich semblait encore se durcir. Bien au-delà, la France projetait une politique d'alliance qui avait pour objectif d'inclure l'Union soviétique dans le système de pacte français et qui constituerait ainsi une menace encore bien plus importante pour le Reich. Peu à peu, une idée fit avec raison son chemin : les deux puissances de l'Ouest ne cherchaient-elles pas en fin de compte à ne pas accorder à l'Allemagne son égalité de droits, mais cherchaient plutôt à gagner du temps, dans le but de faire avancer leurs propres efforts d'armement avec l'objectif de forcer l'Allemagne encore isolée à prendre des décisions qui ne pouvaient être dans son propre intérêt. Ce risque ne devait en tout cas pas être omis.

Dans cette situation, le gouvernement du Reich entreprit une démarche de taille : il publia le budget du Reich pour 1934/35, avec pour l'armée, la marine et l'aviation des sommes bien plus importantes que celles fixées les années précédentes. A la question du gouvernement britannique, le ministre des Affaires étrangères allemand, von Neurath donna l'explication suivante : les dépenses pour l'armée de terre sont nécessaires pour préparer le changement de l'armée de métier en une armée de courte durée ; les dépenses pour la marine sont suscitées par des constructions de remplacement pour des navires trop vieux, tandis que l'état du Ministère de l'air n'entrait pas dans le budget de la défense en raison du démembrement des vols de nuit et d'hiver qui auraient dû être augmentés » (56).

Il est tout à fait évident que le gouvernement du Reich voulait de cette manière faire avancer les négociations sur le traité de réarmement. La publication de ce document n'aurait eu aucun sens s'il avait voulu se réarmer secrètement. Il n'est pas pensable que le gouvernement n'ait pas eu les moyens de se dissimuler s'il l'avait voulu. Cette publication des états est un indice de plus pour

(55) Cité d'après Meinck cf. p.74.

(56) RGBI 1934 II v. 26.3.1934.

prouver que Hitler voulait poursuivre les négociations avec les deux puissances de l'Ouest, dans le but de conclure avec leur consentement un accord sur l'armement. Il aurait d'ailleurs été responsable de lourde violation des devoirs incombant à un chef de gouvernement s'il ne s'était pas préparé à l'échec de ses efforts compte tenu de l'inaccessibilité française. Cela aurait signifié de décider le cas échéant le réarmement en cavalier seul, mais nous aurions dû tout faire pour éviter cette démarche.

Le **16 avril 1934**, le gouvernement du Reich expliqua une fois de plus officiellement sa disposition à conclure un traité sur l'armement. Il accepta le plan britannique du 29 janvier et répéta les propositions de Hitler faites à Eden en février à propos de l'armement aérien (57).

Il faut se rendre à l'évidence que, du côté allemand, on cherchait absolument à atteindre un accord sur l'égalité d'armement avec les deux puissances de l'Ouest. Celui-ci était considéré comme une condition préalable à un arrangement de fond avec la Grande-Bretagne auquel la France finirait sans doute à se rallier. Afin de réaliser l'« arrangement de l'Ouest », Hitler était disposé à de grands préalables et concessions. L'on ne pourra dire que ses propositions pour des accords sur l'armement aérien aient été exagérées, car il accepte l'infériorité de ses forces de combat aériennes, justement dans le but d'obtenir l'accord souhaité. Un an plus tard il sera de nouveau tout aussi raisonnable à propos du traité naval en limitant l'armement naval allemand à 35% de celui des Britanniques.

Le **17 avril 1934**, le gouvernement français rejeta des négociations à propos du plan britannique du 29 janvier. L'on est en droit de se demander ce qui poussait le gouvernement français à cette politique incompréhensible ? Cela semble absurde : Hitler essaye sans cesse d'arriver à un accord qui limiterait son armement et le soumettrait à un contrôle international, tandis que le gouvernement français cherche sans cesse à contrecarrer cet accord. Stresemann se serait déjà exprimé de la façon suivante au milieu des années vingt : *« La peur de voir comment l'Allemagne se redresse paralyse la volonté des politiciens français et les empêche de penser de façon objective »*. Cette « peur » est légitime et il est obligatoire que les politiciens la prennent en considération, en revanche ce qui est décisif, c'est de savoir si l'on agit de façon correcte ou non par rapport à l'objectif fixé, c'est-à-dire pour sa propre sécurité (58).

Il a existé et il existe les plus diverses tentatives d'explications. Le gouvernement français cherchait-il à repousser à l'arrière-plan ses difficultés internes en jouant hautement les questions de politique étrangère ? Pensait-on pouvoir continuer à améliorer la position française en pratiquant un rapprochement vers l'Union soviétique ? Ne voulait-on pas éviter de mettre en difficulté le rapprochement avec l'Union soviétique –qui se réalisa un an plus tard- par un traité sur l'armement avec le Reich ? Ou bien est-ce pour la première fois l'espoir d'un renversement interne du Reich qui aurait joué un rôle ? Comptait-on sur une action du général von Schleicher avec la Reichswehr ou de Röhm avec la SA ? (59) Le ministre français Herriot, l'un des « faucons » anti-allemands du cabinet de Doumergue fit part de la conversation entre le général de la Laurencie avec le prince impérial allemand : *« si un jour je règne, ce qui n'est pas impossible ! »* (60) Y aurait-il eu des cercles conservateurs allemands qui à l'époque auraient laissé au Français l'espoir de renverser le régime de Hitler ? Si de telles activités devaient un jour s'avérer, la ténacité française vis-à-vis des souhaits allemands d'égalité de droits deviendrait plausible, car l'on faciliterait le réarmement à ces cercles que l'on avait vaillamment combattus durant la Première Guerre mondiale comme étant les représentants de la figure du « Kaiser ».

Je devrais faire part ici d'une donnée en rapport avec la mention du prétendant au trône qui, à l'époque, préoccupa beaucoup mes parents. La déclaration du régent pouvait avoir plusieurs ori-

(57) La Luftwaffe allemande devait être autorisée à atteindre 30% de la force de tous ses voisins, mais ne devait dépasser 50% des forces aériennes françaises, Schwendemann Bd. P. 606, Wheeler-Bennet : « Documents » p. 384.

(58) Delmas cité ci-dessus.

(59) Cf. Benoist-Méchin *« Auf dem Wege zur Macht »* (« Histoire de l'armée allemande »), Stalling, p. 158.

(60) Meinck, cf. p. 211, note 300.

gines. Hitler semble effectivement avoir songé en 1933 à restaurer la monarchie en Allemagne. Durant le dîner chez Hitler, celui que j'ai déjà évoqué, en rapport avec sa déclaration sur le moral des soldats français, Madame von Neurath mena visiblement une conversation avec un autre convive à propos des Allemands du Nord et des Allemands du Sud. Elle entraîna Hitler dans sa conversation sur le principe *« nous Allemands du Sud »*, dans le but de créer une solidarité entre eux. Hitler lui avait répondu en souriant : *« les Hohenzollern étaient également des Allemands du Sud ».*

C'est à peu près à cette époque que Hitler avait expliqué aux parents qu'il voulait faire du fils du régent un monarque et le faire éduquer en tant que tel. Mère me raconta de façon amusée que Hitler n'avait pas oublié d'ajouter qu'on lui ferait faire un « bon mariage », ce qui en relation avec les opinions de Hitler ne pouvait signifier que de même condition. A la même période, Hitler déclara à Père : *« tout pour une maison impériale allemande ! »*. Hitler semble avoir révisé ses plans suite à un télégramme que l'empereur aurait envoyé de Doorn à une assemblée d'aristocrates dans lequel il annonçait : *« l'avenir de l'Allemagne repose exclusivement dans sa maison impériale et ses princes »* (61). Lorsque Père nous fit part de ce télégramme lors du déjeuner à Dahlem, il secoua la tête et nous dit : *« il n'a décidément rien appris ! ».*

Le **2 février 1934**, von Blomberg fit à peu près la déclaration suivante dans une allocution aux commandeurs de la Reichswehr : la pensée du Chancelier du Reich est la suivante : l'assurance de la paix pour de nombreuses années, afin de pouvoir mettre en œuvre la transformation du Reich, la transformation et la reconstruction de la Wehrmacht. Il n'y a aucune intention d'attaquer qui que ce soit, mais le Reich devra par la suite être en mesure d'entrer activement dans la politique (62).

Divers historiens allemands pensent voir dans cette déclaration la preuve selon laquelle Hitler « n'aurait pas seulement eu à l'esprit la sécurité du Reich » mais aurait déjà eu en vue à cette époque, 1933/34 l'idée de « changer les rapports existants en faveur de l'Allemagne » (63). J'ai décrit la situation du Reich au moment où Hitler a pris les commandes du gou- vernement. Il était évident qu'il était motivé de changer les rapports existants en faveur de l'Allemagne ». Il aurait été un Chancelier du Reich particulièrement négligent s'il n'avait pas tout essayé ; la situation allait tellement mal que cela ne pouvait être pire. Dans la situation où le Reich se trouvait, « opter » signifiait « entrer activement dans le monde politique », chercher des partenaires, sortir de ce dangereux isolement dans lequel l'Allemagne se trouvait *de facto* depuis la fin de la Première Guerre mondiale. Il faut observer une carte de l'Europe, ou mieux, prendre un globe et chercher un Etat qui, à cette époque, aurait été prêt à s'engager pour les intérêts de l'Allemagne. Comment peut-on sinon comprendre l'expression « grande politique ». Les tentatives de Hitler d'aboutir à un grand accord permanent avec les deux puissances de l'Ouest peuvent être considérées comme de la « grande politique », tout comme la constitution d'un bloc de défense européen contre l'Union soviétique. Il n'est pas nécessaire de prouver qu'une certaine puissance militaire « minoritaire » pour un état de la taille et de l'importance de l'Allemagne soit une condition pour se faire des alliés. Cela valait également pour la République Fédérale d'Allemagne, et ce n'est pas pour rien qu'Adenauer a poursuivi le réarmement de l'Allemagne. Une République fédérale neutralisée, même réunifiée, n'aurait pratiquement jamais trouvé d'alliés prêts à défendre et protéger ses intérêts. Constatant ce processus de réduction de la Bundeswehr, cette réalité a commencé à faire son chemin dans l'esprit de certains journalistes allemands (64). Le but avoué de Hitler, pour lequel il avait prêté serment, était de changer les « rapports existants » en faveur de l'Allemagne. Hitler et Père étaient par ailleurs d'avis que leur conception ne jouait pas uniquement en faveur de l'Allemagne mais qu'elle mettait la Grande-Bretagne et la France dans une position qui leur permettait de se consacrer librement à leurs intérêts maritimes.

Mais revenons à la situation des négociations sur le désarmement, notamment l'égalité d'armement des états européens entre eux. Deux ans s'étaient maintenant écoulés depuis la convention

(61) Cf. aussi Reventlow : *« von Potsdam nach Doorn »,* p. 478.

(62) *« Liebmann-Akte »* cité d'après Meinck, cf. p. 81.

(63) Meinck, cf. p. 81.

(64) Cf. article dans *« Die Welt »* forum p. 10 du vendredi 10 mars 2000, sous le titre « Bündnisfähigkeit ».

des cinq puissances de Genève accordant l'égalité de droits du Reich allemand sans que le moindre progrès ait pu être atteint. Au contraire, le gouvernement français projetait une législation qui prolongerait de deux ans le service militaire obligatoire. Cela devait mener *de facto* à un véritable accroissement de l'armée. La prolongation du service militaire obligatoire n'était en revanche en aucun cas un signe prouvant que le gouvernement se préoccupait sérieusement des questions de désarmement.

Au début de l'année **1935**, des propositions communes ont été faites par la France et la Grande-Bretagne à propos de l'Allemagne sur la base du « communiqué londonien » du 3.1.1935, fruit du travail droit de ministres français et britanniques. Une fois de plus, celui-ci condamne le Reich à se réarmer mais le document explique être disposé à négocier. La « sécurité collective » revient donc au premier plan par la proposition faite de créer un « pacte de l'Est » qui aurait signifié la reconnaissance définitive des frontières orientales de l'Allemagne (y compris le corridor). Cette reconnaissance des frontières germano-polonaises (donc du corridor) aurait même été réfutée par Stresemann en s'appuyant sur le fait qu'un gouvernement allemand qui serait prêt à l'accepter serait balayé (65). Nous nous en souviendrons lorsque Hitler proposera en 1938 à la Pologne la garantie de ses frontières, y compris du corridor, dans une situation désormais bien meilleure.

Les propositions anglo-françaises ont pour objet une convention qui nécessiterait la négociation avec l'Italie, la Belgique et l'Allemagne et où les « signataires s'obligeraient à apporter le soutien de leurs forces aériennes de combat à chacun d'entre eux qui serait la victime d'une attaque aérienne non prévue de la part d'une de l'une des parties signataires ».

Aujourd'hui, les choses sont présentées comme si Hitler avait lui-même rédigé la réponse allemande. Il s'agissait en réalité d'une ébauche de Père. Je me souviens avec précision lorsque Mère raconta à Père que lors de la préparation de la réponse allemande, Hitler avait tiré de sa poche le projet de Père et l'avait soumis à discussion, sans faire connaître ouvertement son auteur. Père avait audacieusement dit que le gouvernement du Reich était *« parfaitement prêt à mettre à disposition ses forces aériennes comme moyen de lutte contre les menaces à la paix »*.

Le **4 mars 1935**, le gouvernement britannique soumettait à la Chambre des communes un « livre blanc » qui avait pour objet un renforcement massif des forces de combat aériennes britanniques. Le **10 mars** de la même année, le gouvernement français fit connaître son projet de porter à deux ans la durée du service militaire obligatoire. Ces projets militaires des gouvernements britanniques et français permettent juste de conclure qu'ils n'avaient pas la volonté de régler le problème de l'armement par une réduction de leurs forces de combat au niveau des états désarmés ; en conséquence il ne restait plus qu'aux états désarmés de se réarmer. Il aurait donc été désormais de bon ton que la Grande-Bretagne et la France proposent de donner au réarmement du Reich un cadre contractuel.

Les activités officieuses de Père, puis officielles à partir de 1934 étaient en première ligne dirigées contre un tel accord avec les puissances de l'Ouest ; le but était de décider des forces armées du Reich en accord avec celles-ci. Les souhaits allemands se limitaient à un rééquipement minimum en « armes de défense » (c'est ainsi que nous étions, comme déjà évoqué, disposés à renoncer entre autres de façon explicite aux bombardiers).

Le gouvernement allemand ne devait-il pas conclure qu'il était simplement tenu en haleine et qu'il n'existait de la part des états armés pas de réelle disposition à accorder à l'Allemagne une égalité de droits militaires effective ou de procéder à un désarmement général ? Au regard de tous ces faits, peut-on reprocher au chef du gouvernement allemand d'avoir envisagé la seule possibilité qui lui restait, c'est-à-dire entreprendre en cavalier seul la reconstitution de la faculté de défense du Reich ?

Père avait donné son accord pour faire ce pas, car il avait eu connaissance des efforts fournis par le gouvernement français pour arriver à une alliance avec l'Union soviétique dirigée contre l'Al-

(65) Le 18.5.1926 Stresemann aurait expliqué au Reichstag : *« il n'existe personne en Allemagne qui puisse reconnaître que la frontière tracée à l'Est à la suite d'une contradiction flagrante dans le droit des peuples de décider eux-mêmes, soit un fait pour toujours immuable »*. Cité d'après Schröcke *« Kriegsursachen Kriegsschuld »* Nordfriesische Verlagsanstalt, p. 30.

lemagne. Son instigateur était le ministre français Herriot. Cet objectif de Herriot entraînait le risque de se retrouver dans une situation désespérée, qui deviendrait de plus en plus compromise si les négociations continuaient à s'étendre dans la durée sans atteindre l'égalité de droit matérielle. Le facteur temps commençait à jouer réellement un rôle, compte tenu de la tendance au réarmement général, de la Grande-Bretagne, de la France sans oublier des USA mais en taisant l'Union soviétique.

Environ quatre semaines après que le service militaire ait été réintroduit en Allemagne, les représentants de la Grande-Bretagne, de la France et de l'Italie se réunirent à Stresa et décidèrent « de s'opposer par tous moyens appropriés à la dénonciation unilatérale de traités ». Cela en resta là !

En 1934, Hitler rencontra Mussolini à Venise. A son retour, Hitler demanda à Père « me dénoncerait-il ? ». Il est peu probable que l'on puisse considérer le pacte de Mussolini avec les deux puissances de l'Ouest comme une « dénonciation ». Peut-on reprocher à Mussolini de n'avoir pas pris le parti du Reich, qui ne disposait d'aucun poids politique ?

Stresa avait de nouveau prouvé de façon impressionnante la chose suivante : l'isolement total de la politique étrangère du Reich. Celui-ci existait depuis la fin de la Première Guerre mondiale et n'est de ce fait pas la conséquence de la politique hitlérienne. L'on ne fera pas fausse route en affirmant que Mussolini avait déjà échafaudé des plans d'expansion vers l'Abyssinie au moment de la conférence de Stresa. Qui pouvait l'aider ou tout au moins ne pas le prendre par surprise ? La Grande-Bretagne et la France avaient mis au premier plan durant les dernières années la « sécurité collective », garantie par la Société des Nations. Mais Mussolini pensait encore en avril 1935 pouvoir négliger l'amitié du Reich au point de pouvoir s'aligner sur le front des puissances qui continuaient à penser devoir refuser l'égalité de droits militaire à l'Allemagne.

Mussolini avait invité Laval à Rome le **7 janvier 1935**. Il voulait gagner le soutien de la France pour l'exécution de ses plans. Cela lui semblait plus important et plus effectif que le soutien d'une Allemagne sans pouvoir. Ainsi que Hitler l'avait déjà dit à Père lors de leur premier entretien sur la politique étrangère, lorsqu'il s'exprima gentiment sur la politique de von Stresemann : *« L'Allemagne doit redevenir un facteur puissant, sinon elle n'aura jamais d'amis, et il faut que j'en établisse les dispositions ».*

Comme l'on peut se l'imaginer, les jours avant le **16 mars** furent tendus pour moi. La façon stéréotypée de Mère de répéter sans cesse la formule de me « couper en quatre » était cette fois-ci particulièrement intense et insistante, puisqu'elle m'apprit longtemps en avance les premières pensées de Père et de Hitler concernant la réinstauration unilatérale du service militaire obligatoire –s'ils n'arrivaient pas à se mettre d'accord sur un accord sur le réarmement–. Mère trouvait une justification de cette décision dans la « phase de risque » où nous venions désormais d'entrer. Le gouvernement allemand avait émis ses souhaits pour un réarmement défensif minimum et prenait désormais les dispositions pour les mettre en œuvre un de ces jours.

Pour le jeune garçon de 14 ans que j'étais, l'idée d'écarter les dispositions discriminatoires du Traité de Versailles sous lesquelles j'avais grandi, était absolument ahurissante. Lors des visites de l'arsenal berlinois avec grand-père et Mademoiselle Munding, nous avons été informés du fait que les vieux canons de la Première Guerre mondiale qui étaient exposés dans la cour intérieure avaient les culasses soudées, afin qu'ils ne puissent resservir conformément aux dispositions du Traité de Versailles. L'Allemagne allait retrouver une armée, une marine, une armée de l'air, elle serait de nouveau en mesure de se défendre. Tous les domaines militaires qui me passionnaient à l'époque étaient piqués au vif.

Le 16 devint même pour moi un grand événement. A cette occasion, un défilé eut lieu sur la prestigieuse avenue de Berlin « Unter den Linden ». J'eus le droit d'accompagner Père sur les tribunes des officiels. Par un soleil radieux, j'eus pour la première fois de ma vie l'occasion d'assister à un défilé des troupes allemandes, que jusqu'alors je n'avais vu faire que par mes soldats de plomb. Le défilé eut lieu au bout des « Tilleuls », là où l'avenue débouchait dans le Lustgarten. La tribune était, d'après mon souvenir, à peu près à hauteur de l'arsenal et du monument aux morts. Lors des prochaines occasions les défilés de Hitler eurent lieu sur ledit axe « est-ouest » devant l'université technologique.

L'un des défilés des troupes débuta par l'installation des corps de troupes conviés au défilé. Hitler mena cette installation dans un véhicule ouvert. Les orchestres militaires entonnèrent la marche de présentation prussienne. De nos jours encore, on peut entendre cette marche lorsque le bataillon de garde de Bonn reçoit un invité étranger avec les honneurs militaires. Autrefois, la raison de ce passage en revue du front était de donner au commandant la possibilité de se faire une idée de l'état des troupes. Lorsque le front a été passé en revue aussi bien à pied, à cheval ou en voiture, chaque commandant en chef de l'armée montait sur une petite estrade afin de contempler le défilé.

Ce qui rendait les défilés allemands si impressionnants, était le fait qu'il ne fallait exiger des soldats aucun mouvement qui ne soit pas naturel ; ceux-ci devaient être réguliers, mais exécutés selon un rythme caractéristique. Même la célèbre marche de parade devait seulement accentuer le pas, sans lever particulièrement haut la jambe, ce qui rendait le mouvement peu évident. Plus tard, à l'occasion de mon service mais également auprès de la troupe, j'ai dû suivre la formation pour cette marche de défilés, et je l'ai maudite. J'étais d'avis que cette marche prenait beaucoup trop de temps et était sans aucun intérêt pour la réelle formation au combat, surtout compte tenu de la situation de l'Allemagne à l'époque où l'essentiel résidait dans le fait de disposer le plus rapidement possible de troupes formées à la défense du pays afin de pouvoir intervenir en cas d'engagement préventif d'un attaquant. Cette marche n'était de plus pas bonne pour les jambes. J'ai moi-même pu le constater durant mon service lorsque je me suis retrouvé avec les malléoles toutes gonflées ; ma grande taille m'avait effectivement valu la place de porte-drapeau et je devais donc m'exercer particulièrement intensivement à cette marche. Celle-ci fut par ailleurs supprimée durant la guerre pour toute la Wehrmacht, pour quelle raison devait-on alors la maintenir en période de paix. Je l'accorde, lorsqu'une compagnie défile sur les tons charmants d'une musique de marche allemande, la sensation de succès est immense, mais cet instant psychologique ne valait pas toute cette perte de temps.

La marche des défilés était le résultat d'une vieille tradition. Cette marche avait une raison à l'origine, lorsque la troupe avançait encore en ligne vers l'ennemi et qu'il importait de garder de façon parfaite la ligne de combat, afin que les salves de fusils, qui étaient tirées sur ordre, aient une efficacité optimale. Cette marche régulière avait d'ailleurs été introduite au XVIIIe siècle dans l'armée prussienne par le « vieux dessauer » (un Prince de Sachsen-Anhalt *NdT*) afin d'avoir un effet psychologique supplémentaire sur l'adversaire, au moment où les pelotons d'infanterie avançaient et tiraient des coups de fusils à tour de rôle sur le champ de bataille.

Il est probable que l'on ne comprenne pas de nos jours le sens d'un tel défilé pour un jeune comme moi à l'époque, j'étais fasciné par l'armée, même si jusqu'à ce jour je n'avais pas eu beaucoup d'occasions de voir ce qu'était l'armée allemande. La seule exception était le grand tournoi d'équitation à l'occasion de la « semaine verte » à Berlin, où la Reichswehr effectuait de temps à autre un « spectacle » parmi d'autres concurrents. Mais il y avait peu de « militaires » et la Reichswehr ne se montrait pas ouvertement.

De la tribune, il ne nous était pas possible de rater la mise en place de la parade, celle-ci s'étendait au-delà du pont du château (Schlossbrücke) en direction du bâtiment en briques rouges, la mairie de Berlin. Hitler monta sur le podium devant nous, la marche de présentation cessa brutalement, les commandements résonnèrent et déjà approchait la première « fanfare » *(Musikkorps)*, tourna devant la tribune d'honneur dans un large mouvement vers la gauche, une manœuvre difficile parfaitement menée à bien par les soldats de la Reichswehr, pour finalement se retrouver exactement face à Hitler.

Désormais retentirent les célèbres marches militaires germano-prussiennes avec leur entrain et leur musicalité. Je pense que le caractère unique des valses de Strauss pour la danse vaut la musique militaire allemande pour la musique de marche, parmi lesquelles je comptais la célèbre marche de « Badenweiler ». L'homme politique qu'était Hitler l'avait choisie comme étant « sa » marche en raison de son rythme enthousiasmant et avait exigé que celle-ci ne soit jouée qu'en sa présence. C'est d'ailleurs sur cette règle que se fonda un juge de première instance bavarois plein d'humour pour justifier après la guerre son refus de jouer cette marche. Il ne savait sans doute pas que cette « Badenweiler Marsch » avait été composée en 1914 par un chef d'orchestre du régiment du roi bavarois du nom de Fürst, en mémoire d'une bataille à Badenweiler où le régiment s'était distingué. De la même façon que très peu de gens en Autriche connaissent le surnom « Piefke » utilisé pour les Prussiens provenait de Monsieur Piefke que les Viennois avaient acclamés. En 1865, le roi de Prusse accompagné de Bismarck accorda à l'Autriche une visite officielle. D'après ce qu'on dit, au cours de cette visite, le corps de musique d'un régiment de garde prussien aurait donné des places de concert. Le chef d'orchestre aurait été un Monsieur Piefke.

A la tête de la fanfare se trouvait le « tambour-major ». Son ambition était d'élancer les jambes à l'horizontale si bien qu'on aurait pu le qualifier de danseuse de ballet en uniforme de soldat. Ce pas de défilé du tambour-major était le seul pas qui n'était pas naturel durant la parade, et de ce fait particulièrement fatigant. Je me souviens encore des actualités anglaises en mai 1938, un tambour-major était montré en gros plan durant son entraînement à cette marche de parade, et produisait donc une impression martiale et d'effort. Il avait été filmé sous un angle peu favorable et apparut comme le symbole du militarisme, ce qui était sans doute l'effet voulu. La machine de propagande anglaise contre l'Allemagne débuta en 1938.

Mais revenons à la parade devant Hitler sur l'avenue « Unter den Linden ». Voilà qu'approchèrent les blocs de compagnies, dressés comme des « i », dans un mouvement absolument identique du bras gauche et des jambes, tirés tel un fil, les têtes vers la droite pour regarder le commandant droit dans les yeux sans oublier le léger bruit des bottes cloutées sur le bitume ; tout ceci produisit une impression absolument inhabituelle de puissance mélangée à de la fascination. Les soldats servaient 12 ans –conformément au Traité de Versailles et étaient également des « pros » pour les défilés (66).

Les armes allemandes qui furent montrées à ce défilé du 16 mars 1935 dans le « Lustgarten » berlinois n'étaient pas aussi intéressantes. Des petits canons de 10,5 cm, bien sûr tirés par des chevaux, aucun panzer, aucune arme lourde, aucun canon de D.C.A. et aucun avion accompagnant la parade dans les airs. Mais des chevaux.

A côté de nous sur la tribune s'entretenaient des officiers de cavalerie. L'un d'eux annonça qu'après l'infanterie tout un régiment de cavalerie défilerait uniformément sur des alezans. A peine avait il dit cela qu'ils paraissaient déjà! Si le défilé de l'infanterie devait symboliser la précision d'une machine de guerre, alors le cheval, uni à son cavalier, était maintenant au premier plan. Une légère musique entraînante, la « Parademarsch in Trab » (marche de parade au galop), annonçait cette arme si élégante autrefois. Ce fut une image magnifique que de voir ces chefs d'escadron galopant devant leurs escadrons sur des chevaux magnifiquement montés, tout le régiment uniformément sur des alezans ; le charme de la musique en sus avec ses charmantes timbales. L'officier de cavalerie à côté de nous n'avait vraiment pas exagéré avec sa réflexion : « c'est beau à pleurer ! ». Il se réjouissait de l'enthousiasme de Bettina et du mien. Le monde du cheval ne nous était pas étranger. Père et Grand-Père étaient des cavaliers passionnés et nous enfants avions eu des leçons très jeunes et pratiquions la voltige. Père, le seul à posséder des chevaux de course, nous emmenait déjà petit assister de temps à autre à des courses à Hoppegarten et Karlshorst.

Hitler n'aura pas été très impressionné par cette magnifique démonstration équestre. Il n'avait aucune attirance pour l'équitation, ni pour la chasse d'ailleurs. Un jour, il dit à Père que s'ils abat-

(66) Cette disposition du Traité de Versailles selon laquelle les soldats de la Reichswehr devaient être des soldats de métier de longue durée avait pour but d'éviter la formation de soldats de réserve de courte durée. Après 1806, Napoléon n'avait laissé qu'une petite armée à la Prusse après la paix de Tilsit. Dans ledit « Krümpersystem », les soldats étaient formés pour une courte durée puis libérés, pour en reprendre d'autres pour une autre formation de courte durée et les libérer aussitôt. De cette façon, il était possible de disposer d'un grand nombre de troupes formées malgré la petite armée.

taient un tigre avec une lance alors il pourrait être impressionné, mais abattre la pauvre bête avec des armes de précision n'avait rien d'admirable. Cela faisait quelques mois que le ministre des Affaires étrangères français Monsieur Barthou et le Roi de Yougoslavie avaient été abattus à Marseille dans leur voiture, malgré une protection de la police. A ce moment-là, une photo circulait dans la presse, elle montrait l'officier de police sur son cheval justement en train de battre le criminel avec son sabre du haut de son cheval. Hitler dit à Père à ce propos, que s'il voyait encore une fois le derrière de ce cheval devant lui comme escorte il punirait l'officier de police responsable. C'est de façon sous-jacente que les différentes conceptions de Hitler quant à l'organisation de l'armée ont dû jouer à propos du sens de la motorisation. Dans ce contexte, je me souviens d'un souvenir personnel où Hitler s'était exprimé à propos de la mise en œuvre de grandes unités motorisées ; c'était à l'occasion de l'anniversaire de Père, le 30 avril 1939, dans notre maison de Dahlem. Pour une raison quelconque, la conversation se porta sur les batailles de la Première Guerre mondiale. Hitler constata que le défenseur avait toujours été avantagé à l'époque, du fait que l'attaquant devait se frayer un chemin au milieu du champ de bataille que sa propre infanterie avait préparé. Tout ceci avait donc laissé au défenseur le temps nécessaire pour bloquer les incursions par le placement de réserves puisque, contrairement à l'attaquant, il disposait d'un réseau routier et de chemins de fer intacts (67). Comme le régiment de Hitler avait été uniquement sur le front Ouest durant la Première Guerre mondiale, il tenait ces informations de source directe. Les grandes unités motorisées étaient cependant en mesure de transformer rapidement une petite percée en une grande progression sans pour autant laisser au défenseur le temps de prendre les contre-mesures. Cela dit, ces grands mouvements de troupes nécessitaient un haut niveau de formation et une grande habitude d'orchestration. J'étais un peu au courant des mises en œuvre des grandes unités motorisées par ma littérature militaire. D'après les dires de Hitler on pouvait comprendre qu'en ce qui concerne l'armée allemande, elles étaient déjà en action. Hitler ajouta que l'entrée des grandes unités motorisées en Autriche avait entraîné un véritable chaos, mais cela leur avait servi de leçon. Je ne pouvais pressentir en ce merveilleux jour d'avril 1939 qu'ici même, un nouveau concept stratégique, que seuls les succès militaires sensationnels de l'armée allemande dans les années 1939-1941 rendraient possibles, serait présenté publiquement. Presque un an après, jour pour jour, je circulais moi-même dans l'un de ces véhicules en tant que troupier dans le Nord de la France en direction de la Manche.

Mais en ce 16 mars 1935, sur l'avenue « Unter den Linden », rien ne laissait présager une telle chose. Les seuls véhicules motorisés qui firent leur apparition pour le défilé furent les véhicules de Hitler et de ses accompagnateurs. En réalité, tout ce défilé paradait pour montrer la faiblesse militaire du Reich, sans pourtant que la fascination générale en pâtisse. Dans les conversations entre les parents, on sentait cependant la tension et le poids occasionnés par le risque qu'engendrait le réarmement. Père écrit rétroactivement :

> « Après le retour de Monsieur Barthou, de l'Est où il avait renouvelé les alliances contre l'Allemagne, il fut assassiné à Marseille en même temps que le roi Alexandre de Yougoslavie. J'ai déjà eu l'occasion de traiter avec le successeur de Barthou, Laval. J'essayais donc auprès de la Grande-Bretagne et de la France de donner un cadre contractuel au réarmement unilatéral débuté par Adolf Hitler, lequel avait provoqué une grande agitation sur le terrain diplomatique. Ces efforts restèrent malheureusement vains durant l'hiver 1934/35 et il nous fallut constater qu'il était incroyablement difficile de négocier une révision des dispositions sur le réarmement inscrites dans le Traité de Versailles. Ce développement fut pour Adolf Hitler en mars 1935 la raison pour laquelle il annonça le service obligatoire et la reconstruction de l'armée allemande, la Wehrmacht ».

Les puissances de l'Ouest avaient laissé passer leur chance de tenir Hitler « à la laisse » par un traité sur l'armement, et de surcroît de le soumettre à un contrôle. Le paradoxe de cette situation,

(67) Cf. « *Kriegsende 1918, Ereignis, Wirkung, Nachwirkung* », Editeurs Jörg Duppler und Gerjard P. Gross, R. Oldenburg Verlag, München 1999.

qui a finalement conduit Hitler à décider de réintroduire le service obligatoire, est que c'est justement le gouvernement allemand qui, depuis plus de deux ans, s'était efforcé de mettre en place un traité sur le réarmement dans lequel elle était prête à se soumettre à des restrictions alors que les parties adverses n'étaient pas d'accord.

Encore une fois, ce comportement des deux puissances de l'Ouest ne devait-il pas amener les Allemands à soupçonner la Grande-Bretagne et la France que ce qui les importait ce n'était pas du tout un arrangement amiable avec le Reich, mais bien plutôt de gagner du temps dans le but de préparer une confrontation militaire et diplomatique ? (68) Père l'aura clairement exprimé dans un discours devant les chefs de gouvernement en 1941 (69) : *« quiconque refuse les propositions allemandes –des propositions allant très loin- se prépare à la guerre ! »*.

Dans une note du 28.4.1934 Père constate, à propos d'une conversation qu'il avait eue avec l'Ambassadeur britannique à Berlin, Monsieur Phipps :

> « Le Chancelier a, lors de la visite de Monsieur Eden, trouvé la formule précise : 30% de l'aviation des états voisins, notamment 50% de l'aviation française. Il en découle clairement que le Chancelier pense à la possibilité d'une défense contre d'éventuelles attaques des états voisins. L'aviation anglaise est ici complètement laissée de côté, d'où on peut déduire qu'il existe sans aucun doute une concurrence par rapport au ciel entre nos deux pays (70)».

Une fois de plus, les explications de Père faites à l'Ambassadeur britannique à Berlin rendent plus clair le fait que Hitler soit prêt à se limiter également dans le domaine de l'aviation, dans le but de respecter le besoin de sécurité britannique, avec l'espoir d'atteindre l'« alliance de l'Ouest » du Reich, c'est-à-dire l'accord avec la Grande-Bretagne et la France.

Le haut commandeur de l'armée, le *Generaloberst* von Fritsch, aurait dit à Hitler, à propos de sa décision de réintroduire le service obligatoire, que le réarmement ne devrait pas arriver de façon bousculée. Si von Fritsch s'est effectivement adressé à Hitler dans ce sens-là, alors il faut certainement le suivre, car il ne faut jamais bousculer les choses. Ce qui importait dans cette phase, c'était d'atteindre le plus rapidement possible un certain niveau d'armement, ou tout au moins d'en présenter un, pour que les puissances signataires du Traité de Versailles prennent conscience qu'une action préventive contre le Reich signifierait également un risque pour eux.

La citation de la déclaration de von Fritsch à Hitler dévoile également que le réarmement secret n'était encore pas très abouti à ce moment-là. Ceci est significatif car cette déclaration contredit la justification des Français quant aux motivations allemandes pour se réarmer. Les chiffres horribles présentés au cabinet de Herriot et Pétain à propos d'un réarmement secret allemand n'avaient aucun fondement. Par mesure de simplification, on avait intégré les organisations politiques comme la SA et la SS, etc. aux forces armées allemandes (71).

Il se peut que Röhm ait eu des plans visant à confondre la SA et la Reichswehr en une armée milicienne, mais cela n'a pas abouti, même pas sous forme embryonnaire. Après l'exécution de Röhm, la SA se résumait uniquement à une « assemblée d'habitués ». On peut considérer comme étant l'un des échecs de Hitler le fait de ne pas avoir utilisé le potentiel de la SA, et jusqu'à un certain degré aussi celui de la « jeunesse hitlérienne », comme celui d'une formation militaire antérieure et ultérieure dans cette période où il aspirait à un réarmement conséquent. On peut considérer ce raté comme une preuve du fait qu'il ne comptait pas sur un désaccord conflictuel. Mais il devait de façon croissante le prendre en considération.

(68) Cf. le rapport de l'envoyé tchécoslovaque à Paris, Osusky, au ministre des Affaires étrangères Krofta du 5.8.1938 dans lequel il est entre autre dit « ... *ainsi que je l'ai déjà dit, le gain de temps joue un rôle important sinon décisif* »...

(69) A la suite de la prolongation du Pacte antikomintern du 25 nov. 1941

(70) Rapport de Père à Hitler du 28.4.1934 « Herbert Hoover Archive ».

(71) Herriot p. 399, Meinck, cité p. 76.

Dans une note du **3 avril 1935**, donc environ trois semaines après la réintroduction du service militaire obligatoire, Ribbentrop adressera une note à Hitler dans laquelle il lui conseille de demander l'abrogation de l'article V du Traité de Versailles dans lequel sont inscrites les limitations de l'armement pour l'Allemagne, de réintégrer la Société des Nations et de tenter de mettre en jeu un accord aérien (72). Voici littéralement la suite de son contenu :

> « Le devoir de montrer aux chefs d'Etat anglais et à l'opinion publique anglaise que le national-socialisme n'est pas expansioniste devient de plus en plus indispensable. (souligné à la main *NdA*).
>
> « C'est pourquoi je conseille la chose suivante :
>
> 1. Ne pas donner le film du jour du parti à l'étranger *pour l'instant*, car il provoquerait une précipitation…
>
> 2. …
>
> 3. Eviter toute solution radicale dans les questions touchant à l'Eglise, continuer à retarder le conflit. Eviter l'arrestation sans raison de prêtres *puisque à l'heure actuelle on ne peut tous les arrêter* en raison de l'effet retour que cela pourrait avoir sur l'évêque de Canterbury qui joue un rôle important auprès du Roi et au Cabinet.
>
> 4. L'étranger sait désormais… ce que nous souhaitons militairement, c'est pourquoi, afin d'éviter tout effet sensationnel dans la presse mondiale, il faut si possible éviter de mettre trop à jour les affaires militaires (73) ».

Dans cette note, on touche du doigt le problème idéologique allemand auquel Père a été confronté durant toute son activité de politique étrangère, notamment les controverses internes avec les Eglises. Les fondements de Père reposaient sur la religion chrétienne. Lorsqu'il avait à prendre position contre des arrestations de prêtres, il lui fallait trouver des arguments qui pouvaient avoir un impact sur Hitler. C'était toujours un moment délicat avec Hitler, car il fallait veiller à ne pas provoquer la réaction contraire. Quiconque est capable de se projeter dans les circonstances de l'époque, ne peut prétendre ne pas avoir entendu les critiques de Père à propos des arrestations des prêtres. L'idéologie de Hitler, celle qu'il croyait devoir octroyer au peuple allemand, pesait comme une lourde hypothèque sur la politique étrangère allemande. Je signale au passage que mes parents firent baptiser ma sœur et moi-même en 1932. Ils étaient d'avis que le baptême aurait plus de poids pour nous si nous le vivions de façon consciente. Comme nous vivions à Dahlem, le pasteur Niemöller, qui devint plus tard célèbre, se chargea de notre baptême. Les parents ne voyaient par la suite aucun inconvénient lorsqu'en 1936 j'émis le souhait de suivre les cours pour la confirmation.

Revenons en arrière et considérons cette citation écrite il y a deux ans par le ministère de la Reichswehr. Le général Adam, chef du « bureau des troupes » (74) voyait à tout moment le risque que pouvait entraîner un réarmement allemand, notamment une action préventive des voisins hautement armés. Hitler sortit la politique allemande de ce « dilemme » -que le général Adam trouvait difficile à résoudre- en évaluant correctement les possibilités politiques et a ainsi évité une montée en épingle du problème.

On peut à cet endroit se demander pourquoi aucun gouvernement de la République de Weimar n'a été en mesure de se libérer de ce « dilemme », de reconstruire un certain potentiel militaire, et de l'imposer comme condition préalable à la négociation de la politique d'alliance et sortir

(72) « Note au Führer, du 3.4.1935. Louis Lochner Papers, Hoover Library, accession # XXO31 – 9.12.

(73) Herbert Hoover Archives, Luois Lochner Papers, Hoover Library, accession # XX031 – 9.12. Box # «les mots écrits en italiques sont ceux inscrits manuellement par Père».

(74) Ledit « bureau des troupes » effectuait les tâches d'un état-major ; il avait été interdit à l'Allemagne par le Traité de Versailles.

ainsi de l'isolement ? Poser la question revient à y répondre. Compte tenu des rapports politiques intérieurs existant sous la République de Weimar, aucun gouvernement parlementaire n'avait la moindre chance de faire ne serait-ce qu'un petit pas en direction d'un renforcement du potentiel de défense qui se trouvait à sa disposition. Il suffit de penser à l'éclatement désespérant de la volonté politique parlementaire, au grand bloc des communistes militants, à la défense partiellement inexistante, à la conception pacifiste dans les partis du Centre et finalement à l'économie totalement délabrée. Dans l'atmosphère de lutte des classes qui régnait sous la « République de Weimar », l'harmonie qui aurait été nécessaire à une phase de risque engendrée par un certain réarmement n'était pas envisageable. C'est cette évidence qui a conduit Père, comme beaucoup d'Allemands nationalistes, à choisir Hitler. Hier comme aujourd'hui, la politique de tous les Etats de la terre s'oriente vers l'avantage et la sécurité de son propre « état national » !

Hitler voulait en Europe des rapports politiques ordonnés. Il avait besoin d'avoir le dos libre à l'Ouest. Il comprenait la position des deux puissances de l'Ouest et était prêt à faire des concessions dans ce sens. La note de Père du 3.4.35 précédemment citée est un document de haut intérêt concernant la situation du Reich à ce moment-là. Il donne à Hitler des « recommandations » qui de toute évidence ne sont pas conformes à la personnalité et au tempérament de Hitler. Mais Père croit qu'il doit les exprimer maintenant comme avant, compte tenu de la situation périlleuse du Reich.

Le « fanfaronnage » de Hitler à propos des succès de son régime, l'accentuation constante de sa volonté militaire qu'il cherchait en quelque sorte à inoculer aux jeunes, la constatation du courage des soldats allemands durant la Première Guerre mondiale, les formes militantes que le régime démontrait à de multiples occasions combinées au travail de reconstruction incontestable et impressionnant de son gouvernement, tout comme la suppression du chômage (75) suggérèrent une force de l'Etat qui matériellement n'existait pas, mais qui permettait de supporter ladite phase de risque, sans que les Etats voisins hautement armés ne puissent se décider à agir préventivement. La rhétorique de Hitler, sa sombre détermination étaient comme une sorte d'« aboiement craintif » combiné à une certaine prestance lors d'une situation de faiblesse et donc particulièrement menacée. Le risque inhérent aux attaques agressives à l'encontre d'un peuple qui, comme une ruche, est prêt à se défendre, a certainement joué un rôle dans l'acceptation des demandes justifiées émanant du gouvernement allemand. Il serait difficile de faire comprendre à « monsieur tout le monde » en Angleterre et en France pourquoi il devrait se faire tuer pour le maintien d'une Allemagne désarmée, une situation qui à ses yeux ne lui semblerait ni morale, ni juridiquement exacte. Les grands bains de foule de Hitler, les grands défilés répétitifs montrant l'unité du peuple derrière son guide devaient faire comprendre au monde qu'agir contre le Reich ne serait pas une simple « promenade » (76).

Je cite une fois de plus un passage de la note précité rédigée par Père le **1er avril 1935** :

> 1. « Je ne crois absolument pas à un développement sérieux cet été. Si celui-ci devait cependant avoir lieu, alors il n'y a aucun doute à ce que le peuple allemand combatte fermement ».

La formulation est bien sûr adaptée à la diction de Hitler. Mais ce que Père voulait clairement établir se trouve dans la suite de la note :

> 2. « Il est entre-temps de notre devoir de tout faire pour éviter une telle crise et surtout d'atteindre avant toute chose l'année 1936… ».

La faiblesse de la position allemande ne pouvait être exprimée plus clairement. Suivent les « recommandations » de Hitler qui demande de ne pas montrer trop ostensiblement le début du ren-

(75) La suppression rapide du chômage n'était pas le résultat du réarmement, mais d'une politique d'impôts incitative, et avant toute chose grâce à la renaissance de la confiance dans les relations générales qui entraînèrent des investissements économiques !

(76) Dans quelle mesure l'armement allemand avait effectivement été surévalué et tant que cette exagération ne servait pas à des fins de propagande. Voir Burton S. Klein *« Germany's Economic Preparations for War »*, Harvard University Press 1959.

forcement militaire du Reich. Il est impossible de ne pas remarquer la montée en puissance qui oppose les deux protagonistes concernant la tactique à suivre et qui illustrent une fois de plus ce fameux « dilemme » allemand : augmenter ou baisser le niveau de réarmement. Si l'Allemagne le renforce, elle court le risque d'une attaque préventive de ses voisins armés, si elle y renonce elle demeure dans cette situation où elle refuse de mener sa propre politique, voire même de pouvoir se défendre.

Hitler avait soustrait le Reich à ce « dilemme » énoncé par Adam. Il fallait que le général reconnaisse le succès de Hitler et mette en arrière-plan ses réserves contre les « appelés de Bohème ». Mais ce ne fut pas le cas. Au contraire, le général Adam saisit la prochaine occasion pour brusquer Hitler devant un grand organe politique, ce qui entraîna son remplacement (77).

Avec du recul, on peut repenser à la note d'Adam en mars 1933 où il tire des conclusions à propos de la situation du Reich après la prise de pouvoir par Hitler : *« Nous ne sommes pas en mesure de mener une guerre. Nous devons tout faire pour l'éviter... »* mais il poursuit : *«...même au prix de défaites diplomatiques »* (78).

On peut se demander si Adam ne comptait pas sur une « défaite diplomatique » dont le gouvernement de Hitler aurait pu être tenu pour responsable, et qui aurait été le seul moyen pour affaiblir psychologiquement la position de Hitler à l'intérieur du pays. Nous verrons qu'en 1938 l'argument de la conspiration allemande constituée du chef de l'État-major général Beck et du Secrétaire d'état Weiszäcker vis-à-vis de leurs interlocuteurs britanniques était que le régime de Hitler était si faible qu'il ne survivrait pas une défaite diplomatique. Ils cherchaient par ce moyen à provoquer une déclaration de guerre de l'Angleterre, déclencheur d'un putsch militaire réussi (79). Voir plus loin.

Il ne faut cependant pas oublier de mentionner que l'« attitude » militante du régime ne visait pas seulement à faire fuir de potentiels agresseurs, elle visait tout autant à renforcer la « volonté militaire » à l'intérieur du pays, voire même de la réveiller dans certains cas. La vie politique de la « République de Weimar » était connue pour ses forts courants pacifistes, il n'était donc pas possible –dans la situation périlleuse du Reich- de compter sur une forte motivation de défense d'une partie du peuple allemand, ou alors uniquement sous la contrainte. Cela dit, le sentiment d'être menacé de toutes parts était virulent, que le peuple soit pour ou contre le régime de Hitler. Les associations de jeunes –cela ne comprend pas uniquement la jeunesse hitlérienne, mais également la jeunesse allemande *(das deutsche Jungvolk)* (80), la jeunesse fédérale *(die bündische Jugend)*, les « organisations chrétiennes de jeunes »– pratiquaient un entraînement physique (mais pas de formation pré-militaire) motivé par la possibilité de pouvoir défendre une fois au moins la patrie).

En octobre 1934 mon unité de jeunes fit un voyage de 14 jours à travers la Prusse orientale. Ce fut une aventure merveilleuse. Nous avions atterri sur un bateau du « service des mers de Prusse orientale » à Pillau. Le « service des mers de Prusse orientale » était une corporation étatique de bateaux de liaison entre Swinemünde et Pillau afin de maintenir une liaison entre le Reich et la Prusse orientale qui ne passe pas par le territoire polonais. La sensation d'être sur une « île » n'était peut-être pas aussi prononcée que Berlin ouest après la Seconde Guerre mondiale en raison de la grandeur du territoire, mais la menace de la Pologne et le souvenir des Russes étaient très présents. Ce fut particulièrement le cas dans la ravissante ville mazurique de Lötzen, qui en raison de bouées fixes –posées avant la Première Guerre mondiale dans le but de fermer un bras de mer- avait une certaine atmosphère militaire. Ici en Prusse orientale, il ne fallait pas grand-chose pour

(77) Below, cité p. 117.

(78) Meinck p.19.

(79) Cf. les références litteraires dans A. v. Ribbentrop : *« Die Kriegsschuld des Widerstandes », « Verschwörung gegen den Frieden »*, Druffel, *« Deutsch-englische Geheim-Verbindungen »,* Verlag der deutschen Hochschullehrer-Zeitung, Tübingen.

(80) Les « jeunesses allemandes » rassemblaient les jeunes de 10 à 14 ans.

réveiller l'instinct de défense de la population. Nous avons eu l'occasion de nous en rendre compte : lorsque nous logions chez des paysans, lorsque nous étions guidés la nuit par un garde forestier à travers les forêts mazuriques allant de Nikolaiken à Rudzanny, lorsque nous passions près de buissons où retentissaient de façon particulièrement proche et impressionnante les cris des gibiers en chaleur, lorsque nous visitions le mémorial de Tannenberg ou lorsque nous logions en tant qu'invités dans des casernes de la Reichswehr, comme par exemple à Marienburg.

Père à fait référence aux conséquences politiques de la réintroduction du service militaire général dans une note qu'il a écrite à Nuremberg sur la politique allemande :

> « L'introduction du service militaire général a eu pour conséquence la visite à Berlin de Sir John Simon et M. Eden auprès du Führer. La visite se déroula de façon tout à fait harmonieuse tout comme les conversations auxquelles je fus convié.
>
> Adolf Hitler expliqua aux chefs d'Etat britanniques la nécessité d'introduire le service militaire général. Il avait décidé de franchir ce pas pour enfin établir des rapports clairs. Il expliqua qu'il était toujours autant disposé à conclure des accords avec des Etats étrangers à propos d'une limitation de l'armement des flottes aériennes et navales. Il exprima par ailleurs son souhait de parvenir à un accord généreux avec la Grande-Bretagne. Il fut convenu que l'on resterait en relation à propos de la question de l'entente sur la flotte. Durant les semaines qui suivirent, plusieurs sondages ont été faits pour connaître les tendances et fin mai arriva finalement l'invitation à faire venir un mandataire afin de négocier la question de la flotte à Londres.
>
> Le Führer souhaita que je mène ces négociations et me nomma Ambassadeur».

L'intitulé exact du statut de Père était « envoyé extraordinaire et Ambassadeur mandataire du Reich allemand ». Il reste dans ma mémoire un souvenir clair et précis de ces jours de **juin 1935**. J'étais couché sur le balcon de notre maison de Dahlem, ma jambe dans le plâtre car je me l'étais cassée lors d'une chamaillerie à l'école. En fin d'après-midi, mes deux parents rentrèrent et s'assirent un moment auprès de moi, ce qui me donna une excuse particulièrement agréable pour interrompre mes devoirs scolaires qui devaient être faits même dans ces circonstances. Père prit gentiment des nouvelles de ma guérison, mais je me rendais bien compte que ses pensées étaient un peu ailleurs. Mère regarda pensivement dans le jardin estival et ne participa presque pas à la courte conversation.

Je ressentis fortement la préoccupation de mes parents. Cet état n'avait rien à voir avec mon accident dont on ne prononça pas un mot, c'était des choses qui arrivaient aux garçons et il fallait l'accepter. Je n'avais pour l'instant aucune explication à cette attitude et m'étonnais seulement que ce soit Mère qui conduisit elle-même Père à l'aéroport de Tempelhof, jadis l'aéroport de Berlin. Cela dit, comme elle était depuis de longues années une conductrice passionnée, qui de surcroît roulait remarquablement bien, je ne me posais pas trop de questions.

A son retour de l'aéroport, Mère vint de nouveau s'asseoir auprès de moi et me raconta après un moment qu'elle avait conduit Père pour prendre l'avion à destination de Londres, où il devait négocier un traité avec les Anglais à propos des forces navales respectives. Hitler et Père espéraient pouvoir arriver à un arrangement de longue durée avec la Grande-Bretagne par une limitation volontaire de la flotte allemande. J'avais 14 ans. A cet âge, on s'ouvre au monde. Cette perspective historique qui s'ouvrait à moi m'impressionna fortement. Je sentais profondément ce qu'on appelait « le souffle de l'Histoire ». Une relation germano-anglaise représentait la sécurité pour mon pays qui se trouvait toujours exposé au centre de l'Europe. Une fois de plus, les fondements de la conception de la politique étrangère allemande se trouvèrent au premier plan : s'entendre avec l'Angleterre à propos d'une politique commune qui éviterait une situation de concurrence maritime, telle qu'elle existait avant la Première Guerre mondiale.

Je bluffais Mère lorsque je lui nommais les puissances navales de toutes les forces marines de combat de la terre. Je connaissais presque chaque grand navire de l'époque avec ses principales données, y compris les lourds navires de la Première Guerre mondiale. Aujourd'hui encore je pourrais citer les principales différences entre les flottes britannique et allemande qui s'affrontaient dans la bataille de Skagerrak en 1916. Je lisais en effet de la littérature militaire à l'époque plutôt que des romans policiers, lesquels m'ennuient toujours profondément à l'heure actuelle, et chaque année je reçus à Noël, entre autres, le « livre de poche de la flotte » des éditions Weyer, bien connu dans les cercles maritimes de l'époque.

Grâce aux conversations avec grand-père von Ribbentrop, un ardent critique de la flotte impériale, je fus au courant de la problématique concernant la flotte impériale en politique étrangère. Celle-ci était bien connue puisque l'on avait libéré nos arrières en raison de l'amitié avec la Russie. Sa critique fut confirmée durant la guerre du fait que les bateaux restèrent dans le port et furent finalement le point de départ de la révolution. Père et grand-père avaient toujours été d'avis, bien longtemps avant que Père ne soit actif dans la politique étrangère, que la politique de construction navale allemande avait été l'une des raisons pour l'opposition entre l'Allemagne et la Grande-Bretagne avant la Première Guerre mondiale, même si ce n'était bien évidemment pas la seule.

Père ajoute dans ses notes de Nuremberg :

> « Début 1935, je me rendis à Londres pour établir avec le gouvernement britannique un accord sur l'armement naval. Au cours des négociations, auxquelles je n'avais emmené qu'un cercle restreint de collaborateurs, je fus habilement soutenu par l'Amiral Schuster et notre attaché naval à Londres, le *Kapitän zur See* Wassner et quelques autres messieurs ».
>
> « Sir John Simon dirigea la cession d'ouverture. En raison de mes précédentes expériences lors de négociations avec les Britanniques, il me sembla nécessaire de poser dès le début comme « *conditio sine qua non* » la relation souhaitée par le Führer, soit un rapport de 100 : 35 pour la puissance navale anglo-allemande. Il me semblait également nécessaire d'aboutir directement à un accord avec les Britanniques qui soit immédiatement valable. Je prédisais de sérieux problèmes si cela ne se produisait pas. Même si l'Angleterre était prête à accepter les souhaits allemands, celle-ci devait au préalable consulter la France en raison de leur alliance de l'époque et se heurter avec elle à une controverse décisive. C'est pourquoi j'ai d'entrée de jeu présenté nos demandes.
>
> Sir John Simon me répondit qu'une telle demande ne pouvait éventuellement aboutir qu'à la fin des négociations, et qu'il n'était pratiquement pas possible de faire une telle demande dès le début de la négociation. Le reste des négociations eut lieu dans la célèbre salle de l'Amirauté avec la célèbre girouette. Cette girouette avait été offerte sous Nelson pour permettre à tout moment à l'Amiral en fonction de savoir si la flotte française était en mesure de sortir du port de Boulogne ou non.
>
> Après quelques difficultés mes demandes furent acceptées du côté anglais. »

Un biographe et auteur de feuilletons allemand (Fest) pense pouvoir représenter la tactique de négociation de Père de la façon suivante dans sa biographie de Hitler : *« prétentieux et borné tel qu'il était, il lui manquait* (à Ribbentrop *NdA*) *apparemment tout sentiment pour savoir ce qu'il imposait à l'autre partie... »*. pour constater quelques lignes plus loin : *« La surprise fut d'autant plus grande lorsque les Anglais le convièrent à un nouvel entretien qu'ils débutèrent en expliquant que le gouvernement britannique avait décidé d'accepter les demandes du Chancelier du Reich comme fondement pour des négociations ultérieures entre les deux pays* (81). *»*

Quiconque a dû mener dans sa vie des négociations difficiles connaît le problème du déroulement de la négociation et sa tactique. La réussite de la négociation dépend souvent de son point de départ. Il y a beaucoup de possibilités pour cela : de la demande stricte à la plus souple qui cache sa stratégie. C'est cela qui décide de la réussite, et en l'espèce elle était sans équivoque ! La seule chose

(81) Fest : *« Hitler »*, p. 675.

que l'on puisse penser, c'est que l'auteur n'a jamais été responsable d'une négociation difficile, encore moins dans le domaine de la grande politique, c'est pourquoi il lui manque visiblement l'expérience dans ce domaine. Il faut par ailleurs lui faire comprendre l'importance pour un historien de savoir se placer dans les situations historiques et surtout de les replacer sans préjugés.

Père poursuit :

> « Après une brève interruption les négociations prirent fin avec le célèbre traité germano-britannique du 18.6.1935. Elles avaient essentiellement été menées, (du côté anglais) par le sous-secrétaire d'état au Foreign Office de l'époque et, par le futur diplomate à Tokyo Sir Robert Craigle et par l'Amiral britannique Liddle.
>
> La veille de la conclusion, il y eut encore une sérieuse remise en question lorsque le Foreign Office envoya de manière surprenante un projet de contrat qui contenait bien le rapport de 100 : 35, mais qui faisait dépendre la validité du contrat de l'accord de toutes les puissances signataires au Traité de Versailles, ainsi que d'autres dispositions entraînant des retards. Tout ceci fut contre notre négociation. J'eus par la suite un sérieux différend avec Sir Robert Craigle à l'hôtel Carlton, au cours duquel je lui dis que je regretterais beaucoup de rentrer à la maison en me disant que l'on ne m'avais pas tenu promesse.
>
> Le projet fut changé en conséquence, mais le premier Lord de l'amirauté, le futur Lord Monsell, se réserva une position très en faveur des intérêts de son pays – comme c'est d'ailleurs souvent le cas dans le cadre des négociations navales.
>
> L'accord fut signé par le ministre des Affaires étrangères Sir Samuel Hoare et par moi-même. Dans mon discours final, j'exprimais avec chaleur que le Führer éliminait définitivement toute rivalité entre les deux pays par la limitation volontaire des forces allemandes et qu'ainsi naissaient les bases d'une amitié germano-anglaise durable. Après moi, Sir Samuel Hoare s'exprima, cela dit d'un ton beaucoup plus froid que le mien, ce qui me frappa. Mais ce qui comptait pour moi, c'était d'avoir fixé les bases d'une collaboration anglo-allemande et qu'une des raisons qui avait mené à la Première Guerre mondiale était enfin mise de côté.
>
> Je fus très satisfait du résultat de ma mission londonienne.
>
> Adolf Hitler ne l'était pas moins, il baptisa ce jour le « plus beau jour de sa vie ».

Le traité naval fut particulièrement connu en Allemagne. Même moi en tant que garçon de 14 ans je pouvais le ressentir à chaque occasion. Dans mon collège, les professeurs me firent part de leur satisfaction, et les camarades de classe avaient également une opinion positive à ce sujet. L'Histoire et la politique étaient à l'époque beaucoup plus présentes qu'elles ne le sont aujourd'hui, même pour des collégiens.

Père poursuit dans ses notes de Nuremberg à propos de l'accord :

> « …que les restrictions à l'armement du Traité de Versailles aient été levées, et ce avec le consentement de l'Angleterre, était significatif, mais l'entente germano-anglaise sur le terrain naval me semblait infiniment plus importante.
>
> A midi, je déjeunais avec Sir Walter Layton dans le bâtiment du « News Chronicle » où l'annonce que je fis à propos de l'accord fit sensation. L'après-midi, plusieurs de mes amis anglais vinrent me voir pour m'exprimer leur joie. J'ai rarement vu autant de personnes satisfaites que ces nombreux visiteurs à l'hôtel Carlton ce jour-ci et les jours suivants. Un certain nombre de ces amis et connaissances m'avaient déjà aidé lors de mes tentatives. Je pense à Lord Rothemere, malheureusement décédé entre-temps, et à beaucoup d'autres. Mais je vis aussi de nombreux autres visages durant ces jours, et lorsque je m'en étonnais, l'une de mes connaissances me dit : « vous ne vous imaginez peut-être même pas encore ce que cela signifie d'avoir signé un tel accord avec la Navy britannique qui représente tout pour l'Angleterre. »

A Paris, on était sérieusement contrarié. Certains journaux allèrent très loin et parlèrent de la « perfide Albion ». J'attirais l'attention de mes amis français sur les avantages que la France pouvait aussi tirer de cette limitation volontaire de l'armement allemand.

Lorsque, le lendemain de la conclusion de l'accord, j'annonçais aux nouvelles que je m'étais fait le devoir de ma vie d'aboutir à l'entente entre l'Allemagne, l'Angleterre et la France, il ne s'agissait pas d'une façon de parler ou de « double talk » (phrase à double sens), ainsi qu'on a voulu le faire croire au procès de Nuremberg, mais il s'agissait réellement de ma conviction la plus profonde. Aujourd'hui (à Nuremberg, *NdA*) ceci est contesté. Oui, ainsi que je le dis dans ma conclusion au procès de Nuremberg : les hommes d'Etat étrangers ont le droit de ne pas me croire aujourd'hui. »

Le « Traité naval » avait à l'époque aux yeux de Hitler et de Père une double signification. D'une part la Grande-Bretagne expliquait de façon contractuelle que les limitations établies par le Traité de Versailles étaient levées. La décision de Hitler de prendre en main lui-même l'exécution du « Traité des cinq puissances » du 12.12.32, lequel accordait au Reich l'égalité de droit militaire, s'est avérée. Le fait accompli ne fut pas seulement accepté par la Grande-Bretagne, il fut également confirmé par un accord.

Déjà, six semaines après la réintroduction du service militaire obligatoire, la situation diplomatique allemande avait réussi un assouplissement inimaginable compte tenu des circonstances. Il faut se rendre à l'évidence que l'Allemagne entrait désormais dans la deuxième et non moins risquée phase de son armement, car le Reich n'aurait toujours pas été en mesure de se défendre face à une attaque de la « petite entente », sans même parler de la menace constituée par la Russie. La Grande-Bretagne avait une position clé, puisque l'on pouvait estimer que la France ne prendrait pas de décision sans protection britannique.

Il faut donc retenir que Hitler est parvenu en deux ans à réaliser ce que la République de Weimar avait vainement tenté depuis des années. Quiconque nierait la nécessité de ne plus avoir cet Etat dénué de pouvoir au centre de l'Europe devrait également nier la nécessité de la protection américaine pour l'Europe après la Seconde Guerre mondiale au moment de la menace de l'Union soviétique. Le règlement de la menace créée par le déploiement de la puissance de l'Union soviétique n'a été possible uniquement grâce au potentiel militaire supérieur des Etats-Unis et non pas grâce à des « discours et décisions parlementaires » comme se serait exprimé Bismarck (82). Il faut accorder à Hitler qu'une attaque de la « petite entente » contre le Reich ne pouvait être évitée qu'avec un potentiel militaire minimal. En revanche, le risque représenté par l'Union soviétique ne pouvait être combattu que par un bloc d'Europe centrale militairement puissant, qui même s'il ne pouvait compter activement sur le soutien de la Grande-Bretagne et de la France, pouvait néanmoins compter sur leur indulgence.

La plus grande satisfaction du côté allemand ne reposait cependant pas dans l'aspect juridique que constitue la levée formelle des limitations à l'armement, fondement du traité naval. Ceci avait déjà été atteint par la Convention des cinq puissances de Genève. Le grand espoir allemand qui découlait de la conclusion du Traité naval, fut la perspective d'un arrangement fondamental et global avec la Grande-Bretagne, ce que la politique allemande espérait depuis l'accession au pouvoir de Hitler. Ce Traité naval donnait l'impression d'approcher ce but.

J'étais assis avec les parents après le retour de Père –la jambe toujours dans le plâtre- il faisait un temps magnifique dans le jardin et les conversations me firent comprendre quels étaient les espoirs pour l'avenir politique. C'est d'ailleurs à cette occasion que Père fit le choix de la photo qui ferait l'objet d'une publication pour illustrer sa rencontre avec Hitler. Le photographe de Hitler, Hoff-

(82) Formule utilisée dans le fameux discours « sang et fer » « *Blut und Eisen* » devant le *Landtag* (diète) prussien durant le conflit constitutionnel à propos de la multiplication des armées.

mann, lui avait mis deux photos à sa disposition. L'une montrait les deux avec des visages sévères, sur l'autre les deux rayonnaient d'un bonheur tout à fait exceptionnel. Après une courte réflexion, Père choisit la version sérieuse. Il était d'avis qu'il ne fallait jamais trop dévoiler son jeu. Mais comme document historique, la photo où les deux sourient est d'une grande signification, car elle illustre de façon involontaire –il s'agit d'une photo non publiée- la satisfaction des deux acteurs, Hitler et Ribbentrop. Il est tout à fait possible d'en tirer des conclusions, car en fin de compte, l'émissaire de Hitler revenait de négociations qui imposaient à l'Allemagne des limitations à l'armement ainsi qu'à l'armement naval. Ce qui réjouissait les deux hommes c'est d'avoir pu faire un pas vers un grand arrangement avec la Grande-Bretagne.

Hitler considérait le Reich comme une puissance continentale, sans prétention maritime, d'où le renoncement à toute situation de concurrence par rapport à la puissance maritime britannique. Semble-t-il surprenant que l'on ait espéré faire d'autres progrès sur ce terrain. Père considérait les Britanniques comme des « commerçants » sobres et ce n'est pas pour rien que les Britanniques aiment se qualifier de *« Nation of Shopkeepers »* (Nation de propriétaires de magasins *NdT*) en se montrant dans leur *Understatement* tant aimé avec lequel ils peuvent pavaner. Aux yeux de Père, qui était lui-même un homme d'affaires à succès, il fallait prendre cette appellation comme un compliment. Lorsque, deux ans plus tard, il écrira à Hitler qu'il n'a jamais trouvé cette appellation de *« Nation of Shopkeepers »* adéquate, il voulait dire absolument autre chose, il voulait de cette façon exprimer que ces « propriétaires de magasins » étaient prêts à se battre même durement, et même à faire la guerre, pour leurs intérêts sur la terre (83).

Père espérait qu'après la conclusion du Traité naval, les Britanniques verraient que leur avantage résidait dans une entente avec l'Allemagne, après avoir pesé le pour et le contre d'un nouveau désaccord. Déjà, lors des combats de la Première Guerre mondiale contre le Reich, ils avaient mal évalué leur position de puissance prépondérante dans le monde. Père était d'avis qu'un nouveau désaccord global leur coûterait leur empire, même en tant que vainqueurs.

La décision d'imposer la puissance militaire allemande tel un « fait accompli » avait apparemment incité les Anglais à négocier les accords sur l'armement. Lorsque, quatre ans plus tard, Hitler dénoncera le Traité naval, ce sera parce que cette négociation avec la Grande-Bretagne aura perdu tout fondement. La Grande-Bretagne avait donné à la Pologne une garantie en blanc qui s'adressait unilatéralement contre l'Allemagne, mais ne valait *expressis verbis* pas contre la Russie (84). La dénonciation du Traité naval et du pacte de non-agression avec la Pologne lors du discours de Hitler du 28.4.1939 était un coup de poker vis-à-vis du « corridor de Danzig ».

Une fois de plus se posa la question de savoir pourquoi les deux puissances, l'Angleterre et la France, n'ont pas profité du temps qui leur était imparti –la phase de risque durant laquelle l'Allemagne se réarmait– pour tenter de donner un cadre juridique au réarmement du Reich ? Des propositions avaient été faites en ce sens du côté allemand, mais il existait apparemment à cette époque au sein de certains cercles politiques de Grande-Bretagne une marche à suivre –que la thèse de Sir Eyre Growes s'était faite sienne en 1907– de ne jamais marcher ou conclure de pacte avec l'Allemagne. (Le ministre des Affaires étrangères de l'époque, Grey –il l'était également au début de la guerre de 1914– avait qualifié le mémorandum de Growes de « fil conducteur très utile à la politique» (85)). L'un des plus significatifs adeptes de ce fil conducteur fut derrière les coulisses Vansittart, le Secrétaire d'état au Foreign Office. Père lui avait également rendu visite à la suite de la conclusion du Traité naval. Père décrit de la manière suivante cette visite qui a eu lieu en 1935 :

> « Après la conclusion du contrat, je rendis également visite au secrétaire permanent auprès du ministère des Affaires étrangères, Sir Robert Vansittart. Il ne me fut pas

(83) Rapport *« Deutsche Botschaft »* (Ambassade d'Allemagne), Londres du 28.12.37 et 2.1.38 ».

(84) Déclaré expressis verbis par le secrétaire d'état britannique au Foreign Office devant la Chambre des Communes.

(85) Extrait du texte de Crowe dans les annexes.

possible de me rendre compte quelle était son opinion réelle. Il s'exprimait pourtant généralement de façon positive à propos du Traité, mais il était particulièrement nerveux et j'avais l'impression que les choses n'avaient pas pris la tournure qu'il souhaitait. Je ne connaissais Vansittart que de façon superficielle, je lui avais rendu visite une ou deux fois durant les précédentes années, et à chaque fois, j'avais pu ressentir une forte réserve. Je ne pouvais me défaire de l'impression qu'une relation germano-anglaise lui importait beaucoup moins qu'à moi. Je me demande si sa forte conception francophile en était la raison. Vansittard écrivait des poèmes et des pièces de théâtre en français. Mais cela n'aurait pu être une raison pour son attitude négative, puisque j'étais moi-même francophile.

Ce qui fut déterminant c'est que Vansittard défendait depuis le départ la thèse de Sir Eyre Grove –l'Anglais de mère allemande– au Foreign Office, selon laquelle « l'Angleterre » ne doit jamais conclure de pacte avec l'Allemagne ! ». Sir Robert s'y est tenu jusqu'à l'anéantissement de l'Allemagne, son grand triomphe du moment. Toute tentative de ma part et des autres de lui faire changer d'avis échoua. Il était durant ces années sans aucun doute le plus grand adversaire des efforts de la politique allemande. Dans le monde entier le « Vansittardisme » est devenu le symbole de la haine des Allemands. Mais cette politique de Vansittard aura-t-elle une existence face à l'Histoire ?

Vansittard montrait clairement le malaise qu'il ressentait à propos de la signature du Traité naval. Rien que le fait que Mr. Craigle me prenne à part après la signature du Traité pour me prier de ne pas aller voir Sir Robert, était éloquent. Une source amie m'informa que Vansittard avait agi contre l'entrée en vigueur immédiate du Traité et que les problèmes qui avaient jailli la veille de la signature émanaient de lui…

Déjà à l'époque il y avait à l'œuvre en Angleterre des forces qui voulaient d'entrée de jeu refuser toute proposition allemande, même si celle-ci était aussi raisonnable que le Traité naval. Contrairement à l'époque de Tirpitz, ce traité garantissait par son rapport de 100 : 35 une primauté certaine à une Angleterre qui voulait réellement la paix. Mais Vansittard et les cercles autour de lui s'accrochèrent au système de Versailles et portent de ce fait une lourde responsabilité pour la façon dont s'est développé le fossé entre l'Allemagne et l'Angleterre. »

Plus d'un an plus tard, en septembre 1936, Père essaiera de nouveau de mener une conversation entre quatre yeux avec Vansittard. Père fera une fois de plus la tentative de gagner Vansittard à la cause de l'équilibre germano-anglais, ou tout au moins de trouver quels arguments pourraient jouer contre un arrangement fondamental aux yeux de Vansittart.

Il faut toujours garder en vue que Hitler voulait obtenir des accords sur l'armement avec la Grande-Bretagne (et c'était aussi valable pour la France), il était prêt à des concessions, comme le prouve par exemple le rapport 100 à 35 de la puissance navale anglo-allemande. Mais la faculté de défense du Reich dans sa position d'exposition devait être assurée. C'est justement pour cela qu'il voulait des accords avec l'Ouest ! Père écrit à propos des espoirs qu'il rattachait au Traité naval :

« Déjà, rapidement après le Traité naval, je concentrais mon activité pour arriver à un rapport encore plus étroit sur ce fondement, si possible pour arriver à une alliance avec l'Angleterre »…

Je pensais avant toute chose à un pacte aérien pour lequel Hitler avait une attitude positive… »

Même dans le pacte aérien recherché, on peut constater la conception et la disposition allemande à tenir compte des besoins de sécurité britanniques, et donc automatiquement aussi de ceux de la France. Les progrès de la technique aérienne rendirent l'empire insulaire attaquable par la mer, mais également par les airs. Les éventuelles craintes de la Grande Bretagne par rapport à une menace aérienne de la part de la puissance continentale allemande devaient être aménagées au même titre que la mer. En 1936, Hitler avait déjà donné aux Anglais un aperçu des mesures planifiées pour l'armement aérien allemand, par le biais de Milch, compte tenu du fait que Churchill voyait déjà le fantôme d'une attaque aérienne surprise de l'Allemagne sur Londres. Les chiffres de Milch furent confirmés aux Anglais après la fin de la guerre par les rapports allemands (86) : Ce n'est qu'en 1938, après la crise de mai, que l'Allemagne bluffa en gonflant les chiffres sur son armement (87).

Père s'efforça à cette époque de provoquer une rencontre entre Hitler et le chef du gouvernement britannique Baldwin. Prenant comme point de départ le traité naval, Père se promit d'atteindre un accord fondamental germano-anglais. Hitler aurait tout de suite approuvé la proposition ainsi que l'écrit Père, pour poursuivre immédiatement :

> « Baldwin fut difficile à convaincre. Tous mes amis anglais me soutinrent à l'époque pour que cette rencontre se fasse. Baldwin était hésitant. Du coup Hitler proposa une rencontre à bord d'un bateau sur la Mer du Nord et se déclara même disposé à prendre l'avion à la rencontre du Premier ministre, à Chequers. On me fit savoir que Baldwin n'y était pas opposé, mais qu'il était long à prendre des décisions. J'appris par la suite que Baldwin avait dit qu'il devait tout d'abord parler avec « Van », ce qui voulait dire Vansittart. J'étais inquiet car je ne m'attendais à rien de positif de la part de Vansittart. Finalement, M. Baldwin me fit savoir, par l'intermédiaire de son ami Mr. T. J. Jones, qu'une telle rencontre devait « être davantage préparée », ce qui s'apparentait quasiment à un refus. Peu après, j'appris que Baldwin avait dit qu'il ne savait pas « comment parler à des dictateurs ».

Le refus de Baldwin de rencontrer Hitler fut pour Père comme pour Hitler non seulement une déception, mais avant tout surtout un symptôme. Il est important de noter que les essais du Chancelier allemand de discuter avec les chefs des gouvernements de Grande-Bretagne et de France à propos des possibilités d'un arrangement général n'ont pas été pris au sérieux, ni par le chef du gouvernement britannique, ni par celui de la France. Le pays rhénan était toujours démilitarisé, ce qui laissait encore percevoir de bonnes perspectives pour arriver à un accord avec Hitler et le fixer. Père note rétroactivement à ce sujet :

> « Comme d'autres gouvernements auparavant, le troisième Reich se trouva à son tour devant le fait incontestable que des révisions avec les Etats de la Société des Nations étaient impossibles sur le terrain amiable. C'est pourquoi l'Allemagne avait quitté Genève et la voie de la négociation directe avec les grandes puissances, surtout l'Angleterre et la France. Le traité naval fut le seul traité par lequel une révision du traité de Versailles ait pu être atteinte par le biais de négociations amicales, en tout cas en ce qui concerne l'une des grandes puissances. Cela resta malheureusement une exception…
>
> A la même époque, j'entendais régulièrement qu'une lourde pression fut exercée sur le cabinet britannique par la diplomatie anglaise, Sir Vansittart, dans le but d'éviter toute autre négociation en dehors du système de Versailles ».

Le refus de Baldwin de rencontrer Hitler était, dans la mesure du possible, déjà un signe d'alerte pour montrer que tôt ou tard la politique anglaise pouvait se développer de la même façon qu'avant la Première Guerre mondiale, c'est-à-dire adopter une attitude anti-allemande.

La position allemande s'était fixée sur l'alliance de l'Ouest. Suivre l'option russe avait déjà été refusé par Hitler en 1933 face à l'Ambassadeur allemand en poste à Moscou, Nadolny, qui avait conseillé cette voie au gouvernement du Reich dans une note et qui avait mené une discussion à ce sujet avec Hitler (88).

(86) Irving, *« Churchill »*, Herbig p. 71, notes 2 et 3.

(87) Cf. Burton Klein.

Père constate rétroactivement :

> « A ce moment-là, il n'y avait pas d'autre amélioration des relations germano-françaises ou germano-anglaises à constater. La France travaillait sans cesse à une politique d'alliance contre l'Allemagne. Après que Barthou ait fait entrer la Pologne et la « petite Alliance » dans le système d'alliance français, il ratifia le pacte d'assistance franco-russe, qui se dirigeait bien sûr exclusivement contre l'Allemagne et constituait une menace directe contre le Reich de même que la rupture du contrat de Locarno… ».

Le pacte franco-russe représentait *de facto* une alliance militaire dirigée unilatéralement contre le Reich. L'alliance militaire entre la France et l'Union soviétique, incluant la Tchécoslovaquie, représentait une menace croissante pour le Reich. De la Tchécoslovaquie, les régions industrielles importantes du centre et l'est de l'Allemagne étaient facilement atteignables par les forces aériennes, tandis que les régions industrielles de l'ouest étaient livrées sans défense et ouvertes à toute occupation franco-belge, en raison de la démilitarisation totale de la région Rhin-Ruhr, jusqu'à 50 km à l'est du fleuve. Chaque gouvernement allemand avait, dans cette situation, le devoir et le droit d'adapter ses projets politiques à ces données.

La situation du Reich était beaucoup plus menacée qu'au début de la Première Guerre mondiale –même si le réarmement allemand était alors plus avancé qu'il ne l'avait été durant cette courte période. Il ne faut pas oublier qu'il n'avait pas d'alliés. C'est pourquoi il faut me suivre sur un tour d'horizon politique au début de l'année 1936 :

Depuis le traité naval, rien n'a été fait pour arriver à un arrangement avec la GRANDE-BRETAGNE, d'après la conception allemande.

La politique du GOUVERNEMENT FRANÇAIS était sans équivoque. Elle cherchait à encercler de façon politique et militaire le Reich ce qu'elle a atteint par le biais du pacte militaire avec l'Union soviétique.

Il existait avec la POLOGNE un pacte de non-agression, mais l'animosité envers l'Allemagne ne diminuait pas, sans oublier le fait que la Pologne faisait partie de la « petite entente » qui était le système d'alliance français contre l'Allemagne.

La TCHÉCOSLOVAQUIE faisait non seulement partie de la « petite entente », mais également du pacte franco-soviétique dont l'objectif se dirigeait contre le Reich.

Le gouvernement austro-fasciste de l'AUTRICHE s'opposait au Reich de façon virulente. Il fut soutenu par l'ITALIE qui venait de se ranger dans les rangs du front contre l'Allemagne lors de la conférence de Stresa.

La BELGIQUE et la YOUGOSLAVIE étaient également membres de la « petite entente ».

Il n'y a pas grand-chose à dire à propos de la relation de l'UNION SOVIÉTIQUE vis-à-vis du Reich allemand à cette époque. Hitler s'était clairement décidé contre l'Union soviétique en faisant le choix de l'« option Ouest ». Malgré le refus de l'Ouest il décida de rester fidèle à sa décision. Du côté de la Russie les efforts du Commissaire aux affaires extérieures Litwinow-Finckelstein portèrent leurs fruits dans le sens d'une politique anti-allemande ouverte qui se matérialisait par une confrontation de « volontaires » allemands et soviétiques en Espagne, et ce de façon militaire de surcroît.

Quant à la conception de Roosevelt, Président des Etats-Unis, il n'y avait même pas de quoi se faire des illusions quant à sa conception de l'Allemagne. Roosevelt visait avec entêtement le retour des USA dans la politique mondiale. C'était son bon droit, quoi que sa campagne menée sur le terrain de la politique étrangère l'ait amené à l'isolement. Déjà en novembre 1933, les USA avaient reconnu l'Union soviétique sur le terrain diplomatique ce qu'ils avaient évité pendant

(88) Mémoires de Nadolny.

seize ans. C'est pourquoi cette reconnaissance pouvait être une première lueur dans ce sens. Mais, pour la politique anti-soviétique menée de façon conséquente par l'Allemagne, celle-ci ne signifiait rien de positif.

L'entrée de l'Union soviétique dans la Société des Nations la rendait de tout son poids partenaire de l'institution que les Etats signataires du Traité de Versailles utilisaient comme instrument pour refuser au Reich l'égalité de droit militaire. Litwinow fit sien le slogan de la « sécurité collective », ce qui en fin de compte signifiait la grande coalition contre les efforts de révision du Reich.

Mère me raconta une petite scène amusante qui s'était déroulée durant la période de Père à l'Ambassade de Londres. Elle attira l'attention de Mr. Jones, un proche du Premier ministre Baldwin, qui servait d'informateur et de personne de contact pour son pays, sur le fait qu'à Paris les foules auraient défilé en faisant le salut bolchevique, donc le poing levé. Jones dit alors de façon un peu provocante à Mère qu'il n'y avait pas de grande différence que les foules saluent avec le poing fermé ou le bras tendu. Mais lorsque Mère lui proposa de voir à l'occasion la différence entre un « crochet » et une main bénissante, il se mit à rire et dit : *« one up for you »* (et un dans votre camp *NdT*). L'arrière-plan politique était le fait qu'en Grande-Bretagne l'on ne voyait pas, ou refusait de voir, la menace soviétique. Sans oublier le fait que la petite scène montrait à quel point les Anglais évitaient toute conversation acerbe et à quel point ils étaient prêts à applaudir une réponse toute faite. Père écrit dans une note au Führer à propos d'une conversation avec le Premier ministre britannique Macdonald et le leader des conservateurs Baldwin :

> « Mr. Mc. D. parle de l'Autriche et, afin d'éviter toute tergiversation, je lui fis part d'une conversation menée avec l'un de ses compatriotes de l'opposition conservatrice (je pensais à Lord Lloyd) : il m'aurait dit dès le début de notre rencontre : « il y a une chose que l'Angleterre hait : c'est qu'une grande nation en tyrannise une autre. Sur quoi je lui posais tout de suite la question de savoir s'il pensait à l'Irlande ? Je dois dire que les deux, Mr. Mc.D. et Mr. B ont pris cela avec beaucoup d'humour… ! ». (89)

La menace bolchevique était beaucoup plus éloignée pour l'Ouest que pour l'Allemagne, c'est pourquoi elle était sous-estimée et que l'on croyait voir un plus grand danger dans une Allemagne réarmée que dans un empire soviétique. Peu avant la chute du système bolchevique un préfet français en poste m'expliqua avec une sincérité presque touchante (90), qu'il était bien sûr contre la réunification, mais ce qui le préoccupait particulièrement c'était l'apparent manque de motivation des Allemands pour combattre les bolcheviques au cas où ils devraient un jour attaquer l'Ouest. Lorsque je pris ma revanche pour lui répondre avec la même spontanéité que selon moi la République fédérale n'était pas en mesure de résister durablement (91) aux Soviétiques, le préfet montra tous les signes du désespoir et s'écria, mais qui donc nous protégera face aux Russes ? Lorsque je lui dis que seuls les Américains en étaient capables, il fit un visage aigre-doux.

Dans cette situation extrêmement difficile, que restait-il d'autre à faire que d'essayer de relever le poids politique du Reich et d'essayer malgré tout d'atteindre en douceur le but que s'était fixé la politique allemande : accord à l'Ouest afin de rompre l'isolement et création d'une défense contre l'Union soviétique.

Cependant à cette époque, c'est-à-dire autour de 1935/36, le Reich allemand n'était pas très important en tant que facteur de puissance politique. L'est du Reich était divisé par le corridor, l'ouest totalement démilitarisé jusqu'à 50 km à l'est du Rhin, c'est-à-dire complètement livré à toute initiative militaire de l'ouest. Une grande partie du potentiel industriel allemand était ainsi exposé à une attaque ennemie. Le gouvernement allemand n'était pas maître à son propre bord. Un défilé militaire français sous couvert de la Grande-Bretagne aurait coûte que coûte amené le

(89) Herbert Hoover Archives, Lochner-Files.

(90) C'était alors avant 1989.

(91) Conversation entre l'auteur et un invité de chasse chez le Comte de Beaumont à Diebolsheim.

gouvernement allemand à faire machine arrière, qu'elles qu'auraient été les conditions qu'on lui aurait imposé. Le général Adam avait formulé dans son mémo de mars 1933 :

> « *...nous devons tout faire pour l'éviter* (la guerre, NdT), *même au prix de défaites diplomatiques* ». (92)

Celles-ci auraient encore été acceptables, mais vis-à-vis d'une invasion soviétique en Europe il ne se serait plus « seulement » agi de « défaites diplomatiques » comme l'aura montré l'expérience.

Pourtant, après conclusion du pacte militaire franco-russe, il ne semblait pas y avoir la moindre possibilité de changer cet état sur le terrain de la négociation. Si le gouvernement du Reich souhaitait regagner son entière liberté d'action et de ce fait redevenir intéressant pour d'autres états, alors cela n'était possible que sur propre initiative, et pourtant, du côté allemand, on souhaitait toujours une possibilité venant de la Grande-Bretagne. Il n'y avait rien à attendre du côté du gouvernement français, largement dirigé par les partis de gauche (y compris les communistes), et qui avait conclu avec l'Union soviétique un pacte militaire dirigé contre le Reich. Il ne changerait pas le statut du pays rhénan allemand au sens d'un retour à la normalité, donc d'un retour à une souveraineté inconditionnelle du gouvernement allemand.

C'est de plein droit que Père écrit ce qui suit, concernant cette phase de la politique étrangère allemande caractérisée par le retour des droits souverains illimités du gouvernement du Reich dans la zone démilitarisée du pays rhénan :

> « Une chose était sûre, aussi bien pour Adolf Hitler que pour moi-même : si la souveraineté militaire (dans le pays rhénan, *NdA*) devait être reconnue, ce qui était l'opinion de Hitler après la conclusion de l'alliance franco-soviétique, alors cela ne pouvait être sur le terrain de la négociation. Au contraire, le risque de voir naître un conflit à la suite de ces discussions mènerait à une situation ultime aboutissant peut-être à une réelle crise, puis au conflit, et serait peut-être plus élevé que de mettre finalement les pays étrangers devant le fait accompli. Ceci furent nos pensées à l'époque et ce qui motiva Hitler à franchir définitivement le pas. »

La ratification du pacte d'entraide franco-russe eut lieu le **27 février 1936** alors qu'il avait été signé le 2 mai 1935 ; dans la foulée, une alliance militaire entre la France et la Tchécoslovaquie fut conclue. Elle fut une fois de plus complétée par un contrat entre l'Union soviétique et la Tchécoslovaquie, et son entrée en vigueur dépendait –de façon intéressante- de la France.

Voici ce que Père écrivit à ce sujet dans ses notes de Nuremberg :

> « La réponse d'Adolf Hitler fut de franchir le pas significatif de la réintroduction de la souveraineté militaire sur tout le territoire du Reich ».
>
> Cela signifiait la levée de la zone démilitarisée à l'ouest du Reich et l'établissement de garnisons allemandes dans la région rhénane jusqu'alors démilitarisée ». Père poursuit :
>
> « Il *(Hitler, NdA)* m'a souvent expliqué par la suite que ceci avait été l'une de ses plus difficiles décisions, mais qu'il n'avait pas pu agir autrement après la conclusion de l'alliance franco-russe.
>
> J'ai eu de nombreux contacts durant l'hiver 1935/36 avec un grand nombre de personnes d'importance à Paris et à Londres. Durant ces entretiens, j'exprimais de façon ouverte et sans équivoque qu'il fallait arriver à une entente entre l'Allemagne et les puissances de l'Ouest par le biais d'un programme de révision commun ou alors l'Allemagne reprendrait elle-même en main la protection de son propre pays, ce qui signifiait que, d'une façon ou d'une autre, le contrat de Locarno devait être révisé...

(92) Meinck cité p. 19.

J'ai eu l'impression à diverses reprises, lors de conversations avec des Anglais qu'ils reconnaissaient le bien fondé de mes arguments, j'ai même obtenu l'approbation de certaines personnalités de poids. Il n'a pas été rare que l'on me dise que les Anglais auraient la même attitude dans la position d'Adolf Hitler.

J'ai répondu à sa *(Hitler, NdA)* question que je pensais qu'il pourrait occuper a Rhénanie sans mener la guerre.

Les heures qui précédèrent l'occupation furent des heures excitantes. On entendait que, du côté français, une armée motorisée constituée de 250 000 hommes s'était mise en mouvement et il était évident qu'avec notre petite armée (Wehrmacht) (93), l'occupation ne pouvait avoir qu'un caractère symbolique. Pour moi aussi ce furent des heures difficiles ; j'avais conseillé au Führer de convenir d'un accord avec la Grande-Bretagne à propos de la reconstruction de la souveraineté militaire allemande en Rhénanie. Cela dit, il existait de nombreux cercles anglais qui étaient attachés aux systèmes de Versailles et de Locarno et il n'était pas possible de connaître exactement l'ampleur de l'influence de ces cercles. Même si en Angleterre –comme je le savais- des cercles puissants travaillaient constamment à une entente germano-anglaise et comprenaient notre position, la décision de Hitler demeurait risquée. »

Il faut se rendre à l'évidence que si ce n'était Hitler qui avait franchi ce pas de la reconstruction de la souveraineté militaire dans la zone démilitarisée, on ne lui aurait pas contesté son action compte tenu de la politique française de l'encerclement, ni sur le point de vue juridique, ni encore moins du point de vue politique. Il faut se frayer un chemin à travers le brouillard de la propagande : une grande puissance –les puissances européennes comme la France, la Grande-Bretagne et potentiellement l'Allemagne également, comptaient encore à l'époque parmi les grandes puissances, par opposition à l'histoire européenne d'après guerre– se voit forcée de démilitariser complètement l'un de ses territoires, alors qu'il a pour voisin un pays hautement militarisé et potentiellement ennemi de sorte qu'il se trouve à tout moment en position de subir un assaut, sans compter que sur ce territoire se trouve une partie essentielle de son industrie. Cela signifie la possibilité de pouvoir faire à tout moment l'objet de pressions et de se soumettre à la liberté d'action de la politique étrangère. Suivons sur la carte la ligne de démarcation qui délimitait la zone démilitarisée sur 50 km en direction de l'est du Rhin ; sur ce territoire se trouvait l'intégralité de la région de la Ruhr, jusqu'à Dortmund, puis Francfort, la Forêt Noire, etc…

La menace est constituée par le bolchevisme international et l'Union soviétique envers l'Allemagne et l'Europe. Le point de départ de la conception de politique étrangère de Hitler. Après la conclusion du pacte militaire franco-russe, cette menace se concrétisa en un risque mortel. Peu de temps après que le gouvernement allemand ait rétablit la faculté de défense du Reich à l'ouest, le gouvernement soviétique montrera avec quelle rapidité il aura été capable de revenir sur la scène de la politique mondiale sous l'égide de Staline et de son commissaire aux affaires extérieures Litwinow, et ce par une intervention massive dans la guerre civile espagnole. Vue sous cet angle-là, la détermination de Hitler à se joindre à Franco –contre l'avis de Père– est compréhensible. Il voulait éviter une bolchevisation de l'Espagne, qui aurait davantage augmenté la pression sur le Reich. La France et ses alliés continentaux, la Belgique, la Pologne, la Yougoslavie et la Tchécoslovaquie, désormais alliés de l'Union soviétique, constituaient tous ensemble une coalition surpuissante dirigée sans aucun doute contre le Reich, contre qui d'autre sinon ?

Le grand risque que l'on était prêt à courir du côté allemand était de mettre fin à la menace que la France faisait peser sur les territoires de l'ouest du Reich. L'occupation de la Rhénanie (un terme inexact pour cette action, puisque, par définition, on ne peut en principe occuper son propre territoire) découla d'une situation de politique étrangère extrême comme on ne peut s'en imaginer de pire.

(93) Burton E. Klein, cité p. 17 *« Up to the time of the German reoccupation of the Rhineland in the Srping of 1936 it was leargely a myth».*

Après que le gouvernement allemand eut rétablit la pleine souveraineté du Reich dans le territoire du Reich, il fut sollicité pour présenter le point de vue allemand devant la Société des nations. Père écrit qu'au départ Hitler avait voulu lui-même s'exprimer devant l'assemblée de la Société des Nations. Le ministre des Affaires étrangères du Reich von Neurath et Père ont voulu l'en dissuader. Finalement, il fut décidé que ce serait Père qui représenterait l'Allemagne devant l'assemblée de la Société des Nations.

La disposition du gouvernement du Reich à vouloir quasiment se justifier devant l'assemblée de la Société des Nations, alors que l'Allemagne n'en faisait même plus partie, prouve une fois de plus son souhait de coopérer, bien que l'issue de l'assemblée était à prévoir. Elle fut fixée à Londres. Père rapporte à ce sujet :

> « Ma mission de représenter l'Allemagne à l'assemblée de la Société des Nations ne fut pas une mission facile, et je montais dans l'avion pour Londres accompagné de seulement quelques collaborateurs et sentiments quelque peu mélangés, compte tenu du fait qu'entre-temps nous avions perdu presque tout contact avec la Société des Nations. Nous n'étions au courant de rien de définitif à propos de la position individuelle des membres du conseil et à propos de l'ambiance à Paris et à Londres. Aussi entendait-on à l'époque que des pourparlers militaires étaient déjà en cours entre l'Angleterre et la France.
>
> A notre arrivée à Londres, nous avons ressenti une atmosphère particulièrement hostile. Tout d'abord il n'y eut pas moyen d'apprendre quoi que ce soit à propos de la procédure selon laquelle allait se dérouler la session de la Société des Nations. Tout était tenu secret. L'homme de liaison du bureau des affaires étrangères de la Société des Nations, l'ancien conseiller de légation, futur envoyé de Monsieur Schmieden, ne pouvait que me donner des informations imprécises à propos de la tenue du Conseil. Mais avant tout il était question de me faire connaître le matin même, après mon discours, la conclusion du Conseil.
>
> Cela reviendrait à une condamnation sans considération du point de vue allemand. Pour cette raison, j'essayais de joindre le président du Conseil, l'Australien Bruce, mais ma tentative échoua. Je me rendis donc dans la soirée au Foreign Office pour essayer d'en apprendre davantage et en même temps pour faire savoir que, si l'Allemagne paraissait devant ce Conseil, alors il fallait que celui-ci s'attende à prendre connaissance de la position allemande avant de ne prendre la moindre décision. Mais même au Foreign Office je ne reçus pas de réponse précise. Ce n'est que le lendemain matin, lorsque je rendis visite au président du Conseil que celui-ci me répondit qu'ils procéderaient selon notre désir. Je devais m'exprimer le matin et l'après-midi le Conseil ferait connaître sa décision.
>
> La plus grande partie des membres du Conseil était déjà rassemblée lorsque je pénétrais dans le beau et historique palais Saint James qui avait déjà tant vu l'histoire anglaise. Je ne connaissais que son représentant anglais Eden, le Français Flandin et le Belge van Zeeland. Tous les autres membres du Conseil m'étaient inconnus. La table du Conseil était dressée en forme de fer à cheval dans la grande salle ; ma place était à l'angle extérieur à côté du représentant roumain Titulescu. Les Français, Anglais et Russes avaient pris place au centre. Il n'était pas prévu de présentation. Le fait que je salue malgré tout Flandin, Eden et van Zeeland fut considéré par la presse comme un « symptôme de détente ».
>
> Après un court discours introductif du président, je défendis plus longuement le point de vue allemand par rapport à l'occupation de la Rhénanie. J'exposais le fait qu'en raison de l'alliance franco-russe, qui ne pouvait se diriger que contre l'Allemagne, les conditions, sous lesquelles le contrat de Locarno avait été conclu, n'étaient plus rassemblées et que donc le contrat était devenu caduc. On ne pouvait exiger d'aucune nation du monde de contempler passivement la formation d'une

alliance d'une telle ampleur dirigée contre elle-même. C'est pourquoi on ne pouvait exiger plus longtemps de l'Allemagne de laisser la plus grande partie de son pays dans un état de désolation militaire. J'expliquais ensuite les 25 points du plan de paix allemand dont nous espérions une ère tout à fait nouvelle des relations entre les puissances et expliquais finalement clairement la disposition de l'Allemagne à réintégrer la Société des Nations.

Un débat devait avoir lieu après mon discours. Je vis comme le représentant soviétique Litwinow, qui durant mon discours avait ostensiblement caché son visage derrière un grand journal, se leva pour me répondre. Cependant, Eden qui, depuis le départ, était décidé à créer une atmosphère équilibrée, alla droit vers Monsieur Litwinow et lui parla vivement. Le résultat fut qu'au lieu de répondre, Litwinow se retrancha de nouveau derrière son grand journal qui était le « Times » je crois. Certains membres du Conseil, tout d'abord le représentant brésilien, prirent la parole et l'on en vint à un bref débat, qui posait des questions formelles plus qu'il ne traitait le contenu de mon discours. Ensuite ce fut Monsieur Titulescu qui se leva de manière inattendue et attaqua de manière virulente la thèse du précédent orateur, ce qui amena le débat dans une autre direction. Je m'étais jusqu'alors complètement retenu et n'étais pas mécontent du cours actuel des choses, car il n'était fait aucun commentaire sur mon discours qui aurait pu susciter une réponse acerbe de l'Allemagne. L'Angleterre, la France et la Belgique, donc les Etats les plus concernés, se retinrent complètement. C'est ainsi que nous sommes arrivés au déjeuner sans que j'aie à prendre une fois de plus la parole.

Après une courte interruption, le Conseil se rassembla de nouveau et la décision du Conseil, à laquelle nous n'avions pas participé, fut portée à la connaissance de tout le monde sans autre formalité. L'Allemagne fut rendue coupable de violation du Pacte de Locarno. Cette décision fut prise à l'unanimité, bien que visiblement cela ne convenait pas tout à fait au représentant italien. Le Brésilien ne se soumit pas au vote.

La décision avait bien sûr déjà été prise avant que je n'arrive à Londres et le petit débat du matin n'avait été qu'une mise en scène. Mais cela avait certainement été une bonne chose que d'exprimer le point de vue allemand devant la Société des Nations. Mais lors de telles assemblées, il est impossible de savoir par avance ce qu'il peut se passer lorsque les arguments et tempéraments poussent les délégués à parler. Moi-même, je n'avais aucune raison de provoquer un débat pour l'Allemagne, mais je crois que mes mots, que le Führer avait en partie choisis lui-même, étaient bien pesés et que les arguments allemands étaient si convaincants que l'on ne pouvait agir que juridiquement contre eux, mais pas politiquement.

C'est pourquoi je me limitais à une assez brève explication après le jugement, -auquel nous nous attendions- selon laquelle cette condamnation allemande, d'un point de vue supérieur, ne pourrait être comprise et ne pourrait exister devant le jugement loyal de l'histoire. Ainsi se termina l'acte de la Société des Nations à propos de l'occupation de la Rhénanie. Ce qui en revanche était plus intéressant, c'est que les discussions entre les états-majors anglais et français avaient débuté à Londres. C'est pourquoi, le jour même encore, juste après les sessions de la Société des Nations, je pris contact avec tous les amis joignables. L'hôtel Carlton ressemblait cet après-midi-là à un pigeonnier. Dans la majeure partie des cas, je n'avais même pas besoin d'informer mes amis, la plupart vint d'elle-même et avec eux certains hommes de réputation et de nom que je ne connaissais même pas encore. Jusqu'à tard dans la nuit, j'essayais d'expliquer le point de vue allemand et d'éveiller la compréhension à notre égard. Si les choses se sont déroulées sans incident par la suite, c'est parce que l'influence que ces hommes avaient sur la politique, l'opinion publique et l'économie y a contribué de manière considérable. Durant ces heures critiques, l'Allemagne comme moi-même, comptait quelques bons amis en Angleterre.

Donc même en ces jours l'opinion publique n'était pas hostile à l'Allemagne. Lord Rothermere p. ex., avec qui j'avais eu une longue conversation le fameux après-midi, voyait les choses positivement. Il en était de même pour le *« Times »* et la Berry-Press, dont j'avais fait la connaissance des propriétaires – Lord Camrose et Lord Kemsley- ces jours-ci, ainsi que d'autres journaux provinciaux...

Je reçus encore une invitation de Vansittart avant mon départ, auquel je rendis visite accompagné de l'Ambassadeur allemand von Hoesch. Vansittart habitait une solide maison de campagne dans le style vieille Angleterre, dont le soin s'accordait avec une rare harmonie au décor intérieur moderne dont le goût devait certainement être celui de sa femme américaine. Il fut peu parlé de politique durant le repas. J'ai été particulièrement content de cette invitation et je l'ai acceptée avec plaisir étant donné que je considérais toujours comme l'une de mes tâches les plus importantes de trouver un chemin vers l'amitié définitive avec l'Angleterre et parce que Sir Robert Vansittart occupait toujours autant qu'avant une place clef –il n'y avait aucun doute là-dessus- dans la question de l'équilibre germano-anglais. J'ai longtemps discuté sur ce sujet avec Monsieur von Hoesch sur le chemin du retour. Lui aussi mettait l'accent sur l'importance de Vansittart et le caractérisa d'homme très sceptique vis-à-vis de l'Allemagne, assez opaque et difficile à mettre dans sa poche. Sa grande influence sur les autres membres du cabinet fut également confirmée par Hoesch. Monsieur von Hoesch, qui connaissait sans aucun doute très bien Londres, n'avait pas toujours été en ma faveur. Mais, durant ce trajet de retour de chez Vansittard, nous avons scellé quelque chose comme une vraie amitié et nous avons décidé de faire ensemble tout notre possible pour favoriser les rapports germano-anglais. Nous nous sommes convenus de rester en liaison étroite à l'avenir.

Peu après, je m'envolais faire mon rapport auprès d'Adolf Hitler qui se trouvait dans l'hôtel Dreesen près de Bad Godesberg. C'est là que j'appris la nouvelle du décès subit de Monsieur von Hoesch par arrêt cardiaque. J'ai vraiment regretté la mort de cet Ambassadeur compétent. »

Il n'y a pas de moyen pour démontrer de façon plus impressionnante l'isolement de l'Allemagne que cette session de la Société des Nations. Même l'Italie, qui pourtant était redevable de soutien envers l'Allemagne en raison de son intervention en Abyssinie, se ligua avec les autres pour condamner l'Allemagne.

Pour un observateur objectif, deux faits accomplis découlent de ce qui vient d'être exposé : la réintroduction du service militaire et la reconstruction de la souveraineté intégrale allemande sur la Rhénanie. Tous deux furent des avancées significatives et importantes pour regagner la liberté d'action de la politique étrangère allemande de façon paisible. Lorsque Hitler prononça l'ouverture des jeux olympiques de Berlin en 1936, cela faisait trois ans et demi qu'il était au pouvoir et qu'il avait donné à la politique étrangère allemande une toute nouvelle base.

Ce fut cependant toujours l'option britannique qui demeurait prioritaire pour Hitler et pour Père. Ainsi espéraient-ils que la consolidation des rapports en Allemagne devait amener le gouvernement britannique à réfléchir s'il n'avait pas avantage à conclure un arrangement avec le Reich plutôt que de risquer une nouvelle confrontation. En raison de l'amélioration de la position de l'Allemagne, les tentatives d'approche du gouvernement allemand ne pouvaient plus être considérées comme pétitionnaires mais davantage comme une demande de partenariat sur une même base. C'est en se fondant sur ce point de vue que Père avait proposé à Hitler de l'envoyer à Londres en tant qu'Ambassadeur. L'acceptation de cette proposition constitua la base de cette nouvelle grande tentative de sceller avec les Britanniques, par des négociations sérieuses, une action commune en politique européenne.

Un certain changement dans les rapports de force européens eut lieu du fait que l'Italie, en raison de son action en Abyssinie, se retrouva en opposition avec la Grande-Bretagne et la France. La Société des Nations avait pris des sanctions à l'encontre de l'Italie. De ce fait, le rapprochement entre l'Allemagne et l'Italie ne devait plus tarder, bien que la facette antibolchevique du fascisme ne constituait qu'une composante de la situation générale.

A Berlin, on ne considérait absolument pas la collaboration avec l'Italie (traité du 26.10.36) comme une alternative aux efforts fournis pour arriver à un accord avec la Grande-Bretagne. L'Italie n'avait pas non plus d'intention à l'encontre de la Grande-Bretagne. Une lettre de confiance adressée par Père, Ambassadeur allemand à Londres, à Monsieur von Hassel, l'Ambassadeur allemand à Rome, le confirme. Des affirmations italiennes portées contre Père, comme quoi il pratiquerait une politique anti-italienne à Londres, furent à l'origine de la lettre. Il semblerait que Hassel n'ait rien entrepris pour contrecarrer ces affirmations.

Père explique dans sa lettre à Hassel la politique allemande vis-à-vis de l'Angleterre et de l'Italie ainsi :

> « En ce qui concerne la politique étrangère de l'Allemagne il est clair que l'opposition entre le national-socialisme d'une part et le bolchevisme d'autre part à une signification prépondérante dans chaque cas de figure de politique étrangère. En l'occurrence, la collaboration entre le national-socialisme et le fascisme est indispensable, ce qui justifie fondamentalement les rapports de l'Allemagne vis-à-vis de l'Italie.
>
> Je n'ai jamais laissé le moindre doute aux Anglais quant à ma conception, et je considère comme l'un des devoirs prioritaires de notre diplomatie à Londres de faire comprendre aux Anglais le risque réel que fait courir le bolchevisme, de les dissuader d'un rattachement au front bolchevique et de leur faire comprendre que leur royaume court un plus grand risque du fait de l'expansion du bolchevisme qu'en raison de la divergence avec l'Italie dans la Méditerranée. » (94)

De cet écrit interne et tout à fait personnel, l'on reconnaît une fois de plus les grandes lignes de la politique allemande, le rapprochement vers l'Italie ne doit pas nuire à un éventuel arrangement avec la Grande-Bretagne. D'un point de vue allemand, la plateforme anti-bolchevique est aussi acceptable pour l'Angleterre que pour l'Italie.

Le même texte fut soumis à Berlin pour la collaboration avec le Japon. Pour commencer, c'est un pacte anti-komintern qui sera conclu avec ce pays. Quelques heures avant son exécution Père écrira à Nuremberg, de main ferme mais formulé de façon détendue, un affidavit pour la défense d'Oshima face à un tribunal japonais comparable à celui de Nuremberg. Oshima fut d'abord attaché militaire au Japon, plus tard Ambassadeur à Berlin. Lors d'une visite que je fis plusieurs années plus tard à Oshima au Japon, il me raconta que sa condamnation à mort n'avait tenu qu'à une seule voix.

Le pacte anti-komintern sera préparé par le « bureau Ribbentrop » et signé par Père mais certainement pas par le Ministère des Affaires étrangères. Le « bureau » était, comme nous l'avions vu, rattaché aux partis, auprès de l'état-major de liaison. Les efforts autour de l'arrangement avec la Grande-Bretagne ne devaient pas être bousculés. Le pacte anti-komintern est basé sur l'information réciproque à propos des activités de ladite internationale communiste, donc justement le « komintern » qui représentait un instrument installé et dominé par Moscou dans le but de guider les partis communistes du monde entier dans l'esprit de Moscou, donc de l'impérialisme russe.

« Nous devons opter », cela signifie que nous devons trouver des partenaires, même si la Grande-Bretagne reste froide pour l'instant et qu'elle « ne veut pas que nous l'aimions ». Sa situation toujours précaire au centre de l'Europe poussa le Reich « à entrer activement dans la politique mondiale ». La politique anti-komintern fut le chemin pour sortir prudemment de l'isolement, sans toutefois perdre des yeux l'objectif d'un arrangement avec l'Angleterre.

(94) Hoover-Archives, Lochner Papers, Hoover Library # XXO31 – 9.12.Box # 1.

Bayreuth 1936, nouvelle tentative en tant qu'ambassadeur à Londres

Au début de l'été 1936, j'ai combattu mon destin ! Mon quotidien de jeune garçon ayant trop rapidement poussé fut bousculé par un interne prudent (il s'était agi du célèbre Professeur Bergmann de la Charité de Berlin) qui m'avait interdit de participer à un voyage du *Jungvolk* car il pensait avoir décelé un cœur hypertrophié. (1)

A Pâques de la même année j'avais fait un magnifique voyage avec les autres garçons –environ quinze- à travers l'ancienne marche, et la visite de Tangermünde, Jerichow et Stendal ; nous avions campé dans l'ancienne forteresse datant du moyen âge et joué à divers jeux, etc. Le soir, sous la tente, nous lisions à la lueur de la bougie le livre *« Klaus Bismarck »* de Walter Flex. Nous traversions le village de Schönhausen avec une petite crainte, d'où Bismarck –propriétaire terrien- aurait planifié de se rendre à Berlin avec ses paysans pour venir en aide au roi de Prusse durant la révolution de 1848. Le voyage d'été vers le Darss devait en être le couronnement. Je nageais dans le bonheur. Ce devait être une expérience humaine importante à vivre, et tout à coup cette interdiction inutile à mes yeux. Mais les parents restèrent sans pitié. Il n'y avait pas grand-chose à opposer à leur argument selon lequel un voyage du *Jungvolk* ne valait pas un cœur fragile.

Ils me proposèrent cependant de les accompagner à Bad Wildungen. Père voulait y faire une cure pour le rein qui lui restait. L'autre lui avait été enlevé déjà avant la Première Guerre mondiale car il avait attrapé la tuberculose dans la savane canadienne en buvant le lait d'une vache infectée. Il est facile de s'imaginer que je n'étais pas très content de passer mes grandes vacances « en cure » au lieu de les passer « en voyage ». La perspective de passer trois semaines en contact étroit avec mes parents était cependant très tentante. Je pouvais encore espérer quelques discussions politiques hautement intéressantes. J'étais avide de tout ce que je pouvais entendre sur la politique à l'époque –et passionnément intéressé par la politique- et je gardais tout pour moi. J'appris aussi beaucoup à propos de la problématique personnelle et humaine à laquelle sont soumis les acteurs de la politique.

Nous nous promenions beaucoup à Wildungen, la plupart du temps à trois, mais souvent aussi juste Père et moi-même. Nos conversations tournaient la plupart du temps autour de la situation politique du Reich au milieu de l'Europe. Père ne cachait pas ses préoccupations. Le Reich était toujours aussi isolé qu'auparavant. Quel chef d'Etat étranger aurait été suffisamment inconscient pour lier son sort à celui d'une entité sans puissance comme l'était le Reich allemand à cette époque ? Le réarmement allemand –proclamé depuis juste un an- avait débuté, mais se trouvait encore au stade de la « phase de risque ». L'Allemagne avait encore peu à opposer à une intervention de la « petite entente » (France, Belgique, Pologne, Tchécoslovaquie et Yougoslavie) contre le Reich. Le comportement de la Grande-Bretagne n'était pas sans équivoque dans une telle situation et finalement derrière tout cela se tenait l'Union soviétique, l'arme au poing, contre laquelle le Reich était en opposition. Une situation propre à inquiéter le Reich. Je me souviens à quel point je fus impressionné à l'époque par la faiblesse du Reich que Père me décrivit durant ces promenades. Nous abordions également des problèmes stratégiques par exemple, à savoir s'il était possible d'approcher par le flanc les troupes françaises de choc qui auraient passé le Rhin.

Mais avant toute chose, ce qu'il fallait ce n'est pas seulement se parer contre l'extrême faiblesse militaire, mais aussi briser par tous moyens l'isolement en politique étrangère. Le partenaire avoué était l'Angleterre, mais quelle issue y avait-il si elle continuait à rejeter sa candidature ? L'Allemagne n'en était pas encore à ce stade, mais des réflexions dans ce sens étaient inévitables. Nous allons voir quelle issue Hitler et Père ont débattu. Il ne fut donc pas surprenant de revoir de temps à autre l'attaché militaire Oshima chez nous à Dahlem. A ma grande déception, il ne parut malheureusement jamais en uniforme. Durant ces promenades, Père me fit également part de la pro-

(1) Au sein du *Jungvolk* étaient regroupés les garçons de 10 à 14 ans, branche de la Jeunesse Hitlérienne.

blématique due à sa position vis-à-vis de Hitler, des cercles décisionnaires de l'Etat et des partis et du ministère des Affaires étrangères. Père reconnaissait bien sûr que des personnes telles que Göring, Himmler, Goebbels, Hess ou même Neurath avaient beaucoup plus de poids aux yeux de Hitler avec les organisations et institutions qu'ils dirigeaient que lui-même. La méthode de direction de Hitler, qui ne se fondait pas sur des disponibilités et des compétences précises, représentait pour Père une difficulté supplémentaire dans son activité. Il m'expliqua qu'il ne pouvait que soigner ses relations étrangères et continuer à les développer, afin de pouvoir s'en servir en politique étrangère allemande au moment propice.

Comme je ne pouvais pas non plus jouer au tennis en raison de mon « maudit » cœur atrophié, c'est ainsi que je nommais cet organe dans mes moments d'énervement, Mère me proposa de commencer le golf. Faute de mieux, je me trouvais disposé à apprendre ce « sport de vieux », pour finalement acquérir très rapidement la fascination de ce jeu entre les mains d'un sympathique entraîneur anglais, où la fameuse chance du débutant fit le reste. En raison d'une blessure de guerre, ce sport m'est aujourd'hui encore déconseillé.

La composante culturelle de cette cure fut un voyage à Kassel avec Mère pour voir la célèbre collection Rembrandt. Ces expositions en compagnie de Mère étaient particulièrement intéressantes. Elle avait étudié l'histoire de l'art et de sa voix légère attirait l'attention sur les beautés à voir. Elle évitait tout ce qui était scolaire et surtout ne s'attardait pas plus qu'il ne fallait dans les musées, les châteaux, les églises, etc. Ces stimulations mises à ma disposition me réconcilièrent avec mon séjour à Wildungen et son emploi du temps « dans la cure ». Mais cette vie idyllique, si on peut la nommer ainsi, prit fin de façon abrupte. Une invitation du « Führer et du Chancelier du Reich » parvint à mes parents pour les prier d'être ses invités au festival de Wagner à Bayreuth.

A mon plus grand émerveillement, les parents furent prêts à m'emmener s'il y avait moyen de me procurer billets d'entrée et logement. Heureusement, cela fonctionna. C'est ainsi que, par une journée estivale de rêve, je traversais avec Père ce beau paysage à bord de son cabriolet pour me rendre à Bayreuth. Grâce à Mademoiselle Munding, disposée au meilleur, nous avions déjà vu et entendu à Berlin une grande partie des opéras de Wagner. On n'entend en effet que ce que l'on connaît ; c'est d'ailleurs la condition préalable pour l'apprécier.

La grande politique fit par la suite son entrée en jeu, mais je la ressentis à peine. Déjà, avant que nous quittions Wildungen, le putsch militaire du général Franco fut rendu public. Père s'exprima au petit-déjeuner en disant qu'il pensait qu'il fallait se tenir à l'écart de cette action. Il n'y avait rien à gagner par une intervention sur la presqu'île ibérique au sens de la conception de la politique allemande. Les plus importants points litigieux de l'empire britannique passaient par la Méditerranée si bien qu'une intervention dans cette sphère entraînerait sans aucun doute des effets négatifs sur la relation germano-anglaise. La même chose était valable pour la politique étrangère française qui de toutes façons était étroitement liée à la britannique. Il n'était pour cela même pas nécessaire de penser à la guerre germano-française de 1870. (2) A ce moment-là, la priorité en politique étrangère de Père fut toujours l'arrangement fondamental germano-anglais.

Déjà à Wildungen, Père avait essayé d'obtenir un entretien avec Hitler, mais lors de son arrivée à Bayreuth, il fut informé que Hitler n'était pas encore arrivé dans la villa Wahnfried. La maison appartenait à la belle-fille de Richard Wagner, Winifred, une native anglaise. Hitler logeait chez elle pendant la durée du festival.

Père avait sans doute des raisons de vouloir savoir si Hitler était réellement arrivé ou non et me demanda d'essayer de le constater. Je pus lui dire que je venais juste de voir passer Hitler au moment où j'arrivai à la villa Wahnfried. J'appris avec satisfaction et intérêt qu'il avait obtenu un rendez-vous avec Hitler. Cet entretien avec Hitler était un atout pour sa position vis-à-vis de lui et lui permettait d'expliquer son point de vue à propos de la « question espagnole ». Lorsque de nos jours des historiens prétendent que Père cherchait souvent la présence de Hitler, ils prouvent qu'ils

(2) Le point de départ du conflit en 1870 entre la Prusse et la France, qui provoqua la guerre de 1870/71, fut l'intention de l'Espagnol Cortez de mettre un membre de la maison Hohenzollern-Sigmarigen sur le trône espagnol.

ne sont pas de vrais historiens dans la mesure où ils ne sont pas capables ou ne veulent pas se mettre dans le contexte de l'époque. Celui qui à l'époque voulait voir se réaliser ses idées politiques devait se faire entendre par le tout-puissant dictateur, donc être là quand il se décidait. A qui d'autre aurait-il pu s'adresser ?

Le fait qu'il se soit agit d'une « discussion » découle des écrits de Père qu'il avait notés pour ses mémoires, celles qu'il voulait écrire au cas où il ne serait pas « éliminé », comme il l'exprima lors de notre dernier entretien à Nuremberg. Père décrit de la façon suivante la conversation avec Hitler à Bayreuth :

> « Au début de l'été 1936, je fus avec ma famille en cure à Bad Wildungen. C'est là que je reçus une invitation du Führer pour assister au festival de Wagner à Bayreuth. Je n'avais encore jamais été à Bayreuth et je me réjouissais d'y passer quelques jours agréables.
>
> Ce séjour ne se limita malheureusement pas à la jouissance de cette musique de Richard Wagner que j'apprécie tant. J'aurais tant aimé découvrir avec ma femme cette maison Wahnfried avec tous ses souvenirs rappelant ce maître incomparable, mais je n'en eus pas le temps. A peine arrivé à Bayreuth je pris connaissance de la gravité de la situation espagnole et j'appris l'intention d'Adolf Hitler (3) de prendre parti pour le général Franco, qui s'était jadis opposé au gouvernement madrilène de gauche. Le lendemain, je me fis annoncer auprès du Führer qui logeait dans une dépendance de la villa Wahnfried. Il était assez préoccupé en me recevant, commençant à parler tout de suite de l'Espagne et me dit que Franco aurait demandé un certain nombre d'avions pour faire venir d'Afrique par voie aérienne des troupes vers l'Espagne pour les mettre en place contre les communistes. Je lui dis spontanément que nous ferions mieux de nous tenir en dehors de tout cela. Que nous ne remportrions certainement pas des lauriers et j'étais convaincu que l'Espagne constituait encore un fer chaud. Je craignais de nouvelles complications avec l'Angleterre, puisqu'une intervention allemande serait alors sans aucun doute très mal perçue. Hitler tenait fermement à son opinion contraire. Il m'expliqua que l'Allemagne ne devait en aucun cas tolérer une Espagne communiste –ce qui me permis de me rendre compte une fois de plus que la composante principale de la vision des choses de Hitler était l'idéologie. Il était de son devoir de national-socialiste de tout faire pour lutter contre. Il avait déjà donné l'ordre pour que des avions soient mis à la disposition de Franco.
>
> Adolf Hitler rejeta mes arguments répétés et expliqua qu'avec cette guerre civile espagnole, l'enjeu était de savoir si les Soviétiques arriveraient à prendre l'un des états de l'ouest en son pouvoir. Le chef du gouvernement madrilène était un homme de Moscou et certaines informations provenant de Franco laissaient entendre que la plus grande partie des armes de Negrin provenait de Moscou. Mussolini soutenait également Franco. Il existait par ailleurs d'étroites liaisons entre le gouvernement madrilène de Negrin et le gouvernement du front populaire de Léon Blum. Voici mot à mot ce que disait Hitler :
>
> « Si vraiment l'Espagne devient communiste, alors il ne faut pas longtemps pour que la France soit également gagnée par le bolchevisme et l'Allemagne n'aura qu'à s'en aller. Coincé entre le puissant bloc soviétique à l'est et un puissant bloc communiste franco-espagnol à l'ouest, il ne nous est presque plus possible de faire quoi que ce soit s'il plaisait à Moscou d'agir contre l'Allemagne. »

(3) J'ai laissé la contradiction minime entre mon souvenir et les écrits de Père à propos du moment où il a été informé du putsch de Franco car cela me semblait sans importance. Il faut néanmoins tenir compte des circonstances dans lesquelles Père écrivit ses notes. Les cellules de Nuremberg étaient éclairées toute la journée, les accusés étaient sans cesse sous les yeux d'un vigile qui les observait par un judas dans la porte de la cellule.

Je vis les choses différemment. Surtout en ce qui concernait la France, son importante bourgeoisie française me semblait tout de même être une bonne garantie contre une bolchevisation définitive de ce pays. Je le dis au Führer, mais ce fut infiniment difficile pour moi de trouver des arguments convaincants face à ses fondements idéologiques, que selon lui je ne pouvais comprendre. Il réagissait de façon assez nerveuse à mes interventions et interrompit la conversation en disant qu'il avait déjà décidé. Il s'agissait ici d'une question tout à fait fondamentale, dans laquelle ma pensée purement réelle de la politique étrangère ne suffisait pas. Depuis la montée de la grande question sociale de notre siècle, il nous faudrait soumettre la politique du jour à ce problème fondamental, sinon la politique étrangère finirait un jour dans une impasse. Ceci montrait la différence récurrente que j'avais avec Hitler sur le terrain de la politique étrangère. Elle fut une fois de plus prouvée plus tard, en 1943, lorsque je le priais de nouveau dans une note de conclure la paix immédiate avec Staline ; il me fit répondre par le diplomate Hewel : « il n'y a pas de compromis dans la lutte contre le bolchevisme. Je ne peux pas bien supporter la politique de commerçant de Ribbentrop. Cette guerre ne peut se décider par des moyens diplomatiques ! »

« Lorsque, le jour suivant, je fus de nouveau appelé auprès du Führer, il me fit part à ma plus grande surprise qu'il m'avait nommé Secrétaire d'état aux Affaires étrangères et qu'il m'en félicitait. Il venait juste de parler avec le ministre des Affaires étrangères von Neurath qui s'en disait satisfait. Il espérait que nous allions bien collaborer. Je remerciais Adolf Hitler pour cette preuve de confiance. Ensuite, il amena la conversation sur la nouvelle occupation du poste de diplomate anglais devenu vacant à la suite du décès de Monsieur von Hoesch et me demanda qui l'on pouvait envoyer à Londres. Une longue conversation sur les relations germano-anglaises s'en suivit. Le Führer voulait savoir comment je jugeais les chances d'aboutir à une entente avec l'Angleterre ; je répondis que certaines opportunités n'avaient sans aucun doute pas été saisies du côté anglais. C'est pourquoi j'estimais les perspectives peu favorables à l'heure actuelle. Cela dit, d'après ce que j'avais entendu, le Roi Edward VIII n'était pas hostile à l'Allemagne. Compte tenu de sa grande popularité vis-à-vis du peuple anglais, il pourrait être envisageable d'arriver malgré tout à un accord, au cas où le roi soutiendrait l'idée d'une amitié germano-anglaise, même si un souverain anglais a peu d'influence sur la politique de son gouvernement. Adolf Hitler se montra très sceptique quant à savoir si l'idée d'une alliance qu'il défendait depuis le début était encore possible. Je réalisais à ce moment-là à quel point le Führer continuait à souhaiter l'entente malgré ces doutes, et avait malgré tout une vision exacte de la situation et des possibilités en Angleterre. C'est pourquoi je lui demandais s'il n'était pas plus logique de m'envoyer à Londres au lieu de me nommer Secrétaire d'état. La pensée plut tant à Hitler qu'il l'accepta immédiatement et me dit qu'il était tout à fait d'accord. J'avais à ce moment-là répété une fois de plus à Adolf Hitler que les chances d'une alliance avec l'Angleterre étaient minces, qu'il fallait plutôt compter sur le contraire, mais je voulais malgré tout essayer encore une fois. Je connais suffisamment bien les Anglais pour pouvoir lui parler de façon tout à fait objective de la conception britannique. Mais beaucoup de choses dépendaient de suite de la politique allemande. Même à l'époque, j'avais exprimé sans équivoque que l'Angleterre –en tous cas en ce qui concerne les expériences faites jusqu'alors- resterait sur sa position de l'équilibre et s'en prendrait à nous le jour où elle craindrait que l'Allemagne devienne trop forte. »

Deux points de vue sont particulièrement intéressants dans ces déclarations de Ribbentrop :

Ces déclarations de Hitler nous confirment tout d'abord sans équivoque que la menace bolchevique est un point capital de sa politique étrangère. Il envisage même de compromettre son objectif d'un arrangement germano-anglais pourvu qu'il puisse assurer ses arrières en empêchant un rappro- chement communiste hispano-français. Savoir si avec le recul il a surestimé le risque d'une bolchevisation de la France est de second plan. La possibilité d'une menace de l'Ouest due à un rapprochement communiste franco-espagnol n'était pas complètement inenvisageable en 1936.

Ce qui était également significatif ensuite, c'était le scepticisme de Hitler et Père vis-à-vis des possibilités d'aboutir à l'arrangement avec l'Angleterre. Même moi je ressentais le lent changement dans l'évaluation des parents par rapport à leurs espoirs dans les années 1933 et 1934, et particulièrement après la conclusion du Traité naval en juin 1935. Le cauchemar d'un nouvel « encerclement » du Reich restait présent dans les conversations avec les parents et avec grand-père Ribbentrop lorsqu'il était présent. Cette option demeurait sans aucun doute envisageable pour les deux puissances d'Europe de l'Ouest.

Je pris assez simplement la décision de mes parents m'annonçant que j'allais moi aussi être concerné par le déménagement à Londres ; le jeune garçon de 15 ans que j'étais se réjouissait davantage de la perspective des jeux olympiques qui s'ouvrait à moi, avec leurs passionnants évènements sportifs et aussi politiques –comme cela allait être prouvé plus tard.

L'annonce de la nomination de Père au poste d'Ambassadeur allemand à Londres se fit durant la semaine précédant les jeux olympiques. Déjà, avant le séjour à Bayreuth, les jeux olympiques furent pour les parents l'occasion de recevoir des invités dans notre maison de Dahlem. Ce qui comptait c'était de voir à la maison les nombreux amis étrangers et partenaires de Père qu'il avait invité aux jeux, d'approfondir les contacts personnels et d'en créer de nouveaux.

Voici comment Père décrit les choses a posteriori :

> « Il y eut encore un jour mouvementé à Bayreuth puisque je devais envoyer des invitations pour la réception que je voulais faire dans notre jardin à l'occasion du début des jeux olympiques de Berlin le 1er août. Rien que de Londres, j'attendais déjà une petite invasion d'amis. Lord Monsell, avec lequel nous avions conclu le traité naval, avait accepté l'invitation ; Lord Rothermere, Lord Beaverbrock et d'autres hommes de la presse voulaient également venir, tous les amis personnels furent aussi invités, même de Paris, de l'Italie, de l'Espagne, de tous les pays d'Europe et même des USA. Les manifestations sportives étaient une très bonne occasion pour sonder le terrain auprès des politiques et des personnalités du moment en raison de leurs provenances diverses. A ma grande joie, même Sir Vansittart et sa femme acceptèrent l'invitation… Bien sûr, ce genre de réception n'était pas l'occasion d'aborder des sujets sérieux car tout était beaucoup trop joyeux. La fête dura jusqu'à l'aube. L'un des derniers à partir fut Sir Robert et sa femme qui dansèrent beaucoup et se montrèrent très enjoués. Etait-ce un bon présage ? Sir Robert n'allait-il pas trouver Berlin si repoussant en fin de compte ? Ce soir-là, je vis tout à travers une lunette rose, c'est en tout cas ce que je souhaitais. Mais tout fut malheureusement différent.
>
> Le matin du jour où notre fête devait avoir lieu, ma nomination en tant qu'Ambassadeur à Londres devint officielle (4).
>
> De ce fait, la soirée avait d'entrée de jeu une touche germano-anglaise et même Sir Robert me félicita de façon particulièrement amicale. Au moment de leur départ je

(4) Le célèbre interprète de Hitler, le Dr Paul Schmidt (à ne pas confondre avec son homonyme le directeur du « service de la presse et de l'information du ministère des Affaires étrangères) affirme dans son livre *Statist auf diplomatischer Bühne* que Père aurait ri jaune puisque, le jour de sa fête, sa nomination en tant qu'Ambassadeur à Londres fut officialisée alors qu'il aurait voulu être ministre des Affaires étrangères. Or même un statisticien, en l'occurrence Schmidt, étant tout de même envoyé et temporairement directeur du bureau ministériel de Père, devait savoir qu'entre la nomination d'un ambassadeur et son annonce officielle, un certain laps de temps était nécessaire puisque l'agrément de l'état hôte est nécessaire. Ceci constitue donc un exemple amusant du « gardien de but qui marque un but contre lui-même » et à la fois un exemple comme quoi les statististiciens ne sont pas les seuls à manipuler l'histoire ! (Schmidt : *Statist auf diplomatischer Bühne 1923-1945*, Athenäum 1949, p. 332).

> l'invitais à un petit-déjeuner (à l'époque déjeuner, *NdA*) en tête à tête et lui dit que le Führer souhaitait également le connaître. Sir Robert accepta en remerciant. Il faisait déjà jour lorsque nous nous quittions. »

Je me souviens très précisément de Vansittart ce soir-là, car on me le montra sur la piste de danse qui était installée sous une tente sur notre terrain de tennis. A l'époque, j'étais déjà bien au courant que Père voyait en lui l'un des principaux opposants à une entente germano-anglaise durable. Désormais, je le vis en chair et en os devant moi. Il donnait sans aucun doute l'impression de savoir travailler et se battre pour ses convictions et jugements. Il n'avait aucun charisme chaleureux, ce qui ne l'empêchait pas de savoir admirablement mener une conversation.

Les parents avaient aussi invité des jeunes et des jeunes couples à la fête, pour donner une jolie image de la fête et créer une ambiance plus joyeuse que ces vieux « honoraires ». C'est ainsi que Bettina et moi-même avons reçu une invitation alors qu'avec mes quinze ans j'étais sans aucun doute loin d'avoir atteint l'âge d'un cavalier de danse. A peine trois ans plus tard, mes parents donnèrent une fête comparable à Dahlem. La raison fut cette fois-ci la conclusion du pacte avec l'Italie. (5) Cependant, j'avais l'âge idéal pour m'amuser comme un fou (m'amuser comme Bolle, comme l'on disait à Berlin) et la présence du grand Führer n'entachait en rien cette joie.

Mais le plus intéressant furent pour moi les préparatifs et l'organisation d'une telle manifestation que je suivais de près, comme par exemple les multiples problèmes et questions qui étaient à régler quand on se trouvait en présence d'aussi nombreux invités de marque. Le plus compliqué fut bien sûr le placement, en raison de la présence d'invités de tous pays de poids et de noblesse différents. Lorsque je me moquais un petit peu avec mon innocente jeunesse de l'importance accordée à toutes ces questions protocolaires, Mère m'expliqua à juste titre : s'il n'y avait pas de règles clairement établies pour savoir qui devait être placé où, tout ceux qui ne seraient pas assis à la droite de la maîtresse, ou du maître de la maison seraient vexés. Certaines règles étaient nécessaires justement dans l'attribution d'« honneurs et de dignités » afin d'éviter des faux pas !

La réalisation du buffet pour le banquet des parents fut confié au célèbre gastronome Horcher. Les deux repas-test auxquels maman m'avait conviée eurent lieu dans un célèbre restaurant dans la rue Martin Luther et furent particulièrement instructifs. Ce local aménagé de façon complètement démodée, avec des cloisons entre les tables, avait une atmosphère tout à fait particulière. Rien que les émanations du léger mélange de spiritueux et d'une sauce succulente que l'on sentait dès que Horcher fabriquait quelque chose de particulier à la table de ses invités suffisait à mettre l'eau à la bouche. Parfois, cette odeur se mélangeait encore avec un parfum exquis lorsqu'on nous faisait passer à côté d'une élégante dame.

Horcher nous servait lui-même. Les parents entretenaient une relation intime et de longue date avec lui, bien longtemps avant l'entrée de Père en politique. Contrairement à d'autres, Horcher ne l'avait pas oublié. Lorsque je lui rendis visite pour la première fois après la guerre dans son célèbre restaurant de Madrid, il se trouvait comme jadis à une table et préparait quelque chose de particulier pour un invité. Je vins à lui et il me dit « je vous connais ! » Une ou deux fois après une blessure, je me suis rendu dans son restaurant jusqu'à ce que Goebbels fasse briser ses fenêtres en criant « voulez-vous la guerre totale !!! » en 1943. Lorsque je me fis connaître, il me tomba presque autour du cou –il se réjouissait toujours de revoir des visages de l'époque de Berlin- et me prépara quelque chose de tout à fait particulier : il fabriqua un consommé à partir d'un poulet et il fit un tour de magie pour transformer de la viande en un ragoût piquant.

Horcher était un phénomène gastronomique comme on n'en trouve que très rarement. J'observais tout à fait fasciné sa façon de déposer d'abord les plats sur le brûleur à spiritueux sur une table pour ensuite en discuter les plus petites nuances avec Mère, allant même jusqu'à la couleur. Le soir du banquet fut l'occasion de découvrir une toute autre facette de ce personnage. Il se montra en formidable organisateur, qui avait tout préparé, des boissons de bienvenue, en passant par le banquet placé

(5) Connu sous le nom du « Pacte d'acier », conclu en été 1939.

jusqu'à l'encadrement des invités durant la nuit ; il dirigeait la nombreuse main-d'œuvre pour finalement se mettre à servir en simple veste blanche comme son personnel à la table d'honneur.

J'avais aussi eu le droit d'apporter ma petite contribution à la réussite de la soirée. Au moment où mes parents se posaient des questions quant au groupe de musique qu'ils allaient prendre pour faire danser les invités, je leur proposais Barnabas von Geczy. Qu'on ne se trompe pas à mon sujet en imaginant que je passais du temps dans les thés dansants à l'hôtel Esplanade ainsi que le voulait la grande mode de l'époque. Cela aurait été un curieux passe-temps pour un jeune engagé en culottes courtes comme moi. J'avais entendu ce groupe à la radio. Ma proposition fut acceptée par les parents, la musique était parfaitement appropriée à l'occasion et l'apparition de Geczy fit le reste. Son entrée en scène fut un succès total et c'est lui qui joua de nouveau à la fête de 1939.

Un incident au cours de cette soirée m'est encore bien resté en mémoire. Bien évidemment, le président du comité international olympique et sa femme, le Comte et la Comtesse Baillet-Latour, furent également invités au banquet. La Comtesse avait décliné l'invitation mais était malgré tout venue avec son mari. Comme compte tenu du fait de la position de son mari, elle devait être placée à un rang très élevé, tout le placement fut à changer de façon ad hoc au moment même où les invités arrivaient en force. Plus de trois cents personnes avaient accepté l'invitation. Cette tâche fut heureusement allégée par des tables de huit ou dix personnes, de sorte que les changements nécessaires purent être rattrapés. Ce couple n'avait pas la réputation d'aimer particulièrement l'Allemagne, si bien que ce « malentendu » pouvait peut-être cacher une intention malicieuse. Pour moi ce fut une expérience de plus à propos des choses avec lesquelles il fallait compter dans la vie !

De cette soirée, il existe une photo sur laquelle on voit Mère discuter avec Göring. Elle m'avait raconté à l'époque l'objet de la conversation. Père avait une fois de plus eu une explication avec Hitler. Ces explications reposaient soit sur des réelles différences d'opinion, soit avaient pour origine des intrigues. J'ai déjà raconté que j'avais plusieurs fois tapé des lettres de Père pour Hitler faisant référence à ce genre d'incidents. Au cours de cette soirée, Mère avait ouvertement parlé à Göring de la problématique de la relation entre Hitler et Père. Göring avait très gentiment rassuré Mère en lui expliquant que ce genre de phases de désaccord revenait toujours dans la collaboration avec Hitler et que tous les avaient vécues. Tout rentrerait dans l'ordre. Selon Mère, Père aurait dû se faire plus d'alliés et gagner davantage d'amis dans la hiérarchie de l'Etat et des partis afin d'étendre et renforcer la base fragile de son influence –dans le sens de ses opinions et jugements politiques- auprès de Hitler. Comme nous le verrons, Père n'a suivi ce conseil que de façon temporaire et conditionnelle. On ne pourra jamais assez répéter que l'influence est la condition qui permet de réaliser ses propres convictions politiques. Père était intimement convaincu qu'avec sa proposition de se faire envoyer à Londres, il courait le grand risque de se trouver loin de la centrale de décision qu'était Hitler. Mais il pensait devoir courir le risque dans l'intérêt de la chose.

Il était de toute évidence intéressant de constater que les deux représentants de Hitler, Göring et Hess, étaient présents à la soirée des parents. Père avait tout sauf une position élevée au sein de l'Etat ou du parti à cette époque-là. Bien qu'après sa nomination en tant que « Ambassadeur à la cour de saint James » -ainsi que fut officiellement définie sa position- il soit demeuré « Ambassadeur extraordinaire et investi auprès du Reich allemand » et qu'il ait conservé son « bureau », sa position n'avait rien de comparable à celle de Göring ou de Hess. Du fait que la nomination de Père en tant qu'Ambassadeur ait été connue la veille de la fête et que beaucoup d'invités de marque présents venaient justement d'Angleterre, la participation de Göring et de Hess souligna l'importance que l'on accordait à la mission de Père du côté allemand.

L'importance que Hitler accordait à ce nouvel essai de conclure un accord avec la Grande Bretagne peut être constatée par le biais des instructions qu'il donna pour transformer l'ambassade allemande à Londres et la remanier de façon généreuse. Même ce geste devait souligner l'importance qu'il accordait au poste de Père à Londres. L'on serait tenté de constater que le constructeur passionné qu'était Hitler n'aurait jamais pu faire de plus grande « déclaration d'amour » à l'Angleterre. L'intérêt que Hitler portait pour ces travaux fut prouvé par le fait qu'il envoya une fois

Speer à Londres pour en superviser l'évolution. Mère, qui avait beaucoup influencé les choses avec ses connaissances de style et son goût, pouvait se montrer satisfaite du jugement de Speer qui se résumait à « bien choisi ». Il faut noter un petit clin d'œil dans ce contexte. Père avait demandé que tous les travaux de remaniement de l'ambassade soient réalisés, dans la mesure du possible, par des sociétés allemandes pour économiser des devises. L'installation, dans la mesure où elle devait être refaite, fut exécutée par les « ateliers réunis » à Munich. Là un monsieur Paepke était en charge des relations commerciales envers les plus hautes autorités du Reich et du parti.

J'étais par hasard assis avec Père dans le salon de notre maison, louée dans l'intervalle pour mes parents, à Eaton Square, lorsqu'il reçut un coup de fil de Göring tout à fait hors de lui, expliquant à Père qu'il lui avait envoyé une lettre manuscrite lui faisant des reproches à propos des dépenses de devises qu'aurait engendré le remaniement de l'ambassade (qui avait quand même été fait à l'initiative de Hitler). Il pria instamment Père de ne pas ouvrir la lettre mais de la détruire immédiatement. Il avait été mal informé et ce n'est que par Monsieur Paepke qu'il aurait appris que tout le nécessaire était en œuvre pour s'en sortir avec le minimum de devises. Père se fit parvenir la lettre de Göring qui était sans doute arrivée le jour même à Londres par la poste. Apparemment, Göring l'avait écrite spontanément dans son premier énervement, sans donner le moindre chiffre concret ou sans mesurer le moindre de ses reproches blessants dans quelque forme que ce soit. Il découlait des formulations une forte aversion contre Père, celui-ci murmura seulement « quelle impertinence ! », mais conformément à ce qu'il avait dit à Göring au téléphone, il ne fit aucun usage de la connaissance de cette lettre. Père aurait peut-être dû utiliser cet incident pour essayer de détendre sa relation avec Göring qui était tout de même le deuxième homme de l'Etat !

Reconnaîtrait-on en Grande-Bretagne la signification, oui la chance que la quête d'amitié de Hitler offrait à l'Empire britannique ? Ecoutons ce que Père rapporta d'un lunch à l'hôtel berlinois « Kaiserhof » à propos d'une conversation avec l'un des plus importants acteurs de la politique britannique en août 1936 :

> Lorsque je rencontrais Vansittart à notre rendez-vous pour le lunch à l'hôtel « Kaiserhof », je sortis tous les registres de ma force de conviction. J'essayais de rendre à l'évidence de Sir Robert que la personne du Führer était la seule à décider de façon souveraine et qu'il représentait donc la seule façon d'allier l'Allemagne et l'Angleterre de façon durable et de construire une solide base de confiance et d'intérêts pouvant servir aux deux. Le Führer était disposé à une entente sincère et paritaire !
>
> J'étais malheureusement le seul à parler la plupart du temps, et j'avais depuis le début l'impression de me heurter à un mur. Vansittart écoutait tout en silence, mais restait totalement hermétique et évitait chacune de mes tentatives visant un échange ouvert. J'ai mené durant ma vie cette conversation avec des centaines d'Anglais sur ce sujet, mais jamais une conversation n'avait été aussi infructueuse, sans aucune résonance ni explication, sans aucune intervention de mon interlocuteur. Lorsque je priais Sir Robert de me donner son avis sur certains points précis, de soumettre mes dires de façon calme et ouverte à une critique, ou de m'expliquer où nous étions de façon fondamentale ou minime en désaccord, je ne reçus rien d'autre comme réponse que des formulations générales. J'ai encore souvent pensé à cette conversation durant les années qui ont suivie.
>
> Une chose était claire et aucun doute n'était possible, aucune entente germano-anglaise n'aboutirait avec Vansittart. Une seule fois, plus tard, j'ai pu ressentir un sentiment comparable lors d'une autre conversation. Ce fut en 1937 après un entretien avec Churchill, durant ma période à l'Ambassade de Londres. La seule différence résidait dans le fait que Vansittart ne laissait rien transparaître de sa vision des choses, tandis que Churchill était visiblement plus ouvert. Avec Vansittart j'avais en face de moi –je le ressentais- un homme avec une opinion absolument préconçue, l'homme du Foreign Office, qui ne défendait pas uniquement la thèse de

l'« équilibre des pouvoirs », mais qui était aussi la personnification du fondement de Eyre Growe : ne jamais conclure de pacte avec l'Allemagne, quoiqu'il arrive !....

Je me rendis compte de la lourde tâche qui m'incombait à Londres.

Après avoir eu le droit de vivre la fantastique sensation procurée par les jeux olympiques à Berlin, l'heure devint sérieuse avec les préparatifs de notre déménagement à Londres, même pour moi. J'ai d'ailleurs fait une expérience en relation avec les jeux olympiques qui devait s'avérer importante dans ma vie. Les parents nous avaient offert à Bettina et à moi des billets pour les compétitions qui nous intéressaient le plus. Bettina se décida pour toutes les manifestations équestres, quant à moi ce qui m'intéressait le plus c'était l'athlétisme. Pourtant les jours où mon organisation de jeunes était de « service », je renonçais à mes billets et les rendis aux parents. Mes garçons auraient sans aucun doute compris que je me fasse représenter à mon service durant les jeux, mais comme seule une minorité d'entre eux avait la possibilité de se procurer des billets, je ne voulais pas faire usage de ces billets mis à ma disposition les jours où j'étais de service. Mon organisation a su en reconnaître le mérite. Pour moi ce fut une leçon importante que j'appris à cette occasion : lorsque en tant que chef on accomplit ses devoirs avec encore plus de sérieux que ce que l'on attend de ses subordonnés ou associés, alors on dispose toujours de l'autorité nécessaire pour le cas échéant être exigeant vis-à-vis de son assemblée. C'est le cœur lourd que j'ai dû laisser mon équipe à un successeur au moment de notre départ pour l'Angleterre. Mais ma joie et ma satisfaction furent immenses lorsqu'ils m'invitèrent malgré tout à les accompagner à un camp de ski durant les vacances de Noël.

Lorsqu'on parvient à intéresser des personnes pour une cause commune, ou si on arrive à les « motiver » comme l'on dit aujourd'hui, disons que si on arrive à les rendre « heureux de travailler » en leur faisant comprendre que l'on s'est soi-même complètement consacré à la chose en mettant sa propre personnalité de côté, alors l'on trouvera toujours dans tous les domaines de la vie des personnes qui d'elles-mêmes donneront tout leur meilleur. J'ai pu m'en rendre compte en tant que jeune officier lors de marches interminables dans la forêt finnoise. Lorsqu'en tant qu'officier on prenait le fusil-mitrailleur d'un jeune soldat qui était arrivé au bout de ses forces et qu'on l'avait porté pour lui sur de longues distances, alors on avait le droit de crier à ses hommes : « venez les garçons, ressaisissez-vous, ça ne sert à rien, il faut continuer ! ». Dans ce cas-là, on n'est jamais laissé en plan.

Après la merveilleuse expérience que furent pour moi les jeux olympiques qui se terminèrent par un couvre-feu impressionnant dans le stade, il me devint de plus en plus évident que cette prise de fonction de Père en tant qu'ambassadeur londonien constituait un évènement particulièrement marquant dans nos vies à tous. Les parents estimèrent bon que je passe une année dans l'une des grandes écoles privées anglaises, pas seulement pour améliorer mon anglais scolaire, mais surtout pour connaître les grands principes éducatifs de ces fameuses « public-schools », dont les parents parlaient sans cesse de façon admirative. Selon eux, c'est là que se trouvaient les racines du royaume britannique. A la suite d'une lettre de plainte de mon école de Dahlem, le collège Arndt, en raison d'une quelconque farce, Père trouva regrettable que le professorat en Allemagne ne soit pas aussi hautement considéré qu'en Angleterre dans la classification des valeurs publiques. Je ne veux pas être mal compris, j'ai eu la chance durant ma scolarité d'avoir la plupart du temps un enseignement dispensé par des professeurs hautement compétents et humains. Cela vaut tout autant pour le célèbre collège Arndt à Berlin-Dahlem que pour le centre éducatif en politique nationale (NPEA), *Nationalpolitische Erziehungsanstalt* à Ilfeld. Encore aujourd'hui, je tire profit des bases éducatives qui m'ont été transmises à l'époque. La meilleure qualification du collège Arndt serait celle de « collège à punch ». Les professeurs étaient la plupart du temps de véritables originaux qui ne se limitaient pas à l'enseignement de leur matière, mais accordaient par ailleurs de l'importance à la transmission de connaissances générales et gardaient également un œil sur la formation du caractère, dans la mesure où cela fut possible dans un externat, comme le collège Arndt. A Ilfeld, dans la mesure où il s'agissait d'un internat, davantage fut fait sur le terrain de l'éducation.

C'est à Eton, la plus célèbre école traditionnelle anglaise, que mes parents auraient préféré me voir. Mais cela ne s'avéra pas possible, puisque, à l'époque, un élève devait déjà y être inscrit à sa naissance et à condition que son père ait lui-même déjà été élève de l'établissement. J'ai entendu que les critères d'admission ont été changés ces dernières années. Maintenant, avec l'aide de bourses, même les enfants doués mais ne provenant pas des familles traditionnelles qui représentaient la continuité d'Eton et la direction du pays peuvent y être admis. Il n'y a pas si longtemps que le recrutement de la plupart des premiers ministres se faisait par le biais d'Eton. Dans le cabinet de Major seul un ministre était encore élève d'Eton, et il souhaitait le cacher dans la mesure du possible, comme me le confia de façon malicieuse un jour une femme « conservatrice ». Entretemps, il existe également à Eton un contingent de garçons étrangers. Une intéressante enquête de l'époque a révélé que 55% des candidats conservateurs aux élections pour la chambre des communes provenait d'une « public school » (école privée), dont 43 proviendrait de Eton. Dans l'ensemble, 18 Premiers ministres ont fait leur formation à Eton. Le dernier fut Douglas-Home, premier ministre jusqu'en 1964.

Il est bien sûr impossible de savoir si, dans ces circonstances, des raisons politiques ont contribué à m'interdire l'entrée à Eton. Peut-être ne voulait-on juste pas créer de précédent, car je fus accepté sans aucun problème, par l'intermédiaire de Convall-Evans, dans l'école de Westminster à Londres. La Westminster-school, où je devais désormais passer trois trimestres, donc presque un an, se voulait être la plus ancienne école privée *(public school)* d'Angleterre. L'appellation « public school » nécessite une explication, puisqu'il s'agit –en tous cas à l'époque- de tout sauf d'une école publique comme le laisserait entendre la traduction littérale. Lesdites « public schools » étaient à l'époque en Angleterre, en tous cas tant qu'il s'agissait des instituts connus et riches en traditions, tout à fait exclusifs, réservés à une certaine catégorie sociale. Les bâtiments de la vieille école de Westminster se trouvent juste derrière la célèbre abbaye de Westminister et les élèves de l'école bénéficient d'un accès privé. Les élèves privilégiés se nomment « King's Scholars » ou « Queen's Scholars » et ont le droit, ou si l'on préfère le devoir, de s'impliquer dans certaines cérémonies dans l'abbaye. Ainsi eurent-ils droit de participer à la cérémonie de couronnement, un droit qui leur fut très envié l'année suivante, l'année du couronnement de George VI. Mais afin de pouvoir se réjouir du rang de « King » ou « Queen » Scholars, il fallait réussir certains examens particuliers.

A l'époque « Westminster » et « Eton » furent les seules écoles en Grande-Bretagne dont l'uniforme se composait de jaquette, haut de forme et parapluie. Après la guerre, cet uniforme à sans doute été qualifié de trop encombrant et donc supprimé. Ce fut en réalité une surprise pour moi de découvrir qu'en Angleterre toutes les écoles portaient une sorte d'uniforme. L'allusion à l'uniformisation de tous les élèves britanniques était un argument récurrent lorsqu'on abordait le sujet de l'uniformisation en Allemagne.

L'on devrait pouvoir comprendre mes sentiments partagés –pour l'exprimer de façon modérée– lorsqu'au cours d'un voyage de préparatifs à Londres, je me rendis dans la très vieille boutique d'un gentil tailleur réputé de Londres pour me faire tailler mon uniforme. Cet atelier de couture nous avait été conseillé et avait sans doute dû tailler les uniformes de Westminster depuis des siècles –c'est en tous cas l'impression qu'il donnait, si on se référait à son installation- et garantissait donc une stricte conformité. C'est donc dans cet accoutrement que je devais traverser tous les jours les rues de Londres pour me rendre à l'école ? La seule chose que je pouvais imaginer c'était tous les garçons des rues me courant après en riant à gorge déployée. Mais, à ma grande surprise, personne ne sembla me remarquer, lorsque le matin ou le soir je traversais à pied l'intense trafic de la rue Victoria, et plus tard du parc Saint James pour me rendre à l'école. Les Londoniens connaissent les garçons de Westminster (les « Westminsterboys ») et étaient habitués à les voir.

Mon entrée à Westminster fit après la guerre encore l'objet d'une petite publicité par le biais du journaliste comédien Ustinov, qui aurait été en même temps que moi à Westminster. Je ne me souviens pas de lui, bien qu'il prétende avoir été assis entre le fils d'un cheik du pétrole –dont je ne me souviens pas non plus- et moi. Je peux lui être reconnaissant puisqu'il me prête des mérites que je ne possède malheureusement pas. D'après Ustinov, je serai censé avoir peint un triptyque avec « des vieux germains, dont les femmes avaient des cheveux plats, des armures de poitrines et qui brillaient d'un optimisme effroyable » ! Je n'ai malheureusement jamais réussi à dépasser le niveau des bonshommes à traits en dessin. Ustinov avait sans doute entendu ce qu'avait dit le célèbre écrivain britannique du nom d'Oscar Wilde qui constatait à très juste titre « les hommes ne veulent pas être informés, ils veulent être entretenus ». Tout comme les cheveux roux qu'il me prête, ne se sont jamais laissés voir au grand désespoir de ma mère qui les aime beaucoup. Cela dit, un homme d'esprit tel qu'Oscar Wilde ne se serait peut-être pas abaissé au cliché du fiston d'ambassadeur qui se fait conduire à l'école dans une grosse Mercedes, blanche de surcroît, bien entendu par un chauffeur qui, à son départ, claquait toujours les talons et prit son congé en levant le bras et en criant « Heil Hitler ». Est-il honnête de dire publiquement de telles sornettes sur un ancien camarade de classe qui n'a naturellement pas les moyens de rétablir la vérité ? Peut-être était-ce aussi simplement un peu de la substitution de nom pour prouver avoir appartenu à cette école si célèbre.

La réalité était tout autre. Dès le premier jour, je fis mon trajet pour me rendre à Westminster à pied *« per pedes apostolorum »*, comme tous les jours qui allèrent suivre. La marche d'Eton Square jusqu'à la rue Victoria pour me rendre à l'école me valut le premier jour de classe une petite dispute téléphonique avec Père. Cela se passa comme suit :

Comme le « term », c'est ainsi qu'on désignait les trois périodes de l'année, débutait plus tôt qu'il ne fut possible aux parents d'emménager à Londres, j'y fus envoyé en avance sous la tutelle de l'ancienne gouvernante anglaise de Mère, Miss Pettifer. Elle était une femme charmante.

Les parents avaient loué pour cette période-là une maison à Eton Square, où l'Ambassade était en rénovation. La maison appartint de façon amusante au futur Premier ministre Neville Chamberlain. Il s'agissait de l'une de ces maisons londoniennes étroites, collées les unes aux autres. Il fallait s'habituer à monter tout le temps des escaliers. Même la salle de bain des parents se trouvait à un étage intermédiaire de l'arrière maison.

Quelques jours avant ma rentrée en classe à Westminster, apparut devant la maison une foule de photographes de presse pour prendre des photos du fils du nouvel ambassadeur allemand. Déjà à l'époque, comme aujourd'hui, la sphère populaire anglaise s'intéressait toujours beaucoup à la vie privée des personnalités, la presse y accordait donc un grand intérêt. Je dus m'habituer à ce que même les enfants des personnalités soient concernés. Sévèrement éduqués par nos parents pour ne pas donner trop d'importance à notre personne, du fait que Père avait une position officielle, je refusais de poser pour les photographes, mais essayais par ailleurs d'entrer en contact avec mes parents, ce que je ne parvins pas à faire assez rapidement compte tenu des conditions techniques de l'époque. La bonne « Petty », comme fut appelée Miss Pettifer par toute la famille, me convaincut cependant de réaliser le souhait des journalistes pensant que ce serait certainement dans l'esprit des parents « de trouver une sympathique atmosphère auprès de la presse et que je pouvais y contribuer de la sorte ». Je me laissais donc photographier et je posais (comme Père s'exprima quelques jours plus tard au téléphone) pour la presse, même si c'était contre ma volonté. Bien sûr, tout ce que je pouvais mal faire je le fis mal, je me montrais avec un visage agacé, les bras croisés sur le torse sur l'escalier de la maison. Mais que pouvait donc savoir un jeune de quinze ans sur la conduite à avoir avec la presse internationale, dans un pays étranger de surcroît ?

Lorsque, le lendemain, je vis mon image dans les journaux, je fus moi-même effrayé de voir à quel point cette photo donnait une image antipathique. Je compris alors vite que si l'on acceptait de se montrer à la presse, alors fallait-il au moins offrir une image avantageuse et sympathique de soi à l'opinion publique. J'eus bien vite l'occasion de mettre cette leçon à profit.

Quelques jours plus tard, je me mis en route pour aller à Westminster, à pied bien entendu ! Connaissant le point de vue de mes parents, il n'aurait jamais été envisageable d'être emmené à l'école avec la voiture diplomatique. Je n'ai jamais été conduit une seule fois à l'école. Sans oublier le fait qu'à l'époque où mes parents s'expatrièrent en Angleterre, il y avait à l'ambassade seulement un seul vieux chauffeur, un vieux monsieur ratatiné, qui apparemment ne parlait pas un seul mot d'allemand. (Les parents avaient une autre opinion du « service secret » britannique et c'est pourquoi ils vinrent plus tard avec leur propre chauffeur allemand à Londres). Mais ils conservèrent le vieux chauffeur à l'ambassade car il avait servi le prédécesseur de Père, Monsieur von Hoesch, pendant des années. Il ne me semble même pas utile de mentionner que personne n'attendait de lui qu'il fasse le salut allemand, ni qu'il s'y soumette de lui-même, mais –comme partout dans le monde à cette époque- il enlevait sa casquette lorsque ses maîtres pénétraient dans la voiture.

Mais peu importe, revenons au chemin de l'école ! Lorsque ce matin-là je quittais notre domicile à Eton Square, des reporters se précipitèrent en bande sur le garçon d'école portant un haut-de-forme, et je fus mitraillé de tous côtés ! Une photo des archives de presse qui me fut offerte plus tard à l'occasion de mes soixante-dix ans me permit de constater que j'avais vite appris ma leçon. Comme l'on peut le constater sur cette photo, j'ai cette fois-ci regardé droit dans les appareils photos en souriant !

Petty me félicita beaucoup le lendemain et je trouvais moi-même que j'avais bien fait, puisque devant l'entrée de l'école, dans le petit jardin de « Little Deans Yard », s'était de nouveau amassée une foule de photoreporters. Tout d'abord ils ne me virent pas. Peut-être attendaient-ils la « grosse Mercedes » d'Ustinov et que, de ce fait, ils n'avaient pas fait attention à moi lorsque je suis arrivé à pied au coin de la rue. Le cliquètement des appareils photo recommença rapidement en raison du sourire de certains autres écoliers qui attendaient également, mais je pus rapidement m'y soustraire, en demandant aux garçons vers où me tourner.

Mon autosatisfaction ne devait pas durer longtemps. Deux ou trois jours plus tard, je reçus le soir un coup de fil de Père à Berlin, relativement remonté, qui me demanda « ce qu'il me prenait de poser pour la presse ». Il avait l'air de penser que ce travail de « relations publiques indépendant » -comme on l'appellerait sans doute de nos jours- plaisait à son fiston. J'étais désemparé car je trouvais que finalement je ne m'étais pas si mal débrouillé que cela. Je me défendis d'ailleurs en lui demandant ce que j'aurais bien pu faire.

Qu'elle était l'origine de la colère de Père ? Le ministère de la propagande, on peut même se consoler en disant son « ami » Goebbels en personne, avait lancé cette photo de moi, en jaquette, haut de forme et parapluie à la presse allemande où elle fut visiblement publiée dans divers journaux. De Londres, il ne m'était bien sûr pas possible de me rendre compte de ces effets, sans oublier que je n'avais aucun moyen de les influencer d'une manière ou d'une autre.

On peut bien s'imaginer que ce que Goebbels pouvait faire circuler comme propagande, portait de façon sous-jacente le slogan : nos écoles allemandes ne sont pas assez bonnes pour les Ribbentrop. C'est sans doute aussi la version qui fut donnée à Hitler. Ce genre de coups bas ratait son effet de temps en temps, mais pas auprès de Hitler. Mère me raconta qu'un jour Hitler s'était exprimé de manière extrêmement négative à propos d'une dame de la société diplomatique particulièrement belle et élégante. Lorsque Père demanda à Hitler pourquoi il dénigrait tant cette femme, Hitler lui répondit de façon lapidaire *« elle met ses enfants au monde au milieu du champagne ! »*. Mère soupçonnait une autre jolie blonde proche de Hitler à l'origine de cette intrigue, dans le but de discréditer aux yeux de Hitler une autre jolie concurrente.

Je devins donc sans le vouloir l'« objet » d'une petite intrigue contre Père. Et dès les premiers jours de mon séjour à Londres je fus devenu le « fils d'un politique ». Je réalisais donc que, tout ce que je pouvais faire, pouvait servir dans la sphère politique. Il ne suffisait donc pas de se retenir et d'avoir un comportement discret, ce qu'il fallait désormais, c'était réagir. Il y eut à Londres plusieurs occasions de tester cette faculté de réaction. L'époque berlinoise de mon enfance et de ma jeunesse était irrémédiablement révolue. J'étais maintenant soumis à des défis d'une toute autre nature que ceux auxquels j'avais été confronté à la maison à Dahlem, au collège Arndt ou durant mon activité au sein de mon mouvement de jeunesse.

Je ne pouvais encore savoir à ce moment-là que, pour le restant de ma vie, je ne reverrai plus mon beau Berlin qu'en tant que visiteur durant les vacances, comme blessé durant la guerre ou à l'occasion de déplacements professionnels après la guerre. Il s'avère que, dans la vie, on apprend à réellement aimer et apprécier quelque chose une fois qu'on l'a perdu, c'est ce qui se passa avec le Berlin de mon enfance et de mon adolescence ! J'étais né deux ou trois ans trop tard pour apprécier pleinement le fluide particulier de cette ville en temps de paix. J'ai encore pu apprécier un peu « l'air berlinois » (il s'agit aujourd'hui encore d'une expression consacrée en raison des nombreux bois et lacs environnants) fin 1941, lors d'une convalescence dans un hôpital militaire proche de Berlin, où je soignais une grave blessure avant que la ville ne soit réduite en cendres. Je n'aurais pu imaginer mettre fin de façon plus intense à ma relation avec Berlin au sens ou c'était mon « chez moi » qu'à la suite de la vue de ce quartier des dirigeants en flamme après l'attaque aérienne du 4 février 1945 et la macabre rencontre avec Hitler dans son bunker le jour même.

Mon entrée à l'école de Westminster pour une année soulevait bien sûr la question de savoir dans quelle école j'irai à mon retour en Allemagne pour terminer ma formation scolaire et mon baccalauréat *(Abitur)*. Seul un internat fut envisageable puisque notre maison de Dahlem fut fermée et qu'il n'était pas possible de savoir quand les parents reviendraient en Allemagne.

Westminster m'offrait la chance de connaître une institution représentative des écoles d'élite britanniques. C'est pourquoi les parents étaient d'avis que je devais aller dans une école en Allemagne qui serait également caractéristique de la nouvelle conception sociale du régime. Ce fut donc un centre d'éducation appelé *« Nationalpolitische Erziehungsanstalt »* (NPEA) (appelée communément *Napolas*).

Mère avait découvert qu'il existait une telle institution d'excellente réputation à Ilfeld dans le Harz. Elle me proposa donc d'y aller après mon année à Westminster pour y terminer ma scolarité et passer mon baccalauréat. Les NPEA humanistes à Ilfeld et à Schulpforta étaient toutes les deux issues d'écoles religieuses protestantes et se vantaient d'une certaine célébrité, puisque quelques personnages connus, comme Nietzsche à Schulpforta et Peters, le jadis célèbre chercheur sur l'Afrique, à Ilfeld, y avaient acquis les bases de leur formation. Les deux *Napolas* confirmaient la tradition du haut niveau de formation des deux précédentes.

Mère était tout à fait pour Ilfeld en raison de son orientation humaniste, mais ce fut justement cela qui me posa un problème. Je dois à ce titre ajouter que j'avais fait l'essai d'une formation humaniste, mais sans succès. Je pourrais évoquer des circonstances qui me disculperaient quelque peu, mais elles ne changeraient rien au fait que la raison principale fut la paresse et que mon bulletin ne comptait que des 4 ou 5 (sur 6, *NdT*), même en français que je parlais presque couramment avec le professeur, grâce aux efforts de notre gouvernante française. Il n'y avait qu'en histoire que j'avais un 1, et en allemand un 2. Cette année 1933 fut pour moi le passage de l'enfance à l'adolescence. De nouveaux domaines de la vie s'ouvrirent à moi, je devins plus autonome ce qui s'exprimait par un nouveau désir de liberté. Mes notes à l'école chutèrent, je laissais passer la chance d'essayer de passer dans la classe supérieure, ce qui aurait encore pu être possible.

Mère accepta avec résignation mon explication selon laquelle « les langues anciennes ne me convenaient pas » et je changeais pour la partie scientifique du collège Arndt. Mais Mère vit une seconde chance pour imposer l'apprentissage des études humanistes. Elle était d'avis que je pouvais toujours apprendre le grec. Il en découla une discussion assez virulente –dans le bureau de M. Neville Chamberlain (le futur Premier ministre), que je justifiais en argumentant qu'il ne m'était tout simplement pas possible de tout faire. Il fallait notamment que je continue à suivre le programme d'allemand en plus de mes cours à l'école anglaise. Il s'agissait tout de même de trois années et demi de grec et de latin, etc. Comme je quittais la maison le matin à huit heures et que je rentrais le soir au plus tôt à six heures, il ne me restait pour ainsi dire que le travail de nuit. Je ne connaissais pas encore la maxime de l'armée prussienne selon laquelle un jour a 24 heures, et si celles-ci ne suffisent pas il faut y ajouter la nuit. J'allais bientôt la tester !

Mère ne prit pas en considération ces excuses et mit fin à la conversation avec l'explication suivante : *« la seule chose qui compterait pour moi, serait que tu essayes au moins »* ! Elle quitta le bureau de M. Chamberlain à Eton Square avec ces mots et je ne cacherais pas que la fermeture de la porte provoqua quelques chutes de poussière du plafond !

Cet apprentissage du grec la nuit était à mes yeux un effort déraisonnable. Je me vis dans une réelle impasse. D'une part je ne voulais pour rien au monde mettre en jeu la confiance que Mère avait mise en moi, d'autre part il me semblait impossible de réaliser le souhait de Mère de me faire accepter dans une école humaniste, et ce avec un haut niveau de surcroît. A cela s'ajouta le fait que suivre les cours à Westminster me demandait un effort et une concentration immense, car pour l'instant je n'avais eu que deux années de cours d'anglais à l'école.

Après un certain temps de réflexion, je répondis que « je voulais bien essayer » tout en étant persuadé qu'il n'était même pas envisageable de réussir. Cependant, Mère me transmettait tant de connaissances dans des domaines autres que la politique actuelle, comme la culture générale et les problèmes et rapports humains, que je ne voulais pas altérer notre relation en refusant de faire au moins l'effort de réaliser son souhait. J'avais d'ailleurs réellement l'intention d'honorer cette relation de confiance. J'étais également d'avis qu'une formation humaniste l'emportait sur une formation purement scientifique. J'irai même jusqu'à ajouter que pour le scientifique particulièrement doué, ce qui n'était pas mon cas, la formation humaniste était particulièrement importante, car plus tard il ne lui resterait quasiment plus de temps pour apprendre les bases beaucoup plus vastes que peuvent apporter une formation humaniste, en tous cas à l'époque.

Mère battit le fer tant qu'il était chaud. Avec l'énergie qui lui était propre –quand elle ne souffrait pas une fois de plus d'affreuses crises de sinusite- elle avait trouvé en l'espace de quelques jours un professeur d'allemand qui enseignait dans le cadre d'un échange auprès d'une école londonienne. Ainsi vint Monsieur Mitschke, jeune professeur et spécialiste en philologie ancienne, avec une pédagogie aussi grande que son talent humain. Il représentait pour moi une véritable aubaine, ce dont on ne se rend compte que beaucoup plus tard lorsqu'on est adolescent.

Mitschke était un homme de Silésie, calme et posé qui ne mettait aucune hâte dans le travail, mais me fit au contraire constater que je possédais déjà quelques acquis à partir desquels je pouvais bâtir. Nous devions donc commencer et voir jusqu'où nous arriverions, pour ensuite décider s'il était nécessaire de poursuivre cet effort ou non. C'est ainsi que je commençais un peu contrarié à apprendre le grec, avec l'impression irrémédiable d'entreprendre une chose dénuée de sens. Je me levais le matin à cinq heures pour apprendre le grec. Tous les jours, durant une année entière, je me trouvais à 18h précises à une table avec Mitschke et des sandwichs afin de débuter immédiatement le cours. Une fois qu'il m'avait quitté à 20 heures, je continuais à travailler jusqu'à tard dans la nuit.

Aujourd'hui encore, je peux me souvenir de cet instant –il est ancré dans ma mémoire- où je pris conscience de tenter quelque chose d'inhabituel. L'ambition se mit également à naître en moi, celle de réussir une chose a priori impossible. En un instant, je fus motivé, comme on le dit aujourd'hui, et je sentais au sens propre, comme ma capacité à apprendre se développait et se renforçait. Je ne suis sans aucun doute jamais devenu un très bon spécialiste de philologie ancienne, mais j'ai appris une chose grâce à ce remède de cheval : « travailler » ! On ne pourra pas nier le fait que, pour un garçon de quinze ans, ceci représente une expérience toute particulière, associée à la conscience que l'on peut faire quelque chose de tout à fait extraordinaire quand on le veut ! La devise de mon grand-père Henkell était *« nil dificile volenti »* (6) devint d'un seul coup d'une impressionnante réalité pour moi ! J'ai toutes les raisons de remercier ma mère d'avoir fermé un peu violemment la porte du bureau de Mr. Chamberlain. Les effets sur ma vie ont été ceux d'une dot qui m'a permis de surmonter les divers évènements dans lesquels l'a vie m'a bousculée. J'ai réussi l'examen d'entrée à Ilfeld, ce qui m'a donné la possibilité de comparer les systèmes scolaires allemand et anglais. J'en ferais part après la narration de mes aventures à Westminster.

Mais revenons au « Little Dean's Yard », l'entrée de l'école de Westminster. L'école était répartie en cinq « maisons » dans lesquelles se déroulait la vie scolaire, à l'exception des cours. Ceux-ci avaient lieu dans des « forms » (nous dirions des classes) qui se composaient des membres des cinq maisons en fonction de leur niveau d'études et de leurs centres d'intérêts

(6) Rien n'est difficile pour celui qui veut.

Les bâtiments de l'école, la plupart d'époque, étaient très vieux et dans le style antique, répartis autour d'un « square » couvert de grandes dalles de pierre. Certaines dalles ne pouvaient être piétinées que par certains élèves, d'après un rite très ancien semble-t-il qui était cependant bien respecté. Tout relevait quelque peu de la tradition, à laquelle contribuait largement l'accoutrement des élèves en jaquette. Les professeurs étaient en tenue « civile », mais portaient à l'école une sorte de robe qu'ils nouaient de façon pittoresque autour des épaules.

Je fus attribué à la maison Ashburnham. Les maisons étaient classées par catégorie d'âges *« Upper », « Middle »* et *« Under »*. Chaque niveau avait une pièce à soi. Les garçons appartenant au niveau *« Upper »* élisaient parmi eux le chef de la maison *« head of house »* qui disposait de très larges attributions disciplinaires et de droits, allant jusqu'à pouvoir de donner des coups de bâton ! Je n'ai cependant jamais assisté à l'une de ces condamnations durant ma période à Westminster. Il y eut juste une fois motif à condamner la discipline des *« Under »* et de rapporter quelques injustices : le *« headboy »* (le chef, *NdT*) menaça en faisant tourner son bâton et en souriant dans ma direction et dit *« si cela ne fonctionne pas sous le mode de la démocratie dans cette maison, alors peut-être faudrait-il essayer la dictature »* !

Ce que l'on notait d'emblée dans ces trois salles fut leur simplicité extrêmement spartiate. Sur le sol de brique complètement usé se trouvaient quelques bancs autour d'une table de ping-pong. Aux murs étaient suspendus quelques « locker », des petits casiers verrouillables, dans lesquels nous devions mettre nos affaires de cours. La pièce des *« Middle »* était à peine mieux arrangée, tandis que, d'après mon souvenir, les *« Upper »* pouvaient se réjouir d'un vieux tapis usé et de quelques chaises. Le *« headboy »* avait à sa disposition un vieux fauteuil brinquebalant. Je ne connais pas les conditions de vie à Westminster de nos jours, mais en tous cas à l'époque c'était plutôt très spartiate.

Lorsque les élèves voulaient se retirer, ils avaient à leur disposition une grande et confortable bibliothèque, où l'on n'avait bien sûr pas le droit de discuter. Un ancien élève fortuné en avait fait don à l'école. Durant l'hiver, on se tenait souvent dans la salle de la bibliothèque car les autres salles n'étaient pas très chaudes.

Lorsque je racontais aux parents les conditions de vie à Westminster, Père conforta son opinion selon laquelle la classe dirigeante anglaise n'était en aucun cas ramollie et décadente, mais sportive, dure et disciplinée. Mère me raconta à l'époque une conversation avec l'un des hauts fonctionnaires du Foreign Office, membre de l'*« establishment »*, puisque, comme il le raconta à Mère, son fils était allé à l'école à Eton. Il raconta à Mère une histoire qui la laissa bouche bée. Eton lui aurait écrit qu'il devait interdire à son fils de jouer au football car il avait un souffle au cœur et que l'effort pouvait être dangereux. Il n'en a pas tenu compte en raison du fait que la position du garçon parmi ses camarades dépendait en majeure partie de ses facultés sportives et que donc il ne souhaitait pas lui nuire dans ce domaine. Son fils est malheureusement tombé mort sur le terrain de foot. Mère fut très marquée par l'histoire de ce père, comme l'on peut s'en douter. Pour Père qui s'intéressait toujours beaucoup à mes récits sur la vie scolaire à Westminster, cela constitua une preuve supplémentaire que les *« public schools »*, d'où émanait l'élite dirigeante de l'empire, ne produisaient pas des « mauviettes ».

A peine deux ans plus tard, Mussolini demanda à Mère (à l'occasion d'un banquet où elle se trouva à sa droite lors d'une visite officielle de Hitler en Italie en 1938. –Hitler n'étant pas marié, c'était elle qui était considérée comme la première dame allemande à l'étranger ; en Allemagne c'était Madame Göring) comment elle jugeait les Anglais ? Spontanément, Mère raconta au « Duce » l'histoire de la mort du garçon, insinuant ainsi la dureté des dirigeants britanniques. Après le dîner, elle raconta de façon un peu préoccupée à Père sa conversation, car elle se demandait si sa réponse avait été opportune vis-à-vis de la question de Mussolini. Père la rassura en disant qu'il fallait toujours mieux surestimer l'ennemi que l'inverse : les minauderies de la propagande sont souvent des coups qui à long terme nous retombent dessus. Je reviendrai plus tard, dans le contexte du rapport de Père à propos de Londres, sur les calomnies dont Père a fait l'objet au sein de certains cercles allemands, comme quoi il aurait décrit la Grande Bretagne à

Hitler comme étant ramollie, décadente et incapable de se battre.

Comme je le disais précédemment, la vie scolaire se déroulait principalement dans le cadre des maisons, il en fut donc ainsi pour le sport qui était entièrement pratiqué au sein de la maison. Le football et le criquet, donc des sports collectifs, constituaient les principaux sports et avaient une signification toute particulière au sein de la vie scolaire, que ce soit à l'occasion de compétitions entre les maisons ou contre d'autres écoles. L'organisation des sports reposait, comme beaucoup d'autres choses à Westminster, entièrement entre les mains des élèves.

Chaque maison était dirigée par un professeur qui était le *« house-master »*. Il intervenait très peu, mais était en permanence disponible pour les élèves de sa maison. Il avait son bureau dans la maison où il se tenait à certaines heures. De nombreuses fonctions au sein de la maison étaient prises en charge par les élèves de la *« Upper »*, qui assuraient, sans grande formalité, quasiment une position de supérieur vis-à-vis des autres membres de la maison et qui disposaient de l'autorité nécessaire, mais qui en usaient de façon raisonnable. Tout se déroulait selon un rituel qui avait depuis longtemps fait ses preuves.

Une partie des élèves étaient externes, comme moi, et rentraient le soir à la maison. Le logement des internes était tout aussi spartiate que le reste. Le déjeuner était commun à tout le monde. Celui-ci était tout aussi frugal et ne fut battu dans sa simplicité et son manque de saveur que par les repas à Ilfeld qui remportaient la palme dans ce domaine. Les vieilles générations pensent toujours qu'elles ont eu la vie plus difficile que les jeunes, mais j'aimerais bien voir la réaction des pensionnaires de nos jours, et de leurs parents, si on leur proposait le menu de Westminster ou d'Ilfeld.

La vie scolaire à Westminster était particulièrement diversifiée et riche si l'on profitait de ses possibilités. Il existait les plus diverses institutions dans le domaine artistique, sportif ou scientifique, et même un « club de débats » ! La participation aux manifestations était toujours volontaire. Elles étaient gérées par des élèves élus. Un professeur se trouvait sans doute toujours quelque part à l'arrière, prêt à donner des conseils, mais paraissant rarement !

Le « club des débats » organisa un jour une joute verbale sur un thème visiblement choisi pour « m'honorer » : « l'Allemagne doit-elle de nouveau avoir des colonies ou non ? ». A cette occasion on avait même demandé à une autre école de participer. Elle envoya également deux orateurs. La discussion se déroula de la façon suivante : chaque école choisissait un « proposant » et un « opposant », les premiers plaidaient un retour des colonies, les seconds défendaient l'opinion inverse. Ils avaient un temps de préparation de cinq minutes et devaient bien entendu parler librement. Ensuite, chacun avait le droit à la parole et avait le droit de s'exprimer dans les mêmes conditions, librement, pendant deux minutes ; ensuite eut lieu le vote. Du fait que j'étais présent et que j'avais usé de la faculté qui m'était offerte de représenter le point de vue allemand, le retour aux colonies fut gentiment voté par la majorité. Ce genre de « clubs de débats » est à souhaiter en Allemagne dans le but d'acquérir et de s'habituer à discuter calmement et de façon constructive de points de vues divergents.

Cette réunion m'avait fortement impressionnée à l'époque. J'étais tenté de sourire lorsque je voyais un gamin de dix ans retroussant ses manches pour s'adresser à ses camarades en commençant par « gentlemen » pour leur faire part de son opinion à propos du thème donné. Mais j'étais conscient de la valeur éducative de cet entraînement au discours. Toute la réunion se déroulait en quelque sorte sous une forme parlementaire et constituait une formidable éducation à la discipline et à la répartie sans oublier aussi l'apprentissage à accepter des opinions divergentes et même d'accepter sans broncher une défaite. Cet amour des Anglais pour les discussions amusantes et promptes à la riposte était déjà décelable chez mes camarades. L'expression anglaise *« don't argue »* dans le but d'éviter les débats coriaces, acharnés et finalement infructueux a beaucoup de mérite.

Dans la vie quotidienne à Westminster, la politique ne jouait d'une façon générale pas un grand rôle. Je n'ai de mon côté jamais provoqué ni débuté un débat politique, à moins qu'on ne se soit directement adressé à moi à propos d'un sujet politique, mais ce fut très rarement le cas. Malgré mes grosses difficultés de langage, j'étais parvenu à me faire intégrer dans « ma maison » et lorsqu'au cours de compétitions sportives je remportais quelques succès, j'étais même considéré comme les leurs.

Mais il me fallait aussi toujours rester sur le « qui vive » en raison de l'exposition dont je faisais l'objet en tant que fils de l'ambassadeur allemand durant la période mouvementée de l'époque. Mon intégration et je peux aussi dire une certaine sympathie signifiait intéressement, par moment aussi dans le sens de « nous allons voir comment il se tirera d'affaire ». Je fis donc rapidement une nouvelle expérience dans ce sens.

Un jour, mes amis me firent savoir qu'un MP (membre du parlement), donc un député de la chambre des communes, allait mener un débat hautement intéressant sur le thème de la Société des Nations et que je devais absolument y assister. Il s'avéra que ce député, un certain Mr. Garnett, était président d'une ligue appelée *« ligue of nations unions »*, une sorte d'association qui s'était fait sien le devoir de promouvoir la pensée de la Société des Nations.

Exceptionnellement, la réunion fut dirigée par un professeur, Mr. Blake, sans doute en raison du fait que le député était un « MP ». Mes amis m'avaient prévenu que Mr. Blake n'était pas un grand ami de mon pays. Cet exposé pouvait s'avérer très passionnant pour moi, puisque l'Allemagne avait quitté la Société des Nations trois ans plus tôt afin de ne pas l'emporter sur la majorité concernant la question de l'égalité des droits. Après la démission d'autres pays de la Société des Nations, celle-ci était devenue vide de sens. Pour le fonctionnaire de «l'association de la Société des Nations», je l'avoue, cette situation n'est pas très agréable.

A cela s'ajouta le fait que Hitler venait juste d'annoncer le « plan quadriennal » qui devait résoudre les problèmes de ravitaillement en matières premières. Le but était d'arriver à une autarcie relativement vaste. Deux raisons étaient à l'origine de l'économie de matières premières et de denrées : la petite quantité de devises et l'expérience du Reich allemand durant la Première Guerre mondiale avec le blocus des mers par la Grande-Bretagne, c'est-à-dire l'impossibilité pour l'Allemagne pauvre en matières premières, de recevoir le réapprovisionnement qui lui était conféré par voie maritime durant la guerre comme en temps de paix.

Il ne faut pas perdre de vue que ce n'est qu'au cours de l'année 1936 que Hitler s'était décidé à organiser les problèmes de ravitaillement du Reich dans le secteur des matières premières (y compris le ravitaillement en denrées alimentaires) sous forme de « plan quadriennal ». Le moment de cette décision est une preuve supplémentaire de sa conception en politique étrangère d'une alliance avec les deux puissances de l'Ouest. Dans ce cas de figure, donc celui d'une étroite collaboration en Europe sur la politique mondiale, le ravitaillement en matières premières du Reich n'aurait pas été un gros problème, même en cas de crise avec l'Europe de l'Est. C'est justement l'incertitude à propos de la politique de la Grande-Bretagne qui a déclenché ce « plan quadriennal » trois ans et demi après l'accession au pouvoir de Hitler.

Je devais donc me préparer à certaines choses durant cette réunion. La participation à ce genre de manifestations était comme d'habitude volontaire. Mais pour moi, sur les conseils de mes amis, je n'avais pas d'autre choix que de participer. Sans compter qu'il était également politiquement correct de ne pas me soustraire à un représentant de la pensée de la Société des Nations, car il était connu que la politique allemande souhaitait également la coopération avec l'Europe de l'Ouest ! La Société des Nations ne fut rejetée du côté allemand qu'en raison du fait qu'elle n'était qu'un instrument à faire perdurer « Versailles » ! La conférence eut lieu dans la bibliothèque et, comme par hasard, l'on m'avait placé au premier rang, juste en face de l'estrade de l'orateur. La grande salle était comble.

Compte tenu de la position de l'orateur, je ne m'attendais pas à des mots aimables à propos de l'Allemagne et de son gouvernement, mais les termes de l'orateur dépassèrent de loin, par leur agressivité, les règles de politesse et de tact qui sont de règle face à un étranger. Suite aux déclarations de Mr. Garnett, je compris vite qu'il me fallait prendre la parole si l'occasion m'en était donnée. Je ne pouvais accepter sans mot dire les attaques massives contre mon pays. Cela aurait été une déception pour mes amis qui étaient sans doute tous impatients de voir comment j'allais réagir. La plus grande difficulté résidait dans mes connaissances linguistiques limitées qui ne suffiraient certainement pas pour une discussion telle que celle-ci.

Lorsque l'orateur eut terminé, Mr. Blake proposa effectivement aux personnes présentes de poser des questions. Je laissais d'abord la priorité à quelques élèves puis je me manifestais également pour prendre la parole, et attirer l'attention sur l'origine du « plan quadriennal » et sur les efforts allemands actuels pour arriver à une certaine autarcie – ceci ayant été présenté par l'orateur comme étant une preuve du manque de volonté à vouloir coopérer dont les origines se trouvent finalement dans le traité de Versailles. Le manque de matières premières dû à l'absence de sources d'approvisionnement maritimes forçaient mon pays à se servir de tous les moyens pour augmenter les matières premières, ou à les limiter. C'est pour cette unique raison que le plan « quadriennal » aurait été établi.

La réponse de Mr. Garnett ne fut pas très heureuse et habile puisqu'elle se limita à susciter une polémique, sans venir concrètement à mes arguments. Il me répondit que je ne devais pas mettre sur le tapis la question du Traité de Versailles, car si l'Allemagne avait gagné la guerre, elle aurait imposé à ses adversaires un traité bien pire que celui-ci, pour preuve l'armistice de Brest-Litovsk que les Allemands ont conclu avec les Russes.

Cette réponse fut une façon de reconnaître quelque peu sa mauvaise conscience vis-à-vis de Versailles. Mon intérêt pour l'Histoire venait à point nommé, car je pouvais répondre à Garnett que l'armistice de Brest-Litovsk avait rendu leur liberté et leur autonomie à des peuples d'Europe de l'Est, comme la Pologne, la Lettonie, l'Estonie, la Lituanie, la Finlande, etc. ce contre quoi il n'aurait certainement rien à objecter. Sans compter que cette formation d'états était conforme aux 14 points du président américain Wilson.

Au lieu de me répondre, Mr. Garnett se tourna vers Mr. Blake et lui murmura visiblement quelque chose, à la suite de quoi Blake se leva et expliqua : *« we don't want to hear speeches, we want to hear questions »* (7). Mon anglais n'était pas parfait à l'époque, mais je compris suffisamment pour savoir que je ne devais plus rien dire.

Alors il se passa quelque chose de très étrange dans mon dos. J'entendis plusieurs chaises bouger et lorsque je me retournais, je constatais à ma plus grande surprise que presque tous les auditeurs avaient quitté la salle, et que le reste était en train de le faire, laissant Mr. Garnett et Mr. Blake avec quelque trois ou quatre auditeurs. Comme il n'y avait plus de raison non plus pour que je m'attarde, je quittais également la salle de réunion pour aller chercher mes affaires dans ma « maison » et rentrer chez moi.

Lorsque j'arrivais devant « Ashburnham », notre chef de maison *« head of house »* m'attendait devant la porte. Il avait vraiment l'air très britannique, grand, maigre avec des cheveux écarlates. Son nom était Asquith. Il descendait d'une famille impliquée depuis des générations dans la politique. Un Asquith avait été premier ministre britannique en 1914 au moment où la Première Guerre mondiale éclata. A côté de lui m'attendait une dame d'un certain âge (c'est en tous cas ce qu'elle me sembla à l'époque du haut de mes quinze ans). Son fils me présenta, il s'agissait de sa mère qui, vraisemblablement, s'était trouvée dans l'assistance. Elle me parla gentiment, sans ambages, de la discussion avortée de Mr. Blake et qualifia l'attitude de Mr. Blake d'« impardonnable ». Il était impossible d'interrompre une conversation aussi intéressante, sans oublier le fait qu'il était de mon droit et de mon devoir de défendre la position de mon pays lorsque celui-ci était attaqué. Et que j'avais eu tout à fait raison. Il ne fallait pas que je pense que le comportement de Mr. Blake était habituel en Angleterre, au contraire, ce n'était pas le style anglais. J'étais très impressionné par l'honnêteté qu'elle me montrait et en même temps surpris de voir à quel point la chose était prise au sérieux. Ce petit incident sembla vite faire le tour de Londres, puisque peu après le Professeur Convall-Evans, le correspondant de longue date de Père, m'interpella sur le

(7) *« Nous ne voulons pas de discours, nous voulons des questions ! ».*

sujet et me dit que Mr. Garnett avait tenu un *« silly speech »* (un discours idiot) et que je lui avais bien répondu.

Ce qui m'impressionna le plus à l'époque, c'était cette haine fondamentale contre les Allemands qui jaillissait des mots de ce député parlementaire. Dans le fond, il ne s'agissait pas du tout des efforts allemands pour arriver à l'autarcie, ils pouvaient en effet être interrompus à tout moment par un accord avec les puissances de l'Ouest ; ce qui se cachait en réalité derrière ces déclarations, c'était le principe traditionnel de la politique britannique de s'opposer d'entrée de jeu contre la plus grande puissance continentale. C'est ainsi qu'au tournant des années 1936/37, certains cercles croissants considéraient déjà le Reich, alors que cette puissance supposée n'existait pas encore.

Ce qui est remarquable, c'est cette réaction spontanée de mes camarades de classe, qui pour des raisons de loyauté quittèrent la salle au moment où le professeur m'ôta la possibilité de défendre mon pays attaqué. Comme s'ils exécutaient un ordre, ils s'étaient tous levés et avaient quitté la salle. Durant les jours qui suivirent, je fus régulièrement interpellé dans le même sens que Mère Asquith par des camarades de classe.

Le principe éducatif de Westminster était un remarquable mélange d'éducation à l'esprit d'équipe et de garantie des dispositions individuelles. Il régnait un incroyable conformisme dans le fond. Dès leur dixième année, les garçons étaient soumis aux règles des anciens qui leur disaient ce qu'il devait faire ou ne pas faire. *What is done, and what is not done !* Sans compter que partant du fait qu'un garçon de dix ans ne connaît rien d'autre, même s'il l'avait voulu, il n'aurait jamais eu la possibilité de nager à contre-courant. Mais comme il fut laissé une grande liberté au développement des intérêts et talents individuels, le conformisme établi de la vie scolaire n'était pas ressenti comme une entrave ou une contrainte.

La pensée collective se situait sans conteste au-dessus de tout, c'est pourquoi les sports d'équipe étaient prioritaires. La motivation était de se distinguer au sein de l'équipe par des prestations exceptionnelles. Mais même dans un sport individuel, comme par exemple l'athlétisme, la compétition se fait pour l'honneur de sa « maison » ou de son école. Grâce au poids de mon corps et à la médaille sportive allemande –que requerrait entre autre aussi une performance en lancer et pousser-, je gagnais les championnats de l'école en lancer de poids, ce qui me valut des acclamations comme *« Well done, Ashburnham »*. L'on gagnait en effet pour l'honneur de sa maison !

Les compétitions répétitives étaient une excellente méthode pour la motivation des écoliers et l'augmentation de leurs performances. Des tournois de tennis sous diverses formes avaient sans cesse lieu chez les *« Under »*. Tous ces sports étaient bien sûr organisés sous forme de compétitions. Le même principe qui accordait la « victoire » aux « proposer » ou aux « opposer » du « debating club » s'appliquait au sport.

Mais il y avait également des compétitions dans des domaines tout à fait autres. Un jour fut organisé un concours auquel tout le monde pouvait s'inscrire. Il s'agissait de réciter face à l'auditoire de l'école un passage relativement difficile et long du *« Songe d'une nuit d'été »* de Shakespeare. Là aussi, la victoire était accordée à la suite d'un vote. C'est un garçon –du nom de Bernacci si mes souvenirs sont bons- qui l'emporta avec une grande avance : il n'avait pas seulement récité la scène, il l'avait presque jouée. C'était en effet merveilleux de l'entendre. Le garçon avait 15 ans. Il fut le héros du jour et obtint à juste titre le prix pour sa maison.

La contrepartie de ces compétitions hautement littéraires et artistiques était une fois par an ledit *« Pan-cake-Crease »* qui était organisé dans la même tradition ancestrale. Chaque maison élisait un représentant. Un cuisinier avec une haute toque blanche devait lancer une crêpe en l'air et chaque représentant de maison devait se ruer dessus pour rapporter le plus gros bout à sa maison. Pendant cette lutte sauvage qui était exactement limitée en temps, les différentes maisons motivaient bruyamment leurs troupes.

La presse londonienne racontait en détail ce genre d'évènements. C'est ainsi que je fus très étonné de voir qu'il y avait même une photo de moi à la suite de ma victoire en lancer de poids. Les grandes *« publics schools »* étaient effectivement complètement intégrées dans le système et avaient leur place dans la vie publique. La conscience des élèves de se trouver jusqu'à un certain point sous les feux de la rampe leur conférait tenue et confiance en soi.

Les compétitions sans cesse répétées étaient un moment important de l'éducation du caractère. Ils entraînaient les nerfs puisque l'on apprenait à perdre calmement et à féliciter son glorieux adversaire et finalement les victoires ou les défaites ne furent plus prises tant au sérieux. Sur ce point je me trouvais déjà bien entraîné par Mère lors de mon arrivée à Westminster. Déjà très tôt, elle avait joué avec nous à tous les jeux possibles, mais gare à nous si l'un de nous avait juste le malheur de cligner d'un cil lorsqu'il perdait. Elle renversait alors les pions du jeu *« Mensch-ärgere-dich-nicht »*, ou alors elle jetait les cartes du Romé, Bésigue ou Chicaneuse sur la table et quittait la pièce en disant *« je ne joue pas avec ceux qui ne savent pas perdre ! »*

L'assimilation des règles jusque dans leur formalisme était très sévère. J'ai déjà mentionné ces « dalles » interdites. La tenue vestimentaire était aussi sévèrement réglementée. Le « copiage », le « soufflage » et même tout « trichage » aurait été bien en deçà de l'honneur d'un membre de l'école. Il arrivait parfois même que le professeur ne voyait pas les contrôles de classe. Ils furent discutés, chacun corrigeait ses propres fautes ou échangeait sa copie avec son voisin. L'on disait ensuite au professeur le nombre de fautes commises et le travail était noté. En cas de doute, on demandait au professeur s'il fallait ou non compter la faute et le professeur décidait à la fin s'il ramassait ou non les copies. Même dans notre Napola à Ilfeld, les élèves trichaient de façon honteuse, mais les professeurs pouvaient quitter le cours et être sûrs que rien d'indicible ne se produirait en leur absence. L'éducation que Westminster inculquait à ses élèves contenait une grande part d'auto-responsabilisation.

Lorsque, quelques jours après le début des cours je pénétrais un matin l'école, je crus m'être trompé et me trouver par hasard dans l'une des casernes de la garde avoisinantes. Il y avait partout des soldats qui circulaient en uniformes kaki impeccables mais qui, en y regardant de plus près, s'avérèrent être des élèves de Westminster en uniforme d'officiers britanniques. A ma question de savoir si quelque part dans l'Empire avait éclaté la guerre, On me répondit en riant que les porteurs d'uniforme étaient des élèves qui avaient opté pour une participation à l'OTC. Ce qui signifiait *« Officer-Training Corps »*. Ces participants recevaient une formation militaire et avaient la priorité en tant qu'officiers dans un cas sérieux.

Le même jour encore, un sympathique jeune professeur m'aborda, celui-ci était vêtu de la tenue des capitaines de l'armée britannique, pour me demander si je ne souhaitais pas également participer à la formation des OTC. On peut bien s'imaginer à quel point je fus surpris. Il n'était pas courant qu'en 1936 le fils de l'ambassadeur allemand à Londres se voit proposer de participer à une formation militaire qui avait pour but de former des officiers de l'armée britannique disponibles en cas de guerre !

Il était évident qu'une telle formation m'avait extrêmement attiré puisqu'il n'y avait rien de comparable en Allemagne. Je vis plusieurs fois sur le « square » -où avaient de temps en temps lieu des formations- qu'il s'agissait d'exercices sur l'usage de petites armes d'infanterie. Il n'y aurait donc pas eu de risque de découvrir des secrets. Mais après l'expérience avec Goebbels et les images de presse en jaquette et haut de forme, je jugeais plus juste d'obtenir auparavant l'accord de Père avant d'entrer *« His Majesty's Army »*. Une chose était cependant sûre, la presse anglaise ne laisserait pas passer ce petit divertissement que constituait la publication en grand du fils de l'ambassadeur allemand en uniforme d'infanterie britannique anglais. Je demandais donc un temps de réflexion.

Père fut aussi surpris que moi et fut d'avis qu'il serait intéressant d'assister une fois à cette formation. Lui non plus ne pensait pas à des secrets militaires dont j'aurais pu prendre connaissance, mais le principe l'intéressait. En Allemagne, il n'y a pas eu de formation militaire de jeunes jusqu'au cœur de la guerre. Un gros gâchis selon moi ! La formation de nos recrues aurait été bien plus rapide et intensive si elles avaient eu quelques notions de la technique des armes et du « comportement sur le champ de bataille » au moment de leur arrivée au service militaire. Mais après une courte réflexion, Père, songeant sans doute aux complications que cela pourrait entraîner

« à la maison », me demanda de solliciter l'autorisation de l'école de participer à cette formation en uniforme allemand. Le professeur-capitaine ne pensait pas pouvoir donner son accord à cette requête, si bien que la perspective de jouer au soldat à 15 ans ne put se réaliser.

Cela faisait quelque temps que l'on avait commencé à se réarmer de façon intense en Grande-Bretagne. De grands programmes furent mis en œuvre. L'un des facteurs les plus importants, je dirais même le plus important suite à ma propre expérience, pour un réarmement efficace et couronné de succès, est de toujours disposer d'officiers bien formés. La formation des officiers est celle la plus longue, mais elle est la condition indispensable pour la formation d'une troupe compétente. La troupe est à l'image de ses officiers !

En Grande-Bretagne, on agissait dans ce secteur de façon beaucoup plus conséquente que chez nous. En Allemagne, il n'existait des formations militaires au sein de la jeunesse hitlérienne que vers la fin de la guerre. Après la guerre, Schirach a clairement déclaré que par le biais de l'officier de liaison entre la Wehrmacht et la jeunesse hitlérienne, Rommel (le général qui sera plus tard célèbre), il avait fait refuser la formation pré-militaire à l'instar de la jeunesse hitlérienne au sein de la Wehrmacht parce que celle-ci ne correspondait pas à sa conception d'une jeunesse nationale socialiste –reste à savoir ce qu'il entendait pas là. Schirach avait écrit un livre après 1933 intitulé *« La jeunesse hitlérienne, idée et forme »*. Aucun de nous n'avait lu le livre, et on parlait de façon un peu impertinente de l'« idée sans forme ». Il est bien entendu que Hitler était responsable de la décision des formations pré-militaires au sein des organisations de jeunes. Mais je suis d'avis que nous aurions évité quelques pertes sanglantes durant la guerre si l'on avait déjà commencé la formation militaire des jeunes en période de paix. En tant qu'officiers, nous avons sans cesse répété à nos recrues, comme à nos soldats expérimentés, que « la formation épargne le sang ».

Avec du recul, j'ai l'impression que les anciennes *« public schools »* britanniques accordaient, en tous cas à l'époque, plus d'importance à la formation du caractère et à l'éducation à la vie pratique que les écoles supérieures allemandes et ne cherchaient pas à transmettre uniquement un savoir. Cela se vérifiait à l'occasion même dans le domaine scolaire. C'est ainsi que, dans notre classe, nous pratiquions une ou deux fois l'exercice suivant : nous lisions une histoire longue et compliquée qui menait un grand nombre de personnes à travers une histoire tortueuse. Nous avions ensuite trois heures pour la raconter de façon minutieuse et pouvions avoir autant de feuilles de papier que nous le voulions. Au cours de la deuxième heure nous ne recevions plus qu'une seule feuille et avions juste une demi-heure à trois quarts d'heure pour faire un petit commentaire, et finalement plus que dix minutes pour résumer une fois de plus la même histoire sur un quart de page. Durant ces exercices, je dus tout le temps penser à grand-père Ribbentrop qui, un jour, m'avait raconté qu'il avait dû juger des subordonnés d'après leur capacité à savoir restituer des faits d'une façon courte et précise. Combien de temps perdu à essayer de se faire comprendre par des explications compliquées, peu claires et donc difficilement compréhensibles aurait on pu s'économiser dans la vie avec cet exercice.

D'une façon générale les jeunes de dix ans étaient traités dans une certaine mesure comme des adultes. Dès le début, ils étaient impliqués dans des petites tâches, même s'il s'agissait juste de faire les comptes des tournois de ping-pong en cours. Le vêtement rigide obligeait un certain style, même une certaine dignité dans le comportement et même dans les attitudes. Les garçons étaient tout sauf des poltrons, ils jouaient leurs tours, s'agitaient et jouaient au football durant la pause déjeuner dans le petit jardin de « Little Dean's Yard » en bras de chemise. Dans ce cas, les règles de l'école autorisaient même à enlever la jaquette.

Il faut que je mentionne un camarade d'école et de maison dans mon récit de Westminster. Son nom est devenu célèbre en tant qu'« ailier gauche » du parti travailliste : Wedgewood-Benn. Son père fut Lord Wedgewood-Benn. Il s'agit cependant sans doute de son frère qui était dans ma maison et dans ma classe qui, d'après le registre de l'école, est tombé à la guerre en tant que pilote de chasse. Mais même ce frère fut une apparition étonnante dans notre *« Under »* et je suis convaincu qu'il aurait eu devant lui une grande carrière politique après la guerre s'il avait voulu suivre cette voie.

Même avec ses quinze ans, le garçon était déjà un politicien né. Il était particulièrement doué pour les discours, il avait de la répartie et savait être insolent mais de façon incroyablement habile et intelligente, ce qui lui valait une place particulière au sein de notre *« Under »*. Rien de ce qui était organisé ne fonctionnait sans lui, Wedgewood-Benn mettait son grain de sel partout et influençait beaucoup de choses. Lorsqu'il se mettait devant la classe, les mains dans son veston, s'adressant à ses camarades de classe en leur disant *« gentlemen »* –ce qui ne surprenait personne– on pouvait déjà se l'imaginer face à la chambre des communes donnant des explications ou tenant des discours. Je ne suis pas très surpris de voir son frère Tony à l'extrême gauche du parti travailliste, car si je me souviens bien, Westminster avait à mon époque une connotation gauche libérale. L'écho fait par M. Garnett à propos de mon allusion au sujet de la liberté des peuples de l'Europe de l'Est, laquelle leur a été procurée par le Traité de Brest-Litowsk entre l'Allemagne et la Russie, se situait au même niveau. Le Wedgewood-Benn de ma classe me semblait cependant être assez pragmatique et plein de bon sens. Cette tendance gauche libérale, voire même socialiste à Westminster n'a pas empêché ses élèves à se tenir prêts à intervenir pour leur pays comme le prouve le grand nombre d'anciens élèves tombés sur le champ d'honneur.

On ne parlait en réalité jamais de la « patrie » ou de l'« empire ». Le grand attachement à la couronne et au roi comme personnification de ce royaume était si évident qu'il n'était pas nécessaire d'en parler. Une tradition qui est réellement vécue confère une grande confiance interne. A l'occasion du couronnement de George VI, à été de 1937, cet attachement à la couronne se faisait particulièrement ressentir, et pas seulement auprès des membres de l'école de Westminster.

Mes aventures à Westminster sont restées gravées dans ma mémoire avec une grande précision et ces acquis ont été approfondis et rendus conscients au cours de nombreuses conversations avec les parents. Ceux-ci écoutaient avec une grande attention lorsque je parlais de l'école. Ils y trouvaient à chaque fois la confirmation de leur opinion selon laquelle les racines du royaume britannique se trouvent dans les *« publics schools »*, en tous cas dans celles qui sont anciennes et célèbres.

C'est de celles-ci et par la suite d'Oxford et de Cambridge qu'avaient été recrutées les personnalités et les politiciens qui un jour avaient bâti ce royaume et l'avaient maintenu durant plus de trois cents ans. Est-ce que ces institutions chargées de tradition vont-elles continuer à fournir le XXIe siècle en grandes personnalités disposant d'ouverture d'esprit, de générosité et de courage dans un monde qui change vite pour pouvoir offrir à la Grande Bretagne les dispositions qui lui sont aujourd'hui encore nécessaires pour jouer un rôle dans le monde politique ?

La direction de l'Empire britannique se fit toujours par le biais d'une petite classe dirigeante, particulièrement disciplinée et qui, si nécessaire, défendait les intérêts de l'empire sans égards et sans scrupules. Leur éducation n'était pas livrée au hasard, mais découlait depuis des siècles de traditions propres à ces universités et *« public schools »*, auxquelles appartenaient Westminster. Le célèbre écrivain anglais Nicholson a un jour caractérisé les choix de principes de la classe dirigeante britannique de la façon suivante : il part du principe que le peuple anglais aurait une prédisposition. L'éducation à la loyauté serait le fondement de la formation du caractère dans les célèbres écoles et universités. Cela nécessitait des règles du jeu précises et de ce fait un conformisme obligatoire. Mais la loyauté ne permet de gagner ou conserver aucun royaume. Seules les personnalités capables de se défaire de cette éducation et de son conformisme peuvent y parvenir. Seules ces personnes sont en mesure de régir le monde avec l'adresse que cela nécessite toujours et si besoin est également sans aucun scrupule.

J'ai eu la chance d'avoir suivi ma scolarité dans trois excellentes écoles. L'une d'elle fut Westminster. L'importance de l'année que j'ai passée dans cette école réside moins dans les connaissances que j'y ai acquises que dans l'apprentissage de principes éducatifs significatifs qui s'orientaient au sens le plus large vers une préparation à la vie politique. Cette expérience représenta pour moi, avec mes quinze/seize ans un considérable élargissement de mon champ de vision.

Sur mon bulletin final mon directeur écrivit : *« good ambassador for his country »* (bon ambassadeur de son pays *NdT*). Les parents s'en réjouirent, quant à moi je le pris pour une formulation amusante et gentille. Durant la guerre, une annonce dans la presse britannique mentionna l'une des définitions qui m'avaient été attribuées, celle du *« british educated son of the German Foreign Minister »*. C'était bien sûr extrêmement exagéré, mais reflétait un peu la conscience de soi britannique, en l'espèce à propos de leurs *« public schools »*. L'engagement pour son pays était aussi évident en Grande-Bretagne qu'il le fut en Allemagne à l'époque. C'est pourquoi je figure dans la liste des élèves, qui me fut envoyée après la guerre, avec entre autres, mon grade militaire, mes décorations, etc.

Pourtant mon appartenance d'un jour à l'école de Westminster n'empêcha pas les compatriotes de mes camarades de classe britanniques de m'enfermer dans lesdites *« murder cage »* (cages de meurtriers) à Hambourg Fischbek, et de me laisser moisir là durant des mois, sans aucun interrogatoire, ni acte d'accusation.

Il n'y avait pas que l'école qui me demandait des efforts, la vie d'ambassadeurs de mes parents également. Alors que je rentrais un soir à la maison, peu après ma scolarisation à Westminster, Mère me demanda de m'habiller le plus rapidement possible : j'étais en effet convié au cocktail donné par la fille du médecin de famille du roi, laquelle commençait en cette saison à sortir en tant que débutante. Ce médecin de famille du roi était un Lord Dawson of Penn. Mère cita encore rapidement une rime qui circulait au sein de la société :

> *« Lord Dawson of Penn a tué beaucoup d'hommes*
>
> *c'est pourquoi nous chantons « God save the King »*

Je regardais Mère de façon ahurie, non pas en raison de la rime, mais en raison de la nécessité de « devoir me rendre à un cocktail » ! Il ne faut pas oublier que les divertissements de ce jeune adolescent de quinze ans furent encore jusqu'à quelques semaines le camping et les jeux d'extérieur.

Mère mit rapidement fin à toute discussion avec les mots suivants *« de telles choses sont ici des obligations ! »*. Elle me donna ensuite des conseils pour me comporter à un cocktail. Je pouvais parler de l'école de Westminster, de mes impressions sur Londres, etc. puis repartir après une bonne heure. La voiture d'ambassadeur me conduisit chez les « Dawson » et, je me trouvais à un cocktail pas si grand que cela. Tous furent très agréables avec moi, et menèrent des conversations qui avaient toutes pour objet l'école de Westminster puisque tous savaient naturellement que j'y avais été admis. Je trouvais tout cela beaucoup plus facile que je ne me l'étais imaginé et après trois bons quarts d'heure, je me remis en route pour la maison, sans même m'être accordé le plaisir d'un « cocktail ». Du haut de mes quinze ans, je n'ai certainement pas donné l'impression d'être un homme du monde lors de cette réception, mais ce genre de petite expérience ne rend pas non plus davantage stupide.

Je relate cette expérience en parallèle, uniquement pour prouver avec quel intérêt les parents furent accueillis à Londres et la sensation positive qu'entraîna la nomination à Londres de père auprès de son large cercle d'amis et de connaissances. La rumeur selon laquelle Père aurait eu des ressentiments à l'encontre de l'Angleterre car il n'y aurait eu aucun succès au sein de la société fait partie des calomnies qui circulaient déjà systématiquement à l'époque au sein des « cercles intéressés » en Allemagne.

Rien que l'accent porté sur l'expression « réussite dans la société » par les diffamateurs permet de tirer des conclusions quant à la mentalité de ceux-ci ! (8) Quand comprendra-t-on en Allemagne que le rôle d'un ambassadeur est de représenter les intérêts allemands et de les relater de façon objective, mais qu'il n'est pas de son rôle d'être absolument aimé par ce pays d'accueil, donc d'avoir un « succès mondain ». Le ministre colonial britannique Chamberlain a, lors d'une occasion tout à fait appropriée, constaté lors d'un discours avant la Première Guerre mondiale : « aucun ministre anglais n'a jamais servi fidèlement son pays en se réjouissant simultanément de l'amitié qu'il suscitait dans le pays d'accueil » (9). Quelle attitude souveraine dans l'intérêt de son pays ! L'on devrait pouvoir l'écrire dans le livre d'or de chaque diplomate allemand. La « réussite sociale » permet de faciliter la tâche d'un ambassadeur dans certaines circonstances, mais ce n'est pas un critère de qualifications. Auquel cas celui-ci serait dépendant de la « société » du pays d'accueil, ce qui est une circonstance tout à fait inconcevable. Il fut par exemple affirmé à l'époque que le ministère des Affaires étrangères japonais surveillait de près si un ambassadeur japonais devenait trop aimé dans son pays d'accueil ; considérant les récits objectifs de l'époque, il semble qu'il s'agissait plutôt du contraire pour le ministère des Affaires étrangères allemand !

C'est ainsi que je devais de temps en temps entrer en jeu, dans la mesure où mes obligations scolaires le permettaient, je participais donc aux dîners de Mère lorsqu'il lui manquait un homme à table et qu'il fallait parfaire le placement. J'ai donc participé de temps à autre à des dîners. Je me souviens particulièrement bien de l'un des dîners puisque je devins sans le vouloir pensionnaire du célèbre Aga Khan. Mère avait décidé de ne servir les plats qu'une seule fois lors des dîners. Elle argumenta à juste titre que pratiquement personne ne se servait une seconde fois, mais il fallait y être préparé puisque cela engendrait de grosses dépenses. Je le regrettais beaucoup, car à seize ans l'on a en principe toujours faim. Il était connu que l'Aga Khan recevait de sa secte une fois par an l'équivalent de son poids en or. Je ne sais pas si c'était la seule raison de son bon appétit, ou s'il aimait tout simplement bien manger. Sans doute les deux à la fois. Il demanda donc à Mère de se resservir une deuxième, puis même une troisième fois du plat principal, ce qui flatta beaucoup Mère –qu'elle maîtresse de maison ne le serait pas.

Mais le plus important pour moi durant cette année à Londres fut la relation étroite qui s'instaura avec les parents dans ces circonstances. Comment aurais-je pu savoir que ce fut la dernière année de ma vie que je vivais « à la maison », c'est-à-dire avec les parents. De temps à autre, Mère entrait le soir par surprise dans ma chambre alors que j'étais en train de bûcher sur le grec pour me demander si je voulais sortir dîner avec eux. Je ne me fis jamais prier deux fois pour les accompagner dans un restaurant chic quelconque, peu importe le fait qu'à mon retour je devais me remettre au grec, c'est-à-dire parfois jusqu'à l'aube. Je ne buvais aucun alcool à cette époque, et pouvais bien supporter cette contrainte. Ce que j'appréciais tout particulièrement c'était les excursions occasionnelles en fin de semaine, la plupart du temps dans l'un quelconque des beaux hôtels de clubs de golf, où Père pouvait s'adonner à son « amour malheureux », le golf. Amour malheureux du fait qu'il avait trop peu de temps à y consacrer, ou parce qu'il ne s'accordait pas assez de temps pour atteindre le standard qui commençait à rendre ce jeu intéressant. Père était très sportif. Déjà jeune homme, il jouait très bien au tennis et il tirait très bien à la carabine. C'est pourquoi il voulait forcer ses progrès au golf, ce qui au golf entraîne souvent le résultat contraire.

C'est ainsi que je découvris d'ores et déjà les paysages du sud de l'Angleterre, que notre professeur principal du collège Arndt, un anglophile, nous avait toujours dépeint comme étant magnifiques. Aujourd'hui encore ces magnifiques vieux arbres au milieu d'un champ (on laboure en effet en les contournant) restituent aux paysages cette atmosphère semblables à un parc. L'on entend malheureusement que, même en Angleterre, ceci est en train de changer en raison d'une rationalisation des champs.

Mais nous traversions également les « slums » à Londres et dans d'autres villes qui nous laissèrent toujours une triste impression en raison de leur désolation et de leur saleté. La « question sociale » ne jouait à l'époque en Angleterre pas un rôle comparable à celui de l'Allemagne où elle était en-

(8) Concernant une fois de plus de mauvais goût de Spitzy, cf. ci-dessus, du fait qu'il connaissait personnellement et de façon précise les relations et la position sociale des parents à Londres.

La lettre de l'écrivain américain Jason Lindsay à Madame Marianne Steltzer Bonn du 15 mai 1991 n'en est qu'un exemple :

« …avant la Seconde Guerre mondiale je fus à Londres et eus suffisamment de chance pour me trouver sur la liste des invités de Monsieur von Ribbentrop lorsqu'il y était Ambassadeur. Une invitation à l'Ambassade d'Allemagne durant son mandat était une des choses les plus recherchées et hautement prisées. Mon bon ami le Prince George (plus tard Duc de Kent) ne refusait jamais une invitation de Ribbentrop et c'est d'ailleurs par lui que je fis la connaissance de Ribbentrop. Je lui trouvais beaucoup de charisme et c'était certainement un superbe maître de maison.

(9) Citation d'après le Comte von Reventlow, « La politique étrangère allemande 1888-1914 ». Berlin 1918, Ernst Siegfried Mittler et fils, Berlin ; et discours du ministre colonial Chamberlain à Birmingham le 11.1.1902, citation de Uhle-Wettler p.193.

trée dans la conscience publique. Le parti communiste était totalement insignifiant et n'avait qu'un seul député au sein de la Chambre des Communes. Ce député, qui s'appelait Gallagher ou quelque chose de similaire d'après mes souvenirs, blessa Père lors de son arrivée à Londres, en affirmant que Père avait du sang de travailleurs sur les mains. L'Ambassade entreprit une « démarche » de façon routinière, comme il était d'usage dans ce genre de circonstances, et j'appris à cette occasion de quoi il s'agissait lors de ces démarches.

Le Roi Edouard VIII avait la réputation d'être très ouvert aux questions sociales. Lors de sa première visite en tant que Roi il avait, de sa propre initiative, changé son itinéraire au pays de Galles, pour se faire sa propre opinion des conditions d'habitat au sein des communautés de mineurs. L'on disait de ce fait qu'il avait développé une certaine sympathie vis-à-vis de l'Allemagne. Mais ces deux choses ne correspondaient pas au concept de l'Establishment britannique, et il dut abdiquer ! J'entendis par exemple que l'Angleterre s'opposait à l'amarrage des bateaux de la KdF (10) dans les ports anglais.

Père dit un jour, alors que nous traversions les quartiers pauvres : *« the British rule the world, but they have to pay for it ! »* (« les Anglais dirigent le monde mais ils doivent payer pour cela » *NdT*). Père voulait dire que le manque de discipline de la masse anglaise était une condition première pour supporter la politique de l'empire britannique menée par la classe dirigeante ou pour la suivre. Cela permit à Père de comprendre de façon indirecte que si le gouvernement britannique se décidait pour un nouveau combat contre le Reich, le peuple anglais le suivrait. Mais la principale question déjà d'actualité lors de notre séjour londonien était de savoir quelle serait la décision de la politique britannique.

Lors de son arrivée à Londres, Père avait accentué et expliqué la politique anti-bolchévique du gouvernement allemand au cours de sa première déclaration aux journalistes. L'insulte faite à Père par le député communiste auprès de la Chambre des Communes constituait une « vengeance ». La question clé pour la politique allemande et britannique demeurait pourtant la suivante : le gouvernement britannique saurait-il reconnaître la menace que représente la Russie bolchevique au point de déplacer sa politique de l'équilibre, le « balance of power » vers l'est, de façon à créer un équilibre européen dont le noyau serait une Allemagne prête à la défense. Serait-il prêt non seulement à l'accepter, mais à le rechercher ?

Comment Père s'était-il exprimé dans sa lettre à l'Ambassadeur allemand à Rome, M. Hassel ? La politique allemande essaierait… *« de montrer aux Anglais la réalité à propos du véritable risque que représente le bolchevisme, de les dissuader d'une alliance avec le front bolchevique et de faire germer l'idée selon laquelle leur royaume serait à la longue soumis à un risque beaucoup plus grand du fait de l'extension du bolchevisme… ».*

Ce qui marqua l'été « politique » de l'ambassadeur allemand en Angleterre durant **l'été 1937** fut l'ordre du jour permanent concernant le « comité de non ingérence » à propos de la guerre civile espagnole.

En revanche Père regrettait l'intensification de l'engagement militaire allemand en Espagne ; il se demandait si l'abstention allemande aurait été considérée comme un arrangement germano-anglais, étant donné que le traité naval qui revêtait une importance significative pour l'Angleterre n'avait entraîné aucun changement dans la politique britannique.

(10) Confirmation orale faite à l'auteur par l'envoyé (ministre plénipotentiaire) Dr Paul-Schmidtl. « KdF » était l'abréviation pour *« Kraft durch Freude »* (la force par la joie), une organisation du front allemand des travailleurs. Cette grande organisation pour le loisir de la force de travail des Allemands organisait chaque année sur ses propres bateaux de grandes croisières, entre autres à Madère ce qui rendit ses excursions célèbres. Son vaisseau amiral s'appelait le *« Wilhelm Gustloff »*, il fut torpillé et coula en 1945 au milieu de la Mer Baltique avec tout son équipage de réfugiés de Prusse orientale.

Le Bilan

Le couronnement du roi anglais George VI eut lieu durant ma période londonienne. Je n'eus bien entendu pas accès à l'abbaye de Westminster où se déroulait la cérémonie, mais je suivis de façon intense la procédure, d'une part par le biais de l'école, d'autre part par la participation de l'ambassade aux festivités du couronnement. Le bâtiment de l'ambassade se trouvait à l'époque sur la prestigieuse allée « The Mall », qui allait de Buckingham Palace à l'amirauté et sur laquelle passait la procession du couronnement pour se rendre à l'abbaye de Westminster. Une organisation efficace fit des festivités du couronnement une manifestation impressionnante de la cohésion des états membres de l'Empire. La participation du peuple était telle qu'il fut impossible pour les étrangers de ne pas se rendre compte de son attachement à la maison royale.

Père vit dans le couronnement une bonne occasion pour que ses efforts redonnent une nouvelle impulsion à l'amitié germano-anglaise. Sa participation forcée audit « Comité de non-ingérence » dans la guerre civile espagnole qui siégeait à Londres ne contribuait certainement pas à faciliter sa mission à Londres. Je sus, d'après les dires de Mère, que Hitler restait indécis quant au fait de savoir s'il allait envoyer quelqu'un aux festivités et si oui, qui serait son représentant personnel. Aux vues de certains incidents en Espagne concernant les forces navales allemandes et compte tenu de la position anglaise dans le comité de non ingérence, il fut décidé de ne désigner aucun représentant et de laisser ce rôle à l'ambassadeur, donc à Père. Celui-ci avait fortement insisté pour que fut envoyé un représentant spécial au couronnement, l'on peut même affirmer qu'il s'était battu pour. J'étais présent lorsque Père dit finalement de façon satisfaite à un membre de l'Ambassade : *« Je suis très content que le Führer se soit finalement décidé à envoyer le ministre de la guerre* (von Blomberg) *comme représentant personnel du Führer à Londres ».* Toutes autres affirmations, telles qu'elles furent largement étayées dans la littérature d'après guerre, sont du registre de la calomnie. Tout ce qui facilitait le travail de Père en Angleterre lui convenait. Au moment de ce couronnement à l'été de 1937, l'idée d'un arrangement généreux avec l'Angleterre n'était toujours pas abandonnée, comme le prouve le « rapport sur le couronnement » que Père envoya à Hitler.

Les parents attendaient de nombreux invités officiels et officieux à l'occasion du couronnement à Londres. Ils furent invités dans le but d'approfondir d'anciens contacts et d'en créer de nouveaux. Le plus grand évènement social auquel je pus prendre part fut sans aucun doute la réception que donna l'Ambassade en l'honneur du représentant d'Allemagne, l'ancien ministre de la guerre von Blomberg, à l'occasion du couronnement de George VI.

Ce fut une expérience d'un genre tout à fait particulier, et pas seulement parce que cela signifiait pour moi la première occasion de ma vie de mettre un smoking. La Duchesse de Kent –le couple ducal représentait ce soir-là la cour britannique auprès de l'Ambassade allemande- me sembla être la plus belle femme du monde. N'importe quel superlatif aurait pu décrire cette apparition magnifique et très élégante contrairement à la plupart des membres de la famille royale. Avec son mari, ce couple ducal représentait l'un des plus beaux couples de cette époque. Ils s'attardèrent à la réception bien au-delà du temps prévu.

Cette manifestation à l'Ambassade fut pour moi le point culminant de ce séjour. Les salles de réception de l'Ambassade étaient pleines à craquer. Il y avait eu beaucoup moins de désistement que ce à quoi l'on peut s'attendre à ce type de réceptions. Dès le lendemain, circulait dans Londres une déclaration de Gamelin, chef de l'état-major délégué par le gouvernement français pour participer à cet évènement : *« cette fête est beaucoup plus belle que ce que je pourrais m'en réjouir » !*

Le grand défilé de la flotte eut lieu à Spithead après la réception à l'Ambassade ; j'eus le droit d'y participer, avec de nombreux amis de l'ambassade, et ce fut un autre point culminant de ces jours-ci. Le bureau du protocole de l'ambassade avait affrété un bateau à vapeur pour les invités de l'ambassade ce qui nous permit de suivre tout le défilé de la flotte britannique et tous les bateaux de guerre envoyés par tous les Etats du monde. Cela eut lieu 40 ans après le fameux 26 juin

1897, jour où la plus puissante flotte du monde avait fait son entrée dans Spithead. La raison fut la fête du jubilée du règne de la vieille Reine Victoria. C'est en se fondant sur ce potentiel que la politique anglaise d'avant la Première Guerre mondiale s'orienta contre le Reich allemand considéré comme la plus grande puissance continentale et qui devait donc être combattu selon les règles traditionnelles de la politique anglaise. De plus, le fait que cette puissance continentale se soit particulièrement distinguée par ses succès et soit de ce fait devenue un concurrent incontournable sur le marché mondial et qu'en plus cette puissance se soit créée sa propre flotte, même si elle n'arrivait pas à la hauteur de la flotte anglaise, a largement contribué à donner à la politique anglaise de nouveaux arguments et impulsions dirigées contre le Reich allemand.

Le désaccord résultant de la Première Guerre mondiale avait coûté à la flotte anglaise sa première place parmi les flottes de guerre mondiales. Même l'empire britannique y avait perdu sa place de première puissance mondiale ; il devait désormais s'aligner parmi d'autres puissances aux pouvoirs différents comme les USA, la Russie, la France, le Japon et l'Allemagne qui peu à peu reprenait des forces. La question qui revenait sans cesse en cette année 1937 et qui ressurgit une fois de plus à l'occasion de ces démonstrations de force était de savoir si la Grande-Bretagne utiliserait ce potentiel dans le but de diminuer la puissance continentale qui aux yeux de l'Angleterre était la plus forte, c'est-à-dire l'Allemagne. Les pensées des politiciens de l'empire britannique suivaient-elles les mêmes traces que celles exprimées en 1910 par Lord Balfour, dirigeant du parti conservateur, lors d'une discussion avec l'Ambassadeur américain à Londres :

> « Nous sommes sans doute insensés de ne pas trouver de raisons pour déclarer la guerre à l'Allemagne avant qu'elle ne construise suffisamment de navires et nous prenne notre commerce ». Henry White lui rétorqua : « Dans la vie privée vous êtes un homme de cœur. Mais comment se peut-il qu'en politique vous puissiez évoquer quelque chose d'aussi amoral que de provoquer à la guerre une nation inoffensive qui a le même droit que vous à détenir une flotte ? Si vous voulez concurrencer le commerce allemand alors travaillez plus durement ». Balfour répondit : « cela signifierait que nous devrions baisser notre standard de vie. Une guerre serait peut-être plus simple pour nous. ». Ce à quoi White répondit « je suis choqué de vous savoir capable d'émettre de tels principes ! ». Et pour finir une fois de plus Balfour « s'agit-il d'une question de droit ou de torts ? Peut-être s'agit-il uniquement d'une question de maintien de notre prédominance » (1).

J'ai déjà évoqué mon intérêt pour les bateaux des grandes puissances maritimes. Ce fut ici l'occasion pour moi de voir de mes propres yeux ces grands navires appelés « Dreadnoughts » de la « Royal Navy ». (Ce type de bateau avait été mis au point par le « premier Lord » de l'époque de l'Amirauté Fisher et reléguait dans l'ombre tout ce qui existait en terme d'armement, de blindage et de déplacement de l'eau à ce moment-là. Ce type de bateaux représentait une révolution dans le domaine de la construction de navires de guerre ! La Marine impériale réagit à cela en construisant ses navires du « Ostfriesland », puis les « König-Klasse », malgré tout, en terme de taille, ceux-ci restèrent toujours derrière les « grands navires de combat » de la « Royal Navy ». C'est ainsi que les plus puissants navires de la Navy allèrent dès 1916 avec des canons de 38 cm sur le front de Skagerrak où les bateaux allemands combattaient avec des canons dont le plus grand calibre était de 30,5 cm. Ce n'est que vers la fin de la Première Guerre mondiale que la marine impériale posséda deux navires équivalents, le « Baden » et le « Bayern ». L'« implication » de la flotte allemande durant la Première Guerre mondiale –qui n'intervint dans aucune autre bataille hormis celle de Skagerrak– fut la preuve de la mauvaise politique impériale concernant la construction d'une flotte dans le cadre de la politique étrangère. C'est dans le but d'éviter de nouveau une telle erreur que Hitler avait conclu deux ans auparavant le « traité maritime ».

Mais revenons-en à Spithead ! Les bateaux étaient ancrés de sorte à former quatre rangées, la quatrième étant exclusivement réservée aux bateaux étrangers. Un officier de marine anglais en

(1) Rapporté par le général US Albert Wedemeyer dans *« Reports »*, Henry Holt & Company, 1958, en se référant à Allan Nevins, *« Henry White, Thirty years of American Diplomacy»*.

retraite parlait dans un haut-parleur pour donner des explications à propos de chaque bateau que nous longions. Tout à l'avant de la flotte de la « Navy » se trouvait le navire de guerre « Warspite », qui était à l'époque le plus puissant navire de guerre. Les bateaux allemands et russes avaient, de façon assez malicieuse, été placés côte à côte dans la rangée des bateaux étrangers et résultait sans aucun doute d'une ironie de la part des organisateurs. Deux ans plus tard, l'ironie s'inversa lorsque Père signa à Moscou le pacte germano-russe.

La mise en place pour le défilé était déjà terminée puisque le Roi et la Reine avaient déjà visité la rangée de bateaux ancrés pour le défilé et que les équipages nous saluaient de façon amusée. Seul l'équipage du bateau russe nous fixait en restant immobile sans même répondre à nos signes. Cela inspira le commentateur précédemment mentionné à faire le commentaire suivant : l'équipage serait sans doute occupé à élire le capitaine de la semaine suivante ! Quelle arrogance et quel mauvais jugement de la machine de guerre russe. De cette façon l'homme reflétait de façon symptomatique la position de nombreux politiciens anglais selon lesquels il n'existait pas de menace russe pour l'Europe. C'est pour cette raison que ces cercles gardaient l'Allemagne à l'œil et s'opposèrent à considérer et à compter la superpuissance eurasienne que constituait la Russie dans l'équilibre européen.

Le Reich était représenté par le cuirassé *« Deutschland »* construit d'après les dispositions du Traité de Versailles qui ne permettaient pas un déplacement de plus de 10 000 tonnes. Les grands navires anglais et les autres en déplaçaient bien davantage. Le commentateur décrivit cependant le navire comme un miracle de la technique des navires de guerre, et pas seulement par politesse, car il était surprenant de voir tout ce que ce bateau si léger pouvait contenir comme armement et comme blindage, le tout associé à une bonne vitesse. Le *« Deutschland »* était à cette époque toujours le plus puissant navire de la marine militaire allemande, mais ici à Spithead, comparé à tous les autres grands navires de combats il ressemblait plutôt à une « barque ». Dans les cercles militaires marins l'on parlait d'un « cuirassé de poche ». Ce petit bateau symbolisait justement la politique allemande vis-à-vis de la Grande-Bretagne, laquelle cherchait justement à éviter une course aux armements maritimes.

Père a rédigé pour Hitler un rapport sur le couronnement du Roi d'Angleterre et la « conférence de l'empire » qui eut lieu à Londres au même moment. Je le restitue mot par mot dans ce qui suit. De ce rapport ressort également bien le jugement très positif de Père à propos de von Blomberg et de son apparition à Londres.

Le rapport que Père envoya à Hitler et à son ministre des Affaires étrangères du Reich von Neurath le 21 mai 1937 était le suivant (2) :

> Ambassade d'Allemagne
>
> Londres, le 21 mai 1937
>
> A2276
>
> Contenu : rapport sur le couronnement et situation actuelle
>
> Un exemplaire envoyé directement au Führer et au chancelier du Reich
>
> Trois exemplaires pour le ministère des Affaires étrangères (3)
>
> Les festivités londoniennes pour le couronnement qui terminèrent par le défilé des flottes à Spithead furent la preuve de l'attachement du peuple anglais et de l'Empire britannique à son royaume. La cérémonie de couronnement constituée essentiellement de larges promesses solennelles de la part du Roi (le programme suit par courrier), etc. confirme une fois de plus que le Roi n'est en premier lieu qu'une figure

(2) Archivage du rapport original sur un microfilm en possession de l'auteur.

(3) Archives AA sous visa d'entrée : Ministère des Affaires étrangères, Pol. II 1449, rentré le 10 Juli 1937 et modifié le 24.5.

symbolique sans pouvoirs réels, ou comme les Anglais le décrivent eux-mêmes, une « figure head » de la classe dirigeante dans sa politique vis-à-vis du peuple et en étroite collaboration avec les organisations ecclésiastiques. Je détaillerai plus tard et de façon indépendante la structure interne et la répartition des pouvoirs à l'intérieur de la machine gouvernementale.

Le couronnement fut sans doute encore davantage qu'une fête anglaise, ce fut la célébration du royaume britannique dont la couronne est le symbole visible de la cohésion, bien que, pour la première fois lors d'une cérémonie de couronnement – et comme le Roi le mentionnait dans son élocution radiodiffusée- les dominions (parmi lesquels manquait l'Irlande) apparurent comme des nations sœurs indépendantes. Le congrès sur la conférence de l'Empire débutée durant la semaine du couronnement souligne encore ce lien. Il nous incombe de particulièrement observer cette conférence. Bien qu'elle soit strictement confidentielle pour sa partie politique étrangère, on apprendra cependant certaines conclusions concernant 1. la position des dominions vis-à-vis de la politique étrangère appliquée jusqu'à présent et 2. les intentions anglaises vis-à-vis de nous. On a tout d'abord l'impression que la structure de l'Empire britannique est encore fortement rattachée à Londres malgré un certain relâchement durant les dernières années, et que, par ailleurs, l'Angleterre s'est décidée à resserrer encore davantage les liens entre les membres de la « bande » impériale par le biais de l'armement, de plans de défense contre le Reich, des comités de défense créés actuellement ainsi que d'autres mesures organisationnelles. Pour ces raisons, il faudra, durant les prochaines années, compter davantage sur un renforcement de la structure de l'Empire britannique que sur son affaiblissement.

Le feldmaréchal von Blomberg a laissé le meilleur souvenir qui soit par son attitude chevaleresque et son ouverture militaire. Il fut spécialement honoré par le Roi, la Reine ainsi que d'autres personnalités d'importance, sans compter toutes les marques de sympathie qui lui furent adressées de tous côtés.

Le feldmaréchal avait mené de nombreux entretiens, en partie dans ma maison, en partie lors d'autres occasions, avec d'importantes personnalités anglaises telles que Baldwin, Neville Chamberlain, Eden, Halifax, Inskip, Duff Cooper et Hoare, ainsi que plus tard avec Winston Churchill. Suivront ultérieurement les notes du conseiller de légation Schmidt à propos des entretiens menés avec les premiers cités.

Le sujet fondamental de ces discussions fut le souhait général de trouver un terrain d'entente entre l'Allemagne et l'Angleterre. Les hommes d'Etat anglais ont cependant moins approfondi les moyens pour arriver à une telle entente.

Il ressort de la conversation avec Eden que l'avancée concernant la question du pacte de l'Ouest, tout comme la question belge, n'ait pas été très fructueuse. La question des colonies a fait l'objet d'une plus grande discussion. Eden sembla y voir davantage de problèmes que de possibilités. Il est en revanche important de noter que le sujet d'un appel à l'armistice à propos de la guerre civile espagnole a de nouveau été mentionné. Je fais référence à des télégrammes bien précis. La question des colonies fut également abordée, de façon partiellement positive, partiellement négative.

La discussion entre le feldmaréchal et le ministre de la défense anglais Inskip chez Lord Astor se déroula de façon particulièrement amicale, ce qui confirmait ma propre expérience faite l'année précédente avec Inskip. Je pense que l'influence d'Inskip au sein du futur cabinet sera encore plus grande qu'elle ne l'est pour l'instant. Beaucoup de gens pensent voir en lui un futur premier ministre. Inskip n'a sans aucun doute aucune mauvaise intention contre l'Allemagne et il sera du devoir de l'Ambassade d'entretenir les relations avec Inskip qui est d'ailleurs étroitement lié à nos amis Lothian-Astor.

Les manifestations qui ont eu lieu à l'intérieur ou à l'extérieur de l'Ambassade à l'occasion des festivités du couronnement ont montré que l'on s'efforçait d'être prévenant et amical vis-à-vis de la délégation allemande et de sa représentation.

L'écho fait dans la presse allemande à propos de la semaine de couronnement a souvent été fait de manière reconnaissante.

J'ai moi-même eu de mon côté de nombreuses discussions avec les personnalités anglaises notoires. Elles furent la plupart du temps très amicales, même avec Eden et Vansittard avec lesquels l'Ambassade avait su créer une relation purement personnelle très agréable. Concrètement, peu de choses avaient changé dans l'opinion de ses hommes vis-à-vis de l'Allemagne par rapport à leurs positions connues. Selon des informations hautement confidentielles, à la suite de ses premiers entretiens avec le Foreign office, Neville Henderson n'aurait pas été très édifié à propos de sa future mission en Allemagne. Une conversation ultérieure avec Neville Chamberlain lui aurait permis d'assurer ses arrières, effectuant un travail pour arriver à une entente avec nous. Je crois également que nous sommes en droit de porter nos espoirs sur le nouveau Premier ministre. J'ai entendu, sous le sceau du secret, qu'il voulait conserver Eden comme ministre des Affaires étrangères, mais qu'il souhaitait prendre plus fermement en main les ficelles de la politique étrangère. Dans ce contexte, il me semble particulièrement important de rapporter une conversation que j'ai eue avec Neville Chamberlain. Je disais à Chamberlain qu'il me semblait que l'avenir du monde dépendait en première ligne de la nature de la relation germano-anglaise, à savoir si nos deux pays allaient s'écarter l'un de l'autre pour finalement se trouver dans des camps adverses, ou si nous allions véritablement devenir amis, ce qui semblait envisageable. Le Führer m'avait envoyé ici afin de contribuer au succès du dernier cas de figure. Chamberlain, qui d'habitude était si sec, répondit spontanément et avec chaleur mot pour mot que « il se tenait à l'avenir cent pour cent à ma disposition pour accomplir cette tâche ».

Tout ceci ne doit naturellement pas suffire à parler d'une nouvelle conception des problèmes et souhaits allemands dans les cercles dirigeants anglais. Les conversations entre les représentants anglais et allemands sont conformes à de nombreuses conversations mentionnées par la presse que d'autres chefs d'Etats étrangers auraient menées avec d'importantes personnalités anglaises. C'est pourquoi cette atmosphère de sympathie dans laquelle se sont déroulés les entretiens germano-anglais ne doivent être considérés de façon unilatérale. La politique de l'Angleterre vis-à-vis de l'Allemagne peut être résumée de la façon suivante –dans la mesure de ce qui est perceptible :

1. En tant que nation, l'Angleterre souhaite avant tout la paix.

2. Une mauvaise conscience pour pillage de l'Allemagne, le renforcement de l'Allemagne, sa position combative vis-à-vis de la Russie bolchevique, l'existence de problèmes de plus en plus importants avec l'Est et le Sud-Est, tout ceci peut faire paraître l'Allemagne comme un agresseur potentiel. Ses bonnes relations avec l'Italie et le Japon peuvent renforcer cette impression.

3. La sécurité collective de la Société des Nations a échoué et l'expression prouve que l'on ne peut pas se fier à la sécurité collective dans les cas sérieux.

4. Les garanties de l'Angleterre pour la Belgique et la France sont jusqu'alors les piliers de la politique européenne britannique. Une attaque à l'Ouest rangerait inévitablement l'Angleterre aux côtés de nos opposants. Reste la question de l'Est.

5. L'Angleterre ne veut pas s'engager vis-à-vis de l'Est. Mais, dans les faits, l'Angleterre est fortement impliquée dans le système d'alliances français du fait qu'elle se porte garant pour la France et que la France se porte garant pour la Russie. De ce fait, elle se retrouve indirectement liée à l'Est. Ceci est davantage encore souligné par son soutien moral permanent au pacte franco-russe, donc également son soutien au désir français d'une hégémonie en Europe qui s'exprime par l'alliance de la France avec la Russie. La situation est telle aujourd'hui qu'en cas de conflit russo-allemand l'on courrait le risque de voir la France entraîner l'Angleterre dans la guerre contre l'Allemagne (il existe de nombreuses méthodes pour cela : de fausses annonces de l'agence Havas, de fausses affirmations de la part de l'attaquant, des sabotages, etc., etc.). Le seul réel moyen d'éviter ceci serait une garantie indéniable de neutralité de la part des Anglais dans le cas d'une guerre germano-russe. De cette manière, nous serions parés contre toute éventualité du côté Ouest puisqu'il est peu probable que la France s'attaque aux retranchements allemands à l'Ouest sans appui armé anglais. La réponse à la situation se trouve donc exclusivement auprès de l'Angleterre et pose l'alternative suivante : d'une part une amitié avec l'Allemagne mais avec conservation intégrale des intérêts anglais (accord naval), dispositions destinées à conserver l'intégrité des pays qui se trouvent entre l'Allemagne et l'Angleterre, France comprise) et d'autre part : nouvelle lutte pour la vie et la mort entre les deux grandes nations germaniques pour défendre des intérêts étrangers en réalité, soit un combat qui dans ces circonstances présenterait pour l'Angleterre une situation beaucoup moins favorable à celle de 1914 et qui quoiqu'il en soit mettrait en jeu l'existence de l'Empire britannique ; il revient aux chefs d'Etat britanniques de faire le bon choix.

L'argumentation du Foreign office est cependant toujours la suivante, comme me le confirmait aujourd'hui encore un homme de confiance absolue : si l'Allemagne sortait vainqueur d'une guerre contre la Russie, elle serait si puissante qu'un jour elle pourrait faire ce qu'elle voudra de l'Europe et donc aussi de l'Angleterre. Devrions nous réfuter par tous les moyens et arguments qui sont à notre disposition cette argumentation qui, dans le fond s'inspire d'une certaine volonté de règne mondial de la part de l'Allemagne et lui offre la faculté de vivre de façon satisfaisante et accomplie. Faut-il tout mettre en œuvre pour agir sur le nouveau cabinet anglais, car ceci serait le seul moyen de renverser cette conception traditionnelle du Foreign Office qui date du Mémorandum de l'ennemi de l'Allemagne Sir Eyre Crowe en 1907, devenu une sorte de profession de foi du Foreign Office (4). Notre contre-argumentation qui trouve de plus en plus d'adeptes est la suivante : une Allemagne satisfaite, de la même façon que l'Angleterre aujourd'hui, ne trouve son intérêt que dans le maintien de sa propriété. Même une Allemagne puissante n'aurait aucun intérêt à agir contre l'Angleterre, puisque son intérêt résiderait bien au contraire dans le maintien de cet Empire britannique dont il ne pourrait de toute façon jamais être l'héritier. Mais, plus que jamais, les deux nations germaniques devraient se trouver et conclure un accord durable auquel elles se tiendraient face au monde non seulement d'une fidélité toute germanique, mais aussi avec l'intelligence de leur race commune. Un autre travail intense sera nécessaire pour obtenir

(4) Sir Eire Crowe est né en 1864 à Leipzig. De mère allemande, il a grandi en Allemagne puis fut depuis 1885 au Foreign Office à Londres où il occupa comme dernier poste les fonctions de sous-secrétaire d'état. Il rédigea le 1.1.1907 un mémorandum dans lequel il posa le principe selon lequel l'Angleterre ne devait jamais conclure de pacte avec l'Allemagne. Le célèbre historien Oncken caractérise le mémorandum de la façon suivante : *« Le mémorandum de Crowes détecte dans toutes les orientations de la politique de l'Allemagne la preuve que celle-ci recherche consciemment l'objectif d'une hégémonie allemande en Europe mais aussi dans le monde. Cette politique allemande est le résultat d'une interprétation du caractère politique, éthique et intellectuel des Allemands, ce caractère découlant de l'histoire allemande –et faisant l'objet d'une seule interprétation- et du devenir de l'état allemand »*. Voir les documents administratifs sur l'origine de la Première Guerre mondiale 1898-1914, Deutsche Verlagsanstalt, Stuttgart 1929, Vertragsploetz 3. Band, 1952, p. 479.

de l'Angleterre un désintéressement clair sur l'Est. Lord Lothian mettra ceci en branle dans deux articles très significatifs qui paraîtront dans le Times lundi et mardi prochain. Lord Rothermere ajoute qu'il débutera dans quelques jours une longue série d'articles portant sur « l'alliance germano-anglaise qui est le seul moyen d'éviter la guerre mondiale ». D'autres actions dans ce sens sont en préparation à l'Ambassade. Je rapporterai oralement à Berlin au cours du mois à venir la façon dont nous agirons tactiquement le moment venu, une fois que nous serons suffisamment préparés.

Malgré les attaques permanentes de la presse vis-à-vis de l'Allemagne, ces derniers temps, chez de nombreuses personnalités influentes, le désir d'une entente avec l'Allemagne sur une base réelle est présent, voire même croissant. Pour ceci, je fais référence au télégramme numéro 277 du 18.5 à propos de visites de personnalités anglaises en Allemagne.

L'Ambassade poursuivra de façon systématique ses tentatives visant à gagner des cercles et des personnes influents. Mais ce qui compte tout d'abord c'est de maintenir cette atmosphère favorable dans le quotidien politique, résultat du couronnement et d'en profiter pour approfondir davantage encore les négociations entre l'Angleterre et nous-mêmes. Ensuite viendra, devra venir, selon moi dans un avenir proche, le moment où l'atmosphère sera telle que l'on pourra définitivement mettre l'Angleterre à l'épreuve pour connaître ses dispositions vis-à-vis des nécessités vitales de l'Allemagne et ses intentions véritables à notre égard. Il ne devrait alors plus être possible de dire que l'atmosphère n'est pas encore suffisamment mûre pour des arrangements positifs, etc... ainsi qu'on l'entend régulièrement à l'heure actuelle. Si cette mise à l'épreuve se termine malgré tout de façon négative, alors ce sera la preuve de la volonté d'encerclement de l'Angleterre à l'encontre de l'Allemagne et l'on pourra en tirer les conclusions qui s'imposent, sans compromis. Je préfère également faire un rapport oral quant au mode d'action qu'il faudra adopter à l'encontre de l'Angleterre le moment venu.

D'ici là, malgré l'atmosphère très favorable de ce couronnement, il est indispensable de conserver une part de scepticisme et de ne rien négliger, c'est-à-dire de poursuivre ce qui a été ébauché, de continuer à renforcer les autres amitiés, sans compromettre de façon définitive la voie anglaise. Personnellement, je ne croirais à un changement que le jour où la signature anglaise figurera au bas d'un document contractuel qui nous sera favorable, qu'il s'agisse de la Belgique, de l'alliance de l'Ouest, des colonies ou même d'un grand accord général germano-anglais. L'ambassade va continuer par tous moyens à travailler dans le sens d'une amitié germano-anglaise, tout en conservant bien entendu nos amitiés vis-à-vis de l'Italie et du Japon. Ce travail ne doit en aucun cas être considéré comme d'emblée voué à l'échec, car l'opinion publique anglaise est positivement disposée vis-à-vis de l'Allemagne, et il s'agit donc de convaincre la classe dirigeante anglaise. Je souhaite également répondre par oral le mois prochain à toutes les questions visant à savoir comment l'on procédera pour arriver à un rapprochement amical germano-anglais, malgré les liens forts et à mon sens indissolubles qui unissent l'Angleterre à la France – à moins qu'une bolchevisation de la France ne compromette fondamentalement tout cela- ainsi qu'aux questions visant à savoir comment, dans ce contexte, l'on pourrait séparer les questions de l'Est du scellement de la paix à l'Ouest.

Le feldmaréchal et moi-même menions encore d'autres conversations avec les nombreux chefs d'Etats et princes étrangers présents ici. Le ministre français des Affaires étrangères Delbos s'exprima dans ma maison avec une chaleur presque exagérée à propos d'une entente entre la France et l'Allemagne. Mais on n'en vint jamais à discuter de questions concrètes. Lorsque Delbos entendit que je voulais me rendre à

> Paris en juin pour voir l'Exposition Universelle il m'invita chez lui, ce que j'acceptais. Je suis par ailleurs toujours d'avis que nous ne pouvons aboutir à des accords raisonnables avec le gouvernement français actuel, ma conception étant souvent confirmée par des informations provenant de sources diverses. En conclusion, je peux dire que la visite du maréchal fut un succès franc et personnel de Monsieur von Blomberg, et que de cette façon les relations germano-anglaises ont d'une façon générale été servies le mieux possible (5).

Ce rapport analyse de façon objective dans ses paragraphes politiques la situation des rapports germano-anglais au moment des festivités du couronnement. Il reflète parfaitement la situation mondiale contraignante de l'Allemagne en raison de sa position centrale. La nécessité d'une force allemande pour neutraliser la Russie soviétique est reconnue par les deux puissances de l'Ouest. En revanche, l'énorme potentiel des bolcheviques n'est pas reconnu (6). Père met l'accent sur le problème principal de la politique européenne, à savoir l'inquiétude de ses voisins face à une éventuelle puissance allemande qui, à leurs yeux, pourrait mener à une hégémonie. Il leur est en effet impossible d'imaginer que l'Allemagne puisse être renforcée. Père constate qu'Eden, le ministre des Affaires étrangères, ne s'étend pas trop sur la question du « pacte de l'Ouest ». De ce rapport ressort de façon indéniable le souhait allemand d'une couverture à l'Ouest, dans le sens où l'entend Père, c'est-à-dire une explication de neutralité avec la Grande-Bretagne au cas où surviendrait un conflit avec la Russie ; mais il voit par ailleurs la menace que constitue une guerre menée sur deux fronts dans le cas où la Grande-Bretagne serait entraînée dans le conflit par la France par le biais de l'automaticité du Pacte franco-russe.

Ce rapport met une fois de plus en lumière la situation particulièrement périlleuse du Reich. Père parle des efforts français pour arriver à une position hégémonique au sein de l'Europe, ceux-ci sont clairement exprimés dans le pacte franco-russe, et trouvent un « soutien moral permanent » auprès de l'Angleterre. Père s'étend une fois de plus sur la menace qui pèse sur l'Allemagne de se retrouver entraînée par la France, et donc par l'Angleterre, dans une guerre sur deux fronts en cas de conflit avec l'Union soviétique. Eviter un éventuel conflit avec l'Union soviétique ne dépendait pas uniquement du bon vouloir de l'Allemagne. En effet, l'Union soviétique pouvait être à l'origine d'un conflit qui entraînerait la France, et éventuellement aussi l'Angleterre à ses côtés.

Mais Père analyse également de façon objective le « dilemme » du point de vue britannique. Il s'agit d'une conséquence de la sous-estimation de la puissance russe. Même à Londres, on se situe encore dans l'état d'esprit de la Première Guerre mondiale où l'Allemagne a fait tomber le colosse russe malgré le front à l'Ouest.

Lorsque Père écrit que l'Allemagne *« trouve son plus grand intérêt dans le maintien de l'empire britannique »,* il exprime pleinement la conception de Hitler. Il s'agit bien évidemment d'un rapport hautement confidentiel adressé au chef de l'Etat, celui-ci reflète donc les réflexions les plus internes, confidentielles et véritables du gouvernement allemand !

Mais Père parle également des *« attaques incessantes de la presse sur l'Allemagne ces derniers temps »* et conseille de *« conserver une certaine part de scepticisme »* jusqu'à l'obtention d'un arrangement concret. Nous sommes en **été 1937**, il n'y a pas encore eu de changements territoriaux en Europe centrale et pourtant Père doit déjà parler d'« attaques permanentes de la presse » vis-à-vis de l'Allemagne ! Le rapport décrit les courants existant au sein de la « ruling elite » (*NdT* : l'élite dirigeante) et sa conception différente à propos de l'Allemagne. Six mois plus tard, Père définira la classe dirigeante britannique d'« héroïque », « consciente de son pouvoir » et « prête au combat ».

A l'époque où ce « rapport de couronnement » a été rédigé, Père avait invité Churchill à un lunch à l'Ambassade. Au cours de cette conversation entre quatre yeux, Churchill avait exprimé de

(5) Source : *Krönungsbericht und derzeitige Lage* (rapport sur le coxxxxx et situation actuelle) du 21 mai 1937, conservé dans ADAP, Serie C, Volume VI, doc. n° 3807.

(6) Cf. l'article de Friedman dans le *Herald Tribune* (Europe) du 11.9.98.

façon brutale mais ouverte qu'« une Allemagne trop puissante serait de nouveau anéantie » ! Mais Père avait rétorqué à Churchill que, cette fois-ci, l'Allemagne n'était pas seule, qu'elle avait des alliés. Churchill répondit imperturbable *« we are pretty good at getting them around at the end ! »* (*NdT* : nous sommes assez forts pour les récupérer de notre côté à la fin. Dans ses mémoires, il restitue une réponse plus amusante mais certainement pas réelle : *« lors de la Première Guerre mondiale nous* (les Anglais, l'auteur) *avions les Italiens comme alliés, c'est pourquoi il n'est que justice que cette fois-ci ce soit eux* (les Allemands, l'auteur) *qui les aient comme alliés ! ».*

Lorsqu'en 1937 Père parle d'alliés à Churchill il pense à l'Italie et au Japon. Je me réfère une fois de plus au paragraphe du « rapport de couronnement » dans lequel Père conseille *« de ne rien négliger, pour approfondir nos amitiés sur la voie déjà tracée, mais sans nous fermer de façon permanente la voie anglaise ».*

Pour sortir de cette situation inconfortable, il ne restait à l'Allemagne pas d'autre solution que de se chercher des amis là où elle pouvait en trouver, mais sans abandonner l'idée d'un équilibre avec l'Angleterre. La motivation la plus importante pour la conclusion du « pacte antikomintern » avec le Japon était la menace que représentait l'Union soviétique. Celle-ci existait autant pour le Japon que pour l'Europe. Une autre façon de voir les choses était bien entendu la volonté de rompre l'isolement.

La position de Hitler vis-à-vis de l'Union soviétique était indéniablement basée sur une opposition fondamentale. C'est sur celle-ci que se fondait à ses yeux la crédibilité de son argumentation vis-à-vis de l'Angleterre. Aux yeux des Allemands, le nouvel équilibre européen se trouvait avec la France et l'Angleterre en plus de l'Allemagne d'un côté, l'Union soviétique de l'autre. Pour ne pas prendre le risque de se rendre complètement dépendant de la volonté de la Grande-Bretagne avec cette conception, l'Allemagne se devait de faire des choix, d'opter comme le disait sans cesse Père. C'est ainsi que, compte tenu des circonstances, n'entraient en considérations que l'Italie et le Japon tant que l'Angleterre ne se prononçait pas.

Père écrit à ce sujet dans sa succession :

> « Cela faisait déjà quelques années qu'Adolf Hitler avait discuté avec moi de la question de savoir s'il n'y avait pas un moyen de se lier plus étroitement avec le Japon. Je lui ai répondu que j'avais personnellement quelques relations avec les Japonais et j'essaierais de nous en approcher. Il s'avéra à cette occasion que le gouvernement japonais était tout aussi anti-communiste que le gouvernement allemand. Ces discussions des années 1934/35 ont peu à peu conduit à l'idée de faire de ces objectifs communs l'objet d'un accord.
>
> L'un de mes collaborateurs, Monsieur von Raumer, formula cette idée en proposant la conclusion d'un « pacte anti-komintern ». Je portais ce plan à Hitler dès avant ma nomination à Londres, et celui-ci l'approuva. Le Führer ne souhaitait pas mener ces préparatifs par le biais de la politique officielle étant donné qu'il s'agissait davantage d'une question idéologique. Il me mandata pour préparer ce pacte qui sera conclu en 1936 par le « bureau Ribbentrop ». C'est pour cette raison que l'accord porte également ma signature… »
>
> Hitler trouvait important de joindre également l'empire britannique au front anti-communiste ; c'est cette volonté qui l'a animé pour me charger, moi, l'Ambassadeur allemand à Londres, de m'occuper de la formulation d'un bloc d'ordre. Lorsqu'après la signature italienne du pacte anti-komintern en novembre 1937, je quittais Rome pour revenir à Londres, je menais une conversation à ce propos avec Eden, le ministre des Affaires étrangères anglais. Je voulais le convaincre de l'importance de cette union idéologique pour l'ensemble du monde civilisé. Lorsqu'Eden m'expliqua qu'en Angleterre on voyait d'un mauvais œil la signature par l'Ambassadeur allemand à Londres du pacte anti-komintern, je lui fis part le plus ouvertement possible du but de cette politique et sa signification pour le monde non communiste et même pour l'empire britannique.

J'attirais son attention sur le fait que le pacte ne se dirigeait à l'encontre de personne, hormis contre le communisme mondial et que l'Angleterre pouvait toujours y adhérer. Mais avec Eden, je me heurtais à une incompréhension totale... L'Angleterre se refusait à voir tout risque communiste.

Il est évident que le pacte anti-komintern cachait également une dimension politique, et que celle-ci était contre les Russes puisque Moscou était le créateur de la pensée du komintern. Hitler et moi-même espérions ainsi faire contre-poids face à la Russie, car à cette époque l'Union soviétique s'opposait également à l'Allemagne sur le plan politique (et non seulement idéologique).

Même en tenant compte de l'Angleterre, il n'y avait pour nous aucune autre voie que de poursuivre cette politique anti-komintern. Nous réussissions seulement à convaincre certains cercles en Angleterre qu'en s'associant avec l'Allemagne l'avenir de leur pays était le mieux assuré, en espérant que ce puissant partenariat puisse nous aider à influencer de façon décisive l'Angleterre. Une forme assez vague du pacte anti-komintern fut votée afin de se ménager une certaine liberté pour une éventuelle alliance diplomatique avec l'Angleterre.

« Le but de la politique étrangère allemande était de convaincre l'Angleterre, qu'entre le choix d'une coalition contre l'Angleterre, et celui d'une alliance germano-britannique, ce dernier serait l'option à privilégier ».

Qu'il me soit permis, de poser la question, de savoir si « l'option à privilégier » ne s'entendait pas effectivement par le maintien de l'empire mondial britannique ? En tant que « témoin contemporain », j'ai le droit d'affirmer ce que je tiens de la bouche de mon père, à l'époque de ma présence à Londres, c'est que la politique anti-Komintern avait encore pour finalité d'aboutir à un accord avec l'Angleterre. Les vains efforts en ce sens pour sortir de la délicate position des années 30 à 36 avaient finalement conduit à ce que, du côté allemand, on entreprenne des initiatives variées afin de repérer celle qui permettrait d'aboutir à une coopération avec l'Angleterre. Il ne restait plus rien d'autre à faire, que de renforcer la position allemande par la conclusion d'alliances et d'afficher publiquement que l'on recherchait l'amitié britannique sur un pied d'égalité. C'est sur le fondement de ce postulat que Père est entré en fonction à Londres.

Le pacte anti-Komintern ne contenait pas d'obligation d'assistance des signataires, seulement des clauses de consultations, au cas où l'un des signataires se retrouverait dans une situation de belligérance non provoquée. Malheureusement, il mettait la politique sur un cours ostensiblement anti-russe. Lorsque Père écrit *« on ne voulait pas voir à l'époque la menace communiste en Angleterre »*, il appuie cette constatation sur la menace que constituait l'Union Soviétique pour l'Europe. En termes de politique intérieure, le parti communiste ne jouait en Grande-Bretagne, effectivement, aucun rôle.

Avec le pacte anti-Komintern et la convention italo-allemande d'octobre 1936, l'Allemagne avait pour la première fois, quand bien même dans une forme relativement lâche, brisé son isolement sur le plan de la politique étrangère. Sans aucun doute aurait-on vu à Berlin une collaboration avec l'Angleterre sous un jour très favorable. Le cours de la politique britannique ne permettait pas d'envisager à ce moment-là une évolution en ce sens. Les approches positives qui avaient pu se dessiner à partir de la conclusion de l'accord naval, n'avaient pu être développées jusqu'à présent. D'après Père, il était encore moins possible de les développer si on décidait de se maintenir dans cet isolationnisme. En ce sens, la politique de la « main libre » du chancelier du Reich von Bülow avait placé l'empire du Kaiser « entre deux chaises ». (7) La signature du contrat d'alliance à revers avec la Russie par Caprivi en 1890, n'avait pas du tout incité les Britanniques à collaborer avec le Reich, bien au contraire, elle s'était révélée contre-productive.

Jusqu'à ce moment-là, on ne peut en aucun cas reprocher d'action agressive dans le domaine de la politique étrangère de la part de Hitler. L'élimination des clauses discriminatoires du traité de

(7) Voir Ferguson, *Der falsche Krieg*, pages 89-91, Deutsche Verlagsanstalt, Stuttgart, 1999.

Versailles était justifiée juridiquement, voire au-delà ; elle constituait une nécessité politico-militaire. Le choix du gouvernement français d'introduire le service militaire de deux ans, plutôt que de désarmer, comme le prévoyait le traité de Versailles, et surtout, l'alliance militaire entre la France et l'Union soviétique, étaient des arguments autrement convaincants ! La menace russe augmentait d'autant dans les yeux de Hitler, en particulier avec l'intégration de la Tchécoslovaquie dans les traités.

Avec la conclusion de l'alliance militaire franco-russe de 1934-1935, que la Grande-Bretagne, ainsi que l'écrit Père, *« soutient moralement et constamment »*, l'encerclement du Reich était pratiquement achevé si l'Angleterre, après s'être réarmée avec succès, se serait jointe à cette coalition. Jusqu'à ce point et pour le préciser, l'Angleterre avait les mains libres, elle aurait éventuellement laissé le Reich dans l'incertitude. La deuxième grande tâche que s'était fixée Père à Londres, était de procurer à la politique allemande une certaine visibilité.

Un fait particulièrement important de la politique mondiale doit être mentionné ici : l'attitude hostile du président des Etats-Unis, Roosevelt, à l'égard de l'Allemagne !

Un matin, je vis arriver mes amis à l'école de Westminster avec des visages graves ; ils me parlaient de façon très aimable, avec compassion, du grand malheur qui avait touché mon pays. Il s'avérait en fait que mes camarades déploraient la catastrophe du dirigeable Hindenburg, à Lakehurst, sur l'aérodrome de New York, où il a été complètement détruit le **6 mai 1937**, entraînant de nombreuses personnes dans la mort. Cette catastrophe avait sa cause dans le refus du gouvernement américain de vendre au gouvernement allemand de l'hélium ininflammable qui n'était disponible qu'aux Etats-Unis. Comme les dirigeables avaient depuis longtemps perdu leur signification militaire, cette attitude du gouvernement américain, en 1936 déjà, exprimait un incontestable acte inamical à l'égard de l'Allemagne.

Un événement personnel, qui a un rapport direct avec l'état d'esprit du président américain à l'égard de l'Allemagne et qui chronologiquement survient au cours de l'année 1937, peut être rapporté à cet endroit. Il y a quelques années, ma femme et moi-même étions chez des amis aux Etats-Unis dans l'Etat de New York dans le cadre d'une réception. Ma femme était placée à table près d'un fils du président Roosevelt. Après le repas, il s'est trouvé que je me suis assis auprès de ma femme et de Roosevelt. A ma très grande stupéfaction, il a parlé de mes parents en des termes les plus aimables, disant que Père parlait mieux l'anglais qu'un anglais, que les deux avaient été très aimables à son égard, etc. Lorsque je lui ai demandé comment il connaissait mes parents, il a répondu que son voyage de noces, en 1937, l'avait conduit, lui et sa femme, en Europe. A cette occasion, il avait connu mes parents en Bavière et ceux-ci l'avait invité à un déjeuner dans un magnifique hôtel aux alentours de Munich. (8)

Le jour suivant, Père l'avait rappelé et lui avait demandé si une rencontre avec Hitler l'intéresserait et, dans ce cas, Hitler aurait été disposé à l'accueillir à l'Obersalzberg. Mais à l'époque, il ne voulait pas accepter cette invitation sans l'accord de son père et l'avait donc appelé. Celui-ci lui avait expliqué que ce serait certainement une expérience très intéressante dans sa vie d'avoir connu Hitler, mais que cela ne s'accordait pas du tout avec sa politique et qu'il devait se mettre le plus rapidement possible en route pour l'Angleterre. C'est en réponse au souhait de son père qu'il a immédiatement quitté l'Allemagne.

Que l'on prenne bien note, je parle de l'été 1937. Du côté allemand, on s'efforçait encore intensément de parvenir à un arrangement sur le long terme, Hitler avait renoncé formellement à l'Alsace-Lorraine et reconnu la suprématie de l'Angleterre sur mer dans le cadre de l'accord naval. Peu de temps après, Roosevelt devait tenir son fameux discours de la « quarantaine », dans lequel il ne devait pas seulement attaquer le Japon et l'Italie, mais également l'Allemagne, alors que Hitler n'avait entrepris quoi que ce soit dans le sens d'une modification du *statu quo* territorial. Avec son discours de la quarantaine, Roosevelt, le président du plus puissant Etat de la terre, avait clairement exprimé une politique hostile à l'Allemagne. Roosevelt avait, sans raison, rangé le

(8) Hotel Kaiserin Elisabeth, Feldafing.

Reich aux côtés des deux puissances qui avaient, effectivement, déjà modifié le *statu quo* territorial, c'est-à-dire l'Italie et le Japon.

Ainsi, les deux plus puissants Etats de la terre, les Etats-Unis et l'Union Soviétique, auxquels s'ajoutait la France avec ses alliances de la petite Entente, s'opposaient à l'Allemagne. En fait, le Reich avait à ce moment des rapports amicaux relativement lâches avec l'Italie et le Japon. Toujours est-il que le Reich n'était plus totalement isolé. Dans cette situation, prêter à Hitler des plans visant à conquérir par étapes une sorte de suprématie mondiale comme le font des historiens allemands, qui ne désarment jamais pour l'affirmer, revient à interpréter l'Histoire à des fins de propagande et n'a aucun rapport avec la réalité (9). C'est le contraire qui est la vérité ! **La politique de Hitler était déterminée par la faiblesse et la fragilité évidentes qui pesaient sur le Reich, en raison de sa position en Europe centrale. C'est là que réside la clé de la politique de Hitler à partir de 1938.** (*Souligné par l'auteur, NdT*)

A l'époque du couronnement royal, la politique britannique ne s'était pas encore affichée. Les efforts d'armement n'avaient pas encore atteint un niveau maximum dans la perspective d'une confrontation avec le Reich. Il ne fait pas de doute qu'une partie de la « ruling elite » a vu dans cette nouvelle confrontation militaire avec le Reich, une menace vitale pour l'Empire. Mais l'autre partie voit dans cette répétition de la Première Guerre mondiale, c'est-à-dire dans ce nouveau rejet du Reich, l'occasion de renforcer le maintien de l'Empire. A ce moment, l'Angleterre laisse la direction allemande dans l'incertitude quant à ses propres intentions. Du côté allemand toutefois, il n'était pas possible d'envisager que l'Angleterre reste neutre si un engagement armé devait avoir lieu en Europe de l'Est.

Mais si une attitude défensive allemande vis-à-vis de l'Union soviétique devait s'avérer efficace, alors les rapports politiques en Europe de l'Est devaient être considérés sous un nouveau jour. Le Reich devait être le pouvoir le plus fort, ou mieux exprimé encore, l'unique pouvoir qui pouvait résister aux Russes et prétendre à la direction d'une coalition anti-soviétique.

Une menace particulièrement actuelle était incarnée par la Tchécoslovaquie, dans la mesure où elle était considérée comme le « porte-avions » de l'Union soviétique pour toutes les forces aériennes qui seraient engagées contre le Reich (10). Le gouvernement tchèque, sous la direction de Benès, allait essayer, à partir de mai 1938, d'impliquer la France dans une confrontation militaire avec le Reich dans l'espoir d'entraîner à ses côtés également la Grande-Bretagne et l'Union soviétique. Sa politique à l'égard des minorités allemandes des Sudètes allait soulever de très graves problèmes auxquels, à long terme, le Reich ne pouvait rester indifférent. Puisqu'un arrangement européen avec la Grande-Bretagne n'était pas à portée, il se posait la question de savoir quelle politique le gouvernement britannique allait suivre à l'égard du Reich si, dans une certaine mesure, une réorganisation des rapports politiques en Europe de l'Est allait se développer. On peut suivre cette interrogation comme un fil rouge dans les rapports de Père. L'organisation de l'Europe de l'Est, dans l'esprit de la politique allemande, était nécessaire à la neutralisation de l'expansionnisme soviétique. Mais on ne pourra pas écarter ce constat : le souci de Hitler face au colosse russe n'était ni « une peur sans fondement » ni une *« folie feinte »* (11).

Ce qu'il y a de remarquable dans la conception allemande, c'est qu'elle aurait laissé aux deux puissances de l'Europe de l'Ouest une position forte à l'égard du Reich au cas où, effectivement, on en serait venu à une confrontation avec l'Union soviétique. On n'aurait peut-être même pas nécessairement pu parler pour la Grande-Bretagne, d'un « sitting on the fence » (*en anglais dans le texte, NdT*), néanmoins la Grande-Bretagne aurait joué un rôle déterminant avec la France en Europe, ne serait-ce qu'au regard des problèmes d'approvisionnement allemands, qui seraient tombés sous le contrôle de la suprématie maritime de la Grande-Bretagne, à laquelle Hitler a laissé la primauté dans l'accord naval.

(9) Hillgruber, par ex., soutient cette thèse dudit « plan par étapes » de Hitler pour la conquête de la suprématie mondiale

(10) L'expression est du ministre français de l'Air, Pierre Cot !...

(11) Citation du *« Wallenstein »* de Schiller.

Père a répondu à la question fatidique, ici l'adjectif mérite pleinement sa place, de l'orientation future de la politique anglaise, dans son rapport d'ambassade en date du 28 décembre 1937, qu'il devait compléter cinq jours plus tard de « Conclusions » au « Rapport principal » (six mois après le « Rapport du couronnement royal ») ! (12)

Père en était arrivé à la conclusion très claire suivante : dans le cadre du nouvel ordre européen, le Reich devait compter avec l'hostilité du Royaume Uni. Cette hostilité n'excluait pas la possibilité d'une guerre. Le Royaume Uni ne reculerait pas devant un nouveau conflit avec le Reich. Il fallait en tirer la conclusion, que la direction britannique « the leading Elite » (*en anglais dans le texte, NdT*), n'était en aucun cas décadente et faible, mais bien forte et belliciste. Père a même ajouté de sa main le mot « héroïque » afin qu'il reste bien dans l'esprit de Hitler. Je vais restituer ici mot pour mot le rapport joint aux dites « Conclusions » de son « Rapport principal ».

On devrait lire ce rapport avec beaucoup d'attention, tant il analyse la politique britannique à l'égard de l'Allemagne avec une grande clarté, à une époque où Hitler n'avait encore rien entrepris « d'agressif », du moins si l'on entend par là la recomposition de la capacité défensive du Reich.

Le dilemme pour le Royaume Uni, résidait dans le choix entre une nouvelle confrontation militaire avec un Reich plus puissant, avec toutes les conséquences que cela peut avoir pour le maintien de l'Empire, ou l'acceptation d'une Allemagne comme première puissance continentale avec les risques supposés que cela entraîne pour les îles anglo-normandes. Père développe ce point de vue, qui est celui des adversaires d'une entente avec l'Allemagne, surtout présents au Foreign Office. L'extension du pouvoir bolchevique comme contrepoids au Reich allemand n'a pas été évaluée à sa pleine mesure. La politique britannique était fixée sur le concept étroit de la *balance of power* (*en anglais dans le texte, NdT*) des siècles précédents et se refusait à réaliser que les pivots de puissances globales, étaient en mesure de se déplacer vers d'autres continents. Le rapport que Père a envoyé à Hitler, après un an et demi d'activité d'ambassadeur allemand à Londres, dit ceci (13) :

> Copie à Monsieur l'Envoyé, Berlin 28 décembre 1937
>
> A5522
>
> Contenu : les relations germano-britanniques et la suite à donner à l'initiative de Chamberlain
>
> * un double pour le Führer et Chancelier (remis en l'occurrence au ministre des Affaires étrangères)
>
> * pour le Führer et le Chancelier personnellement
>
> * (14) (pour le ministre des Affaires Etrangères personnellement)
>
> « I. Le Royaume Uni s'est toujours battu depuis des siècles pour trois principes :
>
> 1. pour la suprématie anglaise sur mer,
>
> 2. pour l'immuabilité desdits *low countries* (Hollande et Belgique),
>
> 3. pour l'équilibre en Europe
>
> <u>Sur le point 1.</u>
>
> La suprématie maritime n'est plus vérifiable. La question d'une rivalité des flottes entre l'Allemagne et l'Angleterre n'est plus aussi actuelle qu'avant la guerre depuis l'accord naval.

(12) « Rapport principal » (A5522) mentionné dans ADAP série D, volume I soit comme « non imprimé », soit comme « non retrouvé ». Découverte cf. Laurence Thomson, *The Greatest Treason – The Untold Story of Munich*, New York, 1968.

(13) cité *in extenso* d'après le double original au Foreign Office.

(14) Ces lignes ont été rajoutées plus tard.

Il faut cependant tenir compte de ceci: le rapport de 100 à 35 contenu dans le traité naval se traduit pour l'Amirauté britannique, dans le cas le plus sérieux, par une présence de 60% de sa flotte en mer du Nord puisqu'en temps normal 40% de la flotte britannique se situe dans d'autres mers. Si l'Amirauté britannique devait compter avec l'hostilité de l'Italie et éventuellement du Japon, ce rapport, en dépit de l'intégration de la flotte française, devrait se déplacer en défaveur de l'Angleterre. D'après moi, l'Angleterre ne pourra pas si facilement compter sur l'engagement actif d'une flotte alliée américaine en mer du Nord et en Extrême-Orient. (15)

Sur le point 2 concernant lesdits *low countries*. Aux dits *low countries* s'est jointe également la France à la suite de la création de l'armée de l'Air. C'est la raison pour laquelle l'Angleterre conformément à sa thèse baldwinienne de la « frontière au Rhin », considère les trois pays, Hollande, Belgique et France comme formant une sorte de glacis défensif britannique. C'est pour moi une certitude évidente, que la politique étrangère britannique, et la française, qui depuis ces dernières années, par la crainte d'une Allemagne plus forte, s'est trouvée de plus en plus dans la dépendance du Foreign Office, sont unies en Europe pour le meilleur et pour le pire. Pour cette raison, l'Angleterre a toujours tout fait pour, d'une part, s'abstenir de promouvoir un rapprochement franco-allemand, et d'autre part, prévenir un affaiblissement de la France, par exemple par le bolchevisme. L'agent britannique sir Charles Mendel (depuis longtemps attaché de presse et homme de confiance de l'ambassade britannique à Paris), a, d'après mes informations, au cours des deux dernières années, distribué plusieurs millions en France, notamment pour la lutte contre le communisme. Il y a également de très nombreux hommes politiques français qui ont touché des pots-de-vin de sa part. Par conséquent, l'Angleterre a toujours eu une influence forte dans la politique intérieure comme dans la politique étrangère française.

Sur le point 3 : depuis la prise de pouvoir par le national-socialisme et depuis le réarmement de l'Allemagne, l'Angleterre considère qu'il y a un risque de menace de l'actuel équilibre européen, et cette menace lui volerait son rôle d'arbitre en Europe et, par conséquent, sa marge de manœuvre. Les inoubliables exploits de l'armée allemande pendant la guerre contre les Alliés occupent une place importante parmi les inquiétudes des Anglais. On considère de ce fait l'Allemagne comme l'adversaire le plus dangereux, comme cela a été exprimé à plusieurs reprises dans le compte rendu de l'ambassade au cours de l'année. D'autres adversaires, comme le Japon qui menace d'importants intérêts britanniques, ou comme l'Italie, qui menace la voie la plus rapide vers son importante possession, l'Inde, ne se trouvent qu'à la périphérie de son Empire, alors que le cœur de l'Empire britannique, c'est-à-dire, les îles britanniques, ne peuvent être menacées que par la seule Allemagne.

II. Depuis la création de l'axe Rome-Berlin et la visite de Mussolini en Allemagne, depuis les inquiétudes sur l'issue de la guerre civile en Espagne et ses imprévisibles conséquences sur la position britannique en Méditerranée, depuis l'entrée de l'Italie au sein du mouvement anti-Komintern et depuis l'expansion japonaise en Chine, les craintes de l'Angleterre à l'égard d'un bouleversement de l'équilibre en Europe et dans le monde se sont globalement accrues. L'Angleterre voit ses possessions aujourd'hui en Extrême-Orient menacées par le Japon, sa voie maritime vers l'Inde via la méditerranée menacée par l'Italie et sa patrie, les îles britanniques, menacées par l'Allemagne.

III. L'Angleterre a dans un premier temps répondu à ces évolutions par le lancement d'un très important programme d'armement et, par ailleurs, par le renforcement de

(15) Modifié a posteriori, auparavant, *« pourra à peine compter »*.

son alliance avec la France. L'Angleterre continue depuis le début de l'année, de s'assurer les Etats-Unis comme base arrière en matières premières (cf. le voyage de Runcimans aux Etats-Unis). Des pourparlers en prévision d'un contrat de commerce, qui ont commencé avant le début de l'année, continuent d'être poursuivis aussi discrètement que fiévreusement et vont prochainement conduire à des échanges réguliers. L'objectif final de l'Angleterre est cependant indiscutable, faire des Etats-Unis, à nouveau, un allié en cas de conflit européen.

IV. La question principale pour l'Angleterre, qui voit évidemment dans le maintien de la paix, la meilleure garantie pour le maintien de son empire, demeure encore et toujours, de savoir si un arrangement avec l'Allemagne reste possible, arrangement qui assurerait la paix mondiale et l'équilibre européen. On peut penser qu'il existe au sein du gouvernement britannique des hommes (que Chamberlain et Halifax en soient, j'en doute fortement, d'après mes propres expériences et observations), qui croient aujourd'hui encore à la possibilité d'un arrangement à l'amiable avec l'Allemagne, et ce, sur la base suivante :

Restitution de quelques colonies allemandes et recherche d'une solution à la question autrichienne, qui pourrait préparer une annexion pacifique, ainsi que l'amélioration de la situation des Allemands des Sudètes, éventuellement jusqu'à l'autonomie culturelle, et en contrepartie, renouvellement des obligations de l'Allemagne en matière de non-agresssion des pays voisins et obligation de traiter tous les problèmes par la voie pacifique. Enfin, un accord précis sur une limitation au moins qualitative des forces aériennes sur le modèle de l'accord naval germano-anglais, par exemple, qui interdirait les bombardements et en limiterait le nombre de bombardiers, et éventuellement [un accord] sur la publication et, éventuellement, la limitation du budget.

Ceci serait d'après moi le maximum de ce que ces hommes, qui croient fondamentalement à une entente avec l'Allemagne, entendraient par arrangement avec l'Allemagne (c'est-à-dire ceux qui ne voient pas dans l'existence d'une Allemagne dont la conception du monde répond à une vision nationale-socialiste expansionniste, une entrave à l'entente germano-britannique).

V. Le peuple anglais est aujourd'hui dans sa majorité bien disposé à l'égard d'une entente avec l'Allemagne. Il voudrait bien donner quelques colonies à l'Allemagne et éprouve sans aucun doute de la compréhension à l'égard du souhait allemand de disposer d'un espace à l'Est. Cet état d'esprit du peuple britannique n'est cependant que de peu de poids dans le dessein de la politique étrangère britannique. Si l'opinion publique britannique tant vantée a pu au cours des dernières années obtenir quelques succès auprès du gouvernement britannique, cela résulte d'après moi, davantage d'un manque de préparation de l'opinion publique par les couches dirigeantes. Je suis convaincu que la classe dirigeante britannique est en mesure de préparer l'opinion publique de telle sorte qu'elle la suivrait obligatoirement sur le terrain de la politique intérieure (16) ou extérieure (regardez la réaction de l'opinion publique, de la presse, etc. lors de l'abdication du très populaire roi Edouard VIII). Une décision qui signifierait la guerre pour le peuple britannique devrait être naturellement particulièrement préparée par la propagande. D'après moi, il ne sera pas facile d'obtenir l'assentiment populaire pour une guerre, si des intérêts anglais ne sont pas immédiatement menacés. Mais, même dans ces cas, le gouvernement peut, d'après moi à l'aide de nouvelles alarmantes, finalement parvenir à imposer sa volonté. Il n'est certes pas impossible pour le gouvernement britannique de présenter l'éventualité d'une guerre à son peuple et à ses dominions, comme répondant à un contexte de menace vitale. Naturellement, un certain temps est nécessaire pour

(16) « *intérieur et* » ont été rajoutés ultérieurement à la main.

qu'une telle propagande puisse faire sentir ses effets; ici, l'éventualité d'un bombardement de terreur sur les îles britanniques peut jouer un rôle particulier.

VI. Le trait caractéristique de la classe dirigeante britannique est, aujourd'hui comme hier, celui d'un égoïsme matériel, d'une soif de puissance et par-dessus tout, d'une volonté de régner; au fond, c'est une conception héroïque (17) de la vie, telle que nous l'avons aussi, c'est toujours cette même conception de la vie qui a permis la constitution de l'Empire britannique et son maintien pendant des siècles. Des qualificatifs tels que « nation de boutiquiers » (« nation of shopkeepers »*, en anglais dans le texte, NdT)* n'ont d'après moi jamais correspondu au trait de caractère de la classe dirigeante britannique. Celle-ci s'engagera jusqu'à la dernière extrémité, c'est-à-dire la guerre, aujourd'hui comme hier, autant pour les intérêts matériels que pour sa position dans le monde, tant qu'il y aura une chance de victoire. Jamais l'Angleterre ne tentera un engagement sans y être préparée. Elle cherchera toujours à évaluer les rapports de force et diffèrera éventuellement les prises de décision. Une fois que les meilleures conditions se trouveront de son côté, alors l'Angleterre s'engagera dans le combat. L'absence d'implication militaire dans le conflit en Abyssinie n'est pas, d'après moi, la conséquence d'un manque d'héroïsme, mais bien plus la résultante d'un réarmement trop négligé et d'un mauvais pronostic qu'a fait le gouvernement anglais qui pensait que l'Italie s'enliserait dans le conflit et que l'aventure prendrait fin d'elle-même.

VII. Ici deux groupes se distinguent dans l'appréciation du problème allemand depuis le réarmement de l'Allemagne :

les incontournables ennemis de l'Allemagne : ces cercles ultra-conservateurs, auxquels se joignent aussi certains du camp des conservateurs modérés et des libéraux, qui tiennent pour impossible une coopération avec l'Allemagne, puisqu'ils voient dans le nouveau paysage de la force populaire allemande, défini par les principes du national-socialisme, une menace pour la Grande-Bretagne et parce qu'ils croient que l'Allemagne, en tant que nation raciale la plus forte du continent, est également la seule qui représente une menace pour l'empire britannique. A ces ennemis de l'Allemagne appartiennent également, les équipes dirigeantes syndicales du Labour, parti travailliste, qui rejettent la conception mondiale nationale-socialiste, et les possibles contrecoups de cette vision mondiale sur leur propre position à l'intérieur de l'Angleterre. Enfin, par-dessus tout, il y a l'influence croissante, à tous les niveaux de la couche sociale, du judaïsme et en partie aussi (18), de la franc-maçonnerie britannique et des églises.

Finalement, et c'est peut-être le facteur le plus significatif, s'ajoute l'opposition traditionnelle des cercles du Foreign Office contre l'Allemagne qui, depuis le mémorandum de Sir Ayr Crowe en 1907, d'après lequel l'Angleterre ne devrait jamais conclure de pacte avec l'Allemagne, est restée telle quelle jusqu'à aujourd'hui. Ces cercles pensent que l'on ne peut opposer à l'égard de la nouvelle politique de puissance de l'Allemagne, que le principe de la force et c'est pourquoi ils sont systématiquement en train de travailler à un encerclement de l'Allemagne. Ils ne veulent accorder aucun crédit aux assurances de paix et prétendent que n'importe quel accord avec l'Allemagne en ce sens est sans utilité. Ils sont également coresponsables de la tension survenue au cours des derniers mois, par le biais de la situation économique américaine, et coresponsables de l'ambiance de crise qui règne à la bourse londonienne.

Ces cercles sont, à mon avis, très largement responsables de la mise à l'écart, de façon évidente depuis ces dernières années, de personnalités du gouvernement qui

(17) *« héroïque »* rajouté *a posteriori.*

(18) *« aussi »* rajouté *a posteriori.*

auraient été disposées à composer avec l'Allemagne, telles que lord Monsell, lord Londonderry et aussi (19) Edouard VIII, etc. A l'inverse, à l'intérieur du cabinet, des ennemis déclarés de l'Allemagne, tels que Duff Cooper, ont gagné en importance et en influence. Le maintien de Sir Robert Vansittard et d'Eden comme éléments forts des cercles anti-allemands, alors même que fut encore et toujours prétendu qu'ils leur serait trouvé une autre affectation, et par-dessus tout, la nomination de Sir Hoare Belisha (juif) au poste de ministre de la guerre est également à prendre en considération. Des tentatives répétées de Vansittard pour diriger le commerce des compagnies germano-britanniques et de les maintenir dans un cadre restrictif afin que ces commerces ne deviennent pas un instrument de propagande trop important en faveur de l'entente germano-britannique, est également à souligner.

b) les amis conditionnels de l'Allemagne : c'est-à-dire les cercles qui souhaitent une entente amicale avec l'Allemagne et qui ne considèrent pas celle-ci comme étant sur le principe impossible. A ce groupe appartiennent des conservateurs modérés (groupe Astor, Times, lord Rennell, Londonderry etc.) ainsi qu'un certain nombre de libéraux non sans signification (Lothian etc.) et enfin, pour des raisons d'idéaux pacifistes, également quelques représentants des cercles de gauche, comme lord Allen of Hurtwood, lord Arnold ou lord Noel-Buxton. A ceux-là s'ajoutent encore des influences des gens du milieu économique de la City.

L'état d'esprit de ces cercles, qu'il faut considérer avec un minimum de scepticisme, pourrait être résumé au mieux de la façon suivante : eux aussi sont sceptiques à l'égard des assurances de paix allemandes. Néanmoins, ils tiennent pour plus juste d'essayer par tous les moyens et chemins, d'éviter une confrontation militaire pour parvenir à un arrangement avec l'Allemagne. Cet arrangement cependant, devrait se tenir dans le cadre déjà évoqué ci-dessus au point V. Bien que sceptiques au regard des évolutions futures, ces cercles concluraient un tel arrangement, même s'il ne devait être qu'une solution provisoire, dans l'espérance que des événements surviendraient, qui contiendraient la poussée expansionniste de l'Allemagne et la conduirait « de retour dans le cercle des nations ». Le calcul du gain de temps joue ici un rôle particulier au regard des éventuelles difficultés économiques qui pourraient contraindre l'Allemagne à apparaître plus humble.

VIII. Depuis que le premier ministre anglais Chamberlain est entré en fonction, le deuxième groupe, qui vient d'être évoqué, a constamment attiré son attention sur la nécessité d'une entente avec l'Allemagne. J'ai eu en fait l'impression de la part de Chamberlain, qu'il n'était pas sans être influencé par l'idée de son père d'une entente germano-britannique. Mais il ne faut pas trop se fier néanmoins à cette impression, car Chamberlain est peu accessible à des cheminements intellectuels idéalistes et sentimentaux, bien au contraire, il passe pour un politicien froid et lucide. Depuis qu'il a pris les affaires en mains, il a tenté tour à tour avec l'Allemagne, l'Italie et le Japon d'arriver à un dialogue. Au lieu d'assister au succès de ses démarches, il a dû assister au renforcement de l'axe Rome-Berlin, grâce au voyage de Mussolini, à la création du pacte tripartite anti-Komintern Berlin-Rome-Tokyo et à la menace de plus en plus précise qu'exerçait le Japon sur les intérêts anglais en Chine. Ces évolutions, de même que l'insécurité et la nervosité de plus en plus palpables dans les cercles décisionnels, ont déterminé Chamberlain à permettre à Halifax de se rendre à Berlin. D'après moi, la réflexion suivante de Chamberlain était déterminante dans l'exécution de ce qui était perçu à Berlin comme une visite inopportune :

a) Chamberlain voulait rechercher si une entente avec l'Allemagne était possible sur une base acceptable pour l'Angleterre, en d'autres termes jusqu'où les exi-

(19) *« aussi »* rajouté *a posteriori.*

gences allemandes allaient et si l'Angleterre était en mesure de s'en accommoder. Le cas échéant, cela aurait été pour Chamberlain un grand succès.

b) Si une telle entente ne se révélait pas possible, alors, grâce à cette démarche, Chamberlain se serait procuré un alibi vis-à-vis du peuple anglais pour attester de ses efforts de paix. Ce procédé est conforme à la tendance traditionnelle britannique, qui consiste à se forger une bonne image dans l'éventualité d'un conflit.

c) Par ailleurs, Chamberlain cherchait à créer une détente afin de pouvoir mettre un terme aux rumeurs de crise et de conflit et ainsi calmer une économie particulièrement nerveuse, surtout depuis les événements en Extrême-Orient et en Amérique du Sud, etc. L'idée qu'il serait également plus facile de poursuivre un programme de réarmement dans le cadre d'une atmosphère économique plus détendue a certainement joué.

d) Il me semble cependant aussi que la considération suivante a joué un rôle particulier : l'Angleterre tient depuis quelque temps pour possible, qu'en raison de la situation intérieure à la Tchécoslovaquie et à l'Autriche, tôt ou tard, l'Allemagne, pourra être contrainte d'intervenir en force. On voudrait, si possible, éviter une telle solution surtout en ce qui concerne la Tchécoslovaquie. Dans le cas contraire, l'Angleterre, qui peut être impliquée dans un tel conflit par la France, veut en tous les cas parvenir à ce que cette éventualité ne survienne pas à un moment où son armement est insuffisant. On entend et lit ici souvent, que 1939 serait l'année à laquelle l'Angleterre pourra faire front dans de meilleures conditions. D'après moi, ce moment repose plus loin, surtout en considération du programme naval britannique. Un engagement britannique plus précoce (20) conviendrait aussi peu à l'Angleterre, que n'a convenu l'année précédente la campagne italienne en Abyssinie. C'est la raison pour laquelle on ne cesse, au Foreign Office, de faire le maximum pour pousser Prague dans le sens d'une amélioration du sort des Sudètes. Les déclarations de Halifax à Berchtesgaden, selon lesquelles il ne serait pas possible de maintenir le *statu quo* en Autriche et en Tchécoslovaquie, pourraient nous tenir éloignés de la perspective d'une entente, voire d'un soutien dans la résolution pacifique de cette question et d'autres (les colonies) [...] Je tiens pour probable que cette façon de penser a joué dans l'initiative de Chamberlain. La tactique du déguisement des intentions réelles est déjà une longue tradition de la politique britannique. Un exemple en ce sens était la position de l'Angleterre avant la Première Guerre mondiale lorsqu'elle a si bien caché ses intentions que c'est avec « une entrée imprévue de l'Angleterre dans la guerre que la politique extérieure allemande s'est écroulée ». Il existe encore aujourd'hui des politiciens qui croient qu'à l'époque l'Angleterre n'avait pas travaillé consciemment à l'encerclement de l'Allemagne.

IX Le bilan de la visite de Halifax :

D'après les Britanniques, la visite de Halifax a apporté au moins, vis-à-vis de l'extérieur, une certaine détente dans les relations germano-britanniques.

Un point positif de la visite de Halifax, de notre point de vue, pourrait être le fait que la question coloniale allemande est désormais traitée comme un problème international auquel il faut trouver une solution. Si l'on considère qu'il y a encore un an, la simple évocation de nos revendications sur les colonies dans un communiqué officiel aurait coûté son poste de ministre à lord Halifax, alors on peut considérer cela comme un progrès. Cependant, nous sommes ici encore très éloignés des résultats pratiques concrets. Le gouvernement pas plus que le parlement, ne me sem-

(20) correction manuscrite.

blent actuellement mûrs pour faire de réelles et généreuses concessions. Au moins, est-il possible que la position très ferme de l'Angleterre dans la question autrichienne et celle des minorités allemandes en Tchécoslovaquie, se soit quelque peu assouplie.

Ce qui est important pour nous, c'est de comprendre comment les amis conditionnels de l'Allemagne présents au sein du cabinet ont ressenti, dans la perspective d'une entente, la visite de Halifax. J'ai eu, au cours des derniers jours, de longs entretiens avec Chamberlain, Halifax, lord Vansittard, lord Rothermere et d'autres politiciens. Mon sentiment est le suivant :

a) Il continue de régner parmi ceux qui sont bien disposés à notre égard, une importante méfiance à l'égard des « intentions définitives de l'Allemagne ». Une discussion avec lord Halifax, lequel prenait son petit-déjeuner avec moi, mérite d'être rapportée. Lorsque j'ai exprimé à lord Halifax mon regret que tous les efforts sérieux en faveur d'une entente germano-britannique au cours des dernières années, se soient heurtées à l'indécision du gouvernement britannique, en particulier de Baldwin, il m'a répliqué que cela venait du fait qu'il y avait un grand nombre de personnes très méfiantes à l'égard des intentions allemandes. Ces personnes croient, qu'en dépit d'éventuelles importantes concessions, voire d'un accord sur le règlement pacifique de toutes les questions européennes avec l'Allemagne, quelque chose pourrait, tôt ou tard survenir qui conduirait l'Allemagne à affirmer que son honneur était remis en question, créant ainsi une nouvelle situation qui la pousserait à l'action. Lord Londonderry semble également partager cet avis. Il me disait récemment : si une nation puissante s'est une fois mise en marche et a pris possession d'une position ou d'un pays, comme par exemple l'Autriche, alors cette nation poursuivra sa dynamique à l'encontre de l'Europe et du monde (*there is no end to the moving of a nation, once it has started moving, NdA*).

Nous avons avancé plusieurs contre-arguments. D'une part, le Führer avait intentionnellement inculqué au peuple allemand cette conception héroïque de la vie, puisque c'est sur la base de cette conception que le peuple allemand a pu retrouver sa liberté et son équité, mais qu'une fois atteintes l'équité idéale et matérielle, le peuple allemand redeviendrait à nouveau un peuple satisfait et comblé. D'autre part, en ce qui concerne l'Angleterre, l'Allemagne ne peut avoir qu'intérêt au maintien de l'Empire, dans la mesure où elle ne l'a jamais considéré comme son apanage. Enfin, par la conclusion de l'accord naval germano-britannique, le Führer avait justement fait preuve de cette mesure visionnaire qui parle en sa faveur et qui est aujourd'hui caractéristique de la façon de penser allemande. Ces contre-arguments sont sans doute tous utiles, ils peuvent éclairer les esprits libéraux mais ne peuvent convaincre les politiciens durs et fermes, car [ce sont ceux-là qui] ont fondu et maintenu un empire mondial (21) avec des arguments semblables.

b) L'inquiétude face à une solution violente, proche ou lointaine, dont nous serions la cause et qui serait liée aux questions autrichienne et tchèque, continue de demeurer.

c) La question coloniale est en général considérée comme mûre pour pouvoir être discutée, mais on considère de toutes parts, encore récemment dans les conversations avec Halifax et Eden, qu'il s'agit d'un problème très complexe. On veut sans doute nous signifier ainsi, que nous ne devrions pas nous faire de trop grosses illusions sur l'étendue de l'offre coloniale. Nous avons fait remarquer que l'Allemagne était disposée à revenir sur ses positions de principe selon lesquelles il fallait recouvrer l'entièreté des colonies allemandes et qu'elle était disposée à recevoir des

(21) Rajout manuscrit.

compensations pour les colonies qu'elle ne pouvait récupérer. Ainsi, dans l'esprit anglais, le problème des colonies est au moins passé d'un stade insoluble à un sujet de discussion.

d) Dans mes discussions avec tous les cercles, en particulier avec Halifax et Chamberlain, il m'est apparu que l'on mettait surtout l'accent sur la manière d'avancer, doucement, pas à pas, dans les négociations et, si possible, par la voie diplomatique. Je n'ai rien senti d'une pression ou d'un souhait indiquant un traitement particulièrement rapide des affaires, de telle sorte que l'on ne peut se défaire de l'impression qu'il y a d'importantes forces à l'œuvre pour faire traîner les affaires en longueur.

Encore et toujours, de toutes parts, on souligne la justesse de l'initiative de Chamberlain mais on explique qu'il y a évidemment d'énormes et lourds problèmes à traiter qui exigent du temps. Lorsque j'ai fait remarquer à Halifax que le droit de l'Allemagne à des colonies ne constituait pas un objet commercial qui devait être traité comme une quelconque question politique, il m'a répondu que ce n'était pas son intention mais qu'il fallait que je recommande à Berlin d'entrer en discussions sur les différentes questions en même temps et non pas séparément. Je lui ai dit que, d'après moi cela revenait au même.

En résumé, on peut dire que cette précaution et ce lent traitement des problèmes, expriment le souhait de gagner du temps (22) au détriment d'une forte volonté d'aboutir à un résultat.

Je crois par conséquent que la question de savoir si une entente avec l'Allemagne par la voie d'un accord à l'amiable est encore possible après la visite de Halifax, est, dans le meilleur des cas, encore considérée par les cercles bien disposés à notre égard, dans la mesure où ils espèrent que l'Allemagne devra se satisfaire avec les bases esquissées dans le paragraphe 4.

X. Visite de Chautemps-Delbos à Londres

Cette visite se présente dans le contexte suivant : les Français ont été informés d'un entretien informel qui s'est tenu entre Halifax et le Führer, au cours duquel les questions d'Europe centrale n'ont été que furtivement abordées. Chautemps et Delbos se sont déclarés prêts, sur la base du rapport de Halifax, à évaluer le problème colonial allemand et à faire d'éventuelles propositions à l'égard des concessions allemandes, dans le sens d'une consolidation de la paix et d'un contrôle de l'armement. La visite de Chautemps-Delbos signifie, sans aucun doute, un nouveau renforcement de l'axe Paris-Londres. Cependant, cela ne va pas aussi loin, d'après moi, qu'une prise en compte par l'Angleterre de quelconques garanties concernant des ressortissants français en Europe centrale. D'après moi, l'Angleterre laissera cette question ouverte, mais on peut être sûr que Delbos va se rendre à l'Est, accompagné des bons vœux de l'Angleterre, en soutien du renforcement des alliances [françaises] en Europe centrale. D'après nos renseignements, Delbos semble avoir poursuivi les buts suivants au cours de cette visite (23) : premièrement, déconseiller les Polonais et d'autres Etats d'adhérer au pacte anti-Komintern, deuxièmement, renforcer ses pactes d'alliances en Europe de l'Est, troisièmement, tenter un accommodement entre la Pologne et la Tchécoslovaquie et, dernièrement, parvenir à un arrangement avec les Allemands des Sudètes, ne serait-ce, dans ce dernier cas, que pour ne pas fournir à l'Allemagne un prétexte pour qu'elle s'en mêle.

(22) Rajout manuscrit.

(23) … Amélioration manuscrite.

XL. Suite donnée à l'initiative de Chamberlain

Les possibles conséquences de la visite de Halifax comme de celle de Chautemps et Delbos n'ont trouvé dans la presse, dans le parlement etc. aucune mention. Comme cela a déjà été rapporté, des experts britanniques ici et des experts français là-bas, indépendants les uns des autres, examinent les exigences coloniales à Londres ; les dominions aussi seraient concernés. Parallèlement, les propositions pour un règlement politique en Europe, comme pour un contrôle de l'armement dans sa forme quantitative (budget) doivent être examinées. On veut ensuite échanger des considérations avec la France et faire une proposition à l'Allemagne qui serait formulée par l'Angleterre. La date de cette proposition demeure imprécise, peut-être pas avant février-mars, si aucun événement particulier n'intervient. Je pencherai même pour une date ultérieure. Est-ce qu'une offre coloniale réelle et sérieuse sera exprimée et de quelle forme sera cette proposition, impossible d'en savoir plus. C'est-à-dire, que sur le terrain colonial, quelque chose de positif doit être proposé et que, sur le reste, on pense, en premier lieu, à la possibilité d'un contrôle aérien qualitatif et visiblement à une entente politique pour la consolidation de la paix en Europe sous la forme d'une formulation écrite de déclaration de non-agression de l'Allemagne à ses voisins (en particulier la Tchécoslovaquie) ; on continue de parler de la publication d'un budget en matière de contrôle de l'armement sous un angle quantitatif.

Si l'on pose la question de savoir quelle chance de succès l'initiative de Chamberlain peut avoir, alors on arrive à cette conclusion :

Sans aucun doute un Premier ministre anglais, s'il le veut, peut prendre des décisions largement indépendantes en matière de politique étrangère. Chamberlain peut avoir cette volonté. Ce qui est cependant déterminant, c'est de connaître le maximum de concession qu'il est prêt à nous faire par rapport au minimum des exigences allemandes. La Grande-Bretagne et la France doivent livrer des terres coloniales. Pour cela, ils veulent le calme et la paix en Europe. Le calme en Europe, dans l'acception anglo-française, veut dire maintien de la Tchécoslovaquie et contrôle de l'armement.

En ce qui concerne la question autrichienne, il n'est pas totalement exclu, au moins à Londres, que l'on parvienne à un règlement extraordinaire dans une forme acceptable. L'importance des concessions coloniales à espérer est difficile à estimer. Si, à la fin des discussions coloniales, on aboutissait à une proposition qui signifierait un renforcement important et immédiat de l'économie du Reich, alors il conviendrait éventuellement à nouveau d'examiner, et pas nécessairement dans l'esprit d'une contre-partie, d'accepter temporairement les alliances en Europe. Je suis moi-même sceptique à l'égard de l'éventualité et de l'utilité d'un tel procédé. Car par là même, la question cruciale est posée à l'Allemagne : est-ce qu'en contrepartie d'une offre coloniale (qui serait sans doute une offre limitée, c'est-à-dire peut-être une partie du Togo et du Cameroun), l'Allemagne voudra-t-elle se lier juridiquement, et par là moralement, au *statu quo* en Europe ? Si cela nous est fondamentalement impossible et qu'un contrôle de l'armement est sans aucun doute inapplicable (les Anglais eux-mêmes n'y croient pas sérieusement), alors l'initiative de Chamberlain aura fait long feu. Evidemment on ne pourra décider définitivement en la matière, qu'à partir du moment où les propositions seront avancées. Ces négociations constitueront également un test définitif en ce qui concerne les chances d'aboutir à une solution sur la base d'un arrangement à l'amiable. Si nous remarquons que cela n'est pas le cas, et je le crains, et qu'on ne cherche qu'à nous contenir, alors on peut se préparer en conséquence.

Il me semble important que l'on ne doive pas permettre à l'Angleterre de se forger, à partir des négociations en vue, un alibi servant son apparente volonté de paix.

On peut penser par exemple, que l'Angleterre et la France, soudainement, à un moment opportun qui convient à leurs propagandes, fassent de façon médiatique une proposition stricte, précise et limitée de type « des colonies contre la paix », c'est-à-dire un échange de colonies contre la garantie du maintien de la Tchécoslovaquie et qu'ils soumettent cette proposition à l'opinion publique mondiale. Ici repose un certain danger et on pourrait nous prêter des intentions belliqueuses à l'égard de la Tchécoslovaquie, si nous venions à refuser ce qui semble être apparemment une offre alléchante. Ceci aussi serait à parier, en considération du règlement de la question des Sudètes. Mais il me semble mieux que nous en restions à des préparatifs précis par le biais d'entretiens diplomatiques et d'échanges de notes et que l'on évite toute déclaration, conférence, etc. Sous cet aspect des choses, il est utile que l'on puisse aborder plusieurs problèmes en même temps.

Les Anglais semblent être d'accord avec cette façon de procéder. Cependant, ils se sont officiellement exprimés en ce sens, comme cela est rapporté. « Nous devons impliquer nos amis pas à pas dans les négociations », disait lord Halifax. Si l'on en reste à cette méthode, nous pouvons nous appuyer sur l'axe Rome-Berlin autant que nous le voulons, et éviter que nous soit reprochée la responsabilité de la faute, et peut-être même, mettre l'autre axe en difficulté.

Il est également possible que, dans le cours des négociations, des questions comme celles de l'Autriche et de la Tchécoslovaquie deviennent plus mûres dans le sens que nous le souhaitons, au sein de l'opinion publique. La question coloniale a aussi rapidement mûri et l'évolution internationale dans le sens d'une révision n'est sans aucun doute pas terminée. En définitive, je crois quand même, qu'en ce qui concerne la question de la Tchécoslovaquie, et même si cela devait également se révéler identique pour l'Autriche, les affaires vont se précipiter violemment. Une révision territoriale de la Tchécoslovaquie signifie d'après moi, le début de la dissolution de cet Etat et, partant, la guerre. En effet : les Tchèques s'appuient sur leur alliance française (le soutien russe est à l'heure actuelle pour le moins sujet à caution) et ils vont davantage préférer se battre que de se rendre. Les Tchèques n'opteront pour une révision pacifique que si la France et l'Angleterre déclarent officiellement leur désintérêt pour la Tchécoslovaquie. Mais pour nous à peine satisfaisante, dans le sens d'une autonomie des Sudètes. Mais la France ne le fera pas et, d'après moi, l'Angleterre non plus. Même si l'Angleterre le faisait pour elle, cela ne pousserait pas Prague à la révision, car la France serait toujours là et les Tchèques savent exactement que l'Angleterre se trouverait du côté français, si un conflit germano-français devait avoir lieu. Cette réflexion me conduit à conclure que la possibilité d'une révision territoriale de la Tchécoslovaquie n'est pas donnée dans le cadre des négociations actuelles.

Pour résumer, ce que l'on pourrait dire des possibles développements de la relation germano-britannique, il ne faut pas se faire de grandes illusions, car, comme il ressort du rapport, il y a également d'autres difficultés significatives de nature fondamentale à l'encontre d'une entente durable entre les deux pays. La gentillesse et la chaleur avec laquelle mes collaborateurs, ces derniers temps, ont été traités par les Anglais ne doit pas, d'après moi, nous induire en erreur, parce que les indices en faveur d'un réel changement significatif de la politique anglaise dans le sens d'une entente telle que nous l'envisageons, n'ont pu être vérifiés. Si, à l'avenir, l'Angleterre tente de bloquer l'Allemagne, alors il ne pourra demeurer aucun doute que les deux pays s'écartent l'un de l'autre définitivement. Il me semble quand même juste que notre future politique à l'égard de l'Angleterre continue d'être orientée dans un souci d'équilibre. De ce fait, l'Ambassade va continuer de travailler constamment en direction d'une entente germano-britannique. Ce travail de coopération ne doit cependant pas porter préjudice à nos alliances.

En ce sens, et avec la compréhension des autorités locales, notre ambassade a toujours intégré l'axe Berlin-Rome et nos relations anti-Komintern avec le Japon

> comme une donnée constante de notre politique étrangère, à chaque fois que nous avons travaillé avec les Anglais ». (24)

Cinq jours après avoir écrit ce rapport « Ambassade d'Allemagne Londres A5522, Ribbentrop a saisi, à la date du **2 janvier 1938**, les « Conclusions » qui s'y rapportent et a envoyé l'ensemble du mémoire le même jour, de Sonnenburg ü.d.O. à Berlin où était Hitler. Contrairement aux rapports d'ambassade inédits et précédemment cités de Ribbentrop, et au rapport principal tenu secret jusqu'en 1968, les « Conclusions » ont été produites comme preuve à charge contre Ribbentrop devant le tribunal de Nuremberg. Mais seul le point 5 de la page 9 du rapport de dix pages de Ribbentrop a été lu. Le document complet, les « Conclusions » du « A5522 » ont été publiées en 1949 dans la *Documentation du Tribunal International* et, en 1950, dans *Les Actes de la Politique Etrangère Allemande I* (ADAP, *NdT*)).

Dans ses « Conclusions » du 2 janvier 1938, qui n'étaient destinées qu'à Hitler et non, comme le rapport « A5522 » et les autres rapports d'ambassade de Londres, envoyés en même temps au ministre des affaires étrangères, Ribbentrop souligne encore plus intensément la volonté britannique d'encerclement de l'Allemagne. Ici, il détaille précisément les raisons qui ont conduit Chamberlain à envoyer Halifax en Allemagne. Contrairement au rapport « A5522 », les « Conclusions » ne sont pas dans leur forme originale, ou sous la forme d'un double original, mais seulement sous la forme d'une copie dans les archives politiques du ministère des affaires étrangères à Berlin.

> « Conclusions » jointes au rapport « Ambassade d'Allemagne Londres A5522 »
>
> Hautement confidentiel ! Strictement personnel !
>
> Note pour le Führer
>
> Berlin, le 2 janvier 1938
>
> Conclusions jointes au rapport « Ambassade d'Allemagne Londres A5522 » sur la future configuration des relations germano-britanniques.
>
> « Constatant que l'Allemagne ne veut pas se lier au *statu quo* en Europe centrale et qu'une confrontation militaire en Europe, tôt ou tard devient possible, l'espoir d'une entente avec les hommes politiques anglais germanophiles, dans la mesure où ils ne jouent pas un rôle, va petit à petit s'évanouir. Par là même se pose la question fatale : l'Allemagne et l'Angleterre, vont-elles inéluctablement suivre des voies séparées et un jour, à nouveau, marcher l'une contre l'autre ? Pour répondre à cette question, il faut avoir ce qui suit à l'esprit :
>
> Un changement du *statu quo* à l'Est dans un sens allemand ne peut être obtenu que par la force. Aussi longtemps que la France sait que l'Angleterre se tient à ses côtés, il est probable que la France soutiendra ses alliés de l'Est, c'est en tous cas une éventualité et par conséquent celle d'un conflit germano-britannique. Ceci vaut, même si l'Angleterre ne veut pas la guerre ; l'Angleterre, qui croit être obligée de défendre sa frontière au Rhin, se trouverait tout simplement automatiquement engagée par la France, c'est-à-dire que la France tient dans ses mains la possibilité d'engager un conflit germano-britannique par le biais d'un conflit germano-français. De là découle qu'une guerre entre l'Allemagne et l'Angleterre à cause de la France ne peut être évitée, que si la France sait dès le départ que les forces britanniques ne suffiraient pas à assurer une victoire commune. Une telle situation pourrait contraindre l'Angleterre et la France à accepter certaines choses, qu'une coalition forte anglo-française ne tolérerait jamais. Ce cas pourrait se présenter, par exemple, si l'Angleterre, par manque d'armement ou par suite d'une menace sur son empire par une coalition de puissances (Allemagne, Italie, Japon), qui conduirait à la fixation de ses forces militaires sur d'autres théâtres d'opérations,

(24) Ce texte était accompagné de sa signature.

ne lui permettait pas de garantir un soutien suffisant à la France en Europe. En ce qui concerne cette coalition, elle dépend des prochains développements de notre politique d'alliances et aussi de l'évolution des rapports entre l'Angleterre et l'Amérique. La situation serait inconfortable pour l'Angleterre si, insuffisamment armée, elle devait faire face à ladite coalition. Cependant, cette coalition doit être assez solide et il ne doit exister aucun doute, en Angleterre et en France, sur la capacité de l'Italie et du Japon, à se tenir à nos côtés et éventuellement, à engager solidairement leurs forces. L'Italie et le Japon ont également un grand intérêt à ce que l'Allemagne soit forte comme nous avons intérêt à ce que l'Italie et le Japon soit forts. L'existence de la nouvelle Allemagne a été pour les deux d'un grand avantage en ce qui concerne leur politique d'expansion. En considérant ceci et en tenant compte de la résolution de futurs objectifs, nous devrions parvenir à conduire ces deux puissances à s'exprimer solidairement avec nous au moment donné.

Dans une telle situation, il serait possible que l'Angleterre retienne le bras de la France dans le cas où l'Allemagne s'en prendrait à l'un de ses alliés centraux, afin que le conflit demeure localisé et que l'Angleterre ne se voit pas obligée d'attaquer dans des conditions défavorables, en Extrême-Orient, en Méditerranée et en Europe, c'est-à-dire à trois endroits à la fois. D'après moi, l'Angleterre ne se risquerait pas à un combat existentiel, sur un problème d'Europe centrale, même si cela devait signifier le renforcement significatif de l'Allemagne. La France aurait à peine les nerfs, dans ce cas, de se jeter seule contre les fortifications allemandes. Il m'apparaît dans ce contexte, que la rapidité avec laquelle un tel conflit en Europe de l'Est sera victorieusement terminé, sera déterminante. Je crois avec certitude que, dans le cas d'un succès rapide, l'Ouest n'interviendra pas. Une prolongation du conflit en revanche, pourrait éveiller l'idée chez les Etats ennemis, que les forces allemandes ont été quand même surévaluées et, par conséquent, le moment d'une attaque des puissances de l'Ouest se rapprocherait. Pour ces raisons, nous avons intérêt à renforcer l'axe Berlin-Rome, ainsi que le triangle Berlin-Rome-Tokyo et favoriser l'entrée d'autres Etats dans cette coalition. Plus forte sera notre coalition d'alliés, plus il nous sera aisé, dans le cas d'un éventuel conflit allemand en Europe centrale, de maintenir l'Angleterre et par conséquent aussi la France à l'écart, pour que le conflit nous demeure favorablement localisé. Je suis même d'avis, que nous devrions entretenir plus fortement ces amitiés et en gagner de nouvelles. L'ancien président du Conseil Flandin a écrit, dans un récent article portant sur les Etats allemand, italien et japonais, anglais, français et russe, que chaque coalition est préoccupée par l'idée de gagner le plus possible d'Etats à sa conception. Dans cet esprit, que l'on veuille bien considérer les efforts couronnés de succès de l'Angleterre dans quelques pays : le Portugal par exemple qui se rapproche rapidement de l'Angleterre et où, il y a peu, l'ancien secrétaire privé d'Austen Chamberlain (Selby), est arrivé, et la Turquie, où Sir Percy Lorraine a largement influencé les Turcs dans un sens pro-anglais ; une information de Flandin qui semble provenir de ses amis anglais. L'Angleterre va, dans l'avenir, se préoccuper surtout de fragiliser l'axe Berlin-Rome, en l'occurrence, de diviser le triangle Berlin-Rome-Tokyo. Des cercles influents en Angleterre travaillent constamment à une entente de l'Angleterre avec l'Italie et aussi avec le Japon. Cet été, le Foreign Office a envoyé au Japon son meilleur fonctionnaire, sir Robert Craigy.

Afin de pouvoir protéger le cœur de l'Empire britannique, l'Angleterre fera tout au moment donné, et même au prix de gros sacrifices, pour rétablir de bonnes relations avec l'Italie et le Japon, autrement dit, pour solder l'Allemagne. D'après moi, l'Allemagne, l'Italie et le Japon doivent fermement se soutenir contre ces tentatives, car c'est là que réside la force de leur position dans le monde. Il me semble judicieux, que les trois Etats se préoccupent de la sympathie de tous les Etats qu'ils peuvent toucher, fussent-ils les plus petits. Même au regard de l'information et de la propagande, on ne peut avoir assez d'amis dans une situation critique. Il serait dangereux, parce que nous serions dans l'incertitude de l'amitié anglaise, de ne pas opter pour d'autres amitiés et, par conséquent, d'en écarter de sérieuses. Par là même, on pourrait se retrouver assis entre deux chaises. Qu'ensuite ces amitiés soient nouées dans un cadre souple ou incluses dans un cadre tel que le pacte anti-Komintern, devra être décidé au cas par cas.

En ce qui concerne l'Angleterre, notre recherche de parité doit être poursuivie dans le souci du respect des intérêts de nos amis. Nous devons également renforcer l'Angleterre dans sa conviction qu'un arrangement et une entente avec nous restent possibles. Cette éventualité pourrait agir de façon apaisante sur le gouvernement anglais, s'il avait l'intention de s'immiscer dans un conflit local en Europe centrale, qui impliquerait l'Allemagne, mais qui ne toucherait pas l'Angleterre de façon vitale. Sans doute serait-il mieux à l'heure actuelle et vis-à-vis de l'étranger, que notre coalition en devenir soit encore maintenue dans un cadre relativement souple. Sur le long terme, ceci ne devrait cependant rien changer. En fait, deux fronts opposés vont se créer, qui, avec le temps, vont émerger de plus en plus distinctement. A la question de savoir si un arrangement germano-britannique a une chance d'être trouvé, il doit être répondu, d'après moi, comme suit :

Tôt ou tard l'Angleterre frappera si elle et ses alliances font face à l'Allemagne et ses amis en position de force. Si au contraire, l'Allemagne parvient à dessiner sa politique d'alliances de telle sorte qu'une coalition allemande s'oppose dans un rapport de forces identique ou supérieur à une coalition anglaise, alors il est possible que l'Angleterre soit tentée de rechercher un arrangement. Mais si les fronts sont figés, il me semble presque normalement impensable de parvenir soudainement à un accord sur des intérêts aussi divergents. Cet accord ne pourrait être tenté que par deux Etats face-à-face, mais ceci au détriment des partenaires de leurs coalitions. On pourrait penser dans cet ordre d'idée, théoriquement, que l'Angleterre face à une coalition supérieure, propose soudainement un arrangement plus avantageux à l'Allemagne.

Un tel changement de cap à 180° est arrivé déjà plusieurs fois dans l'Histoire lorsque les guerres n'étaient encore que l'expression de considérations personnelles propres aux monarques et que les peuples, très souvent, ne savaient même pas pourquoi ils se battaient. En fait, ce changement de cap dans notre monde moderne et politisé est à peine imaginable et, en tous cas, impossible à exécuter dans les démocraties. La contrepartie allemande pour un tel arrangement ne pourrait se faire que sur le dos de ses alliés. Une telle politique est impossible pour l'Allemagne. Abstraction faite de toutes les autres raisons, une telle politique de la balance contiendrait un immense risque, celui de l'isolement, car quelle garantie pourrait obtenir l'Allemagne de l'Angleterre pour le maintien d'un tel arrangement obtenu sous la contrainte. Il me semble qu'il n'existe en fait pas du tout de garantie.

Par conséquent, on peut dire qu'une entente germano-anglaise est encore possible, à condition que les positions ne soient pas arrêtées. Cependant, il apparaît, comme cela est mentionné dans le rapport ci-joint ainsi que dans cette note, que cet accord est très difficile à obtenir parce que l'Allemagne envisage son avenir de façon différente de celui que l'Angleterre est prête à nous laisser entreprendre, si elle devait s'accorder avec l'Allemagne (cf. la lettre ci-jointe de lord Londonderry). Seule, une prise en main énergique du Premier ministre anglais allant dans notre sens et à l'encontre des résistances affichées, pourrait peut-être donner une nouvelle tournure aux événements. On pourrait imaginer qu'un premier ministre anglais, s'il n'est pas possédé par la crainte paranoïaque de la puissance allemande, mais qu'il croit principalement à la possibilité d'une amitié germano-britannique, serait encore à la recherche d'une compensation généreuse et simple qui satisfasse les aspirations allemandes sans menacer les intérêts vitaux purement britanniques. Ceci est l'hypothèse qui a été largement défendue par Garvin ces derniers mois dans l'*Observer*. Lorsque j'ai demandé l'autre jour à Chamberlain ce qu'il pensait de l'article de Garvin, il m'a répondu « qu'ils lui étaient trop longs et que c'est la raison pour laquelle il ne les lisait pas ! ». Une déclaration franche et claire sur les questions de l'Autriche et de la Tchécoslovaquie, abondant dans notre sens, pourrait apparaître comme un ballon d'oxygène pour l'Europe. D'après mon expérience, jusqu'à présent, je tiens pour improbable un tel retournement de situation et crois que l'Angleterre, tôt ou tard, par la force des choses, se trouvera contrainte de tolérer une telle solution. Je suis renforcé dans cette conviction, dans la mesure où je ne vois pas comment ce problème pourrait être résolu par la voie de tractations officielles avec l'Angleterre, à cause du fait que Chamberlain, autant en politique intérieure qu'en politique extérieure avec la France, se trouve coincé dans un système qui rend incroyablement difficile les grandes décisions.

Une fois les positions crispées, seuls de très importants et extraordinaires mouvements de pouvoir ou bien d'événements en Europe ou dans le monde (la bolchevisation de la France, l'écroulement de la Russie, d'importants changements chez nos alliés), pourraient pousser l'évolution politique dans une autre direction. Mais on ne peut bâtir de politique sur de telles hypothèses. C'est pourquoi il est juste de poursuivre notre politique étrangère dans la voie que nous avons ouverte. Pour conclure, je voudrai résumer mes considérations en quelques mots clés suivants :

1) l'Angleterre est en retard sur son armement et cherche à gagner du temps.

2) L'Angleterre pense que, dans cette compétition avec l'Allemagne, le temps joue pour l'Angleterre - utilisation de ses plus grandes disponibilités économiques au profit de son réarmement- temps pour étendre ses alliances (par ex. l'Amérique).

3) Il faut par conséquent considérer la visite de Halifax comme une manœuvre dilatoire de reconnaissance ; même les germanophiles en Angleterre jouent souvent un rôle qui leur a été dévolu.

4) L'Angleterre et son Premier ministre ne voient apparaître après la visite de Halifax, aucune position commune laissant envisager une entente avec l'Allemagne. Ils prêtent toutes les intentions à l'Allemagne nationale-socialiste, comme nous d'ailleurs les leur prêtons aussi. Ils craignent par conséquent, qu'une Allemagne forte les contraignent un jour d'accepter des solutions non voulues. Afin de prévenir une telle situation, l'Angleterre se prépare en tous les cas avec ses mesures militaires et politiques à une confrontation avec l'Allemagne.

5) Par conséquent nous en tirons les conclusions suivantes :

(1) *vis-à-vis de l'extérieur, poursuite de notre entente avec l'Angleterre* tout en sauvegardant les intérêts de nos amis

(2) *mise en place en toute discrétion, mais avec une totale fermeté, d'une* (25) *coalition d'alliances contre l'Angleterre*, c'est-à-dire, concrètement renforcer nos amitiés avec l'Italie et le Japon - au-delà, gagner tout Etat dont les intérêts sont directement ou indirectement conformes aux nôtres - coopération étroite et de confiance dans ce but, des diplomates des trois grandes puissances. *Il n'y a que de cette manière que nous pouvons faire face à l'Angleterre, que ce soit un jour pour un accord ou pour un conflit*. L'Angleterre sera un adversaire dur et adroit dans ce jeu diplomatique.

La question particulière concernant le cas d'un conflit impliquant l'Allemagne en Europe centrale et le possible engagement de la France, donc de l'Angleterre, dépend et des circonstances et du moment auquel un tel conflit éclate et s'achève, ainsi que de considérations militaires qu'il ne faut pas négliger ici. Je voudrais à ce sujet rapporter quelques points de vue oralement au Führer.

Ceci est mon appréciation de la situation après l'examen approfondi de toutes ces circonstances. J'ai travaillé depuis des années à l'amitié avec l'Angleterre et rien ne me ferait plus plaisir si elle pouvait être concrétisée. Lorsque j'ai prié le Führer de m'envoyer à Londres (26), j'étais sceptique à l'égard de mes chances, mais la présence d'Edouard VIII sur le trône me semblait favoriser une dernière tentative. Aujourd'hui je ne crois plus à l'entente. L'Angleterre ne veut pas d'une Allemagne surpuissante, proche, qui pourrait constituer une menace permanente pour ses îles. Elle se battra contre cela. On croit le national-socialisme capable de bouleversements. Baldwin l'avait déjà reconnu et Edouard VIII devait abdiquer parce qu'on ne pouvait être sûr qu'il accepterait de pratiquer une politique hostile à l'Allemagne. Chamberlain a maintenant placé Vansittard, notre adversaire le plus déclaré et le plus hargneux, à un poste à partir duquel il peut influencer le jeu diplomatique contre l'Allemagne de façon décisive. Peu importe les intermèdes tactiques qui ont été tentés auprès de nous, chaque jour à partir de maintenant et pour l'avenir, au cours duquel nos considérations politiques ne partent pas du principe fondamental que l'Angleterre est notre plus dangereux adversaire, serait un gain pour nos ennemis » (27). Signé R. (28)

Il faut le rappeler à nouveau, il s'agit en la matière d'un rapport absolument confidentiel de l'ambassadeur d'Allemagne à Londres au chef d'Etat (il n'y a pas même une copie adressée au ministre des Affaires étrangères). En d'autres mots, il s'agit des pensées les plus secrètes concernant la politique allemande. Le souhait du gouvernement allemand, d'établir avec la Grande-Bretagne des relations durables et reposant sur une solide amitié, apparaît de façon évidente dans ce document!

Au centre de cet important mémoire sur l'Angleterre se trouve la constatation que Ribbentrop avait déjà exprimée avec insistance à Hitler à l'été de 1936, selon laquelle le concept de l'équilibre des pouvoirs en Europe demeurait encore et toujours le principe de base de la politique britannique. Le moindre basculement de la balance en défaveur de la nation insulaire, amènerait les dirigeants anglais à une intervention diplomatique et finalement militaire.

Qu'il soit à cet endroit permis d'attirer l'attention sur un phénomène aussi intéressant que significatif ! Un lecteur non averti va terminer la lecture du rapport avec la conviction que Hitler a été

(25) Les phrases retranscrites en italiques ont servi de base à Papen et Spitzy pour rédiger une « Note pour le Führer », Papen l'a restituée dans son livre *Der Wahrheit eine Gasse* à la page 423 et Spitzy dans son livre *So haben wir das Reich verspielt*, page 222. La note est rédigée comme suit aux endroits indiqués :

Ambassade d'Allemagne, Londres 2.1.1938

Note pour le Führer

Vis-à-vis de l'extérieur, poursuite de l'entente avec l'Angleterre. Mise en place en toute discrétion, avec toute la fermeté, d'une coalition d'alliances contre l'Angleterre. C'est la seule voie pour affronter l'Angleterre, que ce soit un jour pour un accord ou pour un conflit.

Ribbentrop

Visiblement, Spitzy a repris les falsifications de Papen, sans les vérifier, un exemple caractéristique ! En plus, il a donné une présentation de la note différente de la forme présentée par Papen.

(26) Comparez les affirmations de l'interprète Schmidt sur la prétendue déception de Ribbentrop, d'avoir été envoyé à Londres alors qu'il aurait voulu être secrétaire d'Etat. Schmidt : *Statist auf diplomatischer Bühne*, p.331. Papen aussi affirme dans son livre, page 423 : *« ...Ribbentrop lui-même, rechigne à se rendre à Londres... »* Exemples amusants de l'amour de la vérité professé par Messieurs Papen, Schmidt (interprète) et Spitzy !

(27) Aux archives du ministère fédéral des affaires étrangères à Bonn, se trouve un double du document. Il est intéressant de noter des traces évidentes de gomme aux derniers mots du document, que cela ait été fait sur l'original ou sur le double. L'expression « ennemis » ne s'intègre pas du tout dans le vocabulaire de Père, que ce soit dans sa formulation ou dans le contexte !

(28) IMT XXXIX, Doc.075 TC.

mis au courant de la politique britannique sans équivoque par son ambassadeur londonien et qu'il devait savoir quels risques il allait courir. L'ambassadeur allemand à Londres exprime de façon évidente, que la politique allemande se heurtera à l'opposition de la Grande-Bretagne et également de la France; ces nations pourraient éventuellement entreprendre une action armée contre le Reich, s'il tentait de redessiner l'Europe de l'Est.

L'ambassadeur à Londres justifie largement sa conviction, s'appuyant au départ sur le principe de l'équilibre séculaire qui a régulé les confrontations européennes pendant au moins trois siècles, et sur le fait que la Grande-Bretagne veut garder son rôle d'arbitre en Europe et que cette même volonté l'a conduite à la Première Guerre mondiale.

Il dépeint la « ruling elite » (*en anglais dans le texte, NdT*) comme ferme et consciente de sa puissance, prête à se battre pour sa position dans le monde et ses intérêts matériels. Il a consciemment utilisé la terminologie de Hitler lorsqu'il a voulu caractériser la couche dirigeante britannique en ajoutant à la main le mot « héroïque », afin d'en être bien compris. Reconnaissant qu'un peuple se comporte comme ses dirigeants, le jugement ou l'appréciation du groupe de dirigeants anglais était un thème souvent abordé entre les parents et moi. Ils s'intéressaient dans cette mesure beaucoup à mon expérience et à ma vie à Westminster. En ce sens, les formulations de Père dans son rapport, selon lesquelles il faut s'attendre à ce que l'Angleterre « se battra » et que la couche dirigeante « s'impliquera jusqu'au plus haut point, c'est-à-dire jusqu'à la guerre », sont absolument sans équivoques et explicites !

Etrangement, et cela demande à être examiné, on prétendait déjà avant la guerre, que Père aurait faussement informé Hitler sur la politique de l'Angleterre dans le sens où il aurait affirmé que la couche dirigeante était faible, décadente et dégénérée et, par conséquent, peu disposée à se battre pour son empire et sa position dans le monde.

Cela fait partie maintenant du répertoire classique des biographes et des historiens partiaux, en particulier en République fédérale, de reprendre cette affirmation, qui n'est soutenue par aucune preuve, et de la marteler à l'opinion publique, comme une vérité révélée. En temps de guerre, de telles affirmations étaient qualifiées de « propagande de guerre » mais ce n'est qu'après la guerre que cette version s'est imposée et a été présentée de nombreuses fois tel un cliché dans les nouvelles publications.

Vers la fin du procès à Nuremberg, Père a eu vent de ces affirmations et peu de temps avant sa mort, il a pris position. Je retranscris ici cette prise de position :

> « Un mot sur mon rapport adressé au Führer, concernant l'Angleterre :
>
> Après avoir passé quelques mois à Londres, je lui ai adressé un rapport circonstancié sur mes impressions. Dans ce rapport, j'ai exprimé ma conviction, que l'Angleterre était forte, la classe dirigeante héroïque et que l'orientation fondamentale de la politique étrangère anglaise était, jadis comme aujourd'hui, toute tendue vers la « balance of power» *en anglais dans le texte, NdT*) en Europe. Tous les rapports ultérieurs, que j'ai adressés à Adolf Hitler au cours de mon temps d'ambassadeur, découlent de cette conviction. Mon mémoire du 2 janvier 1938, présenté par l'accusation à Nuremberg, résume ce rapport et le confirme. Il est évidemment du devoir d'un ambassadeur, en poste dans une capitale de l'importance de Londres, de considérer toutes les hypothèses concernant l'attitude de l'Angleterre, dans un rapport demandé par la plus haute autorité de son Etat ; en tirer les conclusions, voilà qui était du ressort du Führer.
>
> J'évoque ceci en raison de la propagande dont j'ai été la cible pendant et après la guerre, à l'étranger comme en Allemagne, qui affirme que j'aurais mal informé le Führer de la force et de l'état d'esprit de l'Angleterre.
>
> De telles insinuations, qui sont écrites maintenant par pur opportunisme, ont été réfutées par le procès de Nuremberg lui-même. »

Je me souviens très bien de Schwerin-Krosigk. J'ai fait sa connaissance à l'occasion d'une partie de chasse dans les monts Sudètes. Il était le seul ministre qui avait été invité à cette chasse par

Père. Le terrain de chasse avait été loué par le ministère des affaires étrangères, afin de servir d'agrément aux visites d'Etat.

D'ailleurs, le ministre italien des affaires étrangères Ciano était particulièrement intéressé par de telles réceptions. Il allait à la chasse, à la grande joie secrète de Père, avec trois carabines à répétition, qui étaient chargées par des aides. Dans chaque carabine, cinq coups. D'après les récits de témoins oculaires, Ciano ouvrait très tôt le feu, lorsqu'apparaissait un bout de gibier. Le jour où Père, pour la première fois, m'a remis un fusil entre les mains, il m'a dit avec force : « on ne tire pas avec des carabines à répétition à cinq coups ! »

J'ai cette chasse en mémoire, elle a dû avoir lieu en novembre 1939, parce que mon régiment se trouvait à Pilsen dans le protectorat, donc à proximité de la chasse. Un quelconque esprit bienveillant «supérieur» voulait faire quelque chose de bon pour mes parents, en premier lieu pour ma mère, et s'est débrouillé pour que me soient accordés deux jours de permission. De telles immixtions «d'en haut» dans ma vie de soldat ne plaisaient guère, parce qu'il y avait toujours le risque qu'un quelconque supérieur en prenne ombrage, du reste avec raison, ce qui pouvait avoir des conséquences dans le service.

Père et Schwerin-Krosigk entretenaient visiblement une bonne relation, sans quoi Schwerin n'aurait pas même été invité à cette chasse informelle. Au cours de la guerre, il n'y a plus eu de chasses d'Etat mais il fallait néanmoins chasser sur le terrain, ne serait-ce qu'en raison du gibier en surabondance. Schwerin, qui n'était pas un mauvais fusil, avait évidemment accueilli cette invitation avec joie. Mais il est connu qu'on ne reconnaît ses amis que dans les moments difficiles et le fair-play n'est certainement pas la qualité dominante des auteurs de l'après-guerre, en particulier de ceux qui étaient impliqués dans le régime et qui n'avaient dès lors qu'une seule préoccupation, celle de se défausser sur le dos de ceux qui ne pouvaient plus se défendre. Schwerin-Krosigk, le ministre des finances de Hitler est un exemple parmi ceux-là.

Père ne pouvait pas savoir, au moment où il achevait la rédaction de ses notes, quelques jours avant sa mort, que l'affirmation selon laquelle il avait trompé Hitler au sujet de la volonté de l'Angleterre à se battre, avait été fournie à la propagande britannique par la partie allemande. D'autres faits mis à part, qu'il soit simplement rappelé que les Anglais ont été constamment encouragés par les conspirateurs allemands à se montrer «inflexibles» à l'égard des propositions allemandes. Si cela devait aboutir à la guerre, alors les conditions psychologiques pour un putsch seraient réunies, puisque le peuple allemand ne voulait pas la guerre.

Le groupe de conspirateurs, réunis autour du Secrétaire d'Etat au ministère des affaires étrangères von Weizsäcker, affirmait sans relâche devant leurs interlocuteurs britanniques, il s'agissait en l'occurrence de Vansittard, Churchill et leurs «amis de l'Allemagne», que Ribbentrop trompait Hitler en lui dépeignant une Angleterre hostile au combat, en raison de sa décadence et de sa faiblesse. Afin de prouver le contraire, l'Angleterre devait se montrer ferme. La conspiration espérait ainsi créer une situation paroxystique, de nature à faire éclater une guerre, condition nécessaire pour risquer un putsch militaire contre Hitler. Les diffamations à l'encontre de Père avaient donc incontestablement un arrière-plan politique. Il est à remarquer, soit dit en passant, que la plupart des entretiens politiques entre Hitler et Père, conformément à l'habitude de Hitler de ne pas convoquer de réunion, ont eu lieu entre quatre yeux et que, par conséquent, personne ne pouvait se faire une réelle idée des discussions entre Père et Hitler !

Je ne peux que le déplorer! Cependant, le présent rapport d'ambassade est une preuve incontestable de l'appréciation de la politique britannique par Père. Il est sceptique, si ce n'est pessimiste, à l'égard du souhait de Hitler de parvenir à une coopération durable avec la Grande-Bretagne. C'est la pratique maintes fois répétée des biographes et des historiens contemporains, de reprendre sans vérification préalable, voire sans connaissance de cause, des clichés et des affirmations en se fondant sur leurs auteurs. Ici un cas «exemplaire » : Monsieur von Papen cite dans ses *Mémoires* en page 324, cinq des 290 lignes du rapport et cela dans une forme – avec date, adresse et signature – qui laisse croire qu'il s'agit là du document original, c'est-à-dire du rapport complet. Lorsque Mère lui a signalé cette irrégularité, il s'est contenté de répondre que le rapport original ne lui était pas connu. Ce n'est que lorsque Mère a pu attirer son attention sur le fait que la source exacte était en revanche indiquée dans la version anglaise de ses *Mémoires*, sorties quelques mois avant la version allemande qu'il a consenti à répondre : *« j'avais oublié que j'avais déjà cité ces phrases dans la version anglaise et je le regrette... Il est donc incontestable que j'ai bien lu le rapport tel qu'il est reproduit dans les Documents on German Foreign Policy 1918-1945* » (29).

Il est en tous cas impossible de prêter une quelconque erreur à Spitzy, lequel était adjoint de Père à l'époque de la rédaction du rapport. Il prétend aujourd'hui avoir déjà fait partie du cercle de conspiration de Weizsäcker et de Kordt. Spitzy reprend mot pour mot les trois phrases tirées du livre de Papen intitulées « Note pour le Führer » (cependant avec une présentation différente). Lui aussi soutient l'affirmation selon laquelle Père aurait dépeint l'Angleterre auprès de Hitler comme étant décadente, faible et dont l'intégrité était « enjuivée » ; avec pour conséquence que l'Angleterre ne se battrait pas. Le lecteur peut donc se faire un jugement de la façon dont Père estimait l'Angleterre et, par la même occasion, se forger une opinion de l'« amour pour la vérité » qui anime Spitzy, qui a reconnu avoir pris connaissance de ce rapport. (30)

Je mentionne ces deux exemples afin de montrer le peu de cas que les écrivains se font de la vérité historique, surtout lorsqu'ils ont eux-mêmes participé activement à «l'Histoire». Le seul intérêt à dénoncer ces diffamations chez Spitzy, réside dans le fait qu'il veut avoir appartenu aux cercles qui ont répandu cette diffamation (31) dans un but évidemment politique. D'ailleurs le livre de Spitzy trahit l'absence de sources historiques, comme on peut le constater à de nombreux exemples.

Qu'il soit encore une fois répété, l'affirmation selon laquelle Père aurait faussement renseigné Hitler sur la politique de l'Angleterre à l'égard de l'Allemagne, repose sur l'intention hautement politique de conduire les Anglais à se présenter de façon intransigeante et sans esprit de compromis face à l'Allemagne. La conspiration espérait ainsi parvenir à une situation extrême, condition première pour pouvoir renverser Hitler par un putsch militaire.

Mais retournons à l'appréciation par Père de la situation politique mondiale, qui est réduite à néant dans le rapport. Alors que Hitler n'a jamais complètement abandonné l'idée, même jusque tard dans la guerre, d'un arrangement avec l'Angleterre, Père a toujours considéré froidement la situation. Il était d'avis que l'on ne pouvait pousser son partenaire ou son cocontractant à vouloir

(29) Lettre de Monsieur von Papen à ma mère.

(30) Papen, Mémoires p. 423 ; Spitzy, *c'est ainsi que nous avons perdu le Reich*, aa O p. 222 *(So haben wir das Reich verspielt)*.

Papen retranscrit dans ses Mémoires apparemment, la dépêche suivante :

Ambassade d'Allemagne Londres, 2.1.1938

Note pour le Führer: officiellement poursuivre l'entente avec l'Angleterre, mise en place en silence, avec cependant une persévérance totale, d'une coalition d'alliances contre l'Angleterre, il n'y a que de cette façon que nous pouvons faire face à l'Angleterre...qu'il s'agisse un jour pour un accord ou pour un conflit.

Ribbentrop

Spitzy la retranscrit comme suit :

Ambassade d'Allemagne Londres, 2.1.1938

Note pour le Fuhrer: officiellement poursuivre l'entente avec l'Angleterre, mise en place en silence, avec cependant une persévérance totale d'une coalition d'alliances contre l'Angleterre, il n'y a que de cette façon que nous pouvons faire face à l'Angleterre...qu'il s'agisse un jour pour un accord ou pour un conflit.

Ribbentrop

Le lecteur pourra sans difficulté comparer ces versions avec celles tirées des conclusions à la note 25 (rédigée en italique). Il s'agit ici ostensiblement d'une falsification par Papen, que Spitzy, puisqu'il prétend avoir lu tout le rapport, reprend à son compte en pleine connaissance de cause !

(31) Maria v. Ebner-Eschenbach a créé l'aphorisme plein de bon sens suivant : *« se battre contre la diffamation est soit inutile, soit inefficace ! »* Ici cependant, il s'agit de faits politiques tangibles dont les conséquences portent loin et fort, comme nous l'avons vu, c'est pourquoi il faut s'attarder sur ces diffamations. Je considère toute autre attaque personnelle et mesquine à l'égard de mon Père comme indigne de moi.

le bonheur malgré lui. Si le gouvernement anglais n'était pas disposé à partager l'avis de Hitler, alors il ne restait d'autre choix que d'en tenir compte. D'où les conclusions qu'en tire Père : il ne demeurait plus que la poursuite logique de la politique des alliances qui avait été engagée sous l'étiquette «anti-Komintern», c'est-à-dire la recherche d'alliés. Père a expressément recommandé cette politique !

La politique pro-occidentale de Hitler, autrement dit anti-soviétique, avait prédisposé le Reich à un arrangement avec les puissances de l'Ouest, c'est-à-dire, l'Angleterre et la France. Cela pouvait conduire *in fine* à se retrouver assis entre deux chaises. Or, une politique de la balance entre l'Est et l'Ouest aurait été sans conteste le risque le plus important ainsi que l'avait prouvé le déclenchement de la Première Guerre mondiale.

Il faut une fois de plus se représenter la situation globale du Reich. L'ancrage « à l'Ouest » par Hitler, c'est-à-dire l'arrangement avec les puissances de l'Ouest n'avait pu être atteint. Hitler avait fondé sa politique là-dessus et n'avait pas suivi la politique russe de Bismarck, puisqu'au contraire de Bismarck, il avait vu en la Russie la plus grande menace.

De façon prophylactique, on s'est mis à considérer, du côté allemand, d'autres options. En mettant en avant la dimension anti-bolchevique, on avait établi des relations informelles avec l'Italie et le Japon. Evidemment, il y avait dans le pacte « anti-Komintern » une composante hautement politique. Le pacte pouvait être encore développé au cas où les deux puissances de l'Ouest persistaient dans leur hostilité. Toujours est-il que c'était mieux que rien dans le contexte de 1936. Car, en toute considération objective, en 1936, il s'agissait encore de « survie » !

Le ton de Père exprimait clairement cela ! L'Angleterre s'élèverait contre l'Allemagne, qui selon les termes de Churchill, serait pour l'équilibre européen trop puissante, afin de la réduire à néant. Hitler devait compter avec cette intention et le temps commençait à jouer contre lui. C'est en ayant ceci à l'esprit qu'il faut considérer les pas suivants de Hitler.

Qu'il me soit finalement permis d'attirer l'attention sur le fait que l'Union Soviétique n'était pas évoquée dans le rapport de Père. Pour lui, les questions idéologiques n'avaient aucun rôle à jouer dans la politique étrangère. Père avait supporté l'orientation précoce et unilatérale de la politique allemande contre l'Union Soviétique, parce qu'elle permettait d'accentuer significativement le choix de l'option pro-occidentale par le Reich.

Plus Père était-il contraint d'évaluer la politique anglaise, plus il lui apparaissait comme inévitable de reconsidérer la position allemande à l'égard de la Russie. L'heure n'était pas encore arrivée, mais Père a certainement eu l'une ou l'autre arrière-pensée en tête. Cela est flagrant dans le « rapport principal » de Londres, lequel décrit en vérité une nouvelle conception de la politique étrangère allemande, où l'Union Soviétique n'est mentionnée qu'à la marge, si l'on considère que le point de départ de la politique étrangère hitlérienne réside dans l'opposition à l'Union Soviétique.

Père écrit dans son testament déjà cité :

> « ...le pacte anti-Komintern contenait évidemment aussi une dominante politique. Au regard de l'Angleterre, il n'y avait pas d'autres voies que de poursuivre la politique anti-Komintern. Il n'y a qu'en tant que partenaire puissant que nous pouvions soutenir l'influence des cercles qui, en Angleterre, voyaient l'avenir de leur pays assuré au mieux dans le cadre d'une coopération avec l'Allemagne. Un cadre souple, en la forme du pacte anti-Komintern, fut choisi et l'aspect idéologique présenté en avant-plan afin de garder les mains libres dans l'éventualité d'une alliance avec l'Angleterre. »

Rétrospectivement, on pourrait ajouter : « mains libres » également pour un rapprochement avec l'Union Soviétique ! Lorsqu'en 1939 on en est vraiment venu là, les deux partenaires savaient que les activités du Komintern ne seraient jamais tolérées dans les pays qui avaient adhéré au pacte anti Komintern. Une demande en ce sens n'avait d'ailleurs pas été élevée par les Soviétiques.

Autour du tournant 1937/1938 cependant, Hitler a sans doute considéré la dangerosité de la Russie comme moins importante à la suite des purges dans l'Armée et le Parti. Mais le temps, comme je l'avais déjà dit, commençait de courir contre lui. Le réarmement anglais (et américain aussi) était en plein essor et la Russie finirait par se relever de l'hémorragie qui a touché les officiers supérieurs. Cela signifiait d'une part, un réarmement allemand et d'autre part, une consolidation des rapports sur la frontière orientale de l'Allemagne et en Europe de l'Est, comme dans les Balkans, c'est-à-dire aux marches de l'Union Soviétique.

Hitler s'est à nouveau retrouvé face à un dilemme. Entre 1933 et 1936, il a dû faire face à l'urgence du réarmement, afin de combler le vide, en termes de pouvoir, laissé en Europe centrale. Ceci, pas uniquement en raison de la Petite Entente, mais notamment en raison de la puissante Union Soviétique. Cependant, ce réarmement a déséquilibré la «Balance of Power» selon les critères anglais. Du coup, Hitler s'est retrouvé en difficulté pour s'être unilatéralement affiché dans le camp occidental, c'est-à-dire anti-soviétique et de se rendre compte que l'Angleterre se dérobait à lui (sans parler de la politique anti-allemande et pro-soviétique du gouvernement français) et il est maintenant assis entre deux chaises. Les fameux «rails» étaient en fait déjà posés à partir de l'instant où le gouvernement du Reich s'est décidé à reprendre le réarmement, dont on ne pourra pas contester la nécessité.

Je me souviens des jours de **Noël 1937**. Nous célébrions la fête à Sonnenburg près de Bad Freienwalde, une propriété des parents dans la plus belle des natures, aux abords d'un bras de l'Oder. Comme toujours à Noël, les grands-parents Ribbentrop étaient venus de Naumburg. J'étais venu un jour avant la fête d'Ilfeld et je me réjouissais d'être gâté par Mère et de l'atmosphère toujours festive et enjouée de Noël après la vie ascétique menée à l'internat.

Cela faisait quatre mois que je n'avais vu mes parents, pour la première fois une durée aussi longue, encore que cette séparation fut atténuée par l'échange permanent de lettres avec ma mère. J'étais donc impatient d'apprendre ce qui s'était passé. La responsabilité de la rédaction de ses rapports (pendant ces jours de Noël, Père mettait la dernière main aux rapports précédemment cités) (32) a dû peser sur les épaules de Père ; même nous, enfants, l'avions ressenti. D'habitude, le soir de Noël, Père jouait «douce nuit» au violon, accompagné de grand-mère au piano -notre cours de piano avait cessé au grand dam de Père- et de notre chant. Cette année, ce fut sans violon, il a dû probablement rester à Londres. Au cours de ces jours de Noël, Père était préoccupé et perdu dans ses pensées, il parlait de longues heures avec grand-père et, cependant, il était loin d'être aussi satisfait que l'année passée, au cours de laquelle nous étions également tous venus de Londres à Sonnenburg.

En ces jours de Noël, il s'est passé quelque chose de très important et d'inattendu pour moi. Je dois d'abord dire que j'ai grandi avec la devise de ma mère, « tant que je vivrais tu n'auras pas de motocyclette ! » Elle tenait cet engin pour trop dangereux- et n'avait du reste pas tort ! Me voici donc à Ilfeld, un trou perdu dans le Harz, et je disposais d'un vélo avec lequel on pouvait difficilement couvrir de grandes distances parmi les pentes assez abruptes de la région. La possession d'une motocyclette était autorisée à Ilfeld, sous la condition très stricte, néanmoins, de ne pas se rendre sans autorisation avec la motocyclette à Nordhausen, la prochaine ville. On voulait ainsi éviter, et c'était d'ailleurs justifié, que les propriétaires de motocyclettes puissent se rendre à Nordhausen, par exemple au cinéma, alors que les Jeunesse Hitlériennes, qui ne possédaient pas un tel véhicule, se retrouveraient contraintes de rester dans le secteur d'Ilfeld et des autres villages environnants.

Dans ma classe, il y avait plusieurs camarades qui possédaient une telle motocyclette, qui, toutefois, n'a rien à voir avec les «fusées» d'aujourd'hui qui sont pratiquement aussi chères qu'un véhicule de classe moyenne. C'étaient des petites motocyclettes et ils étaient fiers si, en descendant une pente avec le vent dans le dos, ils pouvaient atteindre les 100 kilomètres/heure. De plus, les rues et surtout les autoroutes, étaient complètement désertes à l'époque -ce qu'on ne peut imaginer aujourd'hui.

Je commençais alors à tâter le terrain auprès de Mère, afin de voir quelle serait la réaction tout en minimisant l'importance de la BMW 200 cm^3 que j'avais en vue. A ma très grande surprise je

(32) Rapport de l'ambassade allemande à Londres, du 28.12.1937 et des « Conclusions » du 2.1.1938. cf. supra.

n'ai pas essuyé un refus irrévocable sur le fondement bien connu : « tant que je vivrais, etc. ! » mais je l'ai entendu plutôt dire, « si c'est bien nécessaire » et « c'est quand même bien dangereux », finalement elle m'a renvoyé vers mon Père. Je comprenais qu'elle ne voulait pas prendre seule une telle responsabilité. J'ai bien sûr commencé à négocier avec Père, lequel au fond, naturellement, ne voulait pas parler non plus de la motocyclette. Finalement, Père s'est replié sur l'argument selon lequel un tel cadeau pour Noël constituait un présent de bien grande valeur, ce à quoi je lui proposais de payer moi-même la moitié de l'investissement. Je disposais d'un compte épargne qui avait été ouvert en 1925 avec un dépôt de 5 RM - un cadeau de la grand-mère Henkell- et qui depuis présentait un total de quelques centaines de marks, puisque j'étais particulièrement économe et que j'épargnais chaque mark qu'il me restait de l'argent de poche. Père a esquissé un sourire et s'est déclaré d'accord avec ma proposition. C'est ainsi que je suis devenu propriétaire d'une petite motocyclette avec laquelle j'ai faits diverses chutes, toutes cependant sans conséquences ! J'ai d'ailleurs correctement payé ma part du prix que Père a accepté sans toutefois y toucher.

Lorsque j'ai remercié Mère après Noël de ne pas avoir empêché l'achat de la motocyclette, ce qu'elle aurait pu faire sans aucune difficulté, elle a eu ces quelques mots : *« Ah, on ne sait pas ce qu'il adviendra et c'est pourquoi je voulais que tu aies maintenant ta motocyclette ! »*. Cette petite conversation a dû se tenir à peu près au cours des jours -entre le 28 décembre 1937 et le 2 janvier 1938- où Père a envoyé à Hitler son rapport principal, parallèlement aux « Conclusions » - ce qui finalement devait constituer le « rapport final » sur son activité en tant qu'ambassadeur allemand à Londres (ce qu'il ne pouvait savoir à l'époque).

La formulation définitive des rapports a dû être travaillée sans doute au cours des journées de Noël, c'est-à-dire qu'il y a encore apporté des corrections à la main. Père s'était fait à l'idée qu'il ne pourrait exaucer le vœu de Hitler, au moins à cette époque, d'arranger une coopération avec l'Angleterre. «L'alliance anglaise» telle que Hitler l'appelait, n'était pas à notre portée. Père l'en avait informé sans retenue, ainsi qu'on peut le vérifier à partir des deux présents rapports. Une fois de plus, se pose la question des arguments en faveur de cette affirmation sans cesse élevée, selon laquelle Père aurait intentionnellement mal conseillé Hitler sur la politique de la Grande-Bretagne, affirmation contre laquelle une autre diffamation, contre toute logique, vient se heurter et selon laquelle Père aurait répété les mots de Hitler, car la conclusion à laquelle aboutissent ces rapports auraient pu facilement signer la fin de la carrière politique de Père. Qui peut prévoir les réactions d'un dictateur absolu du format de Hitler qui, de surcroît, est soumis aux plus diverses influences, dont aucune n'aurait pu se tourner en faveur de Père, l'outsider. L'explication de Mère concernant la tolérance affichée à l'égard de la motocyclette, « on ne sait ce qu'il adviendra », reposait, comme elle me le dira quelque temps plus tard, sur l'incertitude concernant l'existence politique de Père après qu'il ait clairement et simplement exprimé son impossibilité à réaliser le vœu cher à Hitler, c'est-à-dire, de remplir sa mission à Londres.

Ilfeld

Je me tourne à cet endroit vers l'école allemande et vers ma scolarité à laquelle j'ai mis un terme avec le baccalauréat. Au cours de cette phase de mon existence - de septembre1937 à mars 1939 – sont tombées les nouvelles de la nomination de Père au poste de Ministre des affaires étrangères, de l'annexion de l'Autriche, de ladite « crise de mai » au printemps 1938, lors de l'échange scolaire de ma classe avec une *Public school,* de la crise des Sudètes et finalement, après avoir rédigé mon épreuve écrite au baccalauréat, dont le thème avait été donné conformément à une vision « ethnique » de la politique étrangère (le thème était le suivant : Pensée « ethnique et politique dans la politique contemporaine », on s'attendait clairement à ce que le thème soit traité dans un sens du refus de la politique expansionniste), de la création du « protectorat de Bohème Moravie » ; une ironie que j'avais déjà bien perçue à l'époque !

Le contact épistolaire et personnel avec Mère était redevenu plus aisé et plus étroit depuis que les parents étaient retournés de Londres à Berlin. J'avais de nouveau beaucoup plus d'aperçus des développements politiques jusqu'au jour de mars 1939 où, un peu dans l'attente de félicitations pour l'obtention de la mention « bien » qui avait accompagné mon baccalauréat, je suis resté sans voix lorsque Mère m'a annoncé que Père s'efforçait intensément de gagner Hitler à un arrangement avec la Russie.

Mais d'abord procédons par ordre ! Avant même que je paraisse à Ilfeld, j'avais terminé la dernière épreuve de mes humanités à Berlin avec mon bon Mitschke, qui m'a effectivement placé en situation de réussir l'examen d'entrée à Ilfeld. Sans en avoir discuté avec mes parents, j'avais sacrifié mes vacances d'été pour ce dernier effort. Après avoir travaillé intensément pendant presqu'un an, je voulais désormais moi aussi pouvoir récolter le succès sous la forme d'un examen d'entrée réussi. Auparavant, je devais retrouver mes parents pour quelques jours à l'Hôtel Kaiserin Elisabeth sur les bords du lac de Starnberg, avant qu'un déménagement à Ilfeld ne devienne plus sérieux. J'évoque cette visite chez les parents à Feldafing puisque c'est là qu'a eu lieu la rencontre entre mes parents et le fils du président américain. J'avais malheureusement raté de peu le jeune Roosevelt.

Comme à cette époque il y avait de nombreux cas de paralysies d'enfants en Haute Bavière, Mère m'avait accompagné ces derniers jours chez sa sœur à Elberfeld avant mon entrée à Ilfeld. Je n'évoque pas ce petit voyage en raison des jours remarquablement plaisants que j'ai pu passer avec Mère et Tante là-bas, avant le « sérieux de la vie » d'Ilfeld. Ma tante est venue nous chercher au train de Cologne.

Sur la route d'Elberfeld, les deux sœurs, hautement intéressées par l'art, se sont entretenues aussi bien sur la « grande exposition d'art » à Munich que sur l'exposition « Art dégénéré ». Alors qu'elles se sont moquées de beaucoup de choses qui figuraient dans la grande exposition de Munich, laquelle devait être représentative de ce que la « création artistique » au IIIe Reich devait être « notamment le portrait de Hitler représenté dans une armure », elles s'élevaient toutes deux contre le fait, par exemple, qu'une grande partie de l'expressionnisme allemand soit désormais considéré comme dégénéré.

Mère essayait encore et toujours de comprendre les intentions de Hitler. Elle ne pouvait tout simplement pas comprendre que Hitler, qui était pourtant lui-même un peintre, ne puisse voir la beauté colorée de la peinture expressionniste et l'accepter. Plus tard, elle m'a dit une fois : « il ne veut pas stimuler encore ce qu'il y a de démoniaque dans les Allemands », une affirmation qui laisse percer les « incertitudes allemandes » (*en français dans le texte, NdT*) qui se sont exprimées de façon beaucoup plus dramatique par le passé sur le plan spirituel, voire sur le plan politique, que l'on pense à Luther ou à Marx. Hitler lui-même peut être considéré, dans le sens de Goethe, comme une « personnalité démoniaque ».

J'étais donc d'autant plus surpris lorsque j'ai été confronté peu de temps plus tard à la NAPOLA (Institut d'éducation nationale politique) d'Ilfeld à l'ensemble du soi-disant « Art dégénéré », à l'exception peut-être des sujets les plus franchement repoussants. Notre éducateur artistique, c'était son titre, était lui-même un peintre qui nourrissait un style modérément expressionniste. C'est sans doute en raison de ce style de peinture qu'il n'a pas été retenu pour être membre du jury de la grande exposition représentative de l'art allemand qui se tenait chaque année dans le *Haus der Deutschen Kunst* à Munich. D'après la rumeur, l'un des jurés était Hitler lui-même. C'était d'ailleurs l'architecte Troost qui avait dessiné les plans du *Haus der Deutschen Kunst.* Il s'était rendu célèbre en 1930 pour ses plans d'architecture intérieure du célèbre vapeur rapide *Europa* de la Lloyd allemande et avait également lancé le fameux *Ruban bleu* qui consacrait la traversée la plus rapide de l'océan. Troost était déjà mort avant 1933.

Cet éducateur artistique nous avait présenté toute la peinture contemporaine, donc également celle considérée comme dégénérée. Il s'est bientôt rendu compte que je connaissais, de par chez moi, l'un ou l'autre de ces peintres. Sa devise était quelque peu malicieuse, *« ce que vous devez combattre vous devez au moins le connaître ».* Je connaissais ce cas de conscience, puisque les parents avaient, malgré tout, décidé de laisser accrocher dans nos locaux privés, les peintures des peintres maudits. Bien évidemment, cette ironie m'avait sauté aux yeux. Ces scories idéologiques ne posaient finalement aucun problème dans le cadre de l'atmosphère humaniste et libérale des cours prodigués à la NAPOLA d'Ilfeld, même si, extérieurement, elles offraient une certaine forme militaire. Nous mettions nos pauvres professeurs de biologie en difficulté ; ils n'étaient pas toujours taillés pour inspirer l'autorité à notre classe lorsqu'il s'agissait de comparer les différences entre les races « dinarique » « hamitique » et *horribile ditu* « sémites » pas toujours évidentes. Pour notre plaisir le plus moqueur, est apparu un jour un officier SS de Berlin, qui devait examiner les candidats au recrutement d'après les critères raciaux.

Le pauvre gars avait l'apparence exactement opposée à la race « nordique », tête ronde, pas de cou, grassouillet, cheveux d'un noir de jais coiffés en pétard, des yeux globuleux et une bouche lippue. Il ne nous serait cependant pas venu à l'esprit d'établir une valeur des races, nous connaissions pour cela notre Mendel trop bien. En ce sens, la théorie des races, proclamée par l'administration n'était pas plausible. Ce qui nous apparaissait néanmoins, c'était qu'un mélange entre races fondamentalement différentes (blancs, noirs, jaunes, etc.) devait demeurer non souhaitable en premier lieu en raison des problèmes qui en résulterait entre les hommes.

L'école de Westminster existait depuis des siècles. Les écoliers étaient liés par des traditions très anciennes, mais qui ne m'apparaissaient pas comme fossilisées. Les NAPOLA étaient encore à la recherche finale de leur corpus de traditions. A mon époque, les personnels de l'encadrement allaient presque tous encore faire référence à des prédécesseurs renommés, en tout cas de provenance tout à fait diverses et dont les traditions furent conservées dans un certain cadre.

Après la Première Guerre mondiale, les Corps de Cadets ont été partiellement transformés en « Stabilas » (*Staatliche Bildungsanstalt, c'est-à-dire : Instituts d'éducation de l'Etat, NdT*). A partir de ceux-là, environ vers 1934, ont été créés les Nationalpolitische Erziehungs Anstalt (*NPEA, c'est-à-dire : Instituts d'éducation nationale politique, NdT*). Il n'y a que les anciens instituts de Cadets qui ont été transformés en NAPOLA, mais également des internats de toutes sortes, tels que les écoles protestantes d'Ilfeld et de Schulpforta, qui toutes deux prodiguaient un enseignement humaniste.

Les NAPOLA telles que les NPEA étaient communément appelées, étaient conçues comme des écoles pour l'élite. C'est-à-dire que les collégiens doués obtenaient une chance d'entrer dans une de ces « hautes » écoles à titre gratuit. Evidemment, ils avaient à surmonter un examen d'entrée particulièrement difficile et devaient maintenir un niveau de performance sur plusieurs années. En ce qui concerne la classe dans laquelle j'ai été admis en 1937, cela n'était vrai qu'en partie, dans la mesure où la plupart des écoliers provenaient encore de ces écoles religieuses *(Klosterschulen).*

Les NAPOLA n'étaient pas les écoles du Führer. Le Ministère de l'Education et Himmler se disputaient l'influence sur ces écoles alors qu'à côté, comme dans la tradition nationale-socialiste, il y avait une entreprise concurrente, les écoles Adolf Hitler, qui n'avaient rien à voir avec les

NAPOLA dans la mesure où elles étaient soutenues par le Parti. Au demeurant, même au sein du Troisième Reich, la politique d'éducation se signalait par un franc va-et-vient qui avait pour conséquence de déchaîner, dans les cercles ministériels, la blague suivante : quelle unité représente le Rust ? Réponse : le temps qui s'écoule entre une réforme et la suivante. Or, Rust était le nom du ministre de l'éducation du Reich. Il est surprenant qu'il soit visiblement difficile d'établir, sur le long terme, un concept d'éducation.

D'aucune manière, ni d'aucune façon, il n'a été tenté à Ilfeld de nous influencer sur le choix de notre métier. Une fois est apparu un officier de l'armée afin de nous présenter le métier d'officier. Cela n'avait rien d'ex- traordinaire et se pratiquait dans toute « haute » école. Je ne me souviens pas qu'une telle promotion ait été faite pour la Waffen-SS. L'un de nos meilleurs éducateurs m'a dit une fois, *« je ne vous enseigne pas à être officier » !* Il y avait vis-à-vis du Parti un rapport étonnamment distancié. Je n'ai jamais entendu de la part d'un élève à Ilfeld l'intention de devenir cadre du Parti. Il est possible que cela ait été différent dans les écoles Adolf Hitler.

Nous nous demandions d'ailleurs, pourquoi il devait y avoir côte à côte, des écoles Adolf Hitler et des NAPOLA, alors que visiblement, les deux poursuivaient la même mission d'enseignement. Et que savions-nous, nous *« jungmannen »,* des structures du Troisième Reich ? J'avais eu à la maison, un aperçu de l'application par Hitler du principe *« divide et impera ».* Père devait son entrée parallèle dans la politique à l'application même de ce principe. En tant que ministre, il devait assez rapidement prendre connaissance des aspects négatifs. A l'époque à laquelle je passais et achevais mon temps de scolarité à Ilfeld et au cours de laquelle le monde nous semblait encore filer droit, il ne m'était pas possible de voir ce qui se jouait derrière l'apparente façade monolithique des rassemblements du parti, des parades, de l'engouement pour le Führer, en fait un chaos organisationnel qui menait à autant de frictions que dans les démocraties méprisées. « L'Etat Führer » strictement organisé, tel qu'il a été présenté, n'a jamais existé. Les problèmes que cette multiplication des canaux a engendrés sur le plan de la politique étrangère pour Père, m'étaient déjà très précocement connus. La devise des NAPOLA était la fameuse déclaration du comte Schlieffen, taillée pour les officiers d'état-majors, *« être plus que paraître ».* Cette expression a été transposée de façon très persistante du quotidien des écoles à la réalité en général. L'aménagement de l'école était en réalité particulièrement simple et je me souviens encore très bien de mon impression lorsque quelques fauteuils à forme simple ont été fabriqués pour la salle de permanence « Remter ». Le *Remter* était une salle de permanence dans laquelle on pouvait se retirer si l'on voulait lire tranquillement ou travailler de même. Les invités pouvaient y être accueillis. La sixième classe organisait une fois par semaine un bal populaire avec des filles d'une école de filles de la campagne voisine. Une fois par semaine, une heure de danse régulière dans une école de danse à Nordhausen avait été organisée pour la septième classe. La fréquentation des filles avait été selon les critères de l'époque, largement tolérée afin, sans aucun doute, de lutter contre l'apparition d'inclinations propres aux internats si l'on met à part évidemment, que notre génération, par rapport à celle « éclairée » d'aujourd'hui, était particulièrement « tardive ». Mais en revanche à l'époque, la magie du « réveil » était d'autant plus grande. Il y avait pour la huitième classe, une salle des fumeurs dans laquelle on pouvait fumer pendant une heure après le déjeuner. La direction s'était dite avec raison, que l'on fumerait de toute façon alors autant que ce soit sous un certain contrôle, ce qui, d'autant plus, ferait perdre à l'interdit de sa tentation. A côté de cela, il y avait une chambre avec des journaux dont j'avais été nommé responsable. La nourriture était, c'est un euphémisme, particulièrement frugale, de telle sorte que l'on avait toujours faim. Grâce aux travaux qui ont commencé peu de temps avant mon arrivée, chaque écolier disposait à mon époque, de son propre lavabo mais qui ne fournissait que de l'eau froide. Théoriquement, on devait se doucher une fois par semaine, en raison de la vétusté particulière du système des douches, qui datait de la vieille époque du cloître et qui était la plupart du temps défectueux et ne fournissait par conséquent que très rarement de l'eau chaude. Il ne restait donc, rien d'autre à faire que de prendre une douche froide souvent à des températures glaciales.

En un mot comme en cent, *« être plus que paraître »*, pour ce qui concerne Ilfeld, été pris pratiquement au pied de la lettre. Des boniments du genre « vous êtes destinés à occuper plus tard des positions de dirigeants ne purent trouver dans ces conditions aucun fondement même si on nous a certainement prêté individuellement un orgueil sain, l'intention de parvenir à quelque chose et une bonne dose de volonté. L'exigence d'une performance personnelle, bien comprise dans le cadre de la camaraderie, était en avant-plan, peu importe que ce soit dans les cours, le sport, ou dans toute autre tâche qui y était dispensée.

L'année et demie que je devais désormais passer à l'Ilfeld, signifiait à nouveau un total bouleversement de ma vie. Si je courais encore en culotte courte à l'automne 1936 et que l'essentiel de ma vie était centré sur ma petite adolescence, un an et demi plus tard, j'allais chaque jour à l'école en queue-de-pie et haut de forme et j'étais emmené à des soirées mondaines ou y étais invité. Les nombreux engagements des parents m'ont laissé une certaine indépendance empreinte de responsabilité.

Je suis conscient de ce que chaque génération s'imagine l'avoir eu « plus dur » que celle qui lui succède, cela est lié entre autres au développement technique et à l'amélioration du niveau de vie qui en découle. A Ilfeld cependant, l'éducation était basée sur un certain culte de la non revendication. Ce serait encore aujourd'hui le cas dans certaines *public schools*. Il y avait derrière ce culte de la simplicité spartiate, en tout cas à Ilfeld, un principe pédagogique qui à mes yeux était très bon ! Ce qui compte en définitive dans une éducation, c'est de préparer chacun aux bienfaits et aux travers de la vie future, afin que chacun soit toujours en mesure de faire face, mentalement et physiquement, aux situations difficiles qui ne sont épargnées à personne, sous quelques formes que ce soit.

Une bonne éducation en ce sens, doit enseigner une certaine capacité à encaisser ! Une exigence qui, comme je le constate aujourd'hui à plusieurs reprises, se heurte à une totale incompréhension ! Une sortie dans la forêt de la Spree par exemple, que j'ai faite à Pâques 1933 avec le groupe du *Jungvolk* que j'avais récemment intégré, devait me fournir un avant-goût de cette leçon. Je n'avais pas encore 11 ans et aucune expérience de la façon dont on se prépare pour une longue marche. Par conséquent, je marchais dès le troisième jour avec d'énormes ampoules et après le cinquième jour, avec la chair à vif. J'apprenais vite à ne pas m'asseoir lors des haltes pourtant tant espérées, car la reprise de la marche s'avérait alors encore plus douloureuse. Mais on apprenait également à serrer les dents et à endurer, une leçon importante pour la vie. Des épreuves difficiles surmontées perdent par la suite beaucoup de l'appréhension qu'elles inspirent ! On atteignait ce point à Ilfeld par le sport. On apprenait ainsi qu'en fait, cela ne faisait que commencer après ledit « point mort », à nouveau une leçon pour la vie. La ténacité est aussi importante pour le succès que l'est l'intelligence ! On pourrait dire : une intelligence normale associée à de la ténacité aura presque toujours du succès, alors que l'intelligence sans la ténacité, sans un caractère trempé, au sens de l'endurance, échouera.

Des jeunes garçons entre quatorze et dix-huit ans devraient toujours passer quelques années à vivre et à apprendre dans un internat. Pour la mère cela a pour remarquable conséquence, que le fiston apprend à apprécier ses plats et qu'il ne les prend pas tout comme un dû à la maison. A l'internat, on apprend d'abord à chérir et à estimer le foyer parental, à moins que le rapport aux parents soit fondamentalement dégradé ! Mais le plus important résidait dans la nécessité de consolider chaque jour sa place au sein des autres jeunes et de la tenir. Un exercice inestimable pour la vie !

Avec du recul, les « éducateurs », qui étaient également professeurs, étaient presque tous remarquables. Nous recevions un excellent enseignement, qui était probablement nettement moins idéologique ou « national-socialiste », quoi que l'on comprenne par là, que les écoles normales. Nos professeurs/ éducateurs étaient, de par la qualité de leurs cours, bien au-dessus de la moyenne, comme d'ailleurs les professeurs du Arndt-Gymnasium de Berlin-Dahlem. Cela étant, les deux instituts laissent transparaître quelques traits communs, c'est-à-dire que les professeurs/éducateurs étaient souvent originaux à leur manière et, souvent, nous ne nous en rendions compte qu'après coup. Je constate aujourd'hui que le lycée Arndt Gymnasium et la NAPOLA à Ilfeld, m'ont pourvu d'un cadre structurant qui m'a mis en mesure d'appréhender et d'ordonner dans la vie une quantité toujours plus importante de connaissances, de telle sorte que celles-ci ont toujours été disponibles au bon moment ou m'ont permis de prendre la bonne décision.

J'ai déjà évoqué notre « éducateur artistique » Duggen, auquel nous devons la connaissance de « l'art dégénéré ». Il nous a expliqué le sens de la technique picturale dans la peinture, le sujet n'étant en fait qu'un moment parmi d'autres. Rien ne m'a plus facilité l'accession à l'art contemporain que cette connaissance.

Notre « éducateur musical » était un homme charmant. Il vivait entièrement pour la musique et avait composé un « opéra du Harz », tout à notre plaisir quelque peu moqueur. Sa plus grande joie était de nous jouer des morceaux au piano lors des cours, ou d'écouter des disques sur son gramophone, et de nous faire pénétrer le monde de la grande musique ; c'était pour moi comme un prolongement aux cours de Mademoiselle Munding. Inoubliable moment que celui où il disait qu'il arrêtait d'écouter la neuvième de Beethoven juste avant la fin parce que le chœur n'atteindrait jamais le do aigu après la reprise de *« Freudes schönster Götterfunken »*. « Kalli » Bauche, c'était son nom, n'a jamais heurté quiconque et quiconque le souhaitait pouvait toujours trouver auprès de lui la porte ouverte sur le jardin magique de la musique.

Celui à qui notre classe devait le plus était Winkelmann, notre professeur d'allemand et d'histoire qui dispensait un enseignement remarquable, aussi bien en allemand qu'en histoire. C'est ainsi qu'il nous apprenait qu'on ne pouvait comprendre et juger l'histoire qu'à partir des événements contemporains de la période donnée et non pas ultérieurement en se basant sur un contexte postérieur voire actuel. Il nous montrait ainsi la formidable idée d'un Empire mondial conçue par l'empereur allemand du Moyen Âge, qui se fonderait avec l'empire de Dieu. Pour cette raison, il défendait la politique des seigneurs du Saint Empire romain germanique, que nous ne voulions pas comprendre, du moins de notre point de vue.

Il y avait parfois de l'ambiance pendant les cours d'allemand et d'histoire. Je me souviens encore d'une discussion particulièrement animée, lorsque nous avions abordé avec notre bon Dr Winkelmann la signification des guerres contre les Saxons menées par Charlemagne. La question sourdait : « Charlemagne » ou « Charles le boucher des Saxons » ! (1) Je crois que la plupart des étudiants en humanités, au regard des efforts fournis pour apprendre les verbes latins irréguliers, accordaient leur sympathie aux Germains, en l'occurrence aux Gaulois puisque nous étions en train d'étudier le *« Bellum gallicum »* de César, au motif que *« lorsque les Romains sont devenus insolents, ils se sont dirigés vers l'Allemagne du nord » !* Cette sympathie s'est reportée sur les Saxons qui faisaient face à la supériorité de l'empire carolingien. A son tour, notre professeur d'histoire essayait de nous faire comprendre la signification de l'empire mondial chrétien de Charlemagne, dans lequel la mission de conversion se confondait avec la puissance politique. L'intégration du peuple saxon était justement d'une importance capitale pour le futur Saint Empire romain germanique. Moins de cent ans après la soumission des Saxons, les ducs saxons étaient devenus les rois de l'empire et le deuxième Saxon dans l'ordre de succession se mettait déjà en route pour l'Italie où il fut couronné empereur par le Pape.

Malheureusement, notre bon Winkelmann n'avait pas encadré ces discussions - j'avais quelque peu en mémoire le Debating-Club de Westminster- il leur laissait au contraire libre cours, d'autant que sa classe s'était tout d'abord déclarée en faveur de l'appellation « Charles le boucher des Saxons ». Winkelmann nous a finalement battu avec une ruse, en venant au cours suivant muni d'un discours de Hitler, prononcé lors de la journée du Parti de 1935, dans lequel Hitler prend sous sa protection les empereurs allemands du Moyen Âge - il sous-entendait sans aucun doute Charlemagne- puisqu'ils avaient, sous la contrainte et avec les moyens les plus énergiques, réuni les différentes tribus germaniques afin de créer un peuple unique. Nous étions hautement impressionnés ! Dès lors, il était délicat pour un brave *« Jungmann »* d'argumenter contre le grand «Führer», comme le malicieux professeur pouvait le remarquer en souriant. Je dois pourtant constater, qu'il nous a vraiment convaincu avec son argument, selon lequel on ne peut juger l'Histoire qu'à partir du contexte de son histoire. A peine deux ans plus tard, au cours d'une discussion sur Charlemagne à l'école de guerre de la Waffen-SS, je devais me signaler à nouveau, comme on dit, pour signifier que l'on se fait remarquer de façon peu favorable.

(1) D'après des sources indiscutées, Charlemagne aurait laissé exécuter 4 500 Saxons rebelles à Verden.

Dans cette école des officiers de la Waffen-SS à Braunschweig, on donnait une fois par semaine, pendant trois quarts d'heure seulement, puisque la formation militaire était prioritaire, un soi-disant « cours de conception du monde ». Ce laps de temps nous était professé par un soi-disant « cheik de la conception universelle », ainsi que nous avions désigné de façon désinvolte notre « professeur de conception du monde » *(« Weltanschauung » en allemand, NdE)* en raison de sa fonction non militaire, alors même qu'il avait un grade militaire et par conséquent était notre supérieur. Un jour, il s'est lui aussi mis à défendre l'appellation de « Charles le boucher des Saxons ». Peut-être était-il en conformité avec la conception historique de Himmler. Je connaissais, de par la maison, les intentions du gouvernement allemand -du moins de Père- d'entamer la réconciliation avec la France et, dans ce cadre, Charlemagne était un élément unificateur et intégrateur ! (2) Je contredisais alors notre professeur avec les arguments que Winkelmann avait avancés à Ilfeld. L'homme s'en irritait assez rapidement et m'interdisait finalement de prendre la parole, ce en quoi il avait droit en tant que supérieur militaire, ce qui avait considérablement agacé mon sens de la justice ; j'avais alors 19 ans.

Je me suis alors souvenu de notre professeur d'Histoire et me suis procuré, à la prochaine occasion, le fameux discours de Hitler et le présentait à notre professeur à l'occasion de son cours d'éducation de conception universelle, le ridiculisant ainsi devant tout l'amphithéâtre. Comme ses cours s'écoulaient péniblement, il était impossible de ne pas noter une certaine joie parmi les auditeurs.

Deux jours plus tard, j'étais convoqué chez le commandant de ma promotion, en tenue de combat, c'est-à-dire avec le casque lourd et sanglé, qui me demandait pourquoi je faisais de la résistance lors du cours de conception universelle ? Je lui ai relaté le cas et il m'a répondu *« laissez donc cet homme tranquille »*, je crois qu'il aurait même fait usage du terme de « cheik ». Notre commandant était un remarquable troupier, que la « conception universelle » laissait relativement froid. J'ai suivi son conseil et me suis tu par la suite pour ne plus rien dire du tout. Le professeur de conception universelle a été remplacé peu de temps après, certainement pas à cause de cet incident. Son successeur était un homme particulièrement instruit qui nous apprenait l'Histoire- sans beaucoup d'idéologie- et qui savait s'y prendre pour nous la rendre vraiment vivante.

Qu'il me soit permis de raconter une petite anecdote tirée de mon emprisonnement, pour illustrer la politique proposée par Père vis-à-vis de la France. Dans le camp américain de Bad Aibling se trouvait sur le lit du dessous le procureur général Hattingen, qui se trouvait emprisonné là dans le cadre du très redouté *« automatic arrest »*. Je lui dois le premier contact avec la philosophie. Sa question est mémorable : *« Ribbentrop, pourquoi vous intéressez-vous à la philosophie ? »* Je lui ai répondu que je cherchais à occuper mon esprit avec des thèmes spirituels afin d'échapper aux tourments, à la faim et à l'épouvantable froid subis dans ce camp, il eut cette exquise réplique : *« Voyez-vous Ribbentrop, si vous deviez vous intéresser encore à la philosophie une fois votre situation améliorée, alors seulement vous commenceriez la philosophie, pour l'instant il ne s'agit sans doute que d'une sorte de philosophie-refuge »*. Il appartenait au cercle d'Ernst Jünger à Paris, qui lui donnait du « cher ami » dans une de ses lettres qui était tirée d'un recueil intitulé *« la paix »*. Lorsque, quelques années plus tard, je me tournais vers Jünger pour lui demander de bien vouloir mettre à ma disposition son recueil, il m'a écrit ces mots :

> « Votre Père avait invité à l'époque quelques auteurs, parmi lesquels, moi et Sieburg, à Fuschl, parce qu'il rêvait d'une sorte de braintrust (*en anglais dans le texte, NdT*). Entre autres, chacun d'eux devait pouvoir téléphoner de façon privilégiée aux Affaires étrangères et se choisir un poste de correspondant à l'étranger- je n'en ai personnellement pas fait usage ».

Père voulait activer et utiliser les affinités de Jünger avec le cercle culturel français dans le sens de la réconciliation franco-allemande. Malheureusement en pure perte. Un exemple intéressant de la position de refus d'une partie des intellectuels.

(2) Je me souviens d'un éditorial dans le *Völkischer Beobachter*, le journal officiel du Parti, sur la première page, sous le titre *« l'héritage de Charlemagne »*, signé du Dr Nonnebruch.

Je voudrais raconter encore une petite expérience tirée d'Ilfeld. Cela éclaire notre relation à l'égard de nos éducateurs et, d'autre part, constitue une petite leçon de vie à laquelle il m'a souvent été donné l'occasion de repenser par la suite. J'ai été malade pendant quelques jours -grippe ou maux de gorge, ou quelque chose de semblable- et n'étais donc pas encore apte à revenir à l'école, autrement dit, consigné au lit, lorsqu'un jeu de plein air a été organisé. Comme je me sentais en bonne santé, je me suis porté volontaire pour y participer, un souhait qui m'a été accordé.

Ce fut un exercice bien éprouvant. De retour à l'école, je suis monté dans ma chambre et j'ai confié à un ami, *« maintenant, je suis crevé »*. Un éducateur qui passait par hasard derrière moi, m'a ordonné « de me ressaisir ! », ce que j'ai pris comme une insulte et surtout, comme particulièrement injuste dans la mesure où je n'aurais même pas dû participer à l'exercice. Mais à Ilfeld, la règle militaire selon laquelle on ne peut se plaindre qu'après 24 heures était aussi en vigueur. Aussi, le jour suivant, j'ai prié l'éducateur en question de m'accorder un entretien, me suis plains de l'injuste traitement et l'ai défié de faire une course avec moi, jusqu'à ce que l'un d'entre nous s'épuise. Il était, on le comprend, assez surpris et évidemment, ne m'a pas suivi dans mon défi mais m'a demandé si je n'étais pas « totalement ivre ». Lorsque j'ai continué néanmoins, avec toute le sentiment d'honneur blessé propre à l'adolescence, de lui démontrer le traitement grandement injuste à mes yeux dont j'ai été l'objet, il m'a dit d'une façon quelque peu amusée : *« Bon, et bien tu as été injustement traité pour une fois, tu verras, cela t'arrivera encore souvent dans la vie »* et a quitté la pièce. Que nous avait dit notre mère lorsque nous étions petits enfants : *« Efforcez-vous d'être juste mais n'attendez jamais la justice »*. J'avais été brillamment éconduit et me trouvais tout penaud. J'ai eu dans ma vie de nombreuses occasions de me souvenir de cet incident-là, comme le disait l'éducateur : *« être injustement traité, cela t'arriveras encore de nombreuses fois dans la vie » !* Aujourd'hui, je ne le contredirais sans doute pas !

Mais retournons à Ilfeld. Le passage d'une école monastique protestante à une NAPOLA ne s'est pas effectué sans frictions. Le directeur de l'école, von Drigalsky, apprécié de tous, éducateurs et *Jungmann*, a été destitué en raison, comme on a pu l'entendre à l'époque, de « liens trop forts avec l'église». Je ne l'ai connu que furtivement. Il avait une excellente réputation de pédagogue et s'était distingué pendant la guerre comme officier courageux. Combien les controverses inutiles et funestes ont-elles engendré de frictions avec l'Eglise chez des Allemands patriotes et bien disposés !

Je devais encore avoir une drôle de petite histoire avec son successeur, qui n'est pas resté longtemps à Ilfeld. Il y avait dans l'institut une pièce destinée à la presse dans laquelle se trouvaient plusieurs exemplaires de journaux à disposition, en premier lieu évidemment, le *Völkischer Beobachter*, l'organe du Parti. Il y avait aussi des publications à caractères scientifiques, culturels, techniques et sportifs. Mère m'avait abonné à la *« Deutsche Allgemeine Zeitung »* ainsi qu'à la *« Berliner Börsenzeitung »*, que je recevais donc régulièrement. Ces deux journaux n'étaient pas estampillés comme « feuilles du Parti » et avaient grâce à leur rédaction et leurs correspondants, un niveau élevé de reportages internationaux en plus de la qualité des pages économiques et du feuilleton. Comme mes camarades de classe et aussi les éducateurs leur témoignaient un grand intérêt, je les mettais à disposition dans la salle de lecture où ces deux journaux étaient lus avec avidité.

Ces deux journaux étaient d'orientation plutôt libérale-bourgeoise. Ils étaient en mesure et en droit parfois, de ne pas être tout à fait en « conformité avec la ligne du Parti», notamment en publiant des articles dans le domaine de la politique étrangère. Il n'y avait d'ailleurs pas de censure préalable en Allemagne, c'est-à-dire que les reportages et les articles ne devaient pas être préalablement soumis au bureau de la censure avant publication. Père avait réussi à imposer cette décision, au moins en ce qui concerne la presse étrangère, sur recommandation du directeur de la presse au ministère des affaires étrangères, le Dr Schmidt, contre l'avis de Goebbels. Schmidt disait, lorsqu'il s'est agi de convaincre Hitler avec le soutien de Père, qu'en entreprenant une censure préalable, on dégageait le journaliste de tout sens de la responsabilité, ce qui était certainement sans intérêt, toute bureaucratie mise à part.

Sur le terrain de la politique étrangère, la mise au pas de la presse allemande dérangeait Père. Il s'était toujours plaint qu'on lui fermait ainsi les possibilités qu'offre une vraie presse libre de tenter des ballons d'essai, de laisser discuter des options afin d'en récolter les réactions, etc. C'est dans l'état de la presse qu'il faut trouver une des raisons de l'hostilité de Père à l'égard de Goebbels.

Les deux journaux, *« Deutsche Allgemeine Zeitung »* et la *« Berliner Börsenzeitung »*, étaient deux organes de presse qui étaient occasionnellement « utilisés » par le ministère des affaires étrangères. C'était en tout cas l'argument utilisé par Mère pour justifier mon abonnement. En marge de çà, elle avait un faible pour la *« Börsenzeitung »* car elle y avait trouvé, avant 1933, les articles d'August Winnig qu'elle avait trouvé remarquables. C'était le même Winnig sur lequel je devais tomber, comme nous verrons ultérieurement, lorsque j'ai eu à réaliser un mémoire de fin d'année sur *« Bismarck et la question sociale »*.

Winnig était social-démocrate et syndicaliste. Il est devenu commissaire du Reich dans le Baltikum après la révolution de 1918 et finalement président de la province de Prusse orientale. Comme Winnig était un homme d'inclination nationaliste, il est entré en conflit avec ses camarades sociaux-démocrates et a perdu son poste. Il avait eu à connaître de près les problèmes d'identités nationales en Prusse orientale et les dissensions avec les Polonais. Winnig n'était certainement pas un national-socialiste, mais il avait endossé le point de vue « social », et le terme « national » ne souffrait d'aucune ambiguïté pour lui.

Le « Alei » (3) de l'époque m'avait abordé à l'occasion puisque, comme je l'ai dit, j'étais préposé aux journaux et responsable de la tenue de la pièce de lecture, pour me dire qu'il était surpris que ce soit justement le fils d'un ministre national-socialiste des affaires étrangères du Reich, qui lise des journaux « bourgeois », c'était son expression. Je lui expliquais pourquoi je recevais les abonnements des parents et cela en est resté là, les journaux continuèrent d'être présentés dans la salle de lecture.

Son successeur qui fut bientôt désigné, était un bon pédagogue et il avait surtout de l'humour. Bien que chef SS, il n'était pas idéologiquement déformé et, par-dessus tout, il ne faisait pas de grandes phrases. Les jeunes de notre âge accordaient à l'époque un réel attachement à la sincérité et à la qualité d'expression des adultes.

Ce nouveau « Alei » ne nous a pourtant rien facilité lors du baccalauréat. C'est ainsi qu'il a soumis les 17 lycéens que nous étions à un examen oral de trois jours, du matin au soir. Dans les écoles normales, l'examen du bac se déroulait à l'époque beaucoup plus vite. Tout à la fin de l'examen oral, j'ai été à nouveau testé en latin. Après que je me sois débattu avec le texte quelque peu complexe, le « Alei » m'a posé soudainement la question, de laquelle des deux cultures, grecque ou romaine, j'estimai la plus importante ? Je m'étais spontanément prononcé pour la grecque. Evidemment, la question suivante a fusé, *« pour quelle raison ? »* Dans ma réponse, je lui ai dis que la culture grecque fournissait un idéal humaniste formulé dans la célèbre phrase de Platon *« kalos k'agatos »*, qui exprime l'idée du *« beau et du bon »*.

Mais le « Alei » ne m'a pas libéré aussi vite. En souriant, il m'a dit que j'avais formulé dans ma réponse un postulat qui n'était pas présent dans la question qu'il m'avait posée. Je remarquais, comme lui et les éducateurs étaient attentifs à la façon dont j'allais me tirer de là, car l'ambiance n'était plus nécessairement celle d'un examen oral du baccalauréat, mais avait glissé vers une petite discussion. Je lui répondais de façon un peu désinvolte, qu'on ne pouvait évaluer des cultures et qu'il fallait par conséquent partir de leurs postulats si l'on voulait exprimer un jugement de valeur. Il m'a relâché avec un sourire de connivence. Le soir venu, Duggen notre éducateur artistique, m'a raconté qu'ils en avaient discuté encore longtemps au sein du comité. L'idéal contenu dans le *« kalos k'agatos »*, jouait un rôle très important dans notre cours d'Histoire, mais également dans ceux de latin, allemand et art.

On pourrait remarquer au passage que la période de l'histoire romaine, qui est donc déterminée par le règne du Sénat (c'est-à-dire vers la fin du deuxième siècle avant J. C.), a été interprétée

(3) Diminutif de *« Anstaltsleiter »* définissant le directeur d'établissement.

comme celle de la « grande époque » de Rome, bien que l'on aurait pu la nommer « démocratie élitiste ». A nos yeux, et même si l'art des hommes d'Etat à créer cet empire, leurs performances en matières politique, juridique, financière et administrative, nous a été largement enseigné, le déclin de l'empire commençait avec les règnes solitaires du temps des empereurs. La culture grecque avait cependant à nos yeux une longueur d'avance sur Rome !

L'un de nos éducateurs était également l'*Unterbannführer* responsable de la Jeunesse Hitlérienne du secteur environnant. Un remarquable pédagogue qui pouvait se permettre de nous tutoyer, nous de la 7e et 8e classe, sans se sentir aucunement contesté dans son autorité, au contraire, nous le respections particulièrement. Il choisissait l'un ou l'autre des écoliers qui devait aller rassembler les Jeunesses Hitlériennes des environs qui appartenaient à son *Unterbann*. C'était pour le *Jungmann* désigné une exigence très écrasante. Les jeunes dans les villages du Sud du Harz ne s'attendaient pas vraiment à être menés par un *Jungmann* des NAPOLA.

Le travail dans les unités des Jeunesses Hitlériennes constituait un impressionnant complément à mon mémoire de fin d'année sur *« Bismarck et la question sociale »*, que je préparais pour le baccalauréat. J'ai été conduit à pénétrer dans des maisons et des appartements que je n'avais jamais fréquentés auparavant, j'ai appris à connaître des situations sociales qui m'étaient jusqu'alors tout à fait inconnues, je me suis même identifié avec les jeunes, dans le sens d'une communauté de peuple réunie autour d'un idéal que l'on ne peut éprouver qu'à 17 ans.

J'appréhendais leur mentalité et leur façon de penser et apprenais bientôt que l'on trouve toujours des suiveurs si l'on ne se ménage pas mais, au contraire, que l'on apparaît déterminé ! Ces processus d'apprentissage et d'expériences étaient pour ma vie d'une inestimable valeur. Que ce soit lors du service du travail ou auprès de la troupe, ils m'ont permis de toujours trouver le bon ton auprès de mes camarades et d'éviter les difficultés liées à ma qualité de fils d'un ministre du Reich, même lorsqu'il s'agissait de faire fonction de supérieur hiérarchique.

On ne peut imaginer la difficulté de motiver 50 demi-portions entre 14 et 18 ans qui, évidemment, avaient bien d'autres choses en tête que de se « farcir » le service des Jeunesses Hitlériennes, comme par exemple de s'intéresser à la fille de ferme ou, en tous les cas, à une ou plusieurs bières ! Il n'y avait pas de moyen, en dépit de l'opinion courante aujourd'hui, de contraindre ces jeunes à se présenter au service. Avec quelle activité pouvait-on donc intéresser ces gars, par exemple pendant les longues soirées d'hiver ? En été, on pouvait toujours entreprendre une excursion ou un jeu de plein air, faire du sport, etc., mais en hiver ?

Le travail dans les deux groupes de jeunesses, les « Jeunesses Hitlériennes » pour les 14-18 ans et le *« Deutscher Jungvolk »* pour les 10-14 ans, collait en fait aux traditions des *« Wandervogel »* d'avant et de la *« Bündische Jugend »* d'après la Première Guerre mondiale. Les Jeunesses Hitlériennes étaient déjà politiquement actives avant 1933. A partir de cette date, le développement corporel, la discipline (surtout envers soi-même), la connaissance de la patrie et l'engagement social sont passés au premier plan, bref toutes ces activités que l'on retrouve ailleurs chez tous les scouts du monde. On souhaiterai aujourd'hui une organisation semblable. Les drogues et la criminalité chez les jeunes deviendraient par contrecoup un bien moindre souci (4). Déjà avant 1933, la très grande majorité de notre classe et était au Lycée Arndt et s'était rangée dans diverses associations de différentes « couleurs ». Les associations de jeunes constituent une remarquable institution pédagogique puisque les jeunes doivent se prendre en main et s'éduquer eux-mêmes !

Ici dans le sud du Harz, j'avais affaire à des fils de paysans et d'ouvriers très robustes. Dans l'ensemble, c'était des gars tout à fait convenables, mais il fallait néanmoins leur montrer de façon incontestable qu'ils ne pouvaient se permettre tout et n'importe quoi.

Si cela ne pouvait se faire autrement, il fallait parfois recourir à la manière forte ou, du moins en donner l'impression. Cette éventualité délicate devait bientôt se présenter. J'ai été affecté à un village qui ne ressortait pas de ma circonscription, afin d'y remplacer le responsable local qui, pour je ne sais quelle raison, était empêché. J'avais organisé une séance de sport avec les garçons,

(4) cf. *« Comme des enfants du Bahnhof Zoo »* et l'interview de l'auteur dans le *Playboy* 4/80.

lorsqu'on a attiré mon attention sur la présence, non loin de là, d'un jeune membre du groupe, en uniforme, qui assistait sans participer aux activités, assis sur un banc. On m'a signalé avec quelque peu de hargne qu'il s'agissait du fils du *Kreisleiter* (cadre local du parti, NdE) ! J'ai senti la tension des garçons qui se demandaient ce que j'allais faire. En fait, il n'y avait pas long à réfléchir et j'ai marché vers le jeune pour lui demander s'il faisait partie du groupe qui se livrait devant ses yeux à des activités sportives. Sur ce, le gosse est devenu tellement insolent et récalcitrant, se vautrant ostensiblement sur le banc, que je lui ai collé une gifle retentissante qui l'a renversé violemment sur le sol. J'ai regagné ensuite le groupe qui souriait, délaissant le jeune qui était visiblement plus âgé que moi et nous avons repris le sport.

Cela a évidemment fait un raffut considérable, car mon comportement, et cela était incontestable, n'était pas correct. Mais il y a des situations dans lesquelles un comportement correct n'est pas la meilleure des solutions. Bien sûr, j'aurais dû conformément à la procédure signaler le jeune, etc. Je crois pourtant que la gifle était ce qu'il y avait de plus opportun à ce moment, surtout au regard des autres jeunes, qui bravement faisaient leur service et qui ne devaient pas avoir l'impression que le fils du *Kreisleiter* pouvait bénéficier d'un traitement de faveur. Peut-être étais-je, de par la stricte discipline infligée par les parents, particulièrement sensible, ce qui peut expliquer ma réaction violente sans toutefois l'excuser !

Le *Kreisleiter* et père du gamin s'est plaint à juste titre auprès du *Bannführer* à Nordhausen. Celui-ci m'a expliqué entre quatre yeux qu'il me comprenait tout à fait mais m'a enjoint de me rendre chez le *Kreisleiter* pour y présenter formellement mes excuses. Le *Kreisleiter* était plein de compréhension, puisque je ne contestais pas m'être mal conduit, et il a accepté pleinement mon argument selon lequel son fils m'avait entraîné dans une situation délicate et c'est justement lui qui devrait faire montre de bon exemple, même si quelque chose ne lui plaisait pas. Il concluait cependant avec raison, qu'en tant que fils d'un ministre, j'avais également à montrer un bon exemple de comportement.

En regardant vers le passé, en particulier vers les années 1937-38, c'est-à-dire à l'époque ou j'étais un petit chef des Jeunesses Hitlériennes dans un village du sud du Harz, on constate que la palette des activités des Jeunesses Hitlériennes, surtout dans le domaine physique, ne s'était pas imposée partout, en tout cas dans le secteur dans lequel je pouvais m'en rendre compte. J'en profite pour poser à cet endroit la question de l'absence de formation prémilitaire dans les Jeunesse Hitlériennes ? Schirach l'aurait soi-disant empêchée. J'ai évoqué la formation prémilitaire à Westminster. Pourquoi n'a-t-on pas confié à la Jeunesse Hitlérienne la mission de fournir une certaine formation militaire ? Ne connaissait-on pas en Allemagne la vieille leçon selon laquelle, mieux on est préparé à la guerre, mieux on peut l'éviter.

La thèse selon laquelle une politique d'armement poussée conduit inéluctablement, tôt ou tard, à un conflit, ne m'a jamais convaincue, bien au contraire ! N'avait-on pas appris à l'école, aussi bien en cours de latin qu'en cours d'histoire la citation : *« Si vis pacem para bellum »*, si tu veux la paix prépare la guerre ! Même dans les NAPOLA, il n'y a pas eu la moindre trace de préparation militaire. Pas même des leçons de tir avec des fusils à plomb ! L'entraînement à la défense, comme on l'appelait, se fondait uniquement sur le sport. Ce que l'on faisait en plein air, était semblable à ce que fait n'importe quel boy-scout de par le monde.

Qu'il soit permis ici d'exprimer le point de vue d'un jeune chef : quelle motivation, au sens de la communauté, aurions-nous eu dans les années 1937/38, si nous avions effectivement eu le droit d'apprendre quelques rudiments militaires et de maniements d'armes. Il ne faut pas oublier que le soldat jouissait encore d'une certaine respectabilité en Allemagne, comme d'ailleurs dans tous les autres pays aussi, et le « planqué » ne trouvait aucune grâce aux yeux des filles ! L'aspect le plus important, néanmoins, était que la formation épargne la sueur ! Je l'ai déjà dit, nous avons inculqué cette maxime à nos soldats et leur avons répété que ce qu'ils n'auront pas appris leur coûtera la vie et, pire encore, celle de leurs camarades ! Du reste, je tiens à faire remarquer qu'il manquait à l'Allemagne 15 classes de réservistes dont disposaient nos voisins.

Que les possibilités de confier la préparation militaire à l'organisation des SA, de la Jeunesse Hitlérienne et du service du travail, n'aient pas été utilisées en dépit de la situation dans laquelle se trouvait le Reich, constitue un grave reproche à l'égard de la direction du Reich, en définitive, à l'égard de Hitler. Etant donnée la situation de menaces envers l'Allemagne, la direction allemande voulait éviter sans aucun doute une confrontation militaire, mais en raison de cette même faiblesse, elle devait compter avec cette menace et s'y préparer. D'avoir fondamentalement refusé la mise en place d'une préparation militaire peut être interprété comme le symptôme de l'absence d'intention belliqueuse par Hitler.

Dans les NAPOLA, il était de règle d'envoyer les *« Jungmannen »* de la 8e classe, pendant un certain temps au cours des grandes vacances de l'année du baccalauréat, dans les mines, afin qu'ils y apprennent le travail manuel dans sa forme la plus pénible. Ils vivaient pendant ce temps dans les familles de mineurs, afin qu'ils partagent également le métier dans toute son étendue. On peut se douter de l'importance que portait la direction de la NAPOLA à m'inscrire dans un tel séjour. Le fils du ministre engagé dans les mines, quelle preuve éclatante attestant de la communauté du peuple (*Volk, NdT)*, comme on disait à l'époque. A nouveau le médecin me déclara inapte suite à une insuffisance cardiaque qu'il croyait déceler. J'agitais terre et ciel pour pouvoir participer à ce stage, mais le médecin ne changea pas d'un iota. On peut se douter à quel point cette décision me fut pénible.

Si pénible que fut l'interdit du médecin pour moi, je devais apprendre encore une fois *« le mal pour le bien » !* (*en français dans le texte, NdT*). Pour remplacer le stage dans les mines, on m'a chargé de rédiger un mémoire de fin d'année sur *« Bismarck et la question sociale »*. Ce travail m'a procuré dans le domaine de la politique sociale, une vue plus complète et plus fondée que celle que m'aurait procuré un stage « de première main » chez les mineurs. Si pénible que cela a été dans les premiers moments, je dois constater aujourd'hui, que c'était une grande chance. Le mémoire signifiait pour moi une introduction très précoce à l'une des interrogations les plus pesantes de notre époque, celle de la « question sociale » dans le cadre de l'industrialisation.

J'ai appris le développement des rapports sociaux des syndicats de l'industrie au cours des cent dernières années et me suis constitué ainsi un fond documentaire sur lequel j'ai pu établir et approfondir mes connaissances de cet important problème du XXe siècle. Toute la littérature s'y rapportant était à ma disposition, y compris le « manifeste » et le célèbre « Capital ». Le marxisme avait été abordé dans le cours d'Histoire de façon détaillée, en tant que phénomène historique de la première moitié du vingtième siècle, comme la conséquence des débuts de l'industrialisation. Je lisais également August Winnig, que, j'ai déjà cité, le social-démocrate et syndicaliste de « la première heure », dont les premiers livres donnaient une remarquable vue de la vie des travailleurs à l'époque pré-capitaliste.

J'ai compris les problèmes de l'émergence de la classe ouvrière aux premières heures du capitalisme, ou mieux, dudit « prolétariat industriel », son exode et sa séparation d'avec les cercles ruraux, qui représentaient, en des temps difficiles, une échappatoire et une aide. J'ai compris la tentation qu'exerçaient les paroles marxistes et socialistes sur les ouvriers des grandes villes où ils étaient concentrés, livrés à la pauvreté et au dénuement, contrairement à leur situation antérieure au sein de la communauté des villageois.

Naturellement je ne savais rien à l'époque de la signification et de la fonction du capital et surtout du « capitaliste » dans le sens de « l'économe », qui est prêt à mettre son capital, qu'il a constitué à partir du refus de le consommer, à la disposition d'entrepreneurs ou d'entreprises, afin de créer des moyens de production. Je ne voyais rien de fondamentalement condamnable dans le « Capital ». Je n'avais pas oublié la conversation entre Père et Grand-père en l'année 1933, lorsqu'ils discutaient de savoir si Hitler allait laisser les « moyens de production » entre des mains privées ou non. Evidemment, nous étions d'avis que le *« bien commun passe avant le bien particulier ! »* En ce sens nous étions, si on peut le dire, « socialistes », mais jamais nous ne serions parvenus à l'idée d'abolir la propriété.

Le travail devant lequel je me trouvais, m'a permis de connaître les contours du marxisme et, par-delà, du socialisme, en l'occurrence du communisme, tout autant que la vision de Bismarck. Il reconnaissait, en précurseur, qu'on ne pouvait combattre le socialisme d'origine marxiste avec des lois « anti-socialistes », c'est-à-dire avec des interdits et des forces de l'ordre. Il fallait au contraire une législation sociale qui garantisse aux travailleurs un niveau de vie de base en cas de maladie, d'accident ou d'invalidité, comme dans toutes autres choses. Cette amélioration de la condition ouvrière n'a été introduite que cent ans plus tard, c'est-à-dire après la Première Guerre mondiale, dans la plupart des Etats.

A l'époque des grandes vacances de 1938, j'étais assis dans la bibliothèque universitaire à Berlin et lisais des ouvrages en rapport avec le travail qui m'avait été confié. A nouveau s'est ouvert à moi, grâce à un professeur intelligent et sous sa direction bienveillante, un aspect de la vie tout à fait nouveau. J'ai senti l'incroyable dimension du développement de l'industrie moderne grâce à au progrès technique. J'ai compris un peu la fascination qu'exerçait le marxisme sur les classes laborieuses, prises dans leur incertitude matérielle, fascination liée à l'illusion de la « paix éternelle », si seulement le « prolétariat avait pris le pouvoir ».

Mais nous connaissions également les conditions de vie en Russie, et pas seulement à travers les Allemands de la Volga, morts de faim par milliers à la fin des années 20, et pour lesquels en sixième au Lycée Arndt nous avions toujours fait la quête devant le VdA *(Verein für den Deutschtum im Ausland », « association pour les Allemands de l'étranger », NdT*), longtemps avant Hitler ! Cependant, je trouvais que Hitler avait vu juste en disant que le sentiment national n'était pas incompatible avec une conception sociale. Nous rejetions sans idéologie et pragmatiquement le principe de la lutte des classes. Il n'existait qu'un « tous ensemble » dans une Allemagne menacée au centre de l'Europe. Il m'apparaissait également, à travers ces études, que le bolchevisme ne constituait pas qu'une seule menace extérieure mais constituait également un problème social considérable.

Mes travaux sur la « question sociale » semblaient en tous cas être confirmés par les actes de Hitler dans ce domaine et si le peuple allemand, après la guerre, ne s'est pas laissé gagner par le système bolchevique, ce n'est pas seulement en raison de l'expérience de millions de soldats allemands et du comportement abominable de « l'Armée Rouge » lors de son entrée dans le Reich, mais aussi en raison du décloisonnement opéré par Hitler entre les différentes classes. Evidemment, aujourd'hui, cela ne peut être dit à haute voix, tout comme on ne peut évoquer le succès du plein emploi en Allemagne après trois ans de gouvernement par Hitler, qui n'a pas été seulement atteint par le réarmement (5).

Au cours de mes études à la bibliothèque universitaire, je suis tombé sur un ouvrage touchant à mon thème et y trouvais une phrase remarquable de Bismarck :

> *« Le socialisme d'Etat s'impose et chacun qui en fait sienne l'idée, parviendra au pouvoir »* (6).

Je concluais mon travail en disant que le but ultime d'une politique sociale devait être de procurer à chaque travailleur une petite maison, c'est-à-dire de lui permettre l'accession à la propriété, ce qui constituerait le meilleur préalable pour qu'il ne devienne pas un communiste.

Toutefois, je considérais, à l'époque surtout, la confrontation avec le communisme-bolchevisme sous l'aspect de la politique étrangère. L'atmosphère très politique étrangère au sein de ma famille avait tout naturellement donné ce ton. Le « rouleau compresseur russe » mis en route par l'idée agressive d'une internationale communiste combinée à un Reich qui était, à l'intérieur, déchiré par un parti communiste militant d'une part et un pacifisme bourgeois d'autre part, était, d'après les expériences de la Première Guerre mondiale, le cauchemar de nombreuses personnes et l'un des motifs qui ont permis de porter Hitler au pouvoir. Ce cauchemar était cependant également le point de départ de toute sa politique.

Pour conclure, je peux dire que notre état d'esprit à Ilfeld peut se résumer comme suit : *« nous étions dévoués corps et âme à notre terre »*. Cette maxime était présente sourdement et sans pathétisme aucun, dans nos actions. Elle leur a donné du sens et si nous regardons autour de nous,

(5) Burton S. Klein, *Germany's Economic Preparations for War*, Harvard, 1959.

(6) Busch, Moritz, *Tagebuchblätter*, Vol. 3, Leipzig, 1899, p.43/44.

nous pouvons être fiers de l'avoir vécue à notre âge. Hitler représentait notre pays et, en ce sens, nous le respections.

C'est le moment de dire quelque chose sur notre attitude à Ilfeld à l'égard du « Führer, du peuple et de la patrie », ainsi que ce slogan était jadis en usage. D'innombrables annonces de morts au combat commençaient avec cette formule, mais de nombreuses autres étaient formulées, intentionnellement ou non, différemment. Il a été affirmé çà et là, qu'une certaine pression était parfois exercée pour que la première formulation soit utilisée. Je n'ai pas pu trouver confirmation de cette affirmation.

Notre conviction était naturellement « nationale » dans l'acception territoriale et « ethnique » du terme. L'hymne national qui commençait avec *« Deutschland, Deutschland, über alles »* (« Allemagne, Allemagne au-dessus de tout », NdT), n'était pas un concept creux. Seulement, nous le comprenions en ce sens que l'Allemagne était supérieure à notre destinée personnelle, supérieure à nos propres intérêts, à notre propre satisfaction, et si cela était nécessaire, supérieure à notre propre vie. Nous apprenions également en cours d'Histoire, que la formule *« au-dessus de tout dans le monde »* est à comprendre dans le contexte historique dans lequel l'hymne a été créé. Hoffmann, né à Fallersleben, d'où son nom « Hoffmann von Fallersleben », a dicté le chant en 1841 sur l'île Helgoland, à l'époque possession anglaise. Il devait émigrer en raison de ses opinions « libérales », jadis synonymes de « nationales ». Il n'existait pas ou plus de Reich allemand, mais le désir des Allemands était d'être à nouveau réunis dans un cadre étatique. Le « au-dessus de tout » devait exprimer la supériorité du concept « Allemagne » sur les intérêts des princes et des Etats d'Allemagne. A l'époque de la première moitié du XVIIIe siècle le terme « libéral » indiquait une conception nationale, englobant donc les différentes souverainetés, alors que le terme « conservateur » s'entendait comme le maintien des Etats particuliers. Ainsi, en Prusse, les adversaires de Bismarck, opposés à sa politique d'unification, étaient les « conservateurs ».

A Ilfeld, nous étions des idéalistes, dans le sens où, le destin de notre peuple passait avant notre propre petite destinée. Je pense qu'il faudrait toujours élever ses propres enfants avec des idéaux qu'ils doivent vivre en y soumettant leur propre dimension individuelle. Celui qui, dans son enfance, a intégré le sens du mot « patrie », se sentira toujours lié à son pays, quand bien même il ne se reconnaîtrait plus dans son pays, et pourrait en justifier les raisons. La disposition à placer le bien commun au-dessus de son propre intérêt sera toujours le fondement d'une société humaine. Celui qui aura reçu un amour tout naturel de la patrie, n'inclinera pas vers l'ultranationalisme qui, le plus souvent, est le signe d'une incertitude intérieure, voire d'un complexe d'infériorité.

A Ilfeld, nous étions libres de ces complexes. Il n'y avait pas non plus à gloser particulièrement sur l'amour de la patrie, celui-ci allait de soi. Avec la normalisation de la position du Reich en Europe disparaissait aussi le ressentiment à l'égard des pays vainqueurs, dont la cause était à chercher dans le traité de Versailles. Cependant, il ne faut pas sous-estimer l'atmosphère de « Wagenburg » (*en 378 après J.-C., les Goths assiégés dans la forteresse de Wagenburg ont défait la puissante armée romaine, NdT*), qui régnait jusqu'à un certain degré en Allemagne et qui puisait sa source dans « l'encerclement » du Reich au cours de la Première Guerre mondiale et, naturellement aussi, dans le traité de Versailles. La position centrale de l'Allemagne signifiait une menace latente, ainsi que l'avait démontrée de façon dramatique la Première Guerre mondiale. La situation « wagenburgienne » justifiait à nos yeux, même momentanément, une dictature. Une *« Wagenburg »* ne se défend pas à coups de discussions interminables et de décisions prises à la majorité. Hitler n'avait pas même besoin d'inventer cette image, il l'a cependant magistralement travaillée pour établir son pouvoir absolu. Sinon, il est impossible de ne pas constater que l'image d'une *« Wagenburg »* n'était pas loin de la réalité depuis la Première Guerre mondiale. Toutefois, nous n'étions pas en mesure, du haut de nos 17 ans, d'évaluer les risques extraordinaires qui résidaient dans la possession incontrôlée de tous les pouvoirs par un seul homme.

Hitler était pour nous la personnification de notre pays, lequel se situait par-dessus tout, y compris au-dessus de Hitler, je tiens à le signaler. Encore que cette question ne se posait pas. Rétrospectivement, c'est tout de même une curieuse impression que de constater que notre « doux univers » à Ilfeld reposait sur un volcan. Le putsch projeté pour l'été 1938, aurait bouleversé nos conditions d'existence à Ilfeld, sans même parler de ma famille.

Nous ne savions pas ce qui se tramait derrière la façade monolithique de l'état national-socialiste. Pour nous, il s'agissait surtout de se préparer à passer le baccalauréat. Fin janvier ont eu lieu les écrits. Trois thèmes nous ont été soumis. Ils étaient les mêmes que pour toutes les NAPOLA de Berlin. Deux thèmes me sont restés en mémoire. L'un s'intitulait *« vision allemande du monde d'après le Faust de Goethe »*, et l'autre, *« pensée populaire et pensée étatique dans la politique contemporaine »*. Je choisissais le dernier des deux thèmes. On attendait visiblement, comme je l'ai déjà dit, que ce thème soit traité dans l'esprit du droit des peuples à disposer d'eux-mêmes et que l'on en tire un clair refus de toute politique impériale. Pour la politique allemande cela voulait dire, intégrer tous les Allemands dans le Reich mais pas de nations étrangères. Ironie de la coïncidence, c'est juste après avoir passé le baccalauréat que le protectorat de Bohême Moravie a été créé. Nous étions quelque peu surpris car la politique étrangère allemande tendait vers le placement, sous sa protection, des groupes d'Allemands qui se situaient à ses frontières tels que les Sudètes, les populations de Memel et de Danzig. Que cela pouvait-il signifier ? Est-ce que la politique étrangère allemande, alors dans une situation particulièrement précaire, avait basculé vers l'expansionnisme ?

Ministre des affaires étrangères du Reich

Environ quatre semaines après la fin des vacances de Noël, dont je suis revenu en moto malgré le froid hivernal, notre « éducateur de garde » le professeur d'anglais Stolte, est venu me chercher vers 23 heures dans notre réfectoire pour m'emmener dans sa chambre où se trouvait la TSF en me disant *« ton Père est devenu ministre des affaires étrangères ! »*

Endormi comme je l'étais, je n'avais vu là aucun motif de réjouissance. J'allais être encore plus qu'avant une « bête curieuse » ! Je ne pouvais pas encore savoir que j'allais devenir une « bête curieuse » toute ma vie, sous les cieux les plus divers et les circonstances les plus contraires. D'une certaine manière, je serai toujours considéré sous l'angle « c'est le fils du Père ». J'allais apprendre cependant rapidement à m'y faire, à réagir en conséquence et à savoir si mon interlocuteur s'adressait à moi ou « au fils du ministre des affaires étrangères ».

Le week-end était arrivé, la NAPOLA m'avait concédé deux jours de congés afin de pouvoir féliciter Père. Je rencontrais les parents à l'hôtel Kaiserhof où ils vivaient lorsqu'ils voulaient rester quelque temps à Berlin, au retour de Londres, puisque notre maison de Dahlem était fermée ; en fait, il était simplement impossible de prévoir les retours de Père. Je m'étais imaginé Père radieux de sa nomination et m'étais complètement trompé. Père était plutôt pensif, une de ces fameuses images qui m'était restée en mémoire. Il écrit au sujet de sa nomination :

> « La nomination au poste de ministre des affaires étrangères m'a totalement prise au dépourvu. Le 30 janvier 1938, à l'occasion de la fête commémorant la prise de pouvoir, je me trouvais à Berlin, lorsque Hitler m'a demandé de prolonger de quelques jours mon séjour. C'était la semaine de ladite « affaire Blomberg ». Le 4 février, Hitler m'a fait appeler auprès de lui et m'a fait part de sa volonté de changer le ministre des affaires étrangères, dans le cadre d'un renouvellement des personnels du gouvernement de l'Etat. L'actuel ministre von Neurath serait nommé président du cabinet secret. J'étais pressenti pour lui succéder.
>
> Adolf Hitler m'avait brièvement esquissé les contours de la politique générale au moment de ma prise de fonctions. Il me disait que l'Allemagne s'était acquise une nouvelle position depuis la reconstruction de la Wehrmacht et la réoccupation de la Rhénanie. L'Allemagne est à nouveau partie intégrante du cercle des nations, et il est maintenant temps de fournir des solutions à certains problèmes, problèmes qui ne peuvent être résolus que par une forte Wehrmacht, non pas tant par son engagement que par son évidente visibilité. « Un pays -disait-il- qui n'est pas fort militairement, ne peut absolument pas prétendre à une politique étrangère ». Nous avons vu cela jusqu'à la nausée au cours des dernières années. Nos efforts doivent désormais tendre vers une relation claire avec nos voisins. Les quatre problèmes qu'il me citait, étaient l'Autriche et les Sudètes, Memel et le couloir de Danzig. Ma tâche consisterait à l'assister dans la recherche de solutions diplomatiques à ces problèmes. »

La nomination de Père quatre semaines après avoir présenté ce que l'on peut considérer comme un « Rapport sur la situation internationale du Reich » n'est pas une coïncidence, quand bien même la dite « affaire Blomberg-Fritsch » en semblait être la cause. Dans l'esprit de Hitler, le rapport présente de manière très claire le bilan négatif de l'activité de Père à la « cours de Saint James » et en tire pragmatiquement les leçons pour la future politique étrangère allemande.

L'objectif poursuivi par la politique étrangère allemande, de s'assurer une position défensive en Europe de l'Est vis-à-vis de l'Union soviétique, afin d'endiguer le bolchevisme tout en s'appuyant sur le Royaume Uni ne semblait, au moment de la prise de fonction de Père, que très difficilement réalisable. Il ne nous restait du coup, pour l'instant, qu'à consolider notre position centrale en Europe, dans l'espoir de parvenir *in fine* à convaincre la direction britannique qu'à long terme l'avenir de l'Empire serait plus assuré au sein d'une démarche commune que d'une nouvelle confrontation.

Je cite à nouveau Père :

> « Le but de la politique étrangère allemande était de convaincre l'Angleterre qu'entre le choix d'une coalition d'alliances (*au profit de l'Allemagne, NdA*) contre l'Angleterre et d'une alliance germano-britannique, ce dernier choix serait (*pour l'Angleterre, NdA*) l'option à privilégier. »

Comme je l'ai déjà dit, on pourrait rajouter, *« l'option à privilégier pour l'Empire britannique et développer : ainsi que l'Histoire l'a prouvé ! »* Nous allons exposer les raisons pour lesquelles cette conception avaient toutes les chances de se réaliser et révéler quelle nation et quel homme politique s'y sont opposés au grand dam de l'empire britannique !

L'écoulement du temps appelait Hitler à utiliser l'apparente avance obtenue dans la politique d'armement, d'ailleurs largement gonflée par la propagande, ainsi que la paralysie momentanée des Soviétiques consécutive à l'épuration menée dans leurs rangs, non pas dans le but logique de mener la guerre, mais au contraire, afin de parvenir, justement sans avoir recours aux armes, aux révisions des traités. Le procédé qu'il était contraint d'utiliser au grand jour était une conséquence de la politique britannique qui s'opposait aux initiatives allemandes.

Dans le domaine de l'économie de marché, il existe en matière de recherche de décision ce que l'on appelle la méthode du « worst-case-scenario » (*en anglais dans le texte, NdT*), c'est-à-dire que l'on simule au moins une fois les plus désastreuses conséquences en partant de chaque option. On devrait recourir à cette méthode à chaque décision importante. Si la direction allemande a recouru à cette méthode au début de l'année 1938 pour évaluer la situation du Reich, elle dut parvenir à ce résultat :

1) La Grande-Bretagne joue sur le temps afin de compléter son armement et, ce qui est évidemment incontournable dans une démocratie, afin de préparer les conditions psychologiques de politique intérieure à une éventuelle confrontation avec le Reich.

2) La même chose vaut pour le gouvernement français, à quoi s'ajoutent ses efforts à mobiliser ses alliances dans le cadre de la « Petite Entente ».

3) L'alliance entre la France et l'Union Soviétique (conclue dès 1935), constitue une menace croissante pour le Reich, renforcée par l'intégration de la Tchécoslovaquie dans le pacte et du mécanisme d'automaticité qu'il contient.

4) L'Union Soviétique est pour ainsi dire l'ennemi par défaut du Reich. Le gouvernement du Reich doit la croire capable, à l'occasion, d'entrer activement aux côtés des ennemis du Reich afin d'étendre son influence vers l'ouest de l'Europe.

5. Les Etats-Unis vont jouer un rôle de plus en plus actif dans la politique internationale. Le discours de « la quarantaine » prononcé en novembre 1937 (*5 octobre 1937, NdT*) n'autorise aucun doute quant à la future cible de la politique étrangère américaine.

Pour résumer, Hitler devait partir du principe qu'à un moment donné, le Reich serait contraint par la coalition de ces puissances surarmées, à prendre des solutions risquées pour lui. On pourra difficilement contester que cette évaluation très pessimiste de la situation reposait sur des bases particulièrement réalistes.

Autriche

Une nuit, à nouveau, j'ai été réveillé par « l'éducateur de garde » et emmené auprès de son poste de radio - il pensait que j'en savais plus- pour y écouter que l'armée allemande allait pénétrer en Autriche. Je n'en savais réellement rien, mais même Père qui se trouvait à ce moment à Londres pour y faire ses adieux a été, dans une certaine mesure, surpris par les événements. Un exemple intéressant de la façon dont travaillait Hitler. En fait, il n'y avait pas systématiquement de concertation diplomatique, au contraire, il y avait des décisions *ad hoc,* contre lesquelles il n'y avait rien à objecter lorsque Hitler les avaient prises.

Toujours est-il que l'action rapide, qui a finalement conduit à l'*Anschluss* sous les vivats de la population autrichienne, est la conséquence de l'état des choses. Au regard des efforts d'armement de l'Ouest, la politique allemande ne pouvait que renforcer sa position et apporter rapidement une solution aux problèmes en Europe de l'Est. Ceci mis de côté, l'enthousiasme en Autriche pour l'*Anschluss* était bien réel. Il est ridicule aujourd'hui de prétendre le contraire, même s'il y avait certainement certains cercles qui ne rejetaient peut-être pas fondamentalement le rattachement autant que le régime national-socialiste.

Que l'on ne perde pas de vue que l'exigence du rattachement de l'Autriche au Reich était déjà ancrée dans la constitution autrichienne de 1920. Des référendums effectués dans les Länder de Salzburg et du Tyrol révélaient qu'à l'époque 99% des voix étaient en faveur du rattachement. Ces résultats ont conduit les Alliés à écarter tout référendum supplémentaire ! Renner, qui est devenu le premier président de l'Autriche après 1945, définissait l'Allemagne en 1922 comme *« l'Etat auquel nous appartenons naturellement »* ! Après 1918, l'Autriche se faisait appeler « Empire austro-allemand » et Renner en était son ministre des affaires étrangères. La mention du nom fut prohibée dans le traité de Saint-Germain.

L'unification de l'Autriche avec le Reich signifiait sans aucun doute un renforcement de la position allemande. On avait désormais le « porte-avions » tchécoslovaque bien mieux « en main ». Le rapport à l'Italie, partenaire-allié de l'Allemagne - « par excellence » (*en français dans le texte, NdT*) ou « faute de mieux » (*en français dans le texte, NdT*) - n'avait pas été fragilisé.

La problématique interne liée à la dictature de Hitler touchait maintenant dans toute son ampleur l'Autriche rattachée. Nous nous étions d'ailleurs toujours demandés, lorsque nous étions à la NAPOLA d'Ilfeld, à quoi pouvait ressembler une constitution du Reich dessinée par Hitler. Nous étions convaincus qu'une dictature absolue de Hitler ne pouvait constituer qu'une phase intermédiaire. Nous étions bien sûr disposés, au regard de la situation du Reich et sur la base des succès qu'il avait jusqu'alors remportés, à octroyer à Hitler les pouvoirs exceptionnels qu'il demandait. Nos projections sur l'avenir lointain allaient, sans toutefois être plus précis que cela, dans la direction d'une organisation de la communauté par classes.

Grâce à un éducateur qui enseignait l'anglais dans notre classe, nous avions eu un échange avec une école publique de Bath. Chaque année, la 7e classe d'Ilfeld était invitée à passer quelques semaines à Bath et en retour, une classe de Bath venait à Ilfeld. C'est ainsi qu'en mai 1938 notre classe s'est tenue prête à se rendre à Bath. J'étais très impatient de voir comment se présentait une école publique « normale » anglaise, sans doute moins imprégnée de traditions que Westminster. Au-delà, j'étais curieux de ressentir l'atmosphère politique que j'y trouverai. J'avais quitté l'Angleterre en juillet 1937 cela faisait donc neuf mois qui s'étaient écoulés depuis. Entretemps, la carte politique de l'Europe était quelque peu modifiée depuis l'entrée de l'Autriche au sein du Reich. Comment cela se refléterait-il dans l'opinion publique anglaise?

Avant de parvenir à Bath, nous avons fait escale à Londres, capitale de l'Empire que notre classe se devait de connaître. A mon très grand désappointement, j'ai ressenti le changement d'atmosphère politique. La machine de la propagande britannique tournait à plein régime.

Des films anti-allemands étaient annoncés sur d'immenses affiches dans les grandes salles de cinéma, sur lesquelles la couleur rouge donnait l'impression d'une mare de sang ; j'ai déjà mentionné par ailleurs le tambour-major dans les cinémas, etc. L'establishment britannique s'était toujours merveilleusement entendu à faire de la propagande. Le Reich allemand l'avait d'ailleurs déjà expérimenté au cours de la Première Guerre mondiale, lorsque lord Northcliffe inondait le monde entier par le biais de son agence d'information « Reuter », de nouvelles d'exactions commises par les Allemands, par exemple, « les mains coupées des enfants » en Belgique, nouvelles répandues par l'ambassadeur britannique aux Etats-Unis, lord Bryce. Le cardinal belge Mercier n'a, à l'instar d'une commission d'enquête en 1922, jamais pu vérifier un seul de ces cas (1). L'expression « Huns » avait malheureusement été fournie à la propagande britannique par l'empereur Guillaume II lui-même, à l'occasion d'une formule malheureuse lors de son discours d'adieu à l'adresse d'un bataillon d'infanterie de marine, qui avait été embarqué pour l'Extrême Orient afin d'y réprimer le soulèvement des boxers (2). Là-bas pourtant, le mot d'ordre était *« the Germans to the front ! »* (en anglais dans le texte, *NdT*). En 1936/37, cette propagande était encore timide et se limitait à quelques feuilles de choux dont on savait qu'elles étaient anti-allemandes. Ma famille a été très touchée par cette propagande en particulier la personne de mon Père. Mener une guerre de propagande diffamante contre des ennemis potentiels ou déclarés est partie intégrante de la politique et, par conséquent, légitime. Il est plus étonnant que ces actions de propagande de nos ennemis aboutissent en Allemagne souvent sur des terrains fertiles et que leurs paroles soient crues.

A Bath cependant, nous avons été le plus aimablement accueillis et pris dans le quotidien de l'école. Bath n'avait pas de vieilles traditions, comme à Westminster, avec ce que cela peut comporter de rituels grotesques. Mais à Bath, également, régnait le principe de la plus grande responsabilisation des élèves. Comme à Westminster, on leur laissait l'organisation du sport et de nombreuses autres activités parallèles et extra-scolaires.

A l'école, nous ne ressentions rien de la propagande anti-allemande dans le pays. Une fois peut-être, dans la pièce de permanence, un petit article de presse avait été épinglé sûrement de manière ostentatoire, il comportait une photo de Sigmund Freud. Sans doute avais-je déjà entendu quelque chose à propos du psychanalyste et savais également qu'il était juif, mais au fond, aucun d'entre nous ne le connaissait. Aussi n'avions-nous pas particulièrement réagi. Comme le dit le Berlinois : *« Det ignoriere ick erst janich ! »* (« ça ne vaut même pas le coup d'être ignoré ! », *NdT*) Nous participions aux enseignements, aux cours de sport, ce qui impliquait également le service religieux, qui ne joue pas un petit rôle dans les écoles anglaises.

(1) Mira Beham : *Kriegstrommeln*, DTV 1996, S. 28.

(2) Büchmann, S. 741.

Crise de Mai

C'est ici à Bath que je devais vivre le début de ladite « crise de mai » le **19 mai 1938** (1). Elle devait être déclenchée par la presse britannique qui annonçait que l'armée allemande marchait vers la frontière tchécoslovaque afin de poursuivre ensuite son avancée contre la Tchécoslovaquie.

Evidemment, cette nouvelle a été reprise par la presse mondiale, de telle sorte qu'en très peu de temps, était née une situation internationale qui semblait particulièrement tendue. Cette atmosphère tendue s'était encore accrue lorsque le chef de gouvernement Benès avait décrété la mobilisation générale. Elle avait été justifiée semble-t-il par le mouvement des troupes allemandes. Le but de Benès était de conduire la situation à une extrémité ultime, dans l'espoir d'entraîner une confrontation directe entre la France, la Grande-Bretagne et le Reich. Il espérait ensuite avoir l'Union soviétique à ses côtés, par le biais de l'alliance militaire franco-russe.

Il est remarquable que la « crise de mai » de 1938 n'a pas été déclenchée par les mouvements des troupes allemandes, car il n'y avait pas de mouvements de troupes du côté allemand. Je vais plus loin en affirmant qu'un réel mouvement de troupes en direction de la frontière tchécoslovaque n'était pas même réalisable à cette époque, du point de vue militaire et technique. Le transport non préparé de plusieurs unités en Autriche à la suite de l'Anschluss datait d'à peine quelques semaines. Il y avait à intégrer l'armée autrichienne dans la Wehrmacht. Dans ses conditions, il était impensable de se porter, en quelque sorte, « sur-le-champ » contre la Tchécoslovaquie, et il n'y avait pas de temps disponible pour une quelconque planification. Déjà, de nombreuses difficultés étaient apparues lors de l'entrée d'unités motorisées en Autriche.

Un petit indice prouvant qu'il n'y avait pas du côté allemand d'intention de marcher contre la Tchécoslovaquie, se trouve dans notre voyage de classe à Bath. Nous ne l'avions envisagé qu'à peine quelques jours avant ladite « crise de mai ». Ce voyage ne pouvait se réaliser qu'avec l'aval des parents de chaque élève, ne serait-ce qu'en raison des frais de voyage. Mes parents avaient accepté sans hésiter que je participe à cet échange en Angleterre, en ce mois de mai 1938.

Nous pouvions suivre un peu les événements politiques grâce à la presse britannique qui nous était accessible à l'école. L'éducateur, qui était en charge de notre voyage, s'était entretenu avec moi. Je lui ai assuré que je ne pouvais m'imaginer qu'une initiative militaire ait été planifiée contre la Tchécoslovaquie, car dans ce cas, mes parents ne m'auraient pas seulement interdit de participer au voyage mais auraient également averti la direction de l'école de l'inopportunité d'un tel séjour.

Les historiens sérieux ne contestent plus aujourd'hui qu'en mai 1938, aucun préparatif militaire n'était engagé du côté allemand, qui aurait pu faire croire à la Tchécoslovaquie qu'elle était menacée. L'attaché militaire britannique à Berlin a pu se rendre compte, lors d'un déplacement dans les territoires frontaliers, de l'inanité de ces propos. L'ambassadeur britannique Henderson à Berlin écrira dans ses mémoires : *« l'Allemagne n'a jamais mobilisé, et n'a jamais eu l'intention d'un "coup"* (en français dans le texte, *NdT*), *seule l'Angleterre a crié sans raison "au loup, au loup" »* (2). Il avait rapporté à Londres, que *« pas un préparatif militaire anormal »* de l'Allemagne à l'égard de Prague n'était vérifiable ! (3)

Qu'il me soit permis de faire ici une remarque amusante, afin de montrer comment, actuellement, l'Histoire contemporaine est présentée en Allemagne. Chaque personne qui s'intéresse de près ou de loin à l'histoire connaît l'encyclopédie « Ploetz », dont le titre complet est *« Ploetz, extraits de l'Histoire »*. Elle donne une vue d'ensemble ainsi que de multiples détails sur l'Histoire du

(1) DBFP I. N°222.

(2) DBFP I N°237.

(3) DBFP I N°.237.

monde et, pour ces raisons, est considérée comme un ouvrage de référence, à l'instar du « Duden » pour l'orthographe. Des générations en Allemagne ont grandi avec elle. On pouvait partir du principe que ce qui y figurait correspondait au dernier état des recherches historiques. Le « Ploetz » m'a été mis dans les mains par mes parents dès mon plus jeune âge et m'a accompagné au fil de ses nouvelles éditions.

J'ai pourtant maintenant des raisons de douter de la confiance que peut inspirer le « Ploetz » car, s'il était écrit dans l'édition de 1950 à la page 728 sous la rubrique « 20 mai 1938 » : *« Mobilisation générale en Tchécoslovaquie en raison d'apparents mouvements de troupes allemandes »* (souligné par l'auteur, *NdT*), on trouvera dans l'édition, de février 1991 sous la même rubrique à la page 866 : *« Mobilisation générale en Tchécoslovaquie en raison de mouvements de troupes allemandes* » (4).

Les éditions Ploetz, (propriété des éditions Herder à Freiburg en Brisgau), ont été priés, par moi, de bien vouloir produire les sources correspondantes dans la mesure où l'édition 1991 donnait une lecture tout à fait différente de l'événement. J'ai reçu l'extraordinaire réponse selon laquelle l'auteur de cette rubrique (le Prof. Conze) était décédé et que les sources n'étaient plus disponibles. Sur mon insistance et en indiquant les sources auxquelles il était possible de se référer quant au thème des Sudètes, l'éditeur a consenti à « me remercier pour mes renseignements qu'il prendra en considération lors de la prochaine édition » (5). Dans la nouvelle édition du « Ploetz » de l'année 1998 à la page 748 il est remarquable d'y pouvoir lire : « Mobilisation générale en Tchécoslovaquie *en raison de mouvements de troupes allemandes* ».

Lorsqu'aucune réaction du côté allemand n'est venue contredire les affirmations de la presse britannique, il fut proclamé triomphalement partout que Hitler avait reculé devant l'opinion publique mondiale et qu'il avait renoncé à ses plans. Il est affirmé, dans la littérature d'après-guerre, que cette version avait « irrité » Hitler, puisqu'on lui avait prêté de la faiblesse et que pour cette raison, il aurait provoqué la « crise des Sudètes ». Il est certain que Hitler a été agacé par l'un ou l'autre de ces articles de la presse étrangère, il y avait assez de raisons pour cela. Père avait toujours déploré de n'avoir aucune influence sur la revue de presse présentée à Hitler. Il l'entendait dans le sens d'une hiérarchisation adéquate des différents organes de presse. Classer correctement les articles de presse étrangère et les soupeser dans le sens d'un pragmatisme politique exige une connaissance subtile de la scène journalistique de chaque pays et de ses arrière-plans.

Père pensait avec raison que ces compétences, dans toute leur étendue, ne pouvaient se trouver qu'au ministère des affaires étrangères. Le département de la presse du ministère des affaires étrangères était cependant en concurrence aussi bien avec le soi-disant « Chef de la presse » qu'avec le ministère de la propagande (lesquels se considéraient eux-mêmes concurrents) ce qui, tout naturellement, en particulier dans le cadre du travail avec la presse étrangère, devait conduire à de lourds problèmes de compétences.

Mais retournons à Hitler irrité, lequel aurait donc déclenché, soit sur un coup de colère, soit par esprit de vengeance, la crise des Sudètes. Cette vision pittoresque d'un Hitler, monstre maléfique qui frapperait énervé autour de lui peut servir les besoins d'une « pédagogie populaire ». En revanche, elle n'est pas appropriée pour présenter les événements politiques qui se sont déroulés à l'été 1938 et qui trouvèrent un aboutissement dans la conférence de Munich.

La crise de mai, déclenchée par la presse britannique et par laquelle Benès espérait à la fois obtenir la réaction automatique contenue dans le traité franco-britannique et l'implication de l'Union Soviétique, n'avait pas irrité Hitler mais avait déçu ses espoirs et, bien évidemment, l'avait rendu pensif. Le rattachement de l'Autriche au Reich avait eu lieu dans l'enthousiasme des populations et cela est incontestable encore aujourd'hui. Le plébiscite sur le rattachement confirme cette volonté ! Même à l'époque, il était impossible de parler de viol d'un plus petit Etat, fusse avec la plus grande mauvaise foi. Et pourtant, quelques semaines plus tard, une campagne de presse a

(4) Italique de l'auteur.

(5) Lettre de la collaboratrice de l'éditeur, Gabriele Blod, du 18.02.1993 à l'auteur.

été déclenchée par les Britanniques qui aurait pu facilement dégénérer en crise réelle. Ne devait-on pas faire croire du côté allemand qu'une mobilisation psychologique était en marche et qu'elle était dirigée contre l'Allemagne ? Le ministre des affaires étrangères Halifax a menacé Dircksen, l'ambassadeur d'Allemagne à Londres en disant *« que l'Angleterre serait engagée dans le conflit si les Français, quelles que soient les circonstances, c'est-à-dire même en cas de provocation lourde par les Tchèques, marchaient contre les Allemands ».* (6)

Mais l'aspect déterminant pour la politique allemande était la situation internationale. Le « tour d'horizon » (*en français dans le texte, NdT*), brièvement esquissé, révèle la faible position de l'Allemagne en Europe centrale. Les programmes d'armement des démocraties occidentales tournaient à plein régime et, par conséquent, le facteur « temps » gagnait en importance. C'est sous cet aspect qu'il faut comprendre la directive de Hitler concernant les préparatifs militaires à l'encontre de la Tchécoslovaquie. C'est une Lapalissade que chaque recrue au départ de sa formation d'officier apprend, que toute manœuvre d'intoxication doit avoir la plus forte apparence de réalité. Il la formulait avec les mots : *« c'est ma décision irrévocable d'écraser militairement et à moyen terme la Tchécoslovaquie ».*

C'est en ce sens qu'il faut comprendre la déclaration de Père faite à l'occasion d'une réception pour la presse étrangère à Berlin, lors de la crise, déclaration faite au cours d'un entretien avec le représentant de Havas : *« d'une manière ou d'une autre, nous allons régler la question des Sudètes ».*

Le directeur du département de la presse du ministère des affaires étrangères, le Dr Paul Schmidt (7), qui était présent lors de cet entretien, a demandé l'autorisation de transmettre la formulation du ministre des affaires étrangères à la presse, autorisation qui lui a été accordée. (8)

Abstraction faite du moment et des circonstances dans lesquelles cette directive a été donnée, il est de pratique courante et pour ainsi dire, routinière, dans tous les états-majors du monde, d'élaborer des stratégies pour tous les cas de figures. Cependant, les hautes sphères de l'armée avaient constitué un facteur d'hésitation face aux démarches de Hitler en vue de parvenir à une parité militaire. Sans doute le rhéteur Hitler voulait-il, par sa formulation brutale, leur en faire payer le prix.

Père était de l'avis que l'Angleterre ne se risquerait pas à un conflit à cause des Sudètes, en dépit de la menace que le ministre britannique des affaires étrangères a exprimée à l'égard de Dircksen à Londres, d'où la chance de parvenir à une solution pacifique. Il devait avoir pleinement raison. C'était très plaisant lorsqu'il essayait de nous apprendre ce jeu typiquement anglo-saxon. Il y avait joué très souvent avant la guerre au Canada et il nous faisait tomber dans le panneau la plupart du temps. Il peut paraître léger de comparer une décision politique au poker, décision qui concerne le destin de nombreuses personnes, mais au fond chaque décision pour laquelle on se fixe un but à atteindre est un coup de poker, qu'il s'agisse de politique, d'économie ou d'autres domaines. Il s'agit ni plus ni moins de voir jusqu'à quel point la partie adverse est prête à aller.

Dans cet esprit, un rapport que ma mère m'a remis après les accords de Munich, est d'une importance capitale. Elle m'avait dépeint le déroulement de la crise et ce faisant, en était arrivé au fameux discours de Hitler au palais des sports le 26 septembre 1938 dont elle disait : *« Lorsqu'on le connaît, on se rend compte qu'il **ne** la voulait pas ! »* (surligné par l'auteur, *NdT*) Mère faisait expressément allusion à l'action militaire. Ma mère laissait même percer un ton critique dans ses mots en ce sens que lorsqu'on joue au poker, il faut le faire de façon conséquente, qui est de ne pas laisser voir que l'on souhaite le contraire. Cette affirmation critique de ma mère montre, je me répète, que l'on ne voulait à aucun prix, du côté allemand, d'une guerre pour la cause des Sudètes. Pour quelle raison aussi ? Il importait justement de consolider la position de l'Allemagne

(6) ADAP II, Dok. 191.

(7) à ne pas confondre avec l'interprète le légat Dr. Paul Schmidt.

(8) Entretien de l'auteur avec Schmidt.

au centre de l'Europe par des moyens pacifiques, afin de pouvoir s'affirmer entre les puissances occidentales et l'Union soviétique.

Abstraction faite de ces données politiques, le destin de la minorité allemande en Tchécoslovaquie ne devait pas être considérée comme *« quantité négligeable »* (en français dans le texte, *NdT*). L'intégration du territoire des Sudètes, peuplé uniquement d'Allemands, au Reich était au demeurant un but politique légitime, que les Allemands des Sudètes souhaitaient.

Ce serait considéré comme légitime encore aujourd'hui, si Hitler n'avait déjà résolu la question.

Les négociations concernant la recherche d'une solution à la question des Sudètes, qui a finalement été trouvée à Munich, ont été un jeu de poker entre Hitler et la Grande-Bretagne. Les deux joueurs voulaient éviter le *« show down »* (en anglais dans le texte, *NdT*). Il s'agissait de donner l'impression d'avoir les meilleures cartes et de conserver son sang-froid. Au poker, chacun sait qu'il s'agit d'éviter de donner le moindre indice sur la valeur réelle de ses propres cartes. Cela signifie qu'avec un mauvais jeu en main on peut pousser son adversaire à « se coucher » et par conséquent emporter le « pot », c'est-à-dire empocher la mise.

Lorsque nous sommes revenus des vacances d'été à Ilfeld, l'ambiance dans notre école était curieusement partagée. Il y avait quelques « va-t-en-guerre » parmi nous, ce qui sans nul doute ne pouvait se comprendre sous le rapport politique. Ces camarades de classe espéraient bien plus échapper à l'école grâce à la mobilisation générale, au moins pour un certain temps. Nous avions aussi dans notre classe une série de camarades dont le père était ou avait été officier et, par conséquent, avait d'étroits contacts avec l'armée. Ces écoliers ne partageaient en aucune manière cet « enthousiasme » pour la guerre, ou disons plutôt, cet « enthousiasme » pour l'ambiance de guerre. L'aîné de notre classe était le fils d'un médecin général d'active. Il nous expliquait toujours : *« nous ne pouvons conduire de guerre, nous n'avons rien ! »* Comme il ne pouvait naturellement pas en juger lui-même, il est de fait qu'il se faisait l'écho de l'opinion du corps des généraux, car même son père en tant que médecin, n'aurait pu exprimer une telle opinion sur la base de sa seule qualité.

J'étais particulièrement irrité par cette opinion, sachant tout de même très bien de quoi il retournait. Je connaissais de par la maison les problèmes auxquels Hitler était confronté lorsqu'il s'agissait du corps des généraux. Je me gardais bien cependant de parler à qui que ce soit de mes « informations ». Du seul point de vue professionnel, la direction de l'armée pouvait avoir des raisons d'être réticentes, notamment considérant l'armement incomplet, dans la perspective de courir le risque d'une confrontation militaire (9). Sous l'angle de la politique étrangère, le temps pressait bien au contraire. Il est toutefois intéressant de noter que ce sont justement les militaires qui étaient d'avis que le Reich n'était pas prêt à une confrontation militaire !

Une fois de plus, il faut poser la question : et si Hitler s'était donné la peine de persuader la direction militaire de la nécessité de jouer un jeu risqué, justement pour éviter toute confrontation militaire ? A-t-il discuté avec les dirigeants militaires et se les a-t-il mis dans la poche ? S'est-il entendu avec eux, a-t-il séparé le bon grain de l'ivraie et, surtout, a-t-il établi une vraie relation de confiance avec les commandants les plus importants pour en limoger les plus récalcitrants et les moins clairvoyants ? Une fois de plus : poser la question revient à y répondre !

Hitler n'était pas du genre à s'exposer à une discussion en réunion plénière afin de convaincre l'auditoire de la justesse de ces vues.

A Ilfeld, dans notre monde protégé, nous ne remarquions rien de ces problèmes. Nos éducateurs ne partageaient en rien le goût pour le sensationnel mais, bien au contraire, l'interprétaient mi-amusés pour ce qu'il était, l'espoir de pouvoir peut-être terminer l'école avec le baccalauréat d'urgence en poche !

Conspiration

Hitler et Père ne pouvaient pas imaginer que se tenaient derrière eux d'autres « acteurs » occupant de hautes fonctions et qui, par conséquent, pouvaient regarder dans leur jeu et renseigner l'adversaire sur la « qualité » réelle de leurs cartes et ainsi perturber le jeu allemand.

Le groupe de conspirateurs réuni autour du secrétaire d'Etat aux affaires étrangères von Weizsäcker, du chef de l'état-major général Beck et du chef de l'Abwehr Canaris, est devenu actif au cours de la crise des Sudètes, où, par différents canaux, il a incité le gouvernement britannique à opter pour une ligne dure et à demeurer intransigeant à l'égard des souhaits allemands. Cette demande à l'égard du gouvernement britannique était fondée, comme je l'ai déjà dit, sur l'affirmation que le ministre des affaires étrangères allemand Ribbentrop n'informait pas Hitler correctement sur la disposition de l'Angleterre à faire la guerre. Sur la base des conseils de son ministre, Hitler pensait pouvoir imposer ses revendications sans que l'Angleterre lui réponde par la force.

Les rapports de Père de Londres, qui ont été restitués ici, ne laissent subsister aucun doute quant à la qualité avec laquelle il a estimé la politique des Britanniques. La conspiration a proposé aux Britanniques d'envoyer « un général avec une cravache » pour frapper sur la table de Hitler. Il s'agirait en l'occurrence d'un langage que Hitler comprenait. Cela n'était pas sans subtilité car l'effet sur la mentalité de Hitler, que la conspiration connaissait bien, aurait conduit au résultat inverse à celui recherché, autrement dit à l'arrêt des négociations. Or, c'est justement cet objectif que poursuivait la conspiration.

Afin d'encourager les Britanniques à prendre le risque d'une confrontation armée avec l'Allemagne, ce qui entraînerait un putsch militaire, les émissaires allemands de la conspiration, Kleist-Schmenzin, Koerber, Goerdeler, Schacht, Kordt, etc. ont toujours présenté la situation militaire allemande comme désespérée, l'état de l'armement misérable, fusse au prix de la transmission de secrets militaires, et la situation psychologique comme mûre pour un renversement du pouvoir. Une description des activités individuelles des conspirateurs allemands nous conduirait trop loin dans notre propos. Une littérature détaillée est disponible (1).

Je renvoie toujours à deux actions entreprises à l'**été de 1938**, en étroite coopération entre le chef de l'état-major général Beck, le chef de l'Abwehr Canaris et son représentant le colonel Oster et surtout le secrétaire d'Etat aux Affaires étrangères von Weizsäcker. Les **18 et 19 août 1938**, un certain monsieur Ewald von Kleist-Schmenzin a rendu visite à Churchill et Vansittart. Kleist était un hobereau de Poméranie orientale. Il se présentait lui-même comme un monarchiste, conservateur et ennemi de Hitler. D'après ses dires, il s'était fait un nom dans les années vingt au cours des dures luttes avec l'aristocratie poméranienne sous son administration. Peu de temps après le rattachement de l'Autriche au Reich, Kleist a demandé au journaliste britannique Colvin d'enjoindre ses amis londoniens d'opposer désormais un « non » catégorique à toutes les revendications de Hitler. Colvin était un haut responsable des services secrets qui, sous le couvert d'un journaliste à Berlin, entretenait des contacts avec la conspiration. Kleist transmettait à Colvin d'importants secrets militaires, tels que les effectifs des réservistes, l'état des stocks de matières premières, l'état de construction de la ligne de fortifications de l'ouest (*Westwall*, ou Siegfried) etc. Les Nazis bluffent, c'était la conclusion qu'il transmettait habituellement aux Britanniques. (2)

Sur ce dernier point d'ailleurs, il n'avait pas tellement tort. Bien sûr qu'on a bluffé du côté allemand et c'est bien ce qui prouve qu'il n'y avait aucune intention d'entreprendre une action militaire. Mais la condition pour un bon bluff est l'absence de « taupe », ainsi qu'il est dit des

(1) Je renvoie ici, entre autres, aux ouvrages d'Anneliese v. Ribbentrop chez Druffel et Grabert.

(2) Colvin : Vansittart p.210. Une présentation détaillée des activités de Kleist-Schmenzin se trouve dans le livre d'A.v.Ribbentrop *« Responsabilité de guerre... »,* p. 126-139.

informateurs dans le milieu de l'espionnage, qui révèle la valeur réelle des cartes dont dispose l'adversaire. C'est pourtant exactement cela que Kleist-Schmenzin a fait en accord avec Weizsäcker, Beck, etc.

Le 18 août il assurait Vansittart de la détermination de Hitler de partir en guerre, à moins « que l'Angleterre ne le stoppe ». La date serait déjà fixée. Or, Chamberlain semblait connaître cette date par le biais de Lord Lloyd, qui en était informé par un ami des cercles militaires. Le 19 août, Kleist a rencontré Churchill auquel il a promis, qu'avec l'aide des généraux, il serait possible de mettre en place une nouvelle forme de gouvernement... sans doute de forme « monarchique ». *« Hitler veut la guerre... »* Churchill faisait des allusions à des concessions en matières coloniales et économiques. Ce à quoi Kleist répondait : *« Ses amis ne songent pas tant aux colonies qu'au corridor polonais qui leur tient beaucoup à cœur ».* Il s'est ainsi attiré la réplique de Churchill : *« L'Allemagne a officiellement laissé tombé la question du corridor, par conséquent il est inopportun d'en aborder le sujet »* (3).

Churchill et Vansittart étaient également en 1938 les partisans les plus déclarés d'une politique anti-allemande en Grande-Bretagne. Cela était connu des milieux politiques en Allemagne. On peut supposer que ce facteur était connu du Secrétaire d'Etat aux Affaires étrangères, du Chef de l'état-major général de l'armée de terre et du chef de l'Abwehr Canaris. Des personnes telles que Kleist-Schmenzin, qui conspirent en politique, auraient dû avoir connaissance de ce facteur. Tous ces messieurs ont pourtant déjà goûté à la politique des Anglais qui n'était pas d'aider ces pauvres Allemands à se « libérer » du Kaiser, mais de mettre un terme à la puissance de l'Allemagne.

A nouveau se pose, comme souvent dans l'Histoire, le « dilemme de Coriolan ». Coriolan était un patricien et un remarquable combattant de Rome contre la cité volsque, ennemie de Rome, dans le cadre de la « lutte des classes » entre les patriciens et les plébéiens. C'est dans le cadre de ces luttes intestines, qu'il est passé aux Volsques et qu'il les a conduits contre sa cité patrie. D'après la légende, sa mère et son épouse l'en ont dissuadé. Dans notre cas se pose la question comme suit : ai-je le droit d'encourager des ennemis à faire la guerre contre ma patrie pour des raisons de politique interne, en l'occurrence pour écarter un dictateur, alors même que je peux tenter d'éliminer ce dictateur, en mettant toutefois ma propre vie en jeu ?

Si les conspirateurs, tout en promettant un putsch, exigent la restitution du corridor, c'est qu'ils y voient à l'évidence une revendication nationale. Leur exigence, quasiment comprise comme une récompense pour la promesse du putsch, va beaucoup plus loin que la proposition ultérieure exprimée par Hitler à la Pologne, qui ne contenait qu'un accès de communication extra-territorial vers la Prusse Orientale, contre la garantie du respect de la frontière polonaise et par conséquent du corridor !

Il est intéressant de remarquer ce qui s'est dit après la visite de Kleist à Londres. Colvin rapporte ainsi les propos que Henderson a tenus dans le cadre d'une discussion avec Chamberlain, Halifax, Simon, Vansittart et Wilson et selon lesquels *« il serait insensé d'espérer quelque opposition que ce soit à Hitler ».* Un indice d'après lequel on peut voir que le gouvernement britannique à ce moment déjà, s'intéressait à l'éventualité d'un putsch en Allemagne ! (4)

L'activité la plus significative en termes d'influence du gouvernement britannique et d'ingérence dans les négociations sur l'avenir des Sudètes, a été finalement menée par le secrétaire d'Etat aux Affaires étrangères von Weizsäcker, de façon inflexible et sans esprit de consensus. Kleist-Schmenzin était considéré par les Britanniques comme un grand propriétaire terrien de Poméranie. Toutefois, Churchill lui avait confié une lettre en le chargeant de la montrer à toute personne qu'il en jugerait digne en Allemagne. C'est dans cette lettre qu'est exprimé l'intérêt de la Grande-Bretagne pour les activités des conjurés. Cette lettre a été trouvée chez Kleist après le 20 juillet 1944 et l'a conduit à sa condamnation pour haute trahison. Koerber était rangé comme officier en re-

(3) DBFP II, p.687 f.

(4) Colvin, *« Amiral Canaris, Chef des services secrets »*, p. 85.

traite issu des cercles « conservateurs ». L'action de Weizsäcker, tout de même le second personnage de la hiérarchie diplomatique en Allemagne, était d'une toute autre dimension.

Le **7 septembre 1938**, à l'époque où la crise des Sudètes se dessinait, le secrétaire d'Etat von Weizsäcker a fait parvenir par le biais de l'attaché commercial à Londres Theo Kordt, au ministre des affaires étrangères britannique Halifax, une lettre confidentielle au nom des conjurés allemands. Une cousine des frères Kordt (Erich Kordt était le chef de cabinet de Père), Simonis, avait appris le mémorandum par cœur et l'avait transmis à l'attaché commercial Theo Kordt à l'occasion d'un voyage à Londres. Dans la nuit du 7 septembre, Kordt s'est rendu au 10 Downing street par une porte dérobée et l'a présenté à Halifax.

Kordt a d'abord expliqué qu'il ne se présentait pas en tant qu'attaché commercial mais en tant que porte-parole de la conspiration. Dans la missive qu'il a transmise à Halifax, il est affirmé que Hitler planifie l'attaque de la Tchécoslovaquie. Weizsäcker s'y exprime au nom des cercles politiques et militaires qui seraient très fermement opposés à cette politique. Il l'exhorte à rédiger une déclaration qui soit *« sans équivoque et suffisamment forte pour le but que nous avons à l'esprit »*. Weizsäcker déclare plus loin, qu'une guerre serait mal reçue de l'opinion publique allemande. Après que Weizsäcker ait fait porter la responsabilité du déclenchement de la Première Guerre mondiale au gouvernement impérial, il écrit les phrases cruciales suivantes : (5)

> **« Si la déclaration demandée est donnée, les dirigeants de l'armée sont prêts à s'opposer par la force à la politique de Hitler. Une défaite diplomatique signifierait un sévère revers pour Hitler en Allemagne et conduirait effectivement le régime national-socialiste à sa fin** ». *(surligné par l'auteur, NdT)*

En d'autres termes, Weizsäcker promet le putsch aux Britanniques à condition qu'ils s'engagent dans une situation paroxystique dont ils ne pourraient s'extraire sans risquer de perdre la face. Cela voulait dire qu'ils devaient frapper ! C'était justement ça que poursuivait la conspiration ! Pendant que Hitler conduisait le jeu des négociations, ses compatriotes conspirateurs dévoilent ses cartes à l'ennemi en en minimisant encore plus la valeur, afin d'en poursuivre le *« showdown »*.

L'un des conspirateurs déclarera déçu, après la signature des accords de Munich qui devaient permettre l'intégration pacifique de 3,2 millions d'Allemands en les soustrayant à la domination de la Tchécoslovaquie, que cela constituait *« la deuxième meilleure solution »*. La « meilleure » aurait été la guerre ! (6)

Il n'est pas étonnant que le gouvernement britannique ait hésité à répondre aux désirs des conjurés. La Grande Bretagne était encore en retard sur son programme d'armement même si peu à peu le temps jouait en sa faveur. Le gain de temps se ferait également sentir sur le terrain diplomatique. Roosevelt avait besoin de temps afin de préparer l'opinion américaine à une intervention en Europe et dans le Pacifique. La torsion de « l'Axe » à son extrémité romaine ne se fait pas du jour au lendemain. Ce qui était déterminant était l'armement. La Grande-Bretagne devait éventuellement compter sur le fait d'entrer en guerre contre le Reich si les conjurés n'étaient pas en mesure de tenir leur promesse de faire un putsch au bon moment.

Il est notoire qu'ils ne l'ont pas tenue l'année d'après, c'est-à-dire après la guerre contre la Pologne, puisqu'ils n'ont pas entrepris de putsch. Voulait-on laisser Hitler conquérir rapidement la Pologne avant d'entreprendre le putsch ? Le souhait exprimé par Kleist-Schmenzin vis-à-vis de Churchill, concernant le « corridor » de Danzig, pourrait laisser croire à cette hypothèse.

Encore y avait-il deux courants en Grande-Bretagne, dont l'un voulait en définitive parvenir à un arrangement avec l'Allemagne, reconnaissant en cela qu'une nouvelle confrontation armée signifierait la fin de l'Empire. On peut sans doute ranger l'ambassadeur anglais à Berlin, Henderson, dans cette catégorie, étant donnée la manière toujours loyale avec laquelle il a représenté son

(5) *Documents de la politique allemande et de l'histoire*, Berlin 1951, Vol. 4 p. 447.

(6) Kordt, *Wahn und Wirklichkeit (*« Folie et réalité »), p.128.

gouvernement. Les représentants de l'autre courant qui voulaient, ainsi que l'a exprimé brutalement Churchill « voir une Allemagne trop puissante réduite à néant » étaient Churchill, Vansittart, Duff Cooper, Eden, lord Lloyd, etc. On ne voulait pas, au moment de la crise des Sudètes, risquer une entrée en guerre, mais sans doute d'abord sentir ce qui se cachait réellement derrière l'offre faite par de très hauts fonctionnaires d'Etat allemands. Après la signature des accords de Munich, Halifax a expliqué au diplomate allemand Theo Kordt, qui lui avait remis la lettre de Weizsäcker : *« nous n'étions pas en mesure d'être aussi francs à votre égard que vous l'étiez vis-à-vis de nous. Au moment où vous nous faisiez parvenir la lettre, nous étions déjà en train d'envisager l'envoi de Chamberlain vers l'Allemagne ! »* (7)

(7) Rothfels, ibid. p. 77.

La Pologne, clé de voûte du mur antibolchevique ?

Nous avions à Ilfeld, en ce qui concerne le « corridor polonais », des vues encore peu claires mais qui s'orientaient davantage vers un réel statut de minorité que vers des solutions radicales. L'antagonisme entre Russes et Polonais nous était évidemment connu et, naturellement, le pacte germano-polonais, qui avait fait sensation en 1934, était particulièrement d'actualité. Nous savions également que la Pologne avait expulsé, après la Première Guerre mondiale, tous les Allemands qui ne se prononçaient pas pour la Pologne. C'était le premier grand déplacement de population qui eut lieu en Europe. Là-dessus, il y a eu à nouveau une discussion mouvementée lors du cours d'histoire avec notre bon Winkelmann. Il nous expliquait qu'au début des années vingt, les autorités allemandes avaient recommandé à leurs ressortissants qui se trouvaient dans les territoires annexés par la Pologne d'opter pour la nationalité polonaise afin de ne pas être expulsés. Alors qu'il s'agissait en l'année 1938 d'une question purement académique, j'ai critiqué le procédé des autorités allemandes en cours, pour la raison qu'il donnait l'impression aux yeux du monde que ces territoires étaient effectivement peuplés majoritairement de Polonais. Ainsi, les revendications polonaises sur ces territoires seraient légitimées. Je ne voyais la question que sous l'angle diplomatique et juridique. Que savais-je moi, jeune de 17 ans, ce que cela signifiait de quitter sa patrie, en l'occurrence d'être déplacé. C'était pourtant la conséquence pour les personnes concernées si elles avaient suivi mes exigences.

Toutefois, à l'époque de cette discussion en classe, je n'étais pas au courant de la proposition faite par l'Allemagne à la Pologne, de reconnaître officiellement les frontières de l'Etat, y compris le tracé du corridor, en contrepartie du rattachement de Danzig au Reich et d'une voie de communication extraterritoriale à travers le corridor. Cela nous aurait surpris au plus haut point. On peut sans conteste prétendre que la majorité du peuple allemand tenait un arrangement frontalier avec la Pologne pour provisoire. Aucun homme politique allemand n'aurait osé proposer la reconnaissance du corridor à part… Hitler !

Mais restons-en à la chronologie ! La résolution de la question des Sudètes a considérablement diminué la menace que faisait peser la position de la Tchécoslovaquie, proche du centre de l'Allemagne. La menace ne résidait pas uniquement dans la situation géographique de la Tchécoslovaquie, notoirement caractérisée comme « porte-avions », mais également dans les options politiques qu'un gouvernement anti-allemand tchèque qui s'appuierait sur les alliances d'une coalition France–Russie-Angleterre, comme celui de Benès, n'aurait pas manqué de brandir. La Tchécoslovaquie, cependant, existait, même réduite, et disposait toujours d'une bonne armée.

L'année 1938 avait donc considérablement renforcé la position allemande. Le droit des peuples à disposer d'eux-mêmes, par exemple les Sudètes, était déjà exprimé dans les fameux 14 points du président américain Wilson en 1918. C'est pourquoi il peut paraître étrange que des historiens et écrivains allemands, en parlant de l'Autriche et des Sudètes, parlent de la « politique de conquête » de Hitler.

La Pologne était la dernière pierre du mur que Hitler voulait poser en Europe de l'Est contre la Russie bolchevique. La Pologne s'était opportunément approprié le territoirée de Teschen en territoire tchèque lors de la crise des Sudètes, sans d'ailleurs en convenir avec le gouvernement allemand. Des journaux britanniques en ont parlé à l'époque comme du « dépeçage d'un cadavre ». Du côté allemand, il n'y a pas eu d'objections, on ne voulait pas s'immiscer dans les relations entre la Pologne et la Tchécoslovaquie, comme d'ailleurs les autres nations signataires des accords de Munich non plus. D'après mes souvenirs, les Polonais ont commencé leurs mesures contre la population allemande dès après l'annexion du territoire.

Malgré tout, Hitler a poursuivi sa politique anti-bolchevique qui, en dépit des expériences de 1938, était encore pro-occidentale. Hitler voyait en la Pologne, « l'allié né » contre la Russie soviétique. Les relations traditionnellement bonnes entre la Pologne et la France ne devaient pas constituer, d'après la perception allemande, un obstacle insurmontable à un accord avec la Pologne. Au contraire, un arrangement avec la Pologne pouvait peut-être permettre de dégager la perspective de parvenir avec les deux puissances de l'Ouest, à des accords fondamentaux concernant l'Europe, c'est-à-dire d'obtenir l'appui arrière contre l'Union Soviétique. Afin de se gagner la Pologne, Hitler était prêt aux concessions les plus généreuses. Il a proposé à la Pologne un accord qui aurait précipité la chute de n'importe quel gouvernement de la République de Weimar s'il avait avancé quelque chose de semblable. Stresemann avait déclaré au Reichstag le 18 mai 1925 : (1)

> « Personne en Allemagne ne pourrait considérer que la frontière à l'Est, dessinée en flagrante contradiction avec le droit des peuples à disposer d'eux-mêmes, est un fait à tout jamais intangible. C'est la raison pour laquelle l'Allemagne ne pourra étudier aucune résolution sur les questions de sécurité qui comporte à nouveau la reconnaissance de cette frontière ».

Au Kronprinz, Stresemann a écrit le 7 septembre 1925 :

> « La troisième grande tâche est la rectification des frontières à l'Est : la reconquête de Danzig, du corridor polonais et la rectification de la frontière en Haute-Silésie ». (2)

Le **24 octobre 1938**, le jour où Père a eu son premier entretien avec l'ambassadeur polonais Lipski, a commencé une phase de l'histoire politique mondiale qui, dans sa dimension dramatique et tragique, a été conduite à un degré de complexité comme l'Histoire en a peu connue. Mais laissons Père s'exprimer lui-même. D'abord dans un mémoire qu'il a rédigé à Nuremberg à propos des événements qui précédaient ses entretiens avec l'ambassadeur polonais. Lui suivront les deux observations que Père avait chaque fois dictées à son chef de légation Hewel, immédiatement après ses entretiens avec Lipski.

Père écrit sur l'évolution des relations germano-polonaises :

> « Il y a eu depuis 1919 des divergences de vues et des frictions entre l'Allemagne et la Pologne sur la question des minorités. Même les puissances victorieuses avaient eu des scrupules à Versailles sur la détermination de la frontière entre l'Allemagne et la Pologne. Le Premier ministre britannique de l'époque, Lloyd George, avait averti la conférence de la paix dans un mémorandum du 25 mars 1919 de ne pas retirer plus d'Allemands que nécessaire à la souveraineté allemande. Même Clemenceau attira l'attention du président polonais de l'époque, Paderevski, sur la portée de l'hypothèque nationale qu'entraînait le tracé péremptoire opéré par le traité de Versailles. Le transfert des territoires allemands à la Pologne avait été rendu dépendant de la conclusion et de l'application d'un traité de protection des droits des minorités. La Pologne a accepté ce traité du 28 juin 1919 mais l'avait ensuite systématiquement violé par des mesures de « dégermanisation ». Danzig se trouvait également sous la pression permanente des Polonais.
>
> La convention germano-polonaise de 1934 n'avait rien changé à cet état de fait.
>
> Chaque fois se vérifiaient les paroles de Pilsudski, d'après lesquelles *« il y aura de grandes difficultés à promouvoir une politique d'entente en raison de la haine millénaire à l'égard de l'Allemand »*. Il faut également rappeler que, lors des négociations en vue de la déclaration germano-polonaise de 1934, on avait clairement exprimé, du côté allemand, que celles-ci ne devaient en rien comporter une reconnaissance des frontières allemandes ; bien au contraire, il était prévu de rechercher une base commune pour trouver une solution à tous les problèmes, donc aussi ceux concernant le territoire.

(1) Cité d'après Schröcke, *Kriegsursachen, Kriegsschuld*, (« Causes de guerre, responsabilité de guerre »), Nordfriesische Verlagsanstalt, Husum 1997, p. 30.

(2) Valendy, 1965, p.135.

Du côté allemand, les attentes liées à la signature de l'accord du 26 janvier 1934 furent déçues. D'importants cercles polonais considéraient l'accord comme un moyen de poursuivre encore plus efficacement leurs politiques de « dégermanisation ». En septembre 1934, la Pologne a cessé sa collaboration avec la Société des Nations à l'occasion de l'application du traité de protection des minorités. Les puissances garantes, l'Angleterre et la France n'ont élevé en cette occasion que de formelles protestations. Ce n'est qu'en novembre 1937, qu'après de longues négociations fréquemment sabotées par les Polonais, qu'une déclaration commune sur la protection des minorités a pu aboutir. Mais même les attentes qui en découlaient sont restées sans suite.

Adolf Hitler voulait parvenir à une clarification définitive avec la Pologne et m'a chargé, déjà en octobre 1938, de négocier avec l'ambassadeur de Pologne la résolution des questions en suspens entre l'Allemagne et la Pologne.

Sur ce, je conviais l'ambassadeur de Pologne à Berchtesgaden où, le **24 octobre 1938**, nous avons entamé les premières discussions sur Danzig et le « complexe du Corridor ».

Ce qui suit présente les entretiens de Père avec l'ambassadeur polonais Lipski, d'après les notes dictées par Père au conseiller de légation Hewel : (3)

« Après que Lipski m'ait présenté quelques souhaits que son gouvernement exprimait au regard de l'Ukraine carpatique, dont j'acceptais le principe d'un examen, j'ai abordé le grand problème général au sujet duquel j'avais prié Monsieur Lipski de se rendre à Berchtesgaden. Je disais à l'ambassadeur polonais, que j'allais poser des questions en toute confiance et qu'elles devaient demeurer entre lui et le ministre des affaires étrangères Beck, et lui demandait d'en entretenir Monsieur Beck verbalement afin qu'il n'y ait pas de fuite en direction de la presse. Lipski en avait accepté le procédé.

J'indiquais à l'ambassadeur polonais qu'il était maintenant temps de clarifier tous les points de frictions existant entre l'Allemagne et la Pologne, que ce serait le couronnement du processus d'entente entamé par le Maréchal Pilsudski et le Führer. Je prenais pour exemple notre relation avec l'Italie. Dans ce cas, le Führer avait reconnu l'urgente nécessité de clarifier les divergences et avait renoncé une fois pour toutes au Tyrol du Sud. Une telle convergence valait également la peine d'être recherchée avec et pour la Pologne et s'inscrivait dans notre politique de bons rapports avec nos voisins. Je révélais dans cet esprit la possibilité, qu'au-delà de notre renonciation à l'Alsace Lorraine, des accords encore plus clairs avec la France seraient trouvés.

Je présentais à Lipski les grandes lignes d'un accord pouvant nous conduire à une solution :

1) La ville libre de Danzig retourne au Reich allemand. Danzig est allemand, l'a toujours été et le sera toujours.

2) A travers le corridor circuleront une autoroute et une voie ferrée extraterritoriales allemandes.

3) La Pologne obtient, dans la région de Danzig également, une voie automobile et une voie ferrée extraterritoriales ainsi qu'un port libre.

4) La Pologne reçoit une garantie d'écoulement pour ses marchandises.

(3) Vorr. *Weißbuch des Auswärtigen Amtes 1939 Dokumente zur Vorgeschichte des Krieges*, Nr. 197 und 198, (Livre Blanc du Service des Affaires Etrangères, 1939, « Documents sur les origines de la guerre », n° 197 et 198).

5) Les deux Etats reconnaissent leurs frontières communes, le cas échéant on pourrait établir une garantie des territoires.

6) Le traité germano-polonais est prolongé pour 25 ans.

Les deux pays incluent une clause consultative dans le traité.

Lipski s'est montré très réticent et a répliqué qu'il devait d'abord en référer à Monsieur Beck, mais a laissé entendre que Danzig n'était en aucun cas, à l'instar de la Sarre, un produit de Versailles et qu'il fallait relire l'histoire de la création de Danzig pour s'en faire une idée correcte.

Je demandais à l'ambassadeur polonais de ne donner aucune réponse à mes propositions dans l'immédiat, mais d'en référer le plus vite possible à Monsieur Beck. J'attirais son attention sur le fait que la renonciation définitive était également difficile pour le Führer du point de vue de la politique intérieure, mais qu'il fallait penser en termes séculaires, Danzig est allemand et le restera. Au cours de la discussion, j'ai lancé une invitation au ministre des affaires étrangères polonais Beck, à une date qui restait encore à arrêter ».

Le **19 novembre 1938**, un deuxième entretien a eu lieu entre Père et l'ambassadeur polonais Lipski, qui entre-temps avait reçu à Varsovie ses instructions du ministre Beck. Les notes du conseiller de légation Hewel révèlent :

« Monsieur Lipski me déclarait qu'il avait informé Monsieur Beck du contenu de notre discussion à Berchtesgaden et qu'il était désormais en mesure de me transmettre la position de Beck. Lipski a alors lu, à partir d'un papier, des éléments d'instructions : le ministre Beck est d'avis que la relation germano-polonaise à globalement passé le test. Lors de la crise germano-tchèque, il a été démontré que la relation germano-polonaise reposait sur des fondements durables. Le ministre Beck estime que la politique polonaise a servi l'Allemagne dans l'obtention du territoire des Sudètes et qu'elle a particulièrement contribué, de façon déterminante, à fournir une solution allant dans le sens allemand. Le gouvernement polonais, au cours de ces jours critiques, n'a pas pris en considération les alarmes qui lui parvenaient de certains côtés. (C'était vrai car la Pologne avait des revendications territoriales à l'égard de la Tchécoslovaquie. D'ailleurs, la tentative britannique d'inclure la Russie dans les accords de Munich s'était heurtée à la réticence des Polonais).

Je répliquai que, d'après moi, l'accord germano-polonais s'était révélé solide envers et contre tout. Grâce à l'action du Führer contre la Tchécoslovaquie, la Pologne avait eu l'opportunité de gagner le territoire de Teschen et de satisfaire bon nombre d'autres revendications territoriales. D'ailleurs, j'étais d'accord avec lui sur le fait que la conduite des Polonais avait soulagé les affaires de l'Allemagne.

Lipski se lançait ensuite dans de vastes déclarations prolixes sur l'importance et la signification de Danzig comme ville libre. Il était également difficile pour Beck, pour les mêmes raisons de politique intérieure, de donner son accord à une intégration de Danzig dans le Reich. Beck a donc réfléchi à la manière de supprimer une fois pour toutes les frictions existantes et celles qui pourraient survenir, entre la Pologne et l'Allemagne. Il s'est imaginé que l'on pourrait remplacer l'actuel statut de ville sous mandat de la SDN par un traité germano-polonais, dans lequel toutes les questions afférentes à la ville seraient traitées. Comme base de ce traité, Beck proposait d'une part, de reconnaître Danzig comme une ville purement allemande, avec tous les droits qui en résultent, d'autre part de garantir à la Pologne et à la minorité polonaise tous les droits économiques, tout en maintenant le caractère de ville libre et l'union douanière avec la Pologne. Je lui répondais que je déplorai le point de vue du ministre Beck. La proposition d'une résolution séculaire du problème germano-polonais en réintégrant Danzig dans le Reich serait sans doute un

> poids pour Monsieur Beck en terme de politique intérieure, il n'est cependant pas possible d'ignorer que le Führer aussi aurait quelques difficultés à faire passer la garantie du corridor polonais auprès de son peuple. Mon initiative a pour but de placer la relation germano-polonaise sur des bases durables et d'éliminer tous les points de friction. Je n'avais pas l'intention de conduire une petite discussion diplomatique. Comme Lipski a pu le constater dans les discours de Hitler, celui-ci considère la question germano-polonaise avec un intérêt élevé. J'avais encore récemment et en sa présence déclaré à la presse qu'une relation germano-polonaise constituait l'un des fondements de notre politique étrangère.
>
> Lipski me remerciait pour mes déclarations et revint à la proposition d'un traité bilatéral sur Danzig. Je lui expliquais, que je n'étais pas en mesure de répondre, que la proposition ne me paraissait pas aisément réalisable et demandait à mon tour ce que Beck avait répondu à la proposition d'une voie de communication extraterritoriale à travers le corridor. Lipski ne pouvait prendre position officiellement. A titre personnel, il pensait qu'un tel souhait pouvait ne pas tomber en terrain hostile et qu'il pouvait en découler des pistes de solutions.
>
> Après avoir abordé Lipski au sujet de timbres polonais fraîchement imprimés, destinés à être en circulation à Danzig et qui présentaient Danzig comme une ville polonaise, je lui expliquais en guise de congé : que cela valait le coup de considérer sérieusement les propositions allemandes dans le cadre plus large des relations germano-polonaises. Il semblerait qu'on veuille de part et d'autre parvenir à quelque chose de durable et atteindre une réelle stabilité. Naturellement, cela ne se ferait pas du jour au lendemain. Si Monsieur Beck voulait bien reconsidérer en toute tranquillité nos propositions, alors peut-être parviendrait-il finalement à un avis favorable. »

On peut évaluer l'importance de l'intérêt que Berlin portait aux propositions transmises à la Pologne à l'aune de l'invitation faite au ministre Beck, pour qu'il se rende à Berchtesgaden, en l'occurrence à Munich, afin d'y rencontrer Hitler. Père donne dans son testament un tableau résumé des entretiens entre Hitler et Beck, le **5 janvier** à l'Obersalzberg, et entre Père et Beck le **6 janvier** à Munich :

> « La poursuite des négociations se tint dans le cadre de la visite que fit le ministre Beck début janvier 1939 en Allemagne. Le 5 janvier a d'abord eu lieu une longue discussion entre Adolf Hitler et Beck à Berchtesgaden. Par la suite, j'ai eu un entretien avec le ministre polonais à Munich. Le résultat de ces entretiens n'était pas très encourageant. Toujours est-il que Beck ne se montrait pas totalement récalcitrant. Il m'a expliqué que la question était particulièrement complexe mais qu'il voulait agir sur les membres de son gouvernement pour parvenir à une solution. Le fil n'était donc pas rompu et j'ai été invité par Beck à me rendre à Varsovie, ce que j'ai fait peu de semaines plus tard le **25 janvier** 1939. Même lors de ces discussions à Varsovie, les négociations n'ont pas beaucoup avancé : Beck se bornait à m'expliquer les difficultés que cela présentait pour lui. J'attirai encore une fois son attention sur la situation intolérable des communautés allemandes en Pologne et sur l'état inadmissible pour l'Allemagne du corridor. Beck m'a promis toute son attention dans cette question de dimension nationale et voulait soumettre les autres thèmes à un « examen supplémentaire ».
>
> A la fin de nos discussions à Varsovie, j'ai invité le ministre polonais des affaires étrangères à une visite officielle à Berlin. Le **21 mars**, j'ai renouvelé mon invitation auprès de l'ambassadeur Lipski et lui ai fait à nouveau comprendre que le Führer serait disposé, après le règlement de la question de Danzig et de la voie de communication à garantir les frontières. Je soulignais que pas un seul gouvernement allemand jusque-là n'avait été en mesure d'offrir une telle garantie. Beck toutefois, ne s'est pas rendu à Berlin mais à Londres… »

Hitler a rendu publique ses propositions à la Pologne lors de son discours du 28 avril 1939 et a exprimé son vif regret qu'elles aient été déclinées par le gouvernement polonais. Il avait ajouté à sa proposition qu'il était disposé à garantir avec la Pologne et la Hongrie le nouvel Etat Slovaque ce qui, comme il le disait, *« signifiait la renonciation à toute prédominance allemande dans ce secteur »*.

Le **4 mai**, dans une lettre adressée au ministre anglais des Affaires Etrangères Halifax, l'ambassadeur britannique à Berlin, Henderson, prend position sur l'offre faite par Hitler et déclinée par les Polonais :

> Ambassade britannique, 4 mai 1939
>
> « Monsieur le Secrétaire d'Etat,
>
> Encore une fois, l'affaire allemande, en ce qui concerne la question immédiate, est loin d'être injustifiée ou immorale. Si un habitant de mars, impartial, devait agir comme arbitre, je ne pourrais croire qu'il ne rende un autre jugement que celui qui abonderait plus ou moins dans le sens de l'offre faite par Hitler. Comptait-il sur le fait qu'elle serait déclinée ?
>
> Ma thèse a toujours été que l'Allemagne ne pourra retourner à la normalité (...) tant que ses revendications légitimes ne seront pas satisfaites. La question du corridor de Danzig et celle de Memel en font partie. Ce qu'il faut garder à l'esprit c'est que Danzig et le corridor étaient la grande question avant 1933. Une des mesures les plus impopulaires de Hitler était son traité de 1934 avec Pilsudski. Aujourd'hui, les Allemands les plus modérés et ceux qui sont opposés à une guerre, soutiennent son offre à la Pologne... D'après les dires de mon collègue belge, presque tous les diplomates considèrent cette offre comme extraordinairement bonne. L'envoyé hollandais, l'attaché commercial américain, mon collègue sud-africain m'en ont parlé en ces termes. Je me demande donc, si nous sommes bien avisés de partir en campagne contre l'Allemagne sur la base d'une question dont les revendications ne sont pas considérées comme illégitimes par l'ensemble du monde ? Est-ce que notre empire sera lui-même unanime sur cette question ? ***Naturellement, la raison avancée pour entrer en guerre devra reposer sur quelque chose de plus profond et d'important que Danzig seulement.*** (4) .... Mais même sous ces conditions je frémis à l'idée que Danzig puisse n'être qu'un alibi, et je frémis encore plus à l'idée que notre destin se trouve dans les mains de la Pologne. Ils sont sans aucun doute héroïques mais également fous, demandez à quelqu'un qui les connais si on peut leur faire confiance. Beck n'a même pas joué franc-jeu à Londres au regard de l'offre allemande. Ribbentrop m'a demandé hier si Beck avait informé le gouvernement de Sa Majesté de la proposition allemande. J'étais contraint de répondre que, sincèrement, je n'en savais rien, ce à quoi Ribbentrop m'expliquait que, d'après ses informations, il ne l'aurait pas fait...
>
> Le peuple allemand est fatigué des aventures, mais la Pologne et le corridor avec le spectre de « l'encerclement » et l'Union soviétique en arrière-plan, constituent un appel à la bataille, qui a plus de chances que n'importe quoi d'autre de souder l'ensemble de la nation...... » (5)

On pourra se demander pourquoi le gouvernement britannique, et surtout Roosevelt, n'ont pas donné le pressant conseil au gouvernement polonais d'accepter l'offre allemande. Le Reich aurait alors été confirmé dans ses frontières. De la lettre, il ressort que Henderson « frémit » à l'idée d'un conflit. Il sait que Danzig n'est qu'un « alibi » et que les raisons d'une guerre sont à chercher

(4) italiques de l'auteur.

(5) DBFP 1919-1939, III Séries Vol. V 1939, *Letter from Sir Neville Henderson (Berlin) to Viscount Halifax* (C 6799/54/18).

ailleurs et qu'elles sont plus importantes que Danzig en soi. C'est là que Henderson révèle la vraie tendance de fond de la politique britannique : l'important pour la Grande-Bretagne, comme en 1914, c'est la destruction de la puissance du Reich en Europe centrale. Il tient les affaires allemandes, pour, je cite, « légitimes et morales ».

Visiblement, Henderson veut éviter la guerre. Je rappelle le rapport d'ambassade de Père (rapport dit du « couronnement ») que j'ai déjà présenté, dans lequel il mentionne une information confidentielle selon laquelle Henderson n'aurait pas été édifié lors de sa première discussion au Foreign Office avant son entrée en fonction à Berlin. Cela n'étonnera pas puisque les instructions qui lui ont été données pour réaliser sa mission lui ont été données sans aucun doute par Vansittart.

Beck écrit dans ses mémoires à propos de la visite de Père à Varsovie, entre autres :

> « Il (Ribbentrop) a essayé de nous entraîner dans une coalition anti-russe et a reçu pour réponse que nous (Polonais) considérions notre pacte de non-agression avec l'Union soviétique très sérieusement et comme une solution à long terme». (6)

De l'entretien entre Père et Lipski, le **21 mars** 1939, Beck retient entre autres :

> « Ribbentrop a parlé de toutes les questions qui ont été abordées par la partie allemande depuis le 24 octobre 1938 : la question d'une grande compensation germano-polonaise, celle d'une coopération anti-russe, la menace d'un retour de l'Allemagne à la politique de Rapallo. » (7)

Beck confirme les orientations antibolcheviques de la politique allemande. La dernière affirmation de Beck n'est cependant pas vérifiable. Il n'y a pas beaucoup de preuves appuyant la thèse selon laquelle Père aurait à ce moment « menacé » d'un retour à « la politique de Rapallo ». Les choses n'étaient pas encore allées aussi loin mais il les avaient certainement soupesées. Dans ce cadre, le rapport de l'envoyé de l'époque, Schnurre, est digne d'intérêt. Schnurre était responsable de la section « politique économique » du ministère des Affaires Etrangères et dirigeait notamment les négociations commerciales avec l'Union soviétique, qui n'étaient pas totalement arrêtées.

Schnurre écrit :

> « Les semaines qui ont suivi la conclusion des accords de Munich ont vu une intensification de mes entretiens avec le chef de la mission économique, Skossyrev, concernant un nouveau contrat de crédit de 200 millions de Reichsmarks pour une durée de 6 ans. Le contrat devait être soumis à une condition suspensive selon laquelle des matières premières militaires devaient être livrées à hauteur des ¾ du montant du contrat.
>
> Ces efforts étaient soutenus par l'ambassadeur de l'époque, Merekalov, qui est apparu au ministère des Affaires Etrangères pour y souligner l'intention de son gouvernement d'entamer des négociations sur cette base.
>
> Merekalov a proposé Moscou comme lieu de négociations. Du côté allemand, on se montrait particulièrement intéressé par la livraison de matières premières militaires, tout en étant frileux à l'idée d'engager des accords commerciaux d'envergure à ce moment avec l'Union soviétique. Au lieu de cela, Ribbentrop m'a fait venir à lui pour me demander, si je ne pouvais pas me rendre en visite à Moscou chez mon ami l'ambassadeur comte von der Schulenburg, et profiter de cette occasion pour discuter avec le commissaire du peuple Mikoyan sur la mise en œuvre de négociations économiques. Je répondais que cela était possible puisque j'étais en permanence en contact avec Mikoyan par le biais de la mission économique, d'autant plus que j'avais un rendez-vous à la mi-janvier 1939 avec le comité interministériel

(6) Beck *« Dernier Report »* p.186.

(7) Beck, *ibid.* p. 188.

à Varsovie et qu'il me serait facile de partir pour Moscou de là sans éveiller l'attention. Dès lors, Ribbentrop, m'a confié cette mission et j'ai convenu par le biais de l'ambassadeur Hilger d'un entretien avec Mikoyan pour le 31 janvier 1939.

Je m'arrangeais avec le comte von der Schulenburg, qui se trouvait à ce moment à Berlin, pour voyager avec lui de Varsovie à Moscou. Je me suis donc mis en route mi-janvier, d'abord vers Varsovie, pour y conduire mes entretiens avec le comité interministériel polonais. Au même moment cependant, Ribbentrop discutait avec le ministre polonais des Affaires Etrangères, le colonel Beck, à Varsovie, de la question du corridor et de Danzig et de l'attitude de la Pologne à l'égard de l'Union Soviétique. Malheureusement, par une indiscrétion sans doute du côté polonais, mon déplacement vers Moscou est parvenu à la presse de l'Ouest. Le *Daily Mail* et quelques papiers français et polonais ont publié, présentée de façon sensationnelle, l'information selon laquelle une importante délégation allemande sous ma direction, se rendrait à Moscou pour des négociations économiques. Une foule de caricatures sur ce déplacement sont parues dans la presse de l'Ouest. Le spectre bien connu à l'Ouest d'un nouveau traité de Rapallo germano-russe a été dépeint sous toutes les couleurs.

Ribbentrop était choqué et a ressenti la révélation comme une gêne dans ses entretiens avec le colonel Beck. J'ai reçu de lui l'instruction d'interrompre mon voyage et de me rendre immédiatement à Berlin. J'avais beau avancer que j'avais déjà convenu d'un rendez-vous avec Mikoyan mais cela n'a pas changé la décision d'interrompre le voyage. Je me suis entretenu avec Hilger et l'ai informé que le rendez-vous du 31 janvier avec Mikoyan était annulé. Je suis retourné à Berlin et le comte von der Schulenburg qui devait m'accompagner de Varsovie s'en est allé seul pour Moscou. »

Si Père avait réellement menacé Beck de reprendre la politique de Rapallo, il aurait au contraire laissé Schnurre poursuivre son voyage jusqu'à Moscou. L'instruction donnée à Schnurre de laisser tomber son déplacement prouve au contraire à quel point on attachait à Berlin de l'importance à un arrangement avec la Pologne. Les négociations ne devaient pas être perturbées. En définitive, Beck se contredit en affirmant que Père l'a menacé avec Rapallo puisque, dans ce cas, sa politique de la confrontation avec le Reich serait incompréhensible.

Peu de temps avant sa mort en 1990, Schnurre dans les conversations que j'ai eues avec lui, a laissé percer de l'aigreur à l'égard de la décision d'annuler le rendez-vous avec Mikoyan. Pourtant, l'indélicatesse infligée aux Russes montre au contraire le sérieux des efforts allemands vis-à-vis de la Pologne. L'aigreur de Schnurre à l'égard de Père est compréhensible. Il avait dirigé avec succès depuis des années les négociations commerciales avec les Russes. Chez les Russes, la confiance joue un grand rôle. Une discordance, comme l'annulation d'un rendez-vous, peut rendre la prochaine négociation délicate.

Père a tenu à l'interruption du déplacement en raison de la hiérarchisation des priorités. Si les Russes étaient vraiment intéressés à des négociations commerciales, alors ils ne s'arrêteraient pas à l'annulation de la rencontre (ce qui devait être le cas). D'un autre côté, que les Allemands apparaissent réservés, ne pouvait pas nuire. Père avait évidemment des arrière-pensées lorsqu'il a initié le voyage de Schnurre vers Moscou. Quelle que soit la manière dont se développerait la politique allemande à l'égard de la Pologne, des contacts avec les Russes ne pouvaient être gênants ; seulement, ils ne devaient pas, à ce stade-là des discussions, irriter le gouvernement polonais et par conséquent être contre-productifs.

Il y a un autre point qu'il faut prendre en considération ici. Père peut avoir envisagé qu'il courait à l'échec à ce stade des discussions avec la Pologne. L'incompréhensible réticence de Beck vis-à-vis de l'offre allemande pourtant particulièrement favorable, devait conduire le ministre allemand des Affaires Etrangères, à envisager au moins théoriquement d'autres possibilités. Le chef du gouvernement allemand, Hitler, continuait toutefois à ce moment-là à privilégier une politique pro-polonaise. Son ministre des Affaires Etrangères ne pouvait ni ne voulait la contrecarrer.

Quelle était la situation internationale de l'Allemagne après Munich et quelles étaient les chances de succès que le gouvernement allemand pouvait espérer de l'offre faite au gouvernement polonais ?

Le ministre Beck aurait dit le 5 mai 1934 au ministre français des affaires étrangères Laval :

> « L'histoire nous apprend : premièrement, que la plus grande catastrophe à laquelle notre nation a dû faire face, était le résultat de l'action conjointe de deux pays, l'Allemagne et la Russie, et deuxièmement que, dans cette situation désespérée, pas une puissance dans le monde ne nous a soutenus. »

La Pologne doit sa résurrection à la politique impériale allemande, qui voulait voir une zone tampon entre l'Allemagne et l'immense empire à l'Est. Par conséquent, la Pologne s'est retrouvée dans une situation « centrale » qui était encore plus difficile à résoudre qu'elle ne l'était pour l'Allemagne qui se trouvait dans une situation identique. La Pologne n'était pas en mesure de disposer pour sa défense d'une puissance militaire équivalente, vis-à-vis des deux superpuissances voisines, l'Allemagne et la Russie.

Dans cette difficile situation, la Pologne s'appuie sur son alliance avec la France. Dans un premier temps, la Pologne n'avait rien à craindre de l'Allemagne depuis Versailles, au contraire elle jouait de temps à autre avec l'idée d'obtenir du Reich impuissant d'autres gains territoriaux. Vis-à-vis de l'Union soviétique, elle cherchait à se rassurer par des traités de non-agression.

La montée en puissance du Reich allemand a commencé à changer fondamentalement les postulats de la politique étrangère polonaise. En 1936 encore, le gouvernement polonais à Paris avait étudié une démarche commune contre l'Allemagne à l'occasion du retour de la pleine souveraineté allemande dans la Rhénanie jusque-là démilitarisée. Paris n'avait pu se décider en ce sens, sous doute en raison du manque de soutien de l'Angleterre.

Hitler n'en avait pas voulu aux Polonais d'avoir agi de la sorte. Il se serait ainsi exprimé :

> « Pour Beck, les ponts du Rhin sont encore plus importants que pour les Français, car qui veut aider rapidement les Polonais en partant de la France, doit pouvoir franchir le Rhin rapidement. Seul un idiot peut donc s'offusquer et être contrarié de ce que l'état-major général polonais ne désire rien de plus ardemment que la conservation des ponts du Rhin demeure entre des mains alliées des Français » (8)

La Pologne s'était annexée le territoire de Teschen pendant la crise des Sudètes et ne s'était donc pas spécialement attirée la sympathie de l'opinion publique anglaise. Du point de vue allemand, tout semblait indiquer que la Pologne allait cesser sa « politique du balancier » et choisir un camp, notamment en raison des rapports de forces changés en Europe de l'Est et centrale. Le Haut-commissaire de la Société des Nations Burckhardt disait que l'on comptait à Berlin sur une chance de pouvoir nous entendre avec les Polonais, puisqu'ils craignent en définitive davantage les Russes que les Allemands. Que le Reich national-socialiste exprime l'offre de garantir les frontières polonaises et pas seulement celles du corridor mais également celle du bassin industriel de Haute-Silésie en contrepartie du rattachement de Danzig et d'une voie de communication extraterritoriale à travers le corridor, aurait dû être extraordinairement attirant pour les Polonais. On ne doit pas perdre de vue que, dans ce cadre, il y aurait eu *de facto* une garantie de la frontière polonaise orientale contre une agression soviétique, car Hitler n'aurait pas toléré une telle éventualité.

On ne pourra pas lui contester que la politique allemande était bien conséquente. Le point de départ est la mise en place d'un front défensif contre l'Etat bolchevique des Soviets et l'assurance d'un soutien à l'Ouest, c'est-à-dire de l'Angleterre et de la France, au moins dans le sens d'une neutralité politique. En d'autres termes, il s'agissait d'obtenir les « mains libres » en Europe de

(8) Dr. Paul Schmidt (presse) dans une note pour le ministère fédéral des Affaires Etrangères sur « le voyage de Ribbentrop à Varsovie fin janvier 1939 ». « Une présentation sur la base de souvenirs et d'études personnels », Hambourg, septembre 1963 *(Ribbentrops Reise nach Warschau Ende Januar 1939, Eine Darstellung auf Grund persönlicher Erinnerungen und Studien).*

l'Est en faisant accepter la mise en place d'un système d'alliances anti-bolcheviques sous leadership allemand.

Nous avons montré qu'il ne restait rien d'autre à la politique allemande, au regard des réticences anglaises et françaises, qu'à développer sa situation le plus rapidement possible dans l'espoir que les deux puissances occidentales entrevoient finalement la nécessité d'une position allemande forte en Europe de l'Est.

Cet espoir n'était pas totalement irréaliste, ainsi qu'un document intéressant tiré d'actes britanniques le montre. Il s'agit d'une lettre du 1er novembre 1938 du ministre anglais des Affaires Etrangères Halifax à l'ambassadeur britannique en France Phipps. (9)

Je restitue cette lettre, que l'on pourra sans problème considérer comme un mémorandum pour la politique britannique à venir, de la manière qui suit :

> « Cher Phipps,
>
> Dans votre télégramme n° 1120 du 4 octobre, vous évoquez la rumeur parfois entendue, selon laquelle le gouvernement français pourrait être tenté, par le jeu de manœuvres allemandes, de succomber à la tentation de prendre de la distance par rapport au gouvernement de Sa Majesté. Comme vous, je n'y ai jamais accordé beaucoup de crédit, dans la mesure où, me semble-t-il, elle n'a pas pris assez en compte les fondements de la relation franco-allemande.
>
> La situation telle que je la voie est la suivante : il ne peut y avoir de paix assurée en Europe tant qu'un réel arrangement entre l'Allemagne, la Grande-Bretagne et la France ne sera pas atteint.
>
> L'une des difficultés principales par le passé était la position irréaliste que la France s'était arrogée en Europe centrale et de l'Est. La France souhaitait, soutenue par son système d'alliances, avoir une grande influence sur la politique des pays d'Europe centrale mais ne pouvait y parvenir en raison de la montée en puissance de l'Allemagne et de la négligence de ses propres efforts de défense. En même temps, cette attitude a entraîné une irritation permanente en Allemagne. Les relations franco-allemandes, après les accords de Munich qui ont entraîné un franc changement de la politique française en Europe centrale, devraient prendre un nouveau départ.
>
> Dorénavant, il faut compter avec une prédominance allemande en Europe centrale. Entre nous, j'ai toujours été d'avis que cette prédominance, pour des raisons géographiques et économiques, serait inévitable une fois que l'Allemagne aura atteint sa pleine puissance.
>
> Sous ces conditions, et c'est ainsi que je vois les choses, la Grande-Bretagne et la France doivent maintenir leur prédominance en Europe de l'Ouest en disposant d'une force militaire d'une telle dimension qu'elle annule toute idée d'engagement armé. Au-delà, les deux pays doivent bien tenir leurs positions en main, en Méditerranée et au Proche-Orient. La même chose vaut pour leurs empires coloniaux. Leurs liens avec les Etats-Unis doivent être aussi solides que possibles.
>
> La plus importante des leçons que nous devons tirer de la crise est qu'il est peu intelligent de mener une politique diplomatique sur la base d'une force armée insuffisante. Dans ma lettre que je vous ai écrite le 28 octobre, je vous ai fait part de nos efforts pour colmater les failles de notre défense, que nous mesurons aux efforts similaires faits par la France. On peut accepter une expansion allemande en Europe centrale, ce qui serait d'après moi une évolution naturelle et normale, mais nous devons être en mesure, d'opposer une résistance à l'expansion allemande en Europe de l'Ouest, si nous ne voulons pas voir notre situation menacée.

(9) *Documents on British Foreign Policy*, Third Series, Vol III, Nr. 285.

Ce serait fatal si nous devions à nouveau nous faire surprendre avec une force militaire insuffisante.

D'un autre côté, je n'éprouve pas d'inquiétude, toujours sous la condition que cette présente esquisse est claire et que les exigences d'une force militaire suffisante seront acceptées, à l'encontre de conversations franco-allemandes qui pourraient améliorer l'atmosphère.

(...)

L'avenir immédiat sera nécessairement un temps d'acclimatation plus ou moins douloureux aux nouvelles réalités en Europe. Alors que je prévois que nous allons voir comment l'Allemagne va consolider sa position en Europe centrale, pendant que la Grande-Bretagne et la France vont faire la même chose en Europe de l'Ouest ainsi qu'en Méditerranée et au-delà des mers, il reste quelques facteurs dans l'ombre. Quels rôles vont jouer la Pologne et la Russie ? Si la Pologne de Beck, comme je le suppose, ne devait jamais s'allier à la Russie, et si la France, après s'être brûlée les doigts avec la Tchécoslovaquie, relâche son alliance avec la Pologne, alors celle-ci ne pourra faire autrement que de tomber peu à peu dans la sphère d'influence de l'Allemagne. D'un autre côté, aussi longtemps que Hitler vit, la Russie soviétique ne pourra devenir un partenaire de l'Allemagne alors même qu'il y a là d'évidentes raisons économiques qui les pourraient faire se rencontrer. La Russie pourrait se décider pour l'isolement ou bien, préférer demeurer en contact avec les puissances de l'Ouest par le biais de l'alliance franco-russe.

Il reste encore la question d'une éventuelle expansion allemande vers l'Ukraine. Sous la condition, espérée, que la France se gardera bien et par conséquent nous en préservera bien, de se laisser entraîner par la Russie dans une guerre avec l'Allemagne, j'hésite à conseiller au gouvernement français de rompre le traité avec la Russie soviétique, en raison d'un avenir incertain.

Finalement, j'espère que l'entrée en vigueur de l'accord anglo-italien arrangera nos relations avec l'Italie et que les Français parviendront à atteindre la même chose. Quand bien même nous n'espérons pas détourner l'Italie de l'Axe, nous croyons que l'accord avec Mussolini élargit le champ d'action et que cela le rendra moins dépendant de Hitler, afin qu'il puisse reprendre son rôle classique, qui est d'agir comme un balancier entre l'Allemagne et les puissances de l'Ouest ».

Cette esquisse d'une possible politique britannique correspond très exactement à la conception allemande d'une nouvelle organisation politique de l'Europe. Halifax part d'une très nette frontière d'intérêts en Europe de l'Ouest. Elle avait déjà été reconnue par l'Allemagne lors du renoncement formel à l'Alsace-Lorraine et la reconnaissance de la suprématie britannique sur mer, que l'on peut considérer comme des concessions préalables. Il [Halifax] part des positions respectives de l'Angleterre et de la France en Méditerranée et au Proche-Orient. On se souvient des scrupules de Père à l'égard de l'intervention allemande en faveur de Franco en Espagne. Il faut cependant reconnaître que l'Allemagne s'est complètement retirée après la fin de la guerre civile. Halifax tient la suprématie allemande en Europe centrale et de l'Est pour normale et naturelle. Il part de l'inexorable adversité entre l'Allemagne et l'Union soviétique, dont Hitler a toujours fait le fondement de sa politique. Il réalise la possibilité de gagner ainsi *de facto* un équilibre, en conseillant aux Français de ne pas dénoncer l'alliance avec la Russie. Dans cette conception, il entrevoit distinctement la possibilité de se concentrer sur le maintien des empires coloniaux respectifs.

Fort à propos, il constate la position encore indécise de la Pologne, qu'il voit cependant tôt ou tard dans la sphère d'influence de l'Allemagne. Cela signifie en d'autres termes, les « mains libres » pour l'Allemagne en Europe de l'Est, afin d'organiser celle-ci dans un sens anti-bolchevique. Le souhait et l'espoir du ministre britannique des Affaires Etrangères, de ne pas être impliqué dans des manœuvres en Europe de l'Est, auraient constitué *de facto* une déclaration de neutralité dans le cas de conflits à l'Est. D'intensifs efforts d'armement en Angleterre et France devaient contribuer à soutenir cette politique.

Le ministre Halifax voit dans des liens aussi solides que possibles avec les Etats-Unis, une assurance supplémentaire pour sa politique *(« ....and maintain the closest possible ties with the United States of America »*, en anglais dans le texte *NdT)*. A partir de cette réflexion va se jouer un drame international extraordinaire, qui en définitive va conduire l'empire britannique dans la dépendance totale des Etats-Unis. L'exécuteur n'était plus Halifax mais Churchill, qui a poussé Halifax de son poste de ministre des Affaires Etrangères vers le poste d'ambassadeur à Washington.

Le **20 novembre 1938**, Père a reçu l'ambassadeur français à Berlin, Coulondre, après que François-Poncet se soit laissé muter à Rome (afin de « tordre » l'axe Berlin-Rome à son extrémité la plus faible). Dans le récit de l'entretien, on peut lire entre autres :

> Ribbentrop : « une entente est possible si les Etats européens se concentrent sur leurs intérêts réels, ainsi la France sur ses immense possessions coloniales, l'Angleterre sur son empire, et l'Allemagne sur ce qui est en fait sa sphère d'intérêts, c'est-à-dire le sud est de l'Europe. » Coulondre a répondu qu'il voyait la question exactement sous cet angle.

Le **6 décembre 1938**, Père s'est rendu en visite officielle à Paris, afin d'y signer une déclaration franco-allemande, dans laquelle les deux Etats constatent qu'il n'y a pas entre eux de différends territorial et qu'ils se garantissent mutuellement les frontières.

Au cours de cette visite à Paris, deux longs entretiens ont eu lieu entre le ministre français des Affaires Etrangères Bonnet et Père. Les déclarations de Bonnet ne pouvaient être comprises de Père que dans le sens d'une déclaration de non-belligérance vis-à-vis de l'Europe de l'Est. En 1963, une recherche minutieusement détaillée du Dr Paul Schmidt, ancien chef du bureau de presse et de l'information du ministère des Affaires Etrangères et membre de la délégation allemande, le confirme (10). Un rapport de l'ambassadeur britannique Phipps à Sargent au Foreign Office parle de rumeurs circulant dans « les milieux bien informés » à Paris, d'après lesquelles Bonnet aurait dit au ministre allemand des Affaires Etrangères, que la France ne serait pas active en cas d'action allemande vis-à-vis de l'Ukraine. (11)

Ce qui est intéressant à cet endroit, c'est la relation qu'a faite à Varsovie l'ambassadeur de France de l'époque, Noël, dans ses mémoires à propos d'un entretien avec Bonnet en novembre 1938 avant la visite de Père à Paris :

Noël écrit :

> « Monsieur Bonnet m'interrompait dès mes premiers mots pour me prouver que nos traités avec la Pologne nous laissaient suffisamment de marge de manœuvre pour tenir notre pays en tout cas à l'écart de la guerre. Il les lisait à la loupe, se plaisait en analyses juridiques et se sentait conforté. Je le prévenais contre des telles considérations, dans la mesure où je remarquais, que nous n'étions plus dans une cour de justice avec pour mission de parler le droit mais face à des données de portée internationale, et notamment les plus brutales. Il m'expliquait là-dessus, être déterminé à dépasser mes considérations. Lorsqu'on l'entendait parler ainsi, il était prêt à annuler purement et simplement tous les traités signés par la France. Il entendait par là également, à l'exception du traité franco-polonais, le traité franco-soviétique d'assistance mutuelle. Je lui disais au contraire qu'il serait plus intelligent, de ne pas complètement rompre avec la Pologne et de ne pas renoncer au soutien que l'armée polonaise, bien réputée pour sa bravoure, pouvait apporter à notre armée. J'appuyais avec insistance pour que nous nous limitions à retirer le caractère automatique de l'alliance franco-polonaise.
>
> Nous avons terminé la conversation de la façon la plus formelle. Je devais recevoir des instructions pour engager des négociations avec Beck en vue d'une révision de nos traités. » (12)

(10) a.a. O. Rapport pour MAE Bonn sur visite de Ribbentrop à Varsovie 1939 cf. remarque 123.

(11) Lettre de Phipps à Sargent du 12.12.38.

L'ambassadeur polonais à Paris cite le ministre français des Affaires Etrangères dans un rapport du **17 décembre 1938** (13) au ministre Beck. Bonnet lui aurait spontanément déclaré avoir dit à Ribbentrop, que les traités français avec la Pologne et l'Union soviétique étaient « anormaux » (14). Bonnet est cependant d'un caractère changeant, mais il aurait donné l'assurance à Ribbentrop que « la France ne s'opposerait pas à une expansion économique allemande dans le bassin du Danube ». Du reste, Lukasievicz ne croit pas que *« Ribbentrop soit retourné de Paris en emportant l'impression qu'une expansion politique allemande* [à l'Est] *rencontrerait l'opposition ferme de la France ! »* (15)

Que Bonnet ait effectivement exprimé de telles réflexions est confirmé par un indice donné par Halifax dans la lettre précédemment citée à son ambassadeur à Paris Phipps,

> « ... j'hésite à conseiller au gouvernement français de rompre le traité avec la Russie soviétique, en raison d'un avenir incertain. » (16)

Pour abonder en ce sens, qu'il me soit permis de citer le correspondant du *Times*, qui exprimait le 16 mars 1939 :

> *« There is no doubt, that after Munich, the leaders of the french government believed and hoped that Germany would continue her eastward drive, and, as a price of French complacence, (ce qui est compris est sans doute "complaisance", NdA) leave this country in peace. »* (17)

On ne peut reprocher au gouvernement allemand, de ne pas avoir préparé soigneusement et systématiquement sa politique en vue d'une réorganisation de l'Europe de l'Est à but anti-bolchevique. Dans ses entretiens avec Père et Hitler, Beck a toujours indiqué que le retour de Danzig au Reich lui préparait de grande difficultés en politique interne. Du côté allemand, on espérait pouvoir sentir un net infléchissement de la politique française, donc de la « Petite Entente », actuellement très hostile. Ceci n'aurait-il pas des répercussions sur les cercles anti-allemands en Pologne qui pourraient préparer la voie à un grand arrangement avec la Pologne ? Père pensait qu'un arrangement qui garantirait à la Pologne ses frontières, devait être agréable aux Français, puisqu'il constituerait un obstacle à l'expansion du Reich en Europe de l'Est et qu'il renforcerait l'allié polonais de la France.

On comprend que Père pouvait alors entamer son voyage à Varsovie avec un certain optimisme. Schmidt cite Père au cours de son interrogation :

> « Beck incline à la folie des grandeurs et voudrait bien faire de la politique mondiale à la mode anglaise à l'instar de leur "balance of power !" (*par là, il entend l'équilibre entre l'Allemagne et la Russie, NdA*). Mais Monsieur Beck a appris en 1936 que les Français ne sont pas si prompts à l'action, quand il s'agit de verser leur propre sang sur les bords de la Vistule ! »

Ici se ferme le cercle ! Les déclarations que le ministre français des Affaires Etrangères a faites à Père, selon lesquelles la France se désintéresse de l'Europe de l'Est, devaient pousser le gouvernement polonais à parvenir à un arrangement avec le Reich, surtout que les conditions proposées étaient très favorables à la Pologne. Sans le soutien de l'allié français et de la « Petite

(12) Cité d'après Schmidt, rapport cité sur le voyage de Ribbentrop à Varsovie, p.52, cf. note 112.

(13) Rapport au ministre polonais des affaires étrangères *N° I/F-38, Political Report N° XI/ 3 12 Paris, December 17, 1938, Secret.*

(14) Mémoires de Lukasievicz « Diplomate à Paris 1936-1939 », Columbia University Press, 1979 New York et Londres, p.156.

(15) Lukasievicz, ibid p.159.

(16) cf. note p.139.

(17) cf. Schmidt, op.cit., note 112.

Entente », la conception Beck'schienne de la « Balance of Power » entre l'Allemagne d'une part et la Russie d'autre part, n'était pas tenable, à moins que l'on ne suppose l'antagonisme entre l'Allemagne et la Russie comme insurmontable et ce pour toujours, ce qui était une erreur que visiblement Halifax, comme cela ressort de sa lettre à Phipps, a également faite. Comme les Polonais craignaient les bolcheviques encore plus que les Allemands, c'était du moins l'opinion à Berlin, ils auraient dû se montrer plus conciliants à l'égard des offres allemandes, puisqu'ils n'avaient pas d'autres choix.

Plus tard, Bonnet a démenti avoir exprimé une non-belligérance de la France. Mais il est revenu pas à pas sur sa déclaration au cours de l'été 1939. Entre-temps, il s'était passé quelques événements qui ont redonné un cap anti-allemand aux politiques française et anglaise jusque-là peu intéressées par l'Europe de l'Est.

Reprenons une vue d'ensemble sur la politique européenne des six dernières années, c'est-à-dire de la fin janvier 1933 à la fin janvier 1939, au moment où Père se rendait à Varsovie en visite officielle ! La politique étrangère allemande semblait proche d'atteindre son but. Le réarmement du Reich et la réorganisation de l'Europe de l'Est dans un sens anti-bolchevique étaient proches d'être réalisés, si une clarification définitive des relations germano-polonaises avait pu être obtenue à Varsovie.

Père avait de bonnes raisons de croire que sa visite à Paris et ses entretiens avec Bonnet se feraient dans un climat de désintérêt de l'Ouest pour l'Europe de l'Est. La déclaration franco-allemande de décembre 1938, en écho à la déclaration commune de Hitler et Chamberlain à Munich, semblait promettre une issue à la recherche d'une alliance à revers, ce qui était le but de la politique allemande depuis six ans. Pourquoi la Pologne devait-elle encore hésiter ? L'offre allemande dont je rappelle le contenu : garantie des frontières polonaises (Père avait même laissé entendre une garantie des territoires) en échange du retour de Danzig au Reich et d'une voie de communication extraterritoriale, qui n'avait aucune signification militaire ou stratégique, n'était-elle pas favorable ?

Comment se déroulerait le grand jeu ? Père avait dit à l'ambassadeur de Pologne à Berlin qu'il n'avait pas *« l'intention de mener une petite conversation diplomatique »*. Il indiquait ainsi au représentant de la Pologne le degré d'importance accordé aux négociations entamées. Le gouvernement polonais reconnaîtrait-il le caractère fatal de cette heure (on peut dire qu'en l'espèce l'expression est bien choisie), ou allait-il plutôt poursuivre sa politique de l'anguille, selon la bonne expression du comte Lubienski, le chef de cabinet du ministre Beck, qui répondait lorsqu'on lui demandait comment le chef de gouvernement Ridz-Smigly pouvait se sentir bien entre deux puissances qu'il traite comme ennemies :

> « Il (Rydz-Smigly) compense ses craintes à l'égard de ses proches ennemis par l'espoir qu'il nourrit en ses lointains amis ! » (18)

En l'occurrence, ses « lointains amis » étaient la France et la Grande-Bretagne et, comme il ressort des documents pris au ministère des Affaires Etrangères, les Etats-Unis d'Amérique !

Est-ce qu'une nouvelle page d'Histoire serait écrite, dans laquelle le Reich se fonderait avec ses nouveaux alliés d'Europe de l'Est, comme « fer de lance » d'une position consolidée contre la menace bolchevique représentée par l'Union soviétique, en plein accord avec les puissances de l'Europe de l'Ouest ? De leur côté, celles-ci se consacreraient pleinement à leurs possessions d'outre-mer, afin d'en entretenir l'importance pour l'économie européenne le plus longtemps et le plus efficacement possible, étant donné les nouvelles conditions de la situation internationale. Le lecteur peut-il imaginer la croissante tension autour du destin de l'Europe en novembre 1938 ?

Mais laissons le Dr Schmidt (Presse) raconter les passionnantes circonstances dans lesquelles Père a effectué sa visite officielle à Varsovie :

(18) Cité d'après Schmidt-Carell, op.cit. cf. rem. 112.

> « La première soirée, le colonel Beck avait lancé une invitation pour un banquet festif dans le palais Brühl. D'abord il y avait un dîner, ensuite il y avait la grande réception pour environ 100 personnes. Tout était très clinquant et très ostentatoire.
>
> De l'intérieur, le beau palais Brühl avait une apparence très kitsch. Les salons de réceptions avaient été décorés dans le style du tournant du siècle, avec des colonnes en marbre vert, des portes imposantes, des sculptures en marbre et des peintures à l'huile éclairées au projecteur, représentant l'histoire de la Pologne. On avait l'impression d'être dans une piscine couverte ou au Forum Mussolini, plutôt que derrière la façade d'un palais baroque saxon, à l'épicentre intellectuel de la nation polonaise.
>
> Ribbentrop m'avait déjà fait part de son toast ainsi que de celui de Beck qui devaient être prononcés avant le repas, afin que je puisse donner les textes en temps et en heure à l'agence allemande d'information, de telle manière que les journaux allemands puissent les imprimer avant la clôture des rédactions. Je revenais justement dans la salle, lorsque nous sommes passés à table.
>
> Beck, le visage tourmenté, conduisait madame von Ribbentrop à la table. De temps en temps, une réelle expression de souffrance traversait son visage. Dörnberg a vu mon étonnement et m'a soufflé à l'oreille : « sciatique ! » S'il existe une maladie qui peut apparaître de façon soudaine et qui est assez sérieuse pour en gêner un et lui ravir l'amabilité de circonstance, mais pas assez grave pour le maintenir au lit, alors c'est bien la sciatique. Une maladie diplomatique idéale.
>
> Nous venions d'en avoir fini avec la soupe lorsque Ribbentrop m'a fait signe de le rejoindre pour me demander si les discours de table avaient déjà été donnés à la presse. Je lui ai répondu par l'affirmative. A ce moment, Beck s'est levé pesamment, il a prononcé la première phrase de son discours, y a ajouté quelques lieux communs, s'est excusé de sa soudaine maladie et a levé son verre. Comme un vent glacial, le malaise s'est répandu sur l'ensemble de la joyeuse tablée. Ribbentrop auquel on aime prêter de mauvaises manières diplomatiques s'est montré totalement correct et n'a trahi en aucune façon sa surprise. Il s'est levé, a remercié le Polonais et a regretté ses soucis de santé, a fait une adroite allusion aux discours qui avait été échangés et en a profité pour renoncer à prononcer le discours dans son entier mais, au contraire, a également levé son verre dans les formes protocolaires. Ce comportement adroit de Ribbentrop et le fait que ni lui ni sa femme n'aient montré le moindre signe de contrariété ou de susceptibilité, a donné l'impression même aux plus sceptiques des convives, que Beck était peut-être vraiment gravement gêné et qu'il n'y avait rien de politique dans cette situation.
>
> Beck, n'était naturellement pas malade, en tout cas pas au point de ne pas être capable de lire son discours de 42 lignes. Il s'agissait d'une tentative d'éliminer les discours dont les textes avaient déjà été échangés. »

Que s'était-il passé ? Qu'est-ce qui avait poussé les Polonais à opposer un « refus » (*en français dans le texte, NdT*) presque dans les formes les plus incorrectes ? La raison visible et évidente en est un discours du ministre français des Affaires Etrangères devant la Chambre le 26 janvier 1939. Dans ce discours, Bonnet prend de la distance à l'égard des déclarations faites à Père et renouvelle l'intérêt de la politique française pour l'Europe de l'Est. Il est intéressant de lire le texte saisi par le DNB (*Deutsches Nachrichtenbüro,* agence allemande de presse*, NdT*) :

> « Bonnet décrit l'amitié à l'égard de la Grande-Bretagne comme le fer de lance de la politique française. L'Entente ne serait jamais aussi intime qu'aujourd'hui. Dans l'éventualité d'une guerre, que l'on souhaite de tout cœur éviter, et dans laquelle les deux pays seraient impliqués, toutes les forces françaises seraient mises à la disposition de l'Angleterre et toutes les forces anglaises seraient mises à la dispo-

> sition de la France. C'est la raison pour laquelle il y a un intérêt commun à ce que la puissance militaire soit développée jusqu'au plus haut point.
>
> Les relations avec l'Union soviétique sont caractérisées par les contacts que la France a pris avec Moscou au cours de la crise de septembre. Concernant les relations avec la Pologne, il suffit de rappeler que le ministre polonais des Affaires Etrangères Beck a expliqué que l'amitié franco-polonaise représente de façon inchangée, l'un des fondements de la politique polonaise. La France demeure fidèle aux traités signés avec l'Union soviétique et les Etats de l'Europe centrale et orientale. Puis, Bonnet a déclaré sa sympathie à l'égard des déclarations de politique étrangère de Roosevelt.
>
> A la Chambre, le Premier ministre Daladier a lancé un appel à la solidarité avec le gouvernement. Il convenait d'opposer un « non » catégorique aux revendications de certains voisins. La France ne pouvait pas se livrer à une politique du renoncement et devait être vigilante partout où des intérêts français étaient mis en jeu. »

Dans un local de nuit qui avait été désigné aux membres de la délégation allemande par le ministère polonais des Affaires Etrangères, des officiers polonais en civil ont éprouvé le besoin de faire parvenir aux invités allemands un morceau de papier sur lequel était écrit dans leur langue : *« avant de commander de l'eau de Danzig, veuillez s'il vous plaît lire la déclaration de garantie [territoriale] de la chambre française ».* (19)

Grâce au soutien de Paris et, par conséquent, de Londres, Beck pensait pouvoir poursuivre sa politique de la « Balance of Power » entre le Reich et l'Union soviétique. Cela signifiait concrètement qu'il allait continuer d'esquiver les propositions allemandes. Etait-il intelligent d'accompagner le « non » catégorique de circonstances blessantes, cela ressort davantage du caractère de Beck plutôt que de la grande politique. C'est ainsi que les représentants du ministère polonais de la Guerre ont laissé le ministre allemand des Affaires Etrangères attendre pendant 25 minutes près de la tombe du soldat inconnu sans s'excuser, etc.

Si l'on avait fondé un certain espoir sur la visite de Père à Varsovie, il fallait maintenant faire face à une toute nouvelle situation à la suite de la déclaration faite par Bonnet à la Chambre.

La « Grande Entente » (c'est ainsi qu'est nommée l'alliance entre l'Angleterre et la France), entreprend ostensiblement les plus importants efforts pour atteindre le plus haut niveau d'armement. Les alliances de la France en Europe de l'Est sont décrites comme élément fondamental de la politique française. On peut sous-entendre par là, que c'est aussi le cas pour l'Angleterre. Bonnet établit à nouveau la présence française en Europe de l'Est. L'espoir que l'abstinence des deux puissances de l'Ouest conduirait la Pologne, dans son propre intérêt, à accueillir les propositions allemandes, avait été réduit à néant par le revirement de la politique anglo-française. Il était impossible de ne pas voir la menace grandissante d'un système d'alliances encerclant le Reich. L'annonce faite par le chef de gouvernement français, d'efforts d'armement sans précédent, ne laissait rien augurer de bon.

Evidemment, on se pose la question, que Père et ses plus proches collaborateurs s'étaient déjà posée à l'époque à Varsovie, du revirement de la politique française. Père voyait dans le discours de Bonnet un changement de cap évident de la politique française, par rapport aux propos que le ministre français des Affaires Etrangères avait tenus devant lui à Paris. D'après les déclarations de ses collaborateurs, Père était déjà d'avis, à Varsovie, que l'intervention de Roosevelt via son ambassadeur à Paris, Bullitt, avait conditionné la politique française et par conséquent la polonaise.

Durant l'hiver de 1939/40, j'étais soldat à Würzburg. Mère est venue me rendre visite. En tant que soldat on recevait ces visites dans des trains bondés. Heureusement, la salle de bain de Mère à l'hôtel était disponible chaque soir, elle gâtait son aîné dans la mesure du possible, notamment

(19) Dr Paul Schmidt, op.cit.

en dégustant des vins blancs que nous n'aurions pas pu acquérir en d'autres circonstances. Inutile de préciser que Mère me tenait au courant des développements politiques et militaires. Elle m'a raconté que les documents du ministère polonais des affaires étrangères à Varsovie, qui avaient été placés en lieu sûr (mission « v. Künsberg »), avaient révélé à notre surprise, l'étendue de l'implication du président Roosevelt dans la politique européenne, afin de prévenir un accord germano-polonais pacifique. D'après la quantité d'in- formations et de renseignements entre-temps rendue accessible, on peut conclure que l'intervention massive du président américain a conduit au revirement des politiques française et allemande. L'esquisse politique que Halifax a développée dans sa lettre à son ambassadeur parisien n'était à l'évidence plus d'actualité, tout comme l'intention de Bonnet de réduire l'engagement français en Europe de l'Est, telle qu'il l'avait exposée à son ambassadeur à Varsovie, Noël. (20)

L'ambassadeur polonais à Washington, qui avait eu un entretien avec Bullitt, son homologue à Paris et confident de Roosevelt, écrit le **21 novembre 1938** au ministère polonais des Affaires Etrangères :

> « ... Bullitt répliquait, que les Etats démocratiques avaient encore besoin de deux ans pour parvenir au niveau d'armement complet. Entre-temps, l'Allemagne devait poursuivre son expansion en direction de l'Est. C'était le souhait des Etats démocratiques que survienne à l'Est une confrontation armée entre le Reich et la Russie. Comme le potentiel de puissance de l'Union soviétique n'est pas connu à ce jour, il se pourrait que l'Allemagne s'éloigne trop loin de ses bases et soit condamnée à une guerre longue et éprouvante. A ce moment seulement, estime Bullitt, les Etats démocratiques attaqueraient l'Allemagne afin de la contraindre à capituler. »

Après un séjour de plusieurs mois aux Etats-Unis, Bullitt était retourné à Paris le **21 janvier**, c'est-à-dire quelques jours avant la visite de Père à Varsovie, avec une « valise pleine d'instructions ». Bullitt avait eu deux entretiens avec Bonnet, avant la déclaration de ce dernier à la Chambre. Il a également eu deux entretiens avec l'ambassadeur de Pologne.

Bien que les actes ne soient pas tous accessibles aujourd'hui, on peut considérer comme une évidence que la diplomatie américaine était en pleine activité afin de prévenir un accord entre le Reich et la Pologne. Bien sûr qu'il n'y avait aucun doute au sein du gouvernement allemand, quant à la disposition d'esprit anti-allemande du président Roosevelt, mais les efforts intensifs de la diplomatie américaine contre un arrangement germano-polonais n'ont été compris dans leur pleine ampleur qu'après la saisie des documents polonais.

Père était conscient de l'influence négative de la politique américaine. Pour lui les documents polonais n'étaient que la confirmation d'une certitude. Le Dr Schmidt (presse) écrit à ce sujet :

> « Un fait ressort clairement de la conversation avec Ribbentrop au retour de Varsovie : le ministre des Affaires Etrangères voyait en Roosevelt et les Etats-Unis la cause réelle du changement de cap à Paris.
>
> Les raisons sur lesquelles se basaient les soupçons de Ribbentrop n'ont pas été révélées dans le train. Mais ce qui est intéressant pour moi, c'est qu'arrivé à Berlin, Ribbentrop a tout de suite pris Rudolf Likius à part pour lui demander : « Y a-t-il du neuf à Sofia ? » Le Standartenführer a acquiescé et répondu : « de très intéressantes nouvelles monsieur le Ministre ! »
>
> Likius avait mis la main à Sofia sur une source d'informations particulièrement intéressante, qui fournissait toujours de très bons renseignements sur la mission américaine : des rapports du chef de mission au Département d'Etat, des instructions de Washington, même des informations tout à fait confidentielles destinées au seul chef de mission. C'était une très bonne source que Likius avait dénichée, toutefois

(20) Schmidt, op.cit.

très coûteuse aussi. De cette source ne parvenaient pas seulement des informations mais également des analyses sur la politique américaine. »

Schmidt (presse) a ensuite posé la question décisive suivante :

> « La question, qui se pose aujourd'hui, est la suivante : peut-on prouver que Roosevelt…… a déterminé le recul français par rapport à l'entretien de Paris et que Roosevelt a déclenché la déclaration du 26 janvier de Bonnet à la Chambre et qu'il a par conséquent renforcé les réticences polonaises ?
>
> Je suis d'avis que l'on doit répondre à la question par « oui ».
>
> Bullitt a dit à l'ambassadeur polonais : « s'il devait y avoir une guerre, nous ne participerons certainement pas à ses débuts mais nous la terminerons ». A la question, si une éventuelle guerre devait être déclenchée, est-ce que les Etats-Unis entreraient en guerre contre l'Allemagne, il a répondu :
>
> « Sans aucun doute oui, mais après une attaque préalable par l'Angleterre et la France ! » (21)

Il n'y a aujourd'hui aucun doute que le président américain poursuivait l'objectif depuis des années déjà, de réintégrer les Etats-Unis dans la politique mondiale. Comme le très grand potentiel américain ne pouvait se faire valoir efficacement, c'est-à-dire dans le sens d'une politique internationale active, que dans le cadre d'un affrontement mondial, il n'a pas reculé devant l'utilisation de situations conflictuelles. Non pas dans le but de maintenir l'empire mondial britannique ou les empires coloniaux de la France, de la Belgique ou des Pays-Bas, il ne s'agissait même pas de l'indépendance de la Pologne, qu'il sacrifiera d'ailleurs plus tard sans scrupules à l'occasion des négociations avec Staline, tout comme Churchill, mais dans le but d'exploiter le potentiel de puissance américain. Par l'intermédiaire de son fidèle Bullitt, il a pressé les gouvernements français et britannique de ne pas se laisser aller au moindre compromis avec l'Allemagne.

En une nuit pratiquement, la situation s'est retournée au désavantage de l'Allemagne. S'il existait au début de 1939 l'espoir de consolider définitivement le statut du Reich grâce à une généreuse clarification avec la Pologne, on n'espérait plus rien après le refus de celle-ci et la déclaration d'intervention potentielle des deux puissances occidentales, qui de surcroît avaient annoncé vouloir développer leur capacité d'armement au plus haut niveau. L'antagonisme latent des Etats-Unis et de l'Union Soviétique parachevait le tableau d'une menace extraordinaire pesant sur le Reich.

L'historien américain Tansill, cite le chroniqueur américain Verne Marshall :

> « Le président Roosevelt a donné comme instruction (à l'été 1939) à William Bullitt, qui était ambassadeur à Paris, de signifier au gouvernement français, que la France et l'Angleterre devaient venir en aide à la Pologne en cas d'attaque nazie, sans quoi ils ne devaient s'attendre au moindre soutien américain, s'il devait y avoir un conflit généralisé. En revanche, la France et l'Angleterre peuvent attendre « tout soutien » des Etats-Unis s'ils déclaraient immédiatement la guerre (en cas d'attaque nazie sur la Pologne).
>
> D'après les instructions de F.D.R., Bullitt devait transmettre ces instructions à « Joe » et « Tony », c'est-à-dire à l'ambassadeur Kennedy à Londres et Biddle à Varsovie. F.D.R. souhaitait que Daladier, Chamberlain et Josef Beck aient con- naissance de cette instruction donnée à Bullitt. Ce dernier a simplement envoyé le message de F.D.R. par la poste parisienne à Kennedy. Celui-ci a suivi l'exemple de Bullitt et l'a envoyé ensuite à Biddle. Lorsque les nazis ont pris Varsovie et que Beck a disparu, ils ont dû tomber sur le message de F.D.R. L'homme qui est l'auteur de ce rapport, l'a vu en octobre 1939 à Berlin. » (22)

(21) Légat Paul Schmidt (Presse), op.cit.

(22) Tansill, *Die Hintertür zum Krieg* (« La porte arrière vers la guerre »), p. 596/597.

Dans un rapport sur un entretien qu'il a eu avec Bullitt et adressé à Beck, l'ambassadeur polonais à Paris, Lukasievicz, écrit :

> « ...à moins que les Etats-Unis soient en possession de moyens grâce auxquels ils peuvent exercer une réelle pression sur l'Angleterre. » (23)

Une mention dans le journal quotidien de Forrestal (24) relate une conversation avec l'ambassadeur américain à Londres, Kennedy, lors d'une partie de golf. Il y apprend que Chamberlain a dit à Kennedy, que *« l'Amérique... a entraîné la Grande-Bretagne dans la guerre »* (25) Roosevelt était le personnage clef. Il voulait mettre la politique internationale en branle, sachant pertinemment qu'il disposait du meilleur jeu de cartes en raison de l'immense potentiel des Etats-Unis pour ce « powerplay » global (*en anglais dans le texte, NdT*).

Dans un rapport du **12 janvier 1939** (26) l'ambassadeur polonais à Washington, le comte Potocki, a informé le ministre Beck du jeu joué par Roosevelt et ses comparses. D'après ce rapport, l'orientation donnée à la propagande intérieure américaine est toute dirigée contre Hitler et le national-socialisme, et l'Union soviétique est complètement laissée à l'écart. *« Si celle-ci est mentionnée, alors uniquement de façon positive, comme si elle allait de pair avec le bloc des Etats démocratiques »*. Plus loin, Potocki démontre l'influence jouée par les médias se trouvant aux mains des juifs. Avec la création d'une psychose de guerre, le président poursuit deux objectifs :

> « il voulait détourner le peuple américain des problèmes intérieurs », (...) par la création d'une atmosphère de guerre et de rumeurs d'une menace pesant sur l'Europe, il voulait conduire le peuple américain à accepter l'énorme programme d'armement, car il s'agit en définitive, des besoins de la défense des Etats-Unis ».

Potocki conclut :

> « Le tout est un chef-d'œuvre. On a donné à Roosevelt les fondements pour activer la politique étrangère des Etats-Unis et, chemin faisant, pour mettre en place un arsenal militaire colossal en prévision de la guerre. »

Tout ceci n'a rien à voir avec *« l'endiguement » du fascisme, en l'occurrence du national-socialisme, que Roosevelt avait inscrit sur son étendard. S'il s'était vraiment agit de cela, il aurait fait en sorte que les Polonais acceptent les conditions extrêmement favorables proposées par les Allemands. En incitant les Polonais à se raidir à l'égard de Hitler, il a contraint l'Europe à la guerre, exactement comme il a conduit les Japonais "à tirer le premier coup" »* (27). Il ne s'agissait pas du tout de l'indépendance de la Pologne ainsi que cela avait été présenté par la propagande alliée, il s'agissait au contraire, d'amener l'Allemagne à tirer en premier. L'Angleterre comptait ainsi sur le putsch militaire qui devait accompagner le déclenchement de la guerre, et Roosevelt sur l'affrontement global, qui devait mettre en valeur l'extraordinaire poids des Etats-Unis. Il est remarquable que l'alliance anglo-polonaise, grâce à laquelle la Pologne s'alliait pour le meilleur et pour le pire aux Britanniques, et donc aux Etats-Unis, ne jouait que dans le cas d'une attaque de l'Allemagne contre la Pologne et non dans le cas d'un conflit entre la Pologne et la Russie. (28)

D'après les conversations à Varsovie, il fallait s'attendre à ce qu'il n'y ait pas de clarification des relations germano-polonaises à court terme, pas même une relation amicale dans le sens d'une

(23) Troisième livre blanc du gouvernement allemand, premier vol., Doc.11, Ambassade de la république de Pologne, rapport politique Nr.IV/4.

Polnische Dokumente zur Vorgeschichte des Krieges (« Documents polonais sur les prémices de la guerre »), éd. Birkhäuser, Bâle.

(24) Ministre de la guerre des Etats-Unis.

(25) *« The Forrestal Diaries »*, New York 1951, p.121 s.

(26) Troisième livre blanc du gouvernement allemand, premier vol., cf. *supra*.

(27) Cf. p.345 carnet du ministre de la guerre Simpson.

(28) Déclaration du sous-secrétaire d'Etat Butler à la Chambre des Communes le 19 10 1939, cf. note 65.

défense commune contre la Russie soviétique. La Pologne s'appuyait sur son alliance avec la France et sur l'antagonisme russo-allemand, que le gouvernement polonais pensait insurmontable. La frontière germano-polonaise, stratégiquement malheureuse et l'existence de l'armée tchèque constituaient, dans ces circonstances, un souci supplémentaire, puisqu'il fallait, le cas échéant, compter avec l'hostilité de l'Etat croupion de Tchécoslovaquie autant qu'avec la Pologne.

En dépit du résultat négatif de la visite officielle de Père à Varsovie, on n'a pas abandonné à Berlin l'espoir de parvenir à un consensus avec la Pologne. Le **21 mars**, Père a renouvelé son invitation à l'intention de Beck, dans un entretien avec l'ambassadeur polonais Lipski. Beck, cependant, s'est rendu à Londres, où il a visiblement reçu la garantie verbale du gouvernement britannique, ce qui l'a conduit à décliner officiellement toutes les propositions avancées par les Allemands.

L'échec des négociations germano-polonaises a prouvé l'impossibilité d'organiser l'Europe de l'Est dans un sens anti-bolchevique par le biais de traités. Comme les puissances de l'Ouest ne l'y autorisaient pas, il ne restait plus qu'à la politique allemande de trouver une autre voie. Déjà au retour de Varsovie, les conséquences du refus polonais apparaissaient clairement à Père. Il disait à ces collaborateurs, *« il nous faut maintenant parler avec les Russes, si nous ne voulons pas être totalement encerclés ! »* (29)

(29) Légat Dr Paul Schmidt (presse) op cit. ; cf. également Tansill, *Die Hintertür zum Krieg* (« La porte arrière vers la guerre »), Fish, op.cit.

Roque

Le Dr. Schmidt (presse) détaille très précisément la scène dans le train spécial sur le trajet du retour : (1)

> « Ribbentrop n'était pas du tout convaincu, le 27 janvier, qu'il fallait considérer les négociations comme définitivement rompues, même s'il était très pessimiste.
>
> J'étais donc d'autant plus étonné lorsque le Ministre des Affaires Etrangères m'a prié, au cours de notre retour, de venir au rapport de presse dans son salon et qu'il m'a demandé après quelques propos liminaires et en présence de madame von Ribbentrop :
>
> « Croyez-vous qu'il existe une possibilité de parvenir à une coopération germano-russe ?»
>
> Ma surprise a dû être visible car madame von Ribbentrop riait et disait à son mari : « Le Dr Schmidt est tout horrifié » et le ministre de poursuivre immédiatement : « En politique, comme à l'état-major général, il faut tenter toutes les possibilités, même celle-là, évidemment c'est une simple question théorique. Et vous m'avez déjà souvent raconté que vous vous êtes intensément penché sur l'histoire de la coopération germano-russe après la Première Guerre mondiale. »
>
> Ribbentrop jouait là avec ma préférence bien connue pour le chapitre de l'histoire des relations germano-soviétiques entre 1918 et 1933.
>
> Pour cette raison je disais en riant : « Staline aura du mal à se joindre au pacte anti-Komintern ». J'en perdis presque la parole lorsque Madame von Ribbentrop me répondis aussi promptement : « Pourquoi pas, si on en change le nom ? »
>
> Il m'est tout de suite apparu que Ribbentrop visiblement prenait cette question d'un accord germano-soviétique très au sérieux.
>
> (...)
>
> Walter Hewel est également venu dans le wagon et s'est joint à la conversation. Au cours de celle-ci, le cheminement intellectuel de Ribbentrop s'est fait de plus en plus clair : il était visiblement parvenu à la conviction après avoir discuté avec Moltke (*ambassadeur d'Allemagne à Varsovie, NdA*), que les réticences des Polonais à l'égard d'une étroite coopération étaient quand même plus grandes qu'il ne les avaient d'abord estimées. Il ne voyait donc plus de chance réelle pour parvenir à une solution concernant Danzig ou à une relation plus sincère avec le Reich dans le cadre de la création d'une « zone tampon » (2) contre l'Union Soviétique. Les conséquences d'un tel bilan se présentaient de façon pressante au ministre des Affaires Etrangères.
>
> Si la Pologne ne pouvait être incluse dans la sphère d'intérêts allemands avec l'accord tacite de la France, alors il fallait manœuvrer Varsovie avec la vieille tenaille germano-russe, devant laquelle Pilsudski a toujours éprouvé une telle peur panique, qu'il a légué comme testament politique à la diplomatie polonaise, la tâche d'empêcher une telle perspective. »

Il faut remarquer ici que Hewel a été impliqué dans cette conversation. Hewel était un vieux camarade de front de Hitler, qui a participé à la marche sur la « Feldherrnhalle » lors du putsch de

(1) Schmidt, op.cit.: cf. note 121.

(2) Le terme militaire de « zone tampon » se comprend entre gens du métier dans un sens offensif. Schmidt n'était pas un militaire. Il faut comprendre l'expression ici dans le sens d'une zone militaire en Europe de l'Est contre l'Union soviétique.

1923 à Munich, pour ensuite passer de longues années en Asie du Sud-Est. J'ai fait sa connaissance quand il a rejoint Père à Londres pour devenir ensuite représentant permanent de Père, en l'occurrence du ministère des Affaires Etrangères, auprès de Hitler. Je suppose que Père a intégré Hewel dans la discussion afin qu'il puisse déjà connaître la teneur des réflexions à partir desquelles Père allait devoir convaincre Hitler de changer le cours antibolchevique de sa politique pour un cours prorusse, ce qui serait sans aucun doute extraordinairement difficile. Le slogan avec lequel Hitler était entré en politique était : « lutte contre le marxisme, le communisme, et le bolchevisme ». Après son accession au pouvoir, il a éliminé le communisme en Allemagne. Lors de sa prise de pouvoir, il s'est clairement et sans équivoque prononcé pour que la politique étrangère allemande soit résolument antibolchevique et s'est fermé à toute autre option. A ses yeux, la menace du bolchevisme personnifiée par l'Union soviétique était plus virulente que jamais.

J'ai dépeint pas à pas la façon conséquente dont il a poursuivi sa conception de la politique étrangère depuis son accession au pouvoir. Sa ligne politique se traduisait par l'organisation de l'Europe de l'Est en un dispositif susceptible de faire face à l'agressivité du bolchevisme russe. Et maintenant son ministre des Affaires Etrangères voulait lui faire faire un virage de 180 degrés afin de s'allier à Belzébuth. N'avait-il pas dit en 1933, peu de temps après la nomination de son gouvernement au pouvoir, à l'ambassadeur allemand à Moscou, Nadolny : « Je ne veux rien avoir affaire avec ces gens-là ? » (3)

Est-ce que Ribbentrop avait seulement participé aux combats de rues féroces et aux batailles rangées contre les communistes ? N'avait-il pas été pendant des années, comme il l'avait expliqué à Hitler, un compagnon de route de Stresemann ? N'était-il pas issu d'un milieu bourgeois auquel Hitler dénie la capacité et surtout la disposition à reconnaître la dimension visionnaire et planétaire de son combat contre le bolchevisme, partant, de le combattre avec toute la force nécessaire ?

Père n'était pas un « vieux combattant » au sens où Hitler et le Parti l'entendaient, une carte que ses concurrents à la course pour la faveur de Hitler abattaient occasionnellement sans scrupules, ainsi que Père le savait. L'« idéologue » dans Hitler n'était le cas échéant, pas insensible à l'égard du qualificatif peu valorisant de « jeune membre du Parti », ce qui signifiait « non fortifié dans sa conception du monde » ainsi que l'on disait à l'époque. Ces conditions données, il était peut-être bon d'avoir éventuellement un « vieux combattant" comme Hewel qui pouvait avoir un bon mot au bon moment, ici en faveur d'un revirement de la politique allemande.

J'ai entendu pour la première fois ces nouvelles et fondamentales réflexions au cours des quelques jours que j'ai pu passer chez moi, entre le baccalauréat et mon incorporation dans le Service du Travail. Mère a été à nouveau opérée du sinus frontal, cette fois-ci à Kiel. Pour je ne sais quelle raison protocolaire, elle a dû se rendre peu de temps après l'opération à Berlin où elle devait se tenir à disposition, et pour cette raison on a été la chercher à Kiel en avion. J'ai profité de cette opportunité pour voyager avec Mère et l'entretenir du baccalauréat que j'avais brillamment réussi. J'ai été accueillie par elle, que je devais conduire totalement emmitouflée, en ces termes : *« Si nous nous écrasons, je te donnerais juste avant une bonne gifle !»* (elle laissait percer un léger accent de Mayence lorsqu'elle s'énervait). C'était évidemment dit sur le ton de la plaisanterie, elle n'aimait cependant pas beaucoup que des membres de sa famille prennent le même avion ensemble, sans raison valable. Elle avait toujours à l'esprit le malheur qui avait touché les Hesse, dont l'avion s'était écrasé avec plusieurs membres de la famille près d'Ostende, alors qu'ils s'étaient envolés pour Londres à l'occasion du mariage d'un prince de Hesse, qui était un collaborateur de Père. Les Hesse étaient les « Seigneurs » de Mère à Mayence avant la Première Guerre mondiale, c'est la raison pour laquelle Mère a porté une robe noire en signe de deuil, lors d'une réception à Buckingham Palace, ce qui n'est pas très courant à la cour. Père était l'un des témoins du marié.

Pendant le vol, il y avait largement le temps de s'entretenir de la situation politique; la visite des parents à Varsovie n'avait eu lieu que quelques semaines auparavant. La première chose dont Mère m'a parlée était le discours du « marronnier » de Staline.

(3) Nadolny, *Mein Beitrag* (« Ma contribution »), éditions Limes, Wiesbaden 1955, p. 167.

Le **10 mars 1939**, Staline a tenu un discours devant le congrès du Parti dans lequel il a dit que certaines nations ne devaient pas s'imaginer que l'Union soviétique irait « tirer les marrons du feu » pour elles. On pouvait aisément comprendre Staline en ce sens que l'Union soviétique ne se laisserait pas entraîner dans une confrontation avec l'Allemagne pour le seul plaisir des puissances occidentales. La formulation pouvait constituer un « signal » à l'adresse des Allemands, mais pas nécessairement, elle pouvait aussi constituer un coup tactique à l'égard des puissances occidentales alliées. J'ai compris d'après le récit de Mère, que Père était prêt à faire une tentative d'essai avec les Russes.

J'ai été à nouveau tout à fait impressionné, et pourtant je connaissais l'histoire. J'avais vu la situation menaçante d'un encerclement de l'Allemagne. Ici se présentait l'opportunité de faire sauter le cercle et, par conséquent, d'éviter les erreurs de la politique impériale de la Première Guerre mondiale. Mère a tout de même attiré mon attention sur la grande difficulté qu'il y aurait à convaincre Hitler d'adopter cette politique.

J'ai été pendant des années le témoin, parfois immédiat, des efforts pour gagner l'amitié de l'Angleterre. J'avais connaissance de la mission de Père à Londres. Lors des excursions de fin de semaine avec les parents, Père me parlait du poids de ses efforts en raison d'un malheureux « comité de non-ingérence » espagnol. Les relations anglo-allemandes étaient le centre d'un cercle autour duquel tout se mouvait. J'avais fait miennes les déceptions du côté allemand. Je n'oublierais jamais l'article que le correspondant londonien du *« Berliner Lokalanzeiger »*, von Kries, avait écrit sous le titre « test de mobilisation générale » à propos de la politique anglaise lors de la « crise de mai », et qui se terminait sans équivoque sur le pronostic que l'Angleterre se préparait à une guerre contre le Reich. Le changement d'atmosphère que j'avais ressenti lors de notre échange scolaire à Bath ne pouvait être ignoré. La politique de Bismarck d'un pacte d'assistance mutuelle grâce à un traité avec la Russie, m'était familière. Le non-renouvellement par Caprivi en l'année 1890 était presque une obsession de grand-père Ribbentrop. Toutefois, il y avait aussi dans la Russie tsariste un mouvement panslaviste, avec une caractéristique nettement agressive à l'égard de l'Ouest, qui était soutenue par de larges cercles à Moscou et à Saint Pétersbourg. Mais c'est justement en raison du potentiel de l'Union soviétique que cela valait le coup, voire qu'il était nécessaire de se procurer un peu d'oxygène de ce côté. L'Allemagne devait opter, si ce n'était pour l'Ouest, alors ce serait pour l'Est.

Un peu plus tard, j'ai entendu par Mère, que le gouvernement russe s'était montré coopératif lorsqu'il s'est agi de fermer la représentation diplomatique russe en Tchécoslovaquie après la création du « Protectorat de Bohême Moravie ». Dans l'esprit de Père, ce détail aussi pouvait signifier un nouveau signal.

Evidemment, Mère et moi avons aussi parlé de la création du « Protectorat ». Mère m'a semblé être très préoccupée sur ce point et ne s'est pas exprimée lorsque je lui ai parlé du thème de la rédaction du baccalauréat. Père aussi était resté très sérieux et muet, lorsque la conversation est venue sur ce thème. Après Munich, les rapports ne s'étaient en aucune manière consolidés dans ce qui restait de la Tchécoslovaquie, bien au contraire. Les différentes communautés voulaient leur indépendance et se déchiraient pour réintégrer leurs patries. Les Slovaques ne voulaient pas vivre plus longtemps dans un Etat tchèque. Le futur Premier ministre slovaque Tuka déclarait littéralement à Hitler :

> « Je remets la destinée de mon peuple entre vos mains. Mon peuple attend sa pleine libération par vous ! »

Notons bien, le chef de gouvernement slovaque parlait de « libération » ! Les Hongrois voulaient se rattacher à leur patrie, la Pologne avait déjà annexé sans prendre de gants, sans accord diplomatique ni négociation, le territoire de Teschen, qu'elle revendiquait.

Que la désintégration de la Tchécoslovaquie en l'année 1938 ne soit pas le fait d'intrigues allemandes mais le processus des volontés des différentes communautés, s'est vérifié *a posteriori* à travers la dissolution de la Tchécoslovaquie après le chute du Mur de Berlin.

Père décrit les événements et leurs conséquences comme suit :

> « J'avais discuté plusieurs fois au cours des mois avec le ministre des Affaires Etrangères Chvalkovski et celui-ci m'a demandé si, après l'entrée des Hongrois en Ukraine carpatique, et la déclaration d'indépendance de la Slovaquie, le Führer accorderait un entretien au Président Hacha. Adolf Hitler était d'accord et m'avait expliqué qu'il souhaitait prendre lui-même cette rencontre en main. J'avais échangé des télégrammes en ce sens à Prague et donné comme instruction à notre mission là-bas de demeurer en retrait. Le Président Hacha a reçu la réponse que le Führer voulait le recevoir.
>
> A ce moment, ni le ministère des affaires étrangères ni moi-même n'étions au courant de préparatifs militaires de notre côté. Peu de temps avant l'arrivée du Président Hacha, j'ai demandé à Hitler si un traité bilatéral devait être préparé. Il m'a expliqué qu'il voulait « aller beaucoup plus loin. »

La visite de Hacha à Berlin le **15 mars** s'est achevée avec l'établissement du fameux Protectorat de Bohême Moravie. Père poursuit :

> « Le jour suivant, je me suis rendu avec Hitler à Prague et il m'a chargé de lire une proclamation dans laquelle il était annoncé que les provinces de Bohême et de Moravie étaient élevées au rang de protectorat du Reich.
>
> En clôture de cet acte régalien, j'ai eu une longue et sérieuse discussion avec Adolf Hitler au château de Prague. J'ai attiré son attention sur le fait que l'occupation de la Bohême-Moravie allait inéluctablement avoir des répercussions dans le camp anglo-français. Depuis cet entretien à Prague, je n'ai cessé avec toute la force de ma conviction d'affirmer, que d'autres changements territoriaux ne seraient plus tolérés par l'Angleterre dont l'armement et la politique d'alliances suivaient en tout point un rythme soutenu. Jusqu'au jour du déclenchement de la guerre, mes convictions ont été en totale contradiction avec celles du Führer.
>
> Adolf Hitler m'a expliqué que la nécessité d'occuper la Bohême Moravie reposait surtout sur des considérations stratégiques. Il a cité l'ancien ministre de l'Air Pierre Cot, selon lequel la Tchécoslovaquie était un « porte-avions » dirigé contre l'Allemagne. Pierre Cot aurait ajouté que des avions russes avaient déjà atterri sur les aérodromes tchèques. Le Führer m'a expliqué qu'il ne pouvait tolérer ce fer de lance dans le flanc allemand. On pouvait s'entendre avec les Tchèques, mais il était nécessaire que l'Allemagne soit en mesure de protéger ces pays.
>
> Hitler désamorçait mes scrupules à l'égard de la réaction anglaise en me faisant remarquer que la question tchèque était sans importance pour l'Angleterre, mais vitale pour l'Allemagne…
>
> J'avais dit à l'époque au Führer que l'Angleterre ne regarderait l'occupation de la Bohême Moravie qu'à travers le prisme de l'expansionnisme allemand, mais Hitler en restait à ses convictions. »

Une annotation dans le carnet de Goebbels, au jour du **13 mars 1939** mérite d'être mentionnée :

> « Jusqu'à 3 heures du matin, débats sur la politique étrangère chez le Führer. Ribbentrop également présent. Il était d'avis qu'il y aurait à terme un conflit avec l'Angleterre. Le Führer s'y prépare mais ne le croit pas inéluctable. Ribbentrop n'a aucune souplesse tactique. Il est intransigeant et, pour cette raison, pas très opportun. Mais le Führer le corrige quand même… »

Une annotation vraiment intéressante dans le journal de l'ennemi intime de Père. D'une part, elle contredit une fois de plus la diffamation répandue par Weizsäcker et les autres conspirateurs selon laquelle Père aurait mal conseillé Hitler, en disant que l'Angleterre était dégénérée et ne combattrait pas (4). Le 4 mai, l'ambassadeur britannique à Berlin, Henderson a écrit à Cadogan au Foreign Office :

> « ...bien sûr que Ribbentrop ne m'a pas donné l'impression de croire que nous reculerions devant une guerre. Bien au contraire : il semblait croire que nous la recherchions. » (5)

D'autre part, c'est justement son ennemi intime Goebbels qui lui reproche une attitude « intransigeante » vis-à-vis de Hitler, « sans souplesse », indique-t-il, c'est-à-dire que Père ne voulait pas démordre de son opinion alors que Hitler était à l'évidence d'un avis contraire.

Goebbels semble prétendre qu'il se serait conduit de façon « plus habile » dans un cas comme celui-là. Goebbels avait à l'époque la réputation, dans les cercles gouvernementaux, de se faire parvenir les réflexions et les déclarations de Hitler par des intermédiaires, pour se les approprier et ensuite, soit en présence de Hitler, soit à proximité de lui, il les ressortait afin de se présenter sous un jour favorable et dans le but d'atteindre certains objectifs. Père avait rapporté une fois, que Hitler s'en était rendu compte et s'en était ouvert à lui, lui disant qu'il ne tolèrerait plus à l'avenir que Goebbels se serve des messieurs de son entourage pour l'influencer.

Les carnets de Goebbels révèlent les permanentes controverses avec Père sur la propagande extérieure. Les publications de la presse sont un instrument particulièrement important de la politique étrangère. Goebbels, comme Hitler lui-même, se sert de la propagande destinée à l'étranger, souvent d'après les leçons de la propagande intérieure de l'époque des combats. Du reste, Goebbels qualifie Père dans son journal, de diplomate « timoré » puis un peu plus loin, de « boutefeu » (6)

Père poursuit ses commentaires sur l'érection de la Bohême Moravie en Protectorat dans ses notes :

> « La première réaction anglaise face aux événements de Prague, semblait d'abord lui (*Hitler, NdA*) donner raison ; elle pouvait être considérée du point de vue allemand comme positive : Chamberlain expliquait le 15 mars aux Communes, de façon techniquement correcte, qu'il n'y avait pas de rupture du traité de Munich. Le gouvernement britannique n'était plus lié aux obligations qu'il avait contractées auprès de la Tchécoslovaquie, puisque l'Etat « dont nous devions garantir les frontières, s'est écroulé de l'intérieur et a pris fin ».
>
> A l'encontre de cette déclaration, le ministre anglais des affaires étrangères, lord Halifax, a opté pour une attitude distante à l'égard de l'ambassadeur allemand Dircksen, lorsque celui-ci lui a notifié l'accord de Prague.
>
> Deux jours plus tard, après sa déclaration à la Chambre des Communes, et sous l'influence de l'opposition, Chamberlain qui était apparu d'abord calme et attentif, a complètement changé son attitude. Cela s'est senti dans son discours bien connu de Birmingham. »

Le changement d'opinion britannique a été provoqué par l'intervention américaine. Les journalistes Drew Pearson et Robert S. Allen, proches de Roosevelt, publient le 14 avril 1939 dans le *« Washington Times Herald »* un article, dans lequel ils confirment sans fard que Roosevelt a exigé du gouvernement britannique, de ne faire aucune concession au Reich et de poursuivre une politique anti-allemande. (7)

Les problèmes de nature stratégique, que l'Etat croupion de la Tchécoslovaquie auraient fait peser sur l'Allemagne, dans la mesure où cet Etat aurait continué de lui être hostile, auraient été sup-

(4) cf. Weizsäcker, *Erinnerungen* (« Souvenirs »), entre autres p.274, Spitzy, Schwerin-Krosigk entre autres.

(5) *Document on British Foreign Policy 1919-1939, third Series*, Vol. V 1939 Doc. Nr.365

« ....and certainly Ribbentrop did not give me the impression that thought we were averse of war. Quite the contrary: he seems to think we were seeking it. »

(6) Comparer avec Irving *« Goebbels inconnu »*, les carnets secrets 1938.

portables, si l'arrangement recherché avec la Pologne avait pu être trouvé. Mais il ne pouvait plus en être question pour l'instant. Par conséquent, l'armée tchèque intacte s'est retrouvée avec une toute autre dimension. Bien sûr, elle n'était pas en mesure d'offrir une résistance à la Wehrmacht, mais en cas de crise, surtout dans le cas d'une guerre sur deux fronts, elle constituait un réel facteur de risque. Dans ce cas-là, l'image du « porte-avions » aurait toujours été valide jusqu'à un certain point. On pourrait établir un parallèle avec la réaction des Etats-Unis à l'égard de l'Union soviétique, lorsque celle-ci a voulu établir un « porte-avions », en l'occurrence une base de lancement de missiles à Cuba, aux « portes des Etats-Unis ».

Si Père prétend qu'il s'est efforcé, après la conclusion des accords de Munich, d'établir des relations amicales avec le gouvernement de Prague, c'est que c'est tout à fait plausible. Père ne pouvait se permettre, au regard des efforts fournis par l'Allemagne afin de parvenir à un accord avec la Pologne, aucune tension encore moins une situation irrémédiable avec Prague. Si l'on était parvenu à un accord avec la Pologne, alors la question tchèque aurait perdu de son caractère explosif. Une coopération étroite aurait sans doute pu aboutir sans coup spectaculaire.

L'immixtion des deux puissances occidentales, dans les rapports au sein de l'Europe orientale et le refus de la Pologne d'accepter l'offre allemande, ont poussé le Reich à clarifier la situation en Tchécoslovaquie. A l'encontre de l'opinion mondialement répandue, **la création du Protectorat de Bohême Moravie est la conséquence directe de la politique anti-allemande menée par l'Angleterre, la France et la Pologne, soutenus par les Etats-Unis et non le contraire** (*surligné par l'auteur, NdT*). La Grande-Bretagne et la France n'ont pas seulement fait une déclaration de garantie pour la Pologne mais aussi pour la Roumanie et la Grèce.

D'après le récit de Père, ce sont des considérations stratégiques qui ont conduit Hitler, après l'échec des négociations avec la Pologne et le revirement de la politique française sous influence américaine, à une nouvelle « préséance » en Europe de l'Est, en plaçant l'Etat croupion de Tchécoslovaquie sous « protection allemande » afin d'éliminer le potentiel militaire toujours intact des Tchèques. Les discours de Daladier et de Bonnet à la Chambre, pendant la visite officielle de Père à Varsovie, étaient sans conteste et sans équivoque possible, tournés contre le Reich. Considérons un instant encore la géographie de la frontière orientale allemande. Enclavé dans un environnement hostile, et bordé de frontières stratégiques malheureuses, le Reich était dans une situation qui justifiait les arguments de Hitler.

On peut certainement discuter pour savoir si l'intégration de l'Etat croupion de Tchécoslovaquie dans la sphère d'influence du Reich aurait pu se faire de façon discrète. En tous les cas, une neutralisation des forces tchèques était, compte tenu des circonstances, une évidence dictée par le bon sens. L'entrée avec « fanfares et trompettes » était sans aucun doute du pain béni pour la propagande étrangère. On doit cependant se demander si un désarmement rapide et sans friction de l'armée tchèque aurait pu se faire d'une autre manière. Il s'agissait justement d'exécuter cette action rapidement et sans incident, ce qui a été possible avec l'accord du gouvernement tchèque. Du reste, l'ambassadeur britannique Henderson, sur instruction de Chamberlain, avait encore expliqué dans la nuit du 14 mars 1939 au ministère des affaires étrangères allemand, que le gouvernement britannique « ne se mêlerait pas inutilement de circonstances, qui intéressaient d'autres gouvernement plus directement que l'Angleterre. » (8) Ceci signifiait un désintérêt officiel. Chamberlain a expliqué : *« cet Etat, dont nous devions garantir les frontières, s'est écroulé de l'intérieur et par conséquent à mis un terme à son existence. »* (9)

Les craintes que Père a exprimées à Hitler doivent aussi être comprises au regard de ses efforts pour amener Hitler à engager des contacts avec le gouvernement soviétique. Au contraire de

(7) Fish, Hamilton, *Fdr the other side of the Coin, How we were tricked into World War!!*, Vantage press, Inc., New York 1976. *Der zerbrochene Mythos* (« Le mythe cassé »), Grabert Tübingen, p.69 ss., Wirsing, *Der maßlose Kontinent* (« Le continent sans fin »), p. 238 ss, Eugen Diederichs Verlag, Iéna, 1942.

(8) DBFP IV, N°247 et 232, cf. aussi N°230. *Cf. supra.*

(9) Hohlfeld, Vol.5 Doc.8 p.24.

Hitler, Père partait du principe que la Grande-Bretagne et la France étaient dorénavant décidées à empêcher la poursuite du renforcement de l'influence allemande en Europe de l'Est. Aux yeux de Père, il fallait essayer de tenir la Russie à l'écart de cette coalition et lui proposer une politique positive. Mais Hitler hésitait. Or, la probabilité à court terme d'une confrontation avec les deux puissances de l'Ouest, à propos d'un « cas » particulier en Europe de l'Est, rendait vitale la nécessité pour l'Allemagne, d'assurer ses arrières, donc, de trouver un arrangement avec l'Union soviétique.

On ne pourra jamais répéter assez souvent, à quel point la situation du Reich était sérieuse après le voyage de Père à Varsovie. Père l'a exprimé de façon très claire dans ses notes, en disant que Beck ne s'était pas rendu à Berlin (où Père l'avait invité à de nombreuses reprises), mais à Londres, d'où il a reçu officiellement en mars, la déclaration de garantie. Père s'était exprimé en janvier pour la première fois comme nous savons, pour dire *« qu'il ne nous reste plus qu'à rechercher un accord avec l'Union soviétique si nous ne voulons pas être totalement encerclés ».* Ce n'est qu'après le 10 mai qu'a eu lieu un entretien auprès de Hitler sur la relation entre le Reich et l'Union soviétique.

Or, les relations commerciales entre les deux pays n'avaient jamais été interrompues après 1933, même si les profonds antagonismes idéologiques s'y étaient superposés. Le chef de la section commerciale au ministère des Affaires Etrangères, le légat Schnurre, menait à l'époque, c'est-à-dire en janvier 1939, des négociations concernant un contrat de crédit de plus de 200 millions de Reichsmarks. Nous nous souvenons aussi que Père avait stoppé le voyage de Schnurre pour Moscou où il devait rencontrer Mikoyan, le ministre russe du commerce extérieur, afin de ne pas menacer les importantes négociations avec les Polonais.

Schnurre écrit à ce sujet (10) :

> « En dépit des discordances au sujet des événements de janvier, j'essayais à Berlin, avec la représentation économique, et en même temps à Moscou avec Hilger, de poursuivre à petits pas les négociations sur le contrat de crédit de 200 millions de Reichsmark. Il n'était évidemment plus question de négociations à Moscou, comme il avait été envisagé auparavant.
>
> Cet accord devait encore jouer un rôle déterminant dans le déroulement des relations germano-soviétiques. Sans anticiper sur ce déroulement, je veux dire que Molotov faisait de la conclusion de l'accord une des conditions de l'entente germano-soviétique, accord qui a finalement été signé le 19 août 1939, par le chef de la représentation économique, Barbarin. »

Il faut encore mentionner, qu'il y avait du côté russe un intérêt manifeste pour ces négociations, qui s'est révélé à travers une démarche de l'ambassadeur russe Merekalov. Comme l'écrit Schnurre, il *« est apparu au ministère des Affaires Etrangères et y a exprimé la disposition de son gouvernement à conduire des négociations sur cette base »*. Les « discordances » russes ne semblaient pas avoir été si profondes.

Ecoutons à nouveau le légat Schnurre qui a entrepris les premières démarches de Père, dans le but de tester les possibilités d'une réorientation fondamentale de la politique étrangère allemande sous la pression des circonstances :

> « Le prochain pas soviétique qui a suscité l'étonnement était le discours de Staline tenu le 10 mars 1939 devant le 18e congrès du Parti. Dans ce discours, il va à l'encontre des affirmations des presses anglaise, française et américaine, qui visaient à monter l'Union soviétique contre l'Allemagne en avançant de soi-disant revendications allemandes sur l'Ukraine. Le discours s'achève sur la déclaration que l'Union soviétique n'est pas disposée à tirer les marrons du feu au bénéfice de tiers

(10) Notes de Schnurre après la guerre.

(sous-entendu les démocraties occidentales). Cette déclaration de Staline, montrait qu'il gardait une entente germano-soviétique à l'esprit.

Malgré cela, des négociations avec une délégation anglaise et française ont été entamées afin de mettre en place un front commun contre une agression allemande… comme à son habitude, il avait deux fers au feu, afin de parvenir à tenir l'Union soviétique à tout prix loin de tout conflit. »

Il faut ajouter ici « à ce moment » après « Union soviétique ». Il ne semble pas très plausible que Staline ait fait un si grand pas, s'il avait eu pour but, comme l'écrit Schnurre, *« de tenir l'Union soviétique à tout prix loin de tout conflit. »* Staline avait sans aucun doute imaginé que l'Allemagne serait impliquée dans une guerre dévastatrice sur deux fronts avec les deux puissances de l'Ouest, guerre que l'Union soviétique aurait terminée par son arbitrage. Comme nous l'avons vu, il s'agit en quelque sorte du même calcul que Roosevelt et Halifax mais avec un début inversé. L'ambassadeur américain Bullitt déclare en 1938 : *« les Etats-Unis ne vont pas déclencher une guerre qui se dessine mais ils vont la terminer ! »*

Au cours des entretiens que j'ai eus avec lui avant sa mort, Schnurre a toujours exprimé la conviction que l'Union soviétique aurait exercé au moins une pression forte sur le Reich pour faire triompher ses revendications sur les détroits, les Balkans et la mer Baltique, si des éléments importants de la Wehrmacht avaient été engagés dans de longs et coûteux combats avec les puissances de l'Ouest.

Schnurre poursuit :

« Les efforts franco-anglais ont été renforcés début août 1939 par une mission militaire qui travaillait à une alliance militaire. Les efforts français et anglais échouèrent dès le début en raison de la réticence des gouvernements réciproques, d'accorder un droit de passage aux Soviétiques, à travers la Pologne et la Roumanie en cas d'attaque allemande. Malgré tous les efforts, il fut impossible de parvenir à surmonter les réticences des gouvernements polonais et roumains.

Le remplacement du commissaire aux Affaires Etrangères Litvinov, en place depuis des années, était un autre signal. Il a quitté ses fonctions le 3 mai.

Le commissariat aux Affaires Etrangères a été repris par le premier secrétaire du conseil des commissaires, Molotov, qui, par conséquent, est sorti de l'ombre et est devenu une figure centrale de la politique germano-soviétique.»

J'ai déjà dit qu'un premier entretien avec Hitler, en présence de deux spécialistes de la Russie a eu lieu le **10 mai 1939** au ministère des Affaires Etrangères. La fin de ces entretiens est intéressante en ce sens, qu'elle est intervenue à peine quelques jours après le limogeage de Litvinov. Celui-ci n'avait été mentionné dans la presse allemande jusqu'à présent que sous son double nom « Litvinov-Finkelstein », il était juif et le symbole même de la politique étrangère anti-allemande qu'il menait sous l'appellation de « sécurité collective ». Cet autre signal a sans doute incité Hitler à montrer une plus grande disposition à se préoccuper intensément de la « question russe ».

Il est remarquable du reste, de constater la diligence avec laquelle la discussion avec Hitler était désormais engagée, car l'ambassadeur allemand à Moscou, von der Schulenburg, tout comme l'attaché militaire, le général Köstring, n'y pouvaient participer ; Schulenburg assistait au mariage du prince héritier perse à Téhéran et Köstring se trouvait en mission en Extrême-Orient.

Est-ce parce que Hitler a pris conscience de la situation exposée du Reich, qu'il aurait donc accepté de changer la politique allemande à 180 degrés ? Cela ne semblait pas encore être le cas mais écoutons Schnurre, qui a réalisé après la guerre une description minutieuse du déroulement des relations germano-russes de 1939 à 1941 :

« Début mai, le comte von der Schulenburg *(il n'était pas présent pour les raisons précitées, NdA)*, le conseiller d'ambassade Hilger et moi-même étions invités à nous rendre au Berghof pour un entretien exhaustif sur la situation actuelle de l'Union soviétique. Le 10 mai 1939, nous sommes donc venus au Berghof pour ces discussions sur la Russie où nous avons tout d'abord eu des conversations préliminaires avec Ribbentrop

Nous nous sommes retrouvés dans le grand et long salon du Berghof dont la partie étroite comporte une immense fenêtre avec vue sur les Alpes. Après un rapide accueil de Hitler, nous nous sommes tous assis autour de la table ronde. Etaient également présents, en dehors de Hitler et de Ribbentrop, le maréchal Keitel, chef du haut commandement des armées, le général Jodl, chef du bureau des opérations de l'état-major des général des armées, et Walter Hewel, le représentant du ministre des Affaires Etrangères auprès du Führer.

Hewel appartenait aux vieux compagnons de Hitler. Il avait séjourné avec lui en prison à Landsberg et avait occupé pendant plusieurs années des fonctions commerciales en Indonésie et se distinguait en particulier par son ouverture et sa bienveillance mondaines.

Nous avions en fait attendu que Hitler prenne la parole à cette occasion et qu'il se lance dans un de ses longs monologues habituels. Cela s'est passé différemment. Hitler s'est laissé informer dans tous les détails par Hilger et par moi, de la situation de l'Union soviétique et de l'état de nos relations.

Il a commencé la discussion en demandant les raisons pour lesquelles Litvinov avait été rappelé. Hilger répondait que le rappel de Litvinov avait eu lieu, parce qu'il avait constamment poussé à une entente avec la France et l'Angleterre et qu'il poursuivait l'idée d'une sécurité collective en vue de l'élimination de l'Allemagne.

La question suivante de Hitler qui portait sur les prédispositions de Staline à s'entendre, sous certaines circonstances, avec l'Allemagne, a donné lieu à un exposé complet des différents signaux lancés par les Russes. Nous avons mentionné notamment, le discours de Staline du 10 mars et il était quelque peu surprenant, que pas une seule des personnes présentes n'en ait connu la teneur, alors que l'ambassade tout comme le ministère des Affaires Etrangères en avait assuré la diffusion.

La conversation s'est poursuivie sur le terrain de l'Armée rouge, qui avait été affaiblie à la suite de la purge de 1937/38, mais qui représentait une force non négligeable depuis sa réorganisation, grâce à une discipline de fer. Staline, s'efforçait de renforcer le sentiment national du peuple russe. Les grandes figures, de la littérature ou du théâtre du passé tsariste étaient à nouveau largement exposées, comme par exemple Koutousov, le vainqueur de Napoléon, Pierre le Grand et d'autres. Du point de vue économique, nous avons attiré l'attention sur les immenses richesses en matières premières que pourrait nous offrir l'Union soviétique et sur les contacts qui existaient déjà.

Hitler a écouté attentivement nos exposés, sans jamais interrompre l'un de nous. Il a posé d'autres questions afin d'élargir le sujet, sans jamais laisser apparaître sa position à l'égard d'une entente avec l'Union soviétique. Nous avons pensé qu'il s'exprimerait là-dessus pour nous dire comment les discussions avec les Russes devaient se poursuivre, mais nous avons été déçus. Il nous a remercié et l'entretien était terminé. »

Il faut faire quelques remarques quant au récit de Schnurre. La constatation de Schnurre selon laquelle pas un des participants n'avait eu connaissance de la teneur du discours de Staline (il s'agissait comme je l'ai déjà dit du discours dit des « marrons ») n'est pas exacte dans sa formulation, car c'est justement ce signal que Staline a donné par le biais de son discours, qui a conduit Hitler à réfléchir quant à la politique allemande vis-à-vis de la Russie. Il est à peine croyable que Père n'ait pas exactement analysé le contenu du discours et qu'il n'en ait pas fait le rapport à Hitler. Sinon, comment y aurait-il eu des discussions entre Schnurre et Hilger ? C'est une pratique bien connue des dirigeants de se faire rapporter des événements déjà connus par des collaborateurs. Il ressort toujours d'intéressantes nuances d'un rapport oral, non seulement au regard des événements réels rapportés mais de la façon même dont le rapport est présenté, toutes choses qui sont à prendre en considération dans l'évaluation du rapport. Sans doute Schnurre a-t-il fait allusion aux militaires, que Hitler, conformément à sa méthode de travail, n'avait pas informés de façon détaillée.

Un autre symptôme intéressant de la méthode de travail de Hitler à prendre en considération, est qu'il ne s'est intéressé à la situation de la Russie qu'à ce moment, c'est-à-dire dans un cas de force majeure, parce qu'il fallait prendre une décision. On aurait pourtant cru qu'il se serait constamment tenu informé de son grand ennemi, dont il faisait pour ainsi dire le point de mire de toute sa politique, et qu'il aurait évalué sa force et la signification de celle-ci pour ensuite déterminer sa politique à son égard.

« Je ne veux rien avoir affaire avec ces gens-là », disait Hitler à Nadolny, indiquant en 1933 qu'il s'était déterminé pour l'Ouest. La décision de Hitler, à l'époque où Nadolny prétend avoir formulé ses propositions, était sans aucun doute justifiée. La remarque de Hitler « je ne veux rien avoir affaire avec ces gens-là », si elle a été réellement formulée de la sorte, n'est en revanche pas compréhensible, car l'Union soviétique ne pouvait simplement être ignorée comme si elle n'existait pas. On se souvient un peu de l'instruction fatale de Hitler peu après le début de la campagne de Russie, qui dénie au ministère des affaires étrangères toute compétence sur l'espace soviétique, comme si cette puissance internationale n'existait plus.

Si l'on suit le récit de Schnurre, il se serait agit ce 10 mai 1939 à l'Obersalzberg, d'un entretien de pure information. J'imagine qu'il a eu lieu sur l'insistance de Père, qui a saisi l'occasion du rappel de Litvinov pour amener une fois de plus Hitler à l'étude de la question russe. Du point de vue de Hitler, il est possible que la minoration de cet entretien, absence de l'ambassadeur et de l'attaché militaire, ait aussi eu pour but de dissimuler ses pensées. A l'évidence, il lui pesait encore de prendre une décision favorable à une entente avec l'Union soviétique, alors que l'encerclement du Reich, compte tenu des négociations de la délégation franco-anglaise à Moscou, semblait s'achever.

L'Allemagne se trouvait, au printemps 1939 dans une situation extrêmement sérieuse. Après la signature du pacte avec l'Union soviétique, Père parlera d'un grand soulagement par rapport à notre situation internationale ! Là, où des historiens allemands croyaient trouver de nouveaux éléments et de nouvelles circonstances pour étayer la thèse des soi-disant « plans de conquête mondiale » de Hitler, il ne reste rien ! Au fond, Hitler espérait encore un accord avec la Pologne et, par conséquent, un arrangement avec la Grande-Bretagne. Il ne pouvait savoir quelles forces allaient influer sur les décisions des gouvernements britannique et français pour justement empêcher cet arrangement. Un arrangement qui, d'après Hitler était uniquement dans l'intérêt de la Pologne.

Pendant six ans il a tendu toute sa politique étrangère vers le but d'un confinement de l'Union soviétique et dans ce but, a recherché la coopération des deux puissances occidentales. Et maintenant il devrait se commettre avec « ces gens », les soviets ? Pour quelqu'un de pragmatique comme Père cela ne posait aucun problème, en revanche, le choix pour Moscou représentait pour Hitler un pas difficile à franchir ! Mais l'on doit aussi comprendre les raisons pratiques qui expliquent son hésitation, toute considération idéologique mise à part. Ne pouvait-on pas imaginer que Staline avait fait des avances au Reich dans le seul but de se rendre plus indispensable aux yeux des puissances occidentales, pour montrer qu'il avait d'autres fers au feu ? Peut-être sera-t-il possible un jour, de trouver dans les archives russes, dans la mesure où elles n'ont pas été ou ne seront pas « aménagées », les réflexions qui ont guidé Staline lorsqu'il a décidé de se rapprocher du Reich.

Aujourd'hui, il est souvent dit que la raison pour laquelle Staline s'est décidé pour l'option allemande a été déterminée par le refus tout net des gouvernements polonais et roumains, d'autoriser les troupes russes à traverser leur territoire. Cette explication ne me semble pas aller assez loin. En arrière-plan de la politique de Staline il y avait sans doute l'espoir d'entraîner les ensembles d'Europe centrale dans une confrontation avec les ensembles d'Europe de l'Ouest. Le poids et la puissance de l'Union soviétique s'en seraient sortis renforcés puisqu'elle n'avait qu'à choisir parmi toutes les options.

Les gouvernements de Pologne et de Roumanie partaient eux du principe, sans doute justifié, que les troupes russes qui leur « viendraient au secours » ne les quitteraient plus ! Dans cet esprit, les Allemands leur étaient préférables ! Les gouvernements polonais et roumains ne voyaient, à juste titre, aucune chance pour que les deux puissances occidentales les protègent des russes, un sentiment qui, 5 ans plus tard, devait se vérifier de façon sanglante. Ces réflexions ne nourrissaient-elles pas les espoirs de Hitler, de parvenir avec la Pologne et la Grande-Bretagne à un accord dans la question de Danzig et du corridor ?

Schnurre rapporte, qu'à la Pentecôte 1939, une réunion s'est tenue avec Père, dans notre propriété près de Bad Freienwalde, afin d'étudier la suite des démarches avec l'Union soviétique. Les participants étaient le secrétaire d'Etat von Weizsäcker, l'ambassadeur Gaus, juriste et expert du droit international, le sous-secrétaire d'Etat Woermann et Schnurre lui-même.

L'assemblée aurait estimé que les chances d'une entente avec la Russie étaient faibles et qu'il fallait fournir à la perspective franco-anglaise, les plus gros efforts. Cette opinion exprimée par le secrétaire d'Etat von Weizsäcker n'étonne guère, celui-ci ayant déjà averti la Grande-Bretagne dans le dos du gouvernement allemand, de la menace d'une entente germano-russe. Schnurre aurait poussé en direction d'une reprise des efforts commerciaux et cela paraît plausible. Et comme cela avait d'ailleurs été décidé, il apparaît que le souhait de Père de poursuivre les entretiens est évident.

Schnurre devait alors se rendre à Moscou pour reprendre les entretiens avec Mikoyan. Moscou se faisait prier, c'est la raison pour laquelle les négociations sur le contrat de crédit avec la représentation économique soviétique ont été poursuivies à Berlin. Le déroulement ultérieur des contacts se présente un peu comme le jeu ancestral des négociations. En Westphalie, on appelle ça entre paysans, « qui parle le premier a perdu ! » Les russes avaient envoyé des signaux à Père qui les avait pris au sérieux. Lorsqu'ils ont vu que le gouvernement du Reich voulait reprendre le contact, ils ont d'abord eu une attitude de retenue. Bien sûr que l'on connaissait à Moscou la faiblesse de la situation allemande, tout en respectant la qualité de l'armée allemande. On n'avait pas non plus à Moscou de raison de se jeter au cou des allemands, alors pas de précipitation. C'étaient plutôt les allemands qui se pressaient, du coup « on les laissait venir », comme on dit dans les milieux commerciaux.

C'était déjà délicat d'entreprendre une discussion avec les soviétiques sans qu'aucun des deux ne perde la face. Après tout, on s'était tout de même copieusement insultés pendant des années, comme Staline devait le dire plus tard à Père. Et ce n'était pas moins délicat de convaincre Hitler, qui a fait son entrée dans l'histoire par la porte anti-communiste, de la nécessité de se rapprocher de l'Union soviétique.

Laissons parler Père à ce sujet :

> « Trouver un accord avec la Russie, voici ma plus vieille idée : (11) je l'ai défendue auprès de Hitler, d'une part parce que je voulais soulager la politique étrangère allemande du côté des puissances occidentales, d'autre part, afin de m'assurer de la neutralité russe en cas de conflit germano-polonais.
>
> En mars 1939 je croyais pouvoir déceler à partir d'un discours de Staline, son souhait d'améliorer les relations soviéto-allemandes. Il avait dit que la Russie n'avait

(11) cf. Schwendemann *Stalins Fehlkalkül* (« Le mauvais calcul de Staline ») Journal annuel de Tel Aviv pour l'histoire allemande, VVIV/1995.

> pas l'intention d'aller « tirer les marrons du feu » pour de quelconques puissances capitalistes.
>
> J'ai soumis le discours de Staline à Hitler et lui ai demandé d'urgence l'autorisation d'entreprendre les démarches conséquentes, afin de vérifier, s'il se cachait une intention réelle derrière ce discours. Adolf Hitler s'est d'abord montré hésitant et dans l'expectative…

D'après une description du conseiller de légation Hewel, Hitler aurait encore dit le 20 juin 1939, que « le gouvernement allemand n'est pas actuellement intéressé à la reprise des négociations économiques avec la Russie » (12) Cela signifiait qu'il y avait encore un énorme travail de persuasion à faire auprès de Hitler, pour le convaincre de la justesse d'une entente germano-russe. Mais Père ne s'est pas laissé décourager et a confié à Schnurre la mission d'entreprendre un sondage bien plus profond des soviétiques, que celui qu'il devait faire dans le cadre des négociations en cours sur le contrat de crédit.

Ici, quelques extraits du rapport de Schnurre :

> Fin juillet, Hitler s'est décidé (il s'agissait vraisemblablement de Père, NdA), à prendre l'initiative vis-à-vis de l'Union soviétique. J'ai reçu de Ribbentrop, le 26 juillet, la mission d'inviter l'attaché commercial de l'ambassade soviétique, Astakhov et le chef de la représentation économique, Barbarin, à dîner, et de conduire une discussion politique poussée. Je les avais invité dans le restaurant de vins Ewest, en centre ville de Berlin.
>
> L'entretien constituait le revirement déterminant dans le rapprochement germano-soviétique. Il en a été rédigé une description pour Hitler et Ribbentrop qui se trouve dans les publications officielles des actes du ministère des Affaires Etrangères « actes de la politique étrangères allemandes – série D (1937-1945), Volume IV imprimé. Au regard de la valeur historique de cette rencontre, je souhaiterai citer quelques extraits de cette minutieuse description :
>
> « Conformément aux instructions qui m'ont été données, j'ai invité hier soir l'attaché commercial Astakhov et le chef de la représentation économique de l'URSS Barbarin, à dîner. Les russes sont restés jusqu'à environ minuit et demi. La conversation sur les problèmes politiques et économiques qui nous occupent a été accueillie de façon enjouée et intéressée par les russes, de telle sorte que j'ai pu aborder sans contrainte et en profondeur les thèmes qui m'avaient été confiés par le ministre des affaires étrangères… »

Schnurre avait décrit trois étapes, dans lesquelles la coopération germano-soviétique pouvait être réalisée, sous réserve que le gouvernement soviétique y attache de l'importance. « Sur toute la ligne, de la mer Baltique à la mer Noire, il n'y a pas de contradictions (d'après son opinion) en termes de politique étrangère, qui… exclurait un règlement entre les deux pays ».

Schnurre décrit ensuite mot à mot la réaction d'Astakhov :

> « Astakhov décrivait, avec l'approbation enthousiaste de Barbarin, le chemin qui menait au rapprochement avec l'Allemagne, comme celui qui correspondait aux intérêts vitaux des deux pays. Il atténuait cependant son propos en précisant que le rythme ne pouvait être que lent et progressif. »

Encore une fois le facteur temps, que les soviétiques utilisent habilement et qui est inconfortable pour les allemands puisque le temps presse.

(12) Cité d'après *Beziehungen zwischen Deutschland und Sowietunion 1939-1941* (« Relations entre l'Allemagne et l'Union Soviétique 1939-1941 ») imp. Dr. Alfred Seidl, Tübingen 1949, p.29.

cf. Aussi Schwendemann op. cit. p.10.

A nouveau les russes : Molotov informe Schnurre via Astakhov que l'on attendait une confirmation de l'entretien par une personne autorisée. C'est alors que l'ambassadeur allemand à Moscou von der Schulenburg a reçu l'instruction de conduire un tel entretien avec Molotov. Le sondage avait donné comme résultat que les russes manifestaient de l'intérêt, mais Molotov indiquait que la conclusion d'un accord sur les marchandises et un crédit serait les conditions *sine qua non* et constituerait en même temps un test avant d'engager des conversations d'ordre politique. Les russes poussaient leur avantage, ils n'étaient pas pressés par le temps et le faisaient sentir aux allemands.

Le 2 août, Père a désormais conduit lui-même l'entretien avec l'attaché commercial russe Astakhov. Il a informé le comte von der Schulenburg à Moscou dans un câble, qui en raison de l'importance de l'entretien doit être restitué ici tel quel :

> « J'ai reçu hier soir l'attaché commercial russe [...]. J'avais l'intention de poursuivre avec lui les entretiens qui vous sont connus et qui ont déjà été engagés auparavant par des collaborateurs du ministère des affaires étrangères, sur mon accord, avec Astakhov. Je me suis raccroché aux entretiens sur les accords commerciaux qui se développaient pour l'heure d'heureuse manière et j'ai qualifié un tel accord commercial comme étant une bonne étape sur le chemin d'une normalisation des relations germano-russes. Il est notoire que depuis plus de six mois notre presse n'était plus la même à l'égard de la Russie. Je tenais une nouvelle configuration de nos relations pour possible, dans la mesure où du côté russe une telle volonté était sensible, sous deux conditions.
>
> a) le principe de non-ingérence en matière de politique intérieure (Monsieur Astakhov semblait pouvoir accéder à ce principe sans difficulté)
>
> b) le renoncement à une politique dirigée contre nos intérêts vitaux. Là-dessus,
>
> Astakhov ne savait trop quoi répondre mais pensait que son gouvernement formait le vœu de poursuivre une politique d'entente avec l'Allemagne. Je continuais en affirmant que notre politique était droite et s'inscrivait dans le long terme et que nous n'étions pas pressés.
>
> Notre disposition à l'égard de Moscou était favorable, il s'agissait désormais de choisir le chemin que les dirigeants voulaient emprunter. Si Moscou s'oppose à nous, alors nous saurions à quoi nous en tenir et comment il nous faudrait négocier, dans le cas contraire, il n'y aurait pas de problème de la mer Baltique jusqu'à la mer Noire, qui ne puisse aboutir à une solution. Je disais qu'il y avait assez de place pour nous deux à la mer Baltique qu'il n'y avait aucune raison pour que les intérêts russes entrent en collision avec les nôtres. En ce qui concerne la Pologne, il nous faudrait envisager de futurs développements avec attention et détachement. En cas de provocation polonaise, il y aurait une réponse sous quelques semaines. Pour ce cas, je faisais une discrète allusion sur le fait qu'il nous serait possible de nous entendre avec la Russie sur le destin de la Pologne. Je présentais les relations germano-nipponnes comme bonnes et durables. Concernant les relations russo-nipponnes, j'avais ma conception personnelle (par là j'entendais un *modus vivendi* entre les deux pays sur le long terme).
>
> J'ai conduis tout notre entretien sur le ton décontracté et ai fait comprendre une nouvelle fois à l'attaché commercial que nous ne faisions pas de tactique comme les puissances démocratiques lorsqu'il s'agissait de politique supérieure. Nous devions établir les habitudes sur un terrain solide, et n'avions pas besoin de tenir compte d'opinions versatiles et ne souhaitions pas de publicité.
>
> Si des entretiens comme celui-là n'étaient pas traités discrètement, comme ils le méritent, il faudrait alors les interrompre. Nous n'en faisions pas beaucoup de bruit ; la décision était, comme déjà dit, du côté de Moscou. Que l'on s'intéresse à

nos réflexions et il suffit que Monsieur Molotov se mette en rapport avec le comte von der Schulenburg pour en reprendre le fil.

Ajout pour le comte von der Schulenburg :

J'ai mené l'entretien sans montrer de hâte. L'attaché commercial qui semblait intéressé, a essayé plusieurs fois de concrétiser l'entretien et je lui ai fait comprendre que j'y étais disposé à condition que la volonté du gouvernement soviétique d'une nouvelle organisation soit exprimée officiellement. Si Astakhov reçoit des instructions en ce sens, nous sommes disposés à concrétiser rapidement. Ceci exclusivement pour votre information personnelle.

Ribbentrop »

Il n'est pas difficile de reconnaître qu'il y avait un grand intérêt du côté allemand à ce que les négociations progressent rapidement. Père voulait dissimuler ce fait aussi bien que possible, comme le font des commerçants madrés dans ce genre de situation. Hitler avait très longtemps hésité à s'éloigner de sa politique anticommuniste. Maintenant il se trouvait petit à petit sous la pression du temps.

Hitler n'était pas un bon commerçant, il n'avait pas la patience de conduire une négociation sur le long cours, de tirer la position de l'adversaire au clair et d'utiliser toutes les ficelles afin de laisser mûrir les conversations jusqu'au bon moment. C'est ainsi que Père avait dû sauver la situation en intervenant dans les négociations sur le Petersberg lors de la crise des Sudètes, car c'est pendant la discussion que la nouvelle de la mobilisation générale tchèque est tombée, ce qui avait conduit Hitler à deux doigts d'interrompre les négociations. Père écrit à ce sujet :

> « Une autre anecdote symbolique permet d'apprécier le caractère d'Adolf Hitler : il était irascible et ne pouvait se contenir. Cela se voyait aussi lors d'événements diplomatiques. C'est ainsi qu'il voulait annuler la conférence avec Chamberlain à Godesberg, lorsque la nouvelle de la mobilisation générale tchèque lui est parvenue, il a bondi spontanément, la tête toute rouge, un signe caractéristique. Je suis intervenu calmement et plus tard Hitler m'a remercié d'avoir sauvé la conférence »

Voici une autre preuve que Hitler ne voulait pas provoquer de « show-down » (*en anglais dans le texte, NdT*) dans la crise des sudètes. Ce trait de caractère propre à Hitler devait se révéler dramatique pour la politique allemande, lorsqu'en 1940, tellement irrité par les souhaits de Molotov qui allaient dans le sens d'une extension de la sphère d'influence, il a interdit de poursuivre les négociations avec le gouvernement russe.

Le câble adressé à Schulenburg suggère, que la partie allemande, apparemment détendue, espérait s'entendre le plus rapidement possible avec le gouvernement soviétique avant qu'une situation irrémédiable n'intervienne dans les relations avec la Pologne. On calculait avec raison, qu'une entente avec la Russie devait conduire la Pologne à infléchir sa politique. Il y avait en tous les cas deux options avec la Russie, celle qui était pacifique, qui était la plus probable d'après les allemands, ou finalement, celle de l'*ultima ratio* », l'intervention militaire.

Les mots « linéarité » et « solidité » qu'emploie Père pour qualifier la politique allemande résonnent aujourd'hui de façon quelque peu emphatique, par rapport à la « tactique » des démocraties occidentales. Ils étaient cependant justifiés en ces circonstances. Il fallait indiquer au gouvernement russe, qu'il s'agissait d'un changement fondamental de la politique étrangère allemande et non pas justement d'un coup tactique dans le but de fléchir la Pologne sur la question de Danzig ou d'inciter les puissances occidentales d'agir en ce sens sur la Pologne. Depuis l'accession au pouvoir de Hitler, la politique allemande tendait à un arrangement avec l'Angleterre et le refus de toute « politique de la balance » entre l'Est et l'Ouest. Hitler était, depuis six années qu'il déterminait la politique étrangère, demeuré anti-bolchevique et n'avait jamais cédé à la tentation de flirter avec l'Union soviétique en reprenant une politique que l'on a qualifiée depuis 1922, de « politique de Rapallo ». Aussi, les russes sont devenus particulièrement attentifs lorsqu'un « changement fondamental de la politique étrangère » a été annoncé par le ministre allemand des affaires étrangères. Ce qui n'empêche que la méfiance réciproque ne pouvait évidemment pas être désamorcée en une nuit. Aucune de deux parties ne voulait être le « dindon de la farce » mais Père pouvait toujours s'appuyer sur la politique conséquente du Reich.

Si aujourd'hui, on prétend sans aucune réflexion que l'alliance avec la Russie à permis à Hitler de faire enfin « sa guerre », alors cela ne correspond tout simplement pas aux événements. A Berlin, au contraire, on se prenait à espérer que la conclusion du traité russo-allemand avait conduit à une nouvelle coalition diplomatique, prémisse à un règlement pacifique du problème du corridor de Danzig.

Les russes avaient posé comme conditions préalables à l'amorce d'entretiens politiques, la conclusion de l'accord commercial qui était en cours de négociations depuis le printemps. Schnurre a reçu de Père des instructions pour accélérer les discussions dans la mesure du possible. Or, celles-ci avançaient lentement en raison des hésitations dues à l'obligation pour Barbarin d'obtenir l'autorisation de Moscou pour le moindre détail. D'après Schnurre, Père lui aurait demandé « de ne pas couper les cheveux en quatre », une conclusion étant urgente afin d'entamer les « entretiens politiques ».

Il ne reste donc plus qu'à la partie allemande de presser le pas. Dans un câble du 14 août 1939, adressé à Schulenburg, Père expose ce qui suit :

Des divergences sur la conception du monde exigeaient à la fois « une relation raisonnable entre les deux Etats et de ne pas exclure la restauration d'une nouvelle et bonne coopération ».Il n'y a pas de contradictions d'intérêts réels entre l'Allemagne et l'URSS. De la mer Baltique à la mer Noire, il n'y avait aucune question « qui ne puisse être résolue à la plus grande satisfaction des deux pays ». La politique germano-soviétique est « parvenue à un point tournant historique ». « La sympathie naturelle des allemands pour les russes n'a jamais disparue. C'est là-dessus que la politique des deux pays peut se construire. » C'était sincèrement pensé de la part de Père. Il essaiera plus tard, lors de l'hiver 1940/41, d'écarter Hitler de sa décision d'attaquer la Russie et puis tannera constamment Hitler après le déclenchement de la campagne de Russie, pour conserver la l'autorisation d'envoyer des négociateurs de paix vers l'Union soviétique.

Le paragraphe déterminant est le suivant :

> « Les rapports germano-polonais, aiguisés par la politique et le bellicisme anglais et la recherche d'alliances qui en découle, exigent de clarifier le rapport russo-allemand. Sans l'initiative des allemands, les choses pourraient suivre un cours qui interdirait aux deux gouvernements de renouer une amitié et éventuellement, de repenser ensemble les questions territoriales en Europe de l'Est. Pour ces raisons, les dirigeants des deux pays ne devraient pas laisser traîner les choses : si par la méconnaissance réciproque des conceptions et des intentions, les deux peuples devaient s'éloigner définitivement l'un de l'autre, cela deviendrait dramatique. Comme cela nous a été rapporté, le gouvernement russe tient le même raisonnement. Nos expériences ont montrées que cette clarification n'a été que lentement menée par le canal diplomatique habituel. Or, monsieur le ministre des affaires étrangères von Ribbentrop s'est déclaré prêt à se rendre à Moscou, afin d'exposer auprès de monsieur Staline, le point de vue du Führer. Il n'y a qu'en passant par un dialogue direct, d'après monsieur von Ribbentrop, que l'on peut parvenir à un changement et il ne devrait pas être impossible, de poser à cette occasion les fondements définitifs de la relation germano-russe.
>
> P.S. Je prie monsieur Molotov de ne pas donner ces instructions par écrit, mais de les lire mot à mot. J'insiste pour qu'elles parviennent le plus fidèlement possible à monsieur Staline et vous autorise aussi, le cas échéant, en mon nom, à demander une audience auprès de monsieur Staline, afin que vous puissiez lui faire part de cet important message.

En plus d'une discussion avec Molotov, un entretien détaillé avec monsieur Staline seraient les conditions de ma venue.

Ribbentrop »

Les russes ont continué lentement leur jeu, de telle sorte que Hitler a personnellement télégraphié à Staline, afin d'arranger sous peu un entretien pour son ministre des affaires étrangères à Moscou. Il ressort du télégramme de Hitler que le temps pressait pour le cas où les questions de Danzig et du corridor devaient être résolue cette année encore.

Le télégramme de Hitler à Staline contenait le texte suivant :

« Monsieur J.W. Staline, Moscou,

1) j'accueille la signature du nouvel accord commercial comme un premier pas vers la nouvelle configuration des rapports germano-russes.

2) La conclusion d'un accord de non-agression avec l'Union soviétique signifie pour moi un ancrage de la politique allemande à long terme. L'Allemagne reprend en ce sens une ligne politique, qui pendant les siècles passés avait été fructueuse pour les deux Etats. Le gouvernement du Reich est par conséquent déterminé à tirer toutes les conclusions d'un changement aussi profond.

3) J'accepte le projet de pacte de non-agression qui m'a été transmis par le premier secrétaire des commissaires du peuple de l'URSS et commissaire chargé des affaires étrangères, Monsieur Molotov, mais je tiens pour urgent de régler les questions y afférentes, le plus rapidement possible. (13)

4) Je suis convaincu que le protocole additionnel souhaité par le gouvernement de l'Union soviétique pourrait être, clarifié de façon substantielle et dans les plus brefs délais, si un représentant de l'Etat allemand peut le négocier à Moscou. Dans le cas contraire, le gouvernement du Reich ne voit pas comment, dans d'aussi brefs délais, le protocole additionnel pourrait être finalisé et formalisé.

5) Les tensions entre l'Allemagne et la Pologne sont devenues insupportables. L'attitude de la Pologne à l'égard d'une grande puissance est de telle nature qu'une crise peut éclater à chaque jour. L'Allemagne est dorénavant déterminée à faire face à ces exigences en défendant ses intérêts par tous les moyens.

6) Je suis d'avis de ne pas perdre de temps, si l'intention des deux empires est d'entrer dans une nouvelle relation. Je vous propose donc encore une fois de recevoir mon ministre des affaires étrangères le mardi 22 août, au plus tard le mercredi 23 août. Le ministre du Reich a un pouvoir total pour la formalisation et la signature du pacte de non-agression et du protocole. Un séjour à Moscou au-delà deux jours est impossible compte tenu de la situation internationale. Je serais heureux de recevoir rapidement votre réponse.

Adolf Hitler.

Père avait ajouté une instruction à l'intention de Schulenburg : « je vous prie de transmettre par écrit et sur papier libre à Monsieur Molotov le présent télégramme du Führer adressé à Staline ».

Finalement, Père adresse le jour suivant, c'est-à-dire le 21 août 1939, un télégramme à l'ambassadeur allemand von der Schulenburg, dans lequel il souligne l'urgence de la demande : « s'il vous plaît, veillez avec toute votre énergie, à ce qu'une visite soit convenue. Les dates sont celles du télégramme. »

(13) Molotov avait remis le 19 août à l'ambassadeur allemand von der Schulenburg, un projet de pacte de non-agression, qui cependant, ne devait entrer en vigueur qu'avec le protocole sur la détermination des sphères d'intérêt.

Le 21 août, à 15 heures, Schulenburg remet le message à Molotov, commissaire du peuple chargé des affaires étrangères et renvoie un télégramme à Berlin informant que Molotov était « visiblement très impressionné ». Dès 17 heures, il est prié de se rendre chez Molotov qui lui remet la réponse de Staline.

Elle est la suivante :

> « 21 août 1939.
>
> A l'intention du chancelier du Reich d'Allemagne, Monsieur A. Hitler.
>
> Allemagne
>
> Je vous remercie pour la lettre.
>
> J'espère que le pacte de non-agression va permettre un changement en faveur d'une sérieuse amélioration des relations entre nos deux pays.
>
> Les peuples de nos pays ont le droit d'avoir des relations pacifiques. L'agrément du gouvernement allemand à propos de la conclusion d'un pacte de non-agression fournit les conditions de base à l'élimination des tensions politiques, à la consolidation de la paix et à la coopération entre nos deux pays.
>
> Le gouvernement soviétique m'a chargé de vous faire part, qu'il est d'accord avec la venue de monsieur von Ribbentrop à Moscou le 23 août.
>
> Signé : J. Staline »

Père a considéré que le projet du pacte de non-agression avec l'Union soviétique était si important, qu'il ne voulait pas que la conclusion en soit menacée par sa négligence. Il écrit à ce sujet :

> « D'abord j'avais proposé que ce ne soit pas moi mais un autre plénipotentiaire, je pensais à Göring, qui devait se rendre à Moscou. A travers mon activité d'ambassadeur en Angleterre, mes contacts avec le Japon et toute ma politique étrangère jusqu'à présent, je pensais être beaucoup trop marqué comme anti-communiste pour me rendre à Moscou. Mais le Führer a insisté pour que j'y sois envoyé, parce qu'il pensait que je serais « le mieux à même de comprendre. »

Père avait deux buts en vue, lorsqu'il poussait Hitler encore et toujours à aller plus loin et plus rapidement dans les entretiens avec les russes. L'aspect le plus important pour Père était de percer l'encerclement du Reich. Au-delà, il ne lui semblait pas interdit d'envisager, si le but d'une entente avec les russes était atteint, que les conditions seraient réunies pour résoudre pacifiquement de la question de Danzig et du corridor. La partie allemande devait raisonnablement supposer, que la Pologne serait plus encline à répondre favorablement à sa proposition, sous la pression de la coopération germano-russe.

Pour je ne sais quelle raison, la section du Service du Travail dans laquelle je faisais mon service en août 1939, avait eu un week-end de vacances prolongées, de sorte que je saisissais l'occasion de rendre visite aux parents à Fuschl (14), où ils vivaient ces jours-ci, en raison de la présence de Hitler à l'Obersalzberg. Lorsque je suis arrivé, Mère m'a prise à l'écart et m'a instruite des derniers développements. Père allait s'envoler pour Moscou afin d'essayer de signer un traité avec les russes. J'étais tout à fait impressionné et, je ne le dis pas de façon rétrospective, particulièrement soulagé. Comme j'avais suivi les vains efforts allemands en faveur de l'option « Ouest », je voyais désormais s'éloigner la menace d'un nouvel encerclement du Reich, qui s'était terminé si dramatiquement en 1914.

Mère a raconté encore une fois les différentes phases des événements qui ont finalement conduit Père à être envoyé à Moscou. Aucune certitude ne permettait de croire que le déplacement de Père allait être un succès. C'est très certainement pour cette raison que Père demande à Schulenburg de remettre le télégramme de Hitler à Molotov sur papier libre et sans en-tête. Je pouvais sentir le degré de tension côté allemand, dans la mesure où Mère me disait avec un sourire contraint, qu'elle avait commencé une partie de patience pour savoir si Père allait rentrer avec le pacte de non-agression ou non. Mère faisait de temps en temps une patience, « afin d'interroger un peu le destin », Père au contraire, jamais. Père n'était pas superstitieux. Mère défendait très habilement une certaine inclination à la superstition lorsque nous nous moquions gentiment d'elle : « celui qui est un petit peu superstitieux ne sera jamais insolent ! » Elle tenait absolument à « ne pas tenter les Dieux ! »

Le récit de Père confirme cette incertitude qui l'a accompagnée dans son voyage :

> « C'est avec des sentiments mêlés que j'ai heurté le sol de Moscou. Pendant des années nous étions les ennemis de l'Union soviétique et les avions violemment affrontés dans. Aucun de nous ne faisait confiance à l'Union soviétique et à ses dirigeants. Les rapports diplomatiques de Moscou étaient ternes. Staline, surtout, était un personnage mystique.
>
> J'étais bien conscient de la responsabilité particulière de cette mission, puisque j'avais moi-même proposé à Hitler de tenter une entente avec Staline. Est-ce qu'un accord entre les intérêts des deux parties était seulement possible ? Au même moment, les délégations militaires françaises et britanniques négociaient à Moscou avec le Kremlin sur un projet d'accord militaire. Ce qui m'importait c'était d'arriver à un accord. De telles pensées m'animaient lorsque l'avion s'est approché de Moscou.
>
> L'après-midi du 23 août, entre 4 et 5 heures, nous sommes arrivés dans l'avion du Führer à l'aéroport de Moscou, où se tenaient côte à côte les drapeaux de l'Union soviétique et du Reich. Nous avons été accueillis par notre ambassadeur comte von der Schulenburg et l'ambassadeur russe Potemkine. Après avoir passé en revue une compagnie d'honneur de l'armée de l'Air soviétique, qui, tant dans son apparence que dans son maintien, a fait une très bonne impression, nous nous sommes rendus, accompagnés d'un colonel russe, dans l'ancienne ambassade d'Autriche, dans laquelle j'ai pris mes quartiers.
>
> J'avais tout d'abord un entretien avec notre ambassadeur comte von der Schulenburg dans l'ambassade d'Allemagne. C'est là que m'est parvenue l'information que l'on m'attendait à 6 heures au Kremlin.
>
> Il ne m'était pas possible de savoir avec qui j'allais négocier, Molotov ou Staline lui-même ? Curieuses coutumes moscovites, me disais-je. Peu de temps avant l'heure, le colonel russe aux larges épaules, il s'agissait, d'après ce que l'on m'a dit, du commandant de la garde personnelle de Staline, est venu nous chercher pour nous conduire au Kremlin. Schulenburg a attiré mon attention sur certains bâtiments historiques au cours du trajet, puis nous nous sommes arrêtés à un petit portail et

(14) La « tour de Fuschl » était sous l'administration du ministère des finances du Reich. Elle était destinée au siège du ministre des affaires étrangères lorsque Hitler se trouvait à l'Obersalzberg. Le propriétaire avait été arrêté après l'Anschluss. En dépit d'une affirmation diffamante constamment rapportée, il n'y a jamais eu un d'intérêt personnel de notre père à cette propriété. Le propriétaire n'a d'ailleurs pas été exproprié, il s'est seulement trouvé dans de grandes difficultés financières au moment de l'Anschluss.

Au demeurant, et pour distinguer strictement la sphère privée de la sphère publique, Père avait donné au conseiller de légation Gottfriedsen, l'instruction de faire en sorte que sa fortune, au terme de son activité d'ambassadeur, ne soit pas plus importante qu'elle ne l'était à son entrée en fonctions, à l'exception des deux dotations.

« Décret fondamental du Ministre des Affaires Etrangères du Reich », « Westphalie », le 23 octobre 1941. (« Westphalie » est le nom de code pour le QG du ministre des affaires étrangères).

Cf. Irving, David : « les chemins de Hitler vers la guerre » 1933-1939, éditions Wilhelm Heyne, Munich, p.156 : « Il (Ribbentrop) était un homme d'honneur et avait une conception de ce qui était « correct », qui était parfois ridicule. Ainsi, il a refusé que Hitler lui verse un pfennig de plus que ce qu'il avait gagné auparavant comme commerçant ». Après la guerre, il a décliné les offres d'investigateurs américains pour raconter les coulisses des relations avec le roi Edouard VIII ou le comte Ciano, puisque ce dernier était mort…

avons été conduit en haut d'un petit escalier à l'intérieur d'une tour. Arrivés en haut, nous avons été accueillis par un fonctionnaire qui nous a conduit dans une longue salle de travail, à l'extrémité de laquelle se tenaient Staline debout et Molotov à ses côtés. Le comte von der Schulenburg n'a pas pu retenir un cri de surprise. Bien qu'il avait été déjà ambassadeur depuis plusieurs années à Moscou, il n'avait encore jamais parlé à Staline ». (15)

Il faut remarquer à ce moment, que Staline n'avait pas de position affirmée dans la hiérarchie de l'Etat, mais qu'il n'était que premier secrétaire du Parti. On peut se faire une idée de sa personnalité et de l'autorité qu'il a du exprimer pour diriger aussi absolument cet empire gigantesque à partir d'une fonction indirecte. Ce n'est que peu de temps avant la guerre germano-russe que Staline a pris la fonction de chef de gouvernement et de généralissime. Père continue :

« Après un bref et formel accueil, nous nous sommes assis tous les quatre à une table : Staline, Molotov, Schulenburg et moi-même. En plus, il y avait notre interprète, le conseiller d'ambassade Hilger, un remarquable connaisseur de la mentalité russe, et le jeune interprète blond, russe, Pavlov, qui à l'évidence possédait la confiance de Staline.

Au début de l'entretien, j'ai exprimé le souhait de l'Allemagne, d'établir les relations germano-russes sur de nouvelles bases et d'amener un accord des intérêts dans tous les domaines ; nous voulions nous inscrire dans une entente durable. Staline s'est tourné vers Molotov et lui a demandé, s'il voulait d'abord me répondre. Molotov cependant, a proposé à Staline de le faire, puisque lui seul y était mandaté.

Staline a parlé, brièvement, avec force, sans faire de phrases, mais ce qu'il disait était clair et sans équivoque et exprimait également, comme il me semblait, le souhait d'un accord et d'une entente avec l'Allemagne. Staline à utilisé l'expression suivante : « …nous nous sommes conspués pendant des années, mais il n'y a pas de raisons, pour que nous ne puissions pas nous entendre à nouveau. »

Il avait tenu son discours au printemps en pleine connaissance de cause, afin d'indiquer sa disposition favorable à l'encontre de l'Allemagne. Visiblement cela avait été bien compris par nous. La réponse de Staline était si positive, qu'après les premiers échanges de principe qui permettaient de constater la disposition de chacun à conclure un pacte de non-agression, nous avons tout de suite abordé l'aspect pratique des intérêts réciproques et la crise germano-polonaise. Il régnait au cours de ces discussions une bonne ambiance, bien que les russes passent pour de difficiles diplomates. Les sphères d'intérêts concernant les pays situés entre l'Allemagne et la Russie ont été délimitées. La Finlande, la plus grande partie des pays baltes tout comme la Bessarabie ont été déclarés comme faisant partie de la sphère soviétique. Dans le cas d'un déclenchement de conflit entre la Pologne et l'Allemagne, qui vu la situation, n'était pas à exclure, il était convenu d'une ligne de démarcation.

Staline avait expliqué au cours de la première partie des négociations, qu'il souhaitait certaines sphères d'intérêts. Il est bien connu que l'acception de « sphère d'intérêts » se comprend d'un Etat qui dispose d'une exclusivité totale pour entre prendre toute négociations avec les pays qui se trouvent dans sa zone, et que l'autre Etat s'en désintéresse expressément.

Staline m'a dit à cette occasion qu'il ne voulait pas toucher à la structure interne de ces Etats. A sa demande de sphères d'intérêts, j'ai répondu en faisant allusion à la Pologne : les polonais deviennent de plus en plus agressifs et il serait bon, que

(15) Les 3 et 7 août, Schulenburg était encore sceptique à l'égard d'une possible entente entre le Reich et l'Union soviétique. ADAP, D. Vol.6 Doc.766 et 779.

s'ils en viennent à une guerre, une ligne soit déterminée afin que les intérêts russes et allemands n'entrent pas en collision. Cette ligne de démarcation suivrait les cours de la Vistule, du San, et du Bug. J'ai assuré Staline, que nous tenterions tout pour que les choses soient résolues de façon pacifique.

Les accords qui concernent des pays tiers, ne doivent évidemment pas obtenir de publicité, au contraire, ils s'inscrivent dans des contrats secrets. Il y avait encore une autre raison pour laquelle cet accord devait demeurer secret : le traité germano-russe viole un accord entre la Russie et la Pologne ainsi que l'accord qui a été signé entre la France et la Russie et qui prévoyait une consultation réciproque en cas de négociations diplomatiques contractuelles avec d'autres pays.

La fermeté de la diplomatie soviétique s'est montrée dans la question balte et en particulier à propos du port de Libau, que les russes revendiquaient pour leur sphère d'intérêts. J'avais bien une autorisation illimitée pour la signature du contrat, mais au regard de la signification d'une telle revendication, je tenais pour nécessaire d'obtenir une réponse de Hitler. Pour ces raisons, les négociations ont été interrompues à 10 heures du soir puis reprises, après que j'aie obtenu l'autorisation du Führer. »

Il faut attirer l'attention sur ce tour bien connu des commerçants qui consiste à estimer au-delà de leur valeur certaines concessions, que l'on est prêt à négocier sous certaines conditions, en déléguant à une autorité supérieure l'autorisation d'en disposer. Père a procédé de même ici, lorsqu'il a délégué à Hitler, la décision de laisser le port de Libau aux russes. Père poursuit :

« Désormais, il n'y avait plus d'obstacles, le pacte de non-agression et le protocole additionnel secret ont été signés avant minuit. Par la suite, il a été servi un petit dîner frugal pour quatre dans la même pièce, c'était le bureau de Molotov. Dès le départ il y a eu une petit surprise : Staline s'est levé et a tenu une courte allocution, dans laquelle il parlait d'Adolf Hitler comme d'un homme qu'il a toujours particulièrement admiré.

En des termes très amicaux, Staline a exprimé l'espoir que désormais, grâce aux traités conclus, une nouvelle phase des relations soviéto-allemandes allait pouvoir commencer. Molotov aussi s'est levé et s'est exprimé de la même façon. J'ai répondu sur le même ton pour remercier nos hôtes russes. Ainsi avait été conclu quelques heures après mon arrivée à Moscou, un accord comme je ne l'imaginais pas lors de mon départ de Berlin, et qui nourrissait aussi de plus grandes espérances pour le développement futur des relations germano-soviétiques.

Staline m'avait fait, dès le premier coup d'œil, une très forte impression, un homme d'une stature hors du commun. Sa façon de s'exprimer, sobre, presque sèche et pourtant si juste. La fermeté, mais aussi la générosité, avec lesquelles il négociait, montraient qu'il ne trahissait pas sa réputation. Staline m'a donné au fil de nos discussions et entretiens, une très nette définition de son pouvoir et de sa force. Le moindre de ses gestes affecte le village le plus reculé de cette immense Russie de deux cent millions d'hommes qui lui obéissent et qu'il était parvenu à fondre en un ensemble comme jamais un tsar ne l'avait fait auparavant. Une petite anecdote significative qui s'est déroulée à la fin de la soirée, me paraît digne d'être mentionnée : je demandais à Staline si le photographe du Führer qui m'accompagnait avait l'autorisation de faire une photo. Staline a accepté et c'était sans doute la première fois qu'il permettait cela à un étranger au Kremlin. Lorsque nous avons été pris en photo, Staline et nous, avions un verre de champagne de Crimée à la main, et Staline s'est refusé à ce qu'une telle photo soit publiée. Le reporter, sur mon ordre, a retiré le film de la caméra et l'a tendue à Staline ; celui-ci a rendu le rouleau en disant qu'il nous faisait confiance pour que cette image ne soit pas transmise à la presse. C'était certainement un épisode sans importance mais qui était néanmoins révélateur de l'ambiance dans laquelle ma première visite à Moscou s'est achevée.

> Nous avions inscrits les conventions dans la durée et comme constituant le socle d'un équilibre permanent. Le pacte avec la Russie n'était pas seulement du point de vue de la Realpolitik un succès extraordinaire, il pouvait également être assuré de l'approbation du peuple allemand. En dépit des années de lutte entre le national-socialisme et le bolchevisme, on n'avait pas oublié la signification d'une Russie amie pour la politique allemande. L'abandon de la politique bismarckienne vers la Russie avait entraîné l'encerclement de l'Allemagne qui a conduit à la Première Guerre mondiale. Dans la situation de 1939, la reprise des relations historiques pour des raisons pragmatiques, consitutait un facteur de sécurité de premier ordre.
>
> Personnellement j'avais proposé cet arrangement avec l'Union soviétique à Hitler, et j'en espérais plusieurs conséquences :
>
> 1) éloignement progressif de l'un des facteurs de conflits qui pouvait menacer la paix européenne, par l'établissement de ponts au-delà les conceptions du monde antagonistes défendues respectivement par le national-socialisme et le bolchevisme :
>
> 2) introduire un réel rapport d'amitié germano-russe comme fondement de la politique étrangère allemande dans l'esprit de Bismarck ;
>
> 3) en ce qui concerne la situation particulière d'août 1939 : la possibilité d'une résolution diplomatique des questions de Danzig et du corridor conformément aux propositions de Hitler.
>
> Le 24 août, je me suis envolé avec notre délégation pour l'Allemagne. Il était prévu que je m'envole de Moscou vers Berchtesgaden ; afin de faire mon rapport à Hitler au Berghof. Je pensais lui soumettre l'idée d'une conférence européenne pour la résolution de la question polonaise.
>
> A notre surprise, l'avion a été informé par radio de se diriger vers Berlin, où Hitler s'était rendu le jour même. Pour des raisons de sécurité, notre appareil a du faire un large détour par la mer Baltique. »

Ici aussi il est édifiant pour l'appréciation de cette phase de la politique allemande, de se pencher sur les cartes afin d'avoir bien à l'esprit les circonstances géostratégiques dans lesquelles elle s'est déroulée.

On se souvient que Père écrivait plus haut :

> « Dans la situation de 1939, la reprise des relations historiques (avec la Russie, NdA) pour des raisons pragmatiques, signifiait un facteur de sécurité de premier ordre. »

Le rapport de forces international avait été à nouveau fondamentalement bouleversé en raison de la signature du traité germano-soviétique. L'équilibre global avait été rétabli en faveur de l'Allemagne. Le Reich entretenait désormais des rapports amicaux avec la Russie, le Japon, l'Italie et l'Espagne, en plus d'une multitudes de petits Etats en Europe de l'Est et en Europe balkanique La menace oppressante d'un encerclement du Reich avait été évitée et du point de vue historique, la plus grande coalition d'alliances depuis sa création en 1871 a été atteinte.

Au-delà, nous étions parvenus à manœuvrer la Pologne, qui avait misé sur l'Ouest, de telle sorte qu'il ne lui restait plus qu'à envisager la possibilité d'un accord pacifique avec l'Allemagne, à moins que ne se réalise la dramatique situation que Beck a exprimée en l'année 1935 devant un Laval impressionné. C'était le scénario de Pilsudski que Beck avait transmis à Laval. Pilsudski aussi faisait des « cauchemars de coalitions » (*en français dans le texte, NdT*) et il avait tenté de minimiser un tel cauchemar par une politique intelligente ; ses épigones avaient visiblement un meilleur sommeil. Nous allons voir de quelle nature était l'assurance sur laquelle les polonais pensaient pouvoir se reposer.

D'abord, il fallait que du côté allemand, on parte du principe, que la Pologne était disposée désormais à négocier étant donnée la toute nouvelle situation. Un coup d'œil sur la carte permet presque à des apprentis militaires de se convaincre, « qu'aucune puissance au monde » (comme l'a dit Beck à Laval), ne pourrait fournir à la Pologne, coincée entre l'Allemagne et la Russie, le soutien nécessaire, si la Pologne en venait effectivement à une confrontation armée.

Evidemment maintenant le prix était plus « élevé » ! Pour l'entrée de la Pologne dans le bloc continental anti-soviétique, Hitler aurait été plus souple [avant la signature du pacte germano-russe]. Lorsque Père avait expliqué autant à Beck qu'à Lipski, que personne d'autre que Hitler n'était en mesure de garantir les frontières du corridor il ne s'agissait pas d'une « façon de parler » (*en français dans le texte, NdT*). Qu'il soit une fois de plus rappelé le point de vue de Hitler face au problème de la frontière allemande, telle qu'elle a été déterminée à Versailles. Dans son livre « Mein Kampf » il a expressément décliné une politique qui aurait pour but de rétablir les frontières de 1914. (16)

Aussi, Père avait-il de sérieuses raisons d'étudier les voies diplomatiques permettant de régler la crise polonaise au cours de son retour en avion. Plus que tout, on pouvait nourrir un certain espoir, que l'Angleterre ne se risquerait pas à une guerre avec le Reich compte tenu des nouvelles données géopolitiques. Hitler avait sans doute encore gardé un peu d'espoir en ce sens, Père en tout cas était d'avis, qu'il fallait tout essayer dans le cadre de cette nouvelle coalition, c'est-à-dire aussi, de continuer à négocier avec l'Angleterre, avant de prendre des mesures définitives.

Il est aujourd'hui courant et accepté d'entendre que Hitler avait voulu une « querelle d'allemand ». Cette affirmation est répétée à travers le monde et martelée dans les têtes des générations. Le plus surprenant est que les plus grands promoteurs de cette thèse sont les allemands eux-mêmes. Toute la politique de Hitler, si on la considère de manière impartiale, exprime le contraire. Il faut juger uniquement à l'aune de la politique réellement menée, quels sont les buts poursuivis et par quels chemins. Que pouvait tirer Hitler d'une guerre ? La question est toujours posée. Bien sûr qu'il devait mettre les risques d'une guerre dans la balance. Ce risque se présentait déjà à travers les différents plans d'attaques préventives des français et des polonais, dont il avait connaissance. Autrement dit, Hitler devait toujours compter, comme n'importe quel autre gouvernement allemand, sur une action préventive des puissances signataires du traité de Versailles. La république de Weimar devait en tenir compte en raison de sa faiblesse qui représentait un risque peu élevé pour n'importe quel assaillant. Hitler devait analyser cette hypothèse en raison de la force émergente du Reich. La situation menacée de l'Allemagne encourageait justement de ne pas en venir à une confrontation militaire, lorsqu'il était possible de l'éviter.

La position allemande au centre de l'Europe devait toutefois être consolidée pour les raisons évoquées.

De ce qu'il a été dit il ressort clairement, à quel point Hitler a dû se faire violence pour passer, sur les conseils de Père, d'une politique étrangère dite du bloc antisoviétique en Europe centrale et incluant la Pologne, à une politique prorusse et donc, anti-polonaise. En fait, il a hésité beaucoup trop longtemps. Hitler et Père ont entamé cette politique dans l'urgence, on ne pourra jamais assez le répéter, puisque la Pologne se dérobait sous l'influence anglo-américaine et adoptait une attitude anti-allemande. Mais même maintenant, la Pologne aurait pu parvenir à une solution négociée.

On mesure la précarité du Reich à l'appréciation que Père exprime à propos du traité avec la Russie « dans la situation de 1939, la reprise des relations historiques pour des raisons pragmatiques, signifiait un facteur de sécurité de premier ordre ». S'il est aujourd'hui monnaie courant de dire que « Hitler a voulu la guerre », et donc d'entretenir la « falsification historique », la bonne formulation est qu'il ne restait pas d'autres solutions à Hitler que de courir le risque d'une guerre, afin de la prévenir. Son but était d'augmenter sa capacité de défense, éventuellement contre des

(16) Adolf Hitler, *Mein Kampf*, p.736.

actions préventives de la France et de la Petite Entente, mais en définitive, contre l'impérialisme soviétique. Comme l'a dit le Général Adam, chef du bureau du personnel (*ancêtre de l'état-major général, NdT*) au ministère de la Reichswehr, dans son mémoire en 1933 : « ...nous ne pouvons éviter la guerre, si les autres veulent la conduire à titre préventif ! » En 1939, c'est la France et l'Angleterre qui ont déclaré la guerre au Reich et non le contraire.

N'oublions pas que quelques jours avant le pacte germano-russe, rien ne permettait de savoir si les russes se décideraient pour le Reich ou pour les alliés de l'Ouest. Un coup d'œil sur la carte prouvera que l'affirmation selon laquelle Hitler poussait à la guerre n'est pas historiquement recevable.

Ce n'est que le 20 août 1939 que Hitler s'est directement adressé à Staline et l'a pressé ouvertement de recevoir le ministre allemand des Affaires Etrangères « le 22 août, au plus tard le 23 août », tout en précisant que ce dernier « ne pouvait rester plus de deux jours » à Moscou, eu égard à la « situation internationale ».

On ne peut prétendre que Père disposait de conditions très favorables pour entamer les négociations à Moscou. Comme il ressort des entretiens de Père et de ses instructions adressées à Schulenburg, il voulait dans la mesure du possible, éviter que l'impression de l'urgence se fasse sentir. Les russes, à l'instar de joueurs rusés, ont joué à leur rythme, obligeant Hitler à se découvrir. Les hésitations de Hitler ne peuvent s'expliquer, en plus de ses réticences à se commettre avec les soviétiques, qu'en raison des espoirs qu'il nourrissait encore à l'encontre de la Pologne et de l'Angleterre pour éviter la guerre. Afin d'y parvenir, il devait sans aucun doute en simuler l'intention contraire avec le plus grand sérieux. Du reste, ses démarches diplomatiques juste avant la guerre, prouvent que Hitler ne voulait pas du tout aboutir à une confrontation militaire. En plus des canaux officiels, il s'est servi de voies officieuses, comme par ex. le suédois Dahlerus. L'annulation de l'ordre de marche l'après-midi du 25 août sur l'intervention de Père, après qu'ait été connue la ratification du traité anglo-polonais (17), est tout à fait significative. S'il ne s'était agi pour Hitler que de se couvrir du côté russe, afin de se consacrer à sa « querelle d'allemand », alors aucune intervention n'aurait pu empêcher l'exécution de cet l'ordre de marche. Or, son annulation contenait de grands risques militaires et surtout politiques.

(17) Below, op cit p 187/88.

La Pologne et le déclenchement de la guerre

Grâce au traité avec la Russie, l'Allemagne croyait encore à une chance de parvenir malgré tout à un arrangement avec la Pologne. La revendication de l'Union soviétique d'obtenir un droit de passage à travers la Pologne et la Roumanie, en cas d'alliance de revers contre l'Allemagne, aurait dû révéler aux dirigeants de la politique polonaise ses véritables intentions. Dans la situation de 1939, seule l'Allemagne pouvait venir au secours de ces deux pays en cas d'attaque de l'Union soviétique. Aucune puissance au monde n'aurait pu inciter la direction russe à retirer ses troupes des deux pays. Ironie, de l'histoire du monde, cela devait se vérifier quelques années plus tard ! Une politique raisonnable aurait même conféré à la Pologne, en tant qu'alliée de l'Allemagne une position relativement forte autant vis-à-vis de l'Union soviétique que du Reich.

Deux questions se posent à l'historien objectif :

1) Quelles étaient les raisons qui animaient le gouvernement polonais et quels buts a-t-il poursuivi, lorsqu'il n'a pas donné suite à la nouvelle offre de négociations après la conclusion du traité germano-russe ?

2) Qu'a recherché le gouvernement britannique avec la ratification du traité anglo-polonais alors qu'il se savait incapable de pouvoir aider militairement la Pologne. N'a-t-il pas laissé le gouvernement polonais s'engager dans une intransigeance suicidaire vis-à-vis du Reich ? Inexplicablement, la recherche historique officielle n'a pas tenté de trouver de réponses à ces deux questions.

Commençons avec la Pologne : est-ce que la déclaration du ministre polonais des affaires étrangères faite au ministre français Laval [en 1935], d'après laquelle, « la plus grande catastrophe à laquelle notre nation a dû faire face, était le résultat de l'action conjointe de deux pays, l'Allemagne et la Russie » n'était plus valable ? Cette lumineuse vérité confirmée par l'histoire, n'avait-elle avoir encore plus de valeur quatre années plus tard alors que l'Allemagne était redevenue un facteur de puissance ?

Même si l'on prête au ministre polonais des affaires étrangères Beck une inclination à la surestimation, qui le fait rêver d'une puissance et d'une influence polonaises, qui s'étendraient de la mer Baltique jusqu'à la mer Noire, on ne peut imaginer qu'il ait réellement cru pouvoir s'imposer militairement entre le Reich et l'Union soviétique.

Nous avons exposé les efforts américains dont le but était d'extraire la Pologne de l'influence de l'Allemagne, partant, de pousser à une confrontation avec le Reich. La prétendue conviction d'avoir les puissances occidentales, y compris les Etats-Unis derrière soi et la non moins prétendue conviction que les divergences entre l'Allemagne et la Russie étaient insurmontables, ont peut-être conduit le ministre polonais à se dérober aux propositions allemandes. Les négociations en vue d'un accord militaire entre la France et la Grande-Bretagne d'une part et avec l'Union soviétique d'autre part, ont peut-être conforté Beck dans l'opinion qu'il aura le dos libre, s'il devait en arriver à une confrontation avec le Reich uniquement à cause de Danzig (!).

Même si nous acceptons ces hypothèses, il n'en demeure pas moins que la politique de la Pologne après la conclusion du traité germano-russe reste totalement incompréhensible. Où est la clef qui nous permettra de comprendre le cheminement intellectuel du gouvernement polonais. Un cheminement qui, transposé dans la réalité, a entraîné d'une façon à nouveau suicidaire, la fin de l'indépendance de l'Etat polonais et avec lui la catastrophe nationale ?

Depuis 1938, des messages provenant de groupes d'opposants allemands présents toutefois dans les plus hautes sphères de l'Etat, ont incité le gouvernement britannique à demeurer « ferme » et à menacer Hitler, afin de contrecarrer sa politique. Nous connaissons déjà les auteurs de ces messages, le secrétaire d'Etat von Weizsäcker, le chef de l'état-major général Beck, le chef de l'Abwehr, l'Amiral Canaris, mais d'autres encore comme Schacht, Goerdeler, Kleist-Schmenzin, le comte Schwerin, Koerber etc. L'argumentation était toujours la même : la situation de l'Allemagne est misérable, d'où de bonnes chances de réussir un putsch, mais la condition pour cela doit être un échec « politique dévastateur » de Hitler ou la guerre.

C'est ici que réside l'explication de la politique incompréhensible de Beck. Celui-ci, et avec lui sans doute, l'état-major général britannique, espéraient que la déclaration de garantie britannique n'aurait pas même besoin d'être appliquée. Les deux devaient d'ailleurs être conscients qu'une aide militaire pour la Pologne ne serait pas même possible si elle devait se trouver dans les tenailles germano-russes.

L'ambassadeur britannique à Berlin a encore supplié à la dernière minute, l'ambassadeur polonais Lipski, de considérer au moins les propositions allemandes, et les a laissées traduire et lire le 31 août dans la matinée par Dahlerus et Ogilvie-Forbes. Il a finalement reçu la réponse suivante exprimée par Lipski :

> «...Il [Lipski] n'a aucune raison de s'intéresser à des notes ou des propositions allemandes. Il connaît bien la situation en Allemagne depuis cinq ans et demi qu'il y est ambassadeur. Lipski expliquait, être convaincu qu'en cas de guerre, des désordres surviendraient dans le pays et que les troupes polonaises marcheraient victorieuses sur Berlin. » (1)

Voilà ce qui s'était passé : le matin du 30 août, le fameux Kleist-Schmenzin, connu depuis 1938 pour ses activités, s'est rendu à l'ambassade de Grande-Bretagne. Kleist « qui était en rapports étroits avec le ministère de la Guerre », a donné un rapport circonstancié sur les plans militaires et son analyse de la situation dans le Reich, à l'attaché militaire britannique. Ce rapport a été transmis par Henderson au ministre des affaires étrangères Halifax, par un télégramme saisi par téléphone. Kleist-Schmenzin a donné les informations suivantes à l'attaché militaire ; elles ont été reprises dans le dit télégramme :

> « Hitler a contraint l'état-major général à modifier le plan d'attaque contre la Pologne. Il prévoyait que Varsovie devait être attaquée à partir de la Prusse orientale en suivant un axe nord-sud sur un front large, en coordination avec le gros des troupes de Bohême Moravie et de la Slovaquie de l'ouest qui avanceraient dans un axe nord-est vers Cracovie. Le nouveau plan repose sur une offensive directe à partir de la Poméranie et de la marche orientale contre Varsovie. Brauchitsch a expliqué qu'une attaque sur deux fronts n'entrerait pas en question, en raison de la possible forte résistance des troupes polonaises et que le nouveau plan n'emporterait pas de décision rapide. La ligne Siegfried n'est solide qu'à certains endroits, ce qui a été prouvé par différents essais. Les points faibles sont par exemple Fribourg, Saarbrücken, et Aix-la-Chapelle. L'état-major général craint qu'une percée à travers la ligne Siegfried soit possible. Hitler a subi une crise de nerfs après ma visite à Henderson le 23 août. L'état-major général veut profiter de l'état d'extrême nervosité de Hitler, afin de rendre possible un coup militaire mais il veut d'abord s'assurer que l'Angleterre ne se dérobera pas. Si l'état-major général savait qu'une attaque contre la ligne Siegfried était certaine, cela renforcerait sa position.
>
> L'ambiance dans l'armée de l'Air est bonne, mais pas dans l'Armée de Terre et c'est l'Armée de Terre qui en définitive décidera des événements. Les généraux Hammerstein, Beck et Rundstedt ont obtenu des commandements indépendants élevés, et ce sont des hommes en qui l'état-major général a confiance. Les concentrations allemandes se situeraient dans les secteurs de Landsberg-Schneidemühl-Schlochau. Tempelburg est le plus grand centre d'écoute et d'émission radio sur le front de l'Est. Si l'état-major général est définitivement convaincu que les rapports de Ribbentrop sur l'Angleterre sont faux, alors cela favorisera la situation des opposants. Transmettre à Varsovie. » (2)

(1) Dahlerus, *Der letzte Versuch* (la dernière tentative) p.110, *Die Kriegsschuld des Widerstandes*, p368 «A.v.Ribbentrop : «la responsabilité de la guerre de la Résistance»).

(2) DBFP VII, N°546.

Kirkpatrick dans la marge du rapport :

> «...Il ne m'est pas possible d'identifier cet officier d'après la description, mais je crois qu'il s'agit d'un officier à la retraite, qui est en contact avec les éléments réactionnaires de l'état-major général. Il nous a donné un tas d'informations assez fiables en septembre dernier, lorsqu'il s'est efforcé de nous amener à nous opposer à Hitler. Ce rapport a été lu au Premier ministre au matin du 31 août ». (3)

De cette information aussi il ressort que les conjurés voulaient laisser croire aux Anglais que Hitler était proche de s'effondrer. Un « coup » comme l'exprime Kleist-Schmenzin, aurait précipité la fin du régime. Dans un souci d'exhaustivité, il faut remarquer que des informations militaires détaillées, jusqu'aux installations techniques, sont portées à la connaissance de l'attaché militaire britannique, dont on souhaite que le pays déclare la guerre. Il n'est pas moins remarquable que le rapport a été transmis de Chamberlain immédiatement à Varsovie et, comme il transparaît dans les déclarations de Lipski, qu'il y a déterminé l'attitude totalement intransigeante des autorités polonaises, même après le pacte germano-russe.

Dans ce cas aussi, il faut se souvenir de l'affirmation selon laquelle Ribbentrop aurait prétendu que l'Angleterre ne serait pas prête à se battre, dans le but d'inciter les Britanniques à demeurer fermes. Nous avons reproduit le rapport de Père du 28 décembre 1937 et les « Conclusions » du 2 janvier 1938. Les deux rapports écrits sont en parfaite cohérence avec le rapport oral de Père. Soutenir le contraire, comme le font les conjurés, prouve au contraire leur intention à utiliser tous les moyens pour attirer le gouvernement britannique dans une confrontation militaire avec l'Allemagne qui provoquerait le déclenchement de la guerre ! Une fois de plus, les arrière- pensées d'une entreprise de diffamation systématique vis-à-vis de Ribbentrop sont mises à jour !

Ce qu'il y a cependant de piquant dans les activités de Monsieur von Kleist-Schmenzin, c'est qu'il avait lui-même exigé de Churchill l'année d'avant, le corridor à titre de « récompense ». Churchill comme on sait, a froidement éconduit le hobereau poméranien. (4) Nous pouvons dès lors faire la remarque pertinente suivante : la conspiration au sein de l'Etat allemand a cherché à contrecarrer la politique [de Hitler] pour, en fait, poursuivre les mêmes buts mais dans une forme beaucoup plus radicale.

Retournons d'abord aux motivations de la politique polonaise et par conséquent britannique. Ces deux Etats aussi ont supporté un grave dilemme. Le dilemme polonais était provoqué par la situation géopolitique du pays entre deux voisins surpuissants, le Reich allemand et l'Union soviétique. Pilsudski l'avait bien vu, il s'agissait d'obtenir un *modus vivendi* et de le maintenir. La Pologne devait si possible éviter de prendre parti. En ce sens, il est compréhensible que la Pologne hésite à se laisser incorporer dans le bloc anti-soviétique d'Europe centrale.

Il faut se mettre à la place de Beck. Il avait naturellement connaissance des plans de la conspiration allemande. Nous avons vu que le rapport de Kleist-Schmenzin contenant les plans de marche allemands, les informations militaires et la promesse d'un putsch militaire, a été transmis par Chamberlain à Varsovie. Beck était donc au courant des plans de la conspiration allemande.

Cette perspective constituait sans doute les fondements de sa politique, car même Beck, qui s'était promu « colonel », ne pouvait compter, fusse en surestimant le potentiel polonais, sur l'aide efficace de la Grande-Bretagne et de la France, dans le cas d'un affrontement avec le Reich dont l'allié était l'Union soviétique.

Beck n'avait pas seulement connaissance des plans de la conspiration allemande, il se trouvait également sous la pression massive des Etats-Unis et de l'Angleterre, l'engageant à ne pas s'entendre avec l'Allemagne. Comme il ne voulait pas miser sur la carte allemande, il s'est rangé sous la bannière anglaise en pensant avoir choisi le camp le plus fort, grâce au soutien des Etats-

(3) DBFP VIT notes.4 à 546.

(4) DBFP II, p 687 ss.

Unis. Il est resté inaccessible aux propositions allemandes, alors qu'il devait pourtant se dire qu'en procédant ainsi, il faisait courir un danger manifeste à la Pologne.

Dans ce cadre, la perspective d'un putsch en Allemagne représente la bouée de sauvetage dont la Pologne a désespérément besoin. Beck ne pouvait sans doute pas savoir que Kleist-Schmenzin, qui se prétend le porte-parole de la conspiration, avait lui aussi revendiqué le corridor auprès des Anglais, une revendication qui allait bien plus loin que celle exprimée par Hitler.

Un détail hautement intéressant est à prendre ici en considération. Il y avait à l'ambassade d'Allemagne à Moscou en 1939, un secrétaire de légation du nom de von Herwarth. Bien que pas tout à fait aryen, comme l'on disait à l'époque, il n'avait à subir aucune discrimination ni atteinte, mais jouissait plutôt d'une solide position en tant que diplomate au sein du ministère des affaires étrangères. Cet Herwarth a informé en permanence le diplomate américain Bohlen de l'état d'avancement des entretiens germano-russes et lui a finalement fait part des détails du traité, dont le protocole additionnel secret. Bohlen, naturellement, en a immédiatement référé au département d'Etat.

Il ressortait de ce protocole additionnel secret, qu'en cas de conflit, la Pologne devait être « partagée » entre les sphères d'intérêts, quoi que l'on comprenne par ces termes-là.

Cette intention de l'Union soviétique et du Reich allemand étaient donc connus de Roosevelt et du gouvernement britannique. Il est intéressant et évident que ni Roosevelt pas plus que Chamberlain n'ont tenu pour nécessaire d'en informer le gouvernement polonais, c'est-à-dire le gouvernement du pays qui était directement visé. Il est possible que cette menace mortelle qui résultait d'une convention entre Allemands et russes, aurait peut-être agi sur le gouvernement polonais dans un sens favorable [au Reich]. Le rapport de Kleist, conspirateur inconnu, a été en revanche immédiatement transmise à Varsovie. Ce qui est étonnant c'est que Herwarth n'ait pas non plus transmis ses informations sur l'accord germano-russe aux Polonais. Cela aurait été peut-être le plus sûr moyen d'éviter la guerre ; un motif que Herwarth a avancé pour justifier sa conduite.

Visiblement, il n'y avait pas d'intérêt du côté britannique ou américain, à ce que la question polonaise soit résolue par des moyens pacifiques. Il s'agit donc d'une « crise » qui n'était pas survenue par la volonté de Hitler, mais parce que des exigences humanitaires nationales et régionales concernant la population allemande en Pologne, étaient en jeu. La conspiration ne visait pas à éviter une guerre, mais bien au contraire à y conduire, afin de réaliser ses objectifs. Kordt n'avait-il pas qualifié la résolution pacifique de la question des Sudètes comme une « seconde meilleure solution », étant entendu que la meilleure solution était la déclaration de guerre, autrement dit le putsch ? (5)

La question qui concerne l'intérêt de l'Angleterre à empêcher une entente entre l'Allemagne et la Pologne reste ouverte. Que pouvait gagner l'empire planétaire britannique dans une confrontation avec l'Allemagne ? Déjà la Première guerre mondiale avait conduit la Grande-Bretagne à une prééminence mondiale. Les Etats-Unis, mais aussi le Japon et la Russie étaient grâce à leur taille, leurs ressources en matières premières, les puissances montantes. Il faut toujours garder à l'esprit que l'Allemagne était la plus faible des puissances de ce cercle, en raison de sa situation géographique et de son manque de matières premières. Or, c'est justement contre cette puissance-là que l'empire britannique croit devoir se tourner, en dépit de l'expérience de la Première guerre mondiale et surtout en totale ignorance des offres allemandes en direction d'une coopération durable, qui n'ont cessé d'être proposées par le gouvernement allemand depuis 1933.

La politique anglaise s'est opposée à une solution d'avenir et a donné la priorité à sa vieille politique séculaire du strict « équilibre européen », ainsi que la concevait au Foreign Office, Sir Eire Crowe et son fils spirituel Vansittart. Le « dilemme » pour la politique britannique résidait dans la menace que faisait peser sur son empire planétaire l'éventualité d'un nouveau conflit avec le Reich. On avait encore à l'esprit la force de l'Allemagne lors de la Première Guerre mondiale.

(5) Kordt, *Nicht aus den Akte*n (Pas dans les actes), p.278.

Elle conditionnait les soucis de l'Angleterre à l'égard de la plus forte puissance continentale dans une très importante mesure.

On ne voulait pas voir le contrepoids que représentait l'Union soviétique, qui relativisait largement la force du Reich allemand. Eventuellement, cela aurait laissé à la Grande-Bretagne, ensemble avec sa tête de pont continentale la France, le choix de s'allier avec l'une ou l'autre partie. Le dilemme britannique était en quelque sorte largement « fabriqué », mais il se posait quand même pour le gouvernement britannique comme un réel dilemme. L'histoire l'a confirmé dans toute son ampleur puisqu'il s'est exactement présenté comme [les Britanniques] le craignaient. **Les « hommes d'Etat » anglais du XXe siècle sont « parvenus » à faire ce que leurs prédécesseurs intelligents ont brillamment réussi à éviter pendant trois siècles. Réduire politiquement parlant la Grande-Bretagne à une petite île aux avant-postes du continent, plus ou moins dépendante de l'Europe, et laisser les Etats-Unis prendre la place de l'Empire britannique pour s'imposer comme la puissance la plus significative de la terre.** (*souligné par l'auteur, NdT*)

En l'année 1938 s'est présentée aux Britanniques une solution apparemment idéale, qui les aurait délivrés du dilemme. Cette solution idéale c'était la proposition formulée par la conspiration allemande, de renverser Hitler par un putsch militaire. Il ne faut pas beaucoup d'imagination pour comprendre qu'un putsch militaire après l'entrée en guerre de l'Allemagne aurait considérablement affaibli le Reich. Il n'aurait plus été en mesure, à court terme, d'entreprendre d'importantes actions de politique étrangère.

Justement, les revendications modérées que Hitler exprimait aux Polonais, contenaient le risque de voir la Pologne s'arranger finalement avec Hitler. C'est là que se trouve la clef de l'incroyable politique de la Pologne et du gouvernement britannique. La Grande-Bretagne et la France ont déclaré la guerre à l'Allemagne à la seconde même où la politique étrangère allemande est parvenue, grâce à l'accord germano-russe, à réaliser la coalition la plus puissante qui ait été imaginée.

Le gouvernement britannique a couru le risque d'une guerre dans l'espoir, que les conspirateurs allemands lui enlèveraient ce risque en renversant Hitler et par conséquent, en affaiblissant le Reich. Comme ceci, l'Angleterre aurait rétabli son strict équilibre européen, sans avoir eu à tenir compte du changement des rapports de force. Car en 1938, l'Angleterre n'était pas encore arrivée à un niveau d'armement suffisant pour courir le risque d'une guerre. (6) L'ambassadeur polonais à Paris, Lukasiewicz, a écrit dans un rapport du 29 mars 1939 au ministre Beck :

> «...que le but final des actions (de l'Angleterre, NDA) n'est pas la paix mais les conditions d'un effondrement de l'Allemagne ». (7)

Henderson cependant ne croit pas à la solution du putsch et il aura raison ! Néanmoins, mesurer le degré d'importance attribué par le gouvernement britannique au putsch est attesté par les documents britanniques. Dès après la visite de Kleist-Schmenzin chez Vansittart en 1938, Henderson déconseille, lors d'une conférence avec Chamberlain, Halifax, Simon, Vansittart et Wilson, de fonder de trop grands espoirs sur l'opposition interne allemande. (8) C'est ainsi que l'ambassadeur britannique rapporte en février 1938 à Halifax, sur la base des renseignements transmis par Forbes le 27 janvier à Londres, que Hitler projette d'attaquer la France en passant par la Suisse et les Pays-Bas : (9)

(6) Spitzy confirme ces réflexions expressément, dans ses efforts pour accréditer son importance en tant que résistant, lorsqu'il écrit page 330 op.cit. : «...une deuxième solution aurait été... de parvenir à une révolte de l'armée allemande...dont les préparatifs seraient déjà connus à Londres....»

(7) *Poln. Dok. Zur Vorgeschichte des Krieges!* (Doc. Pol. Les prémisses de la guerre !) Folge, éd. Birkhäuser, Bâle, Doc. 11 du 29.3.1939.

(8) Colvin, *Admiral Canaris Chef des Geheimdienstes* (Amiral Canaris, Chef des services secrets), éd. Wilhelm Frick, Vienne 1955, p. 85.

(9) Colvin, op.cit. p.184.

> «...Ma profonde conviction depuis mon retour ici est que Hitler ne pense en ce moment à aucune aventure, que toutes les histoires et rumeurs qui prétendent le contraire ne reposent sur aucun fondement... Je considère et j'ai toujours considéré comme une grave erreur, de leur accorder une importance exagérée, qui généralement est répandue par ces mêmes personnes qui tiennent la guerre pour l'unique moyen de renverser le régime Nazi. » (10)

Henderson fait une critique correcte de la situation, lorsqu'il ne croit pas à ce moment à une « aventure » de Hitler, car le 21 mars encore, Père renouvellera auprès de l'ambassadeur de Pologne, l'offre de Hitler de novembre 1938 et l'invitation à Beck de se rendre à Berlin. (11) Ce n'est que lorsque Beck déclinera brutalement (menace avec guerre) la proposition et au contraire se rendra à Berlin, que Hitler fait face à une nouvelle situation à laquelle il doit s'adapter. Le calcul du gouvernement britannique impliquant le putsch contre Hitler, transparaît de façon évidente (12) dans un rapport du conseiller d'ambassade Forbes à Halifax, le 3 janvier. Dans ce rapport, il contredit « l'idée encore très répandue dans les milieux dirigeants à Londres » selon laquelle la Grande-Bretagne pourrait provoquer « une révolution contre Hitler » dans le cas d'une guerre avec l'Allemagne. En l'année 1938, on ne connaissait encore que trop peu la conspiration en Angleterre. Pourtant, on bâtissait sur elle à Londres ! Quelle erreur fatale !

Le ministre français des affaires étrangères Bonnet écrit dans ses mémoires : (13)

> « On comptait sur une victoire rapide et légère, dans l'espoir d'un attentat qui était en préparation en vue de renverser le national-socialisme. Comme en 1938, on nous à en permanence raconté et prié au cours de la dernière semaine précédent la guerre : « tenez bon, les généraux allemands vont renverser Hitler ! »

A un autre endroit de ses Mémoires, il écrit :

> «...les déclarations de guerre (de la Grande-Bretagne et de la France à l'Allemagne) du 3 septembre devaient préparer la voie au coup d'Etat, que l'on nous a annoncé de façon si certaine. »

Et il est dit page 307 :

> « Ils (les généraux allemands) ont exposé à grand renfort de détails ce qu'ils avaient préparé contre Hitler et on se demande pourquoi ils ne sont pas passés à l'action.
>
> De la même manière et avec la même exactitude, on nous a annoncé en 1939 et après notre défaite en 1940, des conspirations militaires contre le Führer. Hitler a quand même vécu jusqu'en 1945 ! »

La conspiration n'a pas seulement impliqué l'Allemagne dans un conflit dramatique, sans en tirer les conséquences et sans mettre son putsch à exécution. La conspiration a également trompé la Pologne, l'adversaire de l'Allemagne, avec la promesse du putsch. La Pologne a succombé à l'une des plus dures catastrophes de son histoire. Finalement, l'Angleterre a perdu son empire planétaire et son poids international, parce qu'elle s'est reposée sur les promesses des conspirateurs allemands. Un historien britannique bien connu a demandé : *« pour quoi avons-nous donc combattu ? »* (14)

On ne lui a pas répondu : *«pour délivrer les pauvres allemands de Hitler »*. La Grande-Bretagne s'est bien battue sous les mêmes auspices en 1914-1918 contre le Kaiser. Elle combattait pour ses intérêts politiques, au sens large, ce qui est bien légitime. Si Madame Thatcher avait voulu af-

(10) Doc.IV, Nr. 118, p. 120-22, Henderson à Halifax du 18.2.

(11) Ribbentrop : *Zwischen London und Moskau* («Entre Londres et Moscou»), p.160.

(12) Doc. III, p. 515, p.561-564, rapport de Forbes à Halifax du 3.1.

(13) Bonnet, p. 307.

(14) Irving, *«Führer et chancelier du Reich»*, introduction.

fronter Kohl, elle en aurait eu le droit du point de vue anglais ; que cela eut été sensé ou insensé, cela aurait été laissé à l'appréciation des Anglais. En tant qu'Allemand aujourd'hui, il faut considérer les choses froidement.

Si l'on ne maîtrise pas bien les prémisses de la dernière guerre mondiale, on peut penser avoir affaire ici à un scénario de roman politique et d'espionnage. Malheureusement, ce n'est pas le cas comme le prouvent les citations suivantes, qui pour cette raison, doivent être mentionnées.

Dans le soi-disant « procès de la Wilhelmstraße » à Nuremberg, dans lequel de hauts fonctionnaires du Reich, entre autres, le secrétaire d'Etat aux affaires étrangères von Weizsäcker, ont été inculpés, il y a une lettre du conseiller d'ambassade de l'époque, Theo Kordt (il s'agit du même Kordt qui a apporté le mémorandum de Weizsäcker la nuit par une porte dérobée à Halifax), frère d'Erich Kordt le chef de cabinet de Père. Cette lettre a été présentée et expressément confirmée par une déclaration sur l'honneur de lord Halifax. On peut y lire les lignes suivantes :

> « Au cours des années 1938 et 1939, j'étais en contact étroit (parfois quotidien) avec le premier conseiller diplomatique du gouvernement de Sa Majesté, Sir Robert Vansittart. Mon frère (*Erich Kordt, NdA*), s'est rendu plusieurs fois à Londres, en dépit de l'évident risque que cela représentait pour sa sécurité, afin d'entretenir personnellement Sir Robert de la menace internationale qui pesait sur la politique internationale. Sir Robert m'a assuré qu'il vous (lord Halifax) ferait part immédiatement de cette information ; elle concernait notamment les plans de Hitler en vue d'un accord avec l'Union soviétique, les négociations d'alliance entre Hitler et Mussolini et le conseil exprimé par le mouvement de résistance d'exercer une pression sur Mussolini. »

Cette lettre du 29 juillet 1949 (15) de Kordt à lord Halifax est confirmée sur l'honneur par lord Halifax.

Il faut peut-être également conserver à l'esprit la déclaration de Best, l'ancien chef de la zone Europe centrale aux services de renseignements britanniques, sur les informations qui lui étaient soumises quotidiennement au cabinet britannique :

> «Au déclenchement de la guerre, notre Intelligence Service disposait d'informations fiables selon lesquelles Hitler devait faire face à une importante opposition d'hommes qui occupaient les plus hautes fonctions de l'armée et de l'administration. D'après nos informations, ce mouvement d'opposition avait pris de telles pro- portions, qu'il aurait même pu conduire à une révolte et au renversement des nazis. » (16)

Le ministre sud-africain de la défense, Pirow, évoque « l'ambiance de guerre des chauvinistes à Londres stimulée par les « traîtres allemands » et dit que « si une guerre devait éclater entre l'Angleterre et l'Allemagne, il faudrait compter sur une révolte contre Hitler. » (17) Qu'il soit finalement évoqué le célèbre écrivain français Paul Morand, qui a écrit dans ses Mémoires :

> « Les historiens français de la France libre peuvent raconter ce qu'ils veulent aux Français. J'étais avant eux à Londres, depuis juillet 1939 et j'ai pu suivre les efforts d'une petite minorité de va-t-en-guerre qui, avec Churchill, pas après pas, sont parvenus à leur but… » (18)

Le Premier ministre britannique en place, Neville Chamberlain a confié à son carnet quelques jours après le déclenchement de la guerre, le 10 septembre :

(15) Extrait *Das Urteil im Wilhelmstraßen-Prozeß* (« Le jugement dans le procès de la Wilhelmstraße »), Schwäbisch-Gmünd, 1950.

(16) Cité d'après *Der Monat*, juillet 1951, p.103.

(17) *Frankfurter Allgmeine Zeitung* du 5.4.52.

(18) Paul Morand, *Carnets* 1947 p. 403

> « Ce que j'espère n'est pas la victoire militaire, je doute fort qu'elle soit possible (I very much doubt the feasibility of that) mais un effondrement du front intérieur allemand. » (19)

C'est l'espoir d'une *« Patentlösung »* (20) qui laisse la Grande-Bretagne déclarer la guerre à l'Allemagne et cette solution idéale c'est « l'effondrement du front intérieur » par le putsch militaire, qui, comme l'a dit le ministre français des affaires étrangères Bonnet, « a sans cesse été annoncé ». Or, la conspiration a attiré la Pologne et la Grande-Bretagne dans la guerre à l'aide de ses promesses et est restée inactive au moment décisif !

En définitive, pourquoi n'a-t-on pas effectivement éliminé Hitler au moment du déclenchement de la guerre ? Est-ce que le vieux diplomate rusé qu'était Vansittart aurait eu des arrière-pensées, lorsqu'il a produit un affidavit rédigé en ces termes au procès de Nuremberg dans le cadre de la défense de mon Père :

> «Je n'ai jamais soutenu des traités avec les Allemands, puisque les Allemands les respectent rarement. »

Est-ce que Vansittart a pensé à l'accord passé avec les conspirateurs, qui n'ont jamais tenu leur parole ni à l'égard du gouvernement britannique, ni vis-à-vis des Polonais ? Cette déclaration d'où perce un ressentiment fondamentalement anti-allemand qui ne se limite pas à « l'Allemagne hitlérienne », trahit-elle l'amertume du « trompeur trompé », qui a reconnu les conséquences de ses erreurs, en laissant reposer entièrement sur de petits conspirateurs le destin de l'empire britannique ? Vansittart se sera rendu compte au cours de la guerre, que l'ère de l'empire britannique est parvenue à sa fin et qu'il a participé de façon déterminante à son rapide déclin. Son amertume est compréhensible !

Lorsque l'on reproche aux généraux de toujours préparer la guerre précédente, alors on peut dire de Vansittart et Churchill qu'ils ont reconduit la politique de 1914, c'est-à-dire celle de la guerre précédente. Vansittart était un pro. Comme un bon joueur de poker, il n'a pas montré ses cartes après la « victoire ». Il avait encore déclaré en 1939 :

> « L'Angleterre n'a pas besoin de service secret en Allemagne, les Allemands eux-mêmes viennent en masse et nous racontent tout. » (21)

C'est ainsi qu'il écrit le 31 août 1948, après une déclaration sur l'honneur (22)

> « Le fondement de mon attitude vis-à-vis de l'Allemagne était qu'il n'y a ou qu'il n'y aurait jamais une opposition, réelle ou efficace. »

Comme je l'ai entendu après la guerre, il a maintenu cette opinion négative également vis-à-vis des frères Kordt, lorsqu'ils se sont tournés vers lui pour qu'il confirme leur rôle d'opposants. C'est ainsi qu'ils ont finalement abordé Halifax pour obtenir cette déclaration. Le vieil Adenauer savait ce qu'il faisait en déclinant l'offre de services d'Erich Kordt au ministère des affaires étrangères : *« il a trahi Ribbentrop et saboté sa politique, qu'est-ce qui me prouve qu'il ne fera pas la même chose avec moi ? »* (23) Après la guerre, Kordt a trouvé une place dans le gouvernement de la Rhénanie-Westphalie où il avait le droit de s'occuper des consulats. A ce qu'on sait, il s'est donné la mort en se jetant dans le Rhin.

Cela sonne curieux de dire que les nations européennes impliquées dans la Seconde Guerre mondiale, la Grande-Bretagne, la France, la Pologne et le Reich allemand, ont toutes voulu éviter la guerre. Les gouvernements britannique, français et polonais espéraient un effondrement intérieur

(19) Feiling P. 418

(20) *«Patentlösung»* dans le jargon militaire, solution idéale.

(21) Boveri, vol II, p. 98.

(22) Rothfels, p.220.

(23) *Frankfurter Allgemeine Zeitung* du 15 avril 1950, p.2.

de l'Allemagne. L'Allemagne de son côté, ne pouvait pas imaginer que la Pologne laisserait les choses évoluer jusqu'à une confrontation.

Comment soutenir l'idée reçue selon laquelle Hitler avait voulu « sa guerre » contre la Pologne, alors qu'il a fait de très généreuses propositions pendant presque six mois ? En revanche, l'ambassadeur polonais avait déjà expliqué, dans son entretien du 21 mars 1939 avec Père, que la poursuite des revendications allemandes « se traduirait par la guerre avec la Pologne ! » (24) Il faut savoir que Danzig avait un gouvernement allemand élu librement (sous observation de la Société des Nations). Hitler avait réagi tranquillement et avait mandaté Père d'informer l'ambassadeur polonais, « qu'une solution ne pouvait évidemment pas être trouvée, s'il était maintenant question de guerre. » C'était fin mars 1939, visiblement il espérait encore un arrangement avec la Pologne !

La même chose vaut pour la Grande-Bretagne. Même si les annotations dans le carnet de Chamberlain, révélant ses espoirs en faveur d'un effondrement intérieur du Reich, n'étaient pas connues, on en viendrait à la même conclusion simplement en suivant la politique britannique qui a été menée. La Grande-Bretagne a-t-elle jamais remis son destin, ici la guerre ou la paix, entre les mains d'une puissance de second ordre ?

La ratification par la chambre des Communes du « chèque en blanc » à la Pologne indique clairement que la Grande-Bretagne croyait pouvoir éviter la guerre en se limitant à la déclencher, sans se mettre sous la dépendance totale et entière des Etats-Unis. La Pologne était l'agneau sacrificiel et elle a accepté ce rôle bien volontiers au profit de l'Angleterre, puisqu'il devait conduire à « l'effondrement intérieur ». Dans le rapport qu'il adresse au ministre Beck, l'ambassadeur polonais à Paris a reconnu qu'« il est naïf et en même temps injuste, de proposer à un Etat qui se trouve dans une situation comme la Pologne, de compromettre ses relations avec un puissant voisin comme l'Allemagne et d'entraîner le monde dans la guerre… » (25)

En d'autres termes : la Grande-Bretagne, la France et la Pologne ont entrepris une confrontation militaire avec l'Allemagne à un moment (26) où la diplomatie allemande a réuni la coalition d'alliances la plus forte depuis la création du Reich. Un début d'explication pour cette attitude incompréhensible se trouve sans aucun doute dans les promesses du président Roosevelt d'un large soutien des Etats-Unis. Mais comme l'aide américaine ne devait se faire sentir que sur le long terme, il ne restait que l'espoir du putsch.

A Nuremberg, après l'examen de son « cas », Père a rédigé des notes dans lesquelles le déroulement des événements qui ont effectivement conduit au déclenchement de la guerre, est relaté. Par conséquent, ces notes n'étaient pas destinées à assurer sa défense, mais devaient servir à l'Histoire en présentant son point de vue, puisqu'il devait être « éliminé » (c'est ainsi que nous avions reformulé sa condamnation à mort dans nos derniers entretiens). Je suis d'avis qu'il n'est pas sérieux, du point de vue de la recherche historique, et tout en rejetant le régime hitlérien, d'ignorer les notes du ministre allemand des affaires étrangères en place à l'époque. On doit au moins se confronter avec elles. C'est la raison pour laquelle j'en retranscrits les plus importants passages : (27)

> «La situation que j'ai trouvée à mon retour (de Moscou, le 25 août, NdA), était à l'évidence plus tendue qu'à mon départ…La crise a atteint son premier sommet le jour suivant mon arrivée à Berlin. Ce n'est qu'à ce moment que j'ai appris que Hitler avait eu en mon absence, un entretien très sérieux à l'Obersalzberg avec l'ambassadeur Henderson, qui lui a remis une lettre du Premier ministre britannique.

(24) Livre blanc du ministère des affaires étrangères : «Notes concernant l'entretien du ministre allemande des affaires étrangères et de l'ambassadeur polonais Lipski, le 26 mars 1939», *Weißbuch des dt.Ausw.Amtes: «Aufzeichnung über die Unterredung des deutschen Außenministers mit dem polnischen Botschafter Lipski am 26. März 1939.*

(25) Rapport de l'ambassadeur polonais à Paris Lukasiewicz au ministre polonais des affaires étrangères Beck du 29 mars 1939 sur un entretien avec l'ambassadeur américain à Paris, Bullitt.

(26) C'est quand même la Grande-Bretagne et la France qui ont déclaré la guerre à l'Allemagne et pas le contraire !

(27) Ribbentrop, *Zwischen London und Moskau* (« Entre Londres et Moscou »), p.186-204.

Celle-ci disait qu'un conflit meurtrier entre l'Allemagne et la Pologne entraînerait l'intervention de l'Angleterre. Dans sa discussion avec Henderson et dans une lettre adressée à Chamberlain du 23 août, Adolf Hitler a expliqué qu'il était fermement décidé à régler la question de Danzig et du corridor et qu'il ne tolérerait pas de provocation polonaise. Il verrait dans la mise en œuvre de mesures militaires un acte menaçant directement le Reich et, par conséquent, décréterait la mobilisation générale de la Wehrmacht. La situation était totalement engagée, le Führer était revenu à Berlin.

Le matin de mon retour de Moscou, c'est-à-dire le matin du dramatique 25 août, j'étais en train de discuter avec le Führer de la lettre de Chamberlain et lui ait proposé d'essayer une nouvelle tentative avec l'Angleterre. Juste après cet entretien, j'ai appris que de notre côté, des préparatifs militaires avaient déjà commencé. Hitler n'a sans doute pas pensé à ce moment que l'Angleterre déclarerait la guerre à cause de la Pologne. Au début de l'après-midi, j'ai pris connaissance par un fonctionnaire du ministère des affaires étrangères, de la ratification du traité anglo-polonais qui avait été conclu sans formes particulières le 6 avril. Je me suis rué vers la chancellerie afin d'inciter le Führer à stopper immédiatement toutes les mesures militaires en avançant l'argument que la ratification du traité d'assistance anglo-polonais signifiait la guerre avec l'Angleterre et qu'il fallait donc rappeler l'ordre de marche. » (28)

Père poursuit en disant que Hitler a écouté sans contester l'information que Père lui apportait et qu'il lui a donné raison en ordonnant à Keitel de stopper les manœuvres militaires. Ce n'est qu'à ce moment que Père a appris que « l'Italie ne ferait pas jouer les clauses du traité en cas d'une confrontation armée avec la Pologne ». Une fois de plus, il est caractéristique de la méthode de travail du Führer, que Père n'ait pas été informé de l'entretien avec Henderson le 23, ni de la mise en œuvre de mesures militaires italiennes le 25, ni de la communication de l'ambassadeur d'Italie ce même jour. Below fait remarquer que Père n'a jamais participé à aucune discussion militaire. Même dans la situation tendue des derniers jours d'août, il n'y a pas eu de réunions communes sous la direction de Hitler. Ce n'est seulement le **28** qu'il est à nouveau impliqué, après que Henderson se soit envolé pour Londres dans l'avion du Führer, afin de discuter de la situation avec le gouvernement britannique. Père poursuit :

« Le 28 août à 17 heures, Henderson s'est envolé pour Berlin, porteur d'un mémorandum rédigé par le gouvernement britannique. Ainsi commence la phase déterminante de la crise. Trois heures avant son envol pour Berlin, le 28 août à 14 heures, le gouvernement britannique a demandé par télégramme à Varsovie, si le gouvernement polonais lui donnait les pleins pouvoirs, pour qu'il fasse part au gouvernement allemand, que la Pologne serait prête à entrer immédiatement en discussion avec l'Allemagne.

Le mémorandum du gouvernement britannique destiné à Adolf Hitler contient la mention suivante : « le gouvernement de Sa Majesté a d'ores et déjà reçu un accord de principe du gouvernement polonais, disant que celui-ci était disposé, sur ces fondements, à entrer en pourparlers. » Par « fondements », il fallait comprendre que les intérêts vitaux de la Pologne seraient préservés et qu'un accord germano polonais qui resterait à trouver, devra être garanti internationalement.

Dans le « livre bleu » publié par le gouvernement britannique après le déclenchement de la guerre, il manque ostensiblement cet accord de principe de la Pologne. Il a nécessairement dû parvenir à Londres entre 14 heures, heure de la demande, et

(28) Below, op.cit. p.187 Sur les mémoires de Below, Gitta Sereny écrit dans son livre consacré à Speer : *« je tiens le livre de Below pour un document unique, parce qu'un homme, de façon simple mais honnête, fait la première tentative d'exposer les choses.»*

17 heures, heure du départ de Henderson. Jusqu'à aujourd'hui, le texte de la réponse du gouvernement polonais, déterminant pour la compréhension de la suite des événements, est tenu secret.

Le Premier ministre britannique Chamberlain a expliqué avec entrain, le 1er septembre, que « tous les documents essentiels sont accessibles au public ». Il manque néanmoins ce document très important… Lors du procès de Nuremberg, ma défense a demandé la présentation de la note rédigée par la Pologne le 28 août en réponse au gouvernement britannique. Il n'a pas été donné suite à cette demande ! »

Le **28 août** à 22h30, Henderson donne le mémorandum à Hitler. Père en restitue le contenu, selon lequel le gouvernement britannique s'accorde avec Hitler sur le fait que la menace actuelle réside dans les conditions de traitements des minorités allemandes par la Pologne. D'après lui, il faudrait engager des négociations directes entre l'Allemagne et la Pologne, tout en partant du principe qu'un accord devra être garanti par les autres puissances.

Père poursuit :

« L'après-midi du lendemain (29.8), Henderson a été prié de se rendre à 18h45 à la Chancellerie du Reich. L'ambassadeur britannique est devenu si virulent au cours de la conversation, [qu'] il s'est même permis de taper du poing sur la table, un comportement qui, comme l'a dit plus tard le Führer à Heß, l'aurait conduit à interrompre l'entretien, si je n'étais parvenu à calmer les esprits et à éviter un échec des négociations. »

(On doit se rappeler à cet instant, le conseil que la conspiration allemande a donné aux Britanniques en l'année 1938, d'après lequel on devrait envoyer un général à Hitler qui frapperait de la cravache sur la table, le seul langage que Hitler comprendrait. Est-ce que Henderson a pensé à cette suggestion ?) Adolf Hitler a finalement donné sa réponse à Henderson par écrit. De cette réponse il ressort que, le gouvernement du Reich

1) en dépit de l'appréciation sceptique des perspectives pouvant apparaître de telles discussions directes avec le gouvernement polonais, est disposé à accepter la proposition anglaise ;

2) accepte la proposition transmise par le gouvernement britannique d'envoyer une personnalité polonaise disposant des pleins pouvoirs à Berlin et qu'elle compte sur la venue de cette personnalité le mercredi 30 août ;

3) n'a jamais eu le dessein d'attaquer les intérêts vitaux de la Pologne ou de remettre en question l'existence d'un Etat polonais indépendant ;

4) étudierait immédiatement les propositions d'une solution acceptable et, dans la mesure du possible, les soumettraient également au gouvernement britannique dans l'attente de l'arrivée du négociateur polonais.

Avec cette déclaration, Adolf Hitler avait accepté sans équivoque, la proposition britannique de négociations immédiates, directes et sur un pied d'égalité avec la Pologne. On ne peut que soulever la question fatale mais essentielle à l'appréciation de la suite : quand et dans quelles formes le gouvernement britannique a-t-il assumé sa propre responsabilité qui était de soumettre cette proposition au gouvernement polonais ?

L'ambassadeur Henderson a donné la réponse allemande au gouvernement britannique le **29 août** au soir par télégramme. Le rapport de Henderson est arrivé à Londres, comme il apparaît dans le « livre bleu », la nuit à 0.15 heure. La première réaction immédiate du gouvernement britannique est un télégramme vers Berlin disant qu'il est « insensé » (*unreasonable*, en anglais dans le texte, NdT) d'espérer un représentant polonais pour commencer les négociations, sous 24 heures. Henderson informe lord Halifax par télégramme le 30 août qu'il a remis la réponse du gouvernement britannique [aux Allemands]. Il cite au passage une remarque d'Adolf Hitler, d'après qui il suffit d'une heure et demie pour voler de Varsovie à Berlin. Henderson ajoute un commentaire personnel où il incite la Pologne à « mordre dans le fruit amer » de cette tentative de la onzième heure, afin d'établir un contact direct avec Hitler, ne serait-ce que pour convaincre le monde, que la Pologne est prête de son côté à être sacrifiée pour la préservation de la paix...

Le gouvernement britannique n'a cependant donné aucune suite à la recommandation de son ambassadeur berlinois, de ne pas décliner spontanément l'offre de Hitler. Il n'a pas transmis la réponse de l'Allemagne immédiatement à la Pologne et, par conséquent, a fait sciemment traîner la réponse des Allemands. Il a bien informé rapidement l'ambassadeur britannique à Varsovie, Sir Kennard, mais lui a enjoint, de ne pas informer le gouvernement polonais de la réponse de Hitler, avant qu'il n'ait reçu d'instructions complémentaires de Londres. (29)

Il est historiquement hautement intéressant de découvrir le rapport qu'il y avait entre les instructions du gouvernement britannique à son ambassadeur à Varsovie et le fait que, ce même **30 août**, la mobilisation générale ait été décidée en Pologne, même si la mobilisation n'avait pas été rendue publique. Le moment choisi de cette mobilisation générale, dont nous avons été informé confidentiellement le jour même, est d'une très haute importance pour l'appréciation globale. Elle se trouve en contradiction totale avec la soi-disant intention de la Pologne d'accepter une négociation directe avec l'Allemagne. »

Ce n'est que le 30 août après-midi, que l'ambassadeur britannique à Varsovie est autorisé par son gouvernement à faire connaître le texte de la réponse allemande. En même temps le conseil est donné au gouvernement polonais, « d'être prêt » sous certaines conditions et « sans délai », à entamer des négociations directes. Ce conseil n'a pas été donné dans la but de dénouer la crise mais, comme il est dit sans ambages, « en considération de la situation intérieure en Allemagne et de l'opinion publique internationale » *(from the point of view of the international situation in Germany and of world opinion, en anglais dans le texte NdT)*. L'allusion à « la situation intérieure de l'Allemagne » ne peut que révéler l'intention de présenter Hitler comme un fou de guerre, condition psychologique de masse pour le putsch préparé et promis.

Il est intéressant de noter que Henderson n'a remis qu'autour de minuit le 30 août un mémorandum supplémentaire au gouvernement britannique, c'est-à-dire après l'écoulement de l'échéance que les Allemands avaient proposée pour la venue d'un plénipotentiaire polonais. Le gouvernement britannique qui avait exigé le 28 d'entreprendre immédiatement des négociations directes sous prétexte qu'il s'agissait « logiquement du prochain pas », propose maintenant une discussion germano-polonaise sur la « manière de prendre contact et les préparatifs pour la discussion » *(method of contact and arrangements for discussions, en anglais dans le texte, NdT)*.

Père écrit sur les heures dramatiques :

« En me remettant la note britannique, l'ambassadeur Henderson m'a informé, que le gouvernement britannique n'était pas en mesure de recommander au gouvernement polonais de répondre favorablement à la proposition de pourparlers proposée par les Allemands. Il recommande de passer par la voie diplomatique courante, c'est-à-dire en remettant les propositions à l'ambassadeur polonais et que les choses suivent leur cours...

(29) Ambassadeur Sir H. Kennard au ministre anglais des Affaires Etrangères Halifax, Varsovie 30 août 1939 ? Livre bleu britannique, p. 182 : «...je ne vais naturellement pas émettre d'opinion vis-à-vis du gouvernement polonais, ni transmettre la réponse de Monsieur Hitler, avant de recevoir mes instructions, ce qui, je l'espère, devrait se passer rapidement.»

Au cas où le gouvernement allemand voudrait aussi soumettre ces propositions au gouvernement britannique et que celui-ci considérerait qu'elles constituent une base raisonnable pour une résolution des différentes questions, alors il userait de son influence à Varsovie pour aboutir à une solution.

De mon côté, j'ai avisé Henderson que des informations confidentielles nous étaient parvenues au cours de la journée, d'après lesquelles la mobilisation générale polonaise avait déjà été ordonnée. De plus, je lui ai fait remarquer que, du côté allemand, nous avions attendu en vain un représentant plénipotentiaire polonais et que, donc, la question d'une éventuelle proposition ne pouvait plus être d'actualité. Toutefois, en guise de dernière tentative de solution, j'ai lu à l'ambassadeur, les propositions allemandes que Adolf Hitler a personnellement rédigées et qu'il m'a remises avec des instructions précises, et les ai détaillées une à une.

Le Premier ministre Chamberlain a prétendu dans son discours à la chambre des Communes le 1er septembre 1939, que cette lecture a eu lieu *« at top speed »* (à toute allure, NdA). Le contraire est vrai. (30) L'affirmation de Chamberlain est d'autant plus étrange qu'il ressortait plus tard du rapport de Henderson fidèlement reproduit dans le livre bleu anglais publié par le gouvernement anglais, que Henderson avait parfaitement saisi tous les points essentiels de la proposition allemande et les avait transmis à son gouvernement.

Dans son livre de souvenirs « Failure of a mission » (p.273), Henderson rapporte à qu'il a lui-même présenté les points principaux de notre proposition après notre entretien à l'ambassadeur Lipski ; il était 2 heures du matin. Henderson remarque à ce sujet qu'il ne les avait pas trouvés injustes et avait recommandé à Lipski que son gouvernement propose immédiatement une rencontre entre les maréchaux Ridz-Smigly et Göring.

Lorsque je suis retourné à la chancellerie après l'entretien, j'ai fais mon rapport au Führer. Estimant que Henderson était très sérieux, ma conviction que la clause d'assistance anglaise pour la Pologne allait entrer en vigueur, s'était trouvée renforcée. J'ai recommandé, que l'on donne à l'ambassadeur Henderson par écrit les propositions que je lui avais lues. Hitler était contre cette idée, mais il a autorisé, dans la matinée du **31**, que l'on fasse parvenir le texte à l'ambassadeur anglais par le biais de Göring-Dahlerus. Adolf Hitler ce jour-là, a encore attendu une intervention de l'Angleterre, en l'occurrence l'apparition d'un représentant plénipotentiaire polonais et finalement, le soir du 31 août, a laissé les propositions allemandes être diffusées par la radio. La réponse immédiate de la radio de Varsovie était une provocation ouverte. » (31, 32)

L'essentiel des propositions allemandes était :

1) retour de Danzig au Reich

2) Référendum dans le corridor dans un périmètre s'étendant de la mer Baltique jusqu'à la ligne Marienwerder-Graudenz-Kulm-Bromberg-Schönlanke. Droit de vote pour tous les Polonais et les Allemands qui ont vécu dans ce territoire au 1er janvier 1918. (que l'on suive cette ligne sur la carte et l'on verra que seule une partie relativement petite du nord du corridor était concernée par le référendum)

(30) Mais le conspirateur interprète Dr Paul Schmidt, écrit dans son livre *Statist auf diplomatischer Bühne* (Figurant sur la scène diplomatique), p. 459 : «Ribbentrop a lu les propositions à Henderson en allemand (Henderson parlait couramment allemand), sans se presser particulièrement, comme il a été souvent prétendu par la suite, au contraire, il a donné des précisions sur certains points.»

(31) Sous le 10 septembre 1939, Chamberlain a inscrit dans son carnet : «je crois que Hitler a sérieusement recherché (*seriously contemplates*, en anglais dans le texte, NdT) un arrangement avec nous et qu'il a tout aussi sérieusement étudié les propositions qu'il a ensuite diffusées à la radio ! »

(32) Texte complet des propositions allemandes en annexe.

3) Gdingen en est exclu et demeure polonais

4) Les propositions restantes se rapportent à des voies d'accès libres pour l'Allemagne et la Pologne, les droits des différentes minorités, la démilitarisation de Danzig et de Gdingen, les contrôles internationaux etc. Le texte complet est en annexe.

Les notes de Père à Nuremberg continuent :

> Le livre bleu anglais montre que le gouvernement britannique au 31 août à 9.30 heures, était en possession du rapport de Henderson.

Comme Henderson avait informé l'ambassadeur Lipski dès 2 heures du matin, il n'est pas concevable qu'il n'ait pas informé son propre gouvernement sur le contenu et l'issue de l'entretien avec moi si tardivement. Il est également démontré, que le *Daily telegraph*, le matin du 31 août, mentionnait qu'il s'était tenu une session nocturne du cabinet anglais, au cours de laquelle les propositions allemandes avaient été discutées. L'édition du grand quotidien anglais a été ostensiblement retirée et remplacée par une autre qui ne contenait plus cette information. (33)

Le fait est, que dans la matinée du 31 août, les propositions allemandes étaient connues aussi bien à Londres qu'à Varsovie et le fait est, que le gouvernement anglais n'a plus entrepris, au cours de ces jours décisifs, pour surmonter la crise. Une intervention anglaise aurait pourtant pu le permettre, même le 31 août. Il suffisait juste d'autoriser l'ambassadeur Lipski à recevoir les propositions allemandes, mais même cela n'a pas été tenté.

« Le soir du 31 août à 18.30 heures, l'ambassadeur de Pologne Lipski est venu me parler. Il m'a dit que le gouvernement polonais « serait favorable à la proposition du gouvernement britannique », une réponse formelle en ce sens parviendrait « prochainement » au gouvernement allemand. Cela dit, Lipski m'a précisé expressément qu'il n'avait aucun pouvoir pour recevoir les propositions allemandes ou entreprendre effectivement des négociations. Le même jour, le ministre polonais des affaires étrangères a fait part oralement à l'ambassadeur britannique Kennard, que l'ambassadeur polonais à Berlin n'avait aucun pouvoir pour recevoir la moindre proposition allemande. (34)

Avec la diffusion publique de ses propositions, le gouvernement allemand avait encore donné une opportunité au gouvernement polonais d'accepter de reprendre les négociations. Les événements auraient encore pu être corrigés, si le gouvernement polonais avait, par le biais de sa radio, exprimé un avis positif alors que la balle se trouvait dans son camp. La radio de Varsovie a effectivement répondu le 31 août. Mais cette réponse qui manque dans le livre bleu, n'évoque qu'une « proposition éhontée » et la rejette indignée. L'Allemagne a vainement attendu un envoyé de Pologne. La réponse du gouvernement de Varsovie consiste en la mobilisation générale.

L'attitude polonaise n'est compréhensible, que si l'on tient compte de deux paramètres, qui ne sont devenus publics en partie qu'au cours du procès de Nuremberg :

> 1. Non seulement le gouvernement britannique n'a rien entrepris de déterminant à Varsovie afin de résoudre la crise, mais au contraire, il a considéré qu'une éventuelle visite du ministre polonais des affaires étrangères Beck à Berlin « ne serait pas souhaitable ». Visiblement, on craignait que Beck ne parvienne quand même à une solution pacifique au cours d'un entretien avec Adolf Hitler.
>
> 2. L'ambassadeur Lipski, visiblement informé des intentions des cercles d'opposants allemands, était d'avis « qu'un putsch militaire allait éclater en Allemagne avec le déclenchement de la guerre », que « Adolf Hitler serait éliminé » et que « l'armée polonaise serait dans six semaines au plus tard, à Berlin ». (35)

(33) Déclaration de Hans Fritzsche au procès de Nuremberg 28 juin 1946, session du matin, protocole de session vol. XVII p.214.

(34) Livre bleu anglais, doc.96.

(35) cf. Déclaration de Dahlerus au procès de Nuremberg, session du matin, du 19 mars 1946, protocoles de session vol. IX, p. 521.

«Le 2 septembre, Mussolini a encore tenté une résolution de la crise. Il a proposé une conférence internationale qui se réunirait le 5 septembre et qui aurait pour but de « soumettre les conditions du traité de Versailles, responsables des troubles permanents de la vie européenne, à une révision ». Le Duce a laissé savoir qu'il pourrait convoquer une telle conférence « à condition que les armées restent sur place ».

Nous avons accepté cette proposition et lorsque la France l'eut également acceptée, il nous a semblé pendant quelques heures ce **2 septembre**, que la paix pouvait être sauvée. Seul le gouvernement britannique par le biais de lord Halifax, a décliné cette dernière offre de paix dans l'après-midi du 2 septembre à la chambre des Lords ».

Chamberlain note dans son carnet au 10 septembre :

« Les dernières agonies longuement prolongées *(the final long-drawn-out agonies, en anglais dans le texte, NdT*), qui ont précédé la vraie déclaration de guerre, ont été aussi insoutenables que possible. Il nous importait d'empirer les choses *(we were anxious to bring things a head)* mais il y avait ce faisant trois complications : les négociations secrètes qui étaient menées par un intermédiaire neutre avec Göring et Hitler, la proposition de conférence internationale de Mussolini, et les efforts des Français de repousser le plus possible la vraie déclaration de guerre, jusqu'à ce qu'ils aient évacué les femmes et les enfants et mobilisé leur armée ; il n'y avait pas grand-chose que nous pouvions révéler là-dessus à notre opinion publique… *(there was very little of this we could say in public, en anglais dans le texte, NdT*)
Il note sous la même date : «… je crois que Hitler a sérieusement recherché *(seriously contemplates, en anglais dans le texte, NdT*) un arrangement avec nous et qu'il a tout aussi sérieusement étudié les propositions qu'il a ensuite diffusées à la radio ! (36)

Père a évoqué son rôle personnel lors de ces jours, après que son cas ait été défendu au procès de Nuremberg, donc pratiquement sous la potence. Ce mémoire ne sert pas sa défense mais la vérité historique, telle qu'elle s'est présentée à lui. Je me sens responsable, non pas seulement en tant que son fils mais surtout en tant que citoyen hautement concerné de ce pays. Père écrit :

« Mon rôle dans la crise polonaise est tellement évident, que pas un seul homme au monde ne peut m'accuser d'avoir voulu la guerre, s'il se donne la peine de vérifier les faits. Je n'ai rien à cacher à l'Histoire et je sais, que j'ai tout fait pour agir de façon mesurée en ces jours de crise, pour parvenir à une solution pacifique. Je n'ai pas non plus laissé le Führer dans l'ignorance de l'importance des risques qu'il courait…

Evidemment, j'ai adopté en ces jours de crise, et afin de soutenir la politique du Führer, une attitude sans concession car là résidait pour nous l'unique chance d'amener l'ennemi à un compromis. Si j'avais eu une attitude hésitante et équivoque, il ne m'aurait été en aucun cas possible d'espérer convaincre la partie adverse d'être bien disposée à l'égard de la paix.

Il n'y a aujourd'hui plus de doute, que dans les deux derniers jours d'août, l'Angleterre a eu la possibilité, d'écarter la crise et donc la menace de guerre en faisant un signe à Varsovie. Que le gouvernement britannique ne l'ait pas fait montre que l'Angleterre était décidée à faire la guerre. »

Hitler n'a pas voulu la guerre avec la Pologne ! Il m'est impossible d'oublier l'air très soucieux de Père lorsque j'ai pris congé de lui pour entrer comme recrue dans le régiment *« Deutschland »* à Munich-Freimann. Ce n'était pas la conséquence de ces soi-disant faux conseils donnés à Hitler sur les intentions de guerre de l'Angleterre, mais au contraire, celle d'avoir vu juste depuis 1938. Il ne pouvait pas avoir connaissance dans les premiers jours de l'année 1939, des informations qu'il a portées sur le papier en 1946 dans sa cellule à de Nuremberg, peu avant son exécution.

(36) Feiling, op.cit. p.416 ss.

> **« Nous ne savions toutefois pas encore à l'époque, que l'on fondait à Londres tous les espoirs sur le groupe de conspirateurs déjà évoqué, composé de hauts gradés de l'armée et de hauts fonctionnaires de l'Etat et par conséquent que l'on espérait une victoire rapide sur l'Allemagne. Ces cercles de conjurés ont donc une responsabilité écrasante dans le déclenchement de la guerre. Ils ont pourri tous nos efforts en vue de parvenir dans les derniers jours d'août à une solution pacifique et ont sans doute donné l'impulsion déterminante dans la décision anglaise de déclencher la guerre. »** (37) *(surligné par l'auteur, NdT)*

Hitler voulait parvenir à consolider la position du Reich en Europe centrale sans faire de guerre ! L'affirmation est tout à fait plausible, si l'on considère objectivement les faits. On doit à nouveau se poser la question, « Qui bono ?», que lui aurait apporté la guerre ? Pour l'Allemagne, qui se trouvait dans une situation désespérée, sans grandes ressources au centre de l'Europe, la guerre aurait toujours signifié un risque extraordinaire. Justement, pour parvenir à consolider sa position, la politique allemande devait à la fois courir des risques et tout faire pour éviter une confrontation armée. Cela ne tenait pas à la seule volonté du gouvernement du Reich !

Les rapports avec la Pologne s'étaient tellement tendus après les refus opposés au Reich, qu'il fallait désormais se préparer à clarifier la situation dès que l'Allemagne aurait réuni la plus forte coalition. Cela ne servait à rien de prolonger l'attente. L'intransigeance de la Pologne aurait conduit à des risques politiques encore plus importants et le temps jouait désormais contre le Reich, si l'on considère le soutien américain et les efforts d'armement de la Grande-Bretagne et de la France.

Mais le point le plus important pour juger de la politique allemande, était la menace potentielle par l'Union soviétique. Hitler devait en tant que politicien visionnaire, organiser l'Europe de l'Est sous le leadership allemand pour prévenir une possible expansion de l'Union soviétique. Il ne pouvait pas se contenter d'assister à l'évolution des choses. Imaginons que l'Union soviétique se soit appropriée de quelque manière que ce soit, les champs pétrolifères de Roumanie. Le Reich se serait retrouvé coupé de son « Hinterland » naturel, les Balkans et par conséquent aussi, de ses uniques sources et voies d'approvisionnement en pétrole. La Tchécoslovaquie était un allié de l'Union soviétique, qui avait aussi traditionnellement de bonnes relations avec la Yougoslavie. Les revendications de Moscou, que Molotov a présentées en 1940 à Hitler et Ribbentrop, exprimaient sans fard les objectifs que Moscou poursuivait. La coalition, mise en place à l'été 1939 avec l'Union soviétique, devait servir à régler la question polonaise et à occuper une position semi-consolidée en Europe centrale.

Si j'affirme avec conviction, et sur le fondement des informations données par les parents à l'époque, qu'on ne voulait pas mener de guerre du côté allemand, cela n'excluait pas d'y être contraint. Une preuve supplémentaire se trouve dans l'absence totale de préparation de l'Allemagne à cette éventualité. Autrement dit, c'est un reproche à l'adresse de Hitler, comme il ne peut en être formulé de plus sévères (38). Il appartenait à Hitler de parer à cette éventualité, ainsi que son ministre des affaires étrangères le lui disait dès 1938 et à plusieurs reprises par la suite.

Les succès militaires sensationnels en Pologne et à l'Ouest ont leur cause dans l'utilisation tout à fait surprenante des grandes unités motorisées et non dans la qualité des armes allemandes, et moins encore dans la conception et l'organisation de l'armement allemand. La production de guerre n'a atteint qu'au cours de l'année 1944 son niveau maximum, en dépit des attaques aériennes ; une preuve que le Reich était à peine préparé pour une confrontation militaire et que la direction du Reich l'avait complètement négligée.

Un souvenir personnel à cet endroit : au cours de l'hiver 1939/1940, alors que mon régiment était stationné à Würzburg, Mère m'y a rendu visite et m'a demandé combien, d'après moi, de *U-Boote* évoluaient dans les eaux britanniques. Je savais que Père, lors de la conclusion de l'accord naval de 1935, avait convenu d'un rapport établissant la flotte allemande à 35% du tonnage total

(37) Ribbentrop, *Zwischen London und Moskau* (« Entre Londres et Moscou »), p.203.

de la flotte britannique, qui pouvaient ensuite être répartis diversement entre les différents types d'unités navales. En d'autres termes, il était possible de construire davantage de *U-Boote* au détriment des grandes unités de surface. J'estimais donc à trente le nombre d'*U-Boote* dans les eaux territoriales britanniques, lorsque Mère m'a annoncé qu'il y en avait deux ! J'étais très choqué ! Les chiffres ont peut-être varié, il est en tous cas évident que l'on avait totalement négligé de porter tous les efforts de production sur l'arme qui devait avoir les plus grandes chances de succès contre (38) la Grande-Bretagne. Ces négligences contredisent une fois de plus l'affirmation selon laquelle Hitler aurait voulu « sa guerre » et l'aurait préparée depuis longue date !

De nos jours, on se demande souvent pourquoi Hitler a utilisé la force à l'égard de la Pologne en 1939. Son ministre des affaires étrangères n'a cessé d'attirer son attention sur le risque, tôt ou tard, d'un affrontement avec la Grande-Bretagne et la France. Au cours des journées tendues de la fin août 1939, le ministre des affaires étrangères était parvenu le 25 août, à rattraper un ordre de marche contre la Pologne. Après de vains efforts pour parvenir à un accord avec le gouvernement polonais, l'ordre de marche des troupes a finalement été diffusé le 1er septembre.

Nous avons montré que la thèse de la propagande d'après laquelle Hitler était « extatique » à l'encontre de « sa » guerre ne résiste pas à l'épreuve des faits.

Pourquoi n'a-t-il alors pas attendu dans l'espoir que les Polonais finiraient par entendre raison et accepter de négocier sur la question du corridor ? La question est le fruit de la lecture rétrospective et bien connue de l'histoire et ne tient pas compte de l'évolution politique mondiale qui a finalement conduit à la fin de l'été 1939 à une situation extrême.

Pour pouvoir répondre à la question, il faut prendre en considération les facteurs suivants :

> Les productions de guerre de l'Angleterre et de la France atteignent un rythme élevé et sont soutenues par les Etats-Unis. Daladier l'avait confirmé dans son discours à la Chambre du 26 janvier 1939. Dès lors, sur le terrain de la production de guerre, le temps jouait contre le Reich (indépendamment du fait que la partie allemande n'avait rien entrepris concernant les efforts d'armement nécessaires) puisque les puissances de l'Ouest disposaient, de par les Etats-Unis, des ressources de pratiquement toute la terre.
>
> La politique étrangère allemande est parvenue à monter une coalition forte par le biais du pacte avec l'Union soviétique. Grâce à ce paramètre, il était devenu possible de neutraliser le dessin de la frontière, qui était politiquement et stratégiquement très défavorable et constituait la frontière orientale et de consolider la position du Reich, soit par des négociations soit, en dernière extrémité, par l'action militaire.
>
> Les initiatives des politiques de l'Ouest vis-à-vis de Staline, lui ont laissé à tout moment l'occasion de se déterminer pour ou contre l'Allemagne.
>
> La Pologne s'est délibérément déterminée et de la manière la plus outrancière, contre l'Allemagne. Que l'on se souvienne de la déclaration de l'ambassadeur polonais Lipski à Père en mars 1939, qu'une poursuite de l'intention de rattacher Danzig au Reich signifiait la guerre avec la Pologne. L'attitude de la Pologne n'était pas tolérable à long terme en raison des liens étroits qui l'unissait à la Grande-Bretagne et à la France qui, de leurs côtés, avaient repris la vieille pratique diplomatique antiallemande dite « l'arrière-cour » du Reich, au début de 1939.

Pour résumer : face à la politique hostile de l'Ouest (Grande-Bretagne, France et Etats-Unis) à laquelle la Pologne avait complètement adhéré, il fallait consolider la position allemande en Europe de l'Est, pendant qu'on avait encore le dos libre grâce au pacte germano-soviétique. On savait parfaitement que l'on ne pouvait indéfiniment et absolument compter sur une politique amicale de l'Union soviétique à l'égard de l'Allemagne.

(38) cf. surtout Schustereit, «Va Banque« E.S. Mittler & Sohn et Burton E. Klein a.a.O. Harvard.

Service du travail

La guerre a commencé alors que j'étais enrôlé dans le service du travail. Quelques jours avant le début de la guerre, notre section avait été transformée en bataillon de pionniers de la Luftwaffe, ce qui avait provoqué quelques changements. Pour remplacer nos chapeaux du service du travail, nous avons ainsi reçu des calots militaires bleus comme la couleur de la Luftwaffe, et un brassard jaune portant l'inscription « Deutsche Wehrmacht ». Parallèlement, nous ne devions plus saluer avec le bras levé – le « salut nazi » - mais à la manière militaire, la main au calot. Notre section a été équipée de quelques vieilles carabines. Des petites trousses à pansements ont été distribuées et nous avons tous été vaccinés contre le typhus et le paratyphus. Parallèlement, nous avons suivi des cours sur les devoirs des soldats, la Convention de Genève etc.

Dans l'après-midi du 29 août, le chef de ma section m'a dit en passant que Wedel et moi avions été appelés à rejoindre le régiment SS *« Deutschland »* à Munich, mais qu'il n'y avait pas donné suite, considérant que nous étions désormais intégrés à la Wehrmacht. A ce stade des événements, bien sûr, cette initiative nous a contrarié. S'il devait y avoir une guerre, nous voulions y participer en tant que soldats et non en tant que Pionniers. Apparemment, nous ne pouvions cependant rien changer à cette décision pour le moment. Il n'y avait aucun moyen de téléphoner depuis notre camp, et toute sortie était alors strictement interdite.

La date du 30 octobre avait été libérée pour que nous puissions accueillir des parents, tout en restant dans l'enceinte du camp. Heureusement, mon père avait prié mon chef de section de me donner exceptionnellement quelques heures de congé, afin que je puisse le rejoindre à Berlin. Pour des raisons évidentes, il était lui-même dans l'impossibilité de s'absenter de son bureau. Mon supérieur accéda à cette requête, et mes camarades firent preuve de compréhension pour le traitement privilégié dont je bénéficiais dans cette situation. Une voiture est donc venue me chercher une heure plus tard et m'a conduit chez mon père à Berlin.

J'avais promis à Wilhem Wedel de tenter de relancer, pendant ces quelques heures à Berlin, notre affectation au régiment *« Deutschland »* de Munich. Mon père était d'humeur très grave. Bien évidemment, je lui ai demandé sans plus attendre s'il pouvait faire quelque chose pour notre mutation. Il m'a répliqué avec un calme quasiment impénétrable que, s'il devait y avoir une campagne contre la Pologne, nous ne serions de toutes manières pas assez formés pour y participer. Par ailleurs, l'erreur qui consistait à envoyer de jeunes soldats insuffisamment formés sur le front, et qui avait été commise pendant la Première Guerre mondiale, ne devait pas être reproduite. J'étais en mesure de comprendre tout cela, car mes études d'histoire m'avaient permis de m'informer sur les corps de réserve mal formés qui avaient dû effectuer la fameuse course à la mer pendant la bataille de la Marne en 1914. J'étais au courant des pertes importantes que cela avait occasionné !

J'avais la nette impression que l'on espérait beaucoup des pourparlers supplémentaires à Berlin, pourquoi aurait-on sinon annulé l'ordre de mobilisation. De toutes manières, il me semblait plus intéressant d'être formé en tant que recrue dans une « vraie troupe » que de travailler à la pelle, et j'ai discuté avec père jusqu'à ce qu'il appelle, visiblement à contrecœur, son chef de groupe Wolff. Celui-ci lui a répondu : « qu'il passe me voir ! »

Pendant que j'étais là, Wolff a téléphoné à quelques bureaux, obtenant rapidement le résultat escompté. Il signifia à l'un de ses hommes de faire cette annotation sur les papiers de Wedel et les miens : « envoyer sur le front dès que possible ». Wolff avait fait la Première Guerre mondiale en tant qu'officier volontaire, il pouvait comprendre notre requête.

A vrai dire, Wilhelm Wedel et moi souhaitions terminer le plus rapidement possible notre formation de soldats, afin d'être mobilisés en cas de besoin. Dans nos deux familles, plusieurs générations s'étaient engagées et distinguées pour l'honneur de leur patrie, et nous ne voulions pas faillir à notre devoir. Nos deux pères portaient la croix de fer de première classe, qui est à mes yeux l'une des décorations de guerre les plus sobres et les plus belles. C'est un artiste de renom, Schinkel, qui l'a dessinée en 1813. Nous n'étions pas attirés par la guerre comme certains soldats ont pu l'être en 1914. Aucun de nous deux n'aurait eu l'idée de crier « Hourra ! » ou « Heil ! » par enthousiasme guerrier. Nous connaissions bien la littérature relatant la Première Guerre mondiale, et nous pensions avoir une certaine idée de ce qui nous attendait. La position de premier plan que nos deux pères occupaient au sein du régime jouait, bien sûr, un rôle important, et nous pensions avoir sous les yeux de bons modèles. Il s'agissait plutôt pour nous d'une question de *« political correctness »* tel qu'on le comprenait à l'époque. A Ilfeld, nous avions côtoyé deux neveux de Göring, les fils de son frère décédé. Tous deux sont devenus pilotes de chasse. Au cours de la guerre, ils ont choisi de ne pas se rendre en Russie mais plutôt au-dessus de la Manche, à un moment où les chances de survie des pilotes de chasse allemands étaient minimes à cet endroit. Tous deux sont tombés très peu de temps après. On peut aussi le voir ainsi : avoir l'esprit de famille, c'est accepter de s'adapter au style et aux exigences de son clan.

Avant de relater mes premières expériences de guerre, je devrais m'attarder encore un peu sur l'époque du service du travail obligatoire. Il s'agissait d'une institution bien particulière, au sein de laquelle chaque jeune homme devait se consacrer à un travail physique pendant un an avant de commencer une formation professionnelle, c'est-à-dire après son apprentissage. Cette expérience était particulièrement importante pour les personnes qui se destinaient à un travail intellectuel. Ici, les ouvriers et les artisans bénéficiaient d'une position hiérarchiquement supérieure à celle des bacheliers qui s'avéraient souvent avoir « deux mains gauches », en tout cas au début de leur formation. C'est également ici que les bacheliers apprenaient à connaître d'autres cadres de travail et à s'entendre avec toutes les couches de la société en apprenant à trouver le ton juste. De leur côté, les non-bacheliers prenaient conscience du fait que les étudiants n'étaient pas tous des dandys trop raffinés pour mettre la main à la pâte. Le travail difficile, les conditions de vie peu confortables en baraques et l'alimentation plus que spartiate favorisaient cet esprit de camaraderie qui se développe si bien lorsque l'on doit surmonter ensemble des épreuves difficiles ou inhabituelles.

Au sein de cette institution comme ailleurs, j'ai tout d'abord été accueilli comme un animal curieux. Mon chef de troupe m'a salué de la manière suivante : *« qu'est ce que vous êtes, z'êtes un bachelier, eh bien ça veut tout dire ! »* Cependant, quelques semaines après mon arrivée, j'ai savouré une petite revanche. Dieu merci, j'ai eu assez de présence d'esprit ce jour-là pour saisir cette occasion qui s'offrait à moi. Lors de l'appel qui avait lieu tous les matins, on a demandé un volontaire pour vider la grande bassine de béton située sous les « feuillées », c'est-à-dire les latrines. Bien sûr, aucun des ouvriers présents ne voulait se porter volontaire pour un travail aussi peu appétissant. Comme on peut se l'imaginer, la question du chef de troupe a été suivie d'un profond silence. Chacun essayait d'éviter le regard du chef de troupe, qui s'apprêtait sans aucun doute à désigner l'un d'entre nous pour accomplir cette tâche malodorante.

Ce n'est pourtant pas ce qu'il a fait. Il a tout d'abord proposé une journée de permission supplémentaire au volontaire qui accepterait d'écoper la merde en s'aidant d'un seau à marmelade vide fixé à une longue tige, et de la charger sur un wagon à purin.

La journée de permission me tentait beaucoup, mais j'avais surtout l'intuition spontanée que la grande chance s'offrait à moi de contrer certains préjugés dont j'étais l'objet. Au grand étonnement de toute ma section, je me suis déclaré volontaire. Un fiston de ministre qui allait volontairement ramasser leur m…, cela dépassait l'imagination d'un grand nombre d'entre eux. Pour réaliser ce travail, je me suis entièrement déshabillé, car la « sauce » coulait bien sûr le long du bâton lors du transfert vers le wagon à purin. Pendant le premier quart d'heure de travail, j'ai été malade quasiment sans interruption, jusqu'à ce que mon odorat malmené soit tellement anesthésié par les relents d'ammoniaque – pour m'exprimer de manière civilisée - qu'il ne pouvait tout simplement plus rien sentir. C'était amusant d'observer mes supérieurs se relayer tout au long de la matinée, apparaissant comme par hasard près de moi dans le petit bois, avant de fuir très rapidement l'odeur nauséabonde que répandaient les excréments dans la chaleur de l'été. A la fin de cette journée, j'avais vaincu les résistances qui m'avaient été opposées dans le service du travail.

Au sein de cette institution, le vrai problème résidait dans la présence de nos supérieurs. Ceux dont la présence était motivée par un idéal me faisaient pour la plupart une excellente impression.

Les autres, et plus particulièrement ceux qui occupaient des fonctions de rang inférieur, n'étaient généralement pas parvenus au grade de sous-officier dans la Wehrmacht et n'avaient pas de diplômes dans la vie civile. Quand on sait avec quelle rapidité cette immense organisation avait été mise sur pieds, on peut facilement imaginer l'importance des problèmes de personnel propres à toutes les organisations de masse qu'elle devait affronter.

Ma propre expérience s'est avérée positive. A posteriori pourtant, les consignes d'exercice me paraissent tout à fait aberrantes. Depuis quelque temps, l'exercice de la parade n'était pas seulement intégré au programme de formation de la Wehrmacht, mais aussi à celui du Service du Travail. J'ai déjà exprimé mon opinion à ce sujet : sachant que le temps pressait en raison de la situation politique du pays, l'apprentissage des armes et du combat auraient certainement été plus urgents que celui de la présentation et du défilé. Le fait que le Service du Travail pratique également cet « exercice en guêtres » en appliquant un règlement qui lui était propre était désapprouvé, et l'exercice ne servait d'ailleurs généralement que les jours de manifestation de masse lors des congrès du Parti. Notre département au Service du Travail faisait partie des « sections de Nuremberg », ce qui signifiait que nous devions prendre part à la grande manifestation du Congrès du Parti du Reich. Au-delà de nos tâches quotidiennes difficiles, consistant à traîner par les moyens les plus primitifs d'énormes et vieux troncs d'arbres appelés *« Stubbe »* à travers la pelouse marécageuse d'une lande croûteuse, nous étions donc de corvée pour réviser la parade et faire bonne impression à Nuremberg en défilant, impeccablement alignés, devant Hitler.

Si nous avions pu mettre à profit le temps passé au Service du Travail pour avoir une formation professionnelle et non pour apprendre à défiler, nous aurions été plus motivés. En fait, nous ne voyions pas l'intérêt de ces répétitions au cours desquelles nous devions parader avec une bêche à la main, d'autant moins que ces dernières n'étaient pas utilisées pour creuser des fossés, mais comme attribut de la parade. Quand on pense qu'un plan quadriennal avait par ailleurs été établi afin de rationner au maximum l'utilisation de matériel, on ne peut considérer cet exercice que comme un gaspillage non négligeable.

Le seul véritable apprentissage dont j'ai le souvenir est l'entraînement de la pelletée par la droite pour les droitiers. Nous étions naturellement habitués à pelleter en passant « par-dessus la main droite », et nous avons dû apprendre à changer de main, c'est-à-dire à pelleter vers la droite avec la main droite placée en bas sur le manche de la pelle. Si nous y avions été habitués, cela aurait pu devenir un geste naturel, mais il n'était pas suffisamment pratiqué et ne s'est donc pas imposé. Nous avons aussi appris une quantité de choses de nos camarades issus de métiers plus manuels, parmi lesquelles le maniement d'une hache, d'un couperet ou d'une scie, ou l'abattage des arbres. Pourtant, à cause du manque de temps, on ne peut dire du Service du Travail qu'il proposait une véritable formation professionnelle.

Dans l'ensemble, le Service du Travail reste cependant une institution raisonnable à mes yeux. Imposer pendant six mois à tous les jeunes gens un dur travail physique au sein d'une étroite communauté masculine a plus amplement contribué au dépassement des différences sociales et à la compréhension mutuelle, qu'un nivellement quelconque. Dans l'Allemagne d'aujourd'hui, la confusion des relations sociales rend impossible l'idée d'instituer une activité obligatoire d'utilité publique (au-delà d'un service militaire vidé de son sens), uniquement parce que Hitler avait déjà saisi cette idée et l'avait réalisée. Visiblement, son ombre porte loin ! D'ailleurs, il me semble que ce sont les Bulgares qui ont inventé le Service du Travail organisé dans les années vingt.

Soldat

C'est à München-Freimann, où se trouvait la caserne du régiment *« Deutschland »* et le bataillon de réserve, que nous avons suivi peu de temps après une formation intensive. Trois semaines plus tard, un convoi de notre régiment devait partir vers la Pologne. Il s'agissait de permissionnaires, de malades et de soldats détachés qui, pour des raisons variées, ne se trouvaient pas au sein de leur régiment au début de la guerre, et devaient donc le rejoindre dès que possible. A la surprise générale, les recrues Wedel et Ribbentrop devaient également faire partie de ce convoi. Bien que ce soit difficile à imaginer de nos jours, tout le monde nous enviait. Cette convocation était la conséquence de l'annotation que Wolff avait faite dans nos papiers. A cette époque, Mère venait d'être une nouvelle fois opérée des sinus à Munich, et elle nous a invités à dîner la veille de notre départ. Peu avant que nous nous mettions en route pour la rejoindre, nous avons été informés que le départ était annulé car les combats en Pologne étaient déjà trop avancés pour que nous atteignions le régiment à temps. Pendant le dîner, nous avons donc expliqué à ma mère, qui nous souriait avec bienveillance, que nous étions malheureusement nés avec une ou deux années de retard et que nous n'aurions donc pas la chance de pouvoir « faire nos preuves ». Ma mère n'a pas relevé notre remarque, espérant sans doute en son for intérieur que cela puisse être vrai. A peine deux années plus tard, Wedel était tombé et je comptais ma deuxième blessure de guerre.

Le commandant de notre régiment était le futur général de la Waffen-SS Felix Steiner, qui doit sa célébrité au fait qu'il a commandé le célèbre *« Germanisches Korps »*, le « Corps germanique » de la Waffen-SS. Celui-ci était essentiellement constitué de volontaires hollandais et scandinaves désireux de combattre le bolchevisme. C'était une excellente troupe, motivée et réputée pour ses mérites.

Mon désir d'entrer dans la Waffen-SS, qui s'appelait encore « Troupe SS à disposition » à cette époque, s'expliquait principalement par le fait qu'en 1938, je ne souhaitais pas encore choisir de métier. Il me fallait tout d'abord être soldat et bien sûr officier, avant de m'interroger plus tard sur ma véritable vocation. Grâce à un camarade qui fréquentait une classe supérieure à la mienne à Ilfeld, Ulrich von Christen, j'ai été affecté à la troupe de réserve de la SS pour laquelle il avait postulé, et dans laquelle il avait été admis. En 1943, nous avons à plusieurs reprises été mobilisés ensemble pour nous battre autour de Charkow. Pourtant, dès le premier jour de l'opération « Citadelle » (juillet 1943, opération d'encerclement près de Koursk, *NdT*), il est tombé tout près de moi. Il était alors le chef de la première compagnie du régiment des panzergrenadiers de la *« Leibstandarte »*.

J'ai déjà mentionné le fait que la troupe à disposition de la SS disposait au moment de ma candidature, de trois régiments d'infanterie motorisés, d'un bataillon de soldats à moto, d'un bataillon de pionniers et d'une section de transmissions. Elle ne ressemblait en rien à une force armée et je me suis demandé si une carrière militaire telle que je me l'imaginais, c'est-à-dire avec la perspective d'un poste d'état-major, était envisageable au sein d'une si petite troupe. Père s'est renseigné à se sujet et a pu me donner une réponse positive. Avec le recul, j'ose mettre en doute la justesse de cette réponse en 1938, toujours est-il qu'elle motiva finalement ma candidature.

Pendant l'été 1938, j'ai donc été invité à me rendre d'Ilfeld à Goslar pour la visite médicale de rigueur. Le médecin traitant de la troupe SS de réserve m'a alors déclaré avec regret que j'étais réformé, car porteur de lunettes. Visiblement, il y avait assez de candidats à cette petite troupe pour qu'ils puissent se permettre de telles restrictions. Père, auquel j'ai bien entendu annoncé cette décision, en a parlé quelque temps après au commandant du régiment *« Leibstandarte »* de Hitler, le fameux Sepp Dietrich, qui lui a spontanément répondu : *« je le prends ! »*, négligeant ainsi toutes les règles du recrutement. Cet homme pouvait se permettre un tel comportement, et il usait parfois de manière quelque peu ostentatoire de cette position privilégiée vis-à-vis de Himmler.

C'est à cette occasion que j'ai pu prendre conscience pour la première fois d'un phénomène étrange : Himmler n'entretenait pas de lien particulier avec la Waffen-SS, alors que celle-ci lui devait tout de même son existence. Dans notre troupe, nous éprouvions ainsi de l'admiration pour nos propres commandants, mais aussi pour les brillants commandants des panzers de l'armée, sous les ordres desquels nos divisions s'étaient battues sur tous les champs de bataille. Parmi ceux-ci, il y avait par exemple Guderian. La compression du prénom et du titre du chef du Reich, le « Reichsführer » Heinrich Himmler, en « Reichsheini » (*Heini* veut dire imbécile, *NdT*) était couramment utilisée au sein des troupes et trahissait les relations que nous entretenions avec Himmler. Il n'avait jamais été soldat et ne parvenait qu'avec difficulté à s'exprimer dans le langage des troupes et à comprendre les lois propres aux soldats. Il aurait voulu imposer un style proprement « SS », mais n'y est jamais parvenu. Il faut dire que les commandants les plus âgés de la Waffen SS étaient généralement des officiers de l'armée ou de l'armée impériale. Hausser, doyen de la Waffen-SS qui deviendra Oberstgruppenführer et colonel-général de la Waffen-SS, avait également été officier d'état-major pendant la Première Guerre mondiale. C'est lui qui a fait de la Waffen SS ce qu'elle était : une troupe d'élite particulièrement bien formée et motivée. La même constatation s'applique à tous généraux et commandants d'exception de la Waffen-SS tels que Steiner, Bittrich, Kleinheisterkamp et Phleps. Ce dernier par exemple avait fait partie de l'armée fédérale autrichienne. Si la Waffen-SS utilisait des méthodes de combat plus modernes que l'armée, elle se considérait pourtant comme totalement intégrée à la tradition militaire prussienne-allemande. La mentalité élitiste qu'elle cultivait ne reposait que sur l'obligation de se tenir prêt pour des missions exceptionnelles, et sur une plus grande disponibilité des soldats.

Il me faut à cet endroit dire quelques mots sur le commandant de la *« Leibstandarte »* Sepp Dietrich. S'il n'a jamais prétendu être un grand stratège, il faisait confiance à chacun de ses adjoints, au premier chef d'état-major Lehmann dans la division *« Leibstandarte »* ou au chef d'état-major Kremer dans le corps *« Leibstandarte »*. Dans les situations difficiles, il ne manquait jamais de les couvrir, tout comme il protégeait les officiers de l'armée qui s'étaient mis en disgrâce auprès de la hiérarchie pour une raison ou pour une autre. (1) Dans ses *« Erinnerungen eines Soldaten »* (« Souvenirs d'un soldat », *NdT*), Guderian écrit : *« ...l'un des premiers* (visiteurs après son limogeage, *NdA*) *était le commandant de la « Leibstandarte » Sepp Dietrich, qui appela de la chancellerie du Reich pour annoncer sa venue. Il expliqua qu'il avait fait cela ouvertement, dans le but de montrer aux personnes « d'en haut » qu'elles m'avaient traité de manière déloyale, et qu'il désapprouvait cette attitude. Dietrich n'a pas caché son opinion à Hitler lui-même. »* (2)

Malgré toute la fierté que nous éprouvions pour les succès de notre troupe, nous doutions profondément de l'utilité de son existence, tout au moins dans les dimensions qu'elle prit au cours de la guerre. Il n'est pas nécessaire de démontrer que la « concurrence » de l'armée était nuisible, non seulement en ce qui concernait l'engagement optimal des moyens mis à disposition, mais aussi pour des raisons psychologiques évidentes. Il faut cependant insister sur le fait que les soldats du front semblaient généralement heureux de nous accueillir comme voisins « de confiance ». Aujourd'hui, certains représentants de l'armée qui avaient participé aux combats (3) tiennent des propos diffamatoires sur nos troupes, enfreignant ainsi la camaraderie tacite existant entre les soldats du front du monde entier et de tous les temps, peu importe la couleur de leur uniforme et sous quel drapeau ils étaient prêts à mettre leur vie en danger !

Cette diffamation est aujourd'hui communément reprise par les personnalités politiques et les médias, et rassemble toutes les activités de Himmler, Gestapo, camps de concentration, troupes d'assaut, sous la dénomination unique de « SS ». Cette confusion est maintenue contre tout bon sens. En effet, des personnages politiques ayant vécu la guerre ont fait des déclarations sur l'honneur en faveur de soldats de la Waffen-SS, ainsi Adenauer dans une lettre au général de la Waffen-SS Hausser, et Schumacher à un journaliste étranger. Entre 600000 et un million de soldats ont servi au sein de la Waffen-SS... Une grande partie d'entre eux a simplement été convoquée par la Waffen-SS, sans aucun moyen de se soustraire à cet appel. Comme l'on tend également

(1) Keitel, note page S. 342.

(2) Guderian, *Erinnerungen eines Soldaten*, Kurt Vohwinckel, Heidelberg 1951, p.247.

(3) Ainsi par exemple Schmückle, *Mit Pauken und Trompeten,* pp.61 et suivantes, Böselager u.a.

aujourd'hui par simplification à qualifier l'ensemble des soldats de la Wehrmacht allemande de criminels – nous l'avons entendu lors d'une exposition consacrée à la Wehrmacht et inaugurée par Madame Limbach, la présidente de la plus haute cour de justice allemande, la Cour Constitutionnelle fédérale – les hommes de la Waffen-SS que nous sommes se retrouvent finalement en bonne compagnie !

Après la campagne de l'Ouest, nous étions en train de suivre un cours pour devenir officier dans un camp d'entraînement, lorsque le directeur de notre formation– qui devint officier de la Waffen-SS par la suite – demanda à Himmler d'intégrer toute notre classe aux parachutistes engagés contre l'Angleterre. S'il était évident que Himmler ne pouvait donner suite à cette requête, le fait qu'il ponctue son refus de la phrase : « le courage est une évidence », nous surprit et nous toucha d'autant plus qu'il n'avait jamais été soldat. Pour notre part, nous savions depuis longtemps que le courage n'était justement pas une évidence, mais qu'il fallait parfois se faire violence pour l'être.

Après que nous nous soyons inscrits dans le bataillon de réserve de München-Freimann, on nous attribua nos quartiers et nos placards. Je me souviens d'avoir été très impressionné par la règle nous interdisant de fermer ce dernier à clef. Au Service du Travail, chaque placard devait systématiquement être verrouillé, sous peine d'être tout bonnement renversé par le chef de troupe de notre équipe. Cette mesure devait nous apprendre à lutter contre la « tentation de voler un camarade ». Ce problème n'existait visiblement pas parmi les volontaires !

Les semaines de formation à Freimann près de Munich ont été particulièrement intensives. Notre groupe était dirigé par le caporal Weber, qui était fort sympathique et qui fit de nous de bons soldats, à grand renfort d'expressions bavaroises. Il ne nous épargna pas, bien entendu, les petites plaisanteries avec lesquelles les caporaux allemands assaisonnent le quotidien du service militaire. Ainsi en était-il par exemple du célèbre « bal masqué » qui nous menaçait lorsque notre chambrée n'était pas bien rangée, et lors duquel nous devions apparaître dans le couloir toutes les deux minutes, vêtus d'un uniforme ou d'un équipement différent. La plaisanterie la plus prisée consistait à nous envoyer, les soirs de beau crépuscule, en chemise de nuit dans la cour, et de nous faire grimper sur de jeunes arbres fraîchement plantés. Arrivés en haut de nos perchoirs, nous devions entonner en chœur une chanson allemande dont les paroles sont *« du haut du ciel, c'est de là que je viens »*. On imagine sans peine le spectacle grotesque que nous donnions, accrochés à nos branches dans nos chemises de nuit gonflées par la brise crépusculaire, et riant si fort que nous finissions toujours par tomber de nos arbres. Aucun d'entre nous n'aurait eu l'idée de prendre ces « excursions nocturnes » pour des brimades. Bien au contraire, nous aurions sans doute été déçus si on nous avait privé du « bal masqué » dont les anciens combattants nous avaient tant parlé. Dans le régiment actif, il nous arrivait déjà plus souvent, à nous jeunes soldats qui n'avions pas participé à la campagne de Pologne, d'être agacés par l'une ou l'autre moquerie destinée à nous rappeler que nous n'étions que de jeunes novices. Lorsqu'à mon tour, je suis devenu chef de compagnie, j'ai mis un terme à ce type de moqueries. Le meilleur moyen d'y parvenir était d'être particulièrement attentif au choix des sous-officiers et de leur éducation. Je crois pouvoir dire aujourd'hui que j'y suis parvenu.

J'ai par ailleurs pu constater à plusieurs reprises que les jeunes soldats préfèrent des supérieurs stricts car ils aiment être poussés et stimulés, et veulent surtout avoir l'impression d'être dirigés de manière sérieuse et responsable en cas de situation critique. La justice, l'intérêt réel pour ses hommes et l'exigence envers soi-même, que ce soit dans l'exercice ou au repos, constituent des gages sûrs pour un chef pour s'assurer la fidélité de ses hommes.

Les jeunes soldats, ou plutôt les jeunes recrues que nous étions, avons intégré le régiment *« Deutschland »* sur le terrain d'entraînement de Strasice situé entre Pilsen et Prague, un endroit déprimant, aménagé de logements misérables. Nous avons rejoint un régiment qui se considérait ouvertement et de manière justifiée comme une unité d'élite. Lors de la campagne de Pologne, le régiment était placé sous les ordres du groupement blindé « Kempff » (le général de la troupe des panzers Kempff avait été plusieurs fois décoré pendant la guerre, et bénéficiait d'une grande renommée en tant que général des panzers de la Wehrmacht). Celle-ci était constituée de formations issues de la Waffen-SS, du régiment d'infanterie motorisé *« Deutschland »*, d'un régiment d'artillerie SS, d'un bataillon de pionniers SS, d'une section de transmissions SS et d'une section d'éclaireurs SS, de même que d'un régiment de panzers de la Wehrmacht. Comme nous l'avons déjà mentionné, ce n'est qu'en 1942 que certaines divisions de la Waffen-SS ont pu accueillir quelques unités de panzers. La rumeur selon laquelle les divisions de la Waffen-SS étaient mieux armées et mieux équipées que les autres n'est qu'une légende destinée à nuire à la Waffen-SS. Les attributions de matériel provenaient sans exception du commandement supérieur de l'armée. Nous n'avons jamais eu l'impression d'être favorisés. Ainsi le cortège de camions de ma compagnie de panzers en 1944 était-il par exemple constitué de véhicules italiens de prise. L'un d'entre eux n'a jamais démarré, et nous avons dû le tracter vers le front d'invasion avec tout son chargement par un autre camion. C'était une entreprise quasiment vouée à l'échec quand on considère la domination aérienne absolue des Alliés à ce moment.

Après la fin de la campagne de Pologne, une division SS dotée d'un commandement indépendant devait être formée. Notre commandant de division, le général Kempff, a donc fait ses adieux à son régiment en nous déclarant : *« si l'on parle de l'infanterie comme de la reine des batailles, alors vous êtes l'impératrice ! »*. Il qualifia ensuite la section de reconnaissance de « chasse sauvage et téméraire de Lützow ». La rumeur selon laquelle la Waffen-SS était moins bien formée que l'armée, et qu'elle avait pour cette raison subi des pertes plus importantes, fait partie des affirmations couramment utilisées pour nuire à la réputation de la Waffen-SS. Les officiers nouvellement recrutés par la Waffen-SS ont été formés pendant l'hiver 1940-1941 et ont reçu une « formation de temps de paix » en bonne et due forme, après laquelle ils étaient parfaitement en mesure de diriger un bataillon. Une formation d'officier aussi complète était inimaginable dans l'armée en temps de guerre. Chaque guerre compte quelques défections, et je pourrais revenir ici sur l'expérience du commandant d'une des premières sections de « Panther » de l'armée au cours de l'opération« Citadelle ». Il a été l'objet d'une critique impitoyable de la part de ses supérieurs. (4) Je signale en passant que les divisions d'attaque de la Waffen-SS ne disposaient pas de blindés de combat « Panther » pour l'opération « Citadelle », car ils étaient réservés à l'armée. Les divisions de panzers de la Waffen-SS ne devaient les recevoir que bien plus tard.

Le commandant du régiment *« Deutschland »* était le *Standartenführer* Steiner. Il avait démissionné du régiment d'infanterie n°1 de la Wehrmacht pour prendre la tête d'un commando dans la troupe de la SS à disposition. Dans la troupe, on disait qu'il avait voulu instaurer des méthodes de formation trop modernes aux yeux de la Wehrmacht.

Dès l'été 1939, le régiment *« Deutschland »* a été en mesure de présenter à Hitler un exercice impeccable. Cette démonstration, non dépourvue de risques, constituait le but suprême de toute formation en temps de paix. Notre démonstration a dû faire un effet particulièrement positif au Führer, puisqu'il a immédiatement ordonné la création d'un régiment d'artillerie SS, qui n'existait pas encore à cette époque dans les troupes SS à disposition.

J'ai été affecté à la 11e compagnie du régiment, située à Strasice. Quelques jours plus tard, un exercice de compagnie parfaitement orchestré a été organisé. Pendant cet exercice, les tirs de nos propres mitrailleuses lourdes étaient indirectement dirigés vers nous. Nous devions ainsi apprendre à différencier le sifflement désagréable de la détonation, du son sourd produit par les balles en sortant de la gueule de la mitrailleuse. Le premier claquement, cinglant et dur, provient de la vitesse supersonique du tir. On le perçoit lorsque la balle nous frôle. Le second bruit provient au contraire de l'endroit d'où la balle a été tirée, et produit une sonorité sourde. En période de guerre, il n'est pas rare que des informations fausses aient été transmises par des soldats inexpérimentés qui n'avaient pas su différencier les coups de feu, créant des mouvements de panique inutiles. Les soldats confondaient ainsi le bruit de la détonation de l'ennemi avec celui de la sortie de balle de la gueule du fusil, et se figuraient ainsi que l'ennemi se trouvait directement devant eux.

(4) D'après mon souvenir, rédigé par le *Major* von Lauchert.

Steiner attachait une grande importance à la rapidité d'attaque de l'infanterie. Dans un combat, après avoir pris le dessus, l'attaque de l'infanterie devait avancer le plus rapidement possible. On nous répétait sans cesse que « la vitesse économise le sang ». Venir à bout d'une attaque sur plusieurs kilomètres sous-entendait que chaque soldat devait être dans une condition physique exceptionnelle, car nous portions sur nous l'équipement complet de marche. L'une des priorités de Félix, le commandant de notre régiment, était donc de veiller à la condition physique du régiment. Cet homme était particulièrement apprécié de ses troupes, qui l'appelaient par son prénom. L'état-major de notre régiment comptait ainsi un officier -professeur de sport répondant au nom de Scheffler, qui entreprit de nous enseigner une manière très particulière de « marcher » que nous appelions le *« Scheffler-Sport »*, et qui n'était pas particulièrement appréciée. Il parvint cependant à nous faire parcourir à pied des distances importantes dans un temps restreint. Pendant la campagne de l'ouest, alors que les véhicules de transport ne pouvaient pas suivre car les ponts avaient été dynamités et que le terrain était truffé de mines, nous avons eu l'occasion de vérifier la justesse de cette recommandation de Steiner : *« la marche à pieds peut vous éviter des combats inutiles »*.

Les règles appliquées dans l'armée étaient également de rigueur dans la formation des soldats de la Waffen-SS. L'armement standard d'un soldat allemand était constitué d'un fusil de type « 98k ». Le chiffre « 98 » signifiait ainsi qu'il avait été introduit en 1898 (!) dans l'armée allemande ; l'avancée technologique quant à elle était traduite par le « k », qui signifiait que le fusil avait été raccourci (le « k » venant du mot *« kurz »* en allemand, c'est-à-dire « court », n.d.T). Les pistolets-mitrailleurs et les fusils à tir rapide n'avaient pas été intégrés au matériel de nos troupes. La formation au tir, enseignée d'après le règlement de l'armée, était démodée et formaliste. Ernst Schönburg l'avait déjà critiquée lorsqu'il était devenu officier de réserve à Potsdam. J'approuvai entièrement sa critique concernant les instructions. Au sein de notre régiment *« Deutschland »*, elles ont cependant systématiquement été complétées par des exercices de tir réel sur le terrain.

Peu avant la campagne de l'Ouest, on avait organisé des nouveaux championnats de régiments entre les compagnies. Il fallait accomplir une marche rapide chargés de notre équipement complet, c'est-à-dire avec l'intégralité de nos munitions de guerre. Ce n'étaient pas quelques hommes triés sur le volet, mais bien toute la compagnie qui devait venir à bout du long parcours prévu pour cette épreuve. Pendant notre exercice, des arbitres chargés de veiller à ce que nous appliquions les règles olympiques nous escortaient. Nous devions en effet nous en tenir à la marche réglementaire et n'avions pas le droit de courir.

Notre compagnie a remporté cette compétition, et la journée de permission offerte aux vainqueurs m'a donc permis de me rendre à Berlin le 30 avril 1940, pour y fêter l'anniversaire de mon père. J'ai déjà évoqué la visite de Hitler à l'occasion de cet anniversaire. Au cours de l'après-midi, Himmler est également venu féliciter mon père. C'est d'ailleurs ma présence ce jour-là qui a provoqué la détérioration rapide des relations entre mon père et Himmler. La véritable raison de cette mésentente se trouvait bien sûr ailleurs. En réalité, Himmler commençait d'une part à vouloir se mêler du domaine de compétences de mon père, et omettait d'autre part de prendre en considération les intérêts de la politique étrangère lors de prises de décisions et de mesures concernant la police.

Dans les semaines qui avaient précédé ce 30 avril, mon ami Wedel, qui faisait partie de la 2e compagnie du régiment, m'avait fait part d'une de ces rumeurs qui circulent toujours au sein des troupes, selon laquelle les « postulants à des postes de commandement », c'est-à-dire les aspirants, seraient envoyés dans l'école des Junkers ou l'école de guerre pour y faire leur apprentissage. Cette information nous a beaucoup inquiété car nous ne voulions surtout pas manquer une opération à l'Ouest. Si nous espérions accéder bientôt au grade d'officier, nous pensions tout de même qu'il était primordial d'avoir l'expérience de combat afin de pouvoir à l'avenir diriger des soldats expérimentés. Tout le monde s'attendait à une offensive imminente à l'Ouest, et les déclarations faites par Hitler lors de sa visite d'anniversaire chez mon père avaient renforcé cette impression. N'ayant pas encore d'expérience du front, nous voulions à tout prix faire partie de l'offensive. Nous pouvions quotidiennement observer la condescendance pourtant discrète et polie des « anciens combattants » face à des supérieurs dépourvus d'expérience « réelle », et nous ne voulions en aucun cas nous exposer en tant qu'officiers à un tel comportement de la part de nos subordonnés.

La visite de Himmler auprès de mon père m'offrait l'opportunité de me renseigner au sujet de cette rumeur. J'en ai donc profité, et me suis adressé à lui en prenant bien garde de me tenir correctement et d'adopter une attitude très militaire. Après lui avoir fait part de mon inquiétude d'être appelé à l'école des Junkers sans avoir eu au préalable l'expérience du front, je l'ai prié de nous offrir cette possibilité. Bien que cette demande exprimait notre désir de servir, et non une quelconque velléité d'échapper au conflit, Himmler m'a répondu sèchement et sans manifester le moindre signe de compréhension : *« vous faites ce que l'on vous ordonne de faire ! »*. Il était sans aucun doute dans son droit en me rabrouant de la sorte, mais je trouvais qu'il aurait au moins pu montrer une once de compréhension pour notre souhait de faire nos preuves avant de devenir officiers.

Comme je l'ai déjà dit, Himmler n'était pas un habitué de la mentalité et des codes de comportement des soldats. Il entretenait également une relation quelque peu réservée vis-à-vis des officiers de la Waffen-SS. Il lui était d'ailleurs arrivé, un jour, de reconnaître cette réticence devant mon père. Celui-ci m'avait alors questionné à ce sujet, prétextant un intérêt pour la discussion que j'avais eue avec Himmler. Il a été particulièrement surpris que je confirme en partie ce problème. J'ai supposé que son rejet brutal était le reflet de ses relations déjà houleuses qu'il entretenait avec mon père, sans en avoir la certitude. Toujours est-il que mon père et moi-même avons dès lors été l'objet d'ennuis massifs dont je portais en grande partie la faute, si j'exclus la contribution de « Félix », mon commandant de régiment, qui se montra prêt à fermer un œil sur les ordres venus d'« en haut » pour me rendre service.

Cela se passa ainsi : dans l'après-midi du 9 mai 1940, un cours particulier pour les aspirants du bataillon avait été organisé. Nous étions très contents de participer à ce cours qui devait préparer les candidats à l'école des Junkers. Notre professeur était un officier enjoué qui nous enseignait les différentes matières de manière vivante, et à grand renfort de détails tirés de la pratique. Nous savourions par ailleurs tout particulièrement le fait d'échapper aux corvées répétitives de la compagnie, que nous connaissions par cœur. Un jour, le commandant du bataillon, Kleinheisterkamp, est venu participer à cette formation d'aspirants. Il lui tenait particulièrement à cœur de nous parler de la responsabilité vis-à-vis de nos hommes dans laquelle nous nous engagions si nous devenions un jour des officiers. Nous devions par exemple maîtriser le matériel militaire jusque dans les moindres détails. Il souligna ouvertement qu'il se trouvait sur ce point en contradiction avec le *Reichsführer*, qui était d'avis que « la tactique s'apprenait facilement ! »

Le cours pour lequel nous nous étions déjà rassemblés a soudain été annulé. Nous n'aurions pas été de vrais soldats si nous n'avions pas sauté sur l'occasion pour nous rendre au café « Greetenkort », qui était réputé pour être la « meilleure adresse des lieux », afin d'y savourer un bon café et une part de gâteau. A cette époque, c'est-à-dire avant la campagne de l'Ouest, nous étions logés à Ahlen, près de Hamm en Westphalie. A peine étions-nous installés que nous avons vu notre compagnie parader sous nos fenêtres en chantant. Elle se rendait dans la mine toute proche pour la douche. Nous ne nous sommes pas franchement penchés par la fenêtre pour faire des signes à nos camarades, notre comportement n'étant pas vraiment avouable.

Comme toujours lorsque l'on fait quelque chose de défendu, le faux café et le petit morceau de gâteau sec qui nous ont été servis par la serveuse, nous ont semblé particulièrement savoureux. Peu de temps après, la compagnie est repassée sous nos fenêtres. Il était impossible que nos camarades aient pris leurs douches en si peu de temps. En l'espace d'un instant, la rue a été prise d'une activité inhabituelle. L'état-major du régiment et notre chef Félix étaient alors logés dans l'hôtel situé au-dessus de notre Café « Greetenkort ».

Mû par l'intuition que « quelque chose se passait », j'ai suggéré que nous allions écouter les conversations pour en savoir plus, mais quelques camarades plus calmes que moi étaient d'avis qu'il valait mieux boire tranquillement notre café et aviser ensuite sur la meilleure chose à faire. Finalement, je me suis renseigné auprès de l'un des éclaireurs à moto de la maison, et c'est ainsi que j'ai appris que l'alarme avait été donnée. Il a même ajouté : *« cette fois-ci, ça commence ! »*.

Une fois de plus, la compagnie se mit à préparer activement notre départ ! Au cours de l'hiver, nous avions déjà connu diverses alarmes. Un jour, nous avions même évacué Ahlen, pour finalement faire demi-tour quelques kilomètres plus loin et réintégrer nos quartiers.

Il s'agissait sans doute de manœuvres de diversion, puisque la surveillance téléphonique allemande avait constaté que les alertes d'attaque étaient généralement transmises par l'attaché militaire hollandais à La Haye. Il s'agissait en réalité des activités secrètes de Oster. (5) Il ne nous restait plus qu'à jouer notre rôle ! Cette fois-ci pourtant, tout le monde a compris que l'alerte était sérieuse. On nous a distribué des armes chargées ainsi que des grenades à main, la situation semblait critique. Quant à moi, je nourrissais justement l'espoir de ne pas manquer la campagne de l'Ouest. Lorsque nous avons été prêts à partir, on nous a renvoyé une dernière fois dans nos quartiers pour dormir, car le départ était prévu pour minuit.

Pourtant, au moment où on nous a réveillé, on a entendu retentir l'ordre suivant : *« les aspirants restent là et seront acheminés vers l'école des Junkers de Braunschweig ! »* Ce que j'avais tant redouté devait donc arriver ! Mes camarades m'ont consolé, mais cela ne m'a pas beaucoup réconforté. J'avais l'impression très désagréable de passer aux yeux des autres pour le fils du ministre qui devait à tout prix être épargné, ce qui n'était pas. Mais il n'y avait rien à faire, il était hors de question pour le chef de compagnie de m'emmener avec lui et je devais le comprendre. Les phares obscurcis de la compagnie se sont donc éloignés, et je suis resté debout dans la rue, devant l'auberge où était logée la compagnie, entièrement équipé pour le départ. Que faire ? Si j'évitais soigneusement en temps normal de me servir de la position de mon père au sein du gouvernement, il m'était difficile d'y résister en cet instant. Je ne me soustrairai pas à cet engagement.

J'ai donc commencé par appeler chez moi depuis l'auberge. Mon père a accepté de prendre la communication, ce qui était particulièrement appréciable sachant qu'à cette heure précise – il devait être autour de 2 heures du matin – la transmission des notes vers la Hollande, la Belgique et le Luxembourg devait être réalisée, et que mon père était sans aucun doute en plein travail. Il s'est sans doute dit qu'il devait parler à son fils avant le départ de la campagne.

J'ai décrit la situation à mon père, non sans dramatiser quelque peu l'impression que pouvait donner le détachement d'un fils de ministre juste avant l'intervention des troupes. Mes vociférations ont mis mon père dans une situation délicate, car il n'était effectivement « pas en position de donner des ordres au sein de la SS », comme il me le rappela. Pourtant, il comprenait parfaitement mon souhait. Il m'affirma donc spontanément qu'il parlerait à Himmler, car il pensait comme moi qu'une expérience du front était nécessaire avant de devenir officier. Mon père connaissait le problème depuis son anniversaire, car je l'avais bien évidemment tenu au courant de ma discussion avec Himmler. Toujours est-il que j'étais coincé car, si je rejoignais l'école, il me serait impossible de rejoindre le régiment, et d'autre part il était très peu probable que Himmler accède à ma requête.

Mais je n'étais pas encore prêt à me déclarer vaincu. Par hasard, j'avais fait quelques semaines auparavant dans une auberge de Ahlen la connaissance de l'adjudant du régiment. Il nous avait invité à sa table, un camarade et moi-même, pour s'entretenir avec nous. Bien entendu, il ne me connaissait pas, mais après nous avoir interrogé sur nos noms et notre compagnie, il nous a longuement parlé des problèmes de munitions existant en Allemagne, et dont nous n'avions évidemment pas la moindre idée. L'armée voulait en effet bâtir une grande usine de munitions, tandis que Todt voulait réorganiser toutes les entreprises déjà existantes selon un système permettant d'utiliser au mieux les possibilités et les capacités existantes. C'est tout au moins ce qu'il nous a expliqué ouvertement, mettant à jour un problème qui m'a laissé pantois ! Je vois encore exactement la scène devant mes yeux. Naturellement, j'avais toujours pensé que le Reich était entré dans le conflit militaire parfaitement préparé, et j'entendais maintenant que l'on n'avait visible-

(5) Voir l'ouvrage *« Les avertissements qui venaient de Berlin »* de l'historien belge Jean Vanwelkenhuyzen, document Duculot 1982.

ment pas prévu l'approvisionnement en munitions ! Il y avait apparemment eu des problèmes de ce type pendant la campagne de Pologne. Mais en tant que jeune soldat – je ne comptais pas encore 19 printemps- on ne réfléchit pas très longtemps, car on n'a de toutes manières aucun moyen de changer quoi que ce soit. Au demeurant, le manque de munitions ne soutient pas vraiment la thèse de l'élan guerrier si souvent reproché à Hitler, mais plutôt pour le contraire !

C'est donc à cet instant que je me suis souvenu de cet adjudant de régiment particulièrement bienveillant et sympathique, en espérant qu'il pourrait m'aider. Par bonheur, l'hôtel Greetenkort dont j'ai déjà parlé se trouvait à quelques centaines de mètres de notre logement. Je m'y suis donc rendu au pas de course et suis tombé nez à nez avec la personne que je cherchais. Lorsqu'il m'a demandé ce que je faisais ici, je lui ai exposé ma requête. J'ai tout de suite senti que mon souhait éveillait sa sympathie. Il m'a répondu : *« attends un peu, je vais demander au commandant ».*

Après quelques instants, il est réapparu et m'a donné l'ordre suivant : *« le commandant vous emmène, il veut juste obtenir l'accord de votre père pour ne pas subir de reproches si jamais il vous arrivait quelque chose ».* Bien que je lui ai assuré que mon père, avec lequel j'avais déjà parlé, serait d'accord, il ne s'est pas laissé convaincre et m'a répondu en riant qu'il préférait s'en assurer lui-même. Il m'a ordonné d'aller chercher mes affaires pendant qu'il passait un coup de fil à Berlin. Comme notre bataillon était déjà en route, il ne me restait plus qu'à partir avec l'état-major du régiment pour rejoindre ma compagnie. Il a ajouté : *« dépêchez-vous, nous partons dès que possible ! »*

J'ai donc couru vers notre logement à travers les ruelles sombres, afin d'y chercher mes affaires, et lorsque je suis arrivé, hors d'haleine, devant l'hôtel « Greetekort », Félix s'apprêtait tout juste à grimper dans le camion. Il m'a accueilli en me disant : *« Votre père n'est pas d'accord pour que vous partiez avec nous, mais consolez-vous, la guerre est loin d'être finie. Devenez un bon officier et après l'école de guerre, revenez à moi. J'ai l'intention de former une nouvelle division ! ».* Il a tapoté mon épaule dans un geste paternel et a disparu.

J'en aurai presque pleuré de rage ! Je ne pouvais pas m'expliquer que mon père s'oppose tout d'un coup à mon départ ! Je n'avais plus qu'une seule idée en tête, libérer ma fureur. Dans notre logement, tout le personnel était éveillé et j'ai retrouvé le comptable de la compagnie, qui était resté en arrière avec un véhicule. J'ai demandé une communication « Blitz-R » avec le domicile de mes parents, mais on m'a répondu que « Monsieur le Ministre du Reich ne devait pas être dérangé ». C'est donc ma mère qui essuya ma colère. Evidemment, elle ne dormait pas encore, et elle a donc prêté une oreille affectueuse à mes tirades sur « la honte qui retombait sur notre famille parce que mon père refusait de m'envoyer au front, sur l'impression que cela allait laisser dans l'esprit des gens etc., etc. » Elle ne m'a interrompu qu'une seule fois, pour me dire : *« je te comprends très bien, mais tu ne peux pas me demander de regretter que tu aie été appelé à l'école de guerre. »*

En plein milieu de la conversation, elle s'est interrompue pour dire : *« tiens, parle toi-même avec ton fils ».* Mon père a pris l'appareil. Je lui ai amèrement reproché de m'avoir refusé son accord, et lui ai déclaré que nous faisons tous les deux piètre figure auprès des autres, etc. J'ai pourtant eu le temps de remarquer qu'il semblait décontenancé par mes propos. Il a finalement mis un terme à cette conversation en me déclarant qu'il était bien évidemment d'accord pour que je rejoigne le front, mais qu'il ne pouvait pas prendre de décision seul, n'étant pas habilité à donner des ordres au sein de la SS. A cet instant, père avait vraiment autre chose à faire que de s'arranger pour que son fils téméraire puisse se rendre sur le front de l'Ouest. L'arrivée des ambassadeurs de Belgique, des Pays-Bas et du Luxembourg était imminente.

Mais que s'était-il passé pour que Félix comprenne que Père ne souhaitait pas mon départ ? Ce mystère s'est éclairci peu de temps après, alors que mon père nous rendait une visite dans l'Artois pendant la campagne de l'Ouest. Un collaborateur de père avait dû assister à la première conversation que mon père et moi avions eue, et lorsque le commandant du régiment avait appelé, il avait jugé bon de ne plus déranger le ministre du Reich, répétant au commandant les ordres qu'il lui avait entendu dire : que le Ministre n'avait pas à donner des ordres au sein de la SS. Félix avait bien entendu interprété cette réponse comme un refus.

Il se trouve que je n'étais pas au courant, au moment des faits, de cet imbroglio qui m'aurait d'ailleurs été indifférent, l'essentiel étant que mon père n'avait pas d'objections sérieuses contre mon affectation. Il s'agissait maintenant de retrouver la compagnie. Le comptable m'a signalé que la route des troupes devait passer par Lüdingshausen ou Bocholt. Le plus simple aurait bien sûr été de monter dans le véhicule du comptable, ce qui m'aurait permis de rejoindre la compagnie en toute sécurité. Mais celui-ci avait reçu l'ordre d'acheminer les aspirants vers Braunchweig, et je ne pouvais pas le mettre dans l'embarras en le priant d'enfreindre les ordres qu'il avait reçus.

Je suis finalement parvenu à convaincre les hôteliers de me trouver un taxi, et j'ai eu la surprise de constater que même à trois heures du matin, c'était possible. Pour couronner le tout, la conductrice était une femme, mais une personne solide. Nous avons donc pris la route tous feux éteints, dans la nuit, de Ahlen à Lüdingshausen, que nous avons atteint sans difficultés. C'est donc tout près du but, au lever du soleil, que nous nous sommes retrouvés coincés dans une colonne militaire qui s'avéra être la section antiaérienne de notre division. J'avais donc rejoint notre division, mais où se trouvait mon régiment ?

C'est alors que j'ai vu dans la lumière de l'aube le début d'une autre colonne s'arrêter au bout d'une rue qui débouchait pas loin de moi, et quelques silhouettes se poster devant le premier véhicule. Cette colonne devait visiblement laisser passer la section anti-aérienne avant de s'insérer dans la file de la division. J'ai demandé à ma conductrice de s'arrêter, et j'ai couru vers la tête de cette colonne afin de me renseigner sur le positionnement du régiment *« Deutschland »* auquel j'appartenais. Lorsque je suis parvenu à distinguer les traits de la personne qui était assise derrière le volant du premier véhicule, j'ai reconnu Félix, le commandant de notre régiment ! On imagine son étonnement ! Bien entendu, il s'est tout de suite enquis de l'endroit d'où je venais. Je lui ai expliqué qu'il y avait visiblement eu un malentendu, car je m'étais moi-même de nouveau entretenu avec mon père, qui était bien sûr totalement d'accord avec ma participation à cette campagne. Félix a ri, sans chercher à savoir s'il devait finalement me croire ou non. Il s'est contenté de déclarer : *« bon, puisque vous êtes là, venez avec nous ! »* Il y avait encore une place dans le véhicule du médecin du régiment. J'y ai grimpé avec tout mon matériel de guerre.

Nous avons immédiatement redémarré. Des avions de transport nous survolaient sans interruption, amenant dans le ciel de ce matin radieux des parachutistes vers leur destination, en Hollande. Un grondement ininterrompu remplissait l'air, parfois interrompu par le son clair des moteurs d'avions de chasse allemands qui protégeaient notre avancée et surveillaient l'espace aérien pour le transport des machines.

J'ai fini par retrouver ma compagnie un peu plus à l'est du Rhin. Elle m'a tout simplement accueilli par un « Hallo ! ». Le temps était magnifique et nous nous trouvions dans un verger tout près du Rhin. Le jour suivant, qui était aussi celui de mon 19e anniversaire, nous avons traversé le Rhin vers Kalkar sous l'œil attentif des pilotes de chasse. Nous nous sommes arrêtés en plein centre ville. Dans la soirée, nous avons passé la frontière hollandaise vers Monk. Etonnamment, un grand nombre de personnes nous saluaient au bord des routes hollandaises. Visiblement, on ne nous considérait pas ici comme des ennemis.

Nous avons roulé toute la nuit sur des chemins d'autant plus aventureux que quasiment tous les ponts avaient sauté. Il fallait sans cesse emprunter de nouveaux chemins ou des passages tout juste remis en état. Les pionniers avaient du pain sur la planche. Que savions-nous, petits soldats recroquevillés sur nos véhicules de transport dans la fraîcheur d'une nuit printanière, du fait que la défense allemande personnifiée par Oster, transmettait régulièrement les prochains points d'attaque à l'attaché militaire Sas, donnant par la même occasion aux Hollandais la possibilité de déclencher à temps tous les sabotages prévus. Nous avions très faim, car il nous avait été impossible de caser des provisions dans notre véhicule. Lors d'une halte, le conducteur de notre colonne nous a expliqué que le ravitaillement ne parvenait pas à nous rattraper car nous avancions trop rapidement en direction de Hertogenbosch. Lorsqu'au lever du jour, nous nous sommes arrêtés dans un petit village, j'ai demandé à mon chef de groupe l'autorisation de quitter le véhicule afin d'acheter de quoi nous nourrir – et j'insiste sur le fait qu'il s'agissait d'« acheter », bien que nous

nous trouvions en terre étrangère ! Nous avions en effet été munis de « billets de crédit du Reich » qui devaient nous servir aux paiements faits à l'étranger. Le droit international public nous autorisait quant à lui à satisfaire les besoins alimentaires de la troupe par des réquisitions.

J'ai frappé à la porte de l'un de ces pavillons du bord de route et après quelques instants, un homme ensommeillé m'a ouvert la porte et s'est enquis de la raison de ma présence. Je lui ai expliqué que je cherchais quelque chose pour me nourrir. Il a disparu est revenu peu de temps après, tranquillement, tenant dans sa main des œufs, du beurre et un pain blanc. Les œufs ont entièrement rempli mon casque d'acier (de taille 62), la motte de beurre avait la taille d'une brique et la miche de pain blanc était énorme. Lorsque je lui ai demandé le prix de ces trésors en lui tendant mes billets allemands, il a fait un geste de la main et m'a dit en allemand *« prenez ce petit bout de beurre et ces quelques œufs ! »* J'étais très impressionné, car depuis le début de la guerre, le beurre était distribué en rations minuscules en Allemagne.

A peine étais-je remonté sur notre véhicule, qu'il s'est remis en route. Pour la première fois, un problème auquel nous allions fréquemment être confrontés dans le courant de la guerre s'est posé : « l'embarras de richesse » (en français dans le texte) ! Nous avions trop de beurre et trop d'œufs, mais pas assez de pain. On se disait : « puisse-t-il ne rien m'arriver de pire ! » Plus tard, en France, le problème allait de nouveau se poser sous la forme de quantités plus que suffisantes de vin, de champagne, et d'autres boissons alcoolisées, mais une pénurie d'eau minérale ! En souvenir de la Première Guerre mondiale au cours de laquelle les puits avaient été empoisonnés, il nous avait été interdit de boire l'eau des sources en France. En Hollande, les inondations donnaient à l'eau un goût saumâtre. Grâce aux informations transmises par notre défense, les Hollandais avaient eu le temps d'ouvrir les écluses.

Nous n'avons jamais eu l'impression de nous trouver en terrain ennemi en Hollande. L'invasion du pays répondait à des raisons stratégiques, et sa neutralité pendant et après la Première Guerre mondiale était ancrée dans la mémoire du plus simple soldat. Nous n'allions cependant pas tarder à rencontrer les têtes des sections motorisées françaises.

Ma seule confrontation avec des soldats hollandais s'est avérée pour le moins étonnante. Nous avons rapidement avancé en Hollande du Sud, et sommes tombés sur des unités de ravitaillement hollandaises dans la région de Bergen op Zoom. Les soldats qui couraient entre les maisons auraient dû être faits prisonniers. Je suis entré dans une ferme, baïonnette au canon comme nous l'avions appris, lorsqu'un lieutenant hollandais, qui dirigeait visiblement les autres soldats cachés dans les jardins, est venu dans ma direction. J'étais seul. Ils auraient pu me faire prisonnier en un tour de main ou même me fusiller, mais ils se gardèrent gentiment de le faire. Au lieu de cela, j'ai fait la seule chose que je pouvais faire : je me suis résolument dirigé vers le lieutenant, l'arme au poing, et je lui ai ordonné : *« levez les mains ! »*. Sur ce, le lieutenant m'a expliqué de la manière la plus courtoise « qu'il représentait une entreprise allemande en Hollande, et que l'on pouvait donc s'épargner ces formalités » (il parlait des mains levées). J'avoue que j'étais totalement interloqué. Dans mon cours sur la prise de prisonniers, nous n'avions jamais abordé le cas de l'officier ennemi qui se présentait comme le représentant d'une entreprise allemande !

Après un instant de réflexion, j'ai donc insisté : *« les mains en l'air quand même ! »*. Il fallait tout de même appliquer ce qu'on avait appris ! En tant que jeune soldait, j'avoue que j'étais aussi très fier d'avoir capturé un officier. Cette entreprise héroïque devait-elle se terminer sans combat ? Instinctivement, j'ai peut-être aussi pensé que la vue de l'officier se tenant les mains levées freinerait les velléités d'action des soldats cachés, car j'étais toujours tout seul ! Nous étions une troupe de reconnaissance composée de trois hommes dirigés par un camarade plus âgé. Les deux autres hommes étaient occupés à ramener des prisonniers des jardins avoisinants. Le lieutenant hollandais a fini par lever ses mains dans un geste tellement indigné que j'ai éclaté de rire et que j'ai renoncé à de plus amples cérémonies, lui signifiant seulement de rassembler ses soldats afin qu'ils soient amenés en captivité. Il n'était plus question de mains levées ! Les soldats hollandais se sont rassemblés dans la cour de manière tout à fait ordonnée et disciplinée. Ils étaient de plus en plus nombreux, alors que nous n'étions que trois. Mais la compagnie nous a rejoint peu de temps après.

Pour éviter que le lecteur se fasse une fausse image des faits : la troupe hollandaise s'était courageusement battue contre le régiment *« Der Führer »* dans la position de Grebbe. Quelques semaines plus tard, les premiers aspirants hollandais nous ont rejoint à l'école de guerre de la Waffen-SS à Braunschweig. L'année suivante, Félix a formé la nouvelle division « Wiking » qui était composée de volontaires hollandais et scandinaves. Elle était considérée comme une division d'élite pendant la campagne de Russie !

Mais revenons au déroulement de la campagne de l'Ouest pour le petit soldat que j'étais ! Dans la matinée de cette journée, nous avons organisé une véritable partie de « gendarmes et voleurs » avec une grosse patrouille de reconnaissance française. La compagnie avançait le long d'un enclos étroit lorsque nous avons aperçu 20 à 30 fantassins, qui avançaient de manière assez insouciante et résolue de l'autre côté de cet enclos, c'est-à-dire à 50 mètres environ de nous. Nous nous sommes penchés pour qu'ils ne puissent pas nous voir et avons couru pour leur couper la route. Ensuite, sous la direction de notre chef de compagnie Koop, nous avons fait demi-tour dans l'enclos pour nous diriger vers eux. Tout d'un coup, je me suis retrouvé nez à nez avec un Français, qui se tenait à moins de dix mètres de moi. Dans un mouvement de panique, j'ai immédiatement tiré, mais heureusement sans parvenir à le toucher. Dans ce type de situation, la plupart des jeunes soldats dépourvus d'expérience de guerre ratent leur cible. C'est leur première confrontation avec l'« ennemi » en combat rapproché. Au bruit du coup de fusil, nous nous sommes jetés sur les Français abasourdis avec des hurlements d'Indiens. Ils ne nous ont opposé aucune résistance.

Comme je parlais français, j'ai été chargé du premier interrogatoire de ces prisonniers, qui devaient également me montrer leurs papiers. Naturellement, il y avait parmi ces papiers de nombreuses photos de famille, d'enfants, d'épouse, de parents, d'amies etc. Je me souviens encore exactement du soulagement que j'ai éprouvé de n'avoir touché aucun Français avec ma balle. La guerre rend schizophrène. A peine quinze jours plus tard, nous étions dans l'Artois près de Merville, dans une position depuis laquelle nous maîtrisions avec notre infanterie l'un des chemins de retraite des Anglais. La nuit, des véhicules ennemis tentaient inlassablement de passer sur la route. Visibles grâce à la lumière des fusées éclairantes, ils étaient la cible facile de nos mitrailleuses.

A l'aube, un sous-officier a reçu l'ordre d'emmener une patrouille de reconnaissance pour jeter un coup d'œil dans les véhicules touchés, afin de ramener d'éventuels prisonniers ou blessés. Il fallait par ailleurs ramener les papiers des soldats morts afin de trouver des informations sur leur unité.

Je m'étais porté volontaire pour faire partie de la troupe de reconnaissance. Arrivés à la route, nous avons été confrontés à une véritable vision d'horreur. Le sol était jonché de cadavres et les véhicules, pour la plupart calcinés, avaient basculé dans les fossés. J'ai été une nouvelle fois chargé de prendre les papiers des victimes, et de nouveau j'ai tenu entre mes mains de nombreuses photos de famille que j'ai bien sûr remises à leur place, dans les poches des soldats morts. L'horreur de la guerre s'imposait d'un coup. A la vue d'une photo, on ne pouvait s'empêcher de se demander comment cette pauvre femme réagirait à l'annonce de la mort de son mari qui se trouvait en ce moment allongé devant nous dans ce fossé, tout petit et recroquevillé ?

Mais je ne veux pas anticiper. L'un des soldats hollandais a eu l'intelligence de ramener une 350 ccm DKW au campement. Celle-ci était tout à fait à mon goût, et je suis donc passé d'éclaireur - piéton à éclaireur motorisé. Pendant la campagne de l'Ouest, j'étais éclaireur dans la première section de notre compagnie. C'était agréable, car on était un peu plus indépendant que si l'on faisait son service en tant que simple fantassin.

Mon chef de section avait repris la compagnie dont le véritable chef n'avait pu prendre son poste pour une raison qui m'était inconnue. Comme j'avais maintenant une moto, il m'a chargé de mettre en place la liaison avec le bataillon voisin qui devait se trouver à gauche devant nous. Nous étions désormais positionnés devant le passage des îles Beveland et Walcheren, au sud de Bergen op Zoom. J'étais l'éclaireur du premier groupe de la section, qui était menée par un très sympathique sous-officier, Sailer.

Sur le chemin du passage de Beveland, j'ai doublé Sailer qui se déplaçait en bicyclette avec sa troupe. Une nouvelle fois, les véhicules de la compagnie n'avaient pu suivre. Il m'a montré un groupe de soldats positionné sur une digue à environ 1 km de distance, émettant l'hypothèse que ce puisse être le IIe Bataillon que nous recherchions. Pour que sa mission soit accomplie le plus rapidement possible, je devais m'y rendre afin de m'en assurer.

Je ne me le suis pas laissé dire deux fois. J'ai appuyé sur l'accélérateur de ma DKW, et j'ai filé vers la digue. A un moment, je me suis aperçu que les soldats vers lesquels je me dirigeais ne portaient pas de camouflage sur leurs casques lourds, qui brillaient au soleil. Le peu d'expérience que j'avais ne m'avait pas encore appris à me méfier, et je savais que beaucoup de soldats perdaient leur camouflage pendant une opération. Ce n'est qu'à quelque 40 mètres de la digue que j'ai constaté qu'il s'agissait de casques hollandais. Je leur ai adressé un geste de la main avant de faire demi-tour avec mon véhicule, de me coucher sur le réservoir et de filer aussi vite que je le pouvais. Les garçons s'étaient mis à tirer tant qu'ils le pouvaient dans ma direction, mais heureusement sans atteindre leur cible dans leur agitation. Au début, ils m'avaient sans doute pris pour un Français, car ceux-ci portaient des uniformes kaki. Avec nos uniformes de la Waffen-SS et nos tenues de camouflage, il était facile de nous confondre. Un côté de nos tenues de camouflage réversibles était recouvert d'un motif jaune vif, l'autre vert vif. On pouvait de cette manière l'adapter à différents terrains. Sailer décida d'attaquer cet avant-poste de combat hollandais. Nous nous sommes cachés derrière la rampe qui menait sur la digue et avons lancé des grenades sur la digue avant d'attaquer. L'infanterie hollandaise s'est retirée sur une ligne de bunkers qui a ouvert le feu sur nous. La situation était claire. Après un moment, la compagnie s'est avancée. On a préparé l'attaque des retranchements pour le lendemain.

Au matin, nous avons constaté que les Hollandais avaient abandonné la ligne des bunkers. Comme nos véhicules n'avaient toujours pas pu nous rejoindre à cause des mines, nous nous sommes de nouveau procuré des vélos dans les fermes avoisinantes. Nous avons rapidement atteint le goulot d'étranglement qui s'était formé à Wondsrecht, en raison des inondations provoquées par les Hollandais. Peu de temps avant, une section de soldats à moto avait réussi à se frayer un chemin à travers les mines et nous avait doublé. Nous les avons vu s'arrêter sur une digue, et quelques instants plus tard, nous étions debout entre les motos qui vrombissaient, les pilotes n'étaient pas descendus de leurs véhicules, mais les soldats avançaient vers la digue.

Nous étions trois, les trois éclaireurs de la section. Il y avait Hartmann de Sarrebruck, mon sympathique rival qui remportait toujours le 400 mètres car il était plus grand et avait les jambes plus longues que les miennes, et un autre camarade. Soudain, une ligne de bunkers bien camouflée, située à environ 50 mètres de nous, a ouvert le feu sur nous. Nous avons sauté du sommet de la digue vers le côté gauche, mais les balles nous atteignaient aussi à cet endroit. Nous avons alors tenté le côté droit, sans y trouver plus de protection. J'ai crié : *« sur la digue ! »*. Les deux autres m'ont suivi. Nous nous sommes aplatis tant que nous le pouvions dans le creux d'un sillon, parmi les graviers. Hartmann était allongé devant moi, caché tant bien que mal derrière un de ces petit tas de cailloux que l'on trouve parfois au bord des routes pour d'éventuels travaux de réparation, et l'autre camarade se trouvait derrière moi. J'étais allongé entre les deux, à moitié caché par un side-car dont le pilote avait été abattu. Le moteur de la moto vrombissait encore, et j'ai très rapidement été assourdi. Les rafales de mitrailleuses venant du bunker qui maîtrisait la digue à 50 mètres de nous, s'écrasaient avec un bruit affreux dans le fer-blanc du side-car, directement au-dessus de ma tête. Il était évident pour moi que ce n'était plus qu'une question de temps et qu'une balle allait bientôt traverser mon casque lourd qui ne pourrait la retenir, et que je ne tarderais pas à prendre congé, comme on dit en langage de soldats. Dans notre désir d'avancer à tout prix, nous nous étions jetés dans les bras de l'ennemi, qui nous avait laissé approcher aussi le plus près possible avant d'ouvrir le feu.

J'avoue qu'à ce moment-là, je me suis dit « voilà ce que cela t'a apporté de vouloir absolument faire la guerre ! Tu aurais pu être confortablement allongé au soleil à la maison, en ce moment ». J'associai toujours l'expression « à la maison » avec l'image de notre maison à Berlin-Dahlem et de son jardin en été. Je ne pouvais pas me douter à cet instant que jamais plus je ne profiterai de cette belle maison de Dahlem, non pas à cause de ces maudites rafales qui continuaient d'atteindre le side-car au-dessus de moi et que j'entendais malgré les hurlements du moteur, mais parce que nous n'avons plus jamais habité à Dahlem par la suite. Pendant la guerre, père avait mis la maison à la disposition du Club de la Presse étrangère. Après la guerre, la maison a tout d'abord été placée sous le contrôle de l'administration obligatoire. Après le décès de ma mère, mes frères et sœur et moi-même l'avons vendue.

Ces sombres pensées ont vite passé vu la situation pour le moins inconfortable dans laquelle je me trouvais. Si seulement j'avais pu entendre quelque chose, mais le moteur hurlant sous lequel j'étais allongé couvrait tous les autres bruits. Je ne pouvais pas non plus prendre le risque de me relever pour éteindre le moteur. J'étais allongé à quelques mètres d'un bunker ennemi, par un soleil magnifique, et sans le moindre abri visible. Cela aurait été un simple suicide. La seule solution valable était de faire le mort et, si possible, de dormir un peu.

J'ai prudemment jeté un œil en direction de Hartmann, dont les pieds se trouvaient juste devant moi. J'aurais pu les toucher. Ses deux talons étaient dressés vers le haut au lieu d'être aplatis au sol comme les caporaux nous l'avaient enseigné au cours de notre formation de manière assez brutale, en marchant sur nos talons. Dans la situation actuelle, nous n'avions pas besoin de caporal pour nous dire que nos talons pouvaient nous trahir, sans parler du danger d'être touchés. Le fait que Hartmann ne se soit pas « transformé en timbre-poste » - selon l'expression que nous utilisions pour décrire la position à prendre devant le feu ennemi – me laissait présager le pire. L'autre camarade était allongé à 50 cm de moi environ, il aurait pu me toucher, et lui non plus ne bougeait pas. Cela ne voulait pas forcément dire qu'il était mort puisque j'avais moi aussi adopté la position la plus immobile possible, mais quelque chose dans sa posture me fit craindre que lui aussi avait été touché.

Pour l'instant, je ne pouvais pourtant rien faire, car les rafales de la ligne de bunkers sifflaient toujours à nos oreilles. Pour couronner le tout, un obus explosa dans l'eau juste à côté de la digue sur laquelle nous étions allongés, et un geyser de la taille d'une maison s'éleva. D'autres tirs suivirent, visiblement des calibres importants. Lorsqu'on est allongé sans défense tel que nous l'étions, et que l'on ne peut même pas s'aider de son ouie pour se faire une image de ce qui nous entoure, on s'imagine bien sûr le pire. Je me suis figuré que l'ennemi allait maintenant bombarder les motos à l'arme lourde. Si c'était le cas, il ne me resterait plus qu'à sauter pour essayer d'atteindre les arbres situés à 50 ou 70 mètres derrière moi et d'y trouver un refuge de fortune. La chance que j'avais d'échapper à l'infanterie de la ligne de bunkers située devant moi était cependant très faible. A la fin des combats, nous avons entendu que des destroyers anglais étaient entrés dans le combat à partir de l'Escaut. Après quelques instants, les tirs se sont arrêtés. J'étais sans doute abruti par le bruit des moteurs qui m'avaient rendu à demi sourd, car plusieurs heures me semblaient s'être écoulées lorsque j'ai vu deux jambes revêtues de guêtres se déplacer derrière la moto. C'était les Hollandais qui portaient ce type de guêtres enroulées, de couleur bleu-vert. Je me suis dit que les hommes de ma troupe avaient dû partir, et que les Hollandais allaient très certainement me faire prisonnier.

J'ai prudemment relevé ma tête et tenté de loucher par-dessous le side-car pour reconnaître ce qui se tramait là-bas. A mon grand soulagement, j'ai reconnu l'adjudant de notre régiment, qui s'avançait avec un drapeau blanc vers les bunkers ennemis. Il s'agissait justement de l'adjudant qui m'avait si gentiment aidé à participer à la campagne de l'Ouest. J'ai crié son nom, recevant pour seule réponse l'ordre de disparaître le plus rapidement possible. A cet instant, je n'ai pas compris de quoi il retournait. J'ai couru vers l'arrière comme il me l'ordonnait et j'ai retrouvé toute ma compagnie à quelque 100 mètres de là, cachée derrière un coude de la digue.

L'injonction furieuse que m'avait lancée mon adjudant avait une raison bien précise. Il avait reçu pour ordre de proposer la reddition aux soldats hollandais postés devant nous car, le matin même, la capitulation complète de la Hollande avait été proclamée. En vertu du droit des peuples à disposer d'eux-mêmes, l'officier parlementaire devait être muni d'un drapeau blanc. Celui-ci était toujours facile à réaliser à l'aide d'un drap. Il devait cependant n'être accompagné que d'un clairon, qui devait jouer de son instrument en marchant, afin d'attirer l'attention sur l'officier parlementaire. Dans les troupes motorisées, il n'existe pas de clairon, et encore moins lorsque les véhicules ne peuvent pas suivre à cause des mines. Ainsi, l'adjudant n'était-il accompagné que d'un éclaireur ce qui ne correspondait pas aux règles du droit international public. Si un troisième soldat ennemi apparaissait dans l'entourage du soldat parlementaire, ils encouraient sans aucun doute le risque d'être tout bonnement fusillés.

Nous avons découvert que la ligne de bunkers avait été abandonnée. J'ai alors prié mon chef de compagnie de me laisser voir ce qu'étaient devenus mes deux camarades. Ils ne s'étaient pas levés lorsque l'adjudant m'avait renvoyé, et je me faisais beaucoup de soucis. Mon inquiétude était justifiée, tous deux étaient morts. La raideur cadavérique s'était déjà installée lorsque, aidé de l'infirmier, j'ai voulu étendre les corps sur le dos. Tous les deux avaient reçu des balles en pleine poitrine et avaient dû mourir sur le coup.

La situation n'était pas plus brillante du côté de la section des soldats motorisés. J'avais eu une chance incroyable. Instinctivement, j'avais fait exactement ce qu'il fallait faire en recommandant à mes deux camarades de retourner sur le sommet de la digue. Si cela ne les a pas protégé, moi, cela m'a sauvé la vie. Tous les soldats qui avaient cherché refuge sur les côtés de la digue étaient morts ou blessés, ils formaient une cible facile pour les soldats postés dans les bunkers. Au moment de bondir vers le sommet de la digue, j'avais juste ressenti un coup violent dans mon bras droit. Il était resté insensible pendant un moment, mais maintenant que la tension retombait, je sentais venir la douleur. Mon chef de compagnie m'a envoyé à l'infirmerie – il était urgent que l'on me fasse une piqûre contre le tétanos. Un médecin militaire quelque peu agité s'affairait autour des soldats blessés. Il m'a demandé avec quelque impatience ce que je cherchais ici. Il est devenu un peu plus aimable après que je lui ai répondu : *« rien du tout, on m'a envoyé ici »*. J'ai reçu la piqûre obligatoire et j'ai couru rejoindre ma compagnie.

Cela avait été un baptême du feu assez impressionnant. Le soir, nous avons atteint le canal de Beveland, qui coupe Capelle du nord au sud, et nous nous sommes terrés. Je me reposais sans cesse la question : pourquoi mes deux camarades, allongés si près de moi à droite et à gauche, avaient–ils été touchés, et pas moi ? Existe-t-il une prédétermination ? Existe-t-il même un ange gardien ? Mais pourquoi alors t'a-t-il protégé toi, et non tes deux camarades ? Nous avions agi tous les trois ensemble, avions couru les uns à côté des autres, et nous étions allongés si près les uns des autres que nous aurions pu nous toucher. Tous deux morts, et toi, tu n'as reçu que des éclats ? Combien de fois allais-je me poser cette question durant la guerre. Seuls ceux qui n'ont pas eu de chance dans la guerre ne se posent plus cette question !

Les véhicules n'arrivaient toujours pas. Nous nous sommes nourris de victuailles trouvées dans les maisons, qui étaient généralement bien fournies en provisions. Dès le matin, des pionniers sont apparus avec des bateaux gonflables qui devaient nous permettre de traverser le canal, tout près de l'ennemi. Il n'y avait plus que des troupes françaises. On les avait envoyées de l'Artois et des Flandres au-devant des troupes allemandes qui, selon le plan « réchauffé » de Schlieffen, étaient censées avancer avec une aile droite renforcée. Ils ne savaient pas encore que le destin se préparait loin derrière leur dos. Notre chef de compagnie s'est exclamé : *« des volontaires pour la première vague ! »* La première fournée de minuscules canots à trois places a été formée. Un pionnier les dirigeait, tandis que les deux autres pagayaient. Nous ramions pour sauver notre vie, car plus nous traversions vite, plus nous réduisions le risque de nous faire abattre. En riant, notre chef de compagnie s'est permis de faire un peu d'humour : *« les meilleures places sont devant ! »*. Ce n'était pas faux, car nous pouvions nous attendre à un important combat d'artillerie sur cette rive, dès que l'ennemi aurait compris notre manœuvre. La première fournée était celle qui avait le plus de chances d'échapper à cette menace. D'autre part, les chances d'atteindre sains et saufs la rive opposée du canal sur nos petits canots et face à une défense solide, étaient très minces. Accompagné d'un Souabe de caractère placide appelé Hägele, je me suis préparé à réagir au coup de sifflet. Nous devions traverser le sommet de la digue et rejoindre le canal, où un pionnier et une rangée d'autres bateaux nous attendaient pour ramer comme des fous et atteindre l'autre rive.

Tandis que les mitrailleuses lourdes de nos camarades nous couvraient, nous sommes parvenus à traverser le canal sans dommages. Hägele m'a signalé plus tard qu'une rafale de mitraillette ennemie avait fait éclabousser l'eau juste à côté de notre embarcation, mais je n'avais rien remarqué car j'étais accroupi à l'avant du canot et je me concentrais sur d'éventuels nids de résistance cachés de l'autre côté de la rive, et qu'il fallait combattre. Le pionnier a refait seul le chemin inverse pour ramener d'autres hommes. Pendant que nous occupions le sommet de la digue, les grands canots des pionniers ont été mis à l'eau et l'ensemble de la compagnie a rapidement été transporté de l'autre côté. Nous étions prêts à poursuivre notre avancée.

Nous sommes tombés sur des Français qui se préparaient à lever le camp. Nous avons fait irruption dans leur mouvement de départ, ce qui est toujours très désagréable pour une troupe. Nous avions la lumière matinale dans le dos et l'ennemi nous offrait une cible facile. Nous avons tiré tant que nous le pouvions. Derrière nous, sur la gauche, des Français jaillissaient de toutes les positions.

Soudain, un groupe important de soldats français s'est avancé vers nous, faisant mine de se rendre. Ils avaient visiblement été surpris par la rapidité de notre progression et ne voulaient plus se battre. Pour nous, le proverbe de Steiner se vérifiait de nouveau : « la marche à pieds peut vous éviter des combats inutiles » ! Nous nous sommes précipités sur les Français. Un capitaine – visiblement un réserviste – nous a salué. N'ayant pas reconnu sous les tenues de camouflage qu'il s'adressait à un simple soldat, il a voulu me confier son unité. Comme je parlais français, j'ai accepté son offre et je l'ai traduite à mon chef de compagnie.

Nous avons rapidement atteint Capelle, un petit village où nous avons pu nous munir de vélos avant de reprendre notre route en direction de Walcheren. L'élan dont la troupe faisait preuve était incroyable, il était quasiment impossible de contenir nos hommes. Les prisonniers, qui étaient visiblement bien plus nombreux que nous, nous ont de nouveau prouvé que « la rapidité épargne le sang » !

Une nouvelle fois, nous nous sommes retrouvés devant une digue. Comme sur la précédente, une rampe menait vers son sommet. Notre groupe, qui se trouvait en tête de section, était escorté du chef de la dixième compagnie, le *Hauptsturmführer* Gesele. Alors que nous avions presque atteint le sommet, nous avons aperçu une silhouette qui nous faisait des signes. C'était un officier français. Il nous a reconnu un instant trop tôt et a émis un sifflement qui a déclenché un enfer.

Nous nous sommes immédiatement jetés dans les fossés qui se trouvaient sur les bas-côtés, en bas de la rampe. Nous avions de l'eau jusqu'aux hanches. Heureusement, le fossé était situé dans un angle mort, hors de portée des mitrailleuses françaises. Nous avons continué notre avancée dans l'eau, presque sans subir de pertes. Un seul homme de notre compagnie est tombé, malheureusement dans des conditions tragiques. Il s'appelait Meyer. Il était en permission pour son mariage lorsque la campagne avait commencé, et il avait tout abandonné pour rejoindre son régiment. En chemin, il s'était procuré une mobylette munie d'un moteur de secours. Il avait suivi les traces de son régiment à travers la Hollande et avait fini par nous rejoindre juste avant que nous tombions sur les positions françaises. Lui aussi avait sauté avec nous dans le fossé, mais une balle l'avait atteint à la tête alors que nous étions déjà à l'abri. La question me taraudait une nouvelle fois : pourquoi ce camarade fraîchement marié avait-il été touché, et pas celui qui était juste à côté ? Ce décès nous a bouleversés. Si Meyer avait décidé de terminer tranquillement son voyage de noces, personne ne le lui aurait reproché. Il existait à l'époque une volonté de servir son pays que l'on ne peut plus s'imaginer aujourd'hui. On peut s'interroger sur le sens de cet engagement pour une cause supérieure, un idéal, dans le cas présent il s'agissait de la patrie, on peut aussi le critiquer, mais on devrait tout au moins le respecter, car l'engagement représente l'une des bases de la société humaine.

Nous avons trouvé refuge dans une ferme pour passer la nuit et sécher nos vêtements trempés. En ce qui concernait nos fichus godillots, nous pouvions choisir entre les laisser mouillés ou les mettre contre le foyer, courant ainsi le risque de les retrouver le lendemain durs comme du bois. Bêtement, j'ai opté pour la seconde alternative et j'ai eu toutes les peines du monde à faire entrer mes pieds dans mes bottes lorsque l'alarme nous a réveillé. Ce soir-là, les bottes endurcies avaient tellement abîmés mes pieds qu'ils ressemblaient à de la viande crue.

Le lendemain, la 9e compagnie a mené l'attaque sur la digue conduisant à l'île de Walcheren. Face à la résistance coriace des Français, elle ne gagnait que très lentement du terrain. Pendant l'après-midi, trois bombardiers Heinkel 111 sont apparus, et ont jeté des tapis de bombes sur les positions françaises. Les défenseurs ont faibli. Dans les conditions qui étaient celles de l'époque, cette victoire n'avait pas été évidente pour la 9e compagnie. Les Français, aidés par le terrain inondé, s'étaient défendus avec ténacité.

On nous a fait passer la digue en nous plaçant en tête de convoi, accompagnés d'une PAK (canon antichar). Lorsque nous avons découvert sur une pelouse un groupe assez important de Français sur le point de se rendre, le chef d'artillerie de la PAK a dirigé son petit canon vers eux. Croyant sans doute qu'il allait vraiment tirer, le chef de notre 10e compagnie a brutalement frappé sur son casque du plat de la main, et a crié « vous êtes fou, nous ne sommes pas des Tziganes ! »

Après avoir de nouveau déniché des vélos, nous sommes partis le plus rapidement possible vers Vlissingen, notre objectif, en passant par Middelburg. Dans le port, la PAK d'escorte tirait sur un bateau de transport français qui venait d'appareiller. Nous sommes entrés dans une habitation du port et avons trouvé une table parfaitement bien dressée, qui avait visiblement été abandonnée dans la panique. Nous avons visiblement gâché le dîner d'un état-major supérieur qui avait dû fuir précipitamment à bord d'un bateau.

Le lendemain, nos véhicules de transport ont enfin pu passer Vlissingen, et avec ceux-ci nos bagages. Le « juteux », c'est-à-dire l'adjudant de compagnie, m'a remis une paire de bottes neuves dans lesquelles j'ai pu enfouir mes pieds bandés. J'avais aussi une méchante infection sous les ongles des deux mains, causée par la fine poussière du sillon dans lequel je m'étais agrippé quelques jours auparavant, lorsque les bunkers ennemis m'avaient tiré dessus.

Nous avons repris en sens inverse et par temps magnifique le chemin que nous avions eu tant de mal à parcourir les jours précédents. Nous sommes passés à côté de la digue de Wondsrecht où mes deux camarades éclaireurs étaient tombés. Deux croix portant leurs noms étaient désormais plantées à cet endroit où je n'avais, pour ma part, reçu que quelques éclats. Pourquoi ?

Dans l'après-midi, nous avons atteint la terre ferme, où nous avons eu la possibilité de nous laver et de nous raser. Cette dernière possibilité était toujours prise très au sérieux, car un bon rasage était la condition pour que le masque à gaz soit vraiment hermétique et qu'il nous protège, le cas échéant, contre des gaz toxiques.

J'avais eu mon baptême du feu et j'avais compris ce que signifiait la peur Je commençais à réaliser que l'important n'était pas d'éviter d'avoir peur, mais de ne pas la montrer s et surtout d'agir malgré elle. J'avais vu les premiers morts de ma vie, parmi lesquels je comptais deux camarades qui étaient, comme moi, éclaireurs dans la même section que moi. Mais nous avions également eu la chance de connaître le succès ou la victoire, comme on l'exprime de manière plus littéraire. Nous avions une grande confiance dans le commandement de notre unité. Notre coopération avec la Luftwaffe lors du passage forcé vers l'île de Walcheren avait merveilleusement fonctionné, tout comme la protection de nos longues colonnes motorisées contre les attaques aériennes. Pas une seule fois nous n'avions été attaqués par l'armée de l'air française ou anglaise au cours de notre marche.

Tandis que nous profitions du magnifique soleil pour nous laver, nous raser, nous changer et nous reposer de tous ces efforts dans un verger, nous avons soudain reçu l'ordre de nous habiller et de nous rassembler. Nous nous sommes précipités dans nos uniformes en ronchonnant, et sommes sortis dans la rue. Lorsque j'ai entendu que Himmler allait arriver, j'ai immédiatement quitté le premier rang pour aller me cacher en troisième ligne. Je ne souhaitais à aucun prix qu'il me remarque, car j'étais certain que s'il me repérait, il m'enverrait immédiatement à l'école des Junkers de Braunschweig. Je n'aurais d'ailleurs pas pu lui en tenir rigueur. Je suis parvenu à rester invisible au regard de Himmler pendant qu'il nous tenait un bref discours, mais alors qu'il s'apprêtait à partir, son aide de camp Wolff, qui se trouvait sur le côté, m'a repéré. Il m'a interpellé d'une voix forte : « alors, Ribbentrop, comment ça va ? », et m'a fait sortir des rangs.

Bien sûr, l'attention de Himmler a été attirée par cet échange, et je me suis retrouvé dans l'obligation de le saluer. Il m'a dit d'un ton mielleux qui ne m'a pas trompé : *« alors tu as fini par imposer ta volonté »*, poursuivant : *« …mais seulement jusqu'au 31 mai, car après cette date, tu iras à l'école ! »* Félix, notre commandant, se tenait près de lui et souriait aimablement. C'était lui en effet qui avait finalement légalisé mon indiscipline en n'obéissant pas à l'ordre de m'envoyer à l'école de guerre. J'étais content, car cela voulait dire que je pouvais rester deux semaines de plus dans la compagnie.

Je devais cependant être assez mal reçu par mon supérieur direct à l'école des Junkers de Braunschweig. Il était appelé *« Junkerschaftsführer »*, et occupait le même rang qu'un *Obersturmführer* (lieutenant). Il m'a fait payer mon impatience à être mobilisé en sanctionnant bien plus sévèrement mes petites erreurs que celles de mes camarades. Cet homme n'avait lui-même jamais été affecté à une opération, et il me reprochait mon expérience. Pour couronner le tout, il était ce qu'on appelait un « Prussien Autrichien », ceux-ci ayant la réputation d'être les « plus prussiens ».

C'est sûrement une règle d'or que de faire preuve de discrétion lorsqu'on est connu comme le loup blanc, mais il y a des moments où il faut prendre le risque d'être démasqué. D'ailleurs, nous n'avions quasiment aucune chance de « bien faire », et j'ai pu le constater à mes dépens. Si j'avais sagement été à l'école de guerre, comme on me l'avait ordonné, on aurait sans doute dit qu'un fils de ministre devait, bien sûr, être épargné et envoyé à l'école de guerre le jour même de l'appel pour la campagne de l'Ouest. Dans les moments décisifs, il faut tout simplement oublier le qu'en dira-t-on.

Grâce à son avance rapide vers Vlissingen, notre division avait rattrapé les têtes des unités motorisées françaises qui avaient atteint le sud de la Hollande. Avec le recul, je peux sans aucun doute approuver la remarque que Brinon avait faite à mon père : en 1940, nous avions en effet l'impression que les troupes françaises ne voulaient pas se battre.

Désormais, on nous faisait marcher jour et nuit, ce qui était très fatigant pour les conducteurs : Nous devions traverser la Belgique par le célèbre « couloir » qui partait de Sedan et menait vers le canal en imitant la forme d'une faucille. Les forces françaises et anglaises, arrivées en Belgique, ont ainsi pu être coupées de leur base. Où en était la guerre à ce moment-là ? Nous ne l'avons alors appris que par bribes.

Après notre scolarité à l'école des Junkers de Braunschweig en mars 1941, la direction de l'école entrepris avec nous, les aspirants, un « voyage d'initiation » à travers la France. L'un des points forts de ce voyage a été la conférence de Bayerlein, le premier officier de l'état-major du général Guderian pendant la campagne de l'Ouest. C'est dans le théâtre municipal de Sedan que Bayerlein nous a décrit l'attaque décisive du groupe des panzers de Guderian sur la Meuse près de Sedan. Il confirmait pleinement les récits que m'avait faits Mère sur la malchance de cet officier de liaison, qui avait dû effectuer un atterrissage d'urgence en Belgique alors qu'il transportait les plans originaux de la campagne de l'Ouest. A Berlin, on ne savait quelle conduite adopter, car Hitler poussait à une offensive à l'Ouest. De nouveau, le facteur temps a joué contre lui. L'avance que nous étions supposés avoir dans le domaine de l'armement se réduisait progressivement, car depuis le début de la guerre, les deux puissances de l'ouest mettaient tout en œuvre pour accélérer l'armement, et elles bénéficiaient dans cet effort du soutien des Etats-Unis.

Bayerlein ne cachait pas que le plan du commandement supérieur de l'armée était une copie peu fantaisiste du plan Schlieffen élaboré pendant la Première Guerre mondiale, mais cette fois adapté aux troupes motorisées. Le célèbre plan Schlieffen – ce dernier était le Chef d'État-major Général de l'armée allemande de 1891 à 1905 – avait dû prendre en compte les conséquences d'une politique étrangère impériale si déplorable, qu'elle aurait pu provoquer une guerre des deux fronts. Schlieffen avait échafaudé un plan très audacieux en plaçant la plus grande partie de l'armée allemande à l'ouest pour y combattre l'armée française, avant que le potentiel russe ne puisse se déployer. A l'est, Schlieffen voulait se limiter à une défense basée sur la durée, car l'avancée russe requérait beaucoup de temps. Les distances étaient grandes et le réseau ferroviaire insuffisant. Le plan présentait un défaut politique : pour éviter les fortifications françaises, la forte aile droite allemande allait devoir traverser la Belgique. Le plan prévoyait même l'abandon de la Prusse orientale en cas d'urgence. La priorité était de garder la supériorité sur l'aile droite, c'est-à-dire celle qui devait justement traverser la Belgique. C'était un plan génial, qui aurait mérité d'être exécuté de manière conséquente et par des personnes aux nerfs solides. Malgré le fait que l'armée n'avait pas été développée, contrairement aux ordres donnés par l'état-major allemand avant la Première Guerre mondiale, le plan aurait pu avoir sa chance. Mais la direction de l'armée allemande, et à sa tête le Kaiser, n'avait pas eu les nerfs de résister à cette première grande crise. La réalisation de chaque plan, si génial soit-il, passe par la traversée d'une crise. Il en est de même dans la vie d'un homme : chaque prise de décision implique que l'on se pose la question torturante de savoir si cette décision est à la mesure du but que l'on s'est fixé.

C'était donc ce même plan, génial à l'époque de la Première Guerre mondiale, qui avait été repris par le commandement supérieur de l'armée dans une version motorisée. Cette fois cependant, il présentait un handicap décisif : les Alliés l'attendaient. Ils avaient concentré leurs troupes motorisées dans les Flandres et dans l'Artois, et attendaient de pied ferme l'avancée allemande en Belgique. Nous avions d'ailleurs eu l'occasion de les rencontrer dans le Sud de la Hollande. Les Alliés espéraient pouvoir bloquer les Allemands en Hollande et en Belgique, afin de provoquer une guerre d'épuisement semblable à celle de la Première Guerre mondiale et de pouvoir ainsi mettre en valeur le potentiel des forces de l'Ouest. Les espoirs de Staline allaient également dans ce sens. Après avoir laissé les forces allemandes et alliées s'épuiser les unes les autres, il allait pouvoir placer dans la balance son immense potentiel.

Comme Bayerlein nous l'a décrit à l'époque, Berlin était perplexe, lorsque l'attention de Schmundt, l'aide de camp de Hitler, a été attirée sur le plan élaboré par le chef de l'état-major auprès du Groupe d'Armées Ouest, le général von Manstein. Reposant sur une ancienne étude concernant la praticabilité des Ardennes pour des troupes motorisées, le plan Manstein prévoyait le déplacement du point fort des opérations d'attaque de l'aile droite vers le centre. Grâce aux forces blindées rassemblées, les installations de la ligne Maginot, près de Sedan, devaient être maîtrisées et être traversées, comme par une entaille en forme de faux dirigée vers la côte, juste derrière les troupes motorisées franco-britanniques avançant en Belgique. Ainsi, on coupait la route aux troupes belges et alliées. Un plan audacieux, reposant sur une idée géniale ! Il a su prendre l'ennemi au dépourvu.

Bayerlein nous raconta qu'à Berlin, on avait demandé à Halder de « sortir son plan du coffre-fort ». Au ton de sa voix, on comprenait facilement qu'il ne se faisait pas une haute idée de l'ingéniosité du Commandement Supérieur de l'Armée. Lorsque ce fameux plan avait alors été exposé à Hitler, il avait immédiatement opté pour sa mise à exécution. Bayerlein nous a exactement décrit les efforts qu'avait fait Guderian après la percée réussie de Sedan pour poursuivre effectivement, et contre l'avis du commandement supérieur des armées, une avancée vers la Manche la plus rapide possible, sans égards pour les flancs. On raconte que lorsqu'on tenta de le retenir pour permettre aux divisions d'infanterie de le rejoindre - à pieds, bien entendu -, il aurait prononcé ces mots : *« Je n'ai pas besoin de mission Hentsch ici »* (6). Il faisait allusion à ce malheureux lieutenant qui avait stoppé l'avancée allemande vers Paris et donné l'ordre de retraite au nom du quartier général principal. Le succès écrasant de la campagne de l'Ouest est connu !

Il faut remarquer qu'en se décidant immédiatement pour ce plan, Hitler avait eu une bonne vision stratégique de la situation. Instinctivement, il avait reconnu qu'en temps de guerre, l'effet de surprise peut être décisif pour atteindre l'ennemi à l'endroit où il n'attend pas d'attaque. Nous verrons cependant que trois ans plus tard, au début de l'offensive « Citadelle » de 1943 qui était la dernière opération d'attaque à l'Est, il négligera de manière fatale de se servir de l'effet de surprise.

Bien sûr, il y a aussi eu des situations de crise pendant l'opération du « coup de faux ». Jusqu'à ce que les divisions d'infanterie les aient rejoint, les flancs étaient menacés. Mais de nouveau,

(6) Le lieutenant Hentsch était ce malheureux officier d'état-major général qui fut envoyé avec les pleins pouvoirs du « Grand quartier général » du Luxembourg vers les deux armées allemandes de l'aile droite pour ordonner la poursuite de l'avancée vers Paris ou la retraite par l'Aisne.

les autorités n'ont pas eu les nerfs suffisamment solides, et ont souffert de ce que Guderian avait surnommé les « points de côté », à cause de la menace pesant sur les flancs. Mais Guderian était taillé d'un autre bois que l'empereur et son chef d'état-major, le général Moltke, et que le pauvre Hentsch. Guderian a traversé la Meuse, a tourné à droite et s'est remis en route – vers la côte ! Lorsqu'on a tenté de l'arrêter, il a menacé d'abandonner son commandement et c'est ainsi qu'il a su s'imposer !

Comme je l'ai déjà dit, la division « V » marchait jour et nuit à travers la Belgique vers le nord de la France, en empruntant le « couloir » qui menait à la côte. Nous avons passé la Meuse à Huy. Je ne pouvais pas me douter alors que quatre ans plus tard, en 1944, alors que j'étais commandant adjoint de bataillon, j'allais arriver sur ce même pont de Huy accompagné de mon seul commandant, qui menait le régiment des panzers de la *12. SS-Panzer-Division*, et qui ne disposait plus d'aucun char. Il ne nous restait plus qu'un *Tigerpanzer* allemand. Pas un soldat allemand à l'horizon. C'était d'ailleurs un miracle que nous ayons pu passer sans encombres à travers ces territoires truffés de partisans belges.

Maintenant, en 1940, je commençais à me douter qu'un succès opérationnel sensationnel s'annonçait, et mon chef de compagnie a confirmé mon intuition. Sur les panneaux de signalisation, je reconnaissais désormais des noms que j'avais lus dans des récits sur la Première Guerre mondiale, et j'avais du mal à croire à quel point nous avions avancé. Notre chef de compagnie nous informa une fois brièvement sur notre situation : « devant nous à gauche deux divisions de Panzers, devant nous à droite deux divisions de Panzers, et c'est comme ça que nous avançons vers la Manche ! » Même les petits troupiers que nous étions, juchés sur nos véhicules de transport, arrivaient peu à peu à comprendre ce qui se tramait, et dans quelle audacieuse opération nous étions embarqués.

Un matin, alors que nous faisons une courte pause pour prendre de l'essence, huit hommes de la compagnie ont été envoyés « en avant », vers le véhicule du chef de compagnie. C'était de nouveau une matinée radieuse, le soleil chauffait déjà alors que nous avions eu froid pendant toute la nuit, fouettés par le vent dans le camion ouvert. Pour les trajets de guerre, nous ne nous servions pas des bâches, car il fallait pouvoir reconnaître à temps le danger. Sans en faire grand cas, le chef de compagnie nous a signalé que nous avions été promus en raison de notre « courage devant l'ennemi », tels étaient ses mots à l'époque. Cela signifiait dans mon cas le passage du simple soldat que j'étais en entrant dans la campagne de l'Ouest, à « Sturmmann » - la dénomination d'un caporal dans la SS. Le chef de compagnie a ajouté en riant : *« Il me semble que je n'ai pas besoin de vous proposer de Schnaps, vous en avez assez vous-mêmes ! »* Comme je l'ai déjà dit, il y avait en effet de l'alcool à profusion en France.

De toutes les promotions obtenues pendant mon service, celle-ci, prononcée dans un verger du nord de la France, m'a procuré la plus grande joie, car elle était tout à fait inattendue. Mes autres promotions avaient toujours été prévisibles d'une manière ou d'une autre, et je les avais d'ailleurs toujours reçues après mes camarades. Il ne fallait surtout pas donner l'impression de privilégier le fils d'un ministre, c'était compréhensible ! Un camarade, qui était déjà *Sturmmann* caporal, a détaché un chevron – le grade de caporal – de son épaule gauche, et m'en a fait cadeau. Désormais, nous faisions partie des soldats « expérimentés » et méritions la reconnaissance des *« Polenkämpfer »*, les « vétérans de Pologne ». C'était un changement de statut non négligeable dans le cercle de nos camarades.

Je réalisais de plus en plus clairement à quels événements sensationnels nous participions. Le long de la route, nous pouvions sans cesse voir les effets des attaques aériennes allemandes. Des colonnes interminables de prisonniers passaient à côté de nous, et parmi ceux-ci, de malheureux fuyards qui auraient mieux fait de rester chez eux. Je n'ai pas assisté une seule fois pendant notre avancée à l'évacuation brutale d'hommes ou de femmes de leur maison. Lorsque nous avions besoin d'un toit, nous occupions les maisons abandonnées.

Alors que nous nous trouvions déjà en Artois, l'un de nos éclaireurs à moto nous a dépassé et en criant : *« là devant, il y a ton père ! »*. J'ai cru mal comprendre mais quelques kilomètres plus loin, j'ai aperçu, en effet, la silhouette de mon père, postée au bord de la route. J'ai seulement pu lui faire un signe de la main. Il avait quitté ses quartiers, situés près du quartier général du *Führer*, pour se faire sa propre idée du succès de l'opération, aux dépens de Hitler, d'ailleurs !

Alors que nous étions installés pour la nuit, j'ai été convoqué par l'état-major du régiment, où j'ai retrouvé Père qui visitait le régiment, et s'est longuement entretenu avec le commandant. Si je me souviens bien, le sujet de leur conversation concernait les volontaires européens. Après la campagne de l'Ouest, Steiner avait en effet mis sur pieds une division de « volontaires germaniques » venus de Hollande et de Scandinavie, la division *« Wiking »* qui devint célèbre par la suite. Au moment des adieux, Père m'a souhaité bon vent en précisant : *« on continue demain, les ordres d'opération sont arrivés ! »* Il s'agissait d'empêcher les Anglais de repasser le canal de la Manche.

Le lendemain matin, nous nous sommes tout de suite installés sur les véhicules de transport qui devaient nous conduire à nos points de départ pour la dernière offensive, désormais déterminante, sur la poche de Dunkerque. L'essentiel du corps expéditionnaire britannique s'y tenait enfermé parmi d'autres troupes. Pourtant, on ne démarrait pas. Au début, cela ne nous a pas surpris, c'était une situation normale pendant les opérations. Tout d'un coup, nous avons reçu l'ordre de retourner dans nos quartiers, de cacher nos véhicules et de nous camoufler. Nous ne pouvions pas nous douter qu'une décision fatidique était tombée tandis que nous attendions sagement le départ, sur nos véhicules de transport. Les divisions de panzers allemandes avaient été stoppées, permettant ainsi aux Britanniques de s'enfuir. Ils ont dû abandonner tout leur matériel, mais l'ensemble des soldats expérimentés a pu être sauvé et acheminé en Grande-Bretagne. Cette évacuation salvatrice pour l'ennemi, que l'on devait à une faute incompréhensible du commandement allemand, devait peser lourdement sur la suite de la guerre.

Nous avons dû attendre une journée de plus avant d'être de nouveau opérationnels. Nous avons combattu l'arrière-garde anglaise à l'est de la petite ville de Merville. Les Britanniques s'étaient terrés près d'un canal et tentaient par petites contre-attaques, avec la protection de l'aviation contre les *Panzer*, de replier leurs unités vers la côte. Sous la direction de notre capitaine, le Graf von Westfalen, notre 14e compagnie (la compagnie antichar des panzers), tentait de refouler les Britanniques à l'aide de canons antichars que nous avions ironiquement surnommés les « heurtoirs de l'armée », parce qu'ils n'étaient quasiment d'aucune utilité face aux blindages des chars britanniques et français.

Pendant notre avancée vers le canal, nous avons rencontré une PAK de la 14e compagnie qui avait visiblement été la victime des bombardements des chars britanniques. Le conducteur, mort ou grièvement blessée, était allongé à côté des pièces d'artillerie. Nous avons tenté, tant bien que mal, de soigner les blessés. Je me souviendrai toute ma vie de ce soldat, dont les bras et les jambes étaient réduits en bouillie, et qui nous pria de le laisser là car l'attaque des Anglais sur le canal étant plus urgente. Quel engagement et quel don de soi ! J'ai eu l'occasion à deux reprises d'observer un tel courage : lors d'une opération au sud de Koursk, en février 1943, l'un des panzers qui dirigeait la compagnie a été attaqué, et son radio grièvement blessé. Sans égard à sa blessure mortelle, il avait émis le signal suivant : *« Panzer en chef défectueux ! »*. C'était une information très importante pour la direction de la compagnie et pour ses camarades. La seconde fois, il s'agissait de l'un de mes compagnons à l'école d'Ilfeld, portant, si je me souviens bien, le nom de Lampe. Alors qu'il était « soldat n°1 » de son groupe (le soldat de première classe maniait le fusil-mitrailleur) pendant la campagne de Pologne, il a été grièvement touché par une balle. Au lieu de demander de l'aide à l'infirmier, il appliqua à la lettre les instructions reçues au cours de nos entraînements et se contenta de signaler « soldat de première classe tombé » avant de se tourner sur le côté et de mourir.

Quelle quantité de bonne volonté la République fédérale gâche-t-elle, en permettant que l'on ridiculise et que l'on diffame cet élan des citoyens à offrir leur vie pour leur pays pendant la Seconde Guerre mondiale. Comment peut-on communiquer à la jeunesse d'aujourd'hui le sentiment communautaire et la disponibilité au sacrifice sans lesquels aucune société ne peut exister sur une longue durée, si on discrédite sa plus haute expression qu'est la disponibilité à mettre sa vie en jeu pour la communauté, comme le fit la République fédérale ? Le fameux « monsieur tout le monde » qui était prêt à sacrifier sa vie pour son pays, ne pouvait comprendre la politique, et encore moins l'influencer. Il n'y a rien de politique dans le fait d'estimer l'engagement d'un individu pour son pays. En revanche, manquer de le faire porte un coup fatal aux racines d'une société. On peut dire en quelque sorte que la vie de la République fédérale repose sur un tel mensonge. Les jeunes gens ont besoin de s'engager pleinement pour un idéal. Pour nous, à l'époque, cet idéal était spontanément la patrie, et non Hitler ou même le national-socialisme, un terme flou qu'aucun d'entre nous n'aurait su définir précisément. J'éprouve de la compassion pour les jeunes gens qui n'ont pas eu la chance de vivre cette expérience incroyable qui consiste à s'engager corps et âme et jusqu'au don de sa personne, pour un but élevé – pas obligatoirement militaire – au sein d'une communauté de personnes partageant les mêmes idéaux, dans un esprit de camaraderie et de sacrifice. Je vais même jusqu'à dire que cette expérience fait partie d'une vie accomplie, au même titre que l'expérience d'un grand amour ! Je comprends les jeunes gens qui se sentent obligés de s'opposer à la société et poursuivent un prétendu idéal et en arrivent à emprunter de mauvaises voies, qui les mènent parfois jusqu'au terrorisme. Mais est-ce que la société, c'est-à-dire la « génération d'au-dessus » prend ce besoin d'idéal et donc d'engagement, au sérieux ? Chaque génération d'hommes et de femmes âgées, a la jeunesse qu'elle mérite. Le terme d'« accomplissement personnel », aujourd'hui constamment cité et distendu, est en réalité synonyme d'égoïsme sans bornes, et ne peut constituer la valeur porteuse d'une société !

Une nouvelle fois, nous avons dû passer le canal sur des canots gonflables avant de nous terrer près d'un corps de fermes. Comme la compagnie devait couvrir un territoire étendu, les éclaireurs ont également dû creuser leur tranchée dans la ligne principale des combats. Pendant la nuit, il pleuvait tellement que nous avions de l'eau jusqu'aux genoux. Nos uniformes ont rapidement été trempés, et avec le vent froid de ce mois de mai, nous tremblions de froid. Je ne savais pas encore ce qui m'attendait en Russie. Ici, je pouvais encore m'imaginer que si j'avais été officier, j'aurais tout au moins pris la peine de mettre mon poste de commandement sous un toit, etc. A peine trois ans plus tard, je me retrouvais en tant que chef de compagnie au nord-ouest de Kourks en Ukraine, roulant de nuit avec trois autres panzers et affrontant une tempête de neige par un hiver glacial pour atteindre le plus rapidement possible un village appelé Dergatschi, sur lequel nous avions prévu une offensive pour le lendemain. On ne pouvait se fier qu'à son intuition pour rouler, car les cartes russes étaient mauvaises et la nuit noire rendait la reconnaissance du terrain impossible. De mon siège de commandant, je pouvais voir mon « radio » assis à l'avant droite du panzer. C'était un caporal, comme moi pendant la campagne de l'Ouest. Il était confortablement installé contre la chaleur du moteur, tenant près de lui une gourde pleine d'ersatz de café brûlant et il lisait. Il n'avait rien à faire, puisque nous n'avions pas le droit d'émettre au cours de cette manœuvre. Pendant quelques instants, je me suis dit « ah ! Si tu étais ce caporal ! Si tu n'avais pas à porter cette satanée responsabilité d'arriver dans les meilleurs délais à l'endroit où tu as reçu l'ordre de te rendre ! ». A l'époque, c'est-à-dire en mars 1943, nous menions la contre-attaque et voulions encercler Koursk par le nord.

Mais nous n'en sommes pas encore là. Je devais d'abord me rendre à l'école des officiers de Braunschweig. Himmler m'avait autorisé à « jouer à la guerre » jusqu'au 31 mai. Cette date approchait, mais j'espérais toujours qu'on oublierait ma présence dans le tourbillon des événements. Cela n'a malheureusement pas été le cas. Le 31 mai, j'ai reçu l'ordre de me rendre au poste de commandement avec mes bagages. Le chef de compagnie m'a confié une douzaine de prisonniers britanniques qui devaient êtres livrés au poste de commandement. Sur mes recommandations et sous la surveillance d'un sergent, les Anglais se sont mis en rang par deux et ont marché devant moi jusqu'au régiment, très sagement et avec beaucoup de discipline. Ces hommes m'ont fait une très bonne impression.

Il est souvent plus révélateur d'observer le comportement d'une troupe pendant une défaite que lors d'une victoire. Tandis que je livrais mes prisonniers au régiment, j'ai croisé Felix, qui nous a accueilli en riant. Il m'a souhaité bonne chance pour l'école de guerre et m'a confirmé qu'il m'attendait dans sa nouvelle division quand j'aurai mon diplôme en main.

Les cours auxquels j'étais inscrit à Braunschweig devaient durer deux à trois mois, et s'appelaient « stage de chef de section ». Il s'agissait de la formation des officiers telle qu'elle était pratiquée par l'armée en période de guerre. Si l'on réussissait cette formation, on était promu officier. A la fin de notre formation cependant, on nous a annoncé que de grandes opérations militaires n'étant plus prévues à ce jour, nous allions poursuivre une formation régulière, c'est-à-dire telle qu'elle était pratiquée en temps de paix. En temps de paix, la formation d'un futur officier dure 9 mois, car celui-ci doit apprendre à diriger un bataillon. Il y avait peu de chances qu'il soit effectivement placé à la tête d'un bataillon avant quelques années, mais il était tout au moins capable de réfléchir dans le cadre d'un bataillon et de prendre les bonnes décisions pour accomplir ses missions de combat. A la fin de l'été 1940, nous n'étions donc pas officiers mais seulement *« Standartenjunker »*, c'est-à-dire aspirants, et allions devoir fréquenter les bancs de l'école pendant neuf mois supplémentaires. Nous étions très déçus, mais allions avoir l'occasion de nous réjouir au cours de la guerre d'avoir bénéficié de cette solide formation qui n'a pu être donnée à aucun officier allemand en temps de guerre.

Bon an, mal an, nous nous sommes vite adaptés à cette nouvelle situation. Cette « formation en temps de paix », à laquelle nous avons dû nous soumettre, constitue par ailleurs un indice intéressant sur le fait qu'après la campagne de l'Ouest, aucune opération d'envergure n'avait été prévue, et encore moins une campagne contre l'Union soviétique. J'ai déjà mentionné que les efforts d'armement étaient alors concentrés sur l'armée de l'Air et la Marine. Toute une série de divisions de l'Armée de Terre avait été dissoute, le développement des forces armées de Terre n'étant pas une priorité. Ce fait permet d'élaborer des suppositions intéressantes sur les intentions de l'Allemagne à ce moment de l'histoire.

Je reviens au conseil de mon commandant de régiment Felix Steiner de me rallier à sa nouvelle division en quittant Braunschweig. En février 1941, après la formation, les trois aspirants qui avaient obtenu les meilleurs résultats à l'examen final ont eu le droit de choisir la troupe qu'ils intégreraient en tant qu'officiers. Je faisais partie de ces trois heureux élus et j'ai donc choisi cette division, qui avait reçu le nom de *« Wiking »*, et que Steiner avait constituée à partir de volontaires « germaniques ». Sur ordre explicite de Himmler qui voulait ainsi me « punir » pour mon entêtement à participer à la campagne de l'Ouest, mon vœu n'a pas été exaucé. Au lieu de cela, j'ai été envoyé en Norvège, dans la *« Kampfgruppe Nord »*, le « groupe de combat Nord », qui se trouvait alors en phase de mise en place.

Il faut que je relate ici un autre incident amusant, dont je n'ai moi-même eu connaissance que des années plus tard, et qui a trait à la fin de ma formation à l'école des officiers. Dans l'un des camps d'internement dans lesquels j'ai séjourné après la fin de la guerre, je suis tombé sur le commandant sous la direction duquel j'avais accompli ma formation d'officier. Il s'appelait Harzer, et ses succès pendant la guerre lui valaient d'être alors un général très brillant et hautement décoré. Il m'a raconté en riant : *« maintenant, je peux vous le dire : vous étiez le meilleur de la promotion de Braunschweig, mais dans votre cas, il nous était vraiment impossible de le communiquer... » !* Je lui ai donné raison, car il ne fait aucun doute que l'on aurait attribué ce succès au fait que j'étais le fils du Ministre des Affaires Etrangères. C'est donc un autre aspirant qui a bénéficié d'une « promotion privilégiée ». Ma théorie se vérifiait une fois de plus : j'ai été « l'animal curieux » avant et pendant la guerre, je l'ai été après celle-ci, mais cela na m'a jamais rendu service. Ce devait être la « coresponsabilité familiale», ou quelque chose de cet ordre. (7)

Comme je l'avais déjà mentionné, notre formation d'officier, qui avait finalement duré près d'un an, se terminait par un « voyage initiatique » à travers la Hollande, la Belgique et la France. A Rotterdam, nous avons appris les circonstances tragiques dans lesquelles la ville a été bombardée. Alors que les négociations de la capitulation étaient déjà en cours, il avait été impossible de joindre à temps un groupe d'avions allemands qui devait attaquer la ville. Apparemment, les fusées éclairantes elles-mêmes n'ont pas été suffisamment visibles dans la fumée des bombardements.

(7) La même expression fut utilisée pendant la guerre par un général SS au sujet de monsieur von Halem, un diplomate allemand. Ce dernier me le raconta après la guerre.

J'ai déjà décrit la remarquable conférence que le lieutenant-colonel Bayerlein nous avait faite sur le coup de faux de la campagne de l'Ouest. A Paris, l'inspecteur des *Junkerschulen SS* a invité les trois meilleurs élèves de l'école à faire une visite guidée de Paris. Le général de la Waffen-SS von Treuenfeld était un homme extrêmement cultivé, qui nous a expliqué de manière impressionnante les beautés de Paris. Il n'a pas oublié la fameuse manufacture des Gobelins, ni les peintures de Manet et les sculptures de Rodin, qui bénéficiaient visiblement de sa préférence.

Pendant le trajet de retour, nous nous sommes arrêtés sur le champ légèrement enneigé de Verdun. La neige jouait avec notre fantaisie et suggérait un linceul recouvrant le champ de bataille. Ce lieu si lourd de signification, « Verdun », s'offrait à nous de manière particulièrement impressionnante. J'ai sombré dans mes pensées. Je connaissais assez précisément l'histoire du drame militaire de Verdun pendant la Première Guerre mondiale. Comment était-il possible que l'Empereur et son chef d'état-major von Falkenhayn se soient attaqués précisément à la position la plus forte des Français, lorsqu'ils ont décidé de lancer la bataille d'usure contre la France ? Ne pouvaient-ils pas reconnaître que ce serait forcément l'agresseur allemand qui aurait à subir cette « usure » ? Sans parler des dégâts matériels que le Reich encerclé allait avoir toutes les peines du monde à compenser, contrairement aux Alliés qui bénéficiaient d'innombrables ressources dans le monde entier. Après la leçon que nous avait fourni celle-ci, nous avions acquis la certitude, en Allemagne, que nous ne commettrions plus d'erreurs fatales. Est-ce que le coup de faux n'était pas une preuve de l'inventivité de nos chefs militaires ? Hitler lui-même n'avait-il pas approuvé cette manœuvre ? Nous ne pouvions pas deviner alors qu'au même moment, Hitler avait pris une décision lourde de conséquences, celle d'agresser l'Union Soviétique ! Comparée aux conséquences catastrophiques de cette décision, la fin de la Première Guerre mondiale parait une bagatelle !

Après Verdun, nous nous sommes rendus vers Sarrebruck, en passant par Metz et Spicheren. Le commandant en chef de l'école, un homme d'un certain âge tout à fait charmant et passionné d'histoire de guerre, montra à quelques Junkers intéressés les hauteurs de Spicheren qui avaient été attaquées en 1870 et où avaient été subies de lourdes pertes. Cela avait coûté son poste au commandant supérieur des armées, le général von Steinmetz. Le Roi et Moltke considéraient que cet assaut lourd en pertes était superflu. Bien sûr, notre guide n'omit pas de mentionner que le général von Alvensleben avait pris seul la décision d'attaquer avec son IIIe corps d'armée prussien l'ensemble de l'armée Bazaine, afin de la retenir à Metz, selon les plans de Moltke.

Nous nous sommes arrêtés dans le centre de Sarrebruck pour faire une pause. Tandis que nous nous dégourdissions les jambes à proximité des omnibus, nous avons été abordés par un couple qui nous semblait âgé, et dont toute l'attitude était empreinte de tristesse. Ils nous ont demandé si nous connaissions le soldat de la Waffen-SS Kaufmann. Ils étaient en effet les parents de mon camarade éclaireur Kaufmann, qui était tombé tout près de moi sur la digue, en Hollande. Ils étaient tombés par hasard sur nos omnibus au cours d'une promenade dominicale. J'ai pu leur faire une description détaillée des dernières heures de la vie de leur fils, en insistant surtout sur le fait que la balle reçue en plein poumon ne lui avait certainement pas laissé le temps de souffrir. Il avait dû perdre conscience très rapidement, sinon il aurait été allongé dans une posture plus plate. Les pauvres parents voulaient connaître tous les détails imaginables. C'était une conversation bouleversante. Plongé dans mes pensées, je suis remonté dans le bus afin que nous puissions poursuivre notre route. Lorsque je me suis retrouvé sur un bas-côté, trois ans plus tard, paraplégique et couvert de sang, j'ai repensé à cette conversation avec les parents de Kaufmann à Sarrebruck, et j'ai demandé à mon conducteur de raconter précisément à ma mère, si l'occasion se présentait, comment nous en étions arrivés à cette attaque par un avion volant en rase-mottes. Lorsqu'on annonce le décès d'un soldat à sa famille, le récit des détails peut parfois soulager quelque peu la douleur.

Phase II de la politique internationale allemande 1940-1945

Roosevelt

Après les succès des campagnes de Pologne et de France, la direction du Reich s'est trouvée confrontée à la question des nouveaux objectifs stratégiques. En effet, le gouvernement britannique, dirigé par Churchill, avait refusé de négocier les propositions de paix de l'Allemagne.

Cependant, avant même que je m'attarde sur les réflexions et les projets allemands pour la poursuite de la guerre, il faut que je parle du pouvoir et de la personne qui le détenait. Au début de la guerre, les Etats-Unis et leur président Roosevelt ont exercé leur influence de manière discrète. Pendant la première phase du conflit, leur influence s'est exprimée plus ouvertement, jusqu'à ce qu'ils s'affirment comme la puissance prépondérante parmi celles qui participaient à la guerre.

Les Etats-Unis avaient conclu la Première Guerre mondiale dans l'intérêt de l'Entente et contre ceux du Reich. La perspective d'une paix juste, proclamée dans les 14 points du président américain Wilson, avait décidé le gouvernement impérial à baisser les armes. Lors de la Première Guerre mondiale, les Etats-Unis avaient donc pris le parti de l'Entente franco-britannique, alors que l'Allemagne n'était pas encore dirigée par Hitler, et que les juifs y vivaient encore en paix. Le président Wilson lui-même avait parlé en ces termes de « la fin de l'isolationnisme » :

> « L'isolationnisme des Etats-Unis est terminée, non parce que nous avons décidé de nous engager dans la politique internationale, mais parce ce que la puissance créative de ce peuple et la croissance de notre pouvoir suffisent à faire de notre pays un acteur décisif de l'histoire humaine, et que cette position nous interdit de rester dans l'isolationnisme, que nous le voulions ou non. Ce n'est pas notre choix, mais le déroulement de l'histoire qui nous impose la fin de l'isolationnisme... » (1)

Les déceptions des Américains à Versailles et les tensions provoquées en Europe par le Traité avaient participé au développement d'un état d'esprit particulièrement isolationniste dans l'opinion publique américaine. On ne voulait pas être mêlé aux querelles européennes. Les Etats-Unis n'avaient pas signé le Traité de Versailles et s'étaient tenus à l'écart de la Société des Nations. Leur position-clé dans la question des réparations les engageaient cependant dans la situation politique et économique européenne. Les dettes des Alliés devaient en effet être remboursées grâce au paiement des réparations de l'Allemagne. Cependant, la crise économique mondiale n'offrait pas un climat susceptible de motiver les Etats-Unis à s'engager dans la politique internationale.

Lors de sa campagne pour les élections présidentielles, Roosevelt avait misé sur le « New Deal », dans les domaines de la politique intérieure et de l'économie. Il avait été élu président des Etats-Unis en 1932.

En 1933 encore, Norman Davis, délégué américain lors de la conférence de Genève sur le désarmement, avait expliqué :

> « Ce ne serait ni juste, ni intelligent, ni dans notre intérêt de soumettre les forces d'Europe centrale à un traitement d'exception dans le domaine de l'armement. Les autres puissances et partenaires devraient plutôt se faire un devoir de réduire progressivement leur armement à un niveau qui soit défini par les nécessités obligatoires de la défense nationale. » (2)

Dès le 6 mai 1933 cependant, Roosevelt avait déclaré au Dr Schacht, en visite auprès du gouvernement américain, que les Etats-Unis insistaient sur le maintien de l'armement allemand à l'état

(1) Citation de Wilson d'après Dulles, Foster Rhea: America's rise to World Power, 1898-1954, New York, Harper & Row, 1993, 115.277.

(2) John weeler-Bennett, *Documents on international affairs*, London 1934, page 209, cité d'après Tansill, *die Hinertür zum Krieg*, Droste-Verlag, 1956.

de statu quo. A la fin de l'entretien, il avait très clairement fait comprendre à Schacht qu'il considérait « l'Allemagne comme le seul obstacle imaginable à un traité de désarmement ». C'est ce que le ministre des affaires étrangères américain avait affirmé à l'ambassadeur des Etats-Unis à Londres, le 8 mai 1933. (3)

Roosevelt devait tout d'abord consolider et développer sa position de nouveau président des Etats-Unis. Dès 1933 cependant, il avait fait ses premiers pas dans la politique internationale. Au mois de novembre 1933, les Etats-Unis ont reconnu le gouvernement soviétique. Les négociations ont été menées par Roosevelt et le ministre des affaires étrangères soviétique, Litvinov, à Washington. Pendant seize ans, les Etats-Unis avaient refusé de reconnaître l'Union soviétique. La politique allemande quant à elle avait, bien sûr, adopté une position de défense face à l'Union soviétique. La reconnaissance de cette dernière par les Etats-Unis ne pouvait donc rien augurer de bon pour le Reich.

Dès 1936, Roosevelt avait attaqué les dénommées nations « Have-Nots » (« démunies ») lors d'un congrès, en les accusant d'avoir manqué de « patience nécessaire » pour atteindre des objectifs raisonnables et légitimes, à l'aide de négociations paisibles ou d'un appel au sentiment de justice international.

Le terme de pays « démunis » - il s'agissait alors en premier lieu de l'Italie et du Japon, bien que l'Allemagne ait également été incluse dans cette dénomination, comme s'il s'agissait d'une évidence – était alors également utilisé par la presse allemande. Mon père trouvait cette expression maladroite. Se présenter soi-même comme un pays « démuni » sous-entendait d'une part un manque de ressources matérielles, et d'autre part une certaine agressivité. Ambassadeur allemand à Londres, il n'avait cependant aucune influence sur la terminologie utilisée par la presse allemande. Plus tard, alors qu'il était Ministre des Affaires Etrangères, il n'était pas non plus parvenu à obtenir une responsabilité claire concernant la propagande allemande à l'étranger. Celle-ci représentait un motif de querelle permanent entre le Ministère des Affaires Etrangères et le Ministère de la Propagande, querelle que Hitler semblait observer sans déplaisir.

Depuis le fameux discours de « quarantaine » du 5 octobre 1937, Roosevelt avait pris position contre le Japon, l'Italie, et – attitude qui n'était pas justifiée à ce moment de l'Histoire – le Reich dans sa politique internationale. La formulation agressive alors utilisée était *« against dictators »*. Il me revient ici un nouveau souvenir de Londres, celui de mes parents constatant à voix haute : *« c'est la nouvelle forme de propagande contre l'Allemagne »*. Le slogan *« against dictators »* était en effet essentiellement dirigé contre l'Allemagne. L'Union soviétique en était totalement exclue, l'Italie échappait de manière générale aux critiques violentes car on espérait encore pouvoir l'attirer hors de l'Axe. Il n'était jamais question des autres dictatures ou semi-dictatures d'Europe et du monde ; pour n'en citer que quelques-unes, il y avait alors la Russie soviétique, l'Espagne, le Portugal, l'Italie, la Turquie, la Pologne, la Hongrie, l'Autriche, la Yougoslavie, la Chine, le Japon ainsi que toute une série d'Etats d'Amérique du Sud et d'Amérique Centrale.

Les Etats-Unis considéraient le Japon comme leur ennemi en Asie du Sud-Est, et il était donc plausible qu'ils envisagent une politique d'amélioration des relations avec l'Union soviétique. Pourtant, l'Etat soviétique s'opposait diamétralement aux principes de « Liberté » et de « Démocratie » inscrits sur la bannière américaine, et au nom desquels les Américains allaient mener leurs « croisades » (4) politique puis militaire. Tandis que Roosevelt tentait une politique d'*« appeasement »* face à l'Etat dictatorial le plus radical et brutal, il provoquait de plus en plus vertement l'Allemagne et le Japon. Roosevelt se servait du Japon pour faire monter l'angoisse des Américains quant à la sécurité du pays. Hitler n'avait encore rien fait qui puisse justifier une dénonciation en tant qu'agresseur. Le Japon, en revanche, avait commencé de s'étendre sur le territoire chinois.

(3) Cité d'après Kunert, voir ci dessus page 138, Journal de Krogmann du 4.5.1933, Memorandum State department du 6.5.1933, Journal de Moffat du 12.5.1933.

(4) Eisenhower n'a-t-il pas lui-même utilisé le terme de « Croisade en Europe » dans ses mémoires ? *Crusade in Europe*, New York Doubleday & CO. Inc. 1948.

Dans la mesure du possible, la politique américaine devait empêcher une politique constructive du Reich vers l'Est, c'est-à-dire un accord avec l'Union soviétique. Cette politique est connue sous le nom de politique de « Rapallo ». C'est ainsi que Roosevelt a ouvert les bras à l'Union Soviétique. L'option de Roosevelt pour l'Union Soviétique avait aiguillé la politique internationale de manière décisive, marquant ainsi la position que les Etats-Unis pensaient adopter à l'avenir sur l'échiquier mondial.

Deux grandes nations ont influencé de manière décisive le développement de la politique internationale au XXe siècle. Les grandes nations traditionnelles d'Europe – La Grande-Bretagne, la France ou le Reich allemand - n'en faisaient pas partie. Les nations décisionnaires de la politique internationale étaient les Etats-Unis et l'Union soviétique.

Ces deux grandes nations se servaient d'idéologies corruptrices. La Russie proclamait pour l'avenir le « pays louable du socialisme » tandis que les Etats-Unis prônaient la démocratie perfectionnée et l'« anticolonialisme ». Lorsque j'écris qu'ils se « servaient » de ces idéologies, cela veut dire que celles-ci ne représentaient pas seulement pour les gouvernements soviétique et américain des moyens de motiver les masses, de s'imposer dans la poursuite d'objectifs clairement impérialistes (quelle que soient les formes prises par la poursuite de ses objectifs, qu'elle soit économique ou militaire), mais aussi de trouver des alliés, essentiellement au sein des pays du « Tiers Monde ».

Mais que signifie finalement le terme d'« impérialiste », si on le débarrasse de tous les clichés idéologiques ou propagandistes qui l'accompagnent ? Au sens large du terme, l'impérialisme signifie l'action d'étendre autant que possible son territoire d'influence, quel qu'il soit, afin d'assurer à son propre Etat la plus grande sécurité et le plus grand bien-être (parfois aux dépens d'autres nations), contre un éventuel concurrent. L'on parle ici de sécurité au sens large du terme (pour l'Angleterre par exemple lt. Baldwin « La frontière du Rhin »). Dans le domaine politique, la perte d'indépendance s'accompagne toujours du danger que des puissances étrangères puissent exercer leur influence sur la destinée d'une communauté.

Roosevelt et Staline ont tous deux reconnu que la grandeur et le potentiel des Etats-Unis et de l'Union Soviétique, leur permettaient de sortir vainqueurs d'une guerre en Europe ou en Extrême-Orient, et impliquant les puissances traditionnelles de l'Europe : la Grande-Bretagne, la France, l'Allemagne.

J'ai déjà cité Bullitt, l'ambassadeur américain à Paris et un proche du président Roosevelt, qui avait dit en 1939 :

> « Les Etats-Unis participeront coûte que coûte à une future guerre. Ils ne la commenceront pas, ils la termineront ». Une autre fois, il avait dit « les Etats-Unis entreront sûrement en guerre, mais seulement si la Grande-Bretagne et la France tirent les premiers. »

Au cours de la Première Guerre mondiale déjà, l'Amérique s'était révélée comme étant la puissance la plus forte monde d'un point de vue matériel. Elle avait trouvé en la personne du président Roosevelt, cloué à sa chaise roulante, l'homme politique qui serait prêt à profiter des premiers mouvements de la politique internationale en 1932, pour propulser les Etats-Unis au rang de puissance hégémonique mondiale. Il allait falloir fournir d'importants efforts dans le domaine de la propagande, pour décider l'opinion publique américaine à intervenir, voire à s'engager dans la guerre. L'antisémitisme actif d'Hitler a ouvert à Roosevelt les portes de tous les médias du monde qui se trouvaient entre les mains de juifs, pour exprimer ses opinions anti-allemandes.

Que l'on se souvienne une fois de plus du discours sur la « Quarantaine » qui avait été tenu en octobre 1937. Hitler n'avait rien fait d'autre que donner au Reich l'égalité des droits. A ce moment, on ne pouvait pas même affirmer que l'Allemagne s'était davantage réarmée qu'il n'était nécessaire à sa propre défense. Roosevelt savait déjà pourquoi il avait refusé à son fils le droit d'accepter la proposition faite par mon père de rencontrer Hitler. Ce dernier ne convenait pas, en effet, à son « concept politique ».

Beaucoup d'historiens considèrent que la récession qui s'installa de nouveau aux Etats-Unis en 1934 avait motivé le renforcement des activités en politique internationale de Roosevelt, qui souhaitait par ce moyen détourner l'attention du peuple américain. C'est une tactique bien connue dans l'histoire du monde. L'orientation et la définition précoces de la politique internationale de Roosevelt, ainsi que la détermination avec laquelle il poursuivait ses objectifs – qui allaient finalement le mener vers la guerre – démentent ces théories. Roosevelt n'avait pas besoin de lancer les Etats-Unis dans une guerre pour résoudre ses problèmes économiques. Le *« Short of War »*, prôné pour pousser les Américains récalcitrants à la guerre, même avant Pearl Harbor, aurait pu lui suffire pour résoudre ses problèmes économiques grâce aux livraisons à la Grande Bretagne, et à la Russie après l'attaque de Hitler.

Dès 1937, Roosevelt avait ouvertement affiché sa position face à la guerre. Ainsi dit-il dans son discours de « Quarantaine » : *« Que personne ne s'imagine que l'Amérique y échappera et que l'hémisphère Ouest ne sera pas attaquée ! »*

Avec ce discours, Roosevelt provoquait une panique massive. Trois ans plus tard, les Allemands ne pouvaient toujours pas se permettre de franchir les quelques kilomètres du canal de la Manche pour mener une opération amphibie entre le continent et la Grande-Bretagne, car il leur manquait la suprématie aérienne. Par leur attaque désespérée, les Japonais ont tenté d'affaiblir durablement la flotte américaine. Ils voulaient ainsi éviter des opérations américaines amphibies en Asie du Sud. Ce sont ces opérations qui ont d'ailleurs entraîné la défaite japonaise quelques années plus tard. Le lancement de deux bombes atomiques n'était plus nécessaire sur le plan militaire, mais il accéléra la défaite japonaise en épargnant des pertes supplémentaires aux Américains.

Les Anglo-Saxons connaissent l'expression de *« self-fulfulling prophecy »* - la prédiction dont on prépare activement la réalisation en s'appuyant, justement, sur la prophétie. Churchill était l'un de ces prophètes, il justifiait ses efforts pour provoquer la guerre contre l'Allemagne par les termes *« Hitler nous mène à la guerre »*. La même affirmation s'applique à Roosevelt, qui est si bien parvenu à pousser le Japon dans ses retranchements par l'étranglement économique, qu'il ne lui restait pas d'autre solution que l'attaque préventive (5). La conspiration contre Hitler avait obéi au même schéma. Prétextant que *« Hitler voulait la guerre », elle poussait les Anglais à rester « intransigeants »*, c'est-à-dire à risquer la guerre, pour tenter ensuite d'évincer Hitler par le moyen d'un putsch. Roosevelt était plus intelligent, et d'une certaine manière plus sournois que Hitler. La sournoiserie est bien sûr le bon droit d'un homme d'Etat qui participe activement à une politique internationale, ce que Roosevelt faisait depuis 1933, sans s'attarder plus longuement sur l'attitude générale fortement isolationniste du peuple américain.

Lorsqu'en mars 1937 Bonnet, ambassadeur français à Washington, a demandé au Ministre des Affaires Etrangères américain Hull de lui communiquer les plans du gouvernement américain pour résoudre les *« principaux problèmes internationaux », Hull lui a répondu que le gouvernement américain « était bien sûr au courant des problèmes internationaux qui prenaient dans certains cas une tournure urgente et dangereuse »*. Il ne fallait cependant pas oublier que « les efforts concrets » fournis par le président pour trouver une solution à ces problèmes étaient l'affaire du président et de lui seul, et que le Ministre des Affaires Etrangères était dans l'impossibilité d'en divulguer la plus petite information (6).

Parallèlement, le diplomate américain Norman Davis expliquait au Ministre des Affaires Etrangères anglais Eden, qui estimait que *« les Etats-Unis devaient prendre la direction »*, que le président n'*« avait ni le souhait ni l'intention de prendre parti dans la question politique européenne… tant que la Grande-Bretagne ne sera pas décidée à vouloir la paix, et tant que les Britanniques feront preuve de mauvaise volonté en restant cachés derrière les efforts effectués*

(5) Voir George Morgenstern, *Pearl Harbor ; the story of the secret war, 1947, Pearl Harbor 1941, Eine amerikanische Katastrophe*, Herbig 1998.

(6) Note sur un entretien entre le ministre des Affaires Etrangères Hull et l'ambassadeur français, Georges Bonnet, 18.03.1937, 500. A 19/70, manuscrit du ministère des Affaires Etrangères, cité d'après Tansill, voir ci-dessus.

par d'autres pour atteindre ce but. » Il encourageait le gouvernement britannique à s'orienter immédiatement vers une « collaboration économique étroite » avec les Etats-Unis. Lorsque Eden lui a assuré que Chamberlain travaillait dans ce sens, Norman Davis a répliqué qu'il ne fallait pas tarder, si on ne voulait pas « manquer le ralliement ». (7)

Reconnaît-on à travers le « langage diplomatique » de Norman Davis la pression massive que Roosevelt exerçait sur la Grande-Bretagne, pour que celle-ci s'engage de manière active contre le Reich, et renonce par la même occasion à son indépendance ? L'histoire du monde était parfois ironique. La Grande-Bretagne, qui avait utilisé son épée continentale (l'Autriche, la Prusse et la France) pendant des siècles et de manière quasiment géniale, pour éviter l'hégémonie d'une seule puissance en Europe, se retrouvait en position d'épée des Américains en Europe grâce à la politique de Churchill et de ses alliés politiques, qui allaient provoquer un conflit qui lui coûtera son empire. Que représentait la Grande-Bretagne à ce moment de l'Histoire ? Elle proposait aux Etats-Unis de prendre la direction des événements, et recevait pour réponse qu'elle devait « se dépêcher de se soumettre à la dépendance économique des Etats-Unis, afin de ne pas manquer le moment opportun ! »

Si l'on s'intéresse de plus près à la politique internationale de Roosevelt, on ne manquera pas de réaliser, époustouflé, quel jeu global cet homme d'Etat cloué à sa chaise roulante a su mener ! Il ne faut pas croire que Roosevelt se soit préoccupé de libérer le monde des méchants dictateurs fascistes. La déclaration que Bullitt avait faite à l'ambassadeur polonais est claire : *« Nous faisons tout dans notre propre intérêt, et non pour des raisons idéologiques ! »* (8)

Si les Américains avaient laissé les Japonais agir à leur guise contre l'expansion russe en Asie orientale avant la Première Guerre mondiale, Roosevelt s'engageait cette fois résolument, mais de manière discrète et sournoise, sur la voie de la confrontation avec le Japon. Il savait pertinemment que les Japonais n'étaient pas appréciés de son peuple.

Roosevelt représentait la force économique la plus importante du monde. Une puissance inégalable et surtout invincible avec l'armement qui était celui de l'époque. Et surtout, il était prêt à mettre toute sa puissance en œuvre. Pour arriver à ses fins, il devait cependant convaincre le peuple américain du danger qui menaçait chaque habitant des Etats-Unis. A l'époque, cette affirmation était totalement irréaliste – contrairement à l'époque actuelle des fusées et de l'atome.

« La Liberté » était le maître mot de Roosevelt. C'était un concept que tous les peuples du monde pouvaient comprendre. La liberté s'adressait à l'intelligence politique des peuples colonisés, qui voulaient se débarrasser de la suprématie des puissances coloniales. Ce slogan américain était donc dirigé contre la Grande-Bretagne, la France, les Pays-Bas, la Belgique et le Portugal. Les générations à venir resteront stupéfaites devant ces faits historiques : les grandes nations coloniales se sont jetées à la suite des Etats-Unis, personnifiés par l'anticolonialiste Roosevelt, pour renverser l'Allemagne. A la tête de celle-ci, il y avait un idéologue qui voulait à tout prix préserver les puissances coloniales de race blanche. Hitler a exprimé ce projet « expressis verbis » dans le discours qu'il a tenu au Reichstag, le 28 avril 1939 :

> « Tout au long de mon activité politique, j'ai toujours défendu la création d'une amitié et d'une collaboration anglo-allemande étroite. J'ai trouvé dans mon entourage un nombre incalculable de personnes mues par le même désir. Certaines d'entre elles se sont jointes à moi dans cet objectif commun. Ce souhait d'une amitié et d'une collaboration anglo-allemande correspond non seulement à mes sentiments fondés sur les origines de nos deux peuples, mais aussi au fait que je suis convaincu de l'importance de l'existence de l'empire mondial britannique pour l'intérêt de l'humanité entière. Je n'ai jamais laissé planer un doute sur le fait que

(7) Tansill, *Die Hintertüur zum Krieg*, page 365. FN. 3) Norman Davis au ministre des Affaires Etrangères Hull, Londres, 10 avril 1937. 740/143 Dossiers confidentiels manuscrits.

(8) Documents polonais sur la pré-histoire de la guerre, p. 81, Verlag Birkhauser, Bâle, 1939, Fasc. 10.

> je vois dans l'existence de cet empire un atout inestimable pour toute la culture et toute l'économie mondiale. » (9)

« Difficile est satiram non scribere ! » (10) En 1956, la flotte américaine de Méditerranée barrera la route aux forces belligérantes anglo-françaises qui devaient occuper de nouveau le canal de Suez nationalisé par Nasser !

Un homme d'Etat avisé, qui n'est justement pas un idéologue, se gardera bien de dévoiler ses dernières intentions. Il est donc difficile de soutenir scientifiquement la thèse selon laquelle Roosevelt voulait prendre la succession de l'Empire britannique. Il a été assez intelligent pour ne laisser filtrer aucune déclaration à ce sujet. (11) S'il l'avait fait, il ne serait sans doute pas parvenu à susciter chez le peuple américain l'effort de guerre dont il avait besoin pour sa politique. Au contraire, il était aisé de motiver le peuple américain pour les droits de l'homme, la démocratie, la libre circulation sur les mers, l'anticolonialisme, la libération de peuples soumis à la dictature, la liberté de religion, l'antiracisme etc., surtout lorsqu'on avait gagné l'appareil de propagande à sa cause.

Le but de Roosevelt était de faire des Etats-Unis la puissance dominatrice du monde. On ne trouvera pas de preuves orales ou écrites pour appuyer ces affirmations. Un homme d'Etat n'écrit pas ce type de conceptions dans ses mémoires, pour la simple raison que ses collaborateurs les plus proches auraient frissonné face à des conceptions aussi hardies. Les déclarations visionnaires de Hitler ont sans doute plus largement déstabilisé les foules qu'elles ne les ont motivées. Peut-on imaginer que les efforts intensifs du président pour préparer les Américains à la guerre aient été réalisés dans le seul but de libérer le monde ou l'Empire Britannique de la menace de Hitler ? Ce même Hitler qui place son amitié pour l'Empire britannique au centre de sa politique internationale ?

Dès la Première Guerre mondiale, l'Empire britannique avait perdu sa position de première puissance mondiale. La Grande-Bretagne ne devait son poids politique qu'à l'habitude, l'expérience et une réputation millénaire. Cette réputation avait poussé la Pologne à s'allier à la Grande-Bretagne, et à se précipiter ainsi dans la débâcle. C'est aussi elle qui motivait Hitler pour renouveler sans cesse ses tentatives de coopérer avec l'Angleterre. Il voyait l'avenir de l'Empire dans sa collaboration avec l'Allemagne.

Roosevelt connaissait la dépendance de la Grande-Bretagne et par conséquent de la France par rapport aux Etats-Unis, et il jouait ses cartes froidement et « dans son seul intérêt », comme l'exprimait Bullitt. Churchill, qui se présentait en tant que « semi-américain » (sa mère était américaine), multipliait les efforts pour s'attirer les bonnes grâces du président. Churchill et avec lui la Grande-Bretagne était depuis longtemps devenu le « partenaire junior » de Roosevelt.

Peut-être Chamberlain avait-il tenté de mener une politique britannique indépendante. On peut aussi se demander s'il voulait éviter un second conflit majeur avec le Reich, ou s'il tentait juste de gagner du temps. Il est fort probable cependant qu'il ait voulu se réserver le plus longtemps possible le choix entre les deux options, pour finalement miser sur une troisième : le putsch militaire tant espéré en Allemagne, par l'intermédiaire d'une déclaration de guerre britannique.

La politique occidentale était cependant définie par Roosevelt, qui avait décidé de s'opposer à l'Allemagne et au Japon. Il ne pouvait décider seul du moment où les Etats-Unis entreraient en guerre, car il était dépendant de l'opinion publique, mais il joua de manière virtuose de tous les instruments susceptibles de le rapprocher de ce but. En se concentrant sur le Japon alors peu apprécié des Etats-Unis, il gardait un œil sur l'Europe. Dès que Hitler lui fit l'incompréhensible fa-

(9) Domarus *« Discours de Hitler »* II, p. 1158.

(10) «Il est difficile de ne pas écrire de satire ».

(11)Voir le Memorandum du président au directeur de la «Franklin D. Roosevelt library», Washington, 16 juillet 1943, dans lequel il définit l'utilisation de ses écrits et déclare vouloir en extraire une partie, qui ne devra jamais être publiée *(« select those which are never to be made public »)*, Franklin D. Roosevelt Library.

veur de lui déclarer la guerre, il déplaça sa priorité vers le théâtre des opérations européen. Comme nous avons pu le constater, Roosevelt avait attiré les Britanniques dans le conflit, et il s'était fait chèrement payer son assistance en s'octroyant la position de force que l'Empire britannique avait conservée pendant trois cents ans.

C'est là que résidait le grand dilemme de la politique anglaise. La Grande-Bretagne avait deux options. La première était de trouver un arrangement avec l'Allemagne, ce que Hitler souhaitait sincèrement. Dans ce cas cependant, il lui aurait fallu accepter que le Reich s'établisse en tant que puissance hégémonique continentale, et que l'équilibre européen repose entre le Reich et l'Union soviétique.

La seconde option était de confier son sort aux Etats-Unis et de se résoudre par la même occasion à brader et dissoudre l'Empire, dans le seul but de priver une fois de plus le Reich allemand de son pouvoir. Il semblerait que Chamberlain ait été conscient de cette alternative. Sa réserve vis-à-vis des Etats-Unis ainsi que son comportement hésitant et souvent ambigu face aux propositions d'accords allemandes en témoignent.

C'est justement cette position ambiguë du gouvernement britannique, pourtant (Vansittard avait dit : *« Il faut laisser les Allemands jouer aux devinettes ! »* (12), qui éveilla la méfiance de Hitler et entraîna selon celui-ci l'accélération de la consolidation des positions allemandes. La position anti-allemande du gouvernement britannique au cours de la « Crise de mai » de 1938 y avait sans aucun doute contribué. Au début du mois d'avril 1939, Chamberlain avait dit à l'ambassadeur américain de Londres que *« Hitler savait très bien que ses chances de gagner du premier coup s'amenuisaient à mesure qu'il laissait à la France et à l'Angleterre le temps de s'armer. »* C'est ce que Kennedy avait relaté au Ministre les Affaires Etrangères Hull. (13)

C'est là aussi que réside la clé de la décision de Hitler d'ériger le protectorat « de Bohême Moravie» après que la Pologne ait refusé les propositions allemandes, et que l'ambassadeur de Pologne à Berlin, Lipski, ait lui aussi versé de l'huile sur le feu en expliquant à mon père que la poursuite du plan d'annexer Danzig entraînerait la guerre. Comme nous le savons, le Ministre des Affaires Etrangères polonais, Beck, s'était totalement tourné vers l'Angleterre sous la pression des Etats-Unis. Lui aussi était sous l'emprise de la fascination de l'Empire britannique, et avait largement surestimé son pouvoir et ses capacités. Ni Churchill, ni son équipe qui s'opposait depuis des années à une entente germano-britannique, n'avaient de scrupules à se lancer dans un nouveau conflit avec l'Allemagne.

Le moment critique était venu pour les Britanniques. Ils devaient céder aux Etats-Unis des bases dans les Caraïbes *« without valuable consideration »*, comme Lord Beaverbrook l'exprima, c'est-à-dire sans dédommagement conséquent, et recevaient en retour 50 destroyers, dont 39 étaient apparemment hors d'état. En décembre 1940 et en mars 1941, les Etats-Unis envoyèrent un bateau de guerre au Cap pour récupérer de l'or en paiement des livraisons américaines aux Britanniques. Il fallait payer ces livraisons aux Américains afin de ménager leurs bonnes dispositions. Churchill avait mis *« all his eggs in one basket »*, c'est-à-dire qu'il s'en était entièrement remis à Roosevelt, et il devait donc payer le prix défini par Roosevelt. Le Ministre des Finances américain, Morgenthau, exigeait du représentant de la *Treasury* britannique, Frederick Phillips, une liste complète des investissements de capitaux britanniques dans l'hémisphère ouest, classés selon leur solvabilité… ! Les mots de Morgenthau à Phillips ont dû sonner aux oreilles de Churchill : *« it gets down to a question of Mr. Churchill putting himself in Mr. Roosevelts hands with complete confidence. Than it is up to Mr. Roosevelt to say, what he will do !»* (14)

L'ambassadeur anglais à Washington, Lord Lothian, avait proposé à Churchill, « de dévoiler son jeu et de donner aux Américains une liste complète des besoins anglais ainsi que de ses moyens

(12) Eden A. *Memoirs, Facing the dictators,* page 509, Editions Cassell, Londres.

(13) L'ambassadeur des Etats-Unis à Londres, Kennedy, au ministre des affaires étrangères, Hull, le 5.4.1939, 740.00./736, documents confidentiels manuscrits, Ministère des Affaires étrangères.

(14) Charmley, *Churchill, The End of Glory,* page 438.

limités pour subvenir à ceux-ci » (15) Lors de son retour des Etats-Unis le 23.novembre 1940, il semblerait qu'il ait lancé aux journalistes venus l'accueillir *« Well boys Britain is broke, it's your money we want ! »* (16) Roosevelt l'a formulé froidement à un membre du cabinet pendant le débat concernant la *« Lend and Lease »* au Congrès : *« We have been milking the British financial cow, which had plenty of milk at one time but which has now about to become dry »* (17) Le 10 mars, on mettait le couteau sous la gorge de l'ambassadeur britannique Halifax en exigeant que l'Angleterre se sépare de l'une de ses grandes entreprises pour montrer sa bonne volonté. C'est ainsi qu'une filiale de Courtaulds a été vendue à un cours désavantageux – comme toujours quand on est contraint de vendre. (18)

Lord Beaverbrook s'en plaignit amèrement : (19)

> *« They have conceded nothing. They have exacted* (recouvré) *payment to the uttermost for all they have done for us. They have taken our bases without valuable consideration. They have taken our gold. »*

Lord Lloyd, qui était membre du cabinet et l'un des représentants les plus radicaux de la politique britannique anti-allemande, avait supposé que les démarches américaines cachaient l'intention de déloger l'Empire britannique de sa position. Comment n'a-t-il pas saisi où allait les mener la politique de Churchill, qu'il soutenait aussi, lorsqu'il s'était exclamé : *« les Américains sont des gangsters et il n'y a qu'un comportement à avoir avec les gangsters ! »* On pourrait ajouter à cela que l'on n'a plus de choix quand on leur a confié son sort. Par ailleurs, Roosevelt avait appliqué les mêmes principes politiques que ceux qui avaient permis aux Britanniques de constituer leur Empire. Le mot « gangster », utilisé pour désigner les « frères anglo-saxons », ne fait que démontrer le fait que Lloyd reconnaissait avec amertume qu'il avait mené une politique néfaste à la préservation de l'Empire britannique. (20)

La déclaration de Lord Lloyd me rappelle les premiers temps de l'activité politique alors officieuse de mon père, un jour que Lord Lloyd était invité chez nous à Dahlem. Je revois encore clairement dans ma tête sa silhouette nerveuse. A l'époque, il ne semblait pas encore avoir d'opinions strictement anti-allemandes, puisqu'il était l'un des interlocuteurs de mon père, mais ce dernier me l'avait décrit comme un farouche et puissant représentant des visées impérialistes de l'Empire britannique.

Lorsqu'il avait pris connaissance de la liste des capitaux britanniques, Roosevelt s'était exclamé : *« Well they aren't bust, there's lots of money there ! »*. Désormais, Churchill considérait Roosevelt comme une sorte de *« sheriff collecting the last assets of a helpless deptor ! »* (21)

Grâce à l'étranglement économique, Roosevelt était finalement parvenu à pousser le Japon dans ses retranchements, position dont le pays ne parviendrait à se libérer que par une attaque préventive. Dans les archives, on peut observer les efforts quasi désespérés du gouvernement japonais pour éviter un affrontement militaire avec les Etats-Unis. Il était sans doute prêt à sacrifier l'Union tripartite avec l'Allemagne et l'Italie. Roosevelt cependant restait intraitable, et ne tolérait aucune concession. L'embargo sur le pétrole américain ou plutôt indo-hollandais a été maintenu, et les comptes Japonais aux Etats-Unis ont été gelés ! (22)

(15) Charmley voir ci-dessus page 437.

(16) Charmley page 437. « C'est votre argent que nous voulons. »

(17) Charmley page 443. « Nous avons trait la vache financière britannique, qui avait beaucoup de lait mais qui est en train d'être à sec. »

(18) Charmley page 443.

(19) Charmley page 438. « Ils n'ont rien concédé. Ils ont précisément recouvré les paiements pour tout ce qu'ils ont fait pour nous. Ils ont pris nos bases sans dédommagements valables. Ils ont pris notre or. »

(20) Charmley page 444.

(21) Charmley page 438.

(22) Comparer avec Morgenstern, voir ci-dessus.

Le **25 novembre 1941**, le Ministre de la guerre américain Stimson a noté dans son journal qu'au cours d'une conférence entre Hull, Stimson, Knox, le général Marshall et l'amiral Stark, Roosevelt aurait dit que la question principale serait de savoir comment *« nous pourrions amener les Japonais dans une position qui les pousserait à tirer les premiers, sans nous mettre nous-mêmes en danger. »*

Comme les Etats-Unis avaient décrypté le code secret japonais, ils pouvaient lire les instructions transmises par le Ministère des Affaires Etrangères à Tokyo à l'ambassadeur du Japon à Washington, Nomura. (23) Roosevelt était donc au courant de la « deadline » du 25 novembre que s'était fixé le Japon pour trouver un arrangement avec les Etats-Unis, date au-delà de laquelle il ne resterait plus que la solution d'une attaque préventive. Cette date butoir a finalement été repoussée au 29 novembre. Tout cela était connu des autorités américaines. Leur réaction consistait à pousser les Japonais dans leurs retranchements, « jusqu'à ce qu'ils tirent les premiers ».

Le célèbre historien Tansill termine son ouvrage *Die Hintertür zum Kriege* par les mots suivants :

> « L'irresponsable omission des officiers généraux de la Marine, de prévenir Honolulu de la menace imminente de la guerre nous est apparue plus criante encore lorsque, le 6 décembre, la réponse japonaise à la note américaine du 26 novembre a secrètement été télégraphiée à l'ambassadeur Nomura. Elle aussi a été interceptée et décodée par les stations de radio de la marine américaine. Après que le président ait lu la première partie, évidente, de la note de réponse, il s'était tout de suite exclamé : « cela veut dire : la guerre ! »
>
> On aurait pu espérer que le président convoquerait immédiatement les plus importants officiers de l'armée de Terre et de la Marine à une conférence visant à contrer l'attaque à l'aide d'un plan coordonné. D'après le témoignage du général Marshall et de l'amiral Stark, le président resta au contraire si calme à l'annonce de cette sinistre nouvelle, qu'il ne jugea pas utile de s'entretenir de ce sujet avec eux...
>
> Le 7 décembre à 9 heures, le Lieutnant Commander Kramer avait remis à l'amiral Stark la dernière partie des instructions de Tokyo à Nomura. Leurs significations étaient alors si limpides, que Stark s'était écrié : « mon Dieu ! Cela veut dire que c'est la guerre ! Il faut immédiatement que j'en informe Kimmel ! » Il n'avait fait aucun efforts pour contacter Honolulu, et s'était contenté d'essayer d'entrer en contact avec le général Marshall, qui était sorti à cheval pour une raison inconnue. Cette excursion à cheval devait entrer dans l'histoire...
>
> Il était 11h25 lorsque le général Marshall est revenu de sa promenade. S'il avait alors lu avec attention les comptes rendus concernant la menace d'une attaque japonaise sur Pearl Harbor, il aurait encore eu le temps de contacter Honolulu par le biais du téléphone spécial posé sur son bureau, des ondes de la Marine ou de celles du FBI. Pourtant, il avait rédigé une mise en garde adressée au commandant des armées, qu'il avait confiée à la centrale des informations sans même la marquer d'une annotation d'urgence...
>
> Est-ce que le général avait reçu des instructions du Président pour enfreindre ainsi les règles militaires alors qu'il transmettait justement une information militaire de première importance ? Croyait-il que les objectifs politiques du président prévalaient sur les réflexions de la sécurité nationale ?
>
> Dans l'atmosphère calme et retirée de son bureau ovale, séparé des autres et épargné par les appels entrants, le président feuilletait silencieusement dans son importante collection de timbres, tandis que Harry Hopkins caressait le chien de berger écossais de la Maison Blanche. 13h25 sonna l'heure du glas. Les Japonais avaient bombardé Pearl Harbor. L'Amérique était propulsée dans la guerre... »

(23) Morgenstern, voir ci-dessus Tansill.

Roosevelt avait atteint son but, l'Amérique était désormais une puissance en guerre ! Il mènerait désormais la politique et les opérations militaires de l'hémisphère ouest. Les Etats-Unis d'Amérique étaient en passe de devenir la plus grande puissance mondiale.

Celui qui ne reconnaît pas ou ne veut pas reconnaître que la dynamique inhabituelle de la politique mondiale, qui avait abouti à la Seconde Guerre mondiale, avait été décidée en premier lieu par le président américain Roosevelt, et en second lieu par le dictateur russe Staline, n'a aucun espoir de comprendre et d'analyser cette période de l'histoire mondiale lourde de sens. Avec sa tentative de consolider la faible politique du Reich, Hitler avait joué un rôle de catalyseur. Coincé entre Charybde et Scylla, il tentait désespérément de garder la tête hors de l'eau !

C'est le destin tragique de l'Europe que les chefs d'Etat britannique et français n'aient pas accepté les propositions de coopération de Hitler au niveau impérialiste et nationaliste, et que celui-ci à son tour, lorsqu'il était parvenu à établir une position à peu près consolidée pour le Reich, n'ait pas pu se résoudre à cette charte européenne généreuse, qui garantissait aux Etats européens leur existence autonome et qui aurait également dû inclure le Reich !

Les Planifications allemandes pour la poursuite de la guerre

Les options

Mais revenons à la question des réflexions allemandes pour la poursuite de la guerre après la réussite de la campagne de l'Ouest.

Tout d'abord, Hitler avait adressé à la Grande-Bretagne sa fameuse proposition de paix, qui a été refusée par Churchill. Une fois de plus *« difficile est satiram non scriberer ! »* Toute personne qui ne serait pas totalement immergée dans le sujet pourra difficilement lire ce qui est écrit sur cet épisode de l'Histoire autrement que comme une satire !

Hitler aurait accepté toutes les conditions de la Grande-Bretagne pour signer un accord de paix. Le visionnaire en lui a toujours espéré trouver un terrain d'entente avec la Grande-Bretagne. C'est en dernière minute seulement qu'il avait accepté de suivre les conseils de mon père et de s'entendre avec les Russes, mais il n'avait pas perdu l'espoir de pousser par la même occasion les Britanniques à reconnaître leurs intérêts et à s'entendre avec lui. Longtemps encore, Hitler aurait été prêt à toutes les concessions pour trouver un arrangement avec les Britanniques.

La proposition de paix, faite aux Anglais dans son discours au Reichstag en juillet 1940, était sans aucun doute sérieuse. Une fois de plus, la Grande-Bretagne avait une chance de préserver son indépendance et son royaume. Churchill est responsable du fait que cette chance n'ait pas été saisie. C'est la fin de l'empire britannique qui s'amorçait là (1). L'image que se faisait à cette époque un Anglais à l'esprit indépendant et au regard extérieur de la politique de Churchill vis-à-vis du Reich allemand, a été décrite par l'historien et ancien Ministre de la Défense du cabinet de Madame Thatcher, dans un long article du « Times ». Il est très utile de prendre connaissance des pensées du rédacteur de ce texte, Alan Clark (2).

Après avoir décrit les tensions qui auraient pu faire surface au sein du parti conservateur après la défaite qui s'annonçait en 1940 en France, tensions que Churchill surmonta avec dureté et une rhétorique « peu objective », Clark poursuivait :

> « La défaite de Hitler était sa (celle de Churchill, *NdA*) « raison d'être ». Contre toute attente, ce but l'a aidé à grimper les échelons pas à pas, des bas-côtés de la politique jusqu'au rang de Premier Ministre.
>
> Il y a eu plusieurs opportunités pour un chef d'état d'obtenir de l'Allemagne des conditions raisonnables, voire excellentes. En effet, Hitler avait proposé la paix en juillet 1940, avant la bataille aérienne sur la Grande-Bretagne. Après la victoire de la *RAF* (Royal Air Force), les propositions allemandes valaient encore, mais elles pesaient désormais plus lourdement en faveur des Britanniques. Au printemps 1941, après la défaite des Italiens en Afrique, la Grande-Bretagne avait renforcé sa position militaire et n'avait pas encore livré toutes ses réserves d'or aux Etats-Unis. Hitler voulait protéger ses flancs avant d'attaquer la Russie. Hess, son représentant, s'est rendu en Grande-Bretagne à bord d'un avion – non armé –, pour présenter les conditions de son pays. Churchill, qui avait reconnu le danger (pour sa politique), refusa de lui parler et ignora les dossiers et documents (avec la complicité de l'establishment).

(1) L'auteur américain Henry Miller écrit le 21 novembre 1942 à l'écrivain britannique Lawrence Durrel : *« Churchill nous annonce qu'il n'abandonnera pas l'empire. Cette remarque a été reçue assez froidement ici. Nous voulons que les Britanniques abandonnent leur sale empire. Est-ce que le vieux bavard ne le sait pas ? »* cité d'après Johannes Gross, « FAZ », 25.06.1999 (Cahier hors texte 1008).

(2) *The Times*, le 02.01.1993.

« C’était le moment décisif, parce que si la Grande-Bretagne avait été disposée à signer un accord de paix en avril 1941, il aurait été possible de déplacer la flotte et les Spitfires vers Singapour. Les Japonais n’auraient pas attaqué, et la partie de l’Empire située en Asie de l’Est serait restée en notre possession. Mais cela ne semblait pas avoir d’importance aux yeux de Churchill, en comparaison avec la victoire sur Hitler. Il avait reconnu que la victoire totale sur Hitler n’était envisageable qu’avec l’entrée en guerre des Etats-Unis. Seuls les Japonais pouvaient provoquer cette dernière possibilité, pourquoi alors les en empêcher ?

C’est dans cette obsession que se trouvent les racines de la soumission de la Grande-Bretagne face aux Etats-Unis. Les bases en Inde de l’ouest ont été remises aux Etats-Unis, les marchés réservés à l’exportation britannique ont été ouverts, l’intégralité du portefeuille des investissements britanniques (généralement privés) a été liquidée. « Une petite liste bien sympathique », remarqua Roosevelt lorsque l’ambassadeur la lui remit, « vous n’êtes pas encore à sec, mes amis ! »

Toutes les personnes du parti conservateur qui étaient au courant de ce qui se tramait, étaient atterrées. Beaverbrook et Bracken eux-mêmes ne se sentaient pas à l’aise et s’en sont plaints auprès de lui (Churchill, *NdA*)

...lorsque la Grande-Bretagne sortit de la guerre, le pays était exsangue. Il ne restait plus rien des territoires outre-mer. Nous serions morts de faim si nous n’avions pas eu recours à un endettement énorme et blâmable. L’empire était dissous. Les Etats du Commonwealth voyaient leur confiance détruite et leurs soldats inutilement sacrifiés. »

Il a peu de choses à ajouter à cet article du célèbre *Times*. Il a été rédigé par un membre actif de ce même parti politique auquel appartenait Churchill, et sa position d’historien et de Ministre de la Défense dans le cabinet de Madame Thatcher le libère de tout soupçon de négligence vis-à-vis des intérêts britanniques, ou d’une affinité particulière avec l’Allemagne. Pour en rester à la satire : Churchill a sacrifié son Empire mondial pour anéantir Hitler, qui quant à lui admirait l’Empire et aurait tout mis en œuvre pour le préserver s’il avait été trouvé un moyen de conclure un arrangement raisonnable entre l’Allemagne et l’Empire britannique. (3)

Citons enfin l’accusation britannique principale à Nuremberg, Sir Hartley Shawcross, qui semble avoir expliqué quelques jours après la fin du procès de Nuremberg :

« Hitler et le peuple allemand n’ont pas voulu la guerre ! D’après les principes de notre politique des Balance of Power, nous avons, stimulés par les Américains de l’entourage de Roosevelt, déclaré la guerre aux Allemands afin de les anéantir.

Nous n’avons pas répondu aux supplications répétées de Hitler en vue d’un accord de paix. Il nous faut maintenant nous rendre à l’évidence : Hitler avait raison. Au lieu de l’Allemagne coopérative qu’il nous avait proposée, nous nous retrouvons face à l’immense puissance impérialiste des Soviets. Je me sens honteux et humilié de devoir constater que les objectifs que nous prêtions à Hitler, ont effectivement été poursuivis, mais sous un autre nom… » (4)

(3) Entre autres, son discours du Reichstag le 28.04.1939 explique cela : « Pendant toute mon activité politique, j’ai toujours défendu l’idée de la création d’une amitié germano-britannique étroite… Je n’ai jamais laissé planer un doute sur le fait que je voyais dans la préservation de cet empire un facteur d’enrichissement incommensurable pour toute la culture et l’économie mondiales.

Le peuple anglo-saxon a sans aucun doute réalisé un travail de colonisation démesuré sur cette terre. Ce travail mérite toute mon admiration. L’idée de détruire ce travail me semblait et me semble encore….. comme l’expression humaine d’une recherche effrénée de la célébrité, en dépit de toute conséquence. »

(4) La source citée est : Annonce du 16.03.1984 dans „Associated Press“ (?), Avril théologique 1995 page 192, *The Times* du 13.03.1948, page 4.

J'ai déjà mentionné la propagande de bouche à oreille pratiquée par le Secrétaire d'Etat de Père, Weizsäcker. Celui-ci répandait en Allemagne et à l'étranger la rumeur selon laquelle Père donnait de mauvaises informations et de mauvais conseils à Hitler en prétendant que la Grande-Bretagne ne luttait pas pour ses intérêts. Sans pouvoir en localiser la source, Père était au courant de ces rumeurs. Il s'était déjà exprimé en 1941 (le 26 novembre), au sujet de ces fausses affirmations, dans un discours aux chefs d'Etat européens rassemblés à Berlin. Au cours de ce discours, Père avait également abordé le thème de la politique britannique vis-à-vis du Reich. Après avoir décrit les tentatives de négociations allemandes, il développa :

> « ...celui qui refuse des propositions aussi favorables est décidé à avoir la guerre ! C'était notre certitude. Je laisse à l'Histoire le soin de juger si les propagandistes britanniques qui se croient plus malins ont raison lorsqu'ils disent que, dans l'ignorance de la question anglaise et dans la mauvaise compréhension du caractère britannique, j'aurais affirmé au Führer que les Anglais ne se battraient jamais. Mais l'Histoire jugera une chose bien plus importante encore, celle de savoir si les hommes d'Etat anglais de l'époque ont mené une politique sage ou non. Pour ma part, je crois qu'elle a déjà jugé. » (5)

En considérant le sort de l'Empire britannique, on peut qualifier ces mots de prophétiques. Dans la suite du discours, il déclarait :

> « Dans la poursuite de la guerre, l'Angleterre finira par perdre toutes ses positions les unes après les autres, et son Empire mondial tombera forcément dans une dépendance de plus en plus importante. »

Dans ses discussions avec Hitler sur la politique anglaise, Père avait toujours dit : « nous ne pouvons pas forcer les Anglais à faire leur bonheur. »

Après la confiscation des documents du Ministère des Affaires étrangères polonais, on savait du côté allemand quel rôle actif Roosevelt avait joué pour éviter une alliance germano-polonaise. On ne se faisait plus d'illusions sur les objectifs politiques du président américain. Dans ces conditions, Père considérait une bonne entente avec l'Union soviétique comme un pilier de la politique allemande. Bien entendu, l'Allemagne se trouvait en relation de dépendance face aux livraisons de matières premières et de nourriture venues d'Union soviétique. L'Allemagne était souvent en retard pour ses livraisons à l'Union soviétique, mais il était toujours possible de négocier cela. Toujours est-il que la dépendance de l'Allemagne vis-à-vis de l'Union soviétique n'a jamais été comparable à celle de la Grande Bretagne face aux Etats-Unis.

Une image étonnante ! Les deux adversaires européens sont soutenus chacun de leur côté par les grandes puissances extra-européennes, les Etats-Unis et l'Union soviétique. Tandis que la Grande-Bretagne se jetait dans les bras des Etats-Unis, abandonnant sa position de premier rang pour une position de second rang à la fin du conflit, l'Allemagne tentait de préserver ou plutôt d'obtenir son indépendance, et subissait également un échec.

Mais revenons à la position du *Reich* après les succès de la campagne de l'Ouest. Hitler s'était construit une position renforcée en Europe centrale. La position du Reich s'était sensiblement améliorée par rapport au début de la guerre. Si l'on analyse la position de l'Allemagne après la campagne de l'Ouest en partant du Nord du pays, on peut d'abord constater que l'on avait quelque peu devancé la Grande-Bretagne dans l'occupation de la Norvège, malgré la supériorité de la flotte britannique. Les importations d'acier, acheminées à partir du territoire finnois de Petsamo en passant par le port norvégien de Narvik, étaient assurées dans un premier temps. Il faut cependant constater que les Anglais étaient arrivés presque en même temps à Andalsnes et Namsos, pour mettre sur pieds le même type d'entreprise. Il est donc impossible de parler objectivement d'une « attaque» allemande en Norvège et au Danemark.

(5) Discours du 29.11.1941, Editions Junker und Dünnhaupt, Berlin, 1942.

A l'est, le danger que représentait la ligne frontalière stratégique stipulée par le Traité de Versailles était éliminé, et il en était de même pour les problèmes de sécurité de l'Etat tchèque. L'influence allemande s'était naturellement renforcée dans les Balkans, même si l'action de l'Italie contre la Grèce, ainsi que les échecs de ses opérations militaires, avaient créé une situation trouble qui nécessitait d'être clarifiée. Inutile de remarquer que l'action italienne se déroulait indépendamment de l'Allemagne, et qu'elle était désapprouvée par Hitler et mon père.

Dans la Méditerranée, le fait que l'Italie s'engage finalement aux côtés de l'Allemagne représentait un élargissement des possibilités opérationnelles dans la lutte contre la Grande-Bretagne. Cet engagement allait cependant aussi se révéler comme une charge non négligeable, vu l'inefficacité militaire de l'Italie. Après la victoire de l'Ouest, l'entrée de l'Espagne dans la guerre aux côtés des puissances de l'Axe n'était qu'une question de temps et de négociations. Les possibilités d'opérations du Reich dans l'espace méditerranéen allaient ainsi être élargies de manière décisive.

La prise de possession de la côte atlantique entière de l'Espagne jusqu'à la Hollande ouvrit à l'Allemagne des options d'invasion de l'Angleterre, de la guerre sous-marine à partir d'une base nettement plus large que lors de la Première Guerre mondiale, et d'une guerre aérienne contre les îles britanniques.

Cette position en Europe centrale était sécurisée par les contrats avec l'Union soviétique, bien que l'on soit lucide en Allemagne sur le fait que la délimitation des dénommées « sphères d'intérêts » n'était certainement pas immuable dans les relations germano-russes. L'avancée rapide des Russes pendant la campagne de l'Ouest était un signal évident du fait que Staline s'imaginait différemment le conflit entre les deux puissances de l'Ouest et l'Allemagne. Une certaine pression s'était fait sentir du côté de la Russie – tout au moins Hitler en avait-il eu l'impression. Les Russes avaient exigé de manière impérative de la Roumanie le retour de la Bessarabie qu'elle avait perdu au cours de la précédente guerre, et elle avait occupé la Bukovine du Sud. D'après le pacte de Moscou, ces deux territoires faisaient sans aucun doute partie de la « zone d'influence » russe. Pourtant, la Russie occupa et annexa également la Bukovine du Nord – un ancien territoire autrichien – que ces accords ne concernaient pas. Cependant, les liens commerciaux noués avec la Russie soviétique avaient eu des conséquences très positives sur l'approvisionnement en matières premières de l'économie de guerre allemande.

Hitler avait créé pour l'Allemagne une position forte au sein de l'Europe centrale, position qu'il espérait et qu'il jugeait nécessaire. Contrairement à ce qu'il avait espéré, cela n'avait pu se faire avec l'accord des deux puissances d'Europe de l'Ouest, ni en évitant une guerre. En dernière minute, et après une longue période d'hésitation, il avait finalement joué un « coup » fondamental dans le domaine de la politique extérieure : il s'était allié avec son ennemi officiel, l'Union soviétique, et libérait ainsi ses arrières pour régler le problème du corridor, dans l'espoir renouvelé de trouver enfin un accord de paix avec la Pologne.

Pour les raisons que nous avons décrites, il était impossible de pousser les Polonais à la conciliation et à la négociation. Depuis que l'on avait trouvé les documents à Varsovie, on connaissait les activités de la diplomatie américaine, qui visaient à empêcher l'union du Reich avec la Pologne. Il est difficile à cet endroit de parler d'« endiguer la poussée expansionniste national-socialiste ». En effet, la proposition que Hitler avait faite à la Pologne de garantir les frontières polonaises en incluant le corridor, était exactement le contraire d'une expansion. Il s'agissait justement de renforcer définitivement les frontières déjà fixées de l'Allemagne. Inciter la Pologne à accepter cette proposition aurait au contraire permis d'endiguer cette prétendue « poussée expansionniste national-socialiste ».

Une tête de pont est une image ancienne qui sert à désigner une puissance continentale alliée avec l'Angleterre, qui engage ses troupes terrestres pour combattre aux côtés de l'Angleterre la puissance dominante du continent européen. Les deux têtes de pont de la Grande-Bretagne avaient disparu – peut-on déjà qualifier la France et la Pologne de têtes de pont des Etats-Unis en Europe ? En ce qui concerne ce dernier pays, on peut se consoler en se disant qu'il avait été sacrifié.

L'Allemagne disposait désormais des options suivantes :

La plus évidente, qui était sans doute aussi la plus difficile et engendrait la plus grosse prise de risques, était l'attaque directe des îles britanniques, c'est-à-dire le débarquement. Ce plan portait le nom de *« Seelöwe »* (« lion de mer », *NdT*).

La seconde option était de repousser les Britanniques hors de la Méditerranée. Ainsi, l'artère principale de l'Empire britannique aurait été bloquée, et la partie la plus vulnérable de l'Europe aurait été protégée.

La troisième alternative résidait dans l'adoption de la tactique du hérisson au sein de l'Europe et l'organisation de l'armement à l'aide des nouvelles possibilités qu'offraient les territoires occupés, tout en menant une guerre sous-marine.

Il faut ici nommer la quatrième option qui consistait à écraser l'Union Soviétique - bien qu'aucune décision n'ait encore été prise en ce sens, comme nous allons le voir. On affirme souvent que Hitler avait donné dès l'été l'ordre de mettre au point un plan de campagne contre la Russie. Si c'est le cas, il s'agissait sûrement d'une action préventive, influencée par la crainte d'une poussée russe vers l'ouest. J'ai déjà évoqué en effet le fait que l'occupation de la Bukovine du nord par la Russie enfreignait les accords germano-russes. Le fait que tous les généraux aient par ailleurs pour obligation d'élaborer des plans théoriques pour tous les cas de figures possibles, sans qu'il s'agisse pour autant d'exercer une réelle influence sur la politique d'un pays, est une lapalissade. En fin de compte, ce sont toujours les aspects politiques qui justifient la décision.

L'option *« Seelöwe »* c'est-à-dire le débarquement sur les îles britanniques, a été envisagée directement après la fin de la campagne de l'Ouest. On payait maintenant le prix d'avoir laissé partir une grande partie des troupes britanniques. La condition sine qua non de l'entreprise *« Seelöwe »* était l'obtention de la domination aérienne au-dessus de la Manche.

Pour la deuxième option, qui consistait à repousser les Anglais hors de l'espace méditerranéen, la prise de Gibraltar était une condition de premier ordre.

La troisième option, qui prévoyait un renforcement des positions allemandes tout en menant une guerre sous-marine contre les îles britanniques, aurait sans aucun doute laissé le temps aux Etats-Unis de développer leur armement. Cette option aurait donc dû être complétée par le maintien de relations amicales avec l'Union Soviétique. A un moment donné pourtant – au plus tard lors de la visite de Molotov - Hitler exprima des doutes justifiés sur la fiabilité de ces relations.

Après de longues hésitations, Hitler a donc choisi l'option qui consistait à renverser ce qu'il considérait comme le dernier bastion de la Grande-Bretagne : l'Union Soviétique. Il espérait ainsi libérer définitivement ses arrières. Il est important de noter à ce moment que sa décision n'a été prise que lorsqu'il comprit que la domination aérienne sur la Manche, qui était une condition de l'opération *« Seelöwe »*, ne pouvait être atteinte. En ce qui concernait la deuxième option, le refus de Franco de s'allier avec le Reich dans cette opération excluait la possibilité d'atteindre l'Empire à un point décisif de la Méditerranée, en lui prenant Gibraltar.

Pour l'observateur neutre allemand des événements de la Seconde Guerre mondiale, il est évident que la guerre préventive contre la Russie soviétique – le mot préventif étant compris sous sa forme la plus large – a marqué un tournant décisif en défaveur de l'Allemagne. La question qui en découle est donc de savoir ce qui a poussé Hitler à mener volontairement une guerre sur deux fronts au lieu de l'éviter, lui qui reprochait justement cette même stratégie au gouvernement impérial pendant la Première Guerre mondiale.

Pour appuyer les théories sur les motivations ayant entraîné de grandes décisions, les faits constituent toujours les éléments les plus fiables. Bien entendu, ils peuvent aussi être interprétés en fonction des moments. Il faudrait donc vérifier quand les faits confirment ou, au contraire, infirment les différentes théories avancées.

La recherche historique contemporaine propose un faisceau multicolore d'explications et de motivations pour expliquer la décision prise par Hitler d'agresser l'Union soviétique. Un certain nombre d'entre elles se contredisent. Cela n'est pas mon rôle ici de donner une vision exhaustive sur l'état des recherches concernant ce point. Je me contenterai donc d'analyser brièvement les théories les plus répandues, et donnerai par la suite ma propre vision des faits, fondée sur les informations transmises par ma famille mais aussi sur la documentation existante sur ce sujet.

Si l'on ne tient pas compte des théories de propagande diffamantes sans cesse brandies par les « historiens » allemands comme l'envie de guerre, l'ivresse du pouvoir ou la mégalomanie, on peut analyser les motifs suivants, pouvant entrer en compte dans l'attaque préventive contre l'Union Soviétique, et vérifier leur plausibilité.

Commençons avec l'argument célèbre qui stipule que Hitler avait voulu mettre à exécution une thèse élaborée dans *« Mein Kampf »* et selon laquelle il devait conquérir l'« espace vital » nécessaire à ses yeux pour le futur développement du peuple allemand. Cette thèse de l'espace vital est sans doute l'explication la plus répandue et bénéficiant de la plus grande crédibilité de l'attaque de Hitler contre l'Union Soviétique.

En effet, il défend de manière véhémente cette thèse dans son ouvrage datant de 1925. Il y oppose la « politique du territoire » à la « politique du commerce et du colonialisme », etc. Il affirme même ouvertement que le Reich allemand devrait chercher « l'espace vital » nécessaire à « l'Est », c'est-à-dire en Russie.

Au premier coup d'œil, les arguments exposés dans son ouvrage semblent en effet annoncer la guerre contre la Russie. Certains aspects de la politique d'occupation allemande peuvent même souligner cette thèse de « l'espace vital ». La vision romantique que se faisait Himmler d'une sorte de frontière militaire placée dans la Russie profonde, et qui serait protégée par des « milices paysannes », des paysans défenseurs, n'en exprimait qu'une seule facette. L'élimination sur ordre de Hitler de toutes les questions concernant l'Union Soviétique par le Ministère des Affaires étrangères entre également dans cette logique. Lorsque Père a voulu confier les établissements de l'ambassade soviétique de Berlin à une puissance protectrice, Hitler a refusé, préférant placer le complexe architectural à disposition du Ministère de l'Est.

Pourtant, des doutes non négligeables entourent la thèse de « l'espace vital ». D'une part, en ce qui concerne l'ouvrage *« Mein Kampf »* lui-même : le fait que Hitler ait admis devant mon père que c'était une erreur d'avoir rédigé les chapitres concernant la politique extérieure dans son livre ne contredit pas la « théorie de l'espace vital ». La date à laquelle Hitler a rédigé son livre, ainsi que le contenu concret de la thèse, contredisent cependant le fait qu'il ait voulu en 1941 réaliser des objectifs définis en 1925. Comme nous le savons, Hitler a écrit *« Mein Kampf »* alors qu'il était prisonnier sur la forteresse de Landsberg, après l'échec de son putsch de 1923. Son parti était interdit, ses espoirs de carrière politique sans doute faibles. Son livre avait sans aucun doute pour fonction de préparer son retour dans la vie politique, sinon il n'aurait pas eu besoin de l'écrire. A l'époque, il était âgé de 35 ans. Il ne pouvait pas imaginer alors qu'il aurait dans un avenir proche une chance d'influencer de manière conséquente la politique allemande. Il ne pensait donc pas avoir besoin de faire preuve de prudence dans ses déclarations. Il lui importait surtout de s'affirmer, et de gagner des partisans au sein de la population nationaliste.

Mais au-delà de ceci, on omet toujours (ou on écarte délibérément) de mentionner le fait que Hitler posait une condition très claire pour sa politique « de l'Est » ou « de territoire » : l'alliance avec la Grande-Bretagne ! Or, cette condition n'était pas remplie en 1941, bien au contraire, puisque la Grande-Bretagne se trouvait en guerre contre le Reich. Même après sa défaite en France, elle n'était pas décidée à entamer des discussions de paix. L'Angleterre était plus intransigeante que jamais face à l'Allemagne, et se réjouissait du soutien massif des Etats-Unis. Elle s'efforçait par ailleurs de se rapprocher de l'Union Soviétique.

On n'accorde pas plus d'importance au fait que l'Union Soviétique ne représentait pas encore de véritable puissance au moment où Hitler rédigea sa conception d'une « politique de l'Est » dans la forteresse de Landsberg. Affaiblie par la révolution et la précédente guerre, déchirée à l'intérieur par des guerres civiles, surmontant à peine sa défaite face à la Pologne, la Russie soviétique n'était pas encore une puissance menaçante pour l'Europe.

En 1941 en revanche, la Russie était un Etat armé jusqu'aux dents, doté d'une organisation rigoureuse et d'une idéologie politique particulièrement agressive, dirigée par un homme – peu importe les jugements moraux qu'on lui porte – qui tenait cet immense empire d'une poigne solide, et qui avait d'ores et déjà démontré qu'il pouvait à tout instant exercer son influence sur la politique internationale.

Deux des facteurs décisifs pour la politique « de l'Est » ou « de territoire » décrite par Hitler en 1925 faisaient donc défaut en 1941.

Si le succès de sa campagne de l'Ouest avait permis à Hitler d'offrir à l'Allemagne une position à peu près solide en 1940, on ne peut cependant pas négliger le fait que les Etats-Unis s'affirmaient de plus en plus ouvertement comme les ennemis réels de l'Allemagne. Churchill remplissait désormais un rôle d'agent de Roosevelt, et poursuivait la guerre pour le compte des Etats-Unis. En effet, face au refus d'une grande partie de l'opinion publique américaine de participer à la guerre européenne, le président américain se devait encore d'adopter officiellement une position de réserve. L'industrie de guerre allemande, encore indubitablement dépendante des livraisons de l'Union Soviétique, représentait par ailleurs une faiblesse non négligeable de l'Allemagne. Face à tous ces facteurs réunis, Hitler ne se trouvait pas dans une position qui lui permette – sans avoir libéré ses arrières – d'agresser un Empire géant pour conquérir un « espace vital ».

D'autres raisons ont donc dû peser sur cette décision si lourde de conséquences. L'argumentation de Hitler était souvent ambivalente et adaptée à son interlocuteur afin de l'impressionner, de le motiver ou de lui soutirer quelque chose. N'avait-il pas déclaré après la campagne de l'Ouest qu'il était « saturé » et qu'il aurait besoin de temps – des décennies – pour digérer ses nouveaux territoires à l'est ?

La démobilisation partielle de l'armée allemande après la campagne de l'Ouest ne renforce pas non plus, bien au contraire, la théorie de la conquête de l'espace vital (6). Je me souviens de ce déjeuner au cours duquel Père nous annonça, rayonnant, que « le Führer avait déjà ordonné l'interruption de la production d'armement dans de nombreux secteurs. » Cette courte scène est restée aussi vivante dans mon esprit car j'avais alors réalisé, non sans en éprouver une certaine déception, que je n'aurai donc aucune chance de recevoir la Croix de fer de première classe. Un jeune homme de 19 ans nourrit ainsi des espoirs personnels en temps de guerre, et je ne souhaitais pas manquer à la tradition transmise par les trois générations précédant la mienne, qui portaient ou avaient tous porté la Croix de fer.

La constatation de Père coïncide parfaitement avec les ordres reçus par l'Armée après la campagne de l'Ouest. Le commandant de l'armée de réserve, Fromm, avait signé le 20 juin 1940 les recommandations correspondantes, dans lesquelles il est assez brutalement ordonné « de dissoudre dès que possible l'armée de réserve ». Le 25 juin 1940, conformément à un ordre donné par Hitler le 7 juin 1940, Keitel ordonnait le début de la démobilisation dans la mesure du possible en fonction de la guerre et « de la protection des territoires occupés ». Quant à l'armement matériel, « le WiRüAmt », (c'est-à-dire le Ministère de l'économie et de l'armement, *NdT*) devait s'accorder avec les services supérieurs du Reich responsables de ces questions pour réorienter les capacités, les matières premières et la main-d'œuvre jusqu'alors mises à la disposition de la Wehrmacht et désormais inutiles, vers leurs vocations initiales en temps de paix. » (7)

Entre juin et août 1940, 17 divisions d'infanterie ont été dissoutes, et 18 autres mises en permission. (8) La réduction des forces armées à 120 divisions a été effectué tandis qu'on privilégiait le renforcement des divisions de panzers. La production de panzers mensuelle a été portée à 213, ce qui signifiait que la « restructuration » de l'armée – définie par le nombre plus élevé de divisions de panzers – ne pouvait être accomplie qu'en 1944. Le plan « à moyen terme » signifiait

(6) Comparer avec la *Stufentheorie* – théorie des l'escalier - de Hillgruber sur la domination mondiale.

(7) Schustereit, *Va Banque* pp. 13 à 20.

(8) Müller-Hildebrandt, *Das Deutsche Heer.*

donc : pas de guerre terrestre en vue. (9) Cette démobilisation partielle de l'Armée allemande après la campagne de l'Ouest est une preuve évidente du fait que Hitler n'envisageait pas à ce moment de guerre avec l'Union Soviétique, qu'il ne nourrissait donc pas à ce moment-là le dessein d'« élargir son territoire ».

(9) Schustereit voir ci-dessus.

Méditerranée

Cette constatation est renforcée de manière impressionnante par l'étude des « comptes rendus de situation par le commandant de la Marine de guerre devant Hitler », qui nous sont parvenus intacts, sous forme d'ouvrage commenté. L'étude de ces comptes rendus, confrontés avec les mesures de démobilisation prises à ce moment, donne une vision assez claire des réflexions de Hitler pour la poursuite de la guerre.

D'après le compte rendu de situation du 21 mai 1940 – c'est-à-dire encore pendant la campagne de l'Ouest – Hitler s'exprime en faveur d'une planification à long terme de la guerre sous-marine, et explique:

> « ...après avoir terminé les opérations principales en France, faire le nécessaire pour déplacer l'effort principal (de l'armement, *NdA.*) vers les sous-marins et le programme Ju 88. » (1)

Dès le 4 juin 1940, Raeder remarque :

> « L'objectif du Führer est : après répression de la France, réduction de l'armée, licenciement des plus âgés et ouvriers qualifiés, concentration des efforts sur Air et Marine. »

On peut s'étonner du fait que les capacités d'armement existantes ne devaient pas être élargies. Ces faits et documents prouvent de manière indubitable – si l'on part d'un jugement objectif – que l'affirmation selon laquelle Hitler aurait établi un plan « en escalier » pour la conquête de territoires, n'est pas fondée. (2)

Hitler n'agissait selon aucun plan, à part celui, peut-être d'assurer au Reich une position aussi inattaquable que possible au sein de l'Europe centrale. Compte tenu de ce seul objectif qu'il voulait atteindre par des moyens pacifiques (on ne peut que le répéter), Hitler aurait justement dû s'appuyer sur une planification et une coordination précises des possibilités matérielles du Reich. Mais il ne l'a pas fait.

Le 6 septembre 1940, une discussion s'est amorcée à Berlin entre Hitler, Raeder et Jodl sur la « manière de mener la guerre contre l'Angleterre dans le cas d'un échec de l'entreprise « Seelöwe ». Il en existe un compte rendu précis, d'ailleurs souligné par une note de la Direction de la Guerre maritime. Le passage décisif de ce protocole – rédigé et signé par Raeder – doit être retranscrit mot à mot pour ne pas en altérer le sens :

> « (...) 4. Réflexions de la Direction de Guerre maritime sur d'autres possibilités de mener la guerre contre l'Angleterre, parallèlement ou en remplacement de l'opération « Seelöwe » :
>
> Importance stratégique décisive de mener la guerre germano-italienne en Méditerranée : le canal de Gibraltar et de Suez.
>
> Refoulement de l'Angleterre hors de la Méditerranée – domination décisive du territoire de la Méditerranée pour le positionnement de puissances centrales en Europe du Sud-Est, Asie Mineure, Arabie, Egypte et territoire africain – garantie de sources de matières premières illimitées – création d'une base stratégiquement favorable pour d'autres actions contre l'Empire britannique – difficultés décisives pour l'approvisionnement britannique en provenance de l'Atlantique Sud si suppression de Gibraltar.

(1) «Rapports de position du commandant de la marine de guerre devant Hitler 1939-1945», publié par Gerhard Wagner, Editions J.F. Lehmann, Munich, page 103

(2) Schustereit, voir ci-dessus.

Préparations pour cette action qui n'a pas le caractère d'une « action intermédiaire » mais d'une ACTION PRINCIPALE CONTRE l'ANGLETERRE doivent être mises en œuvre tout de suite afin d'être réalisées AVANT L'INTERVENTION DES ETATS-UNIS. Führer l'ordonne. » (3)

Le mémorandum de la Direction de la Guerre Maritime, qui présente de manière convaincante la signification de la domination sur la Méditerranée pour les « puissances centrales », a été présenté verbalement par Raeder – une annotation faite à la main sur le document le prouve.

Dans le protocole du compte rendu de situation du 6 septembre 1940, on trouve une première mention du « problème S » (S = Union Soviétique). Le passage décisif réside cependant dans le rapport que Raeder a rédigé, stipulant que Hitler ordonne la préparation de la prise de Gibraltar comme une action PRINCIPALE. Il est difficile de croire que Hitler voulait mener parallèlement les deux actions – Gibraltar et la Méditerranée, mais aussi l'Union Soviétique -, d'autant plus que l'armée avait été réduite de 35 divisions. Il a en effet été verbalement constaté, avec l'approbation du Führer, que « Seelöwe » et « le problème S » ne pouvaient être mis en route simultanément. La préparation au niveau de l'Etat-major d'une guerre contre l'Union Soviétique ne signifiait donc pas forcément – et d'autant moins que la moitié de l'armée avait été démobilisée – que Hitler avait alors fermement décidé d'attaquer l'Union soviétique. (4)

> « Dans le compte-rendu de situation du 14 septembre 1940, Raeder retient les passages suivants d'une discussion qu'il avait eu avec Hitler sur les attaques aériennes sur Londres : « Führer souhaite cependant garder les attaques systématiques sur les quartiers d'habitation comme dernier moyen de pression et de vengeance en cas d'agressions britanniques de ce type » (5)

Le 4 novembre 1940, une discussion a lieu entre le chef n°1 de la Direction de la Guerre Maritime (section des opérations), le vice-Amiral Fricke et le chef d'Etat-major de la direction de la Wehrmacht, le général Jodl.

Dans le compte rendu de cette rencontre, il est noté en point 4 :

> « GIBRALTAR : Führer décide prise de Gibraltar dès que possible. Franco visiblement disposé à entrer très prochainement en guerre aux côtés Allemagne. Armée (Etat-major général) a déjà pris mesures pour envoi unités de troupes nécessaires. Führer a ordonné : mise à exécution immédiate de l'envoi de troupes éclaireurs en nombre de 50 officiers environ en Espagne. Déplacement immédiat de troupes à frontière franco-espagnole pour opération Gibraltar. Espagne sommée de libérer route pour passage des mouvements de troupe allemands. » (6)

Ils s'ensuivent des décisions détaillées concernant l'action contre Gibraltar et les conséquences qui en découleraient.

On peut s'étonner de trouver dans le protocole de cette discussion la remarque de Jodl, selon laquelle les préparatifs d'une « opération à l'Est » et d'une « Opération Seelöwe au printemps » doivent obéir aux directives de Hitler. Le Führer pensait donc encore avoir le choix parmi toutes ces options. Cela prouve que l'« opération à l'Est », c'est-à-dire la guerre en Russie, ne représentait qu'une option parmi les nombreuses possibilités de poursuivre la guerre, et qu'elle ne bénéficiait d'aucune priorité, surtout pas dans le sens d'une « conquête de territoire », bien au contraire !

(3) «Rapport de position» du 6 septembre 1941 voir ci-dessus.

(4) Voir aussi dans Schustereit *Vabanque*.

(5) L'auteur n'a pas mentionné de source à cet endroit. Il signale : Ainsi, les attaques aériennes sur la ville de Londres étaient interdites. Un FS de Göring a été retransmis ainsi : « il faut immédiatement signaler quels équipages ont lâché des bombes sur la zone interdite de Londres. Le commandant en chef de la Luftwaffe se réserve le droit de punir les unités concernées. ».

(6) «Rapport de position» voir ci-dessus, page 149.

Lorsqu'on réalise, grâce aux rapports de position de Raeder, à quel point les préparations pour Seelöwe ont mobilisé les possibilités matérielles et personnelles de l'industrie de guerre allemande, on est contraint de reconnaître qu'il ne s'agissait pas là d'une simple opération de camouflage. Hitler voulait se garder le champ libre pour combattre l'Empire britannique. Il souhaitait en premier lieu pousser l'Angleterre à signer des accords de paix, et non « conquérir un espace vital » !

Le 3 décembre 1940 encore, Raeder rédige un protocole sur un compte rendu de situation fait à Hitler (7) :

> « Les prochaines démarches contre l'Angleterre doivent avoir pour but le soutien de l'Italie et le nettoyage de la Méditerranée :
>
> a) Prise de Gibraltar, qui représenterait une perte de prestige considérable pour l'Angleterre ; par la même occasion, prise de contrôle sur la Méditerranée occidentale ; si c'est encore nécessaire, avancée dans la Méditerranée orientale. Le Führer approuve cela… »

La nécessité de l'entrée en guerre de l'Allemagne aux côtés de l'Italie et contre la Grèce a également été mentionnée pendant la conférence entre Jodl et l'Amiral Fricke. Il est écrit très clairement dans le protocole de la conférence :

> « On s'attend à la neutralité de la Russie. Dans les prochains jours, discussion avec Molotov sur les questions qui en résultent ».

Ces notes permettent de reconnaître clairement l'importance primordiale de la guerre contre la Grande-Bretagne aux yeux de Hitler. Un ordre du Führer datant du 20 décembre 1940 exige que toutes les questions de personnel passent désormais au second plan, après l'armement de la Marine de guerre et de la Luftwaffe qui constituaient les conditions primordiales pour une guerre contre l'Angleterre. Les besoins de l'Armée de Terre ont été relégués au second plan.

Bien que les discussions avec Franco à Hendaye se soient déroulées de manière peu satisfaisante, Hitler poursuivait toujours l'objectif de prendre Gibraltar. Ce n'est que le **27 décembre 1940** qu'il a laissé entendre qu'il ne croyait plus à l'entrée en guerre de l'Espagne aux côtés de l'Allemagne. Les passages du protocole signalent ainsi (après que la situation de l'Italie ait empiré de manière décisive en Méditerranée - Hitler parle ainsi d'« absence totale de commandement en Italie » -, l'importance de Gibraltar dans la guerre contre la Grande-Bretagne est de nouveau évoquée) :

> « D'où la conclusion : la prise de Gibraltar est très importante pour la poursuite de la guerre. ORDRES MILITAIRES CONCERNANT MISE A EXÉCUTION RAPIDE DE « FÉLIX » (le nom de code de l'entreprise « Gibraltar », *NdA*) RESTENT VALIDES. Réponse du Führer : même opinion sur l'importance de l'occupation de Gibraltar. Cependant, Franco n'est pas encore prêt, ne parvient pas à se décider et se laisse encore tenter par les promesses de l'Angleterre concernant l'approvisionnement… Führer tente une nouvelle fois d'exercer son influence sur Franco par l'intermédiaire du Ministre des Affaires étrangères et de l'ambassadeur d'Espagne. (8)

Un exemple impressionnant peut nous donner une idée de la manière dont est enseignée l'histoire dans l'Allemagne contemporaine. A la page 731 de son ouvrage *« Das vergangene Reich »*, dont la traduction du sous-titre ambitieux est : « La politique extérieure allemande de Bismarck à Hitler 1871-1945 », Hildebrandt écrit :

> « Plus ou moins parallèlement à l'idée de Ribbentrop, de créer un bloc continental dirigé contre le monde anglo-saxon et qui reposerait sur la neutralité russe, voire

(7) «Rapports de position» voir ci-dessus page 166.

(8) «Rapports de position» voir ci-dessus page 172.

même sur le soutien soviétique au sein d'un front anti-anglo-saxon, le commandant de la Marine suggéra de déplacer le point fort des efforts de guerre vers la Méditerranée. Cela n'enthousiasmait pas Hitler, qui était entièrement concentré sur l'attaque armée imminente de la Russie. »

Et bien ! Les archives prouvent le contraire. Il suffit en effet de se remémorer le moment où Raeder a fait sa proposition, pour comprendre que la description de Hildebrandt induit en erreur. La proposition a été faite au moment-même où une partie non négligeable de l'Armée a été démobilisée.

Notre formation à Braunschweig a duré de mai 1940, à mars 1941. De Braunschweig, j'avais la possibilité de rendre visite à mes parents à Berlin, le train « D » ne mettant qu'à peine deux heures pour parcourir ce trajet. Nous avions des vacances entre Noël et le Nouvel An, ce qui m'offrait de nouveau la possibilité de m'informer sur l'actualité politique à travers les récits de Mère.

Je me souviens très précisément des descriptions que ma mère me faisait des relations avec l'Espagne. La rencontre entre Hitler et Franco à Hendaye, située à la frontière franco-espagnole, n'avait pas été satisfaisante pour l'Allemagne. Père raconte dans ses souvenirs qu'au cours de la discussion avec Franco et Suner, Hitler avait bondi lorsque Suner avait fait irruption de manière quelque peu « maladroite dans la conversation de Hitler et de Franco » - selon les paroles de mon père.

Pendant ma visite à Berlin, Mère m'avait expliqué que l'on se trouvait face à un mystère en ce qui concernait l'état d'esprit espagnol. Les entretiens préliminaires avec Suner avaient été prometteurs, et on s'était rendu à Hendaye dans le but de conclure avec Franco le pacte qui devait sceller son rattachement à l'« Axe ». Or, la conclusion du pacte n'avait finalement pas pu se faire en raison des exigences de Franco. Il avait exigé des livraisons très importantes de matériaux très spécifiques, que l'Allemagne était dans l'impossibilité de fournir. Quel argument ou quelle personne avait provoqué chez Franco ce revirement d'humeur ? Père n'a jamais connu la réponse de cette énigme, il avait déjà été exécuté.

Le 16 avril 1940, c'est-à-dire avant la campagne de l'Ouest, le Ministre de l'Intérieur et beau-frère de Franco, Serano Suner – il devint plus tard Ministre des Affaires étrangères – avait officiellement expliqué à l'ambassadeur allemand à Madrid que Franco tout comme lui-même plaçaient leur confiance dans la victoire allemande. Cette déclaration tenait lieu de garantie pour une « alliance d'ores et déjà évidente » avec l'Allemagne. L'espoir de chasser les Anglais de Gibraltar jouait un rôle important dans ces dispositions, car on espérait ainsi la prise de Tanger. (9)

Le 12 juin 1940, l'Espagne renonçait au « respect de la neutralité la plus stricte » ordonné par Franco le 5 septembre 1939, et se déclarait désormais non-belligerante. Le 14 juin, Tanger était occupée par des troupes espagnoles criant « Vive le Tanger espagnol » et « Gibraltar pour l'Espagne ».

En décembre 1940, Franco se décidait subitement et définitivement à ne pas entrer en guerre aux côtés de l'Axe, alors qu'en juillet 1940, il expliquait encore dans un discours officiel :

> « Deux millions de soldats sont prêts à construire une nation, à forger un Empire. La prise de pouvoir sur Gibraltar et l'extension en Afrique restent le devoir et la mission de l'Espagne ! » (10)

Ce type de plan n'était par nature envisageable et réalisable qu'aux côtés des puissances de l'Axe.

Pendant les cinq années précédant la guerre, il y avait à Berlin un correspondant anglais du journal londonien *« News Chronicle »*, portant le nom de Jan Colvin. J'ai déjà mentionné le fait que de nombreux Britanniques travaillant à l'étranger ou ayant des contacts internationaux travaillaient alors pour les « Secret Services », s'ils n'étaient pas directement – et discrètement, bien sûr - em-

(9) Documents sur la politique extérieure allemande, 1962 IX, document 129.

(10) Donald S. Wetwiler, *Hitler, Franco und Gibraltar*, Wiesbaden, 1962.

ployés par ces derniers. C'était aussi le cas pour Colvin. Il remplissait sans doute une fonction élevée, car il avait été reçu personnellement par Churchill lorsque ce dernier était déjà Premier Ministre. Churchill l'a mentionné dans ses mémoires, évoquant un *« deeply in German affairs and making contacts of a secret nature with the german Generals »* (profondément introduit dans les affaires allemandes et effectuant des contacts secrets avec des généraux allemands). »

Après la guerre, ce Colvin a rédigé des écrits biographiques sur l'amiral Canaris. L'un de ces livres porte le titre de *« Master Spy »*, et décrit Canaris comme un professionnel de l'espionnage anglais. Le sous-titre de cet ouvrage est : *« The incredible story of Admiral Wilhelm Canaris who, while Hitlers Chef of Intelligence, was a secret ally of the British »* (L'incroyable histoire de l'Amiral Wilhelm Canaris, chef des services secrets de Hitler et allié des Britanniques).

Colvin relate précisément les activités de l'Amiral et de son représentant Oster, n'omettant pas la transmission continuelle de secrets militaires à l'ennemi pendant la guerre. Ce qui nous intéresse particulièrement ici, c'est le rôle que Canaris a joué dans les relations franco-espagnoles, et en quelle mesure il a influencé la politique espagnole contre le Reich. Colvin explique que Suner avait reçu à Rome un message de l'amiral Canaris par l'intermédiaire de Joseph Müller (Ochsensepp). Le contenu du message était le suivant :

> « L'amiral Canaris vous prie de dire à Franco qu'il devrait tenir l'Espagne à l'écart de ce jeu, peu importe quelles en seront les conséquences. Peut-être qu'à vos yeux, nous sommes en position de force. En réalité, notre situation est désespérée et nous avons peu d'espoir de gagner cette guerre. Franco peut être assuré du fait que Hitler n'entrera jamais en Espagne par la force des armes. » (11)

Serano Suner n'a pas pu relater en détail dans ses mémoires les processus qui ont poussé l'Espagne à confirmer son entrée en guerre aux côtés des puissances de l'Axe, et à changer d'avis par la suite. Il rend cependant Canaris responsable de la « confusion » régnant à Berlin autour de toutes les questions concernant l'Espagne, et le qualifie de «personnalité étrange et inquiétante ». Il décrit le rôle que jouait Canaris de la manière suivante :

> « L'amiral Canaris, chef des services secrets allemands, jouait un rôle pour le moins étrange dans ces questions. Il se rendait fréquemment en Espagne et organisait avec nous des réunions importantes et hautement confidentielles, dont le Ministère des Affaires étrangères n'était pas informé. » (12)

D'après Colvin, Suner aurait entre autres exigé dix pièces d'artillerie de 38 centimètres lors des négociations avec l'Allemagne, tout en sachant par l'intermédiaire de ses indicateurs que ces pièces ne pouvaient être fournies par l'Allemagne.

Le **11 décembre** à Madrid, Jodl devait expliquer à Franco le plan allemand de conquête de Gibraltar. Il avait été décidé, selon le souhait de l'Espagne, que les forces armées espagnoles participeraient aux opérations. On proposa cependant à Hitler de confier cette mission à Canaris, en raison de ses bonnes relations avec l'Espagne. (13)

Dans ses mémoires, Suner médite sur les conséquences éventuelles d'une entrée en guerre de l'Espagne à ce moment de l'histoire :

> « Il est plus que probable qu'une telle décision de l'Espagne aurait signifié à ce moment la fin de la guerre. Les Etats-Unis étaient alors dans l'impossibilité d'agir. Roosevelt lui-même, qui était bien plus réaliste que certains le croyaient, aurait sans doute changé le cap de sa politique internationale, car ce n'est pas pour rien que l'isolationnisme dominait les sentiments de la grande majorité du peuple américain. » (14)

(11) Colvin, voir ci-dessus, page 148.

(12) Suner *Entre Hendaye et Gibraltar*, Zurich, 1948, pps. 168 et 240.

(13) Keitel, voir ci-dessus, page 313.

(14) Suner voir ci-dessus, page 192.

Churchill était bien placé pour juger de l'importance de la neutralité espagnole pour la Grande-Bretagne, et à l'inverse pour les puissances de l'Axe, lorsqu'il notait dans ses mémoires :

> « L'Espagne tenait entre ses mains la clef avec laquelle elle pouvait mettre un terme à toutes les entreprises anglaises en Méditerranée. Pourtant jamais, même pendant les heures les plus sombres, elle ne nous a barré le passage. » (15)

On serait tenté de voir dans les descriptions du journaliste Colvin une sorte de roman journalistique d'espionnage, si Churchill ne l'avait pas personnellement légitimé comme étant un agent important des « Secret Services » britanniques. Le récit des activités de Canaris, « maître des agents » britanniques selon l'expression de Colvin, trouve ainsi une confirmation.

Au cours du procès « de la Wilhelmstrasse » à Nuremberg, le secrétaire d'Etat au Ministère des Affaires étrangères Weizsäcker faisait partie des accusés. Pendant son interrogatoire, il avait fait la déposition suivante :

Extrait des protocoles officiels du tribunal :

> Cour de justice militaire n° IV, cas XI
>
> Nuremberg, Allemagne, 9 juin 1948
>
> Session de 13h30 à 16h45
>
> Page 7989 du protocole allemand
>
> L'accusé v. Weizsäcker comparaît en tant que témoin :
>
> Question : « Quel est votre avis concernant le plan d'agression sur Gibraltar qui se tramait à cette époque ? »
>
> Réponse : « Je pense qu'une réconciliation avec la France et une attaque sur Gibraltar ne pouvait être envisagées simultanément. Ce plan concernant Gibraltar aurait eu pour conséquence que l'Espagne serait également entrée dans la tourmente. On pouvait envisager de gagner les Espagnols comme compagnons de guerre, ou de sceller une paix digne avec la France ; mais il était impossible de mener ces deux projets simultanément. »
>
> Q : « C'est donc pour cette raison que vous n'étiez pas d'accord avec ce plan ? »
>
> R : « C'était une des raisons pour lesquelles je n'étais pas d'accord avec ce plan, mais pas la seule raison. »
>
> Q : « Vous aviez donc d'autres raisons ? »
>
> R : « À vrai dire, j'avais toutes les raisons de m'opposer à ce plan ; des raisons militaires, économiques et aussi morales. D'un point de vue militaire, nous n'aurions jamais eu le surplus de forces nécessaire pour défendre la longue côte de l'Espagne de manière un tant soit peu efficace. Il nous serait arrivé la même chose qu'à Napoléon lors de sa campagne en Espagne. Economiquement, nous étions totalement hors d'état de garantir les modestes exigences de l'Espagne pour nourrir son pays. Nous connaissions ces exigences. Par ailleurs, l'Espagne n'aurait représenté qu'un poids pour nous, sans parler de la responsabilité morale pour ce pays qui sortait tout juste d'une guerre civile. »
>
> Q : « Est-ce que le gouvernement espagnol voulait la guerre ? »
>
> R : « Je n'ai pas pu constater par moi-même la volonté du gouvernement espagnol d'entrer en guerre, bien que j'aie eu l'occasion de m'entretenir une fois avec le Mi-

(15) voir ci-dessus, Londres 1949, pages 460 et 469.

> nistre des Affaires étrangères espagnol. Par mesure de sécurité cependant, j'ai alors choisi avec Canaris de recourir une nouvelle fois à un moyen extravagant. Afin de pousser les Espagnols à entrer en guerre, Hitler décida d'envoyer en Espagne l'Amiral Canaris, dont tout le monde savait qu'il bénéficiait de longue date d'excellentes relations sur place. Je m'accordai de mon côté avec Canaris sur le fait qu'il devait parler ouvertement avec les Espagnols, et leur ouvrir les yeux sur la catastrophe certaine et amère dans laquelle ils s'engageraient inévitablement. »
>
> Q : « Est-ce que vous pensez que les conseils de Canaris ont contribué à tenir l'Espagne à l'écart de la guerre ? »
>
> R : « Je ne le sais pas ; mais j'ai entendu dire que « oui ! ». La seule chose que je puisse affirmer, c'est que le conseil qu'il lui a donné était certainement juste. »
>
> Attestation :
>
> Je, dénommé avocat Dr Alfred Seidl, certifie la conformité de l'extrait du protocole de session de la Cour de Justice militaire n°IV, cas n°XI du 9 juin 1948 ci-dessus. Signé Alfred Seidl. (16)

L'exposé de Weizsäcker au cours du procès des criminels de guerre à Nuremberg confirme les descriptions de l'agent des « Secret Services » Colvin. Le livre de Colvin n'est paru qu'en 1951, il est donc impossible que Weizsäcker en ait eu connaissance avant sa déclaration au procès.

D'après les documents et les dossiers que nous avons étudiés, il apparaît très clairement qu'un sentiment anti-russe s'affirmait avec de plus en plus de force dans les réflexions de Hitler, au fur et à mesure que diminuait l'espoir de conclure un accord de paix avec la Grande-Bretagne. Pour cela, il aurait fallu bloquer le détroit de Gibraltar, ce qui était impossible sans l'aide ou tout au moins l'accord de l'Espagne. Aucun homme d'Etat responsable ne lierait cependant le sort de son pays à un allié dont les plus hauts fonctionnaires et officiers conspiraient contre la politique de leur propre gouvernement. Dans ces conditions, Franco avait sans aucun doute fait preuve de sagesse en renonçant finalement à entrer en guerre aux côtés des puissances de l'Axe.

Deux annotations dans le journal de Hewel permettent de se faire une idée du rôle que Hitler donnait à l'Espagne dans ses réflexions sur la poursuite de la guerre. Le 14 février 1941, Hewel note :

> « Télégramme de Rome sur la rencontre entre Mussolini et Franco. Négatif comme nous nous y attendions. »

La discussion entre Mussolini et Franco constituait une tentative supplémentaire de sonder la position de Franco, afin de savoir s'il restait encore une chance de le pousser à rejoindre l'Axe, et donc de réaliser l'opération « Felix ».

Les 29 et 30 mai, Hewel remarque encore au sujet de l'Espagne : « F. : (« Führer », *NdA*) : « … Gibraltar n'est plus envisageable désormais. »

Hitler n'a toujours pas abandonné l'option d'une prise de Gibraltar, même si c'est désormais trop tard. Ses invectives verbales contre l'Espagne, notées par Hewel, donnent l'impression qu'il aurait préféré s'engager dans l'« opération Méditerranée » plutôt que d'agresser l'Union Soviétique.

Au cours des comptes rendus de situation, Raeder avait sans relâche décrit au Führer les possibilités que la prise de Gibraltar aurait ouvertes à l'Allemagne, et il avait récolté son approbation totale.

La fermeture possible du détroit de Gibraltar aurait entraîné la question du ravitaillement pour une opération à long terme contre le canal de Suez. Une opération de débarquement sur les côtes espagnoles, n'aurait pas été aussi dangereuse que Weizsäcker voulait le faire croire dans sa dé-

(16) Seidl était avocat et défenseur de Hess pendant le procès de Nuremberg, il devint plus tard entre autre ministre de la justice en Bavière.

position à Nuremberg. La Wehrmacht était intacte, elle n'aurait pas été en Russie et elle aurait bénéficié du soutien des forces armées espagnoles. La déclaration de Weizsäcker constitue visiblement une justification ultérieure de son action « extravagante » - comme il la désigne lui-même.

La domination de la Méditerranée par l'« Axe » aurait représenté une menace importante pour l'Empire britannique. Elle aurait peut-être motivé les Anglais à faire quelques concessions à Hitler qui venait largement à leur encontre. Dans tous les cas, la position des puissances de l'Axe aurait été renforcée de manière décisive, sans oublier les possibilités opératives qui se seraient ouvertes autour des puits de pétrole du Proche-Orient. Il n'y a eu qu'un faible mouvement de révolte en Irak, qui ne rencontra pas suffisamment de soutien auprès des puissances de l'Axe, et retomba rapidement.

Si, à la veille de l'année 1941, la question de la poursuite de la guerre se posait de nouveau pour Hitler, la modification de la situation en Espagne représentait en tous cas un point de revirement important dans ses plans. Père s'est beaucoup interrogé sur les raisons qui avaient poussé l'Espagne à se détourner de l'Axe. Il ne pouvait se douter que la conspiration, son propre secrétaire général et Canaris se cachaient derrière ce revirement de situation lourd de conséquences, puisqu'il allait finalement pousser Hitler à attaquer l'Union Soviétique. Le Ministre Dr Paul Schmidt (Section de la Presse et de l'Information du Ministère de Affaires étrangères) se souvient qu'une petite altercation avait eu lieu dans le train spécial de Hitler, après les discussions décevantes avec Franco à Hendaye. A la suite de celle-ci, Hitler aurait exigé des « cartes de la Russie » de Keitel et Jodl, et se serait intensivement entretenu avec les deux généraux.

Un mot de plus sur l'importance des sources historiques. Comme nous l'avons déjà vu, à côté de l'action principale, les sources écrites contemporaines aux événements sont d'une importance primordiale, et devraient être tenues à la disposition de tous les acteurs de l'Histoire. Au-delà des protocoles des comptes rendus de situation des deux commandants de la Marine de guerre, Raeder et plus tard Dönitz, le journal original de Hewel se trouve à notre disposition. Ce journal est d'une importance toute particulière, car il a été rédigé à la main et de manière très épisodique, à l'aide de mots-clés, ce qui veut dire que ces annotations ont un caractère très spontané, sans tendance reconnaissable.

Les protocoles des comptes rendus de situation faisaient partie des dossiers officiels de la Direction de guerre maritime. Ils étaient donc à la disposition de Hitler et de tous les protagonistes de ces discussions. Ce fait limitait les possibilités d'« orienter » les protocoles. Bien entendu, ils étaient rédigés d'après le point de vue de la Marine. Cependant, la réserve personnelle que Raeder nourrissait vis-à-vis de Hitler et qui est mentionnée par leur éditeur, donne toute leur valeur à ces notes, surtout lorsque Raeder souligne l'approbation de Hitler, comme dans le cas de l'opération « Gibraltar ».

Les deux sources s'accordent sur le fait que les pensées de Hitler tournaient toujours autour d'une action contre la Grande-Bretagne, qu'il prenne position au sujet de l'entreprise « Felix/Gibraltar », ou de l'opération « S », qui porterait le nom de « Barbarossa » à partir de 1941. Ses pensées retournent toujours à l'espoir d'un accord de paix avec la Grande-Bretagne.

Un texte de Raeder relate le compte rendu de situation du 26 décembre 1940, qui s'était déroulé entre quatre yeux. Il démontre qu'un « gain de territoire » (17) n'entrait pas en jeu dans sa décision d'entrer en guerre contre l'Union soviétique. Raeder demande tout d'abord à Hitler « le droit de lui soumettre sa vision de la poursuite de la guerre – au-delà de son champ d'action. »

Après que Raeder ait décrit la Méditerranée comme étant « le centre des positions militaires » (britanniques, *NdA*), faisant par là allusion aux positions fortes des Anglais dans l'est de la Méditerranée, il exige de régler la « question méditerranéenne au cours du semestre d'hiver».

(17) « Rapports de position » page 143.

D'après les notes de Raeder, cela signifiait que :

> « Gibraltar doit être prise… », « le canal de Suez doit être pris » ; il doute que les Italiens y arrivent seuls ; le soutien de troupes allemandes est nécessaire. A partir de Suez, avancée par la Palestine, la Syrie jusqu'à la Turquie nécessaire. Quand nous y serons, la Turquie sera en notre possession. Le problème de la Russie aura un autre aspect. Dans le fond, la Russie a peur de l'Allemagne : on peut se demander s'il sera alors encore nécessaire d'agir contre la Russie en partant du nord. Question des Dardanelles… »

S'ensuivent des explications sur la position de l'Italie en Afrique de l'est, une mention particulière sur l'importance de l'Afrique du Nord-Ouest pour l'Allemagne et l'Italie dans la poursuite de la guerre, ainsi qu'une mise en garde contre une attaque des Anglais et de Charles De Gaulle contre Dakar, et soutenue par les Etats-Unis.

Puis, Raeder relate la prise de position de Hitler au sujet de ces déclarations :

> « Führer en grande partie d'accord avec réflexions. Après clôture de l'alliance avec le Japon, veut immédiatement avoir un entretien préliminaire avec le Duce et éventuellement Franco…
>
> Angleterre–Etats-Unis doivent être évincés de l'Afrique du nord-ouest. Si l'Espagne collabore, les Canaries, éventuellement les Acores et le Cap Vert doivent d'abord être protégés par la Luftwaffe.
>
> L'avancée par la Syrie dépendrait aussi du comportement de la France, mais serait sans doute faisable. Italie serait contre la cession des Dardanelles à la Russie. Il tentera cependant de pousser la Russie à avancer de manière énergique contre le Sud – la Perse, l'Inde – pour s'assurer une issue vers l'océan, plus importante pour la Russie que ses positions dans la mer Baltique. Führer pense aussi que la Russie a peur de la puissance allemande ; il croit que la Russie n'agressera pas cette année un pays comme par exemple la Finlande. »

Les explications de Raeder prouvent une nouvelle fois et de manière évidente deux choses :

1) Toutes les réflexions stratégiques de Hitler partent d'un même point de vue : pousser l'Angleterre vers la paix ou parvenir à mettre le Reich dans une telle position de force, que le gouvernement britannique, c'est-à-dire le Parlement, se trouve obligé d'accepter qu'un accord de paix avec le Reich à des conditions acceptables serait préférable que la poursuite de la guerre.

2) Les relations avec l'Union Soviétique ne sont envisagées qu'en fonction de critères politiques et stratégiques, et surtout du point de vue de la tête de pont britannique, c'est-à-dire de la puissance continentale qui pourrait s'allier avec les Britanniques contre l'Allemagne.

Il est intéressant de voir jusqu'à quel point Hitler approuve les conceptions de Raeder dans leur discussion. Toutes les déclarations et surtout tous les ordres de Hitler jusqu'à fin décembre 1940 montrent clairement que sa priorité est de mener la guerre contre l'Angleterre et qu'il est prêt – conformément aux propositions de Raeder – à déplacer le point fort des opérations vers la Méditerranée.

Le fait que l'ordre de réduction des effectifs de l'Armée ait été annulé en octobre est plausible lorsqu'on part du principe que Hitler, tout comme Raeder et la direction de l'Armée, hésitaient à mettre en route l'opération *Seelöwe*, c'est-à-dire le débarquement en Angleterre. La domination aérienne n'était toujours pas acquise au-dessus des territoires concernés, et l'infériorité évidente de la marine de guerre allemande face à la *Navy* n'était pas faite pour les rassurer.

La re-mobilisation de l'Armée était nécessaire pour les plans ambitieux en Afrique du Nord et dans le Proche-Orient que Raeder et Hitler avaient ébauchés le 26 septembre 1940. Ceux-ci incluaient des opérations en Afrique du Nord-Ouest. D'autre part, une réserve opérative était indispensable pour empêcher d'éventuelles tentatives d'invasion anglo-américaines sur les côtes franco-hispano-portugaises.

Hitler pensait encore avoir le choix entre les trois options : *Seelöwe*, *Felix* (Gibraltar) et *Barbarossa*. Il craignait l'opération *Seelöwe* car il lui manquait la supériorité aérienne. Il ne savait pas encore que la conspiration allemande avait supprimé l'option *« Felix »*, et il soupçonnait à tort Franco d'être de mèche avec la Grande-Bretagne. Ses réflexions se concentraient donc toujours sur l'attaque préventive contre l'Union Soviétique.

Les actions des conspirateurs Weizsäcker et Canaris contre le projet de Hitler de se concentrer pleinement sur la guerre contre l'Angleterre en Méditerranée et dans le territoire nord-africain, ne justifient certainement pas le jeu de « quitte ou double » dans lequel Hitler s'est engagé. On ne peut en effet qualifier autrement la guerre contre la Russie. Canaris et Weizsäcker devront cependant assumer les reproches de l'Histoire. Ce sont eux en effet qui auraient poussé Hitler dans cette direction par leurs interventions « extravagantes » (selon l'expression de Weizsäcker) auprès du gouvernement espagnol. Ils auraient ainsi joué un rôle décisif dans la catastrophe qui s'ensuivit. Dans ses œuvres posthumes, Keitel confirme cette hypothèse. Il ne connaissait pourtant pas le témoignage de Weizsäcker, ayant été exécuté deux ans plus tôt. (18)

(18) Voir entre autres Keitel, voir ci-dessus, page 313.

La guerre sur deux fronts

L'attaque contre la Russie

Comme je l'ai déjà dit, j'ai passé un grand nombre de week-ends à Berlin pendant l'hiver 1940-1941, ce qui m'a largement permis de m'informer sur les événements politiques. Un jour, à ma grande surprise, mon père a prétexté mon intérêt pour l'histoire pour m'interroger sur le « Congrès de Berlin », au cours duquel Bismarck avait joué son célèbre rôle de «courtier». Il était alors le médiateur entre la Grande-Bretagne et la Russie dans la question des Balkans. Nous avons alors engagé une discussion intéressante sur les conséquences de ce congrès, que mon père jugeait funestes pour les relations entre le *Reich* et la Russie.

Père se demandait pourquoi Bismarck avait mis sa réputation en jeu pour détendre les relations entre la Russie et l'Angleterre, sachant que le *Reich* n'avait pas d'intérêts immédiats à défendre dans les détroits du Bosphore et des Dardanelles. Je pouvais – ou croyais - sentir une certaine critique dans ses mots, et mon attention s'en trouva immédiatement redoublée ! Le fait que Bismarck ait constamment entretenu de bonnes relations avec la Russie a toujours été considéré par mon père, et surtout mon grand-père Ribbentrop, comme un élément central de sa politique. Notre conversation tournait essentiellement autour de la question de l'intérêt que l'Allemagne aurait eu à freiner ou même à empêcher la pression russe sur les détroits. Père et moi étions conscients que nous nous adonnions d'une certaine manière à des considérations rétrospectives sur l'Histoire, mais dans le contexte qui était celui de l'époque, je réalisais que cette réflexion n'était pas dépourvue de sens.

Cette discussion avec mes parents sur le Congrès de Berlin et le rôle de Bismarck me prouvent que l'Angleterre était la pierre d'angle des réflexions hitlériennes. Mes deux parents exprimèrent à plusieurs reprises qu'a posteriori, ils se demandaient s'il n'aurait pas été plus avantageux pour le gouvernement allemand de se tenir à l'écart, en 1878, du problème des détroits et de l'opposition russo-britannique. Le succès prestigieux du Congrès de Berlin ne compensait pas, en effet, le mécontentement né à ce moment contre l'Allemagne en Russie. Plus tard cependant, il semblerait que Bismarck avait signifié au gouvernement russe que Constantinople et la Bulgarie lui étaient « totalement indifférents ». (1) En 1940, il s'agissait pour Père de ne pas déranger les ambitions de la Russie au Proche-Orient.

Je ne pouvais pas définir à ce moment l'incroyable portée de la problématique qui se cachait derrière les questions de Père. Cette discussion avec Père avait eu lieu avant Noël 1940, mais après la visite de Molotov à Berlin. Je me doutais un peu de ce que cachaient les questions de Père, et j'en ai acquis la certitude deux jours avant la mort de grand-père Ribbentrop. Il est décédé le 1er janvier 1941. Il avait eu une attaque à la fin de l'année, à la suite de laquelle il pouvait à peine se faire comprendre. Le 30 décembre, en quittant la chambre du malade, mes parents s'étaient interrogés sur ce que Grand-Père avait voulu dire, car il avait donné l'impression de vouloir s'exprimer. Père pensait qu'il avait voulu, une fois de plus, confier notre grand-mère à mes parents, mais Mère soutenait avec véhémence qu'elle avait entendu : « jamais contre la Russie ! » Cette nouvelle me coupa le souffle : est-ce que le danger d'un conflit avec la Russie s'était déjà concrétisé ? Le ton de Mère était indubitablement angoissé !

Le fait que mon grand-père fasse ses adieux à cette terre étrange le premier jour de l'année fatidique – ce mot trop souvent utilisé prend ici toute sa signification – de 1941 a été significatif pour mon père, et pour toute la famille. Son désespoir face à la guerre des deux fronts provoquée peu de temps après par Hitler aurait été sans bornes, et il n'aurait sans doute pas vécu longtemps après le commencement de la guerre contre la Russie. Ainsi, beaucoup de peines lui ont été épargnées.

(1) F. Uhle-Wettler, *Tirpitz*, page 147.

Peut-être aussi que l'influence qu'il partageait avec ma mère sur mon père aurait fini par pousser ce dernier à démissionner. Grand-Père aurait sans aucun doute insisté sur le fait que Père n'avait pas le droit de soutenir cette décision qui allait à l'encontre de ses convictions. L'interprète russe, qui avait assisté à la remise de la déclaration de guerre de Père à l'ambassadeur russe, a certifié que Père avait exprimé son désaccord contre cette décision avant de repartir (2). Le fait que dans son ouvrage, il ajoute à cette constatation une diffamation disant que Père « avait bu pour se donner du courage », correspond au style journalistique décadent de l'époque. C'est dans ce même esprit que Fest qualifia de « bornée » (3) l'habile tactique de Père lors des négociations autour des contrats sur la flotte. Au cours de sa vie, Grand-Père avait certainement placé trop bas son seuil de tolérance concernant les compromis qu'il n'acceptait pas de faire, et c'est sans doute pour cette raison qu'il ne fit pas carrière. Ce trait de caractère diminuait sans aucun doute son influence sur Père dans des situations équivalentes. Peut-être que cela aurait été différent dans cette situation précise.

Mais tout était encore possible, et le combat pour la décision concernant la Russie suivait son cours. Le **27 décembre 1940** encore, Raeder note dans le rapport du compte rendu de situation que le Führer veut essayer de « gagner de l'influence sur Franco par l'intermédiaire du Ministre des Affaires étrangères, et en passant par l'ambassadeur espagnol ». Le 14 février, nous retrouvons cette note de Hewel, selon laquelle Mussolini lui-même ne parvient pas à décider Franco à se rallier à l'Axe. Même si l'on qualifie souvent Hitler de « mégalomane », on ne peut pas partir du principe qu'il voulait se lancer simultanément dans la grande opération en Afrique du Nord et dans l'opération *« Barbarossa »*. La prise de Gibraltar ou le plan *« Felix »* n'avait cependant de sens que si s'ensuivait une grande opération en Afrique du Nord. Selon les conceptions de Hitler et de Raeder, celle-ci aurait ainsi pu les mener jusqu'au Proche Orient. Si Hitler avait eu confiance en lui ou plutôt en la *Wehrmacht*, et qu'il avait mis en route les deux opérations en même temps, il n'aurait pas été dans l'obligation de repousser l'opération *« Barbarossa »* à cause des opérations dans les Balkans, rendues nécessaires par les revers des Italiens. Ce fait devait avoir des conséquences fatales, à la fin de l'automne 1941, sur le facteur « temps ».

On a presque le sentiment qu'il espère toujours contourner *« Barbarrossa »*. Ainsi peut-on lire dans les notes du journal de Hewel :

> « 29 et 30 mai.
>
> H (Hitler, *NdA*) : comme tout le reste, Barbarossa représenterait également un risque, car si l'entreprise échouait, tout serait fini. Si elle fonctionnait au contraire, cela créerait une situation qui pourrait pousser l'Angleterre à signer la paix. »

De nouveau, on retrouve le but de « pousser l'Angleterre à signer la paix ». Pas un mot sur « l'espace vital », mais il s'inquiète en revanche d'un risque exceptionnellement grand – inquiétude apparemment partagée par Hitler. On peut sans doute aller jusqu'à dire qu'il s'agissait d'un risque irresponsable, car Hitler commence tout de même une campagne dont il dit lui-même que si elle échoue, « tout sera fini » ! Le sang se glace dans nos veines quand nous lisons les notes originales de Hewel !

Et une fois de plus le 8 juin 1941 :

> « Longue conversation a. l. F. (avec le *Führer*, *NdA*) au sujet de l'entreprise difficile en Russie, mais fait confiance à la *Wehrmacht*. Flotte aérienne : chasseurs et bombardiers supérieurs en nombre. Quelque peur pour Berlin et Vienne… Ont toutes leurs forces à la frontière de l'ouest. Plus grand déploiement militaire de l'Histoire. Si cela ne marche pas, tout est perdu de toutes manières. ». « C'est cette interminable et insupportable attente qui rend nerveux ! »

Et le 13 juin 1941 :

(2) Comparer entre autres avec Valentin M. Bereschkow, *«Ich war Stalins Dolmetscher»*, Universitas, page 290.

(3) Voir Fest, *Hitler*, page 675.

> « Conversation avec *Führer* sur la Russie. Il croit que cela signifiera la fin de la résistance britannique. Je n'y crois pas encore, puisque l'Angleterre y verra tout d'abord et pour un certain temps une faiblesse de l'Allemagne. »

Une fois de plus, l'argument selon lequel il faut pousser l'Angleterre à la paix est avancé. Et encore une fois le 20 juin 1941:

> « Longue conversation avec F. (le *Führer*, *NdA*). Grands espoirs sur campagne de R. Souhaite être 10 semaines plus tard dans le temps. Cela représente toujours un grand risque. Nous serions debout devant une porte fermée. Armes secrètes ? Opiniâtreté du fanatique ? Dort désormais à l'aide de somnifères. Dicte. M'a dit qu'il avait de nouveau tout envisagé dans les moindres détails ce matin – il ne trouverait pas de possibilité pour l'ennemi d'écraser l'Allemagne. Croit que l'Angleterre devra se plier. Espère que ce sera pour cette année. »

Le 23 juin 1941, Hewel note cette remarque étrange :

> « Russie tout de même encore point d'interrogation ».

Ces notes, associées aux comptes rendus de situation de Raeder – ces deux documentations constituent des sources primaires de première importance – permettent de reconnaître très nettement les motivations de Hitler dans sa campagne contre l'Union Soviétique, surtout si l'on prend en considération que Hewel entretenait une relation très personnelle avec Hitler. Les déclarations de ce dernier à Hewel revêtent ainsi un caractère quasiment confidentiel. Hewel est resté auprès de Hitler jusqu'à son suicide chez lui à Berlin.

Toutes ces déclarations de Hitler ne transmettent pas l'image d'un Chef d'Etat sûr de sa victoire qui part en conquête, mais plutôt celle d'un homme qui souhaite se libérer par un coup de force d'une situation très désagréable. Tout comme la démobilisation partielle de l'armée et l'accent mis sur la Marine et l'armée de l'Air, ces notes contredisent la thèse selon laquelle Hitler aurait agressé la Russie pour acquérir enfin un espace vital.

Hitler était conscient du risque, et il exprime sa crainte face à l'Armée de l'air russe qui était supérieure tout au moins en nombre. Comme cela allait s'avérer au début de la campagne, cette crainte n'était pas justifiée, grâce à la supériorité de la *Luftwaffe*. Cependant, les puits de pétrole roumains, dont la direction de guerre allemande était largement dépendante, se trouvaient dans le territoire des forces aériennes de guerre russes. Hitler a également fait à mon père la remarque de la « Porte vers l'Est » qu'il devrait forcer et derrière laquelle on ne savait pas ce qui se cachait.

Hewel fait justement la remarque suivante dans son journal : « L'Angleterre verra tout d'abord dans le conflit germano-russe un affaiblissement de l'Allemagne. » Comme on le sait, Hewel était le représentant de Père auprès de Hitler, et il lui était fidèlement soumis. Cette annotation correspond donc sans doute à la voix du Ministre des Affaires étrangères, car à aucun autre moment dans son journal Hewel n'exprime des réflexions personnelles ou des conceptions qui divergent de celles de Hitler.

Mais nous ne voulons pas anticiper. Une dure lutte se jouait encore entre Hitler et son Ministres des Affaires étrangères autour de la décision d'agresser ou non l'Union Soviétique. (4) Le 10 janvier 1941, le Ministre Schnurre, qui menait depuis de années les négociations commerciales avec l'Union Soviétique, avait fini par conclure un contrat de très grande portée. Lors de son retour à Berlin, Schnurre livre ce rapport à Père :

> « Après mon départ pour Berlin (il veut sans doute parler de son arrivée à Berlin, *NdA*.), je me suis annoncé au Ministre des Affaires étrangères Ribbentrop et lui ai fait une description détaillée, appuyée par une analyse écrite, des résultats des négociations moscovites. Il partageait mon avis selon lequel ces accords nous ou-

(4) Comparer avec Keitel, voir ci-dessus page 290.

vraient grandes les portes de l'Est, et qu'il fallait absolument tenter de conclure un accord de paix. Ribbentrop écouta mon rapport avec une grande attention. »

Avant sa mort, Schnurre m'a dit personnellement qu'il s'était présenté auprès de Père avec les mots suivants : Monsieur le Ministre du Reich, je vous félicite : vous avez gagné la guerre ! » Avec ce contrat, Schnurre pensait en effet avoir résolu nos problèmes de ravitaillement en produits alimentaires et en matières premières pour la production de guerre. Ainsi pourrait-on longtemps faire durer la guerre contre les « puissances de la mer », les Etas-Unis et la Grande-Bretagne. Schnurre présente ainsi le contrat dans des « Notes de souvenirs » rédigées après la guerre :

> « Le contrat commercial du 10 janvier 1941 était largement plus complet que le premier contrat avec les Russes, et il comprenait sur la base de la réciprocité des livraisons de l'Union Soviétique nous garantissant à long terme notre approvisionnement en denrées alimentaires et en matières premières. Il comprenait par exemple l'alimentation du bétail, le pétrole brut, le coton, le phosphate, le minerai de fer et la ferraille, le minerai de chrome, les métaux nobles (platine), les minerais, et d'autres matières d'un montant de 640 millions de Goldmark, auxquelles s'ajoutaient également des livraisons issues de contrats arrivés à leur terme. Le règlement de la question du transit était particulièrement important. Ces accords nous permettaient en effet d'acheminer vers le *Reich* par la voie la plus rapide traversant la Sibérie, des matières premières achetées par l'intermédiaire de l'Union Soviétique au Proche-Orient et dans le territoire Pacifique. C'est ainsi que, pendant les dernières heures précédant le début de la guerre, un train rempli de caoutchouc se rendait de la frontière chinoise vers Berlin. Les achats fait au Proche-Orient et dans le territoire Pacifique ont été effectués sur la base de l'or et comprenaient le caoutchouc, les minerais, les soies et d'autres matières premières indispensables à l'industrie de guerre allemande. »

Schnurre poursuit en écrivant que Molotov et Mikojan lui auraient exprimé au moment de son départ après les négociations « l'espoir qu'un renforcement et un élargissement des relations de réciprocité entre les deux pays allait suivre, sur la base de ces contrats ».

Dans ses *„Erinnerungsnotizen"* – ses notes de souvenirs (*NdT*), Schnurre relate le compte rendu qu'il avait alors fait à Père :

> « Mon récit sur le contrat commercial et les livraisons de denrées alimentaires et de matières premières assurées par le côté soviétique trouvèrent chez lui (Père, *NdA*) un intérêt sans partage. Je déposai le contrat avec son analyse critique sur la table. Ainsi les Britanniques n'avaient-ils aucune chance de réussir un blocus. La porte vers l'est nous était désormais ouverte jusqu'au Pacifique, et l'influence commerciale du *Reich* était si largement étendue que nous étions libérés jusqu'à nouvel ordre de tout soucis d'huile, de métaux, de blé et d'autres denrées. La condition était bien entendu que nous honorions également nos livraisons d'équipement industriel. Pour renforcer cette partie de l'accord, il me fallait son soutien, c'est-à-dire le soutien de Ribbentrop, mais aussi les ordres du *Führer* selon lesquels la livraison devait être traitée en priorité ou tout au moins avec une égale importance que les productions militaires. Ribbentrop écouta très attentivement et donna plusieurs fois des signes dénotant son intention de remplir ce contrat. Lorsque je lui dis : « Monsieur le Ministre du Reich, ceci est la base d'un contrat de paix et d'un succès pour l'Allemagne. », il m'écouta avec une égale attention, sans manifester de réprobation. Je mentionnai que nous étions très inquiets à Moscou à propos des rumeurs concernant une guerre imminente avec l'Union Soviétique, et qu'il serait urgent de contredire ces rumeurs. Je le priai de convoquer à Berlin l'ambassadeur, le Comte von der Schulenburg, afin que celui-ci puisse exposer son opinion sur l'état des lieux dans l'immédiat. Monsieur von Ribbentrop accepta cette proposition. Lorsque je pris congé à Moscou, j'avais à plusieurs reprises été confronté à

> l'opinion selon laquelle l'Allemagne avait désormais gagné la guerre. C'est, par exemple, ce que me dit sans détours l'ambassadeur américain Steinhardt. L'Angleterre n'avait aucune chance de poursuivre la guerre au sein de cette constellation. Il en référerait ainsi à son président. L'ambassadeur japonais s'exprima également en ces termes. »

Est-ce que « cette constellation » n'appelait justement pas une attitude plus détendue vers l'extérieur ? N'avait-on pas enfin la possibilité d'organiser tranquillement notre propre armement, de remettre le *Reich* d'aplomb en utilisant les capacités qui s'offraient désormais à lui ? Le stockage de réserves en matières premières était important pour que nous soyons armés contre toute éventualité et dans tous les cas. Les comptes rendus de situation de Raeder signalent en effet sans cesse les grandes difficultés rencontrées par le pays dans l'approvisionnement en matières premières.

Mais laissons Schnurre poursuivre sa description des efforts de mon père pour éviter la guerre avec la Russie :

> « Monsieur von Ribbentrop me remercia pour l'heureuse conclusion des négociations avec la Russie. Il me signala qu'il allait annoncer ma visite auprès du *Führer* pour le lendemain et que je devrai – il m'en priait – reporter exactement de la même manière le contenu et la portée de ce contrat commercial. Il allait lui-même m'accompagner et signifier par sa présence qu'il partageait ma vision des choses.
>
> IV. Dès le lendemain, le **25 janvier 1941**, Ribbentrop et moi-même avons prit un avion pour Salzbourg, et le surlendemain, le 26 janvier 1941, nous sommes allés ensemble sur le Berghof, où je devais rapporter les événements dans les mêmes termes que je l'avais fait devant Ribbentrop. Hitler nous reçut tout d'abord seul dans un petit bureau du Berghof. Je posai le contrat sur la table, de nouveau accompagné d'une analyse explicative, et je lui expliquai, tout comme à Ribbentrop avant lui, le contenu du contrat. Il m'écouta attentivement, posa de temps en temps quelques questions concernant des personnalités et la position de l'Armée Rouge, et s'intéressa également aux détails du contrat. Je lui répétai que la porte vers l'est nous était désormais grande ouverte et que nous pouvions à présent, par l'intermédiaire de la Russie, acheter nos matières premières jusque dans les territoires du Pacifique. Malgré les sombres pronostics, les Russes avaient réglé de manière irréprochable le problème de transport de marchandises de gros tonnage. Le transit entre l'Extrême-Orient et la Sibérie fonctionnait également bien. Le blocus anglais était devenu superflu. Je lui répétai les mots de l'ambassadeur américain Steinhardt et ceux de l'ambassadeur japonais Togo et conclus mon exposé avec les mots suivants : « Mon *Führer*, ceci est la base solide pour une paix pleine de grandeur et de dignité pour l'Allemagne. »
>
> Il ne répondit pas à cette remarque osée. Lorsque je lui racontai que des rumeurs couraient aussi bien à Berlin qu'à Moscou sur d'éventuels plans de guerre de l'Allemagne contre la Russie, il bondit et nia avec véhémence. Je devais – comme toute personne concernée -combattre de la manière la plus énergique ce type de rumeurs. Il n'avait pas l'intention d'entrer en guerre contre la Russie. Lorsque je demandai à Hitler de donner, dans ce cas, les ordres nécessaires aux postes économiques et militaires concernés, afin que les livraisons promises à l'Union Soviétique puissent être effectuées dans les temps, il devint très hésitant et déclara qu'il ne pouvait pas le faire. Même dans l'état actuel des choses, l'équipement militaire avait la priorité. Il devait penser à la situation en Afrique, en Albanie et en Grèce, et ne pouvait se permettre de retard en privilégiant les livraisons à la Russie.
>
> Ainsi, et malgré son refus d'une guerre en Russie, il m'apparut clairement que la chance dont j'avais parlé n'allait pas être saisie et que la fatalité allait suivre son cours.

Monsieur von Ribbentrop m'avait soutenu à plusieurs reprises au cours de mon exposé, qui dura plusieurs heures. Son attitude au cours de cette discussion montrait clairement qu'il était, tout au moins à ce moment-là, contre une guerre en Russie. S'il ne pouvait pas s'imposer, cela tenait exclusivement à la détermination de Hitler de se lancer dans l'aventure russe, dont lui-même tout comme ses consultants, sous-estimaient largement la portée. »

Père écrit :

« Il m'a été très difficile, oui nous avons dû avoir recours à de véritables discussions pour obtenir de lui (de Hitler, *NdA*) en janvier 1941 un accord pour la conclusion du contrat commercial germano-soviétique. Il (Hitler, *NdA*.) avait subi d'autre parts de fortes influences contre la conclusion de ce contrat. A l'époque, déjà, j'avais l'impression d'être seul avec ma politique russe. »

L'utilisation que fait Schnurre du mot « consultants » pour désigner les conseillers militaires de Hitler, s'explique dans ses autres notes :

« Pour compléter, je voudrais également mentionner la visite que je fis ensuite au maréchal Keitel et au général Jodl. (5) Je leur décrivis les résultats des négociations moscovites et les avantages considérables qui en découlaient pour l'Allemagne : assurance de l'approvisionnement en matières premières, réserve de denrées alimentaires et large liberté d'action à l'Est. Malheureusement, les rumeurs concernant la guerre imminente avec la Russie s'étaient multipliées et je souhaitais – comme je l'avais fait auprès de Hitler, Ribbentrop et Göring – mettre l'accent sur mes arguments contre cette décision. Si on entrait en guerre contre la Russie, il faudrait prendre en compte l'étendue du territoire, les longs mois d'hiver, la période de la boue et le réservoir humain presque inépuisable. Au cours des dernières années, l'Armée rouge avait acquis une bien plus grande importance, et elle était nettement mieux armée. Le risque de se perdre dans l'immense territoire russe était par ailleurs beaucoup trop grand. A peu de choses près, je dus avoir recours aux mêmes arguments que ceux que le marquis de Caulaincourt utilisa en 1812 face à Napoléon. Aujourd'hui encore, la fin de la campagne napoléonienne en Russie motive les réticences envers une campagne contre la Russie. Mes interlocuteurs sont malheureusement restés sourds face à mes arguments. Jodl répliqua que toutes ces contingences avaient été prises en compte dans les plans. D'après les pronostics, il ne s'agirait que d'une courte guerre. Il s'agissait par ailleurs d'une occasion historique pour rompre cette constante menace russe qui pesait sur notre dos. »

Comme il l'avait promis à Schnurre, Père parvint à organiser une rencontre entre Hitler et l'ambassadeur allemand à Moscou, Schulenburg. La rencontre eut lieu le 28 avril 1941. Elle ne donna aucun résultat satisfaisant pour mon père. Dans son journal daté du même jour, Hewel note :

« F : accueil Schulenburg. (6) Discussion superficielle sur la Russie. Chef (Ribbentrop, *NdT*) malade »

Entre-temps, Mussolini avait eu avec Franco une discussion tout aussi dénuée de résultat, dont Hewel parle également dans son journal. Elle mettait un terme au plan *« Felix »* contre Gibraltar. Hitler était désormais fermement décidé à mener ce qu'il considérait comme une guerre « préventive » contre la Russie.

Hewel remarque dans son journal que Père ne participa pas à la discussion entre Schulenburg et Hitler, parce qu'il était « malade ». Il me semble impossible que Père ait manqué pour des raisons de santé une discussion censée poser d'importants jalons de cette politique étrangère allemande qu'il représentait. Ce sont sans doute des raisons psychologiques qui ont poussé Père à se tenir à

(5) Au cours d'un entretien privé, Schnurre mentionna le général Warlimont comme participant à cette discussion.

(6) Dr Alfred Seidl : Les relations entre l'Allemagne et l'Union Soviétique 1939-1941, écrits de Schulenburg au sujet du déroulement de la discussion avec Hitler, document n° 231, page 379.

l'écart de cette discussion. Il avait clairement exprimé à Hitler sa volonté d'empêcher une guerre contre la Russie. Conscient de l'état d'esprit de Hitler, il ne souhaitait sans doute pas alourdir par sa présence la discussion de celui-ci avec Schulenburg. Hitler devait se sentir libre de mener cette discussion en tête à tête avec Schulenburg, sans avoir Ribbentrop comme témoin. Tous les arguments parlant contre une guerre devaient ainsi lui être librement exposés. Comme nous le savons, Hitler était devenu très sensible à toute contradiction de la part de ses interlocuteurs. Le journal de Hewel n'indique pas s'il a lui-même participé à cette discussion et si sa remarque est donc personnelle, ou s'il s'agit d'une information venant de Hitler. Le texte écrit par Schulenburg pour relater son entrevue d'une demi-heure avec Hitler, prouve qu'il a tenté de disperser la méfiance de Hitler vis-à-vis de l'Union Soviétique. Pourquoi, si ce n'est dans ce but, Père aurait-il organisé cette entrevue avec Hitler ? C'était une démarche inhabituelle, d'autant plus que Père ne participa pas à cette discussion ! Comme on peut le comprendre en lisant les lignes de Schulenburg, Hitler demeura insensible à son argumentation.

A cette même date du 28 avril 1941, Weizsäcker avait fait parvenir un télex à Père. Apparemment, ce dernier avait demandé à Weizsäcker un résumé des arguments parlant contre une guerre germano-russe, en prévision de l'entrevue entre Schulenburg et Hitler. Weizsäcker conclut le télex avec les mots suivants : « cet avis est bref, car le Ministre des Affaires étrangères du Reich l'a demandé en urgence. » (7)

Les renseignements communiqués en Allemagne au sujet de la Russie étaient incomplets ou ne correspondaient plus à la réalité. Il manquait surtout des informations actualisées sur l'ampleur de l'armement russe. Seule cette ignorance peut expliquer la manière incroyable dont nous avons sous-estimé l'Armée Rouge. Lorsque le 17 septembre 1940, il demande aux collaborateurs de Halder d'envisager une campagne de l'est, Paulus croit pouvoir mener cette campagne avec 128 divisions, et estime la force russe à environ 180 divisions. Son prédécesseur, le général de brigade Marcks, qui avait été chef d'Etat-Major de la 18e armée et défendait la frontière russe pendant la campagne de l'Ouest, avait également été chargé d'étudier la possibilité d'une campagne de l'Est. Il estima pouvoir clore cette campagne en 9 à 17 semaines, et Guderian lui-même écrit dans ses souvenirs « Halder veut vaincre la Russie en 8-10 semaines ! »

Le général Köstring, attaché militaire à Moscou, avait écrit à Halder qu'il faudrait quatre ans aux Russes pour donner à leur armée son niveau « d'antan » (après les purges). Krebs, qui le remplacera pendant un congé maladie, utilise également les termes suivants pour qualifier l'armée russe : « aspect négatif », « mauvais corps d'officiers» et « il leur faudra 20 ans pour retrouver leur grandeur passée ».

Le **20 mai 1941**, c'est-à-dire quatre semaines avant le début de la guerre avec l'Union Soviétique, Halder estimait encore que l'on pouvait « courir le risque de n'avoir pas encore de réserve formée en octobre ». L'hypothèse élaborée par le général Marcks dans sa première étude des opérations est également intéressante. Il estime en effet que « les Russes ne nous feront pas la charité» d'une attaque. Below, l'aide de camp de la *Luftwaffe* de Hitler, ne se souvient pas d'avoir entendu une objection venant de la tête de l'armée contre les plans d'une guerre en Russie. (8)

Il faut garder en tête les expériences que Hitler avait eues jusqu'à présent avec les généraux allemands. Au cours de la crise des Sudètes, ces derniers, représentés par Beck, le chef d'Etat-major, et par d'autres généraux de pointe, avaient manifesté les plus grands doutes envers la recherche d'une solution politique. Selon l'avis justifié de Hitler et de son Ministre des Affaires étrangères, cette situation ne pourrait mener à une guerre si on agissait fermement. Beck avait rédigé quelques notes à se sujet, avant de se retirer.

Hitler ne pouvait pas connaître la conspiration de son Chef d'Etat-major, du secrétaire d'Etat au Ministère des Affaires étrangères Weizsäcker et du chef du Renseignement Canaris, mais il pouvait

(7) Dr Alfred Seidl, « Les relations entre l'Allemagne et l'Union soviétique 1939-1941 », document n° 232, page 382.

(8) Below, voir ci-dessus.

constater que les généraux, dans la personne du Chef d'Etat-major, ne soutenaient pas sa politique. Bien sûr, il était également au courant de la réserve de son chef des armées face à l'idée d'une campagne à l'Ouest. Hitler avait cependant imposé le plan Manstein, et il avait eu raison.

Enfin, après l'heureuse surprise du succès à l'Ouest, les généraux pensaient avoir en face d'eux un adversaire bien plus faible, dont il n'y avait rien à craindre. Comme Köstring l'avait écrit le 8 août 1940, il pensait que « nous aurions très rapidement et largement le dessus par rapport à la Russie. »

Mais revenons aux généraux : le sentiment de supériorité de la *Wehrmacht* s'était, bien sûr, fortement renforcé après les succès militaires remportés jusque-là. La tentation était grande de juger les Russes d'après les expériences de la Première Guerre mondiale, d'autant plus que rien ne signalait de changement depuis. Les difficultés rencontrées par l'Armée Rouge pendant la guerre hivernale de 1939-1940 en Finlande les confortaient dans cette idée. Hitler, qui attachait justement tant d'importance à l'idéologie, aurait dû tenir compte de l'endoctrinement de l'Armée Rouge et de la nécessité de s'engager pour la « défense de la patrie socialiste ». Le Ministre plénipotentiaire Dr Paul Schmidt (directeur de la section presse et information du Ministère des Affaires étrangères) a lui-même entendu Guderian dire à Hitler : « Mon *Führer*, c'est seulement dans la grande Russie que l'arme blindée pourra faire ses preuves ! » (9)

Ce sentiment de supériorité était partagé par toute la troupe, dont le petit soldat que j'étais, faisait partie. Avant la campagne de l'Ouest, nous avions gardé en tête tous les images de la Première Guerre mondiale, la supériorité de l'artillerie des Alliés, le pilonnage fréquemment évoqué, etc. Le Russe nous semblait être un adversaire plus facile. Nous avons fait l'amère expérience du contraire !

Dans un texte écrit par Père à Nuremberg, on comprend à quel point Hitler se sentait supérieur à l'Union Soviétique sur le plan militaire :

> « Avant la guerre (avec la Russie, *NdA*), je m'attendais surtout à ce que le Japon prenne Singapour. Après le déclenchement de la guerre germano-russe, pendant l'été 1941, j'ai tenté de gagner le Japon à notre cause, afin qu'il entre également en guerre contre la Russie et qu'il abandonne ses prétentions quant à Singapour. Cela me semblait important que le Japon soit ainsi fixé et qu'il n'entreprenne rien, par exemple, contre les Philippines américaines. Cela aurait pu nous attirer l'adversité des Etats-Unis dans la lutte contre la Russie.
>
> Le *Führer* réfuta ma conception de la situation, et me fit de sérieux reproches à propos d'un télégramme que j'avais envoyé à Tokyo afin d'engager un dialogue. Il m'expliqua qu'il espérait en finir seul avec la Russie, et qu'il serait préférable que le Japon s'en prenne aux possessions anglaises. J'ai attiré son attention sur les dangers liés à cette solution et à l'éventuel émoussement des forces du Pacte Tripartite. Finalement, les Japonais n'ont agi ni selon le souhait de Hitler, ni selon le mien, mais ils ont choisi d'attaquer Pearl Harbor sans que nous le sachions… »

Souvenons-nous des notes du 20 avril 1941 transcrites ci-dessus, dans lesquelles Hewel exprime le souhait de Hitler d'être déjà « dix semaines plus tard ». Dans ce contexte, la seule explication de cette phrase réside dans le fait qu'il espère obtenir une victoire en dix semaines !

Le **23 juin 1941**, Hewel note cette phrase énigmatique : « Russie tout de même encore point d'interrogation ». Il n'y a pas d'autre explication à ce sujet dans le journal dont elle est issue. Etant donné que les notes qui précèdent relatent les premiers succès de l'armée allemande et de la *Luftwaffe*, on peut envisager que la formulation « tout de même », fait référence à l'étonnement des Allemands face à la résistance étonnamment violente et au moral incroyablement combatif de l'Armée Rouge. Ces deux caractéristiques de l'adversaire allaient d'ailleurs se confirmer par la

(9) Déclaration de l'ancien envoyé Dr Paul Schmidt-Carell à l'auteur.

suite. Peut-être que cette note exprime également les doutes que Père nourrissait envers une attaque contre l'Union Soviétique. En tant que représentant du Ministre des Affaires étrangères, Hewel était forcément impliqué dans les opinions de celui-ci.

A cet endroit, il semble nécessaire d'aborder cette question si souvent posée : « Pourquoi Hess s'est-il rendu en Angleterre ? » Jusqu'au dernier moment, Père n'a pas su si Hitler était au courant de cette démarche. Il dit seulement une fois à Mère : « si je savais que Hitler était au courant, je me retirerais, car ce n'est pas de cette manière que l'on pratique la politique internationale ! »

Il est bien sûr envisageable que Hitler ait fait part de cette idée de voyage à Hess, sans toutefois lui confier directement la mission. Quoi qu'il en soit, il est étrange que les Anglais aient mis les documents concernant ces rencontres sous scellés jusqu la fin du XXe siècle. On peut en déduire que Hess a tout de même avancé des termes de négociation concrets. La famille Hess a toujours affirmé que c'était le gouvernement anglais et non pas les Russes qui avait empêché la libération du vieux Hess, sans parler du mystérieux décès de cet homme de quatre-vingt-dix ans dans la prison de Spandau, pendant une phase d'administration britannique. Peut-être que l'article du *Times* mentionné ci-dessus et écrit par un ministre britannique, nous donne une idée de la raison pour laquelle Churchill a « passé sous silence » les motivations du voyage de Hess en Angleterre. (10)

Au cours de diverses conversations avec mes parents, j'avais compris que l'Allemagne était disposée, dans une certaine mesure, à laisser renaître la Pologne pour conclure un accord de paix avec l'Angleterre. C'était là le prétexte de l'entrée en guerre de l'Angleterre, qui eut vite fait de l'oublier dans le courant de la guerre, lorsque Churchill et Roosevelt abandonnèrent la Pologne au Soviets.

Le 21 janvier 1941, le journal de guerre de l'*OKW* remarque que l'on ne sait pas « si le *Führer* tient encore à l'exécution du plan Barbarossa », après que Halder ait noté le 18.11.1940, c'est-à-dire après la visite de Molotov à Berlin, que « l'opération russe semble être repoussée ».

Encore une indication concernant les méthodes de travail de Hitler ! Les grandes figures de l'histoire mondiale ont souvent gardé le plus longtemps possible le secret sur leurs véritables plans et intentions. A notre époque, cela concerne aussi bien Roosevelt que Staline ! On peut aussi accorder ce droit à Hitler. C'est là que réside la difficulté décisive : sonder ses motifs a posteriori. Bismarck a, semble-t-il, également déclaré qu'il ne laissait personne regarder dans les derniers replis de son cerveau. Etant donné qu'il n'y a pas eu dans l'entourage de Hitler de discussion approfondie et systématique concernant le problème russe, il est particulièrement difficile de connaître ses motivations. Il faut pouvoir écouter de manière souveraine les avis contradictoires de conseillers compétents et même provoquer les divergences d'opinions, afin de pouvoir calculer tous les aspects d'un problème. Ce n'est qu'ensuite, après avoir pris une décision mûrement réfléchie, que l'on peut motiver les différents responsables de services par la patience et le pouvoir de conviction. Ces qualités ne faisaient pas partie de la structure mentale de Hitler, à moins qu'elles n'aient déjà été atrophiées au moment des décisions importantes prises entre 1940 et 1941.

Que Hitler fasse entrer en jeu la question de « l'espace vital » dans sa propagande après avoir attaqué l'Union Soviétique est une autre question. Il donnait ainsi l'illusion d'une politique planifiée. L'élément déclencheur pour la guerre contre l'Union Soviétique n'était certainement pas la « question de l'espace vital » ! Les faits et les indices contredisent cette hypothèse.

Une autre raison naturellement évoquée pour justifier l'agression de l'Union Soviétique est, bien sûr, la motivation « idéaliste ». Cet argument est renforcé par *Mein Kampf*, mais aussi par les discours de Hitler lors de son accession au pouvoir, et plus encore en tant que chef d'Etat. L'orientation strictement anti-bolchévique de Hitler impliquait sa politique intérieure et sa politique étrangère. Je me souviens encore d'un discours tenu par Hitler lors du *Reichsparteitag* à Nuremberg, pendant une manifestation de la Jeunesse hitlérienne. J'étais tombé par hasard sur ce passage

(10) Rajouter la mention de la page dans l'article du *Times*.

dans la *Wochenschau* (le journal hebdomadaire au cinéma, *NdT*), puisque je n'ai jamais participé à aucun *Reichsparteitag*. Au cours de ce discours, Hitler s'était exprimé en termes très acerbes contre le Bolchevisme. Or, à ce moment-là, les communistes ne jouaient plus aucun rôle en Allemagne, et ne représentaient donc aucun danger.

Les hommes d'Etat et les politiciens charismatiques se servent volontiers de clichés caractérisant l'ennemi pour motiver et diriger leurs partisans. Chez Hitler, cette image de l'ennemi était le Bolchevisme (et les juifs, puisque malheureusement il confondait les uns avec les autres) Après les premières années de son gouvernement, il n'était plus nécessaire de souligner sans relâche son adversité vis-à-vis du Bolchevisme, oui on pourrait même dire que le fait de ressasser son image finissait par revaloriser l'ennemi haï. Toujours est-il que la politique étrangère se trouvait toujours au premier plan des préoccupations de Hitler. Pendant son gouvernement, Hitler espérait toujours assurer ses arrières grâce à l'Angleterre et la France dans sa politique strictement anti-bolchevique.

Même après le succès de la campagne de l'Ouest, la situation du *Reich* n'était pas consolidée au point de justifier l'entrée de Hitler dans une guerre sur deux fronts, surtout pour des raisons idéologiques. Le fait qu'il donne libre cours à sa propagande idéologique après le début de la guerre de Russie ne contredit pas le fait que ce ne pouvaient être des motivations idéologiques qui l'ont poussé à attaquer la Russie. Le 8 mars 1940, Hitler écrit encore à Mussolini :

> « Depuis la victoire définitive de Staline, il ne fait aucun doute que la Russie connaît un passage du principe bolchevique vers un mode de vie national russe... Ce qui faisait du National-socialisme l'ennemi mortel du Communisme était l'orientation juive internationale de ce dernier...
>
> Aujourd'hui, il ne fait aucun doute que la possibilité de créer une situation acceptable entre les deux pays (l'Allemagne et la Russie, *NdA*) nous est donnée...
>
> Si le bolchevisme devient une idéologie d'Etat et une idée économique nationale russe, alors il représente une réalité contre laquelle nous n'avons ni intérêt, ni raison de nous battre. » (11)

Dans ce texte transparaissent les convictions que Père avait transmises à Hitler après ses négociations avec Staline. Il pensait alors en effet que l'on pratiquait à Moscou une politique traditionnelle, impérialiste et russe, et que la dénommée « Révolution internationale » était soumise à cette politique comme un instrument opportun.

La mise en évidence du « danger bolchevique » avait pour but d'éviter que l'Europe ne s'oppose à Hitler, voire qu'elle soutienne son combat contre le Bolchevisme. Ce n'était certainement pas un élément déclencheur de la guerre contre l'Union Soviétique. Pour un historien, la propagande ne peut servir d'indice pour des motivations ou des plans politiques qu'après un examen approfondi de la situation. En effet, à peine deux ans plus tôt, Hitler avait conclu avec l'Union Soviétique un accord d'entraide. L'approvisionnement de l'industrie de guerre allemande en matières premières avait beaucoup de poids pour le *Reich*, surtout après la conclusion au début de l'année 1941du traité de commerce entre les deux pays. Pendant la deuxième moitié de l'année 1940, on avait encore donné un aperçu très approfondi sur l'industrie de guerre allemande à une délégation russe chargée de l'achat. Pour couronner le tout, la démobilisation partielle de l'armée après la campagne de l'Ouest ne s'accorde pas du tout avec un argument idéologique de la guerre.

La guerre contre l'Union Soviétique a bien sûr été reprise par la propagande allemande comme une preuve de l'attitude politique claire du *Führer*, la même qu'il avait quand il a « pris ses fonctions ». Il allait libérer l'Europe de ce danger mortel. Lui et ses propagandistes allaient bien vite réaliser à quel point ce danger mortel était réel. Si on l'avait reconnue assez tôt, Hitler ne se serait certainement pas risqué dans cette attaque ! C'est tout au moins ce qu'il a dit à Père.

(11) ADAP, série D, 1937-1945, volume VII, page 689.

Comme Mère me l'avait murmuré à mi-voix dans l'hôpital militaire de Hohenlychen en septembre 1941, après qu'ait été diffusé le « communiqué spécial » annonçant le succès de la bataille de la poche de Kiev : « Maintenant, l'humeur d'en haut sera meilleure (c'est-à-dire du Quartier général du *Führer* en Prusse orientale, *NdA*). Ils (Hitler et ses conseillers militaires, *NdA*) appréhendaient de voir si le Russe se battait bien. »

Par ailleurs, on ne peut pas ignorer les dernières explications du Ministre des Affaires étrangères allemand sous Hitler concernant les raisons qui avaient poussé Hitler à agir de façon préventive contre l'Union soviétique.

Père écrit :

> « Les réflexions politiques qui ont décidé Adolf Hitler à agresser l'Union Soviétique étaient à peu près les suivantes, d'après ses propres propos à l'époque et ultérieurement :
>
> Depuis environ 1938, Hitler avait la conviction que l'Angleterre et l'Amérique entreraient en guerre contre nous dès qu'ils seraient suffisamment armés. Il craignait que les deux puissances ne s'allient avec la Russie, et que l'Allemagne soit un jour exposée simultanément à une agression à l'Est et à l'Ouest, comme cela avait déjà été le cas en 1914. Dans le courant de l'année 1940, ces craintes ont refait surface. Il tenait en effet pour possible que la Russie, qui reprenait des négociations avec l'Angleterre, nous agresse au même moment qu'une offensive anglo-américaine. L'engagement simultané du potentiel américain et russe représentait à ses yeux un danger épouvantable pour l'Allemagne. La grande angoisse du *Führer* était de se retrouver coincé entre l'Est et l'Ouest dans le déroulement du conflit, dans une guerre sur deux fronts de dimensions gigantesques qui ferait voler en éclats nos hommes et notre matériel. Il espérait avoir le temps de libérer le terrain à l'Est avant que le potentiel anglo-américain à l'Ouest ne s'engage dans les hostilités.
>
> Telles étaient les principales réflexions dont Adolf Hitler m'a fait part après le début de la guerre de Russie, en 1941. Il s'est décidé à l'agression dans l'espoir de pouvoir anéantir l'Union Soviétique en l'espace de quelques mois. Sa fausse estimation du potentiel russe et de l'aide américaine a été fatale. Pourtant, il n'était pas totalement sûr de lui, comme le prouve cette phrase qu'il m'a dite : « nous ne savons pas quelle force se cache derrière la porte de l'Est si nous devons la forcer ! »

Je le répète : face à la menace d'une attaque par deux côtés, le *Führer* voyait sa seule voie de secours dans l'anéantissement préalable de l'Union Soviétique. S'il a attaqué le premier ce pays, c'était surtout pour ne pas être attaqué simultanément par l'Est et par l'Ouest, comme cela a finalement été le cas. Adolf Hitler craignait une attaque simultanée des trois puissances mondiales, qui aurait signifié sa défaite. » (12)

Une fois de plus, Père constate que la mésestimation fatale des forces russes est la véritable raison de notre défaite.

Aujourd'hui, on se demande sans cesse si Staline aurait agressé le *Reich* en 1941 ou en 1942. Les versions les plus audacieuses affirment que l'agression allemande n'avait devancé que de quelques jours ou semaines celle de l'Union Soviétique. Cette thèse, à présent également élaborée et soutenue par les Russes, ne semble plausible que dans une certaine mesure. En effet, il fallait sans aucun doute s'attendre à une attaque russe, ou tout au moins à une forte pression sur les positions allemandes dans le cas où la *Wehrmacht* se serait engagée dans d'autres opérations. Dans cette mesure, l'avis selon lequel des contrats conclus avec Staline n'auraient en aucun cas garanti

(12) Dans un compte rendu de situation de l'OB. (commandement en chef) de la Marine de guerre devant Hitler, le 27.12.1940, Hitler s'exprime en ces termes à Raeder : *« ...de manière générale, et face au développement politique actuel* (la tendance de la Russie à se mêler aux questions des Balkans), *il faut à tout prix écarter le dernier ennemi continental. »*

une protection contre une attaque surprise, est parfaitement justifié. La déclaration de guerre au Japon en 1945, alors que la Russie et le Japon avaient signé un pacte de non-agression en 1941, en est une preuve. Hitler lui-même avait résilié en bonne et due forme le pacte de non-agression avec la Pologne, et pourtant il s'agissait seulement alors d'un avertissement, comme le prouvent les propositions allemandes de négociation avec la Pologne avant l'entrée en guerre. En revanche, Hitler n'a pas résilié ses accords de paix avec la Russie avant de l'agresser.

Le point de vue selon lequel les Russes, s'ils nous avaient agressé en 1941 alors que nos positions étaient intactes, aurait fait exactement ce que Staline avait refusé de faire en 1939 dans son discours « du marronnier », c'est-à-dire se brûler les mains pour le compte d'autres puissances, me semble bien plus important. Staline aussi devait partir du principe qu'une agression de la *Wehrmacht*, rompue à la guerre et qui avait eu l'occasion de faire ses preuves, représentait pour lui un risque militaire non négligeable. Même s'il parvenait à imposer de lourdes pertes à l'Allemagne, les armées allemandes et russes se seraient mutuellement tellement affaiblies que les Etats-Unis n'auraient eu aucune peine à prendre alors la place d'arbitre du monde grâce à leurs forces armées intactes. Il se serait donc passé exactement ce que Staline avait voulu éviter en signant les accords avec le *Reich* en 1939.

On oppose à cette hypothèse le fait que l'Armée Rouge avait opéré une avancée offensive vers la frontière ouest en 1941. Cela est juste. Le « rouleau compresseur » était sous pression, mais cela ne répond pas à la question de savoir si, et le cas échéant quand il se serait mis en marche. Staline avait sûrement imaginé un développement de la situation différent de celui qui s'est finalement imposé. Les succès inespérés de l'Allemagne pendant la campagne de l'Ouest l'ont sans aucun doute surpris. Le rôle d'arbitre qu'il visait peut-être, était désormais repoussé à un avenir lointain. Ainsi le programme de négociations que Molotov apportait à Berlin comportait-il une série de souhaits ou plutôt d'exigences, sur la base desquelles il faudrait âprement négocier avec l'Union Soviétique. Les Russes étaient passés maîtres dans l'élaboration de listes de thèmes de négociations, privilégiant les exigences maximales. Staline n'aurait certainement jamais eu de scrupules à exercer une pression sur l'Allemagne, mais on ne peut pas exercer de pression lorsque l'on se trouve à des centaines de kilomètres de la frontière, terré dans une ligne de défense aménagée (la ligne de Staline). Une pression s'exerce à l'aide d'armées d'attaque placées tout près de la frontière. A Berlin, les Russes voulaient tout de même aborder non seulement le thème de la Finlande, qui appartenait d'ores et déjà à leur « zone d'influence », mais aussi celui des Dardanelles, de la Bulgarie, de la Yougoslavie, de la « Commission du Danube », et finalement des issues de la mer Baltique. Ce dernier point semble avoir particulièrement agacé Hitler. Pourtant, on avait conclu en janvier 1941 un contrat commercial avec les Russes qui avait permis une certaine consolidation de l'industrie de guerre allemande, malgré les retards répétitifs des livraisons allemandes à l'Union Soviétique. On pouvait donc définir les relations germano-russes selon le meilleur sens de « on speaking terms ».

Qui parlait contre l'installation de bases militaire russes sur le côté allemand des Dardanelles ? Contrairement à son attitude pendant la Première Guerre mondiale, la Turquie s'était cette fois déclarée neutre. L'Allemagne n'avait aucune obligation, pas même morale, de défendre ses intérêts !

Le seul motif - qui avait cependant beaucoup de poids - de tenir les Russes « coûte que coûte » (en français dans le texte, *NdT*) les plus éloignés possible des Balkans, était la protection du pétrole roumain dont la conduite de la guerre allemande était dépendante. Hitler craignait que ce pétrole ne se trouve à portée de main des forces aériennes russes, et par la même occasion des forces aériennes anglaises.

Mais cette crainte justifiait-elle ce jeu de quitte ou double de portée incommensurable ? Seule la totale sous-estimation militaire de l'ennemi et la surestimation de ses propres possibilités expliquent cette décision fatale ! Hitler ne connaissait-il pas les insuffisances de l'armement allemand ? J'ai moi-même fait l'expérience, à mon corps défendant, de ces insuffisances ! En voici quelques petits exemples :

La mitrailleuse modèle 34 faisait partie de l'équipement standard de l'armée allemande, aussi bien pour l'infanterie que pour les armes blindées. En 1934, cela représentait très certainement un grand progrès par rapport à la vieille mitrailleuse 08/15 à refroidissement par eau de la Première Guerre mondiale. La nouvelle mitrailleuse 34 à refroidissement à air offrait une vitesse de tir nettement supérieure. Elle n'avait qu'un défaut de taille : elle présentait beaucoup trop de défaillances. La formation aux armes de l'infanterie tout comme la formation aux blindés étaient fortement conditionnées par la nécessité d'apprendre à affronter en permanence les défaillances de cette arme. Ce n'est qu'en 1942 qu'elle fut remplacée par le remarquable *MG 42* qui tirait pour ainsi dire en permanence, offrait une rapidité de tir encore plus élevée et était par ailleurs résistant au gel. Si nous avions eu cette arme fantastique dans nos *panzers*, notre action contre l'infanterie ennemie aurait été bien plus efficace. L'armement allemand ne parvenait cependant pas à modifier les *panzers* de telle manière que l'on puisse intégrer ces nouvelles mitrailleuses. Même les nouveaux *panzers* conçus pendant la guerre, c'est-à-dire bien trop tard, ne prévoyaient pas d'emplacement pour la mitrailleuse 42.

A ce sujet, il me revient un événement inoubliable datant de mars 1943. Au cours de la contre-attaque sur Kharkov, nous avons pris la ville de banlieue nommée Walki. Lors de notre offensive matinale, nous avons arrêté dans une pente un régiment d'infanterie russe en position de départ. Nous avons ouvert le feu tant que nous le pouvions sur les Russes surpris, mais les défaillances répétitives de nos armes ont sauvé la vie à quelques « Ivans ». Combien de fois cela s'est-il produit, malgré la formation intensive que nous avions reçue, presque comme si nous nous trouvions en compétition. Ce problème était lié à la construction de l'arme. Au-delà de ce fait, cette arme présentait le désagréable défaut qu'il était parfois impossible d'ôter la douille, ou pis encore la cartouche encore chargée du canon. Un coup pouvait partir sans prévenir et occasionner des dégâts irréparables. Il ne restait plus qu'aux approvisionneurs de jeter un œil à l'intérieur du canon pour constater si une balle y était restée coincée, ce qui leur était strictement ordonné ! J'ai moi-même failli être la victime de la négligence d'un approvisionneur. Lors de l'avancée vers Kharkov en mars 1943, l'*Obersturmführer* Stollmeyer se trouvait derrière moi. Bien que nous ne soyons pas en contact avec l'ennemi à ce moment-là, un tir d'infanterie siffla soudain tout près de mon oreille, produisant un claquement désagréable. Il ne pouvait m'avoir manqué que de quelques centimètres. Rapide comme l'éclair, je me suis laissé glisser dans la tourelle de mon *panzer*, imaginant qu'il s'agissait là de *snipers*. En réalité, il s'agissait d'une balle partie du *MG* de tourelle de Stollmeyer, derrière moi. Fou de rage, il a frappé son approvisionneur qui se trouvait dans le *panzer*, car son inattention avait bien failli me coûter la vie. Tous deux ont été tués ensemble quelques jours plus tard dans la tour de leur *panzer*, en bordure de la ville de Kharkov. Durant l'été de l'opération « Citadelle », je devais également avoir l'occasion d'enfreindre les règles très strictes de la *Wehrmacht*, qui interdisent de porter atteinte physiquement à une personne de grade inférieur. Nous menions une attaque particulièrement désagréable, essuyant une forte riposte des chars et roulant entre les Russes, lorsqu'un véhicule à ma droite a été touché, et que ses passagers ont dû débarquer. Ils tentaient de se mettre à l'abri dans un autre blindé lorsqu'un *panzer* situé derrière moi leur tira dessus, blessant visiblement grièvement un homme. Excédé, j'ai sauté de mon véhicule et j'ai couru vers le *panzer* qui avait tiré sur ses propres camarades. J'ai violemment tiré le chef de char par les cheveux, l'obligeant à sortir de sa tourelle, et je l'aurais volontiers massacré dans les règles de l'art avant de filer me cacher dans mon véhicule. Si triste qu'en ait été la cause cette fois, on ne voit sans doute pas souvent en guerre un chef de compagnie secouer l'un de ses chefs de chars posté debout sur son panzer, au beau milieu des tirs ennemis !

J'ai déjà évoqué notre ridicule *Panzerabwehrkanone* (*PAK*, canon anti-char, *NdT*), ce fameux « heurtoir de l'armée » avec son calibre de 3,7 centimètres. C'est tout juste s'il nous permettait d'impressionner des chars déjà démoralisés, il n'avait donc aucun effet sur les T34 russes.

La même constatation était malheureusement valable pour nos chars. Au début de la guerre de Russie, ils ressemblaient à des boîtes de sardines en comparaison avec le T34 russe, qui était apparu pour la première fois sur le champ de bataille quelques semaines après le début de la guerre de Russie. La même constatation s'appliquait d'ailleurs aux chars français qui étaient supérieurs aux chars allemands par leur armement et leur blindage, tandis que les véhicules de combats blindés allemands étaient plus rapides et donc plus maniables. L'élément décisif du grand succès allemand à l'Ouest résidait dans l'engagement opérationnel de grandes unités motorisées et blindées obéissant à d'excellents chefs, mais certainement pas dans la qualité des armes allemandes.

J'ai déjà mentionné que l'on avait donné un très large aperçu de l'état de l'armement allemand à des délégations d'acquisitions russes (13) venues faire des achats en Allemagne, conformément au contrat conclu avec Schnurre. Il s'agissait de rembourser les livraisons de matières premières russes etc. par des livraisons allemandes de même valeur. Sur les ordres de Berlin, on avait révélé aux Russes nos inventions les plus secrètes. Il paraît qu'au terme de sa visite, la délégation russe aurait demandé à voir le « nouveau *panzer*». (14) Il n'existait pas d'innovation dans ce domaine, mais les Russes ne voulurent pas le croire. Le char standard de l'armée allemande était effectivement le vieux et lourd *Panzer IV* que l'on avait finalement doté d'un canon plus long – et d'ailleurs suffisant - en 1942. Ce *panzer* existait déjà en temps de paix. Pour les troupes, la qualité de plus en plus mauvaise des moteurs, aussi bien dans la *Luftwaffe* que dans les véhicules blindés, était d'une grande gravité. On n'avait pas commencé assez tôt de développer de nouveaux modèles. Lorsque le *Tiger* arriva finalement dans nos unités, suivi après de longues hésitations du *Panther*, c'étaient des constructions imparfaites. Ce n'est que peu à peu qu'elles se sont débarrassées des « maladies infantiles » qui accompagnent toute nouvelle construction. (15) Il n'y a pas eu de développement correspondant dans le domaine des moteurs. Au cours de la guerre, les précieux matériaux vinrent bien sûr à manquer, mais on ne s'attarda pas non plus particulièrement sur ce problème. Je pourrais à loisir prolonger cette liste.

Un nouveau souvenir : comme aucun chemin de fer n'était disponible en juillet 1943 pour notre transport vers la Russie, nous devions rejoindre les terrains de mise en place pour l'entreprise « Citadelle » en rentrant à travers la campagne. Cela voulait dire que notre régiment de *Panzers* devait parcourir en deux nuits un tronçon de 200 kilomètres sur la route allant de Kharkov à Belgorod. En tant que chef de compagnie, on mettait naturellement un point d'honneur à atteindre son but avec l'ensemble de ses véhicules. Il était clair pour nous que l'offensive allait commencer dans peu de jours. Nous désespérions car les véhicules tombaient sans arrêt en rade à cause de problèmes techniques ; la plupart du temps, il s'agissait de problèmes de moteur. Jusqu'à nos jours, la supériorité des *panzers* réside dans la qualité des canons et les systèmes de visé, dans la formation indubitablement meilleure des équipages et leur engagement enthousiaste, et enfin dans la direction expérimentée et flexible des unités de chars, qui étendait son autorité jusque dans les colonnes et les véhicules isolés !

Les systèmes d'information insuffisants par rapport à ceux des Etats-Unis étaient particulièrement handicapants. Nos malheureux éclaireurs d'artillerie devaient essayer de garder le contact avec leurs batteries et leurs postes de radio, dont le transport requérait la force de deux hommes. Il n'était pas rare qu'au moment crucial, il soit impossible de trouver ou de garder une liaison, alors que nous avions un besoin urgent de soutien de la part de l'artillerie, que ce soit pour une attaque ou pour notre défense. Au même moment, les troupes américaines disposaient déjà du confortable *talkie-walkie*.

Qu'on me pardonne ces digressions dans les expériences quotidiennes d'un petit officier du front. Prises individuellement, elles ne changent certainement pas la face du monde, mais elles mettent le doigt sur les petits symptômes amers d'un armement peu conséquent et d'un équipement qui s'amenuisait comme peau de chagrin, et avec lequel nous devions faire face à la supériorité croissante de l'ennemi.

Je n'ai pas besoin de m'attarder plus précisément sur la *Luftwaffe*, les villes allemandes détruites en disent assez long sur le sujet. L'incapacité de la *Luftwaffe* d'obtenir la supériorité aérienne, même pour le court trajet survolant Douvres, a sans doute renforcé l'angoisse de Hitler face au potentiel américain. Mais ce fait n'aurait-il pas dû, justement, le motiver pour s'occuper intensé-

(13) Schwendemann, *« Die wirtschaftliche Zusammenarbeit zwischen dem Deutschen Reich und der Sowjetunion 1939-1941».*

(14) Déclaration du Ministre plénipotentiaire de l'époque, Dr Paul Schidt-Carell, à l'auteur

(15) On trouve une présentation approfondie de l'élaboration du « Panther » dans Thomas L. Jentz, *Der Panther*, Editions Podzun-Pallas GmbH, Wölfersheim, 1997. Cette présentation est intéressante car elle montre que Hitler s'était impliqué dans cette élaboration jusque dans ses moindres détails. C'est une preuve supplémentaire du manque d'organisation du travail à la tête du Reich.

ment de la direction de la *Luftwaffe* ? N'oublions pas que le *Düsenjäger* (le chasseur à réaction, *NdT*) existait déjà, en principe, au tout début de la guerre. Lorsqu'on força finalement son développement, c'est Hitler qui décida d'en faire un bombardier. Père était désespéré lorsqu'il me raconta cela en 1944, alors que j'étais en visite pendant une convalescence en Prusse orientale. Peu de temps avant, j'avais été grièvement blessé par un avion allié volant à très basse altitude dans l'arrière-pays français.

Hitler avait pris de gros risques en poussant le développement de la politique de l'Europe de l'Est dans le sens d'un front de défense contre l'Union Soviétique, alors qu'il disposait encore d'une certaine avancée dans l'armement. Il faut reconnaître qu'il n'avait pas le choix. Il avait gagné la position centrale qu'il souhaitait, et on peut même dire qu'il l'avait obtenue de manière exemplaire, puisqu'il avait battu un adversaire après l'autre et avait ainsi libéré ses arrières par la voie diplomatique.

Il avait ainsi gagné le temps nécessaire pour gérer de manière efficace et surtout mettre à niveau ses ressources élargies et son armement, rattrapant ainsi le temps qu'il avait perdu de manière inexcusable. Il est possible que la guerre en Europe se serait épuisée elle-même. Les « puissances maritimes anglo-saxonnes » auraient eu peu de chances de réussir une invasion des positions militaires intactes du *Reich* en Europe, si la Russie couvrait leurs arrières. Il reste douteux que Staline se serait brûlé les mains en faveur de ces puissances dans ces conditions. Si cela avait été le cas, Hitler aurait sûrement trouvé les conditions psychologiques idéales pour mobiliser autour de sa cause la plus grande partie de l'Europe, car les peuples d'Europe craignaient bien plus les Russes que les Allemands.

Les tons agressifs sur lesquels Staline a fait son discours aux officiers de l'Armée Rouge, ne prouvent pas que l'Union Soviétique avait déjà prévu des actions militaires contre le *Reich*. Une armée comme celle de Russie, qui avait traversé de lourdes opérations de purges, devait tout d'abord être remontée moralement, et reprendre confiance en elle. Or, cela n'était faisable que grâce à la doctrine de l'attaque. Avoir l'esprit d'attaque sous-entend que l'on ait un sentiment de supériorité, d'initiative et d'action. En fin de compte, c'est en attaquant que l'on gagne les guerres. Une défense bien menée peut être la condition d'une victoire, mais on finit toujours pas devoir attaquer l'adversaire si l'on souhaite le battre ! Si Staline souhaitait que la Russie prenne part aux grandes décisions de la politique internationale, il devait disposer d'une armée ayant intégré cette doctrine de l'agression. Même s'il s'attendait à une attaque allemande, il devait transmettre à son armée une mentalité d'agresseur car la défense de cet immense empire russe faisait également appel à la capacité d'agression de l'Armée Rouge. Le fait que Staline concentre ses forces de manière offensive à la frontière ouest du pays pendant l'hiver 1940-1941 ne signifiait donc pas nécessairement qu'une attaque de l'Union Soviétique était imminente. Cela aurait cependant été possible à tout moment ! Comme nous l'avons déjà dit, Staline n'aurait pas eu le moindre scrupule à tirer profit de la situation difficile dans laquelle se trouverait le *Reich*. Ce ne sont pas les scrupules moraux qui l'auraient retenu.

Les Russes se sont toujours avérés être des marchandeurs coriaces et habiles. Le rassemblement de l'Armée Rouge, les promesses d'amitié de Staline la veille de l'agression allemande etc., sont « part of the game » et doivent être compris en ce sens. Comme il le confessait lui-même, Hitler n'avait ni la ténacité ni la patience nécessaires pour extraire de la liste des souhaits russes et de celle des intérêts allemands, un « deal » satisfaisant pour les deux parties.

Aujourd'hui, de nombreuses personnes pensent que Hitler est tombé dans un piège tendu à son intention lorsqu'il a accepté de signer le traité avec l'Union Soviétique. Staline aurait utilisé ce biais pour pousser le *Reich* à une confrontation militaire avec les puissances de l'Ouest, ce à quoi il était parvenu. On peut se poser la question de l'alternative qui se présentait à Hitler après que la Pologne se soit refusée à lui malgré sa généreuse proposition. L'espoir anglo-polonais d'un putsch militaire n'était pas prévisible pour lui ! La position malencontreuse de l'Allemagne devait cependant être consolidée afin qu'elle puisse sur la durée garder la tête hors de l'eau au milieu des puissances mondiales. La position de négociation de l'Allemagne n'était pas forte à Moscou, mais elle s'était quelque peu améliorée après le succès de la campagne de l'Ouest. Père était d'avis qu'il fallait négocier patiemment avec les Russes à partir de cette position initiale, pour tenter d'accorder les intérêts allemands et soviétiques. Il souhaitait le rassemblement du « bloc continental » comme on l'appelle aujourd'hui, en incluant la Russie soviétique ! Dans le pire des cas, il aurait tout de même été plus avantageux – pour les raisons politiques et militaires – de laisser les Russes attaquer une défense allemande bien préparée, plutôt que de s'exposer à l'immense Russie en endossant le rôle de l'agresseur. Encore une fois : est-ce que Staline aurait joué au jeu du quitte ou double, pour « se brûler les doigts » en faveur de l'Ouest ?

Un autre point ne doit pas être ici passé sous silence. Il jouera en effet un rôle important en 1943, lorsqu'il s'agira de tenter de trouver un accord avec la Russie. Staline avait fait une remarque importante à Père lors des négociations à Moscou : « je ne supporterai jamais que l'Allemagne faiblisse ». A ce sujet, Père note :

> « ... cette remarque exprimait sans ambiguïté le conscience de la force militaire de l'Union Soviétique et le dessein d'intervenir en cas d'un déroulement désavantageux de la guerre pour l'Allemagne. Cette déclaration, je m'en souviens très précisément, a été amenée par Staline de manière si spontanée qu'elle correspondait alors sans aucun doute à sa conviction. Ce qui me surprit fut surtout l'assurance quant à l'Armée Rouge qui transparaissait dans les mots de Staline. »

Si l'on souhaite en effet donner une signification politique à cette remarque, et si l'on accorde foi à la conviction de mon père qu'elle semblait spontanée et crédible, alors elle ne peut qu'avoir signifié que Staline souhaitait par là dire qu'il accordait une importance au facteur « pouvoir » de l'Allemagne, pour que la Russie ne soit pas confrontée seule aux deux puissances anglo-saxonnes.

Si l'on part du principe que Staline était mieux informé sur le potentiel américain que Hitler et que les postes de commandement militaires et économiques allemands, cette remarque semble plausible. Il devait en effet partir du principe que les forces américaines alliées à celles de la Grande-Bretagne leur seraient largement supérieures, si la confrontation venait à s'endurcir. Reagan a mis ce développement en route près de 50 ans plus tard, obtenant pour résultat que la Russie soit tout d'abord évincée du rang des superpuissances. Il n'est pas étonnant que Staline ait acheté au *Reich* un lourd destroyer (le *Lützow*) dans les années 40, en exigeant en retour que l'Allemagne mette à sa disposition des ingénieurs susceptibles d'expliquer à ses hommes les méthodes de construction de ces lourds bateaux, mais aussi celles des armements importants (16). Cet élément, c'est-à-dire l'intérêt potentiel de l'Union Soviétique dans le pouvoir politique du *Reich*, a joué un rôle certain dans les réflexions de Père en 1943, lorsqu'il s'agit de savoir s'il existait une chance de sonder les Russes en vue d'un accord de paix.

L'histoire des dernières années, avec les changements spectaculaires survenus en Russie soviétique, a confirmé de manière spectaculaire ces réflexions allemandes fondées sur la déclaration de Staline à Père. L'Union Soviétique ne se sentait pas de taille à affronter à long terme le potentiel américain engagé dans un but précis, et elle a mis les voiles. Un homme d'Etat de l'envergure de Staline avait visiblement un regard objectif sur ses propres forces et celles de son ennemi potentiel. La grande question de savoir s'il aurait joué au jeu de quitte ou double reste ouverte, comme Hitler l'a sans aucun doute fait avec sa guerre préventive contre l'Union Soviétique. Le temps nous dira si les archives russes pourront et voudront nous donner des informations à ce sujet. Au-delà de cette question, il faut également se demander en quelle mesure les documents peuvent encore aujourd'hui être reconnus comme sources primaires indubitables, sachant que les possibilités techniques actuelles permettent de falsifier des documents « originaux ».

On se pose souvent la question des intentions poursuivies par Staline avec le pacte germano-soviétique. Peut-être que les archives russes pourront également nous éclairer à ce sujet. A Nuremberg, Père s'est exprimé en ces termes sur les réflexions qui auraient pu animer Staline lors de la conclusion du pacte :

(16) Déclaration de l'envoyé Schnurre à l'auteur.

> « Mon opinion personnelle est que Staline voyait tout d'abord dans l'entente avec Hitler un accord particulièrement avantageux, ce qui était effectivement le cas. Par ailleurs, il semble également avoir eu la conviction que la Russie n'avait rien à perdre dans un conflit entre l'Allemagne et les puissances de l'Ouest. Peut-être croyait-il à la possibilité d'une interminable guerre des tranchées à l'Ouest, comme cela avait été le cas en 1914-18. Si la guerre était de longue durée et que la position de l'Allemagne s'en trouvait affaiblie, le *Reich* n'en serait que plus dépendant de l'aide russe, d'un point de vue économique et de celui du ravitaillement. Si l'Allemagne perdait la guerre, alors l'Armée Rouge aurait la grande opportunité de s'étendre jusqu'en Europe centrale. Si cette guerre se terminait par un « match nul», toutes les parties ayant participé au conflit seraient certainement affaiblies et la Russie n'en serait pas désavantagée. On ne saura sans doute jamais ce que pensait vraiment Staline – mais ses pensées peuvent ressembler à ce que nous avons supposé. La rapide victoire à l'Ouest a sûrement été une surprise pour Staline. Pendant notre avancée en France, nous avons en effet pu sentir un changement de tendance à notre égard dans la politique soviétique, et c'est ainsi que s'est amorcé le tragique développement qui a conduit à la guerre germano-soviétique. »

J'avais déjà mentionnée la scène de la visite de ma mère à Stettin, peu après le 20 avril 1941, avant que nous soyons embarqués vers la Norvège. Cela m'avait déjà étonné que ma mère fasse le trajet en train jusqu'à Stettin pour me voir alors qu'elle souffrait d'une sinusite, alors que je me rendais « seulement » en Norvège, c'est à dire loin d'un éventuel trouble de guerre.

Mère ne m'a pas contredit quand je lui ai demandé s'il était possible que nous soyons en guerre avec la Russie. Elle avait le teint gris et le visage fatigué, mais je mettais cela sur le compte de ses perpétuels maux de tête. C'est pourtant ce même jour, le **28 avril 1941**, qu'avait eu lieu la rencontre entre le comte Schulenburg et Hitler, qualifiée dans le journal de Hewel de « discussion superficielle » ! Les dés étaient sans doute tombés, il y aurait donc une guerre avec la Russie.

Mais revenons encore une fois à la pré-histoire de cette calamité : afin d'éclaircir notre relation à la Russie pour la poursuite de la guerre et de s'appuyer sur une base élargie, Père écrivait le 13 octobre 1940 une lettre explicite à Staline. Le paragraphe le plus important de cette lettre est le suivant :

> « Pour résumer, je voudrais dire que le *Führer* partage également l'idée selon laquelle le devoir historique de ces quatre puissances : l'Union Soviétique, l'Italie, le Japon et l'Allemagne, semble être d'accorder leur politique à long terme et de mettre le développement futur de leurs peuples sur la bonne voie en délimitant leurs intérêts selon des critères séculaires. »

Dans cette lettre, Père invitait Molotov à lui rendre à son tour visite à Berlin. L'invitation a été acceptée par son interlocuteur. Père se promettait beaucoup de cette visite, mais il constate sur un ton résigné dans ces dernières notes :

> « Malheureusement, tout se passa autrement. La visite de Molotov ne se déroula pas sous les bons auspices que j'espérais ».

Comme nous l'avons vu, Père voulait travailler à la création d'un bloc continental, constitué à partir du raccordement de la Russie au pacte tripartite dont faisaient partie l'Allemagne, le Japon et l'Italie. Hitler s'était tout approprié cette conception et l'avait soumise à Molotov au cours de longues explications.

Le 26 septembre, c'est-à-dire quelques semaines auparavant, il avait expliqué à Raeder : «qu'il essayerait de motiver le Russe d'avancer de manière énergique contre le sud – la Perse, l'Inde – afin de s'aménager une issue vers l'Océan, bien plus importante pour la Russie que ses positions dans la mer Baltique. » (17)

(17) Compte-rendu de situation de l'*Oberbefehlshaber* (commandant en chef) de la Marine de guerre à Hitler, le 26 septembre 1940.

Les notes sur les entretiens que Hitler et Père ont menés avec Molotov à Berlin démontrent clairement que le *Reich* était disposé à accorder à long terme les intérêts de l'Allemagne et ceux de l'Union Soviétique – l'expression de « séculaire » semble d'après les notes avoir été employée dans ce contexte à la fois par Hitler et par Père. Cependant, Molotov s'attarde à peine sur ces suggestions, et oriente sans cesse la discussion vers la Finlande, la Bulgarie, les Dardanelles et finalement la commission du Danube. Dans l'entretien préparatoire avec Molotov, Père avait explicitement évoqué que la question de la Turquie et des « problèmes des détroits » serait un thème de discussion.

Molotov et Hitler se sont un peu acharnés sur la question de la Finlande. Père constate dans ses notes que Molotov avait d'ailleurs « effectivement raison » sur ce point, d'après les accords secrets conclus à Moscou au sujet des « sphères d'intérêts ». Dans ses notes, Père qualifiait le point de vue du *Führer* comme « particulièrement inconfortable du point de vue de la politique internationale ». Plus loin, Père note que « Hitler prend l'habitude, au sein de son entourage, de parler ouvertement du « courageux Finnois ».

Père essaya de relancer la discussion entre Hitler et Molotov, qui s'était enlisée autour de la question finnoise. Le problème était l'approvisionnement en nickel de l'industrie de guerre allemande, qui était entièrement dépendante des mines de nickel finnoises près de Petsamo.

La participation de Père à cette discussion est retransmise de la façon suivante dans le résumé de l'entretien, et prouve à quel point Père tenait au succès de ces entretiens :

> « En résumé, le Ministre des Affaires étrangères du *Reich* conclut que le *Führer* avait tout d'abord expliqué que la Finlande restait dans la sphère d'intérêts de la Russie, et que l'Allemagne n'y entretiendrait pas de troupes.
>
> Deuxièmement : l'Allemagne n'avait aucun rapport avec les manifestations de la Finlande contre la Russie. Au contraire, le Reich avait exercé son influence dans le sens opposé.
>
> Troisièmement : le problème décisif et de signification séculaire résidait dans la collaboration des deux pays. Par le passé, celle-ci avait déjà apporté de grands avantages à la Russie, et elle promettait d'en fournir d'autres à l'avenir, à-côté desquels les points abordés ce jour sembleraient totalement secondaires. Peut-être s'agissait-il là seulement d'un malentendu. D'ailleurs, la Russie n'avait-elle pas stratégiquement exaucé tous ses vœux en concluant un accord de paix avec la Finlande ?
>
> Les manifestations n'étaient pas exceptionnelles dans un pays vaincu, et si la traversée des troupes allemandes avait provoqué certaines réactions auprès de la population finnoise, elles ne manqueraient pas de disparaître lorsque les troupes arrêteraient de passer. Si l'on considérait donc les choses d'un point de vue réaliste, il n'y avait pas de divergences entre l'Allemagne et la Russie. » (18)

On peut lire entre les lignes de cette description l'inquiétude de Père au sujet du déroulement de cet entretien. Il savait d'expérience que Hitler n'était pas un négociateur patient. Père était prêt à tout pour éviter de mettre sérieusement en danger les relations avec la Russie, et pour garder un lien étroit avec les Russes pendant la poursuite de la guerre.

Hitler a précisé les positions ou plutôt les vœux allemands en quatre points :

1. Le problème de l'espace. Dans le courant de la guerre, l'Allemagne avait reçu des territoires si grands qu'il faudrait cent ans pour les rendre intégralement utilisables.

C'est tout de même une constatation intéressante si l'on part du principe que le but des discussions avec Molotov était de conclure un arrangement d'envergure supplémentaire avec la Russie.

(18) Seidl, « Les relations entre l'Allemagne et l'Union soviétique 1939-1941 », Laupsche Buchhandlung, Tübingen, document 185.

Hitler définit en « point numéro deux » l'orientation vers une « expansion » allemande possible grâce à certains compléments coloniaux en Afrique centrale.

En troisième point, il spécifie que l'Allemagne a besoin de certaines matières premières dont il fallait à tout prix assurer l'approvisionnement. Il considère par ailleurs que le *Reich* ne pouvait permettre que les forces ennemies établissent des bases aériennes ou marines dans certains territoires.

On pourrait penser qu'il s'agissait là d'une base sur laquelle on pouvait tomber d'accord avec les Russes. Le problème principal résidait cependant en premier lieu dans l'intérêt que la Russie nourrissait à l'égard de l'Europe – la Bulgarie, les Dardanelles et la Finlande – tandis qu'il ne fut plus question des issues de la mer baltique après la visite de Molotov.

Laissons une fois de plus la parole à Père concernant la question de la pré-histoire de la guerre germano-soviétique :

> « Molotov me promit finalement – lors d'un entretien en tête-à-tête dans l'abri antiaérien du Ministère des Affaires étrangères (pendant la visite de Molotov à Berlin, *NdA*) – de parler avec Staline d'un rattachement de la Russie au Pacte Tripartite. Parallèlement, je confirmai à Molotov que je tenterai d'examiner une nouvelle fois avec le *Führer* le complexe général des relations germano-soviétiques, afin de trouver une issue aux difficultés évoquées.
>
> Etant donné que Molotov devait repartir le lendemain, il ne se présenta aucune autre opportunité pour une autre discussion. Sa visite se solda par un refroidissement des relations entre les deux parties, et Adolf Hitler arrêta de me confier ses états d'esprit. Sa réserve concernant les questions russes devint ostensible. Quelques signes semblaient trahir le fait que des forces importantes étaient en action, qui le poussaient vers une décision hostile à la Russie.
>
> Après le départ de Molotov, des discussions diplomatiques concernant le projet d'une adhésion russe au Pacte Tripartite ont été entamées, par l'intermédiaire de l'ambassade allemande à Moscou. Le gouvernement soviétique nous a fait savoir qu'il ne souhaitait pas exclure cette possibilité. Outre la main libre en Finlande, il exigea en retour la primauté, c'est-à-dire à dire une garantie avec certains droits militaires en Bulgarie, ainsi que des bases militaires près des détroits de Turquie.
>
> En décembre 1940, j'ai eu une discussion approfondie avec Adolf Hitler au sujet des vœux et des exigences russes. Je lui ai expressément conseillé de venir au-devant de l'Union Soviétique, et lui ai suggéré un accord reposant à quelques détails près sur la base exigée par Staline. Les questions des Balkans – ainsi que l'Italie – devaient continuer à être éclaircies et il fallait tenter de faire du Pacte Tripartite un Pacte Quadripartite avec la Russie. Si nous l'obtenions, nous gagnerions une position favorable. Une constellation de ce type neutraliserait en effet les Etats-Unis, et isolerait l'Angleterre en créant une menace du côté du Proche-Orient. Grâce à une alliance aussi forte – car il était exclu que l'on y arrive sans cette alliance – on pourrait arriver à une solution diplomatique permettant de mettre rapidement un terme à la guerre avec l'Angleterre. Une nouvelle proposition de paix à l'Angleterre, dans laquelle nous garderions par ailleurs la main libre, serait plus prometteuse dans ce cas qu'après Dunkerque. Il nous faudrait cependant sacrifier quelque chose à la Russie.
>
> Lors de cette discussion, Hitler me donna l'impression d'être plus flexible sur la question de la Finlande qu'auparavant, mais l'exigence russe concernant la Bulgarie lui semblait irréalisable, ne serait-ce qu'à cause du roi Boris qui ne l'accepterait jamais. Adolf Hitler était d'avis qu'une prise d'influence militaire soviétique en Bulgarie entraînerait automatiquement une influence de la Russie sur l'ensemble des Balkans et surtout en Roumanie, qui possédait des puits de pétrole. Pour cette raison, il lui semblait impossible de permettre à la Russie d'établir des bases mili-

taires dans le territoire des Dardanelles. En effet, il était peu probable que Mussolini soit d'accord avec cette solution. Il ne s'opposa pas totalement ce jour-là, à mes propositions énergiques. A la fin de notre longue conversation dans l'abri antiaérien de la Chancellerie du *Reich*, il m'adressa ces mots porteurs d'espoir : « Ribbentrop, nous avons déjà réussi pas mal de choses ensemble, peut-être qu'ensemble, nous viendrons également à bout de celle-ci. »

Père aurait été disposé à accepter certaines conditions de l'Union Soviétique, mais pas Hitler. C'est ainsi que la fatalité a pris son cours ! Dans ses écrits, Père décrit une conversation qu'il avait eue avec Hitler, dans son train spécial près de Vienne après le début de la campagne des Balkans. Cette dernière avait été enclenchée le 6 avril 1941, principalement par le putsch en Yougoslavie, lui-même favorisé par la Russie et l'Angleterre. Le contrat que l'Union Soviétique avait conclu avec le gouvernement putschiste anti-allemand prouvait une fois de plus l'existence d'une pression russe en direction des Balkans. Ce fait était d'importance majeure pour la direction de la guerre allemande, à cause du pétrole roumain. Cependant, après avoir rapidement réglé les problèmes en Yougoslavie et en Grèce, le *Reich* avait mis en place des relations claires avec les Balkans. Il disposait ainsi d'une base sûre pour reprendre les négociations avec la Russie. Mère m'a relaté avec angoisse que Père avait à cette occasion rappelé à Hitler le fameux mot de Bismarck : *« Au cours de guerres préventives, le bon Dieu ne laisse pas regarder dans son jeu ! »*

Après six mois de « victoires à la Pyrrhus » allemandes en Russie, Hewel note dans son journal (le 24 décembre 1941) :

« Noël pénible. F (le *Führer*, *NdA*) ailleurs avec ses pensées. Pas allumé de bougies. »

(Le 31.décembre 1941) Mauvaises nouvelles du front. Kaluga-Kertsch. Dîner trop tard. Le soir chez le *Führer*. Dort. Atmosphère pénible. 11.40 (22h40, *NdA*) *Feld-Maréchal* Kluge appelle – *Führer* au téléphone pendant trois heures. Fin d'année manquée ! A 2h30 chez le *Führer* pour le thé. F. : « Je suis content de pouvoir résoudre de très grandes difficultés. Espérons que 1942 m'apportera autant de chance que 1941. Les soucis peuvent rester. Jusqu'à maintenant, cela s'est toujours passé ainsi, des périodes très difficiles ont toujours précédé de très grands événements…

7e symphonie de Bruckner. Pas d'ambiance. »

On semble loin des « dix semaines » dont parlait Hitler à Hewel juste avant le début de la campagne contre l'Union Soviétique. Ces deux notes témoignent de la mauvaise surprise qu'avait eue Hitler en découvrant la force de combat et la ténacité de l'Armée Rouge. L'entretien avec Kluge qui est cité ci-dessus concernait le fait que Hitler s'entêtait à garder les terrains gagnés. Au cours du premier hiver en Russie, cette stratégie était encore plus ou moins réelle, en tous cas dans les grandes lignes. L'attachement à un territoire gagné une fois ne menait pas encore à une grande crise de confiance dans la direction militaire, comme ce serait le cas un an plus tard, après Stalingrad.

Hitler avait commis une lourde faute pendant ce premier hiver en Russie. Les commandants expérimentés, connaissant mieux la situation sur le front, avaient outrepassé les ordres de résistance venant du quartier général du *Führer*. Mécontent, Hitler décida alors de les remplacer. Guderian faisait partie de ceux-ci. A posteriori, on peut dire que c'est à ce moment que la situation s'est retournée contre l'Allemagne ! Comment ne pas penser à la « péripétie » de la tragédie antique ! Comment Hitler « surmontera-t-il » cette constatation ? Réagira-t-il de manière adaptée et neutre à cette situation difficile dans laquelle il s'est mis lui-même ? Tentera-t-il de se servir du champ d'action qu'il possédait encore sans aucun doute, dans une certaine mesure, vers 1941-42 ?

Hitler était au courant de l'adversité du président des Etats-Unis vis-à-vis du *Reich*. Le célèbre sénateur républicain Taft avait encore expliqué au début de l'été 1941 que « le but de Roosevelt» était de pousser le déroulement des événements dans le sens d'une guerre, sans demander son avis au peuple. (19) Hitler était sans aucun doute la personne qu'il voulait « pousser » au sein du jeu politique international. Le 11.07.1941, Hewel note dans son journal que Hitler l'avait entretenu personnellement de « ce combat auquel j'ai été poussé d'étape en étape ».

Si Hitler a joué au jeu de « quitte ou double », ce n'était pas pour gagner de « l'espace vital » - on ne se lance pas dans ce type de jeu pour cela. La désignation du jeu elle-même sous-entend une situation dans laquelle il faut tout miser sur une carte. On n'agit pas de la sorte pour « gagner de l'espace vital ». L'effrayante déclaration que Hitler a fait à plusieurs reprises à Hewel « si Barbarossa ne réussit pas, tout est fini », le prouve ! Lorsque Père note dans ses mémoires :

> « Finalement, ce qui était décisif pour Hitler était le fait que l'attitude des Etats-Unis, déjà réticente politiquement avant la guerre, était devenue franchement hostile à l'Allemagne. Bien que Hitler ait, à ma demande, exprimé une sévère interdiction de toute attaque verbale contre les Etats-Unis dans la presse, cela n'avait eu aucun effet sur les propos haineux et anti-allemands que l'on trouvait aux Etats-Unis. Tout comme moi, le *Führer* était convaincu que si l'Angleterre ne signait pas la paix, nous devrions compter tôt ou tard avec l'entrée en guerre des Etats-Unis contre nous. N'importe quel prétexte impromptu ou même sciemment provoqué – du type du « Lusitania » pendant la Première Guerre mondiale – pouvait amener une guerre du jour au lendemain dans ce contexte préparé de longue date auprès d'une opinion publique fébrile.
>
> Etant donnée la position désormais claire adoptée par la Russie en 1940-1941, Hitler pensait qu'il était possible que l'Allemagne doive affronter seule l'attaque des trois plus fortes puissances mondiales – l'Angleterre, les Etats-Unis et la Russie. En effet, l'Italie était très faible, le Japon était incertain voire mal placé, et les forces allemandes étaient disséminées dans toute l'Europe. Il est évident que l'angoisse de Hitler au sujet de cette possibilité l'a motivé pour attaquer la Russie. Il est également certain que sa conception d'une relation étroite entre les juifs de l'est et les juifs de l'ouest a également joué un rôle important. Aucun des arguments que je lui opposai, si bons soient-ils, n'ont pu enlever cette idée à Hitler. »

Hitler s'est volontiers comparé à Frédéric le Grand pendant la poursuite de la guerre de Russie, et s'est identifié avec ce roi dans sa volonté de « tenir ». Il a cependant omis de prendre en considération que Frédéric le Grand était parfaitement conscient, lors de la fameuse bataille de Leuthen, du fait qu'il avait – expressis verbis – « joué à quitte ou double ». Comme il l'exprima lui-même dans son célèbre discours aux généraux avant la bataille : il ne lui restait pas d'autre choix s'il ne voulait pas se laisser « enterrer par les batteries de l'ennemi ». La situation dans laquelle se trouvait Hitler en 1941, avant la guerre en Russie, n'était pas aussi désespérée. Si l'on revient par ailleurs à ce discours de Frédéric à ses généraux, il faut également constater que Hitler n'était pas parvenu à tisser entre lui et ses généraux ce climat de confiance qui aurait pu lui rendre service dans des périodes de crises – même s'il les provoquait lui-même. Il n'est donc pas étonnant que Hitler soit perdu dans ses pensées au moment de passer à l'an 1942, et qu'il ne soit pas d'humeur à fêter Noël ou le Nouvel an. Sa décision fatale d'attaquer la Russie et l'attente d'une victoire qui ne se profilait pas, avaient empiré de manière dramatique la situation du *Reich*. Il s'était produit exactement ce que la politique allemande était parvenue à éviter jusqu'au 22 juin 1941 : comme pendant la Première Guerre mondiale, le *Reich* se retrouvait enrôlé dans une dangereuse guerre des deux fronts. Frédéric le Grand était assez honnête pour reconnaître que le sauvetage de la Prusse dans la guerre de sept ans était un « Miracle de la Maison de Brandenbourg » (en français dans le texte, *NdT*). Est-ce que le destin de Hitler permettrait un tel miracle ? Et surtout : avait-il rempli les conditions pour un tel miracle ? Poser cette question tient lieu de réponse.

Il avait encore quelques gages en main, à l'aide desquels il serait tout à fait possible de négocier. Il lui restait également la possibilité de pratiquer « la tactique du hérisson » en Europe et d'organiser cette fois l'armement allemand de manière rigoureuse. Il est inexplicable en effet que cela n'ait toujours pas été réalisé jusque-là. Est-ce que l'incapacité de la *Luftwaffe* à acquérir la supériorité aérienne sur la Manche n'avait pas donné un signe évident, qui aurait dû nous pousser à réagir ? Sans parler du char russe T34, plus performant que les *panzers* en ce qui concernait le

(19) *New York Times* du 28.05.1941.

blindage et le moteur, et qui apparut en nombre nettement supérieur ! J'ai moi-même pu en faire l'expérience ! Une fois de plus, poser la question revient à y répondre. En 1941, lorsqu'il entama la guerre contre la Russie, Hitler ne se trouvait pas dans une situation désespérée. Il a tenté le diable. Dans ce jeu de quitte ou double surdimensionné, Hitler a joué ses succès et la position relativement forte de l'Allemagne. Lorsque l'erreur qu'il avait faite est apparue au grand jour, ce visionnaire ne disposait plus ni du ressort, ni de la flexibilité, et encore moins de la force de caractère nécessaires pour reconnaître ses fautes et tenter d'y remédier en trouvant une issue à la situation fatale dans laquelle il s'était mis...

Pendant l'hiver 1941-1942, - j'étais alors dans l'hôpital militaire de Berlin – j'ai soudainement compris que Mère ne croyait plus à une fin heureuse de la guerre. Le premier indice de cet état d'esprit était son visage gris et fatigué, et le second qu'elle ne m'ait pas contredit lorsque je lui ai demandé s'il s'agissait de la Russie. Le grand sérieux avec lequel elle me confia à l'hôpital qu'on avait été très nerveux, « en haut » (dans le Quartier général du *Führer*), en constatant la force de résistance des Russes, ainsi que sa critique évidente de la politique internationale allemande, tout cela formait une chaîne d'indices révélateurs. Sa critique ne touchait pas mon père. Mère était très au courant de son combat contre l'idée d'une guerre en Russie. Lorsque Hitler déclara finalement de son côté la guerre aux Etats-Unis, elle vit ses pires craintes confirmées !

Après que Roosevelt ait poussé le Japon à bout à l'aide de la strangulation, Hitler lui fit la faveur incompréhensible de déclarer la guerre aux Etats-Unis. Hitler a pris cette décision de manière spontanée, et ses raisons n'ont pas encore été éclaircies de manière concluante. Père revendique le fait d'avoir déconseillé au *Führer* une entrée en guerre contre les Etats-Unis. Cela semble plausible. Le Ministre des Affaires étrangères qui s'était toujours opposé à une guerre contre la Russie, aurait soudain approuvé une guerre sur deux fronts ?

Moins d'un an plus tard, le même Ministre des Affaires étrangères proposerait à Hitler de commencer immédiatement les négociations avec la Russie, encore avant Stalingrad, sur le prétexte du débarquement des Alliés en Afrique du Nord. Dès Noël 1941, je fus le témoin d'une discussion entre Père et Himmler. Comme Père n'était pas venu à Berlin à Noël, je lui avais rendu visite après mon rétablissement et avant de partir rejoindre ma troupe en Prusse orientale. Pour une raison qui m'est inconnue, Himmler se trouvait alors dans les quartiers de Père et menait une discussion avec celui-ci. Il resta à dîner. Dans le courant de la conversation – nous dînions à trois – Père expliqua de manière très sérieuse et approfondie à Himmler que le problème russe devrait être réglé pour l'été suivant. Cela signifiait en « sous-entendu » (en français dans le texte, *NdT*) : si ce n'est pas de manière militaire, alors ce sera de manière diplomatique ! Himmler n'exprima pas d'avis à ce sujet.

Mère m'a raconté que Himmler avait tâté le terrain auprès de Père pendant l'année 1942, afin de savoir s'il serait ouvert à des activités menées à l'insu de Hitler. Père n'avait pas donné suite à cette proposition, car dans la situation dans laquelle ils se trouvaient, il tenait Himmler pour la personnalité la moins adaptée pour commencer une politique parallèle à la politique officielle. Il est fortement probable qu'en acceptant, Père se serait ainsi jeté dans la gueule du loup. Il leur manquait toute base de confiance pour une entreprise aussi difficile. Il n'a cependant pas saisi cette occasion pour monter à son tour une intrigue contre Himmler. Mère avait toujours pensé que Himmler avait eu des contacts avec les conspirateurs du 20 juillet, mais qu'il les avait laissés tomber immédiatement après l'échec de l'attentat. Il n'existe toujours pas d'explication exhaustive concernant ces rumeurs récurrentes. Il est cependant évident que Himmler tenterait désormais d'éliminer Père pour assurer sa propre protection.

La déclaration de guerre aux Etats-Unis était la deuxième erreur fatale que Hitler avait commise en 1941. Il avait facilité la tâche à Roosevelt pour faire de l'Europe le champ de bataille prioritaire du commandement de guerre américain. Pourtant, Hitler n'avait aucune raison de s'allier tout de suite aux Japonais, ces derniers ne l'ayant pas fait non plus, en raison de leur pacte de non-agression, lorsqu'il avait attaqué la Russie. Hitler est étrange ! Il avait critiqué de manière virulente le fait que la direction de l'empire germanique s'était lancée dans une guerre des deux fronts qu'elle n'avait pas été en mesure d'éviter en empruntant des voies diplomatiques, et c'était justement cette guerre sur deux fronts qu'il provoquait lui-même, alors que sa politique étrangère était parvenue à l'éviter jusqu'en 1941.

La même constatation s'applique à ses relations avec les Etats-Unis. La politique allemande était focalisée sur les moyens d'éviter ou tout au moins de retarder au maximum l'entrée en guerre des Etats-Unis. Or, Hitler a lui-même amené cette entrée dans le conflit en leur déclarant la guerre. Encore une fois : est-ce le fait qu'il avait reconnu que la guerre préventive contre l'Union Soviétique était une erreur qui a ébranlé son assurance et sa capacité de jugement ? Les différentes déclarations que j'ai citées parlent pour cette théorie. Un changement radical de sa personnalité s'est-il opéré à ce moment ? Le somnambule s'était-il réveillé ?

La déclaration de guerre aux Etats-Unis représentait en réalité la fin d'une politique étrangère allemande menée en collaboration avec un Ministre des Affaires étrangères. Les activités du Ministre se sont désormais réduites à fournir des efforts opiniâtres pour obtenir de Hitler qu'il tâte le terrain en vue d'accords de paix. Ceux-ci n'auraient en effet eu aucun sens sans l'accord du *Führer*. Après les exigences du « unconditional surrender », de la « capitulation sans conditions » annoncée par Roosevelt à Casablanca, Père pensait que seule une tentative d'accord avec les Russes avait encore une chance d'aboutir.

Hitler avait brusquement refusé la proposition de Père de reprendre le dialogue avec les Russes après le débarquement des Alliés en Afrique de l'Ouest. Père retranscrit de la manière suivante une conversation qui eut lieu à Bamberg, dans le train spécial où il avait rejoint Hitler qui se rendait à une rencontre avec Ciano au Brenner dans les Alpes :

> « Lors de la discussion qui suivit, je lui tins brièvement ce discours : le débarquement anglo-américain est sérieux. Il montre que nous nous sommes fondamentalement égarés dans les chiffres de tonnage ennemis, et par la même occasion dans les capacités de notre direction de guerre sous-marine. Si nous ne parvenions pas à repousser les anglo-américains d'Afrique, ce qui semblait très probable au regard de nos expériences avec le transport dans la Méditerranée, l'Afrique et son armée de l'Axe seraient perdues. La Méditerranée passerait dans les mains de l'ennemi et l'Italie, qui était déjà faible, se retrouverait dans une situation hautement problématique. Je pensais que le Führer avait besoin d'être en grande partie déchargé de la direction de la guerre, et je le priai ainsi de me donner les pleins pouvoirs pour prendre contact avec Staline par l'intermédiaire de l'ambassadrice soviétique à Stockholm, Madame Kollontay, en vue d'un accord de paix. S'il le fallait, j'étais prêt à abandonner la plus grande partie des territoires conquis à l'Est.
>
> J'avais à peine parlé d'abandonner les territoires de l'est que le *Führer* réagissait de la manière la plus violente. Il sauta sur ses pieds, la tête rouge, m'interrompit et me dit avec une agressivité incroyable qu'il ne souhaitait s'entretenir avec moi que de l'Afrique et de rien d'autre. La manière dont il s'était exprimé excluait que j'insiste sur ma proposition pour le moment.
>
> A cette époque – avant la catastrophe de Stalingrad – nous étions dans une position nettement plus favorable à des négociations avec Moscou que quelque temps après. Huit jours plus tard avait lieu l'attaque russe, la chute de nos alliés près du Don et la catastrophe de la 6e armée à Stalingrad. » (20)

Après Stalingrad, Hitler semble s'être ouvert à l'éventualité d'envisager les supposés signaux russes. Mais il revenait sans cesse sur l'exigence très restrictive d'obtenir d'abord un succès militaire, comme base de négociations. Est-ce que l'entreprise « Citadelle », engagée pendant l'été 1943, c'est-à-dire trop tard et avec des forces trop faibles, représentait cette tentative de remporter une victoire militaire locale afin de créer les conditions pour engager effectivement des négociations avec la Russie ?

(20) Comparer avec Below, voir ci-dessus.

Officier

Je devrais décrire certaines de mes expériences au cours de la guerre de Russie. Elles confirment par un regard en contre-plongée les grands développements politico-stratégiques de la guerre avec la Russie. Ce que j'ai vécu au cours de l'année 1941 en Carélie du Nord prouve de manière impressionnante à quel point l'Union Soviétique avait été sous-estimée sur le plan militaire. J'ai fait l'expérience de la manière dont la *Wehrmacht* était « bien préparée » à la campagne de Russie. J'étais chef de section d'une compagnie de soldats à motocyclette qui devait la plupart du temps se battre loin des routes, et dans la Toundra du nord de la Finlande par-dessus le marché. Une banale petite Mercedes, sur laquelle on avait mis une carrosserie militaire, avait été mise à ma disposition. C'était un véhicule destiné exclusivement à la route (elle s'appelait Mercedes « 170 V »). Je désespérais, car le manque de hauteur du véhicule nous faisait toucher le sol au moindre obstacle, et nous devions plus souvent le pousser que le conduire. Voici ce qu'était le prétendu « meilleur » équipement des divisions SS !

J'étais donc officier ! Pendant la guerre, la présentation des honneurs par une prise d'armes avait été supprimée. A Stettin pourtant, j'ai eu la surprise de voir une sentinelle, le fusil à l'épaule, se tenir devant la caserne où nous devions attendre notre transport vers la Norvège. Lorsque je suis passé, il s'est présenté à moi et a donc encaissé les 5 marks que l'on donnait traditionnellement au premier soldat qui se présentait devant un jeune lieutenant. Trois générations d'hommes de ma famille avaient été officiers pendant la guerre, mon père, mon grand-père et mon arrière-grand-père. Aurais-je moi aussi la possibilité de faire mes preuves en tant qu'officier ?

J'ai été placé dans une section d'éclaireurs. Celle-ci disposait d'une seule compagnie de soldats à motocyclette, et d'une compagnie lourde. Mon chef de compagnie – l'*Obersturmführer* Becker – était un bon chef, coriace, fringant et surtout particulièrement attentionné pour ses hommes. Pour nous, les officiers, il était un bon camarade. Malgré une grave inflammation des reins, il refusa par exemple d'abandonner sa compagnie dans la jungle finnoise. J'ai eu la chance d'avoir fait mes premières expériences d'officier sous les ordres de deux chefs de compagnie exceptionnels. Après Becker, l'*Obersturmführer* Tiemann dirigea la compagnie de *panzers* à laquelle j'avais été affecté après ma blessure. Tiemann dirigeait sa compagnie avec l'objectivité du futur officier d'état-major général, et l'humour d'un chef de bande. Il venait de la *Bündische Jugend*.

De Stettin, nous nous somme mis en marche vers la Norvège, avec quelques sympathiques camarades qui avaient également été mutés dans cette section d'éclaireurs. Le transport effectué à bord de wagons de train plombés passait par Helsingor et Helsingborg, à travers la Suède et jusqu'à Oslo. Là, nous avons suivi une formation intensive dans un camp aménagé de baraquements. Nos soldats et nos sous-officiers étaient bons et jeunes, et nous avons rapidement pu atteindre un niveau de formation satisfaisant. Les informations que nous recevions sur la rapide et victorieuse campagne des Balkans me donna pourtant l'occasion de me révolter contre mon sort et contre Himmler. Comme je l'ai déjà mentionné, il m'avait muté dans ce « groupe de combat du nord » pour me « punir » pour ma participation spontanée à la campagne de l'Ouest. J'ai effectivement ressenti cette mesure comme une réelle « punition », et telle était bien l'intention de Himmler !

Dans l'ensemble, notre section était convenable, à part notre commandant, un officier de l'Armée repris par la SS, qui avait dû profiter d'une occasion quelconque pour parler à Himmler des nouvelles méthodes de commandement. Il ne disposait pourtant d'aucune capacité en ce domaine et n'était pas tenu en grande estime par notre groupe d'officiers. Pour des raisons de politique hégémonique, Himmler travaillait intensivement au développement de la *Waffen-SS* et reprenait des officiers de l'Armée quand l'occasion se présentait. Cet homme-là était mauvais par son caractère, mais aussi par ses connaissances. Peu de temps après le début de l'opération sur le front finno-russe, il a été remplacé. Son successeur s'est avéré être un excellent homme.

A peu près au début du mois de juin, nous avons été déplacés vers Kirkenes à bord de fourgons de transport de troupes. C'était un voyage magnifique sous le soleil de minuit, mais malheureusement nous n'avons pas vu le Cap Nord – la pointe qui se trouve tout au nord de l'Europe – car nous avons contourné cette prequ'île par le sud pour des raisons de sécurité. Après quelques jours seulement, nous avons été transportés sur le territoire finnois et sommes passés sur la célèbre « route de la mer de glace » en direction du sud dans le territoire de Rovaniemi, la ville la plus importante du nord de la Finlande. Où que nous passions, la population nous saluait le plus chaleureusement du monde.

La première expérience significative que j'aie faite en Finlande a été le sauna. Nous avons campé sur un bas champ, contre une ferme qui était située au bord d'un petit fleuve. Pour un camarade et moi-même, la fermière a chauffé le fameux sauna dont dispose chaque ferme située dans ces régions. Lorsque, après quelques instants – nous suions déjà à grosses gouttes –, elle nous a signifié que nous devions plonger dans le ruisseau sur lequel flottaient encore quelques blocs de glace, nous avons sérieusement envisagé la possibilité d'une attaque cardiaque. Mais nous avons dû nous rendre à l'évidence : le corps ressent ce changement extrême de température comme quelque chose d'agréable. J'ai gardé jusqu'aujourd'hui l'habitude de me rendre régulièrement au sauna.

Après quelques jours, nous avons avancé vers l'est dans les zones de mise en place pour l'attaque de l'Union Soviétique. Nos deux compagnies qui formaient la section d'éclaireurs, étaient accompagnées d'une section de *Panzers* de l'Armée qui ne disposait cependant que de quelques « chars tchèques » (1). Ensemble, nous devions atteindre Kandalatschka située au bord de la mer blanche par une offensive rapide, et couper la ligne de chemin de fer de Mourmansk.

Dès les premiers jours de l'attaque sur Salla, l'ancienne ville frontalière finnoise qui avait dû être cédée à la Russie après la guerre de l'hiver 1939/40, nous avons constaté que nous avions sous-estimé la militarisation de la Russie. Outre notre *Kampfgruppe Nord* (« Groupe Nord », *NdT*), une division de l'armée et une division finnoise avaient été placées sur Salla. Etant donné que l'attaque commençait le 1er juillet, c'est-à-dire huit jours après le début de la guerre en Russie, nous n'avons pas pu bénéficier du moment de surprise. La prise de Salla nécessita d'interminables et lourds combats, et il n'était plus question dans ces conditions de pousser jusqu'à Kandalatschka. Le Russe s'était placé en position réglementaire à l'arrière, entre deux lacs de forme oblongue.

Il s'était défendu de manière exemplaire et s'était courageusement battu. Les combats en forêt étaient inhabituels pour les troupes allemandes. Même pour des soldats expérimentés, ils sont toujours désagréables. Pour des raisons de confidentialité, l'entrée sur le territoire finnois n'avait pu être réalisée qu'en dernière minute avant l'ouverture des hostilités, il n'y avait donc eu aucune possibilité d'adapter les troupes aux conditions de vie dans la Toundra finnoise. Le fléau difficilement supportable des moustiques pendant les mois d'été ne constituait qu'une des nombreuses facettes de ces conditions de vie.

Notre section d'éclaireurs a été envoyée dans les bois pour couvrir les flancs profonds de la division finnoise. Organisés en interminables troupes de reconnaissance avançant à travers les bois et les marais sur les chemins battus, nous devions protéger les arrières des Finnois contre les attaques surprise. Nous courions en permanence le danger d'être touchés par une balle tirée dans une embuscade, ou de perdre une jambe en posant le pied sur une de ces mines que les Russes aimaient placer sur ces chemins. Nous avions depuis longtemps abandonné les casques d'acier qui nous empêchaient d'entendre dans la forêt. A la place de ceux-ci, nous avions adopté jour et nuit la moustiquaire pour ne pas être littéralement dévorés par les insectes. Le produit allemand contre les moustiques semblait au contraire les attirer, et nous sommes rapidement passés à l'huile de goudron que chaque Finnois portait à sa ceinture, dans une petite bouteille en cuir. Nous empestions comme des putois rances, mais cela ne noue dérangeait pas, tant que nous étions un tant soit peu protégés des moustiques.

En très peu de temps, nous nous sommes transformés en véritables « randonneurs ». On nous emmenait volontiers pour les raids de reconnaissance. Souvent, je n'étais accompagné que de deux

(1) Le terme de « panzers tchèques » était couramment utilisé dans les unités pour désigner les légers panzers de la marque « Skoda », repris à l'ancienne armée tchèque.

éclaireurs pour longer les supposées positions russes. Nous avions appris à nous déplacer presque sans faire de bruit. C'est ainsi que je me suis retrouvé un jour, à l'aube, au beau milieu d'une position russe qui ne devait pas être complètement réveillée, à 10 mètres à peine d'une sentinelle russe qui regardait dans la direction opposée.

De toute ma vie, je n'ai sans doute jamais été aussi en forme et entraîné qu'à cette époque. Un jour, j'ai reçu l'ordre de guider une autre unité vers un endroit exposé car il comportait une passerelle au-dessus d'un fleuve. Je devais leur présenter ce terrain que je connaissais bien, après y avoir fait de nombreuses expéditions. Le trajet sur les chemins battus à travers la jungle faisait plus de 30 kilomètres, ce qui représentait un effort considérable pour les garçons. Lorsque j'ai rempli ma mission en guidant très précisément le chef de l'unité, j'ai demandé son autorisation pour repartir aussitôt, et ai rebroussé chemin avec mes deux éclaireurs. Lorsque le lendemain matin, nous nous sommes présentés à notre section, nous avions parcouru près de 60 ou 70 kilomètres sur un terrain des plus difficiles. Du haut de mes 20 ans, je pouvais presque me qualifier de « vieux guerrier », car j'avais eu du nez : l'unité que je venais de quitter avait été attaquée pendant la nuit par des forces russes plus fortes que nous, et avait dû mener de front une lutte désagréable dans la pénombre des nuits nordiques.

Dès le mois d'août, la chaleur humide et lourde de l'été laissa la place à une interminable pluie d'automne. Les moustiques ont disparu, mais nous n'avons pas tardé à être frigorifiés, mouillés comme nous l'étions. Dans les positions de forêt, notre attention devait sans cesse être en éveil. Dans l'ensemble, ces semaines ont été plutôt désagréables. (2) L'un de mes éclaireurs s'est tiré dans la main avec son pistolet-mitrailleur. Ce pouvait être un incident mais aussi une blessure volontaire. Ces satanés pistolets-mitrailleurs dont nous étions équipés se déclenchaient parfois seuls, si on les maniait de manière un peu brusque. Le cercle typique de poudre noire, visible autour de la plaie sur sa main, parlait en faveur d'un incident. En effet, tout le monde connaissait le truc qui consistait, dans les cas de blessures volontaires, de tirer à travers une feuille de papier ou une tranche de pain, justement pour éviter le cercle noir qui prouvait que le tir était parti de la proximité immédiate du blessé, et ne pouvait donc pas venir de l'ennemi. Plus tard, à l'hôpital militaire allemand, j'ai été interrogé sur ce cas, et j'ai donné un jugement positif sur ce soldat. Il y a quelques années, il m'a adressé une lettre dans laquelle il m'a signalé que le tribunal de guerre lui avait dit que mon rapport lui avait sauvé la vie, car devant ce tribunal, il avait admis avoir tenté de s'automutiler.

A la même période, un autre cas a été réglé de manière « pragmatique » c'est-à-dire humaine par le chef de compagnie Beck. Un jeune soldat avait également tiré dans sa propre main pour s'automutiler. Beck lui a laissé le choix d'être remis aux mains du tribunal de guerre ou de devoir participer pendant une durée déterminée à toutes les patrouilles de reconnaissances qui se présentaient. S'il y faisait ses preuves, on s'engageait à fermer les yeux sur notre obligation de l'envoyer devant le tribunal de guerre, réputé pour sa dureté face aux tentatives d'automutilation. Dès le lendemain, le jeune homme avait saisi sa chance. Un camarade s'était égaré dans un champ de mines et gisait désormais, le mollet déchiqueté, parmi les mines invisibles. Seuls des pionniers formés pouvaient désamorcer ces mines, car les détecteurs de métaux qui ne réagissaient qu'au métal ne pouvaient pas les localiser. Le temps de trouver des pionniers, le soldat aurait perdu tout son sang. L'automutilateur se déclara volontaire, marcha de sang-froid à travers le champ de mines, chargea le blessé sur son dos et revint en claudiquant. Il avait eu l'immense chance de ne pas marcher lui-même sur une mine. Son chef de compagnie considéra l'incident de l'automutilation comme clos et le garçon fut pleinement réhabilité !

Il faut ici raconter un autre événement involontairement comique qui témoigne de l'humanité avec laquelle nous réglions les cas dans lesquels le surmenage, et non la lâcheté, justifiait la défaillance.

(2) Tiré d'un récit du médecin du régiment aux divisions, le 29 août 1941 : *« En ce qui concerne le groupe de combat... on ne peut plus parler d'hygiène corporelle et vestimentaire élémentaire. Pour des raisons évidentes, il est impossible d'acheminer de la nourriture chaude, d'autant plus que le ravitaillement a parfois été interrompu À cause des difficultés de transport. Sans manteaux et sans couvertures, protégés de la pluie par une seule toile de tente, les hommes passent les jours et les nuits dans leurs tranchées. »*

Avec ma colonne de soldats à mobylette qui était forte de 18 fusils environ, je devais occuper près de 150 mètres de position en forêt. Il pleuvait sans discontinuer, nous étions trempés jusqu'aux os et la température était assez basse. De notre position dans les bois, la visibilité était minime. Le danger d'une attaque russe nous obligeait à placer une sentinelle pendant la nuit, c'est-à-dire pendant le crépuscule profond qui tient lieu de nuit au mois d'août au nord du cercle polaire. Bien que je sois chef de section, j'occupais moi-même une tranchée dans la principale ligne de combats, car je n'avais pas assez d'hommes pour occuper toute la position de manière satisfaisante. L'avantage était que ma position touchait un lac sur la gauche, et que nous estimions donc être passablement en sécurité de ce côté. J'ai donc placé la troupe d'un réserviste « plus ancien », un sous-officier parlant le saxon classique, à cet endroit de la ligne. Vers deux heures du matin, un échange sauvage de coups de feux s'est fait entendre à cet endroit. Comme je ne recevais pas de signal, j'ai longé avec mon éclaireur cette ligne habituellement si calme jusqu'à mon aile gauche, et je me suis approché sans bruit de la position où mon sous-officier se trouvait avec sa troupe, lançant des ordres dans le meilleur dialecte saxon. Il semblait mener un combat contre un ennemi imaginaire, car de la position où je me trouvais, c'est-à-dire à quelques mètres derrière lui, je ne pouvais distinguer aucun son de balle tiré dans notre direction. J'ai ordonné le cessez-le-feu et le calme est instantanément revenu. J'ai alors pris mon chef de groupe par la main et lui ai dit « allons voir nos Russes de plus près », en avançant profondément dans la sombre forêt. Je n'étais pas très à l'aise, mais effectivement, il ne se passa rien. La nuit suivante, je me suis dit qu'avant que notre ami se remette à déclencher une bataille avec des Russes imaginaires, je devrais plutôt m'y rendre quelque peu avant minuit pour regarder ce qu'il faisait. A mon grand étonnement, toute la troupe, chef inclus, dormait à poings fermés. Si l'on considérait strictement l'ordre reçu de placer des sentinelles, il s'agissait là d'un cas pour le tribunal de guerre. Je lui fichais une peur considérable en le saisissant à la gorge par-derrière et en criant « Ruki werk » (les mains en l'air), puis en le menaçant des foudres de l'enfer. Le lendemain, lorsqu'il dut s'expliquer devant le chef de compagnie, il se défendit dans son plus beau dialecte saxon avec la formule classique de « Lieutenant, l'esprit est prompt, mais la chair est faible ». C'était désarmant ! Nous avons oublié le tribunal de guerre mais nous lui avons enlevé sa responsabilité de chef de groupe et l'avons replacé en tant que simple soldat, ce qui était sans doute, pour lui, la punition la plus efficace.

Après huit semaines environ, la position des lacs des Russes a finalement été ouverte. Une fois de plus, le commandement allemand ébaucha l'espoir peu réaliste de percer enfin jusqu'à Kandalatschka. Lorsque nous nous sommes retrouvés sur une haute montagne visiblement bien fortifiée, et que nous nous sommes préparés à l'attaque, nous avons vite compris que la « percée » qui nous avait été ordonnée était illusoire. Dès notre mise en place, les Russes nous ont accueillis avec un feu d'artillerie particulièrement dense. Tandis que mon chef de compagnie et moi-même tentions de nous faire une idée des positions russes grâce à une paire de jumelles, une grenade explosa à deux pas de nous. Un éclat de grenade d'environ 15 centimètres et assez large se ficha dans mon avant-bras gauche. Cela faisait un mal de chien. Mon chef de compagnie voulut l'extraire de mon bras, mais il se brûla les doigts au contact de la fonte bouillante.

Trois jours plus tard, j'entrais avec deux autres officiers, également grièvement blessés, à l'hôpital militaire de Kemi, la ville frontalière finno-suédoise près du golfe de Bottnie. Le personnel habituel, médecins, infirmières en chef et infirmières supérieures, venait de Vienne, tandis que le reste du personnel soignant venait de l'organisation finnoise *Lotta-Organisation*. Cela faisait au moins quatre mois que nous n'avions pas mis les pieds dans une maison, sans parler de dormir dans des draps blancs. Nous avons donc demandé à notre infirmière en chef de nous accorder un bain avant de nous allonger dans cette splendeur blanche. Avec les mots « Das wär mer glei ham » (« ce s'ra fait dans l'quart d'heur' », *NdT*), elle cria deux noms dans le couloir. Deux ravissantes jeunes filles, les fameuses *Lottas*, sont apparues et ont reçu l'ordre d'« emmener Monsieur le lieutenant dans la salle de bains et de savonner Monsieur le lieutenant ! » L'arrivée du médecin de l'Etat-major, qui m'interdit ce bain en raison de mon bras très abîmé, m'empêcha de goûter à l'expérience d'être savonné par ces deux anges. Au lieu de cela, elles durent tenir mon bras tandis que le médecin s'attaquait coûte que coûte et vigoureusement aux soins de ma blessure âgée de plusieurs jours. Il spéculait sans aucun doute sur mon « attitude héroïque » en présence de deux beautés, car le renouvellement du pansement encroûté sur mon avant-bras percé fit horriblement mal !

Notre transport vers Oslo a été effectué à bord d'un train hôpital de l'armée suédoise, dans lequel nous avons été merveilleusement traités. La rumeur disait qu'une sœur du roi de Suède donnait des soins dans ce train en tant qu'infirmière de la Croix Rouge. J'ai fini par atterrir dans un hôpital des armées allemand, en proie à une forte fièvre et une infection de la moelle osseuse.

Les mois passés dans la Toundra finnoise m'ont inspiré un grand respect pour les Finnois. J'avais l'impression que dans ce pays, chaque individu, jusqu'au dernier homme mais surtout jusqu'à la dernière femme ou jeune fille, s'engageait pour la liberté ! La base de notre section était située au bout d'une longue chaîne de lacs, par laquelle il fallait passer pour acheminer tout ravitaillement pour la division finnoise. Il était transporté sur plusieurs kilomètres dans des barques tirées par des *Sturmboote*. Nous nous trouvions au nord du cercle polaire ! Cette base, qui n'était constituée que de quelques tentes, devait être surveillée en permanence par des troupes de reconnaissance. Un jour, trois jeunes filles– elles devaient avoir 20 ans – venues de Helsinki sont apparues et ont installé une sorte de petite cantine dans l'une des tentes. Elles faisaient également partie de l'organisation « Lotta ». Cette organisation de femmes ne mettait pas seulement des infirmières à la disposition de l'Armée, elle entrait en jeu dès qu'elle le pouvait, jusqu'aux premières lignes de combat, où elles permettaient aux troupes de libérer des hommes pour le combat. Cette attitude courageuse des Finnoises a certainement influencé la politique russe vis-à-vis de la Finlande.

Le constat militaire de la guerre que nous avons menée en Carélie du nord est le suivant :

Le but stratégique de couper la ligne de chemin de fer de Mourmansk était sans aucun doute important pour empêcher le ravitaillement de l'Armée Rouge par les Etats-Unis. Pour cela, il aurait cependant suffi de mettre en place des actions ponctuelles sur des points précis, avec des forces suffisantes. Mais au-delà du fait que l'on ne mit pas de forces suffisantes à notre disposition, on ne décida pas non plus des points sur lesquels il fallait insister. C'est ainsi que, pendant toute la durée de cette guerre, nous ne sommes pas parvenus à prendre le port de Mourmansk, ni à interrompre la ligne de chemin de fer de Mourmansk près de Kantalatschka !

« Panzermann – le soldat des panzer »

Au début de l'année 1942, quatre divisions de la *Waffen-SS* ont été dotées pour la première fois d'un bataillon de *panzers*. Elles étaient ainsi transformées en divisions de *panzer-grenadiers*, et devaient être transformées pour la fin de l'année en divisions de *panzers* intégralement équipées. Cette réorganisation fort tardive des divisions de la *Waffen-SS* en divisions de *Panzers* enlève de nouveau du poids à la théorie sans cesse répétée selon laquelle la *Waffen-SS* aurait été mieux équipée que les divisions équivalentes de l'Armée.

Après être sorti de l'hôpital militaire, j'ai été placé dans le bataillon de *Panzers* de la première division des *Panzer-grenadiers*, qu'il fallait encore organiser. Après avoir terminé la mise en place, nous avons été transportés en Ukraine, dans des camps de départ pour l'offensive d'été de l'année 1942. A notre grand étonnement et jusqu'à un certain point à notre grande déception, nous avons dû remonter dans notre train au bout de quelques jours, pour être transportés très loin, dans un territoire à l'ouest de Paris, pendant que l'offensive allemande commençait. C'était, de la part de notre direction supérieure enfreindre la règle stratégique élémentaire qui consiste à rassembler le plus de forces possibles sur le point décisif, c'est-à-dire au cœur de l'offensive. Nous ne pouvions cependant savoir à quelle fatalité nous échappions par la même occasion.

Opération Citadelle

J'ajoute à cet endroit mes expériences de l'année 1943, lors de l'« opération Citadelle », et les combats qui l'avaient précédée pendant l'hiver 1942-1943. Etant donné que j'ai partagé les opérations d'une division qui était exclusivement placée sur les points forts ou les points « chauds » des opérations, ces expériences sont jusqu'à un certain point représentatives des conditions de vie sur le front russe pendant le premier semestre de 1943. Elles incluent les durs combats de défense autour de Kharkov après la catastrophe de Stalingrad, la contre-attaque réussie des Allemands pour reconquérir la ville, le point fort de l'avancée allemande à partir du sud en direction de Koursk, et finalement les combats au cœur de la contre-attaque russe massive. Pour mettre en valeur le contraste avec la situation politique générale décrite plus tôt, je tenterai de décrire le quotidien des batailles d'un petit officier des *Panzers*. Ce quotidien était marqué par une grave infériorité en nombre, en armement et en équipement du côté allemand face à l'impressionnante supériorité en nombre de l'adversaire. Il était cependant aussi marqué par la volonté de compenser notre infériorité de fait par une supériorité en qualité et en volonté d'engagement.

Il faut que je commence par dire que le 1er *SS-Panzer-Korps* a été formé pendant l'année 1942 à partir de la 1re, la 2e et la 3e Division SS de *Panzers*. Le Général de Corps d'Armée et Général de la *Waffen-SS* Hausser en a été nommé commandant général. Hausser avait déjà été général de brigade pendant la Première Guerre mondiale, et il avait été mis en retraite en 1931, occupant alors le poste de commandant de l'Ecole de Guerre de la *Reichswehr* à Dresde. En 1934, il a été nommé inspecteur des troupes de réserve de la *SS*, et il était par ailleurs le plus ancien général de la *Waffen-SS*. Hausser a eu une influence décisive sur la qualité de la *Waffen-SS*.

C'est donc en janvier 1943 seulement – sans doute bien trop tard – que le corps a été acheminé à bord de véhicules de transport rapides de la France vers Russie près de Kharkov, pour affronter l'offensive russe imminente. Pour le bataillon de *panzers*, le transport par chemin de fer a été interrompu quelques jours à Burg, près de Magdebourg. Il y avait ici un stock de matériel de l'Armée, dont nous devions reprendre quelques *panzers*.

Au cours de ces quelques jours, j'ai vécu un événement que l'insouciance de mes vingt et un ans n'ont pas su estimer comme étant l'expression du plus grand amour maternel. Mère m'avait annoncé sa visite, et j'avais donc réussi, non sans peine, à lui trouver une petite chambre dans l'auberge du village dans laquelle la plupart des officiers étaient hébergés. Elle avait emmené mes jeunes frères et sœurs « afin que je les voie encore une fois », et me remit une petite boîte de conserve d'huile d'olive, comme contribution à la « ration de fer ». Lorsque les petits furent couchés, nous nous sommes assis dans la salle bondée et enfumée de l'auberge. Un poste de radio diffusait des nouvelles de Stalingrad qui n'avait pas encore capitulé, interrompues de temps en temps par de la musique sérieuse et des expressions truculentes. Il va sans dire qu'il régnait une atmosphère peu exaltante, mais elle n'impressionnait curieusement pas du tout les soldats et officiers que nous étions, car nous étions encore trop jeunes !

Mère prit un grand Steinhäger (alcool digestif allemand, NDE) et me confia finalement ce qui lui tenait à cœur. Avec le recul, il me semble que je n'y ai pas répondu assez gentiment, et pourtant je l'ai prise dans mes bras et je l'ai embrassée. Son plus grand souhait était que je me marie le plus rapidement possible, « car elle souhaitait avoir un petit-enfant de moi, puisque je n'allais vraisemblablement pas sortir vivant de cette guerre. » Elle avait accompagné cette déclaration d'un geste sans ambiguïté en direction du poste de radio. Elle me nomma le nom de la jeune femme à laquelle elle pensait et pour laquelle j'avais effectivement manifesté un certain intérêt par le passé, sans que le cadre des conventions n'ait jamais été dépassé. Pour simplifier les choses, elle s'était déjà adressée à la mère de la jeune fille, qui ne trouvait rien à y redire.

Bien évidemment, l'union imaginée par ces deux mères n'a jamais eu lieu. Ne serait-ce que pour des raisons de temps, il m'aurait été impossible de me marier. La gentille neutralité de Mère et son souhait unique d'avoir un petit enfant, étaient la plus grande preuve d'amour qu'elle pouvait me donner à ce moment-là, et elle me fit beaucoup de bien. Il aurait été bien plus difficile de supporter du sentimentalisme, car nous partions vers l'Est pleins de courage, convaincus de la qualité de notre troupe.

C'est par un grand froid que nous avons déchargé nos *panzers* à Llubotin, une banlieue de Kharkov, pour poursuivre immédiatement notre route nocturne vers Merefa, située au sud de Kharkov. Les pires rumeurs couraient sur l'avancée des Russes. Les pauvres conducteurs qui devaient manœuvrer nos trains de marchandises se renseignaient toujours auprès de nous pour savoir si leur sécurité était encore assurée, car ils n'avaient aucun moyen de se défendre ! Nous avons assisté à quelques manifestations d'affolement peu encourageantes. De nombreux soldats italiens dispersés erraient, désespérés, dans les rues enneigées. Les pauvres garçons n'étaient pas équipés pour l'hiver russe, et leur armement ainsi que leur équipement faisaient pitié par rapport à ceux de l'armée soviétique. Parfois, nous les engagions dans nos sections de manière temporaire. Ils se montraient alors très reconnaissants et firent véritablement leurs preuves sous notre commandement. Il me semblait incompréhensible que notre commandement supérieur ait justement choisi les unités italiennes et roumaines pour couvrir les flancs profonds et extrêmement dangereux de l'opération de Stalingrad.

Entourées par les Russes au nord et au sud, les 1re et 2e divisions de panzers se sont rapidement retrouvées encerclées dans Kharkov, tandis que la 3e division *SS* de *Panzers* se trouvait encore en cours d'acheminement. L'ordre du *Führer* concernant le 1er Corps de *Panzers SS* était de « garder Kharkov jusqu'au dernier homme ». Malgré l'avis contraire très énergique de notre commandant en chef, le général de la *Waffen-SS* Hausser, cet ordre a sans cesse été confirmé par l'administration supérieure du commandement des armées *(Armee-Abteilung Lanz),* ce qui aurait conduit rapidement à l'anéantissement complet des deux divisions parfaitement équipées, dont les hommes bénéficiaient d'une excellente formation et étaient encore pleins de force. (1)

Finalement, Hausser prit la responsabilité d'ordonner l'évacuation de la ville et de briser l'encerclement. Le premier coup devait être mené par le groupe de reconnaissance de la *Leibstandarte* sous la direction de leur commandant légendaire, le célèbre « Panzer-Meyer ». La compagnie des *Panzers,* dont je faisais partie en tant que chef de section, avait été placée sous les ordres de Panzer-Meyer pour rompre l'encerclement.

Lors d'une magnifique matinée claire et glaciale, nous étions postés sur la route enneigée du village de Merefa, prêts à avancer vers le sud-est. Le général est sorti de la masure de paysans russes devant laquelle j'attendais, posté dans la tourelle de mon *panzer* pendant que le moteur s'échauffait. Il avait des cartes sous le bras et vint serrer une dernière fois la main de Panzer-Meyer. Dans sa troupe, on le nommait « Papa Hausser », un surnom que lui valait la confiance illimitée que sa troupe mettait dans son commandement. Ce fut le signal du départ. Répondant à mes marques de respect, il lança un « bonne chance ! » vers ma tourelle. Nous en avions besoin, car notre mission était d'enfoncer profondément les flancs de l'avancée russe afin de créer une ouverture pour que le Corps puisse sortir de la poche.

« La troupe de chasse sauvage et audacieuse de Meyer » s'élança. Nous devions tout d'abord traverser un village de forme oblongue et qui était occupé par l'ennemi. Meyer nous avait ordonné de le traverser sans nous soucier des coups de feu ennemis, car il fallait « gagner du terrain » afin de libérer le plus rapidement la route pour le Corps. Cette tâche était moins problématique pour les *panzers* que pour les véhicules amphibies du groupe de reconnaissance. Pourtant, le *panzer* de tête fut immédiatement neutralisé par un tir. J'ai donc dû prendre la tête du peloton, tandis que Meyer se plaçait derrière moi dans un *Kübelwagen*. Nous avons filé vers le sud-est aussi vite que

(1) Dans la littérature d'après-guerre, le général Lanz est représenté comme un homme courageux qui se serait opposé à des ordres de maintien inutiles. Le Corps de Panzers SS qui était alors sous ses ordres n'a rien remarqué de ce trait de caractère. Le 14 février 1943, encore, le radiotélégramme n°624 s'adressait en ces termes à l'état-major du *SS-Panzer-Korps :* « Comme le Führer l'a ordonné, le Panzer-Korps tiendra sa position actuelle sur le front de l'Est de Kharkov jusqu'au dernier homme. Signé / Gez. Lanz » (voir à ce sujet Le comte Thun dans « Die Wehrmacht », page 107).

le pouvaient nos lourds *Panzer IV* dans la neige épaisse, nous enfonçant profondément dans l'arrière-pays ukrainien. Après avoir forcé les lignes russes, nous n'avons quasiment pas rencontré d'ennemi pendant un certain temps.

Au crépuscule, nous avons atteint la localité de Jefremowka. Meyer m'a crié : « traverse et consolide l'autre côté de la localité ! » Comme elle semblait déserte, j'ai quitté mon *panzer* à la sortie du village pour diriger les véhicules. Tout d'un coup, un soldat de la circulation m'a crié qu'un véhicule s'approchait sur la route. Le crépuscule me permettait tout juste de reconnaître qu'il s'agissait d'un traîneau solitaire. Supposant que c'était un paysan du village qui souhaitait rentrer chez lui, je me suis nonchalamment approché du véhicule dont j'ai attrapé les rênes en criant « Stoj ! ». C'est alors que j'ai réalisé avec effroi que ses occupants étaient des soldats russes armés, sans doute une troupe de reconnaissance.

Dans ce type de situation, on pense incroyablement vite. En l'espace d'une seconde, je me suis souvenu d'une situation analogue que m'avait racontée mon père dans ses récits sur la Première Guerre mondiale. Un chef d'escadron, le capitaine de cavalerie von Asseburg, avait ouvert les portes d'une grange lors d'une patrouille de reconnaissance, et s'était retrouvé nez à nez avec des Russes. Il avait alors donné une gifle retentissante au premier Russe qui lui était tombé sous la main. C'est ce que je fis cette fois, en frappant de toutes mes forces sur le visage du conducteur de traîneau, de telle manière qu'il tomba en arrière sur ses hommes, provoquant un désordre dont je profitai pour crier « attention les Russes ! » tout distribuant des coups sauvages autour de moi. Mes hommes se trouvaient à quelques mètres de là, dans leurs chars. S'ils voulaient tirer, il fallait que je m'extirpe de la lutte, ce que j'ai fait en me jetant dans la neige. Les Russes, tout aussi surpris que moi, fuyaient dans la nuit tombante. Mais l'un d'entre eux voulait ma peau. Il s'est posté à deux mètres de moi avec son fusil-mitrailleur, et a ouvert le feu. Il a tiré à droite puis à gauche de moi dans la neige pendant que je me contorsionnais comme une anguille, jusqu'à ce qu'une balle m'atteigne entre les omoplates et que le souffle ne me manquât. Alors il s'est s'enfuit.

Mes hommes m'ont traîné jusqu'à l'infirmerie. Le médecin a constaté que j'avais reçu une balle dans l'omoplate droite et une autre dans le bras gauche, près de l'épaule, et que toutes deux étaient visiblement restées dans mon corps. La célèbre piqûre de S.E.E. (un mélange de morphine et de médicaments pour la circulation sanguine) m'a ensuite plongé dans un profond sommeil. Dans la masure de paysan russe, j'étais installé à côté d'un soldat du groupe de reconnaissance. Les soldats qui avaient été blessés lors de la première attaque avaient déjà été évacués et soignés. Comme nous n'avions quasiment pas eu de contacts avec l'ennemi lors de notre avancée loin derrière les attaquants russes, il n'y avait à part moi qu'un seul autre homme à soigner, blessé au cours d'une escarmouche avec les Russes.

Le lendemain matin, j'ai eu avec le médecin une discussion dont l'importance ne m'apparut que quelques mois plus tard, par hasard. J'avais de la fièvre et ma perception du monde extérieur était donc d'autant plus réduite que je subissais par ailleurs les effets de la fameuse piqûre. Je n'avais donc pas entendu le bruit de moteur d'un avion, lorsque le médecin a fait irruption dans la salle en m'annonçant qu'un *Fiseler-Storch* avait atterri sur la route du village pour nous apporter de l'essence, car nous étions depuis longtemps coupés des autres et encerclés. Cet avion allait maintenant m'emmener dans un hôpital militaire. Dans l'état où je me trouvais, je ne réalisais pas du tout qu'un *Storch*, ce minuscule engin capable de transporter trois personnes au maximum, ne pouvait emporter qu'une quantité d'essence équivalente pour notre troupe combattante qu'une goutte d'eau sur une pierre brûlante. Ce seul transport ne pouvait donc pas justifier la présence de cette machine. J'ai signalé juste au médecin qu'étant officier, il n'était pas correct que je sois évacué avant le gradé subalterne. Il m'a répondu avec agacement qu'en tant que médecin des troupes, c'était à lui de savoir quelles blessures étaient les plus graves et quels malades devaient donc être évacués en priorité. Il ne fait aucun doute qu'il avait raison. A mes protestations, il opposa un « ordre d'envol », ce qu'il était en droit de faire. Lorsque cependant je lui ai déclaré que je me voyais donc dans l'obligation de faire objection à son ordre, il tenta la négociation. Il voulut me convaincre en me disant que le *Storch* allait revenir pour apporter davantage d'essence et qu'il pourrait alors emporter le subalterne, et me fournit ainsi l'argument décisif : je pourrais donc sans problème être le second à partir.

En ce qui concerne la situation de notre troupe de combat à l'époque, il faut dire que Panzer-Mayer m'avait déclaré la veille en riant : « nous nous retrouvons une nouvelle fois coupés des autres et encerclés ». Cette situation n'avait rien d'exceptionnel pour la troupe de reconnaissance qui avait déjà été engagée en tant que brise-lames lorsque le régiment de *panzers* était dans le territoire à l'est de Kharkov. A ce moment, nous nous trouvions à 20 ou 30 kilomètres derrière les lignes russes, d'où le ravitaillement par voie aérienne.

Je suis resté buté sur mon refus d'exécuter les ordres, et j'ai même cru, un instant, lire dans ce regard professionnel de médecin l'expression de la plus profonde compréhension. Il s'est finalement détourné de moi avec les mots suivants « vous êtes une tête de mule » et a donné l'ordre de charger l'autre blessé dans la machine. (2) Aucun avion n'a d'ailleurs atterri chez nous au cours des jours suivants, et notre situation devenait de plus en plus désespérée. Seules des containers de ravitaillement nous sont parvenus, eux aussi à peine des gouttes d'eau sur des pierres brûlantes - en admettant que nous puissions, d'ailleurs, les mettre en sécurité.

Le cinquième jour, alors qu'il ne nous restait plus d'essence depuis longtemps et que les munitions diminuaient à vue d'œil, Panzer-Meyer donna un pistolet à chaque blessé invalide. Après ces longs combats, notre nombre avait nettement augmenté. Chaque blessé devait ainsi pouvoir se donner la mort lui-même, avant d'être massacré par les hommes de l'Armée Rouge. Certains l'ont fait. Panzer-Meyer voulait tenter de rejoindre ses propres lignes avec son groupe dans le courant de la nuit. Vu la profondeur de la neige, il s'agissait là d'une entreprise désespérée.

Etant donné qu'on m'avait enlevé tout le haut de mes vêtements à l'infirmerie pour mettre à jour ma blessure, je n'avais que mon manteau pour me couvrir, et je tremblais de froid lorsque je devais sortir à l'air frais. Je restais donc le plus souvent dans la masure de paysan russe du poste de commandement. Dans ces conditions de vie, ma blessure était presque un moindre mal, mon torse et mon dos avaient beau être bleu et vert, je ne souffrais pas particulièrement hormis à quelques points très localisées autour des trous occasionnés par les balles. Mon *panzer*, dont le canon défaillant ne permettait de tirer qu'avec les mitrailleuses, était placé devant la masure de paysan russe de Meyer et assurait la sécurité du poste de commandement. Nous en avions besoin, car les « Boleros » - c'était le surnom que les soldats allemands donnaient aux Russes, pour une raison qui m'est inconnue – poussaient sans cesse jusque dans la localité. Nous parvenions encore à les tenir en échec avec nos MG de tourelle, jusqu'à ce que les braves grenadiers les repoussent hors du village. En fin d'après-midi, j'entendis Meyer crier dans le poste radio : « Max, il s'agit de la division ! » Il parlait avec Max Wünsche, le commandant du régiment de panzers de notre division, qui se battait pour nous rejoindre. Il parvint effectivement à nous retrouver au crépuscule, en dernière minute, et réussit à combattre l'encerclement russe de telle manière que le groupe de combat de Meyer puisse atteindre ses lignes pendant la nuit, avec l'intégralité de ses véhicules et de ses blessés.

Entre-temps, les deux blessures de balle sur mes épaules s'étaient refermées, et j'ai donc pu rester auprès de ma compagnie. On s'occuperait plus tard des balles elles-mêmes, qui étaient restées dans mon buste. Plusieurs semaines après la fin des combats autour de Kharkov, notre médecin m'envoya dans l'hôpital militaire pour « vérifier où les balles s'étaient finalement logées ». On me retourna dans tous les sens, mais on ne trouva pas de balles. Les tirs – partis de très près, c'est-à-dire de moins de deux mètres – ne semblaient avoir touché que des parties molles en traversant tout mon buste. C'est peut être pour cette raison que mon torse présentait un hématome surdimensionné et multicolore.

Après que le *Storch* ait quitté la « cuvette », comme on appelait alors une aire encerclée par l'ennemi, mon chef de compagnie Asteghei m'a dit : « Tes hommes sont contents que tu sois resté avec eux ! » A l'époque, le comportement d'un officier était comparable à celui du capitaine d'un bateau naufragé. Le code de l'honneur lui dictait évidemment de le quitter en dernier. Aujourd'hui, personne ne comprendrait cela – tout au moins dans la République fédérale d'Allemagne.

(2) Kurt Meyer, *Grenadiere*, Schild Verlag GmbH, Munich, 1957, page 172.

Quelques jours plus tard, un chef de compagnie est tombé et j'ai dû prendre sa place à la tête de la 7e compagnie, au moment où commençait la contre-attaque sur Kharkov. Je connaissais bien cette compagnie pour y avoir été chef de section pendant six mois, et nous avons remporté quelques succès. Quand on se jette dans l'action, la compagnie ne vous lâche pas. Le chef de bataillon m'a confié depuis qu'après les combats, il avait voulu me faire remettre la « Croix Allemande en or ». Le chef du bataillon lui aurait cependant répliqué que, dans mon cas, il ne fallait pas précipiter les choses ! Que ce soit dans un sens positif ou négatif, mon statut de « loup blanc » me réservait toujours un traitement de faveur !

Je devais en refaire l'expérience très peu de temps après. Lors d'une soirée joyeuse et arrosée avec une troupe de reconnaissance de la *Luftwaffe* après les combats autour de Kharkov, j'ai entendu derrière moi le chef d'escadre – qui devait devenir mon beau-frère après la guerre – demander à notre premier officier d'Etat-major Général : « c'est qui celui-là ? ». Bien entendu, la question éveilla toute mon attention. Combien de fois l'a-t-on posée dans mon dos ? Pendant l'*Arbeitsdienst*, un camarade étranger m'avait directement demandé qui était ce Ribbentrop, et je lui avais répondu parmi les rires de mes camarades : « en fait, il n'est pas aussi terrible que nous le pensions tous ! ». Notre la, comme nous appelions le premier officier d'Etat-major général dans la *Wehrmacht*, répondit alors au chef d'escadre : « Nous avons voulu l'évacuer d'une cuvette avec un *Storch*, mais il n'a pas voulu ! ». J'ai sauté sur mes pieds comme si j'avais été piqué par une tarentule pour faire d'amers reproches - je l'admets sur un ton peu militaire - à notre premier officier d'Etat-major. Je lui ai demandé quelle aurait été ma réputation si je n'avais pas été en état de me défendre contre ce rapatriement. Cet homme souverain répliqua très calmement et gentiment : « vous n'avez pas besoin de vous agiter. Vous n'êtes pas parti. Vous faites partie des nôtres et n'êtes pas le fils de votre père ! ». Les Russes faisaient souvent de la propagande avec leurs prisonniers « connus » contre leur gré. Ma division voulait donc éviter que je tombe, mort ou vivant, entre les mains des Russes. C'est compréhensible, mais pour ma renommée personnelle et celle de ma famille, cela aurait sans doute eu des conséquences négatives si je m'étais fait rapatrier alors que des subalternes blessés restaient dans la cuvette. On me demande parfois pourquoi mon père n'a pas fait en sorte que j'évite le service militaire ? Quelle mauvaise connaissance de l'esprit de l'époque ! Il y a sûrement eu des cas de ce type, où des pères se sont servis de leur position pour faire réformer leurs fils ou même les faire déclarer inaptes… Même si Père n'avait pas occupé de poste officiel, cette pratique aurait été inimaginable dans notre famille. Père ne se serait jamais laissé faire et je ne l'aurais voulu pour rien au monde. La tradition familiale considérait l'engagement pour la patrie comme une évidence. Elle correspondait par ailleurs au code des valeurs de l'époque. Dix cousins germains de mon épouse sont tombés pour leur pays en remplissant leur devoir comme si c'était une évidence. Ils n'étaient en aucun cas des sympathisants du régime !

Des semaines d'amers combats de défense ont suivi. La décision de Hausser nous donnait la possibilité de couper et détruire les têtes de pont de l'offensive russe, qui visaient la Mer Noire dans le but de provoquer une version amplifiée de Stalingrad près du Don. Notre division devait couvrir les arrières pendant cette opération. Les premières lignes n'étaient plus tenues que par des « voiles d'infanterie », les lourdes pertes des interminables combats passés n'ayant pas encore été comblées. Les pauvres fantassins, qui se battaient par un froid mordant, n'ont pas vu de maison pendant de longues semaines. Ils étaient logés en plein champ, dans des sortes d'igloos. Nous, les *panzers*, nous avions tout au moins « un toit sur la tête » et un moteur qui nous apportait quelque chaleur. En contrepartie, il nous était impossible dans notre *panzer* de « nous coucher » sous les tirs.

Nous étions désormais prêts à mener la contre-attaque sur Kharkov. Après les pénibles combats de défense contre une puissance nettement plus forte, nous devions enfin pouvoir attaquer en bonne et due forme. Le Russe ou « Bolero » avait sans cesse rompu nos minces lignes de défense, et s'était infiltré. Nous avions obéi à l'ordre de préserver par tous les moyens des intrusions les positions de droite et de gauche. Il était toujours possible de « verrouiller » et de « repasser » les endroits où il y avait eu une intrusion. La plupart du temps, les quelques *panzers* qui nous avaient été attribués devaient s'acquitter de cette tâche. Les grenadiers commençaient à réaliser leur chance de nous avoir ! Malgré tout, il nous fallait tout doucement échapper à la pression de l'ennemi, jusqu'à ce que l'attaque allemande contre les Russes puisse faire son effet plus au sud.

Début mars, nous nous sommes mis en route pour attaquer Walki. C'est à cet endroit qu'en tant que tête de convoi, nous avons surpris sur une pente un régiment russe en pleine manœuvre de départ, comme je l'ai déjà mentionné. Enfin les rôles étaient inversés ! Le lendemain matin, nous avons été placés sur Ljubotin. Une nouvelle fois, ma compagnie qui ne disposait plus que de trois *panzers*, a été placée en tête de convoi. Nous nous sommes heurtés à un barrage antichar qu'à notre grande surprise, nous avons surmonté sans pertes. L'après-midi, sur les bords est de Ljubotin, un nouveau barrage antichar. Cette fois encore, nous nous en sommes sortis sans pertes. Il nous restait donc tous nos *panzers*. Nous ne disposions plus cependant de ces petits obus explosifs qui sont indispensables pour combattre des objectifs non blindés tels que les antichars. Ljubotin, un village long de quelques kilomètres, s'étendait devant nous et les Russes, facilement repérables dans la neige, fourmillaient encore. Comme nous nous trouvions sur une pente, il n'y avait pas de liaison radio vers notre commandant. Tandis que je réfléchissais encore sur la meilleure chose à faire, le véhicule qui se trouvait derrière moi se manifesta par radio pour me conseiller d'ouvrir une trappe, car le commandant du 1er régiment de grenadiers de la division, Witt, se tenait près de mon véhicule.

Witt, qui portait déjà les Feuilles de Chêne, était un des meilleurs commandants de régiments de l'infanterie avec lesquels j'aie été en contact. Il alliait un grand courage et des capacités tactiques exemplaires. Witt rayonnait d'assurance dans son commandement, ce qui représente une des qualités les plus importantes d'un chef militaire en guerre ! A bord d'un véhicule ouvert, il s'est avancé jusqu'à la pointe du *panzer* et m'a lancé : « Ribbentrop, nous devons avoir ce village. » Lorsque je lui ai signalé que je n'avais plus d'obus, il m'a répondu sèchement que n'étant pas un homme des *panzers*, il ne pouvait pas en juger, que je devais faire ce que je pouvais assumer, mais qu'il fallait absolument « que nous ayons cet endroit ! » Les Russes se retiraient, nous avions battu leur défense d'arrière-garde et il fallait maintenant éviter que « le Russe ne se réinstalle »! Il y avait des obus perforants et explosifs. Les premiers servaient uniquement à l'attaque de cibles blindées. A l'exception des rares cas où ils touchaient directement l'objectif, ils étaient presque sans effet sur des cibles non blindées. Sans obus, un *panzer* était pour ainsi dire sans défense face à un char ennemi. Les violents combats de la journée et l'attaque des deux barrages antichars avaient eu raison de nos provisions d'obus.

Witt était très respecté dans la division. A ce moment précis cependant, je ne me trouvais pas sous ses ordres. Cependant, comme l'endroit devait être pris, il fallait utiliser cette chance d'attaquer la manœuvre de départ russe. Cela voulait dire que je devais rouler sans obus mais aussi sans ordre de mon commandant. Nous nous sommes mis en route après avoir transmis l'ordre bref de « suivez ! » aux deux autres véhicules. Je savais qu'ils nous suivraient jusqu'en enfer sans poser de conditions, je leur faisais totalement confiance. De fait, ce fut un voyage en enfer ! Ce lieu très étendu grouillait d'ennemis, et nos trois *panzers* solitaires roulaient au beau milieu de tous ces Russes, tirant autant que nous le pouvions avec nos mitrailleuses. Avec les *panzers* dont nous disposions alors, il n'y avait aucune chance de cibler nos tirs, d'autant plus que nous roulions le plus vite possible sur une mauvaise route de village. L'effet psychologique donné par trois *panzers* filant à toute allure et tirant sauvagement dans toutes les directions devait suffire. Un courageux pionnier des grenadiers avait grimpé sur mon *panzer* et roulait avec nous au beau milieu des Russes, comme pour une « opération kamikaze ». Il finit par se sauver la vie et sauver la nôtre par la même occasion. Lorsque nous avons pris un tournant en épingle au milieu du village, nous nous sommes retrouvés à dix mètres d'un lourd antichar russe prêt à tirer, mais heureusement aussi surpris que nous. Il n'avait visiblement pas prévu que nous nous trouvions déjà si loin dans le village. Mon pointeur tira immédiatement avec le canon qui ne contenait cependant plus qu'un obus perforant antichar, dans l'espoir d'intimider l'ennemi ou d'atteindre sa cible au hasard. Peut-être qu'il l'a effectivement atteinte, nous n'avons pas pu le constater. Avec beaucoup de présence d'esprit, le pionnier sauta du *panzer* et jeta une grenade à main aux pieds des Russes qui se sont enfuis. Cela aurait pu mal tourner ! Désormais, il n'y avait plus d'obstacles, il fallait juste éviter de rester sur place, la vitesse était notre seul salut. Tels des cascadeurs, les trois *panzers* sont passés en trombe à travers le village long de plusieurs kilomètres, au cœur des colonnes de Russes qui se dispersèrent. Stollmeyer, qui se trouvait dans le véhicule situé juste derrière le mien, se mit debout dans la tourelle de son *panzer* et tira sur les Russes avec son pistolet. Son véhicule a été touché par un obus qui ne pouvait heureusement pas endommager le char. Stollmeyer cependant en a reçu un éclat en pleine joue, une blessure sans gravité, mais très douloureuse et désagréable. Il décida cependant de rester auprès de la compagnie. Malheureusement, comme je l'ai déjà écrit, ce courageux officier fut tué quelques jours plus tard.

Nous nous sentions un peu pris par la fièvre qui avait dû accompagner les attaques de cavalerie par le passé. Nous avions du succès, car il n'y a rien de pire que d'être attaqué en pleine manœuvre de départ. C'était exactement ce que nous étions parvenus à faire. Nous avions saisi notre chance et Ljubotin a été prise en un clin d'œil. Nous avons épargné aux grenadiers de longs combats à travers le village. Nous-mêmes n'avons subi aucune perte, les trois véhicules étaient encore en parfait état. Une fois de plus, tout s'était bien passé !

Plus tard, je me suis posé la question suivante : qu'as-tu ressenti lorsque tu roulais au milieu des Russes ? On ne réalise que plus tard la chance incroyable que l'on a eue. Dans une situation aussi folle, un chef de compagnie n'a pas le temps de réfléchir au danger. Il faut guider sa compagnie, ce qui signifiait dans ce cas précis : rouler le plus vite possible droit devant nous. On savait que les deux autres véhicules sauraient également s'adapter à la situation. On gardait en permanence un œil sur le champ de bataille. Un char ennemi ou un antichar camouflé pouvaient avoir raison de nos trois *panzers* en un clin d'œil. Il fallait diriger son propre *panzer*, c'est-à-dire que le conducteur et le pointeur devaient obéir aux ordres du chef de char, car ils ne disposaient que d'un champ de vision très limité. Le cas échéant, il fallait également être en mesure de transmettre des informations radio et d'en intercepter. Il était donc décisif d'avoir une bonne équipe, évoluant dans un véritable climat de confiance. Les garçons savaient que « leur » commandant incarnait leur destin, et à l'inverse le chef de compagnie devait pouvoir se reposer aveuglément sur ses coéquipiers.

Lorsque nous avons atteint le bout de cet interminable village, nous avons été arrêtés et orientés vers le nord. Il fallait maintenant encercler Kharkov par le nord. C'était un trajet épouvantable, il faisait nuit noire, la neige tombait et nos cartes étaient déplorables ! Il fallait que nous atteignions dans le courant de la nuit le village de Dergatschi au nord de Kharkov, afin de l'attaquer au lever du jour. Nous y sommes parvenus avec un peu de « nez » et beaucoup de chance.

En raison d'inondations, l'attaque a dû être menée sur une étroite route de village. Ma compagnie a de nouveau été désignée pour mener la colonne, et je me suis donc retrouvé en tête de convoi. En soi, ce n'est pas le rôle d'un chef de compagnie, mais pour le « nouveau chef » de vingt et un ans que j'étais, c'était très motivant de conduire soi-même le véhicule dans des situations critiques. Nous n'avions toujours que trois *Panzer IV* ! De nouveau, nous avons fait l'expérience de la vulnérabilité d'un *panzer* contre l'infanterie, en particulier dans une agglomération. A notre droite et à notre gauche, à travers les fentes des palissades, nous pouvions voir des soldats russes cachés, si proches que nous aurions pu les toucher et pourtant nous ne pouvions rien leur faire. Ils jetaient des grenades à main par-dessus les barrières, tiraient sur les blocs de vision avec des obus de chars, etc. L'un de ces Russes tirait merveilleusement bien et visa parfaitement mon épiscope avant. Le bloc de verre de sécurité me sauva la vie, mais il se fendilla et je me retrouvai aveugle vers l'avant, dans le sens de la marche. Il fallait de toute urgence changer ce *Kinonblock* (ce bloc de verre blindé *NdT*), car sans visibilité vers l'avant, il était hors de question de diriger un, et encore moins plusieurs *panzers*. Dieu merci, grâce à notre équipage très bien entraîné, nous y sommes parvenus en l'espace de quelques instants. Ce n'était pas très confortable ! Soudain, le *panzer* a reçu un coup violent tandis que retentissait un bruit épouvantable. En mon for intérieur, je m'étais dit qu'il y avait sûrement un char ou un antichar caché quelque part, qui aura la partie facile sur cette étroite route de village. Mon deuxième véhicule m'a alors expliqué qu'il avait envoyé un obus sur un Russe qui tentait de monter sur mon char muni de ce qu'on appelait un « cocktail Molotov » (cocktail à liquide inflammable). Mais le satané *MG 34* avait eu un nouveau blocage, et il n'en restait plus que le canon. L'obus à la mèche hypersensible ne pouvait cependant pas abîmer le char lui-même.

J'ai décidé de traverser la localité le plus rapidement possible, malgré le risque de tomber dans une embuscade. Il ne nous restait pas d'autre solution. Une fois de plus, tout s'est bien passé. A la sortie du village, nous avons attaqué un groupe d'infanterie russe sur le départ, et avons tout de suite enchaîné en attaquant rapidement la prochaine localité, Tscherkasskoje. Nous ne pouvions pas nous permettre de laisser au Russe le temps de s'installer. Avec nos forces dérisoires, la seule solution qui nous restait était de le tenir en haleine pour interrompre la grande voie de circulation entre Kharkov et le nord, et nous retourner ensuite sur Kharkov. De nouveau, nous avons traversé le village aussi vite que nous le permettaient nos vieux *Panzer IV*, puis nous avons tourné vers le sud sur la route de Bjelgorod à Kharkov, en direction de Kharkov. A la hauteur de l'aérodrome, nous avons touché un dernier char qui voulait se sauver. Borgsmüller l'a neutralisé par derrière, d'un tir net.

Le lendemain matin, nous sommes restés bloqués en bordure de Kharkov. Comme nous étions obligés d'emprunter la route à cause du terrain accidenté, nous ne pouvions pas détruire les chars T 34 camouflés. Un *Tiger* de notre régiment a pris les devants, détruisant à courte distance six de ces T 34, jusqu'à ce qu'une balle perdue atteigne le système optique de sa tourelle et qu'il se retrouve hors d'état de combattre.

Vers la fin de la journée, le Russe abandonna la bataille. Nous avons accompagné l'Infanterie qui avançait vers la ville. Juste avant la Place Rouge, nous nous sommes heurtés à une barricade construite à l'aide d'un KW 1 (un lourd char russe) abandonné. Comme je conduisais le premier véhicule, j'ai du chasser les Russes du passage pour que nous puissions avancer. Mon deuxième *panzer*, conduit par Stollmeyer, traversa la barricade pour continuer d'accompagner l'Infanterie. J'ai tout juste eu le temps de crier « sois prudent », car chaque coin de rue pouvait cacher un antichar ou même un char. Quelques instants plus tard, des grenades balayaient la rue. Je présageais le pire. En effet, quelques centaines de mètres plus loin, Stollmeyer était tombé sur une deuxième barricade cachant un T34 occupé. Posté dans sa tourelle, il reçut une balle et tomba, comme je l'ai déjà mentionné, avec son approvisionneur. Le conducteur et le radio ont pu se sauver de la caisse ! Un nouveau coup du destin, si l'on veut ! Si j'avais été le deuxième *panzer*, ce qui aurait été approprié pour un chef de compagnie, Stollmeyer aurait chassé à ma place le char russe de la barricade, et j'aurais été la victime du T 34 embusqué. Accompagné de mes trois *panzers* (nous en avions récupéré un de l'atelier de réparation), j'ai passé la nuit entre les bâtiments en forme de tour de l'« industrie lourde» sur le côté nord de la « Place rouge ». L'architecture sévèrement puriste et fonctionnelle de cette place aux dimensions généreuses était très impressionnante à la lueur de la lune, oui presque surréaliste, mais aussi déprimante. Nous grelottions de froid et de faim, car aucun ravitaillement ne nous était parvenu. Les pauvres grenadiers étaient encore plus mal lotis, et je regrettais par-dessus le marché la mort de mon meilleur officier ! Sa « tombe d'airain », comme le dit si bien le chant des panzers, se trouvait à 150 mètres de nous, carbonisée. Le « grand succès » que représentait notre présence sur la « Place Rouge », ne nous signifiait rien en cet instant ! Nous étions très déprimés. Pourtant, la ville était de nouveau entre les mains allemandes, à peine six semaines après que Hausser ait refusé d'exécuter l'ordre répété du *Führer*. Cette victoire avait pu être obtenue grâce à des combats qui avaient été durs pour nous, mais qui avaient finalement été couronnés de succès. D'autres parties de la division étaient entrées dans la ville par l'ouest et avaient forcé le passage jusqu'à son centre.

On nous donna une courte journée de repos. J'en ai profité pour aller rendre visite aux blessés de ma compagnie dans une infirmerie principale au nord de Kharkov. L'infirmerie était installée dans des masures de paysans russes et la plupart des blessés ne reposait pas même sur de la paille. Ils étaient tassés les uns contre les autres, tous grièvement blessés. La puanteur était insoutenable. Les médecins et les infirmiers militaires étaient à bout de nerfs face au nombre de blessés qui étaient tombés au cours de ces durs combats. Ici, l'horreur de la guerre était palpable. Ceux qui n'avaient pas survécu à leurs blessures gisaient dehors dans la neige. Il était impossible de les enterrer dans ce sol gelé, et d'ailleurs, aucun homme n'avait le temps de s'en charger. Pendant les opérations, sur le champ de bataille, on voit rarement les morts ou les blessés. Les combats mobilisent toute l'attention, surtout celle d'un officier. Toute personne qui souhaite parler de la guerre doit avoir visité une fois une infirmerie principale, ou mieux encore : y avoir logé en tant que blessé. De toutes les images qui me restent de la guerre, celles de ces lieux de douleur restent les plus impressionnantes mais aussi les plus déprimantes.

Au cours de notre phase de remise à niveau entre la reprise de Kharkov et la marche vers le terrain de préparation pour l'opération « Citadelle », j'ai visité le cimetière militaire de Kharkov Nord à l'entrée de la ville, dans les environs de l'aérodrome, afin de m'enquérir des sépultures de mes soldats tombés au combat. Je suis arrivé juste au moment où l'officier en charge des sépultures de la division tentait d'identifier les 120 corps qui étaient alignés devant lui. Il s'agissait d'une compagnie de grenadiers de notre division, qui avait été placée dans une « Balka » (un ravin) en face des Russes pendant les turbulents combats de défense lors de l'évacuation de la ville. Après des combats de défense désespérés – chaque homme était entouré d'innombrables douilles vides – la comapgnie avait été submergée par les Russes. Ces derniers avaient déshabillé les grenadiers, ils en avaient massacré certains et ligoté d'autres avant de les abattre. C'est ainsi qu'un commando de recherche les avait retrouvés. Ces combats hivernaux autour de Kharkov avaient été particulièrement durs.

Peu de temps après avoir pris la ville, nous avons avancé vers le nord et avons été subordonnés au bataillon de *Schützenpanzer* (*SPW*), sous les ordres du fameux Peiper, qui allait entrer dans la légende. Les hommes du « *SPW* » ont pu apprécier l'agréable protection que nous leur offrions contre les tirs. En effet, vers la fin de l'après-midi, nous nous sommes de nouveau heurtés à un barrage antichar, que nous avons été en mesure de liquider rapidement et sans pertes. Le canon de 7,5 cm qui avait été installé dans les vieux et lourds *Panzer IV*, s'avérait être une arme de première qualité, tandis que les commandants et les pointeurs qui devaient mener les combats à bord du *panzer* étaient désormais expérimentés. Les positions des canons de défense russes étaient merveilleusement reconnaissables dans la lumière du soir. Traversant la neige profonde, nous sommes arrivés sur une hauteur lorsque nous avons aperçu plusieurs éclairs devant nous, au bord d'un village. Les obus se sont enfoncées près d'un *SPW* devant nous, mais ils ne l'ont heureusement pas atteint. Le *SPW* a immédiatement lancé des fumigènes pour se dérober au feu des antichars. Cela n'aurait pas été nécessaire, car en l'espace de quelques instants Borgsmüller, mon pointeur expérimenté, avait mis deux soldats russes hors d'état de nuire. Les autres tombèrent tout aussi rapidement entre les griffes des deux autres *panzers* de notre compagnie. Les gens du *SPW* nous exprimèrent toute leur reconnaissance par des signes. Nous ne pouvions toujours pas communiquer par radio - d'ailleurs l'armement allemand ne parviendrait pas à s'en charger avant la fin de la guerre !

Le lendemain matin, c'est de nouveau avec Peiper que nous sommes arrivés à Bjelgorod sous un soleil rayonnant – enfin escortés dans les airs par trois avions de chasse (Me 110). Nous avons rapidement traversé les lignes de défense russes pour avancer le plus vite possible vers le nord. En cours de route, notre « chevauché sauvage » a surpris un rassemblement de chars russes dans un village. Nous l'avons rapidement anéantie, sans cependant nous laisser retenir plus longuement, car comme le dit le proverbe, *« Was Ihr Euch erfahrt, braucht Ihr Euch nicht zu erkämpfen »* (si vous êtes assez rapides, vous vous épargnerez des combats, *NdT*) ! Il fallait atteindre Bjelgorod. Quelques T34 que nous n'avions pas vus dans notre hâte ont fait des difficultés à nos successeurs du groupe de combat, mais ils ont rapidement été neutralisés par un Tiger. Nous avions alors déjà atteint notre but depuis longtemps.

Manstein se trompe dans ses mémoires, lorsqu'il attribue la prise de Bjelgorod à la division de *panzers Großdeutschland*. Je conduisais moi-même le char de tête qui entra le premier dans Bjelgorod avec les *SPW* de notre division *Leibstandarte*, neutralisant au passage quelques véhicules russes pris au dépourvu. Au cours de l'après-midi, nous avons mené une petite attaque à l'ouest, précisément autour de la division *Großdeutschland* qui était placée à notre gauche et était visiblement confrontée à une défense plus forte que nous pour libérer le terrain.

Pour exploiter plus amplement notre succès et avancer jusqu'à Koursk, les forces ne suffisaient visiblement pas. Une avancée de notre groupe de blindés, placée sous la direction de Peiper, rencontra le lendemain matin une forte défense et fut démontée. Un *SPW* avait reçu un tir de plein front et brûla. Le chef de ce *SPW* était un des sous-officiers les plus expérimentés de Peiper. Comme le sort de l'équipage de ce blindé n'était pas encore clair au moment de notre départ, Peiper demanda à un blindé volontaire de retourner sur les lieux afin de se rendre compte de l'état de l'équipage. Il fallait s'attendre à ce que les Russes honorent cette tentative d'une attaque d'artillerie, comme ils venaient de le faire. Cette petite visite pouvait donc se transformer en opération suicide. Dans ces conditions, il est toujours difficile en tant que chef de compagnie de désigner un véhicule volontaire, aussi ai-je décidé de me rendre moi-même sur place. Les morceaux d'uniformes que j'ai ramenés ont servi de preuve du fait que tout l'équipage avait brûlé. Curieusement, les Russes n'ont pas dérangé mes investigations. Peiper se montra très reconnaissant ! Pendant l'opération « Citadelle », j'ai eu d'autres occasions de mériter la reconnaissance de Peiper, qui représentait pour moi plus que toute médaille. Avec ma compagnie, je roulais au sein du bataillon d'engins blindés légers de Peiper lorsque nous nous sommes retrouvés nez à nez avec un barrage antichar russe très étendu. Tel un hussard, Peiper l'agressa sans plus attendre tandis que je recevais un message radio de mon commandant qui me demandait de me rendre avec ma compagnie à un autre endroit du champ de bataille. Il me semblait cependant impossible d'abandonner les « boîtes à sardines » de Peiper, qui affrontaient l'attaque continue avec beaucoup de cran. Je me suis donc servi de l'astuce communément utilisée qui consistait à répondre « pas compris ». En entendant mon commandant jurer comme un charretier à l'autre bout de la ligne, je répondis une nouvelle fois « pas compris ». Lorsque je lui ai expliqué la situation après le succès de notre attaque, il approuva ma décision en bougonnant.

Une attaque de ce type sur un barrage de lourds antichars représentait une expérience efficace ! On roule en quelque sorte droit dans la gueule des canons ennemis, et chaque tir réussi est mortel ! Etant donné le niveau de la technique de tir des *panzers* de l'époque, nos propres tirs pouvaient tout au plus avoir un effet sur le moral de l'adversaire. Notre seule chance était la rapidité et nous en avons fait usage. Nous n'étions pas cette fois pris par la fièvre des attaques de cavalerie, il y avait bien trop de choses à faire pour un chef de compagnie de blindés pour succomber à une fièvre. Devant l'ampleur inhabituelle du risque, on se séparait cependant intérieurement quelque peu de soi-même. Les « Ivans » avaient été surpris par la rapidité de réaction de Peiper. Ils avaient été écrasés et leurs canons détruits. Peiper était doté d'une qualité que Frédéric le Grand appelait le « coup d'œil » (en français dans le texte, *NdT*) du donneur d'ordres, et qui désignait la faculté d'estimer très rapidement une situation et les possibilités tactiques qu'elle offrait. Après cette attaque, alors qu'il se tenait debout entre les « Ratsch-Bum (3)» russes détruits, Peiper nous a déclaré : « Ribbentrop, nous aimerions vous prendre avec nous » (dans son bataillon SPW*).* Il englobait bien entendu toute notre compagnie. Dans sa bouche, cette phrase représentait une appréciation non négligeable.

Il faut garder en tête que cette offensive de mars 1943, qui conduisit à la reprise de Kharkov et au gain de nombreux territoires, avait été menée par des divisions épuisées, qui avaient surmonté des combats de défense interminables et particulièrement éprouvants, sans renouvellement en hommes, en armes ou en équipement. La qualité des troupes et de leur direction compensait cependant toujours la supériorité en nombre des Russes. Même avec nos vieux *Panzer IV* démodés, nous nous sentions plus forts que les Russes, car nous réagissions plus vite et tirions mieux ! Il ne fait pas de doute que la troupe a un peu « trop habitué » notre haut commandement à cette supériorité et surtout – et cela doit être particulièrement souligné – à son engagement ! Le haut commandement s'est ainsi montré de plus en plus exigeant envers nous, jusqu'à ce que nous ne soyons tout simplement plus en mesure de répondre à sa demande ! Les divisions motorisées et les divisions de *panzers* étaient mieux loties sur le front que les divisions d'infanterie hippomo-

(3) Le surnom de „Ratsch-Bum" désignait un canon 7,62 russe, car de son tir on entendait tout d'abord le claquement sec du projectile, le « Ratsch », et après seulement le bruit sourd de l'impact, « boum ». Il semblerait que ce soit une construction allemande (Rheinmetall). C'était l'arme russe que nous, les blindés, redoutions le plus.

biles qui ont dû faire l'aller-retour jusqu'au Caucase en marchant dans le froid puis la chaleur. Avec son bataillon d'engins blindés légers et une audace proche de la folie, Peiper poussa jusqu'au Donez en février 1943, pour donner un coup de main à une division d'infanterie qui se battait à pieds. Son commandant (Postel), incapable de refouler son ressentiment envers cette *Waffen-SS* qui venait le sauver, s'enquit de manière quelque peu provocante sur l'état du ravitaillement au lieu de remercier Peiper.

Je me souviens si clairement d'une expérience pénible pendant l'opération « Citadelle » que je peux, aujourd'hui encore, en donner la date exacte. C'était le **11 juillet 1943**, un jour avant la grande bataille de Prochorowka dont je parlerai plus tard. Alors que nous nous trouvions dans un poste de commandement situé dans un passage (4) et sous un remblai qui allait jouer un rôle important le lendemain, on nous amena un lieutenant russe prisonnier. Entre nous, il ressemblait à un parfait germain car il était grand et doté d'yeux bleus, et il se tenait comme un officier. Une cigarette et un schnaps ont détendu l'atmosphère et une conversation qui n'avait plus rien d'un interrogatoire s'engagea entre lui et nous au sujet des perspectives de cette guerre. A un moment, il nous a dit : « soldat russe mauvais ravitaillement et bon moral, soldats allemand bon ravitaillement et petit moral. » Bien entendu, nous n'avons pas pris cette remarque pour nous, mais elle nous a pourtant profondément touchés. Dans notre subconscient, nous avions ressenti que Stalingrad avait entraîné une crise de confiance dans notre haut commandement. Sans la menace bolchevique et l'exigence d'une capitulation sans conditions de la part de Roosevelt et de Churchill, la guerre aurait pu se terminer plus tôt.

Mais est-ce que le commandement supérieur prendrait maintenant le temps de remettre à niveau les divisions expérimentées de l'Armée et de la *Waffen-SS* afin de tenir des réserves prêtes et de choisir des options stratégiques intelligentes? Cela n'a malheureusement pas été le cas ! L'une des maximes essentielles de la théorie militaire allemande, valable à tous les niveaux, résidait dans l'exigence de ne jamais se laisser dessaisir de l'initiative, sauf en cas d'extrême urgence. On peut également la définir comme un « dogme ». L'un des célèbres exemples cités pour cette maxime relate les opérations de Hindenburg et de Ludendorff pendant l'hiver 1914-1915 contre l'écrasant « rouleau compresseur » russe. Il avait été interrompu par des attaques multiples et ponctuelles venant de directions variées, jusqu'à ce que les conditions pour une contre-offensive de taille soient remplies. Mais l'armée tsariste placée sous les ordres de l'oncle du Tsar, le grand-duc Nicolas Nicolajewitch, n'était pas comparable à l'Armée Rouge placée sous les ordres de Joukow et en arrière-plan du dictateur Staline. Par ailleurs, le commandement supérieur allemand ne disposait pas de la flexibilité et de l'imagination du couple Hindenburg-Ludendorff. La particularité d'un « dogme » est justement qu'il ne s'applique qu'« au cas où », et qu'il ne remplace pas la pensée critique ! C'est ainsi que, pendant la phase de « remise à niveau », on commença très vite à préparer l'opération « Citadelle ». Le but était de couper le saillant de Koursk qui mordait largement sur le front allemand, c'est-à-dire d'isoler et d'anéantir les troupes russes qui s'y trouvaient, et de rectifier ainsi la ligne de front.

L'arrière-plan politique de cette entreprise était cependant différent. Comme je l'ai déjà mentionné, dès 1942 c'est-à-dire après le débarquement des alliés en Afrique mais avant Stalingrad, Père avait sans cesse tenté de pousser Hitler à sonder Moscou pour savoir s'il y avait une possibilité de trouver un arrangement avec l'Union Soviétique. La réponse de Hitler était qu'il fallait d'abord avoir une victoire militaire comme base de négociations. Selon l'avis de Père, la consolidation du front de l'Est et la reprise de Kharkov remplissait déjà cette condition. Mais Hitler tenait absolument à l'opération « Citadelle » !

La veille de l'attaque, Hitler avait lancé un ordre du jour, dans lequel, si mes souvenirs sont bons, il insistait sur l'importance toute particulière de cette bataille, bien qu'il ne s'agisse évidemment pas d'une opération militaire décisive pour la guerre. On peut voir cette insistance comme un indice qu'il se promettait un succès militaire avec cette opération localisée, qui lui garantirait ainsi

(4) Ce passage est montré dans l'émission de la ZDF (chaîne de télévision allemande, NDE) sur la bataille de panzers de Prochorowka évoquée plus loin, mais dans un autre contexte.

la base de négociation à ces yeux nécessaire pour parler avec les Russes. Comme nous l'avons mentionné, Père avait tenté une nouvelle fois de pousser Hitler à sonder le terrain en vue d'un armistice avec la Russie après que le front de l'Est ait été stabilisé avec la prise de Kharkov.

Groepper, futur ambassadeur de la République fédérale d'Allemagne à Moscou, a confirmé que Père avait à maintes reprises tenté de pousser Hitler à entreprendre ces négociations. Il avait été chargé des premières démarches pour tâter le terrain à Stockholm. Il avait rencontré Schulenburg et Hilger dans un train lors d'une mission dans les Balkans, qui lui avaient dit qu'ils « espéraient le voir rouler dans une autre direction ». Groepper confirma formellement que l'action avait été initiée par Père et que Hitler l'avait fait échouer.

Pendant ces combats hivernaux, alternant la défense et l'attaque contre un adversaire toujours supérieur en nombre, nous avions acquis une solide expérience des blindés. Sans l'exprimer ouvertement, nous réalisions qu'une « victoire sur la Russie soviétique » se trouvait désormais au-delà du réalisable. Notre position militaire devait cependant être stabilisée à long terme, pour gagner du champ de négociation – tout au moins à mes yeux. C'était ce que je m'étais dit lorsque l'on nous avait parlé pour la première fois de « l'opération Citadelle ».

Notre division avait préparé de manière intensive cette offensive à « objectif limité », comme on désignait dans le jargon spécialisé les opérations qui n'étaient pas décisives pour la suite de la guerre. Le terrain d'attaque prévu pour notre division avait été reproduit en miniature dans de grands bacs à sable. Les dispositions d'attaque et toutes leurs variantes ont ainsi pu être discutées de nombreuses fois, en présence de tous les chefs et du commandant de compagnie. Ainsi avons-nous parfaitement illustré la maxime prônée par la direction militaire allemande, selon laquelle la connaissance précise de la situation et des objectifs donnés constitue la condition de base pour une action adéquate et, le cas échéant, la liberté d'initiative individuelle à tous les niveaux de direction.

Cependant, l'offensive elle-même, prévoyant deux bras d'une pince qui devait couper le saillant de Koursk, a été placée au nord de Bjelgorod et au sud d'Orel, c'est-à-dire aux deux points que tout aspirant, même totalement dépourvu de fantaisie, aurait choisis pour attendre ou provoquer une attaque. N'existait-il sur tout le front de l'Est aucun autre emplacement pour attaquer l'adversaire par surprise et en tirer une victoire, ne serait-ce que modeste ? La fameuse rectification du front opérée par Ludendorff en 1917, grâce au retrait dans la dénommée ligne Siegfried, n'aurait pas pu servir d'exemple pour la manière dont il fallait ménager ses unités pour développer des réserves opérationnelles ? Sous le commandement de Hitler, la direction militaire allemande semblait avoir perdu toute créativité !

Les commandants de compagnie, dont j'étais, ont pu jeter un coup d'œil sur les cartes des positions ennemies. Elles ne présageaient rien de bon. Plus nous attendions, plus les signes rouges qui matérialisaient les installations de défense et les unités de troupes russes sur la carte se multipliaient et se densifiaient. L'explication de ce retard était que Hitler voulait absolument que le nouveau char, le *Panther*, soit opérationnel pour cette attaque (5).

C'est ainsi que le **5 juillet 1943**, nous nous sommes attaqués à un adversaire pleinement préparé à se défense, auquel nous avions laissé le temps de contrer de manière optimale l'attaque allemande et de se retrancher. Le corps des *panzers* de la *SS* devait attaquer les Russes à leur point le plus fort, celui du front d'attaque sud, c'est-à-dire exactement à l'endroit où ils nous attendaient. Durant des journées entières, nous nous sommes battus au milieu d'installations de défense toujours renouvelées, de champs de mines et de tranchées. Nous repoussions sans cesse des contre-attaques avec nos *panzers*.

Le **11 juillet**, nous avons enfin conquis une dernière tranchée devant la petite ville de Prochorowka. Avec celle-ci, c'étaient toutes les lignes de défense de l'adversaire que nous avions percées.

(5) Un dernier point concernant le supposé meilleur armement et équipement des divisions de la Waffen-SS : Les bataillons de Panther pour « Citadelle » restèrent exclusivement réservées à l'Armée de Terre *(Heer)*, la Waffen-SS ne bénéficiant que plus tard de bataillons de Panther.

Nous attendions dans nos véhicules l'ordre d'attaque sur Prochorowka, qui se trouvait sous nos yeux. Grâce à nos puissantes jumelles, nous avons cependant pu observer les contre-attaques massives de Russes contre la division qui se trouvait à notre gauche, au-delà du ruisseau Pschel. C'était la raison pour laquelle l'ordre d'attaquer n'avait pas encore pu être donné.

Nous étions postés sur le sommet de la hauteur entre le terrain marécageux du Pschel et la ligne de chemins de fer Kharkov-Koursk, et contenions notre impatience. Que faisait-on de l'ordre d'attaque ? Rien n'est plus désagréable que de se retrouver exposé aux tirs ennemis sans pouvoir agir. Dans ces moments, je disais parfois au pointeur « fais-moi une tartine ». Il gardait le ravitaillement de l'équipage dans une boîte de munitions qui était placée à ses pieds sous le sac contenant les douilles d'obus tirées. L'équipage comptait cinq hommes. Le commandant, c'est-à-dire moi-même dans le cas présent, se trouvait dans la tourelle. Le pointeur se trouvait plus bas que moi, sur la gauche et devant moi. A l'aide d'indications précises, le commandant avait pour tâche de mener son pointeur très rapidement vers l'objectif fixé, car sa lunette de visée ne lui offrait qu'un champ de vision réduit. Cette collaboration entre le commandant, le pointeur et le conducteur était souvent une question de survie. Le conducteur devait être dirigé en permanence mais il devait aussi profiter de toute possibilité de couverture et éviter à tout prix de rester bloqué. C'était en réalité l'homme le plus important de l'équipage, car il était responsable de l'avancée du véhicule. Le commandant était relié par radio au pointeur, au conducteur et au radio. Le pourvoyeur ne voyait ni n'entendait rien, mais il devait veiller à ce que le canon soit toujours chargé de l'obus adéquat (obus perforants pour cibles blindées ou obus explosifs), et que la mitrailleuse soit toujours en état de marche. De chaque membre de l'équipage pouvait dépendre la vie ou la mort de tous. On peut imaginer à quel point ces expériences communes soudent une équipe.

Le pourvoyeur venait de se pencher pour atteindre la boîte de ravitaillement, lorsqu'un coup sec retentit. Il se releva et me présenta son bras qui saignait. Une fois de plus, nous avions eu beaucoup de chance, et lui en particulier. Un léger antichar russe, situé sur notre flanc, nous avait tiré dessus et percé le côté droit de la tourelle. Le projectile s'était disloqué au contact de notre canon et l'avait grièvement blessé. S'il ne s'était pas baissé à ce moment précis, il l'aurait reçu en plein corps et aurait certainement été mortellement touché.

Les journées d'attaque passées nous avaient coûté de lourdes pertes. Sur les 22 véhicules avec lesquels ma compagnie était arrivée le 5 juillet, seuls 7 étaient en état de marche le 12 juillet au matin. Les autres avaient été détruits par l'ennemi ou ils se trouvaient en réparation à l'atelier. A part moi, un seul autre officier de la compagnie était encore là.

Le côté russe attendait donc l'attaque allemande, et était parfaitement préparé. Pour couronner le tout, la direction militaire allemande avait fait le plaisir aux Soviets de les agresser exactement à l'endroit où ceux-ci les attendaient. Elle avait renoncé à l'effet de surprise et faisait finalement exactement ce que son adversaire attendait d'elle. Avait-on oublié les leçons enseignées par l'histoire de guerre en Allemagne ? Elles prédisaient qu'une victoire contre un ennemi supérieur en nombre n'était envisageable qu'à l'aide d'une stratégie surprenante et inhabituelle. Le succès de la campagne de l'Ouest n'était-il pas un bon exemple de la justesse de cette maxime ?

Les Russes avaient aussi l'avantage de la « ligne interne », c'est-à-dire qu'ils pouvaient emprunter un raccourci pour diriger leurs réservistes vers les points du front les plus menacés. C'est près de Stary Oskol, exactement sur la corde du saillant de Koursk, qu'ils avaient placé leur réserve d'attaque, la 5e armée blindée de la Garde. Du côté allemand, aucune unité de réserve de ce nom ne se tenait à notre disposition pour « nourrir en profondeur » - cette expression spécialisée désigne l'amplification d'une victoire grâce à l'apport de nouvelles forces - l'attaque après la percée des installations de défense russes.

Jusqu'au 11 juillet 1943, le corps des *panzers SS*, placé au milieu du front d'attaque, était parvenu à s'engager profondément dans le front russe. Le 11 juillet au soir, il y avait à la tête de ce corps cunéiforme le « groupe blindé » de la *1.SS-Panzer-Division* qui portait le nom de *Leibstandarte*, et dont ma compagnie faisait également partie. Nous nous étions mis au repos à l'arrière d'un long talus, derrière une tranchée russe, en attendant que les deux divisions voisines nous rejoignent. Le lendemain matin, nous devrions prendre Prochorowka – une étape importante sur la route de Koursk.

Le matin du **12 juillet**, nous avons entendu très tôt le cliquettement irrégulier du moteur à deux temps de la moto *DKW* de l'agent de liaison, qui apportait généralement un nouvel ordre. Mon équipage et moi étions allongés sous le char, plongés dans un profond sommeil, mais le bruit désagréable du moteur auquel j'étais maintenant habitué m'avait réveillé d'un coup. Afin d'éviter des pertes inutiles sous les tirs de diversion ennemis, j'avais demandé à l'équipage de s'allonger sous les *panzers* pour dormir, aussi devais-je donner l'exemple. Lorsque nous nous glissions sous notre char pour la nuit, notre subconscient gardait en mémoire que le front était agité ! On entendait les tirs de chars et d'artillerie, tandis que des avions alliés et ennemis hantaient l'air ! Le cri « « Chef de compagnie au commandant ! » ne tarda pas à se faire entendre. Mon commandant - qui avait visiblement été tiré du sommeil profond de l'épuisement – m'ordonnait d'aller « jeter un coup d'œil » car l'infanterie avait cru entendre des bruits de chars du côté ennemi. J'ai ordonné à ma compagnie de se tenir « parée au combat». J'ai enfourché un side-car et me suis mis à la recherche du commandant du bataillon d'infanterie qui se trouvait devant nous, en position sur les hauteurs. Notre échange d'informations ne donna aucun résultat significatif, lui non plus ne disposait d'aucune annonce précise. J'ai donc chargé un sous-officier expérimenté de retourner au poste de commandement au volant du side-car, et de me tenir au courant de la situation le plus rapidement possible.

C'est donc à pied que j'ai fait le trajet du retour vers mon *panzer*, par une magnifique matinée d'été. L'officier de la compagnie m'a signalé qu'ils étaient parés au combat. Mon pointeur m'a donné une tartine et un gobelet d'Ersatz de café brûlant. Comme j'allais pouvoir le constater, le juteux intendant avait tout juste eu le temps de nous apporter le ravitaillement matinal. En mon for intérieur, je jurais un peu car, lors de la distribution des ordres par le commandant, la veille, ma compagnie avait été désignée compagnie de réserve. Nous avions donc nourri l'espoir de nous offrir, pour une fois, quelques heures de sommeil. Au lieu de cela, nous nous retrouvions dans cette situation inconfortable et devions nous tenir prêts à combattre à tout instant.

Le soleil déjà chaud promettait une belle journée d'été. En voyant quelques instants plus tard un mur de fumée violette s'élever devant nous, sur les hauteurs, j'ai réalisé à quel point la journée allait être brûlante. Cette fumée provenait de ce que nous appelions des obus fumigènes, et qui devaient nous signaler une « menace de chars ». La quantité de faisceaux de fumée violette en disait long sur l'attaque massive de chars qui semblait s'annoncer. Soudain, j'ai aperçu mon officier de compagnie dans un épais nuage de fumée. Le poing levé, il dévalait la pente sur sa moto. C'était le signe prévu pour un « rassemblement immédiat » ! Etait-ce la 5e armée blindée de la Garde qui entrait dans la bataille ? Nous savions qu'elle était stationnée près de Stary Oskol. Nous allions très vite l'apprendre !

J'avais depuis longtemps donné les ordres nécessaires. A cet instant, il s'agissait de réagir sans attendre d'ordres. Nous, les jeunes officiers, avions reçu une formation basée sur la maxime allemande nous autorisant à agir de manière indépendante si la situation l'exigeait, dans le cadre du contrat général et de la situation donnée. De nos jours, on appelle ce principe *Auftragstaktik,* « la tactique du contrat ». Pendant notre formation d'officier, nous étions sans cesse confrontés à de nouvelles situations et devions établir une « estimation de la situation » ainsi que la « décision » qui devait en découler. L'« estimation de la situation » et la « décision », voilà les véritables « secrets » de l'armée allemande ! Une maxime que l'on devrait systématiquement appliquer dans la vie civile !

J'ai crié à l'attention de mon officier de compagnie Malchow, un homme aussi sympathique que courageux : « Nous nous plaçons sur l'arrière du talus et tirons sur les Russes. Place-toi un peu plus à gauche (avec ta section) ! » Nous n'avions pas de contact direct avec la division voisine, ce qui offrait aux Russes une chance de nous prendre de flanc. Heureusement et à mon grand étonnement, ils n'en ont pas vraiment pris conscience.

Comme lors d'un exercice de terrain, la compagnie s'est dispersée aussi vite qu'elle le pouvait le long du talus. Ces jeunes soldats qui étaient assis dans les *panzers* ou qui les dirigeaient ont pris leurs postes dans la formation au combat avec la routine des vieux guerriers. Nous avons roulé sur une petite vague formée par le terrain. Devant nous, à une distance d'environ 100 mètres, se trouvait le petit talus derrière lequel je voulais positionner mes véhicules. C'est alors que nous avons reconnu à 800 mètres sur notre gauche, dans une dépression du terrain, des chars russes qui nous encerclaient. Pour nos pointeurs avertis, c'était la distance idéale pour tirer, et quelques T34 ont immédiatement pris feu.

A cet instant, dix, vingt, trente et bien plus de chars T34 chargés de leur infanterie sont apparus à moins de cent mètres de nous, fonçant dans notre direction en submergeant leur propre infanterie. En mon for intérieur, je me suis dit « c'est fini », nous n'avions plus aucune chance de nous en sortir ! Les deux véhicules situés à ma droite ont immédiatement été touchés et se sont enflammés comme des torches. (6) J'ai juste eu le temps de voir l'un de mes meilleurs commandants sauter hors de sa tourelle. Nous ne l'avons plus jamais revu. Il me semblait partager le sentiment de l'infanterie, autrefois, lorsqu'une attaque de cavalerie se lançait à sa rencontre. J'avais depuis longtemps poussé le pointeur qui se trouvait à mes pieds vers la droite, ce qui signifiait « tourne le canon vers la droite, danger maximal », une réaction presque automatique ! J'entendais déjà mon conducteur Schüle crier dans l'interphone de bord : « *Oberstumrführer*, vous voyez ça ? A droite ! A droite ! Ils arrivent ! » Je ne les voyais que trop bien. Mais sans plus attendre, mon pointeur envoyait son premier tir et un T34 explosait littéralement. A très courte distance (20 ou 30 mètres), nous avons détruit deux autres T34. Ils nous ont bientôt contournés par la droite et par la gauche, tellement proches que nous aurions pu les toucher et que nous pouvions regarder les visages des fantassins russes juchés dessus. Leur flot ininterrompu filait devant nous sur la vague formée par le terrain. Nous avons été sauvés par le fait que les T34 n'avaient pas encore, à cette époque, de commandant dans leur tourelle. Le T34 était dirigé par le pointeur qui ne disposait pas d'une visibilité à 360 degrés comme nous. Il ne voyait qu'une petite parcelle du champ de bataille qu'il visait avec sa – mauvaise – lunette de visée. C'est sans doute pour cette raison que les Russes ne semblaient pas encore nous avoir découverts, bien que nous étions placés au beau milieu du champ, en plein soleil.

Dans l'instant qui suivit, la situation changea de manière dramatique. Un T34 qui nous avait repérés s'immobilisa à environ trente mètres sur notre droite, se balançant légèrement sur ses suspensions. Son canon se tourna vers nous, de telle manière que je puisse regarder directement dans son embouchure. J'ai immédiatement crié au conducteur « pleins gaz, accélère, accélère » dans le laryngophone. Nous devions immédiatement disparaître du champ de vue des Russes, c'était notre seule chance de nous en sortir ! Comme je l'ai déjà dit, les situations périlleuses font parfois naître des idées lumineuses. La pensée suivante me traversa donc l'esprit à cet instant : la dernière chose que tu veuille ramener de cette terre est une boule de feu russe tirée à trente mètres de distance, ce qui veut dire : mortelle. Schüle, mon conducteur – c'était un des meilleurs conducteurs du régiment – a immédiatement mis notre lourd *Panzer IV* en route et nous avons roulé le plus rapidement possible au devant des colonnes de chars russes. Nous avons dépassé notre adversaire de quelques mètres, alors qu'il tentait désespérément de nous suivre avec son canon. Heureusement, nous avons su disparaître à temps de son champ de vision. A quelques mètres de nous, de nouveaux chars russes nous doublaient sans interruption par tous les côtés. Nous avons fait demi-tour juste derrière notre « adversaire » pour envoyer à cinq mètres de distance un obus sur sa tourelle. Le T34 a littéralement volé en éclats. Sa tourelle a même failli tomber sur notre canon. J'ai murmuré dans notre radio de bord : « celui-là n'essayera plus de nous descendre ! ». Mon pointeur a hoché la tête en souriant. Dans ces moments-là, on ne réalise pas que l'on a envoyé dans l'au-delà quatre braves soldats de blindés russes, qui se battaient eux aussi pour leur patrie. La seule loi qui valait alors était l'implacable « c'est toi ou moi ! », ce qui signifiait « si l'un d'entre nous doit aller en enfer, alors je préfère que ce soit toi ! » Mes deux autres *panzers* brûlaient, tout près de nous.

(6) Dans un film télévisé diffusé sur la chaîne allemande ZDF et relatant la journée de Prochorowka, un commandant des chars russe raconte ces deux tirs.

Et pourtant, j'étais parfaitement conscient du fait que nous serions sans doute les prochains sur la liste. Notre seule chance était de rester à tout prix en mouvement, car le char russe ne pouvait pas avoir de vision d'ensemble à cause de sa mauvaise visibilité. Nous avons traversé la horde de chars russes pour rejoindre notre propre division (7, 8) qui était positionnée dans la tranchée dont j'ai déjà parlé, à environ 800 mètres en arrière. Elle ciblait systématiquement les Russes qui descendaient le talus. Sous mon nom de code quelque peu ridicule du jour, « Kunibert », je lançais sans interruption des signaux radio aux autres compagnies pour qu'elles ne nous tirent pas dessus car nous roulions au milieu de l'ennemi. Pendant ce temps, nous détruisons tous les chars russes qui nous dépassaient. Ils étaient en effet bien plus rapides et plus maniables que nos vieux *Panzer IV*. Soudain, le pourvoyeur a crié : « j'ai besoin d'obus perforants pour blindés ! ». Il faut savoir que, dans l'espace de combat exigu des *panzers*, les pourvoyeurs ne pouvaient stocker qu'environ 18 à 20 obus, parmi lesquels se trouvaient aussi des obus explosifs. Ceux-ci n'étaient cependant utilisables que sur les cibles non blindées. Le reste du stock en obus du *panzer* était dispersé dans tout le véhicule. Dans des conditions extrêmes, il fallait donc sans cesse, sortir des quatre coins du véhicule des obus pour blindés et les donner à notre pourvoyeur. Il faut s'imaginer ce que cela impliquait : chacun était long d'environ un mètre, ce qui représentait un encombrement presque dramatique de l'exiguïté du *Panzer*. Pendant qu'il conduisait, le conducteur devait le sortir de son support et le rendre au pointeur qui devait alors quitter son système optique, laissant le véhicule sans possibilité de défense. Chaque fois qu'un nouvel obus était dans la culasse, nous nous immobilisons pour détruire un T34. En tant que commandant, j'étais le seul à disposer d'une vision d'ensemble, et j'observais donc les « camarades ennemis » passer à quelques mètres de nous ou nous dépasser. Si l'un d'entre eux nous remarquait, c'en était fini pour nous. Dans le fond, nous n'avions aucune chance de survie. A un moment donné, un char russe tirant un antichar et surmonté de son infanterie, nous dépassa de quelques mètres. Les soldats de l'Armée Rouge nous ont repérés et ont lancé un regard horrifié sur l'embouchure de notre canon. « Arrête-toi ». A peine avais-je eu le temps de passer cet ordre au conducteur que, déjà, le coup partait, un impact dévastateur à tout au plus 20 mètres de distance. Mon nouveau pointeur Hoppe (mon pointeur expérimenté Felden avait été évacué quelques jours auparavant pour cause de maladie, Borgsmüller lui avait déjà été envoyé à l'école de guerre après les combats de Kharkov) tirait merveilleusement bien, aidé par le conducteur Schütze qui parvenait avec beaucoup d'agilité à manier le lourd *panzer* à travers le chaos des chars russes en feu et des véhicules allemands. Le radio Bergner saccageait toute l'infanterie russe avec sa mitrailleuse, (9) tandis que le pourvoyeur, qui ne pouvait rien voir, extrayait avec beaucoup de calme les obus des quatre coins du véhicule pour recharger le plus rapidement possible le canon. Notre vie en dépendait. Les cibles fourmillaient tout autour de nous, à proximité immédiate. La formation intensive au combat de nos garçons faisait maintenant ses preuves ! Ce dressage au combat, si souvent objet de railleries, était la condition pour que même au cœur du plus grand danger et dans les conditions les plus extrêmes, chaque manipulation soit faite avec exactitude ! Qui peut comprendre aujourd'hui la fascination que cela représentait de surmonter avec une équipe parfaitement entraînée des situations aussi dangereuses que celle-ci, quand – oui quand – le petit quota de chance de chacun lui restait fidèle et que l'on survivait ! Les remerciements de l'équipage le soir pour le commandement du véhicule dans cette bataille sauvage étaient la plus belle récompense !

(7) Cet épisode est également décrit dans l'émission de la ZDF par un officier des blindés russe qui était présent au moment des faits

(8) Les grenadiers, qui étaient en sécurité dans un remblai situé à notre droite, ont pu observer les faits. L'un d'entre eux m'écrivit après la guerre : « ...nous avons tous les quatre observé les événements... et aucun d'entre nous n'a compris ce qui se tramait. J'ai aussi observé votre manège autour du T34, c'était plus tôt. Nous avons beaucoup ri quand nous avons vu comme vu l'aviez eu... J'ai vu comme vous vous êtes élancé le premier avec votre P4, et que les uns après les autres ont été détruits, non sans faire un riche butin parmi les agresseurs. Soudain j'ai vu qu'un P4 (Panzer IV) s'était immiscé dans les rangs des Russes. Il était parfaitement aligné sur leur attaque en direction de la tranchée, et tirait sans interruption dans la même direction. Jusqu'à ce que je réalise que ce « chien fou » abattait l'un après l'autre ses nouveaux amis. Les Russes n'y ont vu que du feu... » (Lettre de l'ancien *Oberscharführer* Wilhelm Rogmann, Freiberg i..Sa. du 7 janvier 1991 et 3 février 1991)

Sur le champ long de près de 800 mètres et large de 400 mètres se déroulait une véritable apocalypse. Les Russes tentaient du mieux qu'ils le pouvaient de rejoindre leur propre tranchée, où ils devenaient la proie facile de notre défense. Partout des chars russes, dont certains avaient roulé contre les autres, brûlaient. En se consumant, le diesel laissait s'échapper un épais nuage de fumée. Entre les chars, les soldats d'infanterie russe qui avaient sauté de leurs véhicules et essayaient désespérément de s'orienter, devinrent les proies faciles de nos grenadiers et artilleurs qui se trouvaient également sur le champ de bataille. Nous avons écrasé des pauvres hommes en leur roulant dessus par derrière, car ils ne s'attendaient évidemment pas à ce qu'un *panzer* se trouve au milieu des leurs. L'ensemble créait un tableau infernal que l'on a rarement l'occasion de voir avec une telle densité pendant la guerre ! Les chars russes attaquants – il semblerait qu'ils étaient plus d'une centaine – ont tous été éliminés. Un officier des *Panzers* qui était sur les lieux expliqua dans l'émission de la *ZDF* que j'ai déjà évoquée : « Ils se jetaient dans leur propre mort ! ». Il paraît qu'au lendemain de la bataille, le général qui nous commandait, le fameux « Papa Hausser », ait compté à l'aide d'une craie les chars russes éliminés, tellement le nombre annoncé lui semblait incroyable. Comme tous les Russes que nous avions détruits se trouvaient derrière la première ligne, il a cependant très rapidement pu se rendre à l'évidence. Les signalements de chars détruits posaient toujours problème lorsque plusieurs différentes armes (blindé, antichar, artillerie etc.) participaient à l'attaque. Comme chaque arme aimait à revendiquer un maximum de tirs, il y avait souvent des doubles comptages.

Nous avons finalement pu nous isoler quelque peu des chars russes en prenant position derrière la carcasse d'un T34. De cet endroit, nous pouvions poursuivre la destruction des chars restants. C'est à ce moment que le pointeur s'est écrié « mon œil ! ». Nous avions reçu un tir sur l'embout du système optique du pointeur, aménagé dans le blindage avant du véhicule. Sous le choc, le système optique a été violemment propulsé en arrière, blessant grièvement le pointeur qui était en train de viser. Nous étions désormais hors d'état de combattre. J'ai sorti le véhicule de la ligne de combats et l'ai conduit a un endroit abrité, 100 mètres plus loin. C'est là que je suis tombé par hasard sur un véhicule de ma compagnie qui venait dans ma direction. Il sortait tout juste de l'atelier de réparation. J'ai donc pu changer de véhicule en emmenant mon équipage expérimenté, à l'exception de mon pointeur, ce qui m'attira les protestations de l'ensemble de l'équipage. L'engagement de l'époque était énorme, même de la part des hommes venus de la *Luftwaffe*. Il faut comprendre cela : de l'endroit où nous nous trouvions, les hommes avaient une vision d'ensemble sur ce champ de bataille infernal, et pourtant ils souhaitaient rester avec leurs camarades et mettre leur vie en jeu. Au contraire de ce qui se passe de nos jours, il y avait à l'époque un code de l'honneur qui poussait un homme à s'engager pour sa patrie au péril de sa vie, tout comme on se jette à l'eau pour sauver un noyé.

Nous avons réalisé un impressionnant combat de défense. Avant midi, la contre-attaque immédiate à laquelle j'ai pu participer avec mon véhicule de rechange nous permit de récupérer quasiment

(9) Le journal de mon radio Bergner n'a été mis à ma disposition par son frère qu'en juillet 2001. Peu de temps après cette bataille, Bergner avait été grièvement blessé et tiré de son panzer pour être chargé sur une ambulance blindées qui subit quelques instants plus tard une attaque fatale pour Bergner. Il décrit le 12.07.1943 :

« Alarme de Panzers pour tous. Intervention immédiate requise. Avec nos 7 panzers restants sur les 22 dans jours précédents. Nous roulons rapidement vers les hauteurs, où l'infanterie tire des cartouches fumigènes violettes, dans une quantité telle que nous supposons qu'il s'agit d'une attaque importante de panzers. Et soudain, ils sont là. A 20 mètres de nous un T34 et devant des panzers partout, comme un troupeau devenu fou. Un grondement, un cliquetis, un bourdonnement, de la poussière et de la fumée à perte de vue. Il faisait presque nuit. Est-ce que cela signifie notre fin à tous. Un sursaut soudain… Nous nous sommes vite remis de ce choc. Et déjà, l'un des panzers de la masse était neutralisé. Nous tirions de la plus courte distance. Au beau milieu du troupeau de panzers, nous nous sommes retournés et les avons abattus par derrière. Sans nous faire remarquer. L'infanterie russe assise sur les chars nous vit à plusieurs reprises, mais alors il était déjà trop tard pour elle et mon MG y contribuait largement. Le grand danger était de passer entre les chars touchés sans être nous-mêmes atteints par un tir, non seulement par les Russes mais aussi par les panzers des autres compagnies, qui s'étaient mis en position dans la tranchée. En l'espace d'une demi-heure, notre pointeur de l'époque, Kurt Hoppe, avait détruit 14 chars. Au bout d'une heure, plus de 125 chars ennemis touchés gisaient dans le secteur de combat de notre division, large d'environ 500x1000 mètres… A midi, nous sommes montés sur la hauteur sur laquelle les Russes voulaient nous surprendre. Ils n'y sont pas parvenus. Nous nous sentions comme après une victoire sur une puissance nettement supérieure.

toutes les anciennes positions, contre étonnamment peu de pertes. Le bataillon ne se plaignait que de quatre pertes totales de *panzers*, parmi lesquels les deux véhicules qui avaient été attaqués dès le début de l'attaque russe, tout près de moi. Nous pouvions ressentir une certaine fierté en regardant le champ de bataille parsemé de carcasses de chars russes. Et pourtant, ne croyez pas que nous nous sentions « héroïques ». Compte tenu du danger imminent et permanent, nous n'avions fait que ce qu'il fallait faire et avions eu de la chance (l'idée même de « remplir notre devoir » ne nous était pas venue à l'esprit à ce moment, tellement elle était évidente). Un an plus tard, au moment de l'appel du soir, alors que nous nous reposions pour quelques heures sur le front d'Invasion, l'adjudant de compagnie nous a lu un récit tiré d'un journal allemand. On y parlait d'un «jeune héros de la Division *Hitlerjugend* ». Il le commenta sèchement à notre intention : « alors maintenant vous savez ce que vous êtes, des héros ! » A Noël 1943, j'ai défendu auprès de jeunes équipes fraîchement arrivées l'opinion selon laquelle l'on faisait beaucoup de bruit autour de cet héroïsme (dans mon souvenir, j'avais utilisé une expression bien plus familière), alors que nos mères avaient risqué leur vie pour nous mettre au monde sans se poser de questions. J'ai reçu pour cette tirade la reconnaissance aimable de mes supérieurs, tous très décorés (« vous l'avez très joliment exprimé »). En tant que soldat, on devient très vite insensible aux grandes déclarations !

L'attaque surprise sur le front d'offensive allemand le plus avancé – avec quelques éléments de la 5e armée blindée de la Garde, qui avaient été acheminés pendant la nuit - a été menée de manière très étrange par la direction russe. Les Russes devaient forcément se rendre dans leur propre tranchée, qui était clairement signalée sur les cartes que nous avions prises. En chemin, ils auraient très aisément pu nous prendre de flanc, car comme je l'ai déjà dit, il n'existait qu'un contact lâche entre nous et la division voisine.

Si importante que soit la destruction de 100 chars russes, cette journée de combats marqua cependant un revirement dans la bataille. La quantité de chars que les Russes pouvaient rassembler nous a beaucoup fait réfléchir. Si les grenadiers par la lutte rapprochée et l'artillerie par le tir direct, avaient contribué de la manière la plus courageuse aux combats, notre bataillon de *panzers* pouvait naturellement compter à son actif la majeure partie des chars détruits. Elle disposait à ce jour d'environ 25 véhicules de combat restants. La fameuse « bataille de Prochorowka » du 12 juillet 1943 devait être la plus grande mobilisation de chars sur un petit espace de toute la guerre.

Nous avions cependant le sentiment infaillible que l'offensive s'était embourbée. Nous ne voyions plus de chance pour nous de gagner du terrain face à un adversaire nettement supérieur, à moins que de nouvelles forces ne soient acheminées. Mais celles-ci ne se trouvaient pas à notre disposition. Le lecteur peut-il s'imaginer le quotidien d'un petit officier des *panzers*, portant la responsabilité d'innombrables soldats allemands confrontés à un adversaire largement supérieur en nombre et particulièrement dur ? Nous manquions de matériel de guerre et souffrions physiquement et moralement des conditions extrêmes et d'un épuisement total. Et malgré tout cela, nous refoulions cette pensée qui nous disait que nous n'avions aucune chance de survie.

A posteriori, je me dis que l'opération « Citadelle » était une erreur. Entreprise trop tard et dotée de forces trop faibles, placées à des endroits où l'ennemi nous attendait, les divisions de *panzers* qui venaient d'être remises à niveau se sont usées. Au moment où la contre-attaque russe est arrivée avec violence, nos divisions n'étaient plus disponibles. Les grands succès tactiques que le Corps de *panzers SS*, en tant que groupe fort de l'offensive, avaient remporté, ne pouvaient pas cacher le fait que « Citadelle » s'était terminée par une lourde défaite. La contre-offensive des Russes repoussa très loin le front allemand, et nous mena de nouveau au bord de l'effondrement. Les conditions exigées par Hitler pour entreprendre des tentatives de paix n'ont pas pu être remplies. L'absence d'imagination avec laquelle « Citadelle » avait été menée allait désormais caractériser la direction allemande jusqu'à la catastrophe finale.

A partir de 1941, il n'y a plus eu de politique étrangère allemande à proprement parler. Malgré les demandes pressantes de son Ministre des Affaires étrangères, Hitler interdisait sans cesse que l'on sonde le terrain en vue de négociations avec les Russes. En 1942, il était un homme brisé, figé, qui ne disposait plus de l'énergie nécessaire pour trouver des solutions. Hitler ne bloqua pas seulement d'importantes décisions militaires, mais aussi les tentatives de son Ministre des Affaires étrangères qui tentait désespérément de trouver des issues politiques. Or, sans l'accord de Hitler, celles-ci n'avaient aucune chance d'aboutir.

Je devrais à cet endroit signaler en aparté un événement qui pourrait avoir une certaine signification concernant des contacts avec la Russie soviétique. Le fils de Staline, qui était lieutenant, avait été fait prisonnier par les Allemands en 1941. Un jour, il se jeta dans les barbelés du camp d'internement et fut tué par un garde. Mère qualifia cet événement de « grave erreur ». D'après elle, Père était hors de lui ! Elle rendit Himmler responsable, non d'avoir voulu la mort du fils de Staline, mais de n'avoir pas suffisamment veillé à la sécurité de son « otage » ! Bien entendu, Père pensait alors à une possibilité de prise de contact avec les Russes. Himmler avait emprisonné le fils de Staline avec des officiers anglais, qui ne lui avaient pas facilité la vie en captivité. Il semblerait qu'il se soit jeté dans la mort par désespoir. Il y a quelque temps, le petit-fils de Staline, Dschugaschwilli, le fils de ce lieutenant, m'a confirmé cette version lors d'une conversation téléphonique.

A Nuremberg, Père avait écrit :

> « Après la trahison du gouvernement de Badoglio en septembre 1943, j'ai fait une nouvelle tentative énergique (après la proposition déjà évoquée dans le train près de Bamberg en 1942). Cette fois, Hitler se montra moins hostile. Il regarda une carte avec moi et dessina lui-même une ligne de démarcation sur laquelle on pourrait s'accorder avec les Russes. Lorsque je lui demandai les pleins pouvoirs, il me pria de le laisser réfléchir à la question jusqu'au lendemain. Mais le lendemain, il n'était plus convaincu de cette solution... Je sentais que des forces confortaient sans cesse Hitler dans sa volonté intraitable de ne pas s'entendre avec Staline. Lorsqu'après sa libération, Mussolini se rendit au quartier général du *Führer*, ce dernier lui parla à ma grande surprise de son projet de négocier avec les Russes. Mais quand je lui demandai peu après les instructions qui en résultaient, je ne reçus aucune réponse précise. Dès le lendemain, il refusa de nouveau de tâter le terrain. Il remarqua apparemment mon grand découragement, car il est venu peu de temps après me rendre visite dans mes quartiers et me dit subitement en partant : « Vous savez, Ribbentrop, si je m'accorde aujourd'hui avec la Russie, je l'agresserai de nouveau demain – je ne peux pas faire autrement. » Stupéfait, je répondis : « ce n'est pas ainsi que l'on fait de la politique étrangère, car toute la confiance nécessaire se perdrait. » Conscient de mon impuissance à changer quelque chose, je fus saisi d'horreur devant notre avenir. »

L'agression de l'Union Soviétique représenta sans aucun doute un tournant dans la guerre, comme cette « péripétie » et ce revirement que l'on trouve dans la tragédie grecque. Deux opinions majeures s'opposent aujourd'hui dans le domaine de la recherche historique allemande. La « politiquement correcte » opportune voit dans l'agression de l'Union Soviétique « pacifique » la tentative de réaliser l'exigence de souveraineté mondiale hybride de Hitler. L'opinion opposée voit dans l'agression de l'Union Soviétique l'« attaque préventive » nécessaire pour devancer une agression russe.

Ainsi, la première question qui se pose est : la Russie nous aurait-elle effectivement agressée ? Certaines appréciations considèrent que l'attaque allemande n'a précédé l'attaque russe que de quelques semaines, ou même de quelques jours. Leurs défenseurs peuvent sans aucun doute avancer pour souligner leur opinion que la concentration russe était alors en phase d'achèvement de sa disposition offensive. Staline voulait entrer activement dans la politique européenne, et il était prêt à exercer une pression ou même une menace par la force. Pour cela et à cause des longues routes de Russie, il fallait qu'il déploie assez tôt ses troupes. Cela ne prouve pas forcément qu'il avait la volonté imminente d'attaquer. Une fois le rassemblement effectué, il pouvait cependant attaquer l'Europe de l'Ouest à tout moment

La deuxième question qui s'impose devrait être formulée de la façon suivante : si l'Armée Rouge avait attaqué la *Wehrmacht* alors intacte, préparée à la défense et expérimentée, la situation militaire du Reich aurait-elle effectivement été moins favorable que dans le cas d'une attaque préventive de l'Allemagne vers l'Est ? Il faut ici admettre que la mise en danger des puits de pétrole roumains avait sans aucun doute un rôle à jouer dans la réflexion de Hitler.

La position politique du Reich en Europe se serait cependant radicalement améliorée avec une attaque soviétique. Enfin, les peuples européens auraient pu voir que la véritable menace ne venait pas de l'Allemagne, mais de la puissance rouge de l'Est. Sur la base d'un statut européen qui aurait garanti aux peuples d'Europe leur autodétermination, ils auraient sans doute été prêts à fournir un effort de guerre important. D'un seul coup, il aurait été évident que seul le *Reich* pouvait protéger l'Europe contre l'Union Soviétique. Ce fait aurait relativisé le poids de la « puissance hégémoniste » allemande que l'on craignait tant. Dans ce contexte, il faudrait attribuer à Hitler une erreur de jugement fatale : s'il croyait pouvoir estimer le poids militaire de l'Union Soviétique comme assez faible pour être écrasé en quelques semaines, alors il n'avait aucun besoin de craindre son attaque. Au contraire, l'Allemagne aurait eu assez de marge de manœuvre pour négocier calmement et fermement, avant de prendre le risque de s'engager dans une guerre sur deux fronts. Mon grand-père Ribbentrop m'avait déjà fait part de son expérience pendant la Première Guerre mondiale : selon lui, le soldat russe ne se battait bien qu'en position de défense. Les succès surprenant de la *Wehrmacht* lors des campagnes contre la Pologne et la France ont visiblement conforté Hitler et les généraux dans leur mésestimation de la situation, tout comme les difficultés rencontrées par l'Armée Rouge lors de la guerre finno-russe.

Avec son attaque de l'Union Soviétique, Hitler a sans aucun doute rendu service à Roosevelt et aux Etats-Unis. Il a pris en charge la partie la plus lourde de la guerre en affaiblissant largement l'Union Soviétique. C'est exactement ce que Staline avait voulu éviter, comme il l'exprime lui-même dans son discours du 3 mars 1939. Après l'interruption de l'opération « Citadelle » durant l'été 1943, le moment était venu de prendre une initiative de pacification envers les Russes. Mais Hitler n'était visiblement ni disposé, ni en mesure de le faire. On peut vraiment se demander s'il aurait été possible dans ces conditions de reprendre de véritables négociations avec l'Union Soviétique. Peut-être cependant qu'une chance se serait présentée d'éviter cette agonie de deux ans ainsi que la chute qui s'ensuivit. En tous cas, cela n'aurait pas pu être pire !

Agonie

Au cours de l'été 1943, j'ai été muté au régiment des *panzers* de la *12. SS-Panzer-Division* « *Hitlerjugend* ». Cette division était constituée de soldats de la division « *Leibstandarte* » et devait former avec elle le 1er *SS-Panzer-Korps*. Les simples soldats étaient recrutés parmi les membres des Jeunesses Hitlériennes qui devaient faire leur service militaire et s'étaient déclarés volontaires. Entre décembre 1943 et jusqu'au début de l'invasion alliée le 6 juin 1944, j'ai eu tout le loisir de mettre en place et de former la troisième compagnie du régiment. C'était la plus belle période de ma vie militaire. L'engagement de ces jeunes soldats était enthousiasmant. Les jeunes chefs de section déjà très expérimentés, à commencer par le commandant de division, et les jeunes officiers dont je faisais partie étions parvenus à transmettre à nos « garçons » une motivation qui - je me permets ici de le constater ouvertement et en toute modestie – leur ont donné les capacités de fournir des performances rares dans l'histoire de guerre.

Avant l'« invasion », les Alliés appelaient la *12. SS-Panzer-Division,* la « division des bébés » dans leur propagande, faisant allusion au nom de « Jeunesses Hitlériennes » de la division. Les divisions anglaises et canadiennes qui se relayaient sans cesse pour assaillir les positions de la division près de Caen en Normandie à grand renfort de matériel, sont restées bouche bée. Les « bébés » écrasaient en effet toute tentative de Montgomery de percer en direction de Paris. Malgré une large supériorité en nombre et une grande quantité de munitions, soutenus par d'incessantes attaques aériennes qui ne rencontraient aucune résistance du côté allemand, les Canadiens et les Anglais n'ont remporté aucun succès opérationnel dans le secteur de la *12. SS-Panzer-Division*. Ce n'est qu'avec la percée décisive des Américains sous la direction du général Patton, dans la partie ouest du front d'invasion près d'Avranches que le front allemand, contraint par le haut commandement de tenir sa position, a été enlevé, encerclé et enfoncé.

Au regard de la catastrophe qui s'ensuivit un an plus tard, il ne manque pas aujourd'hui de voix qui rejettent l'engagement et la motivation de ces jeunes soldats qualifiés d'insensés, voire criminels. Une fois de plus, il s'agit dans ce jugement de la fameuse vision « a posteriori » sur l'Histoire. En tant que soldats, nous tirions notre motivation de la reconnaissance que seule une troupe intacte peut servir de base à une négociation de paix avec l'opposant. Une troupe qui remplit son devoir doit cependant être motivée. Sans motivation particulière, aucun homme n'est prêt à mettre sa vie en jeu pour une cause élevée – dans le cas présent sa patrie !

Juste avant l'invasion des Alliés, notre chef de bataillon avait reçu l'ordre d'explorer pour la division les routes conduisant à la côte. Pensant très justement que ce pourrait être utile que les chefs de compagnie dont je faisais partie se fassent une idée de l'état des routes, il nous emmena avec lui. En quittant Le Neubourg, nous nous sommes demandés jusqu'où nous pourrions rouler, car une zone interdite militaire avait sûrement été installée devant la côte.

Alors que nous étions encore sur les routes de l'arrière-pays, trois chasseurs alliés nous ont survolé à très basse altitude, heureusement sans remarquer notre véhicule. Notre but était Honfleur, un port de pêche situé sur les bords de la Seine, en face du Havre. Nous pensions qu'il serait fortifié car, dans notre imagination, ces ports qui disposaient des dispositifs nécessaires au débarquement d'armes et de matériel lourd, constituaient des objectifs idéaux pour une tentative d'invasion. Dans un tournant juste avant la ville, nous nous sommes heurtés à un antichar en position de tir ouverte, c'est-à-dire qu'il n'était pas couvert par un abri ou par un bunker. Le chef de pièce, un sous-officier, nous signala aimablement, bien qu'il ne nous connaisse pas, qu'il s'agissait là du seul antichar dans tout le secteur.

Très impressionnés par l'épaisseur du « Mur de l'Atlantique » largement présenté par la propagande, nous sommes entrés dans la ville. Il régnait partout une vie civile animée. Pas un seul soldat allemand n'était visible, et encore moins de fortifications. Dans le port, nous nous sommes finalement heurtés à un bunker, seul et abandonné, protégé par quelques chevaux de frise. Il ne donnait pas l'impression d'être prêt au combat. Un soldat turkmène en uniforme allemand était en faction devant l'entrée. Bien qu'il ne comprenne pas un mot d'allemand, nous sommes parvenus à faire sortir le « commandant » de cette impressionnante « installation fortifiée ». Il s'agissait d'un sous-officier allemand, qui se présenta torse nu et nous expliqua que ce bunker était le dispositif de défense de Honfleur. En remontant dans notre véhicule, notre commandant a juste dit sèchement « messieurs, il est pourtant clair qu'ils (il désignait bien sûr les Alliés) vont venir ! »

Nous n'avions pas vraiment pris au sérieux les chasseurs alliés qui nous avaient survolés. Malgré toute la supériorité matérielle de l'ennemi, nous ne pouvions nous imaginer qu'il enverrait ses chasseurs loin dans l'arrière-pays français, juste pour abattre quelques véhicules isolés de la *Wehrmacht*. J'allais regretter ce mauvais jugement. Dans la nuit du 2 au 3 juin, c'est-à-dire trois jours avant le début de l'invasion, nous avons fait, dans le cadre de notre division, un exercice nocturne, auquel je devais participer en tant qu'arbitre. L'exercice durait toute la nuit et devait se terminer en fin de matinée du 3 juin. Sur le chemin du retour, j'avais confié le volant de mon *Kübelwagen* à mon conducteur, car j'étais épuisé. Sur la grande « route nationale » (en français dans le texte, *NdT*) reliant Evreux à Lisieux, des gerbes de mitrailleuses ont soudain volé autour de nos oreilles. Je me suis retourné et j'ai vu derrière nous un chasseur ennemi qui tirait tant qu'il pouvait. Nous ne l'avions pas entendu, la climatisation de ce modèle de *VW* étant réputée pour être très bruyante. J'ai vite mis ma tête entre mes genoux et j'ai crié « arrête-toi, un avion volant en rase-mottes ! ». J'ai reçu un coup entre les deux omoplates, qui m'a laissé à demi paralysé. Le trou que m'avait fait la balle en sortant par le cou, pas loin de la carotide, saignait abondamment.

Je me suis laissé tomber du véhicule et ai crié au conducteur : « tire-moi dans le fossé, il va revenir ! » Il est parvenu à me traîner jusqu'au fossé tandis que le chasseur revenait à deux reprises pour mettre notre véhicule en feu. C'était très impressionnant de voir les gerbes crépiter sur le bas-côté, à quelques millimètres de ma tête, lors de son deuxième passage. J'étais maintenant installé dans le fossé, hémiplégique et apparemment blessé à la carotide, c'était vraiment « la fin », comme tout soldat allemand disait quand il se savait touché. En ce qui me concernait, je n'avais même pas ressenti l'état de choc habituel. Peut-être qu'on ne le ressent plus après plusieurs blessures, plombé comme un lièvre. On réalisait d'une certaine manière que l'on s'était toujours attendu à ce moment, et qu'il était arrivé. Le conducteur a désespérément tenté de boucher la plaie de mon cou avec un petit paquet de bandages, ce qui s'est avéré inutile. J'attendais pour ma part de tomber doucement inconscient à cause de la perte de sang. Je lui ai encore demandé de transmettre mon salut à la compagnie et lui ait exprimé mon souhait qu'il raconte tout en détail à ma mère si l'occasion se présentait. C'était tout. J'attendais très calmement la fin.

Visiblement, ce n'était pas encore mon heure ! Après un certain temps, j'ai ressenti un fourmillement dans mon gros orteil droit, comme quand un membre « endormi » se réveille, et d'un coup, j'ai senti que je pouvais de nouveau bouger mes membres. J'ai finalement été en mesure de me relever et de me rendre en titubant vers le véhicule. J'ai demandé au conducteur d'essayer de le faire démarrer, ce qu'il a réussi à faire. Il était très difficile en effet de faire brûler les *Kübelwagen* de la marque *VW*. « On va quand même essayer », lui ai-je dit en lui demandant de me conduire auprès du médecin de notre batallion, le docteur Daniel qui était particulièrement sympathique et courageux. Nous avons foncé sur la route nationale vers Le Neubourg, en direction de ses quartiers. Malgré la chaleur estivale, je grelottais affreusement, était-ce tout de même l'effet du choc ? Daniel a constaté que j'avais eu une chance inhabituelle. La balle avait tout juste touché la colonne vertébrale, et l'impact avait conduit à ces moments d'hémiplégie. Le chasseur appelle cette paralysie un *krellschuss* (tir ripant). Aujourd'hui je peux dire que : « j'ai gagné 57 ans ! »

J'ai été transféré dans l'hôpital militaire de la *Luftwaffe* de Bernay, pas loin de notre campement. Le médecin qui soignait ma plaie a secoué la tête en constatant la chance que j'avais eue, et m'a dit *« si l'avion avait volé un millimètre plus à gauche, il aurait traversé votre colonne vertébrale dans le dos et votre carotide sur le devant. Aucun Dieu n'aurait alors pu vous amener à temps sur la table d'opération. »* J'ai par-dessus le marché eu la chance qu'aucun vaisseau important n'ait été touché dans mon poumon, car dans ce cas-là aussi, je n'aurais pu m'en sortir, surtout pas en étant allongé dans un fossé au milieu de nulle part ! Dans ma patrie, la Westphalie de l'est, on apostrophe ces coups de chance avec les mots suivants : « Le bon Dieu est décidément du côté des idiots ! »

Le lendemain, le **4 juin 1944**, le chancelier de l'ambassade à Paris est apparu dans une auto « *Holzkocher* » pour s'informer de mon état et en référer à mes parents. Il m'a raconté que les toutes dernières informations annonçaient le débarquement des Alliés pour le 5 juin. Lorsqu'il m'a fait ses adieux le 5 au matin pour retourner à Paris à bord de son *Holzkocher*, je lui ai signalé en riant qu'il ne s'était toujours rien passé, ce à quoi il m'a répondu sèchement et très justement : « la journée n'est pas finie ! ». C'est dans la nuit du 5 au 6 qu'ils sont arrivés ! Rommel, le commandant d'Armée qui était responsable de nous, se trouvait alors dans sa famille en Allemagne !

J'étais en contact avec ma compagnie qui se trouvait non loin de là. La division était prête à partir, mais elle n'a pas été envoyée sur les secteurs où les Alliés avaient débarqué ! Lorsque enfin elle a pu se mettre en route, elle avait perdu un temps précieux. Nous savions que Rommel voulait toujours avoir les divisions de *panzers* près de la côte pour qu'elles puissent être immédiatement opérationnelles en cas de besoin, sans avoir à parcourir un long chemin sous la lourde menace des airs. Il n'avait cependant pas pu imposer ses plans, qui correspondaient cependant pleinement à notre vision des choses, c'est-à-dire celle des troupes du front.

Le premier blessé de ma compagnie a été amené. Un avion lui avait déchiqueté le bras gauche, qui devait donc être amputé. Je lui ai un peu donné la becquée et l'ai réconforté en lui disant qu'il avait de la chance que ce ne soit « que » le bras gauche ! Certains de mes hommes étaient déjà tombés sous les tirs des avions pendant le trajet. Le médecin en chef m'avait annoncé que je serais rapatrié en Allemagne avec le prochain train-hôpital, car il avait désormais besoin de chaque lit. Comme je me suis rapidement rétabli – quand les balles dans les poumons ne tuent pas, on s'en remet très vite – je l'ai instamment prié de me garder quelques jours avant que je rejoigne ma compagnie. J'avais dirigé cette compagnie depuis le premier jour de sa constitution, et je tenais à elle. Si je me rendais dans l'hôpital de ma patrie, je n'aurai peut-être aucune chance de les revoir. Mais le médecin en chef resta intraitable. De son point de vue de médecin et d'organisateur, il avait d'ailleurs parfaitement raison. Aussi ai-je demandé à ma compagnie de m'envoyer un véhicule, pour partir sans attendre l'autorisation de l'hôpital, ce qui m'attira une plainte du médecin en chef pour désertion. J'ai rejoint mon régiment sur le front d'Invasion.

La grande route nationale qui menait de Lisieux vers Caen était complètement déserte, aucune section allemande n'arrivait, aucun transport de ravitaillement, mais en revanche des multitudes de *Jabos* (des chasseurs- bombardiers, *NdT*), et pas un seul avion allemand à l'horizon. L'infériorité désespérée des Allemands n'aurait pas pu se montrer de manière plus flagrante que pendant ces premiers jours de l'invasion. C'est en guettant sans cesse le ciel que nous nous sommes faufilés à travers la ville de Lisieux, irrémédiablement détruite par les bombes alliées. Nous avons contourné la ville par les petites rues (il était impossible de traverser le centre qui était trop détruit, la population civile française avait d'ailleurs subi de lourdes pertes) jusqu'au front d'Invasion, dont le tonnerre des canons nous est bientôt parvenu. Le bombardement impitoyable des petites villes françaises par les Alliés impliquait forcément de lourdes pertes dans la population civile. Ces pertes expliquent certainement le peu d'actions partisanes de la part de la Résistance dans l'arrière-pays du front d'invasion.

J'ai retrouvé ma division à Caen. Ma plaie au cou étant encore ouverte, je ne pouvais pas monter dans un *panzer*, et j'ai donc escorté ma compagnie à bord d'un side-car que conduisait un capitaine de l'Armée qui nous avait été envoyé. J'étais tout juste installé quand notre compagnie a dû mener une contre-attaque, que nous avons manquée en perdant cinq *panzers*. C'était désespérant. J'ai repris les rênes de la compagnie.

L'impressionnante supériorité matérielle des Alliés sur terre comme dans les airs commençait à se faire ressentir dans toute son ampleur. En Russie, nous nous étions souvent dit en notre for intérieur : si seulement nous pouvions nous battre un jour contre les Anglais ! S'ils nous faisaient prisonniers, nous n'avions pas à craindre qu'ils nous battent ou nous massacrent. C'est tout au moins ce que nous avions cru jusqu'à ce que nous apprenions que le colonel Luxemburger, commandant du régiment d'artillerie de la division voisine, la *Panzer-Lehr-Division*, avait été surpris pendant une mission de reconnaissance par une patrouille de blindée anglaise, et qu'il avait été fait prisonnier avec son état-major. Nous avons entendu dire que les Anglais avaient frappé jusqu'à ce que le colonel Luxemburger perde connaissance. Celui-ci était déjà amputé depuis la Première

Guerre mondiale, et ils l'avaient ensuite attaché sur leur véhicule blindé de reconnaissance, pour qu'il leur serve de pare-balles. Les membres de l'état-major, quant à eux, avaient été fusillés sans autre forme de procès. On racontait qu'un comte Clary s'était fait passer pour mort, et qu'il avait rejoint les lignes allemandes dans le secteur de notre division à la nuit tombée. La troupe de reconnaissance anglaise a joué de malchance, car elle a été détruite par notre troupe en tentant de retourner vers ses lignes. Le colonel Luxemburger, grièvement blessé, a été libéré de ses liens et emmené dans un hôpital militaire où il a succombé à ses blessures. Comme c'est aujourd'hui de bon ton de ne parler que des crimes de guerre allemands, je me permets juste d'évoquer cet épisode.

Après avoir passé quelques jours sur le front d'invasion, nous souhaitions presque retourner sur le front de l'Est. Avec un peu d'imagination, nous pensions tout au moins avoir une chance minimale de nous en sortir face aux Russes. A l'Ouest au contraire, il ne faisait aucun doute que nous serions tôt ou tard écrasés par les impressionnantes munitions de l'ennemi. Début juillet, j'ai mené avec quelques autres *panzers* une contre-attaque contre des Canadiens près de l'abbaye d'Ardenne, au nord-ouest de Caen. Il s'agissait de libérer un village nommé Buron. L'attaque devait être menée grâce au tir massif des barrages d'artillerie contre des chars ennemis et leurs batteries antichars. Notre artillerie quant à elle devait garder ses munitions pour les cas d'extrême nécessité. Pour couronner le tout, neuf *Lightnings* (de lourds bombardiers de chasse) se sont précipités sur nous pendant que nous menions notre attaque. Nous n'avions aucune chance de nous en sortir ! L'attaque nous coûta de nouveau cinq *Panther* ! Si le commandement anglais sous Montgomery n'avait pas réagi si lentement, nos ennemis auraient eu largement la possibilité de passer. On oppose à cela la théorie selon laquelle les Alliés voulaient la sécurité, et qu'ils avaient choisi d'avancer lentement et en utilisant un maximum de matériel pour éviter de faire couler du sang. En tant que « personne concernée » à l'époque, je peux dire que ce n'était qu'en partie vrai ! En agissant fermement, la direction britannique aurait certainement réussi sa percée quelques semaines plus tôt, ce qui lui aurait sans aucun doute épargné plus de sang. La victoire décisive remportée par Patton près d'Avranches, du côté ouest du front, le prouve. Il repoussa d'une traite les Allemands jusqu'aux frontières du *Reich*. Et une fois de plus : si l'on avait pris conscience à ce moment de la chance qui se présentait d'entrer plus profondément dans le *Reich*, la guerre aurait sans doute trouvé un terme en 1944 !

Après quelques jours de dur combat, il était clair pour nous que la guerre était perdue militairement, et qu'il ne s'agissait plus maintenant que de savoir quelles seraient les conditions de la défaite. Insolents comme nous l'étions, nous l'avons formulé de cette manière : « nous sommes toujours convaincus de notre victoire, mais nous ne pouvons plus nous imaginer comment les autres réussiront à perdre la guerre ! » La grande offensive russe de l'été avait marqué la destruction du Groupe d'armées « Centre » !

Pendant les durs combats de défense autour de Caen, j'ai attrapé une mauvaise jaunisse en plus de la plaie qui ne voulait pas cicatriser. Mon commandant m'envoya donc en congé de convalescence. J'ai profité de mon séjour en Allemagne pour informer Père en profondeur sur les rapports de forces à l'Ouest. Ces descriptions ont sans aucun doute trouvé un écho dans les écrits de Père à Hitler, qu'il avait introduits en citant Hitler lui-même, dans un extrait concernant les devoirs de la Diplomatie. (1)

Lors de mon retour à mon régiment, j'ai assisté autour d'Aix la Chapelle à la fuite paniquée de l'arrière-garde allemande, de France et de Belgique. Elle a eu sur moi comme sur la population civile depuis la frontière un effet dévastateur. En tant que membre de la troupe du front, on ne pouvait s'imaginer de telles scènes d'affolement et de dispersion.

Le régiment des *panzers* de notre division ne disposait plus d'aucun blindé, et avait donc été déplacé avec les hommes et les officiers qui restaient dans le *Reich* pour une reconstitution. J'ai moi-même été contraint d'abandonner ma compagnie pour être placé en tant qu'adjoint du régiment. Après quelques étapes intermédiaires, nous sommes arrivés sur le terrain d'entraînement

(1) Voir Hitler, *Mein Kampf*, page 693.

des troupes de Fallingbostel. En attendant un nouvel armement en blindés, nous nous sommes tout de suite attelés à la formation intensive des réservistes qui nous avaient été envoyés. Les blindés nous ont été livrés au moment même où nous avons reçu l'ordre de nous rendre dans la zone ouest de Cologne, que nous supposions être une réserve offensive. L'offensive alliée dans le territoire d'Aix la Chapelle avait débuté.

Vers le début décembre, le commandant de régiment et moi-même, alors adjoint de régiment, avons été informés à la suite d'une discussion entre commandants, qu'une offensive de dernière minute allait être menée dans les Ardennes en direction d'Anvers. J'étais quelque peu interloqué en voyant les plans que l'on nous montrait sous le sceau du secret, mais j'ai gardé pour moi la réflexion selon laquelle cette offensive ne pouvait se conclure que par une débâcle, et me suis contenté de faire mon devoir, comme on le dit si bien. Selon des critères normaux, notre régiment n'était pas prêt à combattre, la division entière ne l'était pas. Le commandant de division semble l'avoir déclaré sans ambages à la hiérarchie supérieure. Le temps de remise en forme avait été bien trop bref, d'autant plus que, dans la zone située à l'ouest de Cologne dans laquelle nous avions été transférés tout de suite après la première livraison de *panzers*, toute communication radio était interdite pour des raisons de confidentialité. Les compagnies n'avaient donc pas l'autorisation de faire des exercices. Comment pouvait-on prévoir une offensive, alors que les Alliés détenaient la domination totale des airs ? Le carburant et les munitions manquaient tellement qu'il nous était de toutes manières impossible de faire des exercices.

La seule chance qui nous restait à mes yeux était de créer l'effet de surprise. L'adversaire ne pouvait s'attendre à ce que les forces allemandes, durement atteintes, entreprennent une offensive contre lui. Cette circonstance, doublée des mauvaises conditions météorologiques qui paralysèrent largement l'armée de l'air alliée pendant les premiers jours de l'offensive, a conduit aux étonnants succès des débuts, qui ramenèrent quasiment jusqu'à la Meuse la tête des troupes allemandes.

Pendant les combats, j'ai de nouveau eu une chance exceptionnelle. La *12.SS-Panzer-Division* constituait l'aile droite du front de l'offensive, et devait procéder à une attaque violente au sud de Aix-la-Chapelle. Une division de grenadiers du Peuple, comme on appelait parfois les divisions d'infanterie, devait forcer les positions américaines que nous devions ensuite traverser le plus rapidement possible. Cependant la division n'y est pas parvenue et nos grenadiers ont dû le faire eux-mêmes, ce qui nous a fait perdre un précieux temps. L'Américain a saisi cette occasion pour nous envoyer des forces neuves issues de ses camps de mise en place autour d'Aix la Chapelle, pour la suite de l'offensive en direction du Rhin. Dès les premiers jours de cette offensive, ils nous ont servi un feu d'artillerie qui a jeté dans l'ombre tout ce que j'avais vécu jusque-là.

Lors d'une trêve de combats au poste de commandement du régiment situé dans une chaumière misérable en bordure de la ville de Büllingen, mon officier d'ordonnance étala devant moi un choix de ravitaillement américain qu'il avait saisi. C'étaient pour nous des mets délicieux, dont nous ne pouvions que rêver. Comme tout l'état-major, je leur ai fait honneur. A cet instant, le commandant est apparu et m'a donné l'ordre de transmettre un changement de programme à mon bataillon de *panzers* qui se préparait à attaquer Büttgenbach. Je suis monté dans mon véhicule en disant : « maintenant, un éclat d'obus peut m'emporter la mâchoire, j'aurais mangé une dernière fois quelque chose de bon ! » Mon conducteur et moi-même avons traversé Büllingen le plus vite possible sous des tirs d'artillerie infernaux, pour atteindre notre bataillon. Il se préparait justement à agresser Büttgenbach sous d'affreux tirs d'artillerie. J'ai grimpé sur le *panzer* du chef de bataillon pour lui montrer la carte à travers la tourelle de char, pendant que les tirs pleuvaient dru autour de moi. Le chef m'a dit : « vient plutôt dans le véhicule, il y a trop de vent dehors ! ». J'ai donc grimpé par la trappe arrière dans le *panzer*. Avant même que j'aie eu le temps de refermer l'ouverture derrière moi, un obus s'écrasait sur l'arrière du blindé. Cela ne pouvait abîmer le *panzer*, car les détonateurs à impact n'attaquent pas le blindage, mais j'aurais moi-même été transformé en chair à saucisse si j'étais entré quelques fractions de seconde plus tard.

Un éclat gros comme le doigt a juste eu le temps de se frayer un chemin jusque dans le *panzer*. Elle a traversé mon oreille pour atterrir dans mon visage, terminant sa course sous mon nez. Le visage étant une zone particulièrement sensible, j'ai tout d'abord cru que l'éclat m'avait détruit la mâchoire. Cela faisait horriblement mal. Le chef de bataillon m'a simplement demandé : « dis-moi vite ce que je dois faire, dans quelques instants tu ne pourras plus parler ! » Crachant du sang, la joue enflée, je me suis débarrassé de ma mission. Ce chef de bataillon auquel je dois la vie, a été tué le lendemain en exécutant l'ordre que je lui avais transmis. Après avoir fait soigner ma blessure, j'ai quitté l'hôpital militaire pour reprendre mon commandement, malgré des douleurs épouvantables dans mon visage enflé. Je pouvais à peine parler et n'ai rien mangé pendant des jours entiers. La mort du chef de bataillon m'a beaucoup touchée. Pendant un an, j'avais été chef de section dans sa compagnie. C'était un célibataire convaincu, qui prenait avec désinvolture la menace écrite de Himmler, selon laquelle il ne recevrait pas d'avancement s'il ne se mariait pas avant une certaine date. Le mariage était une marotte de Himmler ! Le chef de bataillon avait été rappelé pour l'offensive des Ardennes alors qu'il se trouvait en congé. Il s'était présenté au poste de commandement du régiment, rayonnant, et m'avait dit : « Ribbentrop, j'ai trouvé la bonne, cette fois je me marie ! » Son bonheur se lisait sur son visage. Quelques jours plus tard, il était mort. Nous n'avons pas cherché à en savoir plus sur les conditions de sa mort. Nous n'avions aucun moyen d'influencer le cours fatal de la destinée, et devions nous contenter de limiter les dégâts dans le cadre de nos missions. Il n'était pas question d'abandonner sa troupe et de laisser ses compagnons en plan.

L'offensive des Ardennes représentait de nouveau une grosse erreur militaire, car elle n'offrait aucune chance de réussite. Il était insensé d'en prendre la responsabilité. De nouveau, les meilleures divisions de *panzers*, à peine réorganisées, avaient brûlé. Elles auraient été très utiles pour assurer la défense contre l'offensive russe que l'on attendait. S'il fallait vraiment jouer sur le temps, alors ces forces auraient dû êtres gardées comme réserve pour évacuer au moins les populations de l'Est. Hitler avait de nouveau joué à « quitte ou double » et cette fois-ci, dans des conditions qui étaient déjà désespérées. Il n'était plus possible de comprendre rationnellement ses actions. Maintenant, une nouvelle offensive était mise en route au *Plattensee*, le lac Balaton, tandis que le flot russe débordait déjà sur les frontières du *Reich*.

Fin mars, j'ai reçu sur le terrain d'entraînement des troupes de Fallingbostel l'ordre de raccompagner le bataillon à sa division, sans que nous ayons reçu de nouvel équipement en chars. Il n'y avait plus de *panzers* ! Ainsi, le 1er bataillon du régiment de *Panzer* de la *Panzerdivision « Hitlerjugend »* ne disposait-il plus d'un seul blindé lorsqu'il a été engagé en tant qu'infanterie contre les Russes qui arrivaient en masse, au début du mois d'avril 1945. Ce bataillon, qui n'était pas équipée pour les combats d'infanterie et portait les uniformes de panzers noirs, détenait peu de munitions et aucune arme lourde d'Infanterie, se battit âprement contre les Soviétiques surpuissants. Sans cesse contraint de se retirer lors des durs combats de défense mais faisant toujours front pour retenir l'ennemi, affrontant une défaite certaine et un destin totalement incertain pour une unité de la *Waffen-SS*, le bataillon a fait son devoir jusqu'à la dernière minute. Cette expression est fréquemment citée, mais ici, elle s'applique dans le sens premier du terme et correspondait à l'exacte réalité. Protéger la population des atrocités perpétrées par les Russes était ce qui motivait notre sens du devoir.

Un petit événement mérite d'être cité ici. Pour la dernière position que nous avions à défendre, j'avais installé notre poste de commandement dans une cabane de garde champêtre. Un jour de la fin du mois d'avril, alors que je rentrais d'une tournée des positions, j'ai trouvé devant la cabane entre 20 et 30 garçons des Jeunesses Hitlériennes. L'adjudant m'a signalé que ces garçons faisaient partie du régiment des chasseurs alpins de l'Armée auquel nous étions subordonnés, et qui nous les avait envoyés en renfort. La petite troupe était « armée » de quelques vieilles carabines et quelques *Panzerfaust*, leurs uniformes et leur équipement étaient dans le même état. Il était totalement incompréhensible que l'on nous ait envoyé ces garçons. J'ai donné à l'adjudant l'ordre de les envoyer dans la compagnie de ravitaillement où ils pourraient se rendre utiles dans les cuisines du campement etc. Il devait en retour demander l'envoi vers l'avant des hommes que les garçons remplaceraient. C'est alors que mes garçons des Jeunesses Hitlériennes se sont mis à maugréer qu'ils n'étaient pas venus pour éplucher des pommes de terre, mais pour « se battre ». J'étais très ému car cette scène n'avait lieu que quelques jours avant la capitulabtion ! Il n'était cependant pas question de les envoyer sur les premières lignes. J'ai donc choisi de leur intimer sèchement que s'ils voulaient vraiment être soldats, leur premier commandement était d'« obéir ! »

Un ou deux jours plus tard, Hitler était mort ! En tant que personne, il ne représentait plus rien pour moi. Son ordre d'enlever aux divisions expérimentées de la *Waffen-SS* leur bande de bras parce qu'elles n'avaient pas été en mesure de remplir les ordres irréalisables pour l'offensive des Ardennes et celle du lac Balaton, ne m'avait pas surpris et donc peu atteint. En effet, j'avais vu son état déplorable début février à Berlin. Et pourtant, à l'annonce de sa mort, nous avons fait partir de toutes les armes un bref coup de feu. Dans cette forêt dense, cela n'aura sans doute touché aucun Russe, et ce n'était pas censé non plus être un dernier salut à Hitler. En ce **1er mai 1945**, nous pensions surtout aux innombrables camarades tombés qui avaient donné leur vie pour leur pays. C'était le plus grand nombre de morts de tous les temps et de tous les peuples ! Il y avait aussi, sans doute, un sentiment de défi face à un destin impitoyable, à la manière de la « vieille garde » de Napoléon qui, au vu de la destruction définitive de sa supériorité dans la bataille de Waterloo, avait répondu en utilisant le célèbre mot de « merde » (2) à l'exigence de se rendre.

Sur le chemin de l'Est, j'étais passé par Berlin pour faire mes adieux à Père. Avant d'aller le retrouver dans la « Wilhelmstrasse », j'ai vécu un petit épisode dont l'atmosphère grotesque est à peine exprimable. Pendant les semaines que j'avais passées au camp d'entraînement, j'avais noué une amitié avec une actrice du *Berliner Staatstheater*, le théâtre d'Etat de Berlin. Comme je voulais également lui faire mes adieux, je me suis rendu au studio de tournage de la *UFA* à Grunewald. Elle tournait alors avec Heinrich George, dont j'ai donc fait la connaissance à cette occasion. Si mon souvenir est bon, l'action du film se situait au XVIIIe ou au XVIIe siècle. La répétition se déroulait pendant le mois de mars 1945 comme en temps de paix, pendant que le Russe attendait sur l'Oder pour mener la dernière grande offensive sur Berlin. Une situation fantomatique, qui devint grotesque lorsque l'alerte aérienne fut déclenchée. Nous étions installés au soleil devant le studio, avec George et les autres acteurs de la troupe, tous en costume, et observions des centaines et des centaines de bombardiers à quadrimoteurs qui nous survolaient pour aller semer un peu plus loin la mort et la désolation. Une situation grotesque (qui explique certaines représentations de l'art contemporain) ! Personne ne semblait paniqué, on sentait plutôt un certain fatalisme face à un destin inéluctable.

Je me suis soudain souvenu que George était connu pour être un grand ami du bon cognac. Nous en avions encore une bouteille dans notre véhicule, que nous gardions pour une « bonne occasion ». Il m'a semblé que c'était là la « bonne occasion ». Quelles autres « bonnes occasions » nous seraient proposées, à nous pauvres soldats qui auraient bientôt à confronter de nouveau une puissance nettement supérieure ? J'ai donc prié mon adjudant de sortir la bouteille de la voiture. George rayonnait déjà à l'évocation des délices qui l'attendaient. L'adjudant est revenu en balançant la bouteille en direction de George. Or, celle-ci se trouvait encore dans son enveloppe de paille et glissa hors de celle-ci, explosant sur le sol ! Cette « catastrophe » fut la cerise sur le gâteau de cette scène surréaliste et grotesque : George, qui était quelque peu « enveloppé », tenta en gémissant bruyamment sur cette perte et avec notre aide de se mettre à genoux pour tremper ses doigts dans les petites flaques de cognac et les lécher. Et au-dessus de nous rugissaient toujours les grondements sourds des bombardiers américains !

C'est ce jour-là que mon père et moi nous sommes parlés pour la dernière fois en « hommes libres ». Nous n'allions nous revoir qu'un an et demi plus tard, juste avant le jugement, à Nuremberg. Avant son exécution, je n'ai pas eu de droit de visite pour faire mes adieux à mon père. Nous nous sommes assis dans son bureau qui tenait miraculeusement debout, même s'il était très abîmé. Il me dit qu'il s'attendait à une grande famine. Il resterait à Berlin. Après une pause, il me regarda longuement, visiblement profondément ému et dit lentement « C'était une grande chance pour l'Allemagne ! ». Il le répéta encore une fois. Sans qu'il l'exprime, j'ai compris qu'il pensait « si on m'avait écouté ! » Je ne savais que trop bien ce qu'il voulait dire : éviter la « guerre des deux fronts ». Nous nous sommes serrés, enlacés une dernière fois !

(2) En français dans le texte, NdT.

Père

« Ce fut un grand malheur pour le mort, que son ennemi lui survive et écrive son histoire » (Schiller, dans : *« Histoire de la guerre de trente ans »* sur Wallenstein) (1)

Qui était donc ce Ribbentrop qui, nommé « Ministre des Affaires étrangères » au début de l'année 1938, devint formellement le premier conseiller en politique internationale de Hitler ? Il prenait ainsi officiellement une position à laquelle il s'était préparé pendant les années précédentes. A aucun moment cependant il n'a été le conseiller exclusif en matière de politique internationale de Hitler. Il est bien connu que ce dernier ne s'arrêtait pas aux domaines de compétences des uns et des autres. Il ne fait aucun doute cependant que Ribbentrop a bénéficié de l'oreille attentive de Hitler sur un grand nombre de questions de politique étrangère. Une politique qui, comme il l'exprima lui-même lors du procès de Nüremberg, était « décidée par un autre ». Il parlait là de Hitler. En disant cela, Ribbentrop ne voulait pas se décharger de la responsabilité de la politique étrangère allemande devant le tribunal des vainqueurs – au contraire, il l'a prise en charge « expressis verbis » devant le tribunal – mais il voulait exprimer son regret de n'avoir pas su imposer ses jugements et ses conclusions dans une phase plus avancée de la politique allemande.

Après sa campagne, Hitler fit un long discours devant le *Reichstag*. Après les généraux, il remercia l'homme « qui avait mis ses directives à exécution dans le domaine de la politique internationale ». Père reçut la Croix de guerre de première classe, un ordre qui était destiné aux membres non combattants de la *Wehrmacht*. Dans mon régiment par exemple, cette distinction a été remise à l'ingénieur. Etant données les circonstances, c'était presque blessant pour mon père, et c'était d'ailleurs peut-être destiné à l'être ! Le 30 janvier 1939, dans son célèbre discours du *Reichstag*, Hitler avait dit que « c'était en premier lieu le jugement à la fois exact et audacieux, mais aussi l'excellent traitement de chaque problème de politique étrangère par notre compagnon Ribbentrop, qui m'ont fourni tout au long du passé une aide exemplaire dans la poursuite de ma politique. » Depuis le début de leur collaboration, la relation qu'entretenaient Père et Hitler était soumise à d'importantes fluctuations. D'un côté les succès partagés, de l'autre les avis divergents, et bien sûr des intrigues de toutes parts. Hitler était très ouvert à celles-ci, et elles étaient à l'origine des relations changeantes entre les deux hommes.

Père a tout de même donné des impulsions importantes à la politique étrangère allemande. Le but principal de Père et de Hitler était de trouver un grand arrangement avec l'Angleterre. Or, le traité sur les flottes avait éveillé un espoir – justifié - d'atteindre ce but. Grâce à l'influence de Père, Hitler était également entièrement disposé à s'entendre avec la France. Père a été l'initiateur du pacte anti-Komintern qui sortit l'Allemagne d'une isolation qui avait duré des années. Et c'est finalement Père qui a poussé un Hitler tout d'abord récalcitrant à conclure le traité avec l'Union Soviétique, permettant par la même occasion de briser l'encerclement quasi complet de l'Allemagne. Cela avait considérablement amélioré la position du *Reich*, dans le but évident de créer les conditions pour régler les problèmes de l'Europe de l'Est par la voie de la négociation, c'est-à-dire de manière pacifique.

Qui était ce self-made-man qui avait quitté sa confortable situation de négociant indépendant et prospère pour rejoindre la politique, liant ainsi son destin à un phénomène historique inhabituel – quoi que l'on en pense – pour finir sur l'échafaud ?

« Déformée par les partisans de la haine et ceux de la faveur, son image balance dans l'Histoire ! ». Cette célèbre formule de Schiller est volontiers reprise par les historiens et les biographes pour introduire les biographies de personnalités controversées. Elle serait pourtant inadéquate pour ouvrir le récit de l'action politique de mon père et la description de sa personnalité. Dans les écrits historiques consacrés à la politique internationale de Hitler, l'image de son Ministre des

(1) Friedrich v. Schiller, *Geschichte des Dreißigjährigen Krieges*, Schiller, *Gesammelte Werke*, tome IV, 4e recueil, page 644, Winkler-Verlag, Munich o.J.

Affaires étrangères est tellement déformée par la haine et la calomnie, qu'elle en est méconnaissable. Les quelques exceptions sont restées dans l'ombre ou volontairement ignorées. Il n'y a pas eu la moindre trace de cette « faveur » que Schiller oppose à la haine, ni même une représentation partiellement exacte du rôle que Père a joué. Aussi vaut-il mieux citer ici la phrase moins connue du sage chinois Confucius pour introduire une description de Joachim v. Ribbentrop : *« Là où tous louent, il faut vérifier, là où tous critiquent, il faut vérifier »* !

Les jugements habituellement portés de nos jours sur le Ministre des Affaires étrangères de Hitler rassemblent à peu près tous les défauts possibles et imaginables. On peut se demander comment un homme qui est si stupide, si prétentieux, si bouffi d'orgueil, si arrogant, lâche, faible, déloyal, hypocrite, ambitieux, vantard, dépourvu de tact, sans caractère et finalement d'après Monsieur Fest également « borné », a pu parvenir aussi rapidement, après la Première Guerre mondiale, à monter une entreprise – la première et la plus grande de son secteur – en Allemagne, bien entendu sans l'aide financière de son beau-père Henkell.

On peut tout particulièrement se demander comment l'homme qui présente tous ces défauts a su développer depuis 1920 et en très peu de temps, un cercle d'amis allemands et étrangers, assez important pour servir de condition et de base pour son entrée dans la grande politique. Il est d'ailleurs notable que ceux sont justement les plus représentatifs parmi ses amis étrangers, qui lui sont restés fidèles au-delà de la guerre et même de son exécution. En 1948, alors que je me retrouvais prisonnier en France dans des conditions peu agréables, j'ai eu l'occasion de me réjouir de leur aide. Ces amis de notre père, en Allemagne comme à l'étranger, ont constitué le point de départ de sa carrière politique.

Cela ne semble pas déranger non plus les soi-disant historiens, biographes et auteurs de Mémoires, que certains traits de caractère de Père se contredisent radicalement. Nous allons donc commencer par tenter de définir quels traits de caractère correspondant à l'image habituellement transmise de la personnalité de Ribbentrop, pour nous intéresser ensuite aux personnes qui lui ont attribué toutes ces tares, et surtout pour quelle raison. Nous allons devoir poser cette fameuse question – formulée il y a plus de 2000 ans par le consul romain L. Cassius à ses juges romains – *« cui bono ? », « à qui cela profite-t-il ? »* Pourquoi Ribbentrop a-t-il été calomnié, et cela jusqu'à nos jours ? Nous allons tenter d'éclairer les dessous de cette campagne de diffamation, en nommant les hommes qui se cachent derrière.

« Là où homme est loué, il faut vérifier ! » La damnation de Ribbentrop retentit dans tous les cercles ayant joué un rôle au sein du « Troisième *Reich* », quelle que soit leur opinion politique. Qu'ils soient du parti ou de la *SS*, du Ministère des Affaires étrangères ou de la *Wehrmacht*, qu'ils soient des grands bourgeois, des industriels, des aristocrates ou des intellectuels, qu'ils soient amis ou ennemis de Hitler, tous ont damné son Ministre des Affaires étrangères pour des motifs très variés, comme nous aurons l'occasion de le constater. A cet endroit, il est opportun de rappeler la pratique courante parmi les historiens, les biographes ou les auteurs de Mémoires, de se référer les uns aux autres et de recopier tout simplement ce que le précédant (2) a écrit, en le citant en tant que source. Un simple regard sur les listes de sources et les annotations mentionnées dans la littérature spécialisée permet de le constater. C'est ainsi que les faux témoignages, les diffamations, les erreurs et les malentendus se répètent sans cesse et finissent par être présentés comme des vérités. Je vais donner des exemples de cela. En raison de la méthode de travail de Hitler qui excluait en général les réunions, très peu de personnes pouvaient juger par elles-mêmes du rôle joué par Père en tant que conseiller de Hitler. Ces personnes sont mortes depuis longtemps. Les discussions qu'ont pu avoir Père et Hitler se sont généralement déroulées en tête à tête. Qui était alors ce Ribbentrop qu'on est tenté de nommer une « Unperson », une non-personne ? Qui était cet homme et bien sûr ce politicien qui se retrouva emporté à moins de quarante ans dans ce maelström de la grande politique qui allait sceller son destin ? Qui était-il, et d'où venait-il, lorsque la politique s'empara de lui en 1933, pour ne plus le lâcher ?

(2) Voir la prétendue *Notiz für den Führer,* « Notice pour le Führer », que Spitzy a recopié de Papen. Voir *Supra*.

Je ne me souviens plus dans quelles conditions l'arbre généalogique de la famille Ribbentrop ou Ribbentrup, comme il s'écrivait au Moyen-Âge, se retrouva entre les mains enfantines de ma sœur Bettina et de moi-même. Je devais avoir près de dix ans. J'étais élève à une époque où les lycées allemands avaient encore l'ambition de transmettre à leurs élèves la culture générale la plus étendue possible. Notre professeur principal, le Dr Lüders, avait demandé à ses élèves de faire des recherches sur les origines de leur famille. J'avais oublié ce devoir - à moins que mes parents, qui auraient pu répondre à cette question, n'aient été absents -, toujours est-il que lorsque ce fut mon tour de dire quelque chose sur mon nom de famille, je me suis retrouvé honteux et les mains vides devant ma classe. Lüders est venu à mon secours en devinant que notre famille venait sans doute « de Westphalie, la terminaison en « trop » en étant presque la preuve. »

Notre père, auquel j'ai bien sûr immédiatement posé la question, a vivement confirmé les suppositions de mon professeur et m'a signalé qu'il s'était rendu sur le « Ribbentrup » peu de temps avant avec notre mère. C'est ainsi que l'on nomme aujourd'hui encore la jolie ferme de 400 arpents. Cette propriété, située en bordure de Schöttmar dans la région de Bad Salzuflen, était en vente.

Il s'agissait d'une propriété très jolie, de forme arrondie, qui se trouvait dans le Lippischen au sens strict du terme. Après être entré dans la banque Hermann Lampe à Bielefeld en 1958, je m'y suis rendu régulièrement, en regrettant que Père ne l'ait pas acheté en 1930 ou 31. C'était un sentiment étrange que de me retrouver sur un bout de terre qui avait été labouré il y a quelques centaines d'années par mes ancêtres, sur laquelle ils avaient vécu et récolté le fruit de leur travail et sur laquelle des générations de Ribbentrups puis Ribbentrops se sont succédées, des générations qui mènent en ligne droite jusqu'à ma sœur et moi, comme le montre notre arbre généalogique. La décision de mon père de ne pas acheter cette propriété à l'époque était parfaitement sage, car nous nous trouvions tout au début de la grande crise économique. Les prudentes dispositions de Père nous ont ainsi permis de traverser dans de bonnes conditions les années difficiles, bien que je me souvienne encore très bien des mesures de restriction imposées à la maison.

Cette propriété figure pour la première fois dans un cadastre de l'Abbaye de Herford datant du XIIe siècle, sous le nom de « Ricbrachtinctorpe ». Ce nom signifie apparemment quelque chose comme « Le village des descendants de Ricbracht ». La syllabe « Torpe », qui est la même que « Trop » ou « Trup » signifie « village » et est très fréquente en Westphalie. Dans les plus anciens documents, on évoque déjà un « Heinrich de Ricbrachtinctorpe ». La généalogie ne permet cependant pas d'affirmer avec certitude qu'il s'agit là d'un ancêtre direct.

Afin de situer notre famille dans la grande histoire, il faut signaler que la propriété familiale est évoquée pour la première fois pendant le règne de l'empereur Henri VI. C'est à cette époque que le Saint Empire Romain Germanique avait acquis sa plus grande étendue. Au sommet de son pouvoir, Henri VI a sans doute eu la vision grandiose d'un état mondial chrétien ! Il est mort à 32 ans. La décision de sa succession ne tomba pas sur le sol du Saint Empire Romain Germanique, mais entre l'Angleterre et la France, pendant la bataille de Bouvines. C'était le début du déclin du *Reich* !

Autour de 1300, celles qui étaient à l'origine quatre propriétés se trouvaient entre les seules mains d'un certain « Meierhof ». Ainsi nous appelions-nous à l'époque « Meyer zu Ribbentrop ». Notre grand-père, dont le prénom était Richard – un dérivé du nom Ricbracht » ? – nous signala que nos ancêtres avaient toujours été « libres », c'est-à-dire qu'ils n'étaient pas des serfs, comme c'était souvent le cas à l'époque. Dans un document datant de 1609, on constate de cette propriété a toujours été « libre », ce que confirme un conseiller des archives nommé Koch dans un écrit à la chambre de commerce comtale, daté du 4 octobre 1770. La propriété « Meier Ribbentrop » était depuis longtemps une « propriété libre ». Notre éducatrice française accrocha l'arbre généalogique au mur de notre chambre d'enfants, non sans nous signaler au passage que, pour respecter la tradition familiale, il fallait faire des efforts, ce qui concernait directement l'exécution rapide et sérieuse de nos devoirs scolaires.

Nos ancêtres se sont concentrés dans le territoire de la Basse-Saxe, de la Westphalie et de Braunschweig. Dans la plupart des cas, ils occupaient des postes de fonctionnaires ou d'officiers, mais aussi d'agriculteurs. Mon grand-père Richard, qui savait faire de merveilleux poèmes, avait inventé celui-ci au sujet d'un ancêtre : « En tant que conseiller du Tribunal d'instance de Königslütter, il gagnait pauvrement sa vie / pour gagner bien sa vie, il devait lutter ». La tradition familiale faisant des Ribbentrop des serviteurs de l'Etat, se lit clairement sur l'arbre généalogique de la famille. Certains d'entre eux ont d'ailleurs su se démarquer par rapport aux autres.

L'une des figures intéressantes parmi nos ancêtres était Friedrich von Ribbentrop. Son travail pour l'Etat prussien a d'ailleurs conservé un lien avec l'époque contemporaine. Ce juriste accompli était entré dans l'administration des territoires de la Prusse de l'ouest en 1788. La mobilisation de 1806 le nomma « directeur du commissariat de la guerre » dans le corps Blücher, c'est-à-dire qu'il était responsable du ravitaillement et de l'entretien des troupes de Blücher.

Après la défaite de Iéna et d'Auerstedt, la caisse de guerre avait dû être mise en sécurité à la forteresse de Magdeburg. Un mouvement de panique général s'était emparé de l'armée du célèbre Frédéric le Grand. Pris de panique, les conducteurs de l'attelage ont voulu couper les rênes et prendre le large avec les chevaux, mais Friedrich von Ribbentrop a empêché leur fuite et sauvé la caisse par la force de son énergie et de sa personnalité. Il s'est également distingué en 1813, lors de la fameuse bataille de la Katzbach, en Silésie. Les jeunes troupes prussiennes, prises de panique à un moment critique du combat, ont perdu le contrôle de la situation, au point qu'une fuite irraisonnée menaçait. Là aussi, il semblerait que Friedrich von Ribbentrop ait usé de son autorité avec énergie et fermeté, parvenant ainsi à ramener la discipline au sein de ses troupes.

C'est ainsi qu'au-delà de sa relation professionnelle à Blücher, Ribbentrop développa une amitié personnelle envers celui-ci. Entre-temps, Ribbentrop était devenu intendant général de l'armée prussienne. La signification de cet avancement est largement commentée dans la « Biographie générale allemande » publiée sur la demande du roi de Bavière. Le conseil d'Etat où il avait été nommé était « incessamment soucieux de fournir l'armement pour la libération de la Patrie, et travaillait à la fusion du service d'administration militaire et de l'armée. Il s'efforçait par ailleurs d'adapter en priorité les résultats du premier aux besoins de la guerre. » En d'autres termes, il créa l'administration de l'armée et inventa les fameux « trésoriers». Combien de fois, pendant la guerre, ai-je répondu en riant aux soldats qui les insultaient - car comme dans toute bonne administration, ils suivaient très correctement leurs instructions – « ne criez pas sur les trésoriers, c'est un de mes ancêtres qui les a inventés ! »

Le nouveau système introduit par Napoléon pour ravitailler ses troupes lors de ses campagnes, c'est-à-dire les réquisitions, était désormais également appliqué par l'armée prussienne. Ribbentrop en était responsable, puisque Blücher l'avait nommé chef de l'administration militaire pour tous les territoires occupés de France, c'est-à-dire également pour Paris.

Ce fait donna d'ailleurs aux parisiens l'occasion d'un jeu de mots. Ils traduisirent le nom « Ribbentrop » par « riz-pain-trop », c'est-à-dire qu'il réquisitionnait trop de pain et trop de riz pour l'approvisionnement des troupes.

C'est le même ancêtre qui fit de longues recherches dans un entrepôt parisien pour retrouver le célèbre « Quadrige » de la Porte de Brandebourg, et organisa son retour à Berlin. Démantelé, il gisait encore dans des caisses. Friedrich von Ribbentrop avait également reçu la mission de retrouver les objets d'art que Napoléon avait fait sortir de Prusse, et de les ramener. Une lettre adressée au célèbre directeur du Louvre Denon, au moment où il s'apprêtait à quitter Paris pour rejoindre la Prusse, montre la manière chevaleresque dont il s'acquit de cette tâche. On trouve entre autres dans cette lettre : « ...si désagréables que nos relations professionnelles aient pu l'être, elles n'ont servi qu'à faire grandir mon respect personnel pour un scientifique dont je suis heureux d'avoir pu faire la connaissance. » Dans la lettre de remerciements de Denon, on peut lire : « ...entre les personnes qui sont destinées à se respecter, les relations professionnelles créent des liens personnels et ceux-ci à leur tour laissent naître l'amitié. » (3)

(3) Jean Chatelain sur Vivant Denon, page 253.

Plus tard, il a eu une influence décisive sur la création de la Chambre supérieure des comptes de Potsdam, et en est devenu président en chef. Elle précédait ce qui allait devenir la Cour des Comptes du *Reich*, la conscience financière du pays. Père évoqua une fois qu'au cours de son activité administrative, il avait dû se soumettre à une vérification de comptes par la Cour des Comptes, et qu'en tant que descendant du fondateur de cette louable institution, il avait ressenti une certaine bienveillance de la part de ses interlocuteurs.

Un autre de mes ancêtres mérite d'être ici évoqué, non seulement parce qu'il était un courageux officier, mais surtout parce que nous sommes devenus ses descendants adoptifs. Karl Barthold Siegmund Ribbentrop a participé en tant que capitaine d'artillerie à la prise des retranchements de Düppel lors de la guerre entre l'Allemagne et le Danemark en 1864. Alors qu'il était chef de batterie dans la Brigade d'artillerie de la Garde, il a reçu le très rare « Ordre pour le Mérite ». La proposition de remise explique pourquoi cette récompense lui avait été remise : son calme, son esprit de réflexion et la résolution dont il avait fait preuve lors de la direction de sa batterie pendant la prise des retranchements de Düppel avaient en effet été décisifs pour l'issue de la guerre.

La batterie avait été détachée pour accompagner l'infanterie attaquante – à l'époque il s'agissait d'un procédé inhabituel – et lui ouvrir le chemin à travers les installations fortifiées des Danois. « Malgré un tir de flanc violent », le capitaine Ribbentrop s'était visiblement parfaitement acquitté de cette tâche, et avait donc reçu cette médaille en tant qu'artilleur. Très modestement, il avait écrit à son épouse : « J'ai tant de respect pour notre décoration, l'ordre de guerre le plus élevé, que je ne me le serait certainement pas remis, et je ne peux penser qu'avec gêne à la bonté de notre roi et à tous mes braves camarades qui auraient sans aucun doute davantage mérité cette médaille. » Le frère de mon grand-père Ribbentrop quant à lui, avait reçu la médaille « pour le Mérite » en tant que lieutenant général et commandant de division pendant la Première Guerre mondiale. Il avait tout simplement profité de l'ordre du jour de sa division pour annoncer qu'il avait reçu cet ordre en récompense du courage de sa division.

Le capitaine d'artillerie qui s'était démarqué aux retranchements de Düppel a été nommé général avant d'être anobli. C'est de cette époque que viennent les deux tubes de canon croisés figurant sur notre blason. Il a par ailleurs apporté une contribution importante au développement de l'artillerie prussienne germanique. Le futur empereur Frédéric lui a d'ailleurs déclaré : « Alors, Ribbentrop, votre nom aussi s'inscrira un jour dans l'histoire ! ». Cette déclaration s'est vérifiée, mais d'une manière toute différente de celle à laquelle il pouvait penser: ce n'est pas le nom de ce courageux général, mais celui de son petit-fils adoptif, mon père, qui s'inscrit dans l'histoire.

Notre père a été adopté par l'une des filles du général en 1925. Que n'a-t-on pas dit de haineux et de calomniant sur cette adoption ! C'était pourtant une manière de procéder qui n'était pas si rare à l'époque. Ce mot de Goebbels au sujet de mon père a été colporté : « Il a acheté sa noblesse et épousé sa fortune ». Mais voici comment tout s'est réellement passé :

Le général avait un fils et une fille. Le fils ne pouvait avoir d'enfants. Sur le lit de mort du général, son fils lui avait fait le serment de conserver le titre aristocratique de cette branche – il n'y avait pas de descendance du côté de Friedrich von Ribbentrop, l'intendant général – en adoptant un membre de la famille.

C'est ainsi qu'avant la Première Guerre mondiale, il s'était adressé à mon grand-père Richard dans l'intention de l'adopter. Mon grand-père, nous allons le voir, était un homme têtu. Il le renvoya sur les roses. Celui-ci suggéra donc d'adopter le fils aîné de notre grand-père, notre oncle Lothar, le frère de mon père. Comme les deux frères vivaient alors au Canada, il n'en a plus été question avant la Première Guerre mondiale.

Peu après la guerre, en 1919, Lothar est mort en Suisse d'une tuberculose. Père n'est rentré de Turquie en Allemagne qu'en 1919. L'inflation battait alors son plein, et les membres de la famille avaient d'autres problèmes à affronter que des questions d'adoption. Lorsque la situation s'est enfin consolidée, le fils du général – il s'appelait Siegfried von Ribbentrop – a repris son idée d'adoption. Entre-temps, il avait cependant adopté la fille que sa femme avait eue avant leur mariage. C'est ainsi que l'on décida que sa sœur, la fille du général, allait adopter mon père. Cette tante, que nous appréciions beaucoup, habitait à Naumburg, où habitaient également nos grands-parents. Elle ne possédait pas de biens terrestres, ne s'était jamais mariée et l'inflation avait réduit à néant ses économies. Il semblerait que Père l'ait toujours soutenue financièrement. Il continua bien sûr après l'adoption qui le rendait également responsable de la pension de notre tante. Comme elle l'a écrit, Tante Gertrud s'est par ailleurs conformée aux règles en signalant cette adoption à l'association de la noblesse allemande.

Il faut d'ailleurs remarquer à cet endroit que Siegfried von Ribbentrop et sa sœur Gertrud ont expressément transmis leur titre de noblesse à une branche de la famille dont les membres avaient fait leurs preuves sur les « champs de bataille ». Trois générations successives, mon arrière-grand-père, mon grand-père et mon père, avaient reçu la Croix de fer de première classe au cours des guerres de 1870-71 ou de 1914-18. La volonté des « classes dirigeantes » de l'époque de s'engager pour leur pays au risque de mettre leur vie en jeu, jouait encore un rôle important à cette époque. Jusqu'à la dernière guerre, cette volonté tint lieu de compensation importante face au matérialisme grandissant et au développement vertigineux de la technologie.

Il ne faut pas oublier non plus ici un énergumène de la famille, un ancêtre indirect qui portait le prénom, aujourd'hui célèbre, d'Adolf. Pendant la révolution de 1848, cet Adolf von Ribbentrop, qui était conseiller d'Etat prussien, passa du côté des insurgés et a dû fuir en France après que la révolution ait été écrasée. Il se retrouva alors dans le cercle de Karl Marx, qui vivait également à Paris en tant qu'émigrant.

Arnold Ruge, un démocrate radical, décrivit à l'époque à Max Duncker comment il ... (phrase incomplète, *NdT*) membre du rassemblement général à Francfort, la dénommée « Paulskirche » : «... Au début, il y avait dans son entourage (celui de Marx, *NdA*) une relation que je cultive encore, un certain monsieur v. Ribbentrop, dont il déformait sans cesse les propos. Je lui en fis le reproche, estimant que c'était là un procédé malhonnête et peu glorieux. « Non », me dit-il (Marx, *NdA*), « c'est comme ça qu'il faut traiter ce type ». Il voulait ainsi lui « apprendre à penser ».

Il est amusant de lire ce que Duncker, qui publiait à l'époque avec Marx les « Annuaires franco-allemands » à Paris, écrit dans sa lettre :

« Il faut maintenant que je réussisse cette école (celle de Marx, *NdA*), si je veux en faire partie. Mais nous sommes assez ridiculisés, et Marx est véritablement tenu en horreur par les Français pour son cynisme et son arrogance. Il est d'avis que toute cette culture de la France actuelle devrait sombrer. Et comme toute nouvelle humanité ne pourrait être que crue et inhumaine à ses débuts, il prend le parti d'adopter dès maintenant ces qualités. Les ouvriers français sont infiniment plus humains que cet humaniste *« ab inhumanitae »* (par inhumanité) ! » (4) C'est là un avis intéressant concernant Marx, qui a été confirmé de manière sanglante par l'histoire.

Je me contente d'évoquer ces trois ancêtres, dont les destinées reflètent un peu l'histoire prussienne des deux derniers siècles. On peut ajouter qu'un de nos ancêtres a signé pour le comte von Lippe la « Paix de Westphalie » en 1648. Une dernière curiosité digne d'être mentionnée : un ancêtre du siècle dernier (le XIXe, NdE) a organisé et dirigé l'intégralité des Eaux et Forêts de l'Inde. Son nom, qui est aussi le nôtre, est aujourd'hui encore connu en Inde !

Pendant son enfance et sa vie de jeune homme, mon père semble avoir été ce qu'on appelle un « favori des dieux ». Ces derniers l'avaient en effet doté de nombreux talents. Il était exceptionnellement doué pour la musique et avait une oreille exacte. A l'âge de treize ans, il joua avec l'idée de devenir violoniste après avoir donné un petit concert à Metz, au cours duquel il y remporta un succès considérable. Dans ses souvenirs, Père écrit quelques mots sur sa mère et sur son amour de la musique :

> « Tout comme mon père, elle était très douée pour la musique, et jouait merveilleusement du piano. Je lui demandais de jouer pendant des heures tandis que je restai

(4) Enzernsberger, *Gespräche mit Marx und Engels*, Insel Taschenbuch, page 30.

assis dans un coin, comme fasciné. Je voulais toujours écouter encore. Ma mère était touchante par son amour et sa disponibilité à répondre à ma demande de jouer pour moi. »

L'objectivité vis-à-vis de lui-même et le risque désespéré de se lancer dans une carrière artistique sans avoir l'assurance de pouvoir se faire un nom dans ce domaine l'ont poussé, alors qu'il était encore lycéen, à renoncer à la voie artistique. Un élève du célèbre violoniste Joachim, qui donnait des cours de violon à mon père, avait prononcé le verdict : « très doué », mais peut-être insuffisamment pour « la grande percée », comme on dit aujourd'hui.

La musique touchait beaucoup Père. Ce devait être en 1934, j'avais reçu l'autorisation d'accompagner mes parents à un concert à la Philharmonie de Berlin. En présence de Hitler, Furtwängler dirigeait la IXe symphonie de Beethoven chantée par la chorale Bruno Kittelschen, célèbre à l'époque. Cette représentation était remarquable car elle scellait la « réconciliation » de Furtwängler avec le « régime ». D'après ce que j'avais pu entendre à l'époque, une secrétaire juive de Furtwängler avait été à l'origine de leur désaccord.

Je me suis rendu au concert, bien préparé par Mademoiselle Munding, mon professeur de piano. Même pour le jeune homme de treize ans que j'étais et qui n'avait pas hérité d'une once du talent musical de son père, cette représentation fut un événement. Après le concert, j'ai eu le droit d'accompagner mes parents à dîner chez « Horcher », un fameux restaurant berlinois. Père était silencieux et perdu dans ses pensées. Soudain, il dit à ma mère : « N'as-tu pas ressenti que c'était un homme (il parlait de Beethoven) torturé ? » Mère, qui n'était pas aussi profondément mélomane - elle était plus « visuelle » - réagit tendrement en remarquant à quel point Père était bouleversé.

Du haut de mes treize ans, j'ai mémorisé cette phrase de Père sans pouvoir la comprendre complètement, Mais l'image de l'artiste luttant pour réaliser et accomplir une œuvre était désormais intégrée, et elle m'a aidé à explorer l'art, surtout lorsque celui-ci semblait rébarbatif au premier coup d'œil, ou sonnait peu avenant à la première écoute. L'oreille de mon père allait de pair – comme si souvent – avec un don exceptionnel pour les langues. Il parlait un français irréprochable, et l'anglais, d'après ce que l'on m'a rapporté, sans le moindre accent.

Père doit dès son jeune âge avoir dégagé un charme exceptionnel. Grand-père nous raconta une fois en souriant qu'à Aarosa, Père était tombé amoureux d'une ravissante jeune anglaise bien plus âgée que lui, qui n'avait alors que quinze ans. Il s'avéra que la jeune femme n'était pas restée indifférente non plus au charme de mon père, et que mon grand-père avait donc été obligé de « mettre un terme » à cette histoire. Furieux, Père était alors grimpé tout seul sur le « Hörnli », une entreprise qui n'était pas sans danger. Il se disait apparemment que « ce sera bien fait pour mes parents, si… »

Père a passé la plus grande et la plus importante partie de sa jeunesse à l'étranger. Après sa retraite volontaire, mon grand-père s'est installé à Aarosa, en Suisse. Notre grand-mère était décédée de la tuberculose. Père a vécu en Suisse, en France, en Angleterre, aux Etats-Unis et au Canada avant le début de la guerre en 1914. Pendant la guerre, il s'est battu en Russie et en France, et en 1918, il est devenu *Adjutant* de l'attaché militaire allemand en Turquie. Lorsqu'en 1919, il retourna en Allemagne, on pouvait presque le considérer comme un *Auslanddeutscher*, un allemand de l'étranger.

Voyons ce que Père écrit sur sa jeunesse dans une esquisse de ses mémoires :

> « En raison de la maladie de ma mère, nous vivions quelque peu retirés à Queuleu, dans la banlieue de Metz, où l'air était réputé pour être meilleur. Pour nous, les garçons, le sérieux de la vie commença au Lycée. Au début, je racontais fièrement mes succès scolaires à la maison. J'étais sûr qu'à Noël, je ferais partie des meilleurs éléments parmi les 50 élèves de la classe. Ma déception fut d'autant plus grande quand, au contraire, je me retrouvai 32e. A la maison, la réaction fut encore bien plus dure, je reçus une bonne raclée. C'est ce jour-là que je me suis juré d'être très prudent à l'avenir sur les pronostics concernant mes performances. La raclée n'était

pourtant pas ce qu'il y avait de plus grave. Cela faisait déjà quelques semaines que j'attendais fébrilement Noël, car j'avais cru comprendre que j'allais recevoir un violon. Il n'en fut rien, mon père voulant donner l'exemple. Ce fut donc un Noël triste pour nous tous, et surtout pour ma pauvre mère malade. Plus tard, je me suis souvent demandé s'il était juste que des parents punissent si sévèrement leurs enfants. Pour mon père, et d'après les conceptions sur l'éducation de l'époque, c'était sûrement juste et conséquent, mais je n'ai moi-même jamais pu agir de la sorte avec mes propres enfants. »

Je ne peux que confirmer pleinement cette réflexion de mon père ! Lorsque j'étais en *« Untertertia »* (cinquième, *NdT*), j'ai ramené un bulletin scolaire véritablement désastreux à la maison, alors que j'étais déjà redoublant. Je devais le faire signer par mon père. Celui-ci me regarda longuement, apparemment perdu dans ses pensées. Finalement, il constata à mon intention qu'il ne pouvait que nous donner la possibilité d'apprendre des choses, mais que c'était à nous de saisir cette chance. Il se demanda comme parlant à lui-même : *« mais qu'est-ce que je vais faire de toi ? »*, puis il m'a dit : *« je vais ajouter ces mots à ma signature : « lu avec regrets ! » »* J'ai dû décevoir mon professeur qui espérait que ce regret se soit également exprimé en termes matériels voire même physiques. Mais les « regrets » verbaux de Père ont sans aucun doute eu plus d'effet sur moi que ne l'aurait eu une « raclée ». La remarque désapprobatrice de Mère : *« si vous êtes stupides, alors soyez aussi paresseux, car être bête et assidu est encore bien plus grave ! »*, s'avéra par ailleurs assez motivante en termes d'efforts scolaires.

Père poursuit dans ses mémoires :

> « A Pâques, j'arrivai finalement parmi les meilleurs de la classe, et je reçus donc mon violon. A partir de cet instant et pour les années suivantes, la musique eut la première place dans mon cœur. J'ai bientôt pu prendre des leçons auprès du grand violoniste Joseph Joachim, et à 13 ans à peine, j'ai joué pour la première fois dans un concert de l'école de musique de Metz. J'ai sérieusement envisagé alors la carrière de violoniste. Mon violon m'a suivi tout au long de mon chemin de vie. Il m'a offert des heures infiniment belles. Il était toujours mon fidèle camarade, qui ne m'a jamais laissé tomber- ce que l'on ne peut toujours dire des hommes, comme Nuremberg le démontre. J'ai toujours retrouvé en lui la clarté. Que j'aie à maîtriser des passions naissantes en tant que garçon, que je cherche à la mort de ma mère une consolation pour cette perte difficile à surmonter, que je tente par son timbre d'embellir ma vie et celle de mes camarades dans le blockhaus enneigé de la jungle canadienne ou plus tard dans nos quartiers en Prusse orientale, que je cherche de la force pour accomplir ma lourde tâche dans l'angoisse sur l'issue de la guerre – mon violon était toujours à mes côtés… »

Si Père écrit à un moment que, pendant les années de l'enfance, son père était pour lui et son frère « plutôt le monsieur sévère que le père aimant », alors cette relation avait radicalement changé avec la maturité des deux garçons. Ma mère et mon grand-père étaient sans doute les deux personnes les plus proches de mon père tout au long de sa vie, et sans doute les seules auxquelles il donnait sa confiance illimitée. Pourtant, leur influence sur lui n'était pas sans limites. Une description de la personnalité de mon père serait ainsi incomplète si on n'y incluait pas son propre père, mon grand-père. Si grand-père Richard était, comme nous l'avons vu, un homme plutôt « sévère » pendant la petite enfance de ses garçons, il devint pour les deux jeunes hommes mûrissants un mentor ouvert sur le monde, très cultivé et totalement dépourvu de préjugés, qui aiguisa avant tout leur regard sur la politique contemporaine. A l'époque, déjà, il adoptait une position critique vis-à-vis de la politique internationale de l'Empereur. Plus tard, grand-père a joué pour moi aussi le rôle de mentor, même si ce n'était pas avec la même intensité, puisque mes grands-parents habitaient à Naumburg.

Grand-père Richard jouissait d'une culture très diversifiée. Il possédait des connaissances historiques complètes, était doué pour la musique et parfaitement à l'aise dans le domaine de la littérature classique. Cette réputation d'homme cultivé au sein de la famille m'a d'ailleurs épargné une discussion qui s'annonçait pénible avec mon père. Il tenait entre les mains une plainte pour « comportement inconvenant » me concernant, et qui avait été envoyée par mon établissement scolaire, le fameux « Arndt-Gymnasium » du quartier de Dahlem à Berlin. Dans ce type de situation, Père pouvait se montrer assez « professionnel ». Il attendait de nous une attitude impeccable car il craignait que nous ne donnions l'impression de profiter de sa situation au sein du gouvernement pour tout nous permettre. Pour le 75ᵉ anniversaire de mon grand-père, mes parents avaient organisé un grand dîner pour la famille et les proches. Les invités devaient porter habit et décorations. On préparait bien entendu un grand nombre de beaux discours sur la jeunesse et la vie de mon grand-père, comme c'était coutume alors, et comme cela l'est encore de nos jours (sauf que l'on ne porte plus les décorations aujourd'hui). Peu avant le dessert, le serviteur m'apporta un mot de ma mère, sur lequel était noté brièvement « tenir un discours ! ». Elle pouvait parfois nous provoquer de manière totalement imprévue. Je réussis cependant à me tirer d'affaire avec un certain succès, en me levant et en déclarant que je ne pouvais vraiment rien ajouter sur la vie de mon grand-père, puisque je ne l'avais pas partagée. La seule chose que je pouvais exprimer en ce jour, c'était l'espoir qu'il me soit encore très longtemps une « encyclopédie » vivante et un interlocuteur pour nos conversations.

L'accumulation de biens terrestre n'a jamais représenté un objectif pour mon grand-père. Il s'intéressait en revanche beaucoup à la politique, et par conséquent à l'histoire. Il se passionnait tout particulièrement pour le destin de son pays. Pourtant, il n'était pas – aujourd'hui, ce terme est péjoratif – nationaliste, c'est-à-dire selon la terminologie de l'époque un homme qui plaçait sa patrie avant toute autre chose. Il pouvait soumettre à une critique acerbe les personnalités, coutumes et institutions allemandes, et les comparer en leur défaveur avec celles d'autres pays. Il haïssait par-dessus tout le patriotisme enthousiaste et bien arrosé à la « hourra ! ». C'est dans ce sens qu'il critiquait le style du *Kaiser*. A travers les récits de grand-père, l'histoire allemande s'est ouverte à nous, en commençant par ses grandes personnalités et ses événements marquants. Il nous a accompagné au « Zeughaus », ce grand musée militaire situé sur la prestigieuse avenue berlinoise qui porte le nom de « Unter den Linden », et nous a montré sur la *Ruhmeshalle*, « Le Temple de la Gloire » représenté dans les célèbres peintures de Anton v. Werners, les principales scènes de l'histoire prussienne. Il attira plus particulièrement notre attention sur une peinture. Elle représente la scène où Froben, l'écuyer du grand Prince électeur, propose à celui-ci de changer de monture pendant la bataille de Ferbellin, car il craignait que le monarque ne soit en danger sur son cheval. En effet, Froben est tombé au cours de cette bataille, alors qu'il montait le cheval du Grand Prince électeur. Cet esprit de sacrifice de Froben pour son pays – dans ce cas personnifié par le Prince électeur – m'a fait une impression durable. On dit aujourd'hui que le sacrifice de Froben est une légende. Peut-être est-ce en effet le cas. Goethe mettait ces légendes en relation avec la vie, lorsqu'il postulait en prenant pour exemple Mucius Scaevola : *« si les Romains avaient la grandeur d'inventer cette légende, nous devrions être assez grands pour la croire ! »* (5)

Nous étions encore trop jeunes pour comprendre les relations entre différents faits historiques lorsque grand-père Richard nous initia à l'histoire prussienne - allemande, mais nous pouvions ainsi nous imprégner des qualités personnelles des figures historiques qu'il nous décrivait de manière très vivante. Une gravure représentant Frédéric le Grand, assis sur un tronc d'arbre après la défaite de Kolin, était pendue au mur du bureau de Grand-Père. Je n'ai jamais oublié sa remarque concernant le fait que l'on reconnaissait la qualité d'une troupe au moment de la défaite. Le jour de la capitulation en 1945, j'ai pu constater par moi-même et de manière impressionnante, la signification de cette remarque. J'y reviendrai à un autre moment du récit.

Frédéric le Grand était également représenté dans le hall du « Temple de la gloire », sur une célèbre peinture qui montre comme il laisse à ses généraux le choix de faire leurs adieux avant la

(5) Entretiens avec Eckermann. Il semblerait que Mucius Scaevola ait été présenté en tant que prisonnier au roi des Etrusques Porsenna, qui avait assiégé Rome. Pour montrer au roi le courage des Romains, il aurait brûlé sa propre main dans la coupe de feu. Le roi fut tellement impressionné qu'il se retira.

bataille de Leuthen. Ils se trouvent en situation désespérée, car Frédéric le Grand a l'intention d'attaquer l'ennemi « en dépit de toutes les règles de l'art de la guerre » pour éviter de « se laisser enterrer par ses batteries ». Quand Père écrit dans ses mémoires que « le modèle de Hitler était Frédéric le Grand », on ne peut s'imaginer de personnalités plus différentes que celles de ces deux hommes ! Aucun des généraux présents n'a abandonné son roi, bien qu'il leur ait assuré qu'il ne tiendrait rancune à personne de refuser de prendre le risque d'attaquer une puissance trois fois supérieure. Hitler quant à lui était rempli de suspicion vis-à-vis de ses généraux, avec lesquels il n'entretenait aucune relation de confiance et qui, de leur côté, ne reconnaissaient pas son autorité.

Une discussion amusante autour de Frédéric le Grand s'est un jour développée entre mon grand-père et moi, alors que j'avais déjà donné libre cours à ma passion pour l'histoire. Je devais avoir près de 31 ans, lorsque je lui posai la question peut-être un peu aberrante de quelle personnalité, entre Napoléon et Frédéric le Grand, était la figure historique la plus marquante. A mon grand étonnement, mon grand-père donna sans hésiter sa préférence à Napoléon. Je tentai avec passion de le faire changer d'avis, évidemment sans succès. Un jour, finalement, j'ai cru avoir trouvé la raison pour laquelle Grand-père préférait Napoléon. Je lui ai déclaré que cette préférence venait certainement du fait que, tout comme lui, il avait été artilleur. Grand-père a éclaté de rire. A posteriori, l'argumentation de Grand-père était très intéressante. Il respectait sans aucun doute les actions de Frédéric le Grand - sans oublier celles de son père, qui, soit dit en passant, ne mena aucune guerre malgré sa dénomination de *Soldatenkönig*, « soldat - roi ». Elles avaient servi de base à la future fondation du Reich. Au regard de sa personnalité, il accordait également sans réserve la dénomination de « Grand » à Frédéric. Mais il jugeait impardonnable le fait que la politique internationale de Frédéric le Grand ait abouti à une coalition agressive des trois puissances qu'étaient la Russie, l'Autriche et la France, contre la Prusse. Aux yeux de mon grand-père, il aurait à tout prix dû éviter cette constellation. On reconnaît là que mon grand-père s'intéressait tout particulièrement à la position de l'Allemagne à l'échelle internationale, que Bismarck a très justement résumée par cette fameuse formule : « le cauchemar des coalitions ». (6) A travers la critique de Grand-père transparaissait son expérience de la Première Guerre mondiale. Pour lui, l'une des priorités absolues de la politique allemande était d'éviter par tous les moyens une nouvelle constellation de ce type contre le *Reich*. Nous touchons là au cœur du problème de la politique internationale allemande !

Grand-père reprochait à Frédéric d'avoir facilité la tâche au chancelier d'Etat autrichien Kaunitz dans ses efforts de coalition surpuissante contre la Prusse, en lâchant quelques traits d'esprit caustiques sur Elisabeth de Russie et la Pompadour à la cour de France. Tout comme mon père, mon grand-père reconnaissait le risque omniprésent d'une coalition anti-allemande. Le sentiment de danger latent de l'« encerclement » du *Reich* – une expression issue de la Première Guerre mondiale, était permanent. Au sujet du *bon mot* quelque peu méchant de Frédéric sur la française et la russe, je me souviens que Mère tenait toujours pour psychologiquement négatif que Madame Roosevelt ait si souvent été agressée en tant que femme dans la presse allemande. Elle était connue pour n'être pas une beauté et ce terrain de critique – on parlait surtout de sa mâchoire quelque peu protubérante – a été largement utilisé par les caricaturistes. Elle était ainsi – c'était là l'argumentation de Mère – attaquée non seulement en tant que personnage politique, mais aussi en tant que femme. Même de manière sous-jacente, cela ne pouvait rester indifférent à une femme, et l'on versait ainsi inutilement de l'huile sur le feu anti-allemand que Roosevelt avait déjà allumé. Elle se servait de la critique de grand-père à Frédéric le Grand comme argument pour convaincre Père, mais celui-ci n'avait aucune influence sur la propagande intérieure en Allemagne. Au contraire, il devait sans cesse au cours de son activité dans l'administration lutter contre Goebbels pour avoir une influence sur la propagande à l'étranger, puisque Hitler – comme c'était si souvent le cas – n'était pas en mesure de définir les domaines de compétence de chacun.

(6) Une autre version stipule que le comte Schuwalow, un diplomate russe, aurait dit à Bismarck que lui, Bismarck, souffrait de ce « cauchemar des coalitions » !

Finalement, Grand-père prouva de manière convaincante que Frédéric avait été sauvé de la guerre de sept ans par un « coup de chance », comme il qualifiait le décès de l'impératrice Elisabeth. Frédéric le Grand parlait lui-même de manière souveraine du *miracle de la maison de Brandebourg.* Bien entendu, le génie militaire de Frédéric avait joué un rôle important. Il m'expliqua en détail l'organisation géniale de la bataille près du village de Leuthen en Silésie, où ce roi de formation humaniste s'était inspiré de la bataille de Leucite dans l'antiquité, pour battre la grande puissance autrichienne à l'aide de l'ordre de bataille de biais. Le parallèle apparent avec la mort de Roosevelt a souvent été mis à l'épreuve. Il semblerait que Hitler l'ait ressenti de la sorte. Mais on ne peut jouer avec des démocraties comme le *tsar* Pierre le Grand et la *tsarine* Catherine avec leurs troupes. Après la mort de sa mère, Pierre fut à l'origine du changement de front des troupes en faveur de la Prusse, et après son propre assassinat par Catherine, il y eut un nouveau changement de front vers l'ancienne coalition, jusqu'à ce que la Russie sorte finalement complètement de la coalition. Au-delà de ces faits, Hitler aurait été physiquement et psychiquement hors d'état en 1945 de saisir un « coup de chance ». Comme nous le savons, j'ai pu m'en rendre compte par moi-même.

Ces discussions sur Frédéric le Grand et d'autres phases de l'histoire allemande prouvent de manière évidente que les questions de politique internationale primaient dans l'esprit de mon grand-père. Dès leur plus jeune âge, il a transmis ces interrogations à ses fils, et Père les a entièrement intégrées. La position de l'Allemagne au milieu de l'Europe imposait à leur avis la nécessité de soumettre au sens large du terme la vie publique aux exigences de la politique internationale. Le dénouement malheureux de la Première Guerre mondiale suivi du Traité de Versailles, la vulnérabilité du pays désarmé et le danger que représentait l'Union Soviétique pour l'Allemagne et l'Europe en général, avaient en partie justifié leur adhésion à Hitler. La politique intérieure – ce qui voulait en premier lieu dire la résolution des « questions sociales » - devaient à leurs yeux surtout rendre la population allemande combative contre des dangers venant de l'extérieur ! Mon père et mon grand-père voyaient à l'époque en Hitler la seule chance de changer la position désespérée de l'Allemagne dans le domaine de la politique internationale. C'est ce point unique qui a motivé le ralliement de mon père à Hitler.

En termes de qualités humaines, Grand-père semble avoir été un soldat doté d'un courage hors du commun. Lors des premiers combats de la bataille de Lodz près de Brzeciny en 1914, il s'est trouvé dans l'obligation de laisser pendant une nuit ses soldats aux mains des Russes, après les avoir défendus avec un lieutenant jusqu'à la dernière grenade puis jusqu'à la dernière cartouche. Le lendemain matin, il rassembla quelques fantassins à la tête desquels il récupéra ses soldats. (7)

Un jour, je me suis entretenu avec lui au sujet de la fameuse « bataille de Tannenberg », au cours de laquelle Hindenburg et Ludendorff avaient encerclé et écrasé une armée russe, alors qu'une autre armée russe se trouvait dans leur dos et qu'elle n'aurait eu qu'à avancer pour provoquer la débandade allemande. Cette audace incroyable et l'énorme risque qui avait été pris me fascinaient depuis que j'étais un petit garçon. J'étais surtout impressionné par la détermination avec laquelle ils s'étaient concentrés sur un seul ennemi, ne laissant qu'un mince filet de cavalerie à l'arrière pour les protéger de l'armée russe. Mon grand-père m'expliqua froidement que le plan de Schlieffen avait prévu l'évacuation de la Prusse orientale en cas de pression russe trop importante, et que le prédécesseur de Hindenburg avait donc agi conformément aux plans lorsqu'il avait voulu se retirer derrière la Vistule. Il faisait allusion à Prillwitz, qui avait été remplacé au poste de commandant général parce qu'il avait voulu abandonner la Prusse orientale et se retirer derrière la Vistule.

Comme Grand-père me le faisait remarquer, cette opération avait cependant été prévue dans le plan de Schlieffen, si jamais la pression russe devenait trop forte. Il était d'avis que le Grand Quartier Général avait perdu son sang-froid. Au moment de la marche sur Paris, on avait donc

(7) Bathe : *Bis zum letzten Hauch*, bibliothèque de la Bundeswehr n°23946, Eilsberger *Der Durchbruch bei Brzeziny*, bibliothèque de la Bundeswehr n° 6404.

enlevé deux corps d'armées de l'aile droite, justement celle qui se trouvait sur le point fort des opérations, pour les transporter en Prusse orientale où ils devaient renforcer la 8e armée qui reculait. Non seulement ces deux corps sont arrivés trop tard à la bataille de Tannenberg, mais ils ont cruellement manqué à l'ouest au moment décisif, provoquant la décision fatale d'interrompre plus tôt que prévu la bataille de la Marne. C'est ainsi que la solution rapide prévue dans le plan de Schlieffen était devenue irréalisable à l'ouest. Cela entraînait le développement d'une longue guerre des deux fronts, dans laquelle les « puissances du milieu » (Allemagne, Autriche-Hongrie, Bulgarie et Turquie) n'auraient eu aucune chance. Il faut toujours se concentrer sur un problème et le résoudre ; on ne peut pas tout faire à la fois. C'est une maxime importante pour la vie de tous les jours. Pour éviter tout malentendu, la direction de la bataille de Tannenberg avait été une opération exceptionnellement audacieuse, réalisée par deux fortes personnalités qui étaient pleinement conscientes des risques qu'elles couraient. Malgré la crise qui accompagne chaque décision audacieuse – pas seulement dans le domaine militaire – ils n'avaient pas perdu les nerfs. On ne peut pas dire cela du commandement supérieur de l'armée à Luxembourg pendant la bataille de la Marne. Exprimons-le de manière plus simple : est-ce que la défaite, Versailles et ses suites n'étaient imputables qu'au fait que les personnalités décisives – le *Kaiser* et ses conseillers militaires – avaient de faibles caractères ? Un exemple de la sorte, expliqué par un grand-père bien-aimé, reste inscrit toute une vie dans la mémoire ! C'était le rôle de la tête du gouvernement de créer une atmosphère de confiance et de trouver des donneurs d'ordre bien choisis, pouvant agir de leur propre initiative dans le cadre d'un plan préétabli. L'empereur Guillaume II n'était pas un de ces hommes, et Hitler non plus.

Notre arrière-grand-père s'était déjà démarqué au cours de la bataille de Metz, pendant la guerre de 1870. Il est utile de revenir sur ces faits car les conditions dans lesquelles il fait ses preuves donnent un exemple exceptionnel de la force de caractère de certains donneurs d'ordres, et du principe de la « tactique de la mission » appliqué à l'armée, pour lequel tout le monde militaire nous envie aujourd'hui encore. (8) Après les batailles à l'est de Metz, Moltke était parti du principe que l'armée française du général Bazaine se retirerait à l'ouest. Afin de pouvoir l'arrêter et éventuellement la repousser vers le nord, les corps d'armée allemands avaient été placés en front large vers l'ouest. Le IIIe corps d'armée sur l'aile droite laissa Metz à sa droite, et s'attaqua à l'ouest de Metz sur l'intégralité de l'armée Bazaine, avec 5-6 corps d'armée qui s'apprêtaient à quitter la fortification. Sans plus attendre, le général von Alvensleben prit l'initiative d'attaquer pour retenir cette puissance nettement supérieure. Le chef d'état-major du Corps voisin, le XXe Corps d'armée, était le futur chancelier du *Reich*, von Caprivi. Il ne se fia pas au recul soi-disant rapide de l'armée Bazaine, et garda une division du XXe corps d'armée échelonnée en arrière à droite. Grâce à une avancée très rapide, cette division a pu apporter un soutien décisif au IIIe Corps qui menait un combat désespéré contre l'armée Bazaine surpuissante. Le général Kraatz, qui dirigeait cette division, avait pris – de son propre chef - l'initiative de rejoindre le champ de bataille lorsqu'il avait entendu parler des lourds combats menés par le corps voisin à Pont-à-Mousson. Il arriva à temps pour soutenir efficacement le IIIe Corps d'armée en pleine crise. Dans un récit, on peut lire : « La batterie de Braunschweig placée sous les ordres du major Ribbentrop (9) qui lui était subordonnée s'aligna devant l'infanterie au niveau des buissons de Tronville, et soutint l'attaque d'infanterie par son tir animé et ciblé, nonobstant ses propres pertes qui étaient importantes. Jusqu'à la tombée de la nuit, cette batterie affronta les tirs mortels…le lendemain, Kraatz serra contre lui le major Ribbentrop qui avait fait ses preuves au cours de ce combat, et le félicita pour sa performance. »

On parvint en effet à retenir l'armée Bazaine. Le lendemain, elle fut repoussée vers Metz et elle capitula quelques semaines plus tard. C'est n'est pas uniquement parce que mon arrière-grand-père participa à cette bataille que je m'y suis intéressé, mais aussi à cause du style de direction

(8) Littérature internationale au sujet de la « tactique de la mission » allemande, voir dans Uhle-Wettler : Tripitz, note n°111 et « Ludendorff » page 173, 213 et suivantes.

(9) Il s'agissait de mon arrière-grand-père.

qui y avait été appliqué par Moltke du côté allemand. Les donneurs d'ordre avaient agi de manière indépendante dans le cadre des plans prédéfinis, ils avaient fait preuve d'initiative personnelle et, la situation l'exigeant, ils avaient fait l'impasse sur les ordres reçus. Que l'on compare cette situation avec celle de la bataille de la Marne. Dans ce dernier cas, on laissa à un pauvre lieutenant-colonel la décision de savoir s'il fallait poursuivre l'avancée vers Paris ou interrompre la bataille. Les deux plus importants chefs d'armée se sont soumis à cette décision. Hitler aussi ! Lors de la campagne de l'Ouest, Guderian avait imposé son audacieuse avancée jusqu'à la Manche, bien entendu contre l'avis des états-majors supérieurs, qui avaient des scrupules à laisser leurs flancs découverts et préféraient ralentir la marche, c'est-à-dire l'adapter à la cadence des divisions d'infanterie à pieds. L'immense succès fut du côté de Guderian. En 1941, Hitler allait pourtant le relever de ses fonctions pour désobéissance aux ordres reçus. En effet, Guderian qui se trouvait sur le front de Moscou, et avait donc une meilleure vision de la situation, s'était permis de prendre des décisions contraires aux ordres que Hitler lui avait donnés à partir de sa lointaine Prusse orientale. Le Commandant général du Corps des *Panzers* de la *SS* a par ailleurs été oublié lors de la remise des décorations après la reprise de Kharkov au printemps 1943. Sa décision – contredisant l'ordre répété de Hitler – d'abandonner Kharkov avait pourtant sauvé les deux divisions déjà encerclées. Cette action servit par ailleurs de base pour la reprise de la ville, dernière victoire opérationnelle sur le front de l'Est.

Tout au long de sa vie, Grand-père est resté fermé aux solutions de compromis. C'est sans doute la raison pour laquelle il ne fit pas carrière, car il semble avoir reçu d'excellentes références. Son poste d'*Adjutant* du Commandant général à Metz le prouve. Malheureusement, lorsque quelque chose ne lui convenait pas, il jetait l'éponge et se retirait en grommelant. La manière dont il demanda sa mise en congé était caractéristique de son tempérament. Comme nous l'avons déjà dit, sa grande passion était la politique internationale. Après le renvoi de Bismarck et la distanciation d'avec la Russie qui s'ensuivit, il adopta une position de plus en plus critique vis-à-vis de la politique internationale allemande. Le connaissant, il n'a certainement pas caché ses opinions, même s'il était un officier relativement jeune. Par ailleurs, son poste d'*Adjutant* du corps d'armée de Metz lui permettait d'avoir un aperçu dans la politique du personnel militaire, qu'il n'approuvait pas non plus. (10) Finalement, mon grand-père s'est de plus en plus distancié de Guillaume II. Il nourrissait non seulement des scrupules objectifs par rapport à la politique de celui-ci, mais désapprouvait aussi le style du *Kaiser*. Ainsi grand-père demanda-t-il sa mise en congé « sans droit de porter l'uniforme », un procédé scandaleux à l'époque. Le droit de porter son uniforme après la mise en congé n'était refusé que dans les cas de comportement déshonorants. Grand-père a sans doute voulu montrer ainsi à quel point il était mécontent. Bien évidemment, il reçut son congé avec le droit de port de l'uniforme.

Un autre incident lié à mon grand-père mérite d'être ici retranscrit. Il joua un rôle très important dans une phase difficile de ma vie, et j'ai eu toutes les raisons de m'en souvenir. Dans l'un de mes livres d'histoire, je suis un jour tombé sur le procédé pratiqué dans certaines circonstances et qui consiste à libérer des prisonniers après qu'ils aient donné leur serment de ne plus se battre en tant que soldats. Cette pratique était héritée d'une époque où la guerre était encore dans une large mesure l'affaire des soldats, et le « front patriotique » qui devait mettre à la disposition de l'effort de guerre tout ce qui était disponible, ne jouait pas encore un rôle aussi important que de nos jours. La « guerre totale » n'avait pas encore été inventée. J'ai demandé à notre grand-père s'il fallait dans ce cas se tenir à la parole donnée selon un code de l'honneur qui ne s'appliquait que dans la propre patrie, et je suis même allé plus loin : N'était-on pas même tenu de briser ce serment pour pouvoir de nouveau se battre pour son peuple? Très étonné, Grand-père m'a regardé – du haut de mes 13-14 ans, je me sentais très malin avec mes réflexions – et m'a répondu très lentement mais avec beaucoup d'insistance : *« On te fait confiance, tu engages ton honneur, cela ne se fait qu'une fois ! »* Je ne pouvais pas savoir à l'époque que j'aurais l'occasion de me souvenir

(10) Grand-père parla à plusieurs reprises d'un général von Gallwitz et de l'injustice dont il fut l'objet sous l'influence pas toujours heureuse du cabinet militaire du *Kaiser*, qui toucha aussi Ludendorff. J'ai trouvé une preuve de cela dans les mémoires de Keitel, *« Ma vie »*, page 113.

de ces mots de Grand-père. A Noël 1947, alors que j'étais prisonnier d'un camp d'internement anglais – on peut aussi, peut-être, le nommer camp de concentration – j'ai demandé que l'on m'accorde sur l'honneur une semaine de permission pour les fêtes. Elle me fut accordée. A la fin de cette semaine, je suis retourné dans le camp. Pourtant, ma situation particulière me donnait de bonnes raisons de craindre toutes les éventualités négatives possibles. Peu après mon retour, j'ai en effet rapidement été livré aux Français.

A côté de l'histoire, mes centres d'intérêts se sont très tôt tournés vers la géographie. Alors que je savais à peine lire, ma mère m'a donné l'atlas scolaire « Dirck », à l'aide duquel d'innombrables enfants de l'époque ont été initiés à la géographie. Sur les cartes du *Reich* allemand, les territoires perdus par l'Allemagne au moment du Traité de Versailles étaient marqués par de grosses lignes rouges. L'on remarquait tout particulièrement l'Alsace-Lorraine et le « corridor polonais ». Comme nous savions que mon grand-père avait été longtemps en garnison à Metz, nous avons voulu parler avec lui de l'Alsace-Lorraine. Il nous a répondu sèchement et brièvement, coupant court toute discussion possible : *« Les habitants d'Alsace-Lorraine ne sont jamais contents du pays auquel ils appartiennent ! »*. Il nous raconta cependant que Bismarck n'avait même pas souhaité annexer l'Alsace-Lorraine (11), mais que les militaires avaient insisté en raison des fortifications de Metz et de Strasbourg. Notre professeur Lüders nous enseigna cette même version. C'est ici que la boucle se ferme : les efforts de Père et son action sur Hitler ont mené à l'abandon officiel de l'Alsace-Lorraine par Hitler. Il pensait ainsi éviter un obstacle potentiel à l'entente franco-allemande.

Afin de compléter l'image de mon grand-père, il faut encore signaler qu'il m'a déconseillé de devenir officier d'active. Une fois de plus j'ai été très surpris, car mon grand-père, si droit, assumant sans compromis ses opinions et aimant si complètement sa patrie, me semblait être le prototype de l'officier allemand prussien. Je l'avais bien mal compris du haut de mes 17 ans à peine, lorsque j'ai dû affronter le problème du choix d'un métier. Qu'est-ce que je savais de l'étroitesse du fonctionnement quotidien d'un régiment, de la « l'éternelle exactitude des horloges du service », comme Schiller le formula si justement, de la grande dépendance personnelle que l'« office religieux militaire » – comme on s'exprimait alors avec quelque insolence – imposait à chacun et sous laquelle mon grand-père semble avoir beaucoup souffert pendant son service. Cet homme qui pensait toujours de manière totalement autonome n'était pas fait pour une organisation comme l'armée impériale allemande. Il lui manquait ce minimum d'aptitude au compromis nécessaire dans toutes les grandes organisations pour imposer son avis sans se heurter d'emblée à une résistance.

Peu avant sa mort, Grand-père a dit à ma mère : « S'il (Hitler) veut perdre la guerre, il lui suffit de s'accrocher avec les Russes. » Le *cauchemar* (en français dans le texte, *NdT*) de la guerre sur deux fronts ! Grand-père a choisi le bon moment pour faire ses adieux à cette terre. Il est mort le premier jour de l'année 1941 qui allait s'avérer fatale. Le destin lui a épargné de voir que Hitler déclencha lui-même cette guerre sur deux fronts qui se trouvait au cœur des discussions entre mon grand-père et mon père, tous deux cherchant la meilleure solution pour l'éviter. Et pourtant, longtemps avant mon père, mon grand-père avait vu en Hitler l'alternative unique au Communisme en Allemagne !

J'ai représenté aussi précisément mon grand-père car il a sans aucun doute exercé une influence importante sur la personnalité de mon père dans sa jeunesse. La faculté de réfléchir de manière indépendante et pragmatique, couplée avec un grand amour pour sa patrie, étaient d'importantes qualités, que mon grand-père a léguées à son fils. Ce regard ouvert au-delà des conditions souvent étroites de l'Allemagne de 1914, Père l'a acquis par lui-même, au cours de ses longs séjours à l'étranger et en Outre-mer, avant et après la Première Guerre mondiale.

(11) Bismarck doit avoir expliqué à son époque : *« on ne mutile pas une nation sans être puni. »* et *« l'histoire, ce grand maître à penser des hommes d'états, nous montre qu'on le regrette toujours. »* Documents diplomatiques français, cités d'après Ingrim dans le livre de Walter Eckhardt : *Geschichte – Erbe und Aufgabe*, livre 25 dans *Schriftreihe der deutschen Akademie für Bildung und Kultur*, Munich 1981, FAZ du 22.11.1995, page 14.

J'ai déjà posé la question suivante : est-ce que l'influence de mon grand-père sur mon père aurait été suffisante, s'il avait encore vécu, pour pousser ce dernier à imposer sa démission à Hitler ? Père avait demandé sa démission au début de la guerre de Russie, mais Hitler la lui avait déconseillée, prenant pour exemple l'« affaire Hess », que l'opinion publique allemande avait perçue comme le symptôme d'une défaillance de l'Allemagne. La démission du Ministre des Affaires étrangères peu de temps après, aurait encore renforcé cette impression négative. Père était conscient de l'intégrité de son propre père. Au début de son activité politique, il avait une fois remarqué en souriant : « avec la mentalité de Grand-père, je n'aurais jamais pu entrer dans la politique, et si j'y était tout de même entré, j'en serai très vite ressorti ! »

Père poursuit dans ces récits de sa jeunesse :

> « Notre séjour à Metz se termina avec cet événement (la prise de congé de Grand-père, *NdA*). Pour mon frère et moi, ce séjour avait été particulièrement formateur car nous avions pu nouer des relations très personnelles avec nos voisins de l'ouest à travers nos camarades de classe. A cette époque, l'influence française était encore omniprésente à Metz. Nos parents aussi entretenaient des amitiés avec des familles françaises… Les nombreux séjours que j'ai effectués avec mon père dans cette France si proche, m'ont donné dès mon enfance un aperçu de la vie des provinces françaises. Si, dans ma vie future, je me suis senti si concerné par la vie culturelle française, c'est grâce à ces premières impressions. J'ai eu l'occasion de les renforcer par un plus long séjour avec mon frère à l'Ecole supérieure de Commerce de Grenoble. Ce séjour nous a également permis de perfectionner notre connaissance de la langue française.
>
> A Metz, le sport et surtout le tennis, jouait un rôle important dans notre vie. C'est ainsi que nous avons remporté (en tant qu'écoliers, *NdA*) la première place à un tournoi de tennis d'officiers. (12) Nous avons également développé très tôt l'amour pour l'équitation que nous héritions de mon père, un véritable fou de cheval.
>
> Après sa retraite, mon père a décidé d'aller habiter en Suisse avec sa famille. Nous avons vécu un an et demi à Aarosa. Mon père a qualifié cette période de « la plus heureuse de sa vie ». Pendant l'hiver, il escaladait avec nous les montagnes avoisinantes, ou alors nous faisions du bobsleigh ensemble. Notre bobsleigh s'appelait « Meteor ». Avec mon père au freinage, un révérend anglais et une anglaise comme équipage, et moi-même aux commandes, il a rapidement été repéré. Dès le premier hiver, nous avons remporté un grand nombre de courses. (13) Pendant l'été, mon père faisait avec nous des randonnées dans les Alpes suisses. Il nous racontait alors quelques passages de sa vie, ou nous faisait part de ses considérations sur la situation de politique intérieure ou étrangère de l'Allemagne.
>
> Lorsque nous parlions de notre propre avenir avec mon père, il était clair pour nous que nous ne serions jamais soldats. Mon frère et moi avions tous deux une grande envie de prendre le large. Nous voulions voir le monde et avons reçu l'autorisation de mon père d'acheter des terres en Afrique du sud. La maîtrise de la langue anglaise était donc d'importance primordiale pour préparer notre avenir. Un professeur privé a donc été engagé pour nous enseigner un anglais convenable pendant notre séjour en Suisse.
>
> Les Anglais et les Canadiens participaient activement à la vie sportive suisse de l'époque. C'est ainsi que nous avons fait la connaissance d'un grand nombre d'Anglais, et que nous nous sommes liés d'amitié avec une famille canadienne. Mon

(12) A cette époque, Père et son frère Lothar étaient encore des écoliers. Le prix qu'ils remportèrent était une boite de thé en verre avec un couvercle d'argent. Elle porte gravée l'inscription suivante : « 1er prix, jeu double masculin sans handicap », Metz, 16.06.08.

(13) Une photo du bob avec son équipage, ici mentionné par Père, est encore en ma possession.

frère et moi avons tous deux éprouvé une certaine sympathie pour une jeune Canadienne, qui justifia plus tard notre séjour de plusieurs années outre-Atlantique.

Pendant l'année 1909 – j'avais tout juste seize ans – une famille anglaise avec laquelle nous étions liés nous invita, mon frère et moi, à séjourner à Londres, Nous voulions parfaire notre connaissance de la langue anglaise dans une école londonienne et nous préparer aux métiers du commerce. Pendant quasiment une année, nous avons habité dans la maison d'un médecin renommé de South Kensington. Je n'oublierai jamais la gentillesse que le docteur Grandage, qui tomba pendant la Première Guerre mondiale, et sa sœur, nous ont témoignée. Lorsqu'en 1920, après la Première Guerre mondiale, je suis retourné à Londres, je suis descendu au petit hôtel Browns. La ville m'était encore si familière que j'ai eu l'impression de l'avoir quittée la veille. »

Père et son frère Lothar sont partis au Canada. Le « vaste monde » a dû avoir une grande force d'attraction sur les jeunes gens entreprenants dans l'Allemagne de l'époque. Peut-être était-ce dû aux relations sociales quelque peu anciennes et encroûtées qui y régnaient encore. Père écrit que : « … les manières nonchalantes des Anglais nous (c'est-à-dire à lui et à son frère, *NdA*) plaisaient alors tout particulièrement. »

Reprenons ici la description de son séjour canadien et de son retour au début de la Première Guerre mondiale, telles qu'il la raconte dans ses mémoires :

« Par une belle journée d'automne de l'année 1910 (Père avait alors 17 ans, *NdA*), je suis arrivé de Londres sur le grand Saint Laurent canadien à bord du grand bateau à vapeur de la « *White-Star-Line* ». Nous sommes passés près du célèbre pont de Québec qui s'était écroulé pendant sa construction, quelques années auparavant. Cette catastrophe avait coûté la vie à un grand nombre de personnes, dont certaines sont restées coincées entre les barres d'acier. Elles sont mortes ainsi, noyées par la marée montante. Un officier du bateau, qui avait vécu la catastrophe, nous en relata des détails épouvantables. Quelques années plus tard, j'ai pu participer moi-même à la reconstruction de ce pont.

Après un court séjour à Québec, nous avons poursuivi notre route vers Montréal, où nos amis canadiens nous ont accueillis à bras ouverts. Je venais pour une courte visite, mais je suis finalement resté quatre ans, jusqu'au début de la Première Guerre mondiale. Si j'étais resté au Canada à ce moment-là - ce qui m'était permis car j'étais inapte au service militaire - que serait devenue ma vie ? Je ne serais sûrement pas à Nuremberg aujourd'hui. Mais est-ce que je voudrais renoncer à tout ce que la vie m'a offert de beau et de grand depuis ce temps ?

Après m'être acclimaté, mes amis canadiens m'ont aidé, à grand renfort de moqueries et de farces, à me débarrasser de mes « allures londoniennes » - comme ils les appelaient. Je retrouvais par exemple tous les jours mon manteau « carré » typique anglais rempli de pierres, sur le terrain de golf. J'ai fini par m'en séparer, bien à contrecœur. Ou alors on m'accueillait avec force « how do you do » ou « don't you know » blasés lorsque j'étais invité quelque part. Les Canadiens étaient fidèles au « Old England », mais ils se sentaient pleinement Canadiens et avaient leur propre mode de vie.

Pendant et après la Première Guerre mondiale, j'ai gardé contact avec mes amis de là-bas ; ils m'ont toujours écrit. Pendant la guerre, notre courrier passait par des pays neutres. Ils me priaient de revenir après l'Armistice. Plus tard, à Berlin ou en tant qu'ambassadeur à Londres, j'ai continué à revoir mes anciens amis et mes connaissances du Canada, dont les qualités humaines avaient si joliment et si richement comblé mes jeunes années, entre mes 17 et mes 21 ans.

Peu de temps après mon arrivée à Montréal, je suis entré dans une banque en tant que clerc. J'y suis resté un an et demi. On m'avait dit que le « banking » était le fondement du « business » canadien – c'était exactement ce que je voulais apprendre. Après mon apprentissage dans la banque, je suis entré dans une entreprise du bâtiment pour les ponts et les chemins de fer, ce qui m'amena à m'installer à Québec. Dans cette petite ville de culture franco-canadienne, j'ai tout d'abord reçu un poste de « car-checker » pour la reconstruction du pont de Québec. J'ai ensuite participé à la construction de la National Transcontinental, ce qui m'a permis de faire l'expérience de la dureté et la rudesse de la vie de pionnier canadien. Mais j'ai aussi pu admirer la jungle canadienne dans toute sa grandeur, sa beauté, et aussi sa fertilité. Il existe sans doute peu de métiers qui demandent un tel effort physique et sont en même temps tellement enrichissants pour un jeune homme, qu'un travail dans une entreprise de ce type au Canada. Une grave maladie m'arracha cependant à cette expérience. J'avais attrapé une tuberculose des reins en buvant du lait infecté, et je devais me faire retirer un rein.

Après un long séjour à l'hôpital et un bref séjour dans mon pays natal, je suis tout d'abord resté quelques mois à New York. J'avais par hasard fait connaissance d'une importante famille new-yorkaise, avec laquelle je m'étais lié d'amitié. J'avais vingt ans. Pendant cette période new-yorkaise, j'ai pu avoir un aperçu quelque peu superficiel mais néanmoins instructif sur l'agitation fébrile de cette grande centrale des affaires américaine. Pendant quelques mois, j'ai écrit en tant que « Daily reporter » pour un certain nombre de journaux. Ce métier, peut-être le plus excitant de tous, m'a donné plus que toute autre chose un aperçu de la psychologie américaine, son besoin pressant d'action, de nouveauté et de sensation. C'est un souvenir court, mais un des plus intéressants de ma vie américaine.

J'avais toujours eu l'intention de retourner au Canada, et j'acceptai donc l'invitation d'un ami à Ottawa pour faire là-bas mes débuts en tant qu'entrepreneur indépendant. Comme une partie des biens de ma mère étaient à ma disposition, tous les espoirs m'étaient permis.

La vie sociale de la capitale canadienne avait un charme particulier. Le point central en était Rideau Hall, la résidence du gouverneur général, qui avait pour maître de céans le duc de Connaught, frère du roi Edouard VII, un représentant particulièrement digne de la couronne anglaise. La duchesse était une princesse allemande, Margarete de Prusse, la fille de notre « Prince Rouge » de la guerre de 70. Grâce au père d'un ami, le plus haut juge et lord du Canada, j'ai été emmené à Rideau Hall. J'ai passé quelques belles heures dans la maison de ce *grand seigneur* (en français dans le texte, *N.D.T.*) et de son épouse, qui était particulièrement bienveillante à mon égard en raison de mes origines allemandes, ainsi que de leur jolie fille Patricia, la future Lady Ramsay. Mon violon lui-même trouva ici à s'exprimer. J'ai eu l'occasion de revoir le vieux duc alors que j'étais ambassadeur à Londres. Bien qu'il fût octogénaire, il s'était souvenu de quelques moments partagés à cette époque.

La société d'Ottawa, qui se regroupait autour du Government House, était constituée des familles des fonctionnaires de l'Etat, ministres, juges, officiers et hautes personnalités des affaires. Pour les réceptions et les fêtes, toutes les grandes familles de tout le pays étaient invitées à Rideau Hall.

A cette époque, j'ai déjà pu constater avec l'émerveillement d'un jeune homme avec quelle adresse l'Angleterre laissait à ses « Dominions » une autonomie totale, tout en les gardant en tous points très liés à la mère Patrie – uniquement par l'intermédiaire de la personne du gouverneur général. En commençant par le célèbre Lord Strathcona de la Hudson Bay Co., toute une série de familles représentatives canadiennes, anciennes et nouvelles, sont jusqu'à nos jours liées à la couronne anglaise par « Peerage » ou « Knighthood ». Dans de nombreux domaines, les intérêts commerciaux sont également en liaison étroite avec l'Angleterre et d'autres « Dominions ». C'est pour cette raison qu'en 1932, la nouvelle charte de commerce de l'Empire britannique a été proclamée à Ottawa.

Ni la Première, ni la Seconde Guerre mondiale n'étaient populaires au Canada, et pourtant la politique anglaise a obtenu des Canadiens qu'ils envoient sans hésiter leurs fils sur le front pour défendre la patrie Angleterre. Il en était de même dans les autres « Dominions ». Cette solidarité forte du Commonwealth est la grande fonction de la royauté anglaise et l'un des secrets du système impérial britannique qui a grandi de manière organique, et dont l'organisation repose sur l'expérience de nombreuses générations. C'est un chef-d'œuvre d'organisation et de l'art de régner.

J'ai souvent parlé à Adolf Hitler de ces observations et de la construction de l'Empire britannique, attirant surtout son attention sur la maîtrise avec laquelle les Britanniques savent mêler de manière harmonieuse le principe de continuité ancré dans les anciennes dynasties familiales, et les principes d'efficacité et de performance incarnés par les jeunes générations de l'aristocratie, le tout rassemblé autour de la couronne. Lorsque je lui parlais de cela, il m'écoutait toujours très attentivement. »

A travers les conversations de mes parents, j'ai été familiarisé très tôt avec les structures de la société britannique, et j'ai pu compléter mes connaissances pendant ma période londonienne. C'est ainsi qu'avant même que nous nous installions à Londres, je savais que le titre de noblesse n'est transmis qu'au fils aîné en Angleterre, et que les autres frères portent parfois des noms très différents. Ainsi, le principe formel de l'« égalité de naissance », qui joue souvent un rôle important sur le continent, n'existe pas en Grande-Bretagne. Nos parents n'oubliaient cependant pas d'attirer notre attention sur le fait que le snobisme, dans le sens de la classification des couches de la société, était bien plus développé en Grande-Bretagne que chez nous, mais pas aussi ostentatoire !

Mais écoutons encore le récit de père sur la fin de son séjour au Canada :

« Le début de la Première Guerre mondiale marqua la fin soudaine de mon séjour au Canada. Je me suis senti infiniment bien dans ce pays, et j'aurais pu y rester éternellement, mais j'étais resté un vrai allemand. Ne le ressentis jamais aussi fort qu'en ces jours de juillet et août 1914. J'étais attiré vers ma patrie comme par un aimant. Lors de la déclaration de guerre anglaise, mes amis m'ont dit qu'on ne voudrait certainement pas pour le service militaire d'un estropié comme moi, qui n'avait plus qu'un rein. Mais j'avais le pressentiment que cette guerre serait difficile, et que chaque homme serait utile. Le soir même, je quittai donc Ottawa pour New York, en passant par Montréal.

C'était le 4 août 1914. Mes biens laissés au Canada, mon frère gravement malade, les possibilités commerciales qui venaient de s'offrir à moi, de nombreux amis et une jeune fille avec laquelle je souhaitais me fiancer, je laissai tout derrière moi pour risquer un retour très incertain vers ma patrie. Je ne savais pourtant pas même si on avait besoin, chez moi, d'un invalide comme moi.

A New York, j'ai tout d'abord appris qu'aucun bateau ne voulait rapatrier les Allemands, les Anglais ne laissant pas passer les voyageurs allemands. Finalement, il ne me restait pas d'autre solution que de tenter ma chance, et c'est ainsi qu'avec quelques centaines de compatriotes, je me suis retrouvé le 15 août sur le bateau à vapeur « Potsdam » de la ligne de Rotterdam. Sur le bateau, l'ambiance était amusante et patriotique. Nous recevions des nouvelles sur nos victoires, un officier d'état-major nous communiquait les comptes rendus de position, on chantait des chansons et on élaborait des plans. Bien évidemment, je ne partageais pas cet optimisme, et je pensais que les Anglais ne laisseraient certainement pas passer un bateau entier de réservistes allemands. J'ai découvert qu'un ami, lieutenant d'artillerie à Metz et possédant un passeport suisse, travaillait comme soutier sur le bateau. A tout hasard, je lui ai demandé de m'aider à trouver une cachette dans la soute à charbon.

Lorsque nous nous sommes rapprochés de la côte anglaise, tout est devenu plus silencieux à bord. Un torpilleur anglais s'est approché, et des matelots armés sont montés à bord de notre bateau. »

Je me souviens très bien de Père, critiquant le comportement patriotique bruyant, aviné et énergique de ses compatriotes sur le bateau lors du départ de New York. Il pensait que dans la situation dans laquelle ils étaient, la discrétion aurait été bien plus payante. Il allait avoir raison !

« Dans les cabines, nous attendions fébrilement de savoir ce qui allait se passer. Le bateau avait repris sa route. Lorsque nous avons cependant découvert qu'il avait dérivé sa course en direction de la côte anglaise, notre bonne humeur s'est définitivement évanouie. Peu de temps après – c'était dans le courant de la soirée – nous avons jeté l'ancre devant Falmouth, sur la magnifique côte des Cornouailles. Le lendemain matin, un officier du *British Intelligence Department* est venu à bord et nous a laissé dire par l'intermédiaire du capitaine hollandais que tous les Allemands allaient être ramenés à terre en tant que prisonniers de guerre. Chacun devait désormais tenter de sauver sa peau. Pour ma part, je me suis rendu sur le pont pour reconnaître les lieux, et suis tombé nez à nez avec l'officier du service *d'Intelligence*. Nous avons commencé à discuter. A l'époque, je parlais sans doute un anglais presque parfait, et le *Captain* faisait partie de ces nombreux Anglais qui ressentent une certaine sympathie pour les étrangers qui maîtrisent leur langue. Toujours est-il qu'un mot appelant l'autre, je lui ai raconté que j'arrivais du Canada. Nous avons fini par constater que mon interlocuteur avait été autrefois l'aide de camp du gouverneur général à Ottawa, le duc de Cannaught, et que nous avions de nombreuses connaissances communes sur place, que j'avais quitté quelques jours plus tôt. Ma confession a donc été facile à faire : j'étais allemand, je n'avais pas de visa, mais je devais de toute urgence rentrer en Allemagne. Bien sûr, je ne lui ai pas dit que je voulais essayer d'être soldat malgré mon handicap, sinon le capitaine Wally aurait certainement hésité à m'aider. De cette manière cependant, nous sommes tombés d'accord sur le fait que je pouvais rester sur le bateau. Il apposa un tampon dans mes papiers : « *Passed by Military Authorities* ».

Cependant, l'épreuve la plus rude allait tout juste commencer. Après que tous mes amis aient quitté le bateau, on informa les autres passagers – médecins et neutres – qu'ils allaient être ramenés à terre avant la poursuite du voyage. Il était clair pour moi que si je posais pied à Falmouth, on enverrait un télégramme au Canada où j'étais connu, et qu'on me garderait. A New York, j'avais déjà entendu dire que des journaux à sensation canadiens avaient publié une histoire dramatique sur la « Fuite de l'espion Ribbentrop », jouant sur la psychose des premiers jours de guerre. Cette stupide légende – qu'y aurait-il eu à l'époque à « espionner » au Canada pour un Allemand – fut reprise par plusieurs journaux pendant la guerre, avec l'ajout rassurant que j'avais finalement été interpellé et interné à Kingstown.

Si je souhaitais donc continuer la route sur le « Potsdam », il fallait que j'agisse vite. Les passagers restants avaient été rassemblés dans le salon du bateau, sous la surveillance d'un *Stewart* qui m'avait semblé plutôt sympathisant avec les Allemands. A tout hasard, j'ai glissé dans sa main quelques pièces d'or, et l'ai prié de me conduire auprès de mon ami, dans la soute du bateau. Le *Stewart* choisit le moment opportun et m'emmena en bas. J'ai fini par trouver une cachette dans un endroit peu hospitalier, derrière la soute à charbon. C'est là que je suis resté jusqu'à ce que le « Potsdam » entre dans l'embouchure de l'Escaut, puis je me suis faufilé aussi vite que je le pouvais dans ma cabine pour y prendre un bain rapide. A ma grande surprise, j'ai retrouvé là tous mes bagages, dans l'état où je les avais laissés quelques jours plus tôt. Mais j'ai aussi appris que tout le bateau avait été fouillé pour me retrouver, moi, le passager disparu. Lorsque nous avons traversé la Hollande en train quelque temps plus tard, j'ai eu la dernière surprise de ce retour au pays riche en péripéties : l'aimable *Stewart* qui m'avait accompagné jusqu'à la soute apparut soudain à la porte de mon compartiment et me rendit mes pièces d'or. C'était un officier allemand.

J'ai ressenti une joie indescriptible quand j'ai posé le pied sur le sol allemand. Pour mes parents à Naumburg, mon arrivée représentait la plus grande surprise. Mon père était justement en train de s'équiper pour prendre en charge son état-major. Après un bref séjour, je me suis déclaré volontaire pour les 12èmes Hussards à Turgau. C'est dans ce régiment que mon grand-père maternel s'était battu pendant la guerre de 70. La grande question que je me posais: allait-on avoir besoin d'un invalide comme moi, se résolut de manière étonnamment facile: j'ai réussi à éviter la visite médicale que je redoutais tant, et le « Canadien » est donc devenu un « Hussard Bleu »! J'ai fait toute la guerre au sein de ce même régiment – à part quelques interruptions dues à des blessures et à une maladie grave – à l'Est puis à l'Ouest, jusqu'au printemps 1918. Après ma dernière blessure pendant l'été 1917, j'ai reçu l'*EK* I (« Eiserne Kreuz Erster Klasse », la Croix de fer de première classe, *NdT*). Aujourd'hui, c'est mon fils aîné qui porte cette décoration, il représente ainsi la quatrième génération de notre famille démarquée sur le champ de bataille. »

Au printemps 1918, Père a été envoyé en Turquie comme aide de camp de l'attaché militaire allemand. Après quelques aventures qui l'ont conduit jusqu'à Odessa, il a finalement rejoint l'Allemagne en passant par l'Italie en 1919, où il a été placé au Ministère de la guerre à Berlin.

Père décrit ici les premiers temps d'après la guerre, lorsqu'il était de nouveau en Allemagne :

« Un jour, j'ai dû me présenter au général von Seeckt que je connaissais déjà de Constantinople, pour l'accompagner à Versailles. Nous n'en sommes jamais arrivés là. Lorsque le texte du traité est arrivé à Berlin, je l'ai lu au cours de la nuit et je l'ai jeté, intimement convaincu qu'il n'existait aucun gouvernement allemand capable de signer cela. Le Ministre des Affaires étrangères, le comte Brockdorff-Rantzau, s'est retiré, mais le traité a été signé.

Si je nourrissais encore des doutes à cette époque sur le fait de rester un soldat actif, la question était désormais réglée. J'ai pris congé et suis retourné aux affaires. La décision de revenir à mon ancienne profession avait été facile à prendre, car je m'étais fait des partenaires commerciaux solides au cours des années passées dans des pays anglophones. Et pourtant, j'ai rencontré davantage de difficultés que ce à quoi je m'attendais. En Allemagne, le monde des affaires ne faisait visiblement pas confiance à un ancien lieutenant des Hussards, et on n'était pas moins méfiant vis-à-vis de mes expériences en Amérique.

Et pourtant, dès le début de l'été 1919, j'ai trouvé une activité adaptée dans la filiale berlinoise d'une ancienne entreprise de construction de Brême. Les difficultés que j'ai rencontrées au début ne m'avaient pas découragé, au contraire, elles avaient renforcé ma détermination. Il s'est avéré que mes employeurs m'ont bientôt confié des responsabilités. Après avoir réussi une transaction avantageuse, j'ai gagné la confiance de mes chefs, qui se sont montrés très généreux avec moi, selon la tradition hanséatique.

C'était d'autant plus important pour moi que mes biens canadiens étaient perdus et que mon père se retrouvait dans une situation financière difficile en ces débuts d'inflation. Il s'était considérablement endetté en Suisse pour soigner mon frère. J'ai ainsi pu l'aider et même sauver sa maison de Naumburg. Toutes mes économies y sont passées, mais l'amour très émouvant dont fit preuve mon père en n'oubliant jamais ce don, était pour moi la plus belle récompense.

En 1920, j'ai dû choisir entre les villes de Brême et de Berlin pour poursuivre ma carrière. (les propriétaires de l'entreprise de coton de Brême avaient proposé à mon père de devenir associé, *NdA*) Comme son représentant était décédé, l'entreprise de mon beau-père Henkell m'avait quant à elle proposé de devenir associé de leur filiale berlinoise. J'ai choisi Berlin tout en me promettant de monter ma propre entreprise d'import-export en utilisant les relations que j'avais déjà dans différents pays d'Europe, plus particulièrement l'Angleterre et la France. J'ai réussi en quelques années à mettre mon plan è exécution et même à remporter un certain succès. Au milieu des années 20, mon entreprise d'import-export était devenue l'une des plus importantes en son genre. »

Il me faut ici compléter le récit de mon père. Parmi d'autres domaines d'activité, l'entreprise dans laquelle il est entré s'occupait en effet de la représentation de l'entreprise Henkell à Berlin. Ces filiales étaient, bien entendu, dirigées par des entrepreneurs indépendants. Leurs propriétaires étaient introduits auprès de la clientèle, de telle manière que la relation à la filiale soit toujours réciproque. Je me souviens très bien de la manière dont mon grand-père Henkell et plus tard mes oncles « faisaient la cour » aux propriétaires de ces filiales. Ce n'est qu'après la Seconde Guerre mondiale que l'organisation de la distribution a été modifiée pour inclure des représentants salariés. Ces filiales ne représentaient pas seulement Henkell, mais aussi de nombreuses autres entreprises du même secteur. Les propriétaires étaient ainsi des entrepreneurs indépendants des entreprises qu'ils représentaient. En réponse à la calomnie à laquelle a été soumis mon père – j'ai déjà cité de manière insistante Goebbels – il faut ici constater que mon père n'était en aucune manière dépendant de son beau-père !

Mes parents s'étaient mariés en 1920. Leur mariage a été exceptionnellement heureux. L'une des innombrables diffamations très variées dont mon père a été la cible, affirme qu'il était « dépendant » de son épouse, quelle puisse être la signification de cette déclaration. Je me demande tout d'abord qui, dans l'entourage de mes parents, peut juger leur relation, puisque tous deux étaient d'un naturel plutôt réservé et gardaient plutôt une trop grande distance face à leur entourage ! Ma mère évitait ces « confidences », comme elle les nommait, et me conseilla relativement tôt d'en faire de même. Etant donné que même l'un des plus virulents calomniateurs de mon père, Spitzy, ne pouvait nier que leur couple était heureux, il retourne la pique et affirme que mon père était « dépendant » de ma mère. (14)

Une femme intelligente sait participer au métier de son mari. Cela s'applique bien entendu tout particulièrement au domaine politique. Chez les diplomates, la sphère privée est difficile à différencier de la représentation officielle. Je peux sans restriction qualifier ma mère de femme intelligente. Un vieux professeur émérite avoua un jour à l'une de mes belles-sœurs, que ma mère avait été la plus intelligente de ses élèves. Elle avait passé son baccalauréat avant la Première Guerre mondiale et entamé des études, avait passé son permis de conduire en 1914, jouait au tennis et au hockey alors qu'elle n'était encore qu'une jeune fille - en d'autres termes: c'était une jeune fille moderne.

L'atmosphère très créative qui régnait dans la maison Henkell à Wiesbaden, ainsi que ses études d'histoire de l'art, lui avaient enseigné un goût d'une rare justesse. Dans notre maison familiale de Dahlem, nous avons grandi au milieu de meubles anciens associés à des œuvres d'art contemporain. Ces impressions ont poussé notre goût au-delà des conventions de l'époque, et ont énormément enrichi notre vie.

Mère adorait mon père. Il était la personne la plus importante dans sa vie, et l'on peut véritablement parler de domination de mon père sur ma mère. Elle avait possédé sans aucun doute une

(14) Dans une interview pour un journal, Spitzy utilise l'expression provocante de « héros en pantoufles » pour désigner mon père. Etant donné que tout personne qui connaissait mes parents sait à quel point cette affirmation est grotesque, on peut en déduire à quel degré Spitzy était proche de la vérité, sans parler du style de ses déclarations !

forte personnalité, et avait sur quelques points des opinions très affirmées, mais elle appliquait aussi sans conteste le mot de la Bible « va, je te suivrai ». Un Américain apparemment haut placé lui demanda en 1945 si elle avait été loyale vis-à-vis de Hitler. Elle lui répondit très justement : *« I was loyal to my husband ! »*

Pour ma mère, être loyale signifiait partager ses opinions avec mon père, même si celles-ci étaient négatives. Au contraire, c'est surtout dans ce dernier cas qu'elle se sentait obligée de donner son avis. Elle enjoignait régulièrement mon père à garder une certaine réserve vis-à-vis de Hitler, car il ne pouvait pas tout savoir et tout juger. Instinctivement, elle avait compris le problème du système et du style du gouvernement de Hitler, alors qu'elle n'avait jamais été confrontée à des questions de direction, que ce soit dans le domaine des affaires ou dans celui de la politique. Lorsqu'en 1942, la situation s'est rapidement détériorée, et que Père a vainement tenté de pousser Hitler à entamer un dialogue avec les Russes, mes parents ont eu une discussion concernant le refus de Hitler d'écouter ses conseils. Ma mère s'est alors exclamée : *« vous vous facilitez la tâche ! »*, faisant allusion au fait qu'on laissait à Hitler le soin de prendre toutes les décisions.

Cette déclaration était sans aucun doute injuste vis-à-vis de mon père, car elle savait pertinemment qu'il s'efforçait sans cesse de relancer la politique internationale et d'engager des négociations avec la Russie. Elle voulait sans doute le pousser à envisager une action dans le dos de Hitler, qui n'aurait cependant eu aucune chance d'aboutir dans la situation présente. Au contraire, vu la mentalité de Hitler et son état psychique, une initiative personnelle du Ministre des Affaires étrangères n'aurait pu qu'entraîner le durcissement des positions de Hitler. Aucune relation ne s'était tissée entre ma mère et Hitler pendant les rares occasions où ils s'étaient rencontrés. Peut-être sentait-il le jugement objectif et critique qu'elle portait à un grand nombre de ses actions. Elle considérait cet engagement personnel comme la plus grande forme de loyauté vis-à-vis de mon père et par conséquent de Hitler.

Ma mère pensait pouvoir être utile à mon père dans la mesure où elle percevait à partir d'un point de vue extérieur certaines choses qui pouvaient être importantes ou tout au moins intéressantes. Ainsi, entamait-elle de temps à autre des discussions politiques avec certains collaborateurs de mon père, n'hésitant pas à exprimer ses opinions. Père lui intima la prudence car, dans le gouvernement très masculin de Hitler, les « femmes politisantes » n'étaient pas particulièrement appréciées. Le fait que les diffamateurs de Ribbentrop considèrent l'influence de la femme sur son mari comme un critère dégradant en dit long sur leur mentalité. On est tenté de parler d'attitude « machiste », car pourquoi, finalement, un homme ne devrait-il pas discuter de questions politiques avec une femme intelligente qui se passionne pour le sujet ? Comme ces discussions très personnelles se déroulaient généralement en tête à tête, leur influence effective ne peut être estimée par personne d'autre qu'eux-mêmes.

La méchanceté motive les déclarations de Spitzy. Cependant, le fait que les épouses d'hommes influents jouaient un rôle très secondaire dans la carrière de leur mari en Allemagne – ce qui est, d'ailleurs, encore le cas de nos jours - a pu influencer l'opinion que l'on s'est faite de ma mère. En Angleterre ou aux Etats-Unis, l'épouse a un rôle plus important. Le gag des élections de Truman est devenu célèbre. Il faisait monter son épouse sur la tribune pendant sa campagne électorale, et la présentait au public avec ces mots: *« here is my boss! »* Les épouses d'hommes politiques dans les pays anglo-saxons sont considérées comme des « compagnons d'armes » de leurs maris, ne serait-ce que derrière les coulisses !

L'avis de ma mère sur la situation de l'Allemagne devint de plus en plus critique avec le début de la guerre contre la Russie. Lors de la déclaration de guerre aux Etats-Unis, elle perdit tout espoir. Si les diffamateurs évoquent donc la dépendance de mon père vis-à-vis de ma mère, alors sa famille ne peut malheureusement que constater que son influence n'a pas suffi à le convaincre de se retirer de la scène politique au moment où Hitler a pris la décision d'attaquer la Russie. Pendant l'été 1943, j'ai été muté dans la nouvelle division de la *Hitlerjugend*. Ma mère profita de mon passage à Berlin pour inviter deux commandants à déjeuner. Il y avait là le célèbre « Panzer-Meyer » qui allait prendre en charge un régiment de *Panzergrenadiers*, et Wünsche, qui devait mettre sur pied un régiment de *panzers*. Hambourg venait de subir des attaques aériennes dévastatrices. Ma mère ne cacha pas son opinion sur la situation. En mon for intérieur, je me disais que si Meyer et Wünsche n'étaient pas des hommes d'honneur, cette discussion pourrait donner lieu à une énorme intrigue contre mon père. Mais rien de cela ne se produisit.

L'indépendance de mon père transparaît également dans sa décision de prendre ses quartiers en Prusse orientale après le début de la guerre contre la Russie, pour rester à proximité de la *Wolfsschanze* de Hitler. Connaissant les méthodes de travail de ce dernier, Père espérait ainsi pouvoir continuer d'exercer un minimum d'influence sur la politique internationale allemande. Mère aurait préféré qu'il reste au Ministère à Berlin au lieu de s'enfermer dans l'atmosphère de bunker de la *Wolfsschanze*, la « tanière du loup ». Elle avait sans aucun doute raison. Elle pensait que Père devait se tenir à l'écart de Hitler pour garder la tête claire, condition essentielle pour résoudre la situation de plus en plus désespérée dans laquelle se trouvait le *Reich*. Là aussi, son influence et sa raison n'ont pas suffi à faire fléchir mon père. Il craignait que son influence sur la politique étrangère, si celle-ci existait encore, serait réduite à néant s'il n'était pas présent au quartier général, et qu'il perdrait donc toutes ses chances de trouver une solution de négociation.

Dès le début de l'année 1943, Mère avait considéré la guerre comme définitivement perdue. Elle me l'avait ouvertement affirmé lorsque j'ai passé les vacances du nouvel an à Berlin, avant d'être rappelé en Russie. Elle trouva raison au cours de l'été 1943, alors que les bombardements systématiques sur Hambourg avaient commencé. Pendant mon congé de convalescence pour ma quatrième blessure en août 1944, elle m'a dit en parlant de Hitler : *« celui-là n'a plus aucune vision d'ensemble ! »* A l'époque, j'ai trouvé cette déclaration très fataliste. Je n'avais aucun moyen de changer quoi que ce soit, et il était hors de question que je laisse en plan mes hommes et ma troupe.

Après la guerre, ma mère s'est longuement et intensément intéressée au rôle de la conspiration avant et pendant la guerre. Ses livres pourraient être considérés comme des ouvrages standards sur ce thème (15). Pourtant, ils sont généralement traités comme des « tentatives apologétiques » de la veuve Ribbentrop, ou carrément passés sous silence.

Mais revenons à la carrière de mon père dans les affaires. Il voulait se servir de ses expériences à l'étranger pour monter sa propre entreprise d'import-export. Le point de départ de ce projet devait être une lettre de recommandation que mon grand-père Henkell lui avait remise pour un voyage à Reims. Pendant la Première Guerre mondiale, ce grand-père avait donné un coup de main à une relation d'affaires dont il avait fait la connaissance grâce à son domaine viticole rémois. Cet homme avait eu des difficultés sérieuses avec l'administration de l'occupant allemand, étant soupçonné d'espionnage. Mon grand-père Henkell se porta garant de cet homme et jouissait depuis d'une bonne réputation à Reims.

Mon père parvint très vite à devenir le représentant en Allemagne de la marque Pommery, l'un des champagnes les plus représentatifs de la France à l'époque. Mon père noua des liens d'amitié avec la famille Polignac. C'est ainsi que le marquis de Polignac m'a aidé à trouver un avocat à Paris lorsque j'étais prisonnier en France dans des conditions peu agréables. Mon père de son côté était intervenu pour un membre de la famille Polignac qui était en difficultés avec les autorités occupantes en raison de la détention d'armes de chasse non déclarées.

Peu de temps après, mon père était le seul représentant en Allemagne de la célèbre firme de Whisky « Johnny Walker ». Le propriétaire de l'entreprise, Sir Alexander Walker, est également resté fidèle à ma famille après la guerre. Sans hésiter, il a mis à la disposition de ma mère et à la mienne la somme (100 livres, à l'époque c'était une somme importante, dont il refusa le remboursement) qui devait nous permettre de payer l'avocat français chargé de défendre mes droits de prisonnier face à la justice française. Un grand nombre de célèbres marques étrangères de spi-

(15) Annelies von Ribbentrop : *Verschwörung gegen den Frieden, Druffel, Deutsch-englische Geheimverbindungen*, Verlag der deutschen Hochschullehrer-Zeitung, *Die Kriegsschuld des Wiederstandes*, Druffel.

ritueux se sont vite ajoutées à celles-ci, de telle manière que mon père put très rapidement appeler son entreprise « Impegroma », ce qui était l'abréviation de « Import und export Grosser Marken », c'est-à-dire l'« import et l'export de grandes marques ».

Dans les pays anglo-saxons, la diffamation personnelle d'adversaires politiques a une tradition bien plus ancienne que chez nous. La routine aidant, on agissait là-bas de manière très subtile et avec beaucoup de raffinement, en fonction bien sûr de la personne que l'on souhaitait rabaisser auprès de quelle autre personne. Pendant la crise de la royauté en 1937 par exemple, un journal anglais qui prenait position pour Edouard VIII, publia une photographie de son frère, le duc d'York, fuyant les photographes et se réfugiant derrière la porte de sa maison, les pans de son manteau flottant au vent. La photo était intitulée : *« the Duke of York in Hurry! »* Etant donné que le duc d'York pouvait prétendre au trône dans le cas d'une abdication de son père, la photo insinuait qu'il avait hâte de devenir roi. Cette parole est attribuée à Disraeli, qui avait agressé son adversaire, le premier Ministre Gladstone, un homme âgé, avec les mots *« an old man in a hurry »*. Il le soupçonnait en effet de vouloir à tout prix réaliser le plus rapidement possible une action historique, à cause de son grand âge. Il s'agissait à ce qu'il me semble de la « Homebill » pour l'Irlande.

C'est ainsi que les journaux anglais qui polémiquaient autour des efforts de mon père pour mettre sur pieds une coopération germano-anglaise, trouvèrent pour celui-ci le surnom de *« the champagne selling diplomat »*. Ce terme a été repris par les cercles intéressés en Allemagne, et fait désormais partie du répertoire standard des termes dénigrant mon père. Eh bien, il faut le constater, la vente est tout d'abord un grand art que peu maîtrisent, surtout lorsqu'il s'agit de champagne français à une époque où ce produit représentait un luxe hors du commun. L'entreprise de Père était l'unique importateur de la marque Pommery, alors mondialement reconnue. Le champagne ne représentait d'ailleurs qu'une petite part des grandes marques internationales importées en Allemagne par Impegroma. En outre, Père se retrouve en excellente compagnie sur le banc des dénigrés : Stresemann a en effet été agressé par ses adversaires politiques pour avoir écrit son mémoire de doctorat sur « la signification de la bouteille de bière ». Il est étrange de constater à quel point les activités commerciales de mon père dérangent surtout des personnes qui se déclarent démocrates convaincus, que ce soit en Allemagne ou à l'Etranger. N'est-ce pas justement le principe du système démocratique de placer des personnes qui n'appartiennent pas au corps de métier à des postes ministériels de responsabilité ? Il serait certainement amusant de s'intéresser sous cet angle au passé et au curriculum vitae de nos ministres allemands. Il ne fait aucun doute que l'on peut qualifier mon père d'excellent homme d'affaires. Ses succès commerciaux ont permis à mes parents de s'offrir un style de vie généreux pour l'époque. En ce qui concerne les remarques dénigrantes des « historiens » et des « rédacteurs de mémoires », il faut préciser que ce style de vie ne reposait pas sur les revenus de ma mère dans l'entreprise Henkell. L'avocat de mon grand-père Henkell, qui a accompagné en tant que conseiller juridique la brillante carrière d'homme d'affaires de ce dernier, nous a dit un jour que mon père avait été l'une des rares personnes qui avaient compris l'inflation dès ses prémices, au début des années vingt.

Pendant ces années, mon père se forgea, au-delà de ses activités professionnelles, un groupe d'amis et de connaissances qui allait être la base de sa future entrée dans le monde de la politique. Ses partenaires commerciaux en France et en Angleterre faisaient partie des cercles au sein desquels se recrutaient également les personnalités dirigeantes du monde politique de ces pays. Ainsi disposait-il de relations en France et en Angleterre, qu'il allait pouvoir faire entrer en jeu dans la politique allemande. Mais même à Berlin, il trouva de nombreuses portes ouvertes, grâce à sa personnalité et à son charme.

Je devrais à cet endroit revenir sur une diffamation dont la situation de mon père dans le Berlin des années 20 a été l'objet. On prétend ainsi que père a raté à deux reprises l'examen d'entrée de l'*Union Club*, une association berlinoise importante pour la vie politique. D'après les informations de celui qui fut longtemps le secrétaire du club, monsieur von Baulieu, Père a été admis comme membre de l'*Union-Club* (16) dès le 10 août 1928, par vote de la commission d'admission.

Grâce à son intérêt pour la politique hérité de mon grand-père – pendant la Première Guerre mondiale, pendant qu'il était en Turquie, il avait par exemple écrit des articles pour la *Vossische Zeitung*, un journal alors très connu à Berlin. Père rencontra des personnalités politiques allemandes, mais aussi au sein du corps diplomatique accrédité à Berlin. Politiquement, il était proche de Stresemann, qui faisait partie de ses connaissances. Je me souviens encore qu'enfants, nous devions souvent poliment - mais à contrecœur! - dire « bonjour » à toute une série de diplomates étrangers, parmi lesquels l'ambassadeur anglais d'Abernoon, l'ambassadeur brésilien Quintana, et l'ambassadeur français Margerie qui était particulièrement gentil avec nous. Constatons une nouvelle fois que les relations que cet homme, passionné par le sujet, avait au sein des cercles politiques, ont justement motivé le choix de Hitler de faire appel à mon père. Il lui demanda d'initier les discussions décisives avec le président du *Reich* qui menèrent à la création du gouvernement de Hitler, et le pria plus tard de sonder les pays de l'ouest en considération de ses objectifs en politique étrangère.

Celui qui est capable de se faire une vision objective à travers le brouillard des diffamations dont mon père a été l'objet ne peut nier que son parcours, ses talents, ses relations internationales et finalement ses succès personnels et professionnels constituaient les meilleures conditions pour se lancer dans la politique étrangère. Celui qui, au contraire, considère que la voie idéale pour devenir diplomate allemand est une formation de fonctionnaire prussien et de juriste administratif ainsi que l'appartenance à un Corps d'étudiants, ne sera peut-être pas de cet avis. S'ajoutait à cela le fait que Père était très sportif. Il montait à cheval, jouait au tennis et au golf et tirait remarquablement bien, surtout avec le fusil ce qui représentait justement en Angleterre un atout non négligeable pour nouer des contacts ou les approfondir. En bref, Père avait un style de vie qui correspondait parfaitement à celui des hommes politiques, particulièrement en Angleterre et en France. J'ai déjà mentionné ses talents linguistiques exceptionnels ! Je me vois dans l'obligation de rappeler toutes ses qualités pour démontrer à quel point son parcours et son mode de vie ont été déformés par les diffamations ciblées d'ennemis intéressés. Par confort et opportunisme, ces diffamations ont été reprises dans différents écrits, et la magie de la répétition les a peu à peu transformées en « vérités ». Pour les personnes concernées, c'est-à-dire ma famille, il n'y a aucun moyen d'entreprendre quelque chose contre cela. Concernant ce thème, l'histoire nous offre une histoire amusante: le nom de « Lucrezia Borgia » est immanquablement associé dans l'esprit des gens à un poignard, du sang et des débauches allant jusqu'à l'inceste, mais ils liront dans le Brockhaus (dictionnaire allemand, *NdT*) *« sa mauvaise réputation, transmise au-delà des siècles, est née d'une diffamation »*. (17)

Père disposait donc – toujours d'un point de vue objectif – des meilleures prédispositions pour prendre en charge des tâches relevant de la politique internationale. Pourtant, ses attributs – talents multiples, personnalité, curriculum vitae, expériences à l'étranger, relations, larges cercles d'amis, origines, mode et conceptions de vie – constituaient en revanche de réels handicaps pour s'intégrer durablement et s'affirmer dans le régime de Hitler, et représenter ses conceptions dans le domaine de la politique internationale. Le comte Helldorf, chef de la *SA*, avait servi aux côtés de mon père chez les Hussards de Turgau pendant la Première Guerre mondiale. Pendant l'été 1932, il convoqua Père auprès de Hitler sur l'Obersalzberg, afin de lui soumettre ses conceptions concernant l'organisation d'un gouvernement autour de Hitler comme chancelier du *Reich*.

J'ai déjà brièvement décrit le résultat négatif de cette discussion. Hitler misait sur Schleicher mais Père, qui pensait que Hitler ne deviendrait pas chancelier avec Schleicher, ne se laissa pas convaincre. Cela mit un terme à cette première « intrusion » dans la politique active, et dans le cas présent de la politique intérieure. Ce Ribbentrop soi-disant « toujours consentant » était resté

(16) Entre autres chez Spitzy (voir ci-dessus) qui a été assez infâme par-dessus le marché pour prétendre que le secrétaire du Club était un monsieur von Lieres, qui, ayant dû communiquer sa non-admission à Père, se serait vu licencié par celui-ci lorsqu'il prit son poste au Ministère des Affaires étrangères. En réalité cependant, Lieres avait refusé d'assister à une réunion de tous les employés du Ministère, prenant pour prétexte scandaleux que Père avait été nommé Ministre, et avait donc été démis de ses fonctions.

(17) Sous le terme de « Prusse », il faut ici comprendre les conservateurs.

sur ses positions après deux heures de discussion. Il s'avéra d'ailleurs qu'il avait raison, et Hitler lui en témoigna encore de la reconnaissance des années plus tard. Père se retira.

Quelques jours après la visite de Himmler et de Keppler, nous, les enfants, étions en train de dîner lorsque Père est apparu dans la salle à manger pour donner des instructions au serveur, car il attendait la visite de quelques messieurs. Nous avons pris conscience de l'aspect inhabituel de cette démarche parce qu'il ne s'occupait habituellement jamais de ce type de questions, qui revenaient toujours à Mère. Grâce à l'intercession de Père, les discussions avaient été reprises. Pour des raisons de confidentialité autour des participants (Hitler, Papen, le fils de Hindenburg et autres personnages importants), elles ont fréquemment eu lieu dans notre maison. Elles ont finalement conduit à la nomination de Hitler comme chancelier du *Reich*.

Père et Mère ont laissé quelques notes sur cette période dramatique qu'a été le mois de janvier 1933. Je devrais les retranscrire ici, parce qu'elles donnent entre les lignes un aperçu du rôle indépendant de Père dans les pourparlers.

Mère écrit :

> « Les rencontres dans notre maison restaient secrètes, ce qui était en effet important pour le bon déroulement de la formation du gouvernement. Je me souviens tout particulièrement des discussions qui ont eu lieu pendant la nuit du 10 au 11 janvier 1933, parce que c'était la première fois que je rencontrais personnellement Hitler. Je l'ai salué dans le bureau de mon mari, où il avait une discussion en tête à tête avec Papen. Le 12 janvier, nous attendions Hitler et Papen pour le déjeuner ; Hitler a annulé, Papen est venu seul et a exprimé ses inquiétudes au sujet des élections de Lippe. Devant le succès attendu de la *NSDAP*, il redoutait un endurcissement de l'attitude de Hitler. Monsieur von Papen était généralement amené et ramené par notre chauffeur. Hitler quant à lui avait pris l'habitude pour ne pas être repéré de passer par le garage pour rejoindre notre maison en traversant le jardin. Selon la volonté de mon mari, je prenais tous les jours des notes sur le déroulement de ces réunions. A partir de fin janvier, mon mari se chargea lui-même de cette tâche. Je retranscris ci-dessous ces notes telles qu'elles ont été rédigées à l'époque:
>
> « - Mardi 10 janvier 1933, entretien avec Hitler et Papen. Hitler ne veut pas de nouvelle rencontre avec Papen avant les élections de Lippe.
>
> - Dimanche 15 janvier. Joachim se rend à Oeynhausen. Longue discussion seul avec Hitler. Retour à Berlin pendant la nuit. Il a prévu une rencontre entre Papen et Hitler soit lundi soir chez Schultze-Naumburg, soit mardi à Halle.
>
> - Lundi 16 janvier. Rencontre n'a pas eu lieu car Papen a passé la soirée chez Lersner.
>
> - Mardi 17 janvier. Papen à Halle, Hitler à Weimar. Pas de rencontre. Le soir, Hitler rentre à Berlin.
>
> - Mercredi 18 janvier 12h Dahlem chez nous: Hitler, Röhm, Himmler, Papen. Hitler insiste sur la Chancellerie. Papen pense de nouveau que c'est impossible. Imposer cela dépasse son influence sur Hindenburg. Hitler ne propose pas d'autre rencontre. Joachim tente de proposer à Hitler la rencontre entre le fils de Hindenburg et Hitler.
>
> - Jeudi 19 janvier. Longs pourparlers entre Joachim et Papen seuls.
>
> - Vendredi 20. Le soir, longue rencontre chez Papen. Celui-ci annonce que le fils de Hindenburg et Meißner viendront dimanche à Dahlem.
>
> - Samedi 21 janvier. Joachim annonce à Hitler la rencontre prévue. Là-dessus, Hitler lui explique pourquoi il ne veut pas inviter d'« hypocrite». Hitler veut faire venir Göring et Epp.

- Dimanche 22 janvier. 22h, rencontre à Dahlem. Papen vient seul à 21h. Sont présents : Hitler Frick, Göring, Körner, Meissner, le fils de Hindenburg, Papen et Joachim. Hitler parle seul avec le fils de Hindenburg pendant deux heures. Là-dessus, rencontre Papen-Hitler. Papen veut maintenant imposer la Chancellerie de Hitler, mais il dit à Hitler que si celui-ci ne lui fait pas confiance, il abandonnera tout de suite.

- Lundi 23 janvier. Papen le matin chez Hindenburg. Celui-ci a tout refusé, Joachim va retrouver Hitler pour lui expliquer. Longue discussion au sujet d'un cabinet Schacht. Hitler refuse tout.

- Mardi 24 janvier. Thé à Dahlem (de nouveau chez nous): Frick, Göring, Papen, Joachim. Prise de décision sur un front national pour le soutien de Papen auprès du vieux Hindenburg.

- Mercredi 25 janvier. De nouveau thé à Dahlem. Joachim parle seul avec le fils de Hindenburg. Il s'avère qu'une Chancellerie de Hitler sous les auspices d'un nouveau front national n'est pas complètement sans espoir. Le fils de Hindenburg confirme à Joachim qu'il reparlera avec Hindenburg avant la prise de position définitive de son père.

- Jeudi 26 janvier. Longue discussion avec Frick et Göring dans le Reichstag. Négociations avec les Abends, nationalistes allemands, chez le prince Oscar à Potsdam, lettre à Hugenberg.

- Vendredi 27 janvier. Hitler de nouveau à Berlin. Longue discussion avec lui dans l'appartement de Göring. Hitler veut tout de suite partir. Joachim propose une alliance avec Hugenberg pour la création d'un front national. Une nouvelle alliance avec le vieux Hindenburg est décidée. Hitler explique qu'il a tout dit au Maréchal, et qu'il ne sait pas ce qu'il devrait lui dire de plus. Joachim convainc Hitler que cela devrait être tenté en dernier, et que la chose n'était absolument pas sans espoir. Joachim propose de créer le plus rapidement possible un front national et de se retrouver avec Papen pour une discussion définitive le soir à 22h à Dahlem. Hitler est d'accord pour avancer en ce sens et pour négocier le soir avec Papen au sujet d'une alliance avec Hugenberg. Là-dessus, longue discussion avec Göring pour décider de la tactique à suivre. En fin d'après-midi, appel téléphonique de Göring, Joachim doit se rendre immédiatement dans la maison du président du *Reichstag*. Sur place, discussion Hugenberg. Hitler, Göring, (deux noms illisibles) se quittent dans un éclat à cause des exigences impossibles des nationalistes allemands. Hitler, qui est très indigné par ces négociations, veut tout de suite partir pour Munich. Göring le convainc de rester, ou tout au moins de ne pas s'éloigner plus loin que Weimar. Peu à peu, Göring et Joachim parviennent à calmer Hitler. Mais la méfiance de Hitler est réveillée. Situation très préoccupante. Hitler explique qu'il ne peut pas voir Göring à Dahlem le soir, car il ne serait pas en état de s'expliquer.

Dans le texte suivant, on retrouve les notes prises sur le vif par père:

« Je n'ai encore jamais vu Hitler dans un tel état (!) ; je lui propose, ainsi qu'à Göring, de parler seul à Papen le soir, et de lui expliquer toute la situation. Le soir, je parle avec Papen et parviens finalement à le convaincre que seule la chancellerie de Hitler, pour laquelle il devrait entièrement s'engager, aurait un sens. Papen dit que l'affaire avec Hugenberg ne joue qu'un rôle secondaire et explique qu'il prend désormais entièrement parti pour la chancellerie de Hitler, ce qui représente un tournant décisif dans la position de Papen. Papen prend conscience de sa responsabilité – trois possibilités: soit cabinet présidentiel avec (illisible) successive, ou retour du marxisme sous Schleicher, ou démission de Hindenburg. Contre cela, une seule solution claire :

Chancellerie de Hitler. Papen réalise désormais complètement qu'il doit à tout prix imposer la chancellerie de Hitler et laisser tomber son idée de garder Hindenburg à sa disposition au cas où. Cette prise de conscience de Papen constitue à mon avis le tournant de toute la question. Papen est annoncé auprès de Hindenburg pour le samedi matin à 10h.

- Samedi 28 janvier. Je suis vers 11heures chez Papen, qui m'accueille en demandant : « où est Hitler ? » Je lui réponds qu'il est sans doute déjà reparti, mais qu'il est peut-être encore joignable à Weimar. Papen explique qu'il faut immédiatement aller le chercher, car un tournant a eu lieu et qu'il pensait, après une longue discussion avec Hindenburg, que la chancellerie de Hitler était possible. Je vais tout de suite retrouver Göring et j'apprends que Hitler se trouve encore au *Kaiserhof.* Göring appelle, Hitler reste à Berlin. Une nouvelle difficulté s'annonce alors: la question de la Prusse. (18) Long entretien et discussion avec Göring. Je lui explique que j'abandonne immédiatement si on prétexte une fois de plus la méfiance vis-à-vis de Papen. Göring se montre conciliant et se déclare en accord complet avec moi. Il promet de tout essayer avec Hitler pour mener l'affaire à terme. Göring veut convaincre Hitler de résoudre la question de la Prusse dans le sens de Papen. Je me rends immédiatement chez Hitler avec Papen. J'ai longuement parlé seul à Hitler et lui ai une fois de plus clairement démontré que cette affaire ne pouvait être réglée que sur la base de la confiance, et que la chancellerie ne semblait plus impossible. J'ai prié Hitler de se rendre chez Papen dans l'après-midi. J'ai transmis cette décision à Papen, qui s'est de nouveau trouvé très angoissé. Il m'a dit : « je connais les Prussiens ! » Une discussion a été prévue entre Papen et Hitler le dimanche à 11h.

- Dimanche 29 janvier à 11h, longue explication entre Hitler et Papen. Hitler dit que dans l'ensemble, tout est clair. Il faudrait cependant mettre en route de nouvelles élections, et qu'une loi sur les pleins pouvoirs devrait être appliquée. Papen se rend tout de suite chez Hindenburg. Je prends le petit-déjeuner avec Hitler au *Kaiserhof.* La question des nouvelles élections est abordée. Comme Hindenburg ne veut pas laisser voter, il me prie de dire à Hindenburg que ce seront les dernières élections. L'après-midi, Göring et moi allons voir Papen. Papen nous informe du fait que tous les obstacles ont été écartés, et que Hindenburg attend Hitler demain à 11h.

- Lundi, le 30 janvier 1933, Hitler est nommé chancelier du Reich. »

Une petite anecdote amusante doit ici être relatée! Goebbels a écrit un livre sur « la formation du gouvernement de Hitler », comme cela s'appelait à l'époque, sous le titre de *Vom Kaiserhof zum Reichskanzler* (« Du *Kaiserhof* à la Chancellerie du *Reich* », *NdT*), dans lequel il relate de manière soi-disant authentique les événements précédant le 30 janvier 1933. Père, dont le rôle est très clairement établi dans le texte cité ci-dessus, n'est pas évoqué une seule fois par Goebbels. Je me souviens très précisément que ce fait donna à mon père l'occasion de remarquer un jour en riant, alors que nous étions en train de déjeuner à Dahlem : *« il y a une chose en tous cas que j'ai déjà apprise en politique, c'est que la falsification de l'histoire ne se pratique pas cent ans plus tard, mais au moment - même où elle se fait ! »* A l'époque, Père pouvait encore rire de ces incidents et de leurs acteurs ! Il ne pouvait pas savoir à quel point cette constatation allait se vérifier à l'exemple de sa propre personne.

C'est un phénomène courant que les Allemands de l'étranger soient généralement bien plus patriotes et s'intéressent bien plus aux questions de leur pays que les Allemands « de l'intérieur » ou, comme on disait avant la guerre, les *Reichsdeutsche* (les Allemands du *Reich*, *NdT*). Ainsi, pendant notre Service du travail, nous avions avec nous deux Allemands venant d'Afrique du sud-ouest, des fils de fermier qui n'étaient venus en Allemagne que par amour pour leur patrie.

(18) *Deutschnationale Partei*, « Le parti nationaliste allemand » F.A. Brockhaus, Wiesbaden, 1978m ISBN 3-7653-0039-X.

Ils voulaient remplir leur devoir en accomplissant le Service du travail et en faisant leur service militaire, bien entendu pendant l'année 1939. (19) Ils tenaient bien plus à leur pays que les « indigènes ». Dans une certaine mesure, mon père présentait les mêmes aspirations. Comme il l'écrit lui-même lorsque la guerre éclate: malgré cette belle vie au Canada et les nombreuses perspectives qu'elle offrait, « j'étais resté allemand ».

Dans les années vingt, certainement aussi grâce à sa relation avec Stresemann, il croyait encore en la perspective et nourrissait l'espoir d'obtenir l'égalité des droits pour le *Reich* par la voie de la négociation par un gouvernement parlementaire allemand. Il devait cependant reconnaître qu'elle ne serait pas concédée aux gouvernements de la dénommée République de Weimar. S'ajoutait à cela la constatation de la menace communiste à l'intérieur, et de la menace soviétique à l'extérieur du pays. Avec le parti communiste allemand grandissant, l'Union Soviétique disposait d'un cheval de Troie de plus en plus puissant. La crise économique avec ses armées de chômeurs fournissait le terrain idéal pour des solutions radicales, quelles qu'elles soient.

Quelque temps plus tard, Mère m'a raconté qu'au moment de l'initiative populaire pour le « Plan Young », Père aurait expliqué pour la première fois qu'il se décidait contre l'adoption de ce plan. Le plan avait fixé les dettes de réparations et leur remboursement. J'ai déjà fait allusion au fait que le dernier versement aurait dû être effectué il y a quelques années, en 1988. Par ailleurs, il manquait au « Young Plan » la dénommée « clause de transfert » du plan de Dawes précédent, selon laquelle des paiements pouvaient être interrompus lorsque les devises nécessaires n'étaient pas accessibles. Après l'acceptation du « Plan Young », le *Reich* était donc constamment soumis à des mesures coercitives. (20)

Père reconnut à ce moment que la « question sociale » devait être résolue si le peuple allemand souhaitait aborder avec succès les questions de politique internationale, c'est-à-dire l'élimination des points les plus contraignants du Traité de Versailles. Vu la situation, la solution ne pourrait se trouver que sous des prémices communistes ou avec Hitler !

La position de mon père face à Hitler et son régime n'était déterminée que par des questions de politique internationale. Le parti devait garantir la cohésion du peuple. Après les expériences de la Première Guerre mondiale et de l' « époque de Weimar », cela représentait pour Père la condition décisive pour obtenir la « révision » du Traité de Versailles et au-delà de celle-ci, pour conférer au *Reich* central la capacité de défense nécessaire face au bolchevisme soviétique agressif. Quand on se demande pourquoi il a « participé » au régime de Hitler, il faut garder à l'esprit que ce point était primordial pour mon père.

La catastrophe de la Première Guerre mondiale, la suppression des droits du *Reich* par le Traité de Versailles ainsi que la menace du bolchevisme et ses conséquences incertaines pour toute l'Europe, justifiaient un recours à des moyens exceptionnels pour éviter ces dangers, tout au moins à l'intérieur du pays. Père n'a cependant jamais dépassé lui-même les frontières de l'état de droit.

Lorsque j'avais 11 ans à peine, j'avais un ami, Heinz Körner, tombé en 1941 et dont le père était conseiller de la Cour Suprême. Ce juriste était très croyant, chrétien protestant pratiquant, parfaitement honnête autant que j'aie pu en juger et que mon ami ait pu me le confirmer. Il n'avait rien d'un nationaliste, mais c'était un patriote. Comme je l'ai déjà dit, contrairement aux enfants d'aujourd'hui, nous recevions à l'époque une solide culture historique. Ainsi connaissions-nous assez précisément le déroulement de la Première Guerre mondiale et surtout celui de la bataille de la Marne qui s'était avérée décisive pour l'Allemagne. J'ai déjà écrit les conséquences fatales de l'erreur du *Kaiser* et de son chef d'état-major général, le « jeune Moltke ». Ils ont envoyé le pauvre lieutenant Hentsch vers les armées de l'aile droite lui ont laissé le soin de choisir entre continuer son avancée vers Paris, qui se trouvait juste devant les armées, ou ordonner la retraite en raison d'une crise locale.

(19) Si je me souviens bien, ils s'appellent Redecker.

(20) Comparer avec John M. Keynes, *The German transfer problem*, Economic Journal 39 (1929), pages 1-7.

A l'époque, mon ami m'avait rapporté des propos de son père, disant que si celui-ci avait été mis au courant de la mission du lieutenant Hentsch et qu'il en avait eu la possibilité, il l'aurait fusillé. Encore une fois, le père de mon ami Körner était un chrétien convaincu. Cela m'avait beaucoup impressionné à l'époque, justement parce qu'il s'agissait là de l'opinion d'un juriste sévère et honnête, et père de famille croyant par-dessus le marché. Tuer un innocent pour éviter de mettre sa patrie en danger ? Un homme que le destin rendait coupable sans qu'il ne porte personnellement de faute ? Celui qui ne l'a pas vécu ne peut se l'imaginer. La catastrophe de 1918 et la situation désespérée dans laquelle se trouvait le *Reich* étaient omniprésentes et créaient une atmosphère favorable à la prise de décisions inhabituelles.

Peut-être peut-on reprocher à mon père de s'être trop peu préoccupé de politique intérieure allemande après 1933. Il ne fait cependant aucun doute qu'il n'aurait rien pu changer à la situation ! Une fois pourtant, ma mère m'a dit que quelque temps après la formation du gouvernement de Hitler à laquelle il avait participé, il s'était écrié: « mon Dieu, qu'est-ce que j'ai fait? » en constatant l'illégalité de certaines procédures. Mais Père ne pensait finalement qu'aux questions de politique internationale. Il était pleinement lucide sur le fait que, dans la situation menaçante dans laquelle se trouvait le *Reich*, un « changement de monture », c'est-à-dire un remplacement de Hitler en pleine tourmente, était exclu. Tôt ou tard, ce changement aurait abouti à une bolchevisation de l'Europe centrale. Il reste par ailleurs difficile de savoir qui aurait pu renverser Hitler, contre l'avis de la population ? La seule solution était de surmonter cette phase risquée avec Hitler et son régime, tout le reste était secondaire! Pendant la guerre, la situation dans laquelle se trouvait mon père est devenue encore plus contraignante. L'éviction de Hitler représentait à ses yeux la sanction de la défaite, la capitulation sans concessions envisagée par Roosevelt et Churchill et l'avancée des Soviets en Europe centrale. Qui peut aujourd'hui s'imaginer la situation désespérée dans laquelle se trouvaient alors un grand nombre d'honnêtes Allemands: leur pays menait un combat entre la vie et la mort, et était dirigé par un dictateur dont le régime ne leur semblait pas acceptable.

Pourquoi les gouvernements de la « République de Weimar » n'avaient-ils pas mis en route un réarmement dans un certain cadre, comme Hitler l'a fait plus tard? Parce qu'on leur serait tombé sur le dos de l'intérieur, ce qui aurait motivé nos voisins pour une attaque préventive contre nous! Etant donnés les rapports de force qui sévissaient dans la politique intérieure, les gouvernements de Weimar n'avaient aucune chance d'imposer l'égalité des droits de l'Allemagne, sans parler du fait que les vainqueurs de Versailles n'étaient pas disposés à la lui accorder. Le fait que l'égalité des droits militaires de l'Allemagne a été décidée quelques semaines avant l'arrivée au pouvoir de Hitler n'y change rien, puisque la réalisation effective de cette décision dépendait des résolutions de la conférence sur le désarmement, qui était sans cesse bloquée par la France. Comme Père l'avait toujours dit à ses amis Français et Anglais : « Donnez une chance à Brüning, sinon ce sera Hitler, ou le communisme ».

J'ai déjà mentionné les premières discussions qui avaient eu lieu entre Père et Hitler au sujet de la politique internationale. C'était désormais le devoir - d'abord officieux, puis officiel selon les directions du chancelier - de Père, de tenter sa chance pour obtenir pour l'Allemagne une place consolidée au cœur de l'Europe. Qui était plus approprié pour une telle mission qu'un homme d'affaires averti qui bénéficiait personnellement d'une connaissance approfondie des deux puissances les plus importantes pour l'Allemagne, la France et la Grande-Bretagne ? Le seul problème réside dans le fait que les hommes d'affaires brillants ne se mettent pas habituellement à la disposition de la Diplomatie, tout au moins en Allemagne.

Père était entré dans le monde diplomatique par « la petite porte », comme on appelle aujourd'hui un début de carrière se déroulant hors des sentiers battus de la hiérarchie des partis. En tant que personne extérieure à ce monde, mon père n'était pas armé pour les luttes d'influence et de pouvoir au sein du parti, points importants cependant pour réaliser ses ambitions politiques. Les querelles, intrigues, combats d'idées et créations de fractions lui étaient étrangères. Il n'avait pas eu de possibilité de faire la connaissance des personnes influentes sous Hitler et qui avaient également une influence sur ce dernier, d'étudier leur caractère et de mesurer leur poids. Ces hommes qu'il côtoyait à la tête du régime lui étaient étrangers de par leurs origines et leur mentalité.

Père avait reçu « d'en haut » les faveurs du Führer, et un grand nombre de personnes lui enviaient sa position et son influence. On disait par exemple que l'ambition de Goebbels visait également le poste de Ministre des Affaires étrangères. En 1933, il s'était rendu avec la délégation allemande à la Société des Nations à Genève et avait nourri certains espoirs de nomination à ce moment. Il est probable que Hitler ait encouragé ses espoirs. Père n'avait aucun accès au monde dans lequel il entrait, personnifié par Hitler et les personnes haut placées du parti. Après l'avoir si longtemps combattu, ces personnes ont peut-être fini par espérer et attendre de Père la solution diplomatique miraculeuse qui mettrait un terme à la guerre, et à laquelle leur Führer lui-même ne tenait plus. Mais pour eux aussi, Père était un étranger !

Celui qui veut pratiquer la politique doit disposer d'une « sphère d'influence ». Dans une démocratie, les acteurs sont tout d'abord dépendants de leurs électeurs. Les plus importants cependant sont les délégués de l'Union locale qui doivent donner leur voix lors des congrès du parti et qui en définissent ainsi en grande partie les acteurs. Dans une dictature, c'est le dictateur, tout particulièrement lorsqu'il s'agit d'un souverain absolu maniaque et conscient de son pouvoir comme Hitler. C'est ainsi que celui qui souhaite avoir du pouvoir au sein d'une dictature doit gagner l'oreille du dictateur, sinon il n'aura aucune possibilité de réaliser ses ambitions politiques. Son comportement doit être mis au service de cet objectif s'il ne veut pas se retirer de la scène politique. C'est exactement la même chose en démocratie. Celui qui n'est pas prêt à adapter aux souhaits des membres de son parti et à leurs délégués ses déclarations et son comportement, peut rapidement considérer sa carrière politique comme terminée. Il en existe suffisamment d'exemples.

Bien sûr, Père devait apprécier à sa juste valeur l'esprit de son époque. Il n'avait pas d'autre solution que d'essayer de faire figure de nationaliste convaincu, qu'elle qu'en soit l'image que l'on s'en faisait à l'époque. Il faut comprendre cela, car ses ennemis, les « vieux guerriers », veillaient bien sûr dans l'ombre et guettaient l'erreur qui leur permettrait de le dénoncer comme national-socialiste peu convaincu auprès de Hitler. Cela jouait un rôle important pour Hitler. A l'époque, Mère m'a montré une lettre de Hess à Père, dans laquelle il se plaignait que son « épouse fasse ses courses dans des magasins tenus par des juifs ». Hitler décidait du *Zeitgeist*, de l'air du temps, et c'est lui aussi qui constituait le point de départ d'une politique internationale. S'il souhaitait donc avoir une influence sur la politique internationale et la mener comme il l'entendait, mon père devait faire en sorte que Hitler l'écoute. Il devait faire tout ce qui était en son pouvoir pour atteindre ce but. Père avait donc raison de soigner ainsi son « image », comme on l'exprimerait aujourd'hui. Lui reprocher de s'être toujours efforcé d'être entendu par son « seigneur et maître », comme on a fréquemment le bon goût de le dire de nos jours, est tout simplement de l'hypocrisie diffamatoire. Il faut garder à l'esprit la manière dont on atteint aussi l'influence et le pouvoir politiques dans une démocratie. Un politicien qui ne se met pas au niveau de la base de ses électeurs et qui ne parle pas son langage, ou qui ne se soumet pas aux médias, aura peu de chances de réaliser ses ambitions politiques, si raisonnables ou justes soient-elles ! Aujourd'hui, on utilise le mot « populisme » pour qualifier cette attitude. Que l'on me nomme un seul politicien qui ne lui paie aucun tribut. Celui qui souhaite pouvoir s'exprimer en matière de politique doit être écouté par celui qui détermine la politique. Dans une démocratie, ce sont les médias et, par leur intermédiaire, les citoyens votants. Cela explique les superbes bêtises que les politiciens annoncent ouvertement dans les médias. Dans une dictature, c'est le dictateur, ce qui explique quelques actions de sa « cour ».

Une circonstance ayant un rapport avec ce cercle problématique s'ajoute à cela. Père luttait auprès de Hitler pour modifier l'aspect idéologique du national-socialisme. Un jour, Père m'a dit : *« avec qui est-ce que je peux encore parler de questions de politique internationale à l'étranger ? Tous nos interlocuteurs étrangers potentiels appartiennent à l'un des groupes que nous brutalisons. »* Il est parfaitement logique qu'un Ministre des Affaires étrangères veuille mener sa politique indépendamment des contraintes idéologiques.

Il ne restait cependant pas d'autre choix à Père que de montrer le flanc. Ce n'était pas seulement la question juive qui appesantissait largement la politique internationale allemande – Père parlait d'une autre « superpuissance » qui se serait rangée aux côtés des adversaires de l'Allemagne. Les opposants idéologiques de l'Allemagne comptaient les socialistes, les libéraux, les capitalistes, les francs-maçons, les monarchistes, certaines races d'hommes et de femmes, certaines orientations artistiques - sans oublier les églises, les Rotary-Clubs, etc.

En réalité, toute institution, toute idéologie, tout groupe supranational était en opposition avec le national-socialisme. Il s'était développé en opposition au marxisme international et avait l'ambition de contrecarrer cette idéologie agressive. Si on définit le nationalisme comme une attitude intellectuelle, alors on peut dire qu'il concernait tous les états entre les deux guerres - et où ne domine-t-il pas aujourd'hui ? Pour Hitler cependant, le marxisme et la « judaïcité » internationale étaient identiques. Tous deux étaient les ennemis officiels du national-socialisme. Cette perception allait de pair avec une profonde méfiance envers tous les internationalismes de manière générale. Comme tous avaient entre autres des juifs à leur tête, ils étaient d'emblée suspects et devaient être combattus, ce qui multipliait le nombre d'opposants au *Reich*.

Le Bolchevisme s'appuyait volontairement sur l'internationalité du « Prolétariat » et partait ainsi du principe qu'il trouverait dans tous les pays du monde des sympathisants issus de la classe sociale visée. La théorie raciale national-socialiste plaçait la politique internationale devant des problèmes importants, surtout en raison de l'échelle de valeurs qu'elle comportait, et elle pouvait largement restreindre le champ d'action du *Reich* à l'étranger.

De la même manière, l'idéologie de liberté, de bien-être et d'anti-colonialisme que Roosevelt propageait dans une pose américaine, pouvait trouver une résonance internationale très large, surtout dans le Tiers-Monde mais également dans les cercles libéraux, socialistes ou intellectuels des pays d'Europe. En tant que responsable de la politique étrangère, Père ne pouvait choisir ses interlocuteurs en fonction des critères du national-socialisme. On lui a sans aucun doute à maintes reprises porté des coups sur ce flanc, surtout lorsque la situation du *Reich* s'est détériorée pendant la guerre, et que Hitler s'est de plus en plus retranché derrière des motivations idéologiques pour justifier ce conflit.

On est tenté de penser au célèbre échange de lettres qu'il y avait eu entre Bismarck, envoyé du Bundestag à Francfort, et le général prussien von Gerlach, un conseiller du roi Frédéric Guillaume IV. Bismarck avait été invité à Paris par le Ministre plénipotentiaire prussien pour visiter une exposition industrielle. Il avait profité de cette invitation pour faire la connaissance de Napoléon III et tenter d'engager une conversation avec celui-ci. C'est tout au moins ce qui lui a été reproché par la cour et sa « camarilla », à laquelle appartenait également Gerlach. Napoléon III étant considéré comme illégitime, il était mal vu de faire de la politique avec lui. Les répliques souveraines de Bismarck sont aujourd'hui encore très intéressantes comme exemples de politique internationale « libérée de toute idéologie » ! En 1860, Bismarck avait clairement exprimé que « l'on ne pouvait pas jouer aux échecs si sur 64 champs, 16 étaient interdits par notre propre camp ». (21) Que l'on s'imagine la quantité de « champs » qui restaient dans ce cas fermés ou tout au moins difficilement accessibles à la politique internationale allemande pour des raisons idéologiques! Père était passé outre ces obstacles idéologiques avec sa « politique russe », en appliquant une véritable politique réaliste. L'idéologie peut sans aucun doute devenir une arme dans un conflit politique international. Ainsi soulève-t-on par exemple aujourd'hui au moment opportun l'exigence de « démocratisation », qui ne doit cependant pas réduire les propres possibilités de combinaisons. Ainsi les gouvernements des Etats-Unis n'ont-ils jamais hésité à coopérer avec des dictateurs lorsque cela pouvait servir leurs objectifs de politique internationale, par exemple avec Staline !

Il faut à cet endroit rappeler que Hitler enleva au Ministère des Affaires étrangères la responsabilité des relations avec la Russie peu après le début de la guerre à l'est. L'idéologie et la politique internationale concrète se tolèrent rarement, sauf si la doctrine sert d'outil à la politique pratique. Roosevelt et Staline savaient utiliser les idéologies qui étaient à leur disposition pour servir les intérêts de leur politique internationale, c'est-à-dire impérialiste au sens large!

(21) Cité d'après Haffner, voir ci-dessus.

Hitler était la figure centrale du régime, sans lui rien ne pouvait se faire en politique internationale. L'homme qui mettait ses ordres « à exécution » avait cependant gardé jusqu'en 1940 une certaine influence sur la politique internationale hitlérienne. Il devait conserver cette influence s'il voulait pouvoir réaliser ses objectifs en matière de politique internationale. C'est *« part of the game »*. Reprocher cela à Père est hypocrite.

Père ne faisait pas partie des plus anciens membres du parti, ce qui jouait un rôle important pour Hitler. La fidélité de Hitler à ses anciens camarades frisait parfois l'incompréhensible. Père l'a formulé de cette manière:

> « La fidélité d'Adolf Hitler envers les personnes qui avaient une fois fait quelque chose pour lui, était parfois à la frontière de l'ahurissant...D'autre part, il pouvait faire preuve d'une méfiance incroyable. Il se soumettait très facilement aux influences extérieures, ou aux fausses confidences de personnes qui savaient habilement le tromper et mettre à jour les aspects moins agréables de sa personnalité. Il pouvait aussi volontairement blesser les gens. »

Celui qui veut exercer une influence doit s'adapter au style de son époque, et ce style de celle-ci était défini par Hitler. Dès 1933, Père fut placé *à la suite* (en français dans le texte, *NdT*) de la *SS*, c'est-à-dire qu'on lui offrit un rang d'honneur – à l'époque tout d'abord comme *Standartenführer* – avec le droit de porter l'uniforme. Ce rang d'honneur était remis par Hitler lui-même ou tout au moins avec son accord. L'idée était de renforcer le statut de « oustider » de Père au sein du Parti, et de l'assimiler d'une certaine manière avec l'« extérieur », c'est-à-dire qu'il avait ainsi la possibilité de porter l'uniforme pour les sorties qu'exigeait son poste, comme c'était le style de l'époque. On peut également dire, sans vouloir rappeler la comparaison avec Bismarck que Hitler avait fait cela dans un contexte bien précis et qui est, depuis, sans cesse citée de manière bien évidemment dégradante, que Bismarck avait, lui, été placé *à la suite* (en français dans le texte, *NdT*) des *Pasewalker Kürassiere*, les cuirassiers de Pasewalk, pour pouvoir également porter son uniforme lors de grandes occasions. Cela n'est pas sans avoir influencé l'image – sans cesse immortalisée par Lenbach, qui avait cependant tout aussi souvent peint le chancelier en civil – du « chancelier de fer », à laquelle Bismarck, qui était de constitution plutôt délicate, ne correspondait pas du tout!

Si l'on se moque du fait que Père ait porté son uniforme – conformément au style de l'époque – alors il faut se demander pourquoi nos hommes politiques redoutent tant, aujourd'hui, de porter le leur dans un contexte officiel, lorsqu'ils sont par exemple officiers de réserve, même lorsqu'ils occupent des positions dans le cadre de la *Bundeswehr*. Je dirais qu'il s'agit là de la même situation, mais avec des signes inversés. Cela explique également l'introduction du port de l'uniforme pour les fonctionnaires du Ministère des Affaires étrangères. Chaque époque a son style, c'est encore très visible aujourd'hui lorsque des hommes politiques renommés se montrent avec un col ouvert et des casquettes lors de courses ou de soirées à l'opéra. Pour des gens qui étaient alors d'orientation conservatrice, la tenue de gala d'un ambassadeur allemand avec des escarpins et des chaussures à boucle n'était certainement pas quelque chose d'inhabituel. Que l'on s'imagine cependant un diplomate allemand se rendant ainsi à un congrès du parti du *Reich*. Les moqueries des membres du parti auraient encore été supportables. La position de « outsider » du Ministère ainsi affichée aurait cependant influencé de manière durable ses possibilités d'agir dans les différents domaines de la politique intérieure, caractérisée par la « lutte libre » favorisée par Hitler. Le chef du Ministère concerné était également responsable de cela.

Aux yeux de Hitler, le Ministère des Affaires étrangères était de toutes manières « réactionnaire », quelle signification que l'on donne à cette dénomination. Ce n'était pas un service caractérisé par le national-socialisme. Lorsque Père a pris ses fonctions en 1938, il n'avait aucune possibilité de mettre en œuvre de grands changements de personnel favorisant ainsi une plus grande loyauté au régime de Hitler. La seule solution était donc dans un premier temps de changer l'« image », c'est-à-dire entre autres d'introduire l'uniforme. Cela correspondait au style de cette époque.

On peut certainement se demander comment le psychisme d'un peuple réagit lorsqu'en l'espace de quelques années, il passe d'une mentalité où seul l'homme qui porte l'uniforme a une valeur à une autre, après un échec politique, où chaque uniforme, considéré comme militariste, est refusé. Mais peu importe, toujours est-il que la création d'un uniforme pour les diplomates allemands avait justement pour but de faciliter leur tâche au sein de cet « état uniformisé ». Critiquer aujourd'hui le fait que des diplomates allemands portent des uniformes dans les années trente, alors qu'il n'était obligatoire que lors de cérémonies officielles, revient à oublier « l'esprit de l'époque » et à juger en fonction de critères contemporains. C'est une faute importante dans le jugement d'événements historiques.

Evoquons au passage le fait que la remise de rangs d'honneurs *SS* était à l'époque une pratique courante, qui a sans aucun doute permis à Himmler d'exercer une influence dans des domaines où il n'avait habituellement rien à dire. C'est ainsi que monsieur von Weizsäcker, secrétaire d'état au Ministère, a occupé un rang élevé dans la *SS*. En tirer la conclusion que Père avait volontairement choisi de placer le Ministère des Affaires étrangères sous la coupe de la *SS* est tellement aberrant que l'on peut contester chez les personnes qui soutiennent cette nouvelle thèse toute capacité d'immersion dans le passé et par la même occasion toute qualification d'historien (Dröscher). Au contraire, l'uniformisation des diplomates allemands devait justement signaler l'indépendance de ce Ministère face aux institutions et organisations du parti et de l'Etat !

Le problème qui consistait à renforcer aux yeux de Hitler la position du Ministère des Affaires étrangères s'est imposé à Père dès l'instant où il est devenu le chef de cette institution. Sous Neurath, le Ministère était resté conservateur et n'était donc pas « national-socialiste », pour utiliser une fois ces termes globaux. Hitler laissa Neurath à son poste, mais selon son habitude il joua un double jeu en faisant de Père son conseiller personnel en politique internationale. Son aversion contre le Ministère persista cependant après que Père fut nommé, ce qui représentait pour lui un talon d'Achille important et dont ses ennemis se servaient. Au moment de l'affaire d'espionnage Scheliha, au cours de laquelle ce dernier avait livré des informations à un agent russe contre paiement à Varsovie, Goebbels avait grondé: *« que doit-on penser d'un Ministère au sein duquel les traîtres du pays se refilent le couteau ! »* L'aversion de Hitler contre le Ministère des Affaires étrangères était utilisée par les adversaires de Père pour des intrigues ayant pour cible certains fonctionnaires. Etant donné que, dans ces cas-là, Père se plaçait loyalement comme responsable de ses fonctionnaires, les intrigues atteignaient généralement leur but.

Le comte Dürckheim faisait partie du service de Père. Il lui avait été recommandé par Hess, bien qu'il ne fût pas complètement aryen, comme on disait à l'époque. Père n'avait pas hésité à embaucher Dürckheim pour ses connaissances de la situation en Angleterre. En 1941, Père l'envoya en mission officielle au Japon, avec l'arrière-pensée de le protéger de l'antisémitisme qui sévissait en Allemagne. En Asie du Sud-Est, Dürckheim se familiarisa avec le bouddhisme et la méditation, et il devint thérapeute dans ce domaine après la guerre. Pendant toute la durée de la guerre, il reçut en Asie un salaire versé par le Ministère des Affaires étrangères, sur ordre de Père. (22) Dürckheim a été interviewé par la télévision dans le cadre de l'émission « Zeuge der Zeit » (« témoins du temps », *NdT*). Au cours de cette interview, il déclara que son séjour en Asie du Sud-est avait été organisé par le Ministère de la Culture, ce qui peut être considéré comme une «faiblesse » de mémoire de la part d'un octogénaire. Il a cependant fait une déclaration importante: « Ribbentrop ne laissait jamais tomber quelqu'un! » On n'a jamais remercié Père pour cela! (23, 24)

Un autre cas aurait pu être fatal. La Défense, c'est-à-dire son représentant le général Oster, avait toujours transmis les dates des attaques pour la campagne de l'Ouest à l'attaché militaire hollandais Sas. (25) Ce fait était connu de la surveillance téléphonique allemande, sans que l'on n'ait

(22) Déclaration du directeur de la section presse et information du Ministère des Affaires étrangères, le Dr Paul Schmidt, à l'auteur.

(23) La vidéocassette de cette interview est en ma possession.

(24) Après la guerre, j'ai vainement tenté de prendre contact avec Dürckheim par l'intermédiaire de l'une de ses collaboratrices que je connaissais très bien. La méditation et la sagesse ramenées de l'Asie du Sud-est ne semblent cependant pas l'avoir protégé de la phobie du contact !

pu en localiser la source. C'est ainsi que la Défense dirigea ses soupçons vers Madame von Steengracht. Le mari de cette dernière était un collaborateur de Père. Cela aurait pu avoir des conséquences fatales pour leur couple. (26) Père demanda à Steengracht de lui donner sa parole d'honneur que ces soupçons n'étaient pas justifiés, et le protégea du mieux qu'il le put. Le fils de prêtre qu'était Oster n'avait eu aucun scrupule à laisser peser les soupçons sur des innocents pour camoufler sa trahison. Spitzy évoque les soupçons qui ont pesé sur la baronne Steengracht comme un piège visant à faire tomber son mari en tant qu'acolyte de Ribbentrop. Il se garde cependant bien de mentionner que la révélation des dates des attaques à l'ennemi a marqué le début de la campagne de l'Ouest. (27)

Lorsque Goebbels affirme dans ses écrits – en admettant toujours que ceux-ci sont authentiques – que Père n'avait pas d'amis au sein du parti, on peut difficilement le contredire. On peut se demander pourquoi Père n'est pas parvenu à tisser des relations sinon amicales, tout au moins détendues avec une partie de ses collègues du cabinet, c'est-à-dire dans les sphères supérieures des bureaux du *Reich* ?

Il faut tout d'abord noter que Hitler n'aimait pas voir la camaraderie s'installer entre les personnes qui l'entouraient. Je ne peux pas juger dans quelle mesure il s'efforçait au contraire de les séparer en créant volontairement des tensions entre les uns et les autres, mais d'après ce que j'ai pu entendre, c'est très plausible. Le fait que les réunions du cabinet aient été supprimées à l'époque où mon père exerçait en est une preuve – il faut réaliser qu'il n'a jamais assisté à une seule réunion de cabinet, sans doute pour cette raison! On peut cependant se demander s'il n'aurait pas dû se faire des amis parmi les personnes influentes du régime, dans l'esprit de la « majorité changeante » parlementaire, c'est-à-dire pour asseoir son influence et imposer ses visions sur la politique internationale.

J'ai déjà expliqué à quel point les personnes qui se trouvaient à la tête du régime lui étaient étrangères. Il y avait parmi celles-ci Göring, Goebbels, Himmler et Hess. Au début de son activité politique, Père entretint de bonnes relations avec Blomberg, ne serait-ce que parce qu'il s'occupait des questions de désarmement. Cependant, l'arrivée de Père coïncida avec le départ de Blomberg pour les raisons que nous connaissons. Après son arrivée au Ministère, il n'a pas entretenu de relations étroites ou personnelles avec des personnes de la direction de la *Wehrmacht*. Les tensions existant entre le Ministère des Affaires étrangères et la direction des Armées sont des classiques de l'Histoire. Souvenons-nous des « ergoteurs » qu'étaient les diplomates aux yeux de Blücher, ou aux relations houleuses entre Bismarck et Moltke devant Paris en 1871. Cependant, l'absence totale de contact entre Père et les officiers généraux Keitel, Jodl et Raeder, laisse songeur.

Il ne faut cependant pas oublier la piètre opinion que la tête de l'Armée (Beck) se faisait à l'époque de la politique de Hitler, qui mena d'ailleurs dès 1938 à une « conspiration avec l'ennemi potentiel ». Ce n'était pas la base idéale pour instaurer une relation de confiance avec les bureaux de la politique étrangère, d'autant plus que ceux-ci se voyaient, au même moment, tenus de mener une politique assez audacieuse. On était loin de l'atmosphère de 1941, lorsque le Ministre des Affaires étrangères essayait encore à tout prix d'éviter la guerre contre la Russie tandis que les militaires, estimant que le risque était faible, commettaient une erreur fatale. (28)

Pendant la guerre, j'ai eu à plusieurs reprises l'occasion d'assister au bref rapport de position que l'officier de liaison de l'*OKW* au Ministère des Affaires étrangères, le colonel von Geldern, faisait à Père. Le Ministre des Affaires étrangères n'aurait pas pu être plus mal informé sur la situation militaire. Au cours du mois d'août 1944, alors que j'étais en convalescence, j'ai pu assister à une réunion où le colonel expliquait la situation à l'Ouest, évoquant au passage une action de ma di-

(25) Voir le livre « *Les avertissements qui venaient de Berlin* » de l'historien belge Jean Vanwelkenhuyzen, document Duculot, 1982.

(26) Confirmation par le fils de Steengracht à l'auteur.

(27) Spitzy, voir ci-dessus.

(28) Comparer à Magenheimer, *Entscheidungskampf 1941*, 2000, Osning-Verlag, Bielefeld.

vision. Lorsque j'avais quitté ma division, elle ne disposait que de très peu d'armes lourdes. Le colonel n'a pas su répondre à ma question concernant le ravitaillement, il parlait sans cesse de la *12.SS-Panzer-Division*. Il n'y avait certainement pas là de mauvaise intention de la part du colonel, ces lacunes reposant plutôt sur le système instauré par Hitler, qui consistait à séparer les domaines de compétences pour pouvoir arbitrer à sa guise! Dans l'entourage de Père, on qualifiait l'information que le Ministre des Affaires étrangères recevait sur les positions militaires de « rapport de la *Wehrmacht* élargi ». Il s'agissait là de quelques détails sans conséquences ajoutés au rapport de la *Wehrmacht* par l'*OKW* à l'intention de la presse.

J'aurais aimé que Père ne se soumette pas à ce système, et qu'il essaye d'établir un contact direct avec Jodl et Keitel afin d'être au courant – serait-ce par des moyens détournés - de la situation réelle sur le front. Il est cependant difficile de savoir si cela aurait été faisable. Je rappelle ici les efforts fournis par Schnurre face aux généraux Keitel, Jodl et Warlimont pour éviter la guerre avec l'Union Soviétique, et l'échec de ses tentatives.

Il était quasiment impossible d'établir une relation stable avec Göring ou Goebbels. Il manquait au caractère de mon père la fourberie qui lui aurait permis de le faire. S'allier avec des personnes telles que Göring ou Goebbels aurait forcément impliqué qu'il se confie à eux, ce qui aurait été contre-productif, pour utiliser un terme qui n'était pas d'usage à l'époque. Il restait Hess et Himmler. A l'époque déjà, Hess faisait figure d'original, et sa position n'était pas particulièrement forte. La lettre que j'ai citée et dans laquelle il dénonce le fait que ma mère fasse ses courses dans des magasins juifs sans que ceux-ci fussent nommés et sans que ces achats soient, d'ailleurs, interdits, montre qu'il nourrissait pour le moins quelque réserve à l'égard de Père. Peut-être a-t-il écrit cette lettre dans une bonne intention, car il n'était en aucun cas un intrigant. Il prouve cependant à quel point le comportement de mes parents était l'objet d'étude et de critique de la part du parti, donnant sans cesse lieu à de nouvelles intrigues.

Il restait donc Himmler. Père avait de temps en temps des contacts amicaux avec celui-ci, jusqu'à ce qu'à partir de 1940 une « inimitié mortelle », telle que l'appelait Père, ne se développe entre eux. Père s'attendait au pire de la part de Himmler. (29) Ce dernier tenta de s'attirer l'amitié de Père lorsque celui-ci fut nommé ministre. Il faut savoir que Himmler était le grand perdant de la crise de « Fritsch ». Le déroulement de cette affaire est connu. Fritsch ne s'est visiblement pas montré très habile au cours d'un entretien avec Hitler, ce qui provoqua l'irritation croissante de celui-ci. Je ne vais pas ici retracer tout le déroulement de la crise « Blomberg-Fritsch ». Le fait qu'il ne s'agisse pas d'une intrigue fomentée par Hitler semble aujourd'hui vérifié. En échange du couple Fritsch-Beck, Hitler s'est retrouvé avec l'équipe Brauchitsch-Halder. Il n'aurait pas eu besoin pour cela d'endosser la responsabilité d'une « intrigue » (30) telle que celle-ci face à la politique intérieure et étrangère !

Himmler quant à lui était impliqué dans cette affaire car Hitler lui reprocha d'avoir été mal informé par le *SD* et la *Gestapo*, qui auraient ainsi bâclé leur travail et l'auraient mis dans une situation désagréable. A l'époque, Mère m'a raconté que Himmler s'était amèrement plaint auprès de Göring d'être devenu le « bouc émissaire ». C'est également elle qui me dit que Hitler n'avait pas voulu confirmer Fritsch à la tête de l'armée car celui-ci ne « suivait » pas complètement dans la création de grandes unités motorisées. (31) C'est ainsi que Hitler avait expliqué les choses à mon père. En étant nommé « chef » d'un régiment d'artillerie, Fritsch a par ailleurs été pleinement réhabilité.

C'est dans cette situation que Himmler cherchait à tout prix des alliés. Il a tout d'abord donné à Père l'impression d'une grande objectivité. L'idée de Himmler de créer une élite basée sur la performance et d'y inclure toutes les élites, l'aristocratie incluse, plaisait à mon père. Cette conception de Himmler aurait pu un jour être un élément porteur de l'Europe. (32) Les possibilités du service

(29) Voir la description du colonel von Geldern qui se trouve en ma possession.

(30) Tobias/Janssen : *Der Sturz der Generäle.*

(31) Voir Keitel, *Mein Leben,* page 425.

des renseignements étranger de la *SS* auraient pu être exploitables. Il existait donc sans aucun doute des raisons objectives pour ne pas vouloir se rapprocher de Himmler. Père aussi aurait eu besoin d'« alliés », puisqu'il n'avait pas de plateforme personnelle dans l'organisation qu'il dirigeait. Comme Hitler n'aimait pas le Ministère des Affaires étrangères, et que Père était par ailleurs considéré comme un « outsider », cette base manquait. Les tentatives de Himmler de trouver par ses propres canaux un moyen d'influencer la politique internationale, en imposant par exemple des « attachés de police » sur les missions allemandes à l'étranger, menèrent à une rapide distanciation entre les deux hommes. Dans « l'affaire de Luther », Himmler essaya ensuite de renverser Père grâce à une grande intrigue. (33)

On peut reprocher à Père de n'avoir pas tenté de combattre le jeu de Hitler consistant à monter les unes contre les autres les personnes dirigeantes du régime. Bien sûr, il semble facile de dire cela aujourd'hui. On peut aussi se demander sur quoi il aurait pu s'accorder avec eux ? Il ne se serait finalement agi que de deux décisions importantes. En un premier temps, Père aurait dû tenter de s'en faire des alliés pour qu'ils l'aident à empêcher l'agression de la Russie et la déclaration de guerre aux Etats-Unis. Il n'est cependant pas évident qu'il aurait pu trouver des personnes prêtes à soutenir cette cause auprès de Hitler. L'intervention de Himmler auprès de Hitler pour garder une relation saine avec la Russie, décrite par Schnurre, est assez claire. En admettant qu'il ait trouvé ces alliés, il aurait été difficile de les décider à se lancer dans une action commune qui, sans le soutien des militaires, avait pas ailleurs toutes les chances d'échouer ! Avec le recul cependant, on peut regretter que Père n'ait rien tenté pour briser son isolement au sein du régime, car il se serait ainsi largement facilité la tâche.

Au cours de la guerre, une relation stable avec Todt ou Speer aurait été utile pour se faire une idée réaliste des possibilités matérielles de l'armement allemand. Il ne fait aucun doute que Hitler a laissé Père dans le doute concernant la situation de l'armement. Je vais aller plus loin encore en affirmant que Hitler lui-même n'a jamais eu de vision précise sur cette question. Il ne disposait d'aucun système lui permettant de vérifier la véracité des informations qu'on lui communiquait. Il n'avait pas établi de responsabilités claires et n'avait pas poussé les responsables à donner des plans précis.

Hitler, et avec lui tous les militaires, estimaient que la guerre contre la Russie mènerait à une victoire rapide et à la chute consécutive du système soviétique, ce qui écartait le danger d'une guerre sur deux fronts contre le *Reich*. J'aurais souhaité que Père établisse un contact plus constant avec les dirigeants militaires, ne serait-ce que pour se procurer de manière directe les informations nécessaires. Les informations que Père a reçues de l'officier de liaison de l'*OKW* n'étaient pas dignes d'un Ministre des Affaires étrangères. C'est pour cette raison que Père envoya en 1944 l'un de ses collaborateurs de la première heure, Gottfriedsen, sur le front d'invasion, pour récolter des informations sur la situation militaire réelle. Gottfriedsen m'a rendu visite lorsque je me trouvais devant Caen, et je ne lui ai laissé aucun doute sur les relations de forces, et encore moins sur la supériorité aérienne écrasante des Alliés. La balle venant d'un avion et qui m'a traversé le dos soulignait mes descriptions de manière convaincante. Les informations de Gottfriedsen et les descriptions que j'ai faites moi-même à mon père quelques semaines plus tard pendant ma convalescence, ont été répercutées dans une note de Père à Hitler, exigeant une nouvelle fois des négociations de paix.

On aurait aimé voir en Père la déloyauté nécessaire pour établir un contact avec les personnes utiles pour obtenir les informations dont il avait besoin – derrière le dos de Hitler. Ma grand-mère Henkell, qui aimait beaucoup mon père contrairement à ce que prétendent les affirmations ca-

(32) J'ai moi-même été témoin d'un entretien au cours duquel Himmler expliquait, devant l'école d'officiers à Braunschweig en 1940-41 à laquelle participaient des aspirants officiers hollandais (si mes souvenirs sont bons), qu'il pourrait fort bien s'imaginer qu'un étranger soit un jour à la tête du grand Reich allemand.

(33) L'envoyé Paul Schmidt (Presse) me raconta que Himmler avait voulu lancer le directeur du service du renseignement de la SS Schellenberg comme secrétaire d'état au Ministère des Affaires étrangères. La grande intrigue de « Luther » contre mon Père était la conséquence du refus de Père de donner suite au souhait de Himmler.

lomnieuses (34), lui offrit un étui à cigarettes en or sur lequel était gravée la date et ces mots *« Espérons qu'il est un Talleyrand »* lorsqu'il fut nommé Ministre des Affaires étrangères! Père disait de lui-même « je ne suis pas un Talleyrand » et il ne voulait pas faire figure de Talleyrand en raison de ses qualités humaines douteuses.

Un jour, Mère m'a dit : *« Il* (Père) *n'utilise pas ses charmes à l'Intérieur. »* Elle voulait dire par là qu'il ne se servait pas de son rayonnement, de son standing, de tous ses atouts pour se trouver à l'Intérieur des alliés et des amis. Peut-être que Père ne s'est pas donné assez de mal pour briser son isolement au sein du gouvernement de Hitler. C'est ainsi qu'il devint très dépendant de celuici, qui considérait d'ores et déjà que la politique étrangère faisait partie de ses attributions. C'est ainsi que le statut de « outsider » de père se confirma de plus en plus. Cela n'aurait pas eu de conséquences majeures si la guerre avait trouvé une fin heureuse. Comme elle se termina cependant en catastrophe, personne n'avait intérêt à pousser le Ministre des Affaires étrangères, c'est-à-dire à soumettre ses actions et ses conceptions à un examen et un jugement objectifs.

Pour l'exprimer de manière moderne, Père n'avait pas de « lobby ». Il était difficile de frapper les personnes haut placées de son propre camp au sein du IIIe *Reich*, sans se frappait soi-même. Pour les imperturbables, la grande figure symbolique qu'avait été Hitler a fauté à cause de « mauvais conseillers ». C'est ainsi que le ministre des Affaires étrangères devient la cible idéale, d'autant plus que son propre Ministère le couvre de calomnies et de diffamations. Nous avons déjà parlé des raisons de ce comportement.

Père était loyal vis-à-vis de Hitler. Ce n'était pas pour lui une simple question de convenances, mais aussi une raison d'état. En effet, cela aurait pu avoir des conséquences néfastes sur la politique allemande s'il avait exprimé des opinions divergeant de celle de Hitler, ou s'il s'était adonné aux intrigues. L'apparente résolution et cohésion des chefs de l'Etat donnaient l'image d'une force qui n'était pas encore réelle dans le domaine matériel. Elle faisait ainsi partie du jeu de poker qui permettrait d'imposer de manière pacifique les nécessités allemandes.

Sa loyauté consistait à faire part à Hitler de son opinion, même lorsque celle-ci divergeait de celle de son interlocuteur. Etant donné que la plupart des discussions importantes qu'ils ont eues se sont déroulées en tête à tête, selon le désir de Hitler, il n'existe généralement aucun témoin. Cela donnait à Hitler la possibilité – et je ne doute pas qu'il s'en soit servi – d'argumenter par la suite à l'aide de prétendues opinions et jugements du Ministre des Affaires étrangères, sans que celuici n'en sache rien.

> Père écrit : « On m'a également fait le reproche d'être faible face à Hitler. Lui de son côté m'appelait « son subordonné le plus récalcitrant » (35), parce que je lui soumettais toujours très paisiblement mon opinion souvent opposée à la sienne, même s'il croyait m'avoir déjà convaincu… »

Je peux confirmer moi-même le fait que Hitler le qualifiait de « subordonné le plus récalcitrant ». Dès le début de son activité, les controverses avec Hitler ont travaillé mon père. Mère était sans doute la seule à en être tenue au courant. Elle me parlait souvent de ce type de scènes. En 1933 ou 1934, Père semble s'être rendu auprès de Hitler qui se trouvait alors apparemment en compagnie de Göring et d'autres dignitaires. Il régnait une atmosphère glaciale, Göring ne l'avait pas même salué etc. Père avait immédiatement été attaqué par Hitler qui prétendait que Lord Rothermere aurait participé à un événement clairement anti-allemand. Lord Rothermere était un ami de Père en Angleterre, avec lequel il s'efforçait de trouver un accord germano-britannique et dont la presse s'exprimait en ce sens à cette époque. Père avait alors rétorqué que Rothermere n'avait pas participé à cet événement, mais Hitler avait persisté en affirmant le contraire. Sans se laisser impressionner, Père l'avait vigoureusement contredit, jusqu'à ce que Hitler lui concède qu'il ne

(34) De manière particulièrement virulente de nouveau chez Spitzy, voir ci-dessus, alors qu'il savait que c'était faux !

(35) Dr Best, *Dänemark in Hitlers Hand,* récit du « Plénipotentiaire du Reich », Husum Druck-und Verlagsgesellschaft, Husum, 1988 voir ci-dessus, page 143.

le savait pas avec précision. A ce moment-là, Göring serait soudain devenu aimable envers Père. Citons ici de manière amusante la secrétaire de Hitler, Madame Junge, qui décrit dans son livre « Bis zur letzten Stunde » une petite scène entre Hitler et Hewel. Hitler se serait moqué de Hewel en disant : « ce n'était pas un diplomate, mais plutôt un cowboy géant diplomatique ! » Hewel lui aurait alors répondu : *« si je n'étais pas diplomate, je ne pourrais pas me trouver entre Ribbentrop et vous, mon Führer. »* Madame Junge continue : *« Hitler dut reconnaître que cette réponse était juste, car il savait à quel point le Ministre des Affaires étrangères était difficile. »*

Justement pour des raisons d'Etat, Père devait loyalement soutenir les décisions définitives de Hitler. Si, malgré l'opinion divergente de mon père, Hitler avait pris une décision, il ne lui restait plus qu'à l'accepter et la soutenir pour éviter d'entamer la crédibilité du *Reich* et pour ne pas devoir quitter ses fonctions. Etant donné que la démission d'un Ministre représentait également un fait politique de haute importance, mon père n'était pas non plus complètement libre de ses choix dans ce domaine. Pour Mère, la démission de Père était tout à fait envisageable face aux controverses récurrentes avec Hitler. Au début de la guerre de Russie, elle l'a finalement poussé à le faire, mais il semble avoir évité cette discussion.

Le point décisif pour juger le rôle de Père réside dans les méthodes de travail de Hitler. Comme Hitler ne favorisait pas les réunions et préférait voir ses interlocuteurs en tête à tête, il n'y a pas de témoins de ces échanges. Pensons par exemple au texte de Hoßbach que Hitler refusait de lire. Seuls Raeder et Dönitz ont rédigé des comptes rendus de leurs réunions avec Hitler. La sensibilité croissante de Hitler ne permettait pas d'autres discussions que des tête-à-tête quand quelque chose devait être décidé contre son bon vouloir. Les critiques des rares témoins de ces discussions à l'encontre de Père, soient-ils bien intentionnés, s'accordent toujours à dénoncer le fait qu'il n'exprimait pas sa propre opinion face à Hitler, et qu'il acquiesçait toujours. Qui peut juger de cela en tenant compte des méthodes de travail de Hitler que j'ai déjà décrites ?

Il faut comparer les différents avis qu'il y a eus sur Père : Goebbels critique l'inflexibilité de Ribbentrop vis-à- vis de Hitler, Hewel remarque l'interminable discussion qui eu lieu entre mon père et Hitler lorsque ce dernier a voulu répondre au discours de Roosevelt par un autre discours. Il note finalement dans son journal la réflexion que lui a faite Hitler : *« je ne voudrais pas travailler trois semaines sous les ordres de votre supérieur ! »* Il faut admettre que ces écrits ne donnent pas l'impression que mon père était particulièrement docile !

Le Dr Best par exemple, plénipotentiaire au Danemark et dépendant du Ministère des Affaires étrangères puisque le Danemark était resté un état souverain dans les formes, souligne également la soumission de Père à Hitler, *« particulièrement au début de la guerre »*. A cette époque, Best n'avait vu Père qu'une seule fois pour une brève rencontre professionnelle concernant des soupçons qui pesaient sur un collaborateur de Ribbentrop. Parlant de cette première rencontre, Best le qualifie de *« généreux, compréhensif, maîtrisé, habile et aimable. »* L'opinion future de Best repose uniquement sur le « bouche à oreilles », c'est-à-dire sur les diffamations répandues par Weizsäcker et la conspiration. D'après ses propres notes, il a rencontré mon père cinq fois seulement pendant qu'il était en fonction au Danemark. (36) A part cette déclaration, il fait une description entièrement positive de Père. Il souligne le fait qu'il a toujours pratiqué une politique « raisonnable » face au Danemark. Il lui concède un « courage personnel » pour repousser certaines exigences d'autres domaines et qui auraient pu être nuisibles à la politique étrangère. Son jugement final sur Père semble largement influencé par le ouï-dire, et comme il se réjouissait d'entretenir de bonnes relations avec Weizsäcker, on peut aisément imaginer d'où venait la rumeur.

Il mentionne tout particulièrement un écrit où Père défend Best qui est victime des intrigues de Himmler. Il évoque également un autre texte, adressé à Hitler le 19 septembre 1943 et qui se trouverait dans les actes juridiques de Copenhague. Père s'y oppose à la déportation des juifs ordonnée

(36) Nous n'avons malheureusement pas pu obtenir des autorités danoises une copie de ce texte, ni même le droit de le regarder.

par Hitler, et exige une vérification de cet ordre. (37) Les autorités danoises ne nous ont malheureusement pas permis d'obtenir ce document.

Best donne un exemple intéressant des relations qui régnaient en 1944 au sein de la direction du *Reich*. Le 19 septembre 1944, la police danoise a été dissoute et partiellement internée sur un ordre de Hitler exécuté par Himmler. Le plénipotentiaire Best ne devait surtout pas être informé de cette action, car on connaissait son opinion sur le sujet. Best contacta Père, indigné d'avoir été berné. Il raconte ainsi cet événement :

> « ...R. était réellement outré par ce qui s'était passé. Il était déjà intervenu auprès de Hitler, et avait reçu la réponse que cette action résultait de raisons militaires, et qu'elle ne nous regardait donc pas ; il avait été ordonné de ne pas m'en informer « car avec moi tout se savait ». Là-dessus, R avait répondu à Hitler en prenant énergiquement ma défense contre cette accusation de traîtrise... Le texte de cette réponse se trouve dans les actes juridiques de mon procès à Copenhague, il est – et c'est une formulation prudente – très objectif, énergique et courageux, surtout lorsque l'on considère la relation de R. à Hitler »...
>
> Il me promit son aide pour venir à bout de la question de la police danoise. Il a d'ailleurs tenu cette promesse en s'engageant avec obstination et jusqu'au printemps 1945 pour la réhabilitation de la police danoise...
>
> C'est ainsi que cette dernière rencontre avec R. – tout comme la première – se conclut par une impression positive. C'était l'impression de la compréhension, de la bonne volonté, de la sympathie personnelle et de l'engagement pour l'employé accusé à tort. Parallèlement, cette expérience montre que R. – même s'il s'efforçait de le faire – ne pouvait plus rien imposer à Hitler. »

J'ai cité ces exemples pour montrer clairement les circonstances dans lesquelles Père devait essayer de mener une politique étrangère objective et raisonnable. C'était son rôle de juger quelles questions étaient suffisamment importantes pour risquer une nouvelle confrontation avec Hitler. Or, il lui importait surtout pendant la guerre de Russie de pousser Hitler à tâter le terrain en vue d'un accord pacifique avec l'Union Soviétique. Tout le reste était subordonné à cet objectif. Sans l'accord de Hitler, cette tentative n'aurait eu aucun sens et étant donnée la situation des années 1943-1945, elle aurait même pu être néfaste. Vu l'état mental de Hitler, il devait éviter de faire figure de trublion pour des questions moins importantes. Il est compréhensible que des personnes comme Best aient été déçues que Père n'ait pas pu imposer leurs idées, même lorsqu'il les soutenait personnellement auprès de Hitler. Il mentionne cependant sans cesse le fait qu'il soutenait fermement ses propositions auprès du dictateur.

Dans ses mémoires, Best nous offre un bel exemple de la manière dont les « histoires » étaient créées. Il raconte ainsi qu'un jour, Père avait souhaité en sa présence tester un nouveau téléphone en appelant une salle de surveillance du Ministère. S'étant présenté comme ministre, il aurait reçu la réponse suivante : *« tu te fiches de moi, aujourd'hui (1er avril) tout le monde peut dire ça ! »*. Père aurait alors été *« désorienté et perplexe, et n'aurait pas su que répondre »*. Best en tire la conclusion que Père était totalement dépourvu de sens de l'humour. J'étais présent le jour où Père nous raconta cette histoire en riant. Il avait voulu appeler son ancienne ordonnance Woditsch, un brave homme de Silésie, à l'hôtel « Kaiserhof ». Il avait visiblement besoin de quelque chose qui se trouvait dans ses affaires. Lorsque Père s'était présenté en tant que Ministre, Woditsch aurait répondu : *« merveilleux, ici c'est l'empereur de Chine »*. Best avait vu Père cinq fois ! Nous connaissons la tentation d'enjoliver les histoires avec le temps, et pouvons difficilement nier que nous nous sommes parfois laissés aller à ce penchant. Mais Best en tire immédiatement des conséquences diffamantes, et affirme des choses qui ne s'expliquent que par le « bouche à oreille ». (38)

(37) Voir Traudl Junge, *Bis zur letzten Stunde, Hitlers Sekretärin erzählt ihr Leben* Classen, München, 2002, page 77.

J'ai déjà expliqué que la relation entre Père et Hitler s'est rapidement détériorée avec le début de la guerre de Russie. Au printemps 1942, ils ont eu une réelle confrontation. Père la décrit ainsi :

> « Au printemps 1942, il y eut un véritable désaccord entre Adolf Hitler et moi. L'objet de notre divergence était en réalité sans intérêt, mais la discussion qui s'ensuivit devint de plus en plus passionnée et s'étendit finalement à nos visions opposées concernant la question juive et d'autres sujets idéologiques. Ce fut la goutte d'eau qui faisait déborder le vase : très irrité, je demandai de pouvoir me retirer et reçus son accord. Adolf Hitler se trouvait alors dans un état d'agitation que je ne lui avais encore jamais vu. Alors que je m'apprêtai à quitter la pièce, il me reprocha sévèrement de nuire à sa santé en m'opposant si souvent à lui. La manière dont il exprima ce lourd reproche me bouleversa profondément et me laissa redouter le pire. Je cherchai des mots de réconfort. Le *Führer* me demanda de ne jamais plus exiger ma démission, et je lui donnai ma parole d'honneur de ne pas réitérer cette demande pendant la guerre.
>
> Je n'ai jamais oublié cette scène. Ce jour-là, j'ai clairement expliqué à mes coéquipiers que j'allais donner ma démission le jour même de la fin de la guerre. J'avais certainement été trop loin en défendant mes idées et en me contentant par exemple d'un grand geste de la main, mais Hitler était devenu si dictatorial qu'il ne supportait plus aucune contradiction. Je n'ai cependant jamais cessé de lui soumettre ouvertement mes opinions, et j'ai toujours essayé d'imposer mes idées. »

Père ne voulait pas porter la responsabilité d'un effondrement psychologique de Hitler. Pour lui et dans le contexte de cette année 1942, cela aurait signifié la défaite assurée. A posteriori, il est certainement facile de penser que l'on aurait soi-même eu le cran de partir, mais pensons à la situation militaire du *Reich*. Peu de temps après cet incident, il y eut la catastrophe de Stalingrad. Le fait que Hitler lui reproche de nuire à sa santé avec ses contestations permanentes constitue d'ores et déjà un symptôme fatal de la déroute psychique que j'allais moi-même constater en février 1945. Cependant, Hitler semblait encore être en mesure à cette époque de jouer parfaitement la comédie, pour lui soutirer le serment de ne pas démissionner. Il manquait au « patriote » Ribbentrop, dans le sens quelque peu démodé du terme, la froideur nécessaire pour régler les questions personnelles. (39) On peut aussi qualifier de « démodée » cette « prescription de base » que Père avait confiée aux employés (40) qui s'occupaient de ses finances, et qu'un historien britannique appela « une correction quelque peu ridicule » :

> « ... mes affaires financières devaient être réglées de la manière suivante pendant mon mandat en tant que Ministre des Affaires étrangères : on ne touchera pas au capital placé à la disposition de ma famille après mon décès, et on ne procédera pas à une multiplication des capitaux. (A l'exception de la donation unique que le *Führer* m'a faite et qui s'élève à 500 000 RM) »

J'ai déjà mentionné la confrontation qui eut lieu entre Hitler et mon père dans le train spécial du *Führer*, lorsqu'après le débarquement des Alliés en Afrique du Nord, Père lui suggéra de tenter un accord à l'amiable avec l'Union Soviétique, éventuellement au prix de quelques territoires en Russie.

J'ai également signalé la remarque que Hitler fit à Hewel au sujet de Père: « Je ne voudrais pas travailler trois semaines sous les ordres de votre chef ! » (41) Celui qui désavoue de cette manière son Ministre des Affaires étrangères face à ses subordonnés aura certainement peu de scrupules

(38) Après la guerre, le docteur Best fut tout d'abord condamné à mort par le tribunal municipal de Copenhague, puis à cinq ans de prison par l'instance d'appel, pour être finalement libéré le 29 août 1951.

(39) Voir Irving, *Hitlers Weg zum Krieg 1933-1939*, page 136.

(40) Leg. Rat Gottfriedsen. G. confirma verbalement ces prescriptions à l'auteur.

(41) Journal de Hewel, note du 27.11.1941.

à lui attribuer ouvertement des propos mensongers face à des tierces personnes, ou à faire peser sur sa personne des fautes dont il ne sait rien et contre lesquelles il ne peut donc se défendre. L'équipe dirigeante était totalement désintégrée, et Hitler fit tout ce qui était en son pouvoir pour maintenir jusqu'au bout cette situation qui lui permettait d'asseoir son pouvoir. Il n'existait pas de commission dont la vocation serait de discuter des problèmes de politique étrangère, et qui permettrait à Père d'exposer son avis. Il était donc facile pour Hitler de monter ses hommes les uns contre les autres.

Lorsque Père se battait – trop souvent amèrement – pour défendre ses actions en tant que Ministre des Affaires étrangères, ce n'était pas par coquetterie mais pour conserver un minimum d'influence dans son domaine de compétences. Comparons la situation avec celle d'une démocratie. Que sont les luttes de pouvoir au sein des démocraties, sinon des combats d'influence ? Cette lutte existe dans tous les systèmes politiques, seule la forme diffère en fonction des contextes. Dans la position dans laquelle se trouvait le *Reich* après les échecs du front de l'Est, ce n'était pas l'orgueil qui poussait l'homme sensible à se battre pour ses opinions, mais l'angoisse pour le destin de son pays qui finissait par attaquer sa santé. Ce n'était plus une question d'« honneurs » !

Dans la phase décisive de la politique étrangère allemande, Père était toujours prêt à soumettre ses intérêts personnels aux nécessités de la situation. C'est ce que prouvent les événements relatés ci-dessous :

Comme nous le savons, Hitler l'avait nommé secrétaire d'Etat du Ministère des Affaires étrangères en août 1936 à Bayreuth, après le décès du secrétaire d'Etat en poste, von Bülow. Père avait alors demandé à Hitler d'annuler cette nomination, car il pensait pouvoir fournir un travail plus efficace à partir de son poste d'ambassadeur à Londres. *« Lorsque j'ai demandé au Führer de m'envoyer à Londres »*, écrit-il ainsi dans son rapport d'ambassade fin 1937. (42) Il faut se sentir particulièrement concerné par les problèmes de son pays pour renoncer à un poste très influent de secrétaire général à Berlin, à proximité immédiate de Hitler, et choisir de se consacrer à son pays à partir d'un poste à l'Etranger. Pourtant, Père était pleinement conscient du danger que représentait cette mission plus sûrement vouée à l'échec qu'au succès. Quel homme politique est prêt à courir volontairement un pareil risque?

Un deuxième événement montre la capacité de Père à sacrifier son bien-être au service d'une cause. Au mois d'août 1939, il proposa d'envoyer Göring en mission en Russie au lieu de s'y rendre personnellement, ce qui aurait été dans l'ordre des choses puisqu'il avait consacré tant de temps à rechercher un arrangement avec l'Union Soviétique. (43)

Père jugeait qu'un accord avec l'Union Soviétique était nécessaire pour les deux raisons suivantes :

Pour éviter l'encerclement définitif du *Reich*, auquel la politique anglaise travaillait activement depuis des mois par l'intermédiaire d'une mission militaire franco-britannique à Moscou.

Parce qu'il voyait dans le rapprochement entre l'Allemagne et l'Union Soviétique un moyen de régler à l'amiable le problème de Danzig.

Père tenait absolument à ce que les négociations avec la Russie aboutissent. Il s'inquiétait de ce que ses activités, qui avaient mené au pacte « anti-comintern », puissent porter ombrage aux tractations avec l'Union Soviétique. Hitler décida cependant qu'il devait se rendre sur place. Cette volonté de rester en retrait de cette mission spectaculaire et de la confier à un autre pour des raisons objectives, montre l'état d'esprit du Ministre des Affaires étrangères. Les négociations de Moscou et le Pacte germano-russe qui a été conclu constituent le point culminant de la politique étrangère menée par mon père. Il était cependant prêt à renoncer à la gloire de cette négociation

(42) Cette lettre adressée directement à Hitler réfute ainsi les déclarations de l'interprète de Schmidt et de Spitzy, selon lesquelles Père voulait devenir secrétaire d'état, mais qu'il aurait été envoyé à Londres pour être éloigné.

(43) Dans ce contexte, Schnurre mentionne également Franck.

pour éviter de mettre en péril le succès éminemment important de l'entreprise, étant donnée la situation dans laquelle se trouvait le *Reich*.

Il m'importe de montrer à quel point mon père définissait son action par rapport à des critères objectifs. Le combat pour la position et l'influence était d'ailleurs une nécessité objective si l'on voulait pouvoir participer aux décisions. On peut tout au plus réfuter le fait que Père ait toujours agi de manière utile en voulant défendre son influence sur la politique étrangère. On peut aussi se demander s'il était encore nécessaire de préserver sa position au-delà d'un certain point, mais il faut lui concéder qu'il avait le droit et même le devoir d'imposer ses conceptions et ses remarques aussi longtemps qu'il le jugeait nécessaire. Or, quel que soit le régime auquel on est soumis, il faut se battre pour obtenir cela.

Père n'avait pas d'interlocuteur privilégié au cabinet ou plus précisément dans le cercle restreint des personnes qui entouraient Hitler, avec lequel il aurait pu s'entretenir ouvertement des problèmes de politique étrangère du *Reich*. Avait-il d'ailleurs au sein de son propre Ministère un tel groupe d'interlocuteurs, auquel il aurait pu ouvertement faire part de ses pensées, idées et conceptions sur la politique étrangère ?

Lorsqu'à sa propre surprise, Père a été nommé Ministre des Affaires étrangères et chef du Ministère du même nom, il connaissait très peu cette administration et ses structures internes. Les personnes qui travaillaient au Ministère cependant étaient pour la plupart réservées, sinon réticentes à son égard. La majorité d'entre eux était d'ailleurs hostile à Hitler.

A ce scepticisme s'ajoutait chez les dirigeants les plus anciens du Ministère le ressentiment vis-à-vis de ce « outsider » qui n'avait pas passé les étapes habituelles du juriste d'administration avant de devenir ministre. C'est un fait courant dans les démocraties. Bien entendu, le parallèle maintenu pendant des années entre le Ministère des Affaires étrangères et le « bureau Ribbentrop » a largement participé à l'émergence de sentiments et de res- sentiments. Père a donc pris la direction d'une administration sur la loyauté de laquelle il ne pouvait en aucun cas compter.

Père était à son poste depuis six semaines à peine lorsque l'activité de la politique étrangère s'est considérablement accélérée. Pendant trois ans, c'est-à-dire jusqu'au début de la guerre de Russie, une tension telle qu'on la rencontre rarement dans l'histoire moderne s'est installée. Les problèmes de politique étrangère rencontrés par le *Reich* entre les années 1938 et 1941 ont déjà été décrits. Nous n'évoquerons ici que le risque à mon sens inévitable encouru par l'Allemagne, qui mettait à rude épreuve la capacité de travail et les nerfs du ministre responsable. Père devait par ailleurs à tout prix faire connaissance de cette maison qu'était le Ministère des Affaires étrangères, et tenter le « mettre dans sa poche ». Ces deux activités simultanées représentaient un défi énorme pour une seule et même personne.

Toute personne qui est parfois confrontée à des problèmes de management, sait à quel point il est important d'être entouré d'une équipe loyale et motivée. C'est particulièrement essentiel en temps de crise. Constituer cette équipe de collaborateurs est la condition primordiale pour le succès d'une entreprise. Le choix de l'équipe requiert une routine, une sensibilité, une connaissance de l'être humain et un certain système pour laisser les collaborateurs se dévoiler volontairement ou involontairement. Cela sous-entend également qu'il faut en permanence être parmi eux, les laisser s'exprimer, leur confier des tâches, en vérifier l'avancement etc. cela requiert du temps, de l'expérience mais aussi une certaine prédisposition. C'est sur ce point que la réaction instinctive de Mère se justifie: elle sursauta lorsque Père lui expliqua dans une petite rue de Bayreuth qu'il avait été nommé comme secrétaire général au Ministère des Affaires étrangères, mais qu'il avait choisi de prendre le poste d'ambassadeur à Londres.

En tant que secrétaire d'état, Père aurait pu connaître de l'intérieur le Ministère, cette « tanière » ou, comme l'appelait Bismarck, ce *Augiasstall* («écurie d'Augias»). Il aurait surtout eu la possibilité de jauger et d'estimer les hommes qui travaillaient là, et avec lesquels il devait désormais collaborer. En tant que secrétaire d'état, il aurait forcément dû entretenir un contact bien plus étroit avec les fonctionnaires dirigeants et les chefs de mission, et aurait ainsi eu la possibilité de comprendre leur état d'esprit. Devenu Ministre des Affaires étrangères, il avait abordé la phase la plus difficile de la politique étrangère allemande avec un instrument qu'il ne maîtrisait pas parfaitement, et qui n'était pas nécessairement loyal à son égard.

Père n'avait aucune d'expérience de la direction d'un grand nombre de collaborateurs organisés, sans parler d'une administration très étendue et particulièrement compliquée. Il aurait très certainement eu besoin d'un secrétaire d'Etat efficace et loyal, qui aurait pris en charge l'organisation du Ministère et l'aurait soulagé de préoccupations internes, lui laissant l'esprit libre pour les lourdes décisions politiques. Or, c'est justement ce secrétaire d'Etat qui, en accord avec Kordt, directeur temporaire du bureau du Ministre, n'a pas seulement contrecarré la politique de Père, mais qui l'a également personnellement diffamé dans son dos, pour des raisons de conspiration politique. Peut-être Père a-t-il rendu la tâche trop facile à ses adversaires, qui pouvaient ainsi exercer leur influence néfaste quasiment sous ses yeux ?

La personnalité de Père le disposait plutôt à être un « guerrier solitaire ». Il redoutait tout type d'« intégration ». Il détestait par exemple fixer des dates ou des horaires, ce qui mettait souvent notre mère en difficulté, car elle ne savait par exemple jamais à quel moment servir les repas. Celui qui s'est occupé de management sait à quel point la ponctualité est importante. Le fait qu'un supérieur ne se tienne pas aux horaires en vigueur peut avoir des conséquences néfastes sur la cohésion d'une équipe, sans parler du fait que le subordonné se sent nécessairement négligé. On prétend aujourd'hui qu'il avait souvent laissé attendre les fonctionnaires du Ministère. Je ne peux pas le juger par moi-même, mais je sais seulement que lors de rendez-vous familiaux, il ne faisait pas preuve d'une grande notion du temps.

Père laissait également au secrétaire général le soin de diriger les réunions matinales des directeurs, lui laissant ainsi l'opportunité idéale pour influencer selon son bon vouloir, c'est-à-dire contre les intérêts du Ministre et ceux de la politique allemande, les personnes haut placées du Ministère. Il faut s'imaginer cela! Laisser à un secrétaire d'Etat la responsabilité du déroulement quotidien du Ministère, lui laissant le champ libre pour s'adonner secrètement à un travail de sabotage en engageant l'ennemi potentiel à « rester inflexible », c'est-à-dire à contrecarrer les négociations menées par son propre gouvernement. On peut imaginer que cela ne peut qu'être néfaste pour le Ministre. C'était une grave erreur de la part de mon père que d'accepter cette situation.

J'ai déjà mentionné l'action fatale de Weizsäcker et de la conspiration. Voyons pourquoi Père ne trouvait pas de soutien au sein de sa propre maison, surtout après la défaite de la guerre. Monsieur von Etzdorf, diplomate et proche de la conspiration pendant la guerre, m'a dit un jour : *« On a mené la vie dure à votre père ! »* (44)

Le reproche fait à Père d'avoir accordé trop peu d'importance à la motivation des diplomates allemands pour la politique de leur pays est sans doute justifié. Cela ne pouvait se faire que par l'intermédiaire de sa personne. Quelle influence les circulaires adressées aux représentants de la diplomatie allemande pouvaient-elles exercer, si elles étaient secrètement désavouées par un secrétaire d'Etat qui connaissait depuis des années les diplomates allemands et détenait les moyens de les influencer. Père s'est sans doute trop peu servi au sein du ministère de sa personnalité, de son charme et de sa capacité à gagner l'amitié des gens. Comme l'avait exprimé monsieur von Etzdorf à l'historien anglais Irving : *« il* (Père) *savait vous regarder si aimablement, mais il le faisait si rarement ! »* (45) S'il le pouvait, Père me rétorquerait très probablement qu'il n'en avait pas le temps. C'est sans aucun doute un argument valable si l'on considère l'activité politique étourdissante dans laquelle son Ministère s'est lancé immédiatement après son arrivée. Pourtant, l'absence de contact humain a entraîné un manque de motivation de la part du personnel, préparant le terrain pour l'hypocrisie et la diffamation du Ministre au sein de sa propre maison. Le groupe qui en était l'instigateur se concentrait sur des problèmes politiques qui n'avaient rien à voir avec la personne du Ministre.

(44) C'était à l'occasion d'un dîner chez une famille amie à Bergisch-Gladbach.

(45) Déclarations issues d'un entretien entre Irving et monsieur von Etzdorf.

Père n'était pas intégré dans la « guerre des tranchées » du quotidien politique, il n'avait pas été « brûlé » par le feu de la poudre et n'avait donc pas les dispositions de caractère nécessaires pour placer sans scrupules des employés qu'il connaissait et en qui il avait confiance aux postes clés du Ministère, comme c'est la coutume au sein des régimes démocratiques. La loyauté des personnes placées aux postes clés d'un régime est une condition essentielle pour le succès de l'homme qui se trouve à sa tête. C'est d'autant plus valable en temps de crise ou dans des situations risquées. Père n'a sans aucun doute pas tenu compte de ce fait, car il aurait sans difficulté pu recourir à ses collaborateurs du « bureau Ribbentrop ».

Père savait bien entendu que la plupart des personnes travaillant au Ministère étaient d'orientation politique « conservatrice ». Cela lui était finalement indifférent. Il partait du principe que, dans ce type de cercles, la loyauté au pays était plus forte que la sympathie ou l'antipathie envers le régime en vigueur. Selon son raisonnement, il était exclu que ces hommes entreprennent quoi que ce soit qui puisse contrecarrer la politique du gouvernement, car cela ne pouvait avoir que des conséquences catastrophiques.

Chaque homme a une capacité physique et mentale qu'il peut exploiter au maximum s'il a une volonté de fer. La routine et le système permettent d'en faire reculer les frontières s'il le faut. Savoir se détendre, ou même se divertir de manière systématique est essentiel pour supporter un stress durable, tel que celui qu'endurait le Ministre des Affaires étrangères de Hitler entre 1938 et 1941.

Or Père avait deux handicaps importants: il dormait mal et ne savait pas « déconnecter ». Aussi loin que je m'en souvienne, il a toujours souffert de troubles du sommeil, longtemps avant son entrée dans la politique. Il m'a dit un jour qu'il dormait déjà mal lorsqu'il était un jeune homme. Sous le poids des responsabilités, ce trouble se manifestait avec encore plus de force. Bismarck semble lui aussi avoir souffert d'insomnie, comme la plupart des personnes devant porter de lourdes responsabilités. Johanna Bismarck doit avoir un jour déclaré à un invité lors d'un petit-déjeuner : *« nous nous sommes haïs toute la nuit ! »* Les problèmes chroniques de sommeil doivent être très démoralisants.

Père essayait par tous les moyens de remédier à ses insomnies, tout en évitant les somnifères. Il mettait parfois de la musique classique sur son gramophone et tamisait la lumière. C'est sans doute de là que vient cette fameuse histoire du « brassard de crêpe » dont notre serviteur parlait de temps à autre. Il lui permettait de savoir quelle était l'humeur de mon père. Ce serviteur, Bonke, était un Silésien fidèle et loyal. Il est resté auprès de lui après sa chute et jusqu'à son arrestation. J'ai moi-même parfois veillé auprès de Père jusqu'à ce qu'il s'endorme, pour pouvoir éteindre le gramophone.

Il manquait à Père cette capacité de se détendre, de se relaxer, comme on dit aujourd'hui. Peut-être que ce défaut se traduisait par des insomnies. C'est sans doute aussi une petite portion de fatalisme qui lui faisait défaut. Il est évident que l'on profite mieux de la vie lorsqu'on s'engage pleinement pour une cause et que l'on est prêt à en accepter les conséquences, qu'elles soient bonnes ou mauvaises. Un peu de fatalisme permet cependant de garder assez de distance face à un engagement pour ne pas sombrer avec lui le cas échéant. Mais le fatalisme était un mot inconnu dans son dictionnaire personnel.

Après être devenu ministre et devant l'aggravation considérable de ses problèmes, Père est également devenu plus taciturne et préoccupé vis-à-vis de ses enfants. Je ne lui en ai jamais tenu rigueur car je savais quelles pressions il devait supporter. Le mode de vie sociable et amical de mes parents changea également, et nous voyions de plus en plus rarement les visages familiers de leurs amis qui nous rendaient habituellement visite depuis notre enfance. Son séjour d'un an et demi à Londres joua bien entendu un rôle dans ce changement. L'activité intense de la politique étrangère qui commença avec sa nomination au poste de Ministre mit quasiment un terme aux relations chaleureuses qu'il avait toujours entretenues avec ses amis et connaissances. Il ne lui restait plus assez de temps. Peut-être que certains proches n'ont pas compris cela, ou qu'ils l'ont interprété comme un signe d'arrogance. Mère, qui aurait certainement pu remédier à ce malentendu, était très préoccupée par des sinusites chroniques. Il est évident que nos amis juifs se sentirent particulièrement concernés par ce changement. Ils se sont évidemment tenus à l'écart de nous, ce que je comprends d'autant mieux que j'en ai fait l'expérience inverse après la guerre. (46) Une partie de nos anciens amis était réservée voire hostile au régime de Hitler, ce qui appesantissait sans aucun doutes les relations autrefois si légères et détendues. Mes parents se rendaient compte de leur situation critique. Ils ont aidé ou tenter d'aider dès qu'on faisait appel à eux. L'une des rares personnes qui s'en soit souvenue après la guerre est le dessinateur Olaf Gulbransson. Il avait déjà fait des caricatures de Hitler et de son parti bien avant 1933, dans le *« Simplicissimus »*. Lorsqu'il se trouva en difficultés avec les bureaux du parti après l'accession au pouvoir de Hitler, Père aborda immédiatement le sujet auprès de Hitler qui ordonna sur le champ de laisser l'artiste en paix. Après la guerre, Gulbransson a réaffirmé à plusieurs reprises son amitié pour Père.

Il y avait cependant des occasions au cours desquelles Père se montrait toujours très détendu et amusé – malheureusement, elles ne se présentaient pas aussi souvent que je l'aurais souhaité. Au cours de l'été 1933, nous nous sommes rendus tous les deux de Sonnenburg près de Bad Freienwalde vers Kienitz sur l'Oder, pour guetter, le soir venu, l'envol des canards. Nous nous postions sur une île de roseaux au milieu du fleuve. Père était un excellent tireur, et il jouissait de la tension qui précédait l'arrivée des canards et du silence de la campagne autour de l'Oder.

J'ai déjà mentionné le fait que Père a grandi au milieu de la chasse et de la nature. La propriété de son grand-père Hertwig près de la Mulde semble avoir été un paradis pour chasseurs. Je me souviens à quel point il aimait ces heures passées sur les bords de l'Oder. Le tir aux oiseaux permet mieux que toute autre activité de se vider l'esprit et d'oublier ses soucis. La chasse au canard a un charme tout particulier, surtout sur les bords de l'Oder. Elle se pratique le soir, lorsque la journée s'éteint doucement, sous le ciel haut du crépuscule. L'effet alterné du plaisir de s'intégrer à cette nature quelque peu élégiaque et de l'attention fébrile qui accompagne l'arrivée des canards est une expérience des plus passionnantes lorsque l'on combine en soi les qualités d'ami de la nature et de chasseur. Le canard – un volatile à la fois élégant et authentique – n'est pas facile à abattre et requiert de l'habilité et de la concentration.

Père s'amusait beaucoup de me voir abattre quelques canards à ses côtés. C'est lui qui avait personnellement pris en charge mon éducation aux armes et à la chasse. Je n'oublierai jamais cette règle d'or : *« peu importe de savoir qui a tiré, l'important est de trouver toutes les pièces qui ont été tirées. »* Pendant ces moments privilégiés, le « Ministre » redevenait ce père qui m'instruisait, se réjouissait avec moi et me montrait comment mettre un chien sur une piste, ce qui était très important au milieu des roseaux plus hauts qu'un homme. Ces heures étaient merveilleuses pour moi mais malheureusement, malheureusement elles étaient rares!

Il semblerait qu'il y ait eu une tête de pont russe près de Kienitz sur l'Oder en 1945. Père, qui visita le front à plusieurs reprises avec le colonel von Geldern, s'était mêlé à une attaque qui devait enfoncer cette tête de pont. Geldern écrit qu'un jour, leur véhicule avait reçu en dernière minute l'information d'un soldat d'infanterie leur signalant qu'ils se trouvaient juste devant une position antichar russe. Geldern lui aurait alors expliqué qu'ils roulaient « à 80 km/h en direction de la Russie », et qu'il ne pouvait endosser la responsabilité de faire tomber le Ministre entre les mains des Russes. Père avait alors répliqué en riant : *« alors il faudra que vous m'abattiez vous-même, le cas échéant ! »*.

L'un des fonctionnaires du Ministère des Affaires étrangères était le directeur du service juridique, Gaus. Sa mission consistait à rédiger les accords conclus entre le *Reich* et d'autres Etats. Père donnait à Gaus un aperçu assez large sur des processus strictement confidentiels. Doté d'un caractère opportuniste et instable, Gaus n'était pas très apprécié de son entourage. Comme il devait être informé de nombreux éléments et réflexions pour rédiger les accords, Père était dans l'obli-

(46) J'ai eu l'occasion d'aborder directement une dame issue d'une famille très reconnue de l'Allemagne de l'ouest au sujet de mon père. En effet, un autre membre de sa famille semblait avoir déclaré que Père l'avait ignoré à partir de 1933. Elle m'a expliqué *expressis verbis* que Père s'était toujours comporté « très correctement » à leur égard !

gation de lui faire confiance, et il a fini par devenir un proche collaborateur de mon père. Gaus avait un problème d'importance au sein du IIIe *Reich* : son épouse était juive. Sans en tenir compte, Père le nomma secrétaire d'Etat adjoint et fit en sorte que Hitler lui remette l'insigne d'or du parti ainsi qu'une représentation dédicacée du *Führer*. C'était sans aucun doute une manière de procéder quelque peu inhabituelle pour l'époque. (47)

Au début du procès de Nuremberg, Père fondait beaucoup d'espoirs sur Gaus. Ce dernier connaissait en effet de nombreux dossiers qui auraient pu le décharger de la politique allemande face à l'accusation. Il a été amèrement déçu. Gaus s'est rangé du côté de l'accusation en tant que témoin principal. On a aujourd'hui la certitude que l'ancien fonctionnaire Kempner, qui avait émigré aux Etats-Unis en 1933 pour des raisons raciales et était un des représentants de l'accusation à Nuremberg, avait attiré Gaus dans son camp sous la menace de le livrer à l'Union Soviétique. (48) Dans une déclaration sur l'honneur à l'attention de l'accusation, Gaus avait affirmé que « la direction politique allemande voyait dans l'attaque sur Pearl Harbour du 7 décembre 1941 le premier pas vers la réalisation de son idée de fonder un grand empire germanique, car cet empire ne devait pas seulement dominer l'Europe, mais aussi influencer de manière décisive l'orientation future du monde. » (49) C'est animé par la haine – sentiment sans doute compréhensible de la part d'un immigré – que Kempner s'est laissé aller à l'exagération en poussant Gaus à faire cette déclaration. Une fois de plus cependant, on remarque le caractère discutable des recherches historiques mises à l'œuvre à Nuremberg. Il ne faut pas oublier que la position de la *Wehrmacht* était déjà désespérée pendant l'hiver 1941-1942, ce qui poussa Hitler à s'exclamer *« maintenant l'Allemagne est sauvée ! »* lorsqu'on lui annonça l'attaque japonaise sur Pearl Harbour.

C'est bien trop tard que Père s'est résolu à envoyer le secrétaire d'Etat Weizsäcker comme ambassadeur au Vatican, pour le remplacer par un collaborateur issu du « bureau Ribbentrop ». Il n'a pas eu le temps d'apprendre avant son exécution l'existence de la conspiration de Weizsäcker avec le gouvernement britannique et ses activités en Espagne pour empêcher le *Reich* de gagner Gibraltar.

Tous ces éléments définissent les contours de la position difficile dans laquelle se trouvait Ribbentrop: il était le chef d'un Ministère qu'il ne connaissait pas et qui lui était sinon hostile, du moins réservé pour des raisons de politique intérieure et de motivations personnelles. Il faisait partie d'une équipe gouvernementale qui lui était étrangère tout autant qu'il lui était étranger et qui, pour quelles raisons que ce soit, le rejetait. Il était dépendant d'un chef d'état qui n'était pas disposé à préparer et à discuter systématiquement des décisions importantes dans le cadre du comité du cabinet c'est-à-dire du gouvernement, qui préférait les entretiens en tête-à-tête et s'employait volontiers à diviser les dirigeants de son régime, les ministres, les chefs des fonctions supérieures du *Reich* (une grande majorité d'entre eux était d'ailleurs directement soumise à ses ordres) au lieu de les coordonner. Pour clore ce tableau, son secrétaire d'état travaillait par ailleurs secrètement contre la politique du gouvernement en prenant contact avec l'ennemi aux moments décisifs, sous le couvert de fausses déclarations sur la personne du Ministre et de considérations sur la politique étrangère.

Etant donnée la personnalité de Hitler, Père ne pouvait exprimer ses opinions qu'en tête à tête lorsqu'elles divergeaient de celles du *Führer*. Hitler n'était pas insensible aux avis contraires ou aux critiques. Il s'agissait donc pour Père de procéder de manière à ne pas faire perdre la face à Hitler, ce qui n'était possible qu'entre quatre yeux.

En considérant ces conditions de travail, on peut se demander pourquoi Père n'a pas démissionné. Cette question est tout à fait justifiée du point de vue de notre époque. On prétend de manière humiliante que Père était dépendant de Mère. (50) Je ne peux que le répéter, malheureusement

(47) Déclaration de l'envoyé et directeur du département Presse du Ministère, Dr Paul Schmidt, à l'auteur.

(48) Confirmation par le défenseur de Dönitz pendant le procès de Nuremberg, Kranzbühler, dans une lettre à l'auteur.

(49) Voir *Es stand in der WELT, Die Welt* du 31 janvier 1993.

ce ne fût pas le cas au moment de prendre des décisions importantes. Au début de la guerre de Russie, elle l'avait poussé à se retirer, non seulement parce qu'il était défavorable à une action préventive contre la Russie, mais aussi parce que la politique allemande n'était plus crédible. Tel était l'argument de Mère.

Comme nous le savons, Père n'avait pas insisté pour se retirer lorsque Hitler avait refusé sa demande. En 1943, après Stalingrad, Mère m'a dit : *« Si seulement il s'était retiré au début de la guerre de Russie, on pourrait maintenant donner un signal positif en faisant appel à lui pour engager les négociations avec la Russie ! »* Il est fort possible que le départ du Ministre des Affaires étrangères n'aurait pas changé grand-chose à la politique allemande. Cela aurait cependant largement protégé sa réputation et aurait mis un terme à un grand nombre de mensonges dénigrants. Il faut cependant considérer l'évolution de sa relation avec Hitler. Malgré toutes les difficultés que les deux hommes rencontraient en travaillant ensemble et qui étaient en grande partie justifiées par les méthodes de travail du *Führer* et par son système gouvernemental, la collaboration de ces deux hommes avait remporté de grands succès en matière de politique étrangère. Comparons la position du *Reich* au moment où Hitler a pris le pouvoir, et après la campagne de l'Ouest. Il est évident que ces réussites allaient de pair avec une relation personnelle étroite.

Chez Père, l'idée d'être pris dans une situation de plus en plus critique jouait également un rôle non négligeable. Celui qui considérait à cette époque Hitler et sa politique comme partie intégrante de la destinée allemande mais aussi de son destin personnel, pensait peut-être qu'il n'avait pas le droit de se soustraire à cette destinée. Il y a là une dimension émotionnelle qui est difficile à saisir pour des personnes habituées à considérer la politique de manière objective et neutre. Il ne fait aucun doute que Hitler était en mesure de se faire passer pour une figure du destin. Hitler ne rendait pas à son Ministre des Affaires étrangères la loyauté que celui-ci lui témoignait. Père a jugé qu'il était indigne de lui de renier devant le tribunal des Vainqueurs sa loyauté vis-à-vis du *Führer*. Je ne me sens pas obligé de défendre cette attitude. Hitler a repoussé la conception de politique étrangère de Père, dont le centre était la relation à l'Union Soviétique, et s'est jeté dans le jeu de « quitte ou double » que constituait la guerre de Russie. Il me semble que je suis en droit de le juger pour cela.

Il faut cependant tenir compte du fait que Hitler a joui du charisme du vainqueur jusqu'au milieu de l'année 1941. Qui voulait prendre le risque d'anéantir ce dirigeant visiblement couronné de succès, face à l'exigence d'une « capitulation sans conditions » de l'adversaire ? Il faut se garder de se laisser aller au jugement de l'Histoire « a posteriori » !

On dit que pendant la dernière année de la guerre, une figure dirigeante du régime aurait répondu à un collaborateur qui lui demandait comment il se représentait la suite des événements : *« est-ce que je dois abattre l'homme que j'ai suivi depuis 1923 ? »* Est-ce que Père, après avoir manqué le moment idéal pour démissionner – sans en avoir peut-être pris conscience – devait maintenant quitter le navire qui coulait, comme un rat ?

Après le début de la guerre de Russie et jusqu'à la confrontation dans le train spécial de Hitler qui se dirigeait vers Bamberg (peu avant la catastrophe de Stalingrad), Père aurait eu la possibilité de quitter son poste sans perdre la face, tout au moins selon ses propres critères basés sur la raison d'état et la loyauté. Il ne disposait cependant pas de la froideur nécessaire pour tirer les conséquences de Stalingrad et des refus répétés face à ses propositions d'entamer une discussion avec la Russie. Il aurait certainement imposé sa démission si cela avait pu permettre de terminer la guerre d'une manière plus positive que la « capitulation sans conditions » imaginée dès 1943 par Roosevelt comme objectif de guerre pour les Alliés.

Peut-être que la mentalité qu'exprime notre dicton familial *« Ni Nalaten »* (« ne pas relâcher ses efforts ») a également joué un rôle dans le comportement de mon père. Alors que je n'avais que huit ou neuf ans, Père m'a expliqué ce mot en me montrant l'arbre généalogique de la famille,

(50) Cette affirmation se retrouve de manière particulièrement injuste dans les écrits de Spitzy, qui était tout de même aide de camp personnel (pendant près de deux ans) et qui a souvent participé à notre vie de famille.

au-dessus duquel il était inscrit. Ce conseil de ténacité dans la poursuite de ses objectifs, d'endurance dans l'adversité et de persévérance en cas d'échec, avait toujours été un principe d'éducation de mes parents au cours de ces années de l'enfance qui constituent la base d'un caractère pour toute la vie. J'ai eu l'occasion au cours de ma vie de mesurer la signification de ces traits de caractère.

La fascination de la politique au sens large peut également avoir influencé mon père. Tout homme politique se trouvant à un poste exposé et voulant le conserver la ressent certainement. Sans une grande passion, aucun homme ne s'attelle à une tâche aussi usante et finalement peu gratifiante, et surtout pas une personne qui, par ses origines, n'en a aucun besoin. Le même principe s'applique également à l'orgueil, qui a si souvent été avancé dans les descriptions de mon père. Si l'orgueil ne fournissait pas à l'humanité une part de sa puissance d'action, nous serions sans doute encore perchés sur des arbres. L'orgueil signifie la disponibilité à l'effort, même sans contrepartie matérielle équivalente. Il peut exister cet orgueil maladif qui devient contreproductif, mais ce sont en général les personnes en échec qui critiquent l'orgueil.

Hitler était de plus en plus rigide et inflexible dans le domaine militaire, et cette attitude se faisait également ressentir dans le domaine de la politique étrangère: il n'agissait plus. C'est ainsi que les forces de Père ont également été neutralisées et bloquées. De par son tempérament, Père était un homme d'action. Si une analyse de la situation menait à un concept, alors Père s'attelait à sa réalisation avec l'entêtement nécessaire. Mère définissait ainsi ce trait de caractère : *« il était un cavalier, il allait à l'encontre des obstacles. »* Et pourtant cet homme d'affaires savait qu'il était toujours nécessaire de faire des compromis, ou, comme il l'exprimait lui-même, de « raccorder les deux bouts ».

Sa volonté d'affronter les problèmes et de courir les risques nécessaires, son talent pour sécuriser les activités de la politique étrangère en préparant des alternatives, son don de négociateur et sa disponibilité à faire des compromis quand la situation l'exigeait, toutes ces qualités complétaient la personnalité de Hitler, peu adaptée au « jeu diplomatique ». Cette complémentarité de caractère des deux hommes disparut après le début de la guerre de Russie, et avec elle la relation personnelle qui s'était tissée entre eux. Le ressentiment du visionnaire infaillible vis-à-vis de son Ministre des Affaires étrangères était manifeste. Après une mûre réflexion de « politique d'homme d'affaires », Ribbentrop l'avait mis en garde contre la guerre de Russie, et il avait eu raison – Hitler l'a sans aucun doute reconnu dès octobre 1941.

Une chose est claire : Père n'est pas resté à son poste par crainte de représailles personnelles. Il n'était pas concerné par celles-ci tant qu'il ne se rangeait pas du côté de la conspiration, dont il ne connaissait pas même l'existence. Et même s'il avait eu à redouter des conséquences négatives à la suite de sa démission, celles-ci ne l'auraient certainement pas empêché d'aller jusqu'au bout de ses intentions.

J'ai déjà mentionné que Père s'est souvent rendu, pendant les derniers mois de guerre, sur le front de l'Oder en compagnie du colonel von Geldern, pour se rendre compte de l'état des premières lignes. Dans ses écrits, le colonel contredit clairement la théorie établie après la guerre et selon laquelle mon père était lâche – comme complément de tous les défauts qui lui étaient attribués. Geldern souligne au contraire l'impression positive que les visites du Ministre avaient laissées sur le front. Aucun autre membre du gouvernement ne prenait alors la peine d'aller voir les troupes ou la population civile situées sur le front de l'Oder. En raison de l'abondance des calomnies qui se déversent jusqu'à nos jours sur la personne de mon père, je me vois dans l'obligation de noter ce type d'évidences. Envoyé de Berlin avec une radio, il pria Hewel - par l'intermédiaire d'une liaison téléphonique encore existante malgré l'encerclement alors total de Berlin – de faire envoyer par Hitler un *Fieseler-Storch* pour « participer au combat final autour de Berlin ». Réponse de Hewe l : *« Führer très touché, mais attendons les ordres concernant l'ouverture de la poche autour de Berlin ! ».*

Pendant l'une de mes convalescences en août 1944, après ma quatrième blessure, j'ai pu lui rendre visite pour deux ou trois jours en Prusse orientale. Je me souviens d'une petite scène qui s'était alors déroulée entre nous deux. Jusqu'à ce jour, Père avait toujours été pour moi une figure un peu distante et inspirant le respect. Cette fois, notre rencontre était très chaleureuse et personnelle.

Un matin, après le petit-déjeuner – nous étions seuls – il a reçu des coupures de presse étrangère. Soudain, il m'a tendu un article à travers la table en me demandant *« est-ce que tu crois que c'est possible ? »*. Il s'agissait d'une dépêche reprise des Russes par la presse internationale. On y évoquait l'extermination systématique de prisonniers juifs dans un camp en Pologne, et qui avait été traversé par les Russes.

J'ai ri et j'ai répondu avec quelque reproche dans la voix, sans penser une seule seconde que cela pourrait être vrai : *« mais Père, c'est là l'équivalent des mains coupées d'enfants en Belgique pendant la Première Guerre mondiale ! »* Au cours de la formation de base de la *Wehrmacht*, on apprenait à marquer le matériel de propagande étranger des mots « propagande de l'ennemi » et à le remettre à ses supérieurs. On avait tiré leçon de la propagande de diffamation des Alliés pendant la Première Guerre mondiale. Les troupes étaient ainsi éclairées sur le sujet, et peu perméables à la propagande ennemie en général. C'est avec un soulagement visible que mon père approuva ma réponse.

Il semble invraisemblable aujourd'hui que des personnes haut placées dans le gouvernement de Hitler revendiquent le fait de n'avoir rien su de certains procédés d'importance majeure, comme par exemple l'extermination des juifs. L'isolation des différents représentants du gouvernement au sein du système établi par Hitler est difficilement crédible à une époque où rien ne reste confidentiel ou caché. La désintégration complète du travail du gouvernement sur l'ordre de Hitler a favorisé ce cloisonnement. Les camps de concentration et ce qui s'y passait relevaient du domaine exclusif de Himmler. Ils représentaient par ailleurs de grands complexes économiques qui étaient mis à sa seule disposition. C'est pour cette raison que Himmler ne permettait pas que l'on s'immisce dans ses affaires. Une fois de plus, le particularisme des principautés et des *Länder* de l'ancien *Reich* allemand connaissait un nouvel éclat dans le *Reich* de Hitler, cette fois sous forme d'organisations et d'institutions et de leurs dirigeants.

Les sessions du cabinet, au cours desquelles il aurait été possible de poser des questions, n'avaient pas lieu. J'ai déjà mentionné le fait que Père avait envoyé un ancien collaborateur de la première heure sur le front d'invasion en 1944, pour se faire une idée précise de la situation militaire après le succès du débarquement des Alliés. Il faut s'imaginer ce que cela signifie: le Ministre des Affaires étrangères du *Reich* doit passer par ses propres réseaux quasi-confidentiels pour obtenir des informations d'importance majeure pour l'évaluation de la situation à l'étranger !

Il faut reconnaître qu'il n'existe pas à ce jour de documentation scientifique et historique concernant l'extermination des juifs. (51) Les recherches allant dans ce sens sont empêchées ou même interdites sous peine d'amende. Manquer aux principes d'éthique et de morale en vigueur est une faute politique grave. La tentative de garder secrète l'extermination des juifs est une preuve du souci que se faisaient les responsables pour le moral du peuple allemand si ces processus étaient rendus publics. Il n'est pas même nécessaire de citer Talleyrand, qui remarqua cyniquement au sujet du meurtre du duc d'Enghien par Napoléon : *« C'était pire qu'un crime, c'était une faute ! »* La persécution des juifs, qui commença pendant la guerre, contredisait les maximes éthiques du peuple allemand en vigueur à cette époque. Elle n'était pas connue dans toute son ampleur. Cependant, les faits visibles (étoile juive, déportations etc.) étaient déjà suffisants pour miner la confiance dans le *Führer* et sa légitimation morale, et devait avoir des conséquences immédiates sur l'effort de guerre. D'autre part, le peuple allemand était conscient de lutter pour sa survie face à l'épouvantable menace russe et à l'exigence d'une « capitulation sans conditions » par Roosevelt et Churchill. Pour un grand nombre d'Allemands, à plus forte raison lorsqu'ils occupaient des postes élevés, il s'agissait là d'un terrible conflit intérieur ! Diffamer dans ces conditions l'intégralité du peuple allemand comme « aides bénévoles » de Hitler, c'est-à-dire appliquer la

(51) Voir à ce sujet Peter Longerich (il enseigne l'histoire à l'université de Londres et était expert lors du procès Irving) dans la FAZ *(Frankfurter Allgemeine Zeitung)* n°93 du 19.04.2000.

coresponsabilité familiale jusqu'au troisième rang et même au-delà, s'avérera peut-être un jour comme une « erreur » lourde de conséquences. La déclaration de l'ancien président fédéral Weizsäcker, qui pensait que *« tout le monde aurait pu le savoir »* (52) est d'autant plus incompréhensible qu'il défendit son propre père, secrétaire d'Etat au Ministères des Affaires étrangères jusqu'en 1943, au procès de Nuremberg, en avançant qu'il ne savait rien !

L'extermination des juifs à partir de 1941 doit être comprise comme l'accès de folie meurtrière d'un idéologue face à son échec. La phrase redoutable de Hitler, que l'on retrouve à deux reprises dans le journal de Hewel en 1941, *« si Barbarossa échoue, alors tout est perdu »*, n'a pas d'autre signification que celle qu'il a brisé tous les ponts derrière lui et que les conséquences de ses actes lui sont désormais indifférentes. La structure de sa personnalité l'empêche de trouver une échappatoire à la catastrophe imminente. C'est ainsi qu'au cours de la guerre, il sera pris d'une folie meurtrière contre son propre peuple. Il n'y a pas d'autres termes pour désigner son vain combat, au plus tard après l'invasion des Alliés. Le visionnaire est devenu un égocentrique du pouvoir, qui mène consciemment son peuple vers sa chute.

Lors de la discussion avec mon père que j'ai évoquée plus haut, nous étions assis dans cette même chambre de Steinort où il m'avait serré dans ses bras en janvier 1943, lorsque je lui avais rendu visite de deux jours avant que nous soyons transportés de France en Russie dans le tourbillon des mouvements de retraite après la catastrophe de Stalingrad. C'est ici qu'en 1943, j'avais attendu mon père qui n'était pas encore sorti de la *Wolfsschanze*, la « tanière du loup » (53) où il avait une discussion avec Hitler. Après nos retrouvailles chaleureuses, mon père me dit très sérieusement que *« le Führer a maintenant décidé que la 6e Armée resterait à Stalingrad, car Göring a dit que la Luftwaffe pouvait en assurer le ravitaillement. »* A cet instant, je ne réalisais pas encore que, pendant les heures que je passais en Prusse orientale, la « péripétie », le « revirement de situation » tiré du drame antique prenait son cours, entraînant ainsi la destinée de tout le peuple allemand! Quel effort notre professeur de grec Serbser à Ilfeld ne s'était-il pas donné pour nous faire comprendre la signification de ce qui constituait à la fois un point culminant et un revirement de situation! Il ne croyait pas vraiment au succès de ses efforts, car comment des garçons de 15 ou 16 ans pouvaient-ils saisir la portée de cet élément existentiel de la littérature mondiale, sans disposer de l'expérience personnelle permettant de l'assimiler?

Lors de ma visite du mois d'août 1944, les conséquences du « revirement de situation » ou de la « péripétie » se ressentaient dans toute leur ampleur. Lorsque j'ai questionné Père au sujet des intentions de Hitler, il m'a fait part de déclarations que celui-ci lui avait faites, et qui mentionnaient la mise en œuvre dans un avenir proche de nouvelles armes (des « armes miraculeuses »). (54) Père m'a fait lire un long mémoire adressé à Hitler et qu'il voulait lui remettre. Ce mémorandum analysait la situation politique et militaire actuelle du *Reich*, en incluant la situation du ravitaillement en Allemagne. En conclusion, Père constatait l'impossibilité de gagner cette guerre et demandait les pleins pouvoirs pour entamer des négociations de paix. Grâce à mes douloureuses expériences des combats sur le front d'invasion, j'ai pu inspirer à mon père les formules les plus alarmantes pour décrire la supériorité écrasante des Alliés. C'était à mes yeux une excellente idée de la part de mon père que de presser ce Hitler si souvent récalcitrant, en se servant de son propre vocabulaire. Il introduisit *expressis verbis* son mémorandum par une citation tirée du livre de Hitler « *Mein Kampf* »:

« Une diplomatie doit veiller à ce qu'un peuple ne disparaisse pas de manière héroïque, mais qu'il soit conservé de manière pratique. Chaque chemin qui mène vers cet objectif est alors approprié, et sa négligence doit être considérée comme un crime et comme l'oubli d'un devoir. » (55)

(52) Discours du 8 mai 1995.

(53) « La tanière du loup », en allemand *Wolfsschanze*, était le nom de code du quartier général de Hitler en Prusse orientale.

(54) Au cours de l'hiver 1943-1944, on parlait dans les états-majors de l'arrivée imminente d'armes de destruction massive contre les îles britanniques. Il s'agissait visiblement de rumeurs diffusées par la propagande pour troubler les préparatifs d'invasion des Alliés.

L'analyse neutre de la situation matérielle allemande que Père avait rédigée ne m'a pas beaucoup impressionnée à l'époque. Sur le front d'où je venais, elle me semblait encore bien plus désespérée ! Lorsqu'au retour de cette visite à mon père, je suis passé par Berlin pour rejoindre ma division à l'Ouest, j'ai rencontré ma mère, avec laquelle je me suis entretenu au sujet de ce mémoire. Je voulais bien évidemment savoir si la réaction de Hitler avait été positive pour Père. Sur un ton profondément résigné, Mère m'a raconté que Hitler avait, selon les dires de Hewel, jeté le papier avec fureur dans un coin de la pièce, en disant : *« Vouloir sonder la disponibilité des Russes à négocier revient à toucher un four brûlant pour constater s'il est chaud ! »* Comme nous l'avons vu, Père avait explicitement justifié sa requête. Hitler n'était cependant plus ouvert aux argumentations, ni même, visiblement, à ses propres réflexions. Il renonçait d'ailleurs depuis toujours à la diplomatie qui aurait peut-être été en mesure d'adoucir la « chute » – ou tout au moins à la rendre moins épouvantable.

Père avait donc tenté jusqu'au dernier moment d'influencer le cours des événements, mais il partait d'une position désespérée. Isolé comme il l'était, que pouvait-il atteindre? Jusqu'à la fin, Hitler était parvenu à empêcher une action commune de la part des personnes concernées au sein du régime, pour avancer la fin de la guerre. Il les avait tellement divisés et avait semé une telle méfiance entre ces différentes personnes que même dans une situation aussi désespérée que celle de 1944, aucune action commune n'était envisageable. Du point de vue d'un observateur contemporain, c'est sans doute difficile à comprendre, surtout si l'on a pu, comme moi, constater le déclin physique et psychique de Hitler au début de l'année 1945.

On peut peut-être reprocher à mon père de n'avoir pas essayé, lorsque l'ennemi se trouvait à nos frontières est et ouest en août 1944, de monter une action collective des têtes du gouvernement civil et militaire auprès de Hitler pour exiger, sous menace de démission de leurs postes, l'engagement de négociations de paix. Il ne fait aucun doute que cette tentative aurait échoué, en partie en raison de l'exigence de Churchill et Roosevelt d'une capitulation sans conditions, qui a prolongé la guerre et occasionné des pertes inutiles de part et d'autre. (56) L'action commune n'aurait sans doute pas pu être menée en raison de la méfiance qui régnait entre les hommes impliqués. Isolé comme l'était mon père, il n'avait aucune chance de mettre au point une démarche commune auprès de Hitler! Himmler et Goebbels étaient les seules personnes restantes dotées de pouvoirs. En tant qu'homme de l'armement, Speer aurait sans aucun doute pu exercer une influence. (57) Contrairement aux affirmations qu'il fera dans son autobiographie, il existe une note signée de lui et datée du 18 mars 1945, dans laquelle il explique à Hitler de quelle manière il faut poursuivre la guerre !

Le jugement d'un historien anglais selon lequel Ribbentrop avait la vision la plus claire de la politique étrangère allemande, *« mais qu'il se laissait sans cesse persuader par Hitler »* (58), correspond, en ce qui concerne la première partie de cette déclaration, à la réalité. Que Père se laissât « persuader » n'est pas vrai si l'on entend par là que Hitler l'aurait convaincu lors de décisions importantes. Père était toujours resté fidèle à ses conceptions. C'est ainsi qu'à la fin de l'année 1937, il jugea que la Grande-Bretagne s'opposerait à l'Allemagne dans le nouvel ordre de l'Europe, tandis que Hitler espéra jusque tard dans le courant de la guerre qu'il finirait tout de même par obtenir un arrangement avec l'Empire. Père était un adversaire déclaré de la guerre préventive

(55) Hitler, *Mein Kampf*, page 693.

(56) Cette exigence de *unconditional surrender* de la part de Roosevelt et de Churchill représentait dans ses conséquences un « ordre supérieur du commissaire ». Lorsque l'«ordre du commissaire » nous a été communiqué par le commandant de notre groupe de combat, le lieutenant von Heimendahl, dans la jungle finnoise, la veille de l'agression des positions russes, nous avons été désagréablement surpris. Un tel ordre ne pouvant rester secret bien longtemps, il allait assurément encourager les troupes ennemies jusqu'au dernier combat. C'étaient nous, les troupes, qui allions devoir trinquer ! Je n'ai rencontré aucun cas dans lequel cet ordre ait été suivi, mais son existence était suffisante. Les exigences politiques de Roosevelt et Churchill auraient les mêmes conséquences. Elles constituaient l'argument principal de la propagande d'« endurance » de Goebbels…

(57) Comparer avec Schwendemann dans FAZ n°97 du 26.02.2000

(58) Irving, *Hitlers Krieg, Die Siege 1939-41*, page 37

contre la Russie. Il voulait obstinément négocier avec les Russes, au prix, s'il le fallait, de concessions. Il était en tous points l'initiateur de la politique russe du *Reich*, à laquelle Hitler avait beaucoup de mal à se résoudre. Depuis 1942, il avait par ailleurs sans cesse tenté d'obtenir carte blanche pour entamer un dialogue avec la Russie.

Ces tentatives répétées semblent être à l'origine de la rumeur absurde selon laquelle il aurait organisé une rencontre avec le Ministre des Affaires étrangères Molotov entre les lignes de front en Russie, en 1943. Cette rumeur a d'ailleurs été avancée comme un fait avéré lors d'une conférence d'historiens. (59) Celui qui sait combien de postes, en partant du commandement supérieur des Armées jusqu'aux troupes du front, doivent avoir connaissance d'une démarche aussi inhabituelle pour en assurer la réussite, comprendra que toute confidentialité est impossible et que cette rumeur ne peut donc être justifiée.

« Là où est le blâme, il faut chercher des preuves ! » En résumé, les maximes essentielles de la politique étrangère et les considérations de Ribbentrop étaient une fois de plus les suivantes :

1) Il soutenait complètement et avec conviction la politique « de l'ouest » de Hitler qui était aussi la sienne et qui consistait à trouver un arrangement avec la Grande-Bretagne. Il complétait cette ambition en incluant la France comme condition de sa réalisation. Cela constituait une option évidente pour l'Ouest !

2) En raison de la réserve des deux « puissances de l'Ouest », Ribbentrop a tenté, par l'intermédiaire du pace anti-comintern, de briser l'isolement du *Reich* sans entraver la tentative d'arrangement avec la Grande-Bretagne.

3) Dès 1937, il a reconnu que la politique britannique était secrètement dirigée contre l'Allemagne, et au passage à l'année 1938, il a clairement expliqué à Hitler qu'un nouvel ordre européen impliquerait sans doute un affrontement avec la Grande-Bretagne pouvant aller jusqu'à la guerre.

4) Lorsqu'il s'est avéré impossible de trouver un arrangement sous forme de bloc anti-communiste avec la Pologne car celle-ci s'était placée du côté de l'adversaire britannique, c'est-à-dire indirectement du côté américain, il a suggéré un revirement à 180° de la politique allemande, préconisant une attitude pro-russe qu'il est finalement parvenu à imposer à Hitler. Avec cela, il a atteint pour le *Reich* la constellation en politique étrangère la plus forte depuis Bismarck.

5) Ribbentrop considérait sa politique russe comme un engagement à long terme, et il était prêt à se lancer dans de dures négociations avec Staline. Il voulait faire des concessions en faveur de la Russie afin d'introduire un accord à long terme. Père voyait au sein d'un bloc continental incluant l'Union Soviétique la seule possibilité de mettre un terme à la guerre et à assurer durablement la sécurité du *Reich*.

6) Dans ce but, il a tenté d'empêcher Hitler d'engager une guerre préventive contre l'Union Soviétique et d'éviter une guerre des deux fronts. Sa position contre une déclaration de guerre aux Etats-Unis s'inscrit dans le même état d'esprit.

7) Finalement, il a reconnu très tôt, en considération des rapports de force militaires, la nécessité d'engager le dialogue avec la Russie. Il a toujours soutenu cette idée auprès de Hitler.

Dès 1940, les considérations en matière de politique étrangère de Ribbentrop n'ont plus été appliquées, car Hitler ne le soutenait pas. La question ou le reproche adressés à mon père sur les raisons pour lesquelles il n'a pas démissionné, sont donc parfaitement justifiés. J'ai tenté ci-dessous de répondre à cette question. On peut sans aucun doute reprocher à Père de ne pas avoir imposé sa démission. Est-ce que le fait qu'il soit resté au Ministère justifie cependant l'abondance de calomnies et de diffamations qui rendent aujourd'hui son image et son action méconnaissables ? L'origine de l'image déformée que l'on a de lui a un arrière-plan hautement politique ! La propagande du « bouche à oreilles » contre mon père a été pratiquée de manière systématique,

(59) La personne qui l'affirma était Schlabbrendorf !

et elle s'intègre aujourd'hui complètement dans les considérations ou plutôt les condamnations concernant Ribbentrop.

C'est ici que les conséquences de l'isolement volontaire ou involontaire de Ribbentrop au sein du régime sont les plus néfastes. Il faut cependant tenir compte du fait qu'à cette époque, chaque déclaration du Ministre des Affaires étrangères, qu'elle soit publique, privée ou confidentielle, avait une portée politique importante. Elles devaient toujours être formulées de manière à pouvoir être retransmises telles quelles. Le Ministre des Affaires étrangères ne pouvait se permettre de déclarer qu'il ne souhaitait en aucun cas une guerre. Il devait au contraire faire preuve détermination pour tenter, justement, d'éviter le conflit. Quant aux controverses qu'il pouvait avoir avec Hitler, il ne devait en aucun cas les laisser transparaître, non pas par byzantinisme, mais pour la raison d'état, car elles auraient signalé une incertitude dans les cercles du gouvernement allemand. Rendre public le fait que le *Führer* et le Ministre des Affaires étrangères avaient des opinions opposées n'aurait certainement pas renforcé la capacité de négociation du Reich, au contraire, cela l'aurait affaibli. Dans les conditions qui étaient celles de l'époque, cela aurait sans doute augmenté la menace d'une guerre.

Les jugements concernant la relation entre Père et Hitler vont de la caractérisation de Père comme personne soumise au *Führer* jusqu'aux plaintes larmoyantes que l'on retrouve dans le journal de Goebbels sur l'inflexibilité de Ribbentrop qui se montrait intransigeant vis-à-vis du *Führer* et refusait d'adopter l'avis de son supérieur.

Le destin de la réputation de Ribbentrop – les vainqueurs l'auraient dans tous les cas exécuté en tant que personne impliquée dans les événements, même s'il avait démissionné – était soumis au fait qu'il avait exercé sa politique au sein d'un système qui était celui de Hitler et qui ne lui permettait pas de se mouvoir librement, en raison de son caractère et de son standing. C'est ainsi qu'on ne peut que lui reprocher de n'avoir pas démissionné lorsqu'il a reconnu qu'il ne pouvait pas changer le cours des événements.

Comme Père n'avait pas d'amis au sein du régime, il restait très fixé sur Hitler. Il n'est pas étonnant qu'après une défaite qui se doubla par-dessus le marché d'une catastrophe séculaire pour le peuple allemand, toutes les accusations se cristallisent autour de la politique étrangère et du Ministre qui en était responsable. L'intégralité des organisations du parti de l'époque voit bien entendu le bouc émissaire idéal dans la personne du Ministre des Affaires étrangères, à la décharge du *Führer*. Celui qui était à leurs yeux le « outsider » Ribbentrop, qui ne s'intégra jamais aux groupes des anciens ou des nouveaux combattants du parti, qui venait d'un milieu situé dans d'autres sphères, qui était suspect et rejeté, constituait ainsi l'origine idéale de toutes les fautes. En l'accusant, on se trouvait en excellente compagnie car les diplomates du Ministère des Affaires étrangères, les militaires et tous les autres cercles se trouvaient sous la même influence.

Les militaires tendent toujours à repousser la faute d'une défaite sur la politique. Dans le cas de la Seconde Guerre mondiale, c'est particulièrement frappant dans la mesure où le Ministre des Affaires étrangères était contre une guerre en Russie, tandis que les chefs militaires pensaient pouvoir courir le risque d'un conflit qui mènerait à une rapide victoire. Curieusement, l'histoire est cependant disposée à décharger les généraux et à attribuer– avec raison – les erreurs militaires à Hitler. On ne reconnaît pas au Ministre des Affaires étrangères la justesse de ses considérations sur la politique étrangère, mais on l'accuse d'avoir mené une politique dont la faute principale résidait dans la déclaration de guerre à l'Union Soviétique, contre laquelle ce même Ministre s'est opposé avec véhémence.

Il ne nous reste plus qu'à constater que ce Ministre des Affaires étrangères ne disposait pas de ce que l'on nommerait aujourd'hui un « lobby », qui aurait pu lui assurer un jugement plus juste. Il n'a peut-être pas jugé nécessaire à cette époque de s'en constituer un. Le fait qu'il n'en ait pas résidait cependant sans aucun doute à la manière dont le personnel du régime était organisé, et non à ses considérations très justes sur la politique internationale et sur les conclusions sensées qu'il en tirait. Celui qui compare les calomnies et les diffamations avec les faits, constatera qu'elles trouvent leur origine dans le camouflage créé par la conspiration pour détourner l'attention de ses activités entre l'année 1938 et l'année 1940.

La conception de Ribbentrop n'a pas résisté à la confrontation avec Hitler. C'est pour cela qu'il s'est retrouvé dans le peloton d'exécution des vainqueurs, et il l'a accepté comme l'expression d'une « justice supérieure ». Il écrit ainsi dans sa dernière lettre à Mère :

> « ...Je voulais aider Hitler à bâtir une Allemagne forte et florissante. Mais le *Führer* et son peuple ont échoué. Des millions d'hommes sont tombés. Le *Reich* est détruit et notre peuple gît à terre. N'est-il pas juste que je tombe aussi, non dans l'esprit d'un procès de Nuremberg orchestré par des juges inconnus, mais dans le sens d'une justice supérieure? Je...vais affronter dignement tout ce qui m'attend, car je le dois au passé de ma famille et à mon propre passé de Ministre des Affaires étrangères allemand... »

Il n'a certainement pas mérité d'être jusqu'à nos jours l'objet de diffamations et de calomnies méprisant les faits historiques. Pour mon père, Hitler constituait une personnification du destin de l'Allemagne, pour le meilleur et pour le pire. Il avait sans aucun doute l'impression d'être impuissant face à ce destin. Il n'a pas tenté de le fuir alors que, dès 1941, il a reconnu qu'il n'avait aucune possibilité, malgré toutes ses tentatives, d'influencer le cours de la fatalité. Une dernière fois: cette fatalité s'appelait Hitler !

Nuremberg

Je ne vais pas m'attarder sur le procès de Nuremberg. Les juristes et les historiens objectifs partagent de manière générale l'idée que la manière dont il a été mené ne correspond pas à la conception que l'on se fait du droit en Occident. D'un point de vue historique, les procès de Nuremberg ne sont pas pertinents, tout au moins en ce qui concerne la recherche objective dans ce domaine.

Il faut réaliser à quel point la procédure engagée contre Père s'est déroulée en dépit du droit comme ordre établi, transmis par les institutions. J'ai décrit les grands développements qui ont conduit à la Seconde Guerre mondiale et il ne peut y avoir de doute – tout au moins pour l'observateur objectif – sur le fait que l'Allemagne ne peut porter seule la faute pour ce conflit. Cependant, même si cela avait été le cas, on peut se demander où les Alliés ont trouvé l'article du « droit international public » leur permettant d'exécuter le Ministre des Affaires Etrangères du pays qui était leur ennemi pendant la guerre, sinon en s'attribuant purement et simplement le droit du vainqueur ? Un tribunal établi *a posteriori* et ayant réduit de manière significative les droits des « accusés », ne peut servir de base à une procédure de droit commun. C'est mépriser toutes les conceptions du droit en Occident que de se servir d'une loi ou, pour reprendre les termes utilisés à Nuremberg, d'un « statut », rédigé *a posteriori*, comme base juridique rétroactive à une accusation ! Le fait que des juges soviétiques soient présents pour accuser Père d'avoir dirigé une attaque contre la Pologne alors que la Russie avait également agressé la Pologne, prouve de manière frappante le caractère peu réglementaire de cette « procédure ». Je ne peux cacher au lecteur cette *arabesque* (en français dans le texte, *NdT*) du *« political correctness »* qui voulut que la présidente de la Cour Constitutionnelle fédérale allemande, Madame Limbach, qui a également présidé à l'inauguration de l'exposition sur la *Wehrmacht*, qualifie d'exemplaire la procédure de Nuremberg.

Après la présentation des preuves, c'est-à-dire avant l'annonce du verdict, je me suis rendu à Nuremberg pour quelques jours. J'ai été enfermé dans une cellule qui se trouvait dans l'aile des témoins, et j'ai pu parler à Père environ dix minutes par jour à travers la toile métallique d'un grillage anti-mouches, surveillé par des gardes postés de part et d'autre. Nous savions tous deux quel serait le verdict, non parce que Père était « coupable », mais parce que le déroulement du procès était clairement placé sous le signe d'une condamnation à mort. Après la déclaration du verdict qui ne nous surprit pas, on ne m'a pas donné la possibilité de lui faire mes adieux. A la suite de cette visite et des conversations que j'ai eues avec lui, j'ai pu dresser dans ma tête une liste hypothétique des autres personnes éventuellement concernées par une condamnation à mort. Mes prédictions se sont avérées exactes!

S'il « n'était pas éliminé », comme il s'exprimait lui-même en parlant d'une probable condamnation à mort, Père voulait rédiger ses mémoires. Je l'ai prié d'exprimer très clairement dans ce cas ses opinions concernant Hitler, pensant alors en premier lieu à ses efforts pour éviter la guerre avec la Russie. Comme je l'ai déjà dit, j'étais au courant de ce conflit depuis le début. Pendant le procès devant le tribunal des vainqueurs, Père a cependant sciemment refusé d'exposer ses divergences avec Hitler. Dans l'une de ses dernières lettres à ma mère (5 octobre 1946), il s'exprime à ce sujet :

> « Je ne voulais pas parler devant le tribunal des longues discussions que j'ai eues avec Hitler. Sinon, le peuple allemand aurait eu raison de dire : « quel homme est ce Ministre des Affaires Etrangères de Hitler qui le renie devant un tribunal étranger, pour des raisons égoïstes ? ». Tu dois comprendre cela, si dures en soient les conséquences pour nous deux et pour les enfants. Mais je n'aurai pas pu, ni voulu vivre sans être respecté par l'Allemand convenable et surtout par moi-même… »

Aujourd'hui, j'éprouve de la reconnaissance pour le fait que mon père n'ait pas choisi la facilité ou la bassesse pour se défendre face à Hitler ! Au cours de nos entretiens, il se plaignait du manque de caractère généralisé qu'il avait observé à Nuremberg. Il pensait tout particulièrement à Gaus, le secrétaire d'Etat adjoint qui avait fait partie de ses proches collaborateurs et avait finalement comparu en tant que témoin de l'accusation au cours du procès. J'ai déjà évoqué le fait que Kempner l'avait menacé de le livrer aux Soviets s'il ne se soumettait pas. (1) Père mentionna également le fait que Göring l'avait agressé sans raison. Ces conversations avec Père étaient brèves mais pleines de chaleur, et nous étions tous deux détendus. Nous étions conscients d'être les jouets d'une destinée supérieure que nous ne pouvions pas influencer, mais que nous allions affronter avec dignité ! Je ne devrais pas omettre de retranscrire ici cette constatation que le Dr. Best fit d'ailleurs à Nuremberg : *« Au cours de ces derniers mois de son existence, R. donnait une impression de dignité... c'est apparemment dans cette même attitude qu'il a gagné la potence. »*

Je me permets de conclure cette description de mon père par une citation de Theodor Fontane : *« Les morts ne peuvent se défendre, et c'est pourquoi nous leur devons d'autant plus de justice »*.

(1) Dans une lettre du défenseur de Dönitz, Otto Kranzbühler, à l'auteur le 17 octobre 1997, celui-ci confirme la menace faite par Kempner à Gaus. Un avocat américain, qui avait été convoqué pour la défense de Weizsäcker, a pu voir le protocole correspondant à ces faits dans le « Document Center » du bureau des accusations.

Hitler

Qui était cet homme qui a scellé le destin de Ribbentrop mais aussi de tout le peuple allemand ? On pourrait peut-être élargir le tableau et se demander si l'apparition de Hitler sur la scène de l'histoire mondiale n'a pas marqué un tournant dans le destin du marxisme soviétique ?

On peut se demander s'il existait des signes avant-coureurs visibles dans sa jeunesse, et qui auraient pu donner un indice sur le rôle que cet homme allait jouer un jour au sein de la politique mondiale. Il faudrait pouvoir décrire le cours inhabituel de sa vie comme une phase préparatoire de sa montée future. Il devrait être possible par exemple de distinguer dans les conditions inhabituelles qui étaient celles de la Première Guerre mondiale à quel type d'homme nous avons affaire.

Pourtant, jusqu'à la fin de la Première Guerre mondiale, on ne trouvera dans la personnalité d'Adolf Hitler aucun indice permettant de pressentir le rôle qu'il allait jouer. Il s'agissait sans aucun doute d'un soldat exceptionnellement courageux, qui fut décoré de la Croix de fer de première classe dès le début de l'année 1917, alors qu'il était un simple caporal – ce qui constitue un fait rare. Son régiment était exclusivement engagé dans les lourds combats de défense sur le front de l'Ouest, et les pertes étaient lourdes. Pourtant, ses supérieurs ont jugé que Hitler était inapte à diriger un petit groupe de dix hommes. C'était en général la responsabilité d'un sous-officier, mais lorsque ceux-ci venaient à manquer, il arrivait que l'on confie cette tâche à des caporaux.

Il faut s'imaginer cela ! Le grand *Führer*, glorifié comme « plus grand général de tous les temps » par la propagande de Goebbels et que des millions d'hommes et de femmes ont choisi de suivre, n'a pas été jugé apte, malgré une haute distinction pour un simple soldat, à mener une troupe de dix hommes sur le champ de bataille. Chaque officier du front sait que, devant les nombreuses pertes, un chef de compagnie était fréquemment contraint de choisir le premier homme valide, serait-ce le plus jeune, pour diriger les troupes. Le même procédé valait pendant la Seconde Guerre mondiale. Il n'y avait tout simplement plus d'autres hommes à disposition. Dans ma compagnie, j'avais des chefs de panzers d'à peine dix-huit ans, qui dirigeaient leurs blindés dans les situations les plus périlleuses « comme de vieux guerriers ».

Jusqu'au début de la guerre, la vie de Hitler – il avait alors 25 ans – n'est caractérisée par aucun fait particulier qui puisse présager du rôle de « *Führer* » du *Reich* qu'il allait endosser. Il écrit qu'il a lu un très grand nombre de livres à cette époque, mais quel acteur de l'Histoire a été amené à participer aux événements historiques mondiaux par l'intermédiaire de la lecture ?

Réalisons une fois de plus à quel phénomène nous avons affaire ! Un homme auquel on refuse la direction d'une troupe de dix hommes, c'est-à-dire de la plus petite unité du combat d'Infanterie, se retrouve cinq ans plus tard initiateur d'un putsch contre le gouvernement du *Reich*, et défile en tant qu'ancien combattant vers la *Feldherrnhalle*, quasiment main dans la main avec le célèbre général Ludendorff ! A peine dix ans plus tard, il devient chancelier du *Reich*, et se retrouve très rapidement souverain absolu. Il existe une photographie de la classe de Hitler à Linz. Il est placé au milieu de cinq élèves dans le rang supérieur, les bras repliés sur son buste. Lorsque l'on sait quelle a été sa vie sa vie, on croit reconnaître dans sa pose quelque chose de sa future prétention au pouvoir. Jusqu'à la fin de la Première Guerre mondiale cependant, il n'en laissera rien paraître.

On ne choisissait certainement pas les soldats les moins intelligents pour être éclaireurs ! Dans chaque situation, on attendait d'eux une réflexion personnelle. C'était une condition pour pouvoir interpréter le cas échéant des signaux ou des ordres transmis. Ils devaient par ailleurs savoir trouver leur chemin en toute situation, même au cœur du feu le plus violent. C'étaient donc des soldats particulièrement expérimentés. Grâce à ces qualités, ils devenaient rapidement chefs de troupe.

C'est généralement dans des conditions particulièrement dangereuses que les tempéraments de meneurs se dévoilent ! Hitler était un orateur très charismatique lorsqu'il se lançait dans la lutte politique, et il s'en servait sciemment. C'est d'ailleurs ce charisme rhétorique qui constitue la base de son existence politique. Chaque soldat du front a vu ses supérieurs le motiver et lui donner l'exemple au cours des combats. On pourrait sans peine s'imaginer le futur Hitler se dévoilant sur le front. Ce n'est certainement pas la peur qui l'a empêché de faire ses preuves en tant que chef ! Napoléon ne s'était-il pas démarqué lors de la prise de Toulon alors qu'il n'était qu'un jeune officier d'artillerie inconnu, débutant ainsi sa carrière ?

Quel changement s'est opéré dans la personnalité de Hitler après sa sortie de l'hôpital militaire ? Imaginons-nous une nouvelle fois la situation : ce « simple soldat » s'intègre à un petit groupe d'hommes issus de la banlieue de Munich, et qui veut changer le *Reich*. Très vite, il se place à la tête de ce qu'il appelle alors un « parti ». En 1921 déjà, il le dirige à l'aide des « pleins pouvoirs dictatoriaux ». Est-ce que l'on retrouve sous les traits de cet homme l'éclaireur réservé et modeste des batailles de matériel, qui ne souhaitait pas mener ses camarades au combat et préférait remplir son devoir sans se faire remarquer ?

Tel un terrier, cet homme agressait désormais le marxisme organisé, puissant et international, sans autres armes que la certitude de faire « ce qui est juste » et un talent d'orateur qui se développait très rapidement. Au début des années vingt, un grand nombre de soulèvements bolcheviques armés avaient eu lieu dans différentes régions d'Allemagne, qui n'avaient pu être réprimés qu'à l'aide de combats acharnés par la *Reichswehr* et le *Freikorps*. Leur objectif était la *Räterepublik* (la République des Conseils ouvriers, *NdT*) d'après le modèle soviétique. Avec l'assurance et la persévérance d'un prophète, il martelait des thèses sur la meilleure façon de « sauver l'Allemagne » dans les cerveaux des hordes d'auditeurs de plus en plus nombreuses. Que l'on ne réduise pas ses discours à des hurlements démagogiques ! Ils ne correspondent plus au style contemporain, mais à l'époque, ils enthousiasmaient des millions d'Allemands. Ce sont eux qui mirent en l'espace de quelques années Hitler à la tête du parti le plus influent du pays. Les conditions politiques et économiques qui se dégradaient rapidement fournissaient une caisse de résonance à ses discours.

C'est un vieux dicton et une expérience que l'on fait sans cesse au cours de sa vie, même au cours de conférences ou de réunions très concrètes : il est plus important de faire attention à la manière dont on s'exprime qu'au message que l'on transmet. Cette théorie s'applique tout particulièrement aux discours de Hitler. On ne peut les décrypter et comprendre leur succès qu'en les replaçant dans leur contexte. Hitler maîtrisait la parole et, comme il l'écrit lui-même, il a vite apprivoisé le pathos nécessaire pour s'adresser au peuple. L'élément décisif pour son succès était cependant l'engagement qu'il laissait transparaître dans ses discours et qu'il transmettait ainsi à son auditoire. Le caractère passionné de ses propos, qui frisait parfois l'hystérie – surtout pour un auditeur contemporain –, n'était pas qu'un jeu d'acteur. Les auditeurs s'en rendaient compte. Au moment où il s'exprimait, il ressentait réellement ce qu'il disait. Cette passion ne se trouve que chez un homme qui porte en lui l'assurance du visionnaire et peut ainsi convaincre ses interlocuteurs. Aujourd'hui, nous ne sommes plus habitués aux bons orateurs. Je ne parle pas ici de pathos et de décibels, mais de l'efficacité enrôleuse sur l'auditoire, c'est-à-dire au charisme du personnage plus qu'à sa rhétorique.

Il semblerait que Hitler n'ait découvert que tardivement son exceptionnel talent d'orateur. Il participa sans aucun doute à sa montée au pouvoir. Dans le feu tambourinant du front de l'Ouest, un tel talent ne pouvait impressionner personne et Hitler se contenta d'être un combattant solitaire courageux mais dénué des qualités d'un « chef ». Son talent d'orateur apparaît alors d'autant plus comme un dérivé de sa personnalité de visionnaire. Hitler était un rhétoricien ! Il faut le noter ! Son talent l'a tiré des ténèbres de conditions des plus modestes pour le propulser à la lumière aveuglante de la célébrité et de la politique. Il ne fait aucun doute qu'il lui doit les premières grandes expériences de sa vie. Il sent que ses discours lui confèrent un certain pouvoir sur les hommes. En adhérant à son discours, ceux-ci lui fournissent en retour l'assurance nécessaire à sa prochaine intervention publique qui rencontrera un nouveau succès. Pendant les années vingt, il semblerait que Hitler se soit encore qualifié lui-même de « joueur de tambour ». Hitler entendait convaincre par ses discours, et amener son auditoire à accepter son propre point de vue et à agir en conséquence. Voilà la clé de son succès !

La *SA* était l'instrument qui lui permettait de se faire entendre dans la terreur communiste qui régnait dans les rues. La meilleure rhétorique est sans vigueur lorsque l'orateur est chassé par des brutes communistes. La *SA* devait lui garantir la plateforme à partir de laquelle il pourrait faire entendre sa voix. C'était sa première et sa dernière mission. Après le 30 juin 1934, Hitler cessera de confier des tâches motivantes à cette grande organisation d'hommes d'action, qui lui avait pourtant libéré la rue de la présence des communistes. C'est un oubli incompréhensible de la part d'un chef de parti et d'Etat !

Lorsque Hitler est entré dans le monde politique, il n'était rien, et ne savait rien faire en termes de profession et de citoyenneté. Il n'avait rien à perdre et tout à gagner. Il pouvait courir tous les risques, et c'est ce qu'il fit. Au cours de sa carrière politique, il courra des risques de plus en plus grands et rencontrera le succès, jusqu'à ce qu'il joue à « quitte ou double » en agressant l'Union Soviétique, et qu'il finisse par rencontrer l'échec !

La fascination que Hitler exerçait sur les masses ainsi que sa sensibilité pour « ce qui importait à l'électeur », doublées d'un instinct de pouvoir très développé, lui ont permis de surmonter toutes les crises d'autorité et toutes les tentatives de putsch à l'intérieur du parti pendant le temps des combats. Il était cependant pleinement conscient du danger auquel sa position l'exposait en permanence. Il menait son parti en s'appuyant sur les « pleins pouvoirs dictatoriaux » et non sur un consensus basé sur des procédés démocratiques au sein de ce parti. Les dictateurs peuvent être renversés par une « fronde ». Eviter celle-ci constituait une maxime décisive et pourtant souvent négligée de sa politique intérieure et de sa gestion du personnel, du début des « combats » jusqu'à la fin, au milieu des décombres de Berlin.

Sa position de « *Führer* », de chef du parti devait sans cesse être consolidée sur son chemin vers le pouvoir ! Il ne la devait qu'à sa propre personnalité, à son aura et à son talent d'orateur. Maîtriser des fortes personnalités telles que Röhm et Strasser, et les garder sous son contrôle requérait une grande conscience de son propre pouvoir. Röhm avait organisé la *SA* pour lui, tandis que Strasser avait monté toute l'organisation du parti. Tous deux savaient que Hitler était un cheval de trait, et tous deux étaient cependant capables, le cas échéant, de prendre d'autres routes.

Une observation de l'époque montre à quel point il était conscient de l'action réciproque qui agissait entre lui et la masse de ses auditeurs, comment il enregistrait ses réactions et se sentait conforté par celles-ci. J'étais en train d'écouter un discours de Hitler à la radio. Si mes souvenirs sont bons, il avait été tenu à Stuttgart, ou en tout cas au sud-ouest de l'Allemagne. Au cours de ce discours, Hitler réaffirmait au public, qui applaudissait bruyamment, son intention de renoncer à l'Alsace-Lorraine. Connaissant les efforts de mon père, j'enregistrai non seulement avec satisfaction ce passage du discours, mais aussi la réaction extraordinairement enthousiaste du public. Il s'agissait bien entendu d'un rassemblement de masse. Peu de temps après, mon père m'a raconté qu'il avait participé à cette manifestation. Au terme de celle-ci, Hitler s'était adressé à lui en disant : « avez-vous remarqué leur enthousiasme ? » On peut se demander si cette action réciproque sur la masse et le respect que Hitler avait de ses désirs et de ses espoirs, l'a empêché de proclamer la « guerre totale » dès le début de la guerre (1) et d'introduire en premier lieu le service obligatoire pour les femmes ? (2) Dans sa relation aux masses, Hitler n'était pas moins populiste que certains hommes politiques dirigeants dans des démocraties.

Son intention de se rendre personnellement à la conférence de la Société des Nations qui avait été organisée à Londres en 1936, après le rétablissement de la souveraineté allemande en Rhénanie, témoigne du fait qu'il misait beaucoup sur son talent d'orateur. L'Allemagne devait se montrer responsable à cette occasion. Hitler voulait représenter lui-même le point de vue allemand à cette conférence. Son intervention se serait soldée par un échec cuisant, puisque, comme Père l'avait remarqué, la culpabilité de l'Allemagne était fixée depuis le début. Cela aurait au contraire représenté une perte de prestige importante pour lui-même et pour le *Reich*. Le rhétoricien croyait cependant au pouvoir de son discours, même face à une commission de cette envergure. A cet endroit, il faut de nouveau mentionner le souhait de Hitler de rencontrer après sa prise de pouvoir le chef du gouvernement britannique, Baldwin, et son homologue français Daladier. Il espérait ainsi mettre son pouvoir de conviction au service d'un arrangement avec l'Ouest. Ce n'est également qu'avec beaucoup d'efforts que mon père est parvenu a retenir Hitler de se rendre à une « rixe verbale » avec Roosevelt en 1941 ! (3) Dans son journal, à la date du 28 mai 1941, Hewel note ainsi :

> « Discours de Roosevelt faible mais dangereux du point de vue de la propagande. Il faut empêcher cet homme de continuer à agir en toute impunité. Chef (Père, *NdA*) au *Führer*. Longue conversation sur le sujet. *Führer* aimerait beaucoup parler, ne serait-ce que parce que cela l'amuse. (4) RAM (*Reichsaußenminister*, c'est-à-dire Ministre des Affaires étrangères, *NdT*) redoute que cela ne dégénère en rixe verbale + la réception négative du discours du *Führer* aux Etats-Unis. Chacun veut avoir raison. »

D'après ce que l'on lit entre les lignes, il veut de nouveau appliquer la recette de son succès en politique intérieure sur le domaine de la diplomatie, au grand désespoir de son Ministre des Affaires étrangères. Au demeurant, Hewel fournit avec les termes « Chacun veut avoir raison » un nouvel indice intéressant de l'entêtement avec lequel le si « docile » Ribbentrop essaye d'imposer son avis à Hitler.

Son impatience lorsqu'il sentait qu'il ne provoquait pas chez son interlocuteur l'effet souhaité était à la mesure de sa foi en son pouvoir de persuasion et son désir de motiver. Les conversations qu'il a eues avec Franco et Molotov en sont de funestes exemples ! (5) Cela s'applique également, d'une certaine manière, à ses discours prétendument motivants aux généraux !

Aujourd'hui, on peut souvent observer que les hommes politiques tendent à utiliser dans des conversations privées le jargon des rassemblements de masses. Il se peut que Hitler ait eu le même travers lorsqu'il exposait ses visions à un cercle restreint d'auditeurs ! La fameuse question : « pourquoi dit-on à tel moment et à tel endroit telle chose à telle personne » s'applique tout particulièrement à Hitler. Son argumentation était souvent ambivalente et s'adaptait à son interlocuteur et au but qu'il souhaitait atteindre. Cela relativise un grand nombre de déclarations de Hitler.

On peut qualifier le Hitler de « l'époque des combats », c'est-à-dire jusqu'en 1933, de publicitaire de premier rang, spécialisé dans la politique de son parti. Que l'on pense seulement à la couleur de ce parti, ce brun facilement repérable dans sa laideur esthétique, à l'insigne du parti tout aussi simple que facile à retenir, au rouge lumineux de ses drapeaux, etc. Il était un homme de propagande très compétent et il a rencontré un succès inhabituel pour son époque. Des formulations telles que « l'intérêt général prime l'intérêt particulier », « la communauté des peuples », etc., étaient percutantes et crédibles.

Il ne fait pas de doute que Hitler était un démagogue. Dans l'ancienne Athènes, cette expression signifiait « chef du peuple ». Son caractère péjoratif lui a été donné au XIXe siècle par la « réaction » incarnée par Metternich, diffamant par la même occasion les représentants de la bourgeoisie de tendance libérale. Aujourd'hui, le même sens se retrouve dans le mot « populisme ». Quel homme politique démocratique ne lui fait pas honneur ?

(1) Comparer avec Burton S. Klein, *Germany's preparation for War*, Harvard, 1959.

(2) Todt ne voulait pas « que l'on envisage à cette époque la question du service obligatoire pour les femmes, pour des raisons politiques » *Chef Rü. Aktenvermerk bei Reichsminister Dr. Todt,* le 9 janvier 1941, Berlin le 10 janvier 1941, Bl.3.

(3) Voir à ce sujet ce texte daté du 28 mai 1941 dans le journal de Hewel.

(4) Comparer le célèbre discours de Hitler devant le Reichstag le 28 avril 1939, avec lequel il répondit à un « message » de Roosevelt adressant des « demandes » provocantes au gouvernement du Reich. Un discours brillant, et qui l'« amusa » visiblement! On peut cependant douter du fait qu'il soit adapté au contexte diplomatique. L'association des réponses aux questions de Roosevelt et de la résiliation de l'accord sur les flottes de 1935 et du pacte de non-agression germano-polonais de 1934 pouvait servir la propagande anti-allemande de Roosevelt. Il est compréhensible que Père ait voulu éviter un renouvellement de ce type de confrontation. La résiliation de ces deux contrats constituait un coup dans le jeu de poker pour obtenir la clarification pacifique de la question du corridor sur la base des propositions très avantageuses de l'Allemagne à la Pologne.

(5) J. von Ribbentrop, voir ci-dessus, page 79.

Bien entendu, le « chef du peuple » savait que les gens aiment entendre et savoir « où ils vont ». Ils avaient besoin de perspectives d'amélioration. Hitler disposait de suffisamment de fantaisie pour formuler des visions ! Pensons à l'image qu'il avait inventée pour la population : un peuple de conducteurs au volant de véhicules abordables pour tous et devant lesquels s'ouvriraient les routes de la modernité. On assure sans cesse aujourd'hui que les autoroutes du Reich avaient été construites pour des raisons stratégiques. Cette affirmation est totalement aberrante. Chaque soldat des panzers sait à quel point les blindés s'usaient lorsqu'on leur faisait faire de longs trajets sur des routes bétonnées. On les évitait autant que possible, préférant comme aujourd'hui le transport par chemin de fer qui permettait par ailleurs d'économiser le combustible. Le manque de combustible était le problème récurrent du ravitaillement de la *Wehrmacht* ! Après son accession au pouvoir, Hitler a voulu réaliser sa vision du peuple allemand se déplaçant en automobile, ce qui ne témoigne pas d'une envie particulière de faire la guerre. Ce n'est d'ailleurs que bien plus tard, pendant la guerre en Russie, que les premiers véhicules *VW-Kübel* sont apparus parmi la troupe. L'usine de Volkswagen n'avait pas été conçue pour l'armement ! Pourtant, le caporal Hitler avait déjà mentionné dans son livre « *Mein Kampf* » en 1924, sa vision d'une guerre future avec un nombre considérable de troupes motorisées. Il ne fait aucun doute que Hitler n'a pas plus inventé l'autoroute à quatre voies qu'il n'a été le premier à concevoir des formations de guerre autonomes et motorisées, mais c'est lui qui a réalisé ces deux projets. (6) On peut avoir des idées qui changent le monde, la difficulté réside toujours dans leur réalisation !

Parler, convaincre et gagner des adeptes, telle était la recette du succès de Hitler et de son accession au pouvoir. Prévoir des actions spontanées très bien planifiées dans un premier temps et les concrétiser de manière conséquente, s'attaquer à la réalisation de ses visions, voilà le domaine dans lequel Hitler était à l'aise. En revanche, la coordination subtile, réfléchie et planifiée d'un appareil d'Etat et d'un gouvernement moderne ne l'amusait pas. Il se soustrayait souvent à ce travail pénible en se lançant dans des monologues sur le futur, ce qui mettait le gouvernement allemand dans l'embarras face à une situation internationale extrêmement difficile. Il redoutait cependant tout autant de déléguer cette tâche à un « chef de gouvernement », une solution que Franco et De Gaulle avaient choisie pour se délester.

Il craignait sans doute de perdre sa position dominante. Il travaillait sans système et n'avait donc aucun moyen de donner à un gouvernement autonome des ordres planifiés dont il pourrait régulièrement contrôler la réalisation. Pour cela, il aurait dû accepter de se soumettre à une organisation nécessaire.

Selon les « historiens » contemporains, il risquait parfois sa vie en faisant ses déclarations visionnaires, d'autant plus qu'il n'y avait généralement pas de protocoles autorisés de ses interventions, même en cercle restreint ou lors de grandes occasions. La voie était libre pour toutes les interprétations, incompréhensions et déformations parfois volontaires dans la retransmission de ses déclarations.

C'est ainsi, que dans l'écriture de l'Histoire de l'après-guerre, un document a pu acquérir une importance clé. Il porte le nom peu approprié de « protocole de Hoßbach » et se trouve au cœur du matériel utilisé à charge contre Hitler pour prouver qu'il avait l'intention de provoquer une guerre. Il a été daté du 10.11.1937 par l'aide de camp de Hitler, Hoßbach, cinq jours après la conférence du 05.11.1937 à laquelle ont participé, outre Hitler et Hoßbach, Göring, Blomberg, Neurath, Fritsch et Raeder. Cinq jours plus tard. Il ne l'a pas rédigé dans la chancellerie du *Reich*, mais au Ministère de la guerre. Il est impossible de savoir quand la rédaction a commencé et quand elle a été terminée. Il ne s'agit donc pas d'un protocole, mais bien d'un compte-rendu rédigé a posteriori, sur la base de la mémoire. Il n'a été contresigné par aucun participant de la réunion pour certifier l'authenticité de son contenu.

D'après ce document, Hitler aurait expliqué aux participants que l'espace vital nécessaire à long terme pour préserver la substance raciale du peuple allemand, ne pourra être conquis que par la

(6) Hitler, *Mein Kampf*, page 748-749.

force. Après de longues explications, il semble avoir concrétisé son propos : *« pour améliorer notre position militaire, notre premier but devrait être d'anéantir tout d'abord la Tchécoslovaquie et l'Autriche s'il y avait une guerre, afin de supprimer sur le flanc la menace d'une éventuelle attaque à l'Ouest... »*

Ce n'est pas ici l'endroit approprié pour entreprendre une étude détaillée du « protocole de Hoßbach », aussi nous contenterons-nous de constater qu'il ne reste ni le document original de ce protocole, ni son double. Les représentants américains de l'accusation à Nuremberg n'ont pu avancer que la photocopie d'un microfilm. Ce microfilm à son tour est introuvable. Il existe en revanche plusieurs versions divergentes de la photocopie.

Aucune des personnes impliquées dans cette conférence n'a complètement authentifié le texte présenté à Nuremberg. Un comte Kirchbach prétend avoir découvert ce texte de Hoßbach au cours de l'hiver 1943-1944 dans les dossiers de l'état-major général. Il l'aurait fait recopier et en aurait envoyé un exemplaire à un parent, monsieur von Martin, qui l'a à son tour fait parvenir aux Anglais pendant le procès de Nuremberg. Ni Kirchbach, ni Martin n'ont fermement certifié le texte lu à Nuremberg. Tous deux se placent du côté de la conspiration, ce qui est confirmé par le fait que se sont eux qui ont mis ce texte à la disposition des Alliés. (7)

Il faut prendre en compte un autre point de vue, ou tout au moins lui accorder le droit d'être mentionné ici. Hoßbach était un ami de Beck. Comme nous le savons, Beck s'opposait à la politique de Hitler. A peine six mois plus tard, il allait s'allier au secrétaire d'Etat Weizsäcker pour prendre contact avec les ennemis de l'Allemagne, Churchill et Vansittard, et les exhorter à conserver une attitude inflexible vis-à-vis du *Reich* pour provoquer ensuite un putsch militaire. La réalisation de ce putsch nécessitait bien entendu la collaboration minimale d'une partie des dirigeants de l'Armée. Peut-on écarter complètement l'idée que Hoßbach a sciemment formulé ce texte de manière à monter les chefs militaires contre Hitler et sa politique ? Il s'agissait tout de même d'envisager une haute trahison, qui a d'ailleurs été engagée par la suite. Est-ce que le texte que Hoßbach avait rédigé pour Beck devait servir d'alibi et de justification pour cette entreprise ? Halder – le successeur de Beck en tant que Chef d'Etat-major de l'Armée et son proche collaborateur – a été dénazifié pour la raison suivante : *« le comportement de Halder en 1938 relevait de la haute trahison envers son pays. »* (8)

Mais si l'on fait abstraction de cela, lorsque l'on considère clairement les faits, les déclarations que Hitler a faites selon Hoßbach concernent essentiellement le problème tragique de la Tchécoslovaquie. Hitler considérait certainement l'Autriche comme un problème mineur, en raison de sa population allemande et des nombreux sympathisants que lui et son parti y trouvaient. Ainsi, ce texte n'est pas plausible. La Tchécoslovaquie en revanche représentait une menace réelle pour le *Reich* en raison de ses alliances avec la France et l'Union soviétique – la petite entente avec la Pologne et la Yougoslavie était également encore d'actualité. Il faut reconnaître à un chef d'Etat le droit d'évaluer au sein du cercle restreint de ses conseillers spécialisés dans les questions militaires ou de politique étrangère, les possibilités de neutraliser ou d'écarter un tel danger si l'occasion se présente. Il courait le risque de se le voir sévèrement reprocher s'il omettait au contraire de le faire.

En admettant que Hitler ait réellement fait une partie des déclarations décrites par Hoßbach, on est cependant tenté de penser à Frédéric le Grand. A la veille de la guerre en Silésie, son professeur militaire de l'époque, le vieux général von Kalckreuth, lui avait demandé ce que signifiaient ces rassemblements de troupes à la frontière de la Silésie. Frédéric lui avait répondu en lui demandant

(7) (FN: Kluge : *Das Hoßbach-Protokoll* page 36 et suivantes) Druffel-Verlag. Le texte de Kluge donne par ailleurs une vision approfondie sur la création du « protocole de Hoßbach » et son arrière-plan, tout comme des modifications auxquelles le texte a été soumis et qui ont conduit à la publication de plusieurs versions divergentes.)

(8) Dr. Martin Horn, *Halder, Schuld oder Tragik?*, Munich, 1948, page 37. Horn était l'assistant juridique de Halder lors de sa dénazification ; il était le défenseur de mon père au cours du procès contre ceux que l'on avait appelé les « criminels de guerre principaux » à Nuremberg.

« s'il savait garder le silence ». Lorsque son interlocuteur lui a répondu avec empressement : « comme une tombe, majesté ! », il lui avait rétorqué : « moi aussi ! »

L'aspect le plus remarquable de la conférence au sujet de laquelle Hoßbach a rédigé son protocole très controversé, réside cependant dans un tout autre aspect, et je suis toujours surpris de constater à quel point ce sujet est peu abordé dans la littérature spécialisée. Nous avons vu à quel point le caractère documentaire du dénommé « protocole » était douteux. Mais dans quel but toute cette organisation avait-elle été mise sur pieds, et quelles directives ont finalement été transmises par le chef du gouvernement, ne serait-ce que sous forme d'ébauche ? On n'en sait rien ! On ne connaît pas même l'existence d'un ordre donné aux chefs de la *Wehrmacht*, précisant par exemple pour quelle date il faudrait atteindre un certain niveau d'armement - sans parler de planifications économiques ou d'autres préparatifs pour un conflit militaire. Les Ministres concernés par ces questions n'étaient pas même conviés à cette réunion.

Un autre indice de l'importance mineure que Hitler semblait accorder à cette réunion réside dans la tentative apparemment plusieurs fois réitérée par Hoßbach, de faire valider ce protocole par Hitler. Ce dernier semble avoir toujours prétexté le manque de temps pour s'y soustraire.

Il faut s'imaginer cela : le chef d'Etat donne aux responsables militaires et à son Ministre des Affaires étrangères (Neurath) les contours présumés d'un programme de politique étrangère d'importance majeure, et ne juge pas utile par la suite de lire le protocole de son aide de camp. Cela relativise considérablement la signification de cette réunion et des prétendues déclarations de Hitler. Dans ces conditions, il est impossible de parler de « testament » !

Selon ses propres dires, Hitler ne voit aucun inconvénient à ce que le Commandant en Chef de l'Armée parte à l'étranger. Cela doit cependant paraître incompréhensible qu'un Chef d'Etat-major avec lequel il n'entretenait visiblement pas de relations de confiance particulières puisse participer à une réunion d'une telle importance, tandis que les personnes concernées par le sujet et issues plus particulièrement du domaine de l'économie, en étaient exclues. Ne pas prendre ensuite connaissance du protocole – pour des raisons de « manque de temps » - relativise l'importance de ce texte !

Il est probable que Hitler ait laissé libre cours à ses élans rhétoriques pour se soustraire à la tâche désagréable de devoir trancher entre des chefs de sections rivaux sur la distribution des matières premières entre les différents secteurs. Hitler craignait ce type de décision, et cette situation précise était particulièrement pénible puisque l'un de ses plus proches collaborateurs, Göring, y défendait également ses intérêts.

Doté de la signature de Hitler, ce protocole aurait effectivement pu servir d'agitateur pour la conspiration. Pourquoi Hoßbach ne l'a-t-il pas soumis à son directeur le baron Fritsch qui était présent à la réunion, ou même à tous les autres participants ? C'était légitime, pourquoi sinon le chef d'Etat l'aurait-il convié ?

Il semblerait que cette réunion soit une initiative de Blomberg pour présenter et régler les problèmes de ravitaillement des différentes branches de la *Wehrmacht*. Des spécialistes subordonnés avaient été convoqués et attendaient dans la pièce attenante. Le problème du ravitaillement en matières premières résidait en grande partie dans le fait que Göring, qui était responsable du « plan quadriennal », devait s'occuper de l'acheminement des matières premières et de leur distribution, mais qu'en tant que commandant supérieur de la *Luftwaffe*, il défendait également ses intérêts personnels dans cette affaire. Il semblerait d'ailleurs que cette réunion n'ait pas apporté de solution concrète à ce problème, ni à celui de l'organisation en termes de répartition claire des responsabilités, tâche à laquelle Hitler avait l'habitude de rechigner. Le protocole de « Hoßbach » ne constitue pas de preuve tangible pour la « pulsion guerrière » qui est sans cesse reprochée à Hitler. Cependant, cette réunion et les doutes qui entourent le protocole la concernant constituent sans aucun doute une preuve du fait que les méthodes de travail de Hitler manquaient de système.

Hitler faisait confiance à ses capacités d'orateur sans cesse confortées par l'enthousiasme frénétique du public lors des grands rassemblements. J'ai déjà mentionné qu'il pensait même pouvoir impressionner et convaincre l'assemblée réunie de la Société des Nations, à laquelle participait en autres le Ministre des Affaires étrangères soviétique Litwinow-Finkelstein, qui pratiquait comme nous le savons une politique hostile à l'Allemagne. J'ai décrit les efforts fournis par Père pour éviter que Hitler entre en contact direct avec Baldwin et Daladier pour mettre son pouvoir de conviction au service de l'établissement de relations amicales entre ces pays. Mère me donna un autre exemple de la foi inébranlable que Hitler avait dans le pouvoir de ses discours pour atteindre ses objectifs : un jour, il s'était écrié à une occasion particulière : « *et bien je vais dire aux femmes qu'elle devront désormais avoir plus d'enfants !* ». L'« argument » principal de Hitler était souvent sa rhétorique !

L'interprétation des déclarations de Hitler lors du procès de Nuremberg est encore plus douteuse si l'on considère que ces visions de la politique internationale prétendument « testamentaires » avaient été déclarées en présence du Ministre des Affaires étrangères dont il allait se séparer quelques semaines plus tard. Il ne faudrait cependant pas négliger la situation politique internationale au moment de cette réunion. L'axe militaire Paris – Prague - Moscou constituait une menace non négligeable pour le *Reich*. Apparemment, la Grande-Bretagne n'était pas bien disposée vis à vis du *Reich* (ce que l'ambassadeur de Hitler à Londres, Ribbentrop, confirma de vive voix quelques semaines plus tard). Sous couvert du Pacte de non-agression germano-polonais, la Pologne poursuivait tranquillement sa politique antigermanique, et le président des Etats-Unis Roosevelt s'était clairement placé contre l'Allemagne dans son « discours de quarantaine », sans raison apparente. Il est difficile dans ce contexte de ne pas concevoir qu'il y avait suffisamment de raisons pour le chef d'Etat allemand de se poser des questions sur le « pieu dans la chair allemande » ou l'avion ravitailleur, comme un ministre français avait qualifié la Tchécoslovaquie.

Que cette réunion se soit déroulée d'une manière ou d'une autre, et que Hitler ait fait telle ou telle déclaration, il ressort tout de même quelque chose de funeste de tous les témoignages des participants : au cours de sa collaboration étroite avec ses chefs militaires, Hitler a négligé de donner des ordres détaillés et coordonnés pour l'armement et d'en contrôler les progrès. Il a visiblement accordé peu d'importance à un élément bien plus important encore : tenir les chefs militaires au courant des nécessités actuelles de la politique étrangère. C'était pourtant le seul moyen d'instaurer une relation de confiance entre la direction politique et l'administration militaire qui lui était subordonnée. En intégrant cette dernière dans les décisions importantes concernant la politique internationale, il aurait rempli une condition indispensable pour régler la position exceptionnellement difficile dans laquelle se trouvait le *Reich*. Cette relation ne pouvait être établie par le biais de discours visionnaires occasionnels, mais uniquement par une collaboration intensive, facteur d'unification et de confiance. Il n'y a jamais eu de relation de confiance entre les généraux et Hitler !

J'ai décrit la situation dramatique dans laquelle se trouvait l'Allemagne sur le plan international lors de l'arrivée au pouvoir de Hitler. Surmonter cette situation et consolider la position de l'Allemagne au centre de l'Europe requérait l'union de toutes les forces et ressources, au sens large du terme. Il fallait en premier lieu motiver les chefs de tous les secteurs de la vie publique. La plupart d'entre eux ne faisaient pas partie du cercle des acolytes de Hitler, qui avaient fait leurs preuves dans la lutte pour le pouvoir. Il fallait donc qu'il les gagne à sa cause et qu'il les motive. Hitler devait passer du cap de démagogue à celui de chef d'Etat.

Le point de départ de sa conception était son opposition au Marxisme sous toutes ses formes. Il l'opposait au Nationalisme – qui était alors considéré par tous les peuples et tous les Etats du monde comme étant la base de leur existence. Il élargissait ce dernier en le qualifiant de « Socialisme National ». Il inventa le terme de « communauté des peuples » qui n'avait rien à voir avec le socialisme dogmatique d'inspiration marxiste, même s'il existait bien sûr des courants « de gauche » au sein de la *NSDAP*, mais ceux-ci n'étaient pas du tout organisés.

On ne peut nier que la base de sa lutte pour le pouvoir, qu'il entendait obtenir par la voie légale, était solide. Le « socialisme national » était destiné à obtenir un large consensus dans différentes couches de la société, en incluant la classe ouvrière. L'aspect « socialiste » du national-socialisme serait aujourd'hui défini par le mot « social », justement pour le différencier du « socialisme » de Marx, sans vouloir ici me perdre dans des définitions. Les électeurs communistes – ils étaient plus de 5 millions lors des élections présidentielles du *Reich* en 1932 – choisissaient les communistes par nécessité économique. Pour eux, un « socialisme national » était tout aussi acceptable, si leur situation pouvait s'en trouver améliorée.

Avec son talent de visionnaire, Hitler a ébauché ce concept. Il devait donner une vision à ce peuple encore très incertain sur le plan politique – incertain dans le sens d'une identité nationale. Il a dissout l'opposition entre « national » et « socialiste » (« social ») en créant cette « communauté des peuples », au sein de laquelle chacun avait à remplir son rôle pour le bien de tous et pour le sien. L'une de ses formules était par exemple « travailleur du front et du poing ! »

Il promettait sur le plan national le rétablissement de l'égalité des droits de l'Allemagne et de sa capacité de défense, sur le plan social l'annulation du chômage et de la lutte des classes. On ne peut nier le fait qu'il s'agisse là d'une conception touchant toutes les couches de la société.

La composante sociale devait créer l'« unité » du peuple indispensable pour supporter le combat pour l'égalité des droits et la sécurisation de sa position toujours menacée au centre de l'Europe. L'expérience de la Première Guerre mondiale, au cours de laquelle le « front patriotique » (selon la conception de l'époque) avait été brisé, jouait sans aucun doute ici un rôle important.

Lorsque Hitler est remonté sur la scène politique après sa détention, il s'est vu enrôlé dans une « lutte des fronts » fatale. Son ennemi mortel qu'il s'était juré de combattre – tout au moins en Allemagne - en accédant au pouvoir, le marxisme international, était un adversaire surpuissant et acharné. D'autre part, les états « capitalistes » orientaient leur politique vers le maintien en position de faiblesse de l'Allemagne, même si l'un ou l'autre des politiciens étrangers s'inquiétait de la possibilité d'une Allemagne bolchevique. Comme la dangerosité de l'Union Soviétique était cependant sous-estimée à cette époque par les puissances de l'Ouest, Etats-Unis inclus, le maintien de l'Allemagne en position de faiblesse était au cœur tout au moins de la politique française, à laquelle la Grande-Bretagne ne s'opposait pas.

A la position extrêmement dangereuse du *Reich* sur l'échiquier international s'ajoutait la menace intérieure par le parti communiste allemand, très actif et très militant. Dirigé depuis Moscou, il pouvait sans aucun doute être considérée comme « une antenne » de la puissance impériale si la situation se durcissait. La structure sociale des cercles dirigeants de l'Allemagne n'était pas homogène. Toutes les directions religieuses, sociales et idéologiques étaient représentées. Chez tous ces groupes cependant – à l'exception, bien sûr, de l'extrême - gauche – les mots d'ordre « antibolchevisme » et « égalité des droits » trouvaient une résonance motivante. L'idéologue Hitler a cependant choisi de charger ce dénominateur commun susceptible d'obtenir un consensus national et social, d'une idéologie qu'il croyait pouvoir octroyer au peuple allemand pour le « soustraire aux influences subversives du bolchevisme d'inspiration juive ». (sic) Son idéologie exigeait petit à petit une acceptation jusque dans les sphères les plus privées de la vie de chaque individu.

Sa théorie des races servait de base à ce qu'il appelait son « idéologie ». Sa composante « positive « résidait dans la race germanique » (quelle que soit la signification qu'il donnait à ce terme), tandis qu'à ses yeux, le côté négatif était incarné par la « race juive ». Comme il assimilait le bolchevisme et le judaïsme, il avait rapidement fait le pas entre son objectif de lutte réelle et claire contre le marxisme, et sa théorie utopique des races. Pour lui, le marxisme, le judaïsme et l'internationalité étaient au même niveau. C'est dans ces éléments – analogues à ses yeux – qu'il voyait un danger pour la substance « sanguine » et « morale – spirituelle » du peuple allemand, et il voulait immuniser celui-ci contre ceux-là.

Il croyait ainsi renforcer la résistance de son peuple contre ce « bolchevisme juif » et créer les conditions qui amèneraient ce même peuple à le suivre sans hésiter sur le chemin qu'il pensait avoir reconnu comme étant juste. A partir de la « mentalité de forteresse » qui s'était développée de manière compréhensible dans l'Allemagne de l'après-guerre, marquée par le traité de Versailles et l'impression de parfait encerclement d'un *Reich* désarmé, il considérait chaque divergence par rapport à sa ligne « idéologique » comme un danger intérieur et une menace extérieure. D'après lui, elle avait mené pendant la Première Guerre mondiale au déclin de la force de combat, ouvrant ainsi la voie à la défaite. L'« esprit de forteresse » apparaît toujours dans une situation de détresse, c'est-à-dire de faiblesse. On peut concéder à Hitler et à son gouvernement d'avoir profité de cette situation de détresse pour prendre le pouvoir, faire disparaître sans scrupules les chefs communistes et emprisonner des fonctionnaires. Les communistes constituaient la prolongation d'une puissance étrangère impériale et agressive, que Hitler était venu combattre.

Aucune protestation ne s'est manifestée contre le rapide anéantissement des organisations communistes. On peut le considérer comme un réflexe de légitime défense. La République de Weimar n'avait pas été capable de cela. Rappelons en aparté l'étrangeté du fait que l'ancien Président fédéral Weizsäcker plaigne les communistes qui auraient tant souffert sous le régime de Hitler. A l'époque – et Weizsäcker le sait très bien – il s'agissait de savoir si nous allions avoir une Allemagne bolchevique ou pas. (9)

Dans la situation de défense extrême dans laquelle se trouvait le *Reich* au moment de son accession au pouvoir, Hitler a sans aucun doute dépassé les bornes de ses droits constitutionnels. Cependant, le *Reichstag* avait cautionné sa loi sur les pleins pouvoirs avec une majorité (incluant les voix de Brüning, Heuß et autres). Un homme d'Etat se serait servi de ces droits exceptionnels avec beaucoup de précautions. L'image du communisme comme ennemi commun lui aurait servi d'argument pour affronter et unifier les différents groupements de la collectivité.

Comme nous l'avons dit, toutes les couches de la société étaient contre le bolchevisme et pour l'égalité des droits de l'Allemagne, mais surtout les cercles sur lesquels Hitler devait s'appuyer s'il voulait effectivement atteindre ce but. Si ces cercles issus des sphères supérieures de la *Wehrmacht*, de l'administration, de l'économie, des sciences et même des églises n'adhéraient pas d'emblée à Hitler, ils voyaient tout de même dans son parti une alternative préférable au communisme. Hitler devait savoir qu'il dépendait de ces sphères de la société. La fidélité loyale des « élites établies » était une nécessité absolue. Il ne fallait pas songer à un « changement de personnel » des élites car il s'agissait d'opérer rapidement, dans les conditions dans lesquelles se trouvait le *Reich* à ce moment donné. Aucun homme d'Etat ne peut réaliser ses ambitions politiques sans le soutien d'un groupe d'élite placé aux postes-clés du gouvernement. C'est particulièrement valable dans des situations difficiles.

Hitler était-il un homme d'Etat capable de s'inspirer des traditions des rois prussiens pour introduire les couches supérieures de la société dans les objectifs de la politique internationale qu'il avait définis, afin qu'elles le suivent sur la route dangereuse qu'il a empruntée ? Bien évidemment, il ne s'agissait pas d'acquérir la souveraineté mondiale, mais plutôt d'établir l'existence sécurisée du *Reich* au sein de l'Europe. En réalité, les meilleures prédispositions pour cette entreprise étaient données ! La crise inhabituelle dans laquelle se trouvait l'Etat au moment de la venue au pouvoir de Hitler ainsi que la crainte d'être avalé par la marée bolchevique avaient préparé de larges cercles de personnes à un nouveau départ. C'était le moment idéal pour mettre un projet à exécution !

Le *Führer* et homme d'Etat aurait dû reconnaître ce besoin et proposer une solution à celui-ci. C'était la condition pour concentrer véritablement toutes les forces sur le but qu'il s'était fixé. Mais ce « *Führer* » était un visionnaire, qui s'était fait une image de monde antimarxiste, et qui croyait que la lutte contre « l'internationalité juive-bolchevique » ne pouvait passer que par une « modification de l'idéal » du peuple. Avec l'impatience du visionnaire, il tentait d'endoctriner le peuple allemand avec ses conceptions, et s'opposait ainsi fréquemment aux groupes établis de la société, qui étaient pourtant tout à fait disposés à se laisser convaincre par ses objectifs en matière de politique internationale.

Impatient comme tout visionnaire, coincé par ailleurs dans sa mentalité de « forteresse » qui considérait toute divergence d'avec ses conceptions comme une mise en danger de la sécurité in-

(9) Streifler, *Kampf um die Macht*, Proplyläen.

terne du pays, il choisit d'appuyer sa vision « idéaliste » de manière insistante par l'intermédiaire de la police secrète. Cela mena finalement à une insécurité de droit qu'un état cultivé ne pouvait pas endurer à long terme sous cette forme. Un état où on risque d'être arrêté sans avoir la possibilité de recourir aux tribunaux pour se défendre n'est pas viable très longtemps.

Restreindre le droit d'expression, le punir par la prison ou d'autres moyens bien plus sévères n'est pas seulement attaquable d'un point de vue moral, c'est tout simplement une faute fatale, encore plus lourde dans le domaine de la politique. Une opposition réprimée est bien plus dangereuse qu'une diversité d'opinion ou de conception ouvertement exprimée. L'autorité de Hitler, renforcée par ses succès, aurait eu la possibilité de garantir une libéralité bien plus grande. La contrainte entraîne finalement toujours la démotivation.

Ce qui était encore bien plus grave était le caractère imprévisible du dictateur. Sa parole était un ordre et il exigeait qu'il soit exécuté. Celui qui se qualifie lui-même de « plus haut juge du peuple allemand » et laisse accomplir en son seul nom toute une série d'exécutions sans autre forme de procès, peut se servir à volonté de son pouvoir. C'est la porte ouverte à l'arbitraire. Cette insécurité de droit constituait le talon d'Achille de son régime ! L'impression d'absence de droits qui en résultait a fourni un terrain propice aux activités secrètes d'opposition.

Hitler ne transmettait pas aux cercles dominants du *Reich* dont il avait besoin cette sécurité vitale nécessaire à tout homme. Un souverain absolu incontrôlé n'est jamais garant de cette sécurité, sauf s'il se soumet à des règles du jeu précises qui ne peuvent reposer que sur la base de l'état de droit.

C'est là aussi que résidait la problématique intérieure de la « question juive » soulevée par Hitler. Les conséquences en matière de politique étrangère de ce « problème racial » étaient évidentes. Pour l'Allemand moyen, il existait des races dans le sens où ils y avaient les blancs, les noirs et les jaunes. Les signes distinctifs des différentes « races » blanches étaient inconnus du plus grand nombre. Quelque part, on avait conscience d'un antisémitisme ancestral reposant sur des critères religieux, mais personne n'aurait eu l'idée de le transposer sur la réalité du quotidien. Cet état de fait a peut-être changé dans le Berlin d'après la Première Guerre mondiale. L'arrivée massive d'immigrants juifs venus de l'Est avait alors beaucoup inquiété les anciens juifs allemands de la ville.

L'existence de différentes races était connue, mais l'idée d'une politique raciale active était considérée comme une utopie. Une phrase insolente circulait au sein de la *Waffen-SS* sur la « race nordique » apparemment si largement propagée, et donc les caractéristiques principales portaient l'initiale « B » : « blond, yeux bleus, et bête ». L'argument de la race ne tenait pas la route pour l'antisémitisme de Hitler qui acquit peu à peu le caractère d'une idéologie arbitraire. Un fait plus grave était que l'antisémitisme n'était pas compatible avec les conceptions du christianisme, et que les relations entre les églises en ont été perturbées (les « alliés de naissance » contre le bolchevisme athée). L'incompréhension a été totale lorsque des juifs qui s'étaient battus et s'étaient même démarqués lors de la Première Guerre mondiale, ont été la cible de mesures antijuives.

Les mesures arbitraires contre les citoyens allemands juifs sont restées relativement discrètes jusqu'à la *Reichskristallnacht*. Peu après l'accession au pouvoir de Hitler, notre professeur nous expliqua avec insistance en désignant l'un de nos camarades qui était juif : « le national-socialisme lutte contre la haute finance juive, et non contre le peuple juif ! » Il était lui-même un national-socialiste de la première heure !

La politique antijuive de Hitler – et je ne mentionne même pas les excès de cette politique après 1941 – allait à l'encontre des objectifs qu'il s'était fixé. Il voulait « immuniser » le peuple allemand contre le bolchevisme « juif » mais il le démotivait par sa politique intérieure autoritaire, imposée par un grand nombre de « petits Hitlers ». On est tenté de citer une nouvelle fois cette phrase célèbre de Talleyrand : « C'est pire qu'un crime, c'est une faute ! »

Un exemple supplémentaire illustre le comportement arbitraire de Hitler : en 1941, tous les princes issus de familles autrefois régnantes en Allemagne, ont été licenciés de la *Wehrmacht*. C'était incompréhensible. Seul un cercle très restreint de personnes était touché par cette mesure, mais c'était justement ce cercle qui, par tradition familiale, était prêt à sacrifier corps et âme pour son pays ! Ne pouvait-on pas se demander à ce moment quel serait le prochain groupe à être touché par les mesures arbitraires du dictateur ? Les actions contre les juifs faisaient partie de la même démarche. Qui pouvait garantir à tel ou tel groupe qu'après la guerre, il ne deviendrait pas à son tour la cible de Hitler et devrait en subir des conséquences néfastes ?

Commençons par les institutions importantes que sont les églises. On pourrait penser qu'elles rallieraient facilement une cause combattant l'athéisme bolchevique. Et pourtant, la relation entre les églises et le régime était souvent tendue. L'idéologue en Hitler avait une exigence « totalitaire » sur les âmes du peuple qu'il dirigeait. Par ce fait, il plongeait toute une partie de la population allemande, issue des couches supérieures de la société mais aussi d'autres milieux, dans un conflit de conscience.

En tant que jeune chef de compagnie – 22 ans – j'ai fait à cette époque une expérience marquante. En 1943, nous étions en train de mettre sur pieds la division de *panzers Hitlerjugend*. Les effectifs étaient pour la plupart recrutées parmi les volontaires issus des jeunesses hitlériennes et devant accomplir leur service militaire. Sepp Dietrich (qui alors en chef commandait le corps d'armée issu de la *Leibstandarte*) nous avait tout particulièrement recommandé ces recrues. Il voulait en effet que nous nous sentions responsables de la formation de ces jeunes en tant qu'éducateurs et animateurs, oui presque comme des pères de substitution.

Un jour, l'un de mes officiers a attiré mon attention sur un jeune soldat qui ne suivait pas le service avec le même enthousiasme joyeux que les autres. Il était originaire de Silésie du nord et portait un nom polonais. J'ai vite compris quel était son problème lorsqu'on me présenta ce jeune homme d'apparence angoissée. Il s'est rapidement senti en confiance, et lorsque je lui ai demandé ce qui le travaillait, il m'a ouvertement expliqué qu'il regrettait de ne pouvoir se rendre à la messe.

Au cours de notre entretien, j'ai par ailleurs compris qu'il s'était porté volontaire pour la *Waffen-SS* parce que toute sa classe l'avait fait, et qu'il n'avait pas osé se démarquer des autres. En réalité cependant, il ne souhaitait pas en faire partie, car la *SS* était connue pour son hostilité vis-à-vis de l'Eglise. Son père était tombé, et sa mère lui avait fait ses adieux en lui recommandant de « garder la foi ! ». Cela ne nous a coûté aucun effort d'obtenir l'autorisation du commandant du régiment d'envoyer le jeune homme en motocyclette à la messe du village voisin le dimanche, bien entendu une messe française puisque nous nous trouvions alors sur un terrain d'entraînement en France. Tout comme moi, le commandant était d'avis qu'il fallait permettre au jeune homme de pratiquer sa foi, d'autant plus qu'il allait certainement endurer de lourdes souffrances morales pendant les opérations à venir.

Est-ce que ce petit exemple n'est pas symbolique pour la situation morale dans laquelle se trouvaient un grand nombre d'Allemands ? D'une part, la patrie qui se trouvait dans un combat entre la vie et la mort, d'autre part la pression d'un régime qui précipitait la plupart d'entre eux dans un conflit intérieur. L'un des meilleurs amis de mes parents était le comte Schönburg, surnommé « Ernstl ». A l'époque où il était étudiant, déjà, il venait volontiers chez nous. Nous, les enfants, l'aimions beaucoup, car il était drôle et il s'intéressait à nous, il me donnait par exemple des conseils pour tirer au fusil. Il faisait quasiment partie de la famille. Je me souviens très bien qu'en 1932, entre les deux tours d'élections pour le président du *Reich*, il nous expliqua qu'il y aurait tôt ou tard une grande lutte entre les communistes et les nationaux-socialistes. Il croyait à la victoire de ces derniers, car les ouvriers de Saxe – il venait lui-même de cette région – étaient « malins » et voteraient en majorité pour Hitler, et qu'ils savaient de manière générale quelle direction il fallait prendre. Du haut de mes 11 ans, j'avais été très impressionné alors par la gravité de la situation intérieure de l'Allemagne qui s'exprimait dans ces paroles.

Autour des années 1935-1936, Père a demandé à Ernstl Schönburg, qui était catholique, de prendre contact avec les cercles de même conviction religieuse en Angleterre, afin que ceux-ci travaillent de leur côté à une entente germano-britannique. Je ne me souviens que trop bien de la tristesse de Père lorsqu'il expliqua à ma mère que Ernstl n'avait pu donner suite à cette demande. En effet, après un premier voyage, il avait compris que la relation tendue que le régime entretenait avec la religion catholique ne permettait pas de collaboration sur ce terrain.

Père pensait, et c'est pour cette seule raison qu'il avait rejoint Hitler, que la politique étrangère représentait la priorité absolue, car au-delà des différents en politique intérieure, c'était d'elle que dépendait la collectivité. C'est ainsi que Schönburg est devenu officier de réserve et qu'il est tombé dès le premier jour de la campagne de Pologne, pour son pays et un régime qu'il ne soutenait pas. Père a été particulièrement touché par sa mort. Le destin de Schönburg symbolise celui d'un grand nombre d'Allemands : d'une part, le danger latent dans lequel se trouvait le pays au sein de l'Europe, de l'autre un régime qui éveillait pour diverses raisons une grande méfiance au sein de la population. J'ai déjà mentionné le fait que mon épouse a perdu dix cousins pendant les combats. Ils étaient tous protestants pratiquants et rejetaient le régime de Hitler.

L'Ancien Testament représentait le premier problème dans la relation de Hitler à l'Eglise. C'était l'« histoire biblique » de ce peuple juif qui se trouvait au niveau le plus bas dans le système de valeurs raciales de Hitler. Il s'agit là d'une inconséquence de portée quasi-satyrique. Celui qui se donne pour objectif politique de préserver sa « race », devrait en effet prendre le peuple juif comme modèle, car il a toujours été expulsé, comme dans l'Ancien Testament. Le sentiment d'appartenance phénoménal qui caractérise ce peuple est unique dans l'Histoire. Vieille de plus de 3 000 ans, la tradition juive est – malgré d'incessantes persécutions –la plus ancienne des traditions « vivantes » de ce monde.

Hitler avait ramené son antisémitisme de Vienne, et selon sa vision, le bolchevisme, le judaïsme et l'internationalité représentaient une conspiration dont la vocation était la domination du monde, sous quelle forme que ce soit. Ce problème était au cœur d'un grand nombre de discussions entre Hitler et Père, qui tentait d'influencer l'état d'esprit du *Führer* en évoquant toutes les difficultés et troubles provoqués par la question juive à l'échelle internationale.

Les grands meneurs travaillent toujours « contre » quelque chose pour motiver les masses, un ennemi qu'il s'agit de combattre ensemble. Hitler s'est certainement servi de ce système. Mais une fois au pouvoir, le démagogue aurait dû modifier son idéologie dans le sens d'une politique intérieure et étrangère praticables, comme un bon homme d'Etat. C'est ainsi que Père l'avait expliqué à Hitler : « l'hostilité des juifs dans le monde signifie l'adversité d'une puissance supplémentaire ! » Le pouvoir de Hitler et l'autorité dont il disposait à l'époque lui auraient sans aucun doute donné la possibilité de modifier son « idéologie » dans l'esprit d'une politique pragmatique. La grande acceptation qu'avait rencontré le pacte germano-soviétique de 1939 au sein de la population allemande en constitue un exemple. Le peuple allemand aurait été soulagé si le régime avait renoncé à sa politique antisémite, car celle-ci causait des problèmes personnels et humains à chaque individu.

La même remarque s'applique aux querelles religieuses. Les églises n'étaient pas en position de procurer des sympathisants au *Reich* et à son régime à travers le monde. Et pourtant, aucune des deux églises ne souhaitait s'exposer à la domination du bolchevisme ! Elles ne savaient cependant pas non plus ce qu'elles auraient pu espérer du dictateur Hitler s'il parvenait à imposer sa suprématie.

En Allemagne, il était largement en mesure d'« écarter » les juifs, c'est-à-dire de les tenir à l'écart des postes importants dans le pays. Il ne faut pas oublier de mentionner à cet endroit que l'émigration des scientifiques juifs de premier ordre constitua une saignée fatale pour l'ensemble du *Reich* dans cette situation tragique. Je n'ai pas pu le vérifier à ce jour, mais je me souviens que Père m'avait un jour expliqué en 1940, très agité, que l'un des constructeurs les plus compétents du célèbre « Spitfire », un avion de chasse anglais, était un ingénieur allemand émigré en Grande-Bretagne pour des raisons « raciales ». Bien entendu, il m'avait raconté cela comme un exemple des conséquences funestes de la politique raciale du national-socialisme. Hitler ne savait-il pas que la synthèse de l'ammoniaque de Haber, un juif allemand, avait permis à l'Allemagne de mener la Première Guerre mondiale ? Sans celle-ci, la production de poudre qui était jusque-là dépendante du salpêtre chilien aurait dû être interrompue quelques semaines seulement après le début de la guerre, c'est-à-dire en 1914. (10)

(10) Voir FAZ du 10.08.1999, n° 183.

La plus grande partie des forces dirigeantes de l'Allemagne avait sans aucun doute une appartenance religieuse. Espérait-on les gagner à la cause d'un régime adoptant lui-même une position très critique vis-à-vis de la religion ? Hitler ne voulait certainement pas une guerre religieuse. C'est ainsi qu'il a intelligemment pris la défense du célèbre comte Galen face à l'évêque de Munster et qu'il a interdit sa condamnation. Galen avait ouvertement agressé le régime de Hitler au cours de ses prêches, et en particulier la pratique de l'Euthanasie. Hitler a commis une erreur importante de politique intérieure en n'essayant pas de s'assurer le soutien des confessions religieuses pour mener sa lutte anti-bolchevique, et cette erreur ne s'explique que par l'idéologie. Les idéologues veulent imposer aux âmes humaines leurs conceptions du monde, et ne tolèrent aucune concurrence ! L'idéologie représente la tentative de résoudre l'infinie complexité et l'immense diversité des problèmes de la vie humaine sur cette terre, par ailleurs en perpétuel changement, en les pressant dans le lit de Procrustes (Procrustes était, dans la mythologie grecque, un géant qui posait toute personne qu'il croisait dans un lit. S'ils étaient trop long, il les « raccourcissait ». S'ils étaient trop courts, il les « étirait ». Il adapta ainsi les prisonniers au lit de Procrustes jusqu'à ce que le roi d'Athènes le fasse exécuter. De nos jours, on utilise ce terme pour désigner un schéma rigide requérrant des adaptations douloureuses *NdT*) de conceptions imaginaires, afin de les résoudre par le moyen de formules idéologiques. Père a proposé à Hitler de donner à l'église catholique l'accès à la Russie occupée. Je me souviens très bien de ce qu'avait alors dit ma mère, car cela m'avait ouvert les yeux sur les relations de l'église orthodoxe à l'église catholique : « cela exaucerait le rêve nourri depuis des siècles par l'église catholique ! » Inutile de préciser que cette suggestion ne rencontra aucun succès !

Un autre groupe – on pourrait presque ici utiliser le terme de « caste » - qui représentait une importance majeure pour Hitler et sa politique, était celui des généraux de l'Armée. La loyauté du pouvoir armé est toujours particulièrement importante au sein d'une dictature, car celui-ci dispose du potentiel nécessaire pour renverser le dictateur. Hitler avait sans aucun doute eu cette pensée, ce qui est légitime.

Les généraux avaient pour mission de terminer le plus rapidement possible le réarmement, afin de réduire au maximum la phase de risque. Ils venaient pour la plupart de l'ancienne armée impériale. La relation d'un officier prussien allemand au « chef de guerre supérieur » qu'était le *Kaiser* était généralement conçue comme une relation de confiance personnelle. Ces cercles étaient par essence conservateurs. Ils étaient parvenus à maintenir la tradition soldatesque de l'armée allemande au-delà de la fracture de 1918 et à travers les tumultes de la République de Weimar. Quoi qu'on en dise, cette tradition soldatesque qui consiste, à travers l'Histoire, à mettre sa vie à la disposition de la défense de son pays, devrait toujours rester la base spirituelle d'une armée, si celle-ci veut remplir son devoir de défense du pays contre des forces extérieures.

Les anciens officiers du *Kaiser* avaient créé avec la *Reichswehr* (comme on appelait l'Armée au temps de la République de Weimar) une armée de cadres, créant ainsi le fondement sans lequel le réarmement n'aurait jamais pu être mené aussi rapidement sous Hitler. Le « facteur temps » jouait un rôle décisif sur le choix de la personne qui allait mener l'entreprise et la manière dont elle allait être dirigée. Face à la suggestion de Röhm de mettre sur pieds une milice, Hitler s'est décidé pour la conservation des généraux et du corps d'officiers qu'ils dirigeaient. C'était le seul moyen d'obtenir en un laps de temps le plus réduit possible un élargissement maximal de l'armée, pour écourter la « phase risquée ». Hitler devait mesurer les avantages et les inconvénients de ces décisions, et en porter la responsabilité. Les vertus des soldats, conservées par les officiers « du *Kaiser* », comportaient cependant aussi une face négative. D'anciennes habitudes qui ne correspondaient plus à une armée moderne marquée par la « communauté des peuples », étaient pourtant maintenues et défendues – non sans arrogance et prétention.

L'armée allemande ne se caractérisait pas par un enthousiasme particulier pour le changement, et encore moins lorsque celui-ci était d'ordre technique. Le chef du Grand Etat-major Schlieffen avait dû se battre avec le Ministère de la Guerre pour faire de l'artillerie lourde une troupe de terrain. Grand Père nous avait raconté l'histoire de ce général de l'Empire qui s'était opposé à l'introduction de la mitrailleuse parce que cela perturbait l'image harmonieuse d'une colonne en marche. Ce n'est pas sans raison que l'on se moquait dans l'armée allemande du nouvel uniforme de cérémonie des soldats après la réintroduction du service militaire en 1935. On l'appelait le *« souvenir de l'empereur Guillaume »* ! Je peux vous parler de ma propre expérience des vêtements de camouflage et des housses de casque d'acier dont chaque soldat de la *Waffen-SS* était équipé. Au premier coup d'œil, on pouvait voir quels avantages ils représentaient sur un champ de bataille. Combien de soldats allemands ont été les victimes de leur casque, qui, même s'il était gris, brillait au soleil ? En revanche, les vestes de camouflage et les housses de casque ont certainement sauvé la vie de bien des soldats de la *Waffen-SS*. Ils apportaient par ailleurs une certaine protection contre les intempéries et l'humidité. Même en temps de guerre, ils n'ont pas été introduits dans l'Armée. Dans notre troupe, on disait que Steiner, le « Felix » que nous avons déjà évoqué, en avait fait la demande pour l'armée mais que sa requête n'avait pas reçu de réponse. Pour la *Bundeswehr* comme pour toutes les armées du monde, ces attributs font désormais partie de l'équipement de base de tout soldat.

Mais revenons à la relation entre Hitler et les généraux. Nous avons décrit de manière exhaustive cette phase de risque incontournable en période de réarmement, quand les pays voisins sont déjà parfaitement équipés. Cette période difficile n'était pas encore close en 1938. On peut dire que la guerre en Pologne commença alors que l'armement n'était pas encore intégralement effectué. Les scrupules exprimés par les chefs de l'armée à s'engager dans un conflit sont assez compréhensibles d'un point de vue purement militaire. En ce qui concerne la situation de la politique internationale, cependant, le facteur temps jouait un rôle décisif. Après avoir constaté que sa conception d'une coopération étroite avec les deux puissances de l'Ouest n'était pas envisageable, Hitler n'avait pas d'autre choix que de renforcer coûte que coûte la position de l'Allemagne au cœur de l'Europe, avant que les préparatifs militaires et politiques des adversaires potentiels soient assez avancés pour tenir tête au *Reich*. Il ne faut pas oublier dans ce processus la préparation psychologique nécessaire, c'est-à-dire la propagande, qui joue un grand rôle dans les démocraties. Comme je l'ai déjà mentionné et comme j'ai pu m'en rendre compte par moi-même, la mentalité des Britanniques en faveur d'une guerre contre l'Allemagne avait connu une nette progression entre 1937 et 1938. L'influence que Roosevelt exerçait de manière intensive et conséquente sur l'opinion publique américaine, était encore plus inquiétante.

D'après les informations que j'ai pu recevoir à l'époque, Hitler ne voulait pas de confrontation militaire ou même de guerre à cause des Sudètes (qu'est-ce qu'une guerre aurait pu lui apporter ?), et c'est justement pour cette raison qu'il a bluffé en faisant une démonstration de sa force. Il a joué ce jeu envers le monde extérieur – j'ose ajouter avec l'aide de son Ministre des Affaires étrangères qui a sauvé la conférence de Godesberg (ce pourquoi Hitler lui fut très reconnaissant). On peut cependant se demander s'il a fourni le travail de persuasion nécessaire auprès des chefs de l'armée, pour obtenir qu'ils s'identifient avec ses décisions concernant la politique étrangère.

N'oublions pas que les chefs militaires allemands de 1938 avaient connu la défaite de la Première Guerre mondiale. Le *Reich* était entré dans cette guerre avec la meilleure armée du monde, et avait été battu. Et voilà qu'une personne qui leur était étrangère par sa personne et par sa pensée, prenait le risque d'une nouvelle confrontation alors que la *Wehrmacht* n'avait pas encore atteint le niveau – que ce soit d'un point de vue matériel ou de formation – que les critères sévères des généraux jugeaient nécessaire.

La défaite de 1918 était profondément ancrée dans les esprits des vieux officiers du *Kaiser*. Bien entendu, ils rejetaient la faute de cet échec sur la politique étrangère menée par l'Empereur. Ils disposaient d'arguments sérieux pour cette thèse, car la politique de bascule entre la Russie et la Grande-Bretagne avait en effet mené l'Allemagne dans cette position souvent citée de « cul entre deux chaises » et à l'encerclement du *Reich* qui ne pouvait plus compter que sur l'alliance des deux « hommes malades » de l'Europe, l'Autriche-Hongrie et la Turquie. Bien entendu, les militaires allemands omirent volontairement l'échec décisif de la direction militaire allemande lors de la bataille de la Marne en 1914. D'après la situation de l'époque, cet échec annonçait d'ores et déjà la défaite. Désormais, le temps marchait contre les « puissances du milieu ». Concevoir et lancer à partir de cette position la bataille de Verdun comme une « stratégie d'usure », peut être considérée comme une autre erreur fatale de décision de la part des chefs de l'armée allemande pendant la Première Guerre mondiale.

Je n'ai pas l'intention de récapituler ici les problèmes militaires de la direction de la Guerre en 14-18, je veux juste montrer à quel point l'expérience de la Première Guerre mondiale influençait l'attitude des généraux face à la politique étrangère menée par Hitler. C'est une expérience connue de l'Histoire : les généraux préparent souvent la guerre d'avant (11) et les militaires ne portent jamais la faute d'une défaite !

Une campagne à l'Ouest imposait forcément l'image d'une supériorité matérielle effrayante de l'adversaire, surtout en ce qui concerne l'artillerie. Le mot « pilonnage ou feu roulant » est entré dans le vocabulaire courant au cours de la Première Guerre mondiale, pour décrire la grêle formée par les éclats d'obus, sans que l'on puisse distinguer un impact de l'autre. De loin, cela reproduisait un bruit de tambour. Pendant notre formation avant la campagne de l'Ouest, on nous répétait sans cesse « enterrez-vous ! enterrez-vous ! », faisant allusion à l'artillerie de l'adversaire supposée nettement supérieure après les expériences de la Première Guerre mondiale.

J'ai déjà mentionné le fait que, dès 1925, Hitler avait écrit dans son livre qu'une armée motorisée était très importante dans une guerre moderne. (12) Au cours du réarmement, il imposa la construction d'unités de panzers opérationnelles. Parmi les officiers de la *Reichswehr*, il trouva des hommes modernes partageant son opinion selon laquelle on pouvait éviter l'usure de la guerre de position de 1914 grâce à de grandes divisions motorisées opératives. Fritsch et Beck se sont opposés à cette idée (13) ainsi que quelques autres généraux. Nous en avons parlé à la maison à cette époque. D'une certaine manière, il est compréhensible que des généraux qui ont pensé tout au long de leur vie en termes de colonnes d'infanterie marchant à pied et qui ont été formés dans ce but, soient réfractaires à de grandes divisions motorisées et blindées, ne serait-ce que pour se protéger. L'intervention opérative d'unités indépendantes des troupes à pied, motorisées et blindées avait été évoquée par des spécialistes – qui étaient considérés comme extérieurs – mais aucun pays armé ne s'était encore décidé à mettre en route leur réalisation et leur prise en compte dans les principes de base du commandement.

On peut se demander si Hitler s'est entretenu personnellement avec ses chefs militaires pour les convaincre des nouvelles possibilités qui s'offraient selon sa conception (et il devait avoir raison) à des unités de panzers. Est-ce qu'il a pris le temps et fourni l'effort de faire la connaissance de ses « Pappenheimer », c'est-à-dire de ses généraux, de se familiariser avec leurs qualifications et leur état d'esprit, et de les soumettre à son examen en les laissant s'exprimer tout en les motivant et en les faisant participer à des prises de décision concernant la politique étrangère et ses nécessités ? Il aurait été importante de les convaincre du caractère inévitable de sa politique, justement parce qu'il – Hitler – ne pouvait attendre que le réarmement soit accompli. A-t-il convaincu la majorité de ses chefs militaires du fait qu'il devait courir ce risque pour pouvoir, justement, constituer sans passer par une guerre d'un bloc d'Europe centrale capable de s'affirmer entre les puissances mondiales qu'étaient les Etats-Unis et la Russie soviétique ? Est-ce que ce grand démagogue a été capable de comprendre la psychologie de ces officiers pour la plupart profondément conservateurs – on peut certainement en qualifier un grand nombre de « réactionnaires », selon son acceptation de l'époque (14) - et a-t-il su s'adapter à leur mentalité pour les convaincre et les gagner à sa cause, ou se séparer des éléments trop réfractaires ? Dans ses mémoires, Keitel prétend que Hitler avait conclu son discours adressé aux chefs de guerre concernés par la campagne de Russie par les mots suivants : *« Je ne demande pas que les généraux me comprennent, mais j'exige qu'ils exécutent mes ordres ! »* (15) Si ces mots ont véritablement été formulés de

(11) Keitel voir ci-dessus.

(12) Adolf Hitler, *Mein Kampf*, pages 748-749.

(13) Voir Guderian, *Erinnerungen eines Soldaten* Kurt Vorwinckel, Heidelberg 1951, page 26.

(14) Guderian idem, page 26.

(15) Keitel idem, page 316.

cette manière, ils éclairent de manière fatale le type de relation qu'entretenait le commandant en chef avec ses généraux. En termes de motivation au combat, la phrase de Hitler dans laquelle il dit que si cela ne marche pas « tout est perdu » est assez expressive, et ne parlons pas même d'une relation de confiance !

La mentalité conservatrice de certains groupes de la société aurait dû être prise en compte par l'homme d'Etat qui ne pouvait renoncer à leur collaboration. Staline pouvait se permettre de faire tomber les têtes de l'Armée Rouge, et c'est ce qu'il a fait. Dans la situation dans laquelle il se trouvait, Hitler en revanche ne pouvait pas même se permettre de les mettre sur une voie de garage. Le corps des officiers était clairement exclu des mesures de surveillance de la police secrète. Ce n'est pas pour rien que l'on parlait dans les cercles hostiles au régime de « l'émigration interne dans l'armée ». On peut imaginer l'état d'esprit dans lequel se trouvaient les hautes sphères du corps des officiers par rapport au régime. L'inconséquence qui consistait à soutirer systématiquement la *Wehrmacht* des mesures de surveillance souligne d'une part une certaine naïveté, d'autre part une estimation par Hitler du corps d'officiers comme étant incapable de se lancer dans une conspiration telle que celle qui a finalement été montée. Cette interdiction de mesures de surveillance a eu pour conséquence que les intrigues et trahisons dans lesquelles la Défense mais aussi le Chef d'Etat major étaient engagés depuis 1938, comme par exemple de la communication des dates d'agression à l'Ouest à l'attaché militaire hollandais Sas, n'ont pas pu être freinées. La direction du *Reich* n'en a été informée que grâce aux recherches qui ont été faites à la suite de l'attentat du 20 juillet 1944. Elles ont conduit, entre autres, aux exécutions de Canaris et d'Oster.

On dit que Hitler a un jour déclaré à l'épouse de son aide de camp de la *Luftwaffe* von Below : *« les cercles dont j'avais besoin pour reconstruire le Reich ne sont pas venus à moi pendant le temps du combat ! »* Dans l'ensemble, cette déclaration semble se vérifier. Je me souviens que pendant les années 1931 à 1932, les discussions politiques qui avaient lieu à la maison – et qui étaient souvent très âpres – se déroulaient généralement entre des membres du parti allemand - national (les conservateurs) et les partisans de Hitler.

Puisque Hitler avait en effet reconnu que ces cercles ne le soutenaient pas lors de sa montée au pouvoir, son rôle de *Führer* était de tenter tout ce qui était en son pouvoir pour les gagner à sa cause, d'autant plus qu'il les maintenait aux postes de responsabilité qui étaient les leurs. Vu les circonstances, il n'avait pas d'autre choix. Il fallait en tout cas éviter de creuser le fossé qui existait déjà. Les visionnaires et les prophètes distinguent toujours les « amis » des « ennemis » de leurs convictions. C'était sans doute valable pour Hitler et c'est sans doute ce qui a fait obstacle à la création d'une base de confiance avec ces personnes qui ne faisaient pas partie de sa « suite ».

Hitler pensait qu'il était nécessaire d'imposer son « idéologie national-socialiste » - quel que soit le sens que l'on donne à cette appellation – pour immuniser le peuple allemand contre le communisme et pour lui insuffler une nouvelle confiance en soi, après l'humiliation du Traité de Versailles et le comportement souvent indigne de la République de Weimar. Dans de nombreux domaines, il manqua son objectif – pensons à sa décision d'imposer une esthétique particulière dans les arts – et provoqua l'effet inverse !

Il est difficile de définir l'« idéologie national-socialiste » ou le « national-socialisme ». Dans un camp d'internement britannique, j'ai posé cette question à un *Gauleiter*. Alors que nous parlions de tout autre chose, il avait en effet évoqué l'« idée » (du national-socialisme) et je me suis permis alors de lui demander ce qu'il entendait par là. Stupéfait, il me signala en premier lieu que j'aurais dû apprendre cela à la *Napola*. Cette réponse trahit d'ores et déjà son incertitude. Je lui ai répondu que je m'en faisais une certaine idée, mais qu'en temps que *Gauleiter* il était certainement bien plus compétent dans ce domaine que moi, qui n'étais qu'un petit officier de troupe. Quelque peu aigri, il me lança les deux termes de *« Blut und Boden »*, le sang et la terre. Ma réplique quelque peu provocante selon laquelle ces termes pourraient tout aussi bien décrire l'idéologie d'une tribu africaine, mit un terme à cette discussion. Ce *Gauleiter* était un homme cultivé et un compagnon de captivité très agréable tandis que nous végétions dans des conditions très difficiles, dans des minuscules huttes pleines de lentes. Ce bref épisode prouve cependant à quel point l'idée que des personnes pourtant issues des sphères les plus hautes du parti, se faisaient de cette « idéologie national-socialiste » qu'on nous ressassait sans cesse.

Toutes ces constatations nous amènent donc à reprocher à Hitler de n'avoir pas fait tout ce qui était en son pouvoir pour motiver et convaincre les cercles dirigeants de son régime. Cette motivation ne pouvait naître que de la confiance en l'homme qui dirigeait, c'est-à-dire dans le dictateur ! Cette tâche aurait représenté le devoir le plus élevé de l'homme d'Etat qu'était Hitler. Ses discours visionnaires faits à des personnes sceptiques ne pouvaient créer à long terme une relation de confiance, d'autant plus que ces interlocuteurs voyaient leur vie personnelle soumise à la pression plus ou moins directe de cette idéologie qu'ils ne partageaient pas.

Etant donné que l'Etat se trouvait en situation de défense face aux communistes dirigés depuis Moscou, l'opinion publique a très bien compris l'attitude drastique adoptée face au parti communiste et à ses fonctionnaires. Les événements du 30 juin 1934 au contraire ont abouti à une série d'exécutions sans procédure juridique qui n'étaient pas de nature à créer un climat de confiance dans l'autorité de Hitler, surtout au sein de ces cercles dont il avait tant besoin pour asseoir son pouvoir. A posteriori, les mesures prises par Hitler en 1934 se sont avérées d'une brutalité inutile et surtout, fatale. Etant donné que Röhm et ses amis, par exemple Schleicher, avaient effectivement conspiré avec une « puissance étrangère », une procédure juridique aurait été bien plus convaincante et on aurait pu sans peine placer les personnes concernées en isolation ou en détention. Churchill a placé le jeune chef des fascistes britannique Sir Oswald Mosley et son épouse en détention sans titre juridique pendant des années. Le système gouvernemental britannique n'a pas été ébranlé par cette mesure illégale. La neutralisation de droits personnels constitutionnels est une entreprise dangereuse car elle écrase l'insatisfaction et l'opposition, la forçant à se cacher et décuplant ainsi sa dangerosité. Cela touche plus particulièrement certaines couches de la société concernées ou des élites placées à des postes de responsabilité au sein du gouvernement.

Que l'on ne dise pas qu'il s'agit là de réflexions théoriques ! A deux moments décisifs, la politique étrangère allemande a été entravée de l'« intérieur », entraînant des conséquences fatales. Sans les activités du secrétaire d'Etat au Ministère des Affaires étrangères Weizsäcker, du Chef de l'Etat-major des Armées (Beck), du chef de *l'Abwehr* (Canaris) et de leurs acolytes (on peut les qualifier avec soulagement de représentants des cercles conservateurs), qui ont promis aux gouvernements anglais puis polonais un putsch militaire contre Hitler si l'on en venait à une guerre, une alliance avec la Pologne sur la base des propositions exceptionnellement mesurées des Allemands – surtout après la conclusion du pacte germano-soviétique – aurait certainement été envisageable.

Et de nouveau, le secrétaire d'Etat du Ministère des Affaires étrangères (Weizsäcker) et le chef de *l'Abwehr* (Canaris) ont privé Hitler de la chance de s'opposer avec toutes ses forces à l'Angleterre en Méditerranée. Aux dépens de leur gouvernement, ils ont déconseillé à Franco de soutenir le *Reich* pour prendre Gibraltar afin de déstabiliser la position de l'Angleterre en Méditerranée, ce qui aurait peut-être poussé cette dernière à se laisser convaincre et donc à éviter la guerre de Russie. Les documents de l'époque démontrent nettement que ce n'est que lorsqu'il apparut clairement à Hitler qu'il ne pouvait compter sur Franco et que l'option d'atteindre la Grande-Bretagne en Méditerranée était donc caduque, qu'il décida définitivement de s'engager dans une attaque préventive de la Russie.

Ces deux actions menées par des fonctionnaires d'élite du *Reich* ont entravé à un moment décisif la politique de Hitler, et engagé le développement fatal qui a conduit à une défaite catastrophique. Elles représentent les interventions les plus lourdes de conséquences de l'opposition. Ce qui s'est déroulé dans ce sens avant et pendant la guerre ne peut être l'objet que de suppositions puisqu'il n'y a pas eu de publications à ce sujet. Pensons au représentant de Canaris, le général Oster, qui a régulièrement transmis à l'attaché militaire hollandais les dates prévues d'agressions à l'Ouest en 1940. Aujourd'hui encore, « Werther » n'est pas complètement démasqué. C'est par son intermédiaire que tous les plans militaires allemands ont été transmis au commandement supérieur soviétique pendant la guerre de Russie, etc.

La motivation antibolchevique de Hitler aurait pu remporter un large soutien de la part des états européens, si on leur avait donné la garantie de leur autodétermination après avoir écarté le danger bolchevique. Il n'était cependant plus possible alors de soutirer à Hitler une charte européenne généreuse de ce type, bien qu'il se soit avéré pendant la guerre en Russie que toutes les forces européennes étaient nécessaires pour résister à la puissance soviétique soutenue par les Anglo-Saxons.

Le 13 octobre 1941, Hewel remarque dans son journal :

« RAM (Ministre des Affaires étrangères, n.d.t.) auprès de F. (*Führer*) »

« Premières pensées sur manifestations européennes... »

Dans une note de Ribbentrop, on trouve les mots suivants (16) :

....

....

Berlin, le 21 mars 1943

Sujet : Union des Etats européens

« Je suis d'avis, comme je l'ai déjà proposé au *Führer* dans mes précédentes notes, qu'il faudrait très rapidement, c'est-à-dire dès que nous pourrons compter une victoire militaire d'importance, proclamer de manière très concrète l'Union des Etats européens...

Les pays qui entreraient en compte en premier lieu seraient : l'Allemagne, l'Italie, la France, le Danemark, la Norvège, la Finlande, la Slovaquie, la Hongrie, la Roumanie, la Bulgarie, la Croatie, la Serbie, la Grèce et l'Espagne (?). Si le *Führer* avait l'intention de laisser naître des Etats indépendants dans les parties de l'Europe que nous occuperions, ces pays en feraient partie.

La création d'une Union des Etats européens aurait pour nous les conséquences positives suivantes:

1. Cela enlèverait à nos amis et alliés l'inquiétude de se voir imposer un *Gauleiter* immédiatement après la conclusion de la paix.

2. Cela enlèverait aux pays neutres l'inquiétude d'être incorporés à l'Allemagne à la fin de la guerre.

3. Cela enlèverait à l'Italie l'inquiétude d'être écrasée par la puissante Allemagne.

4. Si le *Führer* se laisse convaincre de faire de quelques territoires occupés un certain nombre d'Etats plus ou moins indépendants, qui resteraient cependant entièrement en notre pouvoir, cela pourrait avoir pour résultat de créer un grand apaisement et une grande mobilisation des forces de ces pays pour notre guerre.

(Les points 5-7 évoquent les répercussions de la propagande en Angleterre, aux Etats-Unis et en Russie.)

8. En France tout comme dans les autres pays occupés, cela aurait pour résultat que ces pays participeraient très certainement très différemment que jusqu'à ce jour à l'effort de guerre, tant sur le plan personnel que sur le plan matériel. »

.....

Au moment où cette note était rédigée par Père, Kharkov venait d'être reconquise. J'ai déjà mentionné ces combats. La « victoire militaire » en question était donc acquise. L'Union des Etats

(16) ADAP Serie E 1941, volume du 01.01.1943 – 30.04.1943, Mikcrofilm archives pol A.A. 5542/E 384 430-39.

européens n'a cependant pas pu être imposée à Hitler ! Au contraire, il réagit un an plus tard de manière totalement opposée lorsqu'il choisit pour les départements du nord-ouest français ainsi que pour la Belgique, à la place de l'administration militaire envisagée jusqu'alors, une administration civile qui entraîna bien évidemment un grand nombre d'inquiétudes dans le sens décrit plus haut.

Evoquons dans ce contexte le chaos de compétences qui régnait dans la politique face aux pays « occupés ». En France, à côté du Ministère des Affaires étrangères, il y avait un foisonnement d'institutions telles que la *Wehrmacht*, l'organisation de police de Himmler, les bureaux de l'économie et de l'armement, etc., sans qu'un poste central responsable ne coordonne les activités et les oriente vers une politique générale pour la France, basée selon les conceptions de mon père sur la réconciliation. On dit que Laval aurait déclaré à Hitler :

> « Vous voulez gagner la guerre pour créer l'Europe, vous devez créer l'Europe pour gagner la guerre ! »

Cette constatation s'appliquait également à la politique d'occupation du Danemark, qui était resté un état souverain. (17)

Dès le 24.11.1941, le journal de Hewel recueille cette note : *« Führer n'est pas content du discours de RAM »*. Il s'agissait là du discours tenu devant les chefs d'Etats européens à l'occasion de la prolongation du pacte anti-Komintern. Le Ministre des Affaires étrangères allemand ne pouvait plus rien obtenir ! Il avait malheureusement eu raison en exprimant ses scrupules face à une agression de la Russie !

Si à l'intérieur du *Reich*, les droits constitutionnels étaient réduits voire annulés, comment pouvait-on attendre des peuples européens qu'ils remettent leur sort et leur confiance entre les mains du *Reich* et de son « *Führer* » ? La déportation des juifs à partir des pays occupés matérialisait de manière dramatique le danger d'une domination arbitraire de Berlin pour les populations d'Europe.

Il faut cependant constater que les activités des hauts fonctionnaires, des officiers et de leurs complices ne sont pas excusables. Ils auraient à tout instant pu écarter Hitler – en acceptant de mettre, le cas échéant, leur propre vie en danger ! Mais les activités de la conspiration n'excusent pas non plus Hitler. Pour m'exprimer une nouvelle fois de manière moderne, un « manager » se doit de connaître parfaitement l'instrument à l'aide duquel il pratique sa politique et ses affaires, et surtout son personnel. L'une des priorités décisives de son activité d'homme d'Etat est le choix de ses collaborateurs et leur motivation. Il a pour devoir de sentir en permanence leur « pouls » moral, encore plus dans le domaine de la politique que dans celui de l'économie, afin de réagir de manière appropriée et d'obtenir l'effort maximum dans la poursuite de la cause commune, et d'éviter la résistance passive ou active contre ses plans et ses intentions, par manque d'acceptation.

Lorsque j'affirme qu'un manager doit parfaitement connaître l'instrument dont il se sert, je peux également évoquer une autre faiblesse lourde de conséquences ou même fatale du régime de Hitler : il ne disposait d'aucun système gouvernemental ou de management, sauf peut-être - si on peut le qualifier de système – le *« divide et impera »* de l'ancienne Rome, qui lui permettait d'écarter tout danger de remise en question de sa position personnelle.

Curieusement, cette lacune très grave a très peu été abordée dans la littérature concernant Hitler. La raison en est peut-être que les auteurs de ces biographies n'ont jamais eu affaire personnellement à des questions de management, et que la problématique leur était donc étrangère. Ils ne pouvaient reconnaître que l'efficacité dans l'organisation et la direction des activités du gouvernement, constitue une des qualifications les plus importantes pour tout homme d'Etat.

(17) Ceci est présenté de manière particulièrement importante dans les mémoires de l'envoyé allemand au Danemark, Dr. Best.

Toutes les grandes figures de l'Histoire se sont vues confrontées de manière très intensive à ce problème : comment diriger l'organisme que l'on domine et à l'aide de quel système peut-on garder en main les pouvoirs décisifs tout en recevant en temps et en heure les informations nécessaires ? Imaginons les problèmes exceptionnels d'organisation que représentait l'immense empire de Charlemagne. Il créa les « messagers du roi », systématiquement organisés en équipes de deux hommes, l'un laïque, l'autre religieux. Ces hommes étaient haut placés dans la hiérarchie du royaume des Francs. Ils avaient chacun pour tâche de contrôler une série de comtés. Ils disposaient de droits de jugement (d'une certaine manière en tant qu'instance d'appel) et devaient s'assurer que les ordres de l'Empereur étaient bien exécutés par les « comtes » (qui représentaient en quelque sorte nos « fonctionnaires »). Ils devaient d'autre part rassembler des informations et les faire parvenir à l'empereur, comme base pour des décisions, lois ou décrets futurs. Un autre exemple se trouve dans les problèmes d'organisation de l'empire romain antique. César, Auguste et Dioclétien, pour n'en nommer que quelques-uns, étaient à cette époque des organisateurs très efficaces et des fonctionnaires spécialisés qui tenaient fermement l'immense Empire, malgré les conditions techniques de l'époque. Auguste est parvenu, avec beaucoup d'habileté et de ménagements, à tenir dans sa main l'élite sénatoriale de Rome, évitant ainsi de partager le sort de César. L'*« Imperium Romanum »* était divisé en provinces « royales » et « sénatoriales », incluant de cette manière le Sénat dans la politique intérieure de l'Empire. Est-ce que Hitler, qui se prétendait si cultivé, a tiré leçon de l'Histoire sur l'importance des élites pour un souverain absolu ? Dans l'Histoire moderne, on peut citer Frédéric le Grand (sans oublier son père) et Napoléon. L'on s'attarde souvent trop peu, dans les biographies des personnalités qui ont fait l'Histoire, sur les principes de direction et d'administration comme base pour des actions politiques spectaculaires. Frédéric le Grand pouvait maîtriser à peu près personnellement son Etat, mais pour un chef d'état moderne, sous quelle forme de gouvernement que ce soit, c'est absolument impossible !

On peut admettre que Hitler n'est pas à l'origine des problèmes de politique étrangère de l'Allemagne, qui existaient avant son arrivée au pouvoir et qu'il a dû affronter dans des conditions particulièrement difficiles. On peut se demander cependant s'il s'est armé pour cela d'une organisation solide, rassemblant de manière efficace toutes les ressources disponibles et prévoyant une planification approfondie ? Est-ce que Hitler a jamais eu une vision complète de la situation matérielle du *Reich*, pouvant servir de base pour ses décisions ? Est-ce qu'il a donné des ordres spécifiques et des objectifs clairs ? Est-ce qu'il a régulièrement vérifié que ses ordres étaient appliqués et que les objectifs étaient suivis, grâce à des initiatives personnelles si cela était nécessaire ? A-t-il pris ses décisions après s'être concerté avec les personnes responsables, et a-t-il d'ailleurs mis en place des responsabilités claires ?

Hitler n'a pas demandé de planification systématique les ressources du *Reich*, et encore moins un système lui permettant de vérifier la réalisation d'un plan « à faire » avec les points « faits ». Il n'existait pas de « plan de réarmement » (et donc pas de « plan de guerre »). (18)

Je répète donc : l'affirmation selon laquelle Hitler voulait une guerre n'est ni justifiée, ni même plausible, bien qu'elle soit aujourd'hui généralement acceptée. Il comprenait cependant peu à peu que sa conception d'un bloc de puissances d'Europe centrale, permettant en accord avec les deux puissances européennes de l'Ouest, de conserver un équilibre des forces face à l'Union Soviétique, ne serait pas réalisable. Le danger de confrontations militaires était donc permanent. Son ambassadeur à Londres et futur Ministre des Affaires étrangère le lui avait clairement expliqué. Le danger d'une agression de l'Union Soviétique contre l'Europe centrale était par ailleurs omniprésent. Ne pas s'y être préparé en unifiant toutes les forces mentales et matérielles disqualifie Hitler en tant qu'« homme d'Etat ».

Le fait que Hitler omette de constituer un plan prenant en compte les possibilités et nécessités du *Reich* pour mobiliser de manière optimale ses faibles ressources, appuie également le fait qu'il n'envisageait pas l'éventualité d'un conflit militaire, et encore moins d'en provoquer un. La po-

(18) Schustereit, *Vabanque*, page 10.

sition du Reich était dangereuse cependant, car les Etats-Unis tout comme l'Union Soviétique étaient ses ennemis. Dans la situation qui était celle du *Reich* au moment de la venue de Hitler au pouvoir et vu son développement, l'oubli d'une planification d'ensemble constituait une faute grave. Si le danger avait été inévitable, tout le luxe « architectonique et social » de Hitler - bâtiments du parti, autoroutes (comme j'ai pu le constater lors de mes voyages en moto vers Berlin, il n'y avait parfois aucun véhicule sur l'autoroute, sur de nombreux kilomètres), restructuration de Berlin, bateaux KdF etc. (19) - aurait dû être sacrifié au profit du réarmement. En tant que soldat qui a fait la guerre du premier au dernier jour, exclusivement au sein des troupe du front, je peux constater que contrairement au cliché, Hitler n'a pas organisé de réarmement rassemblant et coordonnant toutes les ressources qui étaient à sa disposition. Même si son objectif politique – la coopération avec la Grande-Bretagne et la France – avait été atteint, il aurait dû se préparer à un conflit avec l'Union Soviétique. Au début du gouvernement de Hitler, la construction d'autoroutes représentait sans aucun doute un moyen supplémentaire d'occuper les chômeurs. Avec le début de l'armement, ses autoroutes n'avaient plus de raison d'être réelle si l'on considère l'effort que représentait leur construction et la situation de la politique internationale.

Le fait que l'on considère aujourd'hui encore que Hitler a écarté le chômage grâce à l'armement est également un cliché. Seuls les béotiens ignorant les problèmes matériels, logistiques et humains liés à un agrandissement des forces de combat, peuvent prétendre cela. Chaque personne quelque peu informée sur l'économie nationale sait qu'il n'est pas besoin d'armement pour remettre une économie en route. Lorsque le réarmement a été enclenché en 1935, après la réintroduction du service militaire obligatoire, il n'y avait presque plus de chômeurs en Allemagne. Hitler ayant assuré la paix intérieure, l'économie allemande a connu un nouvel optimisme qui s'est manifesté par des investissements et des allègements d'impôts. Dès 1936, Schacht avait expliqué à Hitler que les capacités industrielles étaient désormais pleinement utilisées et qu'une nouvelle création de monnaie ne devait pas être engagée (par exemple par l'intermédiaire des « Mefo-Wechsel » (instrument financier mis en place par Hjalmar Schacht pour financer par avance les dépenses du *Reich*, *NdT*).). A ce stade, les conséquences du réarmement ne pouvaient pas encore être perceptibles.

Une planification intégrée, prenant en compte la mise en place de priorités, les possibilités du *Reich* en matière de personnel et de matériaux, et les nécessités de la politique étrangère, faisait tout simplement défaut ! Un petit exemple tiré de mon expérience personnelle peut illustrer cette affirmation. Qui ne connaît pas le tronçon d'autoroute qui relie Munich à Salzbourg et s'étend le long des berges du lac de Chiemsee. Le sous-sol marécageux avait rendu l'installation de la piste particulièrement difficile à cet endroit. Mère m'avait alors expliqué que Hitler avait refusé que l'on déplace le trajet de l'autoroute, arguant que les difficultés étaient là pour être surmontées et que ce n'était qu'en les affrontant que l'on pouvait progresser. Si ce principe est sans aucun doute valable, il ne l'est pas dans cette situation particulière. Les ressources déjà restreintes en main-d'œuvre et en matériaux auraient dû être consacrées à la préparation de la défense, et non à la construction d'autoroutes (qui ne fut d'ailleurs interrompue qu'au début de l'année 1943) ou d'autres projets.

Le destin – lui-même l'aurait qualifié de « providence » - a offert une chance à Hitler de rattraper son omission au moment où la campagne de l'Ouest a changé l'attitude de l'Europe en faveur de l'Allemagne. Il pouvait désormais mener à bout l'armement allemand en s'appuyant sur ses expériences pour les améliorer et organiser de manière efficace la totalité du potentiel allemand. Il n'a pas pris conscience de cette chance !

La *Wehrmacht* est entrée en guerre avec de très faibles stocks de munitions. Il semblerait d'ailleurs qu'il y ait eu une « crise des munitions » pendant la guerre de Pologne (Un ouvrage récent, *Le mythe de la guerre éclair*, publié par les Editions Belin, le confirme parfaitement - NDE) ! Imaginez cela, la « bête de guerre » Hitler entre en guerre sans le matériel nécessaire (parfaitement exact - cf *supra*, NDE) ! La manière dont il a résolu ce problème est typique de sa façon d'agir :

(19) Burton S. Klein, voir ci-dessus, page 24 et suivantes.

il a nommé un nouveau responsable de la question, et a même créé un nouveau Ministère. Ce n'est que peu de temps avant les opérations de 1940 que Todt – le constructeur d'autoroutes – a été nommé « Ministre de l'armement et des munitions ». C'était sans doute une décision utile, mais Todt n'avait pas les pleins pouvoirs, qui ont été cédés bien trop tard et sous la pression de la nécessité à son successeur Speer.

Un jour, Hitler à dit à Père : *« savez-vous, Ribbentrop, que mon cerveau ne se met à travailler que lorsque les difficultés arrivent ou que les obstacles apparaissent. »* Une déclaration intéressante et qui montre à quel point Hitler rechignait à s'intéresser de manière systématique aux problèmes. Une bonne planification est cependant un travail de prévision à long terme, et elle est incontournable pour un Etat moderne. Hitler n'aimait pas « faire ses devoirs », et il ne disposait d'aucun système pour cela.

Dans ce contexte, le journal de Hewel représente de nouveau une source d'information très intéressante. Comme son contenu le prouve, il faisait partie du cercle des proches de Hitler. On y trouve en effet sans cesse des annotations concernant un déjeuner, un thé ou une longue soirée passés avec le *Führer*, etc. Parfois, Hewel note – encore pendant la guerre de Russie – les sujets de conversations abordés pendant cette période. Hitler s'exprime de manière doctorale et pédante ! On se demande quand il a pu s'acquitter de l'immense charge de travail qu'il s'était lui-même imposé en refusant de déléguer des décisions et sans établir de système lui permettant travailler de manière efficace. Au cours de la dernière année de guerre, il se plaindra d'avoir été « berné et dupé ». C'est une constatation disqualifiante pour tout homme se trouvant à la tête d'un système ou d'une entreprise, quelle qu'elle soit ! Un homme de responsabilité ne peut se laisser durablement berner et duper (cette constatation ne devant cependant pas servir d'alibi aux « menteurs » et aux « dupeurs » !)

L'aspect particulier de la méthode de gouvernement de Hitler résidait dans le fait qu'il évitait d'organiser des réunions régulières, par exemple avec son cabinet, au cours desquelles auraient été abordés les problèmes rencontrés par le gouvernement, les décisions à prendre et la manière dont il fallait coordonner les secteurs. Au début de l'année 1938, Père a été nommé Ministre des Affaires étrangères. J'ai déjà mentionné le fait qu'il n'a participé à aucune réunion du cabinet du *Reich*, car aucune ne fut organisée.

Hitler n'était pas ce grand coordinateur que devrait être tout homme d'Etat, mais il ne déléguait pas non plus cette tâche à une tierce personne. Il confiait certaines missions à certaines personnes, et laissait ensuite agir le jeu de forces, c'est-à-dire le pouvoir de s'imposer. Ce système, si on peut l'appeler ainsi, conduit bien entendu à un grand nombre de frictions, d'animosités et de rivalités entre les hommes de responsabilité, les institutions et les organisations, et entravait toute prise de décision objective. Hitler semblait croire que ce style de direction lui garantissait sa position de *Führer*. Il a dû accepter qu'en retour, ce type de gouvernement ébranle la confiance de certaines personnes de responsabilité, surtout au sein de l'armée qui était habituée à penser de manière autonome et responsable.

Je me souviens qu'avant la guerre, déjà, la boutade circulait dans les sphères du gouvernement que les responsabilités des Ministères, des Administrations supérieures du *Reich* et des organisations du parti ressemblaient à des « jeux de combat NS ». (les véritables jeux de combat « NS » étaient des événements sportifs organisés à Nuremberg parallèlement au *Reichsparteitag*) L'état de Hitler n'était pas un bloc monolithique tel que la propagande NS aimait à le faire croire. Les frictions internes n'ont certainement pas été moindres sous le gouvernement de Hitler que sous les démocraties qu'il méprisait ! Si l'on parlait autrefois dans le *Reich* des particularismes des *Länder* allemands, alors on pouvait sans aucun doute parler au cours du IIIe *Reich* du particularisme des organisations, institutions et bureaux, et de leurs représentants. Etant donné que les Ministres ne communiquaient plus entre eux, ce sont finalement les secrétaires d'Etat les plus importants qui ont organisé vers la fin de la guerre des sessions communes pour assurer un minimum de coopération. En temps de paix, on peut s'autoriser ce luxe. En temps de tensions internationales cependant, cet égoïsme peut mener à un gaspillage de forces fatal.

Le système gouvernemental de Hitler est décrit dans une déclaration du général von Reichenau, qui ne faisait pas partie des opposants à Hitler mais avait reconnu la problématique de l'Etat du *Führer* :

> « Qui de vous est au courant du combat que je dois mener contre les oppositions qui grandissent chaque jour ! Dans le *Bendlerblock*, ils me considèrent comme le traître des biens les plus saints, les éternels nostalgiques, qui s'imaginent que l'on peut guérir l'Histoire avec des écrits que personne ne lit sauf, plus tard et avec délice, les historiens. Dans le domaine de la politique, ce sont les réalités qui dominent, et non les idéaux ! Je suis le seul qui soit vraiment sur le front ! Qui comprend cela ? Où se trouve l'aide dont j'ai besoin ? Le pouvoir est incarné dans cette seule personne – voilà la réalité ! Et si, au cours de la nuit, il a une idée ou que quelqu'un lui apprend habilement quelque chose, rien ne l'empêchera d'en faire une consigne obligatoire le lendemain matin. Celui qui est assis près de la cheminée en sa compagnie, peu importe sa position, a plus d'influence sur lui que n'importe quel Ministre, et je ne parle même pas de nous, les soldats. Il choisit l'heure à laquelle il sortira de sa poche le papier soigneusement préparé, et la décision tombe : « Ordre du *Führer* ! » On peut raisonner sur cette manière de diriger son pays, mais on ne peut rien y changer, ni modifier les résultats. Les pigeons ne volent pas tout cuits dans notre bouche. Que nous sert le meilleur argument quand nous n'avons pas la possibilité de l'exposer de manière approfondie ? Le contact personnel est la clé de voûte. Il faut se battre tous les jours pour l'obtenir. Et plus les choses se consolident, plus cette tâche nous est rendue difficile. La clique qui l'entoure tous les soirs au « club de la cheminée » voit en moi un intrus ! » (20)

Père aurait pu écrire la même chose ! Lui aussi faisait figure d'intrus comme le général von Reichenau avec son monocle (sauf que Père n'a jamais porté de monocle). Il a dû lutter jour après jour pour conserver un minimum d'influence, et devait toujours être « présent » ! Reichenau a raison, que savent les historiens d'aujourd'hui de ces réalités ? Comme il le dit lui-même, ceux-ci s'attachent à des archives sans chercher à s'imaginer le contexte dans lequel les conseillers qualifiés de Hitler devaient essayer d'obtenir les décisions justes ou nécessaires à leurs yeux.

A la tête de l'Etat se trouvait un visionnaire, un phénomène historique. Il avait sans aucun doute, dans certains domaines, des visions très avant-gardistes ! Il n'a cependant pas su franchir le pas du propagandiste exceptionnel à l'homme d'Etat organisé, mobilisateur et motivant, capable, malgré la dure réalité internationale, de concentrer avec la précision systématique nécessaire toutes les forces morales, spirituelles et matérielles de son peuple dans un seul but : la création d'une position consolidée et assurée de l'Allemagne au sein de l'Europe.

A-t-il su convaincre son personnel dirigeant qu'il s'agissait de la simple survie du pays au sein de l'Europe ? Etait-il nécessaire d'exercer une telle pression par l'intermédiaire de la police secrète, et d'anéantir les droits fondamentaux dans le domaine de la politique ? Devait-il disputer son idéologie avec tout un chacun, au lieu de concentrer toutes les forces antibolcheviques sur un objectif qui était la défense contre le marxisme bolchevique ?

Il faut répondre à toutes ces questions par un non. Hitler n'avait pas su intégrer toutes les énergies antibolcheviques et les gagner à sa cause. Il y avait certainement parmi ses interlocuteurs d'éternels nostalgiques, selon le terme de Reichenau. Des réactionnaires solides qui n'avaient pas compris que la « Communauté des peuples » de Hitler ne représentait pour eux qu'un moindre mal. Ceux que l'on appelait les conservateurs n'ont pas compris leur époque et ont pris sur eux une grande partie de la faute, mais cela ne déleste pas le *Führer*, qui aurait dû savoir quelle attitude ses élites adoptaient vis-à-vis de lui, et qui aurait dû en tirer les conséquences.

Il avait anéanti avec succès l'opposition de la gauche. Il n'y avait aucune chance qu'elle renaisse sous son régime. L'opposition secrète de la droite était bien plus dangereuse, dans la mesure où

(20) Voir *Pflicht und Gewissen, Erinnerungen eines deutschen Generals,* Edgar Röricht cité d'après les écrits du général von Below, frère de l'*Adjutant* de la Luftwaffe de Hitler.

elle occupait des postes importants de l'Etat et de l'économie, et qu'il était impossible de renoncer à sa collaboration.

Ecoutons une nouvelle fois le commentaire de Reichenau en 1934 à ce sujet :

> « On agit de manière très différente avec les vieux conservateurs. Ils ne sont pas les seuls à s'imaginer qu'il nous suffirait de ciller pour que le sortilège disparaisse. On peut le croire ! Qu'est-ce que nous sommes aujourd'hui ? Un résidu discipliné de splendeurs passées qui se tient à l'écart, dépassé par les événements et boudant dans l'obscurité. Aujourd'hui, nous pouvons encore nous permettre une protection qui se tient en haut dans son palais avec Oskar et d'autres gardiens du Graal (Hindenburg) ou alors avec ses voisins déçus dans le silencieux *Neudeck*, et qui ne comprend pas que les choses ont changé entre-temps. Mais un beau jour, il n'y aura plus de protection. Si nous voulons faire honneur à notre devoir vis-à-vis de l'Histoire, il ne nous reste qu'une alternative : nous rattacher à ceux qui détiennent effectivement le pouvoir, et rester pourtant ce que nous sommes. On ne gagne pas d'influence en restant à l'écart. Notre troupe, mais aussi une partie du peuple qui voit encore en nous le dernier bastion de l'ordre, peuvent exiger que nous ne nous laissions pas mettre à l'écart. Pourtant, le réactionnaire le plus obstiné n'espérera pas sérieusement aujourd'hui que nous fassions faire marche arrière à la roue de l'Histoire, j'aimerais savoir avec quoi et surtout dans quelle direction ? Notre route est devant nous, ce qui veut dire : entrons dans ce nouvel Etat et affirmons en son sein la position qui nous sera attribuée ! Sinon, nous remettons l'affaire entre les mains de notre concurrence… ! » (21)

Reichenau a clairement reconnu le problème de l'« Etat du *Führer* » et de la manière qu'avait Hitler d'utiliser la puissance de son gouvernement. Avec cette déclaration, il juge à la fois les méthodes de travail de Hitler et une partie des généraux de l'ancien corps des officiers.

La déclaration de Halder quant à elle donne une idée de la motivation de ceux qui se nommaient eux-mêmes des « résistants » :

> « je me permets de rappeler que la naissance de ce que nous nommons la Résistance est due à la mentalité profondément conservatrice du corps des officiers… » (22)

On peut se demander dans un premier temps : la Résistance contre quoi, quand et où ? Les généraux n'ont visiblement pas opposé de résistance à la décision fatale de Hitler d'agresser l'Union Soviétique, pas même Halder qui était le chef d'état-major !

La direction de l'Armée avait jusque-là exprimé ses scrupules au sujet de toutes les décisions de politique internationale ou militaires de Hitler. J'ai déjà cité Père. Lors de la déclaration concernant le service militaire obligatoire, l'Armée avait exprimé ses doutes sur le fait que les puissances signataires du Traité de Versailles acceptent les 36 divisions. Lorsqu'elles ont cependant été accordées, il leur sembla soudain que ce n'était pas suffisant. Je me souviens très bien de Père nous racontant cela en riant. J'ai déjà mentionné les scrupules qu'avait Fritsch concernant le rapide réarmement, pourtant nécessaire vu la situation internationale, ainsi que les tensions existant entre Hitler et la direction de l'Armée pendant la crise des Sudètes. A l'époque, l'Armée avait déjà prévu le coup d'Etat. Les généraux avaient également des doutes non négligeables sur la question de l'attaque à l'Ouest. Il n'y a que la Russie que l'Armée se croyait capable d'écraser en l'espace de quelques semaines ! Peut-être que les souvenirs de la Première Guerre mondiale ont ici joué un rôle.

Peut-on se demander si le point de départ de l'attitude réservée ou même négative des officiers conservateurs vis-à-vis de Hitler et de son régime, citée par Halder, ne venait pas aussi de la fa-

(21) Ecrit du général von Below, voir note 265.

(22) Déclaration de Halder dans son *Spruchkammerverfahren* du 15.09.1948 (MA N 239/64).

meuse « communauté des peuples » prônée par Hitler, qui les atteignait dans leur sphère personnelle, bien plus que la politique étrangère menée par le Chancelier ? Est-ce que le fait d'être écartés de la sphère des décideurs en matière de politique étrangère n'était pas plus important que des considérations politiques essentielles ? Peut-on écarter la supposition que chez certains d'entre eux, il s'agissait tout bonnement de l'attitude réactionnaire qui motivait ce rejet du « caporal » et de sa « communauté des peuples » ? Kleist-Schmenzin, descendant de l'ancienne aristocratie prussienne, et qui avait conspiré avec Churchill et Vansittard, s'était exprimé ainsi sur la conscience de son milieu : *« L'aristocratie doit s'obstiner à garder l'attitude des seigneurs apprise au cours des siècles, ce sentiment d'être le maître, de devoir absolument être en haut. »* (23)

Le « petit caporal » Bonaparte connaissait ses généraux. Dans les conditions qui étaient celles de l'époque, il avait la possibilité de choisir lui-même ses généraux et de les attirer dans son sillage. Le « caporal de Bohême » Hitler n'avait pas cette possibilité, ou seulement de manière limitée étant donnée la situation politique. Il aurait d'autant plus dû faire leur connaissance afin de pouvoir les juger. Il est évident que la réduction des droits des citoyens constituait un argument de poids contre le régime. Mais est-ce qu'un grand nombre de conservateurs ne tendaient pas de toutes manières à un régime autoritaire, sous leur propre influence ? Ils n'envisageaient pas cependant de réduire les droits du citoyen comme Hitler l'a fait.

L'armée allemande disposait sans aucun doute du système de management le plus ancien et le plus efficace. J'ai déjà brièvement évoqué le système de commandement allemand. A sa base se trouvait la reconnaissance fondamentale du fait que le plus haut « degré d'influence » d'une troupe n'était accessible que si chaque soldat était capable d'agir de manière autonome dans l'esprit de sa mission. Le « vide du champ de bataille » (24), opposé aux troupes massives du XIXe siècle nécessitait cette collaboration du plus simple au plus décoré des soldats. Le système de commandement militaire allemand – pratiqué par le chef d'armée comme par le dernier grenadier – constituait le cadre le plus efficace pour assurer une interaction optimale des troupes même dans les conditions les plus difficiles, ce qui voulait bien évidemment dire avec les pertes les plus faibles !

Il existait bien évidemment des relations d'ordre et d'obéissance claires. Il fallait donner suite à un ordre, même si celui-ci sous-entendait sa propre perte. Il n'est sinon pas possible de commander une troupe dans une opération ! Ainsi une arrière-garde doit-elle le cas échéant se sacrifier pour sauver un contingent de troupe plus important, si tel est l'ordre qu'elle a reçu. C'est pour cette raison que l'exécution d'un ordre doit, le cas échéant, être amenée par tous les moyens du pouvoir, et que toute divergence ou tout refus face à un ordre, doit éventuellement être signalé au conseil de guerre.

Dans la *Wehrmacht*, il existait pourtant par exemple encore la « dépendance dans le cadre du travail en commun ». Dans ce cas, deux unités étaient mises en commun non pour que l'une d'entre elles réponde aux ordres de l'autre, mais pour qu'elles collaborent dans le cadre d'un contrat précis. Cette forme de collaboration laissait à chaque chef la responsabilité de l'action de son unité. C'était un moyen remarquable de créer une collaboration optimale, tout en préservant le champ libre à toute initiative personnelle.

Parmi les règles fondamentales de l'armée dans la *Wehrmacht*, on pouvait lire cette phrase remarquable : *« Dans une situation difficile, il est parfois préférable de faire une erreur que de ne rien faire ! »* C'était un encouragement du chef de troupe allemand à l'initiative personnelle et à l'action autonome, une maxime de base parmi les principes de commandement.

Une pensée à cet endroit pour le général de la *Waffen-SS* Paul Hausser, le commandant général du Ier corps des *panzers SS*. En février 1943, après Stalingrad, Hausser a été encerclé à Kharkov avec les deux divisions de Panzers « *Leibstandarte* » et « *Reich* ». Il était tenu par ordre répété du

(23) *Spiegel* n°16 du 13.04.1998, page 76.

(24) Cette expression est née avant la Première Guerre mondiale pour caractériser le champ de bataille moderne.

Führer à garder sa position « jusqu'au dernier homme ». Lorsque Hausser décida finalement, en dépit de cet ordre maintes fois répété, de rompre l'encerclement, il sauva les deux divisions qui se trouvèrent ainsi en mesure de se défendre et de mettre en place une contre-attaque couronnée de succès.

Il ne manquera pas aujourd'hui de voix fielleuses qui diront qu'un général de la *SS* pouvait en effet se permettre ce type de rébellion. On pourrait soutenir de manière plus tempérée et plus juste l'argument contraire, selon lequel un général de la *SS* aurait à subir des représailles d'autant plus dures de la part de Hitler. L'histoire dit que lorsque son jeune officier de renseignements ayant reçu l'ordre de rompre l'encerclement, lui avait rappelé les instructions de maintien du *Führer*, confirmées par l'état-major de l'armée Lanz, « Papa Hausser », comme on le nommait avec vénération au sein des troupes, aurait répondu : *« ma vieille carcasse n'en vaut pas la peine, mais vous les jeunes, vous en valez la peine »*. Il était pleinement conscient du fait d'avoir sans doute à affronter par la suite le conseil de guerre.

Il n'y eut finalement pas de suite juridique à cette affaire dont les conséquences étaient trop visiblement positives, mais il a été traité de manière mesquine par Hitler. Tous ses supérieurs qui avaient transmis à partir du quartier général du Führer l'ordre de maintien de Kharkov, prévoyant le sacrifice des deux troupes engagées à cet endroit, furent décorés de la Croix de fer de grade supérieur, sauf Hausser. Dans ses mémoires, Manstein ne rend pas justice à Hausser et aux actions du Corps des *panzers SS*. Pourtant, la décision de Hausser d'abandonner Kharkov et de sauver les divisions a servi de base à l'opération Manstein, pour écraser les Russes d'ores et déjà arrivés à Dnjepropedrowsk. Qualifications professionnelles et grandeur humaine ne vont pas toujours de pair.

Hitler avait le choix entre envoyer Hausser devant le tribunal de guerre ou lui témoigner les honneurs. L'Histoire militaire comporte des exemples de chefs de troupes ayant reçu les honneurs après avoir remporté un grand succès en enfreignant des ordres. On ne peut oublier ainsi la réponse du général de cavalerie Seydlitz lors de la bataille de Zorndorf à son général Frédéric Le Grand. Ce dernier avait transmis à plusieurs reprises l'ordre d'attaquer, et avait fini par transmettre la menace du roi selon laquelle le général aurait à répondre par sa tête de cette attaque. La réponse du général von Seydlitz est comparable à celle de Hausser : *« Après la bataille, ma tête sera à la disposition de Sa Majesté, mais pendant la bataille j'en ai encore besoin, pour le bien de Sa Majesté ! »* Seydlitz attendit judicieusement pour attaquer que l'infanterie russe se soit dispersée sur le champ de bataille en poursuivant les Prussiens battus. Il avait alors pu les démolir, puisque les Russes ne pouvaient plus former les fameux « carrés » qui constituaient à l'époque l'unique moyen pour l'infanterie de se défendre contre une attaque massive de cavalerie. Seydlitz transforma ainsi la défaite qui se profilait pour Frédéric le Grand, en victoire brillante.

Dans le journal de guerre du « groupe d'armées Lanz », à laquelle le corps *SS* des panzers était subordonné, la direction autonome du corps est clairement mentionnée. Hitler aurait dû confier à Hausser des missions plus importantes au lieu de l'oublier pour la remise des médailles, car il avait remporté un grand succès en dépit des ordres reçus.

Hitler avait eu raison au sujet de deux questions militaires importantes – contrairement à la plupart des spécialistes. Il avait imposé la formation de grandes unités motorisées opérant de manière autonome, et il s'était décidé pour le plan « Manstein » contre l'avis du commandement supérieur de l'Armée, ce qui avait conduit à un succès sensationnel à l'Ouest. Mais dès la campagne de l'Ouest, il s'était immiscé de manière fatale, directe ou indirecte, dans les opérations. Lorsqu'un nouveau succès s'annonça sur la côte de la Manche, pouvant conduire à l'anéantissement du corps d'expédition britannique, il permit que les divisions des panzers soient arrêtées, et offrit ainsi la possibilité aux Britanniques d'évacuer une grande partie de leurs troupes. Celui qui sait par expérience à quel point le personnel expérimenté et bien formé est important pour la mise en place d'unités militaires, pourra juger des conséquences d'une telle faute.

A ce jour, la recherche historique au sujet de cette décision de Hitler n'a donné aucun point de vue concluant. Père m'a dit pendant qu'il était présent lorsque Göring avait expliqué à Hitler « que la *Luftwaffe* se chargerait du reste ! » On avance généralement deux versions pour motiver l'intervention de Hitler dans les opérations de la Manche. L'une soutient qu'il souhaitait tendre une perche aux Britanniques pour les amener à conclure des accords de paix ; l'autre affirme qu'il souhaitait attribuer à Göring et à la *Luftwaffe* une part du succès à l'Ouest pour des raisons d'« équilibre » interne. Dans ses mémoires, Keitel dit que la décision de savoir s'il fallait attaquer immédiatement Dunkerque malgré les menaces d'inondation, a été déléguée au chef supérieur des commandos responsables de ces questions. (25)

Dans ce contexte, jetons un œil sur la politique du personnel de Hitler. Si l'on doit reconnaître qu'il avait, au contraire des généraux, immédiatement reconnu le caractère génial du plan « Manstein », il semble cependant incompréhensible qu'il ne se soit pas assuré sans tarder la fidélité de l'inventeur du coup de faux en l'attirant – peu importe à quel poste – dans son cercle de proches. Il permit que Manstein remette sur pied une nouvelle unité (non motorisée, hippomobile) dans la patrie pendant que son plan était mis à exécution. Si cela ne parle pas pour la capacité de jugement de Halder – sans même parler ici de l'aspect personnel – de laisser disparaître dans un tiroir le plan du « *Oberbefehlshaber West* » Rundstedt dont Manstein était le chef d'état-major, cela parle encore moins pour Hitler de ne pas en avoir tiré des conséquences pour son personnel.

J'attire ici l'attention sur les déclarations de Hitler à Père et à moi-même dans le bunker au mois de février 1945 (26) : « Manstein est celui qui opère le mieux avec des armées ». Est-ce que Hitler avait intuitivement reconnu les excellentes capacités stratégiques de Manstein, et redouté de s'attirer un « concurrent » ? Pourquoi Hitler n'a-t-il pas fait de Manstein son *Oberbefehlshaber Ost* pour les opérations de Russie ? Au cours de la Première Guerre mondiale, ce poste avait été occupé par le couple Hindenburg/Ludendorff, entré dans l'Histoire militaire sous le nom de « Ober-Ost ». Cette solution garantissait un jugement homogène assez « proche du front » de la situation, et la planification de mesures adéquates. Est-ce que Hitler avait redouté qu'un *Oberbefehlshaber Ost* puisse le pousser à prendre des décisions contre son gré ? C'est une réflexion tout à fait réaliste si l'on considère le manque de confiance qui caractérisait les relations existant entre Hitler et l'ensemble des généraux.

Toute personne expérimentée, occupant un poste de responsabilité au sein de la politique ou de l'économie, se tient intelligemment à l'écart des détails logistiques, se réservant la tâche de définir les grandes lignes de la politique ou de la négociation, d'en vérifier l'évolution et le « controlling », selon le terme utilisé de nos jours. Cette pratique permet de préserver le premier homme du poids des détails et le protège du surmenage, sans pourtant le soustraire à la responsabilité de l'ensemble.

En suivant sans doute un principe de commandement mal interprété, Hitler faisait exactement le contraire. Au lieu d'établir sous sa direction un gouvernement responsable qui s'acquitterait de toutes les tâches courantes, et auquel il aurait pu attribuer la responsabilité de celles-ci, quitte à trouver un bouc émissaire si c'était nécessaire, il s'était attiré de plus en plus de responsabilités, se mettant ainsi dans l'incapacité de remplir de manière efficace l'une de ces fonctions. Comme je l'ai déjà dit, il avait même fini par prendre la direction d'une armée dans le lointain Caucase. De Gaulle et Franco ont structuré leur gouvernement selon le premier principe décrit, sans parler de Staline qui, en tant que détenteur unique et incontesté du pouvoir de l'Union Soviétique, n'était que « secrétaire général » du parti jusqu'en 1941 et ne possédait pas de position ancrée au sein de l'Etat. En tant que secrétaire général du parti, il représentait en quelque sorte l'instance de contrôle supérieure, et il n'en fallait pas plus pour assurer à sa forte personnalité le pouvoir absolu dans l'Empire soviétique. Après sa libération, Mussolini a déclaré au futur professeur Prinzing qui lui était attaché : *« notre système* (dictatorial) *est faux, car les compromis nécessaires finissent toujours sur notre bureau ! »* (celui du dictateur, *NdA*) (27) Hitler résolvait les problèmes en nommant des « responsables exceptionnels », qui lui étaient généralement personnellement subor-

(25) Keitel, voir page 272 et suivantes.

(26) Voir pages 7 et 8.

(27) Déclaration orale de Prinzing à l'auteur.

donnés et s'appuyaient sur les célèbres « ordres du *Führer* », sans être intégrés à un cadre d'organisation ou de contrôle clairement articulé. Leurs activités n'étaient pas coordonnées et n'étaient soumises à aucun contrôle régulier.

La personne de Göring constitue un autre exemple dramatique de la manière dont Hitler gérait son personnel. En temps de paix, il était chargé de tellement de fonctions et de ministères qu'un dieu ne serait parvenu à les remplir de manière efficace. Les deux fonctions principales dont il était chargé étaient à elles seules plus que des emplois à plein temps : en tant qu'*Oberbefehlshaber* de la *Luftwaffe*, il était responsable de la création à partir de rien d'une armée de l'air puissante, et en tant que responsable du plan quadriennal, il devait assurer l'approvisionnement et la distribution en matières premières de l'ensemble du *Reich*. Il était par ailleurs prévisible que l'accumulation des deux fonctions pouvait mener à d'importants conflits d'intérêts.

La bataille aérienne au-dessus de la Manche pendant la fin de l'été 1940 avait été un avertissement qui aurait dû pousser Hitler à s'intéresser de très près au développement de la *Luftwaffe* et à sa direction. Il aurait dû en tirer des conséquences au niveau du personnel au plus tard après les premières attaques aériennes lourdes des Alliés.

Si l'on peut parler de système en parlant du style de gouvernement et de la politique du personnel de Hitler, on ne peut retenir que d'une part le fait qu'il s'accrochait aux gens qu'il considérait comme fidèlement soumis à sa personne, et d'autre part son intrusion dans tous les domaines afin d'empêcher toute accumulation de pouvoirs. Entraver les regroupements susceptibles de lui imposer des décisions qu'il ne souhaitait pas, semble être le principe de base de son « système gouvernemental ». Un « système » qui a sans aucun doute fait ses preuves jusqu'à la fin, dans le sens qu'il souhaitait. Malheureusement, il représentait aussi une des facettes décisives de la structure de la personnalité de Hitler, et a poussé l'Allemagne dans la catastrophe.

Le gouvernement de Hitler est divisible en deux périodes. La première phase englobe les années jusqu'à la fin de 1940. Dès 1941, on peut observer une modification croissante dans la personnalité de Hitler. Père nous avait ainsi dit que « le *Führer* était de plus en plus rigide dans ses opinions ! » Est-ce que le Hitler des années 1940 était le même que celui des années 1942-43, ou même des phases plus récentes de la guerre ?

Au cours de l'hiver 1939-40, Hitler a ordonné l'exécution du plan Manstein pour la campagne de l'Ouest, contre l'avis d'un chef d'état-major récalcitrant et du commandant en chef des armées. En 1943, la fameuse « Opération Citadelle » a été appliquée avec si peu de fantaisie que n'importe quel cadet aurait pu deviner où les Allemands allaient attaquer. Les opérations de l'année 1942 sont encore plus difficiles à comprendre, et ont mené à la catastrophe de Stalingrad. Une situation de « *Cannae* » classique, mais malheureusement au profit des Soviets ! *Cannae* désignait le fait d'amasser des troupes sur un terrain réduit et de donner ainsi à l'adversaire la chance de flanquer cette masse de soldats pour l'encercler. C'est exactement ce qui se passa du côté allemand avec la concentration incompréhensible de forces autour de Stalingrad, tandis que les flancs très longs étaient principalement défendus par des troupes italiennes et roumaines, qui étaient désespérément et en tous points plus faibles que les Soviétiques au cours de ce dur hiver russe. Cette position constituait une provocation directe pour l'armée russe, qui conduisit à l'encerclement de la 6e armée allemande devant Stalingrad. L'ordre d'arrêt pour le corps des panzers SS que j'ai déjà mentionné correspond au même état d'esprit. Au cours du premier hiver russe de 1941-1942, Hitler avait dans l'ensemble eu raison lorsqu'il avait donné des ordres d'arrêt, même s'ils pouvaient mener à de lourdes crises locales. Le résultat fatal observé pendant la guerre de Russie résidait dans l'interdiction de toute manœuvre de départ en bonne et due forme.

Etait-ce le même homme qui ordonna en 1940 le déplacement des activités principales vers le centre du front d'attaque à l'ouest, et qui fractionna en 1942 ses forces en ordonnant simultanément une attaque sur la Volga et une autre en direction du Caucase, pour finalement rester coincé à Stalingrad et donner ainsi aux Russes l'opportunité de mener une contre-attaque fatale ? Au lieu de suivre la règle stratégique qui consiste à placer à l'endroit décisif toutes les forces disponibles quitte à mettre à nu d'autres secteurs, Hitler a déplacé ses divisions de première classe expérimentées comme le 1er Corps des *Panzers SS*, pour parer un supposé danger d'invasion. Cette réaction témoigne d'un changement profond dans sa personnalité.

Deux autres décisions de Hitler illustrent ce qu'on ne peut appeler que de l'irrationalité totale. D'une part, Hitler avait exigé que les chasseurs soient transformés en bombardiers. Il avait par ailleurs formé les *Luftwaffen-Felddivisionen* avec le personnel de la *Luftwaffe* au sol, qui, n'étant plus nécessaire, pouvait être engagé dans les combats à terre. Cette dernière décision repose sans aucun doute sur la méfiance croissante de Hitler vis-à-vis de l'Armée, dans laquelle on ne voulait pas intégrer les soldats de la *Luftwaffe* « national-socialistes » de Göring. D'un point de vue militaire, la formation de ces *Luftwaffen-Felddivisionen* était absurde. Les officiers, sous-officiers et les troupes n'avaient aucune expérience de la guerre, leur formation était totalement insuffisante et ils n'étaient que rarement dirigés par un officier expérimenté. Même les postes de commandement étaient occupés par des hommes de la *Luftwaffe*. Ces divisions explosaient pour la plupart littéralement lorsqu'elles se retrouvaient au cœur des combats, comme nous avons pu le constater devant Caen pendant l'été 1944. Après une courte mais intense attaque armée, combinée avec des attaques intensives de la part de l'armée de l'air, une *Luftwaffen-Felddivisionen* s'était complètement disloquée. Après quelques semaines de lourds combats, notre division avait été mise au repos. Elle a dû être renvoyée sur le front après quelques heures pour combler tant bien que mal la brèche laissée par cette division manquante. Nous ne devons qu'à la lenteur de la direction de Montgomery que les Britanniques ne se soient pas servis de ce succès tactique pour parvenir à percer une brèche stratégique. Ce personnel issu de la *Luftwaffe* n'était plus utile puisque la production d'avions avait été anéantie. Si on l'avait réparti dans les divisions existantes et expérimentées, il se serait vite transformé en personnel utile. J'avais moi-même pu m'en convaincre. Après la reprise de Kharkov, la division *Leibstandarte* accueillit en remplacement 6000 hommes « triés sur le volet », issus du personnel au sol de la *Luftwaffe*. Ces hommes ne venaient pas volontairement dans la *Waffen-SS*, ils y étaient envoyés. Le régiment des *panzers* avait ainsi accueilli 600 sous-officiers et soldats. J'ai reçu l'ordre, avec quelques-uns de nos soldats de panzers expérimentés, de faire de ces hommes des combattants en l'espace de quelques semaines. A posteriori, je peux constater que ce but a été atteint. Etant donné que j'ai dû mener une compagnie également composée d'hommes issus de la *Luftwaffe* pour l'opération « Citadelle », je peux facilement en juger. Ils ont rempli leur devoir avec autant d'ardeur et de discipline que les soldats qui avaient volontairement rejoint la *Waffen-SS*. A ce propos, ils sont aujourd'hui l'objet de la même diffamation que les soldats de la *Waffen-SS*, sans différenciation aucune ! Cette décision désastreuse de créer des *Luftwaffen-Felddivisionen,* illustre une fois de plus la manie de Hitler de soumettre les raisons personnelles aux raisons objectives pour prendre des décisions.

La raison ayant poussé Hitler à transformer les chasseurs en bombardiers m'est inconnue. Je me souviens cependant fort bien du moment où Père me relata ce fait d'un air mi désespéré, mi résigné. C'était lors de ma visite dans son quartier général en Prusse orientale au cours de l'été 1944, lorsque je lui avais parlé de la supériorité aérienne écrasante des Alliés sur le front d'invasion. J'avais finalement été moi-même grièvement blessé par un avion alors que j'étais placé assez loin dans l'arrière-pays, avant le début de l'invasion. « Le *Führer* souhaitait transformer le chasseur en bombardier ! » Nous n'avions finalement aucun des deux, ni la protection face au tapis de bombes alliés, ni le soutien de l'air dans les combats de terre. Ces deux décisions ne sont pas compréhensibles d'un point de vue rationnel.

J'ai déjà décrit l'impression désastreuse que Hitler m'a laissée en février 1945. Sa déchéance physique et intellectuelle était si évidente qu'il est presque incompréhensible que personne dans son entourage personnel n'ait pris une initiative visant à lui ôter le pouvoir, sous quelle forme que ce soit. Il faudrait également poser cette question à mon père, s'il vivait encore. Il faut cependant considérer que du point de vue de Père, la mise à l'écart de Hitler représentait par la même occasion la confirmation de la défaite allemande, c'est-à-dire de la « capitulation sans conditions », une responsabilité qu'il ne souhaitait pas prendre. Dans l'une de ses dernières lettres à ma mère, le 6 octobre 1946, Père écrit :

> «...ta mère m'a dit un jour qu'elle espérait que je sois un Talleyrand – tu sais qu'un tel jeu n'aurait pu servir à personne, sauf peut-être, à Himmler. L'idée d'être res-

> ponsable, ne serait-ce que de la mort d'un seul soldat, pour cette raison, m'est insupportable. Après que nos adversaires aient été déterminés – peu importe par qui – à n'accepter qu'une capitulation sans conditions, tout tentative en ce sens ne pouvait mener qu'à l'effondrement. Prendre cette responsabilité est au-dessus des forces humaines. Je fais donc aujourd'hui partie de ceux qui ont été broyés par les meules de l'histoire… »

A posteriori, il faut reconnaître que c'est un désastre que l'élimination de Hitler le 20 juillet n'ait pas abouti. En constatant cela, je suis pleinement conscient du fait que mon père, ma famille et bien évidemment moi-même en aurions subi des conséquences très négatives. Cela aurait cependant épargné au peuple allemand les terribles derniers dix mois de la guerre. Un attentat réussi n'aurait pas pu avoir de conséquences plus désastreuses que ce que nous avons finalement vécu. Combien de lettres n'aurais-je pas dû écrire à la famille de mes soldats tombés entre le 20 juillet et la fin de la guerre.

Dans une dictature absolue telle que celle de Hitler, la haute trahison peut sans aucun doute devenir un devoir envers la patrie. Je pars ici du principe que le lecteur sait faire la différence entre la trahison et la haute trahison. (28) L'action de Stauffenberg était sans aucun doute le résultat d'une inquiétude profonde pour l'avenir de son pays. Lui seul mérite notre estime. Cet officier, lourdement handicapé par des blessures de guerre, a mis sa vie en jeu. On ne peut dire la même chose de la conspiration de 1928-1940, bien que les acteurs principaux aient eu bien plus d'occasions d'éliminer Hitler. Le terme de « 20 juillet » ne peut pas désigner le complot fatal des années 1938-1940.

Tout ce qui est de nos jours englobé dans l'expression « résistance » doit être soigneusement analysé. Un officier grièvement blessé qui se résout pour sauver son pays d'une catastrophe imminente à une action désespérée, dont personne dans son entourage ne veut prendre la responsabilité, pas même au sein du quartier général du *Führer*, (son allié le général Fellgiebel, chef de la section d'information du service de renseignements de la *Wehrmacht*, qui devait au moment crucial interrompre les liaisons radio vers la *Wolfsschanze*, a félicité Hitler d'avoir été sauvé ! (29)), ne doit pas être considéré de la même manière que la conspiration d'un secrétaire d'Etat au Ministère des Affaires étrangères, qui, voulant provoquer une déclaration de guerre britannique en s'appuyant sur les ennemis de l'Allemagne, Vansittard et Churchill, afin de pouvoir renverser Hitler, mais qui n'agit pas au moment décisif ! En aparté, il faut remarquer que Stauffenberg n'a pas été exécuté par la *Waffen-SS*, il a été tué sans autre forme de procès sur ordre de son supérieur direct, le général Fromm dont il était le chef d'état-major, dans la cour de la rue Bendler, par des soldats de la *Wehrmacht*. Fromm était le « commandant de l'Armée de réserve » et par là l'un des généraux les plus influents et les plus importants ! Le fait qu'il soit à son tour condamné et exécuté après le 20 juillet par le tribunal populaire donne une image assez complète de ce général de l'armée allemande.

Je l'explique une fois de plus clairement : dans une dictature, dans laquelle la libre expression est violemment réprimée, la haute trahison peut tout à fait être considérée comme légitime s'il s'agit d'un souci du bien collectif. J'irais même plus loin, même le « meurtre du tyran », si le responsable répond de ses gestes en son âme et conscience et qu'il met sa vie en jeu pour ceux-ci, est défendable lorsque aucune autre solution se présente, mais jamais la trahison de son pays !

On s'interroge toujours aujourd'hui sur l'état de santé de Hitler au cours des différentes phases de son gouvernement. En m'appuyant sur ma propre expérience, je ne peux que rapporter ce que j'ai déjà déclaré au sujet de sa déchéance physique et intellectuelle. Le rôle de son médecin Morell n'échappe pas à la controverse. Ma sœur Bettina, qui était infirmière de la Croix-Rouge, a rendu

(28) On qualifie de haute trahison l'action illégale contre le gouvernement légitime d'un pays. La trahison quant à elle désigne la conspiration avec l'ennemi d'un pays en temps de guerre ou de paix, sous quelle forme que ce soit.

(29) Von Below, page 384.

visite au cours d'un de ses congés à la femme de l'ancien ambassadeur allemand à Presbourg Ludin, avec laquelle elle entretenait une amitié. En raison d'une blessure, elle développa une septicémie mortelle. Afin de l'aider, madame Ludin l'envoya de toute urgence à Vienne chez le professeur Eppinger.

Cet interniste bénéficiait d'une renommée internationale. Il avait par le passé été convoqué à Moscou pour analyser les problèmes de cœur de Staline. Lorsque le Tsar Boris de Bulgarie tomba grièvement malade en 1944, on fit encore appel à Eppinger. Il confirma le soupçon allemand selon lequel Boris aurait été empoisonné. A Berlin, on considérait à cette époque qu'il n'était pas exclu que des membres de la famille royale italienne – Boris était marié à une fille du roi d'Italie – aient joué un rôle dans cette histoire.

Eppinger a sauvé ma sœur. Mère sauta sur l'occasion pour lui demander d'envoyer l'un de ses médecins en chef en Prusse orientale pour faire un bilan approfondi de l'état de santé de mon père. C'est ainsi que le docteur Lainer arriva dans les quartiers de mon père. A l'occasion d'un congé de convalescence, j'ai pu faire la connaissance de cet Autrichien enjoué, et de me lier d'amitié avec lui malgré le peu de temps dont nous disposions.

Il avait rendu visite à Morell en Prusse orientale et « avait jeté un coup d'œil dans sa valise de médicaments », mais il s'était aussi ouvertement entretenu avec lui sur les médicaments que Morell « injectait » au *Führer*. Il attira d'ailleurs l'attention de Mère sur le fait que les effets secondaires de ces remèdes n'avaient pas encore été complètement analysés, et que leur prescription au *Führer* était difficile à assumer !

Il ne faut pas oublier de mentionner par ailleurs que le premier mari de mon épouse avait été pendant longtemps un patient de Morell avant la guerre. D'après l'opinion que son mari se faisait de Morell, ce dernier était un ennemi convaincu de Hitler, et l'on s'attendait en réalité à tout instant – ma femme s'était mariée en 1943 – à ce que Morell mette enfin Hitler « hors d'état de nuire ».

Lorsqu'un traitement contre les ballonnements à base de strychnine, prescrit par Morell, provoqua un empoisonnement chez Hitler, Himmler tenta activement, et avec l'aide de l'ancien médecin attitré de Hitler, Brandt, de discréditer Morell auprès du chef d'Etat. On nourrissait en effet des doutes sérieux quant à ses méthodes de travail. Le résultat de cette tentative s'avéra totalement négatif. Brandt tomba en disgrâce, et Morell se retrouva plus confirmé que jamais dans sa position. Même si Morell avait sciemment prescrit des traitements nocifs au *Führer*, cela ne décharge pas ce dernier de ses responsabilités face à l'Histoire. L'Histoire n'accepte pas la maladie comme excuse pour des mauvaises décisions ou même des catastrophes. Mon grand-père Ribbentrop lui aussi était de l'avis que « celui qui ne sait pas à quarante ans ce qui fait du bien à sa santé, aucun médecin ne peut l'aider ! »

Seule la question de la provenance du changement évident de personnalité de Hitler dans le sens d'une pétrification mentale nous intéresse ici. Il ne fait aucun doute que le poids des innombrables problèmes, résultant de son mode de travail totalement inefficace, lui a apporté un poids psychique et physique capable de miner sa santé corporelle et morale. S'attirer de plus en plus de responsabilités fait preuve d'une mauvaise organisation, d'une politique du personnel inefficace et du manque de capacité de Hitler d'avoir une vision d'ensemble sur un organisme aussi compliqué que l'est un Etat moderne et de le diriger, surtout en pleine guerre ! Le choc que ce visionnaire « infaillible » a dû avoir lorsqu'il a reconnu que l'agression de la Russie était une erreur constitue pour moi un tournant décisif dans le développement de la personnalité de Hitler. Bien entendu, la question de l'origine ou de la conséquence se pose ici. Il avait lui-même amené l'Allemagne dans cette guerre des deux fronts tant redoutée, qu'il espérait éviter en attaquant l'Union Soviétique. *« Le bon Dieu ne laissait pas regarder dans son jeu »*, comme l'avait averti son Ministre des Affaires étrangères en reprenant les termes de Bismarck. Le même Ministre lui proposait ensuite de trouver un accord avec Staline. Après son heure de gloire, une telle erreur représentait une perte de prestige qu'il n'était pas prêt à accepter. Ce visionnaire infaillible ne pouvait et ne devait pas porter la faute de la tragédie qui s'annonçait. La personnalité de Hitler ne comportait pas cette souveraineté intérieure qui permet de reconnaître ses fautes, ne serait-ce que vis-à-vis de soi-même, pour tenter de les corriger.

Quelles réactions aura cependant eu le « plus grand général de tous les temps » en réalisant à quel point la situation était devenue précaire sur le front, en l'espace d'une nuit ? Rassemblera-t-il autour de lui les personnalités dirigeantes des secteurs militaires, politiques et économiques, pour réunir toutes les forces du *Reich* et de son domaine d'influence de manière réfléchie et efficace ? Inspirera-t-il à cette équipe la confiance nécessaire pour les motiver à sa cause et déclencher de toutes parts les efforts nécessaires pour leur survie ? Oui, inclura-t-il les peuples d'Europe dans ce combat contre l'Union Soviétique, qui ne peut être qualifié que de combat défensif, en leur offrant une garantie claire pour leur statut national après la guerre ?

Hitler prend la direction radicalement opposée. Il démet de leurs fonctions ses chefs militaires les plus brillants parce qu'en excellente connaissance du terrain et de la situation, ils ont pris des décisions contre sa volonté. Parmi ceux-ci, il y avait Guderian, l'un des créateurs des troupes de *panzers* allemandes et le général qui a mené le plan Manstein – contre la volonté de ses supérieurs – vers un succès éclatant.

Au lieu de se délester personnellement et de se concentrer pleinement sur le gouvernement supérieur politique et militaire, il se charge encore plus en prenant le commandement de l'Armée mais aussi d'une partie de l'Armée ! D'après les principes de commandement de l'armée appliqués depuis des centaines d'années, il s'agissait là « d'un péché devant le seigneur ! » Jamais au grand jamais un chef de bataillon n'aurait par exemple pris parallèlement le commandement d'une compagnie de son bataillon ! Il préférait charger un officier subalterne de la direction de ce bataillon, ce qui arrivait d'ailleurs assez fréquemment en temps de guerre ! Lors du banquet que Mussolini avait organisé pour Hitler et la délégation allemande lors de sa visite d'état en Italie en 1938, Mère avait été placée à-côté de Mussolini en tant que « Première Dame d'Allemagne ». A cette occasion, les deux hommes d'Etat s'étaient entre autres entretenus sur l'organisation de leurs commandements militaires supérieurs. A son retour, Mère nous avait raconté que les explications de Hitler n'avaient pas été très convaincantes, et elle avait ajouté en souriant d'un air moqueur : « mais lui-même ne semblait d'ailleurs pas très heureux de sa solution ! » Cette constatation très intuitive de la part d'une femme qui pouvait alors encore être qualifiée de « bien disposée » vis-à-vis de Hitler, et qui n'avait par ailleurs pas la moindre idée d'une organisation militaire, est intéressante.

Les faiblesses de Hitler que nous avons analysées précédemment, s'avéraient de plus en plus lourdes de conséquences. Hitler se mêlait de plus en plus des événements, et pourtant il accumulait les erreurs ! Ses échecs en tant que « chef » politique et militaire réveillaient en lui l'idéologue radical. C'est maintenant seulement qu'il introduit l'« étoile juive », que les déportations commencent, etc. D'autre part, il se ferme à toute tentative de pacification entreprise par son Ministre des Affaires étrangères. Il ne fait plus que se défendre à coups de poings et à coups de pieds, tant qu'il en a encore la possibilité. C'est maintenant qu'il commence à créer son image négative qui ne fera que s'amplifier et déforme aujourd'hui le regard que l'on porte sur les circonstances auxquelles était soumise sa politique, c'est-à-dire la politique allemande, au début de son gouvernement.

Hitler doit avoir réalisé très tôt – au plus tard en novembre 1941, si ce n'est pas secrètement plus tôt – qu'il avait commis une faute décisive en attaquant l'Union Soviétique. La crise du front de l'Est au début de l'hiver, les notes spontanées de Hewel sur l'atmosphère qui régnait au quartier général du *Führer* en décembre 1941, son cri du cœur à l'annonce de l'attaque japonaise sur Pearl Harbour « Maintenant l'Allemagne est sauvée » (lorsque Mère me l'avait raconté, elle avait porté sa main à sa bouche en signe d'effroi), tous ces symptômes trahissaient le choc profond que Hitler avait dû ressentir en réalisant qu'il avait mésestimé la force russe et les conditions de vie dans lesquelles l'armée allemande devait se battre en Russie. Il se montrait rarement en public, et encore moins lors des manifestations de masse, prétextant qu'il ne voulait pas exposer son auditoire à une menace aérienne. Mais il ne se rendait plus non plus auprès des troupes du front. Est-ce qu'il ne croyait plus à son charisme ? On a à juste titre reproché au *Kaiser* et à son chef d'état-major Moltke de ne pas s'être rendus sur place lorsque la crise s'annonça pour l'aile droite décisive lors de la Bataille de la Marne en 1914. Ils auraient pu se faire une idée plus précise de la situation et prendre une décision en accord direct avec les commandants. Le même reproche vaut pour Hitler. S'est-il fait une image personnelle de la situation, par exemple devant Moscou ou Stalingrad, ou même sur le front d'Invasion ? Une seule fois, en janvier 1943, il s'est brièvement rendu auprès de Manstein sur le secteur sud.

D'un point de vue militaire, il ne cesse de jouer à « quitte ou double ! » Pourtant, on ne peut même pas dire qu'il « avait tout misé » sur une carte. L'offensive de l'été 1942 n'a pas été menée avec toutes les forces qui étaient à disposition. J'ai évoqué le fait que le corps des *panzers* de la *SS* dont je faisais partie avait été transféré en France au début de l'offensive. Il n'avait pas été présent lors de la tentative de débarquement des Anglais près de Dieppe, ni lors de la crise de Stalingrad. Peut-on se permettre un parallèle fatal avec les deux corps d'armée qui avaient été retirés de l'aile droite décisive lors de la bataille de la Marne pour être transférés en Prusse orientale – où ils arrivèrent trop tard ?

En 1943, l'opération « Citadelle » brûla littéralement les divisions de panzers à peine remises à niveau, qui firent donc cruellement défaut en été, lors de la défense contre l'offensive soviétique. L'« offensive des Ardennes » en décembre 1944 avait été un jeu de hasard irresponsable si l'on considère les rapports de forces et les conditions de ravitaillement. En tant qu'*Adjutant* de régiment du régiment de *panzers* de la division de l'aile droite sur le front d'attaque, j'avais une vision détaillée sur les préparatifs, et en tant que chef de bataillon, j'ai fait personnellement l'expérience de notre infériorité désespérée en hommes et en matériel, sans parler du manque de soutien aérien. Tous ces éléments ne laissaient à mes yeux aucune chance de réussite à cette offensive. Les premiers succès n'y changèrent rien, ils n'étaient que le fruit de l'effet de surprise au sud de la zone d'attaque. Le fait que cette opération à l'Ouest ait été menée alors que les Russes avançaient en masses énormes pour l'offensive finale contre Berlin, souligne à quel point les considérations de Hitler sur l'objectif des opérations étaient éloignées de la réalité.

Il est étonnant de constater que le même Hitler qui avait tenu des discours aux belles paroles, ou parfois même véhémentes, ait été incapable de préparer une éventuelle guerre de manière intensive et conséquente, tout comme il n'a pas su la mener lorsqu'elle a effectivement commencé ! Le fait que l'industrie de guerre allemande - malgré les attaques aériennes – n'ait atteint sa capacité maximale qu'à la fin de l'année 1944 prouve qu'on n'avait pas envisagé une guerre de longue durée, et qu'on avait omis de se préparer de manière systématique. On ne peut qualifier cette attitude que d'insondable légèreté. Au contraire de la Grande-Bretagne et encore plus de la Russie, l'Allemagne n'a instauré que très tard le service obligatoire pour les femmes. De ce point de vue, Hitler était un « populiste ». Même en temps de guerre, il répugnait à imposer au peuple les contraintes nécessaires, dont le service obligatoire pour les femmes n'était qu'un aspect. Du reste, mes parents trouvaient dès le début de la guerre que la propagande nationale allemande dressait un tableau trop rose de la guerre, et ne préparait pas assez la population à la probabilité d'un conflit long et difficile. Ils attribuèrent à Goebbels cette tendance dans la propagande du pays.

Hitler lui-même devient de plus en plus « rigide » ! Il s'entête sur des décisions prises, et les justifie de plus en plus par des arguments idéologiques, les attirant par la même occasion dans des sphères définies par le destin. Le visionnaire devait à tout prix avoir raison ! S'il a froidement justifié le guerre préventive contre la Russie en avançant la nécessité d'aller au-devant de l'attaque simultanée de la Russie et des Etats-Unis, il ne tarde pas à présenter la guerre comme un conflit idéologique dans lequel on ne peut se permettre aucun compromis. Il repousse en les qualifiant de « politique de commerçant » les propositions de politique pragmatique que lui soumet son Ministre des Affaires étrangères.

Mère m'a raconté à cette époque que Hitler avait dit que si cette guerre était perdue, c'était que le « peuple allemand n'était pas digne de moi ! » Elle était, bien sûr, hors d'elle en me rapportant ces propos ! Il n'est d'ailleurs aucun besoin de cette affirmation pour constater que Hitler se considérait comme un « prophète » (30), et qu'on ne peut donc le qualifier d'« homme d'Etat » dans le sens propre du terme. L'histoire du monde n'a cependant pas toujours eu recours à des hommes d'Etat pour atteindre ses objectifs. Ce sont souvent les « visionnaires » qui ont eu une influence importante sur la vie des peuples – plus rarement une influence directement positive, en revanche, pour les personnes directement concernées ! Les vrais prophètes se considèrent par essence comme dans leur droit. « Tout ce qui peut servir leurs visions et permettre de les réaliser est moral. » C'est ainsi qu'ils transforment leur « désir d'avoir raison » en un droit valable, c'est-à-dire en premier lieu un droit « de punition ». Pour les personnes concernées, cela se traduit par une « absence de droits », c'est-à-dire l'arbitraire ! Comme Hitler peut prévoir qu'il a échoué dans la réalité, il se retourne vers l'idéologie et la prophétie. Les prophètes ne font pas de compromis, ils ne connaissent que les « adeptes » et les « incroyants » !

Celui qui se donne la peine – dans la mesure du possible – de comprendre l'Histoire de manière objective, doit se libérer de l'« utilisation » qui est faite de l'Histoire pour l'argumentation politique actuelle, et pour la polémique dans la politique quotidienne – sans parler de l'interprétation « pédagogique populaire » de l'Histoire » ! Le terme à la mode – et passablement affecté - pour exprimer cela est sans doute le mot « instrumentalisation » de l'Histoire. En allemand, on pourrait l'expliquer de cette manière : « tordre » l'histoire en fonction des besoins qu'on en a pour atteindre des objectifs politiques ou idéologiques !

La difficulté réside dans le fait qu'il faut garder à l'esprit que Hitler devait se soumettre aux problèmes de géopolitique originels inhérents à l'Allemagne placée au centre de l'Europe, tout comme chaque gouvernement qui l'avait précédé. Si l'on ne veut pas remonter trop loin dans l'histoire allemande, on peut dire qu'au plus tard, Bismarck avait eu à combattre les mêmes problèmes. On peut aussi penser à l'Alliance du « Roi le plus catholique de France », qui n'avait pas eu de scrupules à s'allier avec les Turcs, c'est-à-dire des mahométans, contre la puissance centrale européenne et chrétienne des Habsbourg.

Dans un discours au Reichstag pendant l'année 1882, Bismarck avait dit que *« ...des millions de baïonnettes étaient tout de même généralement dirigées vers le centre de l'Europe, que nous étions placés au centre de cette Europe et qu'en raison de notre position géographique et de l'histoire européenne, nous étions plutôt exposés à la coalition des autres puissances. »* Bismarck pensait que le *« cauchemar des coalitions restera encore longtemps, et peut-être toujours parfaitement justifié pour les Ministres allemands »*. (31)

L'ancien ambassadeur français à Bonn parle d'une certaine *« façon de penser politique en France, qui garde toujours Moscou à l'esprit quand il s'agit de l'Allemagne »* (32). Il ne fait aucun doute que Hitler n'a pas inventé le problème de la position de l'Allemagne entre la puissance soviétique à l'est et le voisin jaloux à l'Ouest. Sa montée au pouvoir est d'ailleurs en partie explicable par la situation désespérée dans laquelle se trouvait le *Reich*, coincé entre ses deux groupes de puissances, au moment où il a pris le pouvoir. Les problèmes de politique internationale du Reich allemand n'étaient pas des inventions de Hitler dans un but de propagande, elles étaient le résultat du malheureux Traité de Versailles, dont certaines personnes intelligentes ont prédit lors de sa signature qu'il allait amener une nouvelle guerre !

J'ai soumis l'homme d'Etat qu'était Hitler à une critique sévère. Cependant, chaque gouvernement allemand, et donc aussi celui de Hitler, était soumis aux problèmes de politique internationale qui se sont développés en Allemagne depuis le Traité de Versailles et jusqu'à la menace par l'Union Soviétique. Ramener les tentatives de Hitler de régler ces problèmes à la formule tout aussi naïve qu'improbable qu'il était tout simplement « avide de guerre » fait aujourd'hui partie des formules de propagandes habituelles, et surtout de celle des historiens allemands. Pourtant, elle les disqualifie en tant que chercheurs dignes de ce nom !

Lors de son entrée dans le monde politique en 1920, Hitler venait de nulle part et n'avait rien à donner. Ses chances de pouvoir influencer selon ses conceptions la politique allemande étaient

(30) Le Ministre plénipotentiaire général allemand pour le Danemark Best le caractérisait de « type prophétique ».

(31) Cité d'après Haffner, *Von Bismarck zu Hitler*, éditions Knaur, 1989, page 61.

(32) Froment-Meurice, voir ci-dessus, page 660.

nulles. On ne peut même pas qualifier son entrée sur la scène politique comme un jeu de « quitte ou double », car ce jeu implique que l'on mise tout ce que l'on possède ou que l'on a obtenu sur une seule carte. A ce moment de l'Histoire, Hitler n'avait rien à perdre. Pourtant, trois ans plus tard, il participe activement à un putsch contre le gouvernement du Reich. Après sa mise en liberté, il se voit dans l'obligation de recommencer à zéro et, cinq années plus tard, il se retrouve leader du parti le plus fort d'Allemagne. Un jour, alors qu'il formait son gouvernement, il avait avoué à Père que, pendant l'époque de sa « lutte » pour l'accession au pouvoir, il avait à plusieurs reprises tenu un pistolet entre ses mains pour se donner la mort, car il ne se donnait aucune chance de succès. Pourtant, il avait toujours repris son combat, jusqu'à ce qu'il devienne Chancelier du *Reich*. Les expériences positives que Hitler avait faites pendant cette phase de « combat », c'est-à-dire la prise de risque importante finalement couronnée de succès, ont finalement eu des conséquences fatales pendant son gouvernement. Sa rhétorique avait fait de lui le leader du parti le plus fort et l'avait ainsi porté au pouvoir. Il est sans cesse tenté d'utiliser sa rhétorique dans le domaine de la politique étrangère. Le jeune homme audacieux qui se lance les mains vides dans le combat de la politique intérieure, et qui accède au gouvernement supérieur du Reich malgré tous les obstacles, se transforme finalement en un joueur, qui risque dans un geste de « quitte ou double » sa position tout juste consolidée mais encore fort menacée, et qui échoue. Je rappelle une nouvelle fois la note issue du journal de Hewel, les 29 et 30 mai :

> *« ...Barbarossa représente un risque, comme tout le reste. Si cela échouait, ce serait la fin »*

Et le 08.06.1941 :

> *« si cela tourne mal, tout est perdu... »*

Cinquante-cinq années plus tard, on tremble encore en lisant ces annotations manuscrites d'apparence anodine dans le journal de Hewel. C'était un jeu de « quitte ou double » que Hitler pensait pouvoir remporter en dix semaines, car sinon « tout serait perdu ».

Pendant l'époque de sa lutte pour le pouvoir, il n'a pas abandonné sa quête ni saisi son pistolet, même si la situation semblait désespérée. De manière tout à fait justifiée, il ne s'est pas contenté du poste de Vice-Chancelier. C'était d'ailleurs une proposition qui ne correspondait pas du tout aux règles parlementaires, car il était tout de même le leader du parti majoritaire. Il exigeait la Chancellerie et il a fini par l'obtenir. Ce n'est qu'en 1945 qu'il tire les conséquences de sa défaite, lorsque les Russes se retrouvent devant la porte du bunker, au lieu d'épargner au peuple allemand la dernière et terrible partie de la catastrophe.

On peut dire que Hitler a désespérément tenté de garder la tête hors de l'eau, coincé comme il l'était entre les deux puissances d'Amérique et de Russie et leurs alliés. Lorsqu'il s'est rapidement avéré que son calcul consistant à attaquer l'une de ces puissances avant que l'autre n'attaque était mauvais, ce prophète « infaillible » s'est réfugié dans une notion de « destinée ». Parallèlement, il a connu une déchéance physique et apparemment aussi psychique, et il s'entêtait dans sa lutte de plus en plus vaine. Il devenait de plus en plus rigide et refusait toute proposition d'éviter le pire au peuple allemand.

Il faut constater que le peuple allemand est la principale victime du régime de Hitler. Au début des années Trente, le peuple l'a prudemment et avec beaucoup de réserve – il n'a jamais eu la majorité absolue avant 1933 - choisi contre le communisme et donc le Bolchevisme. Avec l'échec de la République de Weimar, l'Allemagne ne disposait plus d'autre alternative. Ce peuple allemand si souvent diffamé avait ainsi fait un choix fatal, si l'on pense aux conséquences que la bolchevisation de l'Allemagne auraient pu avoir pour l'Europe et le monde.

C'est ainsi que le nom de Hitler est irrémédiablement lié à une catastrophe allemande qui n'est comparable qu'avec celle de la Guerre de Trente Ans. Un homme d'état digne de ce nom aurait dû combattre par tous les moyens ce malheur qui a touché le peuple allemand. Pour l'exprimer de manière quelque peu directe : un homme d'état ne peut tout simplement pas assister à une catastrophe de cette envergure ! Il est donc clair et net que Hitler n'est pas excusable, et encore moins réhabilitable. On peut à raison douter du fait que le tabou dont il est aujourd'hui l'objet en Allemagne est favorable à son « dépassement » historique (Bewältigung). Ce tabou peut cacher le danger de créer un mythe autour de Hitler, au lieu de le dépasser.

Le fait objectif et historique que Hitler ait été à la tête du gouvernement pendant douze ans nous permet cependant de reconnaître que le fait de remettre le pouvoir absolu et incontrôlé à une seule personne comporte trop de risques. Il faut soumettre un homme d'Etat à des organes de contrôle, quels qu'ils soient, afin d'éviter les erreurs ou l'arbitraire, sans parler des conséquences possibles de problèmes de santé ! On est admiratif de l'intelligence politique de Rome qui se servait de l'institution du « dictateur » comme un danger pour l'existence et la contrecarraient de manière efficace (phrase incompréhensible en allemand, *NdT*). On ne confiait cette « institution » cependant que pour une année à un « dictateur », sachant qu'il est particulièrement difficile de se débarrasser d'un souverain absolu une fois qu'il est en poste. Il ne faut pas oublier dans ce contexte que l'institution du « dictateur » à Rome avait été fondée par une couche dirigeante homogène. Aucun dictateur, tout au moins pendant la Rome Républicaine, n'aurait été en mesure de diriger cette couche dirigeante en tirant le pouvoir à lui. Pensons au destin de César !

Et pourtant, si l'on considère comme Hegel que les personnalités historiques sont des outils de l'esprit du monde, qui se servirait de celles-ci dans un but qui resterait invisible à nos yeux, alors on pourrait dire que c'est Hitler qui a poussé dans l'arène le bolchevisme d'influence stalinienne. Il ne restait pas d'autre choix à Staline que de se « brûler les mains » pour la puissance internationale des Etats-Unis. C'était pourtant exactement ce que Staline souhaitait éviter.

Avec sa politique clairement orientée vers un conflit militaire global, Roosevelt a également poussé les Etats-Unis dans « l'arène de la politique internationale ». Il a amené les Etats-Unis à multiplier leur potentiel économique et militaire sous son gouvernement. Ce potentiel a mis les Etats-Unis en position hégémonique dans le monde, et a donné à un successeur de Roosevelt, Reagan, les possibilités de repousser l'Union Soviétique de la course – et avec elle la revendication de puissance mondiale du bolchevisme. Dans ce jeu grandiose et terrifiant des deux puissances mondiales, personnifié par Roosevelt et Staline, Hitler était tout au plus un catalyseur bienvenu. Ecoutons les mots de Hegel : « L'histoire du monde n'est pas le terreau du bonheur. Les temps heureux sont les feuilles blanches qu'elle comporte ! »

Peut-être qu'une plus grande distance par rapport à notre époque fera de Hitler le Nucleus qui était à l'origine d'un développement menant au dépassement du socialisme de provenance marxiste bolchevique. Si l'on suivait le raisonnement de Hegel, Hitler serait une figure de plus dont le « Weltgeist », l'esprit du monde, se serait servi à ses propres fins. Celles-ci ne sont cependant reconnaissables qu'à posteriori. Les Allemands devraient savoir faire la différence entre leurs intérêts nationaux et Hitler qui a dû affronter ces intérêts « au milieu de la tempête des circonstances qui coïncidaient » à cette époque. Le verdict du peuple allemand et de l'Histoire. Cependant, les intérêts nationaux étaient et restent encore une réalité, tout au moins aussi longtemps qu'ils orienteront leur propre politique en fonction des autres peuples. Oublier les intérêts nationaux, parce qu'en les poursuivant Hitler a provoqué une catastrophe, témoigne soit de bêtise politique, soit d'une « instrumentalisation » de l'histoire pour atteindre des buts tirés par les cheveux.

On devrait désormais pouvoir reconnaître qu'au-delà de l'échec de la République de Weimar, c'est la politique de l'Angleterre et de la France qui ont poussé le peuple allemand vers Hitler. Il ne lui restait pas d'autre choix pour « réaliser ses intérêts nationaux » ! La « superstructure » idéologique (théorie raciale, politique artistique etc.), si je peux me permettre d'employer ce terme marxiste, a été tolérée en considération du fait qu'il fallait tout d'abord consolider la position allemande, c'est-à-dire qu'il fallait gagner la guerre, et ensuite il fallait « ranger ». Il ne s'agissait pas seulement en cela de la corruption inévitable dans chaque gouvernement, mais aussi des excès de ce système, les bavures des « petits Hitlers » qui se faisaient par ailleurs souvent « concurrence » au sein de leurs organisations respectives.

C'est là que se trouve la réponse à la question qui m'a si souvent été posée : « comment mon père avait-il pu se mettre à la disposition de Hitler ? » Ce patriote voyait en 1932 dans la personne de Hitler la seule chance de survie pour son pays, vu la situation de ce dernier entre les puissances de l'Ouest et la Russie soviétique. Le refus de l'Ouest de coopérer avec l'Allemagne alors que Père avait tout tenté dans ce sens, a entraîné un développement fatal ! Le fait de ne plus pouvoir imposer ses conceptions dans le domaine de la politique internationale - c'est-à-dire l'évitement *à tout prix* (en français dans le texte, *NdT*) d'une guerre des deux fronts - à partir de 1941, a scellé son destin. Il n'a pas saisi l'occasion qui s'est présentée pendant une courte durée de démissionner sans entraîner de conséquences négatives pour la position allemande, et il n'a pas souhaité ensuite donner l'impression d'être le « rat qui quitte le navire » en train de couler.

Ce n'était pas mon intention dans le chapitre précédent de donner une représentation exhaustive de Hitler « en son temps ». J'ai cependant ressenti la nécessité de montrer les facettes de sa personnalité qui ont à mes yeux contribué à mener le *Reich* vers la catastrophe qui a clôt son gouvernement. Hitler a déclenché des énergies positives inouïes au sein du peuple allemand. Comparons la situation du pays en 1932 et celle de 1936. Il était le plus grand ennemi du bolchevisme. L'Histoire jugera un jour du rôle qu'il a joué dans ce domaine.

Douleurs post-natales

Au départ, j'avais prévu d'ajouter un chapitre à ce texte. Il devait porter le nom de « coresponsabilité familiale » et relater certaines de mes expériences en tant que porteur du nom de Ribbentrop pendant ma captivité et l'après-guerre. Cependant, cette « coresponsabilité familiale » a en réalité commencée bien avant, ce jour de l'année 1934, où une photographie de mon père a été publiée dans la presse allemande. L'article annonçait qu'il avait été nommé « mandataire spécial pour les questions de désarmement ». Les différents stades de son cheminement politique ont été décrits ci-dessus. Pour moi, son nouveau mandat a eu pour conséquence que je suis encore davantage passé pour un « loup blanc ». Pour le restant de mes jours, il allait me suivre et me rendre la tâche difficile. Il est inutile de constater que cette situation a été particulièrement difficile après la chute. Mais cela a commencé bien avant, comme le prouve ce livre. Pendant ma captivité qui a duré trois ans et demi, j'ai connu onze camps d'internements différents et autant de prisons et de pénitenciers. Je portais en effet un nom « peu pratique » pour les douleurs post–natales d'un « empire millénaire ». Et pourtant, j'ai eu la chance d'échapper de justesse à la fin de la guerre à la captivité en Russie. Elle m'aurait sans doute été fatale. Dans le chapitre suivant, je voudrais relater certaines des expériences assez variées que j'ai faites en captivité. Si désagréables qu'elles ont pu être, ce ne sont que de pâles souvenirs en comparaison avec les expériences humaines très positives que la vie vous offre heureusement dans les périodes les plus difficiles.

Les dernières heures de la guerre m'ont accordé une expérience grandiose. Le cessez-le-feu avait été ordonné pour minuit, dans la nuit du 7 au 8 mai 1945. La guerre était finie ! J'avais reçu l'ordre de me rendre avec ma compagnie auprès de ma division, qui était d'ores et déjà rassemblée à la future ligne de démarcation entre les Russes et les Américains. Une section de chasseurs alpins était alors subordonnée à ma compagnie. C'est ainsi que j'ai donné l'ordre aux compagnies d'évacuer à minuit les positions, en laissant quelques petites arrières-gardes de sécurité, et de rejoindre le plus rapidement possible les quelques véhicules de train qui nous restaient, et qui avaient été aménagés pour le transport des compagnies. Il fallait que nous rejoignions le plus vite possible les Américains. J'ai immédiatement mis les compagnies en route selon leur ordre d'arrivée au point de ralliement, car nous pensions que le Russe allait atteindre la ligne de démarcation au matin. Lorsque les dernières ont dépassé le point de ralliement, j'ai attendu les dernières arrière-gardes qui devaient quitter leur poste quelque temps plus tard, afin de simuler une occupation totale. Après qu'elles aussi se soient mises en route, je suis resté un instant sur place avec mon conducteur et mon éclaireur, perdu dans mes pensées sous le ciel étoilé. Je me demandais ce qui allait advenir de nous. Depuis le début de l'invasion, nous ne nous étions jamais posé la question d'une défaite, car nous étions convaincus – et cette hypothèse était plus que plausible – que nous ne serions plus là pour y assister. La question se posait maintenant de manière d'autant plus pressante. Pourtant, j'ai vite chassé ces pensées. Comme toujours dans une situation apparemment désespérée, il fallait tout d'abord s'occuper des tâches les plus urgentes. Pour moi, cela signifiait que je devais à tout prix épargner à mes hommes la captivité en Russie, et qu'il fallait donc les livrer aux Américains. Il fallait agir très vite !

C'est ainsi qu'après avoir constaté que tout était encore calme du côté russe, j'ai suivi les compagnies que j'ai vite fait de rejoindre. J'ai eu peine à en croire mes yeux et mes oreilles : les compagnies marchaient en ordre parfait, les officiers à leur tête, et ils chantaient pour se rendre en captivité. Pendant un instant, je me suis laissé aller à cette vision impressionnante, puis j'ai ordonné la marche immédiate !

Le moment de la défaite est toujours la pierre de touche pour le moral d'une troupe. On peut dire de ces soldats que, malgré leur jeunesse, ils sont entrés en captivité avec la dignité et le calme des soldats d'élite. Comme le docteur Epting (1), tenu en captivité avec moi trois ans plus tard dans la prison du Cherche-Midi à Paris, me l'avait dit après avoir été tondu et tenu en cellule

(1) Epting a longtemps été le directeur de l'Institut culturel de Paris.

noire au pain et à l'eau pendant un certain temps car il avait résisté à la brimade d'un gardien : *« Ribbentrop, on peut nous traiter de manière dégradante, mais on ne peut pas nous humilier ! »* (2) Cette célèbre citation de Schiller est valable pour le traitement réservé jusqu'à nos jours à la *Waffen-SS* par l'Etat et l'opinion publique ! Pourtant, les hommes politiques qui ont connu la guerre, ont déposé des déclarations sur l'honneur pour les soldats de la *Waffen-SS* qui ne portaient pas de faute. Il en est ainsi d'Adenauer dans une lettre au général supérieur de la *Waffen SS* Hausser, et de Schumacher à un publiciste étranger. (Appendice) En considération de la défaite consommée, la discipline dont a fait preuve ma troupe nous a permis de rejoindre au grand complet les Américains, et de leur épargner ainsi la captivité en Russie.

Il faut convenir que, pendant la période où nous avons retrouvé les Américains pour la capitulation le 8 mai, ils ont tout de même tout fait pour attirer un maximum de soldats allemands sur leur territoire. En général cependant, ils avaient plutôt tendance à empêcher le passage des troupes allemandes, voire même de les renvoyer vers les Russes. Les véhicules se bousculaient devant la ligne de démarcation lorsqu'on entendit un cri paniqué annonçant l'arrivée imminente des Russes qui voulaient couper la colonne à l'endroit du passage. C'est ainsi que mes éclaireurs et mes chauffeurs et moi-même avons parcouru les derniers mètres au pas de course jusqu'au pont. Nous avons pu passer sans difficulté. Un officier américain m'a demandé en allemand, le sourire aux lèvres : *« pourquoi courez-vous ? »* Il encaissa ma réponse en riant : « vous avez trois chances pour deviner, nous préférons aller chez vous que chez les Russes ! ». Lorsque j'ai poursuivi, encore un peu hors d'haleine, en disant : *« Il ne nous reste plus qu'à prier que Dieu préserve le petit père Staline, sinon que Dieu ait pitié de nous ! »*, ils m'ont regardé comme si j'avais perdu la tête. Les années à venir allaient nous prouver combien j'avais raison.

Nous avons été menés sur une immense prairie, où j'ai retrouvé le commandant de notre division. Sous les yeux des Américains, il a encore passé en revue sa division. Lorsqu'il s'est présenté au général américain responsable, celui-ci l'a salué avec le salut militaire de rigueur. Pourtant, notre destin était très incertain. Nous étions situés tout près de la ligne de démarcation, et on ne pouvait exclure que les Américains ne nous remette entre les mains des Russes. A un moment, le commandant de la division a dit : *« S'ils* (les Américains ou les soviets) *veulent nous abattre comme des chiens enragés, nous en emporterons quelques-uns avec nous ! »* Nous aurions cependant été dans l'obligation de « les » étrangler à mains nues, car nous ne disposions plus d'aucune arme.

C'est ainsi que nous traînions, inactifs, sur cette immense prairie. Nous étions plusieurs milliers d'hommes, et avons commencé à avoir très faim, puisque les « Amerloques » n'ont tout d'abord mis aucun ravitaillement à notre disposition. Peu à peu, la réaction à la pression que nous avions subie pendant des années s'est faite sentir. Si le sentiment de chance que nous avions pu ressentir au début à la pensée que nous avions « eu de la chance d'en sortir vivants », une hébétude s'est peu à peu emparée de nous. Nous nous posions sans cesse cette question torturante : « comment avons-nous pu en arriver à cette débandade ? Est-ce que nous en portions la faute, nous, les soldats ? » Trois jours après la capitulation, j'ai fêté mon 24e anniversaire, allongé sur l'herbe. Je ne pouvais pas imaginer ce jour-là que 57 ans plus tard, je rédigerais un manuscrit répondrant à cette question, tout au moins de mon point de vue.

Le commandant de notre division me croyait particulièrement exposé au danger en raison de la fonction de mon père. Il m'a procuré un livret militaire sous un nom d'emprunt et au grade de soldat. Quelques jours plus tard, tous les officiers et les adjudants de la *Waffen-SS* ont été transportés vers une destination inconnue. Mon sergent m'a permis de rester, car il était fort probable qu'ils soient livrés aux Russes. Tandis que l'organisation du camp se mettait peu à peu en place, les troupes de la *Waffen-SS* ont été mises sous les ordres d'officiers de l'Armée.

Après quelque temps, nous avons appris que les autres officiers n'avaient pas été livrés aux Russes. J'ai donc décidé de dévoiler ma véritable identité et de me livrer aux Américains, car j'avais peur que ma présence parmi mes hommes ne les mette en danger. Je me suis présenté à

(2) Schiller, Maria Stuart.

notre chef de compagnie, un capitaine de l'Armée, en lui révélant mon identité et en lui expliquant mon projet de me livrer aux Américains. Je lui ai demandé de faire disparaître mes faux papiers, qu'il tenait à la main, afin que mon camarade de régiment qui les avait signés et les hommes de mon régiment que j'avais fréquentés sous ma fausse identité, n'aient pas d'ennuis. Le capitaine m'en a fait la promesse et m'a accompagné auprès du général allemand qui dirigeait les différents camps de prisonniers pour le compte des Américains, un certain général von Bünau. Ce dernier était assis avec son état-major autour d'une table, au milieu d'un jardin potager de ses quartiers, et buvait son café. Il n'a pas pris la peine de remarquer ma présence et m'a laissé attendre, debout, à bonne distance de lui avant de me confier sans un mot à la police militaire américaine qu'il avait convoquée. Je n'avais pas mérité ce traitement indigne, j'avais tout de même choisi de me livrer au lieu de demander d'être caché plus longtemps ! Un capitaine honteusement empressé de son état-major a exhorté les deux policiers à m'emmener en leur remettant les faux papiers. J'ai fait transmettre mes salutations au général, en précisant que son comportement était indigne d'un officier allemand !

A la police militaire, j'ai été interrogé par un sous-lieutenant sympathique. Nous étions assis face à face. Tout d'un coup, il m'a demandé pourquoi je ne restais pas au garde à vous devant lui avec les mains sur la couture de mon pantalon, comme le faisaient tous les officiers et même les généraux allemands. Il accepta en riant ma réponse : je n'aurais pas non plus laissé des officiers américains prisonniers rester au garde à vous devant moi.

J'ai donc été transporté dans un ancien camp de travail allemand, où les officiers de la *Waffen-SS* étaient tenus prisonniers. A l'entrée du camp, j'ai reconnu un de mes *Untersturmführer*, qui faisait office d'interprète. En me voyant, il a porté ses mains à sa tête. J'étais donc averti quand un immense sergent de la police militaire et le lieutenant de faction se sont jetés sur « van Ribbentrops son » pour me dévaliser en bonne et due forme. Au début, j'ai tenté de me défendre, ce qui m'a valu un swing magistral dans l'estomac de la part du *Sergeant*. Le sergent et le lieutenant se sont partagés le « magot » : mon étui à cigarettes d'argent, mes pattes d'épaule, mes décorations, etc. J'étais assis sur un lit de camp dans son petit poste de surveillance, en caleçon. Devant moi était posté un *GI* qui suait sous son casque et tenait le canon de sa mitraillette rivé sur mon nombril. C'était un sentiment peu agréable quand on savait que ces hommes avaient la gâchette facile, comme nous l'avaient prouvé quelques « incidents tragiques » survenus dans les camps où nous étions avant. (Les postes de surveillance américains prenaient de temps à autre plaisir à tirer à l'aveuglette sur les camps). Le lieutenant assis derrière son bureau brandissait également un lourd fusil d'infanterie. Devant la porte ouverte, placé de telle manière que le lieutenant ne puisse pas le voir, mon *Untersturmführer*- interprète s'adonnait à des danses indiennes en se touchant le front pour me signifier que le lieutenant était fou.

J'ai fini par appeler l'interprète- *Untersturmführer* pour lui demander de bien vouloir dire à cet homme que je m'étais porté volontaire et qu'il pouvait rappeler le *GI* à la mitraillette. Curieusement, le *Ami-Leutnant* (« Ami » est l'abréviation de Américain en allemand, il s'agit donc ici du lieutenant américain, *NdT*) a obéi à cette suggestion. Je me suis donc rhabillé, et lui ai demandé de me rendre mes pattes d'épaule. J'avais remarqué que mon indifférence face à la grossièreté de ce qui n'était finalement qu'un petit voyou, l'avait passablement intimidé. Il refusait de rendre son « butin » dérobé à un prisonnier sans défense. Je me suis donc adressé directement à lui en anglais pour lui dire de les garder, car un officier allemand n'avait pas besoin d'épaulettes pour être reconnu comme tel. Lorsqu'il me demanda à quoi donc on les reconnaissait, je lui ai rétorqué, furieux, qu'« un officier allemand ne volait pas ses prisonniers, par exemple ». Le lieutenant, qui s'appelait Berry ou Clerry si mes souvenirs sont exacts, et faisait partie de ce qu'on appelait alors la « division arc-en-ciel », a appelé le garde en hurlant. Un vieux sergent est apparu, arborant volontairement une attitude décontractée. Il portait le *Blaue Gewehr*, une sorte de décoration américaine de l'infanterie d'assaut, avec la couronne de chêne, tandis que Berry ne portait aucune décoration. Ce dernier annonça alors au garde que « van Ribbentrop's son » avait dit que les Américains étaient des voleurs. Je suis resté fasciné par l'expression méprisante avec laquelle le garde a quitté le poste, sans prononcer un seul mot et exprimant cependant très clairement son mécontentement à propos du comportement de son lieutenant. Le soir même, ce vieux guerrier – comme le prouvaient ses décorations – m'a rapporté personnellement mon sac à dos dans l'oubliette vide dans laquelle Berry m'avait fait enfermer en guise de représailles, précisant qu'il espérait que je ne manquerais de rien. C'était la première fois que je rencontrais ces extrêmes que j'allais cependant retrouver souvent au cours de ma détention américaine : d'un côté la brutalité naïve, de l'autre l'humanité non conventionnelle !

J'ai entendu dire que, peu de temps après, alors que j'avais de nouveau été écarté, ce lieutenant avait fait irruption dans le camp avec toute sa troupe et avait volé aux prisonniers leurs derniers biens personnels de valeur. Le commandant de camp allemand a eu l'occasion de s'en plaindre peu après auprès du commandant de régiment américain, qui a eu peine à croire que l'un de ses officiers s'était si mal conduit. Il a ordonné au lieutenant et à sa troupe de s'aligner au milieu du camp, et chaque prisonnier a dû désigner l'Américain qui lui avait dérobé quelque chose. Cela aussi était possible !

Les Américains nous ont encore surpris à maintes reprises. Après quelques jours, j'ai été séparé des autres et une équipe du *CIC* m'a conduit dans un hôtel à Innsbruck, où Mère et mes frères et sœur étaient déjà détenus. Nous avons vécu quelques jours à cet endroit où nous étions traités de manière très correcte. Le policier autrichien qui nous surveillait m'appelait toujours par mon grade, car il sortait tout juste d'un régiment de police. L'interprète de l'équipe, un étudiant de Boston aux manières irréprochables, s'est montré extrêmement serviable pour tout ce qui concernait les petits problèmes matériels comme le savon à raser, etc. Il est tombé amoureux de ma sœur, et a même fini par lui faire une très sérieuse demande en mariage. Comme nos parents nous l'avaient toujours dit, il n'est pas nécessaire de lire des romans ou de regarder des films, car si l'on a des yeux pour voir et des oreilles pour entendre, la vie écrit des histoires tout à fait incroyables. Bettina n'aurait pas pu accepter sa proposition, car elle s'était déjà mariée dans les circonstances les plus aventureuses ! A Salzbourg, la famille von Kap'Herr avait recueilli Mère et Bettina de la manière la plus altruiste et généreuse. Pour les Kap'Herr, cela signifiait un risque non négligeable, comme on peut se l'imaginer ! Nous ne l'oublierons pas ! Après quelques jours, ma sœur n'a plus supporté d'imposer ce danger à cette famille, et elle s'est mise en route, seule et à pieds, vers le Ammersee où résidait une de nos tantes. Elle rejoignit un groupe de soldats allemands qui rentraient chez eux, et après huit jours, les pieds en sang à cause des ampoules, elle atteignit l'Ammersee. Bettina devait essayer de faire également venir notre plus petit frère Barthold, qui avait alors quatre ans. Etant une cavalière passionnée, elle ne tarda pas à découvrir une section de cavalerie allemande qui campait sur un champ à Salzbourg, en attendant de voir quel serait son destin. Le commandant de la section, un *Major* qui ne connaissait pas l'identité de Bettina, confia un cheval et une carriole à cette « jeune fille de la Croix Rouge » (peu de temps avant, Bettina donnait en effet des soins dans un hôpital berlinois) en espérant qu'elle parviendrait à passer le poste américain. Sous les yeux des Américains amusés, Bettina a fait quelques tours dans le champ avant de cravacher sa monture et de s'élancer le plus rapidement possible vers la liberté. Le garçon n'a pas tiré, il a juste fait un signe de la main. Quelques semaines plus tard, je me suis retrouvé pour quelques jours dans le « Landl » (le tribunal de grande instance) alors qu'on me transportait d'Innsbruck vers Salzbourg. Je partageais ma grande cellule avec un *Major* de la cavalerie, qui s'est avéré être cet officier qui avait confié son cheval et sa carriole à Bettina.

Le frère et la sœur Kap'Herr – elle aussi infirmière de la Croix Rouge – ont fait passer la frontière bavaroise à Bettina, avec sa carriole et le petit frère. Après la frontière, ils ont croisé un *Fliegermajor* allemand sur une bicyclette, qui s'est avéré être un vieil ami de Bettina. Dans un film, on aurait qualifié cette scène de gag kitsch, mais il lui fit une demande en mariage. L'échange des consentements a eu lieu dans un petit village reculé.

Ma mère et nous n'avons été « gardés » que peu de temps à Innsbruck. Les Français ont pris le Tyrol. J'ai été amené auprès du chef américain du *CIC* pour le Tyrol, qui résidait dans la chambre de l'ancien *Gauleiter* de la région. Il était visiblement énervé de devoir abandonner le Tyrol aux Français, car il expliqua à un autre officier américain que « la seule chose positive que les Allemands aient fait, c'était d'avoir battu les Français ! ». Les bras m'en sont tombés. Les Américains nous surprenaient sans cesse, et pas seulement quand leurs sentinelles se procuraient un fauteuil, dans lequel elles s'installaient confortablement après avoir installé devant eux une table, sur laquelle elles posaient leurs pieds pour allumer leur cigarette et remplissaient ainsi leur fonction de sentinelle. Pas loin de ces hommes gisait généralement une mitraillette ou une autre arme. Les sentinelles risquaient cependant beaucoup lorsqu'elles montraient de la sympathie pour un prisonnier. Ils étaient soumis à une sévère interdiction de fraternisation, et n'étaient autorisés à parler aux Allemands que pour des raisons de service. J'ai pourtant rencontré des soldats américains qui ont sorti des lettres du camp pour les apporter à la poste. Ils risquaient de perdre un grand nombre de points s'ils étaient découverts, et d'être rapatriés aux Etats-Unis plus tard que leurs camarades.

Si l'expérience que j'avais faite avec le général von Brünau était encore relativement abstraite, puisque que je ne l'avais jamais vu avant, je n'ai pas tardé à faire des expériences personnelles de ce type. D'Innsbruck, j'ai de nouveau été transféré à Salzbourg dans un camp de masse, dans lequel environ 3000 prisonniers de toutes provenances étaient parqués. Les Américains ne pénétraient pas dans le camp, nous abandonnant tout d'abord à notre sort. Le hasard voulut que j'y rencontre au bout de quelques jours cinq hommes du Ministère des Affaires Etrangères que je connaissais bien, je tutoyais d'ailleurs l'un d'entre eux. Ils étaient logés dans une autre baraque que moi. A la tombée de la nuit, celui que je tutoyais est venu me retrouver pour me demander de garder mes distances car ils ne souhaitaient pas que je les compromette. Légèrement impressionné, je me suis éloigné.

Comme le veut le hasard, les Américains ont monté quelques jours plus tard des commandos de travail de 300 hommes, dont les cinq hommes du Ministère et moi-même faisions partie. Le commando a été logé à Golling, dans un ancien camp de prisonniers allemand, et devait exécuter des travaux pour une batterie américaine, sous le commandement d'un lieutenant plutôt costaud. Ce lieutenant américain avait vaguement dû entendre parler de la « Convention de Genève » car il exigea que l'une des cinq baraques soit attribuée aux officiers, puisque d'après les règles internationales, les officiers devaient être séparés des troupes.

Etant donné que les cinq diplomates allemands n'étaient pas des officiers, ils ont été placés dans les baraques destinées aux soldats. Ils ont protesté auprès de l'Américain, arguant qu'ils étaient fonctionnaires d'Etat et qu'ils devaient également être logés à part. Au demeurant, cette baraque séparée ne présentait aucun avantage, ni en matière de logement, ni en matière de traitement, ce qui ne correspondait pas aux règles de la « Convention de Genève ». L'Américain se fichait éperdument de l'endroit où étaient logés ces hommes, et ils ont donc été dispersés dans les trois pièces de la baraque des officiers. En apprenant cela, j'ai dit au plus ancien de mes quartiers, un amiral barbu, que si l'un de ces cinq hommes était placé dans nos quartiers, je me verrai dans l'obligation de demander aux Américains de me loger avec les troupes. Lorsqu'il en apprit la raison, c'est-à-dire que je ne voulais pas leur imposer de partager une chambre avec moi, il a ri et m'a fait la promesse qu'aucun de ces hommes ne serait admis dans nos quartiers. Malgré la catastrophe, la Marine avait préservé son sens de la camaraderie, né de l'habitude de la promiscuité ! Deux ans plus tard, l'un des cinq hommes m'a rendu visite dans un autre camp où je me trouvais, et m'a présenté ses excuses en bonne et due forme. Monsieur v. S. était autrichien, et il portait le « *Blutorden* » du Parti, une décoration qui avait été remise aux hommes qui avaient été blessés pendant l'époque des combats. Il était prisonnier du gouvernement austro-fachiste d'Autriche dans le camp de concentration de Wöllersdorf et avait subi la torture. Il nous raconta l'une d'entre elles : il avait dû rester debout pendant des jours entiers dans une cellule très étroite, remplie d'eau jusqu'à hauteur de genoux.

En comparaison avec les camps de masse, ce petit camp de Golling était presqu'un paradis. Nous souffrions violemment de la faim, mais nous avions de temps à autre la possibilité pendant nos travaux d'attraper des épis de mais et de les faire cuire. Parfois les gardes, qui étaient pour la plupart plutôt gentils même s'ils étaient également soumis à l'interdiction de communiquer avec nous, nous offraient des quignons de leur pain blanc. Le camp comportait également une section pour les femmes dans laquelle des petites mères de la *NSV*, des petites fonctionnaires de la *Frauen-*

schaft et d'autres personnes de cette catégorie, étaient enfermées. Une ravissante guide du *BdM* – il me semble qu'elle s'appelait Wally Leitner, originaire de Gmund – avait été enfermée car elle avait pendu à la fenêtre pour le faire sécher le drapeau à croix gammée avec lequel elle était censée nettoyer la mairie. Le maire la fit arrêter et le *CIC* la mit en détention. Lorsque nous avons été transférés vers l'Allemagne au mois de novembre, cette pauvre enfant était encore prisonnière.

Golling était le point de départ d'une odyssée qui m'a mené dans 13 camps d'internement différents et autant de prisons et de pénitenciers, pendant trois ans. Je portais un nom peu pratique dans une période de débâcle telle que celle qui a touché le *Reich* en 1945, et je devais payer. Je veux me contenter d'évoquer quelques expériences particulières de cette période, telles que je les ai vécues.

Nous avons peu à peu réalisé que les vainqueurs n'étaient visiblement pas pressés de nous rendre notre liberté. Nous avons été formellement libérés de l'emprisonnement de guerre, pour être aussitôt livrés à ce qui s'appelait l'*« Automatic arrest »*. De cette manière, nous avons immédiatement été débarrassés de nos droits de prisonniers de guerre stipulés dans la « Convention de Genève ». Nous étions totalement livrés à la bonne volonté des vainqueurs.

Dans le cadre de l'*« Automatic arrest »*, nous nous trouvions en illustre compagnie, car tous les fonctionnaires, à partir de la classe des conseillers pour ce qui était de l'Etat, et de celle des milieux politiques dans le domaine du parti. L'histoire s'est chargée de gloser sur cette arrestation de masse en racontant cette scène où un interrogateur américain avait laissé partir un homme dirigeant du Ministère avec les mots : *« nous n'avons rien contre les artistes »*, mais qu'il avait en revanche envoyé dans l'*Automatic Arrest* un pauvre maître menuisier du cercle politique. Comme nous étions sans cesse déplacés, selon un système quelque peu opaque, un grand nombre d'Allemands issus de postes d'influence fréquentaient de nombreux camps et prisons, ce qui amena le Dr Epting, dont j'ai déjà parlé, à faire cette formulation amusante : *« les prisons et les camps d'internement de l'Europe centrale sont aussi connus de l'intelligence allemande que les grands hôtels et restaurants des globe-trotters ! »*

Le mélange avec tout type de prisonniers posait le problème de la confiance. Au sein de la *Waffen-SS*, il n'y avait quasiment pas d'officier totalement inconnu, dont on ne sache rien. La solidarité était donc plutôt grande. Dans le camp d'Aibling, le commandant des officiers de la *Waffen-SS* a un jour salué l'officier responsable qui les tracassait, en chantant l'Internationale, à tue-tête et d'une seule voix. Il a vite été remplacé ! C'était à peu près au moment du discours du Ministre des Affaires étrangères Byrnes à Stuttgart, qui annonçait un changement dans la politique américaine vis-à-vis de l'Allemagne. Les Américains commençaient à être allergiques au Communisme. Dans le camp de Göggingen près d'Augsbourg, cette homogénéité n'était pas garantie, et j'en ai fait l'expérience à mon corps défendant. En tant qu'interprète d'un commando de travail obligatoire auprès d'une unité américaine, j'ai eu l'opportunité de laisser l'un des prisonniers « aller en ville » sans se faire remarquer. Je voulais ainsi aider un camarade à rencontrer son épouse. Elle avait fui la Silésie avec ses enfants, et se trouvait dans une situation pour le moins désespérée. Quelque temps après l'avoir aidé à disparaître du commando de travail obligatoire, j'ai moi aussi voulu gagner la ville pour y retrouver Mère. Elle était très soucieuse à propos du procès de Nuremberg, et nécessitait de toute urgence du soutien et du réconfort. Derrière la caserne, une sorte de jungle offrait un moyen idéal d'entrer et de sortir du camp. Alors que je m'éloignais, un garde polonais a tiré en l'air. J'avais été découvert. Le chef de batterie, un jeune capitaine qui n'avait pas encore senti l'odeur de la poudre - comme les anciens de la batterie nous le disaient souvent d'un air légèrement méprisant – est devenu fou lorsque l'incident lui a été rapporté. Je devais lui dire où se trouvait l'autre camarade. Je lui ai assuré que je ne le savais pas, mais qu'il rentrerait dans le courant de l'après-midi, lorsque nous serions transportés vers notre camp. Après avoir été battu au point de mettre en danger l'un de mes tympans, il m'a remis au *CIC*, où je tombais dans les mains de véritables voyous. Ils ressemblaient véritablement à des gangsters. Qui, sinon un voyou, deviendrait membre de la police secrète censée mener l'enquête sur les dénonciations et les soupçons, dans les conditions qui étaient celles de l'Allemagne à cette époque. Ces hommes du *CIC* pensaient cette fois qu'en cognant la tête de leur victime contre un mur, ils finiraient par obtenir l'information qu'ils voulaient. Comme je n'avais cependant réellement aucune idée de l'endroit où pouvait se trouver mon camarade, ces « efforts » sont restés vains. Finalement, ils m'ont laissé attendre jusqu'au soir. Si le fugitif ne revenait pas, ils se montreraient *« tough »*, comme ils me le firent comprendre sans équivoque. En fin d'après-midi, le camarade manquant est réapparu aussi discrètement qu'il s'était éclipsé. C'est lui alors, qui est devenu la victime des bourreaux. Le capitaine en personne, accompagné d'un « *Spieß* » (un « juteux », *NdT*), ont tiré mon camarade pourtant frêle et petit de stature dans un appentis, et l'ont tabassé dans les règles de l'art. Ensuite, nous avons été enfermés dans une quelconque prison. Lorsque le capitaine et son « juteux » sont venus nous chercher le lendemain pour nous faire transporter à Dachau, il s'est présenté une occasion de lui raconter la situation familiale de mon camarade. De nouveau, nous avons été confrontés au mystère de la psychologie américaine. Les deux hommes se sont montrés très touchés par cette situation. Avant que nous ne montions dans les camions, ils nous ont apporté des victuailles savoureuses – à nos yeux ! - venues de leur cantine, et nous ont souhaité « bonne chance » ! le garde polonais m'a d'ailleurs révélé après m'avoir attrapé qu'un « civil » parmi les prisonniers du commando de travail nous avait dénoncés. La solidarité dans l'adversité ne semble pas être un trait de caractère commun à tous les Allemands !

Nous avons donc été amenés dans le célèbre « bunker » de Dachau. Sa célébrité venait du fait que les Américains reprenaient ici les méthodes qu'ils reprochaient à la direction des *KZ* allemands qui les avait précédés. Ils ont chargé des « capos » allemands prisonniers de surveiller le camp. Ces capos étaient généralement des criminels professionnels, et il semblerait que la vie du « bunker » s'en soit ressentie. Mon camarade et moi-même avons cependant rapidement été placés dans le camp « normal ».

A l'amusement de tous, je m'y suis lié d'amitié avec un ancien capo et criminel, que l'on appelait le « Holzplatz-Paule ». Afin d'obtenir un ravitaillement un tant soit peu meilleur et garder une santé toute relative, je m'étais porté volontaire pour un commando qui devait couper le bois, dans des quantités impressionnantes. Le chef de ce commando était ce fameux « Paule ». si l'on en croit ses récits, il avait lui-même assassiné sa belle-mère avant la guerre. Comme il accumulait des crimes allant de la blessure lourde jusqu'au vol en passant par toute une gamme de délits, il atterrit finalement dans la *« Sicherheitsverwahrung »*, la détention sécurisée, qui équivalait à l'époque avec une détention en camp de concentration. En tant que professionnel du crime, il devint « capo » et ne faisait visiblement pas partie des gardes les plus doux envers leurs prisonniers, ce qui l'amena à Dachau. C'est ainsi qu'il se fit tatouer les mots suivant sur le dos : « Dachau 1936-1946, je n'ai pas de chance sur cette terre ! ». Il était visiblement quelque peu dérangé, mais vis-à-vis de nous, c'était un bougre plutôt bonne pâte.

A l'époque, environ 10 à 12000 hommes étaient internés. Comme on pouvait y recevoir des paquets, j'ai demandé à Mère de m'envoyer des livres – si toutefois elle pouvait se les procurer. Elle n'avait pas suffisamment de nourriture pour elle-même et mes trois petits frères et sœur. J'ai commencé à me préparer de manière intensive au métier de commercial, accumulant assez de connaissances pour pouvoir passer peu de temps après ma libération en 1948 l'examen d'assistant commercial à la Chambre de Commerce de Wuppertal. Il faut trouver la concentration dans les baraques surpeuplées, et se forcer à travailler de manière régulière la littérature importante concernant la comptabilité, les bilans, le droit commercial, les questions de devises, etc. Je ne pouvais le faire que le soir, car en raison de la liaison avec l'extérieur et un ravitaillement légèrement meilleur, nous étions contraints « d'aller travailler », c'est-à-dire de nous joindre à un commando de travail. Parmi les prisonniers, on trouvait par ailleurs un large choix de spécialistes qui pouvaient donner un coup de main dans tous les domaines, à commencer par la philosophie jusqu'aux cours de cuisine – bien sûr purement théoriques. Sans doute à cause de la famine, ces derniers bénéficiaient d'une affluence étonnante. Ce travail donnait la sensation satisfaisante de faire quelque chose d'utile au lieu de ruminer sur le sort que nous réservaient nos geôliers, ce qui ne mène jamais à rien.

Le Père Roth était une figure marquante du camp de Dachau en 1946. Avant 1945, il semblerait qu'il ait lui-même été prisonnier du camp, c'est tout au moins ce que colportait la rumeur. Il parvint habilement à gagner l'amitié des prisonniers qui voulaient partager ses bienfaits. Il a réussi à construire une véritable église sur la place de l'appel, dans laquelle une messe a été célébrée pour Noël 1946. Nous nous sommes rendus très nombreux à cette cérémonie qui nous transmettait un peu d'atmosphère festive dans notre existence désespérée de prisonniers. A la fin de l'année 1946, cela faisait tout de même trois ans que nous étions emprisonnés. Le point culminant de la messe a été atteint lorsque Roth, vêtu d'une aube blanche, a levé les bras au ciel devant l'autel, et a déclaré à la foule rassemblée devant lui et qui comptait plus la plus grande majorité d'innocents fonctionnaires du parti et de ses sections, qu'elle ne devait pas se sentir coupables, car elle n'avait fait que son devoir envers notre patrie. On peut aisément imaginer qu'en écoutant cela, les prisonniers étaient pendus à ses lèvres. L'église catholique s'est montrée là plus habile que l'église protestante, dont le pasteur Niemöller a proclamé la faute collective.

Celui qui était soupçonné d'avoir fait quelque chose de mal, était isolé dans un camp placé à part dans le complexe du grand camp, et il était privé de service religieux. Ce camp « spécial » regorgeait par exemple de Meier, Müller et Schulze (l'équivalent en Allemagne des Dupond et Durand en France, *NdT*), car l'un d'entre les hommes portant ce nom était recherché. Les personnes portant ce nom pouvaient rester enfermées pendant des années avant que les Américains ne prennent la peine de vérifier leur identité.

Un figure plus amusante qui vivait dans l'entourage de Père Roth était un homme assez âgé, chef de la *SS* issu de la « *Allgemeine SS* » (la SS générale, *NdT*). C'était le nom que l'on donnait à la *SS* civile, par opposition à la *Waffen-SS*. Son nom m'échappe. Il était rédacteur en chef des cahiers « *SS-Leithefte* », qui étaient censés diffuser des « idées », quelle qu'elles soient, au sein de la *SS*. Une fois, notre troupe en a reçu un exemplaire alors qu'elle n'était pas sur une opération. Comme on peut se l'imaginer, ces cahiers ne diffusaient pas précisément des pensées chrétiennes. Nous nous sommes donc particulièrement amusés lorsque ce fameux rédacteur a proposé au Père de sonner les cloches de l'église pour la messe. Nous avons rapidement transformé le titre de ses « *Leit-hefte* », les cahiers de formation, en « *Läut-Hefte* », les cahiers sonnants.

Nuremberg

Pendant tout ce temps, le procès des « principaux criminels de guerre », parmi lesquels se trouvait mon père, suivait son cours à Nuremberg. Il faut réaliser à quel point la procédure engagée contre Père s'est déroulée en dépit du droit comme ordre établi, transmis par les institutions. J'ai décrit les grands développements qui ont conduit à la Seconde Guerre mondiale et il ne peut y avoir de doute – tout au moins pour l'observateur objectif – sur le fait que l'Allemagne ne peut porter seule la faute pour ce conflit. Cependant, même si cela avait été le cas, on peut se demander où les Alliés ont trouvé l'article du « droit international public » leur permettant d'exécuter le Ministre des Affaires du pays qui était leur ennemi pendant la guerre, sinon en s'attribuant purement et simplement le droit du vainqueur ? Un tribunal établi a posteriori et ayant réduit de manière significative les droits des « accusés », ne peut servir de base à une procédure de droit commun. C'est mépriser toutes les conceptions du droit en Occident que de se servir d'une loi ou, pour reprendre les termes utilisés à Nuremberg, d'un « statut », rédigé à posteriori, comme base juridique rétroactive à une accusation ! Le fait que des juges soviétiques soient présents pour accuser Père d'avoir dirigé une attaque contre la Pologne alors que la Russie avait également agressé la Pologne, prouve de manière frappante le caractère peu réglementaire de cette « procédure ». Je ne peux cacher au lecteur cette *arabesque* (en français dans le texte, *NdT*) du *« political correctness »* qui voulut que la présidente de la Cour Constitutionnelle fédérale allemande, Madame Limbach, qui a également présidé à l'inauguration de l'exposition sur la Wehrmacht, qualifie d'exemplaire la procédure de Nuremberg.

Après la présentation des preuves, c'est-à-dire avant l'annonce du verdict, je me suis rendu à Nuremberg pour quelques jours. J'ai été enfermé dans une cellule qui se trouvait dans l'aile des témoins, et j'ai pu parler à Père environ dix minutes par jour à travers la toile métallique d'un grillage anti-mouches, surveillé par des gardes postés de part et d'autre de celui-ci. Nous savions tous deux quel serait le verdict, non parce que Père était « coupable », mais parce que le déroulement du procès était clairement placé sous le signe d'une condamnation à mort. Après la déclaration du verdict qui ne nous surprit pas, on ne m'a pas donné la possibilité de faire mes adieux à Père. A la suite de cette visite et des conversations que j'ai eues avec lui, j'ai pu dresser dans ma tête une liste hypothétique des autres personnes éventuellement concernées par une condamnation à mort. Mes prédictions se sont avérées exactes !

S'il « n'était pas éliminé », comme il s'exprimait lui-même en parlant d'une probable condamnation à mort, Père voulait rédiger ses mémoires. Je l'ai prié d'exprimer très clairement dans ce cas ses opinions concernant Hitler, pensant alors en premier lieu à ses efforts pour éviter la guerre avec la Russie. Comme je l'ai déjà dit, j'étais au courant de ce conflit depuis le début. Pendant le procès devant le tribunal des vainqueurs, Père a cependant sciemment refusé de raconter ses divergences avec Hitler. Dans l'une de ses dernières lettres à ma mère (5 octobre 1946), il s'exprime à ce sujet :

> « Je ne voulais pas parler devant le tribunal des longues discussions que j'ai eues avec Hitler. Sinon, le peuple allemand aurait eu raison de dire : « quel homme est ce Ministre des Affaires Etrangères de Hitler qui le renie devant un tribunal étranger, pour des raisons égoïstes ? ». Tu dois comprendre cela, si dures en soient les conséquences pour nous deux et pour les enfants. Mais je n'aurai pas pu, ni voulu vivre sans être respecté par l'Allemand convenable et surtout par moi-même… »

Aujourd'hui, j'éprouve de la reconnaissance pour le fait que mon père n'ait pas choisi la facilité ou la bassesse pour se défendre face à Hitler ! Au cours de nos entretiens, Père se plaignait du manque de caractère généralisé qu'il avait observé à Nuremberg. Il pensait tout particulièrement à Gaus, le secrétaire d'Etat adjoint qui avait fait partie de ses proches collaborateurs et avait finalement comparu en tant que témoin de l'accusation au cours du procès. J'ai déjà évoqué le fait que Kempner l'avait menacé de le livrer aux Soviets s'il ne se soumettait pas. (1) Père mentionna également le fait que Göring l'avait agressé sans raison. Ces conversations avec Père étaient brèves mais pleines de chaleur, et nous étions tous deux détendus. Nous étions conscients d'être les jouets d'une destinée supérieure que nous ne pouvions pas influencer, mais que nous allions affronter avec dignité !

Comme dans toutes les situations exceptionnelles, il y a toujours des petites scènes grotesques. Je me souviens d'un aumonier militaire me remettant un livre de chant « pour les prisonniers de guerre allemands », que j'ai poliment ouvert devant lui, tombant par hasard sur la page « Dans sa grande bonté, Dieu nous a menés jusqu'ici ! » Une autre scène: un garde américain qui s'ennuyait dans le couloir devant la cellule et s'amusait à passer sa tête à travers la lucarne des aliments pour proférer des injures racistes et parler « d'attaquant », car il m'avait confondu avec mon père ! Ce brave garçon du sud des Etats-Unis ne donnait pas l'impression d'être un de ces « agents provocateurs » contre lesquels je mettais en garde mes camarades de camp parfois très naïfs et inexpérimentés.

Je ne m'attarderais pas sur le procès de Nuremberg. Les juristes s'accordent pour la plupart sur le fait qu'il ne s'est pas déroulé selon les règles de la juridiction occidentale. Quant à sa valeur historique, elle est pour le moins douteuse du point de vue de la recherche fiable et objective.

(1) Dans une lettre du défenseur de Dönitz, Otto Kranzbühler, à l'auteur le 1710.1997, celui-ci confirme la menace faite par Kempner à Gaus. Un avocat américain, qui avait été convoqué pour la défense de Weizsäcker, a pu voir le protocole correspondant à ces faits dans le *« Document Center »* du bureau des accusations.

Criminel de guerre

Dans les camps d'internement, il y avait la possibilité de « prendre des vacances » lorsqu'on présentait des raisons impératives de s'absenter. Je me suis dit qu'aux yeux des Américains aussi, le fait qu'un fils aîné veuille soutenir sa mère et ses trois petits frères et sœur après l'exécution de son époux, pourrait peut-être tenir lieu de « raison impérative ». Les Américains ne semblaient pas être de cet avis, et pour faciliter les choses, ils ne répondirent pas du tout à ma demande. Etant donné que les prisonniers n'avaient que très rarement le droit d'écrire à leurs proches en remplissant un bref formulaire, j'ai accepté la proposition amicale de Willy Bogner de faire sortir mes lettres du camp car le commando dans lequel il travaillait lui en offrait la possibilité. Après la guerre, ce célèbre skieur a monté une entreprise de vêtements de sport avec son épouse. Il nous raconta qu'après une victoire sportive, Himmler l'avait nommé officier honorifique de la *SS*, ce qui lui avait attiré l'*« Automatic Arrest »*. Grâce à son aide, j'ai pu faire parvenir quelques lettres réconfortantes à Mère, qui ne passaient pas par la censure.

Ce trafic a cependant été découvert après qu'un autre camarade, profitant également de l'aide de Bogner, ait demandé à son épouse de le retrouver près d'un commando de travail dans un club d'officiers américains. Cette jeune femme quelque peu naïve a demandé au *Mess-Sergeant* où elle pourrait trouver son mari qui travaillait ici. Le *Mess-Sergeant* en a immédiatement averti le *CIC*. Pour être juste, il faut préciser ici qu'il existait toujours des soldats américains capables de montrer de la compréhension dans ce type de situation. Cette fois cependant, le camarade et son épouse ont été capturés. Ils ont été jusqu'à chercher à savoir comment la jeune femme avait été avertie. Le mari n'a pas voulu dénoncer Bogner, refusant donc de répondre à cette question. Les hommes du *CIC* lui ont alors fait savoir qu'ils garderaient son épouse aussi longtemps qu'il se tairait. Se disant que son épouse devait à tout prix rejoindre sa famille, et que les Américains n'arracheraient certainement pas la tête de Bogner, l'homme a parlé. C'est ainsi que Bogner est devenu la nouvelle victime de l'interrogatoire. Les hommes du *CIC* lui ont demandé pour qui il faisait passer des lettres, prétendant qu'ils « le savaient déjà » (un vieux truc d'interrogatoire). Bogner a donc avoué m'avoir aidé à envoyer une lettre, ce qui amena ses interrogateurs à lui dire : *« pour le fils de van Ribbentrop, alors tu es un big nazi, tu ne sortiras pas »*. J'étais alors à l'hôpital du camp, parce qu'un médecin de camp bien intentionné m'avait proposé de profiter quelques jours de draps propres et d'une nourriture meilleure, tandis qu'il m'opérait d'une hernie ombilicale.

Sans tenir compte de cela, j'ai été amené au *CIC* pour y être également interrogé. Mon interrogateur était un monsieur Howard – sans doute un nom d'emprunt – et il était entouré de 8 à 10 hommes du *CIC*, qui voulaient voir le *« big shot »*, le fils du Ministre des Affaires Etrangères qui venait d'être exécuté. Howard était réputé dans le camp pour mener des interrogatoires particulièrement musclés. Il commença immédiatement son show en m'accusant de vouloir suivre l'exemple de mon père. J'ai refusé de répondre à ces bêtises et me suis efforcé de garder un air orgueilleux. Lorsqu'il me demanda pourquoi j'avais fait sortir cette lettre, je lui ai répondu la vérité : « qu'il pouvait peut-être s'imaginer, dans la situation qui était celle de ma famille, que j'aie des choses personnelles à dire à ma mère qui ne se laissaient pas comprimer dans un formulaire normal. ». Howard rétorqua que j'aurais dû « demander d'autres formulaires » ! A ma réponse quelque peu moqueuse expliquant que je n'avais pas eu l'impression qu'on m'accorderait un quelconque traitement de faveur, il me répondit : *« nous ne sommes pas comme vous ! »* Il parlait un allemand irréprochable.

En tant que prisonnier, on finit par développer un sens pour comprendre la mentalité de ses geôliers. J'ai donc cru comprendre que Howard ne se sentait pas très bien dans son rôle. Il termina l'interrogatoire en me signifiant que je devais me présenter à son bureau lorsque je sortirai de l'hôpital. J'ai interprété ses paroles comme voulant dire « que je ne vous revoie plus jamais » et c'est ce qui s'est passé, je ne suis jamais passé dans son bureau et il ne m'a jamais fait appeler. Quelques semaines plus tard, j'ai finalement été convoqué par le *CIC*, et je me suis retrouvé devant Howard ! J'étais devenu « criminel de guerre ».

Un jour, le chef de camp allemand, qui était également prisonnier, m'a invité dans sa baraque pour me dire – non sans m'intimer la plus grande discrétion – que mon nom était apparu dans la liste des criminels de guerre des Alliés. Il m'a montré l'inscription, qui disait « pillage à Harcourt ». Ma compagnie avait effectivement pris ses quartiers à cet endroit pendant quelques semaines, avant l'invasion des Alliés en Normandie. A cette époque, les Alliés menaient à Dachau des procès de criminels de guerre, au cours desquels comparaissaient un grand nombre de « témoins professionnels » et qui se terminaient souvent par des condamnations à mort douteuses (1). L'affaire était donc loin d'être anodine !

Le chef de camp allemand m'a proposé de me procurer de faux papiers de libération et une certaine somme d'argent, et de me faire porter à la gare centrale de Munich. En général, on quittait le camp à bord du véhicule des pompiers. On ne me reprochait pas de meurtre, mais avec le nom que je portais, je n'avais aucune chance d'être soumis à une procédure légale. Je l'ai chaleureusement remercié pour sa proposition et lui ai demandé un temps de réflexion.

Le chef de camp allemand possédait ces informations et ces possibilités car, par confort, les Américains laissaient parfois les prisonniers traiter les dossiers concernant les criminels de guerre. Il était donc possible de transmettre à la direction allemande du camp la liste complète des « criminels de guerre » établie par les Alliés, qui était conservée sous les lattes du parquet de la baraque de la direction du camp. Il en paraissait sans cesse de nouvelles versions. Mon nom n'est apparu sur la liste qu'à la fin de l'année 1946.

Dans quelque situation nous nous soyons trouvés pendant la guerre, je n'ai jamais souffert de troubles du sommeil. Cette fois cependant, j'ai passé une nuit blanche. La conséquence de la proposition du chef de camp était que je disparaisse totalement, et que je prenne une toute nouvelle identité. La raison pour laquelle j'étais si soudainement qualifié de « criminel de guerre » en 1946 ne pouvait être qu'une soirée de camaraderie de ma compagnie, le 1er mai 1944. J'ai su plus tard que cette supposition était avérée. Ce soir-là, il s'était passé la chose suivante :

Harcourt était un petit village normand d'environ 300 âmes. Au milieu du village se trouvait une petite place, sur laquelle se trouvait également l'Eglise. Cette petite place servait forcément de lieu de rassemblement de notre compagnie, car il n'y avait pas d'autre possibilité pour cela dans ce minuscule village. Lorsque la nuit est tombée ce 1er mai 1944, nous avons allumé un feu sur cette place et avons chanté en sautant par-dessus les flammes, comme on le fait de temps en temps avec des garçons de 17-18 ans. PAGE 581 Au cours de la soirée, mon sergent m'a signalé qu'un *Rottenführer* (caporal) ivre avait endommagé l'église et cassé quelques vitres dans le village, avant de disparaître. J'ai mis un terme à la soirée. A peine revenu de lourds combats en Russie, cet homme nous avait été amené. Il était légèrement indiscipliné et n'a donc pas été promu, ce qui déclencha un cercle vicieux que mon commandant m'avait chargé de briser. J'y étais parvenu en le nommant intendant pour la disponibilité des véhicules, ce qui n'était pas une tâche facile et qu'il parvint à accomplir de manière irréprochable. Lors de cette soirée entre camarades, il s'est laissé emporter, et s'il n'avait pas endommagé l'église, personne ne se serait formalisé après que nous ayons payé les dommages.

Tandis que le Bon Dieu découvrait les dégâts le lendemain, nous avons pu constater les dommages suivants :

Dans l'église, le jeune homme s'était cogné contre un chandelier en plâtre, qui était tombé et s'était cassé.

Dans le bar, il avait cassé une vitre, emporté un fauteuil à bascule que nous avons retrouvé dans la rue. Dans un jardin, il avait kidnappé un lapin que nous avons retrouvé dans ses quartiers et que nous avons rendu à son propriétaire, tout comme le fauteuil à bascule. Le point culminant de ses « excès » était cependant le suivant : le jeune homme était passé près d'une échelle qui était appuyée contre une maison et menait à une fenêtre du premier étage de cette dernière. C'est un

(1) Freda Utley, cité d'après Hans Hoffmann *Hast Du diese Tötungen befohlen ?* Bad Harzburg, 1997.

juge d'instruction à Paris, qui a dû beaucoup rire, qui m'a dit que le jeune homme avait eu l'idée de grimper sur l'échelle et de pousser une sorte de « ouh ! ouh ! » par la fenêtre ouverte, ce qui provoqua la fuite de « Monsieur X. et Mademoiselle Y. » (en français dans le texte, *NdT*) qui étaient alors dévêtus. C'est en tout cas de cette manière que le juge d'instruction, le capitaine Garat, me l'a raconté.

Ma première visite a été pour le prêtre, auprès duquel je me suis excusé en lui affirmant que nous prenions bien évidemment les frais de réparation en charge. Ma deuxième visite m'a amené auprès du maire, un vieux général en chaise roulante. Je ne sais même pas s'il a compris le motif de ma visite, car comme à chaque fois que j'avais affaire à lui, il m'expliqua qu'il avait en personne empêché les Allemands de conquérir Verdun en 1916. Inutile de dire que les autres dommages ont également été remboursés. Le commandant de notre bataillon ordonna par-dessus le marché que l'on rédige un « rapport » sur le fautif, ce qui pouvait conduire à un procès du tribunal de guerre. Il était difficile d'en faire plus ! Lorsque j'ai finalement été livré aux Français en 1948, cet incident avait déjà été renommé « pillage et destruction partielle du village et de l'église de Harcourt ». Sans cette raison horrible, les Français ne seraient sans doute pas parvenus à obtenir des Américains que je leur sois livré.

Mais revenons à Howard. Lorsque je suis arrivé dans son bureau, il m'a dit *« mais je vous connais ?! »*. En riant, je lui ai répondu *« oui, du trafic de lettres ! »* il m'a demandé si j'avais pu prendre les congés que j'avais posés, et je lui ai dit qu'évidemment, je ne les avais pas pris. Il me proposa donc d'écrire une lettre aussi longue que je le voulais à ma mère, sur du papier normal. Il se chargerait de la faire partir sans passer par la censure. Il a tenu parole !

Il commença alors à noter ma carrière militaire, et me demanda tout d'abord avec quel grade j'avais intégré l'Armée. D'un ton légèrement provocant, je lui ai répondu que chez nous, cela ne se passait pas comme chez les fils de son président qui entraient dans l'Armée avec le grade de colonel. J'étais simple soldat et c'est aussi sous ce grade que j'avais fait la campagne de l'Ouest, où j'avais d'ailleurs été blessé. Lorsque nous en sommes venus à évoquer mes autres blessures, il secoua la tête en disant « ce n'était pas nécessaire ».

C'est alors que vint la question : *« pourquoi êtes-vous ici ? »* Lorsqu'il constata que les Français souhaitaient que je leur sois livré, il exprima son mépris par rapport à ceux-ci et me fit part de son intention de s'opposer à cette livraison. En ma présence, il appela le chef de la *« War-Crime-Commission »*, un colonel, auquel il expliqua que « van Ribbentrop était visiblement bien mieux que son père » et qu'il fallait empêcher que je sois envoyé en France. Howard venait d'une famille juive de Francfort, c'est tout au moins ce que disait la rumeur en raison de son allemand parfait.

Howard ne pouvait retarder très longtemps mon transfert en France, j'en étais conscient. Un choix lourd de conséquences sur toute mon existence se posait donc à moi : devais-je « disparaître » dans la liberté, ou devais-je prendre le risque d'être enfermé pendant des années, puisque je ne pouvais compter sur un jugement fait dans la légalité ? Au moment du passage à l'année 1947, nous n'avions aucune certitude sur ce qui allait advenir des prisonniers. Peut-être allait-on nous garder pendant des années, et je n'avais aucune chance ici d'y échapper. Par mesure de sécurité, le chef du camp m'a d'ores et déjà remis mes faux papiers de libération. Un jeu de documents parlait d'un certain sergent Wilke, il portait la signature d'un colonel américain et un tampon, mais aussi une lettre de recommandation demandant à tous les bureaux américains de m'aider en cas de nécessité. Je reçus par ailleurs un jeu de documents vierge. Ils sont encore en ma possession.

Une circonstance augmenta la difficulté de mon cas. A Dachau, j'ai été présenté à un capitaine des parachutistes canadien, qui m'a demandé si je savais pourquoi je me trouvais devant lui. Je lui ai répondu que j'avais espéré l'apprendre par lui. Il me dit que j'avais abattu deux prisonniers canadiens qui refusaient de parler. Lorsque je lui demandai les circonstances exactes de ces faits, il me raconta l'histoire suivante : j'aurais interrogé les deux prisonniers dans une maison française, et comme ils ne donnaient pas de réponse, je les aurais abattus avec un pistolet. L'un d'entre eux serait mort sur le coup, tandis que l'autre n'aurait été atteint qu'à la hanche. Ce dernier aurait cependant fait le mort et aurait rejoint les lignes canadiennes pendant la nuit !

En entendant ces bêtises, je suis devenu insolent et je lui ai demandé s'il croyait, lui, à ces conneries. Je lui ai demandé de me situer très précisément le moment et l'endroit où cela devrait s'être produit. Il me répondit qu'il ne me le dirait pas tant que je ne lui aurais pas fourni une description détaillée des endroits où j'avais été sur le front d'invasion. Je lui ai ri à la figure. C'étaient les techniques dont se servaient également les Américains.

Ils laissaient les pauvres prisonniers à Dachau pendant deux ans ou plus. Ensuite, un aimable interrogateur lui annonçait que le dossier serait traité si l'accusé lui décrivait très exactement les endroits où il avait été. Lorsqu'il avait nourri l'espoir que son cas serait éclairci, les témoins professionnels faisaient leur apparition et juraient l'avoir vu à tel ou tel endroit. Peu de temps après, le verdict « mort par pendaison » était prononcé. Fini. Nous avions eu l'occasion d'étudier ces procédés pendant les procès de Dachau. (2) Ce n'était donc par un choix facile qui se présentait à moi. J'ai finalement décidé d'affronter des procédures entreprises contre moi car j'étais parfaitement innocent, ce qui risquait cependant de n'avoir aucun poids face aux méthodes de travail des Alliés.

J'ai donc effectivement été livré aux Français. Par un matin glacial, je crois que c'était en janvier 1947, tout un groupe de compatriotes et moi-même, avons été conduits à bord d'un véhicule ouvert à Reutlingen, un camp pour criminels de guerre. Il était placé sous le commandement d'un capitaine français qui se comporta très correctement vis-à-vis de nous.

J'ai très vite été transféré du camp vers la prison de Reutlingen et, après quelques jours, deux aimables gendarmes français m'ont conduit dans l'ancienne prison militaire allemande Germersheim sur le Rhin, dont les Français se servaient désormais de la même manière. Etant donné que les deux gendarmes n'avaient pas pris en compte que le pont ferroviaire de Germersheim n'était pas encore reconstruit, nous avons dû accomplir une longue marche à pied vers un ferry-boat. Pour moi qui étais sous-alimenté et peu habitué au mouvement, ce trajet s'est avéré si difficile que mes deux aimables accompagnateurs ont finalement pris mon bagage. Il y a les bons et les mauvais hommes !

Si la manière dont j'ai été traité à Reutlingen était correcte, le traitement que j'ai reçu à Germersheim était d'autant plus mesquin. Un soir, un groupe d'officiers accompagnés de leurs épouses en tenue de soirée, ont fait ouvrir la porte de ma cellule pour me regarder. C'était un comble et cela montrait le niveau. Le fait que les 25 officiers détenus dans ces cellules fermées soient presque nus à cause de la chaleur étouffante, ne sembla pas déranger ces dames. Mais quel officier qualifié devient le geôlier dans un territoire occupé !

A Dachau, je n'avais plus entendu parler de cette aventureuse histoire d'assassinat de prisonniers canadiens. Après quelques jours cependant, elle a été reprise par un officier canadien à Germersheim qui l'a amenée au centre de détention de Heidelberg avant de l'apporter à la prison militaire de Minden, qui l'a contresignés sous le pseudonyme « Tomato ».

C'est donc à Minden que j'ai de nouveau été interrogé par un officier canadien, qui ne dit pas un mot cependant sur le lieu et la date présumés des événements. J'ai fini par trouver la situation trop ridicule et je lui ai expliqué que mon sort reposait entièrement entre ses mains et que j'en étais bien conscient, qu'il pouvait à tout instant me battre à mort sans que je puisse me défendre. Après avoir dit cela, je lui ai annoncé que je ne répondrai plus à aucune question avant d'avoir reçu l'accusation avec l'énoncé précis des faits par un avocat que j'aurais moi-même désigné. Pour renforcer mes dires, j'ai bâillé de manière ostentatoire, ce qui amena mon interrogateur à me poser cette question pour le moins surprenante : est-ce que je venais de bâiller ? Enfreignant mon serment de garder le silence, j'ai encore répondu à cette question par la réponse suivante : « oui ».

A posteriori, je peux dire que ma décision d'affronter le sort a été la bonne. Je n'avais rien fait de mal. Les petits dommages que j'avais occasionnés – comme cela arrive à toutes les troupes du

(2) Voir les ouvrages de Monsignore Karl Morgenschweiß (1891-1968), le prêtre du pénitencier des criminels de guerre à Landsberg.

monde – avaient été remboursés, et je m'étais par ailleurs excusé. Le coupable était l'objet d'une accusation. Objectivement, rien ne pouvait m'être reproché. Pourtant, à cette époque, cela avait peu de valeur ! En revanche, si je m'étais caché, je n'aurais sans doute pas pu me déplacer librement jusqu'à ce jour. Mais il m'était évidemment impossible de savoir cela au moment des faits. Le risque restait important, et il m'est souvent arrivé, au cours des seize mois qui suivirent, de me demander si j'avais pris la bonne décision.

Après quelques semaines, j'ai de nouveau été déplacé, cette fois vers les anciennes casernes allemandes de Hambourg-Fischbeck, où le « camp d'internement des criminels de guerre » britannique était installé. L'accueil était charmant : un capitaine de *l'Army* britannique, appelé Carter, accueillit notre groupe en frappant arbitrairement sur nous à l'aide d'une matraque. Il nous ordonna ensuite de courir et, tout en nous frappant, il nous conduisit à la place d'appel. Il écrabouilla au passage le nez d'un des prisonniers. Carter était une crapule rousse, le stéréotype du « brutal colonial » ! J'ai gagné la queue de ma colonne et ne me suis pas laissé stresser, ce qui amena Carter à me donner des coups de pieds dans l'arrière-train tout en me frappant sur la tête et le dos avec sa matraque. Il se trouve que je suis dur à cuire, et je surmontai l'épreuve sans trop de dommages, d'autant plus que je portais un gros anorak d'hiver. Pour être juste, il faut remarquer qu'à la suite de plaintes d'un ancien prisonnier à Gollanz, député du *Labour* au Parlement britannique – il était juif – celui-ci vint visiter le camp. Carter a été remplacé. Son successeur, qui était également un capitaine, était un homme correct et sociable.

Lorsque après la guerre, on parla du *« ugly American »* et du *« häßlicher Deutscher »* (affreux Allemand, *NdT*), on ne devrait pas oublier que l'équivalent britannique était le « brutal colonial », qui frappait tout simplement les talons des indigènes en Inde ou ailleurs, lorsqu'ils ne s'écartaient pas assez vite sur son chemin. Carter était de ceux-là, reconnaissable de jour comme de nuit grâce à sa moustache rouge dans son visage tout aussi rouge ! Ce type d'homme existe partout dans le monde, et l'on peut une fois de plus se poser la question : quel officier qualifié deviendrait *« Compound-Officer »* dans un camp de prisonniers ?

Egrenant les mois du bel été 1947 qui chauffait de manière parfois insoutenable nos baraques en tôle ondulée, je suis resté à Fischbeck. Je me souviens d'un petit événement survenu pendant cette période. Comme la lecture des journaux nous avaient été autorisés dans un but de *« reeducation »* (en anglais dans le texte, *NdT*), nous avons appris la victoire du prince Salm sur son cheval « Garant » lors du Grand Prix d'Aix la Chapelle en 1947 contre la concurrence internationale ou plus précisément les « Nations des vainqueurs » de la guerre. Pour un court instant, notre humeur désespérée a été égayée.

Au milieu du camp de Fischbeck, il y avait un camp spécial hermétiquement coupé du monde extérieur, et que l'on appelait la *« murder-cage »* ! J'ai eu le privilège d'en être l'occupant, toujours sans que l'on m'ait dit quand je devais avoir tué qui. Comme je l'ai déjà dit, c'est d'ici que j'ai fait sortit ma lettre au Headmaster de Westminster, avec le résultat que l'on sait. Dans ce camp comme partout, nous mourions tellement de faim que notre « couenne craquait », comme on dit dans le jargon berlinois. Apparemment, nous recevions les mêmes rations que la population civile, mais dans les grands camps de prisonniers, la corruption s'installe très rapidement. Ce n'était pas différent dans les camps alliés ou allemands. Dans leurs pays respectifs, les Anglais et les Français étaient également soumis au rationnement, et tous voulaient gagner de l'argent. Dans les camps, les rations restaient pour la plupart inférieures à celles de la population civile, sans compter que nous n'avions aucun moyen de nous procurer des suppléments. Je suis visiblement un bon mangeur et, même dans les conditions les plus rudes, je n'ai jamais été très maigre, mais quelques camarades ont tremblé pour leur santé, voire leur vie.

L'avantage de cette *« murder-cage »* était que l'on pouvait travailler pour soi-même, car ses occupants n'avaient pas la possibilité de participer à des travaux hors de sa cage. Pendant cette période, j'ai préparé de manière très systématique mon entrée dans le monde du commerce à l'aide de quelques ouvrages qui m'avaient été envoyés. A côté, je m'intéressais également à l'histoire de la philosophie. Comme j'avais été élu « annonceur d'informations », les journaux étaient à ma disposition. Ainsi je restais moi aussi au courant de l'actualité !

Dans cette *« murder-cage »*, un mélange multicolore de personnes était rassemblé, mais aucun criminel à ma connaissance ! J'ai eu connaissance d'une seule exécution accomplie, et qui était injuste. A l'époque, c'était une procédure habituelle ! En 1948, j'ai été libéré quelques semaines de la prison, et j'ai logé à Wuppertal, chez oncle et tante Schniewind. Un jour, à l'heure du déjeuner, ma tante rentra très émue de l'enterrement d'un fondé de pouvoir d'Elberfeld, qui avait été exécuté par les Américains. Au bord de la tombe ouverte, le prêtre catholique avait entamé de sa voix caverneuse un discours qui commençait par les mots célèbres : *« Je condamne ! »*. Au cours de son sermon, il avait accusé la justice militaire de la condamnation d'un innocent, car le mort l'était en effet. Je suppose que ce prêtre était Monseigneur Morgenschweiss, qui s'occupait des prisonniers de Landsberg, le camp américain d'emprisonnement pour criminels de guerre. Ses mémoires valent aujourd'hui encore le détour (3). Morgenschweiss s'occupait également des prisonniers de Malmeny. Le procès de Malmeny était l'un des pires procès de criminels de guerre menés par les Américains. Il a sans doute été organisé par les Américains pour leur donner la possibilité de dénoncer l'ensemble de la *Waffen SS* comme « organisation criminelle » à Nuremberg.

L'origine du procès venait d'un événement survenu au cours de l'offensive des Ardennes en décembre 1944. La troupe de panzers des « *Leibstandarte* » sous la direction du légendaire Peiper parvint rapidement à traverser les lignes américaines, et attaqua en retour le front américain. Pendant cette manœuvre, la tête des panzers qui sortait tout juste des bois, tomba nez à nez avec une batterie d'observation américaine. Les batteries d'observation sont des unités très techniques capables grâce à des récepteurs de détecter des positions d'artillerie ennemie. Par nature, ces unités sont peu préparées à des combats d'artillerie. Les Américains ont donc jeté leurs armes et se sont rendus. On leur signifia qu'en tant que prisonniers, ils devaient se trouver à l'arrière. Entre les panzers de tête et le gros qui suivait, les distances sont variables en fonction de la position et du terrain, surtout dans un paysage aussi dense que les Ardennes. Il semblerait donc que les Américains, après s'être rendus, aient repris leurs armes après que la tête de troupe ait repris la route, ou qu'ils aient tenté de se cacher quelque part – toujours est-il que les panzers qui suivaient ont eu l'impression qu'ils n'avaient pas du tout l'intention de se rendre. Sur ce, ces panzers ont ouvert le feu et une partie des membres de la Batterie B est tombée. Une situation de ce type n'est pas inhabituelle dans une guerre de mouvement moderne.

En prévision du procès de Nuremberg, cet événement a été surnommé le « massacre de Malmedy » par les Américains, et il a été traité au cours du célèbre Procès de Malmedy. Les interrogatoires ont eu lieu dans la prison de Schwäbisch Hall. C'est ici que l'on recueillit à grand renfort de torture, de simulations de pendaisons etc., des aveux qui menèrent à un grand nombre de condamnations à mort. Etant donné que j'ai dirigé deux des compagnies du régiment des panzers « *Leibstandarte* » en 1943 en Russie, j'ai largement été informé de la brutalité effrayante des interrogateurs américains.

Et une fois de plus, la justice me pousse à penser à un Américain qui mit sa santé et ses biens en jeu pour empêcher l'exécution des condamnations à mort, un combat qui a duré des années, mais a finalement été couronné de succès. Le défenseur des accusés devant le tribunal militaire, le lieutenant Everitt, qui n'est malheureusement plus de ce monde, mérite notre plus grand respect et tous nos remerciements !

Si par hasard on tombait dans ce « piège à criminels de guerre », il fallait faire très attention pour ne pas se faire écraser ! Et pourtant, nous étions complètement sans défense devant aux ! Mon refus de parler sans avoir vu l'accusation écrite a été puni par des mois de détention dans la *« murder-cage »*, sans aucun interrogatoire. Autour de noël 1947, j'ai été transféré deux fois dans un camp de prisonniers normal, Neuengamme, et deux fois on m'a ramené à Fischbeck. Comme je l'ai déjà dit, j'ai finalement été livré aux Français. C'est ainsi qu'en janvier 1948, je me suis retrouvé dans la prison de Wittlich. Son administration se retrouvait déjà dans des mains allemandes. Les « fonctionnaires de surveillance de la justice » ne savaient pas toujours différencier les galo-

(3) Voir *supra*.

pins des compatriotes emprisonnés par les Français, ce qu'il fallait ensuite leur expliquer de manière approfondie.

Les deux aumôniers de la prison se sont montrés très amicaux et serviables. Eux avaient bien évidemment compris la différence. Le pasteur protestant, un vieil homme charmant, posait très discrètement sur mon lit de camp – c'était évidemment interdit – un petit morceau de beurre enveloppé dans du papier. Le catholique était un type agile. Entre ses dents, il me demandait si ma mère savait où je me trouvais, et me conseillait de préparer un papier pour sa prochaine visite afin qu'il la prévienne. C'est ce qu'il fit !

Le dimanche, on pouvait choisir à quel culte on souhaitait assister. Je me suis donc parfois rendu auprès du catholique serviable. Jamais je n'ai ressenti avec plus d'intensité la différence entre la fluidité de la messe catholique et la neutralité de la célébration protestante, que dans ces cérémonies de prison. Cela faisait prés de trois ans que j'étais prisonnier dans des conditions parfois désespérées. La messe nous permettait pour quelques instants d'être dans un autre monde. Le prêtre vêtu de couleurs multicolores et ses enfants de chœur, la liturgie qui était encore en latin (je ne comprends pas pourquoi on n'a pas laissé au moins une phrase latine dans la messe catholique, qui serait comprise sur la terre entière), l'encens, l'eau bénite, tout parlait aux sens. Comme Schiller l'a exprimé : *« les yeux doivent voir ce que le cœur doit croire ! »* J'ai prié le vicaire de me donner un cours de catéchisme, et je reçus un petit ouvrage de l'année 1898. Sur la dernière page, un « tableau du temps » était représenté. Il commençait avec « environ 3000 av. JC : création du monde ». Cinquante ans avaient passé depuis que le petit livre avait été imprimé.

Environ trois semaines plus tard, vers la fin janvier 1948, huit prisonniers de Wittlich attachés deux par deux par des chaînes, ont été transportés á Paris par chemin de fer. L'officier de gendarmerie qui dirigeait ce transport avec quelques autres gendarmes, s'est montré assez compréhensif pour m'enlever mes menottes pour la nuit, car celles-ci étaient visiblement trop petites pour mes pattes, et qu'elles me cisaillaient la peau. A la gare du Nord, nous sommes restés longtemps sur le perron après notre arrivée, car le « panier à salade » ne venait pas. Je remarquai qu'aucun passant ne nous avait adressé de parole désobligeante.

Notre arrivée dans la prison du Cherche-Midi (4) s'est de nouveau avéré être un événement marquant. Comme il s'agissait d'une prison militaire, l'inscription était faite par un officier. Il s'agissait dans ce cas de l'équivalent du *« ugly American »* ou du *« häßlicher Deutscher »*. Il ressemblait à une caricature de Napoléon III, car il portait tout comme lui une moustache en croc sur son visage pâle et jaunâtre. La couleur de son visage laissait supposer qu'il avait des problèmes de bile ou de foie, et il se comportait en conséquence. Une fois de plus, j'ai été séparé des autres. On m'a amené dans son bureau, où plusieurs gardes m'ont fouillé jusqu'à ce que je me retrouve nu devant son bureau. Cela ne semblait pas le déranger qu'une secrétaire ou une avocate fasse parfois irruption dans le bureau. Finalement, mes vêtements ont été répartis entre un petit et un gros tas. J'avais le droit d'emporter le petit tas dans ma cellule, tandis que le gros rejoindrait l'« entrepôt». Je devais le consigner correctement dans un cahier. Furieux, j'ai refusé en me plaignant d'être très mal traité : *« je ne signe pas ! »* (en français dans le texte, *NdT*).

Le petit officier français a bien failli avoir une attaque tellement il s'est énervé. Ses poussées de fureur trouvaient toujours leur paroxysme dans la phrase suivante : *« on va te mettre au cachot ! »* (en français dans le texte, *NdT*). Je restai buté. Sur ce, j'ai été mené sans bagage mais avec mes vêtements dans une cellule dépourvue de fenêtres, ce qui était très désagréable car il gelait à Paris. Je me suis agenouillé dans un coin de la cellule pour offrir le moins de surface possible à la morsure du froid, une vieille méthode de soldat.

Soudain, quelques morceaux de sucre sont tombés du judas, et une voix m'a chuchoté en français : *« mon capitaine, ne vous laissez pas faire, on est très nerveux que vous n'ayez pas signé ! »* Dans le courant de la journée, un fonctionnaire de la prison est arrivé. Il m'a été présenté comme un

(4) C'était le nom de la célèbre prison de Paris.

adjoint du directeur. Il fit en sorte qu'un carton soit fixé sur la fenêtre cassée, et que je reçoive deux couvertures, malheureusement assez fines.

Mon bienfaiteur et donateur de morceaux de sucre, était un caporal des pompiers. Il était affecté en tant que secrétaire au « couloir des Allemands ». En France, les pompiers font partie de l'Armée, les pompiers s'appellent « sapeurs pompiers », quelque chose comme des pionniers des pompiers. On me raconta que ce caporal avait des ennuis avec un supérieur juif et que c'est pour cette raison qu'il entretenait une affection particulière pour les gens de la *SS*. Dans les conditions plutôt rudes qui étaient celles de mes débuts dans cette prison, il m'a beaucoup aidé à m'habituer à la routine de l'établissement. Il s'est porté volontaire pour l'Indochine, et m'a longtemps adressé des lettres de là-bas. J'espère qu'il a survécu à la débâcle.

Le lendemain matin, un autre habitant de la prison s'est présenté dans ma cellule. Les prisonniers le surnommaient « La Pipe », car il se promenait toujours avec une pipe dans la bouche. Il faisait partie des hommes mesquins, et j'ai vite compris qu'il n'était pas apprécié de mes congénères. Vis-à-vis de moi, il se montra particulièrement poli. Il me fit visiter l'entrepôt et m'exhorta à nommer les objets qui devaient rester à l'entrepôt et qu'il nota très précisément dans son cahier. Mon refus de signer auprès des bureaucrates de la prison avait visiblement atteint son but. Je n'aurais pas eu besoin d'être un prisonnier de longue date pour ne pas profiter de cette opportunité pour emporter dans ma cellule des petites choses qui n'étaient pas autorisées, comme un jeu de Patience, un couteau de poche etc. « La Pipe » me demanda si j'allais signer cette fois. En lui précisant aimablement « maintenant c'est correct, je vais signer ! » (en français dans le texte, *NdT*), je signai la liste.

J'ai donc pu être transféré dans une cellule « normale ». Elle se présentait ainsi : largeur 1,30 mètres, longueur 2,30 mètres, mobilier : trois sacs de paille, deux tabourets, une vieille bassine et un carafon peu appétissant, et finalement l'essentiel, un minuscule seau avec couvercle, dans lequel il fallait effectuer ses besoins essentiels. Le petit seau était vidé deux fois par jour dans la cour, une fois à l'aube, et une autre fois dans l'après-midi. Nous étions trois par cellule, et partagions donc tout.

Mes deux compagnons de cellule étaient des hommes intéressants. Le premier était président de la banque d'émission de Danzig, membre du comité de direction de la banque du *Reich*, expert international des devises, et il devint après sa libération Ministre des Finances d'un *Land* allemand. Il était suprêmement cultivé et assez amusant, mais parfois insupportable dans le quotidien de notre cellule. Le second était un officier de *l'Abwehr*, plutôt insignifiant d'apparence, comme tous les hommes intelligents de ce métier il avait beaucoup voyagé mais surtout, il me semblait, dans l'espace franco-espagnol. Il était gentil et amical, un compagnon de cellule des plus agréables.

Tous deux étaient âgés de plus de 50 ans, c'est-à-dire qu'ils avaient le double de mon âge. Ils s'attendaient donc de ma part à certain respect, que j'étais tout à fait disposé à leur témoigner. Cela impliquait par exemple que je dorme au milieu pendant la nuit. Pendant celle-ci, les sacs de paille étaient jetés par terre, les deux hommes s'allongeaient le long des murs et je m'installais entre eux, tête-bêche, c'est-à-dire mes pieds entre leurs têtes car nous n'aurions pas pu tenir autrement. On peut s'imaginer les problèmes que cela créait si l'un d'entre nous était pris d'une envie au beau milieu de la nuit, et qu'il devait se servir du minuscule seau dans l'obscurité la plus totale. Ma position centrale présentait cependant quelques avantages, car les cellules étaient pleines de punaises. Les deux hommes présentaient déjà d'importantes calvities, qui exerçaient une attirance toute particulière sur les punaises. Certains jours, les crânes des deux hommes ressemblaient à un gâteau sablé tellement ils avaient été mordus par les punaises. Au milieu, j'étais mieux protégé. Un jour, on nous distribua de nouvelles gamelles en aluminium. Dans le noir, elles brillaient plus vivement que les calvities des deux messieurs. Le soir, nous les remplissions d'un peu d'eau et les placions dans les coins de la cellule. Le lendemain, elles étaient remplies des punaises qui s'installaient avant sur le crâne de mes colocataires.

Notre ravitaillement frisait la famine ! Comme il s'agissait d'une maison d'arrêt militaire, il y avait des soldats français qui avaient commis un quelconque délit, des collaborateurs et finalement les prétendus criminels de guerre allemands. Les Français avaient la possibilité de se faire envoyer des victuailles de l'extérieur, et ils se portaient donc bien mieux que nous. La soupe du déjeuner était généralement composée de petits pois qui avaient la consistance de boulets de canon, c'est-à-dire qu'ils étaient gros et très durs. J'en vivais plus ou moins bien, tandis que le banquier n'en vivait pas du tout car il recevait toutes les semaines un colis rempli d'un assortiment de victuailles de l'amie française qu'il s'était faite pendant le bon temps en France. En raison de son âge, je ne lui en ai pas voulu de ne m'en avoir jamais fait profiter, mais il ne cédait rien non plus au pauvre officier de *l'Abwehr*, dont l'estomac ne supportait tout simplement pas les petits pois. Ma mère m'envoyait de temps à autre un petit paquet de flocons d'avoine grillés, que j'échangeais alors avec les petits pois de notre officier. L'amie de notre banquier partit un jour en voyage, pensant à raison qu'elle lui avait envoyé suffisamment de nourriture pendant des années, et qu'il tiendrait bien quelques semaines sans ses paquets. Ce fut une période difficile pour nous deux, car il gémissait sans interruption dans l'attente de son prochain paquet.

Il était par ailleurs particulièrement superstitieux. Ce trait de caractère devait être connu, car Abs me raconta un jour qu'en quittant Danzig où il était président de la banque d'émission pour faire un voyage en Italie, un chat noir avait traversé la route devant sa voiture. Il avait immédiatement annulé son voyage et était rentré chez lui. Sur place, il avait heureusement croisé un ramoneur qui avait donc neutralisé l'effet du chat noir, et il avait pu reprendre la route. Sachant qu'Abs affectait particulièrement les histoires croustillantes, on peut se demander si celle-ci s'est bien déroulée de cette manière. Cependant, sa superstition m'a donné la possibilité, grâce à mes cartes de Patience, de le punir de son manque de camaraderie, en demandant aux cartes s'il allait bientôt être libéré. Inutile de préciser que j'ai fait en sorte que le résultat soit tout d'abord négatif. Mais cette nouvelle le mit tellement hors de lui que j'ai tenté de rattraper ma prédiction et lui donnant de l'espoir. C'était plus facile à dire qu'à faire. Il est aisé de réussir une Patience, mais il est bien plus difficile de définir le moment où on arrivera à une solution.

Pourtant, cet homme était très intéressant. Il développa une pensée sur une réforme monétaire, qui était toujours en vigueur en Allemagne. Son résumé était toujours : *« Ribbentrop, il en est de même avec une monnaie qu'avec le beurre : quand il y en a trop, les prix tombent ! »* A l'époque déjà il nous laissa entendre qu'il pensait que le dollar avait un rôle très important. Des années plus tard, je l'ai croisé par hasard, car il travaillait dans la banque et moi aussi. Il m'a dit alors : *« qu'est-ce que je ne vous ai pas dit à l'époque sur le dollar, aujourd'hui, il nous cause des problèmes ! »* J'ai appris beaucoup de choses grâce à lui, et on ne s'ennuyait pas dans notre horrible cellule. Les histoires de notre officier de *l'Abwehr* sur les jeux des agents avec les Alliés et la Résistance y ont également contribué. Si l'on gardait grands ouverts ses yeux et ses oreilles et qu'on parvenait à faire parler ces hommes, on avait toujours des compagnons de conversations, dont on pouvait apprendre un grand nombre de choses. Nous avions compris depuis longtemps qu'il nous faudrait trouver en sortant nos marques dans un monde totalement différent que celui de la camaraderie saine que nous avions connu pendant des années.

A ma grande joie, j'ai retrouvé le Dr Epting au Cherche-Midi. Mes entretiens avec lui m'ont donné d'une manière souvent amusante un aperçu sur un grand nombre de domaines scientifiques. Un jour, il me dit : *« vous avez besoin d'un avocat, sinon on va vous passer dans le broyeur ! »* Mais comment pouvais-je me procurer un avocat ? Il me proposa de demander au Marquis de Polignac de me recommander un avocat. Polignac était un très vieil ami de mon père, de l'époque d'avant l'entrée de Père dans la politique. Polignac me conseilla de contacter « maître Sauerwein », qui annonça bientôt sa présence dans la prison et qui m'expliqua que son honoraire était de 100 livres Sterling en liquide. Lorsque je fis part de cette somme à ma mère, elle se montra confiante. Elle voulait demander à un de nos parents par alliance, un Hollandais que Père avait fait sortir du camp de concentration et qu'il avait sauvé du tribunal de guerre, de nous aider. En 1945, les tribunaux de guerre pouvaient rapidement devenir violents ! Cet homme semblait cependant avoir peu d'estime pour lui-même et pour sa vie, car il refusa son aide à ma mère. Elle se tourna donc vers un autre ami très cher de mon père en Angleterre, le propriétaire de Johnny Walker. Sir Alexander Walker mit la somme d'argent à sa disposition en précisant clairement qu'il ne souhaitait pas être remboursé.

Je me demandais si Sauerwein était le bon interlocuteur, car je savais que son père, Jules Sauerwein, était un éditorialiste aussi célèbre que germanophobe dans les années vingt et trente. Epting me rassura très justement en arguant que cette réputation lui permettait justement d'agir d'autant plus librement dans mon intérêt. Le nom de Polignac avait par ailleurs un certain poids, et Sauerwein – à l'époque un avocat « à la mode » - ne voulait certainement pas perdre sa réputation. Entre-temps, j'ai été convoqué pour une audition auprès du juge. Le capitaine Garat était correct, et l'accusation ridicule dont j'étais l'objet le mettait visiblement dans l'embarras. Il m'avertit qu'il allait chercher les prises de position du côté de Harcourt.

Le trajet jusqu'au Palais de Justice m'a permis de jeter un œil sur les rues de Paris, à travers les interstices du « panier à salade ». Le « New Look » venait d'être créé (1948), et on apercevait de temps à autre une jeune femme avec des jupes longues jusqu'à la cheville, il était temps de retrouver ma liberté. Etant donné que les prisonniers allemands occupaient tout un couloir au Cherche-Midi, on n'avait aucun contact avec des Français. Il y avait un grand nombre de collaborateurs parmi eux, d'après ce qu'en témoignaient les graffitis sur les murs de la salle d'attente du Palais de Justice. L'un d'entre eux avait noté *« On meurt debout ! »* (5), ce qui avait amené un autre à noter à son tour *« Idiot, on se fait mal en tombant ! »* (6). Dans le couloir des Allemands il y avait aussi quelques petites scènes amusantes. C'est ainsi qu'un jour, un juif polonais nous a été amené. Il ressemblait à une caricature de juif issue du *« Stürmer »*. On l'avait sans doute affecté au couloir des Allemands car, en tant que Polonais, il parlait mieux allemand que français. C'était un garçon très joyeux, que nous avons surnommé « Pinkus » car son nom polonais était trop compliqué. Il se plaignait de ses congénères qui l'avaient dénoncé et calomnié comme étant un « Kapo », pour mettre un terme à son commerce à Paris. Nous ne pouvions pas vérifier ses dires. Un jour, le couloir des Allemands a dû se rassembler. Quelques officiers français sont arrivés et nous ont montré la photographie d'un sous-officier en nous demandant si l'un d'entre nous reconnaissait cet homme. Comme nous ne savions pas de quoi il s'agissait, personne ne se manifesta. Soudain, Pinkus s'est avancé et a longuement regardé la photo avant d'expliquer aimablement qu'il avait été le chef de compagnie de cet homme. Bien entendu, tout le monde a éclaté de rire, Pinkus officier de la *Waffen-SS*, c'était superbe. Les officiers nous ont quitté précipitamment, la tête rouge. Visiblement, le ridicule tue en France ! Pinkus est devenu le héros de cette journée, nous lui tapions sur l'épaule en le félicitions pour cette excellente boutade qu'il nous avait offerte.

Mère s'était tournée vers François-Poncet pour lui demander d'intervenir en ma faveur. Une remarque de Garat m'a fait comprendre que François-Poncet avait effectivement adressé un courrier à l'administration de la Justice à Paris, mais il ne me laissa pas voir la lettre. Je ne sais pas si elle a eu une quelconque influence. Dans un premier temps, tout parlait pour le contraire, car Garat m'expliqua qu'il attendait encore le récit d'un habitant qui avait cependant émigré dans la brousse africaine. Cela prendrait du temps jusqu'à ce qu'on le trouve et qu'il puisse donner une explication.

Sauerwein à son tour m'expliqua sans ambages qu'il ne fallait pas que je m'attende à un procès. Les reproches dont j'étais l'objet étaient ridicules mais le juge d'Etat refuserait de mettre un procès en route car il redoutait les attaques de la presse en raison de mon nom. Comme Sauerwein ne pouvait me proposer d'autre action, les perspectives étaient plutôt moroses car les congés des tribunaux qui commençaient début juillet et duraient trois mois, s'approchaient de plus en plus. Il faudrait donc que j'attende octobre ou même novembre jusqu'à je puisse espérer la perspective d'une reprise en main de mon cas et que je j'envisage d'entreprendre quelque chose en ce sens.

Mon grand-père Henkell citait fréquemment cette phrase disant que l'on devait toujours compter parmi ses amis un bon médecin, un banquier avisé et un avocat influent, mais qu'il fallait soi-même avoir les bonnes idées ! Je me torturais donc l'esprit pour trouver un moyen de sortir de

(5) En francais dans le texte

(6) En francais dans le texte.

prison avant les congés des tribunaux. On entendait de temps à autre que l'un ou l'autre des prisonniers, généralement des personnes âgées ou gravement malades, avaient reçu la « liberté provisoire » contre paiement d'une caution, c'est-à-dire qu'on les avait laissés quitter provisoirement la prison avec certaines obligations, avant que leur procès ne soit formellement terminé. Une nuit, j'ai réalisé que ce pourrait être une perche pour l'avocat. Il pourrait s'appuyer sur le fait que le processus d'analyse des preuves était en cours pour que j'aie la possibilité de me déplacer librement au sein des frontières de la zone française. Je ne donnais cependant pas une grande chance à mon idée, mais elles ne pouvaient tout au moins pas nuire à ma situation si elles échouaient.

J'ai demandé à Sauerwein de venir me retrouver au Cherche-Midi. Il m'envoya un jeune collaborateur auquel je fis part de mon idée et auquel j'expliquai avec quelque légèreté que je trouverais bien un moyen de me procurer cette caution, bien que je ne sache absolument pas par quel biais. L'avocat voulut avoir une adresse en zone française, où je pourrais me tenir si j'obtenais la « liberté provisoire ». Je savais seulement qu'un cousin de ma mère possédait des vignes près de Mayence. Dans notre famille, on appelait le petit village dans lesquelles elles se trouvaient Bischheim (Bischem en dialecte de Hesse). C'est ainsi que j'ai donné le nom de la famille Schulz à Bischheim, et j'ai effectivement reçu la permission de m'y rendre, sans déposer de caution pardessus le marché ! En réalité, le village s'appelait « Gau-Bischhofsheim ». La justice française ne s'était donc même pas donné la peine de vérifier l'adresse. Une preuve de plus en faveur de la « lourdeur » de l'accusation dont j'étais l'objet !

Le 7 juillet 1948, on m'annonça que je quitterais la prison le lendemain sous le motif de la « liberté provisoire », et que je serais emmené en Allemagne. J'avoue que j'ai peu dormi au cours de la nuit du 7 au 8 juillet 1948. Est-ce que c'était vrai, après trois ans et deux mois jour pour jour, que j'allais retrouver ma liberté, que j'allais pouvoir prendre mon destin en main et pour l'exprimer de manière primitive, que je pourrais aller là ou le cœur m'en dirait ? En tant que prisonnier de longue date, on apprenait á être sceptique, et tout s'était passé si vite !

Le 8 mai au matin, le « panier à salade » appelé à Berlin la « Grüne Minna », « La Minna verte » en raison de sa couleur, nous a amenés à la préfecture, service des « expulsions ». Nous, c'était à part moi un simple soldat de la *Waffen-SS* qui était resté des années à la prison du Cherche-Midi sans jamais avoir appris le motif de sa détention. Dans cette pièce très surveillée, l'ambiance était folklorique, des malfrats de toutes origines attendaient ici leur expulsion vers les pays les plus divers. Finalement, il ne resta plus que nous deux Allemands, puisque notre train vers Strasbourg ne quittait Paris que tard dans la nuit. Un gendarme nous accompagna jusqu'à ce que nous ayons pris place dans le train de Strasbourg vers l'Allemagne. Une dernière fois, nous avons souffert de la faim car la prison n'avait prévu aucun ravitaillement pour le voyage.

Lorsque nous avons traversé le pont du Rhin près de Kehl – très lentement, car le pont n'était que provisoirement réparé – nous avons enfin pu souffler. Cela avait marché, nous étions en Allemagne. Le soleil radieux de cette journée nous a soudain semblé encore plus lumineux. Mais la tension resta présente jusqu'au dernier moment, nous n'étions en réalité pas vraiment en Allemagne, du moins dans celle que nous connaissions. Kehl était « occupée » par les Français, la population avait été évacuée et la rumeur courait que la France voulait annexer cette ville comme « tête de pont » sur le Rhin.

Dans la gare encore en très grande partie détruite de la ville, nous nous sommes tout d'abord soumis à un contrôle très approfondi de nos papiers, à la suite duquel les deux gendarmes qui s'occupaient de nous, nous ont expliqué d'un ton peu aimable, que nous ne pouvions continuer notre voyage. On m'expliqua brutalement qu'à cause de mon nom – toujours la même rengaine, pensais-je en mon for intérieur – le chef de la Sûreté devrait donner son accord. Quant à mon accompagnateur, il habitait dans la Sarre et ne pouvait donc pas traverser la zone d'occupation pour rejoindre son territoire, mais devait revenir sur ses pas pour le rejoindre en traversant le territoire français. Le chef de la Sûreté ne viendrait cependant que le lendemain, car aucun train en provenance de France n'arriverait aujourd'hui. Mes papiers irréprochables de libération et d'expulsion n'eurent aucun effet, nous avons été sommés de nous installer dans un coin des ruines de la gare, pour attendre le lendemain. Est-ce qu'il s'était passé quelque chose, en dernière minute ? Un prisonnier privé de volonté et incapable d'influence le cours de son destin a toujours l'impression d'être menacé par d'insaisissables puissances de l'ombre.

Il ne nous restait cependant pas d'autre solution que de nous trouver un petit coin protégé du vent et de la pluie. Dans ce type de situation, la meilleure solution est toujours de s'occuper l'esprit, c'est pourquoi je sortis mon manuel d'économie de mon paquet de livres devenu assez conséquent, et je me mis à étudier.

Peu de temps après, les gendarmes sont venus me chercher pour me conduire dans le bureau du chef de la Sûreté, qui était installé dans une baraque. Les gendarmes de la surveillance de la gare, ils étaient environ huit, se sont rassemblés autour de moi car ils étaient curieux de savoir ce qui allait se passer. Le chef, qui s'était finalement avéré être sur les lieux, me proposa tout de même une chaise, pour expliquer ensuite à ses auditeurs, soulignant ses propos d'un regard de plus en plus noir, tout le mal que lui avaient fait les Allemands et tout ce qu'il avait dû subir par leur faute, etc. Lorsqu'il fit une pause, guettant l'approbation de son public, je lui demandai sèchement mais en français pour que les gendarmes puissent également comprendre, s'il ne pensait pas que j'étais en mesure de raconter exactement la même histoire en me basant sur ma captivité. Il me répondit donc dans un allemand irréprochable (il devait être alsacien) : *« Bien sûr que je vous crois ! »* Après m'avoir confirmé que je pourrais poursuivre ma route par le premier train du lendemain matin, il disparut.

C'est alors qu'il se passa quelque chose d'inattendu ! Le gendarme le plus ancien – une armoire à glace – s'avança vers moi de son petit pas pressé de service, se mit au garde à vous et me demanda de la manière la plus formelle si lui et ses camarades pouvaient se permettre d'inviter le « Capitaine » à dîner. Je le remerciai chaleureusement tout en lui expliquant que je n'étais pas seul et que je ne souhaitais pas laisser mon camarade dans cette gare. Il me répondit très aimablement que mon camarade était, bien sûr, également convié.

Il avança une Draisine conduite par un gendarme, et qui nous emmena en empruntant un rail spécial vers un village voisin, où les gendarmes avaient leurs quartiers et même un casino. On nous servit les mets les plus merveilleux – c'est tout au moins ainsi que nous les avons appréciés – accompagnés, comme la tradition le voulait, de vin français.

Après que la Draisine nous ait ramené à la gare après ce copieux dîner, nous avons trouvé dans une pièce attenante deux lits de camps couverts de draps blancs. Habitués depuis des années à dormir sur des sacs de farine sales, nous osions à peine nous y allonger. Cela faisait longtemps que nous n'avions pas aussi bien dormi qu'au cours de cette nuit. Le vin inhabituel avait sans aucun doute un effet positif sur notre sommeil, mais aussi l'impression que nous atteindrions notre objectif le lendemain et aussi la camaraderie que ces simples gendarmes nous avaient spontanément témoignée.

Le lendemain matin, nous avons pris un petit-déjeuner royal au casino où nous avaient de nouveau invité les gendarmes qui nous ont également remis une quantité importante de provisions pour la route. Ensuite, j'ai pris congé de mon camarade qui partait dans la direction opposée, vers la France.

Lorsque je suis monté dans le train qui devait enfin m'amener vers la « liberté », les gendarmes se sont alignés sur le quai pour me faire leurs adieux. J'ai serré la main de chacun d'entre eux et pendant qu'ils me criaient *« bonne chance, mon capitaine »* (en français dans le texte, *NdT*), le train s'est mis en mouvement. J'ai répondu à leurs grands gestes aussi longtemps que je pouvais les apercevoir. Un seul mot, prononcé au bon moment, avait entraîné une merveilleuse réaction de pardon. On devrait toujours trouver le courage de prononcer ce mot. Malgré les nombreuses années passées, le souvenir des gendarmes de Kehl est resté très vivant, tandis que les nombreuses « méchancetés » du temps de ma détention ont peu à peu disparu.

J'ai vécu un autre moment d'humanité extraordinaire en relation avec les événements de Harcourt. Mon avocat, le Dr Grimm qui était renommé à Hambourg, me proposa de recueillir du plus grande nombre possibles des membres de ma compagnie qui avaient participé à la fête du premier mai, de déclarations sur l'honneur racontant le déroulement de la soirée. J'approuvai à la condition que je puisse me réserver le droit de décider quand et où ses déclarations pourraient être incluses dans un procès. D'après les pratiques des tribunaux pour « criminels de guerre » alliés, les témoins pour une libération étaient fréquemment également arrêtés et soumis à l'accusation. Je voulais épargner cela à mes hommes. Bien sûr, ils étaient eux-mêmes au courant de ces pratiques et du risque qu'ils couraient en rédigeant leur version des faits. Pourtant, tous ceux qui étaient joignables se sont mis à la disposition de ma défense. C'est un exemple merveilleux d'une véritable camaraderie, après que notre défaite ait éclaté les rangs de notre compagnie et que personne n'avait plus d'obligation. Dans ce contexte, il faut penser à la vieille préceptrice anglaise de ma mère, la bonne « Petty » dont j'ai déjà parlé. Elle a envoyé au tribunal de Paris une lettre remplie de questions inquisitrices.

Liberté

Je n'aurais pas eu besoin d'avoir traversé cinq années de guerre et trois années de détention pour être assez « blindé » pour me rendre dans la zone anglaise retrouver ma famille, à peine étais-je rentré en Allemagne et malgré la défense de quitter la zone française. Le contrôle des frontières entre les zones anglaises et françaises a été surmonté grâce au train. Mon oncle et ma tante Schniewind, qui avaient déjà recueilli ma mère et mes petits frères et sœur, m'accueillirent le plus chaleureusement du monde. Ils m'ont largement facilité le passage vers la liberté. La même constatation vaut pour la famille du cousin de ma mère, Fritz-Rudi Schultz à Gau-Bischofsheim, alias « Bischem », où je devais me tenir. Ils m'ont immédiatement intégré à leur famille de la manière la plus charmante. Les semaines que j'ai passés dans ses vignes, à tenter de retrouver ma mobilité en arrachant quelques mauvaises herbes sous un ciel radieux, font partie de mes premiers beaux souvenirs de l'après-guerre. Ce beau séjour à « Bischem » se termina cependant assez rapidement après que la Sûreté de Mayence m'ait envoyé l'abandon formel de mon accusation. Après tous les déboires que j'avais traversés, j'ai ressenti l'annonce de l'abandon de la procédure engagée contre le « Capitaine Ribbentrop » qui s'était comporté de manière très correcte, comme une ironie du sort.

Oncle et tante Schniewind, ainsi que la famille Schultz m'ont soutenu de la manière la plus généreuse et familiale lorsque j'ai entrepris mes premiers pas dans un nouveau monde, comme des millions d'hommes ayant partagé mon sort après la guerre. Cette fidélité familiale n'était pas évidente. Cela n'allait d'ailleurs pas tarder à s'avérer. La conséquence la plus grave de cette coresponsabilité familiale allait se faire ressentir après ma libération, alliée cependant à des expériences humaines exceptionnellement positives. Je devrais ici relater ce fait en remerciement à l'homme qui s'était mis à la disposition de ma mère et de moi-même de la manière la plus généreuse: le docteur Franz Rosenfeld, malheureusement décédé depuis longtemps!

En tant qu'avocat à Mannheim, le Dr. Rosenfeld avait suivi le parcours commercial exceptionnel de mon grand père Henkell. C'est lui qui avait d'ailleurs rédigé son testament avant qu'il ne meure en 1929. D'après ce testament, j'avais le droit d'intégrer un jour le groupe Henkell. En 1938, Rosenfeld émigra à Bâle, où il devint un notaire très reconnu. A la suite du décès de mon oncle Stefan-Karl, qui tomba pendant la campagne de l'Ouest, les contrats de l'entreprise Henkell & co ont du être reconsidérés. Mère et sa sœur Schniewind sont devenues sociétaires de l'entreprise Henkell à Wiesbaden, une création de leur père. Au cours de cette restructuration, ma mère a reçu le droit de nommer l'un de ses fils comme sociétaire et chef d'entreprise, puisque la perspective que je puisse un jour profiter de ce droit s'amenuisait de jour en jour au cours de la guerre. Comme c'était maintenant possible, ma mère me choisit. Le cousin de ma mère et seul complémentaire Otto Henkell s'opposa à ce choix, en accord avec les représentants juridiques d'un autre cousin et d'une cousine Henkell. Le cousin et la cousine étaient encore mineurs à cette époque, et n'étaient donc pas responsables de la décision de leurs tuteurs. L'argument était que mon nom ne pourrait que nuire aux affaires et qu'il était donc hors de question qu'un Ribbentrop soit chef d'entreprise de Henkell. Le fait que des personnalités apparemment souveraines – et malgré toute leur intelligence – ne pouvaient se soustraire à l'esprit de l'époque a été démontré de manière amusante par le banquier Abs. Il était lié de longue date à notre famille et à mon grand père, et depuis tout aussi longtemps président du conseil de famille et de l'entreprise. Lui aussi reconnut par écrit le principe de coresponsabilité familiale, en expliquant en tant que témoin qu'en tant que porteur du nom de Ribbentrop, je n'étais pas adapté à représenter notre entreprise. Le principe de la coresponsabilité familiale a dans ce cas été exprimé ouvertement et expliqué juridiquement par une société à laquelle appartenait également le célèbre « résistant » von Schlabrendorff. Est-ce qu'on le lit correctement aujourd'hui? Est-ce que le « résistant » ne voulait pas justement réhabiliter l'Etat de droit ? Dans son ouvrage (« Officiers contre Hitler », Fabian von Schlabrendorff, traduit en français : *Officiers contre Hitler*, éd. Self, Paris, 1948 - L'auteur a participé à une tentative d'attentat contre Hitler et a été jugé comme complice des comploteurs du 20 juillet, libéré par les Américains, le 4 mai 1945 du camp de concentration où il était interné, *NdE*), il a défendu la thèse selon laquelle une lourde défaite aurait dû être imposée à la *Wehrmacht* pour renverser Hitler.

Un juriste a donné un contre-exemple lumineux du comportement de Schlabbrendorff. Lorsque le Dr. Franz Rosenfeld a entendu parler des difficultés rencontrées par ma famille, il nous a fait savoir par une connaissance qu'il se tenait à la disposition de ma mère et de moi-même. Effectivement, nous avons dû en venir à une procédure contre notre famille, à laquelle mon oncle et ma tante Schniewind se sont généreusement associés. Rosenfeld a influencé le déroulement du procès en notre faveur, et nous avons remporté le procès. Lorsque mon oncle Henkell lui a demandé pourquoi justement lui, un juif, nous défendait, il lui a donné cette réponse magnifique : *« Monsieur Henkell, je suis avocat, c'est-à-dire gardien du droit »*. On peut se demander si Rosenfeld et Schlabrendorff, tous deux « gardiens du droit », sont égaux devant le soleil divin ?

Je devrais également raconter ici un incident survenu lors de l'audience devant le tribunal de grande instance de Wiesbaden, dont le jugement a été favorable pour ma mère et moi. Notre avocat devant le tribunal de grande instance était le Dr. Laternser, qui suivit notre affaire avec un grand engagement. Il avait retrouvé un jugement du tribunal du *Reich* datent de 1936 et concernant une situation similaire, même si les rôles étaient inversés en raison du contexte historique. Les propriétaires aryens d'une fabrique de pyjamas avaient tenter de se débarrasser de leurs partenaires juifs avec les mêmes arguments avec lesquels mes cousins Henkell voulaient s'opposer à ma collaboration. S'appuyant sur sa « bonne foi », le tribunal du *Reich* avait alors tranché en faveur du partenaire juif. L'avocat de mon cousin répliqua en disant qu'on ne pouvait comparer une fabrique de pyjamas et une cave à champagne. Notre avocat Laternser répondit alors sous les rires de l'audience, que le champagne et le pyjama n'étaient pas si éloignés l'un de l'autre.

Un ami m'a convaincu de me tenir à l'écart de la clique familiale, de me réjouir de la fin heureuse du procès, et de commencer à travailler avec lui. Il m'a offert une chance professionnelle des plus stimulantes, et je ne l'oublierai jamais !

1

2

3

4

1. Ferdinand Ribbentrop, grand-père de Joachim von Ribbentrop, en uniforme de *Major* de l'artillerie du Brunswick.

2. Friedrich von Ribbentrop, *Generalintendant* de l'armée prussienne, président de la cour des comptes royale de Prusse (1768-1841).

3. Karl von Ribbentrop (1822-1893), titulaire de l'ordre Pour le Mérite, en 1864. Sa fille, Gertrud (1863-1943) adopta Joachim von Ribbentrop en 1925.

4. Les parents de Joachim von Ribbentrop : Richard et sa femme Sophie, née Hertwig.

Arosa, vers 1910/11. Le père, le *Major* Richard Ribbentrop, Joachim Ribbentrop est le barreur.

Au milieu, en tête, le *Leutnant* Joachim Ribbentrop, avec le *Husaren-Rgt. 112* dans les Pays Baltes, en 1915.

1. Le père, Richard Ribbentrop, en tant que *Major.*

2. Annelies von Ribbentrop avec son beau-père, Richard Ribbentrop.

3. De gauche à droite : les parents Ribbentrop, Hitler, les deux enfants, Ursula et Adolf, Joachim et Annelies von Ribbentrop, Julius Schaub et Walther Hewel devant la demeure des Ribbentrop à Berlin-Dahlem en 1939.

Avec Hitler et les enfants, Adolf et Ursula, lors d'un café au Ministère des Affaires Etrangères, en 1939

La famille du Ministre des Affaires Etrangères en 1936. De gauche à droite : en haut, Rudolf et Bettina ; au milieu, Annelies et Joachim von Ribbentrop ; en bas, Adolf et Ursula.

Avec les Lehndorff en Prusse Orientale, vers 1942/43.

Ribbentrop avec la loupe et le violon à Fuschl, vers 1943/44.

Au Ministère des Affaires Etrangères, vers 1940 : en haut, de gauche à droite, Schweimer, Halem, Gottfriedsen ; en bas, de gauche à droite : Dörnberg et Gaus, Schmidt (relations avec la presse) ; à droite, Erich Kordt.

De gauche à droite : Hewel, Ribbentrop, Franz von Papen et Inge Jenke, la sœur de Ribbentrop.

Ribbentrop, Hewel (au centre) et madame Pappritz, conseillère de légation dans le service du protocole des Affaires Etrangères.

Reuthe-Fink, Ribbentrop, Hewel, Steengracht.

Les délégués allemands pour les négociations concernant le traité maritime devant le ministère britannique des Affaires Etrangères, le 4 juin 1935.

La conférence de Munich : salutations lors du départ du Premier Ministre britannique, Sir Neville Chamberlain, à l'aérodrome de Munich, le 3 septembre 1938.

Ribbentrop salué par Hitler après l'accord maritime avec la Grande-Bretagne, en 1935.

Déclaration franco-allemande à Paris, en décembre 1938.

Ribbentrop avec le journaliste du « Matin » et du « Journal des débats », Fernand de Brinon, à Berlin-Dahlem, en 1935/36.

Réception du corps diplomatique dans la nouvelle Chancellerie du Reich. Devant : Ribbentrop, Hitler, Meissner.

Signature du pacte d'acier entre l'Italie et l'Allemagne, le 22 mai 1939. Assis : Ciano, Hitler et Ribbentrop. Debouts derrière : Keitel et Weizsäcker.

Hitler et Ribbentrop, debouts devant le train spécial, vers 1941.

Mussolini, Ciano et Ribbentrop.

Hitler, Ribbentrop et Mussolini.

Ribbentrop reçu à Moscou par l'ambassadeur d'Allemagne, le comte von der Schulenburg.

Ci-dessus : Ribbentrop salué par Molotov en 1940 à Berlin.

Ci-contre : Ribbentrop et Schulenburg avec un fonctionnaire soviétique inconnu.

Signature du pacte de non-agression germano-soviétique, à Moscou, le 23 août 1939. En arrière-plan : Gustav Adolph von Halem, chef du protocole suppléant du Ministère des Affaires Etrangères (à gauche), et Richard Schulze (- Kossens), alors *Adjutant* de Ribbentrop, ici à droite.

En haut : 1936 : Rudolf von Ribbentrop (à gauche) salué par ses camarades à la Westminster School.

Ci-contre : Rudolf von Ribbentrop, en 1936 à Londres.

Ci-dessus : Conwell-Evans en Allemagne.

1. Rudolf von Ribbentrop, en 1943, titulaire de la Croix de chevalier de la Croix de Fer et de l'insigne des blessés en or.

2. Parade à Paris, en 1942.

3. Joachim von Ribbentrop avec son fils Rudolf, en Artois, en mai 1940.

4. Jochen Peiper (1915-1976).

Rudolf von Ribbentrop, chef de la 7e compagnie du régiment de chars de la «LAH», à Charkow, en mars 1943.

Rudolf von Ribbentrop, dans un combat de rue à Charkow en mars 1943.

A Rots, près de Caen, le 9 juin 1944 : Max Wünsche, commandant du régiment de chars de la division «Hitlerjugend», la tête bandée, et Rudolf von Ribbentrop, après sa blessure, dans le side.

Danemark
Copenhague
Nord-Schleswig
Hamburg
Bremen
Pays Bas
Berlin
Hannover
Magdeburg
Dortmund
Dusseldorf
Kassel
Leipzig
Eupen-Malmedy
Koblenz
Frankfurt/M.
LUX.
Saarbrucken
Nurnberg
Karlsruhe
Alsace
-Lorraine
Strasbourg
Stuttgart
France
Munchen
Suisse

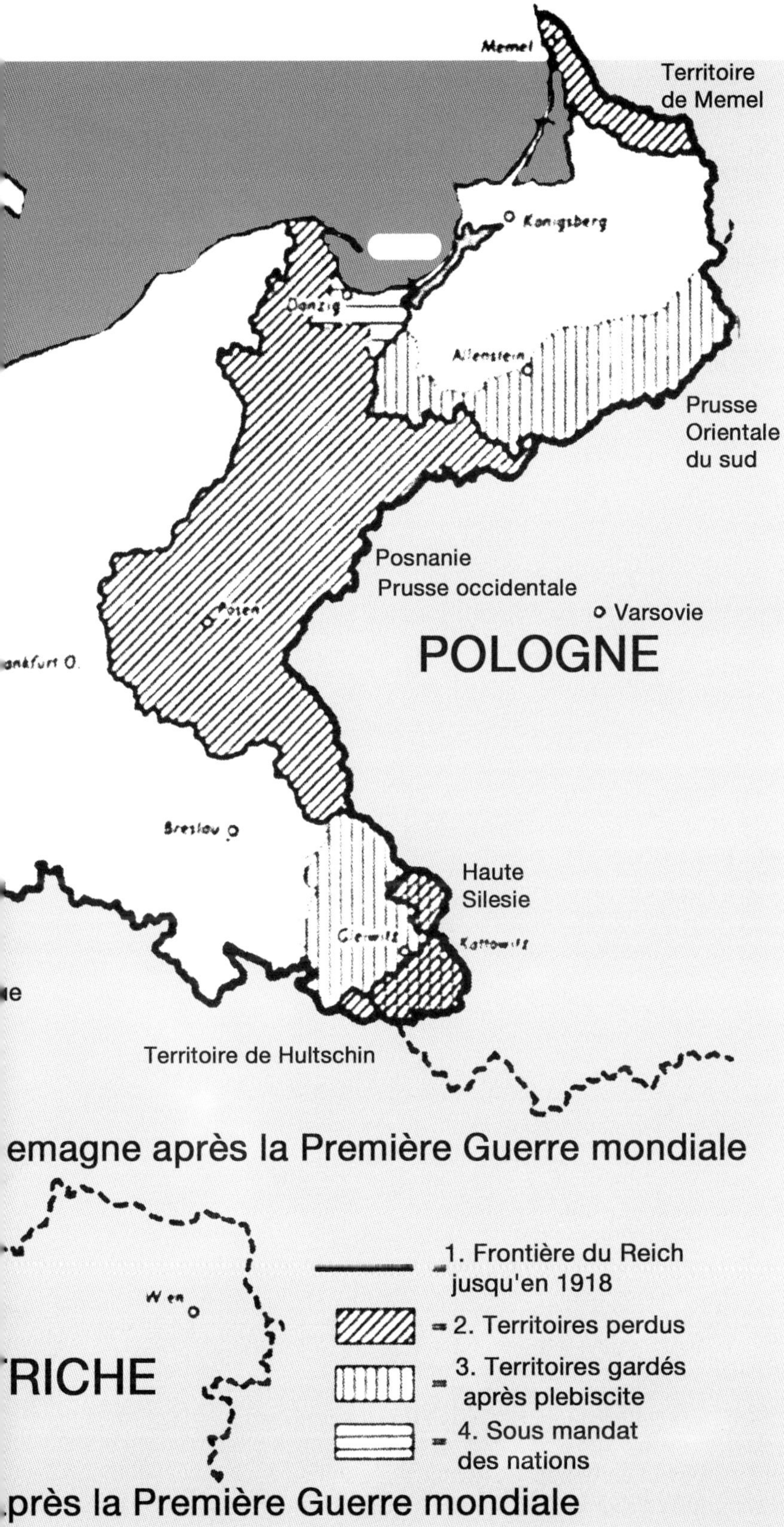

Memel
Territoire
de Memel
Konigsberg
Danzig
Allenstein
Prusse
Orientale
du sud
Posnanie
Prusse occidentale
Varsovie
POLOGNE
Posen
ankfurt O.
Breslau
Haute
Silesie
Gleiwitz
Kattowitz
Territoire de Hultschin
emagne après la Première Guerre mondiale
Wien
RICHE
1. Frontière du Reich
jusqu'en 1918
2. Territoires perdus
3. Territoires gardés
après plebiscite
4. Sous mandat
des nations
près la Première Guerre mondiale

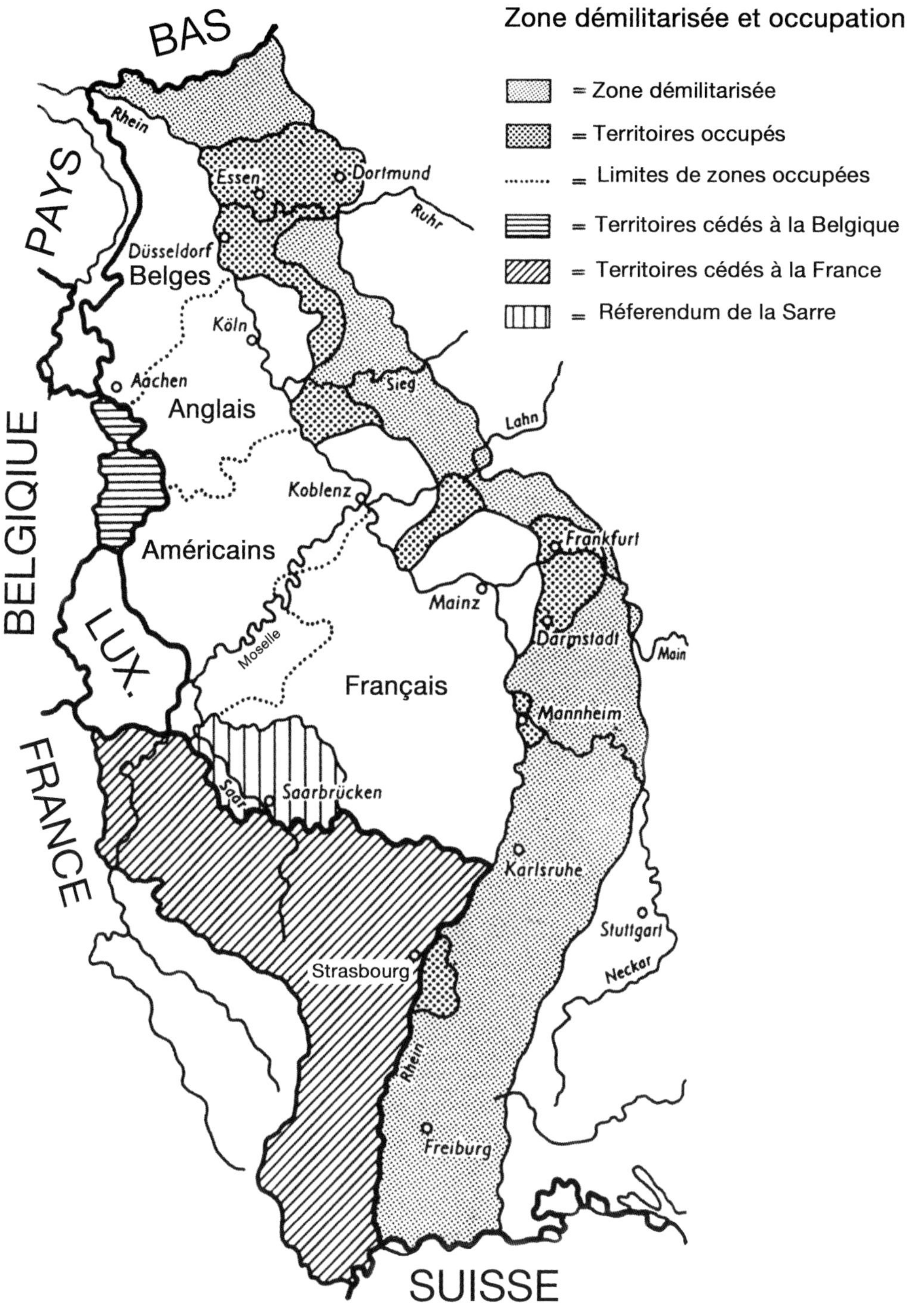

Nouvelles frontières après le traité de Versailles,
les zones occupées par les Alliés et la zone démilitarisée

Index

Indications bibliographiques de l'auteur

Charmley, John : *Churchill. Das Ende einer Legende*, Berlin 1995.

Ribbentrop, Annelies v. : *Verschwörung gegen den Frieden*. Studien zur Vorgeschichte des Zweiten Weltkrieges, Leoni am Starnberger See, 1962.

Ribbentrop, Annelies v. : *Deutsch-Englische Geheimverbindungen. Britische Dokumente der Jahre 1938 und 1939 im Lichte der Kriegsschuldfrage*, Tübingen, 1967.

Ribbentrop, Annelies v. : *Die Kriegsschuld des Widerstandes. Aus britischen Geheimdokumenten 1938/1939*, Leoni am Starnberger See, 1974.

Ribbentrop, Joachim : v. : *Zwischen London und Moskau. Erinnerungen und letzte Aufzeichnungen*, Leoni am Starnberger See, 1953.

Scheil, Stefan : *Logik der Mächte. Europas Problem mit der Globalisierung der Politik*, Berlin, 1999.

Scheil, Stefan : *Fünf plus Zwei. Die europäischen Nationalstaaten, die Weltmächte und die vereinte Entfesselung des Zweiten Weltkrieges*, Berlin, 2003.

Scheil, Stefan : 1940/41 : *Die Eskalation des Zweiten Weltkriegs*, München, 2005.

Scheil, Stefan : Ribbentrop. Oder : Die Verlockung des nationalen Aufbruchs. Eine politische Biographie, Berlin, 2013.

Tansil, Charles : *Die Hinterür zum Krieg. Das Drama der internationalen Diplomatie von Versailles bis Pearl Harbor*, Düsseldorf, 1956.

Table des matières

Achevé d'imprimer en novembre 2016
sur les presses de l'imprimerie Jelgavas Tipografija (Lettonie)
pour le compte des Editions Heimdal
Georges Bernage, éditeur